国家哲学社会科学成果文库
NATIONAL ACHIEVEMENTS LIBRARY
OF PHILOSOPHY AND SOCIAL SCIENCES

知识分类与中国近代
学术系统的重建

文韬 著

图书在版编目(CIP)数据

知识分类与中国近代学术系统的重建/文韬著. —北京:北京大学出版社,2023.6
(国家哲学社会科学成果文库)
ISBN 978-7-301-33931-2

Ⅰ.①知… Ⅱ.①文… Ⅲ.①学术思想—思想史—研究—中国—近代
Ⅳ.①B250.5

中国国家版本馆 CIP 数据核字(2023)第 068126 号

书　　名	知识分类与中国近代学术系统的重建 ZHISHI FENLEI YU ZHONGGUO JINDAI XUESHU XITONG DE CHONGJIAN
著作责任者	文　韬　著
责 任 编 辑	艾　英　谭　艳　延城城
标 准 书 号	ISBN 978-7-301-33931-2
出 版 发 行	北京大学出版社
地　　址	北京市海淀区成府路 205 号　100871
网　　址	http://www.pup.cn　新浪微博:@北京大学出版社
电 子 信 箱	pkuwsz@126.com
电　　话	邮购部 010-62752015　发行部 010-62750672 编辑部 010-62752022
印 刷 者	北京中科印刷有限公司
经 销 者	新华书店
	730 毫米×1020 毫米　16 开本　61.25 印张　1000 千字 2023 年 6 月第 1 版　2023 年 6 月第 1 次印刷
定　　价	298.00 元

未经许可,不得以任何方式复制或抄袭本书之部分或全部内容。
版权所有,侵权必究
举报电话: 010-62752024　电子信箱: fd@pup.pku.edu.cn
图书如有印装质量问题,请与出版部联系,电话: 010-62756370

《国家哲学社会科学成果文库》
出版说明

为充分发挥哲学社会科学优秀成果和优秀人才的示范引领作用，促进我国哲学社会科学繁荣发展，自 2010 年始设立《国家哲学社会科学成果文库》。入选成果经同行专家严格评审，反映新时代中国特色社会主义理论和实践创新，代表当前相关学科领域前沿水平。按照"统一标识、统一风格、统一版式、统一标准"的总体要求组织出版。

全国哲学社会科学工作办公室
2023 年 3 月

目 录

导　论　为什么是分类
　　一　福柯的寓言 / 001
　　二　交叠的"知识型" / 005
　　三　分类即文明 / 012
　　四　跨文化与跨学科的必要 / 017
　　五　文化和社会理论的介入 / 023
　　六　研究简说 / 029

第一章　西学门类的认知次序与接受语境
　　第一节　半坛陈酒：天文算学的接受基础 / 044
　　　　一　中西争历的故实 / 045
　　　　二　会通中西的清初天文学 / 048
　　　　三　硕果犹存的算学基底 / 051
　　　　四　传统数学的退场之思 / 054
　　第二节　"格致"之惑：物理与化学的接收分歧 / 057
　　　　一　定名定性与路径依赖 / 058
　　　　二　"物理"范畴的凌乱 / 061

　　　　三　成为典范的"化学"译介　/ 069
　　　　四　格致异同辨背后的中西学术观　/ 070
　第三节　险夷之间：政法泛滥的缘由　/ 076
　　　　一　政法新术与宰相旧学　/ 076
　　　　二　中西合力与西风东移　/ 079
　　　　三　政法新学与政书旧目　/ 081
　　　　四　本无与旧有的矛盾　/ 085
　第四节　一池萍碎：实学的兴起及其后效　/ 088
　　　　一　农学的故闻与新知　/ 089
　　　　二　农事成学对四民社会的考验　/ 095
　　　　三　兵学和商学的独立　/ 098
　　　　四　工学对士学的冲击　/ 100
　第五节　舍道求器：当西教遇上"磐石"　/ 105
　　　　一　最早进入中国的西教　/ 106
　　　　二　以科学传教与道器分离　/ 107
　　　　三　合儒辟佛与舍道求器　/ 111
　　　　四　清末对教义的有意规避　/ 117
　第六节　文化交流的主动与被动　/ 121
　　　　一　不求全体的实际选择　/ 122
　　　　二　学科版块的非均衡发展　/ 124
　　　　三　"发现中国"的反向传教　/ 132
　　　　四　西方汉学的隆兴　/ 135

第二章　科举与学堂：教育改制背后的社会转型
　第一节　制外西学：洋务学堂的教学实践　/ 145

　　　　　　一　三条辅助路线的梳理　/ 145
　　　　　　二　增设天文算学馆的争议　/ 151
　　　　　　三　洋务学堂的教学方式　/ 156
　　　　　　四　洋务教育的实绩与影响　/ 159
　　　第二节　科举改革方案里的中西配比　/ 162
　　　　　　一　漫长的算学立科过程　/ 162
　　　　　　二　西学融入科举的方式　/ 164
　　　　　　三　中西分立的科考思路　/ 166
　　　　　　四　融通中西的不同议案　/ 168
　　　第三节　国运转移与科举危机　/ 173
　　　　　　一　庚子突变与新政新方　/ 174
　　　　　　二　从递减到取代的转折　/ 175
　　　　　　三　科举制度的社会功效　/ 177
　　　　　　四　社会危机与科举危局　/ 181
　　　第四节　普及教育与现代社会理念　/ 186
　　　　　　一　拖垮科举的过分在意　/ 186
　　　　　　二　现代社会的学校教育　/ 189
　　　　　　三　国民理念与教育普及　/ 194
　　　　　　四　普及教育的国家背景　/ 201
　　　第五节　专业教育与现代社会生产和再生产　/ 204
　　　　　　一　对传统官员知识结构的质疑　/ 205
　　　　　　二　分门肄习的教育思想和实践　/ 208
　　　　　　三　现代社会的专业化知识生产　/ 213
　　　　　　四　教育生产与社会结构再生产　/ 218

第六节　新学科构架与中学的边缘化 / 225
　　一　中日教育理念的分歧 / 226
　　二　中日学科设置的差异 / 229
　　三　经学的文化与社会功能 / 233
　　四　学科框架里的西体中用 / 237

第三章　整合西学知识地图的努力

第一节　明末清初的中式译书分类 / 256
　　一　中式日用的大小之辨 / 257
　　二　传统思路的理器之分 / 261
　　三　颠倒的"节取"与改写的传统 / 263

第二节　清末西书类目的二次选择 / 268
　　一　甲午前的译介积累与整体追求 / 269
　　二　译书清单的新式概括 / 273
　　三　西人综述里的门类介绍 / 275
　　四　甲午前后的分类变化 / 278

第三节　西政类目的传统借鉴及其改造 / 285
　　一　新政学与新士学的建构 / 286
　　二　史学与吏学的收与放 / 292
　　三　新旧杂糅的类书类目 / 296
　　四　科举改制与框架调整 / 300

第四节　西学全体的中式求索 / 311
　　一　西学类目的座次讲究 / 311
　　二　西艺子目的先后厘定 / 315
　　三　西学类书的目录学追求 / 317

　　　　四　中学引导与西学地图 / 320
　第五节　图书馆里的西进运动 / 326
　　　　一　图书馆学现代标准存疑 / 327
　　　　二　普及与研学的分歧 / 331
　　　　三　西式的图书分类方案 / 334
　　　　四　中西调和努力的失败 / 343

第四章　传统的发明：中学分类再归纳
　第一节　"有用"中学的节取与归并 / 358
　　　　一　科举科目资源的挖掘 / 358
　　　　二　"求约"中学的提议与方案 / 363
　　　　三　书院课目改革及其失败 / 366
　　　　四　"存古"之所恤 / 373
　第二节　儒门分科的追寻与意义 / 376
　　　　一　义理、考据、辞章的发言语境 / 377
　　　　二　孔门四科说的偏执 / 381
　　　　三　发掘儒学分科的意义 / 385
　　　　四　民国的国学"正统"之争 / 387
　第三节　"六艺"类学平议 / 391
　　　　一　章太炎的大小六艺说 / 391
　　　　二　马一浮六艺论的新意 / 393
　　　　三　"六艺"的发展流变 / 398
　　　　四　经学中心到哲学中心的转移 / 408
　第四节　"四部"分类何以成为问题 / 417
　　　　一　绕不开的"四部" / 417

二　"四部"与传统学术的关系　/ 420

　　三　图书分类和学术分类的困扰　/ 427

　　四　学术分类的争议与异议　/ 430

第五节　被淡忘的类书分类及其知识形态　/ 436

　　一　古今地位的悬殊　/ 437

　　二　类书的分类研究　/ 442

　　三　类书反映的知识形态差异　/ 453

　　四　现代与前现代知识的差异　/ 460

第五章　范畴重组：中外古今之间的"艺术"

第一节　"艺术"语源及其使用语境　/ 474

　　一　驳杂多变的艺术子目　/ 474

　　二　"艺"与"术"的渊源　/ 477

　　三　"艺术"合称及其所指　/ 479

第二节　雅俗之辨与学术定位　/ 483

　　一　《四库全书》体系里的"艺术"　/ 483

　　二　雅俗之辨与内外之别　/ 485

　　三　联动的学术网络系统　/ 488

第三节　源流正变与艺术定性　/ 490

　　一　《四库全书总目》艺术子类的流变　/ 490

　　二　宽窄艺术的分水岭　/ 494

　　三　经义系统的中间概念　/ 496

第四节　中西艺术范畴的叠加　/ 498

　　一　近代语源追溯的不足　/ 498

　　二　"艺术"与"美术"的交杂　/ 500

三　范畴的并置与叠加 / 502

第五节　艺术功能的离析与对接 / 503
　　　一　新名词与旧功能 / 503
　　　二　变迁论和分层说的意义 / 505
　　　三　新眼光背后的旧旨趣 / 508

第六节　中西艺术理念的混杂 / 510
　　　一　以美为术的新定位 / 510
　　　二　对西方艺术传统的截取 / 511
　　　三　新艺术的旧因缘 / 514
　　　四　"艺术"与"美术"的分离 / 516

第六章　重塑传统：类分文学与界别学术

第一节　日译新词与文学新类 / 527
　　　一　译名之惑 / 528
　　　二　严译何以不敌日译 / 530
　　　三　"文学"的切割与混同 / 532
　　　四　宽窄文学及其古今异路 / 536

第二节　文章分类与散文的现代转型 / 544
　　　一　散文研究的古今罅隙 / 544
　　　二　"文学之文"与"应用之文" / 546
　　　三　游移的标准与矛盾的主张 / 548
　　　四　文章分类与文类排序 / 552

第三节　文章分类与文学再定位 / 554
　　　一　从正宗到阙如的文章命运 / 555
　　　二　古代应用文的丰富与精致 / 557

　　　　三　日用文章文学性的流失 / 559
　　　　四　文拒载道与文学的边缘化 / 562
　第四节　从诗歌源流看系统改造 / 567
　　　　一　《诗经》的近代文学改造 / 568
　　　　二　诗史对接的艰难 / 573
　　　　三　诗、赋对楚辞的争夺 / 578
　　　　四　谁的文学谁的古代 / 582
　第五节　类目升降与重开格局 / 587
　　　　一　文类升降及其历史改塑 / 587
　　　　二　瓠落的西式文类 / 593
　　　　三　文类发展的基本叙事 / 597
　　　　四　"四部"格局的改易 / 599
　第六节　厘定学术及其水土流失 / 605
　　　　一　研究与创作的分离 / 607
　　　　二　考据独大及其对感性的驱逐 / 612
　　　　三　实践的歧路与异路 / 616
　　　　四　理论之惑与语言缺失 / 620

第七章　"整理国故"：国学重组与系统切换
　第一节　中国文艺如何复兴 / 629
　　　　一　"整理国故"与"文艺复兴" / 630
　　　　二　晚清国粹派的"古学复兴" / 634
　　　　三　"新学"反动与"国粹"新意 / 638
　　　　四　国学新变的形式探索 / 645

第二节 "科学方法"与"系统整理" / 650
    一 民国学术的承与变 / 651
    二 胡适的"科学"转换 / 654
    三 国故整理方案中的"系统" / 661
    四 "整理"与"系统"的胶着 / 664

第三节 众学皆史的学术构架 / 668
    一 对中学系统的不同判定 / 668
    二 众学皆史的"中国文化史"构架 / 671
    三 史外无学的史学悖论 / 679
    四 新史学建设的分歧 / 684

第四节 专科建设与国学故去 / 690
    一 科学分工与国学分家 / 690
    二 胡适的"国学"与"国故" / 694
    三 "国故学"与"国学"的纠结 / 697
    四 不同的国学类分方式 / 703

第五节 截断众流与继往开来：国学定位的今与古 / 707
    一 "中国学术"的反驳 / 707
    二 国学的古代与现代之争 / 712
    三 "国故"与"国故学"的价值反转 / 716
    四 国学的异见与反覆 / 720

第六节 新知识谱系的中学碎片 / 724
    一 新知识系统的落成 / 724
    二 胡适的现代学术追求 / 728
    三 学术现代化与文化后殖民 / 734
    四 西学结构里的中国目录学 / 745

第八章　他山之石：知识分类的有限性与相对性

第一节　生物分类里的中西文化思维 / 759
　　一　亚里士多德的西方自然观 / 760
　　二　阴阳五行体系里的动物分类 / 763
　　三　横向贯通的中式求同思维 / 769
　　四　自然观看里的文化特色 / 776
　　五　中国古代生物分类的早熟与连贯 / 778

第二节　西方分类学及其发展困境 / 782
　　一　科学分类法与世界知识体系 / 783
　　二　民间知识与专家学术的分离 / 786
　　三　分类学的神学预设 / 790
　　四　渐失边界的类分对象 / 791

第三节　科学的哲学拷问 / 794
　　一　科学方法的破产 / 795
　　二　科学假设从何而来 / 800
　　三　范式更新与科学革命 / 804
　　四　科学标准的相对性 / 807

第四节　人类学与社会学的分类讨论 / 811
　　一　固定知识与固化成见的两面 / 812
　　二　对原始分类及其思维的开掘 / 817
　　三　驱动知识分类的权力话语 / 823
　　四　社会学领域的知识相对论 / 829

第五节　近代学科分类体系的建立 / 835
　　一　科学、学科与大学课程 / 835
　　二　西方近代学科体系的形成 / 839

　　　　三　中国近代学科建设历程　/ 845

　　　　四　我国当前的学科设置　/ 850

　　第六节　知识、学术、学科的辨析与反思　/ 869

　　　　一　知识分支里的学术与学科　/ 870

　　　　二　前学科时代的知识分类　/ 874

　　　　三　移动的学术边界　/ 880

　　　　四　对学科制度的反思　/ 885

余　论　平行世界与杂交文化

　　　　一　线性发展观与平行世界　/ 899

　　　　二　文化杂交的类型及其陷阱　/ 906

　　　　三　既有格局及其理论的松动　/ 912

　　　　四　全球化的地方型　/ 916

主要参考书目　/ 922

后　记　/ 949

CONTENTS

FOREWORD   WHY CLASSIFICATION
    1.1.1 The Parable of Foucault / 001
    1.1.2 The Overlapping "Episteme" / 005
    1.1.3 All That is Classified is Civilized / 012
    1.1.4 The Necessity of Intercultural and Interdisciplinary / 017
    1.1.5 The Engagement of Cultural and Social Theories / 023
    1.1.6 A Brief Introduction of This Study / 029

CHAPTER 1   THE ORDER OF PERCEPTION AND THE CONTEXT OF RECEPTION OF THE WESTERN DISCIPLINES
  1.1 The Foundation of Chinese Astronomical Mathematics When Receiving That of the West / 044
    1.1.1 Story of the Debate over the Chinese and Western Calendars / 045
    1.1.2 The Astronomy in the Early of Qing Dynasty that Incorporated both Eastern and Western Knowledge / 048
    1.1.3 The Well-established Chinese Mathematics / 051
    1.1.4 Thoughts on the Exeunt of Traditional Chinese Mathematics / 054
  1.2 Confusions Brought by the Phrase "Ge Zhi" (格致): The Difference of Reception between Physics and Chemistry / 057
    1.2.1 Nomenclature, Qualitative Method, and Dependence on Old Methodology / 058

  1.2.2 The Inconsistency of the Connotation of "Wu Li"（物理）/ 061
  1.2.3 The Translation of "Chemistry" as a Model / 069
  1.2.4 Different Perspectives behind the Debate over the Differences and Similarities of Chinese and Western Natural Science / 070

1.3 Between Danger and Ease: The Causes of the Rampancy of Politics and Law / 076
  1.3.1 The New Knowledge of Politics and Law and the Supposed Capability of Chancellors / 076
  1.3.2 The Joint Forces of China and the West and the Exemplar's Shift from the West to Japan / 079
  1.3.3 The New Knowledge of Politics and Law and the Old Catalogue of Chinese Traditional Politics / 081
  1.3.4 The Conflicts between the Blank and the Established / 085

1.4 The Rise of "Shi Xue"（实学）and Its Outcome / 088
  1.4.1 History and New Knowledge of Agronomy / 089
  1.4.2 The Rise of Agronomy as a Test of the Traditional Social Structure / 095
  1.4.3 The Independence of Strategics and Commercial Science / 098
  1.4.4 The Impact of Engineering on Scholar-Officials / 100

1.5 Abandon "Dao"（道）in Pursuit of "Qi"（器）: When Western Religions Encounter Obstacles / 105
  1.5.1 Religion as the First Western Culture to Enter China / 106
  1.5.2 Missionisation with Science and the Separation of "Dao" and "Qi" / 107
  1.5.3 Fusion with Confucianism to Counter Buddhism and the Choosing of "Qi" over "Dao" / 111
  1.5.4 The Intentional Avoidance of Creeds in the Late Qing Dynasty / 117

1.6 Active and Passive Cultural Exchange / 121
  1.6.1 Practical Choices that Do not Seek the Whole / 122
  1.6.2 The Uneven Development among Different Disciplines / 124

1.6.3　The Reverse Missionizing of "Discovering China"　/ 132

1.6.4　The Rise of Sinology in the West　/ 135

CHAPTER 2　THE IMPERIAL EXAMINATION AND THE SCHOOL SYSTEM: THE SOCIAL TRANSFORMATION BEHIND THE REFORM OF EDUCATION

2.1　The Teaching Practices of the Western Affairs Schools　/ 145

2.1.1　The Three Supplementary Routes　/ 145

2.1.2　The Controversy over the Addition of the School of Astronomy and Mathematics　/ 151

2.1.3　The Teaching Methods of the Western Affairs Schools　/ 156

2.1.4　The Achievements and Impact of Western Education　/ 159

2.2　The East-West Assortment in the Reform Plan of Imperial Examination　/ 162

2.2.1　The Long Process of Establishing the Subject of Mathematics　/ 162

2.2.2　The Integration of Western Knowledge into the Imperial Examination　/ 164

2.2.3　The Separation of Western and Chinese Studies in the Imperial Examination　/ 166

2.2.4　Different Proposals for Integrating the East and the West　/ 168

2.3　The Shift in National Fortune and the Crisis of the Imperial Examination　/ 173

2.3.1　The Late Qing Mutiny and the New Deal　/ 174

2.3.2　The Turning from Diminution to Replacement　/ 175

2.3.3　The Social Efficacy of the Imperial Examination System　/ 177

2.3.4　Crisis of the Society and the Imperial Examination　/ 181

2.4　Universal Education and Ideology of Modern Society　/ 186

2.4.1　Excessive Expectations that Brought Down the Imperial Examination　/ 186

2.4.2　School Education in Modern Society　/ 189

2.4.3　National Ideas and Popularization of Education　/ 194

2.4.4　National Background of Universal Education　/ 201
2.5　Professional Education and Modern Social Production and Reproduction　/ 204
 2.5.1　Doubts on the Traditional Knowledge Structure of Officials　/ 205
 2.5.2　Educational Thought and Practice of Learning According to the Division of Disciplines　/ 208
 2.5.3　Specialized Knowledge Production in Modern Society　/ 213
 2.5.4　Educational Production and Social Structure's Reproduction　/ 218
2.6　New Framework with New Subjects and Marginalization of Traditional Chinese Scholarship　/ 225
 2.6.1　Divergences in the Idea of Education between China and Japan　/ 226
 2.6.2　Differences in Disciplinary Settings between China and Japan　/ 229
 2.6.3　Cultural and Social Functions of "Jing Xue"（经学）　/ 233
 2.6.4　The Dominance of Western Scholarship within the Framework of Disciplines　/ 237

CHAPTER 3　EFFORTS TO INTEGRATE THE KNOWLEDGE MAP OF "WESTERN SCHOLARSHIP"

3.1　Classification of Chinese Translations in the Late Ming and Early Qing Dynasties　/ 256
 3.3.1　The Chinese Traditional Categorization Based on Application　/ 257
 3.3.2　The Division of "Li"（理）and "Qi" in Traditional Thoughts　/ 261
 3.3.3　Reversed "Extraction" and Rewriting Tradition　/ 263
3.2　The Second Selection on Categories of Western "Lei Shu"（类书）in the Late Qing Dynasty　/ 268
 3.2.1　Accumulation of Translations and Overall Pursuit Before Sino-Japanese War　/ 269
 3.2.2　New Summarization of the Lists of Translated Books　/ 273
 3.2.3　Categories Introduced in Works Written by Westerners in China　/ 275
 3.2.4　Changes on Classification before and after the Sino-Japanese War　/ 278

3.3 The Emergence of "Xi Zheng" (西政) Based on the Reference and Modification of Tradition / 285
    3.3.1 Construction of New Politics and New "Shi Xue" (士学) / 286
    3.3.2 The Narrowing of Historiography and Expansion of "Li Xue" (吏学) / 292
    3.3.3 Categories of "Lei Shu" with a Mixture of the Old and the New / 296
    3.3.4 Reform of the Imperial Examination System and the Adjustment of Framework / 300

3.4 The Chinese Way of Obtaining Comprehensive Western Scholarship / 311
    3.4.1 Emphasis Order on the Category of Western Disciplines / 311
    3.4.2 Comparison and Evaluation of the Subjects of Western Natural Science / 315
    3.4.3 The Purpose of "Mu Lu Xue" (目录学) in the Western Knowledge Compilations / 317
    3.4.4 Traditional Chinese Methodology and the Map of "Western Scholarship" / 320

3.5 Westward Movement in the Library / 326
    3.5.1 Doubts on the Modern Standards of Library Science / 327
    3.5.2 Divergences between Public Education and Specified Research / 331
    3.5.3 Western-style Book Classification Scheme / 334
    3.5.4 The Failed Attempt to Reconcile China and the West / 343

CHAPTER 4 THE INVENTION OF TRADITION: RECLASSIFICATION OF CATEGORIES OF CHINESE SCHOLARSHIP

4.1 Extraction and Merging of "Useful" Chinese Scholarship / 358
    4.1.1 Excavation of Imperial Examination Subjects / 358
    4.1.2 Proposals and Plans for Simplifying Chinese Scholarship / 363
    4.1.3 Curriculum Reform in "Shu Yuan" and Its Failure / 366
    4.1.4 What Did the School of Chinese Scholarship Preservation Try to Preserve? / 373

4.2 The Pursuit and Significance of Confucian Subjects / 376
    4.2.1 The Context of "Yi Li"（义理）, "Kao Ju"（考据）, and "Ci Zhang"（辞章）/ 377
    4.2.2 Question on the Four Subjects of Confucianism / 381
    4.2.3 Significance of the Confucian Subjects / 385
    4.2.4 The Controversy over the Orthodoxy of "Guo Xue"（国学）in the Period of the Republic of China / 387

4.3 Objective Review on "Liu Yi"（六艺）/ 391
    4.3.1 Zhang Taiyan's Theory of "Liu Yi" / 391
    4.3.2 Novelty of Ma Yifu's Theory of "Liu Yi" / 393
    4.3.3 Development and Evolution of "Liu Yi" / 398
    4.3.4 Transfer from the Center of "Jing Xue" to the Center of Philosophy / 408

4.4 How Come the "Si Bu"（四部）Classification Becomes a Problem / 417
    4.4.1 The Widely Used "Si Bu" Classification / 417
    4.4.2 The Relationship between "Si Bu" and Traditional Academics / 420
    4.4.3 Troubles in Book Classification and Academic Classification / 427
    4.4.4 Controversies of Academic Disciplines / 430

4.5 The Forgotten "Lei Shu"（类书）and Its Forms of Knowledge / 436
    4.5.1 The Disparity between Ancient and Modern Status / 437
    4.5.2 Different Classification of Different Types of "Lei Shu" / 442
    4.5.3 Differences in the Forms of Knowledge Reflected by "Lei Shu" / 453
    4.5.4 Differences between Modern and Pre-modern Knowledge / 460

CHAPTER 5 REORGANIZATION OF CATEGORIES: "YI SHU"（艺术）BETWEEN CHINA AND THE WEST, BETWEEN ANCIENT AND MODERN

5.1 The Etymology of "Yi Shu" and Its Context of Use / 474
    5.1.1 The Variety of Yi Shu's Subcategory / 474
    5.1.2 The Origin of "Yi"（艺）and "Shu"（术）/ 477
    5.1.3 The Collective of "Yi" and "Shu" and Its Signified / 479

5.2 Distinction between Elegance and Vulgarity and Academic Orientation / 483
    5.2.1 "Yi Shu" in the Academic System of "Si Ku"（四库）/ 483
    5.2.2 Distinction between Elegance and Vulgarity and the Difference between Inside and Outside / 485
    5.2.3 The Interlinked Academic Network Systems / 488
5.3 The Evolution and Nature of "Yi Shu" / 490
    5.3.1 The Evolution of Art Subcategories in "Si ku" / 490
    5.3.2 The Watershed of Wide and Narrow "Yi Shu" / 494
    5.3.3 The Intermediate Concept of the "Si Bu" System / 496
5.4 Overlapping of Chinese and Western Categories of Art / 498
    5.4.1 Defects of Modern Etymological Study / 498
    5.4.2 The Jumbled Uses of "Art" and "Fine Arts" / 500
    5.4.3 Juxtaposition and Overlapping of Categories / 502
5.5 Separation and Connection of Art's Functions / 503
    5.5.1 New Terms and Old Functions / 503
    5.5.2 Significance of the Theory of Change and the Theory of Stratification / 505
    5.5.3 The Old Understanding Behind the New Vision / 508
5.6 The Mixture of Chinese and Western Art Ideas / 510
    5.6.1 New Positioning of "Beauty" as "Yi Shu" / 510
    5.6.2 Extraction of Western Art Traditions / 511
    5.6.3 Traditional Expectation of New Discipline / 514
    5.6.4 The Separation of "Art" and "Fine Art" / 516

CHAPTER 6 RESHAPING TRADITION: RECATEGORIZING LITERATURE AND REVIEWING ON ACADEMICS

6.1 Japanese-translated Nouns and New Categories in Literature / 527
    6.1.1 Complications in Translating Nouns / 528
    6.1.2 How Come Yan Fu's Translations Cannot Compete with Japanese Translations / 530

6.1.3　Segmentation and Fusion of "Wen Xue"（文学）/ 532
6.1.4　Distinctions between General and Narrow, Ancient and Modern Literature / 536

6.2　Classification of Article and Modern Transformation of Prose / 544
6.2.1　Gaps between Ancient and Modern Researches in Prose / 544
6.2.2　"Literary Writing" and "Applied Writing" / 546
6.2.3　Erratic Standards and Contradictory Claims / 548
6.2.4　Classification of Article and Sorting of Genre / 552

6.3　Classification of Article and Literature's Repositioning / 554
6.3.1　The Fate of an Article from the Orthodox to Annihilation / 555
6.3.2　The Richness and Delicacy of Applied Articles in Ancient Times / 557
6.3.3　The Loss of Literariness in Applied Articles / 559
6.3.4　The Fracture between Article and "Dao" and the Marginalization of Literature / 562

6.4　Outlook of System Transformation from the Perspective of the Origin of Poetry / 567
6.4.1　Modern Literary Transformation of *Shi Jing*（诗经）/ 568
6.4.2　Obstacles in Pursuing Continuity in the History of Poetry / 573
6.4.3　Poem and Fu Competing over *Chu Ci*（楚辞）/ 578
6.4.4　Whose Literature, Whose Ancient Times / 582

6.5　The Rise and Fall of Genres and Renovation of the Original Setting / 587
6.5.1　The Rise and Fall of Genres and the Rewriting of Their History / 587
6.5.2　Literature Genre of the West Is Unfit for China / 593
6.5.3　Basic Narratives of Genre Development / 597
6.5.4　Changes in the Setting of "Si Bu" / 599

6.6　Reshuffling Academics and the Resulting Damage to Chinese Scholarship / 605
6.6.1　Separation of Research and Creation / 607
6.6.2　"Kao Ju"（考据）Canonized and Its Expulsion of Sensibility / 612
6.6.3　The Downgraded Practical Knowledge / 616

6.6.4　The Confusion of Theory and the Lack of Academic Language / 620

CHAPTER 7　SORTING OUT "GUO GU"（国故）: REORGANIZATION OF "GUO XUE"（国学）AND SWITCHING SYSTEM

7.1　How to Revive Chinese Literature and Art / 629

    7.1.1　Sorting out "Guo Gu" and China's "Renaissance" / 630

    7.1.2　The "Renaissance of Ancient Academics" of the "Guo Cui"（国粹）School in the Late Qing Dynasty / 634

    7.1.3　What "Xin Xue"（新学）Opposed and the Novelties in "Guo Cui" / 638

    7.1.4　The Exploration of Forms in the Process of "Guo Xue's" Development / 645

7.2　"Scientific Methodology" and "Systematic Sorting" / 650

    7.2.1　The Inheritance and Change in Academics in the Republic of China / 651

    7.2.2　The Transformation of Hu Shi's "Science" / 654

    7.2.3　"System" in the Plan of Sorting / 661

    7.2.4　The Interwoven "Sorting" and "System" / 664

7.3　The Academic Framework in Which All Studies Are History / 668

    7.3.1　Different Judgments for the System of Chinese Scholarship / 668

    7.3.2　The Framework of "Chinese Cultural History" in Which All Studies Are History / 671

    7.3.3　Historiographical Paradoxes of "All Studies Are History" / 679

    7.3.4　Different Opinions on New Historiography / 684

7.4　The Construction of Disciplines and the Dying of "Guo Xue" / 690

    7.4.1　Modern Division of Labor and the Disintegration of "Guo Xue" / 690

    7.4.2　Hu Shi's "Guo Xue" and "Guo Gu" / 694

    7.4.3　The Entanglement of "Guo Xue" and "Guo Gu Xue"（国故学）/ 697

    7.4.4　Different Classification Methods of "Guo Xue" / 703

7.5 Controversy over the Modern and Ancient Positioning of Chinese Scholarship / 707
    7.5.1 Rebuttal from "Chinese Academics" / 707
    7.5.2 The Controversy over Ancient and Modern Chinese Scholarship / 712
    7.5.3 Value Reversal of "Guo Gu" and "Guo Gu Xue" / 716
    7.5.4 Different Opinions on Chinese Scholarship / 720
7.6 Fragments of Chinese Scholarship in the New Knowledge System / 724
    7.6.1 Completion of the New Knowledge System / 724
    7.6.2 Hu Shi's Modern Academic Pursuit / 728
    7.6.3 Modernization of Academics and Cultural Post-Colonization / 734
    7.6.4 Chinese "Mu Lu Xue" in the Structure of Western Scholarship / 745

CHAPTER 8 THE LIMITATION AND RELATIVITY OF KNOWLEDGE CLASSIFICATION

8.1 Chinese and Western Cultural Differences in Taxonomy / 759
    8.1.1 Aristotle's View of Nature / 760
    8.1.2 Classification of Animals in Chinese Yin-yang and Five-element System / 763
    8.1.3 Chinese-style Comprehensive Thinking That Seeks Common Ground / 769
    8.1.4 Characteristic Cultures in Nature Observation / 776
    8.1.5 The Precocity and Coherence of Taxonomy in Ancient China / 778
8.2 Western Taxonomy and the Predicament of Its Development / 782
    8.2.1 Scientific Classification and the World Knowledge System / 783
    8.2.2 Separation of Folk Knowledge and Academic Learning / 786
    8.2.3 Theological Presuppositions of Taxonomy / 790
    8.2.4 Objects of Classification with Fading Boundaries / 791
8.3 Philosophical Query on Science / 794
    8.3.1 The Bankruptcy of the Scientific Methodology / 795
    8.3.2 Where Do Scientific Hypotheses Come From / 800
    8.3.3 Paradigm Updates and Scientific Revolution / 804

8.3.4 Relativity of Scientific Standards / 807
8.4 Studies of Classification in Anthropology and Sociology / 811
   8.4.1 The Two Sides of Fixed Knowledge and Fixed Stereotypes / 812
   8.4.2 Research on Primitive's Categorization Behaviors / 817
   8.4.3 The Discourse of Power That Motivates Knowledge Classification / 823
   8.4.4 Knowledge Relativity in the Field of Sociology / 829
8.5 Establishment of the Modern Discipline Classification System / 835
   8.5.1 Science, Disciplines, and University Curriculum / 835
   8.5.2 Formation of Western Modern Discipline System / 839
   8.5.3 History of Discipline Construction in Modern China / 845
   8.5.4 Current Setting of Disciplines in China / 850
8.6 Analysis and Reflection on Knowledge, Academics, and Disciplines / 869
   8.6.1 Academics and Disciplines in the Branch of Knowledge / 870
   8.6.2 Classification of Knowledge in the Pre-disciplinary Era / 874
   8.6.3 The Fluid Academic Boundaries / 880
   8.6.4 Reflections on the Discipline System / 885

EPILOGUE PARALLEL WORLDS AND HYBRID CULTURES
   1 Linear Outlook on Development and Parallel Worlds / 899
   2 Types of Cultural Hybridization and Its Pitfalls / 906
   3 Loosening of Existing Structure and Its Theories / 912
   4 The Localized Globalization / 916

MAIN BIBLIOGRAPHY / 922

AFTERWORD / 949

导　论
为什么是分类

一　福柯的寓言

阿根廷作家博尔赫斯（Jorge Luis Borges，1899—1986）在短篇小说《约翰·威尔金斯的分析语言》里，假弗兰兹·库恩博士（《红楼梦》德文译者）之口，引述了一段中国古代百科全书关于动物分类的材料：

> 动物可以划分为：① 属皇帝所有，② 有芬芳的香味，③ 驯顺的，④ 乳猪，⑤ 鳗螈，⑥ 传说中的，⑦ 自由走动的狗，⑧ 包括在目前分类中的，⑨ 发疯似地烦躁不安的，⑩ 数不清的，⑪ 浑身有十分精致的骆驼毛刷的毛，⑫ 等等，⑬ 刚刚打破水罐的，⑭ 远看像苍蝇的。①

作为一篇文学作品，其真实性已无从考索。它广为人知，是因为被法国思想家米歇尔·福柯（Michel Foucault，1926—1984）在1966年出版的《词与物：人文科学考古学》里引用过。《词与物》的开篇就是："博尔赫斯作品的一段落，是本书的诞生地。"大笑不止之后，福柯开始了他对人文科学的"考古"，由此揭示了隐藏在言语、分类、表象之后波澜壮阔的思想秩序和话语体系。六十多年来，该书被译成六十多种文字，被公认为西方现代哲学的扛鼎之作。

福柯把这则据说来自《天朝仁学广览》的动物分类法，视为挑战"我们自己的思想的限度"的一个"寓言"。他认为它之所以如此怪异，是因为破

---

① 转引自〔法〕米歇尔·福柯：《词与物——人文科学考古学》，莫伟民译，上海三联书店，2001，前言第1页。

坏了我们共同的思想基础，而场基的丧失和秩序的破坏，将带来文明的失所症和失语症。① 是的，近代以来，中华文明就是以失所或失语的状态呈现在世人面前。因而即使它出自博尔赫斯的杜撰，西方人也不会怀疑其真实性。分类法的醒目不在于具体条目的不可理喻，而是它展现了文化的基本逻辑，是文化理解和文明对话的基础。

我们要感谢福柯的审视，他让越来越多的人开始思考中华文明何以变形。英国著名史学家彼得·伯克（Peter Burke，1937— ）在《知识社会史》里就指出，"和欧洲人一样，中国人和日本人处理异域知识的方法是将其转化成自己的种类当中，进而把它归入他们本身的分类体系之中"②。也就是说，其实欧洲人和中国人、日本人一样，也是以类比方式理解其他文明的。否则，就不会有福柯对这张动物分类表的在意，一如明末传教士把中国的阴阳概念和亚里士多德的"本质"和"形式"对应起来③。是否可笑及可笑的程度，取决于对背后的文化场基和文明秩序的了解。

面对这种奇特的动物分类，福柯没有一笑了之，被嘲笑的中国人更不该一笑而过。福柯没有分析其中的具体物类，一旦认真审视这些动物，我们会惊讶地发现，这些被冠以中国之名的动物却闪烁着西方文明的底色——于中于西，其实都不存在彼得·伯克所谓"转化"的基础。如果说"属皇帝所有"指的是皇家御兽，"驯顺的"指被驯养的家畜，"传说中的"动物相较现实而言，还有一定的中国依据；"乳猪""鳗螈""自由走动的狗"作为个体出现在类目表里，与中国古代好单列首要之物的做法（见第三章第一节），也暗中相符。而猪在中国文化里平淡无奇，只有在西方宗教观念下，才格外醒目；鳗螈为中国所无、北美特有的物种；"刚刚打破水罐的"是西方古代寓言故事里的情节；"浑身有十分精致的骆驼毛刷的毛"让人想起中古欧洲银柄雕花的动物毛制大衣衣刷；"发疯似地烦躁不安的"也不是中式表达；"有芬芳的香气"则是 1640 年约翰·帕金森（John Parkinson）类分植物时采

---

① 〔法〕米歇尔·福柯：《词与物——人文科学考古学》，前言第 1—2 页。
② 〔英〕彼得·伯克：《知识社会史（上卷）：从古登堡到狄德罗》，陈志宏、王婉旎译，浙江大学出版社，2016，第 85 页。
③ 同上书，第 222 页。

用的范畴（见第八章第二节）。驯养、野生、准野生的动物分类标准，曾经用于英国财产案和盗窃案的法律裁断里。"包括在目前分类中的""等等"出现在类目表中，有补缀的嫌疑，由西方人的中国想象来达成。因此，尽管福柯没有追究这些细节，但他所说此中透露的思想限度，其实是西方人自己的，而非中国的实际。

早期欧洲国家曾以可食与不可食、有用与无用、野生与驯养等二元标准，对动物进行分类。这种出于实际需求的类分方式，各大文明都不会陌生。但是把乌鸦、岩鹬、骆驼、海狸、蝙蝠、马、猪等相距甚远的动物归于不洁净的类属，不了解西方宗教的中国人同样会觉得莫名其妙。① 英国医生约翰·凯厄斯（John Caius）在1576年的《论英国犬》里，曾把狗分成高贵的、粗鄙的、下贱堕落的3种。高贵狗中的狩猎犬按照能斗鸟还是斗畜生，斗鸟是斗水鸟还是斗旱鸟，继续细分。粗鄙狗中的看家狗分为是否吠叫和是否咬人2种，如果又吠又咬人，是先吠后咬还是先咬后吠。野狗则无论多么强健和威猛，都属于下贱堕落之列。② 这样的动物分类方式，在中国人看来毫无道理，不是故作幽默便是无聊。至于山羊是淫荡的、猪是肮脏的、蚂蚁是节俭的，更充满了拟人化的想象。若不交代分类原则，仅仅列出类目，讲究形式逻辑的西方文化在其他文明看来，同样不可理喻。以生殖系统和解剖结构类分动物，是欧洲18世纪以后的事，非常晚近，而且一度被斥责为阴暗下作（见第八章第二节）。

博尔赫斯的中国古代动物分类法被福柯视为一个寓言，我也把福柯的转述当作一个寓言。在福柯眼里，紊乱的动物分类法植根于最讲究条理秩序的中华文明，有序中的无序拷问的是西方思维的边界——

> 在我们的想象系统中，中国文化是最谨小慎微的，最为秩序井然的，最最无视时间的事件，但又最喜爱空间的纯粹展开；我们把它视为一种

---

① 〔英〕玛丽·道格拉斯：《洁净与危险——对污染和禁忌观念的分析》，黄剑波、柳博赟、卢忱译，商务印书馆，2018，第6页。
② 转引自〔英〕基思·托马斯：《人类与自然世界：1500—1800年间英国观念的变化》，宋丽丽译，译林出版社，2009，第49页。

苍天下面的堤坝文明；我们看到它在四周有围墙的陆地的整个表面上散播和凝固。即使它的文字也不是以水平的方式复制声音的飞逝；它以垂直的方式树立了物的静止的但仍可辨认的意象。这样，被博尔赫斯引用的中国百科全书，以及它所提出的分类法，导致了一种没有空间的思想，没有家园和场所的词与范畴，但是这种词和范畴却植根于庄重的空间，它们全都超载了复杂的画像、紊乱的路径、奇异的场所、秘密的通道和出乎意料的交往；于是，在我们居住的地球的另一端，似乎存在着一种文化，它完全致力于空间的有序，但是，它并不在任何使我们有可能命名、讲话和思考的场所中去分类大量的存在物。①

福柯的不同寻常在于，尽管博尔赫斯引述的动物分类法挑战了静止的、铺陈的、有序的中国文化形象，但他还是坚持中国文化本是有着"庄重的空间"秩序的，只是它超出了欧洲人的分类及其思维而已。中国总是激发欧洲人的想象，不止一次带来对欧洲社会及其思想的反思，一如福柯所言，"为西方人构建了一个巨大的乌托邦储藏地"②。然而，住在"四周有围墙的陆地"上的中国人，却总在鄙视四夷和技不如人两端之间摇摆。西方之于我们，总为隔阂的他者，是危险与不安的所在。中西文化的交流是不对等的。

近代的历程就是现代化的过程，是中国被迫取径西方的过程。吊诡的是，一方面，古老的中国的确在学习西方的过程中，变得理性，变得更讲究科学逻辑了；另一方面，曾经那样谨慎有序的中国文化成了一堆"词和范畴"的集合，果真成为一张失去场基的、博尔赫斯式的动物分类表。因而，当前学术乃至整个中国社会不免存在这样一种断裂：研究古代中国或热爱传统文化的人，不遗余力地挖掘中华文明曾经的伟大；而近代中国研究的基本思路，是证明中国社会如何摆脱落后的文化传统，努力学习西方，最后步入富强民主的现代国家。前后价值判断的割裂，不仅反映了当代中国仍在启蒙话语和复兴传统之间游移，也表明古代中国的基本样貌已在西式的现代思维里日渐模糊。

---

① 〔法〕米歇尔·福柯：《词与物——人文科学考古学》，前言第6—7页。
② 同上书，前言第6页。

福柯从有序中国的无序分类法出发，最终找到了看似连续的欧洲文化不同时期、不同思维、不同言语秩序的"知识型"（épistémè）的更迭。我从福柯的寓言开始，追迹作为整体的中国学术类目表，发现的亦是破碎的家园。

二　交叠的"知识型"

1920年，刚进入北京大学图书馆工作的顾颉刚，撰写了《重编中文书目的办法》和《图表编目意见书》。北大图书馆之前并非没有目录，但是顾颉刚认为传统的图书分类不科学：

> 旧时士夫之学，动称经史词章。此其所谓统系乃经籍之统系，非科学之统系也。惟其不明于科学之统系，故鄙视比较会合之事，以为浅人之见，各守其家学之壁垒而不肯察事物之会通。①

经、史、词章的归纳方式，即以前通行的经史子集"四部"分类法，顾氏认为只是"经籍之统系"——范围太窄，不过是经师们兜圈圈的"家学"。既然现在"有科学之成法矣"②，便应打破家学的壁垒，重建一个"科学之统系"。什么是科学的统系呢？在《重编中文书目的办法》里，他提出重编书目的三步法：先拆散丛书，与单本平行，一起做书目目录和著者目录；接着着手更细致的学派目录；最后编制分类目录。分类目录最终要中西"合目"，为的是"与西文书打通界限"。③

因此，顾颉刚不承认固有的经史词章是学术的分类，是因为心中另有一套"科学之统系"。他意欲"用了学术史的分类来定书籍的分类"④，其实是回应老师胡适的主张。在1919年的《新思潮的意义》里，胡适指出：

> 我们对于旧有的学术思想，积极的只有一个主张，——就是"整理国故"。整理就是从乱七八糟里面寻出一个条理脉络来；从无头无脑里面

---

① 顾颉刚：《〈古史辨〉第一册自序》，《顾颉刚古史论文集》第一册，中华书局，1988，第30页。
② 同上书，第31页。
③ 顾颉刚：《重编中文书目的办法》，《北京大学日刊》1920年9月15日第693期。
④ 顾颉刚：《〈古史辨〉第一册自序》，《顾颉刚古史论文集》第一册，第27页。

寻出一个前因后果来；从胡说谬解里面寻出一个真意义来；从武断迷信里面寻出一个真价值来。为什么要整理呢？因为古代的学术思想向来没有条理，没有头绪，没有系统，故第一步是条理系统的整理。①

中国旧有学术乱七八糟、无头无脑，充满了各种胡说谬见和武断迷信，自然谈不上真正的学术。不再尊奉旧学的后生，像顾颉刚一样"很感受没有学术史的痛苦"②。对接受了西学和立意西向的民国新派学人来说，首先亟须改变的就是中国学术"没有条理，没有头绪，没有系统"的乱况，因此"整理国故"的第一步就是"条理系统的整理"——从乱七八糟的材料里寻出一条"科学"的线路来。

可到哪里去寻找路线和头绪呢？刚挣脱传统束缚的顾颉刚，首先想到了图书分类。他一开始认为周秦古籍可以参照经、传、记、纬、别经、别传的旧方，《国学志》立意仿效的对象也是《太平御览》《经世文编》《宋元学案》《经义考》《群书治要》《北溪字义》等古代典籍，仍然没有跳出中学的窠臼。直到大学毕业，在1920年的《图表编目意见书》里，才出现数学、物理、天文、地理、地质、生物、历史、言语、医学、工艺、农业、美术等学科类别，只是笼统归并在10个序列号里而已。③ 顾颉刚受老师影响在前，而胡适成文在后。

1923年，胡适在纲领性的文章《〈国学季刊〉发刊宣言》④里，号召径直依西洋样式，把传统学术分成民族史、语言文字史、经济史、政治史、国际交通史、思想学术史、宗教史、文艺史、风俗史、制度史10个类目，往下再行细分。虽然对传统分类法已弃置不顾，但胡适也是从分类入手的。他说，没有经过"科学"整理的国学图书是不能读的，读了危害青年。他要把科学精神从现代贯通到古代，在新的类目框架下重序中学。顾颉刚后来成为"整理国故"运动的得力干将，跟着老师步子越迈越大，最终由订古走向了疑古。

中学果真没有条理、没有头绪、没有系统吗？同样成长于民国的史学家吕思勉后来回忆说："当时之风气，是没有现在分门别类的科学的，一切政治

---

① 胡适：《新思潮的意义》，《胡适全集》第1卷，安徽教育出版社，2003，第698页。
② 顾颉刚：《〈古史辨〉第一册自序》，《顾颉刚古史论文集》第一册，第28页。
③ 顾颉刚：《图表编目意见书》，《北京大学日刊》1920年11月14日第743期。
④ 胡适：《〈国学季刊〉发刊宣言》，《胡适全集》第2卷，第13—14页。

上社会上的问题，读书的人，都该晓得一个大概，这即是当时的所谓'经济之学'。我的性质，亦是喜欢走这一路的，时时翻阅《经世文编》一类的书，苦于掌故源流不甚明白。"①"掌故源流不甚明白"是每一个初学者都会遇到的问题，何况读的还是文选，关键看后来如何解决。吕思勉说，后来他读了《三通考辑要》《通考》《通典》《通志》，才觉得眉目清晰起来。他遵循的其实是中国传统的治学路径：以"经济之学"为要，从政书典志体进入。以"三通"为代表的典志不仅注重历代政治、经济、文化制度沿革，还是分门别类的专题考据，所以其续书经常被放进类书里（见第四章第五节）。可见，中国古代学术非但注重源流变迁，也不乏分门别类的专题讲述。从传统路径走来的学者，一样可以从事新式的研究。

事实上，中国古代有一专门的学问，不仅旨在学术脉络的辨析与梳理（章学诚所谓"辨章学术，考镜源流"），还以学术的分门别类为能事（郑樵言"类例既分，学术自明"），这就是顾颉刚提到的目录学。王鸣盛说："目录之学，学中第一紧要事，必从此问涂，方能得其门而入……"②郑樵指出："学之不专者，为书之不明也。书之不明者，为类例之不分也。有专门之书则有专门之学，有专门之学则有世守之能。人守其学，学守其书，书守其类，人有存没而学不息，世有变故而书不亡。"③从《汉书·艺文志》到《四库全书总目》，再到张之洞的《书目答问》，历朝历代无不以类存书，以书继学。若往前追，还有《庄子·天下》《荀子·非十二子》《韩非子·显学》等述学专篇，向为世人所重。

古人读书以目录学为指引，顺藤摸瓜，登堂入室。直到1875年，张之洞仍在强调"将《四库全书总目提要》读一过，即略知学术门径矣。析而言之，《四库提要》为读群书之门径"④，也依然在践行"门径秩然，缓急易

---

① 李永圻编：《吕思勉先生编年事辑》，上海书店，1992，第25—26页。
② 王鸣盛：《十七史商榷 1》，中华书局，1985，第1页。
③ 郑樵：《编次必谨类例论六篇》，《通志二十略》，中华书局，1995，第1804页。
④ 张之洞：《〈輶轩语〉一·语学》，苑书义、孙华峰、李秉新主编：《张之洞全集》第12册，河北人民出版社，1998，第9791页。

见"①的目录学写作。因此才会有晚清西学目录的繁盛（见第三章第四节）。既然分类是中国古代学术的线索和门径，是顾颉刚、胡适重建近代学术的首务和纲要，那么也就是我们考察古今学术变迁和模式转换的绝佳入口。

民国以后，清末盛行的西学目录成为明日黄花，《书目答问》之类的中学指南也无人再问津。面对同一扇门，后来人却发现进不去了。隔着院墙望望，看到的也不再是屋舍俨然，一如看惯了布局规整的欧洲人突然闯进了中国园林，大多会迷失在"乱七八糟"的通幽曲径里。胡适当然不是真的摸不着门墙，有意地视而不见罢了。可后面接受新教育的青年学生，若非专习，真的快连国学的基本常识都没有了。作为留美预备学堂的清华大学，学生出国前不是恶补外语，而是"很想在短时期中得着国故学的常识"②，方有1923年胡适兴致勃勃地开具的《一个最低限度的国学书目》。但由于粗疏，遭到梁启超的严厉批评。旋即，梁氏以不亚于当年张之洞的热情，另拟了《国学入门书要目及其读法》。

新旧两位学术领袖的图书目录之争，在社会上引起了强烈的反响。嗅觉灵敏的《京报副刊》立刻向海内外学者征集青年必读书目，两个月内竟刊出了78个不同方案，其中就有鲁迅"要少——或者竟不——看中国书，多看外国书"③的惊人回复。虽说后来焦点由目录转移到具体书目上去了，但如何读古书、如何区分书类、如何进入传统学术，不同程度地唤醒了国人依类求学和目录为学术之大宗的记忆。有人甚至以补正国学书目成为大学教授，气得革新派的吴稚晖对德高望重的梁启超也大骂出口（《箴洋八股化之理学》）。无论是赞同还是反对，此处依然是中学研习的重镇。

尽管胡适开列的国学书目有许多不足，与他在《〈国学季刊〉发刊宣言》里拟定的"中国文化史"类目也相差甚远，清华学生就质疑过，但是胡适放弃传统分类（仅立工具、思想史、文学史三类）乃至部分核心典籍，以西式学科改造中国学术的立意却是明确的。中国近代学术建立在否定旧学、打倒

---

① 张之洞：《书目答问略例》，张之洞撰，范希曾补正：《书目答问补正》，上海古籍出版社，2001，第3页。
② 胡适：《一个最低限度的国学书目》，《胡适全集》第2卷，第112页。
③ 鲁迅：《这是这么一个意思》，《鲁迅全集》第7卷，第274页。

传统的基础上，胡适表示，矫枉必须过正，不仅从前的学术分类必须抛弃，"国学"本身也是不合科学精神的。不科学就没有保存下去的必要，要接受改造的不仅是学术分类，还有整个的中国传统学术。在接下来的年月里，虽然争议不断，但是胡适义无反顾，乃至被称为主张一贯到"没有最后见解"的人（李敖语）。国学当然不是没有脉络，不过是否定它的线索而已；中学也不是没有分类，而是不承认之前的架构。"整理国故"从条理系统开始，重建学术从重新分类发轫，未始没有受到传统目录学的启发。中国人向来讲究纲举目张，分类是重新布局的关键。

民国初年是新旧学术的交替期，不同的学术取向和治学路径并存。循旧者可以继续沿用往日的经籍注疏形式，刘文典、杨伯峻是也；目新者可以推广西式的中学，胡适、顾颉刚是也；居中者也可以以"不古不今""即古即今"自命，王国维、陈寅恪是也；当然，半古半今、半中半西的属于多数。若非偏远闭塞，国人或多或少都受到西潮的影响，康有为、章太炎、刘师培早就开始"旧瓶装新酒"。可洋派里头，还有东洋和西洋的区别；西洋里头，法英、法德、法美还是法俄，亦不可执一而论。但形势日趋明朗，新格局的初步落成却并非晚清的科举与学堂之争，而是20年代开始的"整理国故"运动。新类目、新形式、新思路由今至古，鱼贯而上，通吃国学的各大门类，立新的工程全面展开。随着各类学科史的翻译和写作，新学科构架得以落实，西式近代学科体系基本落成。

经过"整理国故"的系统条理，以前的图书统统成为古代研究的史料，之后的分科讨论才是合乎科学的现代学术。古今隔开的不仅是两个时段，更是两套不同的学术体系和思维方式。硝烟散去，进入具体问题的研究，今人却未必能意识到这一点。关注当下的现代学术还好，并不讳言西化了的观念与生活，现代性反思也是常见的话题。可古代研究却总是在语境前置中难辨真假，我们在新的系统里做着西式的中国研究，以近代重新结构的古代叙事为过去发生的真实。渐渐地，把这场由西方话语主导的改天换地，内化为历史的自然发生，或是天经地义的学术进化。如果不能准确定位过去，作为古今过渡的近代研究就不知该从何处讲起。事实上，近代研究从一开始就站在古代研究的对立面上，此消彼长的斗争关系，在战争结束乃至形势已经变化的今天,依然主导着学术研究的基本格局。

今天,走进任何一家图书馆,都会看到一排排以英文字母顺序排列的图书:A打头的是马列主义毛泽东思想,B为首的是哲学和宗教书籍,冠以C的是社会科学总论,D是政治和法律图书,军事在E类里,文学要到I里去找,数学、物理、化学并在O类里,T是工业技术,Z类放的是综合性图书。字母是类别码,哲学、政治、文学、数学等是具体学科。普通读者往来于有限的几个图书区域,专业人员熟悉本学科和相关学科的图书排架就可以。这种与大学专业挂钩的学科分类,的确减少了图书的查找难度。但若要查找古代文献,眼前就一片汪洋了。

此时此刻,我们才想起近代已经用西方类目置换了原有分类。要进入中国古代的思想文化世界,须泅过一条宽广的河流,从一个"知识型"切换到另一个"知识型"。略知门径者,能从《四库》子部艺术类里钩沉古代艺术图籍已属难得,结果仍是挂一漏万。子部艺术虽然汇聚了书画、篆刻和琴谱,书法却在经部小学和史部目录金石属里,音乐则散见于经部乐类和集部词曲(见第五章第二节)。如果对古代学术整体面貌及其分类系统没有一定的了解,仅凭关键词检索,很容易以偏概全,甚至张冠李戴。因为就连"艺术"这个学科概念,都是近代从日本挪用过来的,与中国的固有范畴有相当的距离。若不循着传统学术自身的脉络,最终只会是断章取义的现代取证。断代的专题研究则易在历史接续的幻象中,把异质的中西问题处理成时间早晚的差异。大到思想观念,小到名词概念,以西格中、以今律古、似是而非的古今对接,比比皆是。

古今之间何止隔着一个近代?经过西学的条理,我们即便想绕开现行秩序和习惯思维的干扰,回到原生态的古代中国,也已千难万难。首先大部分人已无法自由阅读古文,更不要说竖排繁体且没有标点符号的古籍了。如果不能分析一手文献,缺乏切实的感受和整体把握,细节的安置就会模糊甚至错位。福柯之所以能够循绎欧洲历史不同时期的不同"知识型",是因为古代文本还在。可如果没有阅读能力,又不会自由查找和调取古籍,典藏越丰富,入手就越难。在拆分、遴选、重构古代的近代学术体系里,追迹被改写、被推翻的前一个"知识型",无异于缘木求鱼。久而久之,必然导致对自身文化传统的隔阂，就像现代埃及人并不清楚古埃及人的世界一样。"过去犹如异邦"是每一个学者都应谨记的箴言。

古代里渗透着近代，近代里纠缠着古代，古今之间还掺入一个强势的西方，我们背负着古今中外艰难地前行。这是西方学术不曾面临，非西方文明却不得不面对的现实。今天，对古典的把握变得越来越难。《左传》及其选本在K类历史里，对它的研究却散在B类哲学、H类语言文字学、I类文学、C类社科总论，还有天文、政治、经济、军事等大类里，大凡有多少研究视角，就可以有多少个学科分类。《诗经》《尚书》无不如此，《周易》更是无处不在。专科研究多做资料性的搜索和有针对的截取，通读全书和熟悉周边语境的人越来越少。近代学术致力于对作为整体的经学系统的拆解和稀释，这恰恰是中国古代学术的原点和中心。蔡元培说："我以为十四经中，如《易》、《论语》、《孟子》等，已入哲学系；《诗》、《尔雅》，已入文学系；《尚书》、《三礼》、《大戴记》、《春秋》三传，已入史学系；无再设经科的必要，废止之。"① 其实是经学已经被掏空。胡朴安还嫌不够，建议继续拆书：

> 《易经》一书，其言义理者，可入之哲理学类；其言筮龟者，可入之艺术学类；其音韵者，可入之语言文字学类；其言上古社会情形者，可入之史地学类。《诗经》一书，其本身可入之文章学者；其谱可入之史地学类；其言四始六艺者，可入之礼教学类；其言草木鸟兽鱼虫者，可入之博物学类；其言三家诗用字之异同及音韵者，可入之语言文字学类。《尚书》一书，其大部分可入之史地学类；其赓歌与布告等，可入之文章学类；其言上古天人之关系与五行之性情者，可入之哲理学类；其言历象日月星辰者，可入之艺术学类；其言五伦之教者，可入之礼教学类。《春秋》当全入史地学类，而《左传》之中有文章学类焉。《三礼》当全入礼教学类，而《礼记》之中有哲理学类焉。②

如果把核心经典都拆散了，古代学术更是一地鸡毛。好在图书上架，不可能

---

① 蔡元培：《我在教育界的经验》，高平叔编：《蔡元培教育论著选》，人民教育出版社，2011，第741页。
② 胡朴安：《古书校读法》，雪克编校：《胡朴安学术论著》，浙江人民出版社，1998，第270页。

一书三放或四放，更不可能撕了书分篇放。顾颉刚主张拆丛书入专科时，汇刻之旨已是荡然无存。然而，回顾20世纪60年代各大高校各个学科的"参考资料""史料汇编""作品选"，不正是胡氏思想的落地吗？北京大学中国文学史教研室编写的《先秦文学史参考资料》《两汉文学史参考资料》《魏晋南北朝文学史参考资料》，在我上大学的90年代依然是最重要的教学参考。它们实际在响应、填充、细化、完善民国搭建起来的学科史框架。

大体上看，"五四"新文化运动之后，学术总体趋向日渐明朗。经过"整理国故"的全国动员和整体布局，落实为三四十年代大量涌现的学科史和学术史写作，由此奠定了此后各大学科的基本叙述框架。后来虽然加入了马列主义和阶级斗争的内容，但是学科框架、学科范畴、发展线索、写作模式并没有根本性的改变。此后若干年，一直在进行填充资料和细化论证的工作，以巩固新搭建起来的学术系统及其学科语法。提出重写学科史，已是80年代末的事情，但正如陈平原所言，"'文学史'永远都在重写"①。是章节内容的补充、具体观点的修正，还是学科格局的改易？改写的程度有多大？反思的力度有多深？则另当别论。葛兆光说，我们仍在胡适的延长线上②，此言不假。

三　分类即文明

近年来，除了新版教材和普及读物，学科通史的写作少了许多，那是上辈人立框架、定基调的事业。断代史也写得差不多了，那是老一辈继续丰富和细化的职责。史料学正在淡出，似乎经过上几代人的努力，圈点爬梳得也差不多了，于是出土文献和文物成为新宠。学术进入精耕细作的阶段，可是越往里走，越容易发现前期论说的武断，越能感受到框架设计的局限。我们越做越吃力，越做越细碎，许多学科的学者都惊呼进入了学科发展的瓶颈期，不得不停下来观望与回顾。因此进入21世纪，关于学科史写作和学科方法论

---

① 《"文学史"永远都在重写：访北京大学教授、香港中文大学客座教授陈平原》，http://www.chinawriter.com.cn/2014/2014-08-11/214408.html，访问时间：2019年11月20日。

② 葛兆光：《仍在胡适的延长线上（代新版序）》，《再增订本中国禅思想史：从6世纪到10世纪》，北京大学出版社，2022，第1页。

的讨论越来越多。它无须像专题史那样穷追不舍，又多少是具象的宏观研究，丰俭适度。但这恰恰是最需要问题意识和整体观照的领域，简单的史料搜集和发展概述，或囿于学科范围的封闭式讨论，无法追踪近代学科建立和发展的整体逻辑。学术是一个联动体系，近代各个子学科是流，而不是源，我们不能从下游取水。回到结构框架的讨论，回到学科范畴的重组，回到系统语法的设定，才能看清近代学术究竟在多大程度上重开传统。

一百年前，为了救亡图存，我们不惜打破传统，追随西方。传统太强大，时间太紧迫，不破不立。一百年后，我们终于驶进了现代化的海洋，已然在世界民族之林争得了一席之地。追赶了一个多世纪的"世界潮流"，终成世界强国的我们，突然发现近百年来似乎只有文化输入，没有文化输出。我们开始寻求影响世界的软实力，开始思考除了"经济故事"是否还有其他的表达。可我们自己也不清楚到底有哪些家底（难道是打翻在地的中国传统文化），哪些可以拿来进行创造性的转化，哪些能够回馈现代文明，也不知该如何进入那个浩如烟海的古代世界。这才意识到，文化自信不可能建立在一个破碎的、被否定的传统上；这才敢异议，一百年前的文化预设是否可以适当做些调整；这才开始思考，在多元的文化格局里，中华文明该如何孕育未来？

当我们带着理解、继承、发扬，而非批判和否定的目的走近传统时，才会发现现行叙述框架有强烈的价值预设和方向设定。沿着这套体系及其逻辑，不可能找到连贯的古代中国。例如历代经书、史书、政书、类书都有篇幅不小的阴阳灾异，今天被视为封建迷信，排除出学术。同样无处不在的传统礼乐，在当前的学科框架里变得支离破碎，且仅得有形之"粗"，浑不见器上之"道"。大多数《中国文化史》都是制度演变史，有物质有史迹，却独独不见文化和中国。这种土偶式、肢解式、化石般的研究，怎可能有我们期待的中国精神呢？被西式学科制度拆解和忽略的，又何止是礼乐？不具生命力的研究，顶多算知识的考古。我以"知识分类"而非"学术分类"为题，正是因为被现代学术排除在外的、曾经的学问，不在少数。与其说它们是迷信的、反科学的、非学术的遗存，不如说在现代学科体系里，我们找不到正确打开它们的有效方式。对研究对象的挑挑拣拣、左右为难，难道不正说明研究思路和考察方式出了问题吗？

再如《太平御览》《永乐大典》《古今图书集成》等大型类书，曾是古代中国规模最大、规格最高的图书，如今却少有人问津，古今地位何以如此悬殊？文章曾经是古代文学的正宗，今天何以沦落为连文学性都存在争议的散文？公牍论判等应用文章以前是科举选拔考试的重头，而今成了最不费脑力和笔力的按格式填空。骑、射、博戏一度是中国古代艺术的主体，后来何以不与琴棋书画同列？晚清何以把西方科技都统称为西艺？与此同时，因暗合新思路由小书被抬为巨著的也为数不少，"四大名著"就是经典案例，更不用说词曲和戏剧了。现代学术并非中国文化的自然生发，现代学科分类和图书分类直接从域外移植，当前的学术研究不是循着传统的路径在行进。

以"四部"为代表的中国古代学术体系和西方近代学科系统，是产生于不同时空、不同文明、不同逻辑的两套分类体系，本不在同一个思维平面上展开。毋宁说这是两条各自行进的平行线，没有那么多的可比性与互译性。但在当前的学术研究里，却被处理成了错位的、线性的对照，传统似乎成为丑陋的过去，"学术"成为合法性的看守，反不如一些外国学者来得宽容。哈佛学者普鸣（Michael Puett）在访谈中指出，当前的知识分类是按照19世纪的欧洲模式展开的，实际是将西方之外及前现代的所有文化定性为不成熟的、过时的东西，从而使欧洲文明成为唯一合理合法的现代标准。① 他要复苏古代，我想召回中国。

近代世界的残酷竞争，把生存推为了民族国家的第一要义。文化的拧合一方面是整体性的系统平移，弱势者没有拒绝的能力；另一方面，传统越强大，抵御冲击的能力就越不容小觑，全部置换亦不可能，多少还是贴合自身的削足适履。在这个过程中，双方其实都是变形的，文化碰撞最终以文化杂交的形式进行。区隔中西不仅不可能，中西化合反而是意味所在。尽管和世界上其他发展中国家一样，现代化让我们付出了惨痛的代价，但毕竟它推动了中国学术融入世界，也给中国社会带来了新的发展机遇。中国今日的崛起，充分证明转向的及时和道路选择的正确。只是我们必须明白，现代化不是一

---

① 见"静一访谈"《哈佛大学教授普鸣：当代中国青年的世界责任》，https://mp.weixin.qq.com/s/NWYw-PCuOL2nK_g9-cDoqA，访问时间：2019年11月20日。

代人的事业,最终成败取决于后继者的发展与完善。中国学术仍在生成的过程当中,并未终结,彼时的"救亡"不能成为千秋万代的"启蒙"。因此,回顾并非没有用意,只是不必再为近代革命辩护或颂扬,更不必为了证明选择的正确而把西方文明抬到足以拯救一切的高度。

中国已经成为世界第二经济体。虽然要走的路还很长,但是国力对比和国际形势已经发生重大变化。经济发展之后,一定是话语权的争夺。回顾过往,我们似乎看清了一些东西,继而又陷入新的思考:如果近代史已经盖棺论定,那么今天包括明天中国的腾飞,究竟是来自与落后文化传统的决裂,还是源于追随伟大西方的成功?如果将来美国也步西欧衰弱的后尘,那么中国的未来将何去何从?如何看待前些年儒教中国不可能完成现代化改革的论题?如何回答并非所有国家都能进入现代之类的学术论断?尽管历史研究实为事后诸葛,但过早定位和定性,很可能面临误判的风险。形势既然发生了变化,说明我们还有新的可能,今天的研究必须考虑进去。

决定中国近代学术转型的,不是某些人的意愿,而是整个中国社会的现代转向;决定中国近代社会走向的,也不是清政府和北洋军阀,而是早就在全球范围拓展市场的西方资本体系。当世界历史进入全球联动的现代工业化大生产时期,中国不可能置身世外。布罗代尔(Braudel)、华勒斯坦(Wallerstein)等西方学者指出,现代社会至少从 16 世纪开始就成为一个结合政治和文化的世界经济体系,近代欧洲的飞速发展得益于跨洋扩张和海外殖民。世界从来都是分层的,贯穿于近 500 年的一个普遍现象是,传播于世界的文化往往是霸权中心的文化。霸主可以不停地变换,经济和文化结构及其运作机制却不时重现。放眼全球,中国起步还不算太晚,否则也不会有今天的崛起。我们始终应当把近代中国的命运,放在全球视野下,放在人类历史大进程中考察。近代已经过去,但近代同时属于未来。

将来,开放只会进一步扩大,融合是全球化时代的文化必然。学术已容不得封闭式的发展,也不可能再关起门来自说自话。只有主动参与世界文明的对话,才可能更多地从中受益。从来受益最大的都是规则的制定方,而非服从者。只有用平等的眼光中西互鉴,才能得到真正的提高与深化。无论主动还是被动,我们已经建立了便于沟通的西式学术框架。下一步不是继续切割中国事实,以遵从西学的逻辑,而是思考如何调整和扩充西式框架,让中国经验得到更有效的研究,让古代智慧在现代社会继续蓬勃。这才是中国学术的新生,是重建学术系统的初衷,也是中国学术未来贡献于世界的地方。检省国人当初如何接纳西学、理解西学,西学和中学如何互动、如何化合,又是在怎样的基础上重塑传统的,才能从源头上进行调适与突破,找到打开并复兴中华文明的正确方式。

就像率先进行跨文化研究的人类学家总是对部落文明丰富细致的动植物分类法印象深刻,分类是所有文明掌握世界和表达认知的基本方式。分类的差异就是文明的差异,分分合合的背后是不同的思维方式和文化传统。涂尔干(Durkheim)、莫斯(Mauss)、列维–斯特劳斯(Levi-Strauss)、本尼迪克特(Benedict)等大批西方学者,对此进行了卓有成效的发掘。与此同时,分类还是人类条理知识、建立秩序的手段。没有纲目进行收纳,万千认知将是碎片的海洋,无法积聚,也无从进入。因而福柯从博尔赫斯的中国动物分类法里,感受到了与既有形象极不相符的中国文化思维,从而展开其伟大的哲学思考。分类是收罗知识的"捆仙绳",是进入异质文明行进方式的脉络图,还是建立秩序、影响世界的思想展示。知识分类的变化是对"物之序"的重新厘定,是"知识型"的变化,意味着文明语法和文化价值的断裂乃至更迭。

知识分类是一个切入点,由此切入学术秩序,切入文化观念,切入中国近代的社会转型,切入中西文化近代的融合与互动。于上,可借此透视西方文明如何在"物之序"的层面冲击并改造中国固有的学术,从而把现代学科看成须在后殖民意义上予以检省的文化冲击的结果;于下,可以把学科概念、学术范畴、类别关系、结构方式、系统逻辑、知识形态等分散的关节点,整合成由点到面、由外及里的网络联动体系,在深入细部的同时交通上下、总揽全局。

对分类变化的考察,不仅有利于我们从总体思路、主要逻辑、基本格局、关键步骤等宏观层面,把握近代文化的转型与再造,也有助于我们反省长期以来各学科在西学框架里寻找意义及其合法性的做法,推动今后的学术发展与文明对话。这种对话,不仅包括中西文明之间的平等交流,也包括中国古代传统与近代发明的现代学术系统之间的沟通,还包括现有各学科的横向贯通与良性互动，以更好地迎接中国文化的世界性发展。

四　跨文化与跨学科的必要

目前本书呈现的是第三稿的样貌。每一稿都大不一样，在此有必要谈谈为什么要不断重写。无论最终能多大程度达成意愿，至少从努力方向上，读者可以体会我究竟想表达什么。

这原来是我的博士论文选题，四年时间要完成如此宏大的论题，可想而知有多么艰难！海量的近代史料让我如临深渊如履薄冰，生怕遗漏了什么重要材料，也不敢脱离文本发表议论，最后感觉是连滚带爬地探了一遍路而已。更让我焦头烂额的是，我是在中西比较文学专业攻读博士学位。若只论中国，史料做得再扎实，也可能通不过比较文学专业的学位论文答辩。于是，从先秦两汉文学转入中西比较文学的我，不得不以晚清民国中西文化交流为方向，往传教士和西学译介上倾斜（二稿已大量删节）。毕业后，有幸前往牛津大学中国研究中心访学，期间及此后走访了亚、非、欧二十多个国家九十多个城市。五年的西行及其相关阅读，最大的收获就是真切体会到了中国在世界文化里的位置，以及近代中国在世界现代化进程序列中的节点。此际才真正体会导师"不了解西方就不可能真正了解中国"的训诫。中西比较不是在中国的内容后补缀西方，而是要把中国放在世界里思考。

这种深切乃至震动，非但打掉了我出于热爱的保守倾向，让我感激近代方向调整的正确与及时，也让我不再能够满足于中西文化交流历程的分析与呈现。此时我更关心的是，异质的文化如何融合与共存，这是今后很长一段时期里世界仍将面临的难题。落实到中西近代文化交流的研究里，就必须思考近代对中西文化的处理，究竟有多少合理与必然。长期受批评的西学中源和中体西用，若放在世界范围内考察，其实很自然也很常见。比附式的研究有牵强附会的成分，可也并非没有处理高明的案例，今文经学如此，今天的西方理论运用同样如此，不能一概否定。但文化借用不等于文化融合，并非所有的文化杂交都应当鼓励。在本书的最后，我区分了三种类型的杂交模式，我们走在危险的"克里奥尔化"（creolization）道路上。

既然近代中国命悬一线，中学的改造又势在必行，研究的重点就不应落在西学如何先进、中学又损失了多少的结局裁断上，而应该追究西学究竟如何改造中学，或者说中学如何进行调整，其间利用了什么，激发了什么，催生了什么，又遗留了怎样的问题？成败得失取决于考察的视点和关注的目的。在国门大开交流便利的今天，面对西学，我们尚且"望洋兴叹"；近代初识西学，便要迅速把握和吸收，谈何容易？今人当心存敬畏！这个过程并未完结，今天我们所有的研究，都是建立在近代搭建的新学术系统上的，而非古代中国的接续。因而，这个新传统的发轫处才是今天学术反思的起点，以及今后发展与提高的基础。我放弃了修修补补，决定另起炉灶，力图把中西文化或曰世界主流与非主流文化，放在同一个平面不同的历史进程里加以审视。所以，我要强调跨文化的研究视角。

如今，对"文化"的定义不下百种，"文化"的运用泛滥到几乎无所不包。① 但自从文化成为文化人类学的基本立场，文化视角就成了文明比照的重要方式。既然分类是一种文明图式，就不存在绝对正确的分类标准，有多少文化系统就可以有多少种分类模式。分类是客观的，的确要能实际操作；也是主观的，如何划分取决于文化传统形塑的思维习惯。把分类放在文化背景里考察，意味着反对本质主义的知识绝对论。不同文明的分类方式或有繁简，却无一不需要与各自的文化传统和思想系统联系起来。作为研究对象，它们是并列关系，不接受西方文化中心论的高下判定。

由于中国近代学术甚至现代社会基本是按照西方模式建立的，因此中国近代史研究绝对不能没有跨文化的比较意识。只是长期以来，无论是西方人看中国，还是中国人看自己，都以学习先进的西方文化、走出落后的古代社会来定性，于是外有"冲击—回应说"的各种应用，内有"启蒙救亡说"的不同版本。种种论述都建立在中国文化落后于西方的价值判断上，当然也最大限度肯定了中国近代的道路选择。随着20世纪西方现代性反思的兴起，西方中心论成为众矢之的，对东方主义的批判被推到了学术前沿。与此同时，随着中国经济实力和国际地位的上升，发扬中华优秀传统文化的呼声提到了国家发展战略的高度。于是，我们看到了困惑，看到了撕裂，中国古代和近

---

① 参阅〔法〕丹尼斯·库什：《社会科学中的文化》，张金岭译，商务印书馆，2016。

代研究之间的立场差异从未如此醒目过。无论如何，我们终于有了平等讨论中西文化的机会。

在国际形势和中西势能发生变化的今天，近代史研究必须调整思路。简单的、一分为二的讴歌与批判，无益于中国学术未来的发展，还可能面对越来越难以解释的过去。或许把近代中国从屈辱落后的单一叙事中解放出来，放在中西文化交流与互动的框架下重新加以审视，心态会更平和，研究也会更具前瞻性。强调跨文化的研究视角，表明我将秉持多元主义文化立场，尽量做中立的文化平行研究。但既然以往研究是带有价值预判的，就难免会为长期被压抑的一方做一些解释。作为中国人，尤其是古典文学出身的学者，也不可能不为中国古代文化进行必要的辩护。但这绝不代表不承认西方现代文明给我们带来的生活改善和物质享受，也不意味着阐发传统就是抵制变革和反对现代化。这种平衡，说来容易，放在具体问题的讨论里，却相当难以把握。不同的着眼点就会有不同的评判，态度一摇摆就会难以立论。所有问题都保持前后一致，非但是奢求，也容易沦为态度先行的刚愎。唯其如此，愈见复杂。

相较而言，西方中心论好破，历史进步论难言。西方文明的进步与近代中国高于古代的价值判断，纠缠在一起，几乎是不言自明的事实。达尔文学说的引进（尤其是斯宾塞的社会进化论），的确是近代思想的一桩大事。近代中国的落后与艰辛，国人承认，我们也一直是这样表述。若说近代中国未必高于古代社会，大部分人都会难以接受。可在中西文化比较的过程中，我们其实一直是在拿西方的近代和古代中国进行比较，至于西方古代状况如何，多数人不会考虑。如此，抽空了文化背景的西方近代文明被处理成真理，仿佛可以随意置入任何文明体系，只要你愿意。事实上，没有生长土壤就是空中楼阁，何况比西欧文明历史更悠久的中国古代文化，在两千多年的生长过程中，已经高度体系化了。无视发展进程和整体逻辑的中西对比，必然低估近代文化碰撞的激烈程度，也放过了这场对话的重要示范和启示作用。

不仅是西方历史，又有多少研究者会认真倾听古代中国呢？二者在具体研究中其实都是缺席的，或者说如同一张隐约模糊的远景大幕，实际并未真正参与近代的对话。对中国古代的隔阂与对西方现代发展历程的模糊，使得意在走向世界的中国近代，在研究中实际处于一种封闭的状态。试问哪个近代学人不是立身中国传统，同时急切渴求西学新知的？因此写作第二稿时，我补充了大量的世界史阅读，从文艺复兴到科学革命、从工业革命到现代性反思。这些内容不会直接出现在本书中，却对定位近代中国有莫大的帮助。它把我从无边的史料搜集中拯救了出来，使我沉入阅读和思考的快乐当中，并意识到某些常见的历史比拟诸如"中国文艺复兴"之类的说法，不是误读，就是别有用心，实在不必曲为辩解甚至为之补充论证。

与杂乱破碎的现在相反，过去往往以同质单一的面貌，出现在我们的潜意识里。其实西方近代文明也是一系列"革命"的产物，科学革命、工业革命、资本主义革命、民主革命等等，是百余年来西方学者诉之不尽的文化转折的结果。换句话说，在西方现代与前现代之间横亘着无法忽视的重大差异，所以西方现代早期社会研究才会如此地位显赫。西方近代学术之于西方文明，福柯认为是一种断裂式的发展，是有别于中世纪思维的新知识型。笼统地把西学和西方文化视为一个无差别的整体，会犯关公战秦琼式的常识性错误，遑论西方文化里还有国别和地区的差异。可这种建立在认识不足上的文化对比如此常见，极大地干扰了我们对中国近代议题的判定。也正因为这样，跨文化的学习与实践还有大量的工作要做。

许多学者都喜欢在近代之前，安置一个追溯来的古代，或对古代相关问题做印象式的概括。这其实是把近代思路顺延到古代，是对中国传统的粗暴篡改。如果近代问题可以平滑地与古代对接，那么这场"千年未有之大变局"何从谈起？已经经过了西学条理、接受了西学改造的现代中国人，必须小心翼翼地处理古代问题。"中国传统文化"是近代人的塑造与发明，古今之分正是中西之别。没有充分的自觉，很容易把近代人重构的古代、西学观照下的中国当成有史以来的事实性存在。这里不是要提倡本质主义的中国观，而意在说明现代中国与西方文化已经交融在一起了，乃至今人必须警惕用同质的目光释读先祖的文化。这是近代中国文化改造的成功，也是古代研究指鹿为马而不自知的症结所在。这说明对中国近代学术体系重建的研究，不仅裨益近代，也同样助益古代的研究。

当年导师曾反复强调，比较文学最大的优长不是"你有我也有"的对象发掘，而是在两个跨越——跨文化与跨学科的比较视野。文化研究可以既是文学的，也是思想的，它不受文史哲学科界限的束缚，还经常突破物质与精神的藩篱，故有"物质文化"之说。如今的西方文化史写作，已经丰富到具体如咖啡、内衣、火药、身体，抽象如气味、恐惧、情色、视觉，无一不可笔之成书。灵活调度一切方法，打捞既有研究忽略的层面与维度，是文化史研究最引以为傲的地方。① 我在此用跨文化指代文化之间的平行与互动，用跨学科强调思想史研究不受学科限制的灵活与开放。本来后者也可以括进广义的文化研究范畴里，但是考虑到文化研究与文化史研究、文化史与新文化史、文化史与思想史、文化社会学与社会观念史、文化社会学与历史文化学等有无数的概念纠缠，我无意陷入其中，别言跨学科比剖析文化的不同层面更明了。

专业化的学科门类是当前学术基本甚至唯一的合法形式。从19世纪的马克思和涂尔干开始（有人还上溯到了斯宾塞），西方学者就注意到现代社会的专业化特点。今天，职业眼光和专业思维已经内化为学术研究的自觉，"学科建设""学科规范"之类的提法，表明中国学术总体上仍在追求界限分明，学科制度化依然是当前的学术主流。因而才会有补充性和辅助性的"跨学科"和"大学科"之说。这在西方学界已是无须解释和强调的问题。在要求更高且知识爆炸的现代社会，知识领域的劳动分工因明确集中而得以聚力。可任何制度发展到一定阶段，都有僵化的可能，许多学者都指出学科因过分封闭而走向了狭隘。各个学科都是通过假定某些服从封闭性系统分析的、界线清晰的研究目标，才得以逐渐形成独立的研究体系。越成熟就越容易忽略其他学科或领域的经验，甚至是基本常识。

研究者的目光和能力日益束缚在学科指示的方向上，往往跳不出本学科提供的理论和范畴，最后异化为除本专业外一无所知的"专家"。这违背了人类求知的初衷，或者说为了追求作为总量的人类知识拓展，恰恰牺牲了专业的知识探索者。在专业化的知识社会里，谁将会是人类知识发展的最终受益者呢？在文学史、思想史、美术史、科技史、人类学、社会学、经济学等

---

① 参阅〔英〕彼得·伯克：《什么是文化史》，蔡玉辉译，北京大学出版社，2009。

不同的学科之间阅读，我的确发现各学科路径不同，各有所长，却又可以互相助益、彼此启发。我坚信跨越式的学习与研究，会有更多的收获与更高的诉求。偏狭的知识和分离的心智难以产生真正的思想和智慧，遑论提升人类文明的高度。中华文明要走向世界，绝不可能是当前这样一种古代研究礼赞传统伟大、近代考察讴歌成功摆脱愚昧的价值撕裂，更不可能是一堆自说自话的学科知识大杂烩。孔子说"记问之学，不足以为人师"（《礼记·学记》），文化创新是思想的飞跃，绝非细节的堆积所能达成。

然而，整个中国近代学术都是朝着实现西式分科的方向进行的。学习西方不只是增加西学的内容而已，还要把本土学术改造成西洋样式，近代人的求新相当彻底，所以才有"全盘西化"之说，批评的不是西化，而是还不够西化。现代中国承续的是近代学术体系，突破系统框架，谈何容易！因而对学科移植和系统改造的研究，就不仅仅是把握近代学术再造的关键，也是出于当前研究亟待改善的实际需求。既然本书考察的就是如同非洲国家边境线般奇特的现代学科遗产，反思的就是绝对的、刻板的西式学科确立方式（当然这是特殊的历史所造成），突破学科边界就不是个人的喜好，而是研究的必需！如何跨学科地反思并超越学科本身，以问题为中心地展开研究，我相信将是今后的学术方向。

事实上，学术的发展是不均衡的，中国现代各学科的基础和进程不完全一样（但远比西方近代齐整），不可能面面俱到。讨论作为系统纲目的学科分类及由此打造的学术体系，必须在通观全局的基础上，观照不同的学科类型。是以艺术为例，还是通过数学来说明，抑或从文学角度进入，取决于考察的目标和想要展示的维度。我将以与国学关系紧密的人文基础学科为主体，改造当然比仿造更具吸引力和启发性。但本书既不是学科辞典大全，也不想成为某一学科的发展综述，这类研究已经够多了。之所以让人总觉得意犹未尽，就在于辐射面还不够广，还没有追到系统和根本上去。因此本书在案例选择和结构设置上颇费踌躇。为了保证宏观与微观的平衡，最后决定在时序大脉络之下，兼顾专题版块，不完全按照年代的顺序平铺，以近似纪事本末体而非编年体的形式展开。我想，这是史学研究掌控大局与立体呈现的成败关键。

五 文化和社会理论的介入

罗德尼·尼达姆（Rodney Needham）在《原始分类》英译版导言里说："很少有学者能够有自己的思想，他们的活计基本上就是传授本学科的大师们的学说。"① 看到这句话，我废书而叹。面对涂尔干这样的开山大师，可能很少有社会学家不感到自己的渺小，何况大量还不能名"家"的学者。因而如果能与伟大前辈产生思想的共鸣与联系，也足可告慰了。我进入学术研究的年头尽管还不算太长，但如此孜孜以求，自然也不想只是贩卖知识或做个"两脚书橱"。导师曾经教导我们，仅仅做个学者是不够的！做思想家要有学识，更要有天分，但至少还可以努力做个有思想的学者，或者是有见解的读书人吧。这正是我不愿做纯文学研究，转入思想史的原因。

曾经有朋友问我，研究古代和近代最大的不同感受是什么。我回答说，做近代大多数时间和精力都在与史料较劲，读先秦典籍则有更多的阅读快感和思想收获。直到我体会到近代研究其实是联通古代与现代，倚靠中国面向世界，才感慨此间才是最需要思想、最训练眼力、历史感和现实感交错最复杂的地方。尽管二稿已在史料上进行了扩充，光梳理"国学"争论已有 81 万字的史料长编出版，可我仍觉得意犹未到。

对历史的研究，不应仅止于事件的梳理和陈述，尤其对思想史来说，没有思考，言说何益？所谓的"客观研究"，有时也是无动于衷和问题意识缺乏的托词。尽管史学也强调解释和评议，但当前多溺于细节，甚至琐碎成史料的堆积。近代史研究最大的优点和缺点，都在于资料丰富！无论正面还是反面证据，你都能够找到；只要肯下功夫，现阶段也总能挖出更多的材料。可排列史料，是否事实就会自动浮现？勾勒事件，是否等于解释自然展开？实证主义史学已如同明日黄花，史料学也只是史学的一个分支。布罗代尔指出，事件只是历史的泡沫，于时间的长河里转瞬即逝，在个体的时间之外，还有更长的社会时间和地理时间。还有学者认为，"长时段"的历史理当包括认识论框架（福柯）、价值观制约（吉登斯［Giddens］）等潜在的精神结

---

① 〔法〕爱弥尔·涂尔干、〔法〕马塞尔·莫斯：《原始分类》，汲喆译，上海人民出版社，2005，第132页。

构。我们有太多围绕具体事件展开的历史研究，却往往缺乏长远的文化和精神关怀。

对近代学术系统重建这样一个论题，如果没有长远目光和现实关怀，如果不能放在社会变迁和全球联动的背景下考察，事件考订得再细致，也是浪费题材。我们已有不少的近代史读本，粗细或许不同，论调却大体一致，甚至给人陈旧之感。如今世界形势愈发复杂，我们亟须新的角度、新的解释、新的给养，事实上也已经有这个条件了。我想到了理论，想到了仍是西方学术前沿的文化和社会理论。好的研究不应只对具体史料进行搜集和解读，还应提供思考这些事件的角度和方式。于是，我决定调动理论的资源，大规模改写第二稿，赋予事件新的视角和思想的意义。

西方现代学术最大的特点与优长，我认为就是直面社会的现实感，封闭的形式逻辑推演已经退潮。引进西方文化理论和社会学研究的成果，要的就是这种紧密与宽广。当前对西方理论着力最深的还是文学专业，我在博士阶段曾被要求大量阅读。一些文化理论比如后殖民主义，本来就是从文学研究发展出去的。而人类学和社会学理论一直是我所爱，以前限于时间只能零敲碎打，正好借此进行相对完整的阅读。这意味着，我将要花费成倍的时间！

百余年来，西方理论已经发展成相互交织的复杂体系，每派学说都有不同的视点及内部争议，并不断与其他思想进行对话与互动。后现代、后殖民、结构主义、女性主义等，各个学科都在使用，已成为西方学者思考和批判的重要工具。而工具理性、社会整合、文化模式、知识生产等社会学概念，也已成常见术语，广为流行。若意在思想养分的汲取，而非瞩目于概念和"主义"本身的炫酷，那么非但跳跃式的文本阅读不被允许，理论的生长逻辑和发言语境也不容忽视。与定稿遥遥无期的焦虑相伴而行的，是不断学习与进步的满足。英国历史学者西蒙·冈恩（Simon Gunn）坦言："就思想而言，许多历史学家的职业生涯，包括我个人在内，与其说是在发现新的经验事实中度过，倒不如说是在一系列理论研究的时光中度过，或者更准确地说，是在比较笨拙地实现历史与理论的结合中度过的。"[①] 美国社会学家休厄尔

[①] 〔英〕西蒙·冈恩：《历史学与文化理论》，韩炯译，北京大学出版社，2012，第3页。

(Sewell）的社会理论著作，标题是"历史的逻辑"，而"历史社会学"（Historical Sociology）的称谓在西方也不算新奇。① 我相信我的结合并不牵强。

尤其要强调的是，社会学诞生于欧洲从农业社会向工业社会转变的19世纪。马克思、涂尔干、马克斯·韦伯（Max Weber）等多少睿智的头脑，思考着这场由工业革命引发的社会剧变。百余年来，这里聚集了最优秀的学者，结出了丰硕的果实，并向其他学科强势渗透。如法国社会学家布尔迪厄（Bourdieu）的文化资本和趣味区隔理论，不仅被广泛用来讨论现代早期的欧洲社会，还被柯律格（Craig Clunas）、乔迅（Jonathan Hay）等西方学者用以研究明末中国的文化与艺术生活。英国史学家彼得·伯克在《历史学与社会理论》《社会学和历史学》里分析了大量案例，为历史学和社会学的联姻摇旗呐喊。社会分工、社会变迁、社会分层、传统社会与现代社会的区别，是社会学讨论的重要议题，我们没有理由忽略。何况，它们与近代中国社会有相当的契合度。适度引进社会学的研究成果，在我看来，不仅自然，而且必需！

近代史研究何以备受关注，以至新中国成立的第一个国家史学机构就是中国社会科学院的近代史研究所，海外汉学也首先注重对中国近现代社会的考察？因为它关乎中国的发展方式和未来命运。必须放在宽广的社会比较基础上——无论是传统社会与现代社会，还是中国社会与西方社会，才能看清：我们如何步入现代？当前是否走出了近代？又处于现代发展进程的哪个阶段？与西方的理想类型差距有多大？特色在哪里？未来的方向与突破何在？如此等等一系列重大问题。这正是布罗代尔提倡的历史中长时段研究的长远关怀，是社会结构变迁研究的特殊效力。唯其如此，近代史才不会沦为碎片化的纸上考古，而是与我们的命运息息相关！

当然，不是说所有的研究都要直接回答这些问题，历史研究不等于决策制定和政策分析。但这种问题意识除了方向性的引导，的确能解释许多困惑。就像有学者指出，经济的问题经济学解决不了，同样，历史的问题历史学也

---

① 前者指小威廉·休厄尔的《历史的逻辑：社会理论与社会转型》（*Logics of History: Social Theory and Social Transformation*，朱联璧、费滢译，上海人民出版社，2021），后者如理查德·拉赫曼（Richard Lachmann）的《历史社会学概论》（赵莉妍译，商务印书馆，2017）。

回答不了。近代学术何以做如此的调整，并非全然由学术的内部逻辑决定。我们经常发现，许多近代学术讨论都不时地溢出学术的范畴，学理性分析回避的因素不比回答的问题少。我们始终要把这场学战放在古今之变的背景下，变的是国力对比，是社会的发展形态。在所有后进和第三世界国家里，"主义"都会压倒"问题"，语境分析可能比文本本身更重要，因为道路选择才是根本。与思想文化和价值理念直接勾连的学术建设，配合着小农社会进入现代化工业国家的总体目标，是外力影响下前现代社会向现代社会转变的环节之一。与此同时，社会各方面都发生了急剧的变化，整合或曰蜕变出全新的社会结构，学术可能还要滞后一步。这已经进入社会学的研究领域了。

知识领域长期存在局部具体研究和总体抽象研究的分歧，历史和哲学曾是二者的代表。不同的历史时期，它们经常以不同的方式互相指责，也彼此制衡。社会学固然有明确的研究对象——作为社会现象的社会事实，但它以建立广泛的、理解性的社会理论为目标，尽管同样来自经验领域，却不排斥各种分析性的理想类型，以求涵盖不止一项经验或历史的解释。它注重社会运行和社会变迁的整体性、结构性要素，在意稳定的社会机制与多元个体实践之间的互动，并给予制度和层级系统的调整以更多的关注，因而可以提供超越个人动机和事件影响的更广阔视角，又比年鉴史学派的总体史研究多出了横向的社会比较和外在的机制考察。用赵鼎新的话来说，历史学是以事件/时间序列叙事为基础的人文学科，而社会学则是以结构/机制叙事为基础的社会科学。[①] 吸收社会学的研究成果，有助于我们把纵向时间轴的历史具体事件，向横向的社会类型及文化形态上拓展，同时把变动不居的特殊事件和个体意志，放在普遍的、整体的、稳定的社会结构及其变迁中加以审视。这样的视角尤其适合近代中国，我们要的显然不只是事件的还原。

西方史学在经历了"文化转向""语言学转向"之后，尤其经过20世纪70年代的历史编纂学的发展，也出现了认识论方面的更高追求——"不再是决定论，而是决定论产生的效果；不再是记忆以及纪念行为，而是这些行为留下的痕迹以及纪念的游戏；不再是事件本身，而是它们在时间中的构建，

---

① 赵鼎新：《什么是社会学》，生活·读书·新知三联书店，2021，第4页。

它们意义的消弭与再现；不再是如实发生的过去，而是人们对它们的不断使用、利用和滥用，以及它们在不断绵延的现在中臻于完美的倾向；不再是传统，而是传统组成及传承的方式"①。如何定位并建构过去，取决于对历史的理解与利用。事实上，所有的历史都带有批判性，所有的历史书写都是对过去的重构，只是或明或暗、或坦然或掩藏而已。

黑格尔说"密纳发的猫头鹰要等黄昏到来，才会起飞"，事实结束后的细节还原，很难"如实"再现已经消逝的真实过去，历史编纂学的质疑并非没有道理。哪怕是亲历者，事中记录和事后回忆也会不一样，厘清不同亲历者和旁观者的众说纷纭更非易事。如胡适对"整理国故"和"中国现代文艺复兴"的事中阐释和晚年总结，有许多不一致的地方，到底该以哪个版本为准？就像新冠疫情暴发之初，谁都没想到会蔓延成数年之久的全球危机，疫情过程中的记录总有细节的选择和遗漏，否则病毒溯源就不会如此复杂。后来的追溯由于已知后效，必定会重新认定事实，甚至不经意地修改记忆。越是非单一事件，越是长期历程，后知后觉的修改就会越普遍。几乎在每一个关节点上，近代史研究都会面临材料甄别和选择的困难。何况国内的社会文化史和微观文化史研究刚刚起步，我们仍然习惯以重大事件和重要人物为线索，勾勒历史的发展过程。其间难免会受主流意识的影响，容易把多声部的历史交响曲简化为个人的咏叹调。讨论保守派征引反对派的批判，和研究维新派采用维新派自己的辩护一样，都是存在问题的。

面对各种互相矛盾、反复"篡改"的历史资料，如何处理当初颇有势力、后来目为杂音和逆流的言论，不是一件容易的事，这都需要个人的判断。事实永远是部分地达成。将历史档案知识转换为历史理解的认知，在文献检索越来越便利的当前，更是实际需求。十年前写作初稿时，还只能根据书目索引和报刊线索，在图书馆里一点点地钩沉史料。今天老旧报刊多数电子化，国外馆藏也陆续上线，坐在家里就能检索。普通人通过搜索引擎，也能解决大部分常识问题。专业的历史研究必须提供更多的见解，这是非专业者一时

---

① 〔法〕皮埃尔·诺拉：《如何书写法兰西历史》，〔法〕皮埃尔·诺拉编：《记忆之场：法国国民意识的文化社会史》，黄艳红等译，南京大学出版社，2015，第79页。

难以企及的地方。

然而，在所有的人文科学里，历史学对理论的态度最为保守。这种谨慎可以理解，过分套用理论容易切割事实，史学研究本来就注重历史的特殊性。但这不应成为历史学学者狭隘和封闭的理由。任何研究都要处理具体与抽象、宏观与微观、主观与客观、绝对与相对的平衡问题，中国人也向来认为历史最能训练头脑、助益实践。我对理论不拒绝，但也相对克制，因为见过太多的理论滥用。我看重的是理论提供的新视角和新思路，坚决反对用理论切割甚至编织事实。在这方面，大多数英国学者标示出处的做法，比美国学者不露痕迹地借用，更为可取。因此，尽管存在脱节的风险，我仍愿把理论分析部分置于文末，尽量避免以先入之见筛选和重组史料。彼得·伯克说过，"没有历史学与理论的结合，我们既不能理解过去，也不能理解现在"①，至少理论可以为我们理解过去提供一个新视角。但也因为它的介入，迫使我对相近史料进行大量删并。因为资料的周全，已不再是我的关注重心。

此外，依据解释效力和契合程度，我在不同地方引进了不同理论，并不追求理论的完整和统一。西方理论门户众多，互相批驳，本来就是各有所见的相对真理。某一理论不能解释或多有忽略的地方，往往在另一套理论的洞见里能得到澄清。既然只是提供参考的视角，就不惧多元与多维。最后还要强调，我既反对以中国事实印证西方理论（西方学者常做的事情），也反对以西方理论衡量中国事实（中国学者爱做的事情）。理论能为老问题提供新思路，我们采用的本来也是西学模式，他们的研究不但有效，而且超前。但是，理论仍在完善和完成的路上，并非确证不移的绝对真理。何况西方理论基于西方经验，未必尽数贴合异质的非西方文明。揭示并修补这些裂隙，正是理论发展的契机，也是西方学者乐于倾听域外文明的重要原因。

对我们来说，既要充分利用理论，又不能过分倚靠它，更要警惕把西方理论变成文明优劣论或高下论的帮凶。这就更需要开阔的视野和思辨能力了。彼得·伯克有一段话，我深以为然：

---

① 〔英〕彼得·伯克：《历史学与社会理论（第二版）》，姚朋、周玉鹏、胡秋红、吴修申译，上海人民出版社，2010，第19页。

对无论来自何方的新思想都持开放态度，有能力让它们为自己所用，并且能找到检验它们的方式，这是一个优秀的历史学家或一个优秀的理论家的标志。

如果用一句话来总结理论的价值，可以这样说，与比较的方法相似，理论能够让历史学家意识到除了自己所习惯的假设和解释外，还有其他可能的选择，从而扩展了历史学家的想象力。①

反观近代，我们当有更多的同情。裹挟在汹涌而至的现代浪潮中的近代中国人，对时代、对世界有太多的迷茫，矛盾、混乱、多变甚至武断和偏激都在所难免，而且普遍存在。由于不知道未来在哪里，他们对事件的认定未必比今人清晰。简单地引证他们忽左忽右的文字，等于把后人后续观察的优势给放弃了。如果我们还不能确定，当前是仍属于近代的延长线，还是已经步入新的历史时期，那么最好就不要把近代史认定为清晰明了、无须再讨论的既定过去。何况近代史与古代史研究之间的断裂是如此的明显，将来还会有巨大的发展和调整空间。

洞悉当代是困难的，预测未来更充满挑战。然而所有的历史书写，都隐藏着对现在和未来的认知，因而历史总是常读常新。它绝非陈迹，更不允许自大与封闭。研究历史当始终如履薄冰，在抽丝剥茧、披沙拣金的繁难中，推进对既往经验的回顾和反思。这种反思理应是生产性的，理当进入人类现实世界的建构中。

六　研究简说

目前，较多涉及学术分类问题的，是图书信息情报学和古典文献学。前者多从技术和实践角度，探索图书的分类编目工作；后者有传统目录学研究的分支。第三章和第七章会专门讨论，图书馆学是近代从国外引进的新学科，所以20世纪80年代以后改隶情报学或信息学。它的优点是把以往的图书分类，拓宽到包括电子资源和网络信息的知识分类管理。不足在于，对中国传

---

① 〔英〕彼得·伯克：《历史学与社会理论（第二版）》，第201页。

统目录学的研究有待深入，而且成果多集中于刘国钧、乔好勤等老一辈图书馆学学者之手，因其意在提倡新分类法，目的性和攻击性较强。晚近研究散见于信息资源的泛论里，可以提供更大的知识背景，也切合当前资讯发展的要求，却未必会结合中国学术，未必延伸到中国古代，也不一定是从文化思想角度来考虑分类的。

　　古典文献学又称校雠学，包括版本学、目录学、校勘学三大分支，其中的目录学向以"辨章学术，考镜源流"为己任，在中国古代就被视为治学门径。进入现代，类目沿革和类例探讨是重点。优点是内容具体，相对深入，一般都会结合文化背景和学术变迁。不足在多集中于《汉书·艺文志》《四库全书总目》和佛道目录等具体的文本，较少涉及其他学术类分形式，也不出古代图书目录的范围。这一系的研究多出自中国语言文学系的文献学专业，语言文字和图书典籍是广义文学与学术的主要载体。

　　在我国现行的学科专业目录里，中国语言文学、图书馆与情报文献学、历史学三个一级学科下都设有文献学分支，却各自发展，少有往来。图书馆学的文献学下有文献类型学、文献计量学、文献检索学、图书史、版本学、校勘学等三级学科。尽管版本学和校勘学与中文系古典文献学里的名称一样，但指涉的"文献"范畴及研究方向却不尽相同。历史系素以史料查找能力见长，要求熟稔文献目录尤其是专科目录。因此大体而言，历史系对文献目录的重视倾向于利用，图书馆学对分类的在意出于检索和保管的实际需要，中文系侧重对分类目录的解读。本书研究取向更接近后者，有交集，但重合也不多，因为中国古代图书分类只是本书研究的一部分，且将散入近代相关问题的探讨里。下图是有关学者整理的"大文献学"结构（图0-1）。① 无论合理与否，大体能帮助我们理解当前分类研究的学术位置。

　　专论近代学术分类的著作，最重要的是左玉河《从四部之学到七科之学——学术分科与近代中国知识系统之创建》②。该论题的巨大涵盖力无须多

---

① 内容来自鸣镝《试论大文献学》（《图书馆工作与研究》2000年第1期），但图表出自李明杰、许晓燕《中国文献学学科体系的历史演变与现实重建》（《图书情报知识》2016年第2期），因为后者的概括比前者的原图更清晰。

② 左玉河：《从四部之学到七科之学——学术分科与近代中国知识系统之创建》，上海书店出版社，2004。

言，我从中受惠颇多。但是该书的重心在史料搜集和整理上，相较而言，分析和阐释较为粗疏，许多问题都有待商榷。我尤其不赞同其以中国传统学术为落后体系，必然被西方进步的科学体系所取代的基本立场。章清《会通中西：近代中国知识转型的基调及其变奏》① 深入了许多，提出了不少颇具启发性的议题。只是实为相近主题的论文汇编，并非近代学科分类的专门研究，

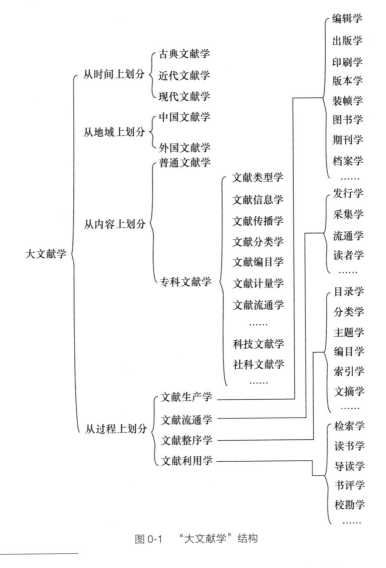

图0-1 "大文献学"结构

---

① 章清：《会通中西：近代中国知识转型的基调及其变奏》，社会科学文献出版社，2019。

因而书名做了宽泛化的处理。事实上，近代史的许多研究多少都会与本论题有一定的相关性，但少有专门研究著作，这正说明学术分类问题研究的重要性和基础性。细节问题和分支研究牵涉面较广，书中相关部分会做具体交代，这里无法一一列举。

当前关系相对紧密的讨论，散见于单篇论文。褚孝泉《中国传统学术的知识形态》较早借用了福柯的文化理论，对中西学术进行对比。作者认为从六艺到"四部"，中国古代学术最显著的特色就是经典中心主义。而在西方近代学科框架里，传统学术的生命力已经丧失。① 虽然作者并未展开对古代学术和西方学术的具体分析，但其反思意识和基本立场难能可贵。罗志田在《国学不是学：西方学术分类与民初国学定位的困惑》《西学冲击下近代中国学术分科的演变》《近代中国学术分科的演变》等文章里，提出了许多有价值的意见，如认为义理、考据、辞章比"四部"分类更接近古代中国的学术分类，清末学堂章程和课表才是了解近代分科的首要参考，如何处理旧学与新式分科体系的关系直接关乎"国学"的合法性等等。② 黄晏妤《四部分类与近代中国学术分科》和《四部分类是图书分类而非学术分类》尽管商榷余地很大，却也揭示了图书分类、学术分类、知识分类之间的复杂关系，说明对此进行全面的考察与澄清十分必要。③ 只是万把字的单篇论文，不可能说清楚如此复杂庞大的系统问题，亟须全面深入的专书研究。

大方向的讨论，尤其是中国近代学术转型，是近年来的学术热点。桑兵主持的"近代中国的知识与制度转型"系列、耿云志主编的"近代中国文化转型研究丛书"、章清组织的"学科、知识与近代中国研究书系"，都意在把近代学术放在文化和社会转型的大背景下考察。从小的方面看，各种学科史也是在近代西学引进和学术重建基础上展开的，文学（如陈平原《中国现代

---

① 褚孝泉：《中国传统学术的知识形态》，《中国文化研究》总第14期，1996年冬之卷。
② 罗志田：《国学不是学：西方学术分类与民初国学定位的困惑》，《社会科学研究》2002年第1期；《西学冲击下近代中国学术分科的演变》，《社会科学研究》2003年第1期；《近代中国学术分科的演变》，《昨天的与世界的：从文化到人物》，北京大学出版社，2007，第97页。
③ 黄晏妤：《四部分类与近代中国学术分科》，《社会科学研究》2000年第2期；《四部分类是图书分类而非学术分类》，《四川大学学报（哲学社会科学版）》2000年第2期。

学术之建立——以章太炎、胡适之为中心》、戴燕《文学史的权力》)、史学(如刘龙心《学术与制度：学科体制与现代中国史学的建立》)、政治学(如孙青《晚清之"西政"东渐及本土回应》、孙宏云《中国现代政治学的展开：清华政治学系的早期发展（1926—1937）》)、社会学(如姚纯安《社会学在近代中国的进程（1895—1919）》) 等诸多领域已经展开了相关研究，只是时间有早有晚，讨论有深有浅，互相借鉴却内在沟通不足。就近代学术转型而言，这些研究不是太宽，就是太窄。缺少合适的主线和角度，不是一地散钱，需要成序列的组合拳，就是隐约模糊，仍是概观与概貌式的远景大幕。

我希望有一束光，既能探照学科建设的内部，又能深入学科之间的联动与互动；既能避免撒网式的宽泛概述，又不落入封闭自足的切片式研究；最好是能"一月普现一切水，一切水月一月摄"(玄觉《永嘉证道歌》)。最终，我找到了作为知识纲目的分类系统。学术是一张网，一张由众多知识单元按照一定的价值目标、基本观念、固定规则结构而成的知识网络地图。学术是知识的一部分，知识是文化的一部分，文化是社会的一部分。学术分类的改易，实际是系统组织原则的改换，是归纳方式、观看习惯、研究思路甚至思维模式和文化系统的切换。对知识网络的研究，意味着本书至少要在以下四个方面，与既往研究拉开距离：

第一，它是对学术总纲的研究，必须展现单纯的学科史研究难以传达的知识全景图的改易与更张。第二章和第七章分别选取了晚清和民国时期最能彰显整体格局改易的两个阵面。第二章聚焦晚清的科举与学校之争，及其具体的行进方式。学科知识的整体呈现和门类知识的相互关系，与西式学校教育的摸索和推广密不可分。直至今天，学科制度依然主要由大学专业教育来维系。为了应对西方冲击，清政府一方面开设洋务学堂，分门别类地引进西方科技，为西式学科知识的进入打下了基础；另一方面在科举考试上进行种种调配，以期满足新形势的新需求。耐心解读各不相同的各种中西配比方案，不仅可以感知国人对西学的不同理解，还能窥见中学的弹性与逻辑，帮助我们深入思考科举之于社会和文化的功用。

最终打败科举的，其实既非选材与育才相结合的学校体制，亦非西方学术自身的合理与高级，更不是科举拒绝改变或无法改变，而是支撑普及的、分工的、专业化的西方教育体系的整个现代社会生产与再生产方式，已经裹挟了全球。科举之所以重要，也不是因为它历史悠久，或是授予管理权的选拔性质，而在于它维系着传统社会的知识生产和社会结构生产。拖垮科举的不是经学或八股等具体的考试内容，而是过于急遽和沉重的现代化国家发展目标。不同的教育制度服务于不同的社会目标，由此塑造了不同的社会类型，科举形塑的是经学和儒学的社会理想。

关于科举的讨论已经不少，但我们有必要试着跳出科举本身，把科举制度放在社会形态变迁里考察，放在世界近代化范围内审视。这就必然涉及：现代教育在西方因何而兴？前现代社会的普遍教育形式如何？教育的社会功能何在？科举在中国运行上千年的社会基础是什么？晚清科举与学堂之争的实质怎样？科举改革方案里的中西配比思路揭示了什么？当前研究都好冠以"社会转型"之名，仿佛只要是近代的，天生就是转型研究。可如果连古代社会和现代社会的基本组织原则和本质区分都未曾进入视野，那么"型"在哪里？转在何处？社会又在哪里？因此必须引进社会学的视角及其研究成果。

不探究废科举对传统政治和社会结构造成的致命冲击，不考虑新型学校教育对社会成员及其知识结构的再塑造，就说不清近代中国何以教育改革和政治改制合二为一，成为社会革命事实上的突破口。教育非但是近代中国社会结构重组的阵地，也成为新文化和中国革命的摇篮。对科举和近代教育的研究远没有到尽头，而这是近代学术新变的基础。1905年科举制的废除，意味着中学框架被冲破，中西关系开始发生逆转。在中日学科设置的对比里，我们将看到两个效仿西方（尤其是近代德国）的后发国家，如何在共同致力的方向上发生了偏离。

如果说第二章展示的是晚清一点点摸索并落实的西学大纲，那么第七章呈现的就是民国建构的学术网络。随着大学制度化和研究专业化的推进，学术领域的中西分离日益明显。胡适发起的"整理国故"运动，名为"中国文艺复兴"，实为基于西学框架对本土知识进行的重新结构。它将西方学术理念和研究方法由现代贯通到古代，并非晚清国粹派提倡的"古学绍续"，而是文人社会领域的"科学革命"。然而学界对"整理国故"的研究并不充分，给它"平反"不过是近30年的事情。

"整理国故"有统一的思路,"整理"的内涵和方式也是有预设的,所以可以称为"运动"。在对"科学"进行转换和对接的前提下,它以"系统"重构的方式,全盘接管旧学。经过胡适的鼓吹和示范,各领域的学科建设和学科史写作,如火如荼地在新的"中国文化史"框架里展开。"国学"解体之日,正是近代学科体系落成之时。它为中学保留了部分言说的资格,开启了新的研究范式,为中国学术对接世界打下了基础。但我们也看到,在"整理"的过程中,中学经历了种种切割、筛选、挤压和变形,最后以碎片化的形式在西学体系里寻找位置,给中国研究的后续发展带来了隐患。

在新的学术体系里,古代和现代被打成两截,固有系统结构和价值体系分崩离析,感性和实践类知识遭到驱逐,这些都是今天依然要面对的问题。历史研究经常不自觉地为历史辩护,把一切过往都解释得合情合理,然而揭示中西转换的裂痕,比寻找合理性更重要。因为它显然受到了国家势能和话语霸权的碾压,理应接受文化后殖民的审视,否则就削弱了近代研究连接古代和今天的意义。从这样的角度出发,重新审视胡适的现代学术追求和近代中国的学术发展道路,会有更多的发现。

总纲之下还有细目,否则就是抽象的轮廓勾勒了。但是局部特写不可能面面俱到,我的策略是:或在过程的推进中选择经典案例,如第五章以艺术范畴、第六章以文学分类为切片;或交融在主线的叙事里,如历史学和目录学的无所不在;此外特设第一章,作为全面观照,考察不同学科的接受基础,及其接纳过程中反映出来的不同侧面和维度的各种问题。

第一章"西学门类的认知次序与接受语境"是叙事的开篇,仅聚焦西学初入带来的思想震荡和观念混杂,并非各学科史的溯源,也不做全时段的铺陈。因为设置的用意,在于探究国人最初是如何接触和理解外来知识的。缓急不等于主次,先后意味着轻重,显隐之间尽是曲折,充满了对传统认知(包括我们自身成见)的挑战,接纳的过程也是选择的过程。在这个过程中,天文和数学、物理和化学、政治和法律、农工商兵各实学及宗教学,接受的基础不一样,发展的步调不一样,折射出来的问题也各不相同,不仅丰富了我们对中学不同维度和中西学术差异的认知,也映照出中国固有的文化土壤与接受机制。

当从何处入手、如何抓重点、怎样循序渐进,对清人来说是艰难的探索,对我而言也是充满了困惑的追问。不同学科触动了传统学术和中国社会的哪些敏感部位?如何看待国人对西学的种种附会?怎样解释传教士的竭尽所能与事与愿违?文化交流里的主动和被动与格局和后果有无必然联系?这些问题即使放在今天,也是富有挑战性的。种种反差,恰好折射出晚清文化的调整力度和发展步调,与明末既相同又不同。我在意其间的译介方式及其后效、不同领域的基础及其对固有资源的利用、不同学派的立场区别与认知差异等决定此后学科发展格局不平衡的因素。因而作为基础语境的铺垫,是思想史而非学科史的开端。

第二,既然是"转型"研究,如果不清楚以前是什么型,现在又是什么型,必然说不清在哪里转了型,转了什么型。研究近代不清楚古代,或者只是把近代顺延到古代,是非常致命的问题。我幸而有古典学的基础,出于追寻问题的需要,在古代研究上下的功夫丝毫不亚于近代,甚至推进更难。但我反对简单地追溯或补缀古代,仿佛近代问题是从古代自然流淌过来的一样。第四章"传统的发明:中学分类再归纳"把对过去的回望,放在近代再造的思路中审视。中国古代并不存在西式学科,自然也不会有一个近似的、条贯而下的分科系统。引证近代言说,或通过近代线索回溯古代,并不能澄清多少古代问题,最终仍留在近代论战的队列里。

在"所学非所用"的时代反思中,科举考试率先接受审视。不仅是官方改革方案,民间书院也纷纷重新筛选和整合中学里的"有用之学",以求有限之传承,以便给西学腾出位置。无论是二斋、十科,还是经、史、辞章和义理、考据、经济、辞章,抑或是孔门四科和儒家六艺,都是回应西学、反观自身的重新归纳。目的和依据不同,找到的结果也不一样。每个人都为了声张自己的主张,在古籍里引经据典,传统变得五光十色起来。

对照西学的找寻,必然会放大相近的一面,忽略相异的另一面。民国对"四部"和"国学"的质疑,虽然走向了反面,思路却是相近的。其实本没有一成不变的传统,传统是在具体运用中不断发掘和阐释出来的。近代追溯的学术分类,是比照西学的古学发明,是特定时期对传统有意向的节取和改造,与明末有程度之分,却无本质之别。跳出近代指示及铺设的路径,才可能发现比附式溯源所忽略、所遗忘甚至所篡改的旧学统。非但学科分类不是西方的唯一分类方法，中国古代也有不同的分类系统。古代类书不仅是按对象类分知识，而且提供了更大范围的知识全景，却鲜有人关注，不少内容还被排除在"学术"之外。更基础的阴阳五行分类，非但透露了中国文化特殊的思维方式，还为我们把握类和类比思维提供了契机，动植物分类法就是它衍生的子系统。分类必须放在更大的文化系统里才有意义。抽离文化场域和系统语境的名词对比，只会产生让福柯大笑不止的、怪胎般的"中国寓言"。

正因为作为知识总汇，类书的作用不容小觑，清末整合西学的各种西学汇编和新学类编，在借用学科类目的同时，还闪烁着中国古代类书、政书、史书的影子。第三章"整合西学知识地图的努力"聚焦国人如何对西书里的西学知识进行分理，有的还要与中学进行呼应和并置。从最初李之藻的理器二编，到梁启超的政艺二分和改造政学；从《皇朝经世文续编》增设"洋务"，到《分类时务通纂》中西合类的6科42目，再到《新学备纂》的直接挪用西目。西学的引介有阶段性的变化，中学传统也依旧在发挥作用，故曰"整合"。它更琐碎，更细致，也更是一种深度融合。

在位次和序例里排列先后，既彰显了国人把握西学的高标准，也反映了以中国目录学传统要求西学的不明就里。对西学知识的求全责备，本身就有违术业专攻的分科思路。可当中西并置的图书目录被西式编目完全取代，当中学典籍被拆解以就西式分科，人们才感到那种并非全然正确却依然不失主体地在中学框架内安置西学的努力，亦难能可贵。杜威十进制图书分类法的引进与仿制，是图书馆学的"狂飙突进"。在至今仍混杂不清的传统目录学和图书馆学的对照下，愈显其西化的性质。第三章谈的是晚明至民国，却在古今对话中展开，"转型"研究理当同时辐射现代和前现代。如果说第四章"传统的发明"是不自觉以西学要求中学，那么第三章"整合西学"就是无意间用中学规范西学，中西既错位又交融。

第三，正如上文的强调，分类只是一个入口，最终是要通过它触摸文化的逻辑与结构，探究近代学术系统的建构方式。它不仅有横向的范畴增减与重组，还有纵向的子目拆并与传递，最终带来整个网络结构的更新。第五章以艺术为例，第六章以文学为代表，分别对应横轴组合关系与纵轴聚合关系的剧变。第五章展示了日译新词如何改写传统学术的范畴及其定位。通过"艺术"概念的重铸,一方面我们会看到古今混杂、中西合璧的新学科领域如何一步步成型;另一方面也得以深入"四部"体系的内部结构。不清楚"艺术"在中国传统学术网络里的位置和性质,不明白它在近代中国经历了怎样的改造和转换,不了解西方艺术原本的发展流变,对艺术的理解很难不出现偏差,对传统艺术的求索难免郢书燕说。中国当前的艺术发展困境,多与此有关。

第六章则由一级目录下到二级目录、三级目录,并由类分形式的变化深入研究视角、学术脉络、学科构架、精神气质的转移,换句话说重在新学科内部的系统建构方式。继"文学"范畴的收束和整饬后,陈独秀提出了"文学之文"和"应用之文"的划分。文学不仅成为与经、史、子剥离的纯粹词章,而且挣脱了千百年来的"文以载道"传统。粹化文学的同时,是文章和文学干预社会能力的降低。文章中心地位丧失的同时,是诗歌、小说、戏剧地位的上升,从此文类的发展与更迭成为文学叙事的基本形式。文学源流脉络的重新书写,不只是文类中心与边缘的位移,还带来了界限清晰的要求和事实上混杂的鲜明对比。我们看到诗歌和散文的源流论定纠结不清,在《诗经》、楚辞、汉乐府的关系梳理中,牺牲个体以就全局的变形格外醒目。我们以近代诉求,重塑了中国古代文学的事实。

个别观点可以修正,但框架结构和学科思路却是稳定且隐形的存在。对科学理性的崇奉,使文学史成为文学研究的主流,感性和实践性知识被赶出"学术",文学成为剔除了文学趣味的客观"研究"。作者中心转移到读者中心上来,旁观者的批判态度取代了置身其中的创作要求。"科学方法"把考据推为正宗的同时,也否定了感悟式、评点式、借寓体、语录体等传统论学方式的合法性。西式论学体例越来越规范,也越来越难以捕捉中国传统艺术的气息。非但学术语言日见匮乏、理论研究亟须拓展,创作的生机也有待结构性的调整。作为底蕴最深、率先革命的基础学科,文学的情况更为突出,却并非孤例。其他学科多少都有近似的遭遇,因为本来就是尾随"文学革命"步入"现代"的,哲学博士胡适也是通过文学革命"暴得大名",继而全面地"整理国故"。回到近代,并非只有考古的意义,每个现代学科都是从这场系统重构中起步的,中西转换带来的问题也必当从这里检省。

第四,既然近代学科体系是从西方引进的,那么我们就不该只围绕着近代史料自说自话,而遗忘西学这个参照系。其实,学科分类在西方的历史不超过300年,学科的制度化在西方则晚至19世纪后期,比近代中国的全面仿行早不了太久。最后一章"他山之石:知识分类的有限性与相对性"转向取径的源头,从具体的生物分类到抽象的哲学分类,从人类学、社会学到科学史和科学哲学,从思维形式的探索到权力话语的挖掘,追踪西方分类问题的缘起及其前沿。

西方社会学不仅发展出了拷问知识合法性的知识社会学,而且人类学里就有以中国阴阳五行分类为经典案例的研究。对比中西动物分类法,我们会发现中西分类本在不同的思维系统里进行,西方分类学本身就是西方近代思想转型的结果。而科学史和科学哲学对科学行为的研究,为我们评议胡适的"科学方法"提供了依据,也为我们反观中国思维提供了参考。这都是西方20世纪最新锐的学科,极富启发性。这些成果不仅能帮助我们看清分类的实质及其基础,而且让我们明白:知识属于人类,分类属于文明,所有的知识分类方式都是暂时的、有限的、相对的文化归纳图式,有繁简而无对错,有差别而无高低,而且总是随着认识的深入处于变化和发展的动态中。西方近代学科体系取代中国古代的知识分类法,绝非高级与低级、科学与不科学的问题,而是文明与文明的竞争、体系与体系的碰撞、图式与图式的博弈。最终制胜的不是文明或学术本身的高低,而是国力支撑的权力话语与依托经济和科技实力的国际发展不平衡格局。学术转型的背后,是整个世界的现代发展转向。

纠结了这么多年,为难了好几代人,当我们以界限清晰的学科模式为发展方向时,西方却走上了跨学科甚至反学科的道路。只有带着对学术和学科的历史辨析,带着对分类问题的全面把握,才能真正反思学科预设和学科制度,理性对待学术边界不确定和类分形式稳定性之间的动态平衡。在全球资源共享的背景下,本土文化同样可以有更大提升。但另一方面,我们也要警惕文化交流里的"克里奥尔化"现象,即丧失主体性地被外来文化所整合。

中国学术需要中国问题和中国思路,我们应整合外来文化,而不是被外来文化所整合。可我们的传统的确被拣选过,我们的结构的确被置换过,转向的必要与及时并不代表所有的方式都正确。如何调适，要看我们下一步的作为。最后的尾声部分宕开一笔，拉大景深，把中国放在世界历史进程中、放在全球格局下讨论。唯其如此，才能准确定位中国，定性近代。历史是开放的，世界是多元的，中国学术和中国文化仍在行进和生成的过程中。

美国耶鲁大学中国史专家史景迁（Jonathan D. Spence，1936—2021）曾指出，不该总是把中国近代史处理成屈辱史：

> 我在西方教中文、中国历史文化的时候，发现中国人编的课本有一个缺陷，就是当他们讲述中国近代历史的时候，总是从19世纪中国受的屈辱和侵略开始切入。40年前我在开始教授中国历史时就觉得这非常不合理，如果要更好地研究中国历史，我们应该从十七八世纪的中国开始研究。因为当时的中国在世界上表现出一种更自信的姿态。我们应该研究是哪些因素促成了中国在明朝之前的这种蓬勃发展和增长。在这些因素的基础上，怎样导致了中国在19世纪末的衰落，我想这可能是更好的一种研究方法。①

史景迁的研究范围很广，从张岱、利玛窦到康熙和太平天国运动，再到新中国成立后天安门城楼下的知识分子。作为汉学家，他对中国有感情，强调古代中国在世界历史上曾经的地位，遗憾近代以来没落的国运遮挡了此前的光辉。20世纪70年代，中国的国门尚未打开，经济依然落后。一个外国人能有这样的认识，实属不易。但这仍是破败后的"白头宫女"忆旧时，如同张岱的《陶庵梦忆》和《西湖梦寻》一样，所有曾经的美好都是今朝没落的反衬，终不敌日薄西山、晚来风急。

事实上，我认为晚清民国非但是中国历史上最艰难、最丰富、最血性的时代，如今大国崛起，也必将是中华文明感念至深的时期。中国人也的确在创造世界奇迹。如果将来有幸重写中国近代史，我愿从利玛窦（Matteo Ricci）改绘的《坤舆万国全图》（图0-2）说起。

---

① 张润芝：《史景迁：中国近代史课本不该从屈辱开始》，《时代周报》2011年第157期。网络版见 http://www.time-weekly.com/post/15216，访问时间：2023年2月9日。

图 0-2 利玛窦绘《坤舆万国全图》(为了清晰起见,选用 17 世纪日本摹本)

第一章
西学门类的认知次序与接受语境

1902年，罗振玉在《教育赘言八则》里特别呼吁："欲国力齐等，必教育齐等。欲教育齐等，则凡教育制度及各级科目无不齐等，不得以意变更其次序，增损其学科。可知今日谋教育者，多有议东西各国通行各学科中，某科可省、某科宜增者，不知教育之说也。"① 希望不加损益地将"世界各国公用之学科"② 一起移植到中国来，固然是不愿降低西学的规格与规模，但实际上是行不通的。且不说西方学科体系晚至19世纪后半叶才完成制度化的建设，此前并不存在类目固定且次序稳定的西学体系，哪怕是今天，欧美各国的教学科目也千差万别，即使能找出所谓的"公用学科"，内容也不一样。

更重要的是，在接触异质的外来文化时，大家都会进行有选择的吸收，必定是先把新知识纳入已有的知识框架里，尔后随着了解的深入，慢慢进行调整。在摸索的过程中，错位的理解和选择性的截取在所难免，也是很常见的现象。好比每个人在学习的过程中，其实都会走"弯路"。没有这些"弯路"，就不会有独到的心得。前期积累越深，选择性就越强，融合的效果也会越好。这与一张白纸上照抄不可同日而语，因为后者不会产生新价值。因此，讨论文化交流，必须考虑接受的基础，也应该容许差别的出现。站在文化融合与文明增长的角度，甚至应当鼓励不同的理解和化合方式。今天，还没有到近代学术体系最终闭合的时候，追索近代中国如何顺藤摸瓜乃至盲人摸象般地求索西学，不仅可以展示历史的发生与发展、中西文化的包容与差异，

---

① 罗振玉：《教育赘言八则》，璩鑫圭、唐良炎编：《中国近代教育史资料汇编·学制演变》，上海教育出版社，2007，第159页。

② 同上。

对理解文明对话的曲折与艰难,以及探索今后更好的沟通方式,也极具启发性。

罗振玉吁求全面接收西学科目的1902年,西方社会科学刚刚浮出水面,庞大而复杂的西学体系才露端倪,渴求西学全体的愿望不难理解。1881年刘坤一开办西学馆的时候,最困惑的就是西学当从何处学起——

> 尊意所谓开西学馆,自不在外洋语言文字之末,以力求实济为是。
> 窃查外洋所学,以律例为重,次则天文、兵法以及制造、驾驶并矿学、化学、汽学、重学之类。中国学西洋之学,似不以律例为先,究竟应由何项入手?①

任何时候,从何处入手西学都是一个难题,包括今天。何况国门初开、西学初见之际。刘坤一感觉西学重心应在律例,就像最早的洋务学堂京师同文馆的设立,就是迫于解读外交条例和国际条约的实际困难一样。而恭亲王奕䜣却明确提出,天文算学才是西学的基本抓手。各人对西学的"根本",认识不同。若缺乏问题意识,只是一味搜集相关言论,必然是正误皆有,看得眼花缭乱。

西书翻译也能透露个中信息,但零敲碎打、深浅不一,不能等同于学科体系的进入。正如杨选青所言:"西学之为理也微,其为类也广,必须会稽博考,始可以得其旨而会其归。若第用翻译之华文,则既翻译者,尚得稍涉其藩篱,未翻译者,即不得深窥其奥窍。如此而欲擅西学之妙,入西学之微,是犹缘木求鱼矣。"② 因而福建船政学堂全用外语教学,京师同文馆则边学边译。哪怕就今天的图书翻译量而言,通过中译书追踪西方某学科、某问题的发展,依然是远远不够的。即使中国今天有能力引进完整的西学科目体系,对渴求通观以便驾驭的学者来说,西学依然是一片汪洋。再如何专业化,宏观把握的需求仍然是有的,而且愈到高处,愈加必需。学科越细化,入手的困难就越大。当然,这与晚清的求纲布局,语境和层次已经不同了。中西初

---

① 刘坤一:《复黎召民函议西学馆事宜》,高时良、黄仁贤编:《中国近代教育史资料汇编·洋务时期教育》,上海教育出版社,2007,第547页。
② 杨选青:《华文西文利弊论》,郑振铎编:《晚清文选》,上海书店,1987,第569页。

遇，时不我待，晚清的焦虑与急切是空前绝后的。

等不及的罗振玉只好跑到日本去，亲自打听西式学校的课程设置。虽说经过了一道翻译的过滤，但是从教学体系入手，可谓抓住了重点。学校教育尤其是大学专业教育，是把握西学系统的重要途径。从西式学科进入中国学校的先后次序，我们可以大体感知西学认知如何深化。译书尤其是译介汇本里体现出来的先后轻重，更加细碎，我们在第三章再展开。无论如何，既有学术土壤和接受语境，是我们理解中西交通的必要条件。同时，这也是故事的开始——

第一节 半坛陈酒：天文算学的接受基础

最早正式进入中国学校的，是京师同文馆、上海广方言馆、广州同文馆、新疆俄文馆的外语学习。"西学入门，自以语言文字为主，此不刊之宝法。"①不难理解，不懂外语就读不了西书。19世纪60年代最早开办的5所西学学堂，语言类有3所。但有识之士也很清楚，"仅通中国语言文字，不得谓有中学，则仅通西国语言文字，亦不得谓有西学"②，语言不是目的。70年代到90年代，外语学校就只有4所了，其他大多数都是专业技术学堂。1898年的《京师大学堂章程》明确提出要"以西文为学堂之一门，不以西文为学堂之全体，以西文为西学发凡，不以西文为西学究竟"③，外语的工具性质已经明确，西文和西学的区分毫不含糊。

紧接着，当是京师同文馆天文算学馆的增设。奕䜣认为："洋人制造机器、火器等件，以及行船、行军，无一不自天文算学中来。"④直到1893年，潘敦先还在说："西学分类繁多，而要皆权舆于算学。学者从天算入门，则虽不能尽通各艺，而凡一切制造考验，分合变化，皆由此出。故天算尤为西学

---

① 吴汝纶：《与余寿平》，《吴汝纶全集》第3册，黄山书社，2002，第284页。
② 吴汝纶：《上李傅相》，《吴汝纶全集》第3册，第200页。
③ 《总理衙门筹议京师大学堂章程》，汤志钧等编：《中国近代教育史资料汇编·戊戌时期教育》，上海教育出版社，2007，第231页。
④ 奕䜣等：《请添设一馆讲求天文算学折》，《中国近代教育史资料汇编·洋务时期教育》，第48页。

之要也。"① 从当时各种洋务奏章和民间求新人士的时务文章里，不难看出这一观点一度形成共识。1896年谭嗣同在《浏阳兴算记》里也在为算学呼号："盖以西国兴盛之本，虽在议院、公会之互相联络，互相贯通，而其格致、制造、测地、行海诸学，固无一不自测算而得。故无诸学无以致富强，无算学则诸学又靡所附丽，层台寸基，洪波纤受，势使然也。"②

然而，拈出天文算学，而非更贴合军工制造的物理数学，实为前期影响下的半懂不懂。明末传教士带入中国的西学，影响最大的就是天文算学（当时称天文历算）。梁启超谈清代学术时说："中国智识线和外国智识线相接触，晋唐间的佛学为第一次，明末的历算学便是第二次（中间元代时和阿拉伯文化有接触，但影响不大）。在这种新环境之下，学界空气，当然变换，后此清代一代学者，对于历算学都有兴味，而且最喜欢谈经世致用之学，大概受利徐诸人影响不小。"③ 清代学者对历算的兴趣，并非出于传统学术的内在需求，而是受到明末西学及其引发的中西历法之争的影响。数学首先用于天文历法，虽有中国传统的因素，可清末的实际需求已经转移到器械制造上去了，与历法其实没有太大关系。晚清依然是天文算学合称，甚至混为一谈，是文化的前理解在起作用。

一　中西争历的故实

明清两朝，天文学称为"阴阳学"。天文和阴阳术数向来难解难分，或者说中国古代的天象观测是为人事占候服务的。地方天文生学习的主要教材有《宣明历》《符天历》《地理新书》《婚书》《周易筮法》《五星》等，选拔考试亦多为推排日历和阴阳占卜，所以阴阳官生往往来自民间术士。明朝科举没有天文科目，官方最高专门机构钦天监只有40员的定额，后来一度精简到22人，较唐、宋、元规模小，级别最高的监正也不过正五品。④ 业习天文，

---

① 上海图书馆编：《格致书院课艺》（1893年癸巳秋），上海科学技术文献出版社，2016，第194页。
② 谭嗣同：《浏阳兴算记》，璩鑫圭、童富勇编：《中国近代教育史资料汇编·教育思想》，上海教育出版社，2007，第354页。
③ 梁启超：《中国近三百年学术史》，《饮冰室合集》专集第17册，中华书局，2015，第8813页。
④ 参阅江晓原：《中国古代天学之官营传统》，《杭州师范大学学报（社会科学版）》2002年第3期。

出路和前景都比较窄。利玛窦、巴多明（Dominique Parrenin）等神父都曾指出，官方不重视、从业者前途黯淡、有才之士无意于此，导致明朝天文学的落后。

在这样的情况下，西方传教士用实证性较强的西方天文学，战胜了年久失修的大统历和回回历。在明末《崇祯历书》的编译和1644年9月的日食预测中，传教士更是取得了统治者的信任，在中国站稳了脚跟，也把西方天文学的影响力推到了顶峰。据《历代职官表》记载，清代钦天监的人数迅速扩大到196人，而且担任最高职务的监正必须一满人一西洋人，左右监副则都要求是西洋人。[①] 1644—1774年百余年间，除短暂中断外，钦天监的监正一直被来华传教士牢牢把握在手里。明人谢宫花文章开篇即言："今西夷所以耸动中国，骄语公卿者，惟是历法。"[②] 受康熙宠遇的南怀仁（Ferdinand Verbiest）曾不无得意地说："几乎所有的人都知道，我不仅是遍用于中国各地的历法的制定者，而且善于传布基督教义，特别是杨光先被罢黜放逐后，我向中国再输入欧洲天文学，是人所共知的。"[③]

杨光先与汤若望（Johann Adam Schall von Bell）争历的时候，不难想见中国士大夫的复杂心情。从好几个回合的事实验证来看，西方历法确实完胜，邵辅忠便言："自神宗朝泰西利玛窦始倡天主之教，其所立言以天文历数著，一时士大夫争慕向之，遂名天学云。"[④] 其实传教士和教内人士所说的"天学"是指"认识真宗，直寻天路，超性而上"[⑤]的天主教教义，一如李之藻《天学初函》所言"天学"。但在一般中国人眼里，变成了西洋人最擅长的天文历算学。国人在情感上，没有完全释怀，清代经学大家钱大昕也不禁为杨

[①] 历代天学机构的职官增减和名称改易可参阅史玉民、魏则云：《中国古代天学机构沿革考略》，《安徽史学》2000年第4期。

[②] 谢宫花：《历法论》，《辟邪集 圣朝破邪集》，中文出版社（日本影印），1984，第11479页。

[③] 〔比〕南怀仁：《鞑靼旅行记》，薛虹译，杜文凯编：《清代西人见闻录》，中国人民大学出版社，1985，第81页。

[④] 邵辅忠：《天学说》，吴相湘主编：《天主教东传文献续编》第1册，台湾学生书局，1966，第3页。

[⑤] 李之藻：《刻〈天学初函〉题辞》，徐宗泽：《明清间耶稣会士译著提要》，上海书店出版社，2006，第220页。

光先"于步算非专家，又无有力助之者，故终为彼所绌"而抱憾①。持论公允的彭孙贻则认为："西人法既尽善，改其题署之失，正之可也。若望诚有罪，罪其人，不废其术也。"②

那么，汤若望究竟有什么罪，让不擅长历算的杨光先抓住了把柄呢？杨光先上书时反复强调汤若望"窃正朔"，必须严惩，即汤若望改历本身，就是犯禁的。在这个问题上，以往研究多强调历法之争触动了中国士大夫的夷夏之防，徐海松《清初士人与西学》则提出应从中西文化冲突的层面来理解杨光先的激越。我要强调的是，"窃正朔"之说提醒我们，还应当从中国传统的天文历算学的性质，判断杨光先到底是不是"欲加之罪，何患无辞"。

在中国古代，天文学绝非纯客观意义的观测科学，并非只服务于作为农事指导的历法编订，更是关系到王朝命运的"通天"之术。君权受命于天，天象启示人事，所谓"王者易姓受命，必慎始初，改正朔，易服色，推本天元，顺承厥意"（《史记·历书》）。改朝换代必须相应地改变历法，以承接天命的移易，这是中国式的君权神授。所以打开史书，立国必有此举。以造反起家的朱元璋，比谁都更清楚阴阳灾异的影响力和号召力，所以严禁民间私习天文历法。历算失时也绝非修修补补就能应付过去的小事，司马迁曾言"神农以前尚矣。盖黄帝考定星历，建立五行，起消息，正闰余，于是有天地神祇物类之官，是谓五官。各司其序，不相乱也。民是以能有信，神是以能有明德。民神异业，敬而不渎，故神降之嘉生，民以物享，灾祸不生，所求不匮"（《史记·历书》），即天文历法不仅司物类之序，还厘定人神次序；不仅关乎农业生产，更牵引政治之纲。

因此，说中国古代不重视天文学，是有失公允的。只是此天文，不同于彼天文。1888年奥地利人屈纳特（Kuhnert）恰曾以此为由，解释"许多欧洲人把中国人看作是野蛮人的另一个原因，大概是在于中国人竟敢把他们的天文学家——这在我们有高度教养的西方人的眼中是种最没有用的小人——放

---

① 钱大昕：《不得已题记》，杨光先等：《不得已（附二种）》，黄山书社，2000，第195页。
② 彭孙贻：《客舍偶闻》，《客舍偶闻·玉堂荟记》，北京燕山出版社，2013，第9页。众人对杨光先发动"康熙历狱"一事的评价，可参阅徐海松：《清初士人与西学》，东方出版社，2001，第108—120页。

在部长和国务卿一级的职位上。这该是多么可怕的野蛮人啊！"① 屈纳特说的天文学家已经不同于巫师术士了，晚至西方科学已经繁荣的 19 世纪，中国人对天文学家的重视被他们认为不可理喻，乃至被视为野蛮，可见古今所见并不相同。

明朝天文学因官方的冷落而不景气，可冷落的原因是看得过重，甚至防范过当，这是需要深察的。因而杨光先、林启陆以"夫尧治世，必以治历明时，为国家之首务。此辈之擅入我大明，即欲改移历法，此其变乱治统，觑图神器，极古今之大妄诞"②声讨传教士的时候，未必是罗织罪名、小题大做，天文历法在古代中国确实关乎"治统"和"神器"，乃国事要务。国朝要事岂容异邦置喙？何况更替？

二　会通中西的清初天文学

中国传统既有视天文历法为阴阳术数的一面，也有目其为"国家之首务"的一端，此消彼长取决于社会环境和官方需求，很难断言究竟是扬还是贬。站在传教士一方的周子愚认为："粤古二帝制璿玑玉衡以齐七政，三代以下历法迁改不常，器亦因之……"③ 熊明遇也说："黄帝考定星历，建天地物类之官，备哉灿烂，神明之式也，嗣是上稽乾则、炳诸典谟者，莫崇乎唐虞。"④ 胡世安则倡言："王者奉若天道，首重民时，表正风俗，兴起礼乐，莫不于是乎始基。"⑤ 暗中都完成了西方历算与中国传统的对接，指导农业的实用功能被囊括进王者治世的大用中来了。

西方天文学之所以能够唤醒传统"正朔"论，继而激发明清士人采西法补中学、以会通求超越的热情，正因为此事不小。方中通反省说："实学之失，患在才人不讲，更患在博物君子，标其大纲陈迹，而不穷其所以然，令

---

① 转引自李约瑟：《中国科学技术史》第 3 卷数学，《中国科学技术史》翻译小组译，科学出版社，1978，第 2 页。
② 林启陆：《诛夷论略》，《辟邪集　圣朝破邪集》，第 11449—11450 页。
③ 周子愚：《〈表度说〉序》，《明清间耶稣会士译著提要》，第 217 页。
④ 熊明遇：《〈表度说〉序》，《明清间耶稣会士译著提要》，第 217 页。
⑤ 胡世安：《〈民历铺注解惑〉序》，《明清间耶稣会士译著提要》，第 219 页。

周公、商高之法，不尽传于今，中学隐而西学辨"①，有才之士不究历算，博学之人不事天文，这才导致古法失传，败于西人。把西方天文学的胜利归因古法失传，倒也不完全是自欺欺人，宋元历法的确曾领先世界。西方学者李约瑟（Joseph Needham）和谢和耐（Jacques Gernet）都曾指出，明末传教士带来的地心固体水晶球式封闭宇宙说，其实比中国古代的宣夜说离事实更远，中国当时的天文学未必不如利玛窦的"近代"。②

受争历失败的刺激，越来越多的学者以积极心态投入天文历算的研究，天文学的学习也不再限于钦天监的官生和民间的阴阳生，"自《崇祯历书》刊行以后，治历学者骤盛。若黄梨洲及其弟晦木，若毛西河，若阎百诗，皆有所撰述"③。缘此，才有梅文鼎、薛凤祚、王锡阐等清代历算大家的出现。也正因为明清士大夫有学习西方天文学的热情，传教士才会在官方修历之外（如耗时五年翻译《崇祯历书》），另作新书。如汤若望有《浑天仪说》《交食历指》《西洋测日历》《学历小辩》《新历晓惑》《恒星历指》《西洋新法历书》等二十多种著作，南怀仁亦有《灵台仪象志》《康熙永年历法》《坤舆图说》《赤道南北两总星图》等二十多种。据钱存训统计，明末清初的天文学译著多达89种。④两百年间，西方古典天文学在传教士的译介下，已经相对完整地进入了中国。

建立在哥白尼和牛顿体系基础上的西方近代天文学，则在晚清英国传教士伟烈亚力（Alexander Wylie）和李善兰的合作下，被引介进来。但晚清更多是补充最新的研究成果，天文学的推介高潮还是在明末清初。1880年傅兰雅

---

① 方中通：《陪集·中西算学通序》，转引自《清初士人与西学》，第50页。
② 李约瑟指出，中国天文学的特点不过是经验主义的，而且"当十六世纪末利玛窦到中国同中国学者讨论天文学时，中国天文学家的思想（这保存在他的谈话记录中），今天从各方面看来，都比利玛窦自己的托勒密-亚里斯多德式的世界观更为近代化一些"（《中国科学技术史》第3卷数学，第4页）。谢和耐对此表示赞同："正如李约瑟曾指出的那样，中国人的天文传统，当时实际上反而要比利玛窦神父的天文学更为'近代'化一些。中国耶稣会传教区的缔造人不太了解欧洲天文学的最新发展，始终忠于托勒密的原理（天球和黄道宫带的坐标），而这些理论与中国人的思想和习惯又是互相矛盾的"（〔法〕谢和耐：《中国社会史》，耿昇译，中国藏学出版社，2006，第393页）。
③ 梁启超：《中国近三百年学术史》，《饮冰室合集》专集第17册，第8951页。
④ 钱存训：《近世译书对中国现代化的影响》，《文献》1986年第2期。

（John Fryer）《江南制造局翻译西书事略》显示，江南制造局出版的 98 种西学译书中，天文学只有 2 种 22 卷。1896 年梁启超编《西学书目表》，天文类译著也以明清之际为主，晚清只有 6 种。可见国人对西方天文学的认识和接受，在明清之际已基本完成。

　　译书数量的多寡还不是最主要的，更重要的是明清之际的西方天文学不仅使中国"治历学者骤盛"，改变了以往"才人不讲"的局面，而且促使天文学成为专门之学乃至显学。方中通言"自太西氏入，而天学为专门"①，即为此意。梁启超认为历学脱离占验，是天文独立成科学的标志，"自利徐始启其绪，至定九（梅文鼎）才把这种观念确定"②。我认为，中国学者不仅了解，而且能够补正西洋历法；不仅推动本国学术的发展，同时助益世界天文学的研究，这才是西学接纳的理想状态。梅文鼎所著的 80 余种历算书中，除阐明古历法和西域历法外，还有大量批评、订正、发明西洋历法的专著，如《历书细草补注》《求赤道宿度法》《太阴表影辩》《交食图订误》《度算释例》。王锡阐的《晓庵新法》《大统西历启蒙》《推步交朔》，薛凤祚的《天学会通》《气化迁流》，方中通的《数度衍》，也是会通中西的著作。可见中国的天文历算并没有因为西学的冲击而于清初终结，反而激发出了更强的生命力。

　　因此，晚清在考虑当从何处入手西学时，首先想到的是天文历算。其实，制船造炮与天文学没有直接联系，以天文学为西方科技的根本，与明末以来对西学的前理解分不开。当然，此时的天文学已不限于明末制历，正如京师同文馆的课程说明所示，他们开始注意八大行星的运行观测了（见下节），与自古以来的天象占断和农事序历分道扬镳。至此，天文是天文，天象是天象，历法是历法，算数是算数。后人回头再看《四库全书总目》，才会觉得天文学的性质和类目模糊不清。因为我们的天文学观念已经被改造过，与中国古代不在一个认知系统里了。

---

① 方中通：《璇玑遗述叙》，揭暄：《璇玑遗述》（《四库全书存目丛书》子部第 55 册），影印本，第 33 页，古籍网 https://www.bookinlife.net/book-81865-viewpic.html#page=33，访问时间：2019 年 4 月 16 日。

② 梁启超：《中国近三百年学术史》，《饮冰室合集》专集第 17 册，第 8950—8951 页。

三 硕果犹存的算学基底

"历"和"算"向来难以两分,天文历法、天文历算、天学步算以前说的是同一个事物。随着《几何原本》(1605 年利玛窦口授,徐光启笔译)、《测量法义》(1607 年利玛窦和徐光启合译)、《圜容较义》(1608 年利玛窦和李之藻合译)、《同文算指》(1614 年利玛窦和李之藻合译)、《句股义》(利玛窦和徐光启合译)、《几何要法》(1631 年艾儒略和瞿式穀合译)、《测量全义》(罗雅谷编译)、《比例对数表》(穆尼阁与薛凤祚编译)等书的译介,西方天文学倚靠的数学基础越来越清晰。

徐光启发现西学于道德讲求(实为宗教信仰)之外,另有一种格物穷理之学——"格物穷理之中,又复旁出一种象数之学。象数之学,大者为历法、为律吕,至其他有形有质之物、有度有数之事,无不赖以为用,用之无不尽巧极妙者"①。徐光启用的"象数",来自《周易》的象数之学。古人对数字的兴趣,源于占断、历法、音律等传统项目,有神秘和神圣的意味。利玛窦在《几何原本》里详细列举过数学的应用范围,包括天文、测绘、机械制造、建筑、水利、军事、医学、财政等方面。他总结说,"此道所关世用至广、至急也,是故经世之隽伟志士,前作后述,不绝于世"②,侧重点与徐光启有所不同。《四库全书总目》评议说,"西洋之学,以测量步算为第一,而奇器次之。奇器之中,水法尤切于民用。视他器之徒矜工巧,为耳目之玩者又殊"③,亦侧重其实用功能。

有了明人的推介,清初对算学的理解已不再与历法勾连,测算的民用维度得到彰显。潘耒力推梅文鼎的《方程论》:"古之君子不为无用之学,六艺次乎德行,皆实学足以经世者也。数虽居艺之末,而为用甚巨:测天度地,非数不明;治赋理财,非数不核;屯营布阵,非数不审;程功董役,非数不练……后世训诂帖括之学兴,而六艺俱废,数尤鄙为不足学。一旦有民社之

---

① 徐光启:《〈泰西水法〉序》,《明清间耶稣会士译著提要》,第 241 页。
② 利玛窦:《译〈几何原本〉引》,《明清间耶稣会士译著提要》,第 199—200 页。
③ 永瑢等:《四库全书总目》,中华书局,2003,第 854 页。

责会计簿书,头岑目眩,与一握算,不知颠倒。自郡县以至部寺之长,往往皆然。于是猾胥猾吏得起而操官府之权,奸弊百出而莫能诘,则亦不学数之过也。"① 数字之用充实到测量、理财、军事、工程等,被提高到吏治所必需的高度,成为与训诂帖括对立的"实学"代表,具有"经世"的大用。中国士人对数学的热情之高也确实超出传教士的预想,从徐光启译介《几何原本》的执着,可见一斑。以至于利玛窦有"世界上没有民族比中国人更重视算学"的感慨。②

17世纪后半叶,耶稣会士已经把西方几何学、陆地测量、近代算术、平面与球面三角法、三角函数、近代对数等数学知识介绍到中国来了,这些几乎都是当时欧洲的最新成果。在消化西方数学的基础上,梅文鼎在《环中黍尺》里提出了一套比托勒密"曷捺楞马"数理更简洁实用的球面三角图解法,《弧三角举要》证明了正弦公式,《堑堵测量》证明了直角球面三角形的边角关系,《几何通解》用勾股定理证明了《几何原本》的命题,《几何补编》则以立体几何补《几何原本》平面几何之不足。王锡阐亦是"中西两家异说,皆能条其原委,考镜其得失"③。梅文鼎《梅氏历算全书》和王锡阐《晓庵新法》引起过不小的轰动,梅氏更以布衣之身誉满中国,得到康熙的亲自接见,并获赠"绩学参微"御匾,尽管那时梅氏已是73岁的垂垂老者。1723年康熙御定《律历渊源》100卷出版,梅文鼎之孙梅毂成主编的《数理精蕴》就包含了译自法文的《几何原本》和《算法原本》。

有清一代,戴震、焦循、李锐、汪莱、董方立等经学大师大多治算。阮元还编有《畴人传》,第一次为数算家立传。"畴人"有别于"儒林"和"艺术",成为另一个相对独立的群体,可见清人对数学的重视。江永曾饮水思源地说:"至今日而此学昌明,如日中天,重关谁为辟?鸟道谁为开?则远西诸

---

① 潘耒:《方程论序》,《遂初堂文集》卷七,康熙刻本影印,第25页,古籍网 https: // www.bookinlife.net/book-93756-viewpic.html#page=46,访问时间: 2019年4月16日。
② 转引自毛子水:《徐译〈几何原本〉影印本导言》,《毛子水全集·学术论文》,海外出版地址不全,第314页。
③ 梁启超:《中国近三百年学术史》,《饮冰室合集》专集第17册,第8942页。

家，其创始之劳，尤有不可忘者，或亦平心之论也。"① 算学的确是在西方数学的刺激下，远离象数与推步，渐成专门的。所以梁启超说："从前算学是历学附庸，定九（梅文鼎）以后才'蔚为大国'，且'取而代之'了。"② 因此，1861年冯桂芬说"一切西学皆从算学出。西人十岁外，无人不学算。今欲采西学，自不可不学算"③ 时，并没有连类而及地说"天文算学"。1868年曾国藩提出"洋人制器出于算学"④ 时，也直接点明了数学与制造的关系。又如吴汝纶认为"西学重专门，而以算学为首务，他学必以算学为从入之阶，明算而后格致诸学循途而致"⑤，明确以算数为西学首务、为格致入门。刘光蕡也把数学比作习字一样的基本功，视为时务新学所必需（"今定凡有志时务之学者，无论自占何门，均须习算，亦如士子无论为何学，无不习字之类。若谓资质不能习算，是无志于时务。非不能也，不能为精深之算，亦岂不能为浅近日用之算乎"⑥），不可谓未抓住根本。

正因明末清初以来，国人对西方数学并不陌生，且有较好的功底，我们才会看到，京师同文馆的西学教习都是高薪聘请的外国人，只有算学馆例外。3位教习李善兰、席淦、王季同都是中国人。晚清翻译过来的四百多种西方科学书中，数学有一百六十多种，占了三分之一。数学为西学基础，最早成为共识，走在诸学之前。于是在晚清的科举改革里，是以算学统领西学的（见第二章第二节）。晚清论算学，首推几何学，透露了明末译《几何原本》的深远影响。而《几何原本》虽是古希腊欧几里得的作品，却晚至1482年才有拉丁语译本，意大利语译本出现在1543年，利玛窦的中译是1607年，年代相距并不远。

---

① 江永：《数学·又序》（王云五编《丛书集成初编》本），商务印书馆，1936，第3页。
② 梁启超：《中国近三百年学术史》，《饮冰室合集》专集第17册，第8951页。
③ 冯桂芬：《采西学议》，《校邠庐抗议》，上海书店出版社，2002，第56页。
④ 曾国藩同治七年九月初二奏章，中国科学院近代史研究所史料编辑室、中央档案馆明清档案部编辑组编：《洋务运动》（"中国近代史资料丛刊"）第4册，上海人民出版社，1961，第18页。
⑤ 吴汝纶：《与贺松坡》，《吴汝纶全集》第3册，第148页。
⑥ 刘光蕡：《谕味经诸生》，《中国近代教育史资料汇编·洋务运动时期教育》，第750页。

四　传统数学的退场之思

普通人对数学的理解是宽泛的、常识性的。到了洋务学堂的课堂上,数学细化为算术、代数、平面几何、解析几何、平面三角、球面三角、微积分等具体内容。李善兰、华蘅芳这样的中国教习,教授学生的多为中国传统数学和西方现代数学的混合。这种混合对于推动传统数学的发展会有所裨益,但如果不能逐步融通,就会出现衔接的困难:既包括与西方其他科技、制造类书籍的衔接,也包括各类学校分阶段教学的衔接。因为不是一套概念体系,表达的方式是有差异的。在知之甚少的情况下,又有多少人能自由转换呢?

从19世纪90年代后期开始,京师同文馆的数学考试就不再包含传统数学的开方和四元术了。1901年的科举考试,也要求用西方数学方法解题。原来以传统数学授课的邹尊显,不得不在教科书《分类演代》里先介绍中国解法,再介绍西方解法,虽说合二为一,但也可谓一分为二。1905年废科举兴学堂之后,在新式教学大纲和教科书里,代数和微积分取代了传统数学,教学完全倒向西方数学。这种变化是迅速的,几乎势不可当地一笔勾销了前期的努力。新政时期,初等教育和中等教育也要求安排数学课程,传统中式算数显然没有做好接应的准备,也不可能在短期内完成全套的分阶讲义,各级教科书统统从译书中来,后来干脆采用日本的成套翻译——日本从1868年开始就强制采用西方数学,已经有全套的分阶教材。

1897年绍郡中西学堂(中等学校)成立的时候,明言"凡入算学馆,先习数学,已通数学者习几何,已通几何者习代数,然后讨论三角八线对数诸曲线之理,以进于微分积分"。几何教材用《几何原本》、代数用美国人狄考文的《代数备旨》和傅兰雅翻译的《代数术》、微积分用伟烈亚力译的《代微积拾级》本不难理解,原为中国所无。但是基础数学部分,中国本不缺,也不弱。即便在今天,中国小学生记诵九九乘法表也远比英国小朋友的掰指头算数,高效得多。但最终指定的教材却是华蘅芳的《算法须知》,辅以伟烈亚力的《数学启蒙》和狄考文的《笔算数学》。理由是,不如此就无法与后面的几何、代数、微积分衔接——"中法如程氏《算法统宗》,朱氏《算法启蒙》等书,皆与代数式迥异。学者至习代数,必将变其加减乘除开方之法以就之，则何如径习西法之为愈也"。九章算术、勾股算法、四元术这样的传统数学命题连中学都已经不再顾念了。《绍郡中西学堂规约》说，虽然伟烈亚力的《数学启蒙》和狄考文的《笔算数学》与传统《九章算术》相当，但如果加上代数几何微积分，中算就不是西算的对手了——"二书于中法九章之理大概已备，再进而习几何代数，则其理视《九章》为深，其用较《九章》益广，学者既明代数，未有不能通《九章》者也"。①

中西数学的对话，本是历时最长、著述最多、根底最厚的部分，最终却在教学而非译书的层面，被完全取代，令人唏嘘，也意味深长。所以说学校是西学决胜的主要战场。而数学的全军覆盖，并非单科实力悬殊，而是系统的力量改变了原本相当的双方势差。虽然自古蒙学就习数，六艺当中也有数学，但普通人仅止于基本日用。高深研究要么集中在专人，要么汇聚在个别大儒身上，中间层基本空白。在文化垄断的年代，不仅发展基数小，而且没有西式分级的阶梯式推进需要。一旦普及教育的年代到来，完全来不及调整与应对。或者说西式学校制度同时裹挟着西式教学方式而来，西方数学背后有几百年的制度和系统作支撑，这场中西数学的较量本就是不对等的。何况清末西学已不再像明末那样，需要争取中国人的认可与认同。

但是，我们必须承认，国人在引介数学的时候，过于在意测绘、制造等实用功能，其实还是没有充分理解数学。徐光启难能可贵地发现了数学训练思维的作用，但他在对接中学的时候，急于把数学纳入实学经世体系，这个向度的特殊性无形中被削弱了。后起者很少意识到数学背后的抽象思维才是中学亟须的向度，而整个西方科学体系都是建立在数理形式基础上的。长期以来，古代中国是文官社会，文章取士带来艺术思维的高度发达。古人有骈俪，有声律，有回文，不惜把文字和文章推敲到极致，不吝把历史和文学考究到汗牛充栋，却极少在意逻辑的严密性，一定程度还排斥不切实用的抽象思维。只有那些与西方有深入接触机会的人，才能意识到这个问题，因此徐光启和严复对此理解最深切。在《救亡决论》里，严复精到地指出，西方"学测算者，不终身以窥天行也；学化学者，不随在而验物质也；讲植物者，

---

① 《绍郡中西学堂规约·算学馆课程》，《中国近代教育史资料汇编·戊戌时期教育》，第329—330页。

不必耕桑；讲动物者，不必牧畜。其绝大妙用，在于有以炼智虑而操心思，使习于沉者不至为浮，习于诚者不能为妄。是故一理来前，当机立剖，昭昭白黑，莫使听荧"①。但对大多数国人而言，西洋数学究竟讲什么还不清楚呢，不可能体会更深。

古希腊以来的西方数学（更确切地说，是古希腊人发明的几何和印度人发明的代数在文艺复兴时期的发展与结合），提供的不只是数字的表达形式和演算成果，它还渗透到西方人的思考方式当中去了，最后才结出近代科学的果实。如果没有笛卡儿的解析几何和牛顿、莱布尼茨的微积分计算，就不可能解决引力问题，不会有牛顿力学体系的出现。就像伽利略所言，西方人相信"哲学写在宇宙这部永远呈现于我们眼前的大书上，但只有在学会并掌握书写它的语言和符号之后，我们才能读懂这本书。这本书是用数学语言写成的，符号是三角形、圆以及其他几何图形，没有它们的帮助，我们连一个字也读不懂；没有它们，我们就只能在黑暗的迷宫中徒劳地摸索"②。在科学革命以前，西方发展最成熟的科学就是数学和逻辑学。数学从某种程度上讲也是一种逻辑形式，一种严格推理的、具有高度精确性的抽象人造语言。引领科学步入现代的近代物理学，正是建立在物理数学化的基础上。正如科学史家所指出的，西方近代科学革命的关键是自然的数学化或世界的数学化。③建立合理的数学模型，今天仍是自然学科和部分社会学科的基本方式。

说到底，那是一种迥异于中华文明的思考方式和表述形式，完全可以对右文稽古的既有传统进行补充，至少可以纠正其过分的失衡（今天则又滑向了另一端）。真要学习西方，不是学几个数学公式、证明几条数学公理的事情，而是学习他们运思和解决问题的方式，学习西方科学所由来的根本。从砥砺思维的角度看，数学是西学的基础，比逻辑学更为具体。因此，即便普通人的日常生活用不了多复杂的代数、几何、微积分知识，学了高等数学也

---

① 严复：《救亡决论》，王栻编：《严复集》，中华书局，1986，第45页。
② 转引自〔美〕约翰·洛西：《科学哲学的历史导论》，张卜天译，商务印书馆，2017，第16页。
③ 具体参阅〔美〕戴维·林德伯格：《西方科学的起源》，张卜天译，湖南科学技术出版社，2016，第569—579页；〔英〕巴特菲尔德：《现代科学的起源》，张卜天译，上海交通大学出版社，2017，第70—73页。

未必就能参与军工制造，但它们是西方教育的基础，无论文理。莫说晚清，就是今天的中小学教育，又有多少人能体会这层深意呢？

表面看来，中西数学不过形式和范围的差异，可形式牵引整套数理系统及其循绎方式，乃至让教学保障的全套知识体系暗度陈仓。在后面的章节里，我们会看得更加清楚。正因为如此，我认为孤立地谈各学科知识的引介和转换是不够的，它们是作为一个整体进入中国，尽管确立的时间确有早晚。非但彼此间有示范和联动的效应，而且带来了整个学术系统及其教育保障体系的对阵。换句话说，它们靠的不是单个学科自身的力量，而是背后有整个罗马军团在战斗。根基最厚的数学尚且如此，何况其他学科呢？

第二节 "格致"之惑：物理与化学的接收分歧

1902 年，张之洞曾不无困惑地说，"近年言西学者，多只注重方言、算学两门，似非外国教育宗旨"①，外语和数学的确离军工制造还有相当的距离。系统引入中国的第三类西学当属物理和化学，即时人所说的"格致学"。和天文学、数学的情况不一样，物理和化学是晚清才为国人所知的西学新类，此前少有介绍。1866 年，李善兰在《〈重学〉序》里说，自己朝译几何，暮译重学，重学的翻译尤为迫切，因为西方"制器考天皆用重学"，而"自明万历迄今，畴人子弟，皆能通几何矣，顾未知重学"。②徐继畬在《〈格物入门〉序》里也表示："泰西之学，始于利玛窦之东来，迨后南艾诸公扩而充之，益见详备。然所言者天文历法，于格物穷理之说，未之详也。"③

没有前理解的干扰，物理和化学的引介是否就顺畅了呢？结果恰恰相反，因为原有知识版图里没有对应，国人花了很长的时间才清楚其确切所指。学科名称及其范畴不断地变化与分裂，定性的问题迟迟得不到解决。以往研究多把精力放在名称的考订上，我更在意的是这段"弯路"的症结所在。它们

---

① 张之洞：《致京张冶秋尚书》，《中国近代教育史资料汇编·学制演变》，第141页。
② 李善兰：《〈重学〉序》，《中国近代教育史资料汇编·教育思想》，第39、40页。
③ 徐继畬：《〈格物入门〉序》，丁韪良：《格物入门》，日本明亲馆藏版，1875，第1页。

与天文算学,恰好形成对比。其中,物理和化学又有别焉。

一 定名定性与路径依赖

"物理"是20世纪初从日本翻译过来的新名词,可直解为事物之理或万物之理。但中国人讲事理,向来是指为人处世之道,很少关注"客观"事物的内在规律。非要在传统认知里寻找对应,"博物"或者小学课本里的"自然",可能还更贴切一些。这是一个源自日本、略带疏离的名称。此前,晚清人称为"格致"或"格物"。

以"格致"或"格物"指代物理,来自传教士的翻译。1866年德国传教士罗存德(Wilhelm Lobscheid)编辑《英华字典》时,把Natural Science译为"格物"或"博物"(这里对译自然科学,是"格致"的宽泛用法,如何收束到物理学,下文再展开),同时以"理学"对译Philosophy。《英华字典》出版后,大部分被日本人买去了,对日本近代英日词典编撰产生了一定的影响,但最后他们也放弃了"格致"或"格物"这样雅致而考究的古典学名。1874年德国传教士花之安(Ernst Faber)在《自西徂东》里,也提到西欧学校有所谓的"格物院"。

汉学功底未必胜过日本人的西方传教士,辛苦依凭中国儒家经典,本为取得中国士大夫的认可,便于与精英阶层进行对话。《大学》说"致知在格物,物格而后知至",格物致知是儒学"八正道"的起点。朱熹强调格物、致知、诚意、正心、修身、齐家、治国、平天下为"古人为学次第",学者拾阶而上,方能登堂入室。晚清人放弃"博物",选用"格致"或"格物",多少有把西学纳入经学的愿望,符合从已知过渡到未知的接受方式。这种把西学纳入儒者所当知的处理方式,我们并不陌生。明末徐光启和王徵引进西方数学及器具制作时,便是从儒家经典里寻出备物致用亦为圣人之学的理由①,只不过明末多用"实学"进行括约。就引起士大夫的兴趣和重视而言,

---

① 如王徵在《远西奇器图说录最》里说:"学原不问精粗,总期有济于世;人亦不问中西,总期不违于天。兹所录者虽属技艺末务,而实有益于民生日用,国家兴作甚急也,倘执不器之说而鄙之,则尼父系《易》,胡以又云'备物制用,立成器以为天下利,莫大乎圣人'?"(《明清间耶稣会士译著提要》,第234页)

这是有益且有效的。换而言之，命名的同时也完成了定性——儒者修身治国的基础。不能格物致知，就无法诚意正心，因为对世界的理解有偏差。把对客观世界的认知与治国平天下连为一体，是中国传统的思维方式。

因而，我们看到中国士大夫对中西格致异同表现出极高的兴趣。1887年上海格致书院的全国有奖问答里，有一题就是"格致之学中西异同论"。获第一名的彭瑞熙开篇即言，"中国有格致之学，西人亦有格致之学。然中国之格致，兼道与艺言之也。西人之格致，专以艺言，而亦未尝非道也"，虽然很清楚西方格致讲求的是水、火、光、声、电、热，却又陷入儒家道艺之争的泥潭里去了，故洋洋洒洒，最后的总结是"中国风气重道而轻艺，西洋风气重艺而轻道。然自古至今，治乱安危，恒系乎道之隆污，不系乎艺之巧拙也。今天下中外周通，强邻窥伺，挟其所长，以傲我所短，中国于是欲师其长技以制之。此西学之讲求，所以难已也"。第三名的赵元益答卷最后亦言："总之学无常师，中人以身心性命三纲五常为格致之根原，西人亦当加意考求，而后不违于名教。西人以水火光声化算电热为格致之纲领，中人亦当潜心研究，而后可至于富强。兼听并观周谘博访，勿傲己长，勿责人短，彼此相资，各得其益。庶几异者日少，同者日多，由格致而渐臻于平治无难也。"①尽管主张二者互补以趋大同的思想难能可贵，但是中西分立的思维也分外清晰。这其实是译名带来的问题，甚至可以说是附会带来的伪问题，如果一开始就译为物理或科学，就不必费这样的澄清和对比功夫了。比附性的、援引性的对译虽然便于理解和接受，却带来了望文生义、张冠李戴的危险，限制认知的精准与深入。可若没有这种近似的对应，中国文化精英还有兴趣、有耐心来理解这一新鲜事物吗？这曾经是利玛窦苦苦思考的问题。

中国古代的智识阶层是政治治理人才的储备库，强调宏观与远见，技术性的专职人员不在预备之列。换句话说，决策层要的是万物皆备于我的通观，而非专注一物的窄而深，故曰"君子不器"。儒家视为志学基础的了解自然，是一般意义上的基本涵养，或者说更多的是一种亲和的态度。专研自然事物非但不是文化精英之必需，此道中人反而会因为沉溺于"器"而成为受排斥

---

① 《格致书院课艺》（1887年丁亥春），第163、167、187—188页。

的"小人"。这是中西文化观念的根本差别,非个别概念的调整所能弥合,也就有了注重文史修养和关注科学技术两种方向的分歧。

因此最严重的后果,还不在自然还是人伦的范畴宽窄,而是这种取向差异带来的路径依赖。所有认知都围绕人自身展开,最终都要服务于人的中国传统,在我看来无可厚非。但是中国传统的格物致知,追问的是天地抽象之理,即所谓的心性功夫。"理不离物,亦不离心"说的是一种认知意识,与实证性的西方科学有本质区别。关心世物与精研物理,是不同层面的问题。中国古代重道轻技,文化阶层轻视与实物交接的动手能力,若以重观察、重测算、重试验的西方科学进行补济,善莫大焉。但以"格致"或"格物"对译物理学,容易误导国人沿着既有路径,又回到蹈虚的理学论辩中去。把新异事物纳入既有框架,结果是掩盖根本取向的不同,削弱或丧失其异质互补的能力。因而中国人充分理解并接受西方埋首客观世界的专研精神,还有待日后的科学启蒙运动,不是几本译书、几家工厂所能够解决的。

还有一道策论题说:"大学格致之说自郑康成以下无虑数十家,于近今西学有偶合否?西学格致始于希腊之阿卢力士托德尔,至英人贝根出尽变前说,其学始精邃。达文施本思二家之书行,其学益备,能详溯其源流欤?"视培根以来的西方近代科学为古希腊科学理性之变,有所依凭,倒也没错。但培根之后,以达尔文和斯宾塞为续,就有点儿费解了。只能说当时国人所知有限,通过严复等人的有限译介,所知也就以此二人为广。不难体察,出题人乃有所问而问,渴望了解内中更多的详情。但尚未求证,便贸然把东汉郑玄以来的释经传统和西方近代科学进行连接,就是严重误导了。

如果改制后的科举策论都沿着这种思路进行下去,吸纳新学的功效将仅止于增广见闻,以巩固旧说。张冠李戴、牛头马嘴且不论,还把实证的、务实的、可资补益的西方物理学导向积弊已久的纸上谈兵。我们的确看到,晚清人论西学,多流于策论性的评点或表态式的泛论,很少进入具体问题。如此一来,拼接一下西学报章、整理一下西学线索就算是学习西学,不过是变换了议论对象的新八股而已。严复对此有猛烈抨击,章太炎也批评过八股学风,这虽是后话,却延续了不短的时间,可见路径依赖之遗毒。一如崔国因所言,"但托空言"的科举旧习与急切的格致兴国愿望南辕北辙:"外国以格致之学，较之中国士子之用心举业者略相同焉。然举业之学，但托空言；而格致之学，实有实用。宜其日致富强乎！"①

早期传教士主编的《中国教会新报》、徐寿等编辑出版的《格致汇编》《格致新报》等，介绍的西方物理学多为粗浅常识。晚清翻译的物理学书籍，也多为通俗读物。若把戊戌时期翻译的23种物理书籍分为学术、应用、通俗读物、教科书4大类，精深一点的学术图书仅有1种，11种为通俗读物，普及程度的教科书则有9种。因而1899年宋恕介绍日本学校制度时，惊讶地发现："物理学即我国所谓格致，在日本为全国男女普通学，不为高等之学，而我国以此为西学之极品，可笑甚矣！"②国内所见顶多是日本中学水平，与国人制造兴国的期许实在难以匹配。

由此引发我思考的另一个近似问题是，戊戌期间维新派的西学鼓吹同样存在诸多比附式的理解，离西学的落地相距甚远，不宜抬得过高。其可贵在于利用时势，推动了西学的传播，而且是民间与官方一起联动。随着引介的加速与深入，前期的理解偏误逐渐得以调整。国人理解并驶入异趣的西学航道，不是一件容易的事情。有形的物质层面（包括译书和学校）相对容易实现，思想和观念层面的对接却难免滞后，在不断的纠偏和斗争过程中，一点点扳正方向。所以我们经常看到许多热闹一时的近代议题，突然间销声匿迹。今天若尽做否定性的溯源，容易忽略掉兴衰起落背后的深意。

二 "物理"范畴的凌乱

摇摆于中西之间的物理学，经历了很长时间的凌乱。清末使用的"格致"或"格物"，至少包括哲学、西方科技、物理学三个层面的含义，因而最终取代它的不止"物理"一个概念，"科学"也是它的替代词。"格致"有时几乎涵盖了所有自然科学门类，如"无化学，则农无培壅；无重学，则工无制造，矿无助力借力诸器；无声光电诸学，则兵无耳目；无水学热学汽学，则枪炮舰雷无运用；无几何学，则诸科学并无托始之源。然则西人富强非他恃，

---

① 崔国因：《出使美日秘日记》，黄山书社，1988，第332页。
② 宋恕：《与孙仲恺书》，胡珠生编：《宋恕集》下册，中华书局，1993，第694页。

有格致而已"① 之说,又如"盖格致一门,所包者广,如算学、化学、重学、电学、气学、声学、地学、矿学、医学、机器、动植,无乎不具"② 之谓。大到化学、数学、医学、动物学、植物学、地质学,小到重学、声学、光学、电学、热学、汽学,都可能在"格致"的范围内,类似于自然科学的总称。

但若以为从"格致"到"科学"是唯一路径(不少学者这么认为③),就简化了问题。我们必须认识到,由于所知有限,且没有标准版本,清末译语自说自话、自成体系的现象极为普遍。即使同一个人,对同一词的前后用法也会有所不同,如严复嘴里的"西学格致"就有两层含义:狭义的指自然科学,广义的指建立在自然科学基础上的整个西学体系。④ 其实前者仍然是广义的,还有更窄的用法——物理学,如1902年的词典《新尔雅》说"考究物体外部形状之变化者谓之格致学",包括重学、声学、光学、热学、磁气学、电学、气象学。⑤ 只是早期声、光、热、重分开讲述,国人尚未意识到它们可以归入一个更大的范畴,或者说因与机械制造密切相关,它们得以各自成类。

严复是最早一批出国学习技术的留学生,对西学进行过相对全面的介绍。在翻译英国经济学家亚当·斯密的《国富论》(译名《原富》)时,他还评议亚当·斯密的西学次第(名学—元学—神理之学—德行之学—物理之学)说,名学为先最是确当,但推崇宗教神学却是误导。他认为斯宾塞的观点更可取。不仅有比较,他还有所阐发:

> 近世斯宾塞尔言学次第,亦以名数二学为始基,而格物如力质诸科次之,再进而为天文地质,所以明宇宙之广大悠久也。再进而治生学,言动植之性情,体干之部置,于以知化工之蕃变,由此而后进以心灵之

---

① 雷瑨编:《中外策问大观》卷19,砚耕山庄石印本,1903,第44页。
② 王韬:《弢园著述总目》,李天纲编校:《弢园文新编》,中西书局,2012,第340页。
③ 从樊洪业《从"格致"到"科学"》(《自然辩证法通讯》1988年第3期)开始,出现了大批相关概念的考辨,比如桑兵、金观涛、刘青峰等,多从自然科学总论的意义讨论格致向科学的演化过程。此处无意纠缠过多,概念的使用问题第五章会以具体案例形式呈现。
④ 张帆:《从格致到科学:晚清学术体系的过渡与别择(1895—1905年)》,《学术研究》2009年第12期。
⑤ 汪荣宝、叶澜编:《新尔雅》,沈国威编著:《新尔雅:附解题·索引》(1903年东京日印版影印),上海辞书出版社,2011,第189页。

学，言因习之不同，刚柔之异用。最后乃治群学，而以德行之学终焉。生今之日，为学而自揆其躬若此，庶几可谓纯备者矣。若斯密氏之所称，则学为神甫牧师者之课业。欧洲三百年以往，非神甫牧师，固未尝有学也。然而乌足以为二十稘之文明学程乎！①

严复说的"名学"就是今天的逻辑学。他推崇西方逻辑学，译介过《穆勒名学》。缺乏缜密求实的思维，的确是学习西方科技的重大障碍。严复把逻辑学和数学作为西方科学的基础（在《西学门径功用》里称为"外导"之学），与培根对哲学和新哲学（自然科学）的区分有关。只是培根等西方近代科学提倡者鼓吹的是17世纪以来的新科学，数学和逻辑学则是与之对立的古典科学之代表（见第八章第三节）。以名学和数学为西方"民智最深"者，不能说不对，但严复可能对西方科学史上的那段公案并不十分清楚，更多是受到斯宾塞的影响。斯宾塞在《社会学研究》（严译为《群学肄言》）里阐述各学科背后原则，并将其摆在合适位置的做法，应该说给了他极大的启发（"近世斯宾塞尔言学次第"）。

逻辑学过于抽象，严复认为若融合在具体事物的研究里，会更加有效。第二个知识梯队是"格物"，具体为力质诸科。何为力科？何为质科？1898年他有更全面的解释：

> 诸公在此考求学问，须知学问之事，其用皆二：一、专门之用；一、公家之用。何谓专门之用？如算学则以核数，三角则以测量，化学则以制造，电学则以为电工，植物学则以栽种之类，此其用已大矣。然而虽大而未大也，公家之用最大。公家之用者，举以炼心制事是也。故为学之道，第一步则须为玄学。玄者悬也，谓其不落遥际，理该众事者也。玄学一名、二数，自九章至微积，方维皆丽焉。人不事玄学，则无由审必然之理，而拟于无所可拟。然其事过于洁净精微，故专事此学，则心德偏而智不完，于是，则继之以玄著学，有所附矣，而不囿于方隅。玄著学，一力，力即气也。水、火、音、光、电磁诸学，皆力之变也。

---

① 严复：《原富》按语第93则，《严复集》第4册，第906页。

二质,质学即化学也。力质学明,然后知因果之相待。……无悠久繁变之事,而心德之能,犹未备也,故必受之以著学。著学者用前数者之公理大例而用之,以考专门之物者也。如天学,如地学,如人学,如动植之学。非天学无以真知宇之大,非地学无以真知宙之长。二学者精,其人心犹病卑狭鄙陋者,盖亦罕矣!至于人学,其蕃变犹明,而于人事至近。夫如是,其于学庶几备矣。然而尚未尽也,必事生理之学,其统名曰拜欧劳介,而分之则体用学、官骸学是也。又必事心理之学,生、心二理明,而后终之以群学。群学之目,如政治,如刑名,如理财,如史学,皆治事者所当有事者也。凡此云云,皆炼心之事。至如农学、兵学、御舟、机器、医药、矿务,则专门之至溢者,随有遭遇而为之可耳。夫惟人心最贵,故有志之士,所以治之者不可不详。而人道始于一身,次于一家,终于一国。故最要莫急于奉生,教育子孙次之。而人生有群,又必知所以保国善群之事,学而至此,殆庶几矣。①

之所以大段征引,是因为这恐怕是清末对西学最全面的理解。位于第二阶梯的"玄著学"即格致学,包括力学和质学,力学又分水、火、光、电诸科,即后来的日译"物理"学。质学即化学,可见"化学"一词当时已经流传开了。

在1903年的《京师大学堂译书局章程》里,严复又把力学分为动和静,把质学分为有机和无机。大名目上以便于理解的统一科学、间立科学、及事科学,替换玄学、玄著学、著学的指称,但内容和顺序基本一致:先以统一科学(逻辑学和数学)开心智,再以间立科学(物理和化学)求因果,继以及事科学(天文、地质、人学、动植物学,人学又分生理和心理两阶段)明事变,最后以群学(即他引进的社会学,包括政治、法律、经济、史学)治事。《章程》把群学和著学一起并在"及事科学"里(及事科学,"治天地人物之学也",包括天文、地质、气候、舆志、金石、解剖、体用、心灵、种类、群学、历史,动物、植物四个部类),宽窄不同,似为并行的、具体的专门学术。这与斯宾塞《社会学研究》里以数学和逻辑学为各种必然关系提供

---

① 严复:《西学门径功用》,《严复集》第1册,第94页。

不可动摇的信念,物理和化学提高对起因、运用、效果的自觉认识,生物学教授连续性、复杂性、因果关系偶然性等学科功能的阐述,既有相近的一面,又有所不同。至于农学、军事、医学、机械工程等实用技术,是可供选择的应用项("随有遭遇而为之可耳")。前者是人所当知的基本知识储备("炼心之事"),应用项的学科则不必责于人人,即有的学科应人人都学,有的学科可以分流。①

至于社会学应当置于什么位置呢?天文学、社会学、历史学能不能并立?这些还有讨论的余地,诸人理解也不同。尽管严复和斯宾塞一样,大力提倡社会学,但以数学和逻辑学为西学根柢("统一科学"即人人应备之意)、物理和化学为基础学科("间立科学"指"介入统一与及事二科之间",相当于介于二者之间的次基础)的思路是清晰的。无论是斯宾塞还是傅兰雅(详见第六节),都特别提到了生物学,这是西方近代科学的重镇。可无论是严复还是其他国人,显然对此做了弱化处理。而西学"格物"或"格致"既不等于数学,也与制造业有一定的距离,本是以应用基础形式存在的,即今天说的理科基础学科。

这种系统化的理解,若非亲炙其间,仅凭字意推敲和报章整合是难以圆融的。其他人只能通过有限的译文和转介来把握,自然是一鳞半爪不成系统,也无从判断是非优劣,滞后与混杂在所难免。因而尽管当时各种西书书目和西学汇编已经在努力归纳了,但仍然是诸意混杂、面貌不清。非但1897年孙家鼐编纂的《续西学大成》、胡兆鸾编集的《西学通考》,就是1909年江南制造局编制的《江南制造局译书提要》,格致学也是与重学、汽学、电学、光学、声学、化学、医学、算学重合与并立的。其实早在1900年,王季烈参与翻译的日本教材《物理学》就已经出版了,而且明确否决了日本人藤田丰八的"格致"之名。1903年章太炎也猛烈抨击:"格致者何?日本所谓物理学也。一孔小儒,见《礼记·大学》有'格物致知'一语,而郑君旧注与温公、阳明诸说,皆素所未知。徒见元晦有云穷致事物之理者,以此妄相附会,遂称物理学为格致。此其远于大学本义,固无足怪。就如元晦所言,亦非以格致为格物。"不顾宗旨、生造名词、支离皮傅还在其次,关键"以为西方

---

① 严复:《京师大学堂译书局章程》,《严复集》第1册,第130页。

声光电化有机无机诸学,皆中国昔时所固有"最可嗤鄙。① 统一用法在那个年代缓慢而艰难,而了解中国经典同时洞悉西学者又有几人?

由于"格物致知"的理学路径影响,"格致"的巨大涵盖力使之经常在狭义的物理学和广义的西方科学之间游移。另一方面,声光电重分而言之,物理学又显得比算学和化学还要具体。国人已经注意到它为用甚广,于军工制造尤为切要,故味经书院章程说:"算学为各学之门径,重学为制造之权舆,诸艺皆天地自泄之奇,西人得之以觇我中国……"② 这里的重学即物理学,物理成为仅次于算学的西学代表。而且"权舆"和"门径"的比喻,表明物理学比数学更直接,更贴近国人的富强理想。

对缺乏基础常识和背景知识的晚清中国人来说,西学新知排山倒海般迅速涌入,把握全局、摸清方向确实不易,遑论辨认细节了。即便在分工业习、合力推进的今天,想迅速抓住西学的菁华与核心,依然不是朝夕之事。物理学到底讲些什么,具体包括什么,都是从传教士的介绍里得来的。真能埋首下心进入实质性的学习阶段,是在洋务派开办的西式工厂和学校里。作为育才基地,洋务学堂的教学体系当时最为完整。1876年京师同文馆总教习丁韪良建立新课程体系,规定除英、法、俄等外语课程外,必须兼习数学、天文、物理、化学等西学课程。八年制的学生从第五年开始学习"格物",五年制的学生从第三年开始(表1-1):

表1-1 京师同文馆新课程体系

第一年	认字写字,浅解辞句,讲解浅书
第二年	讲解浅书,练习文法,翻译条子
第三年	讲各国地图,读各国史略,翻译选编
第四年	数理启蒙,代数学,翻译公文
第五年	讲求格物,几何原本,平三角,弧三角,练习译书
第六年	讲求机器,微分积分,航海测算,练习译书
第七年	讲求化学,天文测算,万国公法,练习译书
第八年	天文测算,地理金石,富国策,练习译书

(以上八年制,从外语学起)

---

① 章太炎:《论承用"维新"二字之荒谬》,《国民日日报汇编》1904年第1集。
② 《味经书院时务斋章程》,《中国近代教育史资料汇编·洋务运动时期教育》,第739页。

第一年	数理启蒙，九章算法，代数学
第二年	学四元解，几何原本，平三角，弧三角
第三年	格物入门，兼讲化学，重学测算
第四年	微分积分，航海测算，天文测算，讲求机器
第五年	万国公法，富国策，天文测算，地理金石

（以上五年制，适用于入学年龄较大，不学外语，从译书求学的学生）

在这份课程纲要里，天文测算和数学都是比较清晰的，格物和化学也相对明确。物理学包括七大版块："凡格致之学有七：一曰力学，审吸压之理以利于用。一曰水学，审动静之性以利于用。一曰声学，审响应之微以利于用。一曰气学，审蒸化之方以利于用。一曰火学，审腾热之力以利于用。一曰光学，审回返之理以利于用。一曰电学，审触引之捷以利于用。至于考动植之学以教树畜长地力，蕃物类，节人工，则皆格致之属焉。"每类有更详细的说明，如力学"有重学斯有力学，天气压于上，地气吸于下，见重斯见力矣。有动静二理，静者运使动，动者阻使静，皆须力。明其理，则杀物力以省人力，助人力以胜物力，妙用自无穷焉。省力助力之器有七：一曰杠杆，二曰轮轴，三曰滑车，四曰斜面，五曰尖劈，六曰螺旋，七曰齿轮"。① 这是当时最清晰、最系统的物理学知识地图。鉴于"格致一门，为新学之至要，富国强兵，无不资之以著成效"②，1888年京师同文馆正式增设格致馆，物理成为专门，是继外语、天文测算之后的第三类西学核心。就器械制作而言，物理确实比天文更实用。丁韪良在1882年的《西学考略》里多次强调"西学以格、化为重""西学以算术为要端，而与格致诸学并进"。③

尽管丁韪良的课程说明已经非常清晰地勾勒了物理学的全貌，但却没有结束格致学的使用混乱，当时的信息传播不能和今天比，京师同文馆对士林的影响也非常有限。所以我们还会看到"格致学西文本意名曰万有学，言研

---

① 《〈清会典〉关于同文馆各科课程内容的记载》，《中国近代教育史资料汇编·洋务时期教育》，第98页。

② 《〈同文馆题名录〉关于光绪十四年（1888年）开设格致馆的记载》，《中国近代教育史资料汇编·洋务时期教育》，第52页。

③ 〔美〕丁韪良：《西学考略》，〔美〕丁韪良、〔意〕艾儒略、〔比〕南怀仁：《西学考略：附二种（职方外纪 坤舆图说）》，岳麓书社，2016，第64页。

究天下一切之学也。万有学分二大纲，曰万有史学，即中国博物学；曰万有理学，即中国格物学。博物学分为四目，曰动物学，曰植物学，曰矿物学，曰生理学。格物学分为二目，曰物理学，曰化学。而物理学更分五子目，曰重学，曰声学，曰光学，曰热学，曰电学"①之类的统合性说法。以"格致"为万有，是以格物致知统揽一切的臆说。如果真有所谓的西方"万有学"，也只能是哲学。在"万有学"的名号下，广义和狭义的格致学被整合在一起，而且中式和西式暗中杂糅。这里的"博物学"以植物、动物、矿物、人为纲，"万有史学"的别名又以文史思路看待西方自然科学，显然认识方式有误。"格物学"作为格致学的一支倒相对清晰，包括物理和化学。物理和化学经常连用，重、声、光、热、电合为"物理"是后来的做法。格致、格物、博物、物理概念一并采用，强分源流，是在力图进行某种综合；既照顾当时的各种说辞，又努力进行整合与界分，合理与不合理的地方都有，亦可谓融合各种混杂的"创新"。而且作者明确说，希望以此界定中国的博物学和格物学，有统一认识和用语的用心，并没有说这就是西方格致学的本源。

　　如此看来，依附旧系统，澄清的功夫甚至大于新知的吸纳。没有根基的"物理"，反而无成见无纠缠。宋恕就认为日本人的"物理"概念比借自理学的"格致"好："按我国译人用'格致'二字，既背古训，且谬朱谊，远不如日人用'物理'二字之为雅切。按今日本于大学立理学一科，用课声、光、电、天、地、动、植诸学，'理'字深合字谊。而我国虽名士犹多习于洛、闽以性为理之谬说，反斥其用字不妥者，可慨甚矣！按声、光、电所谓'三轻'，为自性物；化学必待分合，为非自性物。我国常语称'声、光、化、电'，不类。"②他看到日本用法，才彻底跳出理学格致的套路，此前热闹一时的各种中西格致异同辨成为明日黄花。在中西两个异质的系统间进行挪用和比附，带来的麻烦的确出乎料想。无法与所指进行匹配的能指，背后是整个概念体系的不可通约。比概念和范畴更要命的是，固有系统的既定路径容易把人拉回到老路上去。根基越厚，惯性越大，纠结越深，革新也越艰难。

---

① 雷瑨编：《中外策问大观》卷19，第44—46页。
② 宋恕：《〈周礼政要〉读后》，《宋恕集》上册，第609页。

三 成为典范的"化学"译介

在宋恕的论说里,"化学"的异质已经凸显。戊戌前,国人经常把化学和声学、光学、电学、重学杂在一起,或笼统称为格致诸学。吴汝纶说"凡外国有益民生日用之学,与富国强兵之学,皆是一源,皆由化、电、格致入手"①,便是如此。宋氏受日本启发,指出分子性质发生改变的化学非"自性物",应与声、光、电等物理学子类分开。1897年孙宝瑄在日记里记录了从《重学须知》读到的区别:"重学与化学不同,重力加于体质,只能使之移动,变其形状,改其方位,而不能令本质变化。若化学,则能化本体之质,能改换物之形性。"②杜亚泉亦自述同期在绍兴中西学堂教课时,"稍有一得,乃购日文之化学书读之,渐得熟其学名与规则,而世界普通之化学乃略窥其范篱"③。其实,此前并非没有专门介绍化学的书,1868年丁韪良的《格物入门》里就有"化学入门"。只是在西学风气未开之时,信息传播滞后。从吴汝纶等人日记里认真摘抄、整理、拼接各种报章上的西学名词和脉络,不难感知时人的求新不易,臆测的连接自然不少。条件所限,精神是值得肯定的。

1870年由嘉约翰口译、何瞭然笔译的《化学初阶》,是第一部翻译过来的化学教科书。京师同文馆的法国教习毕利干(A. Billequin)编译有前后衔接的《化学指南》和《化学阐原》,这是中国人最早使用的化学教材。化学是在与物理学的区分中渐次清晰的,但在译名的问题上,比日本早期使用的"舍密"更传神也更准确。因为新造,反而避免了格致学那样的混乱。1880年傅兰雅以化学(包括元素名称)为译名成功的典范——"如译化学书,应使初学此书之华人与未见此书之西人,阅之同明其名义"④,学界也确实是这么认为的。

陌生化的译名固然能够避免与旧学的纠缠不清,然而,无论是正面的化

---

① 《吴汝纶全集》第3册,第248页。
② 孙宝瑄:《忘山庐日记》上册,上海人民出版社,2015,第98页。
③ 杜亚泉译《定性分析》文末后序,《亚泉杂志》1901年第10期。
④ 傅兰雅:《江南制造总局翻译西书事略》,张静庐辑注:《中国近代出版史料初编》,群联出版社,1953,第15页。

学还是反面的物理,在称谓问题上如此费力,乃至遭遇第一关就耗时过多,透露的是循名责实甚至望文生义的强大惯性。中学向来重视名物训诂,严复在介绍西学学理时,还不忘以考订和贯通为求学之方(《西学门径功用》)。在讲究无一字无来历和等差有序的文教传统里,正名本身就包含了定位与定性。西方自然科学本没有这么多的文字讲求,实质性的内容必须进入学科内部。西方现代思想甚至反对本质主义,主张言语和语言之间只是偶然的约定俗成关系,字面意义的考订变得越来越不重要,由此成就了风靡一时的结构主义。可由于传统习惯,晚清人自觉地在字义上过分考求,以诂经和治史的方式探索西学,尤其中间还隔着一层外语翻译,越发凸显传统语文学与西方实证科学在方法和路径上的格格不入。或许我们不该责备清人小题大做,这恰恰说明他们是认真的。中西学术本来就是两套不同的体系,从对象到方法到表述,都不在同一轨道上,需要时间进行深入的了解和立场转换。

四 格致异同辨背后的中西学术观

林颐山在《格致古微叙》里说:"间尝涉猎西书,撰其大旨,算学为经,重学、化学为纬。天学、机学隶重学,地学、矿学隶化学,水学、气学、热学、电学及火器、水师等学又兼隶重学、化学,外此若声学、光学,乃气学、热学之分支,似非重学、化学所可隶者。"① 经纬之说到处可见,是中式立纲立目的惯用语。以数学、物理和化学为要,倒也没错。但此处物理概念尚未明晰,所以重学、热学和电学、声学和光学分属不同的三个层级类目,而以重学为实际的统称。国人在意的火器、水师与物理诸学分立,重学和其他分支门类(水、气、热、电、光等)以及与化学的模糊关系,表明言者所知甚浅,的确仅为"涉猎"的揣度,充满了不确定性。把天文学算到物理里头,臆测的成分较多。因为前文都在大谈国朝算学,即便认为"今夫算术之妙用固不止历算已也",也不至于把天文学归入物理。把地质学归入化学,更说明天地分属的传统思想在起作用。后文表达了"借重学之理证以考工记郑注,

---

① 林颐山:《格致古微叙》,王仁俊:《格致古微》,光绪二十二年(1896)吴县王氏影印本。在线可见古籍网 http://www.bookinlife.net/book-61776.html,访问时间:2019 年 4 月 16 日。

借化学之理证以抱朴子黄白等篇"的初衷，用《考工记》《抱朴子》及其注疏来论证物理和化学，更让我们愕然。

林氏推介的这本《格致古微》，明知《大学》格物"颇与译书所称格致有别"，仍力主"必执《大学》物格知至，与《乐记》物至知知相参证"。此书1896年由晚清翰林、汉学家王仁俊编写，是清末西学中源说的代表。尽管"格致古微派"以西学尽为中学所有的比附式论证，从梁启超开始就受到严厉批评，但近来也有学者正视其援西学入中学以减小其引进难度的初衷，不再以不屑的眼光全盘否定。的确，尽管王仁俊和刘岳云（另一西学中源说代表《格致中法》的作者）对西学所知有限，但正如林颐山序言所示，在风气初开之际，他们还肯下功夫接触西学、沟通西学，对新近数理知识的了解也并非全无根据，已经不同于一味排斥西学的守旧派了。从明末最早接触西学的徐光启、李之藻，到甲午前鼓吹洋务的郑观应、薛福成，都属于时代的前瞻者，却无一不认为西方格致学的源头是中国古代的象数学。① 因此再把它们引回来，没有什么不可以，正所谓"礼失而求诸野"。即使认知有限（实为误解），但客观上不仅挽回了颜面、捍卫了中学的本体，也有利于破除夷夏之防，打掉国人转习洋务和敌学的顾虑。

问题的关键还不在于他们有没有精准地掌握西方的数理化（事实上不可能，今天的文科学者依然做不到），而在于其背后对中学和西学能否相通的考量。显然，早期关于中西格致异同的论辩、以物理化学分别对应天学和地学的做法，以及种种在中学经典里为西学寻找依据的考订，透露的是中学西学同源同质的认知。这首先是一种愿意接纳的态度，在此之下，方有种种不厌其烦的具体收容方式。余英时曾言，近代以来，中国知识分子最困惑的问题，就是中学和西学的异同及其相互关系。梁启超虽然反感"彼之所长，皆我所

---

① 如1891年薛福成《出使日记·跋》言："凡兹西学，实本东来。故制作因于《考工》，测算昉于《周髀》。唐一行铜轮之转，效之为车船；元驸马火器之遗，演之为枪炮。"又如1894年郑观应《盛世危言·道器》说："自《大学》亡《格致》一篇，《周礼》阙《冬官》一册，古人名物象数之学，流徙而入于泰西，其工艺之精，遂远非中国所及。"《盛世危言·藏书》又言："今天下竞言洋学矣，其实彼之天算、地舆、数学、化学、重学、光学、汽学、电学、机器、兵法诸学，无一非暗袭中法而成。第中国渐失其传，而西域转存其旧，穷原竟委，未足深奇。"

有"的"虚矫"做派,但在议院、学会等社会事务上,亦认为乃"中国二千年之成法也",并在儒家典籍里钩沉和阐发各种例证。实际是认为事同理同,人心攸同,中西学术可以相通。所以陈独秀把"格致古微派"归入维新党,不过加一个"老"字而已——与康、梁维新有新旧之分,却无本质区别。这与今天学界的主流认识大为不同。

张之洞既反对守旧派的"自塞",也反感中学西源说的考古"自欺",对"取中西之学而糅杂之"的康梁维新派亦不赞同。他的中体西用说暗示了中西学术难以通分,因而先在内部进行切分,并在今胜于古的前提下(即承认西方科技的确胜过中国古往圣学,不必再发挥其绪余了),以优势的西用部分补充或扩充中学之体。这种互有取舍的对接方式,实为超前,也并非毫无道理。严复是当时极为罕见的激进派,这与他的留学经历有关。他非但抨击从格致到议院的西方学术有中国基因和中法依据,而且提出在西学面前,"凡中国之所有,举不得以'学'名",秉持的是中西异趣、拒绝对比的态度,因此讥讽中体西用说类同牛体马用。① 这实际是反对截取,主张全盘接受。在具体论争中,各家进退不一,时有交叉,但立足点恐怕更根本,也更隐蔽,不宜简单以落后进步论。

在稍后西政问题的论战中,各家分歧更加明显,中西格致异同辨实启先声。尽管林颐山对西学科目的理解存在偏差,但我们看到他的确在努力沟通二者,并在中学框架内排比关系。王仁俊的《格致古微》则分六卷,前四卷以经、史、子、集为目,第五卷为补遗和通论,第六卷是表。附表以24部经书、40部史书、99部子书、20部集部典籍,分隶天、算、地、兵、医、化、矿、重、气、水、热、电、光、声、字、画、商、工、植物、政俗、自强21类西学,与前五卷打碎西学糅入中学体系的做法互为补充。在附表最后,王仁俊提纲挈领地说:

> 实则天括乎历。重通乎力、气,包乎汽、热,通乎火。字该乎史。机器属工学,植物即农学。例可隅反,无俟琐列。若夫会而通之,则天

---

① 参阅李欣然:《中西异同视角下的"西学中源"说——兼论晚清"〈格致古微〉时代"的思想光谱》,《文史哲》2020年第4期。

学有摄动力之条，可兼重学。汽学有运机力之理，可兼工学。有火而后有光，是热学兼光学。推力又须引力，是电学兼重学。视矿先辨地色，是矿学兼地学。化材全资矿产，是化学兼矿学。制利器以治兵，是兵学又兼工学。传空气以致声，是声学又兼气学。以算学握诸门之纽，以化学通诸家之驿。于是博学以知服，则曰政俗。师敌之所长，则曰自强。（《格致古微》）

天学与历算一体，上节说过源于西学前理解。重、力、气、汽、热互通，实为物理。天文与物理有关，工程制造离不开物理，也没有问题。但再往下走，所谓"有火而后有光，是热学兼光学"之类的说法，就有中式推论的嫌疑了。非得在各分支学科里，梳理谁兼谁、谁统谁，吃力不讨好，却也能看出细绎学理、排比关系的渴求。此乃中式目录学治学方法（见第三章第四节），西方其实没有这样的要求。消极的一面是强作解人，似是而非；积极的一面是引导论者不断深挖。只是沟通各专门学科，非数月之功所能及。

抛开准确性的勘定，就深入程度而言，王仁俊、林颐山等格致古微派对西学的下力程度，其实胜过同期郑观应、薛福成、王韬等早期维新派政见策论般的笼统概说。如陈炽顶多说"泰西工艺之精，根之于化学，及其成也，裁之于重学。其铢铢而校，寸寸而度，出门合辙，不爽毫厘，推行而尽利也，又要之于算学"[1]，没有更多的细节讨论。类似的策论文章当时绝非少数，甚至陈陈相因口口相传。而王仁俊的论述和引证却至少是下过实际功夫的，出自自己的分析和考察。林颐山序文详述此前算学发展的实迹，也比一般文人的时政文章更加在行。因落后与思想进步的标签，当前学术对这两派的关注是悬殊的。

王仁俊理解的西学以21科具体形式呈现。"以算学握诸门之纽，以化学通诸家之驿"的结论，表明对数学和新近化学的重视。重、气、水、热、电、光、声虽无物理统称，但所占份额极重。数学、化学、物理的中心地位已经明确，且诸科的相互关联（即学术脉络及其体系的爬梳）也在考察的视野

---

[1] 陈炽：《续富国策·化学重学说》，赵树贵、曾丽雅编：《陈炽集》，中华书局，1997，第206页。

内。中学的学统也非常清晰,以四部为纲要,与西学各科进行对应。如俞樾所言:"方今经术昌明,四部之书犁然俱在,士苟通经学古,心知其意,神而明之,则虽驾而上之不难。此可为震矜西法者告,亦可为鄙夷西法者进也。"(《格致古微叙》)正因当时经学仍盛、四部犹存,王仁俊才得以以四部架构,一一摄取西学。换句话说,中学是完整且成体系的,西学在糅碎之后编入中学系统,与此后打碎中学编入西学体系的做法正好相反。因此,《格致古微》时代的中学仍有足够的自信,本体地位尚未动摇,劝进西学的意愿居多。

无论物理学的厘定有多少纠缠,无论"格致古微派"对西学有多少附会,接触西学、引渡西学、吸纳西学的用心都值得肯定。烦琐的引经据典背后,是面向现实的经世之心,并非纯粹是稽古的目的,而且已经从具体的洋务制造,提升到习业从学的层面——"臣愚以为:欲修铁路、制钞币,莫如兴工学。造机器,莫如兴重学。开矿产,莫如兴地学、矿学。折南漕、创邮政,莫如兴商学。减兵额、练陆军、整海军,莫如兴兵学,而诸学辅之。若欲蠲除痼疾,力行实政,莫如修明五帝三王治平之道,而不废格致之学"。即便这种"既以四部为次,敬以诸政为表。盖体源于经籍,用周于政事"的论学方式很成问题(立场则未必有错,至少打破的是客体而非主体),这种路径的追寻以及中西部类对应关系的建构,仍是力求沟通的积极态度。

只要有沟通的意愿,随着西学理解的深入,利用和化用西学的手段就会不断提高。如1898年谭嗣同在《论今日西学与中国古学》里说,周秦学术除孔门儒学外,还有商学、兵学、农学、工学、刑名学、墨学、性理学、交涉学、法律和辩学,并以《管子》《盐铁论》为商学代表、公输子为工学代表,墨学有格致性质、《庄子》《列子》《淮南子》有性理成分,交涉学在苏秦张仪等纵横家手里、辩学体现在公孙龙和惠施身上。这些无疑都有西学比附的影子,却不能一概归入"《淮南子》'阴阳相薄为电,激扬为电',此电学之出于我也"[①]之类的无知里。因为谭嗣同要说的不是圣教广大,而是下文"彼此不谋而合者,乃地球之公理;教主之公学问,必大通其隔阂,大破其藩

---

① 佚名:《西学考》,应祖锡、邵友濂编:《洋务经济通考·学术》,上海鸿宝斋,1898,未编页。

篱，始能取而还之中国也"①。如此打破藩篱、沟通中西的胸怀，放在今天亦是难能可贵的。徐用仪则从中西格致的各种论说中了悟到：

> 学术之后出而日新，古今不足以相非也，而适足以相成。道与道相发药而为治，所以植万物之体。器与器相切劘而成艺，所以储万物之用。夫格致之说亦不可殚述矣。②

非但自古以来厚古薄今的习气得以逆转，还看到这并非简单的你死我活和互相否定，而是"道与道"之间"相成"和"发药"的机会。即便从观念移易来看，中西格致异同辨带来的震动和影响都是深远的。

另外，还应区分政论文章的别有用心，如晚清大都承认中国有科举而无学校，张謇却把学校教育追溯到成周，甚至小学、中学、大学样样不缺（《学制宜仿成周教法师孔子说》），陶模的《奏请变通科举折》也以秀士、选士、俊士与周朝的小学、中学、大学对应。他们不是不知道成周庠序不同于西式学堂，而是在有意混淆视听，以降低改科举兴学堂的阻力。古已有之，行有所据，是中国古代作文和施政的基本方式。康梁亦以征古的方式援西，为变法寻找依据。在中国古代，今文经学也是学问，只是追求经世致用而已。

中西格致由同到异的认知，意义不止于催生了精确译名，或是以简驭繁的学科大类名（如"物理"）。求同思路的破灭，意味着中西学术异质异趣的认知浮出了水面。这个过程是艰难的，不仅需要足够的西学把握，而且要放弃各种利用西学以改造中学的传统策略。但如果不这样，以往的治学思路就会误导和限制西学的落地与发展，固有思维仍将掺杂在新格局的生成过程中，时不时地冒出来"表示"异议。尽管今天我们对中西学术异同问题已有答案，却很难说态度一贯并落实到各个环节上去了。它依然是个复杂的问题，因此我们还在说融合、说对话，还在寻求会通之道。

---

① 谭嗣同：《论今日西学与中国古学》，《谭嗣同全集》，生活·读书·新知三联书店，1954，第128页。
② 徐用仪：《格物入门叙》，〔美〕丁韪良：《增订格物入门》，同文馆，1889，第1页。

第三节　险夷之间：政法泛滥的缘由

洋务运动源于富国强兵的实际需求，对西学的措意集中在军工制造，理工科因实际运用的需求，由此及彼、由点到面地逐步进入中国。尚未失去自信的晚清最初"绝不承认欧美人除能制造能测量能驾驶能操练之外，更有其他学问，而在译出西书中求之，亦确无他种学问可见"①。1894年的甲午海战打乱了洋务部署，也打乱了吸纳西学的节奏。对一无所知的西洋国家尚可仰视，对长为朝贡国的"蕞尔小国"日本，却无法容忍其僭越。连向来被视为保守的"格致古微派"都认准了"力图自强，不外格致"，有学战和自强的思想。在戊戌维新派的鼓吹下，泰西有学且学术精微的认识，渐成通识。

一　政法新术与宰相旧学

在老维新党眼里，数学和物理、化学是西学重心，比洋务时期仅言器械制造更进一步。人文层面的"政俗"，在王仁俊书里仅具博学意义，为西学之末。康梁维新主张最大的特点，就是要求变法变政，从而把"西政"提升到春秋经世的高度。此前出国使臣（如郭嵩焘）被压制下去的对西欧政优俗美的肯定，在变法图强的呼声中，变成了未出国门者津津乐道的话题。梁启超呼吁说：

> 今日欲储人才，必以通习中国掌故之学，知其所以然之故。而参合之于西政，以求致用者为第一等。泰西诸国，首重政治学院，其为学也，以公理公法为经，以希腊罗马古史为纬，以近政近事为用，其学成者授之以政。此为立国基第一义。日本效之，变法则独先学校，学校则独重政治。此所以不三十年而崛起于东瀛也。②

梁氏把日本的崛起归于变法，变法的要领在兴学校，学校的教育重心在政治学。连泰西诸国都以政治学院为首，当前应以什么为"国基"，就无须赘言

---

① 梁启超：《清代学术概论》，《饮冰室合集》专集第9册，第6837页。
② 梁启超：《与林迪臣太守书》，《饮冰室合集》文集第3册，第207页。

了。今天看来，这样的说辞不过书生无畏的纵横家言，连比附都谈不上。但翻检时论，类似说法随处可见。

无论西方政治学是否以法律和历史为两轮，无论兼习中国掌故和西方政治学是否就能授之以政，政法隆兴确为戊戌后一大景观。各地书院增设政法讲习，各种政法专门学校竞相成立，1909年多达47所，占全国专门学校的半数。民国有增无减，1912年政法学校占所有专科院校的60%，学生人数占比78%。① 以至于江苏教育司司长黄炎培惊呼："光复以来，教育事业，凡百废弛，而独有一日千里，足令人瞿然惊者，厥惟法政专门教育。尝静验之，戚党友朋，驰书为子弟觅学校，觅何校，则法政学校也；旧尝授业之生徒，求为介绍入学校，入何校，则法政学校也；报章募集生徒之广告，则十七八法政学校也。行政机关呈请立案之公文，则十七八法政学校也。"② 在1902年的《钦定京师大学堂章程里》，政法科排在了经史之前。③

1902年吴汝纶访问日本的时候，山根少将询问其子将习什么专业，答曰政治法律。山根笑道："贵国人喜学宰相之学，满国皆李傅相也。"吴汝纶深感"其言切多讽，记以示儿"。④ 西政是堂皇的幌子，根本是中国人自古就有从政为官的热望，尤其在科举即将或刚刚被取消时，如何入仕得官是士人阶层最关切的问题。西方政治学并非国人想象的"宰相之学"，也不是所有学政法的人都能成为李鸿章。可连梁启超都说"愿我公卿，读政治宪法行政学之书，习三条氏之政议，揣究以返观，发愤以改政"⑤，责成"授之以政"，习政法者成了公卿的预备，几为科举的替代选官方案。幼稚的背后是实际的功利讲求，政法之学何愁不兴？

1906年严复曾说："政治一学，最为吾国士大夫所习闻。束发就傅，即

---

① 出自1909年《宣统元年份第三次教育统计图表》和1912年《第一次中国教育年鉴》，转引自田正平主编：《中国教育史研究·近代分卷》，华东师范大学出版社，2001，第212—213页。
② 黄炎培：《教育前途危险之现象》，《东方杂志》1913年第9卷第12号。
③ 《钦定京师大学堂章程》的排序是："政治科第一，文学科第二，格致科第三，农业科第四，工艺科第五，商务科第六，医术科第七。"政治科包括政治学和法律学2门，文学科分为经学、史学、理学、诸子学、掌故学、词章学、外国语言文字学7门。
④ 《吴汝纶全集》第4册，第674页。
⑤ 梁启超：《读〈日本书目志〉书后》，《饮冰室合集》文集第2册，第186—187页。

读《大学》、《中庸》。《大学》由格致而至于平天下,《中庸》本诸天命之性,慎独工夫,而驯致于天下平。言政治之学,孰有逾此者乎?他日读《论》、《孟》、五经,其中所言,大抵不外德行、政治两事——两事者,固儒者专门之业也。然则诸公今日,更何必舍其家鸡,而更求野鹜乎!"① 今日看来,此言似笑非笑,亦庄亦谐,并非嘲讽,却甚于鞭挞。把"平天下"的追求和西方政治学连接起来,立刻拉近了西政与中国士大夫的距离,却也因迎合国人的想象而抹杀了西方政治学的独特性及其学理讲求,甚至使之沦为与家禽相差不远的野禽。与职守一隅、传统地位不高的专业技能比,政法更契合经邦治国的传统理想。在趋新世风里,比科举的经义选官还更直接、更专业、更合理。在中国传统社会,文化精英脱离政治特权是不可想象的。得到社会结构改易的民国,教育和政治的分离才有可能。如蔡元培对北京大学官老爷传统的改造,胡适立意为中国打造学术社会的基础,才培养出顾颉刚、傅斯年这样一批新式学者。当然还有普及教育哺育的报业、出版等文化事业的支撑。这实际上非常不容易,直到今天我们对"五四"学生运动的评价,依然与当时的蔡元培、胡适、蒋梦麟等立意不同。

另一方面,与新近的西方科学比,谈掌故、谈政法比学物理、学化学容易多了,所需时日亦少,难免成为新科举时代的终南捷径。1901年《皇朝新学类纂》搜集的政学文章,如《富强宜务本说》《振兴中国三大纲论》《论中国将来情形》《慎重律例议》《养民有法说》几乎都是策论文章的翻版,《英俄合从策》《英君主治国论》《古议院考》虽然追加了时事政治的内容,但很难说是政治学意义上的探讨。即便各地书院以为样板的湖南时务学堂,梁启超引入的公法学和掌故学,指定书目一是《大清律例》《左氏春秋》《历代职官表》《周礼》等传统典籍,二是《希腊志略》《罗马志略》《欧洲史略》《日本国志》等西方历史,第三类是《万国公法》《佐治刍言》《法国律例》《各国通商条约》等浅近法律译书。"公法学"对应法学,包括刑律和涉外条约。"掌故学"赅括政治学,多与职官制度和政治史实挂钩。这些内容对科举试子来说,短期就可以上手,难怪各地书院追加了政法课程,就算完成了改制。

---

① 严复:《政治讲义》,《严复集》第5册,第1242页。

二 中西合力与西风东移

在时务学堂读书表里,一为宪法一为官制,法和政还是有区别的,尽管理解有些狭隘。早在1864年,丁韪良就翻译了美国人亨利·惠顿(Henry Wheaton)的《万国公法》,成为中国人眼里的国际法专家,梁启超《读西学书法》即言"同文馆教习丁韪良,公法专家,故馆译多法学之书"①。1876年,丁韪良又在京师同文馆新课程体系里,安排了万国公法和富国策(即后来的经济学)。出于工作需要,他还专门回耶鲁大学进修了两年的国际法。如上章所言,第一所洋务学堂京师同文馆的成立,本来就是迫于中外订约的实际需求,故有刘坤一西学律例为先的困惑。对国际法和外交守则的了解,清廷不可能不措意。但晚至戊戌成为焦点和显学,确与维新派的宣扬分不开。

维新派吁求法律,是为变法立宪的政治诉求服务的,康有为说得很清楚:"购船置械,可谓之变器,不可谓之变事。设邮便,开矿务,可谓之变事矣,未可谓之变政。改官制,变选举,可谓之变政矣,未可谓之变法。日本改定国宪,变法之全体也。"②洋务运动只是"变器","变事"刚刚起步,"变政"尚未开始。他们的目的是要"变法","能变则全,不变则亡,全变则强,小变仍亡"③。要变就要像日本那样全变、大变——指改宪法、设议会,实行君主立宪。即使康有为提倡的君主立宪和民主议会,不过是下诏求言、设议郎、辟馆顾问、设报达聪、开府辟士等"通下情"的主张,很难说就是西方的民主制,但在帝制时代仍是石破天惊。

非但旧派士绅难以接受,就是当时作为西方文化导师的传教士也明确不赞同。美国传教士李佳白(Gilbert Reid,1857—1927)认为改革固然必要,但应广新学补旧学,至于中国政体,则"意美法良,诚不必如泰西君民共主,致多纷更也"④。林乐知(Young John Allen,1836—1907)认为"泰西有君民共主之国,更有民主之国。中国势殊事异,断难冒昧仿行",若要"略予以

---

① 梁启超:《读西学书法》,《〈饮冰室合集〉集外文》下册,第1165页。
② 康有为:《日本变政考》按语,《康有为全集》第4集,中国人民大学出版社,2007,第198页。
③ 康有为:《上清帝第六书》,《康有为全集》第4集,第17页。
④ 李佳白:《新命论》,《万国公报》1896年第95册。

自主之理"①，应是官府在某些事务上放放权，但放权不等于放任民治。说到底还是对照西方的现政改良，甚至是西方制度的理想化，谈不上变政。不能说处处对中国内政进行抨击的传教士，唯独在这个问题上受制于清廷。对西方民主制度的保留，与他们对其弊端的切身体会，以及对中国社会发展现状的认知有关。在文化优越感被打掉之后，康、梁其实走得比传教士远。既然对法律和政治的提倡，带有浓厚的经世致用思想，功利性、目的性也就容易压倒学理的讲求了。连《孔子改制考》《新学伪经考》都不能当作纯粹的学术著作来看，维新派鼓吹的西方政法同样不能视为忠实于西学的学术移植。

必须提及引进西方社会科学的另一股重要力量。甲午前后，西方传教士就敏锐地察觉到中国社会将发生重大变革，"如果虔诚的基督教徒不准备控制和指导这场变革的话，它就会被异教徒或不信教的人所控制。科学和艺术的提高就将落入基督教的敌人手中，被他们用来作为阻碍真理和正义发展的强大武器"②。因此他们调整策略，把早期"推广西方国家地理、历史、文化、政治、宗教、科学、艺术、技术等普通进步知识"的文明优越，改为"在中国推广基督和普通一般知识"的目标。③ 西方技术的地位降低，宗教立场反而得以强化，传教士意欲像拯救灵魂一样通过基督教和西学知识改造中国社会，即通过社会制度的改进实现中国的基督化和西方化。因而他们大力鼓吹日本的西化实绩，借甲午之力推进中国接受西方和基督教的进程。对中日战

---

① 下文言："约而言之，如兴学塾立书院之费，必须由民众公捐，官即不应染指。又如制造厂纺织局铁路轮船矿物电报各公司，皆应听民间任意创立，官加以保护，而不加以裁制。其视为鱼肉者，更无论矣。又如有人创一新法，试之而果利于用，官宜给以文凭，任专利数。总之，官不凭权以压民，民不恃众以抗官，上下之情通，官民之力合矣。"不难体会，其中隐隐有对中国现政的不满，也有对照西方却高于西方的理想化成分。林乐知：《治安新策》，林乐知著译，蔡尔康纂辑：《中东战纪本末》，文海出版社，1980，第872—873页。

② 狄考文的报告内容（Calvin W. Mateer, "The Relation of Protestant Missions to Education"），转引自王立新：《美国传教士与晚清中国现代化——近代基督新教传教士在华社会文化和教育活动研究》，天津人民出版社，1997，第213页。

③ 《万国公报》扉页早期题为 Devoted to the extension of knowledge relating to the Geography, History, Civilization, Politics, Science, Art, Industry and general progress of western countries, 后来改为 Society for the diffusion of Christian and general knowledge among the Chinese and the Christian Literature Society for China。前身为1868年创刊的《教会新报》（Church News），后来成为广学会的机关刊物，影响不断扩大。

争的跟踪报道，对中国内政的积极关注、评议与介入，使传教士主办的《万国公报》名声大振。李提摩太（Timothy Richard，1845—1919）、林乐知不但是维新派之师，也是清政府的高级顾问。始料不及的是，他们对日本的大力推许，把中国引向了他处。在同文同种和费用低廉的考量下，以日本为向导、图样成为甲午后的共识，中国从西洋转向了东洋。

戊戌前后，传教士对中国社会的影响力达到巅峰，也预示着其在华影响力式微的开始。他们逐渐发现苦心经营多年的在华事业，受到来自日本的巨大威胁。日本教育家嘉纳治五郎自信地说："我国的教育专家陆续前往中国，以开放清国为己任，传教士等十几年所取得的成果，我们能在一二年之内做到。"① 传教士与日本之间的争夺愈演愈烈，以至欧美传教士成立了规模更大的"中国教育会"，起草《教会学校在中国的成就》《改革中国考试制度议》《拟请京师创设总学堂议》《续拟请京师创设总学堂议》等包括蒙养学堂、中学堂、大学堂在内的完整教育体系提案，呈交总理衙门。可中国赴日的教育考察团依然源源不断，日本教习大量涌入，留日学生逐年猛增，日译西书充盈书肆，中国人更相信自己的眼睛，谁让西欧费用这么高呢？甲午后是日本的时代，西方传教士的时代一去不返，政法之学也从东来，而非自西来。

三 政法新学与政书旧目

"中学以经义掌故为主，西学以宪法官制为归"②，这种政法学是戊戌维新人提倡的"政才"基础，其实不过经史加时政，仍在广见闻、通古今的范围内。因与中学贴得太近，政法日见浅薄，却又因浅薄而流行。可如果没有这一厢情愿的误读，社会科学可能是防范最甚的西学。无论是从范围还是从影响效力上看，法律都是不能和政治比的，晚清却总是把它们绾联在一起。

如果说法律的内容还算清晰，政治学的边界就模糊难辨了。梁启超《西学书目表》中"西政"是与"西艺"相对的所有人文社会科学，包括史志、官制、学制、法律、农政、矿政、工政、商政、兵政和船政。他说：

---

① 《嘉纳氏的清国教育谈》，《教育界》1902年第2卷第1号。
② 梁启超：《湖南时务学堂学约》，《中国近代教育史资料汇编·戊戌时期教育》，第341页。

> 西政之属，以通知四国为第一义，故史志居首。官制学校政所自出，故次之。法律所以治天下，故次之。能富而后能强，故农矿工商次之，而兵居末焉。农者，地面之产。矿者，地中之产。工以作之，作此二者也。商以行之，行此三者也。此四端之先后也。船政与海军相关，故附其后。①

这与《四库全书总目》子部总序的表述方式何其相似，梁启超不仅要厘清源流，更要分清主次，以服务于"治世"所需。所不同的是，他把史志、官制、学制、工政、商政等以前史部政书的内容，和法、农、兵的子学内容混在一起。商、船、矿从前虽然鲜有专论，但并非没有备记，《铁冶志》《盐法考略》《茶马类考》《海运详考》《南船纪》等书均在史部政书。如此，归并方式虽有变化，内容却似曾相识。梁氏说："已译诸书，中国官局所译者，兵政类为最多。盖昔人之论，以为中国一切皆胜西人。所不如者，兵而已。西人教会所译者，医学类为最多，由教士多业医也。制造局首重工艺，而工艺必本格致。故格致诸书虽非大备，而崖略可见。惟西政各籍，译者寥寥。官制学制农政诸门，竟无完帙。今犹列为一门者，以本原所在，不可不购悬其目，以俟他日之增益云尔"②，认为西方科学制造已"崖略可见"，所缺在官制、学制和农政，表明他急于了解西方制度以求效仿的用心。但从中也可看出，梁氏对西学的认知有很重的传统因素，即士大夫略懂些格致学常识，应事即可，重心还当在本国制度的运行和改进上。就当时的科技译介而言，非常粗浅，支撑不了专深的研究。而职官制度代有详闻，所缺唯在西方而已。梁启超要的是现代西方的政治情实，而且重在运用，可西方国家政体不一。梁氏吁求的西政是一个宽泛概念，重史迹、重制度，却不重学理。

再缩小范围，来看1894—1902年间出版的《万国政治丛考》的"政治"之范围：

> 欲知政治先分疆域，考疆域第一；疆域既定，宜察盛衰，考盛衰第

---

① 梁启超：《西学书目表序例》，《饮冰室合集》文集第1册，第124页。
② 同上。

二；国有外政，交涉重焉，考交涉第三；国有内政，度支先焉，考度支第四；以权轻重，则有赋税，考税政第五；以广流通，则有泉币，考币政第六；佐国者官也，考官制第七，附之以议院；聚国者民也，考民俗第八，附之以报馆；礼以齐民刑以防民，考礼政第九、刑政第十；然立本则在学校，考学校第十一；由是以言富强，富国在农工商，农而出之，工而成之，商而通之，考农政第十二、工政第十三、商政第十四；而矿务又不可不兴也，考矿政第十五；强国在兵，考兵政第十六；而水陆又不可不通也，水则轮舟、陆则火车、兼水陆则电话邮便，考船政第十七、铁路第十八、电报第十九、邮政第二十，终焉。①

除《西学书目表》里的十大类，新增了疆域、盛衰、交涉、度支、税政、币政、铁路、电报、邮政、民俗、礼政。疆域、盛衰、民俗、史志的名目提醒我们，早期的历史地理和国外见闻（如郭嵩焘的《使西纪程》），此时都被认为是政治。如英国人麦丁富得力编纂的《列国岁计政要》，在1896年的《西学书目表》和《西学富强丛书》、1897年的《西学通考·西书考》里被列入"史志"，到1899年的《东西学书录》和1902年的《西学书目答问》里，改隶为"政治"。度支、税政、币政的出现，则意味着经济学的内容也被纳入政治。1897年孙家鼐编撰的《续西学大成》，"政学"论列的富国养民策、富国精言、富国理财说，几乎都是经济学（初名富国策）内容，地学和史学则单独成类。农工商是在寻求富强的意义上进入政治领域，并非侧重其专业性。

此外，以往内法、外法之说，被交涉（外交）和刑政代替，进一步收束，成为"政法"书目里最清晰的一类。《行政法》《民法》《商法》《刑法总论》《刑事诉讼法》《战时国际法》，占据了《法政丛编》（1905—1906年）的绝大部分，其余是《经济学》和《财政学》、一本《政治地理》、一本《西洋史》，真正的政治学只有一本杜光佑的《政治学》。被视为"帝制朝章"的《文献通考》《大清会典》《大清通礼》《国朝宫史》《历代建元考》《明典

---

① 朱大文、凌赓飏：《政治丛考编辑大意》，《万国政治艺学全书》，上海鸿文书局，1894，第8—9页。原文无标点，引文标点为引者所加。

章》，即戊戌时期"掌故"学的主体之一（另一支是史学），加上《大清律例》《唐律疏义》《明律》等"法令"书籍，再补缀上外国法律和涉外规则，则是戊戌人理解的法学内容。

船政、铁路、电报、邮政等不在政法学校习得的内容，此时也被并入政治学。这些其实是古代政书的范围，与从前的"吏治"相当。在《四库全书总目》里，通制、典礼、邦计、军政、法令、考工都是"国政朝章六官所职者"，归入史部"政书"。除《马政纪》《八旗通志初集》等"军政"图书外，政书里还有《南船纪》《水部备考》等船只制造书籍，不过是和《营造法式》《武英殿聚珍版程式》《造砖图说》《浮梁陶政志》等工艺制造一起放在"考工"里。《元海运志》《海运详考》《海运编》也和漕运并在一处，没有分开。而《国赋纪略》《苏松历代财赋考》等税收制度，包括《钱通》《宝钞通考》《泉刀汇纂》等货币内容，都在政书里，没有分家。《历代贡举》《学科考略》《科场条贯》《学典》《历代武举考》等科举考试内容，即梁启超强调的学制（官制另在史部职官类），与《盐法考略》《盐政》《铁冶志》《茶马类考》等事关工商的图书，一起并在"邦计"里，都在"周官故府"的视野内。《救荒活民书》《荒政丛书》等救荒赈灾的内容虽然占据了较多篇幅，却与《阳明乡约法》和《阳明保甲法》一样，可以理解为地方官的工作。可见"西政"也好，"政治"也罢，实为"时务""洋务""经济"（中学意义上）的扩充与更新，是传统意义上的治国理政基础。

需要注意的是，这些书籍多为有相关工作经历的官员所著，并非出自海员、工匠、皂隶、士兵之手，因而属于政书，属于官学，属于吏治范围，而非现代专业意义的工学和工程学。与梁启超《西学书目表》和1902年秦荣光《中西经济策论通考》①对照，不难看出戊戌对"西政""政法"的理解，虽

---

① 卷三"政治"选文有：《论治篇一》《论治篇二》《说治上》《说治下》《远见篇》《崇简篇》《吏治上》《吏治下》《变法论》《富强十策》《中国近日讲求富强之术何者为先》《问如何收回利权》《停捐纳论》《永停捐输实官议》《限仕说》《汰冗员说》《革弊端说》《辟僧道说》《西法有益于民论》《论民》《教育论篇》《养民说略》《转移积患说》《西国富户利民说》《仿设蓄资公司以济贫民之急说》《论贫民有望》《游民有业论》《水旱灾荒平时宜如何预备临事如何补救论》《救荒备荒目前宜若何为尽善except》《论放赈不如防灾》《筹赈刍议》《筹荒末议》《平粜说》《论栽树以防水患》《防旱五术》《周官大司徒保息以养民至其详可传闻乎》《隋书婆登国有月熟之稻至宜何施而可》（秦荣光编：《中西经济策论通考》，深柳读书堂，1902）。

然内容上有扩充，增加了外国的、新近的事务，但主体框架没有大变。就像以前官员需要了解河渠、平准、救荒一样，此时应该知道商业、铁路、邮政等新型业态。所以我们才会看到《西政通典》《万国分类时务大成》等晚清新学类书，政治学几乎无所不包。比如后者"政治"类不仅有各国政治、各国爱民、各国沿革、各国风俗的类目，还包括户口、赋税、财用与国债、刑罚、律例、水师律例、邮政、电报的子目。

这是中国人理解的政治，并非真正的西方政治学。对政治原理和国家运作方式的揭示，要到后来的日译专书，如1902年赤门外史编译的《欧美日本政体通览》、1907年小野冢喜平次的《政治学》。国人的阐发则在民国以后，早期亦多为参合了日著的学堂讲义，如1912年陈敬第的《政治学》。所以，我们既可以说西政为中国所无，也可以说政法为中国本有，事实上持两种观点的人都有。也正因为概念宽泛、内容模糊，各种西方社会科学混杂在政法学里，进入国人视野，后来汇聚成群。

四 本无与旧有的矛盾

甲午后取道东瀛的路径转向，与西方科学向政法的偏移相伴而行。20世纪初的留学生大都趋向政法，1903年的1300名留日学生中，学文科的多达1100余人，占到85%。而此前的120名留美幼童学的都是中国急缺的军事、船政、数学、制造，派往欧洲的70余人只有1人学文，其余学军事和工程技术。相较日本当初对留学生的专业分派，中国留学生盲目了许多。明治三年（1870），岩仓具视在《海外留学生规则案》里提议，去英国的留学生当专攻以机械学和制铁法为主的工学，德国留学生要学以政治学、经济学为主的社会科学和以物理学、化学、天文学为主的理学，法国的专长在法学，赴美则当以农学和畜牧学为主。① 各国专长不同，当择其最优。留学成本高，更应急国家之所需。但清政府似乎没有如此清晰的认识，甲午后自费留日学生剧增，愈发冒进和功利。

---

① 《日本科学技术史大系》第7卷，转引自〔日〕天野郁夫：《大学的诞生》，黄丹青、窦心浩等译，南京大学出版社，2011，第10页。

从译书上也能看出这种变化。1850—1899 年，西方社会科学译书仅占 8.1%，历史地理为 10%，自然科学和应用科学为 29.8% 和 40.6%。① 20 世纪初，政治、法律、经济、教育、历史、地理书籍大幅攀升。以 1902—1904 年为例，社会科学译书高达 25.5%，史地占 24%，自然科学和应用科学下降到 21% 和 10.5%。② 在 1910 年京师大学堂的分科实施方案里，只有法政科全部开办，格致 6 门只开了化学和地质学，工科 9 门先开土木和采矿冶金 2 门，可见政法科得到了优先发展。③ 这种情况显然是成问题的。

当时官方的考虑是，短期内政法易见成效。张之洞有言："才识远大而年长者，宜西政。心思精敏而年少者，宜西艺。小学堂先艺而后政，大中学堂先政而后艺。西艺必专门，非十年不成；西政可兼通数事，三年可得要领。"④ 西政与西艺下力时间不同，他的本意是西艺要从娃娃抓起，对已经年长的旧式读书人可以往西政上引导，如此各得其所，举新而不废旧。当时提倡的师范教育，也属此类速成科，解决新学师资不足的现实问题。这种分层次、分阶段、分梯队推进的改革思路，符合中国实际，是有道理的。

但另一方面，张之洞、梁启超和对西学所知有限的旧式读书人一样，意识深处仍以为治国理政是头等大事，科学技术只是迫于眼前压力的情非得已。"大抵救时之计、谋国之方，政尤急于艺。然讲西政者，亦宜略考西艺之功用，始知西政之用意"⑤ 一类的表述，流露了他们的偏向。"略考"西艺，是为了更好地理解西方政治设计的由来，救时谋国主要由政来承担。张之洞"西艺非要，西政为要"的观点，与梁启超"政法者，立国之本也"的鼓吹，实质接近。传统并非牢不可破，但观念的转变需要时日和时机。

上有短期时效的考量，下有急功近利的欲求，上求下应，于是乎政法学

---

① 钱存训《近世译书对中国现代化的影响》（戴文伯译，《文献》1986 年第 2 期）据 1899 年《东西学书录》统计。
② 钱存训《近世译书对中国现代化的影响》据 1935 年顾燮光《译书经眼录》统计。
③ 其余经科 11 门先开毛诗、周礼、春秋左传 3 门（四书通习）；文科 9 门先开中国文和外国文 2 门；农科 4 门开农学 1 门；商科 3 门开银行保险 1 门。见宣统元年（1910 年）十一月学部《奏筹办京师分科大学并现办大概情形折》。
④ 张之洞：《设学》，《劝学篇》，广西师范大学出版社，2008，第 76—77 页。
⑤ 同上书，第 77 页。

堂遍地开花。这让主张学术当"求其所本无，非以急其所旧有"的严复焦虑不已。他看到了政法风潮背后避实就虚、趋易避难的心理，强调西方科学仍是西学的重心——"今世学者，为西人之政论易，为西人之科学难。政论有骄嚣之风（如自由、平等、民权、压力、革命皆是），科学多朴茂之意。且其人既不通科学，则其政论必多不根，而于天演消息之微，不能喻也。此未必不为吾国前途之害。故中国此后教育，在在宜着意科学"①。吴汝纶也警示，政法学粗浅骄嚣，易滥竽充数——"至法术、政治，最为当务之急，但其学能冒浅为深，不似天、算、化、电等学之不可伪袭，故必至外国专门学堂考得凭据，乃可信任。人才之真伪，全视教育者之得诀不得诀。此处得失，真乃毫厘千里，若数年之后，尽得似是而非、强作解事之徒，则大势万无能挽之理，此区区之愚虑也"②。吴氏不信任当时国内的政法学校，建议以国外政法学校的文凭为准。不承想，政法成为新学代表后，连日本人都看到了市场需求，专门开设接收中国留学生的政法速成学堂（还有师范速成学校），标准低于本国，仅供中国出口转内销。

另一方面，虽然康、梁有明确的政治目的，对政法学的鼓吹也并非出于纯学理的追求，但我们必须明白，学术关乎政治是中国的传统观念，而改变中国须从官制、人事、吏治上下手，正是这帮书生的远见，否则连京师同文馆增设一个天文算学馆都廷议不止（见第二章第一节），遑论其他？"变法之本，在育人才；人才之兴，在开学校；学校之立，在变科举；而一切要其大成，在变官制"③的温和说辞，沿着朝野都能认同的尊学重士传统，联合了大批朝廷官员、科举士子和外国传教士，指向最难撼动的改制易色目标，因此才会有血腥的结局。若不动政治的根本，西学的引进、中国的转向将总是在进退维谷、左支右绌中蜗行徘徊。在万国蜂起加速争夺的近代资本主义世界体系里，别人不会等你。如今看来，中国在世界范围内的现代化起步，还不算太晚，方有今日的经济崛起。

---

① 严复：《与〈外交报〉主人书》，《严复集》第3册，第564—565页。
② 吴汝纶：《与盛荇荪》，《吴汝纶全集》第3册，第282页。
③ 梁启超：《变法通议·论变法不知本原之害》，《饮冰室合集》文集第1册，第10页。

新进的西方社会科学显然属于形而上的学说，无法为以往的"西器""西艺"所涵盖。因而梁启超在1896年的《学校总论》里增加了"政"的类名，把西学分为教、政、艺三大类。① 张之洞《劝学篇》也明确了"学校、地理、度支、赋税、武备、律例、劝工、通商，西政也。算、绘、矿、医、声、光、化、电，西艺也"②。"西政"版块的进入，使西方学术的知识地图变得更完整，而且西学之"体"逐渐浮现。这对于西学理解的深化，意义重大。

无论政法学及西方社会科学的接受存在多少问题，我们必须承认，调动既有资源理解新鲜事物，是从已知到未知的必经之路。中西初遇，误读与正解一样多。交接中暴露出来的问题，好比镜中之像，可以映照自身积习。对拓荒者不宜责之过深，谁都不可能一开始就解决所有的问题。破冰之后，更漫长的是此后的调整与完善。我们仍在学习西方的历史进程中，中西学术的对话与融合尚未闭合，有补充有增进才会有后续的发展与提高。

第四节　一池萍碎：实学的兴起及其后效

戊戌前后"政法"概念比较宽泛，除政治、法律、经济学外，还往往把农政、工政、商政、矿政、兵政、船政等纳入其中。作为仕宦当知的"吏治"，它并不要求读书人身入其中，亲力亲为。但是农、工、商引起国人高度重视，由无须授习的低端职业变为自成门类的应用型学问，实在受益于清末的宣传。清末一般把农学、工学、商学统称为"实学"（比"艺学"窄），各地实业学堂便以这三种类型为主，民国改称职业学校。

梁启超指出，国门被迫打开之后，国人所谈的洋务，最初不过练兵、通商两大重心，可"百废不举，而言练兵，平日则购所无之物于人以糜费，临事则馈所有之物于人以资敌，其明效大验，天下所共闻矣。劝商固今之急图也。然闻之万国商务赢绌之率，则恒视出口土货之多寡为差。工艺不兴，而

---

① 梁启超：《学校总论》，《饮冰室合集》文集第1册，第19页。
② 张之洞：《设学》，《劝学篇》，第77页。

欲讲商务,土产不盛,而欲振工艺,是犹割弃臂胫而养其指趾,虽有圣药,终必溃裂"①。没有军备做支撑,发展军事就没有基础;没有工业和农业打基础,商业就是无米之炊。中国要寻求富强,必须从根本处着手。

一 农学的故闻与新知

梁启超认为,这个根本在农学——"今之谭治国者,多言强而寡言富。即言富国者,亦多言商而寡言农。舍本而图末,无惑乎日即于贫,日即于弱也"②。因此,尽管1896年做《西学书目表》的时候,翻译过来的农学书只有不到3000字的一本《农学新法》,他还是要为农政单立一目,并从《格致汇编》里抽取相关内容进行补充,"以明此事为切要之举,以俟后之君子,续译巨编,俾蔚然成帙焉"③。徐维则在《东西学书录》里说:"声、光、化、电诸书中译半为旧籍,西人凡农、矿、工、医等学,每得新法必列报章,专其艺者分类译报,积久成帙,以饷学者,最为有益。"④可见农学成书少,更新快,主要从国外报纸里选译,推介难度高于物理、化学等基础专类。

农业成学,当然不是梁启超一己之功,但他的鼓吹无疑推动了当时的兴农热潮。罗振玉正是在《时务报》(梁启超主笔,汪康年总理)的启发下,与汪康年商议从日本延聘农师、购买农机等兴农举措。最后又与朱祖荣、蒋黻、徐树兰等人联合,以《时务报》为依托,成立第一个农学组织务农会,并于1896年创办《农会报》。他们以译书报、垦荒地、试新法、购器具、立学堂等方式,力图改变"近年西学大兴,有志之士锐意工商诸政,而于农学绝不讲求,未免导流塞源、治标忘本"⑤的局面。在《农会报》序言中,梁启超把农业分为农理、动植物学、树艺(麦果桑茶等品皆归此类)、畜牧(牛羊彙驼蚕蜂等物皆归此类)、林材、渔务、制造(如酒糖酪盐之类)、化料、农器、博议(海内通人有贻书撰文论农务者皆附印报中谓之博议)10

---

① 梁启超:《农会报序》,《饮冰室合集》文集第1册,第130页。
② 梁启超:《西书提要农学总序》,《饮冰室合集》文集第1册,第129页。
③ 同上书,第129—130页。
④ 徐维则:《东西学书录·叙例》,熊月之编:《晚清新学书目提要》,上海书店出版社,2007,第4页。
⑤ 《务农会公启》,《时务报》1896年第13册。

类。① 关键不在渔、林、畜牧的划分，而在意识到农业发展应与化学、动物学、植物学、器械制造等西学相结合，看到了农务亦需学理的支撑。把以往的泛论文章仅归于"博议"子目，相当于让出了大片主体空间，并把农业知识从"农政""邦计"里独立出来。

中国古代是农业国家，历朝历代无不以劝农贵粟为国家首务，重农抑商向为基本国策。《四库》把农家归于子部，介于儒、兵、法和医家、天文算法之间，理由是"儒家尚矣，有文事者有武备，故次之以兵家。兵，刑类也。唐虞无皋陶，则寇贼奸宄无所禁，必不能风动时雍，故次以法家。民，国之本也，谷，民之本也，故次以农家"（子部总序），民本国本的定位不可谓不高。问题是农民不识字，农书多为士人汇撰，著者尤以管理部门的相关官吏为主，因而数量非常有限。虽然早在《汉书·艺文志》里就有农家一门，但其中所录9本农书全部亡佚。宋前所存，仅有北魏贾思勰的《齐民要术》和宋陈敷的《农书》。元朝有官修的《农桑辑要》，农书稍盛，然亦仅存3本。剩下多为明朝人所作。《四库全书》的农家仅有区区19部书（9部存目）（表1-2）。

表1-2 《四库全书》农学书目简表

书名	年代	作者	身份	四库提要与评议	备注
齐民要术	北魏	贾思勰	高平太守	贾思勰著此书，专主民事。又多旁摭异闻，多可观。在农家最岿然出其类。	四部收录
耒耜经	唐	陆龟蒙	处士	记犁制特详，犁与耒耜，古今异名也。次及镱，因又及爬与礰礋，而以碌碡终焉。	存目
耕织图诗	宋	楼璹	於潜令	耕图二十一，织图二十四，各系以诗。	存目
农书	宋	陈敷	处士	泛陈大要，引经史以证明之。虚论多而实事少，殊不及齐民要术之典核详明。	收录
农桑辑要	元	诏立大司农司	官方机构	书凡分典、训、耕垦、播种、栽桑、养蚕、瓜菜、果实、竹木、药草、孳畜十门，大致以《齐民要术》为蓝本，芟除其浮文琐事，而杂采他书以附益之，详而不芜，简而有要，于农家之中，最为善本。	收录

---

① 梁启超：《农会报序》，《饮冰室合集》文集第1册，第131页。

第一章　西学门类的认知次序与接受语境　091

(续表)

书名	年代	作者	身份	四库提要与评议	备注
农桑衣食撮要	元	鲁明善	不详	使种艺敛藏之节，开卷了然。盖以阴补农桑辑要所未备，亦可谓关心民事，讲求实用者矣。	收录
农书	元	王桢	丰城县尹	《读书敏求记》曰，农桑通诀六，谷谱四，农器图谱十二，总名曰农书……图谱中所载水器，尤于实用有裨。又每图之末必系以铭赞诗赋，亦风雅可诵。	收录
救荒本草	明	朱橚	藩王	以国土夷旷，庶草蕃芜，考核其可佐饥馑者四百余种，绘图上之。	收录
农政全书	明	徐光启	礼部尚书	其书本末咸该，常变有备。盖合时令、农圃、水利、荒政数大端，条而贯之，汇归于一。虽采自诸书，而较诸书各举一偏者，特为完备。	收录
别本农政全书	明	徐光启撰，陈子龙补			存目
泰西水法	明	熊三拔述，徐光启书	西方传教士	西洋之学，以测量步算为第一，而奇器次之。奇器之中，水法尤切于民用。视他器之徒矜工巧，为耳目之玩者又殊，固讲水利者所必资也。	收录
野菜博录	明	鲍山	处士	尝入黄山，筑室白龙潭上七年，备尝野蔬诸味。因次其品汇，别其性味，详其调制，著为是编。分草部二卷，木部二卷……并图绘其形，以备荒岁。	收录
经世民事录	明	桂萼	武康知县	按明大统历所载逐月节气，各注事宜，刊布晓谕。	存目
野菜谱	明	王磐	不详	所记野菜凡六十种，题下有注，注后系以诗歌，又各绘图于其下。其诗歌多寓规戒，似谣似谚，颇古质可诵。然所收录，不及鲍山书之赅博也。	存目
农说	明	马一龙	国子监司业	就田庐作农说一章，逐条自为之注。文颇简略。	存目
沈氏农书	明	沈氏	不详	具列艺谷、栽桑、育蚕、畜牧诸法，而首以月令以辨趋事赴功之宜。沈氏为湖州人，故所述皆吴中土宜，与陈敷、王桢诸本互有出入。	存目
钦定授时通考	清		官方	曰天时，分四子目，明耕耘收获之节也。曰土宜，分六子目，尽高下燥湿之利也。曰谷种，凡九子目，别物性也。曰功作，分十子目，尽人力也。曰劝课，分九子目，重农之政也。曰蓄聚，分四子目，备荒之制也。曰农余，分五子目，种植畜养之事也。曰蚕桑，分十子目，蔟箔织纴之法也。天时冠以总论，余七门各冠以汇考，而诏谕御制诗文，并随类恭录焉。	收录

(续表)

书名	年代	作者	身份	四库提要与评议	备注
梭山农谱	清	刘应棠	不详	其书分耕、耘、获三卷,详其器与其事,而每条缀一赞词。每卷又各有小序,词多借题抒愤,不尽切于农事也。	存目
豳风广义	清	杨屾	不详	述树桑、养蚕、织纴之法。备绘诸图,详说其制,而鸡豚畜字之法亦附见焉。	存目

这些农书带有很强的文人士大夫偏好,多为诗词图赞、典故训诂和劝农之语,少有具体农业技术和务农经验的载记,"虚论多而实事少"(《救荒本草》提要)是其共同特点。即便后世以为蓝本的《齐民要术》,也存在"名物训诂,通儒或不尽解,无论耕夫织妇也"(《钦定授时通考》提要)的问题,因而《农桑辑要》"刈除其浮文琐事"(《农桑辑要》提要),使之更为通俗易懂。《四库》认为质量最高的元王祯《农书》和明徐光启《农政全书》,也有"冗杂"之病,铭赞诗赋风雅太过,"不尽切于农事也"。

这倒并非作者故意卖弄文采,而是写书人本非农民,预设的阅读对象也是读书人,必然掌故搜集和总结的成分大于农业技术的推广。对此,明朝人马一龙便多有忧虑——"农不知道,知道者又不明农,故天下不务此业而他图贾人之利。间阎之间,力倍而功不半,十室九空,知道者之所深忧"(《农说》提要)。农民不识字不读书,限制了农学书籍在民间的流传。著述者不务农,只能"泛陈大要",能留心农事,间有所作,已经是难能可贵了。农与道、与学隔离,必然只能是靠天吃饭,"力倍而功不半",造成农业技术提升的缓慢。细民佃户的耕作经验,也不被视为学问。

《四库》收录的农书里,有一本要格外注意,那就是明末来华传教士熊三拔(Sabatino de Ursis,1575—1620)的《泰西水法》。这是明末西学进入中国并促进农学发展的证据,徐光启在序言里介绍了该书的由来。利玛窦哀怜中国百姓的贫苦,提到西方有水法一事,通过工具器械,可以帮助农民减轻水灾旱灾的损失。徐光启自谓留心此事二十余年,多方寻找而未果。后来得知传教士熊三拔通晓此道,便派工匠跟从他学习,并"笔记其说",辑录各种西方取水和蓄水的器械制造方法,是为六卷本的《泰西水法》。

该书也收录在徐光启编的《农政全书》里。虽然只是农具制造,徐光启强调说:"器虽形下而切世用,兹事体不细已。"于汴则上溯到《周礼》,认为往昔"首重民食,而田器亦有司存",只是"今也牧民之宰,簿书不遑,过陇亩问桑麻亦未多睹,他何论哉"。即上古本有此学,后世忽略,把罪责归于官员和士大夫不为民生计。郑以伟则尖锐地指出,与其踊跃于军事制造技术的引进,何如重视西洋农机制造的传播,前者为杀人之具,后者乃养人之方——"永乐时神机火枪法得之交南,嘉靖时刀法得之佛狼机、鸟嘴炮法得之日本,然金火之用耳,师金火以致利,诎水土而废巧,则为敢于杀人而不敢于养人矣,而可乎"。①

虽然众人仍从道器逻辑出发,努力提升西方农机制造的价值和意义,但都是立足于自身需求,主张以西方新术补本国之学。因而我们看到他们总好与上古之学、先圣之言进行连接,也总爱强调泰西水法背后的"象数"之理。《四库》总结说:"西洋之学以测量步算为第一,而奇器次之,奇器之中水法尤切于民用,视他器之徒矜工巧为耳目之玩者又殊,固讲水利者所必资也。"(《泰西水法》提要)把数学和器械制造推为西学之首,器械又以农具为先,实际推动引介的军械反未出现,正是传统的重农思想使然。

《泰西水法》之于中国农学,是新鲜事物。陈子龙称"泰西之学,输墨逊其巧矣"②,于汴说"中华之有此法自今始"③,都表明了这一点。徐光启用力最深的译书,除了《几何原本》就是它。它不仅推动了徐光启《农政全书》的编辑,也带动了农学的发展。王徵《远西奇器图说》在精选西洋制造时,保留了五分之一的水利器械,《四库》赞其"于农器水法尤为详备""书中所载皆裨益民生之具"。此后王象晋《群芳谱》、耿荫楼《国脉民天》、宋应星《天工开物》、沈氏《沈氏全书》、张履祥《补农书》、杨屾《知本提纲》多少都有追步前贤的用心。王毓瑚在《中国农学书录》里收录的明清农书多达329种,相当于此前农书的15倍。可见即便不事田亩,中国士绅仍有足够的农学接受基础;只要有益于民生,国人对外来技术不会排斥。一如王

---

① 三人为《泰西水法》写的序言,《明清间耶稣会士译著提要》,第242、243、244页。
② 陈子龙:《农政全书凡例》,徐光启:《农政全书》(《四库全书》本),全书未编页。
③ 于汴:《〈泰西水法〉序》,《明清间耶稣会士译著提要》,第243页。

徵所言:"学原不问精粗,总期有济于世;人亦不问中西,总期不违于天。兹所录者虽属技艺末务,而实有益于民生日用,国家兴作甚急也……"①

这些译书本出于徐光启、王徵等中国士绅的力请,传教士的反应是"殊无吝色也,而顾有怍色",担心贻误了传教事业。② 明朝人不懂西文,西书必由传教士口授方能成,依赖性很强。《泰西水法》是徐光启从利玛窦处得知,《远西奇器图说》肇因于王徵从艾儒略(Jules Aleni, 1582—1649)《职方外纪》里所见。此时传教士的农学新知仅限于农业器械,尚未涉及其他领域。国人从农械制造里看到了西方"度数之学"和"象数之学",由此有《几何原本》《同文算指》等数学书的译介。由末达本、由器入道、顺藤摸瓜本是中国传统的治学方式,只是由于此时传教规模、传教时间、和西学的接触面还很有限,没有深入下去。

晚清则不一样,国人不仅意识到全面学习西学的必要,而且戊戌期间传教士也乐于全面介绍西方以推动中国社会的变革。只要国人有需求,并愿意费时费力费钱,在获取的渠道上没有太大阻碍。维新派从西方农业收入里看到了富强之道,希望据此改变千百年来的兴农之方。"美国每年农产值银三千一百兆两,俄国值二千二百兆两,法国值一千八百兆两,而中国只值三百兆两"③,长此以往,国家致富无由。西国农学新法不再受限于修筑灌溉体系、降低赋税、租粮借牛、颁布农书、鼓励开荒等传统的劝农方式,而是通过"肄化学以粪土疆,置机器以代劳力"的外力,改变"溉粪无术,择种不良"的内在缺陷。④ 如此就必须学习西方的化学、物理学、植物学、动物学等科学知识,不仅拓宽农业的范畴,也使之有学理的支持。用今天的话来讲,提升农业的科技含量。故在梁启超的农学分类里,有农理、动植物学、化料等新类目,明末发现的农器只是十类中的一类而已。

---

① 王徵:《远西奇器图说录最》,《明清间耶稣会士译著提要》,第234页。
② 徐光启《泰西水法序》言:"深恐此法盛传,天下后世见视以公输、墨翟,即非其数万里东来,捐顶踵、冒危难,牖世兼善之意耳。"《明清间耶稣会士译著提要》,第242页。
③ 梁启超:《学校总论》,《饮冰室合集》文集第1册,第15—16页。
④ 转引自梁启超:《农会报序》,《饮冰室合集》文集第1册,第130、131页。

二 农事成学对四民社会的考验

求己所无须广译新书,梁启超为一部农书单独立类,是想为农学开路——"以明此事为切要之举"。梁氏也明白,译书只是当前的权宜之计,报章宣传亦不过开广风气,维新耳目,并非最终目的。若止于译书办报,成效顶多略强于明末。他更艳慕的是"西人言农学者,国家有农政院,民间有农学会。农家之言,汗牛充栋"的盛况。① 农学会在罗振玉等人的努力下很快就开办起来了,官方设立专门机构管理农业也并非难事,当时就有农商局、农工商部。戊戌变法失败后,官方关闭民间学会和报馆,农学会和农学报却不在废止之列。② 但要想"农家之言,汗牛充栋"的话,就绝非一日之功了,梁启超认为:

> 昔管子轻重之篇,史公货殖之传,于种植蓄牧,视为重图。子舆氏以好辩闻天下,其言仁政,则必自五亩之桑,百亩之田始,乃至鸡豚狗彘,材木鱼鳖,靡纤靡巨,津津道之。盖信乎治天下之第一义,舍是末由也。秦汉以后,学术日趋无用。于是农工商之与士,划然分为两途。其方领矩步者,麦菽犹懵,靡论树艺。其服被襫,役南亩者,不识一字,与犁牛相去一间,安望读书创新法哉?故学者不农,农者不学,而农学之统,遂数千年绝于天下。③

把源头往前溯,是学者惯用的做法,《四库》还曾追到诸子之前的《尚书》呢——"昔周公作书,以无逸为永年之本,而所谓无逸,在先知稼穑之艰难。故重农贵粟,治天下之本也。《管子》《吕览》所陈种植之法,并文句典奥,与其他篇不类。盖古者必有专书,故诸子得引之,今已佚不可见矣"(《钦定授时通考》提要)。不过《四库》认为古有专学专书,后来亡佚,导致农学不兴。而梁启超认为"学者不农,农者不学"才是问题的根本,秦汉以后学术日趋无用。

---

① 梁启超:《西学提要农学总序》,《饮冰室合集》文集第 1 册,第 129 页。
② 详情参阅李尹蒂:《务农会与时务报馆》,《江苏社会科学》2014 年第 3 期。
③ 梁启超:《农会报序》,《饮冰室合集》文集第 1 册,第 130—131 页。

要改变这种状况，就要让学术变得有用起来。可农、工、商、兵（唐代实行募兵制后，始有职业兵）与士，各有职守，不可能合而为一。当年孟子就批评过主张君王与农夫并力而食的农家荒唐，认为社会有劳心与劳力的职事之分（《孟子·滕文公上》）。既然让学者务农不现实，那就让农民开始学习吧：

> 凡国之民，都为五等，曰士、曰农、曰工、曰商、曰兵。士者学子之称，夫人而知也。然农有农之士，工有工之士，商有商之士，兵有兵之士。农而不士，故美国每年农产值银三千一百兆两，俄国值二千二百兆两，法国值一千八百兆两，而中国只值三百兆两；工而不士，故美国每自创新艺，报官领照者，二万二百十事，法国七千三百事，英国六千九百事，而中国无闻焉；商而不士，故英国商务价值二千七百四十兆两，德国一千二百九十六兆两，法国一千一百七十六兆两，而中国仅二百十七兆两；兵而不士，故去岁之役，水师军船，九十六艘，如无一船，榆关防守兵，几三百营，如无一兵。今夫有四者之名，无士之实，则其害且至于此。矧于士而不士，聚千百帖括卷折考据词章之辈，于历代掌故，瞠然未有所见，于万国形势，瞢然未有所闻者，而欲与之共天下，任庶官，行新政，御外侮，其可得乎？①

农、工、商、兵不学无术，致使国家积贫积弱。五民当中唯一致力于学的士，又把精力放在了无用、无实的"帖括卷折考据词章"上，无见无识无法治理天下。要让国家富强，必须让士农工商兵各尽其力，各习其学——"泰西之所富强，不在炮械军兵，而在穷理劝学"②。所以一方面要改革科举，让天下士人把"最有用之年华、最有用之精力，假以从事科学，讲求政艺，则三百万之人才，足以当荷兰、瑞典、丹墨、瑞士之民数矣"③；另一方面要大兴学堂，令"农有农之士，工有工之士，商有商之士，兵有兵之士"。农学会也提出在译书报、用新法、购置农械之外，再立学堂。这就不仅仅是引进西学

---

① 梁启超：《学校总论》，《饮冰室合集》文集第1册，第15—16页。
② 康有为：《上清帝第二书》，《康有为全集》第2集，第42页。
③ 康有为：《请废八股试帖楷法试士改用策论折》，《康有为全集》第4集，第79页。

了，而是为了更好地接受西学，改变中国的学术格局乃至社会结构。

中国古代是"四民"或者说"五民"社会①，士、农、工、商、兵各有职守。通过科举选拔，在金字塔的稳定结构中，保留一定的社会流动性（下章具体展开）。尽管梁启超的潜台词是，士依然以管理天下为职责，不过不习八股词章，改习政法。可如果农、工、商、兵都接受教育，产生自己的专家与专学，那么以士为首的文化精英社会便会打破，社会结构必然发生松动。

我们看到，为了提倡西学制造，清政府最初在科举里增设特科。一旦获取了功名，工就不再是工，而是进入统治阶层，成为官员。身份转变之后，不会再重操旧业。所以在给予学堂毕业生功名还是文凭的问题上，发生了激烈争论。随着洋务学堂的增多，继续像京师同文馆优秀毕业生一样获赐功名，名额会远远不够用，大多数毕业生还是没有出身。对底层民众来说，读书是为了改变命运，不再做农民。好不容易从小学步入职业学堂（农工商兵新学需要自然科学基础，不是马上就能进入技术层面的，也并非从小学就可以分途），最后还是和从前一样务农，那何必花钱费力读这个书呢？有能力供养的家庭，都会把子弟送到更易得官的科举或政法学堂去。

但如果一律给予文凭，传统的选官制度就难以为继。非但士人前路迷茫，农工商兵家庭也不会为了从事旧业而额外投资。历史最后选择了全依西欧的文凭制度，士大夫阶层果然消亡。即使义务教育实行了这么多年，我们依然没有解决农工商兵文化程度偏低的问题，现行公务员制度也无法将最优秀的人才输送到国家管理系统，遑论晚清。这已经超出了学术范畴，属于社会的系统工程。可反过来说，学术体系本来就不是孤立和封闭的，它是社会观念和文化思想在漫长年代里不断与制度进行结合和调适的结果。当新学不再依附旧学，纷纷要求自成一体的时候，林立的山头必然冲决原有的知识格局。1902年山西巡抚岑春煊从日本聘请教习，开办了山西农林学堂。湖北、直隶、山东、江西、四川各省也纷纷设立专门农业学校。1902年清政府制定的第一个近代教育纲领《钦定学堂章程》正式把农业及其他实业学堂分为初

---

① "四民"指士、农、工、商。中国早期兵从农出，唐代实行募兵制以后，军队职业化，从而变为由士、农、工、商、兵构成的"五民"社会。

等、中等、高等三个层级。1904 年《奏定大学堂章程》把农科定为专科大学，农学终于成为国家认可的高等学术。"朝为田舍郎，暮登天子堂"的故事也很快成为过去。

三 兵学和商学的独立

至于兵学，由于军事所需，早就走在了前头。时任山东巡抚的袁世凯曾反省说："中国兵事，本无专学，应试士子向取弓矢刀石，用之今日，既非所宜，而营兵之操枪炮者，又不知运用理法。将弁半起民家，卒伍但凭血气，绝少谋略，斯其所以弱也"，武举既不得将才，行伍仅凭勇力，振兴军事就只能靠多开办西式武备学堂了——"凡中外兵法、战法、天算、舆地、测绘、器械以及技艺工程各学，均须切实讲习"。①

除了著名的北洋水师学堂外，还有 1880 年成立的天津水师学堂、1886 年的北京昆明湖水师学堂、1887 年的广东水陆师学堂、1891 年的江南水师学堂和山东威海卫水师学堂。敌人当然不仅会从海上来，陆军方面则有天津武备学堂（1885）、江南陆师学堂（1896）、直隶武备学堂（1896）、湖北武备学堂（1896）等专科学校。1874 年上海江南制造局还设有操炮学堂，后来改为炮队营。1884 年张之洞还在广州设立了黄埔鱼雷学堂。这些都是仿效外国军制尤其是德国的近代军事学校，教官也延聘自国外。虽不以兵学自称，但事实上已不同于以往的兵勇操练方式了，因为军事技术和军备制造及其使用，需要西方科技的支持。就算是将才培养，也不再是以往的比试弓矢和苦读兵书。"（欧洲各国）由格物而制器，由制器而练兵，无事不学，无人不学"②的说辞，虽然未必符合国外实情，却是清人眼里的自强之道。兵亦需学是戊戌以前就有的说法。

与其他学科门类相比，商学和农学较为接近。篇幅所限，这里不做详细铺陈。商古称货殖，向为"末业"。自古商不入学，重农抑商是古代中国的基本国策。虽说《四库》史部政书邦计类有财赋钱币之事，但官员司钱粮与

---

① 袁世凯：《遵旨敬抒管见备甄择折》，《中国近代教育史资料汇编·学制演变》，第 12 页。
② 张树声：《筹设西学馆事宜折》，《中国近代教育史资料汇编·洋务运动时期教育》，第 544 页。

商人牟利是两码事。即使富可敌国,商人的社会地位依旧低下,属于古人嘴里的富而不贵,不会是择业首选。1818年传教士米怜的《生意公平聚益法》和1840年传教士郭实腊的《贸易通志》,可能是最早介绍到中国来的商贸书。与西方国家定约,必言通商,清政府不可能不措意。洋务派鼓励发展商业,也有解决兴办军工资金短缺的实际考虑,李鸿章明确表示:"夫欲自强必先裕饷,欲浚饷源莫如振兴商务"。① 民间自然也会看到经商带来的实际利益,尤其在社会地位上升之后。1893年一位山西士子便感慨道:"近来吾乡风气大坏,视读书甚轻、视为商甚重,才华秀美之子弟,率皆出门为商,而读书者寥寥无几,甚且有既游庠序,竟弃儒而就商者。亦谓读书之士,多受饥寒,曷若为商之多得银钱,俾家道之丰裕也。当此之时,为商者十八九,读书者十一二。"② 商开始与儒争夺秀士。

更重要的是,目睹中西贫富差距,国人开始从国家层面重新认识商业,迥异于从前以耕战为急务的传统思路,方有"商业救国"之说。薛福成注意到,西方国家总是以军事和通商为侵略先锋——"西人之谋富强也,以工商为先,耕战植其基,工商扩其用也。然论西人致富之术,非工不足以开商之源,则工又为其基而商为其用"③。他还说:"夫商为中国四民之殿,而西人则恃商为创国、造家、开物、成务之命脉,迭著神奇之效者,何也?盖有商,则士可行其所学而学益精,农可通其所植而植益盛,工可售其所作而作益勤;是握四民之纲者,商也。此其理为从前四海之内所未知,六经之内所未讲;而外洋创此规模,实有可操之券,不能执中国'崇本抑末'之旧说以难之。"④ 把商提升到"四民之纲",旷古未闻,确实是受了西方的刺激。于是,不仅苦读圣贤书的秀才转而经商,朝廷命官也不惜弃官从商,张謇以状元之身从事商业便意味深长。这在以前是不可想象的。因而,日本大学本无商科,仿日的《奏定大学堂章程》却"特立"商科一门,国人对商业的重视今非

---

① 李鸿章:《议复梅启照条陈折》,顾廷龙、戴逸主编:《李鸿章全集》第9册,安徽教育出版社,2008,第260页。
② 刘大鹏遗著:《退想斋日记》,山西人民出版社,1990,第17页。
③ 薛福成:《商政》,《筹洋刍议:薛福成集》,辽宁人民出版社,1994,第71—72页。
④ 薛福成:《出使英法义比四国日记》,商务印书馆、中国旅游出版社,2016,第19—20页。

昔比。

四 工学对士学的冲击

《奏定大学堂章程》规定大学分经学、政法、文学、医学、格致、农科、工科、商科8科。在力量不足的情况下，京师大学堂首先开设的是经科、文科、格致和工科。经学和文学被认为是中国学术的根本。格致包括算学、天文学、物理、化学、动植物学、地质学，是广义的西方科学。工科分土木工学、机器工学、造船、造兵器、电气工学、建筑学、应用化学、火药学、采矿及冶金学9门，1910年实际开设的只有土木工学、采矿及冶金学2门。但实际上造船、造兵器、机器制造等内容，洋务学堂和洋务工厂（福州船政局、江南制造局等大厂一般都有附属学校或专属部门学习和研究技术）早就开始了，一直就是清末西学践行的重镇。

无论是分科大学，还是机械制造厂，工学都需要西方科学作支撑，绝非以往的能工巧匠所能胜任。用德国传教士花之安的话来说，"技艺"不同于以往的"工作"（手艺），"工作"人人可为，"技艺"却须学问做依托。"泰西之所谓技艺者，固无异上古之六艺，非学问之深不能致其精，且有技艺院以教习之，非同中国之学于贾肆而已也"，意思是中国人私习于工师的技能只能算作手艺活，西方人学于学校的技能才是"技艺"。"技艺"和中国传统的"六艺"一样，属于高深学问，不是做做学徒打打杂就能掌握的。西方人"欲入技艺院者，必由实学院考选，方能进技艺院。盖实学院工夫，须学十余年，如格物、理、数、重、化等学是也。华人之学工作者，曾有此学力否乎？"① 花之安居高临下，却也点出了西学制造无往非学、学成不易的事实，并指出工师更应有专门培养和学理研究，从而否定了工师位低学浅的中国传统。

花之安的观点很快被国人接受，薛福成在《治术学术在专精说》里以

---

① 〔德〕花之安：《自西徂东》，上海书店出版社，2002，第188页。

"士之所研"为学术、"工之所习"为治术（尤以造炮、造船为代表）①，治术和学术并称，不仅提升了工师地位，也肯定了技术的学术价值。以往制造不入学，《四库》收录仅有《营造法式》和《钦定武英殿聚珍版程式》2部建筑类书，存目也不过《元内府宫殿制作》《造砖图说》《西槎汇草》《南船纪》《水部备考》《浮梁陶政志》6本，3部与造船有关。"考工"虽归史部政书类，上文已言，政书不是专业技术指导，和农书一样操作性低。

"奇技淫巧"向为踵事增华之事，在古代地位还远不如农事。救亡图存、富国强兵的迫切需求，使军工制造尔后是普通器械，成为眼前所急。冯桂芬甚至提出"输、倕之巧至难也，非上知不能为也"，把工匠视为上智之人，乃惊人之论。此时的工学技艺，远超"考工"，是古所未闻的新工艺。正因为看到了西方制造的不同以往，冯氏才主张急需"重其事，尊其选"，不仅应开工厂招巧匠习西学，还应让出类拔萃者直接进入会试和殿试，继而变通科举，分半数士子从事制造。② 这样的提议若在20年前，简直是骇人听闻。可清政府的确是朝这个方向努力的，奖掖洋务学堂优秀毕业生正途出身是第一步，接下来是在科举考试里增设经济特科，此后逐年裁减科举名额以助力西式学堂，直到1905年废除科举（详见第二章）。1910年京师大学堂正式把工科列入高等教育最高学府分科。在工师向工科高才生转型的过程中，文士也在一步步给西学制造让路。工艺成学必将改变传统中国的社会结构。

"夫政刑兵食，国势邦交，士之智也；种宜土化，农具粪料，农之智也；机器之用，物化之学，工之智也；访新地，创新货，察人国之好恶，较各国之息耗，商之智也；船械营垒，测绘工程，兵之智也。此教养富强之实政也，非所谓奇技淫巧也"③，农、工、商、兵皆有专学，与士阶层的政法邦交职责相抗衡。这样就动摇了"万般皆下品，唯有读书高"的传统观念，举业所习、人才所出也确实在发生变化。走到极端，便成1895年严复《救亡决论》里的论调：四民当中最没有用的就是士——

---

① 薛福成：《治术学术在专精说》，丁凤麟、王欣之编：《薛福成选集》，上海人民出版社，1987，第422页。

② 冯桂芬：《制洋器议》，《校邠庐抗议》，第49—50页。

③ 张之洞：《益智》，《劝学篇》，第67页。

中国以文字一门专属之士，而西国与东洋则所谓四民之众，降而至于妇女走卒之伦，原无不识字知书之人类。且四民并重，从未尝以士为独尊，独我华人，始翘然以知书自异耳。至于西洋理财之家，且谓农工商贾皆能开天地自然之利，自养之外，有以养人，独士枵然，开口待哺。是故士者，固民之蠹也。①

从"握民之纲"到不能自养的国之蠹虫，士的地位一落千丈。以并耕而食要求"尚志"之士，曾被《孟子·滕文公上》斥为不明大小之辨、劳心劳力之分的小人，30年前还可能被视为以夷变夏、妨碍周孔之道的倒行逆施（见第二章第一节）。但在西方列强和日本东洋无事不学、无人不学的对照下，以实利要求生养变得理直气壮。"上不足以辅国家，下不足以资事畜"② 的士人，成为无所事事的群虱，还不如工农对社会有实际的贡献。激切如韩非子《五蠹》，亦不过批评儒生"以文乱法"有碍政令的通行而已，严复之猛烈可谓空前绝后，足见清末思想冲击力度之大。

"言自强于今日，以开民智为第一义"③，开民智的方法是让学不再为士所专，四民各有其学。"农工商而不受教育，责在士林"④，晚清之士呼吁农当有农学、工当有工学、商当有商学、兵当有兵学的时候，必定想不到最终却是作为国民导师的士无所依傍，士林解体在科举废除前就已经埋下伏笔。在无业不学、无往非学的新思想下，实业救国有了新的内容。以前只着眼于"生利之途"，现在开始提倡实业教育了。严复提出，当扩充"实业"概念原有的工业制造内涵，"大抵事由问学，Science，施于事功，展用筋力，于以生财成器，前民用而厚民生者，皆可谓之实业"⑤。生财厚民生的说法不新鲜，"事由问学"却是新提法。他还批评当时政法泛滥，而政法和军事武备"皆不若实业有明效之可言也"⑥。

---

① 严复：《救亡决论》，《严复集》第1册，第42页。
② 同上书，第43页。
③ 梁启超：《学校总论》，《饮冰室合集》文集第1册，第14页。
④ 云窝：《教育通论》，《江苏》1903年第3期。
⑤ 严复：《实业教育》，《严复集》第1册，第203页。
⑥ 同上书，第209页。

从清末相继创办的各类实业学校，到《奏定学堂章程》反复强调的"农工商各项实业学堂，以学成后各得治生之计为主，最有益于邦本"，甲午以来农工商兵皆应成学的主张得到了官方认可。晚清创办的实业学堂（分高等和中等，民国称甲种和乙种），以农业学堂最多，其次工业，再次商业，综合性的多统称实业。实力雄厚的省份一般配备有农业、工业、商业专门学堂，有的还有专门的铁路学校，张之洞治下的湖北得风气之先。经济落后的地区以农业学校居多，根据地方情况还有茶叶和蚕业专门学校。无论如何，晚清实业学校虽然不过10年的办学时间，却走在了近代教育的前列。那时，大学和中小学还没有办起来。在西式学校起步之初，职业学校的数量之多和分布之广超出我们的想象（见表1-3、1-4）。而在民初，山东的农业学校和云南的商业学校，数量居全国之首。尽管实业学堂的数量多于社会的实际需求（见第二章第五节），但是以往自生自灭的耕稼和市贾进入国家正规教育体系，无论在制度上还是在观念上，都是一次重大突破。

除实业教育脉络外（近代学制体系详见第二章第四节），普通科顶级的大学是以分科大学形式出现的，农、工、商、医这些传统的卑下职业（现代军事重心转入军工制造，在工科里；士兵培养有专门的轮船驾驶学校、警察学校、陆军学校等），在八科系统里占去半壁江山，说明学术格局发生了重大变化。学术不再为士大夫所独享，或者说引经据典、博古通今的文史素养已不再是学术的底色。不仅学术思想变了，社会精英构成也大不相同（见第二章第五节）。这些影响也延续至今天。

表1-3　晚清学部立案的高等实业学堂[①]

校名	时间	民国后改名	备注
湖北高等农业学堂	1899	湖北高等农林学校	
直隶高等农业学堂	1902	直隶公立农业专门学校	
直隶高等工业学堂	1903	直隶公立工业专门学校	

[①] 出自《第一次中国教育年鉴》丙编和《教育公报》第4年第8期，转引自《中国近代教育史资料汇编·实业教育》，第51—53页。

(续表)

校名	时间	民国后改名	备注
邮传部立上海高等实业学堂	1903	交通部上海工业专门学校	由南洋公学改高等商务学堂
湖南高等实业学堂	1903	湖南公立工业专门学校	
农工商部立京师高等实业学堂	1904	国立工业专门学校	
江南高等实业学堂	1905		1912年停办
江西高等农业学堂	1905	江西公立农业专门学校	
奉天高等实业学堂	1905		
山东高等农业学堂	1906	山东公立农业专门学校	
山西高等农林学堂	1906	山西公立农业专门学校	
广西高等工业学堂	1907		1911年停办
江南高中两等商业学堂	1908		原名南洋高等商业学堂
殖边学堂	1909		
浙江高等农业学堂	1910		
湖南民立明德学堂增设高等商业专科	1910	明德大学	入民国后移入北京
直隶高等商业学堂	1911	直隶公立商业专门学校	

表1-4 晚清学部立案的中等实业学堂

京师	第一中等商业学堂		省城中等农业学堂
直隶	高等农业学堂中等本科		省城中等工业学堂
	天津公立中等商业学堂		省城中等商业学堂
	顺天中等农业学堂		河南中等农桑实业学堂
	天津中等农业学堂	河南	许昌中等农业学堂
奉天	高等实业学堂附设中等工科		荥阳中等农业学堂
	营口中等商业学堂		邓州中等蚕业学堂
	八旗中等工业学堂		南阳中等工业学堂
	中等农业学堂		禹州中等农业学堂
吉林	中等农业学堂		中等农林学堂
黑龙江	中等工业学堂		中等商业学堂
	中等农业学堂		河东中等农业学堂

(续表)

江苏	苏州府中等农业学堂	湖南	南路中等实业学堂
	江南农桑中学堂		醴陵中等工业学堂窑业科
	中等工业学堂		
	铁路学堂	云南	中等农业学堂
安徽	中等实业学堂	甘肃	农业矿务学堂
	茶商公立中等农业学堂		凉州府中等农业学堂
江西	公立中等农学堂	浙江	中等农业学堂
	公立中等工学堂		中等工业学堂
福建	中等农业学堂		铁路学堂
	中等蚕业学堂		中等商业学堂
	中等商业学堂		
	中等工业学堂		
湖北	中等农业学堂	广东	中等农业学堂
	中等工业学堂		廉州中等农业学堂
	铁路学堂		锁平中等农业学堂
	中等商业学堂		高州中等工业学堂
贵州	中等农业学堂		琼崖中等工业学堂
	中等工业学堂		琼山中等农业学堂
陕西	中等农业学堂	四川	中等农业学堂
	中等工业学堂		中等工业学堂
	凤翔蚕桑学堂		中等商业学堂
广西	桂林中等农业学堂	贵州	中等农业学堂
	梧州中等农业学堂		中等工业学堂
	龙州中等农业学堂		

第五节　舍道求器：当西教遇上"磐石"

《西学书目表》明确把西学分为学、政、教三大类。"学"包括算学、重学、化学、光学、天学、地学、动植物学、医学等西方科学，明人李之藻在《天学初函》里称"器"，洋务时期统称格致诸"艺"。"政"是甲午后涌入的政治、法律、经济等西方社会学科，以政法为统领。"教"指西方宗教，《天学初函》称"理"。梁启超对基督教向来持保留态度，因此尽管鸦片战争前翻译过来的西书多言天算、宗教两门，《西学书目表》却只取天算，宗教书一概不录。这意味着，还有一类为时最久、为数最多的西学，被国人有意忽略了。这就是基督教——传教士不远万里来到中国、打开中西交流门户的初衷。

一 最早进入中国的西教

1905 年，在传教士主办的《万国公报》上有这样一段话：

> 夫中国二十年以前，惊西方之船坚炮利，知有西艺矣。而于西政则以为非先王之法，不足录也。十年以前，亲见西方政治之美善者渐多，其富强之气象，似实胜于中国，知有西政矣。而于西教则以为非先圣之道，不足录也。嗟乎！知西艺最易，知西政已较难，更进而知西教，则如探水而得真源，艺果而获佳种。是即公报之最大要义也。①

从传播的时间看，西教早于西艺和西政。可接受的情况却是政晚于艺，教难于政。"先王之法"可以慢慢改易，"先圣之道"却迟迟不见松动，看来道高于法。作者感慨推广西教居然比改制易政还要难，希望中国人能够沿着艺政，上溯到教。上文已言，政法风行与浅近易懂分不开，西方科技对国人而言其实最生疏最吃力。可见接受先后与本身难易没有必然联系。

事实上，国人并非不知道西教的存在，明末《天学初函》就录有西方教理；也不是不知道西教才是传教士急于兜售的"真源"，谭嗣同在《仁学》里便指出：

> 言进学之次第，则以格致为下学之始基，次及政务，次始可窥见教务之精微。以言其衰也，则教不行而政敝，政敝而学亡。故言政言学，苟不言教，则等于无用，其政术学术，亦或反为杀人之具。②

---

① 范祎：《万国公报第二百册之祝辞》，《万国公报》1905 年第 200 册。
② 谭嗣同：《仁学》，《谭嗣同全集》，第 71 页。

中国向来重"政教",教是政的方向,政是教的功用。教坏政敝,政敝学亡,覆巢之下,安有格致?因而教是根本,否则政治和学术都可以变成"杀人之具"。这种认识甚为深切,却谈不上新论。

可国人就是不认可、不接受西方人宣扬的基督教。谭嗣同主张以佛教为中国的教本:"学不一精,格致乃为实际;政不一兴,民权乃为实际;至于教则最难言,中外各有所囿,莫能折衷,殆非佛无能统一之矣。"① 学重格致,政兴民权,教推佛教,都是出于"实际"的现实考虑,作为中国的急救方案推出。而康有为坚持尊儒学为国教,乃有孔教会和民初国教运动的兴起。

虽说这些与基督教教义没有直接联系,却都是西教刺激下的产物。黄遵宪曾说:"南海(康有为)见二百年前天主教之盛,以为泰西富强由于行教,遂欲尊我孔子以敌之。不知崇教之说,久成糟粕,近日欧洲如德、如意、如法,法之庚必达抑教最力,于教徒侵政之权,皆力加裁抑。居今日而袭人之唾余,以张吾教,此实误矣。"② 梁启超也指出,老师之所以神化儒家,尊孔子为教主,是因为"误认欧洲之尊景教为治强之本,故恒欲侪孔子于基督,乃杂引谶纬之言以实之"③。可见基督教作为欧洲文化乃至社会组织的基本特点也得到了国人的认同,只是由于种种原因,国人拒绝接受基督教教理而已。其中深浅,还当从西教初入中国的明末说起。

二 以科学传教与道器分离

嘉靖三十一年(1552),"东洋宗徒"沙勿略(Francis Xavier,1506—1552)在离中国海岸30海里的上川岛上,望着百试不得其入的中国抱恨而终。此后的30年里,32名耶稣会士、24名方济各会士、2名奥古斯丁会士和1名多明我会士试图进入中国传教,都被大明王朝拒之门外。在东方传教长达32年(1574—1606)之久的范礼安(Alessandro Valignano,1539—1606)神父,工作之余几乎把所有的时间都花在了在通事帮助下阅读中文图书上,

---

① 谭嗣同:《仁学》,《谭嗣同全集》,第71页。
② 黄遵宪:《致饮冰室主人书》,转引自丁文江、赵丰田编:《任公先生年谱长编(初稿)》,中华书局,2010,第141页。
③ 梁启超:《清代学术概论》,《饮冰室合集》专集第9册,第6823页。

至死却只能遥望中国，哀号："磐石啊，磐石，你何时开门？"（"Oh rock, rock, when wilt thou open, rock?"）

1582年意大利耶稣会士利玛窦终于由澳门而肇庆，而韶州，而南京，而南昌，到北京，最后走进了中国的宫廷，不仅得到了万历皇帝的传教许可，还博得了官绅的普遍赞誉。他写信给耶稣会总长总结了自己成功的原因：第一，一个远道而来的外国人能够流利地讲汉语、写汉字。第二，拥有一套令人震惊的记忆法，居然能够背诵"四书"。第三，有丰富的数学和其他科学知识。第四，带去的三棱镜、钟表、地球仪等稀罕物，大受欢迎。最后，他还谈到了中国人谣传他会炼金术。[①] 如果说前两条趋同，可以亲近中国士绅，那么后几条就是以新奇吸引眼球了。更确切地说，他善于用西方科技为基督教铺路，涉及数学、地理学、物理学、化学等知识。利玛窦乐于展示自己的西洋奇器和西洋学识，乃至不解其苦心或态度更强硬的罗明坚神父（Michele Ruggieri，1543—1607）批评他好卖弄学问，龙华民神父（Nicholas Longobardi，1559—1654）则认为他是浪费时间。

有意思的是，恰恰是最没有科学依据却最有中国基础的炼金术[②]，为利玛窦招来了第一个中国官宦子弟瞿太素。瞿太素本为求炼金术而来，但他很快就爱上了"药引子"——夜以继日地致力于西方算术、几何、地理和天文的学习，利玛窦认为他在这些方面是个天才。通过慢慢灌输，瞿太素才开始"一丝不苟而又有条不紊"地思考基督教教义，甚至涉及某些神学难题，让利玛窦大为惊讶，从而看到"有知识的中国人对于宗教是多么认真"。[③] 瞿太素的入教过程很有代表性，对利玛窦启发也很大，由此他确立了"知识传教"的策略：用西方科学知识吸引中国士大夫，而后慢慢往教义上引导。从

---

① 1595年11月利玛窦致罗马总会长阿桂委瓦神父书，《利玛窦全集》第3册，光启出版社，1986，第208—221页。

② 一方面，中国古代方士向以炼金术骗取信任，国人把传教士的化学演示与之相联。另一方面，传教士不事耕作却财用丰厚，引发了国人的联想。《万历野获编》卷30说传教士"不权子母术，而日用优渥无窘状。因疑其工炉火之术，似未必然"，即表困惑（张星烺编注：《中西交通史料汇编》第1册，中华书局，1977，第377页）。

③ 利玛窦对瞿太素入教过程有详细介绍，详见〔意〕利玛窦、〔比〕金尼阁：《利玛窦中国札记》，何高济、王遵仲、李申译，广西师范大学出版社，2001，第174页。

后来杨光先声讨传教士"惟以精工奇巧之器，鼓动士大夫，天堂地狱之说，煽惑我愚民"(《不得已》)的说辞里，也能看到传教活动是上下有别的，走近上层士大夫采用的是迂回路线——把西方科学作为归化"有知识的中国人"的手段和工具，正是"借这些工作及其他类似的科学工作，我们获得中国人的信任与尊重。希望天主尽快为我们打开一条出路，能从事更重要的工作。就是在这些科学的工作上，我们也尽量把天主的要理与教会的规律渗入其中"①。

如果说瞿太素的入教过程出自利玛窦本人的记录，或有夸大，那么在耶稣会士卫方济(Francois Noel, 1651—1729)《人罪至重》的序言里，进士出身的李长祚清楚地记下了自己的入教经过："余自甲辰岁从事策论帖括，慕天文历算之学，始受教于泰西利先生，随后复读《十诫》、《七克》诸书，颇悟省身寡过之道……"他是从事八股帖括的标准中国士子，因仰慕传教士的天文历算学而受教于利玛窦，后来逐渐接触到《十诫》《七克》等教义书，从而悟道。虽然李长祚的着眼点在"改过迁善有其阶，存顺殁宁得其正"上，但若没有天文历算的引诱，李氏不可能接触天主教，继而发现"阐明性理则发前贤所未发，究极天命则穷昔人所未穷"的高妙。当李氏赞叹"至西学始为实学"时，他指的"西学"是天主教的性理之学，而非天文学。说它是"实学"，是指它循循善诱("改过迁善有其阶")。序文最后，李氏准确地指出：卫方济只是"摘引"天文，"旁烛"物理，他们著书立说的根本在"惟欲偕斯人于大道，不惑异端，不陷魔诱，于以达天载而至帝乡，尤望人之勉勉不已焉"②。李长祚得鱼忘筌，对利玛窦的"西学"理解得非常到位，是"利玛窦规矩"的理想受众。徐光启、李之藻等明末高层入教人士，无不有类似的经历。

以科学传教的收效是明显的，此后尽管传教士对西方科学的倚重程度不一样，但无一不以此为敲门砖。南怀仁给康熙讲解欧洲天文学时，亦不忘借

---

① 1596年利玛窦致罗马总会长阿桂委瓦神父书，《利玛窦全集》第3册，第232页。
② 李长祚：《〈人罪至重〉序》，《明清间耶稣会士译著提要》，第62页。

机介绍天主教，自信"一定会把他的目光导向科学背后的信仰"①。白晋（Joachim Bouvet, 1656—1730）总结说："一个多世纪以来的经验使人们认识到，要在中国引入和传播基督教，宣传科学是一切必由之途中的最主要一种。到目前为止，上帝要所有的传教士都动用这种手段。……中国人是有教养的。不论从他们的智慧和礼貌来看，还是从他们对理性的尊重来看，都不同于其它异教的民族。当福音真理被一些品行纯洁的人令人信服地向他们讲解清楚之后，一般来说，他们……信仰基督教要比其它民族更容易些。何况这种教义以前曾经引起过他们的重视和信任。"② 最有说服力的还是 1755 年巴多明神父（Dominique Parrenin, 1665—1741）的亲笔信，他不无得意地向法国科学院的德·梅朗介绍自己如何通过让火边的水结冰、制造雷汞火药、用溶液制取石头等科学试验，震动中国官员，并赢得他们的信任与尊重，继而得以传播教义。他强调说："为了引起他们的注意力，则必须获得他们的欢心，以他们大都一无所知并且迫不及待地想学习的博物知识，来赢得他们的尊重……由于这些巧妙的谨慎方式，才能使宗教真谛于人们无意识中深入到他们的思想中，深入到他们的心中。"③ 这个"迫不及待"，道出了中国士绅的兴趣所在。

以科学传教无疑出于迫不得已，它固然吸引了中国士绅的目光，却也表明中国士大夫更感兴趣的是科学而非神学，并非所有人都像李长祚那样顺着科学的引导走近教义。许多人只是对西方天文学、数学及炮铳制造表示折服（这也是明廷和清廷器重传教士的主要原因），尤其在清初历法之争后，对他们的天主救世之说始终没有太大兴趣。明末大儒潘耒认为，基督教能够进入中国，仅仅因为他们的历算之优长；国人若能兼采其长，西方人就没有用了，

---

① Jonathan D. Spence, *To Change China: Western Advisers in China*, Penguin Books, 1980, p. 28.
② 〔法〕白晋：《康熙帝传》，马绪祥译，珠海出版社，1995，第 52 页。
③ 耶稣会士巴多明神父致法国科学院德·梅朗信，〔法〕杜赫德编：《耶稣会士中国书简集——中国回忆录》第 4 卷，耿昇译，大象出版社，2005，第 129—130 页。

基督教可以退出中国。① 龙华民批评利玛窦对传播科学过于热心，乃至转移了中国人的注意力，并非毫无道理。可若没有这一层利用，龙华民可能跟范礼安神父一样，学了一肚子汉字汉语，却始终不能踏进中国半步。

三 合儒辟佛与舍道求器

既然利玛窦假科学入教义，那么中国人就完全有理由认为，科学和宗教虽然一同进来，但有先有后、有主有次，二者并非密不可分。古代中国没有真正的宗教，也没有科学概念，有的只是对佛教和历算的前理解。问题是利玛窦的"合儒辟佛"，是在儒学框架内为基督教寻找依据，那么中国人就完全可以在儒家的道器传统中，理解宗教和科学的关系：科学好比历算，是形下之器；由器入道，才是西人追求的目的。

问题在于，国人是反过来舍道求器的，这意味着基督教在中国传教的失败。明末文学家张潮曾言：

> 夫泰西之说诚胜于诸教，惜乎以天主为言，则其辞不雅驯，流于荒诞，搢绅先生难言之。苟能置而不谈，则去吾儒不远矣。②

"搢绅先生难言之"让我们想起司马迁的"百家言黄帝，其文不雅驯，荐绅先生难言之"（《史记·五帝本纪》），像黄帝传说一样掺杂了太多的神幻怪诞。尽管中国古代不乏志怪妖祥，但那是茶余饭后的野史闲言，与传教士天天挂在嘴边的上帝无所不能比，儒家文化是嫉妄崇实的。张潮为之感到惋惜，认为若能放弃天主之说，基督教还是"去吾儒不远"的。可没有天主，基督教还是基督教吗？恰恰在最根本的问题上，中国士大夫绝不赞同基督学说，因为心里已有自己的"宗教"（广义）。即便没有天主没有神，儒家也已经提

---

① 潘耒在《宣城游学记序》里说："西人历术诚有发中人所未言，补中历所未备者，其制器亦多精巧可观。至于奉耶稣为天主，思以其教易天下，则悖理害义之大者。徒以中国无明历之人，故令得为历官掌历事，而其教遂行于中国，天主之堂无地不有，官司莫能禁。夫天生人材，一国供一国之用。洛下闳、何承天、李淳风一行辈，何代无之？设中国无西人，将遂不治历乎？诚得张君辈数人相与详求熟讲，推明历意，兼用中西之长而去其短，俾之厘定历法，典司历官，西人可无用也。屏邪教而正官常，岂惟历术之幸哉？"（《遂初堂文集》卷七，第27—28页）

② 张潮：《西方要纪小引》，《昭代丛书》第1册，上海古籍出版社，1990，第61页。

供了一套精神信仰。当张潮以"泰西之说"统称基督教的时候,他很清楚传教士意欲传授的并非天文历算、地理、物理和化学,而是他们的基督教神学。张潮说"泰西之说诚胜于诸教",显然把基督教和佛教、道教归于一类了。《四库》子部叙录说佛道乃"外学",不是说道教也是外来的,而是相对儒学,佛道都是非正统的。

既然基督教和佛教类同,和儒学不同道,那为什么还要拿它和儒学比呢?这与传教士的传教策略直接相关,即如何向从未接触过基督教的中国人解释教义,并让从儒的人转而信仰上帝。初入中土,传教士身着僧服,以番僧自居。中国人也以洋僧视之,肇庆知府王泮送给教堂的匾额题的就是"仙花寺""西来净土"。后来利玛窦意识到,中国士大夫崇奉的是儒学而非佛学后,立马改换儒服,并转而攻击佛教,附会儒家。利玛窦还发现,"儒家不承认自己属于一个教派,他们宣称他们这个阶层或社会集团倒更是一个学术团体,为了恰当地治理国家和国家的普遍利益而组织起来的"①。因此,他们可以属于这种学派,又成为基督徒。既然儒家和基督教可以兼容,那么借力儒学,自然比依附佛教更有利于基督教的传播。因此,利玛窦不惮繁难地从儒家经典里寻章摘句,证明先圣先王早就肯定了上帝的存在。这与"格致古微派"从中学典籍里寻找依据,证明西学格致古已有之,何其相似!

1604年,利玛窦给耶稣会总长写信:

1610年游文辉绘利玛窦儒服像

---

① 〔意〕利玛窦、〔比〕金尼阁:《利玛窦中国札记》,第105页。

> 我们认为在这本书(《天主实义》)中,最好不要抨击他们所说的东西,而是把它说成同上帝的概念相一致,这样我们在解释原作时就不必完全按照中国人的概念,而是使原作顺从我们的概念。同时,为了不冒犯统治中国的士大夫,我们宁可对各种解释提出不同看法而不针对原理(太极)本身。而如果最后,他们终于理解太极是基本的、智力的和无限的物质原理,那么我们将同意说这正是上帝。①

从中国方面讲,这种似曾相识的亲切的确能够避免太强的抵触情绪。然而有意贴合,容易遮蔽根本处的差异。当中国人更多从儒学而非佛教角度理解基督教时,天堂地狱、上帝救赎就显得荒诞不经了。魏禧从合儒的角度肯定了天主教——"泰西书,其言理较二氏与吾儒最合,如《七克》等类皆切己之学,所最重者曰'亚尼玛',即《大学》所云'明德';至美好,即《大学》所云'至善'",可另一方面又发现它"特支分节解,杂以灵幻之辞耳。所尊天主,细求之即古圣所云上帝,先儒所云天之主宰,绝无奇异,而故为耶稣等说,荒诞鄙陋,反成可笑。尝读其书,每每于说理时无故按入天主,甚为强赘"。于是他只好用儒家经验解释这种前后脱节:"吾意天主之说,西国自古有之,后有妄男子造为异论,乃实之于身,其徒转相增衍推崇,遂至此耳。"②抛开宗教常识,这种世俗化、学理性的解读,是真诚想为其开脱的。随意翻开一本布道书,即便是《西学凡》这样平实一些的,也总是"无故按入天主,甚为强赘",介绍自然科学的书籍,更让人觉得狗尾续貂了。

如此看来,近儒未必比近佛更有益,至少异质的、宗教的性质会更明显,国人也可能会以更宽容的态度看待其超验的部分。当时已接受的外来思想以佛教为主,从佛教类推基督教天堂地狱的做法很普遍,《四库》甚至认为天主教"大旨多剽窃释氏,而文词尤拙。盖西方之教惟有佛书。欧罗巴人取其意而变幻之,犹未能甚离其本。厥后既入中国,习见儒书,则因缘假借以文其说。乃渐至蔓衍支离,不可究诘,自以为超出三教上矣"(《二十五言》提

---

① 转引自〔法〕J. 谢和耐:《中国文化与基督教的冲撞》,于硕、红涛、东方译,辽宁人民出版社,1989,第17—18页。

② 魏禧:《魏叔子目录》,《魏叔子文集》下册,中华书局,2003,第1129页。

要)。然而,传教士在为地狱审判、赎世复活立说时,采取了"辟佛"方式,对佛教大肆抨击。杨光先就不满其"拾释氏之唾余,而谓佛堕地狱中永不得出,无非满腔忌嫉,以腾妒妇之口",即便把外教的佛祖打入地狱,儒生亦觉得不能接受。若以信教与否判定入天堂还是进地狱,"则天主乃一邀人媚事之小人尔"。杨氏坚持"作善降之百祥,作不善降之百殃"的儒家原则,以"百祥百殃,即现世之天堂地狱"否定其来世说。即便佛教以神道设教,也只是"劝悚愚夫愚妇,非真有天堂地狱也"。① 应该说,杨光先对儒学的理解是到位的,也是有代表性的。当艾儒略说周文王恐怕也在地狱里,黄贞立刻被这种"诽谤圣人"的言论所激怒,加入反教的行列。

亲基督的中国人频频引用、概括朱熹的"佛氏兴,伦理废;禅宗炽,义理灭"②来抨击佛教,以"西贤之道,拟之释老则大异,质之尧舜周孔之训则略同"③回应传教士的"补儒易佛"。但士林主流却很清楚,韩愈和朱熹辟佛是一回事,传教士辟佛是另外一回事。张尔岐说:"其言天主,殊失无声无臭之旨,且言天堂地狱,无以大异于佛,而荒唐悠谬殆过之。甲申后,其徒为耶苏教会者,男女猥杂,几与白莲、无为等,大非利氏之旧矣。以此为辟佛助儒,何异于召外兵而靖内难乎!要之,历象器算,是其所长,君子固当节取;若论道术,吾自守吾家法可耳。"④ 新旧之分和内外之别非常清楚,不可谓盲目排教。《四库》评议利玛窦和虞淳熙的辩论道:"(天主教和佛教)各持一悠缪荒唐之说,以较胜负于不可究诘之地。不知佛教可辟,非天主教所可辟;天主教可辟,又非佛教所可辟。均所谓同浴而讥裸裎耳。"(《辩学遗牍》提要)立场如外交辞令般清晰:佛教即便可恶,也该由儒家来斧正;天主教即使异端,也不当由佛教来攻击。中国人取舍,自当以中国人的标准来衡量!在中国的土地上,释耶互相攻击,好比"同浴而讥裸裎",半斤八两,越俎代庖。

---

① 杨光先:《辟邪论》,《不得已(附二种)》,第19页。
② 张星曜、洪济:《辟略说条驳序》,郑安德编辑:《明末清初耶稣会思想文献汇编》第3卷,北京大学出版社,2003,第506页。
③ 李之藻:《刻〈圣水纪言〉序》,《明清间耶稣会士译著提要》,第131页。
④ 张尔岐:《蒿庵集·蒿庵集捃逸·蒿庵闲话》,齐鲁书社,1991,第299—300页。

龙华民神父坚持以佛教面貌出现，未必深明佛教与儒学的异同，但他断定合儒辟佛的做法"曲解《圣经》，以迎合与之相反的哲学家，或者迎合自然之光或良心的判断"，如此传播的基督教义绝非纯正的基督教。他暗中调查，发现被誉为"护教三柱石"之首的徐光启，对上帝的理解也是成问题的。龙华民写道："徐保禄真诚地向我忏悔，他认识到天帝不可能是我们的上帝，认识到无论古代士大夫还是现代士大夫都不知道有上帝。但我们的神父，倘若不是出于极好的理由和主要是不致疏远士大夫，就认为可以赋予天帝以上帝名称，那他们等于相信天帝具有真正的上帝的属性。至于灵魂，他认为中国人略有所知，但所知不甚完满"，李之藻和孙远化也"十分直率地承认，当今所有赶时髦的文人都是无神论者并只遵循注释家的解释。但他们仍然建议我们，牢牢抓住对我们有利的原文，不用为现代注释家的说法分脑筋"。①作为继任者，龙华民可能体会不到当年利玛窦筚路蓝缕的艰辛和情非得已的种种妥协，但利玛窦选择激进的龙华民作为他的接班人，也未始没有调整路线的考虑。此前对罗明坚神父，利玛窦的方式是说服上司把他召回去，以减小自己在华工作的阻力。②

与附会儒家的局限相比，传教士故意在儒家经典和基督教义之间制造混乱的做法更为致命。他们不是另起炉灶，而是有意把基督教义强行摁进儒学框架，再导向自己的立场，这种似是而非正是孔子最反感的以伪乱真、以紫乱朱，故必诛之以正视听。孔子说："人有恶者五——而盗窃不与焉：一曰心达而险，二曰行辟而坚，三曰言伪而辩，四曰记丑而博，五曰顺非而泽。——此五者，有一于人，则不得免于君子之诛，而少正卯兼有之；故居处足以聚徒成群，言谈足以饰邪营众，强足以反是独立，此小人之桀雄也，不可不诛也。"（《荀子·宥坐》）传教士的做法恐怕较少正卯有过之而无不及，孔孟之徒对此向来是警觉的，所以不必惊讶，其最终激发了儒生正本清源的卫道热情。挑起"钦天监教案"的杨光先便痛斥天主教"罔恤悖理叛

---

① Barnardine of Escalanta, "An Account of the Empire of China", in *Collection of Voyages and Travels* (Ⅰ), London, 1774, p. 168.

② 具体情况可参阅 Paul A. Rule, *Kung-tzu or Confucius? The Jesuit Interpretation of Confucianism*, Allen & Unwin, 1986, pp. 7-9。

道,割裂坟典之文而支离之。譬如猩猩鹦鹉,虽能人言,然实不免其为禽兽也。利玛窦欲尊耶稣为天主,首出于万国圣人之上而最尊之,历引中夏《六经》之上帝,而断章以证其为天主"①。

斥为禽兽,因无君无父无圣人,唯天主是尊;喻为猩猩鹦鹉,强调其学儒而乱儒;割裂坟典本屡见不鲜,但国人断章取义是为阐发圣人之道,而传教士灭裂六经是为印证基督学说,而且认为耶稣"首出"周孔。这都是孔孟之徒万万不能答应的。杨光先自效孟子,义正词严地说:"杨墨之害道也,不过曰'为我','兼爱',而孟子亟拒之曰:'杨墨之道不息,孔子之道不著。'《传概》(按,李祖白所著宣传天主教义的《天学传概》)之害道也,苗裔我君臣,学徒我周孔,祖白之意若曰,孔子之道不息,天主之教不著。"②杨氏的指证倒也不诬,尽管利玛窦对儒学不乏善意,但作为虔诚的基督徒,他同样不允许周孔比肩上帝。在后来的"礼仪之争"中,罗马教廷不肯让步的主要原因,就在于不能容忍中国人的尊孔与敬祖。清代大家钱大昕为杨光先"于步算非专家,又无有力助之者,故终为彼所绌"而抱憾,但肯定他"诋耶稣异教,禁人传习,不可谓无功于名教者矣"。③也就是说,杨光先只是技术和能力不足,态度和行为非但没有错,而且有功于名教。明末黄贞《尊儒亟镜叙》也指出,传教士的"媚儒"实为"窃儒",最终意在"灭儒"。④

明人并非无知,对西方科学的肯定和对西方教理的否定,同样鲜明而坚决。儒学的强大及信仰的坚实,阻碍了基督教的落地。换句话说,因在根本问题上无法调和,儒学和基督教是难以兼容的,是两套不同的信仰体系。既然已成体系,就不是个别概念相异的问题,而是镶嵌概念、编织系统的基本观念就是异趣的,外在形式感反倒不那么重要。如前所引,1670年张尔岐便指出"历象器算,是其所长,君子固当节取;若论道术,吾自守吾家法可耳",自家道学胜过西方神学,无须变更,我们要的只是他们的历算部分。重

---

① 杨光先:《辟邪论》,《不得已(附二种)》,第23页。
② 杨光先:《与许青屿侍御书》,《不得已(附二种)》,第11页。
③ 钱大昕:《不得已题记》,《不得已(附二种)》,第195页。
④ 黄贞:《尊儒亟镜叙》,《辟邪集 圣朝破邪集》,第157、11239页。

用传教士的康熙也明示，如果不尊重中国祭祖和敬孔的传统，不能像利玛窦那样做出让步，基督教想以违逆甚至取缔孔教的方式在中国传播，是不可能的。与佛教的温和不同，罗马教廷态度强硬，利玛窦之后的来华传教士也不再"合儒"。最终相持不下，1773 年罗马教廷解散耶稣会在华传教团，终止了交流。利玛窦的努力付诸东流。

就宗教的传播而言，两百年的时间不算太长。国人对基督教的认识有误读，也有确当之处，如《四库》的《寰有诠》提要认为，基督教"兼剽三教之理而又举三教全排之"。无论如何，"节取其技能而禁传其学术"（《寰有诠》提要）的态度越来越清晰，尤其是在礼仪之争后。据白晋神父记载，康熙制订过引进欧洲科学的计划，至少 1693 年曾派白晋返回欧洲，招募更多擅长科学的传教士入华。即使 1705 年冲突公开化之后，清廷依然重用传教士协助钦天监的天文历法和 1708 年开始的地图测绘工作。即便传统以为形下之器不足以成学，明清人还是看到了它背后的道，只是定性为"异学"，不愿接受而已："（西国教育）与儒学次序略似，特所格之物皆器数之末，而所穷之理又支离神怪而不可诘，是所以为异学耳。"（《西学凡》提要）

这种弃道取器的反常处理，是看到了西学整体性并严以剖判的结果。有意割裂道和器，为的是给西方科学留有余地。若一如既往地坚持道器一体，就不可能在科学的引介上如此下力，也无法从头到尾淡化神学。恰恰因为国人违背了传教士的意愿，进行了自行判断和自主选择，才使中国接受的是神学退场之后的西方近代学术，而不至把西方的科学与宗教之争也搬了过来。要知道，此时欧洲正处于启蒙运动时期，伏尔泰和卢梭正不遗余力地抨击教会，宗教仍是西方文化的重心。教皇解散中国耶稣会时，欧洲尚未步入现代。在明末清初的中西文化交流中，尽管是由传教士来决定西学的引介内容和方式的，但就舍教取艺的接受事实来看，国人对西学并非完全被动。当时的中国仍地势优渥，学理性的考量未必不如仓皇的晚清。

四 清末对教义的有意规避

相较历史上"一手拿着《圣经》，一手拿着皇帝所给的宝剑"的基督教传教方式，明末清初的耶稣会已属温和。晚清却是另一幅图景：在坚船利炮的护卫下，传教事业与国家外交和军事战争紧密交织在一起。虽然很多传教士都是真诚善意的，为中国社会做出了不容否认的贡献（其中医院和学校成为中国社会近代化的重要推力），但是每一次传教区域的扩大都得益于通商口岸的增加，一些传教士倚仗不平等条约的治外法特权插手教徒的诉讼案，也是事实。与明末传教士走上层路线，教徒多为士绅不同，清末入教者多为贫苦农民、市民，甚至罪犯和无赖。一旦与洋人发生冲突，吃亏的总是中方，小则赔款，大则成为开战的理由。1860—1900年间，传教士介入并通过最高级别外交途径来解决的民事纠纷，多达数百起。地方官府无法处理的此类案件，有数千起之多。四川越嶲同知孙锵写过一首《劝勿打教堂歌》，揭示了清末教会与民众和官府之间的紧张关系：

> 兵衅自开六十载，始以传教后通商。……中国欲与西人敌，不当仇教在自强。焚毁教堂杀教士，种种中国反受伤。山东闹教胶州借，拳教相仇联军强。他如各省教案起，无案不告议赔偿。①

1897年德国借"巨野教案"，强占胶州湾。1900年的义和团运动，成为八国联军进京的导火线。此外，1870年的"天津教案"成为中法重大外交事件，中方无奈，只得派崇厚专程前往法国，递交道歉书，并赔偿了46万两白银。身为官员的作者，劝中国百姓要多加隐忍，因为教案的结果无一不是"无案不告议赔偿"。平生与洋人打交道最多的李鸿章，临终的最后一奏千叮万嘱："臣等伏查近数十年内每（与洋人）有一次构衅，必多一次吃亏。"② 如此惨痛的教训，任传教士如何宣扬上帝之爱，国人在感情上也是难以与基督教亲和的。

"始以传教后通商"，传教的确走在通商之前。此际又与武力相伴，给人的感觉是军队乃传教士招来。当年杨光先听说"利玛窦谋袭日本"，就担心"以数万里不朝贡之人，来而弗识其所从来，去而弗究其所从去，行不监押之，止不关防之，十五直省之山川形势，兵马钱粮，靡不收归图籍而弗之

---

① 《越嶲厅志》卷四，转引自吕实强：《近代中国知识分子反基督教问题论文集》，广西师范大学出版社，2011，序第5页。

② 李鸿章：《和议会同画押折》，《李鸿章全集》第16册，第327页。

禁",害怕带来外患。① 清廷拒不接受外国使臣入驻中国,也是出于同样的考虑。

梁启超对此亦耿耿于怀,认为传教士是殖民政治的先锋:"耶教非不可采,教士非无善人,而各国政府利用此教以行其帝国主义之政策,则我国民不可不日相提撕者也。德相俾士麦,宗教思想最浅薄之人也。其在本国,剥夺教徒之特权,风行雷厉,不遗余力;至其在中国也,乃与法人争罗马教护教之名义,岂所谓'司马昭之心,路人皆见'者耶?果也及其身后,而以两教士易胶州百里之地,山东一省之权。呜呼!欧美政治家之抱此等思想,怀此等术数者,又岂止俾士麦一人哉?四百年来,欧洲战争以百数,而借口于宗教者十之八九;四十年来,中外交涉问题以百数,而起衅于宗教者亦十八九。试一览地图而比照之于历史,凡各国新得之殖民地,其前此筚路蓝缕以开辟之者,何一非自传教之力而来?此传教政略之可畏,如此其甚也。"② 这番话非常中肯,殖民地多由传教士拓荒是事实,"(外交、战争)借口于宗教者十之八九"是事实,基督教内外有别也是事实,个别人的友善不足以抵消基督教全体带来的威胁。

另一方面,由于有政治和军事做后盾,清末传教士不再像利玛窦那样小心翼翼,对儒学的抨击不仅大胆,而且毫不掩饰,直接把孔子和儒学视为基督教的敌人。不得祭祖、不许纳妾、禁止参加民间节日活动等诸多与中国习俗相悖的入教规定,导致教徒多为游离于家族社会、只能以教会为家的底层民众。如果说明末还是学术传教,以吸引士绅为主的话,清末基督教的发展就主要在下层了。值得一提的是,太平天国对基督教的借用和对儒学造成的破坏,使清政府和中国士绅心有余悸。这场长达 19 年、横跨 18 省的农民起义,以拜上帝为号召,不允许二圣同尊,并把孔教定为邪教。不仅毁孔庙、烧经书,还删改经文,甚至改南京学宫为屠宰场,把经书圣像往粪坑里倒,

---

① 杨光先:《与许青屿侍御书》,《不得已(附二种)》,第 13—14 页。
② 梁启超:《论铁路政略及传教政略》,夏晓虹编:《〈饮冰室合集〉集外文》下册,北京大学出版社,2005,第 1268 页。

由此才有曾国藩护教卫国的斩尽杀绝①。无论是洪秀全的破儒学，还是后来康有为的立儒教，都受到了基督教的启发，不过是一破一立而已。

与早期耶稣会士的文化水准比，清末天主教和新教传教士的层次也要低许多，尽管数量庞大。如新入驻的、在科技传播方面发挥过重要作用的新教传教士，90%来自英美。其中英国教士多中等家庭出身，只有少数进过大学。美国则多数来自小城市和穷乡僻壤，通常是某教派的高校毕业生。重视上层路线且走近中国高层的晚清传教士，像丁韪良、傅兰雅、李提摩太、林乐知等，也都不是在宗教层面发挥作用。中国学堂高薪聘请教习时，明令禁止传教，一涉此弊，立即辞回。丁韪良的宗教观念（如所著《天道溯原》）是在日本发生效用的，中国人接受的只是他的《万国公法》和《西学考略》之属。傅兰雅虽然最初作为教会学校教员来到中国，最终却以翻译西书、传播科学为志业，成为"世俗派传教士"的代表。理雅各（James Legge，1815—1897）英译的"四书""五经"至今仍是经典，可最终帮助的是愿意了解儒学的西方人，可谓"反向传教"的典型。

李提摩太和林乐知的名声大振，源于戊戌时期对西方政治的介绍和对中国改革的热议。即使仍不忘裹上宗教的外衣，国人依旧买椟还珠。1897年林乐知在《广学兴国说》里说，"中土之言西事者，浅之曰以商贩富，深之亦第曰以工艺强，而不知特其粗迹耳"，强调工商都是末流，西方富强的根本在道，道分天伦、人伦、物伦三等。天伦即信奉上帝，这才是"泰西所以勃兴之纲纪，万万不可忽视者也"。继此才有上帝子民互为亲善的人伦之爱，而物伦则源于上帝造人需先造物养人，所以最后才是农工商以格物之学尽物之性。②"广学会"意指广西学于中国，但他们强调的西学首先是作为道的上帝。戊戌后国人把目光转向日本，固然有转运便捷的考虑，也未始没有厌倦传教士此类说辞的原因。

在学术方面，清末费脑筋、下功夫的不再是传教士了。西学交流也不再

---

① 曾国藩《讨粤匪檄》言："此岂独我大清之变，乃开辟以来名教之奇变。我孔子、孟子之所痛哭于九原。"《曾国藩全集》文集上，河北人民出版社，2016，第38页。

② 林乐知、蔡尔康：《广学兴国说》，《万国公报》1897年第101期。

是传教士一厢情愿地给，而是中国士大夫迫不及待地要。即便基督教传播的力度和广度升级了，"节取其技能而禁传其学术"的基本取向却没有变，对宗教的拒斥态度甚至更加明显。清人谈艺谈政，鲜论西教，拒绝以教义为学术。甚至还釜底抽薪，证明西学发展与基督教无关：

> 近日士夫，多有因言西学，并诋西教者。慑于富强之威，而尽弃其所据，亦由前此于中国书，未经读有心得也。亡友陈君通父，著有《耶稣教平说》一书，未成而卒。其第四篇曰：泰西政事原于罗马，与耶稣无关考；其第五篇曰：泰西艺学原于希腊，与耶稣无关考。可谓持平之论矣。①

陈通父从古希腊、古罗马谈起，有意撇清西政、西艺与基督教的关系，说到底愿意接受西方的自然科学和社会科学，就是不承认基督教的合法性。梁启超对此深表赞同。哪怕处处证明西学有中学依据的"格致古微派"，也在这个问题上明确放弃"西学中源"的主张，王仁俊说"不必与之证古，使彼有所借口"②，即不想让他们捕风捉影、借机发挥。其实这项工作，利玛窦和明末的中国教徒做了不少。

西方宗教虽然最早进入中国，也是西方人下力最多的领域，却迟迟没有被中国人接受。这与近代西方基督教的退潮无关，他们反而因国内力衰而加大了海外传教的力度。中国有自身的信仰。不接受基督教，并不会妨碍中国进入现代社会。而对西教的拒与迎，也与中国国力的盛衰无必然联系。

第六节 文化交流的主动与被动

中国与西方，近代以来最大的主题是二者力量的消长与互动。表面看来，在国力不对等的势差中，我们一步步顺着西方的意愿和文化逻辑，消解自身，融入对方。可仔细推求，传统的力量与惯性，某些时候又异样的强大。从西

---

① 梁启超：《读西学书法》，《〈饮冰室合集〉集外文》下册，第1168页。
② 王仁俊：《格致古微》，光绪二十二年（1896）吴县王氏影印本。

学门类的不同接受状况来看，中国自身的文化基础，在相当程度上决定了最后的西学发展格局，并非完全被动接受西方的文化倾销。谁是主体？谁是客体？损益如何衡量？意愿与结果之间有多大的落差？今后当以怎样的心态进行沟通？这绝非小事，也并非理想模型所能预测。最后，在对上几节内容进行归纳的同时，还有必要跳出中国，观照西方，避免在对方实际缺席的情况下自说自话。

一　不求全体的实际选择

1868年，李鸿章高薪聘请傅兰雅、伟烈亚力、玛高温（Daniel Jerome MacGowan）、林乐知、李佳白等传教士参与西方科技图书的翻译，在江南制造局增设了翻译馆。被委以全权的傅兰雅本想从《大英百科全书》入手，分类全面介绍西学。但一来英国图书也在更新，二来清政府数次要求"特译紧用之书"，李鸿章还多次指定先译什么后译什么，傅兰雅只好放弃"作大类编书"的想法——

> 故作类编之意渐废，而所译者多零件新书，不以西国门类分列。平常选书法，为西人与华士择其合己所紧用者，不论其书与他书配否，故有数书如植物学、动物学、名人传等尚未译出。另有他书虽不甚关格致，然于水陆兵勇武备等事有关，故较他书先为讲求。①

中国急需军事制造，江南制造局本来就是军工厂，因而格致是引介的重心。中方无意也无力按照西学门类平均下力。实用类的，小至零件制作亦认真移译；非急需的，大到植物学、动物学这样的学科大类也任其阙如。这种"不以西国门类分列"和"不论其书与他书配否"的格局失衡，恰恰说明中方虽不通外文无法在译介中充当主力，但仍然坚持了"能用洋人而不为洋人所用"的原则，努力把握移译的选择权。本章末译书列表，可清晰窥见制造局最后的科类选择情况。

傅兰雅在《江南制造总局翻译西书事略》里还提到，不少西方人认为中

---

① 傅兰雅：《江南制造总局翻译西书事略》，《中国近代出版史料初编》，第17页。

国语言文字难以传达西学，尤其理工类（"若以之译泰西格致与制造等事，几成笑谈"）。自然科学和应用科学多为中国所无，对于没有基础的人来说，理解难度确实很大，基本概念还得解释一通呢。相较而言，宗教和政治的翻译容易许多（"然中国自古以来最讲求教门与国政，若译泰西教门与泰西国政，则不甚难"）。但事实是，国人放弃了"不甚难"的人文社会科学，选择了西方人认为不可移译的西学制造。前者是"中国自古以来最讲求"的学问，后者属于传统道器论里的小道。这种舍易就难、舍道求器的做法，自然依据自身状况，经过了充分的斟酌与考量。

门是被人强行叩开的，但进屋之后，主人也并非完全被动。傅兰雅说，虽然中国人对洋人的接踵而至无可奈何——

> 然明知学术一道，不在一国一邦，故虽视西人为夷狄之邦，亦乐学其有益于中国之事；惟必依本国之法以学，否则弃而不取。如与西国和约，许西人传教，似为不得已之事；然考究西学，毫无牵强，皆为请教西人者也。凡见西国有益学术，则不惜工费而译成书，以便传通全国。可见中国不独甘心愿学，且肯出资。求得交涉事内，此为胜举，泰西无人不宜称颂者也。①

至少在傅兰雅眼里，中国人是开明和好学的，翻译也耗时耗力耗资财。但中国人有自己的选择标准——"惟必依本国之法以学，否则弃而不取"。这种强硬态度，或许有现实功利的因素，但头脑是清晰的，知道自己缺什么要什么，没有在碰撞与交锋中被对方裹挟而走。也正因这点固执，近代中国虽然不断西化，却始终没有被完全殖民。有坚持才有主动，有主动才能保全主体。

随着译介不断丰富，国人再按照自己的理解和需要，顺藤摸瓜地一点点进行勾连（详见第三章）。吴汝纶在日本考察的时候，发现日本其实也经历过类似的过程。若依凭传教士的理解，西学就不会是这样的格局，至少宗教是毫不含糊的第一要义。同样的对象，不同文化语境的人会有不同的解读，就像西方汉学家笔下的中国不时让我们感到新鲜，很难说他们的观察一定不

---

① 傅兰雅：《江南制造总局翻译西书事略》，《中国近代出版史料初编》，第20页。

对。即便身处同一文化,不同层次的受众解读依然是多元的。

因而,即便没有时局的紧迫,一五一十地平移西学也是不可能的。何况学术日新月异,移译很难同步,刻舟求剑的现象在所难免,尤其科技制造还会面临过时的问题。1901年张百熙就焦虑地说:"从前大学士曾国藩创设广方言馆于上海,所译西书近百余种,不及十分之一,且多属旧法,已不适今日之用。"① 徐维则也发现"西人之学以知新为贵,故新书日出不穷,有昔为珍秘,今视为尘羹土饭者"②。新书层出不穷,哪怕越译越快,也同样有疲于奔命之感。保守派提出的尾随尘后永无宁日的质疑,并非毫无道理。显然,移译乃迫不得已,有选择也合情理。但这不是全部。

二 学科版块的非均衡发展

在另一个领域,却必须对西学有全面的了解,才能通盘布局。这就是培养西学人才的教育体系。如本章开篇提到的罗振玉主张不加减损地引进全部西学课程,才可能与西方平齐。1902年的中国正准备实施全国性的西式教育(不同于作为特例的洋务学堂),亟须知道西学都有些什么。若没有能力全部开设,就更要清楚哪些可以暂缓,哪些必须首开了。于是,在近代教育里,我们看到了最早的西学轮廓。幸运的是,这批致力于早期教育的人,多为当时的鸿儒硕学,如罗振玉、张之洞、蔡元培、马一浮、梁启超、吴汝纶等。

以吴汝纶为例。当他无法推脱京师大学堂总教习的聘任时(不接受则管学大臣张百熙长跪不起),惴惴不安的他要求先去日本考察。顶着"全国人师"的重荷,年事已高的吴汝纶对日本学制进行了一丝不苟的访查和记录,结果回国后一病不起,撒手人寰。其实他早就留心西学,日记里保存了不少札记和议论,严复称其"旧学淹贯而不鄙夷新知者,湘阴郭侍郎(郭嵩焘)后,吴京卿一人而已"③ 不算溢美。1902年年初(庚子年终),他对西山荣久的《新学讲义》进行了认真的阅读与归纳:

---

① 张百熙:《覆陈新政疏》,《中国近代教育史资料汇编·教育思想》,第431页。
② 徐维则:《增版东西学书录叙例》,《晚清新学书目提要》,第6页。
③ 严璩:《侯官严先生年谱》,本社影印室辑:《晚清名儒年谱》第16册,北京图书馆出版社,2006,第15页。

> 学不外乎智识，智识有三等：一常识，二科学智识，三哲学智识。
>
> 今世硕学，如德国博士瓮特、美国博士克丁极司、日本大学教授之中岛博士，皆分科学为三种：一、自然科学，二、社会科学，三、心理科学。自然科学分为二类：一、形式科学，二、材料科学。材料科学又分二类：一天然，二性态。
>
> 自然科学，其总为生物学。其别为人类学、动物学、植物学、矿学；此诸学总称为博物学。博物学之外，有物理学：如力学、声学、光学、热学、电学，皆物理学也。博物学、物理学、化学、地质学、天文学、地文学，皆属天然科学。其生理学、组织学（凡人物身体之构造，骨格之结合，研其效用，谓之组织学）、病理学、卫生学，此诸学皆属性态科学。所谓形式者，数理学也，分为数种，曰代数学、几何学、微分学、积分学，此数者皆谓之形式科学。
>
> 社会科学，其别有法理学、经济学、财政学、计学、政治学、历史学。
>
> 心理科学，其别有伦理学、论理学、教育学、宗教学、言语学、审美学。
>
> 以上自然、社会、心理，所谓科学，略尽于此。①

这段话之所以重要，在于表明1902年中国新教育体系搭建前夕，国人已经通过日本，知道了自然科学、社会科学、心理（人文）科学的西方学科群概念，尽管与现在的理解不完全重合（对具体学科类属的处理，中国今天依然与西方不尽相同）。学科群可谓学科体系的一级目录，更易统筹层出不穷的西学百家。

记录最细致的是自然科学，因为乃中国所无。数学依旧做了特别的强调，物理学也范围清晰。值得注意的是，自然科学分成两类，对生理医药（性态）和其他理科（天然）进行了区分。对比张百熙参考吴汝纶日本考察汇报编订的《钦定京师大学堂章程》，会发现此中意味深长。一方面晚清许多人

---

① 《吴汝纶全集》第4册，第548页。

都把天文学、地文学（地质和矿物）、动物学、植物学、医药生理放在一起，视为自然科学的主要门类（"博物"），因为中国向有"天、地、人"三纲思想（见第四章第五节）。医学专研人体，何况中国医药本来就和动植物关系密切，医药生理（哪怕用"人类学"，也是偏生理性的体质人类学）与动物学、植物学放在一起非常合理。但另一方面，医又是与农、工、商、兵并列的传统职业类型，由于清末"艺学"独立"实学"兴起，医学和天文学、动物学、植物学又有距离，严复、梁启超等人的诸多论述里都强调其综合运用性。医学的身影实际上出现了两次，一是以体质人类学的形式出现在博物学（"天然"）里，二是以生理学、组织学、病理学、卫生学的分支形式出现在"性态"属自然科学里。在当时的西学类编里，这个问题也是含糊的（见第三章第三节）。单看一本讲义，吴汝纶未必分得清两处的细微区别，好些学科还没有系统进入中国，而且西山荣久的归纳实际杂合了西方哲学分类和近代学科分类的思想（见第八章第五节和第六节）。但如此摘要，契合中国人的理解。在《钦定京师大学堂章程》里，医学最终与自然科学（格致科）分离，和农科、工科、商科一起，成为4个独立的一级学科。

换句话说，日本人的《新学讲义》没有给应用科学留出位置。而晚清对科技的实效尤其关注，所以在实际操作过程中并未按照日本人的方式处理。确立西式分科教育体系的《钦定京师大学堂章程》（1902，分政治、文学、格致、农业、工艺、商务、医术7科）和《奏定大学堂章程》（1904，经学、政法、文学、医科、格致、农科、工科、商科8科），以格致对应西方自然科学（理科），农科、工科、医科实际承担了综合性的应用功能，还是以中式思维居多。如果说政法和商科属于"西政"（社会科学），那么"西艺"主要由格致、农、工、医科来体现，两大学科群大体可以区分。最早受关注的西学制造，统统放入工科里，所以工科体量庞大，包括土木工学、机器工学、造船学、造兵器学、电气工学、建筑学、应用化学、火药学、采矿及冶金学9门。与其他门类尤其是商科比，显得结构失衡。直到1917年，蔡元培在《我在北京大学的经历》里还说商科"毫无设备，仅有一种普通商业学教课"①。尽管如此,应用科学比重还是不轻的。20 世纪 20 年代国人仿编杜威十进制图书分类法时,"应用科学"曾作为类名,和其他学科门类并列(见第三章第五节),反倒是我们熟悉的人文科学迟迟不见身影。

在西山荣久的书里,人文科学被唤作"心理科学",是三分天下的大类,包括今天的哲学、宗教学、语言学、文学、艺术。只是把历史学放进了社会科学,把社会科学的教育学置入人文科学。文史哲是中学最强劲的学科,今天依然是国学的主体。但在清末摸索西学的过程中,西方人文学科是最后设类的(见第三章第三节)。在《钦定京师大学堂章程》里,连中带西龟缩在文学一隅(见第二章第六节)。大概人文学科最是不急,与富强没有直接联系。其中的外语虽然最早进入学堂,但也是工具性和实用性的。张之洞视文学(实为词章)为中国学术的基础,但集中在表述层面。外国文字尚不通,外国文学更不必着急了。西方哲学虽然引起过王国维、蔡元培等人的注意,但更多的关注要到民国各种学校教材的翻译。晚清译介以介绍人物和概况的报章文章为主,只有一本蔡元培转译自日本的《哲学要领》(1903 年商务印书馆出版,德国人 Kobell 在东京帝国大学的讲义)。哪怕民国已经知道西方哲学地位之重要,据京师通俗图书馆 1917 年的统计,哲学图书的借阅量是所有门类中最少的(见第四章第五节)。历史学最是复杂,后文会有较多讨论,这里暂不做概括。

至于西方地理学,前面没有单独介绍,其实明末就有接触。利玛窦的《万国舆图》和蒋友仁的《世界全图》都引起过关注。康熙也任用传教士开展了历时 8 年的全国地图测绘工作,《皇舆全览图》32 图是当时世界上最精确、最先进的地图。然而,西方地理学对中国学术的实际影响仍然是有限的,否则也不至于鸦片战争时道光皇帝会询问英国是否与俄罗斯接壤了。中国传统地理是史部的分支,"左图右史"辅翼读史,更像今天的历史地理。人文地理往往和风土人情杂在一起,有增广见闻、开阔胸襟的功用,近似士君子智识(博雅)、情操(心怀天下)、能力(行军或管理)方面的基本修养。尽管西方地理和历史的介绍,占据了清末报纸不少的篇幅,但亦止于增进对西

---

① 蔡元培:《我在北京大学的经历》,《蔡元培教育论著选》,第 660 页。

方国家的了解，没有上升到专门业习的程度。晚清动辄言谈的"舆地"，是着眼于其中的军事价值。王韬曾提议武举改由学、艺、力三科取士，艺指枪炮制造，力指枪炮射击，学则首先是地理学——"学之大者，首在地理、兵法，明乎山川扼塞，熟于行陈进取，料敌审势，屯营设伏，无不具有方略。如是则军行不蹶，我战则克。此所谓大将、名将才也"①。而清末经常出现的"地学""地文学"，是偏地质学和矿物学的，与工业冶金的实际需求相关，与中国传统的"史地"概念也不重合。

人文学科因实用性不如其他，比西方社会科学更晚形成学科意识，也最晚聚合成学科版块。而且其间的中学存在感最强，甚至成为中学的实际归属，与其他版块几乎全从西方来大相径庭。因此，若说不重视人文学科，是因当求已无，不急已有；说应当加强，也往往指发扬其中的中国学术部分。在后文，我们会看到，人文学科的中国内容（即中国传统学术）是近代学术改造里最吃力的部分。人文学科始终处于积淀最深与最易受轻视之间，最强大也最脆弱，今天依旧如此。

晚清艳慕西方应用科学的强大，追根溯源地找到了自然科学。甲午战败后，又发现了西方社会科学。但梁启超鼓吹的"西政"，第三节已言，实为新官学（第三章第三节还会展开），并不要求专习。因而维新派的"西政"侧重政法，涵盖不了社会科学。经济学、财政学、社会学得益于严复的译介。谓之"群学"，谓之"富国策"，不仅契合国人的所需所想，也有中国传统思想做支撑，因此很快获得认同，他的"一名之立，旬月踟蹰"并非没有成效。至于教育学，中国本来就重读书重科举，"教育救国"一度是晚清许多学者的共识。即便重在践行，起步也是较早的。所以不必惊讶在20世纪20年代的新图书分类法里，教育学和自然科学、应用科学并列，成为十大学门之一。除后来的一小段时间，社会科学在中国不可能不受尊敬。

通过以上概括（具体过程见后文），我们不难感知，中国人是注重实际的。对实效和功利的讲求，导致西学接受有轻重缓急的区别，对东洋方案也多有调整，哪怕对西学的了解借助了日本的图书和制度。这也无可厚非，现

---

① 王韬：《上丁中丞书》，《弢园文新编》，第241—242页。

代化的过程本来就是追求物质进步的过程,现代世界的基本特点就是以现实世界取代价值世界。对当时的中国而言,如吴稚晖所言,首务是要和人家机枪对打。近代中国重应用轻文理,理又重于文,今天依然如此。

但是,"学"和"术"的关系是近代才成为问题的。古代中国向来重"学"轻"术",类似"道"与"器"。汉初贾谊便言:"道者所道接物也,其本者谓之虚,其末者谓之术。虚者,言其精微也,平素而无设诸也;术也者,所从制物也,动静之数也。"(《新书·道术》)高下之别判然。阶级社会精英轻体力重抽象,不难理解,西方古代亦然。梁启超说"吾国向以学术二字相连属为一名",本来不成问题,直到"近世泰西学问大盛,学者始将学与术之分野,厘然画出,各勤厥职以前民用"。[①] 既然"学""术"之辨是近代西学刺激的产物,辨析的方式自然也是西式的,即基础科学与应用科学的区别:"学也者,观察事物而发明其真理者也;术也者,取所发明之真理而致诸用者也。例如以石投水则沉,投以木则浮。观察此事实以证明水之有浮力,此物理也。应用此真理以驾驭船舶,则航海术也。研究人体之组织,辨别各器官之机能,此生理学也。应用此真理以疗治疾病,则医术也。学与术之区分及其相关系,凡百皆准此。"[②] 严复也在此处进行界分:"学与术异。学者考自然之理,立必然之例;术者据既知之理,求可成之功。学主知,术主行。计学,学也;理财,术也。术之名,必不可以译学。"[③] 二人的表述似乎重学轻术,但不要忘记,晚清溃败于物质,"实业救国"针对的是虚文误国。经济效益和实际产出在现代社会不可能被漠视,工科拨款今天依然远高于文科和理科。功利成风必然冲击对学理的追求,为"学"正名并非逆流,而是要给重术轻学的世风纠偏。1912 年蔡元培出任民国教育总长时,提出"大学为研究学理的机关,要偏重文理两科"[④],规定农工医科大学必须先办理科,商科学校先办文科,说明当时学校往往跳过文理办实科,并未真正踩"实"。1917 年蔡元培改革北京大学时,把工科拨给北洋大学,以文理两科为

---

① 梁启超:《学与术》,《饮冰室合集》文集第 10 册,第 2609 页。
② 同上书,第 2610 页。
③ 严复:《原富》按语,《严复集》第 4 册,第 885 页。
④ 蔡元培:《我在教育界的经验》,《蔡元培教育论著选》,第 741 页。

北大建设中心，而且提出具备文科和理科才能叫大学，只设应用学科的只能叫专科高等学校，"以表示学与术的区别"①。

在吴汝纶摘要的日本《新学讲义》里，我们也能发现其实西山荣久更重视"学"。最早对西方学术做全面归纳的日本人是西周。1870年西周创办私塾"育英舍"，并著《百学连环》。在这部被誉为"日本近代百科全书"的书里，西周首次用"学术"对译Science and Art。"学"和"术"的区别即Theory和Practice的区别，一理论一应用。在西周的西学体系里，学术分普通学和殊别学。普通学包括历史、地理、文章、数学等基础理论学科，属于"学"（Science/Theory）。"术"（Art/Practice）为殊别学，包括心理上学和物理上学。心理上学有哲学和神理学、政事学、制产学、计志学，这是西山荣久称人文科学为"心理科学"的由来。格物学、天文学、化学和造化史属于物理上学。"术"又分"技术"和"艺术"，"技术"（Mechanical Art）是需要体力的机械制造，"艺术"对应Liberal Arts，是脑力方面的高级制作。② 这符合西方的艺术传统（详见第五章第六节）。

西周是最早系统接受西方近代哲学教育的日本学者，这是汉字文化圈关于西方现代学科分类的最早论说，显然还带有浓重的西方古典学意味。从哲学角度排列学术，与近代学科发展的实际还有距离，前者是逻辑分类，后者重现实归纳（见第八章第五、六节）。晚清循着日本人的线索，也会从哲学里取资。1901年蔡元培的《学堂教科论》就受到了井上圆了的启发，今天读来颇为费劲。

西山荣久的归纳与30年前西周的《百学连环》不同，更接近后来的学科分类。把知识分为常识、科学知识、哲学知识，就不属于抽象的哲学分类系统。自然科学、社会科学、心理（人文）科学是在今天说的科学知识里再进行划分，往上走是自然与社会的两分，往下是自然、社会、人类精神的细化，书中已言参考了德国瓮特、美国克丁极司、日本中岛博士的意见。中国的做法与西山荣久又有不同，对科学和技术再做区分，应用科学地位突出。

---

① 蔡元培：《我在北京大学的经历》，《蔡元培教育论著选》，第660页。
② 〔日〕西周：《百学连环》，〔日〕大久保利谦编：《西周全集》第4卷，宗高书房，1981，第42页。

社会科学承担着"西政"的内容，人文科学实际较多留给了中国传统学术。传统思想和追求实际的作风互相配合，并非一般人认为的那样只是挪用和照搬。若真如此，问题反而简单了，也不至出现内容越接近性质越纠缠的现象。

从自身需要和理解出发，对外来学术进行甄别与取舍，是文化交流的常态。对西学不同门类知识的区别对待，与接触时间早晚和传教士的下力程度，没有必然联系。清人担忧的"以夷变夏"过于悲观，但自以为能"以夏变夷"也过分乐观，都是想象中的纯粹，仍是黑白分明的斗争思维。同情传教士和基督教，为清末未能接受全部的西学而抱憾，心情可以理解，但实际有违人情和文化交流的事实。过分强调中国化和本土改造，也容易以己度人、掠过精微，甚至囫囵吞枣、曲学阿世。今天我们在这些问题上仍感吃力，遑论时局紧迫的近代中国了。

从1862年京师同文馆传习外语算起，1867年天文算学馆成立的同时福建船政学堂开始了科学制造的西式教学，1888年京师同文馆增设格致馆意味着物理化学地位的凸显，1897年梁启超的湖南时务学堂新规可代表政法的勃兴，1902年前后各地农商实业学堂纷纷成立。同年，第一个近代教育体系《钦定学堂章程》出台。1904年《奏定学堂章程》正式实施，第二年便废除了科举。短短40年，西学从无到有、从沿海口岸到全国省份、从局部支流到主干全局，梯次推进，并最终取代了实行上千年的科举制度，这个速度其实惊人。

而这40年，正是内忧外患、千疮百孔的时期——1864年才最终平定太平天国运动，1871年沙俄侵占伊犁，1874年日本侵犯台湾并吞并了琉球，1876年清军出兵新疆，同年签订了《中英烟台条约》，1881年被迫与沙俄签署《伊犁条约》，1883年爆发中法战争，1894年中国败于甲午海战，1897年德国强占胶州湾并掀起了列强瓜分中国的狂潮，1900年八国联军侵华，此后是全国各地革命党的活跃，直至清朝灭亡。在这样的时局下，西学改造并取代中学，难免粗糙仓皇，却不能简单地谓之保守。

三 "发现中国"的反向传教

"天下熙熙，皆为利来；天下攘攘，皆为利往"（《史记·货殖列传》），谈完中国的求利，有必要看看西方的获利。传教士最初带着宗教使命来到中国，传教事业没能成功，却成功地扮演了中西文化交流的桥梁。中国人从他们那里发现了"实逾前古"的西方科学，欧洲也由此看到了中国"最完美的道德科学"与政治制度。被动的一方未必只能无可奈何地接受施舍，姿态主动也不一定就能实现愿景，得失意味深长。

我们知道，欧洲历史上的启蒙运动与中国不无瓜葛。伏尔泰正是从明末传教士的中国叙述里，看到了由开明君主统治、在世俗理性指导下、富庶而有序的道德社会，借此抨击教会和政府，主张由学者和哲学家组建政府，像中国那样以道德代宗教（与清末国教运动正好相反），甚至宣称欧洲政府非学中国不可。重农学派则主张建立仓廪和赈灾救济制度，实行中国式税收制度和租佃制地主经济，鼓吹以农为本的国家经济体系，并进行人口普查。法王路易十五还效仿中国皇帝籍田亲耕，以劝农桑。有人表扬中国的赏罚制度，有人强调帝王的道德表率，有人赞同中国的家庭伦理政治，有人肯定中国的监察和谏议制度，还有人呼吁采取中国的学者执政和科举选官制度，可谓全面发掘，热闹非凡。18世纪20年代，还出现了《中国：欧洲的楷模》（*China, A Model For Europe*）这样的图书。受清政府礼遇的耶稣会士白晋，在《中国现状》里更是把对中国的美化推向高峰。

如果说18世纪法国启蒙思想家广泛议论中国的道德、政治、经济和法律，是希望从中寻找世俗理性、德治主义和开明君主论的依据，那么，英国人除了关注中国的经济和市场取向外，还特别留意中国为自然神论提供的事实支持。儒家学说成为英国自由思想家批判神启和神秘主义的重要论据。如马修·廷达尔（Matthew Tindal，1656—1733）便以孔子的世俗理性，攻击基督教的互相矛盾，主张建立一种"纯理性范围内的宗教"。

德国哲学家莱布尼茨对中国始终盛赞不已。他是西方学者里认真研究过宋明理学的人，试图从理气关系中寻找"单子"和"先定和谐"的相似性；对《周易》八卦和二进制算术也进行了深入探讨；对汉字更是终身热情，力图以汉字为基础建立世界性的哲学语言。他还面见彼得大帝,要求开辟一条经由俄国前往中国的科学考察道路。在"礼仪之争"中,他公开支持耶稣会士,甚至呼吁"请中国派遣传教人员来我们这里教导我们关于自然神学的目的及实践,正如我们派遣教士到他们那里传授启示的神学一样"。①

艾田蒲(René Etiemble)总结说:18世纪上半叶的欧洲哲学家是参照中国来思考上帝和灵魂、物质和精神的。中期的孟德斯鸠、伏尔泰、德·阿尔让斯援引中国批评西方的宗教狂热和政治体制。后期重农主义则宣扬中国的经济体制,主张以之为欧洲的典范。② 居伊·索尔芒指出:"中国在十八世纪哲学、政治和经济的重大主题构思上起着举足轻重的作用:法制政府、自然神论、开明君主论、知识分子的作用、重农学说,所有这些都来自中国或者说都因中国而合法化。"③ 这种早期印象,或许也导致戊戌时期传教士反对中国放弃现行制度。这是欧洲人对中国的前理解。

中国这个异教国家,反而成了欧洲理想的国家典范。传教士的中国报道不仅给欧洲带去了政治参考,还意外撼动了基督教的根基。无论是褒华派还是贬华派,都承认中国是一个不信基督,却依然保有高尚道德的国家。那么《福音书》还有什么意义呢?既然上帝启示不是唯一的道德源泉,基督教之于社会也就不再必需了!当培尔看到康熙居然下旨接受基督教的传教活动时,不禁反思长期以来基督教的偏执与狭隘,提出中国皇帝应该驱赶传教士才是。④

更致命的是中国历史对《圣经》造成的威胁。中国历史悠久,前后衔接,至大无外的《圣经》却没有记载。卫匡国(Martino Martini,1614—1661)推算,中国历史比《圣经》记载的诺亚早600年!⑤ 这不仅拓展了欧洲人的历

---

① 转引自〔英〕C. F. 赫德逊:《欧洲与中国》,王遵仲、李申、张毅译,中华书局,1995,第294页。
② 〔法〕艾田蒲:《中国之欧洲》下册,许钧、钱林森译,河南人民出版社,1994,第325页。
③ 〔法〕居伊·索尔芒:《法国知识分子看中国》,秦海鹰译,《法国研究》1991年第1期。
④ 法国启蒙运动先驱比埃尔·培尔(Pierre Bayle,1647—1706)在《历史批判辞典》里,批评欧洲的宗教专制和宗教迫害,赞扬中国思想宽容。
⑤ 卫匡国所著《中国上古史》(Sinicæ Historiæ Decas Prima,1658)记录了上古至西汉哀帝元寿二年(前1)的中国历史。由于确认伏羲继位的年代比《圣经》所记的诺亚洪水早了600年,引发了欧洲思想界对于《圣经》和中国纪年的长期争论。

史观和世界观,更动摇了《圣经》的上帝创世说——"整个欧洲都回响着传教士们争论的声音。他们在罗马互相控告,红衣主教枢机部、索邦神学院、王子、作家们都对此蠢蠢欲动并且为此而丑态百出"。① 尽管因罗马教廷的强硬,中西交流的大门最终关闭,但是中国对基督教世界产生的影响非同小可。

然而,与欧洲的沸腾相反,明清传教士的辛勤工作,却未能使西方文明风靡中国。中国人继续自己的生活,毫无西行取经的欲望,任传教士如何苦心兜售,只自顾自地择取自己感兴趣的东西。正如赫德逊所言:"儒家学者坚信只有他们才是文明的,但他们却没有任何激情想向外界的野蛮人宣讲智慧。然而,事实却是中国在这方面的消极性要比欧洲的宣传更有影响;因为十八世纪欧洲在思想上受到的压力和传统信念的崩溃,使得天主教传教士带回来的某些中国思想在欧洲具有的影响,超过了天主教士在中国宣传的宗教。"② 18世纪中国人对西方的了解,远不如同期欧洲人对中国的认识。某些欧洲中国迷对中国的熟悉程度,超过了对自己的国家。这样一来,传教方反而成了受益更大的一方,假想的拯救对象变成了事实的施道者。究竟是中国需要基督教,还是传教的理想需要中国,恐怕不能简单以入教人数来论。

清末的东行者依旧前仆后继,但这次更踊跃的却是中国人。传教士被清政府委以重任,开明士绅苦究西学,中国留学生和考察团(有官费有自费)络绎不绝。可此时的欧洲处于殖民扩展期,在"东方主义"的偏见下,对中国的感知只有落后与野蛮。无足取资,自然对欧洲社会不再具有影响力和推动力。相反,在西学的刺激下,中国完成了从学术到社会的重大转型。虽然付出了极大代价,但长远来看,意义不容低估与否认,将来还会愈发明显。或许,在文化交流的过程中,越主动受益越多。异质的融入需要时日,也难免带来某些不适,但它终将扩充原有的思想和视野,激发肌体自身的成长。即使为当时传统文化的暂时失利而痛惜,也不能偏执到把中国学术始终放在

---

① 1700年法国历史学家培尔在《历史批判词典》里说的话。转引自〔法〕戴密微:《法国汉学研究史》,〔法〕戴仁主编:《法国当代中国学》,耿昇译,中国社会科学出版社,1998,第62页。

② 〔英〕C. F. 赫德逊:《欧洲与中国》,第267页。

温室里喂养。

英、法、德对中国的关注不同，一如意大利、荷兰、瑞典人笔下的中国也不一样。各国、各人都是从自身的需求出发，以中国立论，用中国广说。哪怕明末传教士有关中国的描述不乏批判与针砭，18世纪的欧洲关心的也是其中的正面因素。即使传教士美化中国以寻求国内支持，19世纪末的西方人也不会因此而怀疑自己的国家与教会。中国热也好，东方主义也罢，本质都是西方的他者形象建构，客体是沉默的。明末中国形象的高大不代表中国真的完美，清末中国印象的丑陋也不意味着中国一夜堕落。中国仍是那个中国，是丑化还是美化，是配合还是冷漠，取决于西方自身需求。有时情有可原，有时别有用心。客体性质再稳定，主体仍可以有不同的观察角度。

从这个意义上讲，启蒙时代的欧洲抬高中国针砭自身，与近代西方塑造落后的东方国家以强化自身的优越，方向相反，却本质无二。就像卢梭在原始人身上看到了"高贵的野蛮人"，一百年后的欧洲人却只发现土著的未开化。欧洲对中国形象的认定，正如史景迁已经指出的，取决于欧洲，不取决于中国，这是一种"文化利用"——出于对欧洲内乱的批判和教会募捐的需要。[①] 如前所引，英国学者赫德逊也认为，18世纪欧洲传统信念和政治经济的压力，即欧洲自身的社会危机，导致中国文化在欧洲的影响远超西方之于中国的作用。我们同样可以说，是近代中国军事上的节节败退，导致晚清民国不得不在救亡图存的压力下，急切地以西方为师。异质文化的交流总是各取所需。

四 西方汉学的隆兴

明末传教士的中国书简和中国记录，在欧洲是被认真对待的。利玛窦《基督教远征中国史》（中文名《利玛窦中国札记》）、曾德昭（Alvare de Semedo，1585—1658）《大中国志》、卫匡国《鞑靼战纪》、安文思（Gabriel de Magalhāes，1609—1677）《中国新志》都被译为多国文字，多次再版。杜赫德（Jean Baptiste du Halde，1674—1743）主编的《中国通志》和1776—1814

---

① 〔美〕史景迁讲演：《文化类同与文化利用：世界文化总体对话中的中国形象》，廖世奇、彭小樵译，北京大学出版社，1997，第27页。

年的《中国杂纂》（又称《中国丛刊》，共 17 集），都是百科全书式的中国记叙。《耶稣会士书简集》（1702—1776，共 34 集）甚至被认为"部分地造就了 18 世纪的人类精神面貌"①。

在中国见闻和中国风（Chinoiserie）②之后，汉字成为中国文化学习的热点。从阿塔纳修斯·基歇尔（Athanasius Kircher, 1602—1680）"伏羲蛇龙书"汉字 16 型，到安德烈亚斯·穆勒（Andreas Müller, 1630—1694）的"中文之钥"（Clavis Sinica），到莱布尼茨从汉字里寻找建构世界哲学语言的"一般语言"（Universal Character），再到传教士为学习汉语编写的各种工具书和注音方案③，欧洲人在掌握异国语言方面的确比我们早了许多。直到清末，西书翻译都必须在传教士的帮助下才能完成，而这正是欧洲中国学的开始。

有了语言基础，才能进入他国文化。早在明末，利玛窦就能流利背诵"四书"，并引经据典地用中文进行写作。罗明坚已把"四书"译成了拉丁文。柏应理（Philippe Couplet, 1623—1693）不仅直译"四书"，还在《中国贤哲孔子》（Confucius Sinarum Philosophus）中对儒家思想进行了全面介绍。冯秉正（Joseph-Francois-Marie-Anne de Moyriac de Mailla, 1669—1748）以朱熹《通鉴纲目》为基础，编写了 12 卷《中国通史》（Histoire Generale de La Chine）。此后，《诗》《书》《礼》《易》皆有译本，法、英、德逐渐逼近了中国文化的中心，后来成为欧洲汉学研究中心。

有了明末的铺垫，清末拾阶而上。大量中文书籍被传教士转译回国，不仅"四书""五经"有英国传教士理雅各的经典英译，《窦娥冤》《西厢记》

---

① 〔法〕伊莎贝尔·席微叶、约翰·席微叶：《入华耶稣会士和中西文化交流》，〔法〕安田朴、〔法〕谢和耐编：《明清间入华耶稣会士和中西文化交流》，耿昇译，巴蜀书社，1993，第 17 页。

② Chinoiserie 出现在 17 世纪的法文中，词根为 China，最初用来指来自中国的商品，主要是工艺品。后来被欧洲国家广泛采用，含义扩大为受中国艺术品影响的欧洲艺术风格以及体现了中国情趣的各类艺术活动和艺术风格。它促成了 18 世纪欧洲艺术从巴洛克向洛可可风格的转变。德国学者利奇温认为，洛可可时代的欧洲人对中国的印象，主要从淡色的瓷器和飘逸闪光的丝绸形式中而来（〔德〕利奇温：《十八世纪中国与欧洲文化的接触》，朱杰勤译，商务印书馆，1962，第 21 页）。美国学者史景迁则强调中国园林对洛可可风格的影响（〔美〕史景迁讲演：《文化类同与文化利用》，第 58—59 页）。

③ 具体参阅张国刚《明清传教士与欧洲汉学》第五章："超越通天塔——耶稣会士的传教策略与西方对中文的研究"，中国社会科学出版社，2001，第 227—379 页。

《三国演义》《平山冷燕》这样边缘的戏剧小说（早于"五四"文学革命，说明他们也依据自己的兴趣进行了选择）也有了法译本。除传记和回忆录外，许多传教士还写有关于中国的专题文章和著述，如花之安不仅著有中国读者熟悉的《自西徂东》和《德国学校论略》，还有德文书写的《儒学汇纂》《中国宗教科学导论》《孟子思想》《中国妇女的地位》《从历史角度看中国》等。

一个醒目的现象是，不少传教士回国后出任大学中文讲座教授，成为海外中国研究里程碑式的人物。如理雅各是牛津大学第一任汉学教授。苏慧廉（William Edward Soothill，1861—1935）回国后也执教于牛津，如今牛津大学中国研究中心的楼道里就挂着他的照片。威妥玛（Thomas Friancis Wade，1818—1895）成为剑桥大学首任汉学教授。美国传教士卫三畏（Samuel Wells Williams，1812—1884）后来任教于耶鲁大学，并创办了美国第一个汉语教研室和东方学图书馆，其《中国总论》被视为美国最早的汉学研究。

有了他们的铺垫，海外汉学才能逐渐发展壮大。如今，西方汉学中心已由欧洲转到美国。这些早期传教士与后来的汉学家，不仅面向西方解说中国，也帮助中国文化走向世界，同时为中国学术研究提供了新视角。大量汉学著作被译成中文，启发甚至带动了国内相关研究。与此相比，我们不得不承认，中国的西方文化研究仍停留在译介层面，滞后于海外的中国研究。晚清民国的中西文化交流，即便不再像明末那样推动欧洲社会的变革，除去巨大的经济利益，还带来了西方汉学的硕果——它有益于中国，但本属于西方。无论如何，中西交流促进了作为整体的世界文化与人类文明的发展。（表1-5）

表1-5　江南制造局翻译馆译书举要①

书名	卷	著者	译者	笔述	时间
算式集要	4	〔英〕哈司伟	傅兰雅	江衡	1887
算式解法	14	〔英〕仲斯敦、开奈利	傅兰雅	华蘅芳	1899
数学理	9	〔英〕棣么甘	傅兰雅	赵元益	1879
代数术	25	〔英〕华利司	傅兰雅	华蘅芳	1874

---

① 1909年江南制造局翻译馆编《江南制造局译书提要》计数为160种，商务印书馆编《上海制作局翻印图书目录》是173种，瞿立鹤《上海机器学堂史实之探源》是178种，叶再生《中国近代现代出版通史》统计为198种，众说不一。此表参考熊月之《西学东渐与晚清社会》和霍有光《交大馆藏江南制造局译印图书概貌及其价值》（《西安交通大学学报〔社会科学版〕》1997年第17卷第1期），仅做代表性例举，无法求全，以见译介倾向和科目分布。原书及其作者本当以英文为准，但许多书本身信息不全，只能统一列中译。

(续表)

	书名	卷	著者	译者	笔述	时间
	代数学	25				
	代数难题	16	〔英〕伦德	傅兰雅	华蘅芳	1879
	代数微积拾级	18				
	微积溯源	8	〔英〕华里司	傅兰雅	华蘅芳	1874
	三角数理	12	〔英〕海麻士	傅兰雅	华蘅芳	1877
	翻译弦切对数表	8		贾步纬		1900
天文	谈天	18	〔英〕候失勒	伟烈亚力	李善兰、徐建寅	1885—1879
	测候丛谈	4	〔英〕候失勒	金楷理	华蘅芳	1853—1860
	躔离引蒙	1			贾步纬	1892
	交食引蒙	1		贾步纬		1894
	恒星图表	1		贾步纬		
物理	格致启蒙	4	〔英〕罗师古	林乐知	郑昌棪	1879
	格致小引	1	〔英〕赫斯赍	罗亨利	瞿昂来	1886
	声学	8	〔英〕田大理	傅兰雅	徐建寅	1874
	物体遇热改易说	4	〔英〕瓦斯特	傅兰雅	徐寿	1899
	光学	2	〔英〕田大理	金楷理	赵元益	1876
	电学纲目	1	〔英〕田大理	傅兰雅	周郇	1881
	通物电光	4	〔美〕莫尔登等	傅兰雅	王季烈	1899
	电学	10	〔英〕瑙挨德	傅兰雅	徐建寅	1879
	无线电报	1	〔英〕克尔	卫理	范熙庸	1900
化学化工	化学分原	8	〔英〕包曼、蒲陆山	傅兰雅	徐建寅	1871
	化学鉴原	6	〔英〕韦尔斯	傅兰雅	徐寿	1871
	化学鉴原续编	24	〔英〕蒲陆山	傅兰雅	徐寿	1875
	化学鉴原补编	6	〔英〕韦尔斯	傅兰雅	徐寿	1879
	化学考质	8	〔德〕富里西尼乌斯	傅兰雅	徐寿	1883
	化学求数	15	〔德〕富里西尼乌斯	傅兰雅	徐寿	1883
	化学材料中西名目表	1		傅兰雅	徐寿	1885
	化学源流论	4	〔英〕方尼师	王汝驹		1900
	新译无机化学教科书		〔英〕琼司	徐兆熊		1908
	西艺知新	10	〔英〕诺格德	傅兰雅	徐寿	1880
	西艺知新续刻	13		傅兰雅	徐寿	1884
	取滤火油法	1	〔美〕日得乌特	卫理	汪振声	1900
	电气镀金略法	7	〔英〕华特	傅兰雅	周郇	1880
	电气镀镍	1	〔英〕华特	傅兰雅	徐华封	1886
	化学工艺	10	〔英〕能智	傅兰雅	汪振声	1898
	照相镂版印图法	1	〔美〕贝列尼	卫理	王汝	1900
	造洋漆法	1	〔日〕田原良纯	藤田丰八	汪振声	1903
	制羼金法	2	〔日〕桥本奇策	王季点		1901
	美国提炼煤油法	1		孙士颐		1905

第一章　西学门类的认知次序与接受语境　139

（续表）

	书名	卷	著者	译者	笔述	时间
地质冶金	宝藏兴焉	30	〔英〕费尔奔	傅兰雅	徐寿	1884
	绘地法原	1	英国书	金楷理	王德均	1875
	相地探金石法	4	〔英〕喝尔勃特喀格司	王汝骈		1903
	开矿器法图说	10	〔美〕俺特累	傅兰雅	王树善	1899
	求矿指南	10	〔英〕安得孙	傅兰雅	潘松	1899
	金工教范	1	〔美〕康波吞		王汝骈 范熙庸	1900
	矿学考质	10	〔美〕奥斯彭	舒高第	沈陶璋	1907
	探矿取金	6	〔英〕密拉	舒高第	汪振声	1903
	银矿指南	1	〔美〕亚伦	傅兰雅	应祖锡	1891
	开煤要法	12	〔英〕司密德	傅兰雅	王德均	1870
	井矿工程	3	〔英〕蒲尔奈	傅兰雅	赵元益	1879
	地学浅识	38	〔英〕雷侠儿	玛高温	华蘅芳	1873
	金石识别	12	〔美〕代那原	玛高温	华蘅芳	1872
	金石表	1		傅兰雅		1883
	回热炉法	1				
	铸金论略	6	〔英〕司布勒村	傅兰雅	汪振声	1902
	冶金录	3	〔英〕阿发满	傅兰雅	赵元益	1873
	炼石编	3	〔英〕亨利黎特	舒高第	郑昌棪	1886—1889
	炼金新语	1	〔英〕奥斯敦	舒高第	郑昌棪	1903—1905
	炼钢要言	1			徐家宝	1896
机械工程	制机理法	8	〔英〕觉显禄斯	傅兰雅	华备钰	1899
	汽机必以	12	〔英〕蒲尔奈	傅兰雅	徐建寅	1873
	汽机发轫	9	〔美〕以纳 〔英〕白劳那	伟烈亚力	徐寿	1871
	汽机新制	8	〔英〕白尔格	傅兰雅	徐建寅	1873
	兵船汽机	7	〔英〕息尼德	傅兰雅	华备钰	1894
	金工教范	1	〔美〕康波吞	王汝骈	范熙庸	1904
	运规约指	3	〔英〕白起德	傅兰雅	徐建寅	1870
	器象显真	4	〔英〕白力盖	傅兰雅	徐建寅	1871
	艺器记珠	1	〔英〕暮司活德	傅兰雅	徐建寅	1871
	考工纪要	17	〔英〕玛体生	傅兰雅	钟天纬	1894
	铸钱工艺	3	工艺制造书中摘译	傅兰雅	钟天纬	1890
	考试司机	7	〔英〕拖尔奈	傅兰雅	徐华封	1895
	汽机中西名目表	1		傅兰雅		1889
造船与海战	海道图说附（长江图说）	15	〔英〕金约翰	傅兰雅	王德均	1874
	航海通书	年1册		贾步纬		1871—1904

(续表)

	书名	卷	著者	译者	笔述	时间
造船与海战	航海章程	1	〔美〕弗兰克林	凤仪	徐家宝	1895
	航海简法	4			王德均	1895
	行海要术	4	〔英〕Alexander Thom	金楷理	李凤苞	1890
	行船免撞章程	1		傅兰雅	钟天纬	1895
	船坞论略	2		傅兰雅	钟天纬	1894
	海军调度要言	3	〔英〕拿核甫等	舒高第	郑昌棪	1890
	水师保身法	1	〔德〕勒罗阿	伯克雷	赵元益	—1896
	水师章程	20	〔英〕水师部	林乐知	郑昌棪	1879
	水师操练	18	〔英〕战船部	傅兰雅	徐建寅	1874
	轮船布阵	12	〔英〕贾密伦	傅兰雅	徐建寅	1874
	兵船炮法	6	〔美〕水师学堂书	金楷理	朱恩锡	1875
	水雷秘要	5	〔英〕史理孟	舒高第	郑昌棪	1880
	御风要术	3	〔英〕白尔特	金楷理	华蘅芳	1873
	测绘海图全法	9	〔英〕华尔顿	傅兰雅	赵元益	1900
	防海新论	18	〔德〕希理哈	傅兰雅	华蘅芳	1873
	海塘辑要	10	〔英〕韦根斯	傅兰雅	赵元益	1873
	英国水师律例	4	〔英〕德麟、极福德	舒高第	郑昌棪	1877
	英国水师考	1	〔英〕巴那比 〔美〕克理	傅兰雅	钟天纬	1895—1896
	美国水师考	1	〔英〕巴那比 〔美〕克理	傅兰雅	钟天纬	1895—1896
	法国水师考	1	〔美〕杜默能	罗亨利	瞿昂来	—1896
	俄国水师考	1	〔英〕伯拉西	傅兰雅	李岳蘅	—1900
交通	铁路纪要	3	〔美〕柯理	潘松	章善彝	1897
	美国铁路汇考	13	〔美〕柯理	傅兰雅	潘松	1899
	行军铁路工程	2	〔英〕武备工程课则	傅兰雅	汪振声	1886
兵器兵法	营城揭要	2	〔英〕储意比	傅兰雅	徐寿	1876
	格林炮操法	1	〔美〕佛兰克林	傅兰雅	徐建寅	1875
	喇叭吹法	1		金楷理	蔡锡龄	1877
	爆药纪要	6	〔美〕水雷局书	舒高第	赵元益	1879
	制火药法	3	〔英〕利稼孙、华德斯	傅兰雅	丁树棠	1871
	克虏伯炮弹造法	4	〔德〕军政局	金楷理	李凤苞	1874
	列国陆军制	1	〔美〕欧波登	林乐知	瞿昂来	1889
	西国陆军制考略	8	〔英〕柯里集	傅兰雅	范本礼	1902
	临阵管见	9	〔德〕斯拉弗司	林乐知	赵元益	—1886
	前敌须知	4	〔英〕克利赖	舒高第	郑昌棪	1890
	行军指要	6	〔英〕哈密	金楷理	赵元益	1901
	炮乘新法	3	〔英〕制造局书	舒高第	郑昌棪	1890
	炮准星法	2	〔德〕军政局	金楷理	朱恩锡	1875
	开地道轰药法	4	〔英〕武备学堂	傅兰雅	汪振声	1893
	炮法求新	10	〔英〕乌里制炮厂书	舒高第	郑昌棪	

第一章　西学门类的认知次序与接受语境

(续表)

	书名	卷	著者	译者	笔述	时间
兵器兵法	克房伯炮说	4	〔普〕军政局书	金楷理	李凤苞	1874
	克房伯炮饼药法	4	〔普〕军政局书	金楷理	李凤苞	1872
	克房伯炮准心法	2	〔普〕军政局书	金楷理	李凤苞	1875
	攻守炮法	1	〔普〕军政局书	金楷理	李凤苞	1875
	铁甲丛谈	5	〔英〕黎特	舒高第	郑昌棪	—1896
	行军测绘	10	〔英〕连提	傅兰雅	赵元益	1873
	营垒图说	1	〔比〕伯里牙芒	金楷理	李凤苞	1876
	营工要览	4	〔英〕武备工程课则	傅兰雅	汪振声	—1896
	德国陆军考	4	〔法〕欧盟	吴宗濂	潘元善	1901
	洋枪浅言	1			颜邦固	1885
医学	保全生命论	2	〔英〕吉兰肥勒	秀耀春	赵元益	1901
	儒门医学	3	〔英〕海得兰	傅兰雅	赵元益	1876
	内科理法	22	〔英〕虎伯	舒高第	赵元益	1889
	济急法	1	〔英〕舍白竦	秀耀春	赵元益	1905
	西药大成	10	〔英〕来拉·海德兰	傅兰雅	赵元益	1879—
	西药大成补编	7	〔英〕哈来		赵元益	1904
	西药大成中西名目表	1	〔英〕来拉·海德兰	傅兰雅	赵元益	1887
	法律医学	24	〔英〕惠连、弗里爱	傅兰雅	徐寿、赵元益	1899
	临阵伤科捷要	4	〔英〕帕脱	舒高第	郑昌棪	—1898
	产科	1	〔英〕密尔	舒高第	郑昌棪	1905
	妇科	1	〔美〕汤麦斯	舒高第	郑昌棪	1900
	类证活人书	20		吴勉学		1886
农学	农学理说	2	〔美〕以德怀特福利斯	王汝骃	赵怡琛	
	农学津梁	1	〔英〕恒理汤纳耳	卫理	汪振声	1902
	农学初级	1	〔英〕旦尔恒理	秀耀春	范熙庸	1898
	农务化学问答	2	〔英〕仲斯敦	秀耀春	范熙庸	1899
	农务土质论	3	〔美〕金福兰格令希兰	卫理	汪振声	1900
	意大利蚕书	1	〔意〕丹吐鲁	傅兰雅、傅绍兰	汪振声	1898
	农务化学简法	3	〔美〕固来纳	傅兰雅	王树善	1903
	种葡萄法	12	〔美〕赫思满	舒高第	陈洙	
	农学要书简明目录	1		傅兰雅	王树善	1901
	农务全书	48	〔英〕施妥缕		赵治琛	1905—1908
政法	佐治刍言	1	英教育丛书之一	傅兰雅	应祖锡	1885
	埏纮外乘	25	〔美〕林乐知	严良勋	蔡澄	1901
	东方时局论略	1	〔高丽〕邓铿			1889
	美国宪法纂释	21	〔美〕海丽生	舒高第	郑昌棪	1907
	保富述要	1	〔英〕布来德	傅兰雅	徐家宝	1896—
	国政贸易	2	〔英〕法拉	傅兰雅	徐家宝	1897

(续表)

	书名	卷	著者	译者	笔述	时间
政法	公法总论	1	〔英〕罗柏村	傅兰雅	汪振声	1886—1894
	工程致富论略	13	〔英〕玛体生	傅兰雅	钟天纬	1898
	工业与国政相关论	2	〔英〕司旦离遮风司	卫理	王汝驹	1900
	西国近事汇编	年4册		金楷理等		1873—1898
	列国岁计政要	12	〔英〕麦丁富得力	林乐知	郑昌棪	1876
外交	英俄印度交涉书	2	〔英〕马文	罗亨利	瞿昂来	1887
	各国交涉公法论	28	〔英〕弗利摩罗巴德	傅兰雅	俞世爵	1895
	各国交涉便法论	6	〔英〕弗利摩罗巴德	傅兰雅	钱国祥	1899—1902
	东方交涉记	12	〔英〕麦高尔	林乐知	瞿昂来	1880
史地	四裔编年表	4	〔美〕林乐知	严良勋	李凤苞	1874
	法国新志	4	〔英〕陔勒低	傅兰雅	范熙庸	1898
	俄国新志	8	〔英〕陔勒低	傅兰雅	潘松	1898
	西美战史	2	〔德〕勃利德	李景镐		1904
	测地绘图	11	〔美〕富路玛	傅兰雅	徐寿	1876
	绘地法原	1	〔英〕胡斯	金楷理	王德均	1875
教育	养蒙正规	1		秀耀春	汪振声	1899
	日本学校源流考	1	〔美〕路义恩	卫理	范熙庸	1899
	日本东京大学规则	1				—1905

第二章
科举与学堂：教育改制背后的社会转型

如果说明末传教士带来的天文历算和世界地图，突破了国人以往对天地的认知，那么这种改易虽然意味深长，却仍是具体领域的局部震荡。晚清传教士依然由宗教旁及科学。迫于自强的需要，国人对西学的取舍更加明确，也更为积极。由于决定推广西式学校教育，把握西学总体变得迫切。学校成为西学系统的引导，各种学科要同时登场，而非个别者一枝独秀。同时由于西方教育是分阶进行的，需要完整的布局，从而根本上改变了零敲碎打、随用随译的译书格局。一旦了解西学全貌及其知识结构，西学门类知识的输入与安置就会便捷得多。

西学如何进入中国是一个问题，进入后如何与中学共处是另一个重大问题。华勒斯坦指出，19世纪后半叶，西方学科的制度化得益于三方面的助力：大学以学科设立院系（至少设立教授职位）、国家学术机构的建立（后来更有国际学者机构）、图书馆依据学科类分图书。[①] 在中国，现代国家学术机构成立时间较晚[②]，民间社团与学会是戊戌宣传的产物。图书分类与学科发展实际不同步，民国时期直接对接美国图书馆学（详见第三章）。决定性的战役是在学校打响的，其意义也不只是西方学科制度的落地，还是考察中国社会转向的绝佳入口。陶行知曾言：

---

① 〔美〕华勒斯坦等：《学科·知识·权力》，刘健芝等编译，生活·读书·新知三联书店，1999，第213—214页。华勒斯坦此处的着眼点是19世纪后半期（约1850—1914）的学科制度化。英国史学家彼得·伯克讨论知识分类时，则以大学课程、图书馆和百科全书为知识的三足鼎。三者并非都以学科的形式展开，也都有自身的发展变化过程，但欧洲的大学教育势力强大，并逐渐影响、同化其他领域（《知识社会史》上卷，第92页）。

② 参阅左玉河：《中国近代学术体制之创建》，四川人民出版社，2008。

> 我们当改造一种制度之时，常受一种或数种原理信念的支配指导。……
>
> 学制是一种普遍的教育组织，他的功用是要按着各种生活事业之需要划分各种学问的途径，规定各种学问的分量，使社会与个人都能依据他们的能力，在各种学问上适应他们的需要。①

学问的划分及其比重、地位，与实际生活的需求往往还有一段距离，陶氏的认识仍带有理想的成分。但是制度对社会的形塑作用，的确不容小觑。学制作为教育和人才组织制度，在旧社会瓦解、新社会形成的近代，有改变社会结构的作用，实为近代社会转型的重要推力，遑论学术的发展了。新环境冲击旧思想，新思想带来旧制度的改造，新制度的设计必须考虑长期与短期的取舍，兼顾个人与社会的发展。各类学科的需求估量、畛域划分、比重份额乃至阶段梯次都要明晰。在有限课时内、在不同教育阶段里，中学和西学的平衡问题就更费思量，也更为尖锐了。这实在是一个复杂的系统工程。

陶行知说的"学制"包括从幼儿园到大学、从课堂教学到机构运作的全套教育体系。本书讨论学术，所以主要关注传授专科知识的高等教育，毕竟常识性的普及离学术还有相当距离。但这并不代表基础教育不重要，事实上它决定了多数人的知识结构和对学术的一般性理解。就像今天没有念过大学的人，常常以为中国文学就是中学语文的升级版，却不会把文学和历史混为一谈——而文史不分家，学者还会在二者边界上困扰呢。即使"跨学科"，目前也仍是在西式文史哲框架里思考问题。这是大学学科制度框定的，很难轻易改易，因为牵一发而动全身，如同它当初建立的时候一样，是个充满各种斗争和妥协的系统工程（西方近代同样如此）。

当教育系统确立起专业门类及其先后次序，专业人才和学术人员的培养又主要在大学进行，学科框架和学术系统也就基本成型了。这是现代学科体统而非个别学科门类进入中国的开始。中学的式微也当于此处寻找根由。

---

① 陶行知：《评学制草案标准》，《中国近代教育史资料汇编·学制演变》，第918页。

第一节　制外西学：洋务学堂的教学实践

从历史长时段看，中国这艘大船拨转船头，驶向现代社会，当追溯到洋务运动。此前20年即第一次鸦片战争，国门虽然被打开，但中国社会并没有发生根本变化。而从1949年到当前，中国仍处于现代化发展的历史进程里。洋务运动持续了30多年（1861—1894），对中国社会影响深远。[①] 越是整体考察中国社会的历史变迁，洋务运动的转折意义就越发明显：它把中国的时钟调到了世界时间，超越了政权更迭，也突破了近现代的时间框架[②]。

中国的现代化历程始于洋务时期的军工制造，中国教育与文化的西向借鉴也当从洋务学堂的教学实践谈起。京师同文馆增设天文算学馆引发的巨大争议，便于我们理解洋务运动究竟在什么意义上触动了中国既有的思想与制度。但在此之前，我们有必要清理三条相关的早期线索——

一　三条辅助路线的梳理

提及西方学校制度及其分科形式的引介，学界往往追溯到明末传教士艾儒略的《职方外纪》和《西学凡》。《职方外纪》说欧罗巴各国大学分医科（主疗病疾）、治科（主习政事）、教科（主守教法）、道科（主兴教化）4科。《西学凡》则介绍了17世纪西方学校的6科：文科（音译名为勒铎理加，对译拉丁文Rhetorica，修辞学）、理科（音译斐录所费亚，对译Philosophia，哲学）、医科（音译默第济纳，对译Medicina，医学）、法科（音译勒义斯，对译Leges，法律）、教科（音译加诺搦斯，对译Canones，教会法）、道科（音译陡录日亚，对译Cheologia，神学）。《四库全书》不仅收录了《西学凡》，还评议说："其教授各有次第，大抵从文入理而理为之纲，文科如中国之小学，理科则如中国之大学，医科、法科、教科者皆其事业，道科则在彼

[①] 关于洋务运动的研究，可参阅魏本霞：《洋务思潮研究综述》，俞祖华、赵慧峰主编：《中国近代社会文化思潮研究通览》，山东大学出版社，2005，第54—84页；郭世佑、邱巍：《突破重围——中国早期现代化研究》，河南大学出版社，2010，第87—118页。

[②] 近代与现代两分，可以突出我们这个新时期。作为现代策源地的西欧，只用"现代"（modern）区分传统。

法中所谓尽性至命之极也。"(《西学凡》提要)虽然定性为"异学",但对主要内容的把握还是准确的。

然而明末传教士和中国的接触毕竟有限,这些"外纪"起到了增广见闻的作用,却很难说在思想上触动了国人。传教士撤离之后,这些书籍如同昙花一现般沉寂了下去。直到鸦片战争,急于了解外洋敌情,国人才匆匆翻检既有库存。《史记》《汉书》等古籍中关于外夷的记录受到重视,这当然还不够。于是,一些西方图书被转译过来,如1834年初版于伦敦的《世界地理大全》(Hugh Murray, *The Encyclopedia of Geography*)。继而又被中国人编入自己的书里,如林则徐的《四洲志》和魏源的《海国图志》。他们未曾出过国门,辗转誊抄,信息未必全都可靠。文献辑佚和史料钩沉本是清代朴学的长项,这种汇纂犹如古代类书,重在资料的搜集,很少一一考证和确认。就像郑观应《盛世危言·学校》从传教士书报里转述的泰西学校分科,和吴汝伦日记里摘抄的西方学校制度一样,正误皆有。但这说明此类知识确有需求,只是国人此际无判断真伪的能力而已。这样的只言片语和道听途说自然不足以支撑实际办学的需要,所以吴汝纶以花甲之身坚持要亲往日本考察。

清末传教士介绍西方时,也会提及学校制度。1874年花之安说过,西方有郡学院、实学院、仕学院、太学院、技艺院、格物院、船政院、武学院、通商院、农政院、丹青院、律乐院、师道院、宣道院①,可惜简如蜻蜓点水。1873年花之安的《德国学校论略》(再版时称《泰西学校论略》或《西国学校》)和1886年李提摩太的《七国新学备要》,才是专注学校的有心之作,为在中国教育界宣扬基督教而精心准备。1882年丁韪良作《西学考略》,为的是助益他主管的京师同文馆的教学。1883年林乐知撰写的欧美和日本教育报告,乃受总理衙门之托。但这些从时间上看,都晚于京师同文馆等洋务学堂的教学实践;而且引起国人关注是在戊戌变法时期,刊发时间与产生影响不同步本属常态,只有国人关注并接受他们的写作时,传教士的著作才算进入了中国。因而这些书籍只能视为辅助,支撑不起近代教育的实践。

至于国人的海外游记,早期注意力多在国情风土和异域奇观,西国学校

---

① 〔德〕花之安:《教化要言》,《自西徂东》,第171页。

是万绪之一,非常简略。莫说西方学术,就是西国行政都是神龙见首不见尾。1849年林鍼的《西海纪游》(1867年刊行)是仅有6页纸的印象式诗文。《乘槎笔记》的作者斌椿和《航海述奇》的作者张德彝,是京师同文馆师生,1866年随支持同文馆建设的清廷海关总税务司赫德(Robert Hart,1835—1911)赴欧考察,可谓洋务学堂西式教学的成果之一。驻外使节被赋予记录西国要闻的职责,除各种使西日记外,后来还被汇编成书,如1887年出版的《西事类编》。然而,即便是1876年郭嵩焘上呈清廷的《使西纪程》,也很少涉及西学及其门类。在他的日记里,倒有零散的西方学科名称,只是仍处于渴望了解和努力梳理的初级阶段。也就是说,戊戌前国人对西方学制的了解十分粗略,未曾专门留心。直到有开办西式学堂之心,学校建制及门类设置才成为焦点。清政府和各地方政府多次派人出国考察,要求他们详细记录学校各种规章制度,出洋游记也开始措意于此。罗振玉《扶桑两月记》和吴汝纶《东游丛录》可为代表。随着各种日本学制和学校章程的译介,系统的西学通过教育全面呈现。(表2-1)其实,西方科学教育已于洋务时期在欧美外教的帮助下落地,只是局限在专门学校、专科领域而已。

表2-1　1898—1911年日本教育书目表①

书名	作者	译者	时间	备注
日本学校章程三种	日本文部省	古城贞吉	1898	译书,时务报
日本东京大学规则考略	东京大学		1899	京师大学堂
东瀛学校举概	姚锡光		1899	
日本学校纪略	张大镛		1899	
日本武学兵队纪略	张大镛		1899	
东游纪程	朱绶		1899	
东游日记	沈翊清		1900	
日本新学制	文部省		1902	译书,天津东寄学社
日本东京师范学校章程附预备科	东京高等师范学校	翁崑焘	1902	译书,正学堂
日本学制大纲	泰东同文局		1902	译书,出版地东京

① 据朱有瓛主编《中国近代学制史料》、杨晓《中日近代教育关系史》等整理。

(续表)

书名	作者	译者	时间	备注
扶桑两月记	罗振玉		1902	
东游丛录	吴汝纶		1902	
东游纪念	李宗棠		1902	
壬寅东游日记	严修		1902	
日本学校章程汇编	陶森甲		1902	
日本普通学科教授细目中学校令施行规则	东京高等师范学校	胡元倓、仇毅	1903	译书，出版地东京
日本学校图论	关庚麟		1903	
游日本学校笔记	项文瑞		1903	
瀛洲观学记	方燕年		1903	
日游汇编	缪荃孙		1903	
癸卯东游日记	张謇		1903	
癸卯东游日记	林炳章		1903	
东瀛纪行	胡景桂		1903	
日游笔记	王景禧		1903	
日本普通学务录	杨沣		1904	
第二次东游日记	严修		1904	
学校制度	小泉又一	莫覃瀛、夏绍璞、陈湘俊	1905	译书，湖北官书馆出
东游笔记	王用先		1905	
乙巳东游日记	陈荣昌		1905	
东游日记	田鸿文		1905	
学校制度	隈本繁吉	程家柽	1906	译书，京师官书馆出
庆应义塾规则	庆应义塾	王泰钟	1906	译书，长沙明德学堂
东海参观录	澎恩		1906	
东游日记	郭仲秀		1906	
岳云庵扶桑游记	吴荫培		1906	
丙午东游日记	吴烈		1906	
日本游记略	程淯		1906	
扶桑考察笔记	金保福		1907	
东航纪游	李文翰		1907	
东游日记	黄黼		1907	

(续表)

书名	作者	译者	时间	备注
蕺庵东游日记	楼藜然		1907	
日本最近政学调查记	逢思承		1907	
日本明治学制沿革史	黑田茂次郎、士馆长言	商务印书馆编译所	1908	译书，上海商务
东瀛参观学校记	吕珮芬		1908	
瀛洲客谈	郑崧生		1908	
东游日记	定扑		1909	
新编日本教育法规	文部省	奉天学务公署	1910	译书，出版地沈阳
日本留学参观录	萧瑞麟		1910	
新编日本教育法规	文部省	直隶学务所	1911	译书，出版地北京
东游日记	郑元潏		1914	

另一条时常言及的线索，是传教士建立的中国教会学校。学校和医院是基督教传教的重要辅助。1839 年澳门马礼逊学堂是最早开在中国的教会学校，1842 年迁往香港。随后各类教会学校在香港、广州、厦门、福州、宁波、上海等通商口岸相继出现。据统计，1860 年有 50 所，学生一千余人。① 但绝大多数是小学程度，入学者多为贫家子弟，人数也不多。1899 年增至两千所，学生约 4 万人。② 中学程度的学校开始增加。但除少数耶稣会学校外，天主教学校只教宗教和中国经书。新教办的学校会有英文、几何、化学、生物、地理、代数等西学课程，但在 1877 年在华新教传教士第一次大会前，新教徒对非宗教的教育普遍持反对态度，所以呼吁关注中国教育的美国传教士狄考文才会在会上受到猛烈抨击。不仅如此，19 世纪 80 年代以前许多传教士都反对教授英文，担心中国人是因实际需要才入学。1890 年新教"中国教育会"成立后，情况才有所改观。③

一些教会学校提升标准，后来发展为大学，但到 1890 年以后才完成转

---

① 熊月之：《西学东渐与晚清社会》，上海人民出版社，1994，第 288 页。
② 田正平主编：《中国教育史研究·近代分卷》，第 178 页。
③ 〔英〕保罗·科恩：《1900 年以前的基督教传教活动及其影响》，〔美〕费正清、刘广京编：《剑桥中国晚清史 1800—1911 年上卷》，中国社会科学出版社，2007，第 561 页。

型。如金陵大学的前身南京汇文书院，1888 年才由美国基督教美以美会创立。燕京大学前身北京汇文书院最早是蒙学馆（1870 年建立），1893 年升格为大学。溯源到美国监理会苏州存养书院和上海中西书院的东吴大学，1901 年正式成立。上海圣约翰大学 1905 年由圣约翰书院升级而来。1909 年，中国自办的大学虽然只有 3 所，但是在校学生有 749 人。而 1910 年就读于教会大学的学生仅 262 人。1912 年有所增加，但也只占全国学生人数的十分之一左右。[①] 因此，在 1898 年京师大学堂和 1902 年中国现代教育体系（主要受日本影响）开始建立之前，教会大学对中国学术的引领作用还不明显。

清末教会大学的贡献要从学生日后的发展里去找。以容闳为例，正因他早年在教会学校接受了西式教育，后来才能去美国接受耶鲁大学的系统教育，成为第一个在国外获正式学位的中国人。受惠于此，他提议并促成了清政府向海外派遣留学生。后来伍廷芳、马建忠、何启、唐廷枢、孙中山等人，都是读完教会学校以后出国留学的，最终反哺中国社会。早期教会学校为中国准备了人才，但并未汇入中国新教育体系的初创中。其成为中国教育的重要推力，要到民国。以 1922 年为例，当时中国自办大学 35 所，而在华基督教大学有 15 所，天主教大学 3 所，几乎分庭抗礼。

之所以先厘清这三条线索，一是避免因后来的波澜壮阔而无限放宽源头河道，乃至不自觉地延伸起点位置。二是避免"各美其美"的夸大式研究。因致力于某一领域，难免过分强调其重要性。但若无视整体进程和宏观格局，容易扭曲历史，发生误判。好比对传教士中国传教的失败，为之痛惜的当代学者和高度警惕的晚清学者，几成两端。在逆流而上的历史追溯中，始终要警惕以后来状况干扰原初面貌。

中国推广西式教育并非从小学、中学的起步阶段开始，而是首先瞄准高等教育。古代私塾也不在国家科举的范围内。1862 年起锚的洋务学堂，优秀毕业生得以奖掖科甲出身，虽然人数有限，规格却不低，与后来京师大学堂的毕业生相当（清廷曾考虑给予京师大学堂毕业生科举出身，后遭反对，改颁发学位），已属高等教育。无论如何，西式教育及其分科形式的落地，还当

[①] 田正平主编：《中国教育史研究·近代分卷》，第 178 页。

从洋务学堂说起。

二 增设天文算学馆的争议

1860年外国使臣入驻北京，《天津条约》也于当年换约。中英、中法续约规定，按照国际公法，今后文书要由英文或法文书写。如遇争议之处，以英文和法文陈述为准。考虑到中国当时的情况，三年内暂附中文翻译。这样一来，外语人才的培养迫在眉睫。一年后，恭亲王奕䜣和文祥、桂良联名奏请开设外语学校，培养专门译员。1862年，京师同文馆成立。前后设英、法、俄、德、日5个语种，皆由外国教习授课。一些学者把京师同文馆的渊源追溯到乾隆朝的俄罗斯馆，乃至明朝四译馆。[①] 可见外语译员的培养并非破天荒，只要有外务往来，就会有语言沟通的需要。英语和俄语只有语种的区别，并无本质差异。

开设外语学习没有多少阻碍，但1867年增设天文算学馆却引起了轩然大波。京师同文馆的新不在外语，而在西方科学教育的引进。如果没有天文算学馆的增设，同文馆就只是译员学校而已，承担不起新教育开篇的重任。因此，中国近代教育应从1867年京师同文馆增设算学科开始，而非1862年同文馆成立。1866年年底，主管总理各国事务衙门的奕䜣，接受洋务要员曾国藩、李鸿章、左宗棠、郭嵩焘等人的建议，呈请在京师同文馆内增设天文算学馆，理由是：

> 现在上海、浙江等处，讲求轮船各项，若不从根本上用着实功夫，即学习皮毛，仍无俾于实用。[②]
>
> 盖以西人制器之法，无不由度数而生，今中国议欲讲求制造轮船、机器诸法，苟不藉西士为先导，俾讲明机巧之原，制作之本，窃恐师心

[①] 如田正平主编：《中国教育史研究·近代分卷》，第34页；段怀清：《传教士与晚清口岸文人》，广东人民出版社，2007，第193—199页。

[②] 奕䜣等：《请添设一馆讲求天文算学折》，《中国近代教育史资料汇编·洋务运动时期教育》，第48页。

自用,徒费钱粮,仍无裨于实际,是以臣等衡量再三而有此奏。①

随着洋务运动的深入,洋务大臣认识到制船造炮背后有学理支撑。他们不满足于简单的仿造,希望通过西方人士的引导,"从根本上"着手,摸索"机巧之原,制作之本"。上章讲过,他们理解的西学根本是数学,却带有天文历算的前理解,因此名新学馆为天文算学馆。尽管这要花费更多的财力和人力,但"雇买以应其用,计虽便而法终在人;讲求以彻其源,法既明而用将在我"②。这种追本溯源、缘技求学、计在长久的考虑,是有远见的。

然而此议一出,立刻遭到山东御史张盛藻的反对,紧接着翰林院大学士倭仁接连上折反驳。第二年五月,直隶知州杨廷熙借灾异之名,全盘否定京师同文馆的办学。以往学界多以保守和进步评议这场长达半年的唇枪舌剑。其实戳中张盛藻等人痛处,乃至激起广大士绅卫道情绪的,并非奉洋人为师(洋务运动已经这么做了),而是奕䜣要从"满汉举人,恩、拔、副、岁、优贡生,并前项正途出身之五品下京外各官"即从科甲正员中,选拔学生的提议③。张盛藻折《请同文馆无庸招集正途疏》、倭仁奏章《请罢同文馆用正途人员习天算折》,都明示反对的是让科甲正员转习天文算学。张盛藻说:"设立专馆,只宜责成钦天监衙门考取年少颖悟之天文生、算学生,送馆学习,俾西法与中法互相考验。至轮船、洋枪,则宜令工部遴选精巧工匠或军营武弁之有心计者,令其专心演习,传受其法,不必用科甲正途官员肄习其事,以养士气而专责成。"④ 并不阻拦钦天监、工部、兵部从阴阳生、工匠、武生里选拔学员,夷狄之患和耶教之祸只是情绪的铺垫和谏言的策略而已。

因此,不能说他们反对西方科学,只是不赞同洋务派发展它们的方式而已。进一步讲,受阻的不是科学内容,而是习从者的身份。科举是中国传统的抡才大典,"学而优则仕"不仅是个人选择,更是国家的基本制度。历史

---

① 奕䜣等:《同文馆添设天文算学一馆折》,《中国近代教育史资料汇编·洋务运动时期教育》,第48页。
② 同上书,第49页。
③ 同上书,第48页。
④ 张盛藻:《请同文馆无庸招集正途疏》,《中国近代教育史资料汇编·洋务运动时期教育》,第10页。

上虽有律学、医学、武学、阴阳学、算学、书学、画学、音乐、工艺等专业人员的国家选拔，但除武举外，其他类目不入科举。唐代最初有明法、明算、明字科，可后来不断削减，到明清就只剩进士一科了。这说明进士才是国家铨选的中心，技术人员培养虽然一直都有，但只在各自封闭的系统内升降，如太医院和钦天监，不进入国家礼制。换句话说，精英阶层是由科举选拔的，专职技术人员不参与国家政治管理。杨廷熙说："唐虞深明天道，亦止授时齐政，垂为典章，未闻使羲和、仲叔作推步之书；成周记列考工，亦只分职设官，勤于省试，未闻令庠序学校习工师之事。"① 正是此意。让有功名、有官位的科甲正员转习技术，触动的是根深蒂固的儒家人才观和科举选官制度，即所谓"有妨政体"。由此才会有"兽医举人""牙科进士"的民间笑谈。

奕䜣的考虑是，西洋的天文算学是高深学问，和外语学习不在一个层面上（"天文、算术、义蕴精深，非夙知勤学用心之人，难以渐窥底蕴，与专习外洋语言文字之学生不同"②），必须在有根基的优秀人才中选拔。遭到反对后，奕䜣态度更加强硬，把标准由举人提高到进士级别，甚至要在明朝以来视为"储相"的翰林院里招生（"凡翰林院庶吉士、编修、检讨，并五品以下由进士出身之京外各官"③）。对科举制度而言，如地震一般，翰林院掌院大学士倭仁不得不站出来维护尊严。在风气未开、利益未显的年代，好不容易走过独木桥的科甲人员，对此必然反感和畏惧。

科甲正员转习技术，违背了传统取士规则。为了吸引好的生源，洋务派还提出以奖掖出身的办法进行鼓励。如果说创办京师同文馆是迫于眼前之需，亦有俄文馆的旧例可循，那么招收科甲正员入馆，就意味着要把西学并入国家最高体制，奖掖出身代表技术人员可以入仕。在科举选录比例越来越小，冗官赘员越来越多的晚清，奖掖出身无疑是另辟捷径，何况已明示入学者将钱粮优厚，这对科举来说是巨大的冲击。倭仁说"古今来未闻有恃术数而能

---

① 1867年杨廷熙条，《洋务运动》第2册，第22页。
② 奕䜣等：《同文馆添设天文算学一馆折（附清单）》，《中国近代教育史资料汇编·洋务运动时期教育》，第50页。
③ 同上书，第51页。

起衰振弱者也"①，以天文算学对应"术数"，强调术士从来不参与国家治理；反对派多言借升迁银两诱之是鼓励投机、败坏士风的举动。横亘在科甲与技术之间的，其实是传统社会士与工、官与民的区分，科甲转习技术破坏了尊卑有序的社会结构。

第一章第四节说过，古代中国是阶级社会，士为"四民"之首，定位是明理达道、经邦治国。与其说技术不受尊重，不如说尊卑有别的社会规则使然。相较以种姓和血缘区分阶级的其他文明，中国古代的社会流动性和灵活性要大一些。若没有有章可循的制度保障，社会资源将无法正常分配。科甲优先的原则，一方面限制了荫封、赀选等家族权势的介入，这是经过不懈斗争获取的社会最大公平。要知道晚唐"牛李党争"便有出身的区别，而明清以后哪怕贾宝玉这样的高门子弟也需要考场上博取前程。另一方面，它也会阻止普通的社会底层往上爬，农民、工匠、商人若不能读书中举，就算富如西门庆之流也无法改变阶级出身。读书出仕才能鲤鱼跳龙门，于上于下都通用。任何社会都要处理阶级的流动性问题，"四民"各有所守，是古代中国社会稳定的基础。若看不到这一点，断断于道何以高于器的学理辩驳，是不得要领。张盛藻说"朝廷命官必用科甲正途者，为其读孔、孟之书，学尧、舜之道，明体达用，规模宏远也"②时，不需要论证，社会现实就是如此。通过了科举考试，才可以证明是"秀民"，才有资格做官，才有权力牧民。

"百工居肆以成其事，君子学以致其道"（《论语·子张》），读书得仕乃"以致君泽民为任，移风易俗为能"③，这种根深蒂固的观念让反对派无法放弃"四民之瞻仰，天下所崇奉"④的优越感，从事制造之末业。杨廷熙说无法想象士工杂处的荒唐："今使科甲人员明其理，悉其源，将来造轮船时，势必引绳削墨，一一教工匠制作，又必纷纷探明江海水势浅深，教水手运用制

---

① 倭仁：《请罢同文馆用正途人员习天算折》，《中国近代教育史资料汇编·洋务运动时期教育》，第11页。
② 张盛藻：《请同文馆无庸招集正途疏》，《中国近代教育史资料汇编·洋务运动时期教育》，第10页。
③ 杨廷熙：《请撤销同文馆以弭天变折》，《中国近代教育史资料汇编·洋务运动时期教育》，第25页。
④ 同上书，第26页。

敌之法，有如是之劳而能成功者乎？"① 面对这个问题，洋务派自然无法回避。奕䜣的策略是，第一，先说数为儒家六艺之一，天文算学本为儒者所当知，不能自贬为"机巧"。朝廷批复即采用了这条理由。第二，转守为攻，借力打力。既然倭仁等那么害怕被洋人误导与利用，就更该让读书明理的士大夫接触西学了，如此要业大事，怎能交给不学无术的小民呢（"试问当求之愚贱之人乎？抑当求之士大夫乎"②）？第三点尤其重要，天文算学馆学的是理，而非匠事：

> 或谓制造乃工匠之事，儒者不屑为之；臣等尤有说焉。查《周礼·考工》一记，所载皆梓匠轮舆之事，数千百年，黉序奉为经术，其故何也？盖匠人习其事，儒者明其理，理明而用宏焉。今日之学，学其理也，乃儒者格物致知之事，并非强学士大夫以亲执艺事也，又何疑乎？③

增设天文算学馆的直接动力来自军械制造的需要，未来目标是自己制造，并非要培养一批不切实用的数理学家。说天文算学馆学的是制造之理，无须亲自动手，若非强词夺理，便是对西学有隔阂。用今天的话来说，洋务派要的是技术，属于实用型的工科，学的却是纸上计算的理科。理论与运用的转化，绝非短期内所能完成，何况从零开始。这正是京师同文馆的算学馆和格致馆，后来发展不如福建船政学堂的重要原因。奕䜣对"儒者明其理"的坚持，也透露了对西学的选择性认识。由于儒家士统和工不成学的传统观念，国人在感情上更易接受理科。

奕䜣与保守派来回较量了好几个回合，一时间朝廷上下、京城内外议论纷纷，"入馆与不入馆，显分两途，已成水火，互相攻击之不已，因而互相倾

---

① 杨廷熙：《请撤销同文馆以弭天变折》，《中国近代教育史资料汇编·洋务运动时期教育》，第26页。
② 奕䜣等：《沥陈开设天文算学馆情由折》，《中国近代教育史资料汇编·洋务运动时期教育》，第13页。
③ 奕䜣等：《同文馆添设天文算学一馆折（附清单）》，《中国近代教育史资料汇编·洋务运动时期教育》，第50页。

复"①。以往多以此证明科学进入中国之难，其实这不是保守与进步的定性问题，毋宁说是中西不同观念与制度之间的抵牾。耐人寻味的是，清廷最后支持了洋务派，士林和民间却多倒向保守派。倭仁虽然被免职，士林和民间却以之为道德楷模。若非慈禧支持，连同文馆都难以为继。"鬼计本多端，使小朝廷设同文之馆；军机无远略，诱佳子弟拜异类为师""未同而言，斯文将丧""孔门弟子，鬼谷先生"这样的民间联对，矛头指向清廷和洋务派。如此，突破传统观念和制度限制的洋务派和清廷，反倒是追求进步的主要力量。虽然李鸿章听取过冯桂芬的意见，曾国藩也有强大的幕僚集团，但是否采纳及如何推行，最终不取决于民间。对制度的考察，需要我们暂时放下成见，肯定洋务官员的力排众议。

虽有慈禧支持，洋务派的理由也很充分，但最终却没有赢得这场斗争。最后报名的72名考生中，实际没有一个是科甲出身——"天文算学招考正途人员，数月于兹，众论纷争，日甚一日。或一省中并无一二人愿投考者，或一省中仅有一二人愿投考者，一有其人，遂为同乡、同列之所不齿"②。勉强录取的30人里，20人后因程度太低而退学，剩下的10名被迫并入英、法、俄三馆就读。京师同文馆的学生也仍以科举中第为更高理想，到1898年，其中考取翰林的有2名，进士5名，举人及副榜6名（包括1名恩科翻译举人）。这种另谋高就的举动不仅不被视为妨害教学，还被认为是京师同文馆的办学成绩。可见哪怕科举做出让步，哪怕一时取得了官方的制度保障，如果没有思想观念上的调整和改变，西学就只能以补充和非常规的形式，附着在原有体制上，很难有太大的作为。

三 洋务学堂的教学方式

尽管算学馆实际是以制外西学的补充形式存在的，但无论如何还是开起来了。局面打开之后，也渐有科甲人员入馆学习，至少在国家层面获得了认

---

① 于凌辰：《请无庸开设二馆以弭朋党之祸折》，《中国近代教育史资料汇编·洋务运动时期教育》，第19页。

② 同上。

可。既成事实之后，以京师同文馆算学馆为代表的洋务学堂，就不止于挑战旧观念了，教学内容和教学方式亦有示范效用。尽管只有 40 年办学时间，西学教育却初具规模，成为日后新学堂的教学借鉴。1896 年孙家鼐主管京师大学堂时，便强调分科经验来自"京外同文方言各馆，西学所教亦有算学格致诸端，徒以志趣太卑，浅尝辄止，历年既久，成就甚稀，不立专门，终无心得也"①。对寄予厚望的国家最高学府而言，洋务学堂的成就当然还不够。可其影响却不小，培养出来的学生也因稀缺而广受重用。此后他们又以新知识结构，影响人才的培养模式。人的代际更替与知识结构的刷新，在层出不穷的西洋事物和日新月异的中西交往前，虽然缓慢，却至关重要。一如当年同文馆外籍教师丁韪良辞职前，与中国官员的对话：

"坦率地说，"我回答，"只是照管十个学英语的男孩子，对我来说是一件太微小的工作。我觉得自己是在虚度光阴。"

"假如这是你要辞职的原因，"他们说，"那你就想错了。你不会永远只教十名学生的。再说你要想想这些学生的最终前程。我们都在日益老去；他们当中的有些人说不定会被要求取代我们的位子。而且皇帝也会感到想学外语；谁知道你的某个学生会不会被召去教皇帝英语呢？"后来的事实证明，这是一句绝妙的预言。②

留住丁韪良的，是学生未来的可能性。这点微茫的希望最后成了现实，果然不久后同治皇帝也开始学习英文，老师就是同文馆的两个学生。所以丁韪良说这话成了"绝妙的预言"。光绪决定开办西式大学，也正是因为有京师同文馆办学实绩的鼓舞。甲午以后，中式书院改革，纷纷表示要取法京师同文馆。1902 年京师同文馆并入京师大学堂时，丁韪良直接过渡为中国第一位大学校长。

同文馆由外教授课，先后聘请过 14 位英文、12 位法文、10 位俄文、6 位德文、1 位日文、2 位化学、3 位天文学、2 位物理学和 4 位医学外教。除汉

---

① 孙家鼐：《议复开办京师大学堂折》，《中国近代教育史资料汇编·戊戌时期教育》，第 226 页。
② 〔美〕丁韪良：《花甲忆记（修订译本）》，沈弘、恽文捷、郝田虎译，学林出版社，2019，第 293 页。

文科外，只有算学馆的 3 位教习由中国人担任。课程由总教习丁韪良和欧礼斐（Charles H. Oliver, 1857—1937）统一制定。1876 年，丁韪良建立新课程体系，规定除外语课程外，必须兼习数学、物理、化学、天文、航海测算、万国公法、世界历史等西学课程，西方科学以相对完整的面貌进入课堂。同时，同文馆开始翻译西方科技图书，成为近代中国主要翻译力量之一。但由于地处京师，为各方势力所关注，压力较大，灵活性较小。又由于偏外语和理科基础学习等原因，办学实绩上可能不如福建船政学堂。

福建船政学堂附属于福建船政局，1867 年由闽浙总督左宗棠奏办。因开设在和外洋接触较多的福州，又职责明确地直接服务于船政工作，办学相对顺畅，对西方科技的引进也更加彻底。借此，可管窥其他洋务技术学校的大体情况。学校由两部分组成，前学堂培养轮船设计和制造人员，分造船科（制造学堂）、设计科（绘事院）、艺圃 3 科，用法语授课，又称为法文学堂。造船科 5 年毕业，包括法文、算术、代数、画法几何、解析几何、三角、微积分、物理、化学、机械原理等基础课程，淘汰率极高。前 5 年，从 105 名学生淘汰到只剩 39 名，可见管理严格。设计专业 3 年，包括法文、算术、平面几何、画法几何、制图、微积分、透视原理、蒸汽机结构等课程。艺圃是 3 年的学徒班，课程与设计科相似，但目标和程度不同。

后学堂培养轮船驾驶人员，分航行理论科（驾驶学堂）、航行实践科（练船）和轮机房（管轮学堂），皆习英文。航行理论科有英文、算术、几何、代数、解析几何、平面三角、球面三角、微积分、重学、电磁学、光学、音学、热学、化学、地质学、航海天文学、航海技术等课程，毕业生多直接进入航行实践专业，学习英文、制图、发动机绘制、操纵维修蒸汽机及各类仪器使用等实战知识，前后 5 年时间。轮机房是训练高级轮机人员的地方，学习英文、算术、几何、制图、发动机绘制、海上操纵轮机规则、指示器和盐重计等仪表使用等。每个专业还配有相应的实习课程。①

这些课程围绕军舰制造和使用展开，虽不追求系统的西方理工知识，却

---

① 据日意格《福州船政局及其成就》和《严复集》等相关内容整理而来。更多细节可参阅福建师范大学历史系编《福建船政局资料汇编》。

也不可能不连类而及,正如学堂总教习日意格(Prosper Marie Giquel)所言:"为了计算一个机器零件或船体的尺寸,必须懂得算术和几何。为了照图制造机器零件或建造船体,就得懂得透视绘图学,也就是几何作图。要明白蒸汽机、船体或其他物体所承受的重力、热膨胀力及各种别的自然力,就需要懂得各种物理定律。再有,了解某物体受外力作用下运动时要克服的阻力,以及该物体应该具有的强度,就要有静力学和机械学的知识。要具备上述知识,光懂得算术和几何就不够了,必须还懂得三角、解析几何、微积分。这样才不仅能对一具有具体形状和大小的物体进行计算,还能掌握进行各种运算的方式、方法。"① 因此,船政学堂尽管范围较窄、目的性较强,但由于重视实效和实践,必须对基础学科有深入了解才可能运作,无疑是当时的科技前沿。继而有送学生出国深造的需要。相较而言,反倒是京师同文馆"不过只学言语文字,若夫天文、舆地、算学、化学,直不过粗习皮毛而已"②。

四 洋务教育的实绩与影响

1874年合同期满,福建船政学堂的外国教员和技工撤离。之后21年的工作,都由中国员工自行打理。7年时间,造船技术由初期的木胁轮船而铁胁轮船,进而仿造新式快船,还起造了最新的钢甲兵舰。甲午前,国产军舰的质量其实超过日本,西方国家普遍更看好中国。唯其如此,甲午失败才会举国震惊。福建船政学堂先后派出4批70多名学生前往西方国家深造,占全部学生(共629名毕业生)的九分之一,其中就有去英国格林尼治海军学校留学的严复。这也说明船政学堂的西学教育,能够和西方学校衔接。

严复是福建船政学堂后学堂驾驶专业的第一届毕业生,接受的是草创时期的教育。即便如此,这个早期洋务学堂毕业生的潜力和辐射力仍是惊人的。严复一生主要做了两件大事。第一是在各新式学堂教书乃至掌校。回国后先

---

① 〔法〕日意格:《福州船政局及其成就》,《中国近代教育史资料汇编·洋务运动时期教育》,第376页。

② 郑观应:《英士李提摩太〈七国新学备要论〉》,夏东元编:《郑观应集·盛世危言》,中华书局,2013,第58页。

在母校教书一年,第二年任天津北洋水师学堂洋文正教习,后来做了近20年的总办(即校长)。后来还做过开平矿务局、京师大学堂译书局、复旦公学的总办,1912年成为北京大学首任校长。可以说,他接受的西学教育成就了他的生涯,而他的教育背景必然影响他的办学方法和方向。第二是翻译,他把西方政治学、经济学、社会学引进中国。清末的《天演论》版本竟多达30多种,后来梁启超、胡适等人都曾提及严译西书对他们的巨大影响。译书并非福建船政学堂的训练内容,社会科学也不是严复的专业,但有西方理工的基础才可能理解西方近代文明。严复对西学的引介,涉及众多空白,并从思想层面震动了国人,居功甚伟。这个出身卑微的洋务学堂学生,后来身居要职并跻身学界名流,连目空一切的"南海圣人"康有为都表示折服(称他为"中国西学第一")。这说明技术出身已可改变命运,不仅帮助严复执掌了国家最高学府,还使他得以引领近代思潮。

相较京师同文馆的综合学习,技术专科学校由于所习集中明确,深入西学的可能性更大。福建船政学堂的西式教育是成功的。1903年缪荃孙便说:"我国开学四十年,创始于福建,人才亦惟福建为最。左文襄、沈文肃二公识裕才优,心精力果,其精神所注,专以实学为主,使之各擅其长。"① 各地洋务学堂也以福建船政学堂为样板,1881年两江总督刘坤一筹办西学馆时,就直接问"福建艺学馆中是何章程,有无应行变通之处;以及该艺学开办多年,有无学成人员堪为教习"(《复黎召民函议西学馆事宜》)。从1862年成立京师同文馆,到1896年的天津俄文学堂,洋务派先后创办了34所西式学堂。尽管尚未纳入科考体制,对引进西方科学教育、改变国人知识结构和西学认知而言,却意义重大。若没有这些学堂的毕业生,近代工业和新型机构(如邮政)也无法开办和运转。

第二次鸦片战争后,西方脚步越来越快,中国的形势也越来越严峻。19世纪40年代,自鸣钟还是新鲜事物,60年代的租界就有了邮政和保险。印刷机、缝纫机、照相术、博物馆等层出不穷。到70、80年代,电报、电话、电灯、火柴、自来水、洋布、铁钉已是国人尤其沿海居民的常见之物。如果

---

① 缪荃孙:《日游汇编序》,《中国近代教育史资料汇编·学制演变》,第139页。

没有洋务学堂的早期跟进，这些事物和技术将长久新奇与造价高昂。中国的现代化比西欧国家晚了100年，追赶了150年，方有今日的经济腾飞。在已然无法自外于世界资本体系的现代，起步越晚，代价越大。洋务运动开始向世界看齐，洋务学堂无疑是中国现代化进程中浓墨重彩的一笔。（表2-2）

表2-2　1862—1893年洋务学堂简表①

时间	名称	地点	专业	创办人
1862	京师同文馆	北京	英文、法文、德文、俄文、天文、算学	奕䜣等
1863	上海同文馆（广方言馆）	上海	英文、法文、德文	李鸿章
1864	广州同文馆	广州	英文	毛鸿宾
1866	福建船政学堂	福州	制造、驾驶、管轮、绘图	左宗棠
1874	操炮学堂	上海	制炮工程	江南制造局
1876	福州电报学堂	福州	电讯	丁日昌
1880	天津电报学堂	天津	电讯	李鸿章
1880	天津水师学堂	天津	驾驶、管轮	李鸿章
1880	广东实学馆	广州	制造、驾驶、管轮	张树声
1882	上海电报学堂	上海	电讯	上海电报局
1883	京陵同文电学馆	南京	电讯	左宗棠
1884	广东黄埔鱼雷学堂	广州	驾驶、鱼雷	张之洞
1885	天津武备学堂	天津	陆军	李鸿章
1886	昆明湖水师学堂	北京	驾驶	奕譞
1887	广东水陆师学堂	广州	驾驶、管轮、马步、枪炮、营造	张之洞
1887	两广电报学堂	广州	电讯	张之洞
1887	新疆俄文馆	乌鲁木齐	俄文	刘锦棠
1888	珲春俄文书院	珲春	俄文	希元
1888	台湾西学堂	台北	英文	刘铭传
1890	江南水师学堂	南京	驾驶、鱼雷、管轮	曾国荃
1890	山东威海卫水师学堂	威海	驾驶	丁汝昌
1890	旅顺口鱼雷学堂	旅顺	鱼雷	丁汝昌
1890	台湾电报学堂	台北	电讯	
1892	湖北采矿工程学堂	武昌	矿务	张之洞
1893	湖北自强学堂	武昌	英文、法文、德文、俄文	张之洞
1893	北洋医学堂	天津	军医	李鸿章

---

① 据田正平《中国近代教育史研究》和高时良、黄仁贤编《中国近代教育史资料汇编·洋务运动时期教育》等整理。

第二节　科举改革方案里的中西配比

一　漫长的算学立科过程

1867年，京师同文馆的天文算学馆总算是在争议中开起来了，却没有招到一名科甲正员。洋务派并不死心，既然吸引不到高素质的登第者，那就让科举试子转习西学。3年后，首届同文馆算学生尚未结业，接替左宗棠的福建船政大臣沈葆桢便会同闽浙总督英桂联名上书，请求科举考试增设"算学科"，以劝西学。随后，李鸿章上折恳请增开"洋务科"，把考选范围扩大到格致、测算、舆图、火轮、机器、兵法、炮法、化学、电气学等"民生日用军器制作之原"。同文馆内部增科尚阻力重重，把洋务纳入科考，反对声浪可想而知。其实早在1843年，两广总督祁𡎴就呈请过增开"制器通算科"，被认为"事多窒碍"。

但是这一回，礼部没有直接驳回，表示"听候简用""别加优异"，同文馆算学馆的增设多少起了一些作用。此后，恭亲王奕䜣、山西监察御史陈启泰等人在海防折呈里，继续强调增设科目有先例可循，不会影响原来的科考，绝非"以洋学变科目"，为洋务特科陈情。1884年国子监司业潘衍桐又提出，精工制造、通知算学、熟悉舆图的三种人应"羁縻之以仕宦"，建议比照翻译科，增设"艺学科"。左宗棠马上以"无庸置议"，上帖力挺。1887年江南道监察御史陈琇莹再次呈请开"算学科"，欲"将明习算学之人归入正途考试"。李鸿章随即附议。总理衙门会同醇亲王、吏部、礼部一同商议，终于批准。1888年科举首开算学科。

尽管洋务运动已经开展了20多年，亦有李鸿章、左宗棠、奕䜣这样的朝廷要员力挺，但依旧经过漫长的18年，西方数学才纳入国家正式科考体系。尽管首届算学科考，32名选送顺天府算学乡试的试子只录取了1名，第二年己丑乡试又因报考者只有15人，最终散入大号（不合20取1的录取条件），但是以数学为先锋的西学，终以正式身份进入国家铨选制度。算学举子的设置，使洋务学堂优秀毕业生真正"与正途出身无异"，开国家制度改革之先声。

然而，与 18 年争得一席之地的艰难比，算学科的结果未免太过惨烈。1892 年陈炽痛心疾首地指出："（算学科考）行之数载，每岁大比数，皆不及廿人，文具空存，竟同旒赘。"他指出朝廷内部的分歧，导致学子犹豫不前，加上"中西学术，本末相殊，不有以作育于平时，则欲学焉，而既苦无师，欲往焉，而又忧无力也"。① 其实观望的是民间。西学成本高于中学，倒是事实。不入洋务学堂，仅凭自学，不可能进入；入洋务学堂，则意味着大量的时间投入。没有可观的前途，一般人宁可留守旧业，不会轻易舍易就难。风气若不开，微薄的制度保障如一纸空文。若不能带来实际利益，制度的推行也会很困难，不可能带来思想和世风的改变。可一旦夹杂利益，情况就愈发复杂了，时常沦为双方力量的抗衡。

1875 年李鸿章呈请开设洋务科的时候，没有抱太大希望——"明知当世人才不能准行，亦断不能办到，但既灼见真知，亦须留此空言，以待后之作者"②，只是觉得必须表态和发声而已。可在李鸿章尚觉时机未成熟之际，《万国公报》上却有人欢呼"此乃中国转弱为强之机，而怀抱利器者处囊脱颖之会也"。作者说唐试诗赋，词章遂昌；元考词曲，元曲优长；清重八股，天下风从，"取之以实学，则士敦实学；取之以文辞，则士尚文辞"，利诱之下，可齐整士风。因此科举设科是最有效的兴学方式，因势利导，但也难怪要遭士议。值得注意的是，作者强调洋务科选拔出来的时务人才，一定要和市井上的外洋通事区分开来。在西风渐开的清末，活跃于各通商口岸的买办和通事（即民间说的"假洋鬼子"），确实比内陆绝大多数读书人更了解洋务。无论在官方还是在普通人眼里，市井捐客都是绝对不能入士林、坐朝堂的。

所以，作者建议"当于天算格致翻译之外，更试之策问，以窥其经济；试之辩论，以观其趋向；试之诗古文辞，以觇其才华"。③ 如此，就又把策论、言辩、诗赋等中学要求，强加在西学应试者身上。与其说鼓励读书人转

---

① 陈炽：《庸书·艺科》，《陈炽集》，第 78—79 页。
② 李鸿章：《复署赣抚刘仲良中丞》，《李鸿章全集》第 31 册，第 174 页。
③ 《论西学设科》，《万国公报》1875 年第 325 册。

习西学,不如说是把传统读书人中兼通洋务者选拔出来。在西学基础为零的情况下,大大提高了算学科和洋务科的应试难度。如陈炽所言,若非平时有机缘,恐怕劝退效果大于广学。但十几年之后,姗姗来迟的算学科考方案与建言者思路一致,说明尽管国人逐渐容许少量的技术人员进入国家管理,但是在怎样的技术人才才能被接纳的问题上,或者说在利益让渡的具体规则方面,无论是民间还是官方,心态都不是完全放开的。最后促成算学立科的,其实是中法战争战败的危局,即基于洋务各科乃"当今切用之学"的实际考量。

二 西学融入科举的方式

1887年通过的算学科录取方式是:在各州府岁科考试(院试)前的加试(经古场)里另出算学题,正场仍和其他童生一样考四书经文、诗歌和策论。录取的算学试卷送呈总理衙门复核并注册。乡试前,算学秀才参加总理衙门组织的考试,合格者送顺天府参加乡试。乡试仍统一考诗文和策论,不再另出西学题,只是按20取1的比例录取算学举人,名额不超过3个。会试时,算学举人和其他人无异,凭诗文取进士。这样算学就是从初级院试开始分流,即在童生阶段就开始选科,起步很早,改科有难度。考取秀才后,算学生是在内部竞争举人,20取1的比例在晚清科考中还算优厚。但进入举人后,西学就不起作用了,算学举人和全体举人一样争夺进士。在当时条件下,能通过西学考试的大多是洋务学堂的学生,要求他们在全日制学习的同时,和整日读经诵史、揣摩八股的旧式举子比拼辞章,没有优势,因而到举人阶段就很难再上升。举人属乙榜出身,有做官的资格,但官位不高。毕竟如《儒林外史》里的浦墨卿所言"读书毕竟中进士是个了局"(第十七回)。另一方面,算学生从院试加试里胜出后,正场仍考旧学,此后的乡试和会试都不再考验算学,因此只要过了院试,西学就可以抛开。这样的方式,顶多是要求应试者具有一定的算学功底,最终比拼的仍是诗文和策论。

从设计者的角度讲,这样的规则要求算学生亦须熟读经史,不拉低进士的整体水准。如此得来的进士,不仅名正言顺,没有沐猴而冠的嫌疑,而且综合能力高于其他进士。可从应试者的角度看，分出一半甚至更多的时间和精力来学习西学，最终比拼的还是举业，当然不如全力投入老式科举合算。所以条件好的士子不会往那条路上走，洋务学堂是以高额薪俸吸引生源的。在校期间，学生心系举业也在情理之中。沈葆桢和李鸿章积极为洋务学生谋"出身"，就是因为他们操办洋务学校，比其他人更清楚人心所向仍在举业。在学而优则仕的古代社会，官方思量怎样选拔秀民，民间考虑怎样提拔入仕，从上到下围绕登第得官来盘算。经过上千年的调试，已有基本共识：前途只在科举里，得官不能太容易。如此，增科的算学标准必然不会太低。但是把算学或洋务挪到科举里来，比在科举之外另行一套，无论就科举尊严还是就对西学的认可而言，都是一种进步，一种制度的让步与调和。

名为"算学"，可考试的内容并不限于数学，实际是以算学包揽当时人理解的所有西学，即"艺学""西艺"范畴里的西方科技。总理衙门会奏明确指出：

> 良以西艺亦非算学一端可尽，而从事于天算者，未可遂谓之练习洋务也。惟查制造各学，未尝不探原于算术，诚有如该御史所称"名目虽繁，权舆于此"者。欲尽取西学之所长，殆必以算学为先导；但使选举有法，亦可资激劝而广招徕。①

李鸿章已经指出"（西学）节目繁多，日新月异"，格致、测算、舆图、火轮、机器、兵法、炮法、化学、电气学都是"民生日用军器制作之原"。清廷也很清楚西学不仅仅是天文和算学，"权舆于此"的说法既是对西学根本的理解，也便于民众接受。李鸿章以算学包罗甚广、"似非占毕儒生墨守九章成法者所能尽其广博"为由，要求除京师同文馆学生外，水师学堂、武备学堂学生一起参加乡试，彻底与以《九章算术》为代表的传统算学拉开距离。②也就是说，当时多数人会认为算学古已有之，并非洋学。进入科考后，才发

---

① 总理衙门：《奏会议算学取士事》，《中国近代教育史资料汇编·洋务运动时期教育》，第671页。
② 李鸿章：《奏议覆御史陈琇莹奏开算学取士折》，《中国近代教育史资料汇编·洋务运动时期教育》，第669页。

现传统算学的比重越来越小，考的其实是与机械制造有关的西方数学。洋务学堂学生大量涌入，自习传统算术的旧式儒生必然就会被排挤出去。说到底，这其实是为洋务学生开设的通道。

算学的确只是"先导"，"尽取西学之所长"意味着为西学预留空间。艺学科、洋务科是对算学科的扩充，而艺学和洋务的内容也在不断地膨胀和细化，乃至徐致祥有"艺科不行，恐将来更有，以铁路之说进者，以气球之说进者，谓不如是不足制敌御侮"① 的抱怨。果然，1892 年陈虬在《经世博议》里主张艺学、西学、国学、史学、古学 5 科设考，算学只是艺学的内容之一，西学又分光学、电学、汽学、矿学、化学、方言学（外语）6 门。② 早些时候，王韬就建议除传统的经学、史学、掌故学、词章学、直言极谏科外，增设舆图、格致、天算、律例、时事辩论新科目，分 10 科取士。③ 显然，随着西学门类的增加，西学的比重在加大。

西学扩容，中学只得跟进，而且科类只能多不能少，才能确保其主脑地位。此前进士科统包经史词章。现在为了和西学均衡，硬分出经、史、掌故、词章 4 科，连直言极谏和时事辩论都成了专科（中学分类的重新调整详见第四章）。结果，不是科举名目变得杂乱繁多，就是中学被拆得七零八落。原本只是希望拓宽科举，把西学作为补充并入中学系统，可是带来了中学呼应和调整的难题。增科方案越来越捉襟见肘，甲午之后"西政"又涌入中国，某种程度可视为崇道观念的反弹，情况越发复杂。制度调整是一个系统工程，挪动其中任何一个棋子，都意味着新的棋局。甲午战败形势又增加了压力。

三 中西分立的科考思路

1897 年，贵州学政严修再次提出应改革科举。这回他以"经济"统揽西学，而且不再作为新增科目补充科举，而是要花开两枝，与进士科并行。即

---

① 徐致祥：《止开艺科预防微渐疏》，《中国近代教育史资料汇编·洋务运动时期教育》，第 667 页。
② 陈虬：《经世博议》，《中国近代教育史资料汇编·洋务运动时期教育》，第 636 页。
③ 王韬：《变法自强》，《弢园文新编》，第 33 页。我要指出的一点是，王韬和传教士的关系非同寻常，因而对西学的理解处于时代的前沿；恰恰因为太早太超前，所以在考察近代思想和社会对西学的接受方面不具普遍性和代表性。

中学科考照常进行,西学另由经济特科来选拔,中西并立或曰中西分途互不干扰。严修表明这是权宜之计,将来再图统一。① 如何统一未曾明言,但客观上让西学获得了分庭抗礼的能力,不同于以往的思路。

这若是在以前,必遭非议,可甲午之后,风向已变。总理衙门和礼部不仅迅速批准了严修的奏请,还推出更前卫的方案:不叫特科,就是正科;不是不定期的特选,而是先开经济科,次年再行岁举,西学在中学之前定期开考;不是在低等官员里进行选拔,而是像进士科那样全民开放;严修的"经济特科"内容还太泛,需细加分别:

> 一曰内政,凡考求方舆险要、郡国利病、民情风俗诸学者隶之;二曰外交,凡考求各国政治、条约公法、律例章程诸学者隶之;三曰理财,凡考求税则矿产农功商务诸学者隶之;四曰经武,凡考求行军布阵、驾驶测量诸学者隶之;五曰格物,凡考求中西算学、声光化电诸学者隶之;六曰考工,凡考求名物象数、制造工程诸学者隶之。②

内政、外交、理财是甲午后速热的"西政"内容,大致对应史地、政法、经济学范畴。武举历来与文举并行,此时并入经济科,意味着放弃传统兵书、骑射,全盘接受西化或曰近代化。科学与制造分隶格物和考工,物理和化学地位凸显,不再用算学包揽。

这个方案不再迂回,与当时的西学分类基本同步,尽管名称上还在追求雅正。由于在照顾西学全体的同时,要兼具可操作性,归并方式比民间泛称更明确和合理。如外交部分,时人多称政法,梁启超在学堂实践中析为公法学和掌故学,公法学又分本国刑律和涉外条约,掌故学即政治,与职官制度挂钩,比此处的各国政治、条约公法、律例章程更费解。当然这里导向性更强,预示着政法人才将来会走外交口径。此处的内政属史地范畴,不仅包括纵向的历史沿革,也包括横向的方域特点和人情风俗,历史沿革和郡国利病

---

① 严修《奏请设经济专科折》言:"科举既未能骤变,学额中额,又未能遽裁,暂为并行不悖之谋,徐思整齐划一之法,以为权宜则有之矣,臣愚诚不见其犹有妨也。"(《中国近代教育史资料汇编·戊戌时期教育》,第55页)

② 《总理衙门礼部遵议开设经济特科折》,《中国近代教育史资料汇编·戊戌时期教育》,第57页。

向被视为施政参考。总理衙门的这套西学分类虽以意向而非学科冠名，但分类方式和内容界定已相当清晰了。此方案递呈的当天，即获批准。

值得一提的是，对比当时各类文章的提法，我们会发现，这个分类极大地影响了书籍编目和策论文章的写作（见第三章第三节），应试参考向来是图书文化市场的盈利大宗。政法学的勃兴与此也不无关系。若无官方首肯，仅凭康、梁的宣传，无法上行下效。此折的递呈和批准是在1898年1月27日，6月11日光绪帝颁布《定国是诏》开始变法，谕旨开经济科，令各地官员保举试子。但是7月19日上谕最终采用的方案，既非总理衙门的这套方法，也非康有为和梁启超的主张，而是依据了7月4日张之洞和陈宝箴的意见。半年时间，中西并行的科举思路又发生了变化。

四 融通中西的不同议案

康有为多次呈请废八股文、试帖诗和楷书，这些其实还都是形式问题，与王安石以策论易诗赋一样，相对容易实行，事实上也最早通过。真正值得注意的是，他主张合二为一，把经济科并入进士科。但这并不是要取消经济科，而是要更新进士科的内容，把西学和中学熔于一炉。具体方法是，把以前的经义八股文或经济科专门题、时务题、四书文3场考试，改为头场考时务策论（内政外交等五策），二场经史（四书题、五经题、史学题3篇），两场取士。虽然康有为的理想是"泯中西之界限，化新旧之门户"，不希望"取士之法歧而二之"①，但我们也要看到，头场的时务不完全等于西学，以"古今掌故、内政、外交、公法、律例"②射策，仅限于"西政"范畴，不包括西艺。理由是浙江巡抚廖寿丰提出的，格物和考工注重实践，无法凭纸面文章来裁定。把西方科技排除出去，无异于取消了此前洋务派18年才争取到的西学席位，也否定了严修和总理衙门中西两条腿走路的思路。

康、梁强调时务，类似补入西学新知的时事政治，不出他们宣扬的"政

---

① 康有为：《请将经济岁举归并正科并饬各省生童岁科试迅即遵旨改试策论折》，《康有为全集》第4集，第306页。

② 康有为：《经济特科以得通才为主片（代宋伯鲁作）》，《康有为全集》第4册，第83页。

法"范畴。这种更新仍属文章的事业,不过增强了通今意识,即便不排斥"本无"的西方科学,也仅止于粗浅的常识性了解。作为举业出身的传统士子,他们对西学的理解有限,相对更易接受西方的社会科学。康有为坚持"专门与通才,用各有宜,义本各异",科举"在得通才(按,更确切地说是政务之才),以备百执之任,非以求工匠之材",而西学专门属"工匠之材",当别求于学堂,顶多"奖以金牌,许其专卖而已,未尝擢以任官也"。① 这又退回到30年前京师同文馆的争议里去了。如果说苦读数十载方得举人功名仍无朝堂之位的康有为,不愿与匠作同朝为官,心情可以理解,那么洋务官员对西学生的褒奖,就可谓相当的大方了。

无论如何,士大夫当知西学,戊戌前后达成共识。严复尖锐地指出,"士大夫亦因于此理(按,经济学)不明,故出死力与铁路机器为难"②。康有为说:"中国人才衰弱之由,皆缘中西两学不能会通之故,故由科举出身者,于西学辄无所闻知,由学堂出身者,于中学亦茫然不解。"③ 这种"旧者因噎而食废,新者歧多而羊亡;旧者不知通,新者不知本"④的无知状态急需改变,时任湖广总督的张之洞恰逢其时地在戊戌变法前的2个月推出了《劝学篇》。本着"中学为体,西学为用"的思路,61岁的张之洞希望齐整学术,改变士风。《劝学篇》提出的科举改革方案7月拟诸《妥议科举新章折》,最终被采纳,并得以实施。

从融合的大方向来看,张之洞和康有为相似,只是主张中西分试。头场考中国史事和本朝政论5道,名为中学经济;二场为时务策论5道,考各国政艺("政如各国地理、学校、财赋、兵制、商务、刑律等类,艺如格致、制造、声、光、化、电等类",有政有艺),是为西学经济;三场考四书义2篇和五经义1篇。随场去取,层层选拔。按照张之洞的设想,首场取博,二场为博中取通,最后在博通之中选录志趣和品格纯正的人,如此就把科举和

---

① 康有为:《经济特科以得通才为主片(代宋伯鲁作)》,《康有为全集》第4册,第83页。
② 严复:《救亡决论》,《严复集》第1册,第48页。
③ 康有为:《请将经济岁举归并正科并饬各省生童岁科试迅即遵旨改试策论折》,《康有为全集》第4册,第306页。
④ 张之洞:《劝学篇序》,《劝学篇》,第2页。

学堂并在一起了。否则"学堂肄业有成之士,未尝示以进身之阶,经济虽并入乡、会场,而未议及六科如何分考之法",专重西学的经济科和洋务学堂便形同虚设。可如果中西完全分开,又怕"以他途进者,自外于圣道,适足以为邪说暴行之阶",即不仅妨害科举,还容易滋长有才无德、崇洋媚外的投机心理(所以西学生也要考四书五经,以正心性)。① 但 1903 年癸卯科会试同考官恽毓鼎阅卷后感慨,二场的 5 道策论题往往"看似渊博可喜,其实皆由钞袭而来,一为所动,便受其欺",征引繁复和横发议论不难,确有见解和心得者少。更麻烦的是"各房二场卷,往往颂扬东西国为尧舜汤武,鄙夷中国则无一而可,至有称中朝为支那者。西学发策之弊,一至于此",乃至"枕上思之,不胜愤懑",认为二场的西学策问"断乎其不可行也"。② 理想和现实之间总是有距离的,但问题可能不在于考什么,而在笔头考试本身。

结合戊戌后"举国争言洋务",倡经学无用者"直欲举中国文字,悉付之一炬"③ 的情形看,张之洞的三场设计已不同于 10 年前算学科初立时对西学生的中学要求了。1876 年李鸿章请求增设洋务科时还辩解:"至谓鄙人喜闻谈洋务之言,以致冒险负谤。处今日,喜谈洋务乃圣之时,人人怕谈厌谈,事至非张皇即卤莽,鲜不误国。公等可不喜谈,鄙人若亦不谈,天下赖何术以支持耶。中国日弱,外人日骄,此岂一人一事之咎。过此以往,能自强者尽可自立,若不强则事不可知,足下三太息,可惜不甚切题耳。"④ 到 1898 年,西风已强,中学转为保守之势。对这 20 多年的变化,梁启超有过很好的总结:

> 今日非西学不兴之为患,而中学将亡之为患。风气渐开,敌氛渐逼,我而知西学之为急,我将兴之。我而不知,人将兴之。事机之动,在十年之间而已。今夫守旧之不敌开新,天之理也。……中国俗儒,拘墟谬督之论,虽坚且悍,然自法越以后,盖稍变矣。中日以后,盖益变矣。援此推之,十年二十年以后,其所存者希矣。虽然,旧学之蠹中国,犹

---

① 张之洞:《妥议科举新章折》,陈山榜编:《张之洞教育文存》,人民教育出版社,2008,第 264—269 页。
② 恽毓鼎著,史晓风整理:《恽毓鼎澄斋日记》第 1 册,浙江古籍出版社,2004,第 220 页。
③ 梁启超:《西学书目表后序》,《饮冰室合集》文集第 1 册,第 126 页。
④ 李鸿章:《复刘仲良中丞》,《李鸿章全集》第 31 册,第 497 页。

附骨之疽，疗疽甚易，而完骨为难。吾尝见乎今之所论西学者矣，蛮其语，蛮其服，蛮其举动，蛮其议论，动曰：中国之弱，由于教之不善，经之无用也。推其意，直欲举中国文字，悉付之一炬。而问其于西学格致之精微，有所得乎？无有也。问其于西政富强之本末，有所得乎？无有也。之人也，上之可以为洋行买办，下之可以为通事之西奴，如此而已。更有无赖学子，自顾中国实学，一无所识，乃藉西学以自大，嚣然曰：此无用之学，我不为之，非不能也。然而希拉（谓希腊拉丁）英法之文，亦未上口，声光化电之学，亦未寓目，而徒《三传》束阁，《论语》当薪，而揣摩风气，撷拾影响，盛气压人，苟求衣食。盖言西学者，十人之中，此两种人几居其五。若不思补救，则学者日鲜，而此类日繁，十年以后，将十之六七矣，二十年以后，将十八九矣。呜呼，其不亡者几何哉！①

一方面是中学日益被动与拘迫，乃至梁氏有"完骨为难"之忧，自谓"不忍言西学"。另一方面是西学甚嚣尘上，却浅薄投机，不见生机。因此张之洞既担心遗落西学，将"无应敌制变之术"，故求通变之才；又怕中学衰微，将启"非薄名教之心"，必求博学醇厚。他考虑如何才能融合新旧、调和中西，《劝学篇》是真诚的："图救时者言新学，虑害道者守旧学，莫衷于一。旧者因噎而食废，新者歧多而羊亡。旧者不知通新者不知本。不知通，则无应敌制变之术；不知本，则有非薄名教之心。夫如是则旧者愈病新，新者愈厌旧，交相为愈，而恢诡倾危、乱名改作之流，遂杂出其说，以荡众心。学者摇摇，中无所主，邪说暴行，横流天下。敌既至，无与战，敌未至，无与安。"②他的科举改革方案，更多从实际出发，欲取中学里通西学者、西学里尊中道者，所谓"求才不厌其多门，而学术仍归于一是，方为中正而无弊"③。因不涉及切身利益，又能从执国者的角度布局，实际更稳健。

虽然在融合方向上，张之洞与康有为一致，但到具体立场和方式上，二

---

① 梁启超：《西学书目表后序》，《饮冰室合集》文集第1册，第126—127页。
② 张之洞：《劝学篇序》，《劝学篇》，第2页。
③ 张之洞：《妥议科举新章折》，《张之洞教育文存》，第266页。

者显示了极大的不同。张之洞也说"中学考古非要,致用为要",西学里"西艺非要,西政为要"①,但正如陈寅恪所言,陈宝箴和张之洞乃"历验世务欲借镜西国以变神州旧法"②,更多来自洋务运动的实际体会,与康有为治今文公羊之学,附会孔子改制以言法的路径不同。康有为《新学伪经考》《孔子改制考》的今文学家做法,在经过朴学洗礼的儒生看来,悖乱附会,几成异端。1897年张之洞曾下令《湘学报》对"素王改制"进行改订。康有为劝的是今文经学,而非真正的西学。梁启超鼓吹变法,健笔生花,"报章体"风动时雍,影响到当时的策论写作,成为新式的"洋八股"。这些都是张之洞所抵制的。湖南乡试副考官吕佩芬曾言张之洞有3个黜落原则,"一蹈袭康梁之书例,二引用西书不择典正者,三誉外太过立言失体者,均不入选",虽然"众皆服其宗旨之正",但他认为入选的120余人亦不能免嫌。③张之洞的保守也好,蔡元培的稳健也罢,严复的激进亦然,都与康、梁保持着距离。裹挟在变法、变政、变科举思潮中的,是各不相同的意见和立场,不能混为一谈。

由增设算学科,到经济科与进士科并行,再到洋务并入进士科,科举考试经历了以中纳西、中西分立、化西入中的思路转换。从形式上看,前期西学是作为辅翼和补充,份额很小;后期作为必备的新知,程度较浅。可能还不如各行其道,各得深入。然而,这个中间方案恰恰是唯一未经实施的,尽管其分类细目最为清晰。在西风压倒东风的19世纪末,援西入中更符合国人的心意:鼓励西学,但要把它控制在一定范围里;更新中学,又不动摇其根本地位。真正涉及制度改革和实施,无法抽象论道,必须结合实际,考虑效果,结果必定是各种意见的折衷。

1896年梁启超在《变法通义·论科举》里,提出过上中下3种科举改革思路:下策是增加中外政治得失、时务要事、算法格致,调整考试的内容。建议乡试和会试首场仍考四书文、五经文和试帖诗,二场考中外史学策论3

---

① 张之洞:《劝学篇序》,《劝学篇》,第4页。
② 陈寅恪:《读吴其昌撰梁启超传书后》,《陈寅恪集·寒柳堂集》,生活·读书·新知三联书店,2009,第167页。
③ 吕佩芬:《湘轺日记》,出版地不详,1937,第1页。

道，第三场考西学，从天算地舆、声光化电、农矿兵商中任选一门，答题3道。中策为广设科目，除中学明经、通礼（习掌故）、兵法外，再开明算（数学）、明字（中外语言文字）、明法（中外法律）、绝域（各国公法）、技艺（格致制造）、学究（师范）、明医等科，与进士科一同对待。上策从州县到京师，逐级设学校。小学生比之诸生，入大学者比于举人，大学学成类同进士，优异者出国留学比诸庶吉士，其余归户刑工商各部拟诸部曹，把科举的选拔功能过继给学校。这就是梁氏提出的"合科举于学校"之法。①

其实下策最接近清廷的实施方案，不过顺序不同：梁启超是先尊经，次时政，最后西学；张之洞则先政务，再西学，最后经义。科举考试向重头场，即便张之洞不实行随科去取法，轻重缓急也是分明的。换句话说，其实比梁启超的下策激进，结果不算最坏。中策沿袭的是甲午前的增科思路，但西学还得继续分（详见第三章第三节），西学分科显然多于中学。科目一多，主次关系就很难说了。如果说下策改的是科考内容，那么中策改的就是科举。对变法先变政的维新派来说，中策当然动作更大。但对改变士大夫的知识结构而言，下策又比中策更具挑战性。梁启超说下策是宋元之法，中策是汉唐之遗，上策乃三代之制，这些比附不过是为上策做铺垫而已，经不起拷问。由西式学堂全盘接管科举，完成所有考核和选拔，相当于废除科举，当时看希望渺茫，所以悬为上策。可谁都不曾料想，形势急转直下，变法期间隐忍难言的废除科举很快变成了现实。

第三节 国运转移与科举危机

1905年科举制度的废除，是中国历史上影响深远的一件大事。小小的增学设科尚且费尽周折，短短7年不过隔2科会试的时间，何以例行了上千年（仅元初短期中止，中期又恢复）的科举制轰然崩塌？科举被废的根本原因在哪里？是否真的已无路可走？这与中国传统学术的命运息息相关，是现代学术得以重建的又一肯綮。时隔百年，已经进入现代化社会的我们，或许可

---

① 梁启超：《论科举》，《饮冰室合集》文集第1册，第21—30页。

以平心静气地回顾这段充满争议的历史了。

一 庚子突变与新政新方

1898年7月19日，光绪帝采用张之洞和陈宝箴《妥议科举新章折》的意见，下谕实施。但戊戌无乡试，会试也已经考过了，只能在童生试和岁科试里改试策论。9月21日慈禧发动政变，新政停罢。30日经礼部奏请，科举恢复，却依旧章进行。湖北和湖南是当时的趋新省份，学政王同愈和载昌在1898年和1899年的岁科试题里，确实增加了史学和西学的内容。[①] 戊戌改制虽未及实施，可西学已成大势。当然内陆的一些省份，还有一个跟进的过程。1900年义和团运动兴起，慈禧的安抚政策最终导致8月14日八国联军入京，直至1902年1月两宫才得以回銮紫禁城，并由李鸿章、奕劻代表签下了高达4.5亿两白银赔偿金的《辛丑条约》[②]。庚子之乱震动空前，辛丑年也成为一个重要的转折点。

1901年1月29日，光绪下诏，表示"母子一心"，开始变法。清末新政虽属时势所迫，却不能完全以骗局视之。废科举、兴学堂、练新军、改官制、助工商、立法律、预备立宪，改革力度前所未有。经过漫长的斗争与纠结，最艰难的定音之锤砸在了20世纪的开端。没有晚清的转向，就没有民国的接续。可惜留给清廷的时间已不多，改革的步伐虽然加大，沉重而庞大的躯体却无法跟进，最终栽倒的命运难以避免。

新政恢复了张之洞的戊戌提案，并在甲辰科乡试和会试里得以落实。为缓解《辛丑条约》对义和团活跃地区禁考5年的惩罚，1901年6月首开经济科。录取了一等9名、二等18名，比起此前算学科不超过3名的限额，无疑已大有进步。尽管西学先声已树，可立马要在全国推行，依旧艰难。福建、广州、上海等开化较早的地区，包括湖北、湖南、浙江等趋新省份，士子对西学还有所闻目。可在内陆闭塞州府，改试新学令士绅惊慌不已，有考生把

[①] 参阅关晓红：《清季科举改章与停废科举》，《近代史研究》2013年第1期。
[②] 4.5亿两白银相当于当时的3.3亿美金。加上39年还清的利息，最后金额高达9.82亿两。到1938年停止还款，总共偿还了6.5亿两。直到1947年，与11国的赔偿约定才全部废止。

拿破仑解为手拿破坏之轮,把德国宗教改革领袖路德当成药品商标。参加过1902年壬寅科乡试的钟毓龙回忆说:"头场史论五题,曾阅过《通鉴纲目》等书者,尚可成篇;至于二场策题,兼问洋务制造及外国情形,斯时怀挟虽多,亦无从措手。"① 中学即便由经义扩大到史议(即所谓中学经济),尚有迹可循,一次受挫下科调整也还来得及。第二场西学经济,却连有所准备的浙江考生(当时的时务新书多在上海印发,可以带进考场),都无从下手,内地士子就只能交白卷了。

在考官一方,也是临阵磨枪,不少出题官亦需找专人代为命题。1902年湖北乡试主考官宝熙请人代出算学题,被批评为为难秀才,还被人参了一本。时任山东巡抚的袁世凯,客观地说:"必广求兼通古今中外之人,非但无此本末兼赅之士子,恐亦无此体用兼备之考官。虽立法极详,势必有所不行;即勉强行之,亦终于有名而无实。"② 他建议旧式科考内容不变,但增"实科"而已。可这就退回到西学增科的老路上去了。为了尊重现实,他提议实科的录取名额可每科递增一成,旧科名额相应地递减一成,直至五五平额,逐渐进行过渡。可这种调和方案,无意中成了中西平行发展的模式。各地督抚密切关注科举动向,互通声气;在新政必从科举选材开始的问题上,高度一致。明清官员绝大多数都是科举出身,对其中利弊有切身体会,且事关地方前途,建言积极不难理解。

二 从递减到取代的转折

1901年正月,张之洞的门生、刚刚履职的两广总督陶模上奏,提出递减科举名额不应是目标,学堂一旦发展起来,就该废止科举。③ 一时廷议蜂起。7月湖广总督张之洞会同两江总督刘坤一递折表示声援:岁科每次当减三成而非一成,学堂随之增三成,最后不是五五平额,而是十年之后旧额减尽,所有生员、举人、进士都出自学堂。这就不是为西学多争取科举名额了,而

---

① 钟毓龙:《科场回忆录》,浙江古籍出版社,1987,第78页。
② 袁世凯:《遵旨敬抒管见备甄择折》,《中国近代教育史资料汇编·学制演变》,第11页。
③ 陶模、德寿:《奏请变通科举折》,《中国近代教育史资料汇编·学制演变》,第26页。

是为西式学校教育争夺发展的空间（"渐改科举之章程，以待学堂之成就"）。①

以往，洋务学堂只是补充（张之洞指出，学堂之名不够古雅，可以改称学校）②，主体仍是与科举配套的府学官学和书院体系。长期以来，西学都是在科举框架内争取份额，如今却指向了以学堂代科举的制度改革，这个转折是颠覆性的。从中不难体会，中西融通的合并思路居间发挥了重要作用。尽管9月颁布的诏书，只是宣布废八股、改策论、广设学堂，并没有立刻采纳"江楚会奏变法三折"里废科举的建议，但是对1901—1905年的新政却起到了方向性的指引作用。发展西式学校成为新的目标，戊戌时期在书院里增设时务课的做法被废弃。这是庚子后的锐进，教育成为最先改头换面的领域。

在艰难推行科举改革方案的同时，西式学校也在紧锣密鼓地开设。京师大学堂得以整顿与重开，各省各级学校也在奉旨改造与新建中。新政下，一批批出国考察团和日本教育资料的翻译，催生了中国第一个现代学校体系。1902年的《钦定学堂章程》仿照日制，构建起全套的西式教育框架。其实1901年袁世凯就先声夺人地推出了《山东大学堂章程》，获得了上谕表彰，并下令全国效仿，只是没有从上到下地全建制覆盖。1903年，张之洞应召入觐，与管学大臣张百熙会商学务，最终修订的《奏定学堂章程》正式实施，史称"癸卯学制"。西学终于有了自己的体系和阵地。

1903年3月，张之洞联合袁世凯，再次奏请递减科举名额。他们提出当前学堂之所以发展缓慢，一是因为经费不足，二是由于师资难求，但这些都不是最主要的。"其患之深切著名，足以为学校之的而阻碍之者，实莫甚于科举"，把问题的症结归结于科举：

> 科举一日不废，即学校一日不能大兴，将士子永远无实在之学问，国家永远无救时之人才，中国永远不能进于富强，即永远不能争衡于各国……③

---

① 张之洞、刘坤一：《会奏变法自强第一疏》，《中国近代教育史资料汇编·学制演变》，第19页。
② 同上书，第18页。
③ 袁世凯、张之洞：《奏请递减科举折》，《中国近代教育史资料汇编·学制演变》，第531、532页。

若继续实行科举,士人将永无实在学问,国家永无救时之才,中国永无富强之日,科举不仅已与学校势成水火,而且成了中国进步的最大阻碍。相应地,发展讲求西学的学校,就成为救国之方了。

此前对科举的指责,集中在"学非所用"上。康有为《请废八股试帖楷法试士改用策论折》抨击的是八股文、试帖诗、楷书等无用的形式,各种方案措意的都是内容的调整。可此时却不再谈完善和改良的问题,直接把矛头对准了整个科举制度,认为科举形式存在本身就阻碍了学校、妨害了西学。那么这种说法是否有依据呢?科举废除后是否真如预期的那样"俾全国臣民,确见裁减科举、归重学堂办法,咸晓然于朝廷意向所在,则必人人争自濯磨,相率而入学堂,以求实在有用之学,气象一新,人才自奋,转弱为强"[①] 呢?从数据来看,1904 年公立和私立的学堂总共 617 所,官立学堂占到了 85%。1906 年废除科举后,西式学堂猛增到 74% 的比重,官办下降到 26%。[②] 充分调动地方和民间的力量办学,是新教育得以推行的关键。从前后巨大的差异来看,前期兴学的不见成效,确与众人依旧依凭科举有关。

张之洞敢立潮头,与他在湖北大兴学校教育的经历有关。当时湖北不仅建有师范学堂、工艺学堂、务农学堂,还有一批新式的中学和小学,张之洞治下的"湖北所办学堂,颇有成效",为他博得了"当今第一通晓学务之人"[③] 的声誉。兴学有成、主拟学制、新教育体系搭建的完成等系列成果,让他渐有终结科举的勇气和底气,而不再把精力放在科举考试内容的改良上了。

三 科举制度的社会功效

历朝历代对科举的批评不绝于耳,但多指向流弊,很少否定科举制度本身。因而意见多集中在如何调整上,并不导向废黜。哪怕倒退十年,科举无用论都是惊世骇俗的。在叩问科举何以倒台之前,先问问科举何以例行千年,

---

[①] 张百熙、荣庆、张之洞:《奏请递减科举注重学堂片》,《中国近代教育史资料汇编·学制演变》,第 537 页。

[②] 数据转引自田正平主编:《中国教育史研究·近代分卷》,第 142 页。

[③] 张百熙:《奏请添派重臣会商学务折》,《中国近代教育史资料汇编·学制演变》,第 296 页。

或许会有所帮助。

1861年冯桂芬在《校邠庐抗议》里,提出了一个很有意思的观点。有人大骂朱元璋以时文取士,"其事为孔孟明理载道之事,其术为唐、宋英雄入彀之术,其心为始皇焚书坑儒之心",冯桂芬做了认真的回顾,认为嘉道以降虽然流弊日甚,但明初的八股文"未尝不根柢经史,胎息唐、宋古文,程墨有程,中式有式,非可卤莽为之"。更重要的是——

> 旷览前古,取士之法屡变,而得人辈出,莫能轩轾。论者谓盂圆则水圆,盂方则水方,任以何法取之,所得不外此若而人。柳宗元《送崔子符罢举》诗序曰:"惟其所尚,又举移而从之。"可谓通论。何以言之?盖以考试取士,不过别其聪明智巧之高下而已。所试者经义,聪明智巧即用之经义;所试者词赋,聪明智巧即用之词赋,故法异而所得仍同。然所试之事太易,则聪明智巧之高下不甚可辨。①

对科举制度,冯桂芬首先持肯定态度。他认为考什么不重要,重要的是通过考试这种方式,选拔出聪明智巧之才。无论考经义,还是考词赋,脱颖而出的必定是同一批人,外在形式困不住真正的英才。这大概就是林纾说的"须知人才得科第,岂关科第得人才"(《闽中新乐府》)吧,张謇亦言"人才能取科举,非科举能取人才"②。用今天的话来讲,各行各业做得好的人,多有共通之处。不能说取水之器是圆的,水就是圆的,取水工具是方的,水就只能是方的。水暂借于盂,盂却束缚不住水,何况世间本无万能万变的盂。冯桂芬认为,在科举问题上,八股文的形式没有错,朱元璋的方式也没有大过,唯一当措意的是,考试宁难勿简。用杀鸡之术试英才,只会让英雄亮不出牛刀,展不开身手。也就是考题太容易了,分数就拉不开距离。对应试的人来讲,考经义就用经义展身手,考词赋便用词赋去过招,像水一样随物赋形。对朝廷来说,只要选好量才之具,并按照合适的尺度和程序去取才,便大致可网罗到英才。即便不会没有漏网之鱼,也能得其大半,并把中间的可塑之

---

① 冯桂芬:《变科举议》,《校邠庐抗议》,第37、38页。
② 光绪三十四年(1908)江苏教育总会上学部请明降谕旨勿复科举书,朱有瓛主编:《中国近代学制史料》第2辑上册,华东师范大学出版社,1987,第115页。

材导向既定方向。

关键是方向在哪里？要把天下人往哪里导？究竟想要怎样的人才？这无关考试，要看施政的方向和目标，科举真正考的是统治者。科举制度是否成功，不能仅凭应试者的个人境遇来定。既然实施科举制度的并非一朝一代，那么决定科考方向和人才模式的，也不是个别王朝的意向。究竟考诗赋还是考经义，以骑射取人还是以文辞选才，乃至以才学为主还是以血统为宗，须追溯到更深广的文化理念和价值传统上去。冯桂芬没有解释为什么用盂，而不是用桶、用头盔去取水，但他赞赏柳宗元"惟其所尚，又举移而从之"的论断，认为考试内容必然随着风尚的转移而转移——先有时之"所尚"，后有"从""举""移"的可能。唐至宋初，科考重诗赋，举国好文辞。王安石改试策论，在意实际的施政能力。明清主经义，自是看重经学的功能。①

康熙二年（1663）的乡试和会试，曾把第三场的策论移到第一场，第二场于表、制之外，增加了一篇论，不过以2场代3场，礼部侍郎黄机强烈反对说："制科向系三场，先用经书，使阐发圣贤之微旨，以观其心术。次用策论，使通达古今之事变，以察其才猷。今止用策论，减去一场，似太简易。且不用经书为文，人将置圣贤之学于不讲，请复三场旧制。"② 黄机说得很清楚，策论重通变的"才猷"，经义则以阐发义理的方式窥知"心术"。比照张之洞先考中学经济和西学经济策论，后试四书五经义的改革方案，顺序不同，思路却是一贯的。雍正时有人主张废制义，张廷玉指出"若废制义，恐无人读四子书讲求义理者矣"。乾隆三年（1738），舒赫德又提议废制义，认为时文、经义、表、判、策论皆"空言剿袭而无所用"。礼部尚书尔泰批驳说，尽管科举"特就文学而言耳"，而"人之贤愚能否，有非文字所能决定者"（莫忘清政府骑射民族的背景）。但"治乱盛衰初不由此"（即文学本来就不能治国），"实心仰体，力除积习，杜绝侥幸，将见数年之后，士皆束身诗礼之中，潜心体用之学，文风日甚，真才日出矣"才是最终目的——落脚点在

---

① 冯桂芬：《变科举议》，《校邠庐抗议》，第38页。
② 赵尔巽等：《清史稿》，中华书局，1977，第3149页。

"诗礼",知书以达理,利成而国安,否则终日无所事事,皆成游士,狱讼不止。①

骑射建邦、诗礼立国,文武历来并称(今天文理并举,武靠装备不靠勇力)。可国固之后又总是崇文抑武,措意的仍是权力久安。在科举中断的元朝,李世弼曾言:

> 科举……岂徒篆刻雕虫而已哉,固将率性修道,以人文化成天下,上则安富尊荣,下则孝悌忠信,而建万世之长策。……国家所以藉重古道者,以六经载道;所以重科举也。后世所以重科举,以维持六经,能传帝王之道也。科举之功,不亦大乎!②

科举尊经,为的是维系"率性修道,以人文化成天下"的社会理想,以及上下相安的社会等级秩序。在没有宗教维系的世俗社会,拿什么来维系抵制武力的"人文社会"?又如何维持不靠武力来镇压的等级秩序?在儒家方案里,这就是礼——"礼别异,乐合同"。礼就是"古道",是孝悌忠信的人伦,是上下相安的朝纲,是"万世之长策"。它在诗书里,在六经里,在儒家的社会理想里。因此科举要的不是文字,而是人心,是稳定民心的社会意识形态。

统治需要儒家,胜于儒家需要政治,想想孔孟满口仁义不言霸道的屡屡碰壁和"迂阔"之讥,再想想上至清廷"经者非他,即天下之公理而已"(《四库》经部总叙)的定调,下至民间关公庙、武侯祠、贞节牌坊的鳞次栉比,就可知儒家经义对中国政治和中国社会的伟大贡献了。它同时约束上层和下层,把所有人规训到各自的位置和职责上。这种共识是不易达成的,尤其在排斥暴力和宗教的背景下。看看西方人对它有多少肯定,就知道它在世界范围内的稀缺了。科举经常被拿来与西欧的贵族和教会体制、印度的种姓制度、奥斯曼的贡男征兵制度进行对比,被认为是近代工业化社会之前,政府所能够建立的最精妙的制度,在量才录用方面也被认为是最成功的。这是

---

① 后两例出自徐珂:《清稗类钞》第 5 册,商务印书馆,1920,第 11—15 页。
② 转引自邓嗣禹:《中国考试制度史》,商务印书馆,1936,第 384—385 页。

伏尔泰、马克斯·韦伯等大批西方学者的共识，今天依然是世界范围内中国古代社会高度文明的典型例证。

看似迂腐、高远的儒家理想，却提供了社会平稳运行的社会认同。它凝聚人心，且已成传统，可以像意识形态或公共精神一般引导价值方向，从而减少社会暴动和动荡。在任何社会，阶级流动都会由价值观念所引导，都是事关资源分配和政治稳定的大问题。科举因经义而重，经义因科举而隆，国家制度与文化理念紧密结合，在上千年的运作和调适中实现了均衡，也确实带来了社会的稳定和文化的繁荣。从选拔功能看，科举当然维系等级制度，但它同时也在落实儒家选贤举能、能者治国的政治理想，并提供了相当的开放与公平。在英雄不问出身的稳定机制面前，人民活在阶层可以流动的希望中。在古代中国，国家的繁盛不在穷兵黩武，而在上下相安，天下太平。

四 社会危机与科举危局

正因科举一以贯之的正常运行，带来了各得其所、各司其职的社会稳定，又保证了适度的社会流动性，儒家选贤举能、修身治国的政治主张也缔造了开明政府的形象。哪怕在清末官职有限、补缺甚难的情况下，仍给社会以活力和希望。因此科举所重的经义，即便有工具和意识形态的成分，古人也极少质疑它的精神导向和价值追求（把儒家视为儒教，更易理解这种精神性的共识）。章学诚曾把举业比作用以交换的钱币，但他依然肯定说：

> 学人具有用之材，朴则有经史，华则有辞章，然以经学取人，则伪经学进而经荒，以史学取人，则伪史学进而史废。辞章虽可取人，毕竟逐末遗本。惟今举业所为之四书文义，非经非史非辞章，而经史辞章之学无所不通，而又非若伪经伪史之可以旦夕剿饰，又非若辞章之逐末遗本，上以此求，下以此应，正如金钱之相为交质耳。非然，征金钱者，志不在金钱，而在布帛菽粟；试士以举业者，志不在举业，而在经史辞

章有用之材。①

四书义理妙在非经、非史、非辞章,却又必须经史子集兼通,或曰即经即史即辞章,最具有综合性,而且短期内难以剿袭伪饰,符合冯桂芬考试宁难毋易的要求。经史偏"质",辞章属"文","文质彬彬,然后君子"。但无论用什么标准,伪学都可以乘势而起,因而不能把科举制艺的作用无限放大。它不过是一种媒介,近似交换用的货币。货币本身不是目的,目的是用它来进行交换。但这不等于说黄金白银本身一文不值,标准的意义在于大家认可它。经史和辞章得有用,推举长此道者,才能服众。换句话说,政治身份和社会地位要依赖社会认同,这种认同不必是世界范围内的普遍价值,但一定要在群体内部起作用。达成价值认同比制定具体的规则难多了,这不是一个王朝、一届政府所能完成的事业,而是儒家千百年来的努力,也是科举何以能跨越王朝持续运转的原因。

可章学诚之后,不到百年时间,康有为便痛斥科举"徒令其不识不知,无才无用,盲聋老死"②,梁启超也说科举"是使数百万之秀民皆为弃才也"③。科举还是科举,经史还是经史,何以例行了1300年的科举突然变得无用起来?严复说得最明白,所谓的无用,"非真无用也,凡此皆富强而后物阜民康,以为怡情遣日之用,而非今日救弱救贫之切用也"④。文辞大义作为酒足饭饱之后的怡情之物是有用的,但在国家贫弱之时,却只能是粉饰太平。修己治人之方和化民成俗之理再高,也是"无实"的。所谓的无实,"非果无实也,救死不赡,宏愿长赊。所托愈高,去实滋远。徒多伪道,何裨民生也哉"⑤。放在康乾盛世,道德文章可以锦上添花;如今救死不赡,讲得再好也是"伪道",必须从眼前的国运民生上做起。因此,"由后而言,其高过于

---

① 章学诚著,仓修良编注:《跋〈屠怀三制义〉》,《文史通义新编新注》,浙江古籍出版社,2005,第591页。
② 康有为:《请废八股试帖楷法试士改用策论折》,《康有为全集》第4集,第79页。
③ 梁启超:《公车上书请变通科举折》,《饮冰室合集》文集第2册,第226页。
④ 严复:《救亡决论》,《严复集》第1册,第44页。
⑤ 同上。

西学而无实；由前而言，其事繁于西学而无用。均之无救危亡而已矣"。① 既然制艺繁难有余，切用不足，又何必自苦如是呢？不仅八股文宜废止，一切汉学宋学、经史子集都该束之高阁。世道变了，在生存问题面前，西方科学才是有用之学。讲究科举文章，好比没有结果的"蒸砂"之举，煲多久都吃不上饭——

> 夫科举之事，为国求才也，劝人为学也。求才为学二者，皆必以有用为宗。而有用之效，征之富强；富强之基，本诸格致。不本格致，将无所往而不荒虚，所谓"蒸砂千载，成饭无期"者矣。②

类似的意思古人也不是没有说过，但说这番话的不是别人，而是严复。他不仅把物竞天择、适者生存的社会进化论介绍到中国，而且带着《国富论》《群学肄言》《群己权界论》《法意》等大批西方译著而来。这就不再是以往的偶发议论了，而是有强大的英国功利主义学说和实绩作为支撑。站在经义对面的，不再是骑射，而是整套西方现代文明。在惨痛的教训和严峻的形势面前，这些新思想振聋发聩，风靡一时，梁启超曾指出"十年来思想之丕变，严氏大有力焉"③。新理论资源把从王韬、郑观应等早期维新派讨论的实利问题，汇为洪流，光明正大地走向了中国思想和学术的前沿。国人在亡国灭种的形势下，不得不放弃道德文章的讲求。用功利主义和现实主义重新审视科举，"无用以为大用"的长远追求就迂阔于事了。批判的武器取代了武器的批判，形势不同，性质自然不一样。

中国人本来就讲求实际，"天下熙熙，皆为利来；天下攘攘，皆为利往"在司马迁时代就已高度写实，所以他才感慨《孟子》开篇就是"王何必曰利"。提倡道德，好比划定禁忌，实际是通过压抑人性的恶与贪，扶助有益于集体生活的善和让。逆着本性讲道德，比顺从欲望走向功利难得多。与其说儒家的高头讲章催生伪善，不如说儒家一直在防范人性的恶与谲，以"从心

---

① 严复：《救亡决论》，《严复集》第1册，第44页。
② 同上书，第43页。
③ 梁启超：《论中国学术思想变迁之势》，《饮冰室合集》文集第7册，第680页。

所欲不逾矩"的濡化方式为最高境界,故曰心性之学。这层道德的高墙垒了上千年,社会才渐渐有序,别忘了孔子的时代是君臣互诛、父子相残不绝于史的。若要毁弃,可以一日千里,恶到没有底线。杨念群指出,科举制的废除助长了"痞子运动"。① 后来革命蜂起、清朝覆灭、底层暴行、知识分子堕落、各种价值的失范等,与此不可谓毫无关系。

不能说中国以前就不企慕富强,但在不患寡而患不均的小农社会,富强从来就不是最高理想。否则也不会艳慕"小国寡民"的世外桃源,更不会有"垂型万世"的大同理想。何怀宏指出:"几千年来,中国居支配地位的价值观念一直不是要追求富强、追求功利、追求经济的不断发展与财富的不断增殖,而是要追求天下太平,追求一种内外、上下的相安相养,并鼓励一种道德的人格类型和一种精致、文雅的文化,但以这种价值观为核心的中国文明,自然无法抵御近代以来强劲扩张的西方文明。"② 现代社会与前现代社会的一个重要变化,就是从宗教的、军事的、政治的传统社会组织类型,走向以商业、经济、科技为中心的利益集团竞争。近代欧洲得益于科技和军事的发达,商业以前所未有的速度和规模向外扩张,最终带来了全球性的资本掠夺。在这样的背景下,已经被冲破防线的中国社会,首先要面对的是国际碾压。上下相安无法再靠内部协调的利益让渡来维系,国家和族群成为利益的保障屏障。

韩非子说"上古竞于道德,中世逐于智谋,当今争于力气"(《五蠹》),晚清不幸而为全球竞智、竞力的时代,经义道德挡不住机器轰鸣,梁启超谓"变亦变,不变亦变。变而变者,变之权操诸己,可以保国,可以保种,可以保教。不变而变者,变之权让诸人,束缚之,驰骤之。呜呼!则非吾之所敢言矣"③。早在1884年朝鲜"甲申事变"后,日本人就意识到"今日道德主义在万国交际中,决不可行。争名誉、竞势力,依赖权谋术数,损他利己,各国皆然。故如乘交际国之危急,强逼之以博取本国利益,在道德上视之,

---

① 杨念群:《废除科举助长了"痞子运动"》,《长江日报》2014年1月9日。
② 何怀宏:《选举社会——秦汉至晚清社会形态研究》,北京大学出版社,2011,第323页。
③ 梁启超:《论不变法之害》,《饮冰室合集》文集第1册,第8页。

虽当深加非难，然所谓干练之外交官者，无非在实地施行此方略而已"①，非但果断地放弃了传统的汉学和国学，竞事西学，而且公然宣扬损人利己的利益观。日本儒学家西村茂树曾对当时的日本学风表示强烈的不满，批评明治政府颁布的新《学制》"专说治生兴产，教导仁义忠孝者，一语也未见"②。非但"知识利益"与"道德修身"、"治生兴产"与"仁义忠孝"的差距在初遇西学的日本人眼里分外分明，道德与功利的裂痕也困扰过西方近代几代学人。传统美德能否在快速变迁的现代社会存身，是社会学家涂尔干、斐迪南·滕尼斯（Ferdinand Tönnies，1855—1936）、查尔斯·霍顿·库利（Charles Horton Cooley，1864—1929）等人一生的焦虑与关怀。多少研究从这里起步，多少理论力图正视这种落差。

正是在传统道德不足以应对世变，或者说原有价值体系被西方强权冲得七零八落的时候，优胜劣汰的社会进化论和英国功利主义经济学，在弥补中国传统思想之无力的同时，也改变了国人审视自己的眼光。27岁就夺得探花的张之洞，居然与两度名落孙山终入行伍的袁世凯一起联名上书："虽废去八股试帖，改试策论经义；然文字终凭一日之长，空言究非实诣可比。"③ 发出"西人皆曰为有用之学，我民独曰为无用之学"④ 感慨的，也不仅是严复这种吃过洋墨水的留学生，还有康、梁这样走科举道路的传统读书人甚至是大清皇帝。说到底，打翻科举的，不是有用或无用的八股或经义，而是关于有用和无用的价值观。非但科举无用，连经书和文章都是"空言"。这回跃居文学之上的，不是武功，而是西学制造。武举早在1901年8月就废止了。中国走出"文武之道，一张一弛"的治乱轮回，制造工艺被视为"实诣"，在中国历史上还是头一回。

进而言之，与其说打败科举的是学堂，不如说是西方近代社会。因为要

---

① 《当在宇内炫示日本军队的武力》（发表于当时的《自由新闻》），转引自李庆：《日本汉学史》第1部，上海人民出版社，2016，第104页。
② 李庆：《日本汉学史》第1部，第108页。
③ 袁世凯、张之洞：《奏请递减科举折》，《中国近代教育史资料汇编·学制演变》，第531—532页。
④ 梁启超记戊戌变法期间许应骙、徐桐等反对科举改革，《中国近代学制史料》第1辑下册，第108页。

寻求西方那样的富强，国人才由技术而制度地顺藤摸瓜，最后学来的自然也不止于西式教育制度，而是制度背后的整个西方社会形态。承认西洋优于中国，西人之所学和西学之所出就不需要再论证了（反观此前各种中西同源的比附，不过是替西学寻找依据而已）。进入20世纪，先考中学还是考西学，中西比例如何分配，变得没有意义。因为随着局势的恶化，科举连同中学和传统价值理念一同势倒。推广西式学校，不是简单的西学胜利，而是西方现代文明的胜利。从科举到学堂，非教育改革所能涵盖，而是教育充当了社会变革的急先锋。废除科举，加速了清王朝的灭亡，因为它撼动了传统社会的根基。尾随在学堂之后的，是社会组织模式的全盘改易。

第四节　普及教育与现代社会理念

一　拖垮科举的过分在意

1905年9月，直隶总督袁世凯领衔，会同盛京将军赵尔巽、湖广总督张之洞、两江总督周馥、两广总督岑春煊、湖南巡抚端方，再次奏请废除科举，以推广学校。在最后一奏里，除以有限办学经费讲求有用之学外，还出现了一个新的说法："科举夙为外人诟病，学堂最为新政大端。"[①] 科举是中国内政，如今外国人的态度却成为举足轻重的力量，说明新政有外力介入。科举与学堂的选择成为新政重心，学堂又俨然成为西向的标志。若用今天的眼光看，发展才是硬道理，和工业、国防、农业、金融、司法等部门相比，教育似乎谈不上首重。哪怕是司法改革，与政局的关系可能都更直接。然而，在晚清新政里，教育却被推到了政治改革的风口浪尖。

袁世凯和张之洞在1903年的奏章里，开篇即言"窃惟国无强弱，得人则兴，时无安危，有才斯理。诚以人才者，国家之元气，治道之根本，譬犹饥渴之需食饮，水陆之资舟车，而不可须臾离者也。"[②] 人才被视为政治根本，

[①] 袁世凯、赵尔巽、张之洞等：《会奏立停科举推广学校折暨上谕立停科举以广学校》，《中国近代教育史资料汇编·学制演变》，第538页。

[②] 袁世凯、张之洞：《奏请递减科举折》，《中国近代教育史资料汇编·学制演变》，第530页。

是甲午后的舆论共识。沈葆桢说"中朝鼓励人材之用，莫捷于制科"①，陶模等言"为政之要，首在得人；取人之方，不外学校科举"②，康有为认为"今变法之道万千，而莫急于得人才；得才之道多端，而莫先于改科举"③，梁启超称"变法之本，在育人才；人才之兴，在开学校；学校之立，在变科举"④，几乎众口一词。科举若不改观，非但各地官员奏请不断，民间亦有各种不同的"教育救国"活动，我们熟知的张謇、蔡元培、张伯苓等都在民间积极办学。

然而，这也正是问题所在。拖垮科举的一个重要原因，就是国人对科举的过高期望。科举不过是一种官员选拔制度，与教育相关，却无法涵盖教育。考试只是一种择优手段，一如冯桂芬所言，"盖以考试取士，不过别其聪明智巧之高下而已。所试者经义，聪明智巧即用之经义；所试者词赋，聪明智巧即用之词赋，故法异而所得仍同"⑤。只要社会资源还没有丰富到能按需分配，竞争和选拔就一定存在，不过标准不同而已。社会学研究认为，只要人在社会里生活，不平等就会是社会的核心内容。无论何处发展，社会模式永远是一种不均衡体系。就连呼吁共产主义社会的马克思也认为，没有竞争和选拔的平等世界，只有在社会和永久社会模式消失之后才会到来。但社会不平等非但不代表政治不稳定，反而是维系社会平稳的条件，因为资源是有限的，人类还没有出现过大同社会，短期的乌托邦实验均以失败告终。只要各种制度能够协调运转，履行各自的社会功能，社会结构总体就是平稳的，制度也仍是有效的。教育只是制度之一，现在却要让它承担整个社会体系的重压，可社会目标和社会形态已经发生了变化。

改革是一个配套工程，任何一种具体制度都不具有也无法承担国家兴衰的重责，亦不可能与观念和价值体系完全脱节。当近代中国在军事和科技领域受挫之后，要求"百年树人"之方迅速跟进，本身就是不现实的。观念的

---

① 沈葆桢：《筹议洋务折》，《中国近代教育史资料汇编·洋务运动时期教育》，第651页。
② 陶模、德寿：《奏请变通科举折》，《中国近代教育史资料汇编·学制演变》，第25页。
③ 康有为：《请废八股试帖楷法试士改用策论折》，《康有为全集》第4集，第78页。
④ 梁启超：《论变法不知本原之害》，《饮冰室合集》文集第1册，第10页。
⑤ 冯桂芬：《变科举议》，《校邠庐抗议》，第38页。

改观最慢，人为设定的规则是随着目标和方向的调整而调整的。科举框架内的各种调解意见，本质都是改良而非改革，意在向西方现代社会靠拢。这本来没有问题，就像如果可以选择，大多数人都会倾向于英式革命而非法国革命，因为暴力是要付出代价的。就像筚路蓝缕的近代早期教育，千辛万苦培养出来的人才，许多不是倒在战场上，而是无声无息地死于大革命的暗杀中，让人痛心。制度自然有一定的保守性，但这有利于缓冲压力和维持稳定。对科举的过分在意，不仅使得任何调整方案都频遭物议，而且其本身亦因背负国家盛衰的沉重负担而举步维艰。当外部压力升级时，它俨然已是船大难调头，只能搁浅。

1905年的会奏奏章提到，"日俄和议一定，中国大局益危"①。说的是发生在中国东北和朝鲜（时为中国附庸国）的日俄战争，最后日本取胜，成功跻身帝国之列。再度受到这个"蕞尔小国"的刺激，折呈递上去之后，与以往不同，不仅马上获批通过，而且不是10年为期的名额递减，而是即刻废止科举！在并未穷尽其可能性的情况下，科举从一子难挪，变而为全盘皆废。转折之急速，也不难理解。庚子之乱后，国人对各种相持不下的争吵已失去耐心。在众多改革方案里，真正实施的也为数极少。

国运已去，信心不在，艰难的协调让人望而却步。一旦日本成为简易的效仿模板，开新便易于破旧，这是中国社会多少年来的惯例。而一旦先行的教育开始系统移植，就不会再考虑各种维度的协调和后续了，背后有成套西方社会生产组织模式的跟进。教育会带来观念和社会再生产模式的变化，这是事先未曾预料的，也是西方社会学新近的研究发现。自上而下的废科举兴学堂，不仅是清王朝的自掘坟墓，也埋葬了整个中国传统社会，它不是简单的王朝事件。上千年的制度、思想及其资源，几十年的时间便砖瓦无存，近代中国经历的剧变在世界历史上也是罕见的。当时钟变慢时，未必是某一齿轮出现问题，也可能是整个动力系统的毛病（比如需要紧发条），或者是参照系发生了变化（如与光速比）。某种程度上，科举几乎承担了晚清对国力

---

① 袁世凯、赵尔巽、张之洞等：《会奏立停科举推广学校折暨上谕立停科举以广学校》，《中国近代教育史资料汇编·学制演变》，第538页。

衰微的全部懊恼与惊慌，因此"教育救国"曾经是许多人终身的信仰。

二 现代社会的学校教育

对科举制度的过分倚重，与管理层都是科举出身的文化事实有关。这种社会结构也决定了清朝人不会从物质生产上（小民所业）寻找国力不振的根源，而是咬定学术不振才导致人才不兴，继而使国家落后挨打。这是中国传统的思考方式，也是士大夫阶层责任意识的表现。美国汉学家列文森即使认为儒教不能拯救中国，也依然肯定儒家思想赋予精英阶层的强大责任意识，而这才是中国社会得以完成现代转型的动力和源泉。① 这让我想起马克斯·韦伯著名的《新教伦理与资本主义精神》。在未有或拒绝唯物思想的背景下，精神力量与责任担当始终是社会关注的焦点。把自家田产分给劳苦大众的中国早期革命者，多是接受过良好教育的社会上层；要求打破科举制度的改革者，亦是曾经受惠于科举的得第者。无论如何，这种为家国天下主动割舍利益，甚至是自我牺牲的壮举，是不容抹杀的伟大传统！

对科举的抨击，少不了以学校为对比；对科举的放弃，也是因为有学校做代替。对学校寄予厚望，是因为认为它所传授的西学和培养出来的西学人才，才能带来国家未来的富强。富强的国家应该是个什么样子呢？当然首先要有军事上的强和经济上的富。可西方列强在这些方面，是以欺凌的负面形象出现的。正向影响国人对西方文明认知的，是教育，是学校。1895年康有为在《上清帝第二书》（即《公车上书》）里就关注过西方的教育状况，并提出"才智之民多则国强，才智之士少则国弱"②。1898年的《请开学校折》又指出，欧美各国先前只有少数贵族和教士能接受教育，近百年大兴国民教育，国力因是大增。普鲁士战胜法国"在学生而不在兵"，日本打败中国"亦非其将相兵士能胜我也；其国遍设各学，才艺足用，实能胜我也"，把国家强弱与受教育人数的多寡直接挂钩。③ 按照文明国家的形态，中国也该让更

---

① 参阅〔美〕约瑟夫·列文森：《儒教中国及其现代命运》，郑大华、任菁译，中国社会科学出版社，2000。
② 康有为：《上清帝第二书》，《康有为全集》第2集，第42页。
③ 康有为：《请开学校折》，《康有为全集》第4集，第316页。

多的国民接受教育。康、梁以此抨击科举制的不足。

如果说康有为当时还没去过日本,对外国的认识得益于传教士的介绍,那么1898年6月赴日考察的朱绶,便深受震动:

> 学校之名,中东皆同,而其实迥乎不同。中国之学校专为文教而设,东国则推以教水陆之战阵、有无之贸迁以及艺术也、农作也、音乐也、裁缝也、盲视哑语也、跳舞体操也,无一事不设学校也。中国以文士专讲读书识字目为学校中人,其余则否。东国则中外臣工、文武员弁、大小教习,以及新旧之兵、行坐之商、百业之工、四境之农、闺阁之淑媛、提携之幼稚、残缺之穷氓,无一非读书识字人,即无一非学校中人也。乌乎同哉?①

一个来自内陆省份江西的士子,发现了中西教育最大的不同。叫什么名字不重要,重要的是科举仅限"文教",自古以来就属于精英教育。而日本效仿的西式学校不弃农工,甚至惠及妇女和残疾,是一种不限于文字的普及教育。好比慈禧听到西方国家的女性也能上学时,亦不禁感慨中国实在太穷,连男子也只有极少数念得起书。这种超越物质层面的盛世景观,为古往社会构想所未及。对于这个自古崇文尚礼的国家而言,比任何具体课程、授课形式、考试科目,都更令人向往,无怪乎国人总是在这方面不吝夸大与美化。今天亦经常以受教育状况来衡量一个国家的文明程度。"无一非读书识字之人""无一非学校中人"之类的表述,在清末非常常见,这当然不是西方的实情。

这种中国古代无法想象的社会图景,带来了对西式学校及西方文明的无限向往与憧憬。据张仲礼《中国绅士》统计:1840年前后,全国通过科举考试的各级官学在读生员为739199人,占4亿总人口的0.18%。② 若根据乾隆朝开始的50取1的府考比例,有入学读书能力的人约占总人口的9%。考虑到赀选和纳捐的生员也是通文墨的,与正规生员的比例一般为1∶2,那么晚

---

① 朱绶:《东游纪程》,吕顺长编:《晚清中国人日本考察记集成:教育考察记》上册,杭州大学出版社,1999,第114页。

② 张仲礼:《中国绅士》,上海社会科学院出版社,1991,第100页。

清的识字率在13%左右。① 用现代眼光来看，一个国家87%以上是文盲，是不可思议的。可即便如此，中国仍是当时世界少有的礼仪之邦，因为科举制度最大限度地释放了国民力量。凡是有追求、有能力的人，都会通过各种努力实现自我教育，以改变自己的社会阶层。我们很容易忘记，在前现代社会，教育并非国家行为，识字率普遍很低。普及教育是现代社会的产物。

在人类历史的大多数时期，教育都是非正规的生活技能学习，文化适应是后来逐渐形成的。只有当社会发展出足够的剩余产品，有闲的富裕阶层才确立起正式的传习方式（"学校"的希腊语本义就是空闲）。所以最早的正规教育出现在中国、希腊、埃及和阿拉伯的发达地区。作为上层社会的特权，耕种、狩猎、养殖等生活需求当然不包括在内，文化、思想品格、阶级风尚才是培育的重点，孔子的"君子不器"也有这层意思。但晚至大学已经出现的近代早期，西欧教育的内涵仍是宽泛的，不限于学校。在学校教育里，最重要的是读写能力。这是西方国家学习和教导《圣经》的基础，因而除了贵族和少数富人，只有传教士能够读写，学校教育也大多与教会有关。后来市民经济催生了大学，在相当长的一段时间里，大学都在与教会做斗争。而在古代中国，不能读写就无法进入官僚阶层，文书是信息表达和传递的基础，今天依旧如此。对绝大多数从事农耕和家务的人而言，读书识字不是生活的必需。今天工业化程度低的国家，即使有义务教育，普通人也没有上学的意愿。教育形式及其内容，和社会发展的状况有关。

改变教育发展形态的，是现代社会工业化的需求。新机器和新工作方式，要求工人具备基本的读、写、算能力（即传统的Reading、Riting、Rithmetic，简称三R能力）。工业革命早期，没有机械知识的工人经常在挖隧道和采矿中丧生，事故不断自然影响新技术和新设备的使用和推广。严复在《救亡决论》里也说过，没有科学观念的国人经常捣毁机器，"出死力与铁路机器为难"。随着工业化的发展和越来越少的人以务农为生，学校教育对社会的健康发展变得越来越重要。具备科学知识的技工和熟练工更具市场竞争力，企业

---

① 此处采用了田正平的计算方式，参阅《中国教育史研究·近代分卷》，第5页。

家从新技术中不断受益从而成为科技赞助商,政府官员急于了解社会的需求与发展,而贵族阶层早就在呼吸"绅士们"的科学空气。这必然影响到社会风向和学校教育。近代早期,无论是在西欧还是在中国,科学都是最大的时尚。

美国学者雅各布指出,18世纪上半叶英国学校的数学教科书成倍增长,40年代达到高峰。各种数学和机械知识课程,吸引了校园内外大批的听众,甚至不乏从他国远道而来的"爱好者"。而国会议员们把新知识作为增加自身权力和财富的手段,争取地主和工业主的支持,从而推动政治的改革。正是英国的科学教育和科学文化,催生了英国的工业革命,随后以强大的经济和军事效益向欧洲扩散。19世纪初拿破仑战争期间,法国人便认为英国士兵拥有他们不知道的多种制造技术,通过拷问英国犯人的方式来获取信息。[1] 所以,是新经济业态需要大批受过教育的劳动者,由此推动了教育普及。而科学知识的进入,是现代教育的特点,直到18世纪末,中等教育都完全是人文学习。自然科学对传统文法教育提出的挑战,第八章再展开。

我们经常谈现代、谈教育,可很少有人追问什么是现代,什么是教育。现代是比照着古代来讲的,现代性就是现代社会的独有特性。教育虽然自古就有,可我们理解的教育是现代社会的教育,更确切地说是西欧工业革命以后才逐渐成形的新教育模式。它重科技、重推广,与经济和社会就业直接相关;它是世俗的、制度化的,与国家政权紧密相连;它是工业社会的、历史性的,与西欧社会的发展方式有关,继而因西欧文明的扩张而推广到全世界。传统社会与现代社会的差别,是社会学密切关注的话题。教育是现代社会的侧重,它区分了不同时期的两种社会形态。下表是传统社会和现代社会特性之比较(表2-3)[2],对我们或有启发。

---

[1] 参阅〔美〕玛格丽特·雅各布:《科学文化与西方工业化》,李红林、赵立新、李军平译,上海交通大学出版社,2017,第162页。

[2] 引自〔美〕詹姆斯·汉斯林:《社会学入门——一种现实分析方法(第7版)》,林聚仁等译,北京大学出版社,2007,第637页。

表 2-3 传统社会和现代社会特性之比较

特征		传统社会	现代社会
总体特征	社会变迁	慢	快
	群体规模	小	大
	宗教取向	多	少
	正式教育	无	有
	定居地点	乡村	城市
	人口转型	第一阶段	第三或第四阶段
	家庭规模	大	小
	婴儿死亡率	高	低
	预期寿命	短	长
	健康保健	家庭	医院
	时间取向	过去的	未来的
物质关系	工业化	无	有
	技术	简单	复杂
	劳动分工	简单	复杂
	收入	低	高
	物质财富	少	多
社会关系	基本组织	共同体	社会
	家庭	扩大的	核心的
	对老人的尊重	较多	较少
	地位	先天获取	后天取得
	性别平等	少	多
社会规范	现实、生命和道德观	绝对	相对
	社会控制	非正式	正式的
	对差异的容忍	少	多

我们看到，学校教育（即正式教育）是现代社会的产物，应结合物质生产关系，放在整体社会变迁中考察。换句话说，现代社会和古代社会在结构方式、组织原则、思想观念各方面都是不同的，教育只是其中的一个因素。由于现代社会在结构制度方面结合得更紧密，因而教育作为社会模式的互动因子，对其他要素的依赖程度和对社会结构的影响力也比以前大。它越是规范，系统的稳定性就越大，它的结构功能也越明显。

乾隆朝有人提议增加科举名额，以抚恤终老寒窗的老童生，乾隆的回答是：科举为选拔俊才而设，不是慈善机构，更不是养老所。当时的中国不具备普惠的能力，哪怕在最富庶的康乾盛世。没有经过生产发展和技术升级的传统型国家，也没有普及教育的动力与要求。"知识改变命运"是建立在教育资源和社会资源稀缺的基础上。等级社会无不实行精英教育，古希腊、古罗马甚至一度选择性地养育子女，弑婴现象非常普遍。把教育集中在少数人身上，是一种迫不得已的节约社会成本的方式。在资源有限的条件下，普及的代价一定是降低标准。像印度这样人口庞大的贫穷国家，至今仍是精英教育，从而使之无论在科技还是在文化领域，都能在世界上占有一席之地。

我们是在西方国家的强势入侵下，迅速转入现代轨道的。小型的、分散的、以家族为中心的传统社会，已一去不返。正规学校教育在西方发动的全球竞赛中，成为事关国家命运的国家行为。学堂取代科举，并非西方教育战胜中国教育，或者说西学战胜中学，而是西方近代教育模式代替了中国古代传统教育方式，是传统型社会向现代工业社会的转变。问题不在学校是否真的优于科举，而是科举背后的那个时代过去了，接受西学就必须接受它的传习方式和发展路径。而接受西方的教育模式，要的其实并不只是西学，而是西学背后那个强大的社会。

当西欧现代精神随着资本的全球扩张，冲决一切异质的观念后，等级社会和精英教育逐渐成为过去的、落后的象征，不再见容于现代社会。对集权的打击以及由此引发的对抗，今天仍在继续。人们逐渐忘记，民主和平等思想出现在现代社会，并非偶然。一方面，工业社会的发展带来了大众教育和文化普及，由此才有突破等级的平等觉悟；另一方面，"资本来到世间，从头到脚，每个毛孔都滴着血和肮脏的东西"（马克思语），工业化不仅碾压着劳工阶层，还不断粉碎其他文明和其他社会形态。前者是现代性反思的内容，后者是后殖民理论关注的焦点，我们不当忽略。

三 国民理念与教育普及

无论对现代社会和世界形势有多少理解，晚清已经感受到变革势在必行。

在扳倒科举的最后一本里，张之洞和袁世凯明确提出：

> 且设立学堂者，并非专为储才，乃以开通民智为主，使人人获有普及之教育，且有普通之知能，上知效忠于国，下得自谋其生。其才高者，固足以佐治理；次者亦不失为合格之国民。兵农工商，各完其义务而分任其事业；妇人孺子，亦不使逸处而兴教于家庭。无地无学，无人不学，以此致富奚不富，以此图强奚不强？故不独普之胜法，日之胜俄，识者皆归其功于小学校教师；即其他文明之邦，强盛之源，亦孰不基于学校。而我国独相形见绌者，则以科举不停，学校不广，士心既莫能坚定，民智复无由大开，求其进化日新也难矣。故欲补救时艰，必自推广学校始；而欲推广学校，必自先停科举始。①

学校已经不再是培育官员的"储才"之具，还要措意于农工商兵的培养，追求无人不学的"普及之教育"。这样的言说在维新派的文字里屡见不鲜，但在官方文书里，还是少有的明确。批复的上谕也出现了"多建学堂，普及教育"的字句。这意味着官方以接纳全体国民的态度，意欲改换精英教育。矛头不在考什么内容，而在究竟想要什么样的人才，职业教育取代经义辞章已是题中应有之义。意在铸造国家富强之基的"无地无学，无人不学"，击倒了千百年来的人才标准。结果，运行了上千年的精英教育，在等级社会终结前退出了历史舞台，这是意味深长的。

即便科举废除前许多人未曾多想，可一旦新教育理念呈现出来，人们很快就意识到其主旨和方向的差异。此后，尽管西式学堂的收效和弊端让人们大失所望，民间捣毁学校的事件和读书人对前途的迷茫也加剧了时代的动荡，朝野上下不乏恢复科举的呼声，但普及国民教育已成为支持"科举之必罢，学校之当兴"的重要基石。1908年江苏教育总会请求朝廷下旨，断绝天下人复科举的念头。科举能否得人已不是论述重点，举业所习究竟有没有用也不在讨论范围内，科举绝不能死灰复燃的理由，落在了它与学校的培养方向差

---

① 袁世凯、赵尔巽、张之洞等：《会奏立停科举推广学校折暨上谕立停科举以广学校》，《中国近代教育史资料汇编·学制演变》，第538页。

异上：

> 盖科举与学校有一最异之点：科举之责望子弟也，在人人使尽为人才，作秀才时便以宰辅相期许，故卯而角者格致之字义未明，而治国平天下固已卒读矣。学校之责望子弟也，在人人使尽具人格，自幼稚园以至强迫之学龄，有荒而嬉者，国家之科条有必及在其父兄或保护人且加罪矣。一言蔽之，科举思想务富少数人之学识，以博少数人之荣誉，而仍在不可知之数，其思想也，但为个人非为国家也。学校思想务普及全国人之知识，以巩全国人之能力，而不容有一夫之不获，其思想也，视吾个人即国家之一分子也。科举之义狭，学校之义广，科举之道弘，学校之道公，明乎此，则科举之必罢，学校之当兴，有断然矣。①

少数精英不足以缔造国家富强，已成共识。学校作为普及教育的工具，强大的是全体国民，而非少数个人，最终富强的是国家。科举与学校的对立超越了传习内容的中西差异，上升到公私、家国大义上来，很好地阐释了现代社会的精神。

"国民教育"和"公民教育"的称谓虽然民国才出现，但渊源却在清末。清末的科举与学堂之争，引发朝野上下的广泛震动，实际上起到了思想启蒙的作用。普及不仅成为古代教育和现代教育的分水岭，而且整个中国近代文化都是朝这个方向行进的。如后来的新文化运动、文学革命、白话文运动、国语改革，都可以用1917年陈独秀的"三大主义"来概括——"推倒雕琢的、阿谀的贵族文学，建设平易的、抒情的国民文学；推倒陈腐的、铺张的古典文学，建设新鲜的、立诚的写实文学；推倒迂晦的、艰涩的山林文学，建设明瞭的、通俗的社会文学"②。抒情的、写实的也好，通俗的也罢，都是为了便于文化推广与普及。它的对立面不是古典，而是少数人掌握的精英文化、贵族文化。

1902年，清廷依据日本学制制定《钦定学堂章程》，包括蒙学堂（幼儿

---

① 光绪三十四年（1908）江苏教育总会上学部请明降谕旨勿复科举书，朱有瓛主编：《中国近代学制史料》第2辑上册，第114页。

② 陈独秀：《文学革命论》，《新青年》1917年第2卷第6号。

园)、小学堂（分寻常小学和高等小学两级，简易实业学堂与高小并行）、中学堂（初级师范学堂、中等实业学堂与之平行）、高等学堂（高等专门实业学堂、师范馆、仕学馆与之平行）、大学堂（分大学院、分科大学、大学预备科及专科大学，附设师范馆和仕学馆）在内的全套教育体系，史称"壬寅学制"（图2-1），拉开了近代教育的序幕。壬寅学制未及实施，管学大臣张百熙因权力斗争无法继续工作，由张之洞接任。1904年1月，张之洞主导的《奏定学堂章程》出台，成为第一个国家颁布并在全国范围内推行的现代教育体系，直至1911年清朝灭亡，史称"癸卯学制"（图2-2）。癸卯学制沿用三级六等（纵向）和普通、师范、实业并立（横向）的日本教育体系。学阶上的明显调整，在实业学校部分：增设艺徒学堂与初小并行，初等实业学堂与高小、中等实业学堂与中学并立，把高等实业学堂从大学预科提到与分科大学（即正式大学）平行的位置。如此，每一个阶段都既可以进入普通科继续深造，也可以进入实业科接受职业教育走向社会，从而实现两条路线的上下完全贯通。《奏定学务纲要》明确指出：

> 家庭教育、蒙养院、初等小学堂，意在使全国之民，无论贫富贵贱，皆能淑性知礼，化为良善。高等小学堂、普通中学堂，意在使入此学者通晓四民皆应必知之要端，仕进者有进学之阶梯，改业者有谋生之智能。高等学堂、大学堂，意在讲求国政民事各种专门之学，为国家储养任用之人才。通儒院，意在研究专门精深之义蕴，俾能自悟新理，自创新法，为全国学业力求进步之方……①

在近代学制设计里，高等教育（高等学堂、大学堂、通儒院）承载着储才的精英理想，中等教育（包括中学和高小）则强调国民的谋生技能。我们今天的教育是分小学、中学、大学三级，中学又分初中和高中两个阶段，大学以上才属于高等教育。近代中国起点低，小学分初小和高小，中学不分阶，中学像今天的高中，高小属于中等教育。今天的九年义务教育不包括高中，同样中学在近代中国程度不算低，能够接受高等教育的人极少。相较而言，晚

---

① 《奏定学务纲要》，《中国近代教育史资料汇编·学制演变》，第495页。

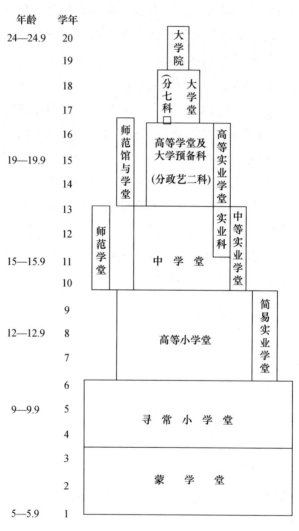

图 2-1 壬寅学制系统图

清更钟情高等教育,虽处起步阶段,但清末开设的实业学校里高等学堂占比不小,之下的小学和中学却尚未建立(见第一章第四节)。民国实业学校分甲、乙种,对应中等和初等实业学堂,分别与中学和高小平行。(图 2-3)由于综合性大学里也有农、工、商科,出于节约经费的考虑,民国将之移出了

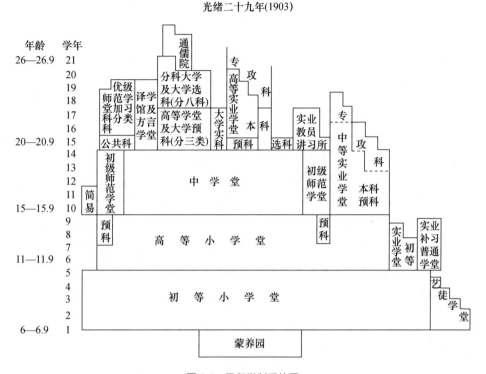

图 2-2 癸卯学制系统图

大学,并入各自专科大学(包括医科)。蔡元培主导的北京大学改革即是如此。但由于综合性大学的地位更高,这种做法实际降低了实科的地位,蔡元培有重学轻术的议论。然而降低门槛,增加中等学校的数量,对教育普及却是有益的。

此后,学制虽多有调整,但中国近代教育体系基本成型,普及教育的方向已然确立。1904年学部统计的新学堂有4222所,在校学生92000余人。到1907年,由于科举已废,普通学堂增至35241所(其中中学419所),学生达958600人(中学生31682),包括实业学堂140所、学生8835人,师范学堂553所、学生36608人。1909年普通学堂增加到52138所(中学460所)学生达1573491人(中学生40468人),包括256所实业学堂的16823名学生和427所师范学堂的29126名学生。与1840年前后官学就读的739199人相比,增长惊人。

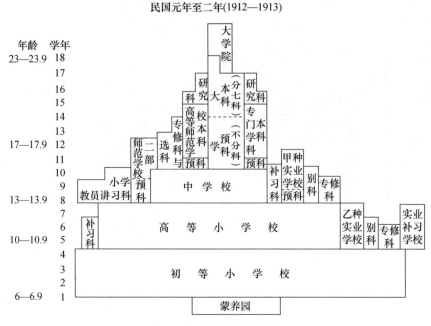

图 2-3 壬子癸丑学制系统图

(摘自陶行知《中国建设新学制的历史》)

若考虑到科举时代最低也得是秀才才能进入县学，而秀才没有年龄限制，平均智识水平要高于10来岁的小学生（小学生年龄放宽到9岁，初小4年，高小4年），那么秀才至少要和中学生比。中学和高等学堂（包括高级实业学堂和优级师范学堂）人数有限，接受新教育的人主要集中在小学阶段（包括高小）。明白了这一点，就知道何以直到民国中学老师的地位都不低了。以1909年为例，小学50301所、学生429443人），中学才460所、学生40468人，相差10倍多。（表2-4）因此，近代教育是把更多的资源和精力放在了以前不能读书识字的孩童身上，以为国民教育的基础。小学程度虽低，但办好却不易，因为中学和高等学堂还能聘请外国人和留学生任教，小学却普遍求师无门，而且量多面广资金缺口大，所以师范教育极其迫切。克服重重困难的动力，正是新兴的普及教育理念。

表 2-4　1907—1909 年晚清西式学校数据统计表①

	高等小学		两等实业小学		初等小学		中学	
	学堂数	学生数	学堂数	学生数	学堂数	学生数	学堂数	学生数
1907 年	1955	84623	2451	126191	29199	684657	419	31682
1908 年	1954	93579	2936	155214	35420	904987	430	36364
1909 年	2039	112551	3513	199018	44749	117874	460	40468

四　普及教育的国家背景

无论是"使全国之民，无论贫富贵贱，皆能淑性知礼，化为良善"的初级基础教育，还是"意在使全国人民具有各种谋生之才智技艺"的实业教育，都指向全体国民，指向"富民富国"的国家利益。在科举时代，念书是个人选择，国家只负责选拔，所以只有极少数进阶的人才能进入官学，私塾和书院是民间力量。而西方连选拔和任用制度都没有，晚至 19 世纪初期洪堡进行德国教育改革的时候，人们不知道学校还应有考试这档子事儿。教育是贵族阶层的特权，普通人读书没有意义。在宫廷和教会学校传统里，教育不是为将来从事神学工作打基础，便是个人的自我完善方式。正式的学校教育是现代社会的事情，把教育纳入国家行为更有一个历史发展的过程。由于古代社会没有系统的学校教育，以大学为例更有说服力。教育史一般把 1810 年德国创立的柏林大学视为第一所现代大学，也就是说与 12 世纪最初出现在意大利博洛尼亚、法国巴黎、英国牛津的前现代大学性质不同。探究这个"现代"究竟在什么意义上发挥作用，对我们理解教育的现代化或曰现代国家的教育形式大有裨益。

大学兴起于 12 世纪的西欧，与城市经济的发展密不可分。但早期大学是流动性的，教师在哪里，学校就在哪里，没有固定的地址和形式，因此追溯不出确切的建立时间。学生根据自身需求注册到某位教师名下，像学徒一样缴了学费就可以开始学习。钱花光了或者不满意也可以退学，读完学位的人

---

① 数据来自《中国近代教育史资料汇编·普通教育》所录学部总务司制《光绪三十三年份第一次教育统计图表》《光绪三十四年份第二次教育统计图表》《宣统元年份第三次教育统计图表》。

很少（详见第八章第五节）。国家非但不参与大学事务，大学反以追求自治为传统，努力摆脱教会和君主的干涉。具有行会性质的中世纪大学更像实用性的职业培训所，市民和农民（贵族子弟不占主流）花钱来上学是为了成为神职人员、政府官员、医生或律师，因此规模大一点的大学形成了艺学、神学、法学、医学的基本架构，艺学院进行基础性的学习，后三者是高级学院。与当时的城市就业状况挂钩，民法和教会法最受欢迎，然后是医学。15世纪后半期，接纳人文主义思潮后，大学的博雅性质才随着人文学科的进入而增加。17世纪以后，自然科学由体制外进入大学，并随着工业化的发展而地位逐渐显赫。但它们是在哲学院（艺学）寻求席位，虽然提高了艺学院的地位，却没有改变神、法、医的基本架构。学科独立、院系纷纭在800年的大学发展史里，只有百余年的历史，与科技的飞速发展密不可分。

英国教育走在了世界的前列，古老的牛津大学至今仍是世界名校。据科技史相关研究，英国的科学教育领先欧洲其他国家至少一代人，因此瓦特改良蒸汽机引爆的工业革命，18世纪60年代首先在英国诞生。工业革命向欧洲大陆蔓延，法国和荷兰迅速跟进。但当时的德国还不是统一国家，大部分地区位于农村，属于落后的传统农业社会，是历史上第一个遭遇工业文明碾压的"发展中国家"。1803年拿破仑重整欧洲秩序的时候，大量的德意志小国从地图上消失，德意志神圣罗马帝国则于1806年覆灭。德意志最大的邦国普鲁士也被法军占领，威廉三世逃到了偏远的东普鲁士。在死里求生的境况里，1807年东普鲁士开始励精图治。后来担任普鲁士宰相的哈登堡写道："谁要想继续生存下去，谁就必须保持竞争能力和效率，必须进行民族的自我更新。所有的国家都必须强制性地接受这一时代的新原则，否则就死路一条！"[①] 可见其时代危机感之强。错失第一次工业革命红利的东普鲁士，面对英法的威胁，必须走一条与现代化原生国家不同的发展道路。威廉三世选择了规模化的教育生产，力图从教育上寻求科技和军事的领先地位。康德的学生费希特提出教育是全民族的事业，另一个学生洪堡则把科教兴国落到实处。从此，教育不再是个人事务，它属于国家的发展战略。

---

① 转引自李工真：《大学现代化之路》，商务印书馆，2013，第42页。

1809年主管普鲁士教育改革的洪堡，正是从国家层面设计学校的教育制度。他强调普通教育和职业教育必须分开，学校要像国民统一学校那样分级分阶段地展开。当时的小学、中学乃至大学多由私人运营，不需要官方认可，也没有政府监管，是散乱的。洪堡本人就没有上过小学和中学，只念过两所大学，而大多数人上完小学基础课程便投身社会。洪堡首先厘清了中小学的界限，把语言和数学作为初级教育的重点，以教师培养和教学方法改革为整顿小学的重心。中学则以培养国民普遍的学习能力为目标，注重语言、数学、历史方面的能力训练，并废除以往的等级特权，以全体师生的考试成绩作为进阶和任职的凭证。念完高级中学后，素质良好的学生进入职业教育，或入专门学校，或入大学深造，要么就进入社会的大熔炉。与此同时，1807年普鲁士颁布解放农民令，1810年取消强制行会制，1811年实行自由职业制，允许人民自由择业。民间接受教育的意愿变得强烈，而且有了实际意义。

作为顶层设计，大学不是技工培养学校，它必须承担创新性的科学生产。把科研和教学一起作为大学的目标，正是洪堡的伟大之处。从此大学不仅是传授老旧知识的机构，更是驱动知识和社会发展的前沿。新成立的柏林大学成为现代大学的样板，被世界各地传抄。尽管当时最好的自然科学研究汇聚于哥廷根大学，但是新成立的柏林大学体现了新的大学理念。蔡元培正是依据德国的大学理念改造北京大学的。民国以后，中国教育由仿日转入直接取径德国。蔡元培选择去德国留学，正是有感于日本教育乃取径德国，不如直接从源头学起。

尽管洪堡的主张没有尽行实现，他的教育思想也有内在的纠结，但是他主导的改革及其教育思路显然是成功的。普鲁士是全世界第一个实行全民义务教育的国家，它释放出的生产力和创造力使之迅速崛起。1870年的普法战争，东普鲁士不仅打败了强大的法国，而且完成了德意志的统一，成为欧洲霸主。这段光辉的历史反复出现在晚清议论中，被视为国民教育的成果，即所谓的普鲁士之胜"在学生而不在兵"。的确，国家力量和国家资源的介入，使德国不仅在19世纪末的第二次工业革命中领先世界，而且成为继英国之后的世界科技中心。开启两次世界大战需要何等强大的科技和军事实力。第二次世界大战以前,还没有哪个国家像德国那样,培育出那么多享誉世界的顶级科学家和思想家。

因此,不仅日本、中国等后发国家无不效仿德国教育,那些老牌资本主义国家也纷纷根据德国的模式调整学制,如1870年英国也开始以国家力量介入教育事务。与国民教育一体的普及思想在世界范围内成为共识,得益于德国的历史经验:国家地位的领先要靠工业来提供物质资源,要靠科技来提供武器和机械力量;科技就是生产力,科技要靠教育来孵化;不仅要有高素质的产业工人,还要有发明新科技的高层研究人员;现代化教育是提升全体国民素质的普及教育,是培育民族科技竞争力的创新型教育。在全球竞争时代,教育成为国家行为,与国家的命运息息相关,自我完善、自生自灭的精英教育时代一去不返。近代中国在国家竞争落败中领悟到了这一点。更确切地说,日俄战争日方取胜的结果,让有识之士感到日本将会是下一个东普鲁士,而中国尚不如法兰西强盛,科教兴国刻不容缓!

第五节 专业教育与现代社会生产和再生产

培育国民的理想,由面向大众的普及教育来承担。在德国现代教育理念中,普通教育致力于学生学习能力及其基础的培养,以便进入社会后无论从事什么职业,哪怕转业,都有继续学习的能力。职业教育或专业教育由高等教育来承担,无论是综合性大学还是高等专科学校,都有明确的专业方向和职业导向。因此,即使到1904年涂尔干研究法国教育史的时候(正是晚清"癸卯学制"诞生之时),区分中等教育和高等教育的标准仍是专业化的职业导向。① 但近代中国并非如此。专业化教育从初级实业学校(以农学、工学、商学的形式分别展开)开始,即从高小就分流了,甚至延伸到初小的艺徒学堂。这倒不难理解,实业学校为普通大众准备,一般人没有能力念完中学。何况当时"实业救国"思想高涨,从零开始的教育设计必须突出不弃四民的

---

① 〔法〕涂尔干:《教育思想的演进》,李康译,商务印书馆,2016,第458页。

普及愿望。

由于正式的、官办的初级和中级学校此前是空白，科举瞩目的人才选拔勉强对应西方的高级教育，因此清末对办高等实业学堂有更多的热情（尽管水平参差不齐。参阅表1-3、1-4），民国才开始下移。而对中国传统教育的批评集中在科举，或者说主要指向士与官。在各种非议中，尤其值得注意的是先试后选还是先选后试的争论，不仅动摇了入选得官的合理性，还涉及人才的培养模式。换句话说，这是以西式高等教育标准来要求科举，它意味着随着西方学校教育的进入，职业理念和专业化的追求改变了国人对社会关系的认知，随之而来的必将是社会结构的重组。

一 对传统官员知识结构的质疑

如同国人对学校精神的发现是在比较中一点点清晰的，对科举的检讨，也在对比中逐渐拓宽。严复的"凡中国之所有，举不得以'学'名"①，固然走向了极端，但亦有一个推进的过程。起初，人们只是要求追加西学内容，后来发现科举考试的楷法、八股、诗赋、经义都是没有用的东西。再后来，连科举选拔和形塑的国之栋梁，也成了误国误民的废物：

> 今日之士，他日之官也，问国之大学，省之学院，郡县之学官，及其所至之书院，有以历代政术为教者乎？无有也。有以本朝掌故为教者乎？无有也。有以天下郡国利病为教者乎？无有也。当其学也，未尝为居官之地，其得官也，则当尽弃其昔者之所学，而从事于所未学。传曰：吾闻学而后入政，未闻以政学者也。以政学犹且不可，况今之既入官而仍读书者，能有几人也？以故一切公事，受成于胥吏之手，六部书办，督抚幕客，州县房科，上下其手，持其短长，官无如何也。何以故？胥吏学之，而官未为学也。遂使全局糜烂，成一吏例利之天下，祸中腹心，疾不可为。②

---

① 严复：《救亡决论》，《严复集》第1册，第52页
② 梁启超：《变法通议》，《饮冰室合集》文集第1册，第17—18页。

这段话至少有三层含义：首先，士与选拔出来的官员应当具备历代政术、本朝掌故、郡国利病等基本知识，即当以政学为基础的学养。其次，只有学好了政学专门知识才有资格管理国家，不应像科举这样当官之后才开始接触治理。所以"学非所用，用非所学"是科举设计的根本误区。最后，中国之所以糜烂，就是因为主事的官员不学无术，而做事的胥吏是无士德的另一批小人。官学本为政学，而选官的经史词章和诗词歌赋与从政的能力无关。所以必须改变先选后试的培养模式，以所业责所学，学好了治理术的人才能入仕得官。

反对把国家事务交给没有经过职业训练的业余人士，实际受西方现代职业分工思想的影响，就像列文森惊讶地发现中国古代的文学家都是业余的一样。北宋王安石用策论取代诗赋，正是为了强化执政的能力。历朝政治、本朝制度、天下郡国利弊属于策问的考察范围。第三节说过，经义、策问、诗赋各有所试，考察的重点是不一样的。作为国家管理者，究竟什么样的知识是必需的？但问题已经不在梁启超提倡的政学或政法学是不是标准了，而是他开始怀疑官员的知识结构，认为国家的行政效率有赖于有针对性的专业学习。梁启超的改良之策是增加政学内容，更关键的是要先习政再从政，以治理实绩来选拔官员。重设标准相对简单，重订程序则意义不同，它不仅否定了科举选拔的有效性，更直接威胁到现任官员的权力合法性。通俗一点讲，就是学好了经史词章也不代表他们有统御万民的"大人"资格。梁启超当然倾向改良，但清末新思想最后往往走向革命。

梁启超提出了官学、吏学、士学的区分问题。此前的政书和类书大体按部门职能对官学进行划分（见第三章第三节）。科举只是入场券，得官后在实际岗位的历练中升降。这实际是先选后试，由政绩决定沉浮，中途贬职、罢黜乃至丧命者不计其数，所谓"从来迁客应无数，重到花前有几人"（张籍《同白侍郎杏园赠刘郎中》）。张之洞也承认应试消磨了举子太多的时间和精力，但"诸名臣之学识阅历，率皆自通籍以后，始能大进"[①]，经义词章是量才之器，治理能力是后来历练出来的，曾国藩、李鸿章这样的名臣都是

---

① 张之洞：《变科举》，《劝学篇》，第100页。

大浪淘沙、百炼成金的。因此官学的确不是士学，治政和应试所需不同，但让候选者直接从政再进行选拔，也是不切实际的，毕竟民多官少。是否专门学习政学就会有行政的能力呢？恐怕也是纸上谈兵。清末的时务策论最终亦沦为了新八股。

其实无论怎样扩充考试的内容，都不足以应对复杂的社会现实，好比要求学生在校期间学会将来可能需要的所有技能一样不切实际。以为学好了政法就能当好官，和以为读好了圣贤书就能治理国家一样，都是理想主义的一厢情愿。所以，洪堡认为普通教育只解决基础和根本的学习能力问题，职业内容留待日后深造（指进入社会，只有少数人能接受专门高等教育），是卓有远见的。这和科举的选才思路其实近似，综合素养比通晓具体事务重要。何况小农社会，社会分工需求低，没有专业壁垒，也没有那么繁杂的行政事务要处理。古代教育首先应对的是社会流动和阶级稳定的平衡，而非职业技能的传递和专项知识的发展。后者由学徒和行会制度来承担，属于前现代社会的局部问题。我们不能无视社会背景与需求的差异，以复杂的现代科技型社会来衡量古代。即便今天，政治系或行政管理系的专业考试同样检测不出学生未来的实际从政能力，依然需要基层历练。

梁启超引证的"操刀割锦"非但不适合现代工业社会，同样不符合前科举时代的事实。"闻学而后入政，未闻以政学者也"出自春秋时期郑国执政子产之口。子皮想让尹何做家宰，子产觉得尹何太过年轻。子皮提出，可以让尹何边做边学。子产劝阻说，如果喜欢一个人就把权力交给他，好比不会操刀就让他去裁锦，不会驾车就让他去狩猎，不仅害他，而且害政。（《左传·襄公三十一年》）子产想说的是，不能因个人偏好急于授政。在贵族世袭社会，行政资格不由学习决定。《论语·子张》谓"仕而优则学"，贵族行有余力后才会措意学习。"学而优则仕"仅对春秋末期极少数有机会的平民有效，一千年后才由科举制度来实施。这里的"平民"与贵族相对，贵族社会瓦解后，亦非所有的平民都能参加科举考试。只有少数家境殷实者才能不事产业，专心读书，以提升自己的社会等级。科办胥吏则是处理日常杂务的部门差役，教育既属文化精英的特权，自然也不会要求皂隶有多高的文化素养，以前没有胥吏成学之说。吏学多是负面形象，是官学旁落的结果（详见

第三章第三节)。要求古代官员进行有针对性的、事务性的学习,是现代职业社会的观念投影,显然属于新思潮。

1898年,严复在《国闻报》上发文,指责科考士子于考试外一无所知,"一旦通籍,则尽弃其诗书乐礼之空谈,而从事簿书期会之实事。非独其事非所素习也,即其情亦非己所素知"。也认为讲究诗书乐礼的士学和官务实际缺乏联系,但他不认为官学就是梁启超说的政学,而是更加琐细的"簿书期会"——等同于胥吏所学。方向一致,但主张不同。严复还强调:"天下之官,必与学校之学相应,而后以专门之学任专门之事,而治毕举焉。"① 直接以专门之学和学校对接,也就否认了科举改革能改出胜任专门之事的人才来,实际是以西方高等教育为模板,把学校教育放在职业教育的位置上,而且直接与将来的择业和就业挂钩。

如果说学校培养的专才,将来应分任国家专门之事,那就不仅意味着学校传习要与国家职事合拍,国家政务应重新归纳(因为学校专业为西方现有),还衍生出学校毕业生将来要取代科举出身、瓜分天下之官的意思。这暗示了西式教育体系的引入,将带来国家机构和政治权力的重大调整,导致了晚清巨大的社会动荡和阶级重组。由西学到教育制度到政权结构方式再到社会结构,社会转型由上而下,层层勾连,最终带来的是重新组织的西式现代社会。

二 分门肄习的教育思想和实践

梁启超和严复有关所学关所业的主张,既然来自西学影响,必然就不会只是他们二人的发现。1892年的薛福成就注意到了这个问题。他说宋明以后科举重八股,导致士人除文辞外一无所能。官员任职亦毫无章法,一会儿户部,一会儿兵部,一会儿又刑部,以致为官多年,没有专长。人家西方就不一样,"士之所研,则有算学、化学、电学、光学、声学、天学、地学,及一切格致之学;而一学之中,又往往分为数十百种,至累世莫殚其业焉",工匠所习亦有"攻金、攻木、攻石、攻皮攻骨角、攻毛羽,及设色搏埴"的区别。攻金、攻木、攻石、攻皮攻骨角、攻毛羽的说法,出自《周礼·考工

---

① 严复:《论治学治事宜分二途》,《严复集》第1册,第88—89页。

记》，实非西方工艺的类分方法。说"以禹之圣而专作司空，皋陶之圣而专作士，稷契之圣而专作司农、司徒，甚至终其身不改一官，此唐虞之所以盛也"也属牵强，经不起拷问。但他发现了西方社会专业化的特点，并把西方科技的强盛归因于分门别类，愈推愈广，认为中国也该像他们那样各司其业、注重专精。① 而中国传统恰恰是推崇博洽的，一曲之学向来为人不齿。1861年冯桂芬在《校邠庐抗议》里批判文臣不知兵、武将不知理时，倚靠的仍是"未有不博古而兼通今，综上下纵横以为学者"②的通才观。可见通与专、博与精的确是中西的不同追求，而且观念的改变是在洋务运动之后的中西接触当中。

薛福成1890年出使欧洲，他的《出使英法义比四国日记》广为流传。非常可贵的是，他没有停留在社会风俗等表层差异上，开始留心学术问题，感受到了中西治学方式的巨大差异。这个话其实德国传教士花之安早在1879年就说过了，只是当时中国人注意力不在此。花之安在《万国公报》上批评中国的词章之学是"涉猎之学"，认为中国人求全求遍的育才观是成问题的。西方学校分郡学院、实学院、仕学院、太学院、技艺院、格物院、船政院、武学院、通商院、农政院、丹青院、律乐院、师道院、宣道院等，都是分业肄习的，最终齐头并进。他还引经据典地说，"尧、舜之智而不遍物，知有当务之为急也，乃世人骛广而荒，必不能成其智。朱子云'学贵精，不贵博'，得为学之要矣。谚云'百艺无如一艺精'，其言虽浅，当深思其理。凡为学不精，未能通于世用，为学岂可贪多务博，徒知其事而已乎"，主张"即前人已备之学，分类而行"，如此学问才能精深。他指出，西方制造背后皆有分门别类的格物、理、数、化等专门之学做支撑，"器具之学固多，尤必执一艺之专精，以为异日谋生之计，非泛泛而学之也"。职是之故，中国技术不如西方。③

---

① 薛福成：《治术学术在专精说》，《薛福成选集》，第421—422页。
② 冯桂芬：《采西学议》，《校邠庐抗议》，第55页。
③〔德〕花之安：《自西徂东》，第171、148、188页。《自西徂东》最初连载于1879年至1883年的《万国公报》上，1884年在香港正式出版，1888年上海广学会重印，之后多次再版。据统计，该书清末的发行量高达54万册。戊戌变法时期光绪皇帝订阅的129种西书，第一本就是花之安的《自西徂东》，其影响力不容小觑。

薛福成和维新派的观点有多少来自在华传教士已不重要，我在此无意做接受影响的研究。值得注意的是，"国家用才，切不可求备于一人，而国家之育才，亦不可不责备于一人。人各有偏，为之补之，人各有弊，为之救之，鼓其勇往之力，振其颓靡之神，使人人皆为有用之才而不为弃才"①的观点是从中西对比中得来的，与其说他们发现了科举选拔制度的博而寡要，不如说他们意识到中西是在不同的价值向度上发展的。薛福成是少数出过洋的朝廷官员，观念已属超前，但也是十多年后才注意到传教士提出的这个问题的。中国人相信眼见为实，更相信时来运转。虽然不过数年的时间，但到戊戌变法时期，梁启超以政学要求官员的观点，非常自然地融入科举的批判中。当然，那时梁启超还未曾提出废科举，学校更像是补充性的、初级国民培养的机构。严复则要求把西式专门教育推行到底，最终导向国家事务的全盘职业化，他质问道："国愈开化，则分工愈密，学问政治，至大之工，奈何其不分哉！"②严复接受过英国现代教育，他看到的不是局部片段，带入的是整个背景系统。

从初、中级洋务实业教育到最高级的官僚和文化精英培养（学问政治），都要求采取分门别业的传习方式，是一个巨大的观念突破。我们先看此前的洋务学堂，莫不是"分门肄习"的技能专门学校。京师同文馆增补章程明确规定："诸生务令先学洋文、洋语，洋文、洋语通后，亦只准兼习一艺"，以免学生"务广而荒"。③ 1876 年增开代数、几何、天文测算、万国公法课程后，同文馆由语言学校转为综合的西式学堂，学校的级别也大大提升（优秀毕业生赐予科甲出身，意味着视同高级教育）。但"只准兼习一艺"的方针没有变，一直坚持到 1902 年并入京师大学堂。1896 年陈其璋整顿京师同文馆时，依旧强调"举凡算学、化学以及格致、制造等法，分门别类，精益求精，必造乎其极而后已"④，他还嫌分类不够清晰，进行了整顿和增设。

---

① 〔德〕花之安：《自西徂东》，第 172 页。
② 严复：《论治学治事宜分二途》，《严复集》第 1 册，第 89 页。
③ 光绪二十四年（1898）续同文馆条规八条，《中国近代教育史资料汇编·洋务运动时期教育》，第 56 页。
④ 陈其璋：《请整顿同文馆疏》，《中国近代教育史资料汇编·洋务运动时期教育》，第 33 页。

1863年成立的上海广方言馆也是分门教习的。初学者先入下班,"学习外国公理公法,如算学、代数学、对数学、几何学、重学、天文、地理、绘图等事,皆用初学浅书教习。若作翻译者,另习外国语言文字等书"。一年的基础学习之后参加考核,合格者进入上班。上班分7门,或者说有7个可供选择的专业:"一、辨察地产,分炼各金,以备制造之材料;二、选用各金材料,或铸或打,以成机器;三、制造或木或铁各种;四、拟定各汽机图样或司机各事;五、行海理法;六、水陆攻战;七、外国语言文字,风俗国政。"① 学生只能攻一科习一艺,实为培养通外语的技术专才。所以6年后移入江南制造局,后来又与工艺学堂(包括机器馆和化学馆)合并。

既然西方科学是分门别类的,那么学习洋务技术自然顺着外教和教材的知识结构与讲授方式渐次推行。40年后,当清王朝不得不全面采取西式学校教育时,洋务学堂已渐成规模,其教学经验和教学模式对从零开始的新式学校而言,有巨大的示范作用。1896年孙家鼐筹划京师大学堂时,就强调"学问宜分科也。京外同文方言各馆,西学所教亦有算学格致诸端,徒以志趣太卑,浅尝辄止,历年既久,成就甚稀,不立专门,终无心得也"②,以京师同文馆为特出,以专门教习为经验,提出天学(附算学)、地学(附矿学)、道学(附宗教)、政学(附法律)、文学(附外语)、武学(附水师)、农学(附水利)、工学(制造格致各学)、商学(附轮船铁路电报)、医学(附地产植物各化学)的10科分科方案。李端棻在奏章中也指出:"格致制造诸学,非终身执业,聚众讲求,不能致精。今湖北学堂外,其余诸馆,学业不分斋院,生徒不重专门,其未尽二也。"③ 不仅强调专科授学,而且重视终身执业。比京师大学堂开办更早的是北洋大学堂,最初以天津中西学堂之名成立,分工程学、电学、矿务学、机器学、律例学5门授业。尽管其被目为"中国学校有专门学之始"④ 是不准确的,但也说明分科的特点在当时十分醒目。

---

① 冯焌光、郑藻如:《计呈酌拟广方言馆课程十条》,《中国近代教育史资料汇编·洋务运动时期教育》,第191页。
② 孙家鼐:《议复开办京师大学堂折》,《中国近代教育史资料汇编·戊戌时期教育》,第226页。
③ 李端棻:《奏请推广学校折》,《中国近代教育史资料汇编·戊戌时期教育》,第219—220页。
④ 张星烺:《欧化东渐史》,商务印书馆,2015,第75页。

要求学校教育分门别类地进行，是晚清就达成的共识，或者说分科与专门是晚清人眼里的西方学校特点。1896年梁启超总结说："一曰科举之制不改，就学乏才也。二曰师范学堂不立，教习非人也。三曰专门之业不分，致精无自也。"① 与科举对举的西式学堂以专门专业的形式出现。因而分科法和科目表成为赴日教育考察的重点。1902年首先出台的"壬寅学制"，参考日制，把大学分为政治、文学、格致、农业、工艺、商务、医术7个科类。1904年实施的"癸卯学制"增加了经学科，成为8科。

尽管对传统出身的张百熙、张之洞那代人来说，完全放弃通才理想是困难的，作为最高级别的大学教育，依然要以"造就通才为宗旨"②，可既然大学堂是以分科大学的形式开办的，这里的通才也就只是科别内的有限通博（"大学堂以各项学术艺能之人才足供任用为成效"③）。8科大学的课目不一样，并不要求学生跨科听课，甚至连经科大学也把传统的四书五经划为11个门类，学生各领一经即可，"愿兼习两经者，听"，不做通儒硕学的要求。与大学衔接的预科（学生没有上过中小学，程度普遍不够，所以特设预科为分科大学之准备，名为高等学堂。与之平行的是高等实业学堂。见上节学制对比）也是分类的：准备念经科、文科、政法科、商科大学的为一类（近似文科），将入格致科、工科、农科大学的为一类（近理工科），想上医科大学的为第三类。

预科之下属于初级和中级教育。西方要到高等教育才进入专业性的学习。近代中国的特殊情况是，职业教育不是接在普通教育之后，而是由始至终地与普通教育并行，初小、高小、中学都有与之平行的农、工、商各类实业学校。实业学校与职业挂钩，转业不易，也不允许。直到民国，实业学校的学生都不能转入普通中小学，只能在实业系统内部深造。两套系统互相独立，为的是保障更多的生源留在实业系统，接受定向的职业教育。民国正式改实业教育为职业教育。晚清说的"实业"其实相对举业而言，意思是学校所教

---

① 梁启超：《学校总论》，《饮冰室合集》文集第1册，第19页。
② 《奏定大学堂章程》，《中国近代教育史资料汇编·学制演变》，第348页。
③ 同上。

才是真正实用的东西。既然民国科举已废,教育统归学校,这个名称就没有实际意义了。庄启就提出,政法、医学、美术、音乐等专科学校,和以往的农工商实业学堂没有本质区别,不应分别指称。① 职业教育受众更广,更贴近国民生计的所需,成为近代教育的主流。

职业教育显然是分业授学的,不仅有农、工、商等专科学校,内部还有进一步的划分。清末农科学堂已分农业、蚕业、林业、兽医、水产 5 科,工业学堂有土木、金工、造船、电气、木工、矿业、染织、窑业、漆工、图稿绘画 10 类,商船学校分航海和机轮 2 科,与大学分科不一样。黄炎培辨析说,与职业教育并立的是文化教育,与普通教育对应的是专门教育,前者指培养方向,后者措意于形式上分科与否,并不矛盾。② 他说的"文化教育"不同于今天的人文教育,是指不进入职业学校的普通中小学,即所谓的普通科。中小学课程虽然分国文、数学、历史等科目,但属于通识或基础常识,还够不上专业学习。但若考虑到中小学并非教育的终端,除辍学或直接进入社会外,毕业生要么进入更高阶段的职业学校,要么进入大学深造,不会通识到底,所以现代教育指向的还是分门别业。黄炎培说的"普通教育"也不是一般意义与高等教育相对的普通教育,因为近代中国的职业教育提前到小学阶段,打乱了西方近代高级教育和中级教育的界限,所以这几个概念不仅民国人对照西制看不懂,今人看也很是纠结。但从黄炎培的辨析里,我们可以感受到他对职业教育的重视、对专业教育的强调。如果没有戊戌以来对术业专精的认可,就不会有分门肄习的各类教习实践。

三 现代社会的专业化知识生产

现代学校本质是有职业导向的专业教育。随着社会发展,专业化的要求越来越高,分科也越来越细。"专业"显然比"职业"更具体,古代社会连职业也是简单的。欧洲的中世纪大学只有神学、法律、医学 3 个专业,即只有这 3 种职业需要较高学养。农夫、工匠、骑士、家庭主妇等普通大众不需

---

① 庄启:《实业学校改制论》,《教育杂志》1916 年第 8 卷第 8 号。
② 黄炎培:《职业教育析疑》,《教育杂志》1917 年第 9 卷第 11 号。

要多少专业知识，能识字的都不多，没有接受初等教育的需求，靠的是内部的口耳相传和自行提高。和大学一样，西方知识阶层随着城市生活带来的劳动分工而逐渐发展，否则连律师都多余。

正式的、大规模的学校教育是工业革命后社会发展的产物。基础数学和机械知识增加了产业工人的效率和竞争力，而工业革命带来的经济和军事效益使传统读写训练倒向新技术知识的学习。前者推动了教育普及，后者致使应用型知识地位大为提升，不仅得到了大量商业赞助，政府和国家也纷纷鼓励和介入。应用知识18世纪中期得以进入大学，如1762年布拉格大学增设采矿专业。欧洲还出现了通信、战争、财富领域的专门学校，如工程学院、炮兵学校、矿业学校、农业学校、商业学校等。也就是说，第一次工业革命的科技应用及其成效，推动了社会的发展，也改变了对知识的认知。自然科学的经济和军事意义，继而引发了政治和社会的震动，使知识的深入和教育的普及成为国家发展的需求。德国正是在这个过程中奋起直追，发明了与之适应的现代教育体系。

19世纪30年代，德语和英语里出现了"科学家"（Naturforscher, Scientist）概念，科学专业化与研究职业化的趋势已经凸显。19世纪中期，法国社会学家孔德发明了"专业化"（Specialisation）一词，开始注意到这种社会新变。1856年，英语的"专家"（Specialist）首先出现在医学目录里。可见专业化的需求和专业化的事实并非自古已然，它只有两百多年的历史。就像1893年涂尔干把社会分工作为课题来研究一样，知识专业化是现代社会新样态。18世纪仍占主导地位的通才（Universal Man）理想于19世纪告终，"有机团结"是涂尔干总结的现代社会的基本形态。尽管涂尔干和马克思、马克斯·韦伯等人对现代社会分工持不同意见，但都认为这构成了现代社会的基本特点。劳动分工自古就有，知识分化带来的教育专业化却是社会专业化的产物，它不仅造成了人的工具化和异化，也成为构建新社会秩序的基础。

1810年第一所现代大学柏林大学成立的时候，只有哲学（艺学）、神学、法学、医学4个传统学院。19世纪50年代学科不断分化：社会学产生于法学，解剖学和生物学产生于医学，生理学产生于解剖学，哲学产生于神学，心理学产生于哲学，等等。新学科越来越多，越分越细。化学、海洋学、神经生物学、药理学、史前学等新兴学科纷纷入驻,争夺学术地位。瑞士植物学家康多尔(Candolle,1778—1841)说:"每隔半个世纪,科学英才都要变得更加专业化。"① 因此 1826 年美国约翰斯·霍普金斯大学成立时,明确表示要"在文学与科学诸系所中,(我们)提供前沿研究,而非职业教育"②。以职业教育为特点的北美大学,已经不再满足于宽泛的"职业"范畴,而要突出更前卫的学科专业性。

1850—1900 年是欧洲学科兴起的高峰,也是学术专业化的关键时期。美国稍晚。1866—1914 年是德国大学专业化机构成立的巅峰期。我们知道,机构化和体制化在时间上要慢一拍,晚于专业化学科的成型。即便如此,德国也赢得了先机,从而得以引领第二次工业革命,跻身于世界强国之列。德国教育模式也因此成为全球样板,引发英法等老牌帝国的教育改革。这个时间晚得出乎我们的意料,与专科观念涌入中国居然大致同时!

中国最晚从春秋开始,就以士、农、工、商为社会基本结构。管子强调四民不杂处,以使"父兄之教不肃而成,其子弟之学不劳而能",而且工之子恒为工、商之子恒为商,如此"不见异物而迁焉"。职事相对简单,也比较固定。只有士是就学的,农、工、商靠的是"相语"和"相示",是"少而习焉"的实践积累。(《国语·齐语》)唐代实行募兵制,军队开始职业化,所以后来又有士农工商兵的并称。但士其实并非职业,而是一个阶层。春秋战国时期指底层贵族,后世相当于文化精英,是通过科举考试得以脱离民籍的"秀民"。管子强调四民不迁时,提到了一种例外——"秀民之能为士",即无论哪种出身,只要特出,就可以晋升为士。社会流动性是有的,只是当时还没有制度化,否则也不会有战国的诸多白衣卿相了。

周作人曾总结:"前清时代士人所走的道路,除了科举是正路之外,还有几条权路可以走得。其一是做塾师,其二是做医师,可以号称儒医,比普通的医生要阔气些。其三是学幕,即做幕友,给地方官'佐治',称作'师

---

① 转引自〔法〕埃米尔·涂尔干:《社会分工论》,渠东译,生活·读书·新知三联书店,2000,第 2 页。
② 转引自〔英〕彼得·伯克:《知识社会史》下卷,汪一帆、赵博囡译,浙江大学出版社,2016,第 147 页。

爷'，是绍兴人的一种专业。其四则是学生意，但也就是钱业和典当两种职业，此外便不是穿长衫的人所当做的了。"① 官员、教师、儒医、幕僚、账房先生是从士里分化出去的，是有较高文化素养者的主要职业，因为需要一定的读写算的能力，这和西方古代教育重视 3R 能力是一致的。就像鲁迅笔下的孔乙己，虽然穷困潦倒，却"写得一笔好字"，无论何时都是一袭"长衫"，这是身份的标志。

晚清人管同言"今之士不外乎三等，上者为诗文，次者取科第，下者营货财。为诗文者，猎古人之辞华，而学圣希贤，无其志也。取科第者，志一身之富贵，而尊主庇民，建立功业，无其心也。至若营货财，则轻者兼商，重者兼吏，甚者导争讼事欺诈"②，是批评士风沦丧，我们却可从反面看出科第得官虽为世俗显道，但在价值取向上并非最高，学圣希贤、载道文章仍是晚清士人的最高追求。换句话说，把士凝聚在一起的，不是具体的职业，而是所受的文化教育及其价值追求，即所谓的圣人之徒。道德文章是一种文化资本，也是一种价值高标。道通天地，至大无外，儒家求学以问道为宗旨。在这样的思想背景下，士夫之学向来追求通达博雅，连庄子也是反对一曲之学的。"一物不知，儒者之耻"不是叫人把注意力放在各种细节上，而是暗示学无止境，鼓励从格物致知进而修身治国，这是朱熹反复强调的大学之道、入学次第。

钱穆在《现代中国学术论衡》开篇就指出：

> 文化异，斯学术亦异。中国重和合，西方重分别。民国以来，中国学术界分门别类，务为专家，与中国传统通人通儒之学大相违异。循至返读古籍，格不相入。此其影响将来学术之发展实大，不可不加以讨论。③

这段话所言有对也有不对。上文说过，西欧社会并非自古以来就追求专门。19 世纪以前，西方人也推崇浮士德式的完整，达·芬奇这样的全才同样是人

---

① 周作人：《知堂回想录》，龙文出版社，1989，第 64 页。
② 管同：《说士》，陈昌绅编：《分类时务通纂》卷 25 "礼政四"，北京图书馆出版社，2005，未编页。
③ 钱穆：《现代中国学术论衡》，生活·读书·新知三联书店，2005，序第 1 页。

们心目中的偶像。19 世纪中期，随着各种自然学科的独立，知识开始分化，或者说随着知识爆炸式的增长，知识的专门化变得不可避免。不仅新学科的数量每年都在增加，学术杂志每年生产的文章不下百万，出版物不到两年就会翻番。19 世纪早期的托马斯·杨（Thomas Young，1773—1829）在医学、物理学、古埃及学方面都做出了重要贡献，当他被称为"现象级的杨"时，也就意味着这是"最后一位万事通"。1816 年皮科克在小说《险峻堂》（*Headlong Hall*）里说大诗人柯尔律治是"万事通先生"（Mr. Panscope）时，已经是嘲讽口吻了。

社会专业化导致知识分化，知识爆炸带来了学术专门化。在专业分工不断强化和知识日益碎片化的现代社会，博物学家的确成为"濒危物种"。如彼得·伯克所言，知识专门化一方面使人类作为一个整体，拥有前所未有的丰富认知。另一方面也让人们越来越狭窄，看不清人类知识的全景。[①] 因而，专业化的时代更需要通才，我们既需要发现即将消失在学科体系里的知识"空隙"，也需要能对各种知识碎片进行整合和综合的导师，何况古代中国还是一套与西方现代学术完全不同的系统。钱穆指出中国古代讲究的是通人之学，意识到类分学术的意义非凡，并发现西式学科分类和中国古籍旧学格格不入，因而力图进行新的融合。

相对于自然科学，人文学科的综合要容易一些。中国古代学术主要集中在文史领域。因此钱穆把中国学术转向专家之学，归于胡适的鼓吹。就人文知识而言没有问题，第七章会专门讨论胡适"整理国故"的意义。但在自然科学方面，晚清已经分门分类地移植西学了。专业专精的思想戊戌前后广为流传，也落实到新教育体系的建构中去了。一旦教学系统平移西式学科分类，学术研究就很难完全跳出这个框架，哪怕学术写作可以有不同的方式。旧学出身且对中学西类表示怀疑的钱穆，尚且不得不用哲学、科学、史学、社会学、文学的形式来分讲中学，我们就更受既有路径的限制了。因为教育生产的是人，而我们都是现代学科制度培养出来的人。

---

① 〔英〕彼得·伯克：《知识社会史》下卷，第179页。

四　教育生产与社会结构再生产

欧美国家是在漫长的工业化发展过程中,进行教育和学术的调整,以适应社会发展的专业化需求。但中国是在没有多少工业土壤的基础上,模仿现代国家的发展方式,强制推行专业化学校教育。1904 年的"癸卯学制",一方面把全国各地散乱的西式学校都整合到一盘棋里来,另一方面自上而下地把整个西方教育系统都挪到了中国。这就不再是洋务时期依据需求培养紧缺人才了,而是按照西方模式进行人员的规模化生产,不仅意味着人的知识结构要改变,也预示着国家部门和社会结构也将随之进行调整。否则新教育的产品有供无求,难以为继。这就不是社会生产决定了知识生产,而是知识生产决定了社会结构的再生产。这种颠倒式的发展,实为一场社会的狂飙突进。

尽管经过了近 40 年的洋务运动,但中国当时的工业基础还非常薄弱。1895 年清政府才放开国家管控,允许私人资本进入近代军工产业,民族工业乃于 1894—1902 年间得以发展。即便 9 年的时间里,厂矿数量增加了 110 个,但加上 1872—1893 年开设的 63 个,总数也不过 173 个而已。相对全中国的体量而言,甚为单薄。其中纺纱厂之前有 3 家,缫丝厂 50 家。1894—1899 年新增 11 家纺纱厂和 73 家缫丝厂[①],这已经是当时发展最迅猛的行业了,可绝大多数集中在浙江一带,对内陆省份来说,杯水车薪。可以说,中国近代教育体系的搭建与生产力的发展几乎没有直接联系,更多是出于效仿西方国家尤其是日本的发展模式。日本最初也"并不是因为有了工业工厂而兴起工业学校,而是因为兴起了工业学校,培养了毕业生,才开始要兴办工业工厂"[②]。这是社会基础的问题,是近代教育的先天不足。

1917 年黄炎培创办中华职业教育会,正是有感于"国中自小学以至大学学生之毕业于学校而失业于社会者比比"。据他调查,高等小学不到四分之一、中学只有三分之一的学生毕业后继续升学,其余"大都无业,或虽有业

[①] 数据来自严中平等《中国近代经济史统计资料选辑》和杜恂诚《民族资本主义与旧中国政府》,转引自田正平主编:《中国教育史研究·近代分卷》,第 105 页。

[②] 日本文部省官员浜尾新语,出自〔日〕手导精一:《手导精一先生传》,转引自吴光辉:《转型与建构——日本高等教育近代化研究》,世界知识出版社,2007,第 167 页。

而大都非正当者也"。① 蒋维乔也忧虑中学毕业生（在当时程度已不算低）的就业问题，原因"一方面在社会事业之萧条，一方面在实业学校之课程仍属纸片教育，学生毕业，无相当之谋生能力也"②。花大力气办起来的西式学校，也陷入了所用非其所学的困境。毕业生的出路成为衡量新教育成效的标尺，也成为新的社会问题。

黄炎培焦虑道"教育不与职业沟通，何怪百业之不进步"③，以提倡和改良职业教育来纾困。但如果工业不兴，工学毕业生自然无处可去；农业仍是传统作业，现代农林技术也派不上用场。好不容易办起来的新教育，最终回到不过多读数册农、商业教科书的可悲境地。在没有社会需求或工业萧条的基础上平地起高楼，突然冒出这么大的学生群体，落后的农业社会根本吸纳不了。黄炎培后来也意识到"凡一学说、一制度之倡，非人能倡之，盖时势所迫，察其需要之攸在，而为之振导，未几推行全社会。而其推行之迟速，一视乎社会相需缓急之程度如何，振导者积极的进行之精神与消极的排除障碍物之能力如何"④，个人只能是勉力为之。

以政法学校为例，那么多的毕业生，国家如何消化？新政时期，清廷在传统的吏部、礼部、理藩院、翰林院之外，增设法部、民政部、农工商部、邮传部、资政院、审计院、各省各级审判厅和谘议局等新机构，使之成为接纳新人才的新去处。以往培养军备、铁路、矿山、邮政、关税紧缺人员的洋务学堂，在新教育体系里归入了实业教育，毕业生仍流向造船厂、拉铁厂、工程处、邮传电报等相关国有机构。各地各级新学堂的建立，也增加了大量的教员缺口，师范教育一直是中国职业教育的重镇。新机构增加了新岗位，可这给本来就官多为患的晚清政府带来了巨大的财政负担，无怪乎他们只能靠外洋借贷来推动改革。

如果不扩编或扩充有限，那就只能是调配、裁减以往的科举旧员，给新

---

① 黄炎培：《中华职业教育社宣言书》，《中国近代教育史资料汇编·实业教育》，第418页。
② 蒋维乔：《职业教育进行之商榷》，《教育杂志》1917年第9卷第11号。
③ 黄炎培：《中华职业教育社宣言书》，《中国近代教育史资料汇编·实业教育》，第419页。
④ 黄炎培：《中华职业教育社成立五年间之感想》，《中国近代教育史资料汇编·实业教育》，第426页。

人腾地方,这势必带来新旧阶层的利益冲突。如严复毕业于福建船政学堂,属于卑微的技术船员出身,后来做到了京师大学堂的校长,相当于国子监祭酒(四品)。再如民国初年的5位教育总长,除蔡元培是鼎鼎翰林出身、董鸿祎有举人身份外,范源濂赴日学的是师范和政法,刘冠雄是福建船政学堂海军毕业,陈振先学的是农业。洋务学堂学工、学农、学商、学驾驶的人,以前归于贩夫走卒之列,如今不仅名正言顺地步入朝堂,而且得到举人以上方有的做官机会。如果有留洋履历的话,哪怕是去日本上一年的速成班,短期就能获得社会地位的迅速升迁,时间成本远远低于科举应试。

奖励科举出身的"同等学历"制度,一直到民国才废除。从下表(表2-5)不难看出,在科举极低的选拔率面前,新学堂毕业生的待遇相当优厚。要知道廪生是有俸银、可具保的秀才,须是岁考和科考的一等生,每省不过40个左右的名额。而全国的高小毕业生可远不止40个。进士3年一试,全清最多的一届不过406人,最少的一届才96人。大学毕业生可获同等资历,无异于终南捷径。学堂毕业生的人数远超科举录取率,政府部门不可能尽行收容,清末已经出现了补阙无期的官场困局。这无形中又降低了科甲身份的稀缺与尊贵,对旧士子是双重打击。

表2-5 清末新旧并行职位对应表

	学堂类型	科举出身	成绩中等以上授职参照
一级	分科大学(含通儒院)	进士	翰林院编修、检讨、庶吉士、六部主事
二级	高等学堂、政法学堂	举人	内阁中书、中书科中书、各部司务、知州、知县、通判
	高等实业学堂	举人	知州、知县、州同
	优级师范学堂	举人	内阁中书、中书科中书、各部司务
三级	中等实业学堂、初级师范学堂、中学堂	拔贡、优贡、岁贡	州判、府经、主簿、教授、教谕、训导
四级	高等小学堂	廪生、增生、附生	

清政府一方面要为旧举子宽筹出路,另一方面又要把士人往西方科技上引,可谓左支右绌。新学堂毕业生获得的机会,就是旧式读书人失去的地盘,所以双方矛盾不断。如戊戌时期的西学鼓吹者梁启超是举人出身,严复是少数洋务学堂毕业生,一个是名正言顺刚得重用的正途举人,一个是见过世面

却被政坛冷落的归国留学生。虽然在抨击科举、提倡西学的问题上属于同道，但当后来形势朝着学堂毕业生充任官府司衙的激进路线行进后，二人的关系一直微妙，乃至互相嘲讽。维新派本来希望通过变法、变科举来变政，如梁启超言"变法之本，在育人才；人才之兴，在开学校；学校之立，在变科举。而一切要其大成，在变官制"。如何得官、什么人能够得官是他们密切关注的问题，也是其招致当权者非议的重要原因。随着新教育体制的实施，官制的确是变了，说明他们找对了突破口。可权力不是从李鸿章、张之洞辈转到康、梁，而是由整个士大夫阶层让渡给洋务学堂尤其是留洋归国的学生。不仅政权从上到下发生了更迭，而且科举捍卫的儒家思想，也随着社会精英层的知识结构改变而日遭否弃。这个结果民国初年基本显现，恐怕为梁启超和康有为所始料未及。

法国社会学家皮埃尔·布尔迪厄（Pierre Bourdieu，1930—2002）对教育和文化再生产展开过久负盛名的研究。传统不会简单地因惯性而自行延续，而是通过父母、教师、教士及其他社会化推行者的辛勤工作，通过教育体制，向下一代灌输旧价值观，从而使自身得以延续，也因此大体维持社会原样。他强调说：

> 作为使人越来越完全不了解教育行动双重专断性（即人承认教育当局的教育权威及其提供的产品的合法性）的长期性灌输工作，教育工作生产着两种无法区分的东西：产品的合法性和该产品作为合法产品生产合法消费者的合法需要。这些消费者具有合法产品的社会特性，并可以通过合法形式消费这些产品。①

这里要注意几层叠加的"合法"关系：第一，是教育体制的合法性，即教育行为和教育机构被国家或早期的统治阶级赋予了足够的权威，使之得以实现其社会分层的职能。第二，是教育产品的合法性，即成功接受正规教育的人，可以毫无争议地进入指定的社会职位，承担相应的社会职责，由此产生不同

---

① 〔法〕皮埃尔·布尔迪厄、J.-C.帕斯隆：《再生产——一种教育系统理论的要点》，邢克超译，商务印书馆，2021，第47页。

的社会地位和社会阶层。学历和学校声望显然在这方面发挥着重大的区分作用，而这些文化资本的获取是需要家庭背景做支撑的。因此，教育使原有的阶级关系和权力结构继续延续和强化，并赋予其合法性，即教育再生产了社会的阶级结构。第三，作为教育权威的合法产品，成功的受教育者可以有合法的利益诉求，即可以名正言顺地要求消费其相应的文化资本，或者说会要求国家兑现其教育承诺。和布尔迪厄的方式一样，我们先谈抽象原理，再结合具体情况分别展开。

第一，和西方国家不一样，中国近代教育的合法性不是从经济和军事发展的实效中获得的，而是从与西方国家尤其是追赶型后起国家（德国和日本）的国力对比中证得的。因有明确的西方模板，所以并非从无到有一点点地建构，而是一时间全套制度尽行涌入，难免脱离中国社会的实际，而且与此前传统治理模式的斗争分外激烈，清政府夹在内外阻力和压力之间，实施难度相当大，对此当有理解之同情。任何一个国家迫于外强、接受同化的并轨都是艰难的。也因为推广学校教育并非清政府所情愿，它以西方实力为倚靠，在开明士绅的广泛支持下，自上而下地展开。

第二，教育产品的合法性问题，涉及教育的社会功能。教育从来都不仅仅是既有知识的传授，更是维系社会等级的工具，是社会资源分配的基础。现代教育随着工业社会对劳动者新需求的出现而出现，大众教育或曰普及教育又随着社会经济的发展和民族国家社会化需求的推进而推进。即便现代教育理念已今非昔比，但教育的基本功能并没有改变，文凭的作用依旧是把门（Gatekeeping），即通过教育的分类与分流，决定不同的人从事不同的社会职业。每个社会都有自己的资源分配方式，通过社会结构即确定社会角色，把不同的人安放在不同的社会位置上，由此达到社会的整合与稳定。

布尔迪厄指出，学校教育的主导内容，是与主导阶级的利益相适应的文化。这构成了文化资本，即将权力关系转换成合法权威。每代新人都要经过学校体系，这样就再生产出了合法化的结构。那些在这个系统中获得成功的人，就获取了合法的统治地位。失败者也自认为自己的从属地位是合理的。

如此便成为一种双重的再生产，各阶级的结构关系得以维持。① 各阶层各家庭一代代向下传递着各自的优势与劣势，意味着专断文化标准的内化。比如教育是英国人维护阶级制度的主要方式，伊顿公学这样的私立寄宿学校格外发达，它正是西欧近代文明的策源地。只要社会资源是有限的，社会关系是不平等的，教育再产生的社会结构就一定会延续现有的不平等，发挥社会分层和维系统治的社会功能。正如社会学研究所示，哪怕是今天的美国教育，依然在履行使不平等合法化和个人社会化（教导学生接受其所在社会位置的视域与期待）的职能，并没有因经济发展或社会进步而发生本质的变化。

社会结构的不平等一直是社会学关心的重要问题。马克思认为劳动分工本身就鼓励社会不平等，国家存在的目的就是为了保护统治阶级。即便不如此绝对，社会学家也大多承认，一旦不平等的社会关系形成了，结构的不平等就很难改变。一方面是不平等内在于社会互动和社会模式当中，或者说劳动分工本身就制造了不平等。是差异生产并维护着社会系统，社会再生产就是阶级差异的不断再生产，工业社会的高度结构化只会加剧而非弥合这种不平等。马克斯·韦伯的研究也表明，分工越清晰、管理越高效，现代官僚体制的理性牢笼就越发地积重难返。

另一方面，所有社会都以权力为轴，进行社会的分层。正如福柯、布尔迪厄的研究所示，权力无所不在。在教育系统里，规训和惩罚同等重要，只是更加隐蔽和高级而已（参阅第八章第四节）。"教育工作，总具有保持秩序，即再生产各集团或阶级之间权力关系结构的功能。因为不管通过灌输还是排除，它都有助于把对主文化合法性的承认强加给被统治集团或阶级的成员，并且使他们在不同程度上内化约束和检查"，科举不仅成功地把儒家文化承继下去，由上至下地推广到社会各阶层，还是布尔迪厄眼里决定社会等级最成功、最有力的一种制度。② 因此，虽然就内容而言，西学和中学并非天然对立，但中国近代教育的确抢占并接管了科举制确立的文化和社会权威，否

---

① 参阅〔法〕皮埃尔·布尔迪厄、J.-C. 帕斯隆：《再生产——一种教育系统理论的要点》。
② 〔法〕皮埃尔·布尔迪厄、J.-C. 帕斯隆：《再生产——一种教育系统理论的要点》，第50、158—159页。

则在那样艰难和动荡的年代，也不可能发展如此迅速。

如果说劳动分工带来了阶层区隔，社会制度的保守性保障了社会稳定，那么新的劳动分工就不仅仅是带来阶层的流动，还势必扰乱甚至打破原有的社会结构。晚清学堂毕业生就是一股新生的社会力量，他们逐渐接手政府部门，取代旧式读书人，从而改变了上层社会的身份构成。奖励科举出身是清政府对新学堂的许诺，入仕得官又是科举给社会的承诺，学堂毕业生在西学的加冕下难免有更高的社会期许，这就是第三种合法性，即正当消费其相应文化资本的利益诉求。说得通俗一点，就是学堂学生理所当然地认为毕业后应获得更好的工作岗位和更高的社会地位，如果政府未能兑现承诺，便会心生不满。在这个过程中，产生了大量的新贵，也甩下了不少旧人与新人，如旧式读书人和失业的苦闷青年。

第一批洋务留学生严复，还因非举业出身而常有不得志之感，清末民初的政要，便多少需要留日背景了。再往后，是欧美留学生叱咤风云的年代。正如任剑涛《建国之惑：留学精英与现代政治的误解》所示，不同学术背景的人往往带来不同的外洋模式和建国思路，有积极的一面，亦不乏消极影响，有时会沦为人员和集团力量的比拼。① 新教育不仅培育了新的知识结构和学科专业，还承担起培养中国新职业和新社会阶层的重任，引领此后的中国社会发展。

显然，少数文化精英掌握政权的传统治理模式，不可能满足普及教育带来的大规模受教群体的利益诉求。辛亥革命前夕，学堂学生数量达200—300万人之多，学生群体的就业成为新的社会问题。可又如胡适归国后所见，"学校只管多，教育只管兴，社会上的工人，伙计，账房，警察，兵士，农夫，……还只是用没有受过教育的人"。即便剔除经济和政府规模的原因，也不是社会上真的无事可干，而是学堂所育非社会所需，学校毕业生"不会做事又不肯做事"。② 工人、账房、警察、兵士、农夫本是职业教育和普及教育致力的方向，可普通职业毕业生不屑为，高端职位又有限，于是出现了黄炎

---

① 参阅任剑涛：《建国之惑：留学精英与现代政治的误解》，中国政法大学出版社，2021。

② 胡适：《归国杂感》，《胡适全集》第1卷，第597页。

培感慨的"教育愈广，生事且愈窄"①的怪事，胡适直斥为"亡国的教育"②。

一方面是真正的士兵和农民依然没有接受教育的需求，百业依然萧条。事实上晚清推行新教育的时候，社会底层最是排斥和反感，毁学事件不断。另一方面，大众仍以传统社会的民与官理解新教育的出路，新学生非但没有成为新型的农之士、工之士、兵之士，反而成为一股强大的造反力量。随着士阶层退出历史的舞台，文化精英支撑的封建政权也迅速瓦解。新教育的产品成为社会动荡的重要因素，说明新旧之交他们撼动了社会结构，却未必理解也不肯接受新的社会定位，于是游离于社会之外。

严复说废科举"乃吾国数千年中莫大之举动，言其重要，直无异古者之废封建、开阡陌。造因如此，结果何如，非吾党浅学微识者所敢妄道"③。他虽不敢预估，却分明感受到了学校取代科举的重大社会意义。中国按西欧模式重新组织社会，由士统辖的传统四民社会步入工业现代社会，意义恐怕大于当年的商鞅变法。而这场统治阶层和社会结构的大洗牌，最终导致清王朝和封建社会的覆灭，的确出乎当事人的预料。没有哪个政权会自行改革，以埋葬自身。这不仅是科举与学堂的争夺，还是体制之争、社会之变。在中国现代化转型的过程中，教育充当了先行者，缔造了面向未来的新型社会关系和社会结构，意义重大。

第六节 新学科构架与中学的边缘化

随着社会结构的重组，中国开始步入高度结构化的现代职业社会。和科举一同退出历史舞台的，不仅是整个士大夫阶层，还有两千多年的精英文化。文化价值与社会结构相伴而行，教育传递和灌输的总是统治阶层的主流文化。文化里面本来就有一部分与意识形态相关，通过凝聚共识和价值内化，维护阶级秩序和社会稳定。在这一点上，古代社会和现代社会并无二致。

---

① 黄炎培：《中华职业教育社成立五年间之感想》，《中国近代教育史资料汇编·实业教育》，第427页。
② 参阅任剑涛：《建国之惑：留学精英与现代政治的误解》。
③ 严复：《论教育与国家之关系》，《严复集》第1册，第166页。

因此科举一倒台，传统经学和儒家思想迅速边缘化，甚而成为攻击的对象和目标。与此同时，西方观念和西式思维随着西式教育的展开，逐渐占据国人的思想领地。教育制度的变革，好处在于直观，能帮我们看清西学从何时开始不再依附中学。相反，是中学开始要在学校教育里争取份额。当西学不再需要于古有征的中学接引，而是中学必须在西学框架内得到合法性的证明时，中西体用关系发生了根本性的逆转，学术格局自然天翻地覆。那么，新教育究竟推出了一个怎样的新框架？何以对中学的影响如此深远？这还要从高等教育的大学分科讲起。

一 中日教育理念的分歧

中国新式教育最初取法西欧，福州船政局便分英文学堂和法文学堂，分别用英语和法语授课。甲午战争后全面倒向日本，通过留日学生、日本教习、日文书报译介，尤其是官方频繁的教育考察，国人对日本教育有了相当的了解。从日本学制到具体规章，从学校科目到课程安排，都有大量的翻译。1896—1911年，翻译的日本教育书籍有76种之多。罗振玉和王国维1901年创办的《教育世界》，3年内刊出的日本教育章程多达97篇。[①] 赴日考察人员撰写的教育笔记也不下30种。"壬寅学制"和"癸卯学制"参照的是1900年前后的日本教育体系，因重复率过高，甚至不无抄袭之讥。然而，即便创建之初是以日本为范本，在一些根本问题上中日的分歧却依然明显。就像1877年日本创建近代学制时，43.5%的内容来自法国，26.5%源于德国，11.5%来自荷兰，最终却依旧体现出日本特色。[②]

日本的故事始于明治十年（1877）第一所大学东京大学的建立，1886年改名帝国大学。配套的小学校令、中学校令、师范学校令却晚至1886年4月才公布，同样晚于大学。经过20年的发展，以德国精神为指导的日本近代教育，有得亦有失，积累了一定的办学经验。当清朝官员请教日本教育专家时，

---

① 参阅卫道治主编：《中外教育交流史》，湖南教育出版社，1998，第107页。
② 数字来自〔日〕尾形裕康：《实施学制过程的研究》，转引自〔日〕永井道雄：《近代化与教育》，王振宇、张葆春译，吉林人民出版社，1984，第55页。

日方的一致意见是大学可以缓办，中国应率先发展基础教育和师范教育。日本第二所大学京都帝国大学晚至1897年成立，此前仅东京一所大学，基础教育的确已转为了教育重心。而中国却始终坚持在开办基础教育的同时，紧抓高等教育，在大学建设上花费的心思和精力，比日本多得多。

蔡元培和范源濂有一场著名的对话。范源濂认为小学和中学没有办好，就不可能有好的大学，所以当从基础教育开始抓起。蔡元培则提出，没有好大学，就不会有好的中学和小学师资，整顿大学才是第一步。结果是小学、中学、大学都在嗷嗷待哺，只好让擅长基础教育的人在基础教育上用功，偏好高等教育的在高等教育上下力。蔡元培选择了后者。其实，这不仅是个人兴趣问题。中国以前只有私塾，没有正式的小学和中学，基础教育为中国所短。但国人向以博雅辞章为豪（西欧国家其实也有文法传统，只是近代地位下降了而已），无论科举受到怎样的批判，顶层精英教育向为中国传统所重，所谓的"上以风化下"。士大夫重视学术传承，以学统为道统，否则也不会在国家衰微之际尤重教育了。让中国暂缓高等教育，无异于让国人放弃对高深学问的讲求，经史出身的中国官员是万万不会答应的！

日本虽然古代效仿中国，却从未采取过中国的科举制度，幕府直辖的官学和各藩经营的藩校，在生源和培养目标上都有明显的区别。官员任用有严格的世袭性和等级性，武士集团处于社会顶层，学问却集中在佛教僧侣身上，政治精英和文化精英是分离的。因而对日本来说，文化的全盘西化对政治的冲击不那么根本。但对中国而言，政出于学，只有学优才能获取从政的资格，或者说统治的合法性。基础教育可以采纳日制，高等教育却必须以我为本。无论哪国政府，引进外来学术和制度都是为了维护和巩固政权，而非引发自身的政治危机。日本幕府时代对西学的抵制，亦是出于同样的原因。

日本最初颁布的《学制》对中小学都有具体的说明，大学却仅用一句话做概括——"大学为教授高尚诸学之专门科学校，学科大略如下，为理学、化学、法学、医学、数理学（后改为理学、文学、法学、医学）"。《帝国大学令》开宗明义的第一条是"帝国大学以教授国家所需之学术技艺，并攻究其蕴奥为目的"，由大学院（即研究生院）和分科大学（即大学本科）两级构成。首先强调的是为国家服务的目的，文部（即教育部）大臣森有礼明确指示，大学教务"并非为学生，而是为国家，此须始终牢记"，军国思想较德国为甚。[①] 其次突出了大学的专科性。虽然也提"蕴奥""学术"，但对其区别于基础教育的"高尚"性，却没有说明。在先办大学后有中小学的背景下，高等教育的定位是不够清晰的。中国虽然也是先有洋务学堂和京师大学堂，但是在拟定新学制的时候，是三级制度同时引进的，而且首重高等教育。不仅上谕明示"京师大学堂为学术人才根本，关系重要"[②]，而且以京师大学堂统管全国教育，3年后才另设学部。

清末的两个新学制都强调，大学堂"造就通才""为国家储养任用之人才"。这是科举思维，说明是以高等教育对应科举选拔的国家治理人才。通儒院"意在研究专门之精深之义蕴，俾能自悟新理，自创新法，为全国学业力求进步之方"，分明是学术所托，绍续所在。虽然在章程预设中，通儒院和分科大学有理论和实用研究的区别，但在大学还需预科做铺垫的零基础之上，通儒院没有开办起来，实际都做了降级处理，其理想由分科大学来分担。张之洞改"大学院"为"通儒院"，悬于学制最高，而不做一般性的要求，也透露了儒家思想的主导。科举深入人心，学校是全新事物，以科举对应学校非常自然。这必然导致高等教育成为国人关注的中心，因为千百年来读书为了应试，应试为了做官，这是改变命运的良方。

出于同样的原因，尽管清末的实业学堂和民国的职业学校，于公意在提高国民素质，于私着眼于国民生计，理论上讲更迫切，也更贴近人们的实际生活需求，但大多数人都选择直通大学的普通科，不愿进入成本更低的实业系统，尽管实业教育也有与分科大学平级的高等专门学堂。看下表数据，普通学堂即一般中小学的数量和学生数目远高于职业学校，1909年竟占到了88%和95%（表2-6）。1907—1909年，已经是实业教育迅猛发展的时期了。

---

① 转引自〔日〕天野郁夫：《大学的诞生》，第13、5、4页。
② 张百熙等《奏请添派重臣会商学务折》上谕批复，《中国近代教育史资料汇编·学制演变》，第297页。

表 2-6　1907—1909 年清末各类学校数量对比①

年份	普通学堂		中学堂		大学堂		实业学堂		师范学堂		高等专门学堂	
	校	生	校	生	校	生	校	生	校	生	校	生
1907	35241	958600	419	31682	3	516	140	8835	553	36608	76	13601
1908			430	36364	3	643	165	13805	595	33624	88	18059
1909	52138	1573491	460	40468	3	749	256	16823	427	29128	108	19899

实业学堂里师范最急缺，大致与普通科最高的中学持平。师范教育在经历了最初的膨胀后，逐渐收缩。农工商实业学校待遇不如师范，尤以农学堂数量最多。可对中国人而言，接受教育就是为了两脚不再沾泥，花钱念农学还不如不上学。因此无论晚清如何提倡实业兴国，民国如何推动职业改良，普通科哪怕大而无当，始终是国人的第一选项。其实实业类最高级的高等专门学堂，录取名额是普通科顶端大学的 26 倍。这不仅仅是社会待遇问题，清末高等实业学堂毕业生的去处也并不差，而是千百年来的教育理念使然。事实上，现代教育取资的德国就是以职业教育为特长的，至今德国小学毕业就开始分流，60% 将接受 400 多个方向的职业教育，只有 40% 的学生进入为大学做准备的文理中学。然而近代职业教育，无论在中国还是在日本，都是受挫的。这得从思想传统上找原因。

二　中日学科设置的差异

经费和力量有限，还要满足人多面广的普及需求，近代中国的高等教育只能走少而精的路线。张之洞办学向来不惜钱财，有"钱屠"之称，与基础教育的规模相比（以 1909 年为例，初等小学 44749 所、高等小学 2039 所、中学 460 所），仅办 3 所大学（1895 年北洋大学堂、1898 年京师大学堂、1902 年山西大学堂）已经相当克制了。这比起初创时期的日本，却已是大手笔，比同期日本的大学还要多（日本第三所大学东北帝国大学 1907 年成立）。考虑到两国体量不同，不能只看数字，还要看办学规模。规模不只是招生人

---

① 数据来自学部总务司的教育统计，参阅田正平：《中国近代教育史研究》，第 179—183 页。

数，也包括学科设置的规格。

东京大学刚开始只有法、理、文3个学部，后来增加医学，成为4部制。显然有很深的欧洲传统印记，只是把神学换成了后来居上的理学而已。东京大学的学科数目和办学规模后来不断增加和扩大，我在意的不是它的学校发展史，而是中国以它为样本时，它的实际状况，或者说当时中国人看到的日本大学情况。因而吴汝纶的《东游丛录》提供了最佳线索。它记录了1902年东京帝国大学的科目表，还是专门为拟订新教育章程而作，直接连通二者。

吴汝纶是曾门四大弟子之一，博通经史，诗文俱佳，据说曾国藩和李鸿章的奏章多出于其手。张百熙任管学大臣后，举荐他为京师大学堂总教习，被谢绝。张百熙身着正服，在吴汝纶面前长跪不起，言"吾为全国求人师，当为全国生徒拜请也，先生不出，如中国何"，吴汝纶只好答应，但他请求先赴日本进行实地考察，以明章法。1902年5月，63岁的吴汝纶率团东渡，日本名流争与交接，轰动一时。由于身负重任，而且目标明确，吴汝纶对日本学校的沿革、类别、管理方式，乃至每一学年的课程表，都详加记录。回国后旋即交付正在拟订学制的张百熙，在日期间二人亦多有书信往来。1903年整理出版，名为《东游丛录》，名噪一时，被当时热衷办学的袁世凯誉为日本教育笔记"称首者"，吴士鉴说其流传广至"家置一编"，甚至惊动了慈禧太后。[①]1904年张之洞修订学制时，不少地方进一步向日制靠近，自然也参考了它。

为便于比较，以表格形式呈现《东游丛录》所载1902年东京帝国大学和1902年张百熙《钦定京师大学堂章程》、1904年张之洞《奏定大学堂章程》的分科方案（表2-7、2-8、2-9）。此处讨论学科框架，为明了起见，暂时省略实为三级目录的课程科目。这并非说具体科目不重要，对于了解晚清对西学的理解程度而言，它们极富价值。文末另行附表，方便有需求的读者进一步比较。

---

① 李长林：《吴汝纶日本教育考察记述略》，吴汝纶：《东游丛录》，岳麓书社，2016，第24—26页。

表 2-7 《东游丛录》载 1902 年东京帝国大学科目

分科大学	所设学科
法科大学	法律学、政治学
医科大学	医学科、药学科
工科大学	土木工学科、机械工学科、造船学科、造兵学科、电气工学科、建筑学科、应用化学科、火药学科、采矿及冶金学科
文科大学	哲学科、国文学科、汉学科、国史科、史学科、言语学科、英文科、独逸（德国）文学科、佛兰西文学科
理科大学	数学科、星学科、理论物理学科、实验物理学科、化学科、动物学科、植物学科、地质学科
农科大学	农学科、农艺化学科、林学科、兽医学科

表 2-8 1902 年张百熙《钦定京师大学堂章程》科目表

分科大学	所设专业
政治科	政治学、法律学
文学科	经学、史学、理学、诸子学、掌故学、词章学、外国语言文字学
格致科	天文学、地质学、高等算学、化学、物理学、动植物学
农业科	农艺学、农业化学、林学、兽医学
工艺科	土木工学、机器工学、造船学、造兵器学、电气工学、建筑学、应用化学、采矿冶金学
商务科	簿计学、产业制造学、商业语言学、商法学、商业史学、商业地理学
医术科	医学、药学

表 2-9 1904 年张之洞《奏定大学堂章程》科目表

一级学科	二级学科
经学科	周易学、尚书学、毛诗学、春秋左传学、春秋三传学、周礼学、仪礼学、礼记学、论语学、孟子学、理学
政法科	政治、法律
文学科	中国史学、万国史学、中外地理学、中国文学、英国文学、法国文学、俄国文学、德国文学、日本国文学
医科	医学、药学
格致科	算学、星学、物理学、化学、动植物学、地质学
农科	农学、农艺化学、林学、兽医学
工科	土木工学、机器工学、造船学、造兵器学、电气工学、建筑学、应用化学、火药学、采矿及冶金学
商科	银行及保险学、贸易及贩运学、关税学

首先，我们看到总体上还是很相似的，依凭关系很明显。但日本大学止于法、医、工、文、理、农 6 类，没有商科，商学由法科大学法律学的商法来统领，没有独立学科地位。这一点《奏定大学堂章程》里有明确说明。而

在重农抑商久成传统的中国，由兵战到商战的切身体会，使商业受到空前重视，实业救国思潮比教育救国开始得还早。既然农、工皆成专门，那么商学也该有一席之地。以往被视为"末业"的商业，被追加为第七科，曾被视为社会蠹虫的商人首次进入高级学术的殿堂。钦定章程的商科专业比政法还要丰富，到奏定章程里银行、保险、关税、贸易等字眼醒目且新潮，严复对西方经济学的引介隐在其中。

相较而言，兵不如商，《钦定京师大学堂章程》指出"中国陆军海军，应请广立专门学堂，不在各学分科之内"。高等专科学堂名义上与大学堂平级，但在实际观念中二者还是有落差的。与其说兵学未被纳入高深学问，不如说国人已经把军械制造和使用技术区分开来了：高精尖的军工科技在工科里，兵学主要负责练兵实战。因此造船、造兵、采矿等以前洋务学堂的重镇，移入工科，等于把驾驶之类的操作性专业排除在外。我们知道，严复及其他许多北洋水师将领都毕业于福州船政学堂驾驶专业，也是最早获取出国学习机会的留学生，若在新学制里，他们的地位会大打折扣。工科显然是西学显要，中国章程对日本理科进行了合并与收束，对工科却基本照搬，张之洞还把张百熙砍掉的火药学又捡了回来。

文科的调整最明显。东京大学的文科最初分两类：第一科为史学、哲学、政治学，仅限西方学术；汉学和国学归第二科和汉文学科。那么就是由史学、哲学、政治学、文学和语言四大版块构成，再进行国别的划分而已。国学指本国邦语即日本学或和学，汉学指有亲缘关系的中国学。但是政治学后来分离了出去，史学、英文、德国文学晚至1887年才开办，国史和法兰西文学于1889年开设。《东游丛录》里的这9门文科并非最初设置，文史哲的基本构架有一个逐渐清晰的过程。而且哲学科、史学科、言语学科及英文、德文、法文都是外教教授的西洋学术，本国学术（国文、国史）和中国学术（汉学科）只占九分之三，教授是平均年龄超过60岁的老一代学者，非常边缘。从1877年建校到1887年的10年时间里，和汉文学科（文科独立前）的毕业生仅有2人。1882年增设"古典讲习科"（分甲乙两部，甲部讲日本国学，乙部为汉学），情况有所好转。却又因全面西化的"鹿鸣馆时代"到来，只招收过两届学生。两部1887年和1888年被迫关闭时，毕业生分别为28人和16

人，分外凋零。1897 年成立的京都大学，文学部迟至 1906—1909 年间才陆续开办，时间更晚。

中国则不同，虽有外国语言文字的新内容，但经学、史学、理学、诸子学、掌故学、词章学都是中国固有学术。1904 年因经学独立为大学科，文科调整为史学、地理学、文学和语言的架构，对掌故和词章进行了消化，但经科内部都是原汁原味的本土学术。文科应当说是发展最顺利的，近代不少文化名人都或任职或毕业于北大文科。民初蔡元培进行学科调整时，保留文理法三科虽是出于区分学与术的需要，但也说明这三科的发展相对成熟。一般来说，起步早、基数大的学科，发展会更成熟一些。文科的现代改造，第六章和第七章再具体展开。

有意思的是，1910 年京师大学堂举行分科大学开学典礼时，除医科外，其余各科都正式开张了。而日本无论是东京大学还是各地高等专科学校，发展最稳定的恰恰是医学。1876—1891 年，16 年间东京大学的毕业生里，医科占 27%、工科 23%、法科 19%、农科 14%、理科 8%，文科只有 5%。各类官立高等专科学校，毕业生数量唯一超过东京帝国大学的也只有医学。①这是因为在明治以前，18 世纪的日本唯一允许引进的西学就是兰学（荷兰学），兰学的重心是医学和天文学。由荷兰语翻译成日语的西方医学著作，甚至催生了新的日本荷兰医学派，挑战以中医为基础的日本传统医学。受"蛮社之狱"牵连而致死的兰学领袖高野长英（1804—1850）就是一名医生。可见不同的学术基础，形成了不同的学术发展格局，中日的强势与弱势学科正好颠倒。这与社会需求并无必然联系，很难说医生和文史从业者的需求会大于工业和农业。

三　经学的文化与社会功能

从上表的对比可见，虽然钦定章程和奏定章程相差不大，前后也不过两年时间，但后者比前者更贴近日制，学科名目也更前卫，唯一的例外是增设了最具中国特色的经学科，这成为最瞩目之所在。《奏定学务纲要》强调经

---

① 数据来自日本学者天野郁夫的统计，参阅《大学的诞生》，第 138、143 页。

学并不妨碍西学,不仅大学堂和通儒院要有专研经学的机构,中小学也"宜注重读经以存圣教",并以经科为八科之首:

> 外国学堂有宗教一门。中国之经书,即是中国之宗教。若学堂不读经书,则是尧舜禹汤文武周公孔子之道,所谓三纲五常者尽行废绝,中国必不能立国矣。学失其本则无学,政失其本则无政。其本既失,则爱国爱类之心亦随之改易矣。安有富强之望乎?故无论学生将来所执何业,在学堂时,经书必宜诵读讲解;各学堂所读有多少,所讲有浅深,并非强归一致。①

这恐怕是今人认为最落后的文字了。经学推崇尧舜禹汤文武周公孔子之道,维系三纲五常,是传统中国伦理政治的中心,也是中国古代学术的中心,这是古人的共识,所谓"四书五经,道大义精,炳如日月,讲明五伦,范围万世,圣教之所以为圣,中华之所以为中,实在于此"②。把经学比为西方宗教,虽不算牵强,但在基督教已经势倒的20世纪,未免有日落西山之感。用日本高等师范学堂读《学海堂经解》为经学张目,终究底气不足,和清初"经禀圣裁,垂型万世,删定之旨,如日中天,无所容其赞述。所论次者,诂经之说而已"(《四库》经部总序)的不容置疑相比,高下立见。这都是今天划入旧时代的东西,但不能苛求处于新旧交接边缘的张之洞能有清晰的认识。目经学为学本和政本,继而与爱国、爱类联系起来,倒是旧瓶装新酒。20世纪初正是种族主义高涨之时(详见第七章第一节),乃有辛亥前期的国族观念和国学鼓吹。新旧掺杂一处,今天看来的"强归一致"正显示了当时的古今过渡,当然根本的抵牾还在对经学的坚持。

经学围绕核心典籍《诗》《书》《礼》《易》《春秋》而展开,从周朝"六艺"发展到宋代"十三经",浩浩荡荡的笺经与注疏传统,占去中国图书总目的半壁江山。《四库全书》还只是录到清初,"乾嘉学派"及其后学的成果未及收入,而清代学术的最大成就就在朴学,即经书的考据与注疏。中国

---

① 《奏定学务纲要》,《中国近代教育史资料汇编·学制演变》,第498页。
② 张之洞:《妥议科举新章折》,《张之洞教育文存》,第264页。

传统学术本是围绕这批最早的典籍渐次生发的，就像《圣经》及其经解构成了西方古典学术的中心，而伊斯兰文化则围绕《古兰经》展开。六艺早于孔子，为周代贵族教育的通识，不限于儒家。后世动辄言儒家经学，只是儒家以为教本，且名义上独尊儒术而已。经典还是那些经典，亦不限于政治，却因发展出实践性的政治伦理而成为国家治理的基石，这非但不削弱反而证实了其非同寻常。

政治的介入，一方面使经学更系统化，更具实践性，但经书并不仅仅是政治治理书。《周易》的神龙见首不见尾、《春秋》的简短大事记、《尚书》的残章缀语、《论语》的东一言西一嘴等，后来发展出至大无外、圆融自洽的社会准则，谁说不是文化的发展呢？否则薄薄几本字书，何以铸就中华文明？这是起点和原点，和《圣经》一样既能说明又不能概括整个历史文化景观。另一方面，权势助推必然赋予经学更多的意识形态性质。但正如马克思所言，文化的大部分内容都具有意识形态的虚幻性。后现代研究则表明，非但有关人与社会的学说很难有所谓的客观中立，就是对外在自然界的认识也会受限于人的观察视角和文化模式。从社会角度来看，社会秩序需要社会文化来维系，文化是由共有的信仰所构成。如果没有价值观的总体一致，社会互动无法展开，遑论社会共识了。所有的社会行为，都有反馈的期待。因此无论哪种意识形态成为主流，除了统治阶级的支持外，它还必须本身具有弥合分歧、凝聚共识的能力，否则社会无法平稳运行，文化也无从积聚发展。从某种程度上讲，文化也是一种宗教，宗教也是一种社会组织模式，只是古代中国选择用儒家经义来整合社会。科举制度是儒家文化的一部分，儒家文化是中国社会的一部分。没有儒家文化，没有中国社会，哪来的中国历史和中国文化？这不是个人好恶问题，而是基本事实。即便在今天的西式研究框架里，离开儒家经典也是无法研究中国古代文化的。

在儒家理想里，出为将相，经邦治国；入为圣贤，修身齐家；动为义臣，济世宏道；静为硕学，著述明道。修身是事功的基础，治学与治事不可偏废，不过是不同境遇的不同选择而已。它没有神灵崇拜，但同样解决人的生活方式和价值取向问题。它赋予精英阶层道义担当的品格，就像西方贵族"为荣誉而战"的身先士卒。由于强调上行下效，它对社会上层的约束其实比对下层强,所谓"礼不下庶人,刑不上大夫"。普通小民循规蹈矩,生活便在预期中,对传统礼法的拥护往往更忠诚。即便儒家也不乏曲学阿世的竖儒、俗儒、小人儒,但经学对社会各阶层的职守和约束是明确而有力的,成功地缔造了一个上下有别、尊卑有序的道德礼法社会(与借助刑罚的法治社会相对)。如果考虑到这种社会约束力不是来自外在的强迫,考虑到提倡仁义的儒家思想及其选贤举能的科举制度能够平稳运行上千年,那么经学的文化职责和社会功能无疑完成得非常出色。其中有意识形态,也有超越意识形态的部分。意识形态从来都不可爱,古往今来却不可或缺。

与其指责经学和儒学后来沦为统治的工具,不如分析它何以突然丧失了凝聚力,或者说国人何以不再认同那套价值轨范。晚清人即便对国力和造成国力衰微的制度深表不满,对自家的道德文章却还充满自信。清末的国粹思潮中,众人虽然抨击君学专制,对国学却依旧充满了热望,否则也不会有粹取国学之举了。这部分国粹,即便追加了种族主义的黄帝旗号和新兴的诸子学说,主体却依然是周公孔子之学(详见第七章第一节)。1924 年柳诒徵在《中国文化西被之商榷》里强调,中国文化最有价值的部分,乃是养人立国的儒家伦理道德学说。① 无论你是否赞同,在国家饱受欺凌之际,对命悬一线的中国学术仍抱持有热爱与自信,难能可贵。

1890—1894 年,留洋在外的薛福成发现,伊斯兰教国家和佛教国家各有不足("行回教之地,骤强而易亡;行佛教之地,久存而易弱"),都很难有长远的发展。他又指出,基督教虽然也提倡慈爱,但其经典常常"假托附会",教义过于"浅俚",这当然是与儒学比。在他眼里,儒学学理更足,学术性更强,可以寄托未来。② 换句话说,以宗教的名义管理社会,自有许多非理性的神学内容,让理性的儒家无法认同。在基督教国家发展最强盛,中国国运最衰微的时候,薛福成仍然认为儒学最有希望,这份自信令人动容。

此处的比较依据值得注意。就逻辑的绵密而言,儒家经义未必胜过基督教和佛教。但就文辞的考究、性理的通达来说,基督教教义的确不如儒学丰

---

① 柳诒徵:《中国文化西被之商榷》,《学衡》1924 年第 27 期。
② 薛福成:《出使英法义比四国日记》,第 53—54 页。

厚,晚明士大夫表达过类似的感受。中国人更亲近佛教,不仅因为教义可以接受,改造后非但不排斥反而可以辅翼儒学,佛典的翻译方式也是不容忽略的。"色不异空,空不异色;色即是空,空即是色"的表达,与《庄子》"方生方死,方死方生;方可方不可,方不可方可"的蕴藉,何其相似。学理和韵味,是进入中国古代精英文化的必要条件。张之洞后来总结说:

> 若中国之经史废,则中国之道德废;中国之文理词章废,则中国之经史废。国文既无,而欲望国势之强,人才之盛,不其难乎!①

道德文章皆由经史来承担,其中经又重于史。无词章则无经书,无经书则无道德(经义),无道德则无礼法社会。中国古代的社会上层建筑,核心是经义礼法,政治是儒家学说的延伸或体现(尽管外儒内法,但儒学依然是旗帜),所以叫伦理型政治。外壳是词章写就的经书,《四库》经部总序称"寓于风谣""寓于史""寓于节文",所以"文章者,经国之大业,不朽之盛事"(曹丕《典论·论文》)。但若离开经义,文章就成雕虫小技,文以载道而尊。隋以降的科举社会,实际是由擅长文史写作的儒学精英管理的文官社会。

四 学科框架里的西体中用

必须把分科大学追加经学,与废科举联系起来考察。《奏定大学堂章程》1904年1月13日递交时,一同附在章程后的是张百熙、荣庆、张之洞的《奏请递减科举注重学堂片》。在参科举这第二本里(第一次是1903年3月袁世凯、张之洞的《奏请递减科举折》),有一个比较的说法:

> 议者或虑停罢科举,专重学堂,则士人竞谈西学,中学将无人肯讲。兹臣等现拟各学堂课程,于中学尤为注重。凡中国向有之经学、史学、文学、理学,无不包举靡遗,凡科举之所讲习者,学堂无不优为;学堂之所兼通者,科举皆所未备,是则取材于科举,不如取材于学堂彰彰明矣。②

张之洞力证学堂可以兼顾中学,说明人们担心学堂对中学发展不利。科举体现中学,学堂讲习西学,缘此才会有停罢科举后中学无人讲求之忧。为了打

---

① 张之洞:《创立存古学堂折》,《张之洞教育文存》,第525页。
② 张百熙、荣庆、张之洞:《奏请递减科举注重学堂片》,《中国近代教育史资料汇编·学制演变》,第535页。

消疑虑，新学制必须拿出举措。大学特设经科和中小学要求读经，就是善后措施。下一年，会奏立停科举时，尊经就成为善后第一要务，并强调奏定章程里已有体现。"或虑科举一停，将至荒经"是他们必须考虑的问题，关系到学校教育能否在全国推行，而且与新学制的制定同步。

科举如何与经学命运与共？不妨先简要回顾一下科举考试的内容。从唐初明经科开始，考的就是经义（通两经，先帖文，按章疏试策 5 道，进士试另试策论 5 道），8 世纪中叶以后进士科加试诗赋。唐以后进士科地位显赫，最终一枝独秀，明经的内容转移到进士科里去了。宋初进士科试诗、赋、论各 1 章、策 5 道、《论语》10 帖、《春秋》或《礼记》墨义 10 道。自宋神宗废诗赋、帖经、墨义，改试经义和策论后，经史跃居主要地位。虽然细节调整代代有之，但以经术为先，词章次之的格局基本稳定。元初未行科考，恢复后即诏定 1313 年首场明经考经疑 2 问、经义 1 道，二场赋、诏、诰、章、表内科 1 道，三场经史时务策论 1 道。明清去掉了经疑，首场考经义 3 篇，二场考论、表、判等文章写作，三场还是经史时务策论，不过增加了难度，并采用八股的形式而已。正如何怀宏的总结，科举不外考经学（家法、帖经墨义、经疑、经义）和文学（诗赋），策问和公牍则是二者的结合，意在通经致用又略具文采。① 德才兼茂，文质彬彬，才是中国古代大雅君子的体现。

用现代学科眼光来看，经学包括史学、子学（尽管重儒家）、文学和哲学，既是伦理的思想的，又是历史的政治的，还是社会的艺术的，涉及人文社会科学的方方面面，或者说中国古代的文科以经学形式存续。察举时代，经学和文学稍有分离，但儒学经师乃是官吏首选，所谓"士病不明经术；经术苟明，其取青紫如俯拾地芥耳"（《汉书·眭两夏侯京翼李传》）。唐至宋初，科举文盛，故有唐宋词章之美。宋元之后，经史成为主体。明清科举，形式是词章，内核仍然是经学。与其说科举选拔的是文学家，不如说是善于表达的学问家、经史学家。西方人把士大夫译为 Scholar-Official 抓住了要害，比我们惯称的"文人士大夫"还更清晰。

以经学为修身之本、治学之基，不仅是口头表赞，也的确落实到国家的

---

① 何怀宏：《选举社会——秦汉至晚清社会形态研究》，第 123 页。

"抡才大典"上了。治国用什么人,权力交给谁,是很见价值导向和社会性质的。无论入仕得官的士子是否真能通经致用,"学者研理于经,可以正天下之是非。征事于史,可以明古今之成败"(《四库》子部总序)的观念深入人心。这里用的是"学者"——求学问道者、研经弘道者。古代中国没有专职的学者,官员本身就是学者,是选拔出来的学而优者。千百年来,科举只是敲门砖,是选官制度,不能等同于教育和学术制度。但考试又是教育的指挥棒,它把整个民族的文化追求和精神气质导向诗书礼义与道德文章,"士皆束身诗礼之中,潜心体用之学,文风日盛,真才出矣"才是科举的理想。

反观近代新学制,格致、农科、工科、商科是西学,政法和医学虽非中国所无,讲述形式及部分内容也是外来的,尤其是西医。如果格致、农科、工科、商科主体为西学,基本对应《劝学篇》里的新学和艺学,那么经学、政法、文科、医科就是张之洞眼里的政学与旧学。医科从第七提到第四,不是偶然,可惜最后在京师大学堂中并没有开办起来。前中后西,先政后艺,新章程努力突出"中体西用"的思想,与法、医、工、文、理、农的日本序列相比,条理是清晰的。但是相对纯正的中国学术龟缩在文学一科,经学虽在奏定章程里独立出来了,权重却不能和科举时代比,民国还被取消了。

既然经学只是8科之一,读经就不再是教育和选拔的中心。时人都很清楚,学堂劝的是西学,不是中学,吴汝纶就说过:"人无兼材,中、西势难并进,学堂自以西学为主;西学入门,自以语言文字为主,此不刊之宝法。他处名为西学,仍欲以中学为重,又欲以宋贤义理为宗,皆谬见也。"[1] 在西学框架里发展中学,哪怕仅仅要求中西并进,都是不切实际的。学校课时有限,读经已是"癸卯学制"里课时最多的了(小学一周12课时,中学9课时,高等学堂2课时),可在名目众多的课程表里(还有文学、算术、历史、地理、外语、物理化学、体操、图画等),也只是九分之一、十二分之一而已。仍在科举路上挣扎的山西老举人刘大鹏就哀叹:"今之学堂,所教者西学为要,能外国语言文字者,即为上等人才,至五经四书并置不讲","近年来新学之兴,以能洋人之学为高,凡守孔孟之道者目之曰顽固之党,此亦时运之使然,

---

[1] 吴汝纶:《与余寿平》,《吴汝纶全集》第3册,第284页。

无可如何者也,而必责之人事之不善抑亦过矣"。① 连社会风气和价值取向都以西学为尚了,强迫新学堂的新学生掉头读经,自然难以践行。也就不必惊讶尽管旧式举子还在,京师大学堂1909年举办分科大学时,经学科招生困难,最后被迫从旧式举人和拔贡里选择生源。②

科举废除不到两年,张之洞就发现"近来学堂新进之士,蔑先正而喜新奇,急功利而忘道谊,种种怪风恶俗,令人不忍睹闻。至有议请废罢四书五经者,有中小学堂并无读经讲经功课者,甚至有师范学堂改订章程,声明不列读经专科者,人心如是,习尚如是",乃至有"籍谈自忘其祖,司城自贱其宗。正学既衰,人伦亦废"之惧。③ 力废科举的时候,他自然没有想到局势变化如此迅速。在1905年9月参倒科举的最后一本里,一向领头的张之洞突然犹豫和迟疑,以至被袁世凯抢去了头功。为了挽救或是补偿,1907年张之洞提出要在大学经科和文科之外,另设存古学堂。在学堂系统之外另辟中学研习基地,可见张之洞已经放弃了学堂"优为"中学的理想。

办新学、废科举曾让张之洞名声大噪,而湖北存古学堂的设立却令他备受非议。辞谢张之洞聘请的经学大师孙诒让都表示"课保粹是要义,现以救危亡为急,此举似可略缓,且英俊有志者,多愿习科学,恐办不好,转辜委任"④。言外之意是当前西学当头,讲授中学压力太大,年轻人也已经不愿再学中学了,生源堪忧。废科举的成效非常显著。这一风向之陡转,急得张之洞反问道:"若以新学为足救危亡,则全鄂救亡之学堂,已二三百所。而保粹之学堂,止此存古一所,于救亡大局何碍?"他再次以日本为据,提出"救

---

① 刘大鹏:《退想斋日记》,第140页。

② 1909年7月学部奏章说:"分科大学大学选科,非高等学堂、大学预科毕业学生及与高等学堂程度相等之学堂毕业生,不得考升等语,原为整齐学制,预防躐等起见。惟经科大学所以研究中国本有之学问,自近年学堂改章以来,后生初学,大率皆喜新厌故,相习成风,骎骎乎有荒经蔑古之患。若明习科学,而又研究经学者,甚难其选,诚恐大学经科一项,几无合格升等之人,实与世教学风大有关系。惟从前科举时举人,虽未有高等学堂毕业,而治经有年、学有根柢者,尚不乏人,以之升入经科大学更求深造,庶几坠绪不绝,多得通经致用之才。至拔贡、优贡两项,皆系中学较深之士,与举人事同一律,自应一并选送。"(《中国近代学制史料》第2辑上册,第41页)

③ 张之洞:《创立存古学堂折》,《张之洞教育文存》,第526页。

④ 《甲辰六月初十日温州黄学士来电》,转引自李细珠:《张之洞与清末新政研究》,上海书店出版社,2009,第161页。

时局、存书种两义，并行不悖，日本前事可鉴"。① 可这次对日本国粹主义的借重不起作用了，一旦西式学校教育落实为国家制度，中学便大势已去。

刘龙心认为，从《奏定大学堂章程》开始，传统的四部分类法逐渐消融于西方学科分类体系，张之洞的"中体西用"思想虽然护翼了中学的本体，却使中学原有的致用目的丧失于"西用"之下，并遮蔽了西学之"体"。当中学化约为以经学为代表的纲常伦理及保种保教思想，只剩空洞且内容甚少的教条时，中学的生命力也就相当可疑了，因而"中体西用"限制了中西学术的进一步融合。② 的确，在《奏定大学堂章程》的8科构架里，中学的比重没有超过也不可能超过西学，而中小学读经的确有意识形态的味道，但把中学式微归罪于"中体西用"，有颠倒因果之嫌。1898年张之洞刚提出"中体西用"时，与西学中源说类似，有为西学开路之意，所以强调通和变。但6年后以新方案替代科举，西风已经压倒了东风。要知道在急遽变化的近代，6年就可以是两个不同的历史时期了。他必须平衡中西，用"中体"挽救中学的江河日下。中学经历的近代震荡并非从新学制开始，但一旦推倒了科举的制度根基，"中体"就岌岌可危了。张之洞的护翼是必然且真诚的。

自汉武帝定儒学为官方正统之后，此消彼长的斗争从来就没有停止过。在此之前，其实已经"儒分为八，墨离为三"（《韩非子·显学》）。分歧与分裂是开枝散叶的前提，也是生命力旺盛的表现，本不应过分恐惧。没有儒法之争、儒释融合，也不会有后来的儒学发展。但近代西学的入侵，的确与以往不同。西方传教士与洋务运动对西学的引介，带来了系统以外的新眼光。1895年出使外洋从而对西学有所了解的宋育仁，反观明季以来传教士以天算与中国争胜的用心，惊惧地写道：

> 然其用心，尤在破中国守先之言，为以彼教易名教之助。（依西说）天为无物，地与五星，同为地球，俱由引力相引，则天尊地卑之说为诬，肇造天地之主可信。乾坤不成两大阴阳，无分贵贱，日月星不为三光，

---

① 张之洞：《致瑞安黄仲弢学士》，《张之洞教育文存》，第461页。
② 刘龙心：《学科体制与近代中国史学的建立》，罗志田主编：《20世纪的中国：学术与社会·史学卷（下）》，山东人民出版社，2001，第477页。

> 五星不配五行，七曜拟于不伦，上祀诬而无理，六经皆虚言，圣人为妄作。据此为本，则人身无上下，推之则家无上下，国无上下，从发源处决去天尊地卑，则一切平等男女，均有自主之权；妇不统于夫，子不制于父，族姓无别，人伦无处立根，举宪天法地，顺阴阳陈五行诸大义，一扫而空。而日食星孛，阴阳五行相沴，垂象修省见微知著绪义，慨从删灭，自不待言矣。……如彼学所云，则一部《周易》，全无是处，洪范五行、春秋灾异，皆成瞽说，中国所谓圣人者，亦无知妄男子耳。学术日微，为异端所劫，学者以耳为心，视为无关要义，从而雷同附和。人欲塞其源，而我为操畚，可不重思之乎？①

这段话已经把儒家经义由天地宇宙到人伦信义，再到政治治理的内在逻辑表达得很清晰了。如果基础不可靠，建基于此的整个经义表述及其承载的价值体系，便沦为了"妄作"。不同的文化体系建立在不同的思想基础上，经过不断的丰富和充实，发展出一套自洽的体系。每套文化系统都会有闪光点和缺陷，发展到一定程度也都可以结出丰硕的成果，一旦认同它的思想原点，很容易顺着它的逻辑走向它的结论和价值观。西方哲学更是如此。因而不同的学说不怕具体观点的辩难，就怕釜底抽薪。如同明末中国历史传到西方后，对基督教创世说产生的巨大震动，西方科学也把儒家学说的基础给破坏了。当然，现代科学同样颠覆了西方自身的神学传统。这反过来说明思想基础和文化共识的重要性。

如果宋育仁觉得连天地阴阳、上下尊卑的思想基础都不存在了，1907年江苏高等小学以"三纲之说能完全无缺否"为考题，就谈不上什么大逆不道了。当初康有为的《新学伪经考》和《孔子改制考》还能引起思想的震动，不过10年时间这已不再是什么石破天惊之事，撬开一道缝，就能吹进满天风。后来康有为以归罪后儒的方式护卫孔子②，进行"孔教复原"，就力不从心了。1915年康有为办孔教会，要推儒学为国教，连昔日最得力的学生梁启超都反对，而且视之为落伍失节。同样借力"西俗"（仿基督教），今非昔

---

① 宋育仁：《泰西各国采风记》，岳麓书社，2016，第86页。
② 从曾子、荀子到程朱理学，再到曾国藩、倭仁，都受到康有为严厉批判，而不仅仅是《新学伪经考》指向的刘歆。

比。何启和胡礼垣指出："不知保民、养民、教民，何须经义。外洋诸国惟不用经义，故能为所当为，亦犹尧舜三代时无经义，故能日新其德。今欲取二千余年以前一国自为之事，施诸二千余年以后五洲交涉之时，吾知其必扞格而不相合矣。中国之不能变，盖经义累之也。"① 直接绕开经书和经义，认为不必多此一举。这种言论，在以前是不可想象的。

非旧学出身的留学生和接受新教育的新学生，更不会被经学困扰了。严复认为旧学皆非，六经皆过，"嬴、李以小人而陵铄苍生，六经五子以君子而束缚天下"②，恐怕是通关以来最大胆的言论。前面说过，严复提倡英国的功利主义，继宇宙观、天命观之后，儒家最重要的义利观也遭到了否弃。《孟子》开篇就是"王何必曰利，亦有仁义而已矣"，如今国人却认为"儒学家言恒多谬点，其大为人心风俗之害至今不可救药者，则讳言利之说是已"③。儒家的思想特质被一层层揭去，晚清已经是四壁孔洞，在这样的情况下张之洞力主废除科举，把最后一层制度保障也拆除了。科举一去，墙倒众人推，昔日愚民弱国的科举误国转由儒学和经学来承担，愈演愈烈，发展为后来的全面反儒反孔运动，是理性之外、逻辑之内的事情。

与其说张之洞把经学上升到国本、政本的做法没有奏效，不如说大厦将倾之际，强国救亡的目的压倒了意识形态的控制需求。张之洞多次强调自己并非要废科举而后快，而是时事所迫，必须尽快发展西学。留给他的时间，也确实不多了！尽管把经学悬为班首，为中学留一线生机的愿望是真诚的，但在张之洞也包括在康有为、严复眼里，中西界限远不如国家富强来得重要，故有"泯中西之界限，化新旧之门户"④、"不中不西即中即西"⑤的开放理念，这正是近代士人的可敬可爱之处。别忘了张之洞不仅以封疆大吏立身，还以儒臣硕学自处。他以探花登第，一生四处办学，热衷教育，经常去书院

---

① 何启、胡礼垣：《康说书后》，《新政真诠——何启、胡礼垣集》，辽宁人民出版社，1994，第267页。
② 严复：《救亡决论》，《严复集》第1册，第54页。
③ 蛤笑：《论中国儒学之误点》，《东方杂志》1907年第6期。
④ 康有为：《请将经济岁举归并正科并饬各省生童岁科试迅即遵旨改试策论折》，《康有为全集》第4集，第306页。
⑤ 梁启超：《清代学术概论》，《饮冰室合集》专集第9册，第6837页。

讲学,可见平生志向。梁启超曾言,当年正是因为读了张之洞的《书目答问》和《輶轩语》,才知道天地间还有学问之事。

尽管张之洞无意埋葬经学,但在西式学校框架里,他的确无法安排更多的中学课程。在别人家的整体设计里,再怎么谈中体,都属枉然。他也很清楚"各学堂章程,重在开发国民普通知识,故国文及中国旧学钟点不能过多"[①],承诺的凡中国之学学堂"无不包举靡遗",凡科举所习"无不优为",最终没有兑现。此后一系列保存中学的努力,也被证明是失败的。当中学蜕变为"存古"之意义,本身就是西学为体的表现。废科举的奏章一本接一本地递向清廷,同盟会和各种民间革命团体的秘密活动也如火如荼。1909年,张之洞在山风海雨中撒手人寰。1911年在他苦心经营的武昌,爆发了辛亥革命,大清灭亡。1912年民国的《大学令》宣布废除经科,中小学也全面废止读经。(表2-10、2-11)

孙中山评论张之洞说:"以南皮造就楚材,颠覆满祚,可谓不言革命之大革命家。"[②] 张之洞如知此言,当做何想?一心尽忠的张南皮,最终成了大清的掘墓人。每每欲续前贤,最后却葬送了经学的未来。就废科举兴学堂而言,他是旧学的罪臣、新学的功臣;就倡国粹立经科来说,他又是中学的忠臣、西学的贰臣。简单定义他是卫道还是叛道,都是唐突古人。就像康有为、严复、袁世凯这些曾经的时代旗手,后来都落伍成保守派甚至反动派一样令人唏嘘,这个世界变得太快了!

表2-10　1904年《奏定大学堂章程》分科课目表

科	门	主课	补助课
经学	周易、尚书、毛诗、春秋左传、春秋三传、周礼、仪礼、礼记、论语、孟子、理学	诸学研究方法,理学还包括程朱学派、陆王学派、汉唐至北宋周子以前诸儒学派、周秦诸子学派	尔雅、说文、钦定四库全书提要经部易类、御批历代通鉴辑览、中国古今历代法制考、中外教育史、外国科学史、中外地理学、世界史、外国语文(英法俄德日选一)

---

① 张之洞:《创立存古学堂折》,《张之洞教育文存》,第525页。
② 1912年孙中山参观鄂绅为张之洞修建之奥略楼时语。

(续表)

科	门	主课	补助课
政法	政治	政治总义、大清会典要义、中国古今历代法制考、东西各国法制比较、全国人民财用学、国家财政学、各国理财史、各国理财学术史、全国土地民物统计学、各国行政机关学、警察监狱学、教育学、交涉学、各国近世外交史、各国海陆军政学	各国政治史、法律原理学、各国宪法民法商法刑法、各国刑法总论
	法律	法律原理学、大清律例要义、中国历代刑律考、中国古今历代法制考、东西各国法制比较、各国宪法、各国民法及民事诉讼法、各国刑法及刑事诉讼法、各国商法、交涉法、泰西各国法	各国行政机关学、全国人民财用学、国家财政学
文学	中国史学	史学研究法、御批历代通鉴辑览、各种纪事本末、中国历代地理沿革略、国朝事实、中国古今外交史、中国古今历代法制考	四库史部提要、世界史、中外古今地理、西国科学史、外国语文（英法俄德日选一）
	万国史学	史学研究法、泰西各国史、亚洲各国史、西国外交史、年代学	御批历代通鉴辑览、中国古今历代法制史、万国地理、外国语文（英法俄德日选一）
	中外地理学	地理学研究法、中国今地理、外国今地理、政治地理、商业地理、交涉地理、历史地理、海陆交通学、殖民学及殖民史、人种及人类学	地质学、地文学、地图学、气象学、博物学、海洋学、外国语（英法俄德日选一）、中国方言（满蒙藏回选一）
	中国文学	文学研究法、说文学、音韵学、历代文章流别、古人论文要言、周秦至今文章名家、周秦传记杂史周秦诸子	四库集部提要、汉书艺文志补注、隋书经籍志考证、御批历代通鉴辑览、各种纪事本末、世界史、西国文学史、中国古今历代法制考、外国科学史、外国语文
	英国文学	英语英文	英国近世文学史、英国史、拉丁语、声音学、教育学、中国文学
	法国文学	法语法文	法国近世文学史、法国史、拉丁语、声音学、教育学、中国文学
	俄国文学	俄语俄文	俄国近世文学史、俄国史、拉丁语、声音学、教育学、中国文学
	德国文学	德语德文	德国近世文学史、德国史、拉丁语、声音学、教育学、中国文学
	日本国文学	日语日文	日本近世文学史、日本史、声音学、教育学、中国文学

(续表)

科	门	主课	补助课
医科	医学	中国医学、生理学、病理总论、胎生学、外科总论、外科各论、内科总论、内科各论、妇科学、产科学、产科模型演习、眼科学、捆扎学实习、卫生学、检验医学（日本名法医学）、外科手术实习、检眼镜实习、皮肤病及霉毒学、精神病学、霉菌学	药物学、药物学实习、医化学实习、处方学、诊断学、外科临床讲义、内科临床讲义、妇科临床讲义、儿科临床讲义
	药物学	中国药材、制药化学、药用植物学、分析术实习、制药化学实习、植物学实习及显微镜用法、生药学、检验化学（日本名裁判化学）、卫生化学、植物分析法实习、生药学实习、有机体考究法、调剂学、检验化学实习、卫生化学实习、调剂学、药方使用法实	
格致	算学	微分积分、几何学、代数学、算学演习、力学、函数论、部分微分方程式论、代数学及整数论	理论物理学初步、理论物理学演习、物理学实验
	星学	微分积分、几何学、算学演习、星学及最小二乘法、球面星学、实地星学、星学实验、力学、部分微分方程式论、函数论、光学、天体力学	理论物理学初步、理论物理学演习、天体物理学、物理学实验
	物理学	物理学、力学、天文学、物理学实验、数理结晶学、物理化学、应用力学、物理实验法最小二乘法、化学实验、气体论、毛管作用论、音论、电磁光学论、理论物理学演习、应用电气学、星学实验、物理星学	微分积分、几何学、微分方程式论及椭圆函数论、球函数、函数论
	化学	无机化学、有机化学、分析化学、化学实验、应用化学、理论及物理化学、化学平衡论	微分积分、算学演习、物理学、物理学实验
	动植物学	普通动物学、骨骼学、动物学实验、普通植物学、植物识别及解剖实验、植物分类学、植物学实验、有脊动物比较解剖、植物解剖及生理实验、组织学及发生学实验、人类学、寄生动物学、霉菌学实验	地质学、生理化学及实验、矿物及岩石实验、生理学、古生物学、实地研究
	地质学	地质学、矿物学、岩石学、岩石学实验、化学实验、矿物学实验、古生物学、古生物学实验、晶象学、晶象学实验、地质学实验、矿床学、地质学及矿物学研究	普通动物学、骨骼学、动物学实验、植物学、植物学实验

(续表)

科	门	主课	补助课
农科	农学	地质学、土壤学、气象学、植物生理学、植物病理学、动物生理学、昆虫学、肥料学、农艺物理学、植物学实验、动物学实验、农艺化学实验、农学实验及农场实习、作物、土地改良论、园艺、畜产学、家畜饲养论、酪农论、养蚕论、农产制造学	理财学（日本名经济学）、法学通论、农业理财学（日本名农业经济学）、兽医学大意、农政学、国家财政学
	农艺化学	有机化学、分析化学、地质学、土壤学、肥料学、农艺化学实验、作物、土地改良论、生理化学、酦酵化学、化学原论	气象学、植物生理学、动物生理学、农艺物理学、家畜饲养论、酪农论、农业理财学、农业制造学、食物及嗜好品
	林学	森林算学、地质学及土壤学、气象学、森林物理学、最小二乘法及力学、森林植物学、植物生理学、森林动物学、林学通论、森林测量、造林学、植物学实验、动物学实验、造林学实习、森林测量实习、实事演习、树病学、森林化学、森林利用学、森林道路、森林保护学、森林经理学、森林管理学、森林理水及砂防工、森林化学实验、森林道路实习	理财学、法学通论、森林法律学、林政学、国家财政学
	兽医学	兽体解剖学、兽体组织学、病理通论、外科手术实习、蹄铁法、兽体解剖学实习、兽体组织学实习、蹄铁法实习、家畜饲养论、酪农论、外科学、内科学、病兽解剖学及实习、病兽组织学及实习、蹄病论、家畜病院实习及内外科诊断法、畜产学、皮肤病学、寄生动物学、马学、动物疫论、产科学、眼科学、胎生学	生理学、卫生学、霉菌学、检验医学、兽医警察法、乳肉检查法、药物学、调剂法实习
工科	土木工学	算学、应用力学、热机关、机器制造法、建筑材料、冶金制器学（日本名制造冶金学）、地质学、石工学、桥梁、道路、测量、计画制图及实习、河海工学、铁路、卫生工学、水力学、水力机、实事演习、市街铁路、地震学、房屋构造、测地学	工艺理财学（日本名工艺经济学）、土木行政法、电气工学大意
	机器工学	算学、力学、应用力学、热机关、机器学、水力学、水力机、机器制造学、应用力学制图及演习、计画制图及实验、蒸气及热力学、机器几何学及机器力学、船用机关、纺织、机关车、实事演习、特别讲义	电气工学大意、电气工学实验、冶金制器学、火器及火药、房屋构造、工艺理财学

(续表)

科	门	主课	补助课
工科	造船学	算学、力学、应用力学、热机关、机器学、机器制造学、冶金制器学、水力学、水力机、造船学、应用力学制图及演习、计画及制图、船用机关计画及制图、蒸气、实事演习、船用机关	电气工学大意、火器及火药、工艺理财学
	造兵器学	算学、力学、应用力学、热机关、机器学、水力学、水力机、冶金学、机器制造法、应用力学制图及演习、机器制图、炮外弹路学、小枪及大炮、弹丸、炮架及车辆、水雷、蒸气、铸铁学（日本名铁冶金学）、化学实验、计画及制图、实事演习、冶金制器学、特别讲义	火药学、电气工学大意、造船学大意、射击表编设
	电气工学	算学、力学、应用力学、热机关、水力学、水力机、机器学、电气及磁气、电气及磁气测定法、机器制图、化学实验、电气及磁气实验、电信及电话、电灯及电力、发电机及电动机、电气化学、蒸气、冶金制器学、电气工学实验、计画及制图、实事演习、特别讲义	工艺理财学
	建筑学	算学、热机关、应用力学、测量、地质学、应用规矩、建筑材料、房屋构造、建筑意匠、应用力学制图及演习、测量实习、制图及配景法、计画及制图、卫生工学、水力学、施工法、实地演习、冶金制器学	建筑历史、配景法及装饰法、自在画、美学、装饰画、地震学
	应用化学	无机化学、有机化学、化学史、制造化学、冶金学、冶金制器学、矿物学及矿物识别、化学分析实验、计画及制图、电气化学、工业分析实验、制造化学实验、试金术及试金实习、实事演习	热机关、机器学、水力学、应用力学、房屋构造、电气工学大意、火药学大意
	火药学	算学、力学、应用力学、火药学、小枪及大炮、无机化学、有机化学、制造化学、化学分析实验、炮外弹路学、弹丸、炮架及车辆、水雷、工业分析实验、制造化学实验、计画及制图、实事演习、特别讲义	机器学、热机关、水力学、电气工学大意、冶金制器学、房屋构造、机器制图
	采矿及冶金学	矿物学、地质学、采矿学、冶金学、测量及矿山测量、矿物及岩石识别、化学分析实验、矿山测量实习、计画及制图、铸铁学、选矿学、试金术、试金实习、吹管分析、实事演习、矿床学、冶金实验、工学实验、采矿计划、冶金计划、铸铁计划	房屋构造、热机关、机器学、应用力学、水力学、机器制造法、电气工学大意、冶金制器学、外国矿山法律

(续表)

科	门	主课	补助课
商科	银行及保险学	商业地理、商业历史、各国商法及比较、各国度量衡制度考、商业学、商业理财学、商业政策、银行业要义、保险业要义、银行论、货币论、欧洲货币考、外国语（英语必习，兼习俄法德日之一）、商业实事演习	国家财政学、全国土地民物统计学、各国产业史
商科	贸易及贩运学	商业地理、商业历史、各国商法及比较、各国度量衡制度考、商品学、商业学、商业理财学、商业政策、关税论、贸易业要义、铁路贩运业要义、船舶贩运业要义、铁路章程、船舶章程、邮政电信章程、外国语（英语必习，兼习俄法德日之一）、商业实事演习	国家财政学、全国土地民物统计学、各国产业史
商科	关税学	大清律例要义、各国商法、全国人民财用学、中外各国通商条约、各国度量衡制度考、各国金银价比较、中国各项税章、各国税章、关税论、外国语（英语必习，兼习俄法德日之一）	商业地理、商业历史、商业政策、商业学、商品学、商业理财学

表 2-11 1913 年民国教育部公布大学科目表

科	门		具体课目
文科	哲学	中国哲学	中国哲学（周易，毛诗，仪礼，礼记，春秋公、穀传，论语，孟子，周秦诸子，宋理学）、中国哲学史、宗教学、心理学、伦理学、论理学、认识论、社会学、西洋哲学概论、印度哲学概论、教育学、美术及美术史、生物学、人类及人种学、精神病学、言语学概论
文科	哲学	西洋哲学	西洋哲学、西洋哲学史、宗教学、心理学、伦理学、论理学、认识论、社会学、中国哲学概论、印度哲学概论、教育学、美学及美术史、生物学、人类及人种学、精神病学、言语学概论
文科	文学	国文学类	文学研究法、说文解字及音韵学、尔雅学、词章学、中国文学史、中国史、希腊罗马文学史、近世欧洲文学史、言语学概论、哲学概论、美学概论、论理学概论、世界史
文科	文学	梵文学类	梵语及梵文学、印度哲学、宗教学、因明学、中国哲学概论、西洋哲学概论、文学概论、言语学概论、论理学概论、伦理学概论、中国文学史
文科	文学	英文学类	英国文学、英国文学史、英国史、文学概论、中国文学史、希腊文学史、罗马文学史、近世欧洲文学史、言语学概论、哲学概论、美学概论
文科	文学	法文学类	法国文学、法国文学史、法国史、文学概论、中国文学史、希腊文学史、罗马文学史、近世欧洲文学史、言语学概论、哲学概论、美学概论
文科	文学	德文学类	德国文学、德国文学史、德国史、文学概论、中国文学史、希腊文学史、罗马文学史、近世欧洲文学史、言语学概论、哲学概论、美学概论

(续表)

科	门		具体课目
文科	文学	俄文学类	俄国文学、俄国文学史、俄国史、文学概论、中国文学史、希腊文学史、罗马文学史、近世欧洲文学史、言语学概论、哲学概论、美学概论
		意大利文学类	意大利文学、意大利文学史、意大利史、文学概论、中国文学史、希腊文学史、罗马文学史、近世欧洲文学史、言语学概论、哲学概论、美学概论
		言语学类	国语学、人类学、音声学、社会学原理、史学概论、文学概论、哲学概论、美学概论、希腊语学、拉丁语学、西洋近世语概论、东洋近世语概论
	历史学	中国及东洋史学	史学研究法、中国史（尚书、春秋左氏传、秦汉以后各史）、塞外民族史、东方各国史、南洋各岛史、西洋史概论、历史地理学、考古学、年代学、经济史、法制史（周礼、各史志、通典、通考、通志等）、外交史、宗教史、美术史、人类及人种学
		西洋史学	史学研究法、西洋各国史、中国史概论、历史地理学、考古学、年代学、经济学、法制史、外交史、宗教史、美术史、人类及人种学
	地理学		地理研究法、中国地理、世界各国地理、历史地理学、海洋学、博物学、殖民学及殖民史、人类及人种学、统计学、测地绘图法、地文学概论、地质学、史学概论
理科	数学		微分积分学、微分方程式、函数论、近世代数学、近世几何学、平面及立体解析几何学、四原（或诸原）、概率学及最小二乘法、代数解析及方程式论、变分学、整数论、积分方程式论、理论物理学、星学、物理学实验、数学演习
	星学		天体物理学、天体力学、理论星学、实地星学、微分积分学、近世几何学及演习、概率学及最小二乘法、一般函数及椭圆函数论、高等微分方程式、应用微分方程式、气象学、理论物理学、力学、光学、物理化学、结晶学、地质学概论、大地测量学、星学实验、制图术
	理论物理学		理论物理学、力学、气体动力学、热力学、光学、电学、应用电学、物理化学、微分积分学、高等微分方程式、几何学、星学及最小二乘法、物理学实验、理论物理演习
	实验物理学		力学通论、应用力学、热学、光学、电学、应用电学、物理化学、微分积分学、星学及最小二乘法、物理学实验、物理化学实验、化学实验、星学实验、理论物理学演习
	化学		无机化学、有机化学、物理化学、分析化学、应用化学、卫生化学、数学、物理学、矿物学、结晶学、化学史、物理学实验、化学实验（定性分析、定量分析、重量分析、物理化学、气体分析、有机分析、显微镜分析）
	动物学		动物学总论、脊椎动物学、无脊椎动物学、骨骼学、动物发生学、动物学实验、动物发生学实验、比较组织学及讲习、植物学、植物学实验、地质学及实验、矿物学及实验地理学、生理学、水产学、人类学、古生物学、生物进化论、动物学山野演习、临海实验、实地研究

(续表)

科	门	具体课目
理科	植物学	植物分类学、植物形态学、植物生理学、植物生态学、应用植物学、植物分类学实验、植物解剖学实验、植物生理学实验、细菌学实验、动物学、动物学实验、地质学及实验、矿物学及实验、地理学、生理学、水产学、古生物学、生物进化论、植物学山野演习、临海实验、实地研究
	地质学	地质学、应用地质学、地质学实验、岩石学、岩石学实习、矿物学、矿床学、矿物学实验、结晶光学、化学实验、古生物学、古生物学实验、动物学及实验、植物学及实验、地理学、测量学及实习、测地学、人类学、制图术、地质巡验、实地研究
	矿物学	矿物学、应用矿物学、矿物学实验、矿床学、采矿学、地质学、地质学实验、岩石学、岩石学实验、结晶光学、化学、化学实验、古生物学、古生物学实验、动物学及实验、植物学及实验、地理学、冶金学大意、制图术、测量学及实习、矿物巡验、实地研究
法科	法律学	宪法、行政法、刑法、民法、商法、破产法、刑事诉讼法、民事诉讼法、国际公法、国际私法、罗马法、法制史、法理学、经济学、英吉利法德意志法法兰西法（选一种）、*比较法制史、*刑事政策、*国法学、*财政学（*为可选科目符号）
	政治学	宪法、行政法、国家学、国法学、政治学、政治学史、政治史、政治地理、国际公法、外交史、刑法总论、民法、商法、经济学、财政学、统计学、社会学、法理学、*农业政策、*工业政策、*商业政策、*社会政策、*交通政策、*殖民政策、*国际公法（各论）、*政党史、*国际私法
	经济学	经济学、经济学史、经济史、经济地理、财政学、财政史、货币论、银行论、农政学、林政学、工业经济、商业经济、社会政策、交通政策、殖民政策、保险学、统计学、宪法、民法、商法、经济行政法、*政治学、*行政法、*刑法总论、*国际公法、*国际私法
商科	银行学	经济原论、经济史、商业数学、商业史、商业地理、商品学、商业簿记学、商业通论、商业各论、商业经济学、财政原论、应用财政学、银行论、银行史、银行政策、金融论、外国汇兑及金融论、货币论、交易所论、银行实务、银行簿记学、商业政策、统计学、民法概论、商法、破产法、国际公法、国际私法、会计学、英语、第二外国语（德、法、俄、日选一种）、实地研究
	保险学	经济原论、商业数学、商业史、商业地理、商品学、商业簿记学、商业通论、商业各论、商业经济学、财政原论、保险通论、生命保险、损害保险、决疑数学、商业政策、统计学、民法概论、商法、破产法、国际公法、国际私法、会计学、应用统计学、英语、第二外国语（德、法、俄、日选一种）、实地研究
	外国贸易学	经济原论、经济史、商业数学、商业史、商业地理、商品学、商业簿记学、商业通论、商业各论、商业经济学、财政原论、贸易论、外国汇兑及金融论、交易所论、关税学、运输论、银行论、商业经营法、商品鉴识法、外国贸易论、商业政策、工业政策、工业学、统计学、民法概论、商法、破产法、国际公法、国际私法、英语、第二外国语（德、法、俄、日选一种）、实地研究

(续表)

科	门	具体课目
商科	领事学	经济原论、商业数学、商业史、商业地理、商品学、商业簿记学、商业通论、商业各论、商业经济学、财政原论、外国贸易论、商业政策、外交史、关税学、殖民政策、通商条约、统计学、民法概论、商法、比较民法及比较商法、破产法、商事行政法、国际公法、国际私法、英语、第二外国语（德、法、俄、日选一种）、实地研究
	关税仓库学	经济原论、商业史、商业地理、商品学、商业簿记学、商业通论、商业各论、商业经济学、财政原论、外国贸易论、商业政策、统计学、海关制度、税率论、仓库制度、仓库证券论、各国度量衡论、通商条约、民法概论、商法、破产法、国际公法、国际私法、会计学、工业学、英语、第二外国语（德、法、俄、日选一种）、实地研究
	交通学	经济原论、商业史、商业地理、商品学、商业簿记学、商业通论、商业各论、商业经济学、财政原论、外国贸易论、商业政策、工业政策、商事行政法、统计学、交通政策、铁道经济学、陆运论、水运论、铁道管理法、商船管理法、邮电行政论、邮便贮金论、民法概论、商法、破产法、国际公法、国际私法、工业学、英语、第二外国语（德、法、俄、日选一种）、实地研究
医科	医学	解剖学、组织学、生理学、医化学、胎生学、局部解剖学、药物学、病理学、病理解剖学、诊断学、内科学、外科学、眼科学、妇科学、产科学、卫生学、皮肤病学及花柳病学、耳鼻咽喉科学、儿科学、精神病学、裁判医学、解剖学实习、组织学实习、生理学实习、医化学实习、药物学实习、病理解剖学实习、病理组织学实习、病理解剖学标本说明、绷带学实习、诊断学实习、内科临床讲义；内科外来病人临床讲义、外科临床讲义、外科外来病人临床讲义、检眼镜实习、眼科临床讲义、眼科外来病人临床讲义、产科模型实习、产科妇人科临床讲义、产科妇人科外来病人临床讲义、微生物学实习、皮肤病及花柳病临床讲义、皮肤病及花柳病外来病人临床讲义、精神病学临床讲义、外科手术实习、儿科临床讲义、儿科外来病人临床讲义、耳鼻喉科临床讲义、耳鼻喉科外来病人临床讲义、整形外科临床讲义
	药学	无机药化学、有机药化学、药用植物学、植物解剖学、制药化学、卫生化学、裁判化学、生药学、细菌学、药制学、药制比较学、制剂学、定性分析化学及实习、定量分析化学及实习、工业分析及实习、植物学实习并显微镜用法、无机药化学实习、有机药化学实习、制药化学实习、卫生化学实习、裁判化学实习、生药学显微镜实习、细菌学实习、药制化学药品试验法实习、药制生药药品试验法实习、制剂学实习（以上为通习科目）、植物化学、内国生药学、外国生药学、粉末生药学、植物化学实习、内国生药学实习、外国生药学实习、粉末生药学实习（以上为修生药学者之专习科目）、卫生化学、裁判化学、细菌学、卫生化学实习、裁判化学实习、细菌学实习（以上为修卫生裁判化学者之专习科目）、动植物成分研究法讲义、动植物成分研究法实习、元素分析分子量测定法实习、有机体构造研究法实习、新药合成法实习（以上为修药化学者之专习科目）、药品工业学、无机药品制造法实习、有机药品制造法实习、化学工艺品制造法实习、药剂制造法实习、药品赋形术实习、工场计画及制图（以上为修药工学者之专习科目）

(续表)

科	门	具体课目
农科	农学	地质学、农艺物理学、气象学、植物生理学、动物生理学、法学通论、经济学、农学总论、土壤学、农业土木学、农业机械学、植物病理学、肥料学、作物学、园艺学、畜产学、养蚕学、家畜饲养论、酪农论、农产制造学、昆虫学、害虫学、细菌学、生理化学、农政学、农业经济学、殖民学、植物学实验、动物学实验、农业化学实验、农学实验、农业经济学演习、农场实习、*林学通论、*兽医学通论、*水产学通论
	农艺化学	地质学、农艺物理学、气象学、农学总论、植物生理学、动物生理学、经济学、有机化学、分析化学、农业土木学、农业机械学、土壤学、肥料学、作物学、细菌学、生理化学、家畜饲养论、酪农论、畜产学、酸酵化学、化学原论、农产制造学、食物及嗜好品论、农业经济学、地质学实验、细菌学实验、农艺化学实验、*园艺学、*养蚕学、*农政学
	林学	地质及土壤学、农学总论、法学通论、气象学、经济学、财政学、植物生理学、森林物理学、森林植物学、森林动物学、最小二乘法及力学、测树学、林价算法及森林较利学、森林测量学、造林学、森林保护学、森林工学、森林利用学、森林化学、林产制造学、树病学、森林经理学、森林管理学及会计法、森林理水及砂防工学、林政学、森林法律学、制图学、殖民学、地质学实习、森林植物学实验、森林动物学实验、森林测量实习、造林学实习、森林工学实习、森林利用学实习、森林化学实验、制图实习、实地演、林产制造实习、*狩猎论、*养鱼论
	兽医学	解剖学、组织学、生理学、胎生学、病理通论、寄生动物学、细菌学、病体组织学、病体解剖学、蹄铁学及蹄病论、药物学及调剂法、内科学、外科学、外科手术、眼科学、产科学、动物疫论、皮肤病学、卫生学、法医学、畜产学、畜产制造学、马学、家畜饲养论、乳肉检查法、牧政学、牧草论、兽医警察法、解剖学实习、组织学实验、细菌学实验、蹄铁法及蹄病实习、调剂实习、外科手术实习、病体解剖实习、乳肉检查实习、畜产制造实习、病舍实习、*法学通论、*农学总论
工科	土木工学	数学、力学、应用力学、水力学、图法力学及演习、地质学、热机关学、水力机学、机械制造法、冶金制器学、测量学、测地学、建筑材料学、铁筋混合土构造法、石工学、桥梁学、铁道学、道路学、河海工学、市街铁道学、房屋构造学、土木行政法、电气工学大意、卫生工学、工业经济学、计画及制图、测量实习、实地练习
	机械工学	数学、力学、应用力学、水力学、图法力学及演习、热力学、热机关学、水力机学、机械制造法、冶金制器学、机械学、机械运动及力学、机关车学、船用机关学、纺绩机械学、制造用机械学、电气工学大意、房屋构造学、工业经济学、计画制图及实习、电器工学实验、实地练习
	船用机关学	数学、力学、应用力学、水力学、图法力学及演习、热力学、热机关学、水力机学、机械制造法、冶金制器法、机械学、机械运动及力学、船用机关学、造船学大意、电气工学大意、工厂建筑法、工业经济学、计画制图及实习、造船计画及制图、电器工学实验、实地练习
	造船学	数学、力学、应用力学、水力学、图法力学及演习、热力学、热机关学、水力机学、机械制造法、冶铁学、机械学、造船学、军舰制造法、船用机关学、电气工学大意、船坞海港建筑法、工业经济学、计画制图及实习、船用机关计画及制图、实地练习

(续表)

科	门	具体课目
工科	造兵学	数学、力学、应用力学、水力学、图法力学及演习、热力学、热机关学、水力机学、机械制造法、冶金制器法、冶金学、冶铁学、机械学、枪炮学、弹丸学、炮外弹道学、炮架及车辆学、水雷学、火药学、造船学大意、射击表编制法、电气工学大意、工业经济学、计画及制图、机械制图、化学实验、实地练习
	电气工学	数学、力学、应用力学、水力学、热力学、热机关学、水力机学、机械制造法、冶金制器法、机械学、电气及磁气学、电气磁气测定法、电报及电话学、电灯电车及电力传送法、发电机电动机及变压器论、直流及交流理论、电气化学、房屋构造学、工业经济学、计画及制图、机械制图、电气工学实验、电气及磁气实验、电气化学实验、实地练习
	建筑学	数学、力学、应用力学、水力学、图法力学及演习、地质学、热机关学、冶金制器法、测量学及实习、建筑材料学、中国建筑构造法、建筑意匠学、建筑史、房屋构造学、铁筋混合土构造法、配景法、装饰法、美学、施工法、卫生工学、建筑法规、工业经济学、自在画、装饰画、计画及制图、制图及配景法实习、实地练习
	应用化学	应用力学、水力学、热机关学、冶金制器法、机械学、无机化学、有机化学、矿物学及矿物识别、物理化学、电气化学、冶金学、试金术、应用化学、火药学大意、电气工学大意、房屋构造学、工业经济学、计画及制图、化学分析及实验、工业分析及实验、应用化学实习、试金实验、实地练习
	火药学	数学、力学、应用力学、水力学、热机关学、冶金制器法、机械学、无机化学、有机化学、制造化学、火药学、枪炮学、弹丸学、水雷学、炮外弹道学、炮架及车辆学、电气工学大意、房屋构造学、工业经济学、计画及制图、机械制图、火药实验、化学分析及实验、工业分析及实验、实地练习
	采矿学	数学、应用力学、水力学、热机关学、机械制造学、冶金制器学、机械学、地质学、矿物学、岩石学、测量及矿山测量、采矿学、矿床学、选矿学、矿物及岩石识别、冶金学大意、试金术、矿山机械学、材料运搬法、土木工学大意、电气工学大意、房屋构造学、工业经济学、矿山法规、采矿计画、机械计画及制图、测量实习、选矿实习、试金实验、化学分析及实验、吹管分析及实验、实地练习
	冶金学	数学、应用力学、水力学、热机关学、机械制造法、冶金制器法、机械学、矿物学、矿物识别、采矿学、选矿学、冶金学、冶铁学、试金术、冶金机械学、燃料及耐火材料论、电气冶金学、热度测定法、化学分析及实验、气体分析、电气工学大意、房屋构造学、工业经济学、矿山法规、冶金计画、冶铁计画、机械计画及制图、冶金及电气冶金实习、冶铁实验、试金实验、吹管分析及实验、实地练习

第三章
整合西学知识地图的努力

西欧文明大举进入中国,源于明末基督教的向外扩张。可起于宗教未必就止于宗教,被动的开始不代表被动地改造。历史未必按照人为设计的方式行进,意想不到的地方恰恰是意味深长之处。

多少有些事后诸葛的历史研究,为当下辩护似乎在所难免,因为来时路的找寻,同时以今天为起点和终点。然而那些旁逸斜出、尚未展开的可能性也不应排除,毕竟历史研究不只是结果合法的证明,也是过程的考察与思索。百舸觅路,千帆过尽,方有最后的抉择。邵雍言"劳多未有收功处,踏尽人间闲路歧"(《闲行吟》),人生没有弯路,历史也无所谓歧路,所有的经验教训都将汇入更长的人类历史。越奇特、越难以理解,甚至越是灾难和浩劫,就越有研究的价值。好比近代中国之于西学,由细节比附到碎片拼合,由知识整合到系统更换,复杂而艰辛,绝非一句简单的必然与偶然所能概括。

国人对西学的认知最早从书籍中来。学堂分科虽然关键,却属后来居上。如同没有佛经翻译,就不会有中国佛教的发展壮大,没有汉译西书的汇为壮观,也不会有近代西学的铺天盖地。这个过程今天仍在继续。如第一章所示,在译书里,能够看出对西学的选择。而在对西书的归置里,可以体察国人对西学的理解程度。在学校尚未取代科举之前,官方汲汲于科举科目的西学调整,民间亦闻风而动,搜集西学的林林总总。如何排列、整合这些陌生的知识,如何与既有的知识呼应、并列,就意味深长了。分类作为知识纲要,是一个极好的入手处。

在这个过程中,我们既会看到中学在西学的比照下奋力弥补不足,也会看到各种不得其法,甚至是南辕北辙的借用;既会看到中式治学的高远使得西学的求索愈发艰涩,也会看到不耐削磨的快捷挪用带来的巨大损耗;既会看到西风渐猛,也会看到传统坚韧地求生。林林总总,方方面面,说明不同知识系统的拼接何其艰难。就像当初国人不得不耐着性子一点点拼合西学的知识地图,我们也需细心打捞这些历史碎片,尽管烦琐甚至枯燥,却是必不可少的检点工作。

第一节　明末清初的中式译书分类

利玛窦进入中国后,不久就发现学问是宣扬教义的最好工具,不仅可以联络感情,获取上流社会的认可与尊重,还能成为最有分量的教化先导,归化人心。当他确定知识传教的上层路线后,便开始著书立说。他强调,"在这里用书籍传教是最方便的方法,因为书籍可以在任何地方畅行无阻",而且中国人尊重书籍和学问。①

事实上,他的确是这样做的。他好与中国士大夫辩学论道,狷狂如李贽,亦称他为"一极标致人"②。《四库》说他很受欢迎,"士大夫喜其博辩,翕然趋附"(《天学初函》提要)。与他交往的130余名士大夫中不乏达官显宦,为他的传教事业提供了不少帮助,而他最终破例得赠万历皇帝亲赐的西郊墓地。他和徐光启合译的《几何原本》,170年后被《四库全书》称为"弁冕西术"(《几何原本》提要),300年后被梁启超誉为"字字精金美玉,为千古不朽之作"③。他不曾立教永生,却完成了中国人的立言不朽,成为中西文化交流史上浓墨重彩的一笔。尽管清末传教士没有采用他的知识传教上层路线,但是图书刊刻却成为所有在华基督教传教士的基础事业,对中国近代学术交流影响深远。

---

① 原文语境是他告诉教廷中国官方不允许传教,但是"很多事皆可由书籍传授,讲话便没有那样方便,这是我们的多年经验之谈"。上一段话讲"在这个帝国中有许多富有价值的文学作品、科学与哲理,而在中国最受人推崇与追求的便是这些学问",着眼点在书籍和学问的尊贵。(1609年利玛窦致远东副省会长巴范济神父书,《利玛窦全集》第4册,第412页)《利玛窦中国札记》也多次讲述自己带去的图书,仅仅是其装潢之华美就赢得了中国人普遍的尊重。

② 李贽:《与友人书》,《焚书·续焚书》,岳麓书社,1990,第315页。

③ 梁启超:《中国近三百年学术史》,《饮冰室合集》专集第17册,第8813页。

一 中式日用的大小之辨

传教士不惜人力物力，大量刊印中文书籍，当然是为了传教，自然以宗教图书为主。科学厕身其间，是出于中国士大夫的不情之请。据美籍学者钱存训统计，从利玛窦来华到耶稣会解散，二百年间传教士在中国的西学译著多达 437 种。其中宗教书籍 251 种，占 57%。地理舆图、语言文字、哲学、教育等人文科学书籍 55 种。剩下的 131 种是自然科学，集中在天文、数学、物理、军事制造、生物、医学，占 30%。17 世纪是西书译介的黄金期，天文学译著高达 83 种，其次是数学和地理。利玛窦时代和汤若望时代之后，译书数量开始下降。①

徐宗泽在《明清间耶稣会士译著提要》一书里把此时期重要的译著分为圣书、真教辩护、神哲学、教史、历算、科学、格言 7 类，宗教是大头。所录历算书有 18 种，19 种科学书包括了制造、地理、医学、军事各类。上海徐家汇天主堂藏书楼、巴黎国立图书馆、梵蒂冈图书馆的相关藏书已有整理，书单上就可觑见整体格局。若非反教事件和礼仪之争最终导致中方禁教和罗马教廷解散耶稣会，西书译介当不止此数。1620 年金尼阁曾携教皇保禄五世赠送的 7000 余册图书来到中国，1687 年传教士白晋和张诚又带来 30 余箱图书和仪器。徐光启、李之藻、杨廷筠等立即认识到其重要性，曾上书朝廷，请求开展系统的译介。②

对明末清初的西学交流及其译介，方豪《中西交通史》、张星烺《欧化东渐史》、沈定平《明清之际中西文化交流史》、张国刚《明清传教士与欧洲汉学》等都多有论述，徐宗泽、熊月之、张西平也进行过全面介绍。我要强调的是，统计数字还不足以说明西学究竟带来了多大的影响。据说早在元世祖时期，罗马教皇就曾把欧洲"七术"（文法、修辞、名学、音乐、算数、几何、天文）介绍到中国来，元朝人有没有认真看过，已无案可查。但从这

---

① 钱存训：《近世译书对中国现代化的影响》，《文献》1986 年第 2 期。
② 李之藻《请译西洋历法等书疏》、杨廷筠《刻〈西学凡〉序》，《明清间耶稣会士译著提要》，第 193、229 页。

批书籍的亡佚,大体可以确定未受重视。王国维认为原因在"此等学术皆形而下之学,与我国思想上无丝毫之关系也"①。若不能与中国学术发生关联,即便翻译成中文,也未必能落地生根。而明清之际传教士翻译的这 400 多种图书不仅保存下来了,而且后来《四库》还收录了 23 部、存目 37 部,许多清代藏书家的收藏里也不乏它们的身影②。正如艾尔曼(Elman)的质疑:我们总是认为明清人思想保守、科学落后,那他们接受西方科学的基础从哪里来?③ 面对陌生的、纷纭的、全貌不全的西学知识,明朝人如何辨识?如何纳入中学系统?这种理解是否对中学造成了影响?这些问题都不当忽略。

明末与传教士往来最密切,且直接推动了西书译介的徐光启、李之藻、杨廷筠,号称"圣教三柱石"。早在 1613 年,时任南京太仆寺少卿的李之藻便上书万历,说传教士带来的西洋历法里至少有 14 桩事,或为中国古书所无,或为历代志书所含糊,请求开设译馆广译西书,"与吾中国圣贤可互相发明"——

> 今诸陪臣真修实学,所传书籍又非回回历等书可比,其书非特历术,又有水法之书,机巧绝伦,用之灌田济运可得大益;又有算法之书,不用珠算,举笔便成;又有测望之书,能测山岳江河远近高深及七政之大小高下;有仪象之书,能极论天地之体与其变化之理;有日轨之书,能立表于地,刻定二十四气之影线,能立表于墙面,随其三百六十向,皆能兼定节气,种种制造不同,皆与天合;有《万国图志》之书,能载各国风俗山川险夷远近;有医理之书,能论人身形体血脉之故与其医治之方;有乐器之书,凡各种钟琴笙管皆别有一种机巧;有格物穷理之书,备论物理、事理,用以开导初学;有《几何原本》之书,专究方圆平直,以为制作工器本领。以上诸书,多非吾中国书传所有,想在彼国亦有圣

---

① 王国维:《论近年之学术界》,《王国维文集》第 3 卷,中国文史出版社,1997,第 36 页。
② 参阅徐海松:《清初士人与西学》,第 74—75 页。
③ Benjamin A. Elman, "From Pre-modern Chinese Natural Studies to Modern Science in China", in Michael Lackner and Natascha Vittinghoff eds., *Mapping Meanings: The Field of New Learning in Late Qing China*, Brill Leiden Boston, 2004, p. 25.

作明述，别自成家，总皆有资实学、有裨世用。①

历书之外，李之藻依次胪列了水法、算法、测望、仪象、日轨、《万国图志》、医理、乐器、格物穷理、《几何原本》10类书籍。《万国图志》以书统地理风俗，《几何原本》为几何学代表。当时西方还没有统包几何、代数、分析（函数和方程）的"数学"概念，国人对数学的理解还在珠算、历算、推步等应用层面，但李之藻已经感觉到几何与算术不同，故分而列之。他说的测望其实属于应用数学，与以珠算为主的算法有大小之别，却无本质之分。因此李之藻是从实用角度进行区分的，就像古人说的历算既包括天文又包括数学。这里的乐器也不同于今天的音乐，特点是"机巧"，偏乐器制造，因而钟表也列入其中。水法也是《泰西水法》一类的"机巧"农械，未必因体量大而分立，可能是出于运用的显隐之别。

当时的欧洲，许多学科都还处于萌芽状态，更不要说成套的学科体系了。因而李之藻是按照自己的理解来区分书类的。如果不在意对象的统一（《四库》亦不以为意，详见第五章），实用的目的更直接（所谓的以我役物），那么以为用大小进行分理，在古籍里本来就很常见，即所谓的大小之辨。普通日用的实用算术和量山测海的专门算法，一求之众，一责之专，针对不同的人群。有意思的是，明朝人不知晓西方社会如何类举，传教士却是依照中国方式介绍西学的。阳玛诺（Manuel Dias）在《〈天问略〉自序》里这样界分西洋天文学：

> 论天文者约有二端，一则测天重之多寡厚薄，日月星之运旋迟速、大小上下、去地之远近，及出入、朔望、弦食、昼夜、寒暑，斯类者虽有实理，第不急于日用，谓之"测学"；一则定节候以便稼穑、以令种植，察行度以知时刻、以程作事，算躔会以识廩受、以治疾病，量极宿以度地里、以便行海，斯类者有益于日用，谓之"用学"。②

天文学分测学和用学，标准是中国人注重的日用。因而真正为西方天文学特

---

① 李之藻：《请译西洋历法等书疏》，《明清间耶稣会士译著提要》，第195页。
② 阳玛诺：《〈天问略〉自序》，《明清间耶稣会士译著提要》，第214页。

色的"测学",反倒成了不急之务。"用学"混杂了制历、钟表、预占、疗疾、航海测算,是中国式的应用数学,今天基本被排除出天文学的范畴。"算躔会以识廪受、以治疾病"尤其值得注意。以天体运行预测人事,甚至用来治病,是中国古代观天术的传统,今天视为巫占。阳玛诺并未提出异议,说明他是接受的,西方也有占星传统,巫风可能比明朝还盛。这提醒了我们,西方科学也有一个发展变化的过程。阳玛诺作《天问略》的1615年,还属于欧洲近代的早期,科学刚刚从中世纪的神学中走来,或者说科学刚诞生于宗教神学①,新的世界观尚未形成,没有清晰的科学和迷信分野。前现代的传教士比今天的我们,更易理解和接受中国古代传统学术。就像今人苦苦纠结于何以产生不了西方那样的近代科学,利玛窦却认为"世界上没有民族比中国人更重视算学的,虽然他们的传授算学是胪列论题而不加以证明的"②,中国人之所以对西方知识兴趣不大,是因为"他们相信只有他们自己才有真正的科学和知识"③。

比阳玛诺更了解中国的利玛窦,在运用中式思维引介西学方面做得更出色。在《几何原本》引言里,利玛窦说几何可以析为4大支流:"数者立算法家,度者立量法家也,或二者在物体而偕其物议之,则议数者如在音相济为和而立律吕乐家,议度者如在动天迭运为时而立天文历家也。"④ 这种分类今天看来甚是混乱,严格来说可以析为两个层面:纯学理方面有算和度的区别,运用型则有乐律和天文历法的差异。度数用于律吕,这是中国传统,历代史书皆有"乐律志"。天文和历法亦未分开。其实这些门类更多与算术相关,与几何学有距离。以侧重空间图形的几何统之,或可商榷。

更有意思的是,上述引言中利玛窦用了一半的篇幅,详述几何学的实际功用,内中逻辑更难条分:先说测量星体,再说山川、城郭、土地、宫室、仓廪和容器;先谈授时与置闰,后言制器以礼天;先云土木营造,后论农械

---

① 参阅〔美〕爱德华·格兰特:《近代科学在中世纪的基础》,张卜天译,湖南科学技术出版社,2010。
② 转引自毛子水:《徐译几何原本影印本导言》,《毛子水全集·学术论文》,第314页。
③ 〔意〕利玛窦、〔比〕金尼阁:《利玛窦中国札记》,第95页。
④ 〔意〕利玛窦:《译〈几何原本〉引》,《明清间耶稣会士译著提要》,第198页。

制作；先说图像模写，次论地图测绘，后言航海指南。只能说，是在以用途进行缕分。论完实际事务，他还引申到"为国从政"的维度，详述边境与外交、钱粮与伪占、农政及水旱、医术与天时、行商与易货，皆须知晓几何，尤以兵法最急。军马粮草之数、距离远近计算、布阵列兵之法和军械制造，"所关世用至广至急也"。这一通枚举，从相关性和紧急性出发，完全是中式铺叙，不看作者姓名，难知非我族类，本身他又是用文言文写作的。显然，只有这样说，才能引起中国人的重视。

与清末国人直接挪用传教士的名类相反，明末传教士是采用中国方式条分西学的。在西学未能以压倒性态势居高临下时，传教士对异文化的倾听和亲近更具耐心。这也说明，中式分类并非无迹可寻，内在思维逻辑明清之际的传教士是心领神会的。

二 传统思路的理器之分

比大小之用更深入人心的，是中国传统的理器之辨。不仅李之藻用，利玛窦也在用。本来李之藻所列书类的仪象和日轨可以划归一类，区别仅在前者重理，后者重制造。利玛窦的几何分类也有近似剖分（"或二者在物体而偕其物议之"），二者皆属天文，却别出历算，似乎是为了强调。多历古籍，便不难体察，这是中国古代的一贯做法。例如在《几何原本》序言里，徐光启明明说利玛窦的学问分为3种，结果却只说"大者修身事天，小者格物穷理，物理之一端别为象数"①。实际只有大小2种，象数是格物穷理学里的一支，单独拎出来是为了突出和强调。

"象数"是中式称谓，此处明确指以几何为代表的西方数学。中国古代称《周易》为象数之学，因为有卦象有爻象，还有大衍之数的变化。《几何原本》不仅是数字的运算，还涉及空间数理，以象数合言，倒也贴切。"象数"是古语，"几何"是新词，创制之初，寻求古语助益理解。"几何"后来被视为译介典范。这里的"物理"不是今天的物理学，和李之藻的立意一样，源出《大学》的"格物穷理"，泛指事物当然之理。古代中国从不把事物和人

---

① 徐光启：《刻〈几何原本〉序》，《明清间耶稣会士译著提要》，第197页。

事分成两截，察物乃为应世，探究事物为的是更好地明理做人。所谓格物以致知，致知才能正心诚意。由物及人，由宇宙之理到为人处世之道，鱼贯而下（《大学》八条目）。

徐光启用大小之辨，把利玛窦的"修身事天"之学和"格物穷理"之学区分开来，而李之藻此际尚未进行神学和科学的两分，他所言"备论物理、事理，用以开导初学"是指哲学书，更是西方的宗教书。作为正式受洗的基督徒，李之藻不仅接受教会思想，还比徐光启更热心教义的推广（详见下文），遍举群书时，便会给基督教预留位置。只是当时没有宗教概念，只能用古语概述其功用而已。此时的物理学也弥散在仪器制造中，面貌不清，连利玛窦都统归几何名下。即便两百多年后的晚清，对机械制造背后的物理学，也经历了时间不短的摸索和厘清。

如果用今天的学科观念重新划类，李之藻说的 11 类西书包括天文学、数学、地理学、医学、仪器制造，还有宗教。然而今人若替古人归纳，便简化了问题，也模糊了其间的观念差异，这是当前研究的常见问题。回到明末利玛窦的时代，李之藻笔下的西学门类未必逻辑混乱，顶多是不够简洁明了而已。于是 1628 年他刊刻西学丛书《天学初函》时，便把收录的 20 种西书分为理器二编。"理编"包括艾儒略《西学凡》、利玛窦《畸人十篇》《交友论》《二十五言》《天主实义》《辩学遗牍》、庞迪我（Diego de Pantoja）《七克》、毕方济（P. Francois Sambiasi）《灵言蠡勺》、艾儒略《职方外纪》。"器编"有熊三拔《泰西水法》《表度说》《简平仪》、李之藻《浑盖通宪图说》、利玛窦《几何原本》《同文算指》《圜容较义》《测量法义》《句股义》和阳玛诺《天问略》。"形而上者谓之道，形而下者谓之器"（《周易·系辞上》），道器之分或理器之分是中国古代最常见的类分形式，以之分理宗教和科学倒也贴切。

这一点利玛窦也是清楚的。他明言自己对《几何原本》的翻译三进三止，因为"此游艺之学，言象之粗"[①]。和传教的事业相比，科学的确是副业，是游艺之学，不值得多花功夫。不意徐光启移译之意已决，并以"欲先其易信，

---

① 〔意〕利玛窦：《译〈几何原本〉引》，《明清间耶稣会士译著提要》，第 201 页。

使人绎其文，想见其意理，而知先生之学可信不疑"① 相劝，遂开合译之例。此后，西方科学书籍无不是在明朝士大夫的力请下，与勉为其难的传教士一起完成的，这才有了那30%的科学译书。明朝士大夫不仅注意到了传教士的器学，更极力加以肯定。利玛窦以"未遑此土苴之业"② 推辞时，自然也明白中国人向以技艺制造为形下之器，地位低下。他自己更看重道学，只是他的道是基督之道，而非儒家之道而已。中国的道器之辨同样适用于他，对此他也是接受并加以了运用的。

李之藻以理、器分梳西学，不仅出于归纳的方便，更有他的良苦用心。既然有理有器，由器入道就是题中应有之义。李之藻不仅参与西方科学书籍的翻译，还正式入教，坚信基督教必将胜过传入中土的佛教③。因此他合理器而为"天学"，意为尊天事天之学，希望国人在西方科学的接引下，最终找到基督教。理器相合为其一，理重于器为其二，《天学初函》题辞明言所望在"认识真宗，直寻天路，超性而上"④。如同徐光启的"大者修身事天，小者格物穷理"一样，穷究事理为小，修身事天为大，小服于大，高下立见。

三 颠倒的"节取"与改写的传统

近代学者陈垣言："之藻之意本重在理编，使人知昭事之学之足贵，而《四库》及诸家所录乃舍其理而器是求，真所谓买椟还珠者哉。"⑤ 其实，明朝人杨廷筠早就发现国人在买椟还珠：

> 西人引人归向天帝，往往借事为梯，注述多端，皆有深意。而是编则用悦耳娱目之玩以触人之心灵。言甚近，指甚远。彼浅尝者，第认为輶轩之杂录，博物之谈资，则还珠而买椟者也。⑥

---

① 徐光启：《刻〈几何原本〉序》，《明清间耶稣会士译著提要》，第198页。
② 〔意〕利玛窦：《译〈几何原本〉引》，《明清间耶稣会士译著提要》，第201页。
③ 李之藻《刻〈职方外纪〉序》说："知（西方天文译书）必不与鸠摩、玄奘辈所致书同类而并视之也。"〔意〕艾儒略原著，谢方校释：《职方外纪校释》，中华书局，1996，第8页。
④ 李之藻：《刻〈天学初函〉题辞》，《明清间耶稣会士译著提要》，第220页。
⑤ 陈垣：《重刊〈灵言蠡勺〉序》，《明清间耶稣会士译著提要》，第156页。
⑥ 杨廷筠：《职方外纪序》，《职方外纪校释》，第5页。

器学乃传教士借以引人皈依上帝的梯子，言在此而意在彼，仅停留在娱目悦耳的表层而不深入心灵，无异于买椟还珠。这难道说得还不够清楚吗？熊士旂也曾引导说："睹奇器则知良工之苦心，目名画则忆国手之巧心，阅《外纪》则念大造生成之宏赐，是皆不役志于物而直探本原。诸名硕先生并译著其说，拳拳善诱，深意其在斯乎。"①"不役志于物而直探本原"可谓"知识传教"的中式注脚。

然而，国人不仅明知故犯，还理直气壮。《四库》收录《天学初函》时，只录器编，理编除《职方外纪》外，"其余概从屏斥，以示放绝"，明确拒绝所谓西学之理。非但如此，《四库》还故意保留了李之藻的总编目录，"以著左袒异端之罪焉"。也就是说，清廷亦认为李之藻重在传教，认为他传布异端的罪过超过引进科学的功劳，必须笔伐。《四库》言"西学所长在于测算，其短则在于崇奉天主以炫惑人心"，而"之藻等传其测算之术，原不失为节取，乃并其惑诬之说刊而布之，以显与六经相龃龉，则伪之甚矣"（《天学初函》提要）。测算可以"节取"，天主之说则应当"放绝"，道器被打成了两截，舍道取器。这与李之藻的用意正好相反。

不仅西学丛书里的不同书类被区别对待，一书之中也经认真甄别。《天问略》本为天文历算书，但传教士阳玛诺坚持"学以道德为本，而道德之学又以识天主、事天主为本，有为于此学之学为实学、益学、永学，无为于此学之学为虚学、废学、暂学而已。天论者，所以使人识事真主，轻世界而重天堂者也"②，经常不忘本职见缝插针地在其间阐发教义。这让《四库》馆臣非常头疼，明言书中的十二重不动天为天堂所在是胡说八道，批评其"舍其本术而盛称天主之功"，"盖欲借推测之有验以证天主天堂之不诬，用意极为诡谲"。尽管如此，《四库》还是收录了此书，承认其"考验天象则实较古法为善"。只是最后删去了序言，书里内容并未改动。明清官方立场，《四库全书总目》有集中的表述：

> 欧罗巴人天文推算之密，工匠制作之巧，实逾前古，其议论夸诈迂

---

① 熊士旂：《职方外纪跋》，《职方外纪校释》，第15—16页。
② 阳玛诺：《〈天问略〉自序》，《明清间耶稣会士译著提要》，第214页。

怪亦为异端之尤，国朝节取其技能而禁传其学术，具存深意。(《寰有诠》提要)

"节取其技能而禁传其学术"，把技能排除在学术外，意味着官方只承认以天文和数学为代表的西方器学，不愿与宗教有太多瓜葛。

实际上，这是强行把器从学术里剥离出去，打断道器的一体性。尽管仍在道器的框架里，但已与传统取向违逆。无论是《老子》的道生万物，还是《周易》的"形而上者谓之道，形而下者谓之器"，器始终不能离道而独立存在。唐宋以后虽有道先于器（孔颖达）、道依于器（张载）、道器相合（程颐、朱熹）、道器同一（程颢、陆九渊）、道寓于器（薛季宣、陈亮）等说法的分歧，但无不认为道器相生相成，如同阴阳，必须对举。面对"实逾前古"的西方科技，与同样"夸诈迂怪"的天主教义，舍"所穷之理"而取"所格之物"，实为无奈之举。这种大义与末技的颠倒取舍，在传统语境里绝非小事。

尽管器和理的划分，在类目上并没有突破和创新，但究其取舍，却带来了观念的重大调整。因为道器观的松动是后来西学全面进入中国的第一步。洋务时期，清人动辄言西技西器，接续的是明末清初的思想遗产，而非往昔。若器一如既往地与道相连，那么对西学的抵制会更加严厉。如果器还是那样微不足道，自然科学也无法与人文学科平起平坐，学术重心谈不上转移。中国自古就没有人文和自然的两分，中国的自然是人文视野下的自然，器包含在道里，宇宙和自然都是人文性理的一部分。没有了人，谁还去追究花开花谢、日升月落？脱离修身处世，格物致知就没有意义。既然中学体系是围绕这样一些基本认知建立起来的，自然是道外无器。只有面对异质且某方面还不低于中学的另一套学说，衡量的尺度才会成为问题，选择的方法才需要审慎。

分离道器，舍道取器，是国人在自己的能力范围内，对西学做出的变通与妥协。这种区分方式必将随着中西学术碰撞的加剧而变形，亦将随中西学术地位的逆转而失效。道器传统的变形与位移，不正是西学对中国传统学术理念的触动吗？因此，即便没有晚清西学的大规模输入，明末清初两百年间的西学移译也已经对中国学术产生了影响,和元初不同。其对天文学、数学、地理学等具体学科的刺激与推动,第一章已有交代,兹不赘述。无论如何,突破已有观念,迈出第一步最是艰难,节取总比不取强。而且"节取"是一种相对强势的变通,与晚清民国身不由己地防御或屈从,姿态和势能皆有不同。(表3-1)

表3-1　1552—1773年来华耶稣会士西书简录①

书名	著者或译者	时间	收录	四部归类	今属学科
几何原本	欧几里得著,利玛窦口述,徐光启笔译	1605	四库	子·天文算法	几何
浑盖通宪图说	李之藻著	1607	四库		天文
测量法义	利玛窦述,徐光启译	1607	四库	子·天文算法	几何
测量异同	利玛窦述,徐光启译	1609	四库	子·天文算法	几何
西字奇迹	利玛窦著	1605			语言学
简平仪说	熊三拔述,徐光启记	1611	四库	子·天文算法	天文
句股义	利玛窦授,徐光启撰	1617	四库	子·天文算法	几何
泰西水法	熊三拔述,徐光启记	1612	四库	子·农家	农学
圜容较义	利玛窦授,李之藻撰	1614	四库	子·天文算法	几何
同文算指	利玛窦述,李之藻译	1614	天学初函		算术
地震解	龙华民著				地理学
表度说	熊三拔授,周子愚、卓尔康记	1614	四库	子·天文算法	天文学
天问略	阳玛诺著	1615	四库	子·天文算法	天文学
民历铺注解惑	汤若望著				天文学
新制灵台仪象志	南怀仁著,刘蕴德记				天文
药露说	熊三拔撰	1618			医药学
西学凡	艾儒略著	1623	四库	子·杂家	教育
职方外纪	艾儒略著	1623	四库	史·地理	地理

---

① 此表参考《四库全书总目》、徐宗泽《明清间耶稣会士译著提要》、梁启超《西学书目表》等,不包括宗教书。

(续表)

书名	著者或译者	时间	收录	四部归类	今属学科
灵言蠡勺	毕方济授，徐光启录	1624	四库	子·杂家	宗教
远镜说	汤若望著	1626			物理
西儒耳目资	金尼阁著	1626			语言学
远西奇器图说	邓玉函授，王徵译	1627	四库	子·谱录	机械
寰有诠	傅汎际译，李之藻润色	1628	四库	子·杂家	宗教
崇祯历书	徐光启、李之藻、李天经及龙华民、邓玉函、汤若望等	1629—1634	四库	子·天文算法	天文历法
名理探	傅汎际译，李之藻润色	1631			哲学
西方答问	艾儒略著	1637			地理
火攻挈要	汤若望授，焦勖述	1643			军事
神武图说	南怀仁	清初			军事
泰西人身说概	邓玉函译述				医学
性学觕述	艾儒略	1646			哲学
天学会通	穆尼各述，薛凤祚编	1664			天文
坤舆图说	南怀仁著	1674	四库	史·地理	地理
进呈鹰论	利类思撰	1679			动物学
狮子说	利类思撰	1678			动物学
乾坤体义	利玛窦著		四库	子·天文算法	天文
穷理学	南怀仁译著	1683			哲学
数理精蕴	梅瑴成等在白晋、张诚译稿基础上汇编	1690—1721			数学
律吕正义	徐日升、德理格著	1713			音乐
西学治平	高一志著	1630			政治学
民治西学	高一志著				政治学
童幼教育	高一志著	1620			教育学
性理真诠	孙璋著	1753			宗教
西方要纪	利类思、南怀仁	1668			
本草补	石铎琭	康熙年			医药学

第二节　清末西书类目的二次选择

鸦片战争使西方文化于70年后在武力的推进下再度进入中国。洋务运动之前，传教士已在中国成立了墨海书馆、英华书院印字局、华花圣经书房、罗扎里奥·马卡尔出版公司等教会出版机构。① 从利玛窦开始，翻译并刊印书籍就是在华传教士的基础工作。但由于中西形势逆转，清末来华的新教传教士不再像当年的耶稣会士那样迎合中国人的需求。教会出版的重心在宗教，自然科学书籍比重很小。1810—1867年，传教士出版的795种图书中，宗教占86%，自然科学只有47种，人文科学46种。据熊月之统计，1843—1860年香港、广州、福州、厦门、宁波、上海6个通商口岸出版的434种西书中，75.8%为宗教宣传，剩下24.2%即105种图书才是天文、地理、数学、医学、历史等。② 即便影响力最大的上海墨海书馆，科学书籍也只有33种，占总数的19.3%。③

通商之初，新教传教士多与商人和平民往来，译述多为通俗的小册子和学校课本。除少数医生外，大多数新教传教士的科学素养不能与当年的耶稣会士比，科学译书总体质量不高。虽然李善兰、华蘅芳、王韬、管嗣复等与传教士伟烈亚力、合信、艾约瑟（Joseph Edkins, 1823—1905）等合作，译介了一批水准较高的科学图书，如《大英国志》（1856）、《续几何原本》（1857）、《西医略论》（1857）、《妇婴新说》（1858）、《重学浅说》（1858）、《代数学》（1859）、《代微积拾级》（1859）、《重学》（1859）、《谈天》（1859）、《植物学》（1859）等，但一则数量有限，二则多为基础知识，离动手制造还有不小的距离。以往从传教士译介中"节取"所需的有限吸收，远不能满足此时的自强需求。李鸿章等意识到"欲因端竟委，穷流溯源，舍翻

---

① 墨海书馆由英国伦敦教会创办，1843年由爪哇巴达维亚迁至上海。英华书院印字局亦由伦敦教会创办，1843年由马六甲搬至香港。华花圣经书房由美国长老会创办，1845年由澳门迁往宁波，后搬至上海，改名美华书馆。罗扎里奥·马卡尔出版公司由福州卫理公会创办，1862年成立于福州。
② 熊月之:《西学东渐与晚清社会》，第8页。
③ 同上书，第188页。

书读书无其策"①,因此随着洋务运动的展开,清廷不得不考虑自己动手移译西书,由此开始了以中国人为主导的外籍移译工作。

一 甲午前的译介积累与整体追求

以京师同文馆和江南制造局翻译馆为主的中方译介机构,以求富致强为目的,注重科技图书的翻译,与广学会、美华书馆、益智书会、博济医局、上海土山湾印书馆等教会机构拉开了距离。此外,总税务司、天津机器局、上海译书公会等也会有选择地出版译书,一些报社也加入了这个行列。1902年《东西学书录》提到,"中国译书之处,昔仅天津之水师学堂、上海之制造局而已,近年海内通人志士知自强兴学,非广译东西典籍不为功,苏、杭、闽、粤相继兴起,不数年间新书当可流遍于二十一行省。兵家言南洋公学译之,商务书江南、湖北两商务报译之,格致学《汇报》、《亚泉杂志》译之,农学则《农学报》译之,工艺则《工艺报》译之,蒙学则《蒙学报》译之,此数种近日皆有译本,其东西政治、历史则上海近多设编译局,皆有译者"②。

京师同文馆有翻译课程,1888年专设翻译处,1893年还出了个翻译科举人祺昌。但就数量而言,并非太多,且多充教材之用。③译书主要由丁韪良、毕利干等洋文教习译介和鉴定,完全出自学生之手的不多。成立于1868年的江南制造局翻译馆,是晚清影响最大、译书最多的官方机构。曾国藩在开馆折呈里指出"盖翻译一事,系制造之根本"④。主动吸纳西学从军事制造开始,由此逐步扩展与深化。

江南制造局翻译用书由傅兰雅从英国订购,仅1868—1870两年间就订购

---

① 李鸿章光绪元年奏章,《洋务运动》第4册,第30页。
② 顾燮光:《增版东西学书录叙例》,《晚清新学书目提要》,第6页。
③ 苏精的统计是35种(《清季同文馆及其师生》,台北,1985,第159—161页)。熊月之的统计是25种(《西学东渐与晚清社会》,第317页)。
④ 《洋务运动》第4册,第79页。

了3批190种外文图书。① 在西学知识和外语能力有限的情况下,买什么书、译什么书要听取传教士的意见,尔后由清朝官员确认。翻译方法与明末相近,"必将所欲译者,西人先熟览胸中而书理已明,则与华士同译,乃以西书之义,逐句读成华语,华士以笔述之;若有难言处,则与华士斟酌何法可明;若华士有不明处,则讲明之。译后,华士将初稿改正润色,令合于中国文法"②,因为此时能读外文的中国人很少。就此而言,传教士在近代译书和文化交流中起的作用,无论如何都不容否认。傅兰雅曾言自己早晚译书,常年离群索居,非常辛苦,也难禁"异乡之感"和"闷懑之怀",只因有基督信仰,并视为自己的职分,才能"忍耐自甘"。③ 受聘于上海广方言馆的林乐知,亦是半天教学,半天译书,十分勤苦。开辟之初,即便在非教会的中方机构,译书也主要由西方传教士完成。

甲午前,西方科技图书的译介和推广范围有限,主要在洋务学堂和洋务工厂发挥作用。科学引进既零碎,社会亦无深入了解的需求,因而没有对其进行归纳总结的意愿。以推广西学为志业的上海格致书院,是当时集博物馆和科技学校为一体的特出机构。1877年开始举办科学讲座,1879年招收学生,1886年向全国开放课艺。掌院的傅兰雅和王韬遍请热心洋务、有影响力的中国官员出题,以有奖征答的形式扩大影响,9年内出了88道考题,有1878人次获奖。从中可管窥甲午前趋新士大夫的西学兴趣所在,亦可见洋务士绅对西学的了解程度,极具研究价值。

从《格致书院课艺》的考题来看,铁路、贸易、海防、邮政、议院、银行、书院和学校等具体问题是关注的焦点。对学术的关注,一是集中在格致学上,1887年和1889年中西格致异同竟出现过2次。二是集中于化学、物理学、算学的某些具体问题,如1890年关于金属性质及电池正负极的追问、1891年《周髀算经》中相关内容与平弧三角的对比、1893年对月离测经度的方法考问。这说明甲午前对西学的兴趣止于洋务和格致,以宏观和实用为

---

① Adrian A. Bennett, *John Fryer: The Introduction of Western Science and Technology into 19th-Century China*, Harvard University Press, 1967, pp. 73-81.
② 〔英〕傅兰雅:《江南制造总局翻译西书事略》,《中国近代出版史料初编》,第18页。
③ 同上书,第23页。

特点。此时的洋务还很难说是学术，称为时务更合适。洋务士绅对西学的追索，除算学、物理、化学出现过具体问题外，其余好以比较的形式出现，偏总体性质和方向的把握，比如中西律例异同、中西医学优劣、中西刑律得失、中西书院互补等。①

1894甲午年，格致书院课艺里表现出不满足于已知格致学、渴求认识西学全体的愿望。春季考题里有一道是"明艾儒略述泰西建学，凡六科，曰勒铎理加，曰斐禄所费亚，曰默第济纳，曰勒义斯，曰加诺搦斯，曰陡禄日亚，今已各有删并同异损益，可舰缕以言之欤？"② 显然知道《西学凡》里的西学6科已发生变化，希望了解最新的西学科目。其实当时的文章里经常提到西方大学的4科教学③，不能说流传不广，只能说出题人希望知道更多。夏季考题里则有："文字肇兴，历数千载，藏书之富，今倍于古，近日泰西亦重文字，据闻各国书院有藏书至数十万卷、数百万卷者，不知所藏何书？中国书籍固有流传外洋者，而西士著作日盛，除已译西书外，其未入中国者尚多，凡谙习各国文字之士，应留心及之。尚能群征博考，撮举大要，录为书目否？"④ 出题者俨然不餍足于现有的西学翻译，渴望了解更广阔的外国图书全貌。数十万、数百万卷当然不可能一一介绍，"撮举大要，录为书目"是中国传统的按类索书、以类统学方式。追索教学门类和图书分类，不是为了了解西方学校的教学和图书馆的运作，而是希望通过大类来把握西学的全体。出题人不仅考验士子，自己亦有借此打听的用意。只有当零碎的西学译介积累到一定程度，且国人有进一步了解的需求，分类问题才会浮出水面。

---

① 具体考题及获奖文章，参阅上海图书馆编：《格致书院课艺》。
② 上海图书馆编：《格致书院课艺》第4册，第381页。
③ 如1890年汤震的《书院》和1893年宋育仁的《泰西各国采风记》都提过艾儒略的泰西6科，也提过当前西方大学有经学、法学、智学、医学4科。1892年郑观应在《学校》里也说，泰西大学"一经学，二法学，三智学，四医学。经学者，教中之学（即是耶稣、天主之类）；法学者，考古今政事利弊异同，及奉使外国，修辞通商，有关国例之事；智学者，格物、性理、文学语言之类；医学者，统核全身内外诸部位，经络表里，功用病源，制配药品，胎产接生诸法"，指出西方大学有神学、法学、哲学、医学几大经典科系。郑氏还指出，大学之外，西方还有技艺学院、农学院、艺术学院、师范学院等专门院校。德国的海德堡大学直到1890年才成立第5个独立的自然科学系，可见郑观应此说不仅有本可依，而且并不滞后。
④ 上海图书馆编：《格致书院课艺》，第382页。

甲午战争爆发于 1894 年 9 月,《马关条约》及其引发的"公车上书"发生在 1895 年 4 月,时间上均晚于格致书院 1894 年春夏公布的这 2 道有奖问答题。因此,虽然甲午年后尤其是 1898 年戊戌前后,译介西书、全面了解西学的主张才成为舆论热点,但不能由此得出全面了解西学是维新派的主张,尽管康、梁的确在这方面做了大量工作。我认为,洋务运动 30 年,随着西学摸索的逐步深入和西书译介的渐成规模,由点到面、由枝到干、由局部入全体是时间早晚的问题,只要需求还在。1890 年王韬编选课艺时,就说选文的标准是"于西学则穷流溯源,由本及末,由粗及精,皆能探其奥窍"①。1893 年张之洞还曾焦虑道:"近今译出外洋各书及时人纪述,或言一国之政令,或记一时之事情,或采专门之艺术,无关全体。"② 渴求全体,与明末不紧不慢地"节取",性质全然不同。在传教士的引导和帮助下,甲午前夕国人已经走到了这一步,1898 年梁启超的《西学书目表》不会凭空产生。

当然,甲午的刺激和戊戌的推动,推广了译介和译书。报刊文章的连篇累牍和科举改革的增试时务,使得西学迅速升温。工具的新锐和路径的高明也确为维新派两大法宝,使之获得了巨大的社会影响力。因此讨论戊戌至癸卯(1898—1904)呈爆发之势的西学汇编潮前,我们不能低估此前的西学积累。从一到二易,从无到有难,忽略甲午前的西学基础,无异于抹去了一个时代。因为甲午之后非但拓宽和普及西学成为共识,而且全面倒向了日本,曾为领路人的西方传教士和西洋教员逐渐退场。

1889 年格致书院还出过一道泰西格致学与近刻翻译诸书详略得失的题目,说明此时已经关注并评议西方科技译书的品质了。1890 年有一道请李鸿章评定的翻译题,更趋细节——"化学六十四原质中,多中国常有之物,译书者意趋简捷,创为形声之字以名之,转嫌杜撰。诸生宣究化学有年,能确指化学之某质即中国之某物,并详陈其中西之体用欤?"此处涉及化学元素的翻译问题。创制形声字命名中国未有之化学,始创于德国传教士罗存德。③

---

① 王韬:《格致书院课艺序言》,《中国近代教育史资料汇编·教育思想》,第 59 页。
② 张之洞:《札北盐道筹拨纂洋书经费》,《张之洞全集》第 4 册,第 3133 页。
③ 参阅沈国威:《西方新概念的容受与造新字为译词——以日本兰学家与来华传教士为例》,《浙江大学学报(人文社会科学版)》2010 年第 1 期。

镁、锌、钾、硒等化学元素名，一看便知其音，且略会其意，被认为是近代传教士的译介典范。傅兰雅在《江南制造总局翻译西书事略》里进行过总结，连载于1880年的《格致汇编》。第一章说过，西方人认为西方科技中国"无其学与其名"，翻译难度大，不得不创新字造新语。出题人显然还不适应这种做法，也不相信这些东西中国真的没有，所以发问是真诚的。

传教士对汉语的研究，是尽心尽力且卓有成效的，至少得先懂汉字造字法。从他们编撰的各种中西字典里，也可见其下力匪浅。现代汉语很大程度受此类研究的影响，其实离中国文言传统已远。我在牛津大学见过《周早期汉语字典》（*A Dictionary of Early Zhou Chinese*）之类的文言专业词典，他们的中英互译早有积累，且自成体系，比中国的对外汉语乃至现代汉语更早、更成体系，这一点我们应当知晓。1880年发表《西书事略》时，傅兰雅已经完成了《化学鉴原》《化学分原》《运规约指》《防海新论》等近70种图书的翻译，是近代译介贡献最大的来华人士。后来还陆续出版了《金石中西名目表》（1885）、《化学材料中西名目表》（1887）、《西药大成药品中西名目表》（1887）、《汽机中西名目表》（1890）等，取代了此前丁韪良《格物入门》（1868）和嘉约翰《化学初阶》（1871）的部分译语。可以说到1890年，西方科技翻译已在来华传教士及西方译员手里，基本完成了框架性和方法上的探索。1890年傅兰雅在第二届新教传教士全国大会上，就科技翻译做会议发言和长篇报告，已属再度总结。

二 译书清单的新式概括

傅兰雅受聘于江南制造局，中方机构明令禁止传教，他不得不脱离教会。而教会的译介工作并未停止，1887年成立于上海的广学会，以中国官员和士大夫为重点对象，不仅译书和编书，还极力售书和赠书。据台湾学者王树槐估算，广学会1887—1900年出版的书籍约176种。[①] 1900年以前，广学会的社会影响力很大，其主编的《万国公报》是趋新士人西学知识的重要来源，甚至是戊戌前后时务文章的观点提供商。当年康有为就参加过他们的有奖征

---

① 王树槐：《清季的广学会》，《近代史研究所集刊》1973年第4期。

文，获六等奖。梁启超还担任过李提摩太的秘书。光绪皇帝也订购了他们的书报。1900年之后，东风压倒西风，他们才渐失昔日的荣光。

广学会注重传播，对新出版的图书会以自己的方式广为宣传。现存的《广学会译著新书总目》分为天文、地理、史类、传记、医学、通考、政学、理财、律法、格致、算学、植物学、蒙学、小说、杂著、图画、道学、性理、矿物学、化学20类，逐一罗列新书，有的还附有简介。只是现收录于《近代译书目》的目录具体年代不详，无法以之审核甲午之前的西学书类。一些学者在搜集和研究近代译书时，径直把原有类称换成今天的学科名称，或不分时段地笼统概括，虽便于今人理解，却丢失了许多重要信息，为我所不取。

广学会的分类销售书单虽然暂时无法确定年份，但江南制造局翻译馆的新书目录却是有案可查的。傅兰雅在《西书事略》里，明确把已出译书分成算学测量22种、汽机7种、化学5部、地理8种、天文行船9种、博物学6种、医学2种、工艺13种、水陆兵法15种、年代表新闻纸6种、造船（以下未计数）、国史、交涉公法、零件15个大类，公诸报端。① 这些类称没有严格按学科归整，如天文行船并置一处，造船与行船又分而为二。"交涉公法"不知是后来的外交和法律，还是法律中的国际法，博物学也所指不明。傅兰雅仅列种类和数量，没有具体书名，核查不易，可能只是现有译书的临时总结，并非学术全体的分理，所以新闻报章也自成一类。广学会后来的新书目录同样存在杂乱的问题，它们本是销售清单，并非严格意义的学术总结。作为西方人，他们也没有全面总结西方学术的需求。

尽管我们已不觉特殊，但这种归置方式对当时的中国人来讲却是极其新鲜的。哪怕是名称本身，都会让没有知识储备的国人大费一番理解的工夫，如化学和汽机就无法望文生义。傅兰雅已经在尽量照顾中国读者的感受了，所以博物学和工艺沿用的是中国已有的概念，今天已置换成西式思维的我们反而看不懂了。无论能看懂几分，或许恰恰因为不甚明白，晚清人最后干脆直接挪用这种以学科分列西学的做法，不过类目多寡有所不同而已。某些类称后来被日译名词所取代，排列方式和结构框架却无大异。如1902年蔡元培

---

① 〔英〕傅兰雅：《江南制造总局翻译西书事略》，《中国近代出版史料初编》，第24—25页。

给《东西学书录》作序时，就追溯到了傅兰雅的这篇《西书事略》，指出"其后（西学书目）或本之以为表别部居，补遗逸，揭精沽、系读法，骎骎乎蓝胜而冰寒矣"①。从后来国人汇编西学目录的误读情况来看，亦可见其外来性质。如1897年的《西学通考》里，声学类图书没有一本是物理学意义上的声波介绍，所列全是音乐类译书（如《西国乐法启蒙》《声学揭要》《律吕正义》），而且把音乐附在声学里并非孤例。这难免让人怀疑编者对"声学"做了字面的理解。1898年康有为编《日本书目志》时，类名和书籍性质同样多有错位（详见第五章）。章清便认为康有为直接抄录日本书店的销售书单，多数图书未经寓目。②

1909年江南制造局译员陈洙撰有《江南制造局译书提要》，把已译160种西书分成兵学21种、工艺18种、兵制12种、医学11种、矿学10种、农学9种、化学8种、算学7种、图学7种、交涉7种、史志6种、船政6种、电学4种、工程4种、商学3种、格致3种、政治3种、地学3种、学务2种、天学2种、声学1种、光学1种，外加补遗和附刻的12种。此外还有民国本的《上海制造局译印图书目录》，类目是史志、政治、交涉、兵制、兵学、学务、工程、农学、矿学、工艺、商学、格致、算学、电学、化学、声学、天学、地学、医学、图学、地理。时间虽晚，亦可觑见翻译机构时常编辑译书目录，且多以西式分类展开。与1880年傅兰雅的早期分类相比，兵工科技虽仍是要务，但译书的范围有所扩大，带有后一阶段的时代烙印。再看类目顺序，没有定制，与以尊卑定先后的中国传统不同。陈洙改以数量多寡定前后，说明类目无座次的讲究。

三 西人综述里的门类介绍

1886年艾约瑟翻译的"西学启蒙十六种"或曰"格致启蒙十六种"，把西学范围从格致学扩大到了动物学、植物学、经济学、医学、生理学。艾约

---

① 蔡元培：《增版〈东西学书录〉序》，《晚清新学书目提要》，第3页。
② 章清：《会通中西：近代中国知识转型的基调及其变奏》，社会科学文献出版社，2019，第289页。

瑟翻译这 16 种英文书①，是受当时中国海关总税务司赫德之托，且由李鸿章亲自作序。《万国公报》称其"一时公卿互相引重，盖西法南针于是乎在，真初学不可不读之书"②。清人汇编西学知识时，不可能不知道此书，孙宝瑄《忘山庐日记》就有阅读该书的记录。但是 1888 年国人编纂的《西学大成》，类目却是算学、天学、地学、史学、兵学、化学、矿学、重学、汽学、电学、光学、声学，这样的归纳非但经过了规整，而且有过选择。因此在进入晚清国人自编的西学目录前，还得先了解西方人是如何介绍西学的。

格致书院课艺和策论写作里的西学述要，多属作者多方汇总的耳闻，即便没有知识性错误，也因身未亲炙而不敢踩实。翻译过来的西方科技图书，又因过于专门而视野有限。因此来华西人根据中国人的需要撰写的西学介绍，更权威也更实用。《西学略述》是艾约瑟"西学启蒙十六种"中唯一自编的西学概论（其余都是西方学校课本的翻译），放在丛书之首，类似西学导引。是书分训蒙、方言、教会、文学、理学、史学、格致、经济、工艺、游览 10 卷，分别介绍西方的幼儿教育、语言文字、宗教、文学、哲学、历史、自然科学、经济学、工艺、国际交流，已经相当于西学目录了。

其中，格致卷又分天文、质学（"物之质与性"，举了力学和声学的例子）、地学（地质学而非地理学）、动物学、金石学、电学、化学、天气学（近气象学）、光学、重学、流质重学、气质重学、身体学（解剖学和生理学）、比较动物体学（近考古人类学和比较生物学）、身理学（生理学）、植物学、医学、几何原本学、算学、代数学、历学、稽古学（考古学）、风俗学（人类学）。这个类目已经很完备了，而且考虑了中国人的接受情况，如稽古和风俗的说法及《几何原本》的以书代类，都以桥梁式的以近指远方式呈现。但另一方面，作者似乎也没有明确的学科规划意识，否则流质重学和气质重学可以合并。当时若能对数学和物理的子学科进行归纳，无疑会是类目清晰的重要步骤。

---

① 具体书目为《地志启蒙》《植物学启蒙》《身理启蒙》《动物学启蒙》《富国养民策》《格致质学启蒙》《化学启蒙》《格致总学启蒙》《地理质学启蒙》《地学启蒙》《天文启蒙》《辩学启蒙》《希腊志略》《罗马志略》《欧洲史略》和《西学略述》。最后一本为艾约瑟自撰，严格来说不是翻译。

② 艾约瑟《西学略述自识》后报社按语，《万国公报》1889 年第 5 期。

言者无心，闻者有意，廖寿恒立刻表现出努力理解和消化这些西学新知的意愿。在序言里，他首先指出西学进入中国从明末徐光启开始，接受的内容和次序是"由算术而天文，而火器，而兵机，而盐策，而屯田种植，而泰西水法"，大体循着明末西学书籍的线索，《四库》已有收录的，他并不陌生。最后总结说艾约瑟的这16种启蒙书"其类别有多端，曰地学者，近中数之形法家；曰植物学者，近农家；曰身理学者，当入之医家；曰化学者，近中之黄冶、技巧两家；曰推步学者，中之天官家；而地志则中之舆地家、史家也。其度数形名之繁赜与中法时若不相合者，而研求物理之朔，则奥窔殆无不可通也"。① 他不仅注意到丛书的类别问题，而且非常自觉地与中学进行了比较，认为西学类目的缺点一来繁赜，二来与中学时常"不相合"，某种程度竟可视为1889年格致书院翻译题的回答。和曾纪泽表现出一定西学修养的前一篇序言比，这种着眼于全体的关注，更能代表饶有兴致又涉足不深的西学认知。

第一篇序言来自李中堂李大人，可见是书地位之高。能请到李鸿章和曾纪泽这样的大人物来作序，自然与海关总税务司赫德的推介分不开。李序提到了丁韪良更早翻译的《格致入门》。同样受聘于清廷的丁韪良，与中国高层官员往来密切，亦属权势最高的在华西人。恭亲王奕䜣赐名"冠西"，意为西学之冠，时人多称其丁冠西，足见其显赫。除把国际法译成中文，并最早引介西方经济学之外，出于京师同文馆的教学需要，丁韪良还编纂过《格物入门》《格物测算》一类教科书。1882年其自撰的《西学考略》，亦是影响较大的西学综论。

《西学考略》下卷不仅详细介绍了西欧各国的学校类型，还专门撰有"西学源流"一章，总结说"所谓西学者，虽派分多门，要皆天、算、格、化等学"②，比国人辗转誊抄的各类西学知识，清晰系统得多。《西学源流》讲述了天学、算学、格致学、化学的主要内容，简要概述了它们的发展历程

---

① 廖寿恒：《西学略述序》，〔英〕弗里曼著，〔英〕艾约瑟编译、编著，王娟、陈德正校注：《〈欧洲史略〉〈西学略述〉校注》，商务印书馆，2018，第239—240页。

② 丁韪良：《西学考略》，第90页。

及其相互关系，对了解西学全貌极有帮助，一如贵荣跋文所言"向之闻于耳者，今如寓于目矣"①。即便没有覆盖到全部门类，丁著也是国人了解西学及其门类的重要来源。可见即便没有译介机构提供的西学书目，在华西人的概述也提供了不少有用信息。而归纳和综合向为中国读书人所长，有了这样的铺垫，寻绎西学全貌就不会是遥遥无期。

四　甲午前后的分类变化

由此，我们看到始于1886年、终于1899年的《光绪朝会典》，类目清晰地介绍了京师同文馆的文字、天文、舆图（地理）、算学、化学、格致学（物理）教学内容。如果说京师同文馆由丁韪良掌校，《光绪朝会典》可以不经消化地照抄材料，那么1888年王西清和卢梯清编纂的《西学大成》，就是国人通过译介理解的西学格局了。在"例言"中，编者声明"是编原为有志泰西经济之学者苦无门径可寻"②而作，可见当时已有寻觅西学"门径"的呼声。该书把56种西书分为12类——算学、天学、地学、史学、兵学、化学、矿学、重学、汽学、电学、光学、声学，完全是以西式学科进行的归纳。但取法依据与京师同文馆的课目稍有差异，因为放弃了格致名目，把物理细化为重学、汽学、电学、光学、声学5类，又放弃了"舆图"的称谓，改称地学，以与天学相对应。

《西学大成》入选的西书集中在自然科学，而"西学启蒙十六种"里的动植物学、生理学、辩学、经济学，以及傅兰雅书类里的医学和外交法律，都付之阙如。即便有明确的职责限定，傅兰雅在《西书事略》里也提过动物学、植物学和医学，法律和外交则是国人最初学习外语的动力，也是京师同文馆总教习丁韪良的专长。在当时的传播条件下，京师同文馆的课程设置或许不易为众所知，但传教士和官方译书是公开销售的，丁著和艾著也都是当时声名极大的图书，并不冷僻。只能说西学分类虽从译介的西人手里而来，但《西学大成》的西学却是王西清和卢梯清二次选择的结果，即泰西之学首

---

① 丁韪良：《西学考略》，贵荣跋第105页。
② 王西清、卢梯清编：《西学大成》，上海醉六堂书坊，1888，例言第1页。

先是事关"经济"的格致学。

"例言"中还说,"西国格致之学,以数理为入门。上而量天测地,下至制造律吕,无不神明数理。故是编以算学为全书之冠,而各门则递次而降",这12类分明是晚清人眼里以数理为中心的西学统系。既然书类是按照格致数理的降序原则排列的,那么未入选者意味着关系更远,未为急务。这与在华西人的处理方式有差别(第四节详细展开)。《西学大成》是汇刻西学的丛书,可偏偏是这种经过国人二次选择的西学汇编更受欢迎,因为更对国人的胃口,也更简练集中。这种并非原创(也无力原创),却有取有舍、有因有革的二次加工,是清末消化与整合外来学术的意味深长之处。

1897年,时任吏部尚书、内阁大学士的孙家鼐续编了《西学大成》。第二年孙家鼐便出任京师大学堂首任管学大臣,此书当具相当的知名度,非一般的坊间杂著所能比拟。一般来说,续编都会接续原书体例,但《续西学大成》却对类目进行了较大的调整,扩充为算学、测绘学、天学、地学、史学、政学、兵学、农学、文学、格致学、化学、矿学、重学、汽学、电学、光学、声学、工程学。追加的测绘学和工程学,把傅兰雅著录而《西学大成》遗落的内容,又给捡了回来。增设的政学、农学、文学则是甲午新章。更重要的是,原来的类目顺序也发生了变化,政学居兵学之上,文学在化学和物理之前,不再是《西学大成》降序排列的格致数理中心主义了。

而且,《西学大成》的12类目对应中国的12天干,正式类名以"子编算学""丑编天学"等形式出现,很容易让我们想起《太平御览》"凡天地之数五十有五"的设类追求,此或可为"大成"的注脚。把西学限定在12类里,必然会出现《太平御览》一样的分目不合理问题,如"寅编地学"不仅包括地理和游记,还把航海、铁路等发生在地面的工程技术都囊括了进去,如此矿学就无单独成类的必要。从这个角度讲,《续西学大成》不仅类目增加了,还放弃了此前以数目寓万全的中式类书思维,直接挪用现有的西式类称,不论数量,也不排座次。否则农学不可能在文学之前。这种不以陈规套新学的做法,来得干脆,却不多见。更多的人在处理西书时,都会自觉不自觉地带入中式思维,体例上的新旧混杂是常态,这也是追迹中西渐行融合的关键处(详见下两节)。因此,虽然《续西学大成》是《西学大成》的续编,中间仅隔9年，却分属甲午前后两个不同的时代。

甲午后，西学译介受到空前关注。梁启超呼吁"国家欲自强，以多译西书为本，学者欲自立，以多读西书为功"①，基础性的翻译工作成为此时的"本原之本原"。在《变法通议》里他甚至提出"译书为强国第一义"②。1898年5月觐见光绪时，他面呈"译书实为改革第一急务"③的意见，因而得以六品衔办理译书局事务。梁氏本人确实在西书上下了不少功夫，1896年的《读西学书法》和《西学书目表》便是明证。由于此际对西方的学习由"变器"求存推进到"变政"自强（康有为语），以政法为代表的西方社会科学成为西学引介的热点，乃至有超过洋务时期以军工制造为目的的自然科技态势。以往仅供增广见闻的人文史地，也变得高大严肃起来。如何处理拓展后越来越多也越来越凌乱的西学，就成了难题，所谓"译书不广，学难日新，新书既多，又患冗杂"④。

《西学书目表》于此亦颇费斟酌。梁启超首先把西学分为学、政、教3大类，上卷西学包括算学、重学、电学、化学、声学、光学、汽学、天学、地学、全体学、动植物学、医学、图学13类。梁氏指出：

> 已译诸书，中国官局所译者，兵政类为最多。盖昔人之论，以为中国一切皆胜西人，所不如者，兵而已。西人教会所译者，医学类为最多，由教士多业医也。制造局首重工艺，而工艺必本格致，故格致诸书虽非大备，而崖略可见。惟西政各籍，译者寥寥。官制、学制、农政诸门，竟无完帙。今犹列为一门者，以本原所在，不可不购悬其目，以俟他日之增益云尔。⑤

"学"即此前广义的格致，亦即《西学大成》择取的"泰西经济之学"。梁启超认为，西方科技已"崖略可见"，尤以兵工制造和医书分别为中国官方译

---

① 梁启超：《西学书目表序例》，《饮冰室合集》文集第1册，第123、122页。
② 梁启超：《论译书》，《饮冰室合集》文集第1册，第66页。
③ 梁启超：《戊戌政变记》，《饮冰室合集》专集第1册，第4636页。
④ 徐维则：《增版东西学书录叙例》，《晚清新学书目提要》，第7页。
⑤ 梁启超：《西学书目表序例》，《饮冰室合集》文集第1册，第124页。

书机构和西方教会组织所重。"政"为中卷，收纳史志、官制、学制、法律、农政、矿政、工政、商政、兵政、船政 10 类，是"译者寥寥"的新近发现。"教"则是梁启超向来持保留态度的西方宗教，因而仅存类名，没有展开。

相较而言，同年他在《学校总论》里提出的教、政、艺，比教、政、学的三分更清晰。① 因为"学"可囊括西学全体，而政、艺的对举当时很常见。如前所述，张之洞就说过："学校、地理、度支、赋税、武备、律例、劝工、通商，西政也。算、绘、矿、医、声、光、化、电，西艺也。"梁氏也说过："今日之学校，当以政学为主义，以艺学为附庸。政学之成较易，艺学之成较难。政学之用较广，艺学之用较狭。"② 但另一方面，放弃西艺用西学，似乎又在强调西艺是学不是技，避免传统道艺论的干扰。《西学书目表序例》说"西学各书，分类最难。凡一切政皆出于学，则政与学不能分"，又说"工艺之书，无不推本于格致，不能尽取而各还其类也"③，强调西政和西艺都是学。以"西学"取代"西艺"，突出了格致之学，打破以往西学重制造的"形下"印象。从这个意义讲，"西学"又优于"西艺"的表达。

无论政、艺、教和政、艺、学哪个更合适，西政是甲午后新发现的西方人文社会科学，而西艺或西学就是此前广义的格致诸学。"西学贵专不贵博，故艺学之科愈析愈众，兹编虑其繁也"④，《西学书目表》的重要意义在于，把自然科学完整地放进一个序列，客观上成为学科群一般的所在，学科遗漏的问题得以某种程度上减轻。这个部分基本挪用西学概念，未贸然进行改易和切割。西政对应的文科部分，人文和社会的界线就不那么清晰了，实际上调用了中国传统资源来进行整合。这种区分和并存模式，影响到此后各种西学汇编的分目思路。顾燮光曾言，自"新会梁氏著《西学书目表》及《读西书法》，学者方有门径"⑤。即使仅设一级目录，也很容易看出两个版块的区分。而《西学书目表》悬置类目的做法，表明梁启超不仅是对现有西书进行

---

① 梁启超：《学校总论》，《饮冰室合集》文集第 1 册，第 19 页。
② 梁启超：《与林迪臣太守书》，《饮冰室合集》文集第 2 册，第 206 页。
③ 梁启超：《西学书目表序例》，《饮冰室合集》文集第 1 册，第 123、124 页。
④ 《西艺通考凡例》，《西学三通》，上海文盛堂，1902，第 1 页。
⑤ 顾燮光：《译书经眼录自序》，《晚清新学书目提要》，第 220 页。

归置，还在试图勾勒西学的整体面貌。（表3-2）

表3-2　1818—1894年来华西人译书简目①

书名	作者	时间	出版地	今学科	备注
生意公平聚益法	米怜	1818	马六甲	经济贸易	
地理便童略传	麦都思	1819	马六甲	地理	小学教科书
西游地球闻见略传	马礼逊	1819	马六甲	地理	
赌博明论略讲	米怜	1819	马六甲	道德	
全地万国纪略	米怜	1822	马六甲	地理	
咬𠺕吧总论	麦都思	1824	巴达维亚	历史	爪哇历史
道德兴发于心篇	麦都思	1826	巴达维亚	道德	
乡训	麦都思	1829	巴达维亚	道德	
东西史记和合	麦都思	1829	巴达维亚	历史	中西年表对照
大英国统志	郭实腊	1834		外国历史	
鸦片速改文	崔理时	1835	新加坡	道德	
新嘉坡栽种会告诉中国做产之人	崔理时	1837	新加坡	农业	
万国地理全集	郭实腊	1838	新加坡	地理	
古今万国纲鉴	郭实腊	1838	新加坡	历史	
美理哥合省国志略	裨治文	1838	新加坡	历史地理	
制国之用大略	郭实腊	1839	新加坡	政治经济	
贸易通志	郭实腊	1840	新加坡	经济贸易	
字部辑解	罗孝全	1840	澳门	语言学	字典
致马六甲华人有关霍乱书	理雅各	1841	马六甲	医学	
亚美理驾合众国志略	裨治文	1846	广州	历史地理	据1838年版修订
地球图说	祎理哲	1848	宁波	地理	
指南针	胡德迈	1849	宁波	地理	指南针使用说明

---

① 此表参考熊月之《西学东渐与晚清社会》、杜石然等编著《中国科学技术史稿》（科学出版社，1982）等，不包括宗教书、重印和修订本。罗存德《四书俚语启蒙》、合信《古训撮要》、温敦《劝戒鸦片论》等本不属于西学新知，但不同于以往道德劝诫，掺杂了西方宗教和医学内容，亦备参考。部分译书出自中方机构，但主译为传教士，亦列出。以傅兰雅为主导的江南制造局译书，此处不再枚举，请参阅本书表1-5。

(续表)

书名	作者	时间	出版地	今学科	备注
天文略论	合信	1849	广州	天文	
天文问答	哈巴安德	1849	宁波	天文物理	
平安通书	麦嘉缔	1850—1853	宁波	天文地理	年出1册
万国纲鉴	麦嘉缔	1850	宁波	历史	据郭实腊书改写
惠爱医馆年纪	合信	1850	广州	医学	医院报告
全体新论	合信	1851	广州	医学	人体解剖
博物通书	玛高温	1851	宁波	物理	
英华通书	理雅各	1851	香港	综合	年历
格物穷理问答	慕维廉	1851	上海	数学物理	
算法全书	蒙克利	1852	香港	数学	教科书
厦门话拼写书	打马字	1852	厦门	语言学	
日食图说	玛高温	1852	宁波	天文	
数学启蒙	伟烈亚力	1853	上海	数学	
航海金针	玛高温	1853	宁波	地理	海上台风知识
劝戒鸦片论	卢公明	1853	福州	道德	
地理全志	慕维廉	1854	上海	地理	2卷
天文问答	卢公明	1854	福州	天文	
博物新编	合信	1855	广州	物理天文动物	3集,内容不同
物理学提要	合信	1855		物理	
地理新志	罗存德	1855	香港	地理	
上海土音字写法	高第丕	1855	上海	语言学	独创字母拼写
上海土白入门	吉士	1855	上海	语言学	
初学粤音切要	湛约翰	1855	香港	语言学	
科学手册	高第丕	1856	上海		
大英国志	慕维廉	1856	上海	历史政治	涉英国各方面
劝戒鸦片论	温敦	1856	福州	道德	
赌博明论	卢公明	1856	福州	道德	
中外问答	卢公明	1856	福州	科学	
智环启蒙塾课初步	理雅各	1856	香港	综合	教科书
设数求真	湛约翰	1856	香港	数学	

(续表)

书名	作者	时间	出版地	今学科	备注
续几何原本	伟烈亚力、李善兰	1857	上海	数学	利玛窦译前6卷
宁波土话初学	蓝亨利	1857	宁波	语言学	
生意人事广益法	卢公明	1857	福州	经济	据米怜书改写
西洋中华通书	卢公明	1857	福州		历书
地球图说略	万为	1857	福州	地理	
蒙童训	吉士夫人	1857	上海		英译中的教科书
西医略论	合信、管嗣复	1857	上海	医学	
妇婴新说	合信、管嗣复	1858	上海	医学	
内科新说	合信、管嗣复	1858	上海	医学	
往金山要诀	理雅各	1858	香港		移民美国事务
重学浅说	伟烈亚力、王韬	1858	上海	物理	
重学	艾约瑟、李善兰	1859	上海	物理	
力学测算	丁韪良			物理	
代数学	伟烈亚力、李善兰	1859	上海	数学	
代微积拾级	伟烈亚力、李善兰	1859	上海	数学	
植物学	韦廉臣、李善兰	1859	上海	植物学	
英粤字典	湛约翰	1859	香港	语言学	字典
谈天	伟烈亚力、李善兰	1859	上海	天文	
地理略论	俾士	1859	广州	地理	
论发冷小肠疝两症	嘉约翰	1859	广州	医学	
经验奇症略述	嘉约翰	1860	广州	医学	
西医略释	嘉约翰	1875	广州	医学	
眼科摘要	嘉约翰			医学	
炎症略论	嘉约翰			医学	
内科全书	嘉约翰			医学	
皮肤新编	嘉约翰	1888		医学	
割症全书	嘉约翰	1871		医学	
内科阐微	嘉约翰	1873		医学	
西医举隅	德贞			医学	北京同文馆译
全体通考	德贞			医学	北京同文馆译
全体功用	德贞			医学	北京同文馆译

(续表)

书名	作者	时间	出版地	今学科	备注
英国医药方	德贞			医学	北京同文馆译
家用良药	罗孝全	1860	广州	医学	
化学鉴原	傅兰雅、徐寿	1871		化学	后有续编补编
全体阐微		1881	福州	医学	
全体通考				医学	北京同文馆译
化学阐原	毕利干、承霖、王钟祥	1882		化学	京师同文馆译
眼科撮要	嘉约翰	1871		医学	江南制造局译
笔算数学	狄考文、邹立文			数学	教科书
代数备旨		1891		数学	
形学备旨		1885		几何	
八线备旨		1894		几何	
代形合参		1893		几何	

第三节 西政类目的传统借鉴及其改造

《西学书目表》说西政图书"译者寥寥",无成法可借。对于"西政"到底包括了什么,也仍处摸索阶段。不同编者会从不同渠道筛选出不同的知识类目,因而类目的选择与伸缩,透露出对学术的不同理解及其诉求。梁启超把"西政"分成史志、官制、学制、法律、农政、矿政、工政、商政、兵政、船政10类。这些类目,不仅当时人会感到亲切,我们也不会觉得陌生。史志是外国历史,包括《普法战纪》和《中东战纪本末》这样的国际时事关切,可视为背景性的常识。农、工、商、兵、矿、船是新兴的实业版块。官制旧称职官,可谓政权的组织和运作方式。学制和法律在以往的类书里多称选举和刑律。

相较康有为直接挪用日本分类的《日本书目志》,《西学书目表》的半新半旧更能体现梁启超改造中学和整合西学的思路。从二者的比较中也不难看出，日本分类是已经覆盖文史的西式分科①，而后者仍是半中半西、半新半旧的过渡方案。因此无须诧异在其他人的西学类编里，税则与度支、议院与官制、公法与会盟经常新旧并列，科举、铨选、学官这样的传统类目也同时出现。正是在这些龃龉的接口处，我们才得以体会它们暗中在呼应什么，来自何处。

一　新政学与新士学的建构

清末"实业""艺学"概念里的农、工、商、兵之学，与传统的农政、工政已大不相同，不仅重视实践技能，还要求西方物理、化学、机械工程等科学知识的进入，一如前引张之洞所言，"夫政刑兵食，国势邦交，士之智也；种宜土化，农具粪料，农之智也；机器之用，物化之学，工之智也；访新地，创新货，察人国之好恶，较各国之息耗，商之智也；船械营垒，测绘工程，兵之智也。此教养富强之实政也，非所谓奇技淫巧也"。以往重管理不重技能，农商只是士大夫或士官眼里的政务一端，周知概况即可。而当农、工、商、兵各成专学之后，以往视为官学的政学就被架空了。赐予洋务学堂优秀毕业生科举功名的事实，也动摇了文化精英社会的社会结构。第一章第四节和第二章第五节讲过，以"开民智"为国家自强第一要义的结果，是作为国民导师的士无所依傍。在西洋无人不学、无业不学因以国强的舆论宣传里，如何应对时势，建构新时期的新士学，是迫在眉睫的重要问题。

严复把文字归于士，但在文化普及的现代社会，四民皆应读书识字，士的独特性反而成了国家落后的根源。② 张之洞把"政刑兵食，国势邦交"归于士，可与农、兵、法多有重合，唯一多出一个"政"字来覆盖"国势邦交"。若不能有所生养，士的定位也只能是严复说的"辅国家"了。在仍是

---

① 《日本书目志》的15个门类里，除了农业、工业、商业、兵书、政治、法律、宗教等，还有文学、文字语言、美术和图史。前者清末类编里多有，而后者很少出现。

② 如前所引，严复《救亡决论》言："中国以文字一门专属之士，而西国与东洋则所谓四民之众，降而至于妇女走卒之伦，原无不识字知书之人类。且四民并重，从未尝以士为独尊，独我华人，始翘然以知书自异耳。至于西洋理财之家，且谓农工商贾皆能开天地自然之利，自养之外，有以养人，独士枵然，开口待哺。是故士者，固民之蠹也。"

科举选官、读书出仕的时期，梁启超眼里的西政实际就是士将来要从事的国政，即戊戌时期的"新官学"。其他选官应试的西学汇编，多少也有这层含义。试问当时社会，除了精英管理层的官员和预备官员，还有谁需要全面了解西学？于是，西政自然会从传统政学里取资。也就是说，并非存在一个现成的西政版块，而是国人依据自身对政学的理解，以及新时势对士人的新要求，总结、归纳、整合出相应的西政内容。那么，方式就非唯一，路径会有多种。

（一）六部政书传统的调整

《四库全书总目》有史部政书类，分为通制、典礼、邦记、军政、法令、考工6类，定位是"国政朝官六官所职者"（政书小序），即以《周官》故迹为参考，以朝官职事为依据的国家政务。

> 纂述掌故，门目多端。其间以一代之书而兼六职之全者，不可分属。今总而汇之，谓之通制。（《四库》政书通制按语）

这段话非常重要。一则说明清末科举改制议论里经常出现的"掌故"和"掌故学"，对应的正式门类是史部政书。二来可见通制的"通"，不是由古至今的通，而是不能分属的总论。那么其余5类，就是展开的分论或专论。所以里面既有《通典》《文献通考》，也有断代的《唐会要》《明会典》等。"六职"才是通与分的基础：总括六职为通制（"兼六职之全者"），典礼、邦计、军政、法令、考工是六职的代表子目。清代官职当然不止6种，"六职"是6大职能部门，即礼、兵、刑、吏、户、工六部。六部事务就是狭义的政学（政书）传统。

早在1826年，贺长龄编纂《皇朝经世文编》时，就采用了学术、治体、吏政、户政、礼政、兵政、刑政、工政的纲目，可见以六部划分"经世"事务的做法，鸦片战争以前就存在。1888年葛士濬编《皇朝经世文续编》时，原有8纲仍旧，只是增加了"洋务"一门，特别申明：

> 自道光壬寅后中外交涉益繁，有非海防塞防所能概者。京师总署之设，既与六官并重。往岁廷臣恭纂穆庙实录，亦闻洋务别为卷帙。兹师

其意，立洋务一纲，系以七目：曰洋务通论，曰邦交，曰军政，曰教务，曰商务，曰固圉，曰培才。①

"洋务"对应京师总署的工作，与六部平行。既然"经世"内容发生了变化，连官方机构都做出了调整，经世文章自然也要通达时变。洋务虽类同外交，本属礼部，如今却独立成了一个小系统，军、商、刑、宗教、教育样样不缺。这一方面说明受限于实际事务，洋务与抽象的学术类别还有区别。另一方面表明洋务最初是作为整体入驻的，后来随着中西交往日益频繁，才与中学固有类目进行合并。好比洋务里头的军政最终成了国家军事的一部分，外洋的培才方式也变成了自家的学制。但还有一些子类不易找到中学对应，比如让清政府十分头疼的"教务"——宗教事务不等于宗教学，更不能视同中国礼制。到1902年何良栋编选《皇朝经世文四编》的时候，仍是这8目，以合体制。只是洋务改称外部，内部子目更加系统，分治道、学术、税则、钱币、盟约、游历、交涉、军政、战和、刑律、制造、铁路、矿务、地志、通论，几乎是中学纲要的西洋版。

可见总揽中西的类编比只论西学的汇本，更难处理类目的整合问题。即便西艺部分照搬西法，西政类目也无法回避与中学的呼应和对接问题。因此大多数西学类编既不像《西学书目表》这样学政分离（近似中西分属），也不像《皇朝经世文续编》这样西学自成气候，难免出现不彻底的拆分、不完全的杂糅。全面的归并与融合非但晚清做不到，民国也削足适履。可正是这种杂糅与并置，让我们看到传统的资源仍在发挥作用，中西两套不同系统并非简单地拼贴与置换。

1901年陈骧编的《时务通考》分天文算学、地舆、史、吏、户、礼、兵、刑、工、商务、总论11类。六部事类全盘托出（商务从户部独立），外加总括性的史和总论，再镶套上类书之首的天文算学和地舆，这就是编者眼里的"时务"。戊戌前后，西政有时称时务，有时称新学（狭义）或经济学。知识疆域虽有拓展，基本结构却没有大变，可视为增加了外洋知识的经世之

---

① 葛士濬编：《皇朝经世文续编》，天章书局，1902，第1页。

学，总体仍是中学框架的西学增补。《时务通考续编》虽换以类书类目为框架（详见下文），但其中的律例下面又分总论、吏律、户律、礼律、兵律、刑律、工律7个二级类目，六部政学一个不落。

早3年的《强学汇编》看似复杂，吏学、农学、商学、工学、杂学、艺学、使学、律学、兵学、天学、算学、地学的分目方式亦是先政后艺、中西杂处。即使天学、算学、地学这样的西艺子目，看似西学饱和度高一些，其实也很有限。农学、商学、工学、艺学、使学（外交）、律学（法律）、兵学以杂合的方式强调时务，否则都可以统一到传统的政学范畴里。以使学例礼部，以农商代户部，这种以艺学抽取或取代政学的做法，实际挤占了礼部和吏部的份额（外交是礼部的重要工作，可礼部事务远不止此，典礼、祭祀、教育的部分全部砍去），显示出更强的现实感和实干性。

（二）典志目录的汇入

六部虽各有职守，人员却可以互相调拨。政学是政务职能的分理，既不同于一业终身的医卜系统，也不同于清末提倡的艺学和实业，与今天仅专一业的学科分工更不可同日而语。地方官要像全科大夫一般，各领域都有所了解，才能统筹全局。士子在应试阶段，以书本知识为主，以经史道德为根基；出仕后以历练权变为要，当周知政事，却不一定要亲力亲为。就像古代目录里有总论有分论，士官与四民所事虽范围或有重合，内容却未必相同。但在职业分工社会，没有确定的专属对象，身份就会变得可疑。

如果说在如何进入政务的问题上，仍存在分歧，那么在道问学的追求上，共识还是相对清晰的。只是科举艺文已被认为是虚文误国，经义道德也不便多提，文化精英坚持的学识自然会集中到史部来，经史向来被视为学问的根基。这也是梁启超书目表里史志、官制、学制分量不轻的重要原因。官制和学制都是制度沿革的索求，属于典志类史书。

由于典志类目更加集中，也更契合晚清对"西政"的期待，因而取法典志的类编比较多，类目也更简洁、更中国。1897年胡兆鸾辑《西学通考》以格致总类、算学、重学、电学、化学、声学、光学、汽学、天学、地学、全体学、动植物学、医学、图学、西文、西书的学科方式排列，倒也省心。有意思的是，其中的西书又按照这个类目顺序再列一遍，外加丛书、史志、报章、学制、政治、法律、农政、矿政、工政、商政、兵政、船政、游记、议论、教书。丛书、报章、游记、议论等体裁类别暂且不论，多出来的史志、政治、法律、农政、矿政、工政、商政、兵政、船政是西政的版块。可除了这些常见类目，前头还有连字数都不统一的各国疆域建置、各国世系源流、各国盛衰兴废、各国交涉、各国和战、各国民数、各国风土、各国人物和各国国计，显得非常奇特。

同年出版的《万国时务策学大全》于算学、电学、汽学、光学、化学、农学、矿学、商务等西式学科，及学校、文艺、武备、官制、礼制、出使等中式类目外，前面也有各国历代帝王、各国大事记、各国旗帜等迥异的类称。① 除此之外，倒大体符合先天文再地舆，中间列人事（补入西学版块），后接物类（虽无动物和植物，但有器用和宫室类）的综合性类书架构。虽然各国历代帝王、各国世系源流、各国疆域建置、各国民数等外国常识确有了解的必要，但如此生硬地插入，非但体例完全不同，有的甚至正文里只有一两句话的摘录，完全是形式大于内容。这其实是把中国古代的典志体史书内容搬过来了。

典志的代表是"三通"，《四库》归入史部政书里的通制。郑樵的《通志》是通史，但其中的"二十略"是典志体的代表，分氏族、六书、七音、天文、地理、都邑、礼、谥、器服、乐、职官、选举、刑法、食货、艺文、校雠、图谱、金石、灾祥、昆虫20类目。马端临的《文献通考》有田赋、钱币、户口、职役、征榷、市籴、土贡、国用、选举、学校、职官、郊社、宗庙、王礼、乐考、兵考、刑考、经籍、帝系、封建、象纬、物异、舆地、四裔24类。氏族、帝系、四裔都占有显赫的地位。类书讲帝王但不讲帝系，有宗亲却少氏族。对世系渊源的重视，是通志的典型特征，典志本来就有分类述政的传统，《四库》赞誉《文献通考》说"条分缕析，使稽古者可以案类而考"（《文献通考》提要）。唐宋以来，典志就是史书的大类，"三通"更备

---

① 类目依次为：各国历代帝王考、各国大事考、五大洲考、各国考、各国旗帜考、天文、地舆、形胜、算学、电学、汽学、化学、声学、重学、水学、农学、矿学、公法、和约、学校、文艺、武备、交涉、财用、税则、商务、风俗、性情、物产、器用、善举、宫室、议院、教会、火车铁路考、邮政、各国开埠纪略、西事要略、各国全图考、防务。

受关注。西政类目取法典志类例，不难理解。《西学三通》显然就是仿效"三通"，具体分《西政通典》《西史通志》《西艺通考》。《西政通典》序言明示："有志经世之学，参考西政而病其绪之纷也，因聘舌人译出，通才执笔。凡采各国政书二百余种，为之剖璞存玉，以线贯珠，略仿杜氏《通典》例，部析为八，曰治、曰教、曰法、曰财、曰农、曰工、曰商、曰兵。"① 最早杜佑的《通典》分食货、选举、职官、礼、乐、兵、刑法、州郡、边防9个类目。

典志由《史记》的"十表""八书"发展而来。郑樵明言不满于"迁法既失"，"当职之人不知留意于宪章"②。《文献通考》抱憾于"公（按，司马光）之书详于理乱兴衰，而略于典章经制"③，故以《史记》为式。《史记》的礼、乐、律、历、天官、封禅、河渠、平准，就是早期的国政框架，后来不断分化与细化，如平准里分出田赋、钱币、户口、征榷、市籴等类目。后世会要和会典虽是断代的，但体例与通制同，也在史部政书里。如南宋徐天麟《东汉会要》以帝系、礼、乐、舆服、文学、历数、封建、职官、选举、民政、食货、兵、刑、方域、蕃夷为分野，呈现一朝制度。后来无论是清人孙楷《秦会要》、杨晨《三国会要》、龙文彬《明会要》，还是徐松从《永乐大典》里辑出的《宋会要辑稿》，均以帝系开头，礼乐承轴，职官次之，民政再次之，兵刑和外夷收尾。④

> 天下之治，统于一尊，故首之以"帝系"。治莫大于兴礼乐，故次"礼"，次"乐"。礼乐兴而后名分正，故次"舆服"。辨名分由于崇教化，故次"学校"。教法天时，故次"运历"。天工人代，故次"职官"。

---

① 《西政通典序言》，《西学三通》，第1页。
② 郑樵：《通志总序》，《通志二十略》，第4页。
③ 马端临：《文献通考》，浙江古籍出版社，2000，自序第1页。
④ 孙楷《秦会要》类目为世系、礼、乐、舆服、学校、历数、职官、选举、民政、食货、兵、刑、方域、四裔。杨晨《三国会要》类目为帝系、历法、天文、五行、方域、职官、礼、乐、学校、选举、兵刑、食货、庶政、四夷。龙文彬《明会要》类目为帝系、礼、乐、舆服、学校、运历、职官、选举、民政、食货、兵、刑、祥异、方域、外蕃。《宋会要辑稿》类目为帝系、后妃、乐、礼、舆服、仪制、瑞异、运历、崇儒、职官、选举、食货、刑法、兵、方域、蕃夷、道释。

任官必审贤,故次"选举"。贤以康民,民以阜食,故次"民政",次"食货"。民之梗顽,则有创惩,故次"兵",次"刑"。政之善败,厥有征应,故次"祥异"。政令之敷,讫乎遐迩,故次"方域",而以"外蕃"终焉。①

这是极有代表性的分类逻辑,既可见"治"事范围,又说明前后位置并非随意,与《四库》类目一样有前后轻重的关系考量。类例清晰、前后有序、自成一体,是中国古代编目的基本要求。

军事屡弱引发的政治危机,使各国交涉、各国和战、各国疆域建置、各国全图、各国开埠纪略、各国风土这样的西洋知识成为热点,而典志传统对四裔、外蕃、边防、方域的关注,为清末的西学类编提供了现成的依据,国人也确实是在已有的政务视野里追索西政的。然而,在连世界上有哪些国家都搞不清楚的1897年,追究各国帝王及其世系,还有外洋各国人口数量,既无能力,也无实际用处,只是以往的典志惯例使然。再如1894年朱大文和凌赓飏编纂的《万国政治艺学全书》,上编"政治丛考"虽无帝系(疆域、盛衰、交涉、度支、税收、币政、官制、民俗、礼政、刑政、学校、农政、工政、商政、矿政、兵政、船政、铁路、电报、邮政),疆域和盛衰的出现却显示了典志的影响,因为这并非另一重要传统资源类书的关切。

《西学三通》的《西艺通考》取法西式分科,《西政通典》则效仿《文献通考》,收束为治典、教典、法典、财典、农典、商典、工典、兵典8类。比起那些一会儿选举一会儿议院,一会儿会盟一会儿外交,一会儿税收一会儿度支的类书式并举,眉目更清晰。1901年的《分类经济时务策论》也很干脆,把新兴的矿务、通商、格致、教务追加到国政后面,不好归类的放入新学和杂学。一个"国政"总理万端,遇到西学新面孔则多说几句。

二 史学与吏学的收与放

今天看来,《西学三通》的异样不是那些让时人眼花缭乱的西政类别,而

---

① 龙文彬:《明会要例略》,《明会要》,中华书局,1956,第4页。

是范围相对明确的西史部分。《西史通志》既按国别分列日本志、印度志、法志、英志、德志，又多出疆域、沿革、兴盛、战伐、礼俗、图籍、人物的尾巴。疆域、战伐、礼俗、图籍是典志的常见类目（多出一个高度概括的沿革志）。可典志仍属史部，如此就与《西政通考》的治典、教典、兵典难以区分了。因此西政和西史之间的纠缠，远较西政和西艺的关系复杂。无论是清人还是今人，注意力多在后者，前者的遗留问题直到民国都未能解决。许多类编没有独立的西史子目，以史为大类的不多。一方面是了解各国历史发展的实际需求，另一方面是典志类史书对政治沿革的固有讲求，二者经常混搭，精粗不一，导致政史难辨。

中国古代有官还有吏，士官所习或称政学和官学，胥吏所专则另称吏学。《强学汇编》编者马冠群强调：天下者吏事之天下也，"欲自强必首之以吏学"[①]。以"吏学"为总纲，无异于把后面的类目视为吏学的展开。而新吏学对实际事务的侧重，与原来的政书传统有距离，如通制、典礼的内容大多阙如，六部结构也严重失衡，礼部和吏部被压缩和精简。事实上，《强学汇编》的确倒向吏学而非官学。这又让政学变得复杂起来。

古代文官乃科举制艺出身，上任后往往问刑名不谙律例，问钱粮不识度支，具体事务依赖官府吏员，实际权力也往往受制于胥吏。又由于异地为官是常制，胥吏则由本地人担任，而且数量远远多于官员，尽管品阶低，却可以干扰地方治理。《红楼梦》里贾雨村和贾政都遭遇过这种狼狈。因此吏学非但无法忽视，而且实际影响地方政治甚巨，顾炎武和黄宗羲都曾猛烈抨击过。梁启超在《学校总论》里实际区分了士学、官学和吏学：

> 当其学也，未尝为居官之地，其得官也，则当尽弃其昔者之所学，而从事于所未学。传曰："吾闻学而后入政，未闻以政学者也。"以政学犹且不可，况今之既入官而仍读书者，能有几人也。以故一切公事，受成于胥吏之手，六部书办、督抚幕客、州县房科，上下其手，持其短长，官无如何也。何以故？胥吏学之，而官未为学也。遂使全局糜烂，成一

[①] 马冠群编：《强学汇编》，上海文瑞楼，1898，例言第1页。

吏例利之天下，祸中腹心，疾不可为。①

"昔者之所学"即只读圣贤书的士学，只是为官后一些人放弃了读书。官学是做官后处理政务的所需，也就是以六部职守为主的政学。"胥吏之手，六部书办、督抚幕客、州县房科"从事的就是吏学了。

梁启超没有说吏学具体指什么，但认为胥吏有学而官未学，从而提出先学后仕还是先仕后学的问题，实际是怀疑传统士大夫的知识结构和行政能力（详见第二章第五节）。他的官学改良方案，至少有一部分体现在他对西政的倡导里，可视为把新政学延伸到了西学。因此《西学书目表》代表晚清士人应对时变的一种新知识构想，有几分新官学的意味，必然是政大于艺。受实学思潮影响，梁氏设置的 10 个西政类目里，7 个都是农、商、法之类的具体事务——精神上倒向吏学，而非简单的政学翻版。

1898 年严复在《论治学治事宜分二途》里曾提出"以专门之学任专门之事"②，强调所学与所事的统一。他把琐细的"簿书期会"视为官所当学，这实际是传统吏学的内容。如前所引，明朝人潘耒曾言："后世训诂帖括之学兴，而六艺俱废，数尤鄙为不足学。一旦有民社之责会计簿书，头岑目眩，与一握算，不知颠倒。自郡县以至部寺之长，往往皆然。于是猾胥猾吏得起而操官府之权，奸弊百出而莫能诘，则亦不学数之过也。"胥吏得以偷奸耍滑的专长即"会计簿书"。清代陈弘谋说得更全面："官之去乡国常数千里，簿书钱谷或非专长，风土好尚或多未习，而吏则习熟而谙练者也，他如通行之案例，与夫缮发文移，稽查勾摄之务，有非官所能为，而不能不资于吏者。则凡国计民生系于官，即系于吏，吏之为责不亦重乎？"③ 文书、记账、律法、仓储、稽查、兵什方面的具体操作，都是吏学所事，陈弘谋归纳为库吏、吏典和都吏。这些公文写作、律法条文、统计测量方面的基本技能，是行政过程中必备的技术性、常规性的工作。与农、工、商所需略有重合，如田亩测量和财务计算，但不是对等范畴。若按今天的学科算，涉及文学、法律、

---

① 梁启超：《学校总论》，《饮冰室合集》文集第 1 册，第 17—18 页。
② 严复：《论治学治事宜分二途》，《严复集》第 1 册，第 89 页。
③ 陈弘谋：《在官法戒录序》，《五种遗规》，团结出版社，2019，第 4 页。

数学、财会等专业，显然不是一个"吏学"所能涵盖的。而且如陈弘谋所言，吏学也是有分工的，押司肯定不管缉拿。

梁启超对政法的推崇众所周知，政法学的泛滥是清末醒目的文化现象（见第一章第三节）。"政法"中的法律部分向为胥吏所习，所以有"至秦任文法而责吏，始有为小吏而入仕，计功次而进官者矣"（《古今图书集成·选举典》）的批评，因为重法等于重吏，法吏本不该入官。晚清以政法之术为"宰相之学"，于传统而言，较秦为烈。把农政、矿政、工政、商政、兵政、船政纳入西政，是希望士官对将来管理的事务都略有所知，以提高处理政务的实际能力，可这仍是传统的政学主旨。新时期的农、工、商、兵已成专学，新官学和新士学不可能再为百业通，因此新官学实际未能成为真正的专学。只能说它既吻合政书六职的国政范畴，又结合了吏学的实际效能，在二者之间选择和跳跃，在博与专之间摇摆，实际操作是有困难的。

政法学的论"政"性质，还要由史志、官制、学制的类目来承担。官制是梁启超格外重视的内容。① 职官于《四库》中归史部，和政书是平行关系。金毓黻认为职官应入政书，皆为国家政典。② 但职官只言官制，不言官事，二者还是有差别的。政书细者入田亩，职官细者录"唐宋以来一曹一司之旧事"，"通是学而无所用，习者少则传者亦稀焉"（《四库》职官小序），可见熟悉司曹事务、能详为考订者并不多。非但古代专习者少，在西方官制也不重要。因为西欧本没有统一的国家和连续的历史，不可能像中国这样考索历代职官的制度变迁。与其说这是政治，不如说它和学制一样更接近今天的史学范畴。这也说明梁启超的政学并非真正意义上的西方社会科学，晚清的西政仍在中国传统史学范围里找对应。

中国古代没有今天的政治概念，更没有什么政治学理论。如果六部职事是狭义的政学传统，那么史部就是广义的政学来源。梁启超重视的政才，实际仍为史才。从这个意义上讲，若没有农、工、商、兵、法等7科实务的进入，新官学将落入书本考据学，仍与官员所事相距甚远。古代官员整体的文

---

① 梁启超在《论译书》里，曾专门以职官为例，详论中西名词对译之难。
② 金毓黻：《中国史学史》，商务印书馆，1999，第160页。

学和史学素养要高于行政能力,故有王安石的变科举,但成效不大,因为这是由选拔方式决定的。实践能力决定职位升迁,但不影响阶层流动,所以无法作为士阶层的特点。

新时期的政学,实际是在西方以对象为主体和现代职业精神的参照下,对各种传统要素的择取、重组与融合。要把两套系统的观念和元素整合在一起,自然是左支右绌,甚至定位不清。但很难说,今天我们就彻底解决了。无论如何,梁启超的类目体现了新时代的新追求,跟随其后的西学类编也转变了知识关切的重心。以士学统艺学,以新官学统新世用,这些半新不旧的分类目录于矛盾中见新意,于混杂中见艰辛,不应一笔略过。

三 新旧杂糅的类书类目

1906—1907 年间,英国《泰晤士报》曾委托上海商务印书馆代售第 10 版《大不列颠百科全书》,还专门请严复、辜鸿铭、颜惠庆写推介文章。这是当时世界上最全面、最权威的西学百科,本可免去国人搜寻之苦。可出乎意料的是,它并没有引起多大的反响。那时西学汇编潮虽有所降温,可西学方兴未艾,所以不能简单归因于其进入中国市场的时间太晚。辜鸿铭在推文里说:

> 西洋今日之学术,沿于犹太、希腊、罗马,亦可谓极其广大而尽其精微矣。独是西学分门别类,各有专科,提要钩元者,莫如类书。类书凡数十种,尤以近日太晤士报馆所出之百科全书为最备。①

面对大英百科全书,他首先想到了中国传统的类书。今天的学者在编和写的层面强调二者的区别②,但辜鸿铭看到的是它们分门别类的共性,并肯定类书是"提要钩元"的最佳编撰形式。换句话讲,类书和百科辞书能不能等同、类书本身的学术价值如何论定,并非晚清的关切。类书形式的广受欢迎以及为国人全面掌握西学提供的便利,才是要点。

---

① 严复、辜鸿铭等:《大英百科全书评论》,商务印书馆,1907,第 3 页。
② 如陈平原:《作为"文化工程"与"启蒙生意"的百科全书》,陈平原、米列娜主编:《近代中国的百科辞书》,北京大学出版社,2007,第 7 页。

古代类书的流行本来就与科举考试有关,被视为典范的《玉海》就是王应麟为博学宏词科应试而编。分门别类地选录西学,一则免去众人搜罗之苦,二则已经精简和条理,有一本在手遍览群书之效。对暧于西学,尤其是闭塞的内陆士子而言,无异于速效救心丸。和西方辞典相比,半新半旧的类书框架和类称,反而便于国人理解和接受。1902年《各国政治艺学分类全书》说:

> 自去年诏改科举,海内新识之士,莫不移的换目,束其所谓十万选五万选者,而全注其脑电于译本。于是各国之政治家言艺学家言,无不渐次译印,罗列于五都之市,而用纸之数遂顿涨数十度。书业之现状殆即文明之风潮乎?惜乎一人之私言,每多偏驳。杂撼之丛,本大半支离。求其分门别类疏朗若晨星,凿险缒幽显澈如明镜者,殆不多觏。①

科举改革后,原来的中学文选被译书咨讯所取代,各式各样的西学类编成为新的"兔园册子"。既然科考有定式、备考有定法,新增的西学沿用从前的形式,自然且方便。但类书固有的驳杂和支离问题,在短期急就的西学综览里也会越发明显。"分门别类疏朗若晨星"不仅是类书质量的体现,更展示了"凿险缒幽"的学术功底。因为条理类目不仅是文字的推敲,还需要对知识全体及其内部关系有足够的把握,一如梁启超的感慨:

> 西学各书,分类最难。凡一切政皆出于学,则政与学不能分。非通群学不能成一学,非合庶政不能举一政,则某学某政之各门,不能分。今取便学者,强为区别。②

先通再分,分中有通,向来是分类设目的难题,何况还要把半生不熟的西学和中学对应起来,难上加难,就像王韬褒扬王西清"探讨西学有成,于西学罔所不窥",方能"含英咀华,去冗削繁",成就《西学大成》一样③。因此,不能因类书是资料辑录,就否定其中的学术成分,尤其当选编者面对的是全

---

① 《各国政治艺学分类全书》,上海鸿宝书局,1902,序第3页。
② 梁启超:《西学书目表序例》,《饮冰室合集》文集第1册,第123页。
③ 王西清、卢梯清编:《西学大成》,王韬序第2页。

新的、支离的、海量的新知识时。另需考虑的一点是，在清末译名不统一、译书庞杂且更新迅速、信息资讯不及时的情况下，翻刻、节录、改窜、传抄的现象很普遍。如何选取资料、选择版本、节要内容，甚至裁汰译文和改订笔误，都需要学术的眼光。见过原书，就能体会这批类编的鱼龙混杂了：有的印刷精良，有的一看即知廉价，有的大小正适合携带，有的还印有禁止翻刻的官方文告。

类书的类目特点是求全责备，多以天、地、人的序列展开（详见第四章第五节）。1897年钱丰编《万国分类时务大成》明确指出：

> 是编其间事实，虽专采取泰西各国书籍，为近日讲求时务急需，然体裁则取法我中华艺林典则各种分类旧章。故目录仍以天文地理列诸开卷之前，次则邦国、国君、官职、选举、政治、商务，一一汇编，有条不紊。盖天文地理为千古治法之大本大原，未可忽也。①

古称天、地、人为"三才"，以天文、地理开卷，是古代类书的通则，所谓"千古治法之大本大原"。人治法天则地，而君王和职官为人治之首，这是古代中国基本的尊卑次序。1892年郑观应也说过：

> 古曰："通天地人之谓儒。"又曰："一物不知，儒者所耻。"今彼之所谓天学者，以天文为纲，而一切算法、历法、电学、光学诸艺，皆由天学以推至其极者也。所谓地学者，以地舆为纲，而一切测量、经纬、种植、车舟、兵阵诸艺，皆由地学以推至其极者也。所谓人学者，以方言文字为纲，而一切政教、刑法、食货、制造、商贾、工技诸艺，皆由人学以推至其极者也。②

今天看来，以天文统数学和物理学，是非常成问题的，后者才是前者的基础。把地理视为农学、交通、军事的主脑，是连类而及的传统做法。语言文字与社会科学（政治、法律、经济）、工艺制造距离更大，属于主体区分不严格。

---

① 钱丰编：《万国分类时务大成》，上海袖海山房，1899，凡例第2页。
② 郑观应：《盛世危言·西学》，《郑观应集·盛世危言》上册，第50—51页。

可以说这是在尽量满足天地人的分派，回应"一物不知，儒者之耻"的中式通儒理想（天地人序列本身就有无所不包的意味）。钱丰最后条理出的类目是：天文、地理、邦国、国君、官制、官职、选举、政治、商务、公法、会盟、邦交、文学、武备、矿务、农政、制造、人事、人材、人物、西教、宫室、器具、动物、植物。尽管其中也出现了商务、矿务、农政等新式类称，但是依据的框架无疑是类书。他说的"中华艺林典则"指古代类书。

因而我们会惊讶地发现，尽管《万国分类时务大成》和唐代类书《初学记》相差上千年，类目设置却大同小异：以天地开篇，帝王或国君高居人部之首，职官领衔政务典章。① 只是唐初典志体尚未兴起，《初学记》的人事类目不多，荐举、出使、刑罚作为政理的下级目录出现。宋以后典章制度成为重心，类目愈演愈繁，到《文献通考》24目里有18类是人事——田赋、钱币、户口、职役、征榷、市籴、土贡、国用、选举、学校、职官、郊社、宗庙、王礼、乐考、兵考、刑考、封建，几乎囊括了国家政务的方方面面。《万国分类时务大成》并没有跳出这个范围，只是把礼乐和祭祀内容略去了，公法、会盟、邦交、西教等外事部分膨胀，商务、矿务、制造则是追补的时务。文学和西教在传统类书里多以经籍、艺文和道释的名目出现。宫室、器具、动物、植物则是类书固有的物类子目，涵盖人工制造和自然生物。连类目顺序都是于古有征的，的确是取法"旧章"。而且由于类书类目没有自然科学的安放位置，编者最后把算学、声学、光学、电学放在了"文学"类里，与学校、文字、翻译、书院、学馆、书籍这些传统和"武备"相对的内容视同一体，显然是精研西政而疏于西艺。

1898年的《洋务经济通考》亦是如此，乾象、坤舆、史略、交涉、军政、学术、经商、矿政、政府、礼法、人才、农桑、工艺、教务、轮路、防务16类中，乾象和坤舆是典型的传统纲目，学术、礼法、人才、防务是类书的常见子目，其余是人事版块的伸缩与调整，真正的新类不多。1901年的《中外政治策论汇编》是已经融入了西学的策论范文，与单纯的西学知识选

---

① 《初学记》分天部、岁时、地部、州郡、帝王、中宫、储宫、帝戚、职官、礼部、乐部、人部、政理、文部、武部、道释、居处、器物、宝器、果木、兽部、鸟部、鳞介部、虫部。

录还有所区别。但与其说融合西学，不如说是掺杂新知，虽多少涉及新知识的运用，却更多是用西方材料增强文章的说服力，少有观念和气质的更新，不宜抬得过高。就分类言，治道、学术、经史、吏政、户政、礼政、兵政、刑政、工政、天象、方舆、选举、耕织、理财、商务、海邦16类里，即便没有顺序讲究，天象、方舆、选举、学术也是代表性的类书类目。这几种类编已算趋新，同时期出版的《广学类编》和《格致治平通议》，除格致、商务、路矿、工商几个新名词外，即使放在明代类书里，也察觉不出多少异样。①

1901年的《时务通考续编》同样以天算和地舆开头，后接公法、约章、使臣、税则、钱币、礼制、兵政、律例、工政、铁路、矿务、电报、邮政、农桑、商务、教务、学校、官制、议院和史学。除分列的新事务外（铁路、矿务、电报、邮政等），多为易名的旧类（如公法、税则、约章、学校），其中使臣、钱币、礼制、农桑、官制等旧称和新鲜的议院一样醒目。最后还非常自然地接续包含算学、化学、电学、重学、汽学、声学、光学、测绘、医学的西艺版块，政艺并置，政在艺前。被打散的西政，尽量放进类书的人事序列里，实在合并不了的再单列。因而我们看到人事版块的划拨最混乱：铁路、矿务、电报、邮政不入工政，不合中制；律例和公法、约章、税则不合并，不合西制。钱币是旧类；税则是新名。官制是中式；议院为西式。结果西政类目宽窄不一，比西艺子目多出许多，既不均衡，也不完备，总体倒向中学系统。

四 科举改制与框架调整

清末西学汇编和新学类编多为科举应试之书，有很大的市场需求，但也旋生旋灭，有很强的时效性。孙诒让曾言：

> 辛丑回銮，皇上发愤修政，下诏变科举，试策论。策论之问题，包

---

① 《广学类编》类目为算学、地理、医药、史事、营造、商务、格致、文学、权度、婚礼、家务。《格致治平通议》类目为历算、天文、舆地、史学、变法、文教、内政、农桑、路矿、工商、武功、格致、财赋、外交。

举中外古今。以视前时之试八股,既由简单而趋于繁赜,则学人应试之资料,不可不为准备之研究。故策论应用之书,但计本国经、史两部与本朝三通、会典等掌故之作,已浩如渊海。重以输入东西新译书报,计自光绪廿二年至今,已由三百种增至四五千种。①

这段话信息量很大。首先此类书籍与科举改制关系密切,时人很清楚这一点。虽然辛丑年是个重要时间节点,但并不是说 1901 年以后才出现。1888 年就有"西学大成"的汇刻,1897 年又有"续西学大成"丛书的出版。只是早期的汇编如"西学富强丛书"(张荫桓,1896)、"时务新书"(杞忧生,1897)之名所示,更多服务于了解西学的目的。戊戌至癸卯(1898—1904)年间呈十几倍数字增长的西学类编,与科举的关联更直接。

孙诒让还透露了此前科举应试的范围——经学、史学和本朝掌故(有清一代的"三通"和"会典",即上文说的政书通制类)。经史浩博,不可能全读,坊间早有应试的精选本和节要本(即所谓的"兔园册子")。中国又向有史钞和辑要的传统,否则《玉海》《子史精华》《十八家诗钞》等精要从何而来?《皇朝经世文编》又何以续编又续编,竟然出了 20 多种?正因科考有定式、备考有定法,所以新增的西学知识,必然按此前的中学方式进行归纳,从前的类书和政书成为首选的编排参考。

即便孙诒让的估算不准确,打个对折,数量亦是惊人的。要知道清末的石印印刷虽比此前效率有所提高,却也无法和今天的激光照排相比。上千种教辅书,放在今天,亦可谓高度繁荣。正因与科举相关,亦必随科举的废除而退潮。20 世纪 10 年代中期,基本退出历史舞台。许多如同昙花一现,没有再版,流散和亡佚的居多。德国学者瓦格纳搜集所得亦仅 124 部。② 即便它们有营利目的,东拼西凑、粗制滥造的现象在所难免,但市场竞争也会催生后浪推前浪的动力,何况基数如此庞大。尽管它们的繁盛只有 20 年左右

---

① 孙诒让:《评点周礼政要》,日新图书局,1903,序第 1 页。
② 搜集工作还在进行中,并非最终数据。瓦格纳:《晚清新政与西学百科全书》,《近代中国的百科辞书》,第 40 页。

的时间，但这 20 年正是中国社会全面接触并迅速整合西学的重要时期。若没有这种大范围的尝试与推广，很难理解晚清迅速崩盘的加速度从何而来。何况近代社会变化迅速，20 年已是千帆竞过。

既然各种西学汇编有备"应试之资料"的用心，紧跟科举改革的步伐就再也正常不过了。1897 年严修奏请开经济特科后，总理衙门拟定了更细致的经济六科，这些在西学类编里都是有反映的。1902 年的《分类时务通纂》明言以官方公布的经济六科为设类依据，以"求便于翻阅"——"戊戌之岁，天子聿求新政，欲以时务取士，于是废八股开特科，明降谕旨，务以内政、外交、理财、经武、格物、考工六事为取士程式，一时政治学问焕然一新，而平日之工墨裁、精帖括者，又苦见闻未广"①。官方的正式版本是：

> 一曰内政，凡考求方舆险要、郡国利病、民情风俗诸学者隶之；二曰外交，凡考求各国政治、条约公法、律例章程诸学者隶之；三曰理财，凡考求税则矿产农功商务诸学者隶之；四曰经武，凡考求行军布阵、驾驶测量诸学者隶之；五曰格物，凡考求中西算学、声光化电诸学者隶之；六曰考工，凡考求名物象数、制造工程诸学者隶之。②

格物统西艺，考工专制造，理工有区分，但用的是中国旧称。文武并举是科考定式，军事又是晚清重灾区，把武举内容纳入经武不难理解（武举于 1901 年先行废除）。外交凸显乃时势所致，单独设科说明人才急缺与事务紧急。先前地位显赫的外语和国际公法，皆可揽入。理财本可入内政，分而治之说明农、商、矿、邮、税作为求富谋利的整体，得到重新对待。以往区分无比细致的政务吏治，统统放进内政的箩筐，显然受到外事和新学的挤压。

这 6 科是高度概括的，毕竟科考不能像西式学科那样铺排众学。和进士科比，已经是门户众多的"特科"了。内政和外交是一组概念，格物和考工

---

① 陈昌绅：《分类时务通纂》，自叙第 1 页。
② 《总理衙门、礼部遵议开设经济特科折》，《中国近代教育史资料汇编·戊戌时期教育》，第 57 页。

属同一序列，经武和理财像溢出的重点，这种归纳本于实用的目的。中国古代向有把重点类目拎出来加以强调的习惯，和西方并举必须满足并列的逻辑关系不一样。结合当时的舆论和议论文章，会发现它们是常见概括，易于国人理解。论到这里多说一句，要警惕用今天的学科观念批评晚清的学科认知不全。走在学术现代化前沿的文学，尚且有待1917年的"文学革命"启蒙，至30年代仍有古今对接的困难，何况其他？清末的"理解偏差"和"不当处理"，恰是学术观念重塑和学科体系重组的证据。

既然官方有纲领，编书就有了依据。当然，实际操作比抽象概括难，也更加丰满。《分类时务通纂》的具体排列方式如下（表3-3）：

表3-3 《分类时务通纂》三级目录

一级	二级	三级
内政	政体	原政、政本、治法、用人、臣职
	吏政	吏论、官制、铨选、考察、大吏、守令、幕友、吏胥
	户政	养民、建置、赋役、屯垦、八旗生计、仓储、荒政、漕运
	礼政	礼论、大典、学校、贡举、宗法、家教、正俗
	兵政	兵制、水师、饷需、马政、保甲、团练、塞防、海防、蛮防、剿匪
	刑政	刑论、律例、治狱
	工政	土木、河防、直隶河工、运河、水利通论、直隶水利、江南水利、各省水利、开办学堂（附新法）
外交	万国公法	公法总论、主权、邦交、盟会、权力、制律、通使、战例、和议、西国公法家、推论公法
	中外约章	订约、交易、税钞、改运、领事、免税、优例、法制、狱讼、保教、画界、设官、游历、学习、传教、租界、招募
	中外使臣	公使、领事
	各国邦交	会盟、交涉、会议、游历
	外国政俗	政治、风俗、官制、乐律礼制、礼俗、律例、讼狱、学校、议院、宗教事务
	外国史学	古史、俄罗斯、英吉利、法兰西、德意志、米利坚、日本、朝鲜、古大国、欧洲诸国、美洲诸国、诸国近事、诸国大势、各国君臣、各国区域、中西年表

（续表）

一级	二级	三级
理财	财政	中国财政、各国财用、各国赋税、各国户口、各国国债、各国民产、各国物产
	农桑	农务、蚕桑、中国农桑、西国农桑
	捐课	盐课、保商、厘捐
	商务	学会、植种、纺织、茶叶、贩运、土货、洋货、内地贸易、外洋货值、比较、工匠、商轮、赛会
	税则	税目、正税、子税、船钞、则例
	钱币	溯源、务本、鼓铸、设行、计价、较衡、圆法
	电报	电报总论、电报各器、电报诸法、陆地电线、海底电缆
	邮政	报馆
经武	兵法	兵计、兵事、西国军事
	武备	各国兵制、各国用武、各国训练、各国防堵
	陆军	日本陆军、印度陆军、波斯陆军、意大利陆军、俄罗斯陆军、奥国陆军、德意志陆军、法兰西陆军、英吉利陆军、折衡、攻守、营垒、炮台
	水师	美利坚水师、法国水师、英国水师、各国水师、各国船政、水师律例、水师仪制、水师赏给、水师戒令、水师阵法、各国战舰
	军械	枪炮、药弹、制造军械
	地利	形势、边防、海防、航海
	地舆	地舆总论、亚细亚洲、中国沿海、中外交界、日本、朝鲜、安南、缅甸、南掌（老挝）、印度、各回部、阿富汗、俾路芝、波斯、阿剌伯、南洋各岛、欧罗巴洲总略、俄罗斯、瑞颠那威、丹国、荷兰、比利时、法兰西、土耳其、德意志、奥地利、西班牙、葡萄牙、意大利、瑞士、英吉利、希腊、阿非利加洲、亚墨利加洲
格物	天算	总论、原始、名义、仪器、测算、七曜、诸星、交食、气朔
	算学	总论、九章、大衍求一、天元、四元、几何、代数、微分、积分、割圆八线、对数、曲线
	化学	总论、气质、流质、原质、定质、杂质、测验、杂录
	电学	电学源流、电学总论、摩电气、吸铁气、生物电气、化电气、电气吸铁、电镀、电气诸器
	重学	原始、器类、力类、重类、定类、动类、质类、曲线
	汽学	筒器、试汽、考力、制用、制造修补
	声学	声理、各音、音器
	光学	光原总论、回光、折光、论器、论视
考工	矿务	中国矿务、各国矿务、辨质、备器、开采、熔炼
	铁路	轨道、车制、工程、法例、各国铁路纪要、各国车道列表
	测绘	
	医学	医学总论、全体、内科、外科（附药性）
	各种工程	工程总论、海塘、造桥
	各种制造	器用、宫室（附学院书库）、饮食

这是清末以中纳西方案里规模较大的一个。由于要落到实处，与总理衙门的六科纲要还是有差别的：原内政只是模糊的方舆、郡国、风俗等传统概括，非常浮泛。具体内容进入后，采取了六部隶学的方式，把西政融入中国政务。外交不仅有新旧杂糅的交涉内容（使臣、邦交、会盟是旧称，公使、领事、公法是新词），法律、政治、历史也以整体的形式汇入。由于以传统礼俗观念理解政务，因而类名用的是政俗，而非政治（同时出现，但层级不同），把旧有的乐律和风俗也囊括了进去。抛开内政、外交的内外之分，新旧分野正在模糊。

从生利角度看待实业，少去许多纠葛。农桑、商务、邮政、电报等常见的实业类目，与财政同纲。但捐课和钱币厕身其间，中西隔阂依然明显。地理尽管与军事有关，和军械、军队训练放在一组，还是有些别扭的。而地利和地舆分开，实际是以地利对应边防，以地舆概说区域。这些衔接异样的地方，不可否认透露出急就甚至是生吞的嫌疑。反倒是直接挪用西式学科的西艺部分最清晰，尽管同样存在类目不全的问题。值得注意的是，医学和工程制造一起并入考工。工、医一家是古代中国对"艺术"的理解（详见第五章），制造的下级目录也是器用、宫室、饮食——传统类书的固有物类（见第四章第五节），说明这套分类体系倚靠的传统因素很多。大构架是官方的经济六科，内部却整合了各种不同资源，形成一种镶套的模式。其他类编或许只有平行的一级目录，但中间同样存在拼装和混搭的情况，并不矛盾。

新旧并置、重复设类在清末的西学类编里较为常见，1903年的《中外策问大观》同样是历法后面接天学、地学之外有舆地、学校后面是科举、中史和西史同时并举、官制和议院一起出现（其余类目为变法、法律、农政、矿路、商政、兵政、防务、格致、治道、教宗、学术、财政、圆法、外交、时事）。与其说设目者不愿费事，不如说当时大部分策论文章的主题仍是泾渭分明的，勉强合并反不如分列便于查找。即使新面目较多，旧名称却也不少，中西分置、先中后西的做法说明总体设计思路是以中纳西，至少是中西并举。西学的分割和归纳尽管笨拙甚至牵强，不时还被传统思维牵着鼻子走，却不能因后来被取代而低估甚至忽略这种尝试的意义。正因它们的总体构架和逻辑关联仍是中式的，即使内容偏西学，依旧体现出中体西用的气息。对比上一年出台的《钦定京师大学堂章程》，框架的选择就显得尤为重要了。无论是钦定章程还是后面的奏定章程，采用的都是日本学科框架。无论是 7 科还是 8 科，中学的份额都非常小。国人编选中学类书时大到礼制小到铨选，唯恐不能深入毛细血管。而西式分科却一科包"四部"，中学仅以二级目录形式龟缩在文学里（后增经学科）。说到底，格局已定，修修补补、孰前孰后，已落入第二义。这也就注定了当年孙家鼐承诺的京师大学堂将"以中学包罗西学，不能以西学凌驾中学，此是立学宗旨"① 不可能实现。

当然，《分类时务通纂》的缺陷也是明显的。内政的兵政和经武、内政的工政和考工的各种工程范畴基本重合，只是中西区别而已。换句话说，虽然编者努力想把西学纳入中式框架，但在许多具体问题的处理上，仍是中西并置，未能完全消化。这与 1903 年的《中外策问大观》有近似，也有不同。后者的分类很有个性：历法后面是天学、地学后面是舆地、中史后面是西史、学校后面是科举、内政后面是政体，官制之后还有议院，剩下的类目是变法、法律、农政、矿路、商政、兵政、防务、格致、治道、教宗、学术、财政、圜法、外交、时事。显然，编纂者先中后西，任其分置，不想合并。

这种类目近乎重出的情况不多，更多是像 1902 年《新辑各国政治艺学分类全书》那样，以中学类目加西学科目的方式并置：学校、政治、财赋、兵制、商务、公法、刑律、格致、算学、地理、声学、光学、电学、化学、制造、矿务、电报、铁路、邮政、农学、医学、史学。同年的《中西经济策论通考》有一些变化：算学、重学、电学、光学、化学、声学、汽学、天文、地舆、医学、政治、学校、法律、农务、矿务、工政、商务、军政、防务、武具、船政、学术、教务、铁路、邮政、税务、财用、公使、邦交、海国、议院、人才。不仅数量上中式类目（如学术、财用、人才）占比变小，而且算学、重学、化学、医学、政治、法律等西式科目几乎作为一个整体排在了中学之前。随着次序的调整和中学规模的压缩，如何拆散西政散入中式目录的困扰似乎已经不存在了。亦是 1902 年的《新学备纂》，来得更干脆——算

---

① 孙家鼐：《议复开办京师大学堂折》，《中国近代教育史资料汇编·戊戌时期教育》，第 225 页。

学、重学、电学、光学、化学、声学、热学、汽机学、天学、地质、地文、地志、全体、心灵、动物、植物、微生物、医学、图学、农学、牧学、矿学、工学、商学、兵学、体操26科完全是规整后的西式分科。那一年，西式学堂方案刚刚推出。

民间闻风而动，向利而行，求新的步伐总是快于顾头顾尾的官方动作。1888年首开科举算学科，王西清就打听到"西学盛以中国，宗匠考试往往命题，近又大臣奏准乡会试第三场零增一条"①，编成《西学大成》以静待时变。1896年梁启超刚在《时务报》上发表《西学书目表》，第二年胡兆鸾的《西学通考》就出版了。1898年康有为上书改革科举之时，《万国时务策学大全》《万国分类时务大成》等策论备考书也已面市。正所谓"制艺废而时务书益日出而日不穷"②。等到采纳张之洞的中学经济和西学经济同考方案后，纯西学的汇编数量就少了，中西兼顾、中外同册的新学类编成为主流。1902年西式学堂方案刚推出，科举还没有废除，新学类编里的西学主体地位已无疑义。不等1905年科举废除，它们已经被分阶的、分专业的日译学堂教科书抢去了市场。

短短20年间，各种类编你方唱罢我登场，如昙花一现，虽短暂却也芬芳，在中西融通的思想历程里并非没有价值。1903年赵祖惪总结说："吾尝慨念同、光之始，吾中国之吮欧学者艺学而已，至甲午而政学之新硎发，戊戌而哲学之智炬烛，庚子大创而欧花怒发，亚草咸荑，环球之志士脑潮、鸿硕血洴齐贯注于东方新舞台，即陈日之尸祝曲儒、语冰学究，亦知世界有所谓溥通学、专门学者。"③ 戊戌时期西学舆论准备已足，庚子前后不仅西学和东学开始汇聚，中学和西学也开始大规模融合，"新学"问世。即便当时的新学在后人看来仍不过新旧杂糅的旧学，但其发轫和传播之功不容否定。自成一体的中学门户被冲破，学术被"欧花怒发，亚草咸荑"的局面所更新。即便是夏虫，也不得不开始"语冰"了——除了溥通学，世界还有所谓的

---

① 王西清、卢梯清：《西学大成》，例言第1页。
② 汤震甪：《分类时务通纂序》，《分类时务通纂》，第1页。
③ 赵祖惪：《新学书目提要跋》，《晚清新学书目提要》，第564页。

"专门学"。

尽管由于对西学把握有限，晚清西学类编的分类设目有许多不合理之处，但是形式和来源的多元拼合，正说明文化对接和知识整合的艰难。它们对各种资源的借鉴和改造，也证明清末的文化主体性和主动性依然还在，而且中国古代本不乏学术的资源：非但有分门别类的论学形式，而且分类的方式还不止一种。这是今天讨论传统学术及其分类尤其需要注意的。至于这众多的新学类编中何以没有出现《玉海》这样的典范之作，原因也是明显的。一方面，与宋人对前朝及本朝制度的考订和归纳不一样，晚清人面对的是全新的、异质的西学。短期内铺天盖地地涌入，刚译完就要马上运用，囫囵吞枣、张冠李戴甚至以讹传讹的情况并不少。晚期看早期幼稚，今天看依然表面。在西学尚未落地并全面展开之前，任何雾里看花都经不起严肃的学术拷问。如1898年的《西法策学汇源》，即便照搬西式类称，理解也是成问题的：泰西算学和泰西数学并立为两类；力学、重学、电学、光学、声学、热学分列虽是常见现象，但力学和重学、气学和汽学怎么分，水学指什么，都比较含糊，可能因不敢擅改原书名和原译名所致。译名混乱是清末突出的文化现象，给一知半解的人带来了理解上的极大困难。

落到具体内容上，望文生义的情况就时有发生了。西政还好，至少文从字顺，谈论的也是相对熟悉的事务。当时就有人指出，"读西书以政学为易，一浏览而得八九，至艺学多系专门，非名师口授及以仪器测验末由实获"①。西艺部分的确大多难以卒读，如《分类时务通纂》的格物类重学曲线部分，内容如下：

> 诸曲线与椭圆同、抛现之名、抛高之说、物行曲线之故、物行曲线之证、抛物上行之迟速、物之上掷其速递减、物之平掷落下时刻之证、各物同速行于各曲线得速相等之故、推物速大小之法、物速与物行曲线力无涉之故、有无抛线界、计平面斜面抛线界法、平面抛线界视斜面抛线界大小之故、母线之名、摆线之名、摆线不外平圆、抄摆之名、摆线

---

① 赵惟熙：《西学书目答问略例》，《晚清新学书目提要》，第570页。

胜于他线、求抄摆长法、摆线与曲线中为最妙之故、摆线有阻力与时刻无涉、摆线之摆可用、求摆心、钟摆线同平圆线之故、钟摆成平圆线曲线之故、地力摆长时刻互相比例、钟摆之理有二、钟摆之用、计摆动时刻、求一昼夜摆动加减次数、三摆时刻比例之率、摆之迟速关乎地力之大小、以钟摆验地球之形、摆条长短与疾徐有关、钟锤之用……①

这些东西有什么用？内中关系如何？如何运用？是否还有别的讲述方式？可能编者自己也不懂，只是摘抄而已。这不过是国外的中学常识，却被国人目为高深的西学，拿来考举人考进士，无怪乎当时的留学生嗤之以鼻。而深一点的自然科学，又因没有基础，愈发云里雾里。西学理工确有分阶、专门的特点，不是类书式的名词摘抄所能把握。梁启超曾说，京师同文馆的《格物入门》不如傅兰雅译的《格致须知》，但傅氏为了便于初学，简约到每本不过二十来页。"格致各门，理法极繁密，非反覆诘证，不能大明，必非二十余叶所能达也。故初学读之，仍苦末由悬解"，因此若真想入门，此书"亦可省观"。② 晚清口头上皆言"西学以格致为主"，最终却多倒向西政，未必尽是避重就轻的侥幸之徒。传不得其法，习不得其师，确实是事倍功半，无如之何。

既然因科举而动，必然围绕科考的形式展开。无论考八股还是考策论，其实都是纸面文章。《西学大成》就指出"不知西学皆实学也，非可以空言了事也"③。1890年王韬还专门强调"深明算学者，贵在能窥望测量，制器造物以适于用，否则虚有其说"，只是"惟以西学佐谈资"④。1898年浙江巡抚廖寿丰也上言道："内政外交及理财之农桑，格致之算学，或可命题以试，此外各学，非呈验器艺不足觇其实诣。今欲凭文字为去取，作者依题敷衍，阅者糊名摸索，无论干托夤缘滥登荐牍，纵使绝无瞻徇，所得仍词章之士耳，于经济何与？"⑤ 不能以文章曼妙论理科优劣，今人皆知。可在当时却是难题，非但考生不懂，考官也不懂。学校未立，以科举求西学，就只能是背书，

---

① 陈昌绅：《分类时务通纂》卷266目录，第36页。
② 梁启超：《读西学书法》，《〈饮冰室合集〉集外文》下册，第1167页。
③ 王西清、卢梯清：《西学大成》，例言第2页。
④ 上海图书馆编：《格致书院课艺》，第382页。
⑤ 1898年浙江巡抚廖寿丰折，《中国近代学制史料》第1辑下册，第68页。

顶多起个导向作用。李端棻感慨说,"诸学或非试验测绘不能精,或非游历察勘不能确。今之诸馆,未备图器,未遣游历,则日求之故纸堆中,终成空谈,自无实用"①。

莫说物理、化学的专业指导寥寥,就是铁路、邮局等时务,对闭塞的内陆士子而言,亦同志怪小说一般。所以即便是更易读懂的西政,亦是剿袭传抄、人云亦云。晚清科举考试可以带书入场,这些求全责备的新学类编自是首选。类书本身就有东拼西凑的缺点,短期急就更易大同小异。答题成摘抄,新知变旧章,洋八股更令人生厌。1903年作为会试同考官的恽毓鼎便言,考卷"半系陈陈相因,剿袭夹带之作"②。考官最终还是以文笔优劣和字迹工整评卷,戊戌废除的以楷法和八股取士形同空文。这也是科举改革失败的重要原因。民国科学家任鸿隽曾批评前清的科学学习是一种误入歧途的"文字的科学"——"把科学家仍旧当成一种文章[学]家:只会抄后改袭,就不会发明;只会拿笔,就不会拿试验管"。③ 近代科学的确是另一套知识,即使在刚兴起的西方16、17世纪,与古典学的差异也是醒目的。

从1894年到1905年,时局变得快,科举变得更快。短短11年间,让没有进过学堂的全国士子都以西学应试,确实是为难考生。但不如此,又不足以改变士风。汤震甫感慨说:

> 顾论今日之实学,较昔异,尤较昔难。昔仅中学,今兼西学也。中学西学,各欲专门以名家,已难。中学西学欲融会贯通,求所谓体用兼备,本末兼赅,无施而不可,无一物不知者,尤难!④

的确,精通中学已难,融会中西谈何容易!当年于荫霖曾言,"如刘坤一、张之洞所议普通学,合今日臣工士子,恐无一能交卷者"⑤。然而从戊戌开始,

---

① 李端棻:《奏请推广学校折》,《中国近代教育史资料汇编·戊戌时期教育》,第220页。
② 史晓风编:《恽毓鼎澄斋日记》,第220页。
③ 任鸿隽:《何为科学家》,樊洪业、张久春编:《科学救国之梦:任鸿隽文存》,上海科技教育出版社,2002,第181页。
④ 汤震甫:《分类时务通纂序》,《分类时务通纂》,第1页。
⑤ 于翰笃编:《悚斋日记》,出版地不详,1901,第45页。

历史已进入"舍西学而言中学者，其中学必为无用。舍中学而言西学者，其西学必为无本"① 的新时期，再为难，再拙劣，也无可逃避，没有选择！

第四节　西学全体的中式求索

哪怕照搬西学概念，清末的西学类编也会面临统一体例的问题，多少涉及对西学及其内部关系的理解。中西共处的新学汇编面对两套不同的学术系统，如何对接、如何统一、如何融通是非常实际的问题。类目设置牵涉对全体知识的把握，是先有整体，再有类别的分属。因此，从类目设计和类目编排上，不仅可以窥见晚清人理解和体会到的西学面貌如何，还能从中看出他们是如何绘制西学的知识地图、如何理解内中关系、如何把两套不同的体系整合到一起的。比起泛泛而论和抽象论述，这批图书的处理方式能够提供具体的实际信息。

一　西学类目的座次讲究

1894 年，朱大文和凌赓飏编辑出版了《万国政治艺学全书》。政治学部分大体以政书模式，区分疆域、盛衰、交涉、度支、税收、币政、官制、民俗、礼政、刑政、学校、农政、工政、商政、矿政、兵政、船政、铁路、电报、邮政 20 个类目。1902 年推出下编《艺学丛考》，分算学、化学、电学、气学、光学、声学、重学、格物学、天学、地学、身理学、动物学、植物学、矿物学、图学（附史学）、医学、兵学、农学、工学、商学 20 目，已是相对齐整的西式学科分类。除电、气、光、声、重和格物学一起被处理为一级目录，及农、工、商、兵政艺两收之外，这个西艺目录和其他类编目录似乎没有太大的区别。但如果读到编者对类目序列的说明，我们就会发现，问题并非如此简单：

一排次　谈西学者以算、化为两纲，考算学第一，化学第二。格物、

---

① 梁启超：《西学书目表后序》，《饮冰室合集》文集第 1 册，第 129 页。

博物亦西学之两纲也。格物学者,电气光声诸学是也。考电学第三,气学第四,光学第五,声学第六,重学第七。不能尽者以格物学总括之,考格物学第八。博物学者,天地人物诸学是也。考天学第九,地学第十,身理学第十一,动物学第十二,植物学第十三,矿物学第十四。括之以图学,考图学第十五。普通诸学而别成专门以名家者有五:医、兵、农、工、商是也。考医学第十六,兵学第十七,农学第十八,工学第十九,商学第二十。

二附类 二十种之外,尚有多种,则附于其近者而各以类从焉。如步天学则附于算学,汽学、水学及汽机诸学则附于气学,力学则附于重学,质学及其中所兼之动学、力学、流水学、静水学、声学、光学、热学、磁气学、电气学则附于格物学,测绘学则附于图学,战舰、军械、火药诸学则附于兵学,蚕学则附于农学,道路河渠及各种工程制造诸学则附于工学,计学则附于商学。此外尚有史学一种,乃最要之学而不可谓之艺学。然必左图右史,始尽互证参稽之用,故特以史学附于图学之后。①

照此叙录,这20类可归纳为算学、化学、格物学、博物学、普通专门学5大序列。算学和化学是显科,其余3种是学科群。格物学包括电学、气学、光学、声学、重学、其他(质学、热学、磁气学等)6种。博物归为天地人物4纲,囊括天文、地理、生理、动物、植物和矿物。普通专门学有综合运用、自成专门的意味,与职业挂靠紧密,统包医、兵、农、工、商5类。

天—地—人—物是中国传统类书的基本架构,但以前人是大宗,下列各种人事和制度典章,几乎所有的政书类目都可以放进去。物则相对有限,包括日用器物和花鸟虫鱼。作为人力的延伸,器物的比重要大于生物,因为中国古代的自然是人文视野下的自然。而在这里,人部已不再是政治身份和社会身份的区分,被置换为人自身的生理卫生。物的版块则是纯自然的动物、植物和矿物,以往的器物只能去工学工程里找,也只关乎机械制造。天文部

---

① 朱大文、凌赓飏:《艺学丛考编辑大意》,《艺学丛考》,上海鸿文书局,1902,第1—2页。

的人事预占已经被排除。在追求西方富强的过程中,莫说传统的天命和灾异,就是向被视为人事之纲的礼乐也逐渐找不到位置。这种向外寻求的转向及其内涵,无疑是西式的,可归纳和表述的方式却是中国的。

梁启超在《西学书目表》里,也有过类似表述:

> 西学之属,先虚而后实。盖有形有质之学,皆从无形无质而生也。故算学重学为首,电化声光汽等次之,天地人(谓全体学)物(谓动植物学)等次之,医学图学全属人事,故居末焉。①

各科序列有先后的讲究,天地人物同样被视为一个完整版块。"全属人事"的医学和图学被放在了最后,先物后人的处理方式不合古制。此处参考的是另一套中国标准:先道后器、先学后术、先无形后有形。因而《艺学丛考》把"普通诸学而别成专门"的医、兵、农、工、商放在末尾,也是有所依凭。

把农、工、商、兵处理成一个版块很常见,它们都是在清末"人各有其学"的强国思想下,成为艺学或实学的。比较特殊的是医学。医也是一业终身,但是古代工医一家(见第五章),业医者又多从儒出(见第二章第五节),所以定位比较模糊。清末医书翻译开始得比较早,也很成规模。梁启超说过,这是因为传教士多习医,医学救济是传教工作的重要组成部分。医学一般被视为西艺,农、工、商、兵则多划入西政。《万国政治艺学全书》出现农、工、商、兵两入的情况(不包括医),说明庚子以后艺学的科技成分进一步强化,也说明士、农、工、商、兵的身份序列和天地人物的宇宙结构一样深入人心。

按理说,《万国政治艺学全书》只是资料汇编,分类辑录即可,本可回避关系的分理和排序的难题,却偏偏画蛇添足,授人以柄。今天看来,类似的论述许多都是成问题的。但恰恰在这些续貂的"狗尾"里,我们看到了编者的用力与用心。西学书目更是迎难而上,义无反顾。《西学书目表》于每书介绍外,另有序例,详论类目关系,此后几成定式。《西学书目问答》(赵惟熙,1901)和《新学书目提要》(沈兆祎,1903—1904)于序例外,另有类

---

① 梁启超:《西学书目表序例》,《饮冰室合集》文集第1册,第124页。

目总序和小序,逐一进行说明。就难度系数而言,这种关系与关系的推敲,高于严复的"一名之立,旬月踟蹰"。因为它绝非文句的字面斟酌,也不是看几本书就能解决的问题,而是涉及西学内部逻辑关系的钩沉索隐,余嘉锡言"目录之书莫难于叙录,而小序则尤难之难者"①。莫说类目叙录和小序,就是西学类别,要做到条分缕析,在当时也不容易。如果不是辗转抄录,顺藤摸瓜得来的结果即便偏颇甚至误漏,意义也不容否定。这种主动求索是打开并绘制西学知识地图过程中,艰难却至关重要的一步。

虽然类目或有多寡,排序或有前后,但是即便照搬西式学科类称,在西学尚未全面落地的情况下,清人对其内部关系的理解,仍然受传统思维习惯影响。这种路径依赖,在文化接受案例里并不罕见。但与早期的西学中源说比,甲午至乙巳年间(1894—1905)高度密集的西学汇总,已经是在尽量贴近西学了。正是在一些错位的理解和似曾相识的表达里,我们可以肯定,哪怕挪用西方名词概念,从结构概念的方式里,依然能感受到晚清的文化主体性和主动性。因为西方人介绍西学时,是不分先后的,丁韪良、傅兰雅、艾儒略都是平面铺陈。在意序列、讲究先后是中国人的传统,今天还会时常听到"排名不分先后"的声明,说明通常情况下排名是体现尊卑的。

另一方面,哪怕明知艰难,国人也没有满足于照搬人家的类目,而是对类别关系或曰西学结构展开了高度自觉甚至默契的求索。可见晚清没有止步于时务常识和西学碎片的一般性了解,而是渴望进入西学的内部,既见树木又见森林。孙诒让讽刺《时务报》的读者群说:"慨时事之危迫,爱玩钦服者十之一二,而闻有科举变法之说,假此揣摩为场屋裹挟之册者,十之七八,其真能潜研精讨以究中西治乱、强弱之故者,无一也。今科秋试策题,犹然故辙,所谓十之七八者,意兴盖已索然。"②西学汇编和新学类编的读者多有"场屋裹挟"的科考目的,读报尚且如此,翻书难免囫囵。但即使看书的人无心精研,编书的人却多少表现出更高的追求。

---

① 余嘉锡:《目录学发微(含〈古书通例〉)》,中国人民大学出版社,2004,第65页。
② 孙诒让致汪康年,上海图书馆编:《汪康年师友书札(二)》,上海古籍出版社,1986,第1472页。

二　西艺子目的先后厘定

与《万国政治艺学全书》一样，多数西学类编和西学书目都会依据学科的重要程度进行降序排列。按照纲举目张、擒贼先擒王的传统思路，排在榜首的往往被视为西学关键。受传统影响较大的书，会以天文地理开头，仍然兼顾天地定位的基本思路，如1897年的《万国分类时务大成》和1898年的《洋务经济通考》。讲究西学次第的，往往以算学格致为先。

第一章讲过，对于何者为西学之首，经历过一个为期不短的探索过程。初期认为天文历算是关键，又有人提出律例交涉是急务，后来认识到格致才是制造的基础。再后来舆论倒向西政，以致有人欢喜有人忧。在1896年的《西学书目表》里，物理作为总称还没有出现，化学夹在重学、电学和声学、光学、汽学之间。梁启超的"算学重学为首"可以理解为以数学和物理为龙头。算学当中，又有次第——"由浅入深，故先以数学。先理后法，故次以几何。凡诸形学，附焉。次代数，通行之算也。微分积分，非深造不能语，故以终焉"，大体由易到难。① 其实难易可以解读为从已有所知到闻所未闻。即使数学的类称还没有出现，但算学的内部已眉目清晰。

1899年徐维则《东西学书录》对梁启超的书目进行了增补，类目框架大体相同。但和1897年胡兆鸾的《西学通考》一样，他把格致排在了算学之前，因为他认为"言政以公法、公理之书为枢纽，言学以格致、算学之书为关键"②。格致中既有《博物新论》这样合论光学、电学、动物学的老式译名，也有杂编声、光、气学的《格致举隅》，还出现了《物理推原》的新译语，汇聚了各种译名。与后面的重学、电学、声学、光学、气学相比，这里的"格致"更像总论，而非《万国政治艺学全书》收纳"不能尽者"的其他"格物"杂类。《东西学书录》有书目提要，比《西学书目表》具体，因而得以近观。1902的增订版追加了顾燮光补入的《西学关键》，此书标注《汇报》馆馆译，当汇编自在华天主教机关刊物。把声、光、化、电内容命名为"西

---

① 梁启超编撰：《西学书目表》，朝华出版社，2018，第13页。
② 徐维则：《增版东西学书录叙例》，《晚清新学书目提要》，第4页。

学关键",很能说明时人对物理的看重。

在1901年赵惟熙的《西学书目问答》里,又有调整:算学第一,图学第二,格致学第三,化学第四,此后是汽声光重电。他的解释是"格致者,西艺之总名,西学之初阶,即物以穷理,因理以知物也,凡西书以格致名者录此篇中,余如化、电、声、光咸格致之一种,然各有颛门,悉归其类"①。说明化学和电学、重学等同类并列,还没有和物理学区分开来。而此处的格致或物理也是作为总类而存在("西艺之总名"),被视为西方制造的基础("西学之初阶"),所以后面再分别展开各支脉的细部。那么算学和图学呢,难道就不是西艺了?好在《西学书目问答》比《东西学书录》更进一步,每个类目下面还有小序。图学小序说"图学为西艺中最要事,与算术并重,故次算学之后"②,即算学和图学被视为西学最重要的科目,所以单独拎出来。无论是算学第一,还是格致第一,他们都在努力寻找西学的"枢纽""关键""初阶",以为班首或总领。在西学版块里,数学和物理的首要地位相对稳定,或出其右的,只有历算未行分离或以天地人序列为指导的"天学"。

算学、格致后多接天文、地理、生理和动植物学版块,大概受梁启超《西学书目表》的启发。当时解剖学被称为全体学,有的还分出心灵学来(如《增版东西学书目》)。动植物学时分时合,在某些新学类书中未必配备。但也有像《新学备纂》般,连微生物学都划出来的。有意思的是,解剖学和医学不在一起,如果有全体类的话。全体学里有讲脑筋的《全体阐微》、讲五官的《五官异景》《知识五门》、讲性学的《男女交合新论》,医学卫生类(梁启超分医学为内科、外科、药方、卫生4类)里也有《延年益寿论》《治心免病法》等防病养生的内容,二者界限不分明,未尝不可以合并,今天便同为医学的分支。只能说把全体学专门分隔出去,且以心灵学附入,多少有满足天地人物序列结构完整的意思。

医学在政艺不分的类书里,多与农、工、商同序列(如《万国政治艺学全书》和《新辑各国政治艺学分类全书》)。由于《西学书目表》及其追随

---

① 赵惟熙:《西学书目问答》,《晚清新学书目提要》,第591页。

② 同上书,第590页。

者（如《增版东西学书目》《西学通考》）把农、工、商、兵归于西政，所以医学和图学一样被剩在西艺末位，与考究自然的其他学科拉开了距离（"全属人事，故居末焉"）。其实当时医学译书是大宗。晚清人说的图学不是地图学，也不是美术图画（有时会把美术附在图学里，就像音乐附入声学一样），而是与工程有关的测绘。《分类时务通纂》放入考工类，还有一些置于算学后，《万国政治艺学全书》则把它放在天地人物和医兵农工商两大版块之间，具体子目包括图学书目考、图学总叙、图学仪器考、西法照印考、西法测绘、中国历史考、西国历史考。仪器、照印、测绘才是真正的新艺学，却又和左图右史的传统联系了起来，让人误以为图学指传统的舆图。编者也清楚历史不属于西艺而是西政，所以以附录形式与图学合类（史学附入图学，而非图学附入史学），理由是读图需要明史，但这种处理方式既模糊了图学的性质，也让史学地位尴尬。难怪在实际操作中，政艺两大范畴的分野都出现了模糊和抵牾，遑论二级类目的分分合合了。

此时出现了史学"乃最要之学"的说法（原文见本节开头），透露出另一个重要信息，即上节所言的"西政"实为中国式概括，是传统政学改造的结果，而非西方人文社会科学的对应。因为西方以哲学为人文社科的统领，而非史学。在这些类编里，几乎看不到哲学的影子，顶多杂在科学总论里。最早引起国人注意的哲学分支——逻辑学（由于严复的系列"名学"著作翻译），在梁启超的《西学书目表》里尚属"无可归类的书"。而当1903年《新学书目提要》说"历史一门最切于今日学界，亦莫难于今日学界"[①] 时，此际的历史学还相当政治化。史学问题直到民国的国学改造，都没有得到妥善解决（详见第七章第三节），晚清处理起来自是棘手。在西学类编里，史学其实也缺席，或者分散、分割在西政子目里，不像法学那样地位明晰。

三　西学类书的目录学追求

西学类编里的西政比西艺复杂，因为西方科技乃中国所缺，人文知识却是自古以来的强项。就关系论，西政的排序自然更加严密，如前所引《西学

[①] 沈兆祎：《新学书目提要》，《晚清新学书目提要》，第449页。

书目表序例》：

> 西政之属，以通知四国为第一义，故史志居首。官制学校，政所自出，故次之。法律所以治天下，故次之。能富而后能强，故农矿工商次之，而兵居末焉。农者，地面之产。矿者，地中之产。工以作之，作此二者也。商以行之，行此三者也。此四端之先后也。船政与海军相关，故附其后。

这样的表述方式，很容易让我们想起《四库全书总目》的子部总序。即便不如《四库》严整，但以轻重序前后、论源流别枝干的精神却是相通的。对西政类目关系的处理，多少会影响到西艺，政艺均衡、体例统一是必须考虑的问题，因此西学类目总是呈现出似曾相识的逻辑结构。的确，清末西学书目论列的是西学，追步的却是中国的目录学传统。这就不是旧瓶装新酒的形式问题了，而是主旨精神的以中纳西。

目录学自古就有"辨章学术，考镜源流"的使命，余嘉锡指出，"凡目录之书，实兼学术之史，账簿式之书目，盖所不取也"①。有清一代又是文献学发展的高峰，尤其重视图书目录的编写。除《四库全书总目》外，直接影响到清末西学书目编订的还有1876年张之洞的《书目答问》，赵惟熙的《西学书目答问》就是仿效它。《书目答问》不仅补充了《四库全书》以后的新人新作，而且明确为初学者易买易读而作，从内容到形式都对《四库全书总目》进行了调整和压缩。此书影响极大，"书成以来，翻印重雕，不下数十余次，承学之士，视为津筏，几于家置一编"②，清末书目的编订者不可能不知道。

那么，对初学问道者而言，如何才算指示门径呢？张之洞说：

> 今为分别条流，慎择约举，视其性之所近，各就其部求之。又于其中详分子目，以便类求。一类之中，复以义例相近者使相比附。再叙时代，令其门径秩然，缓急易见。凡所著录，并是要典雅记，各适其用。③

---

① 余嘉锡：《目录学发微》，第5页。
② 张之洞：《书目答问跋》，《书目答问补正》，第273页。
③ 张之洞：《书目答问略例》，《书目答问补正》，第3页。

第一步是取繁就简，为初学者精选图书。因此《四库》收录的3400多种图书（数目向有争议）在此"约举"为2200多种。搜集和选择工作是书目编写必不可少的环节，对初学者来说，版本更是一个难题，所谓"读书不知要领，劳而无功；知某书宜读而不得精校精注本，事倍功半"①。晚清的西学书目都有版本信息，甚至连图书价格都附上了，充分考虑了实用性。

第二步是分类。郑樵言"类例既分，学术自明，以其先后本末具在"（《通志二十略·编次必谨类例论》），先后意味着本末，体现了学术源流。可是这也难倒了众人。大家在分类问题上莫衷一是，如前所引，连梁启超都感慨"西学各书，分类最难"。在所知有限的情况下，厘定先后，排列座次，自是踌躇万分。类名尚可借用，类目关系就得自行寻找了。非但传教士译介西学时没有先后意识，而且当时的西方学术也没有今天这样泾渭分明的学科分野。傅兰雅的《江南制造总局翻译西书事略》毫无孰先孰后的考虑，否则造船和兵法不可能排在地理之后。丁韪良在《西学考略》里，刚说完"课业必以天文、地理为要端"，又强调"西学以算术为要端"，隔几行又出现"植物、动物等学亦为要端"的字眼。前一秒还是"西学以格、化为重"，下一秒就成了"西学之精微者莫如性理一门"。②处处是"要端"，门门都重要，没有一别高下的意思。《江南制造局译书提要》干脆就按译书数量排序，化学和算学还在矿学、农学之后。可见传教士在引进学科分类时，没有前后座次讲究，因为这不是他们的传统。也正因为强作解人，西学书目里的类例和叙录，无论对错，都反映了国人对西学的探索和理解。

分类及排序，已经是"缓急易见"了。要令"门径秩然"，往往还有叙录和小序。余嘉锡把叙录的内容归为考作者之行事、考作者之时代、考作者之学术，即张之洞概称的"再叙时代"。好书目不仅每本书都有内容提要，还要有中肯的背景提示和学术评议。说到底，这就是《四库全书总目提要》的体例，前人已言"钦定《四库全书提要》，类聚条分，以辨读书之门径"③。

---

① 张之洞：《书目答问略例》，《书目答问补正》，第3页。
② 〔美〕丁韪良：《西学考略》，第64—65页。
③ 李元度：《重刻〈輶轩语〉、〈书目答问〉序》，张之洞著，陈居渊编：《书目答问二种》，中西书局，2012，第379页。

而其中的小序作为类例说明，不仅要解释分类设目的依据及其定位，还会言及类目的调整及其与周边子目的关系，难度尤大，所以不是所有的书目都会有此项。

迫于急需，梁启超《西学书目表》详于序例，偶有按语，但无提要。徐维则《增版东西学书录》增加了提要，却无力撰写叙录。沈兆祎《新学书目提要》有提要有叙录，确实在努力追步《四库全书总目》的学术讲求。可惜原拟的8类只出了法制、历史、舆地、文学4类。赵惟熙的《西学书目答问》虽无详细的内容提要，却每类都有小序，足见下力。好些书目甚至是西学类编，都有某科当先、某科为要、欲学某科先治某科的提示，尽管很冒险，却见作者指示西学门径的苦心。1898年黄庆澄撰写《中西普通书目表》时，干脆分中学门径书、西学门径书、中学紧要书、中学汇刻紧要书、西学紧要书、西学汇刻紧要书、中西参证书，相当不易。指示门径需自己先清楚路径，中学旧籍尚有前人指引，西学仍处于盲人摸象阶段，条分缕析谈何容易！但无论如何，自"新会梁氏著《西学书目表》及《读西书法》，学者方有门径"①。

四　中学引导与西学地图

1889年，李鸿章在《格物入门》序言里说：

> 今治格物之学，以入门命其书，其犹界说之微旨欤？夫门以内有户庭焉，有阶级焉，有堂奥焉，皆以待穷至者也。门以外有闉闍焉，有城郭焉，有郊坰焉，皆以资扞御者也……从堂奥而达郊坰，所谓本隐而至显也，出之事也；由郊坰而诣堂奥，所谓推见而至隐也，入之事也。②

摸着门墙，才能得其门而入。入园之后，才知道里头还有千门万户。何处是庭户？何处为奥堂？哪里有阶梯？哪里还可曲径通幽？进去走一遍才能知晓。哪里是一日入门，就算了事？以游园喻治学，入门不易，导览更需成竹在胸。在西学脉络都看不清楚的1889年，李鸿章对西学就有更高的期许。这就需要

---

① 顾燮光：《译书经眼录自序》，《晚清新学书目提要》，第220页。
② 〔美〕丁韪良：《增订格物入门》，序第2—3页。

一幅完整的西学地图，而非破碎的西学拼图所能达成了。1893年张之洞焦虑于西学的满地碎片，不难理解。①

梁启超在读完多本地理书后，才明白原来西方地理学不是讲舆图讲关隘讲陵寝的"坤舆"，也不是讲天下州府的职方记，天上地下并不像中国人这样区分——"风云雷雨等，相沿以为天文，其实皆地面上之物耳。西人言地学者，约分三宗：风云雷雨等，谓之地文学；地中矿石物迹，谓之地质学；五洲万国形势沿革，谓之地志学。地文学之书，如《测候丛谭》等是也；地质学之书，如《地学浅释》等是也；地志学之书，如《地理全志》等是也"。他还发现，不仅地志之外有地文和地质，而且地质学中的古生物尤有价值："地质学之书，就地中生物之迹，以考地球初成以来至于今日，天气地形物种人类递变之状，因识地球由草昧而文明之理。游心荒古，历历如在目，盖未有文字以前地球之全史也。（西人亦有石史之目。）于三宗之中，其致用似不及彼二者。然欲明格致之理者，必由之，不仅为矿政之用而已。"② 能畅游园林，入园才有意义，否则门口望望即可。

熟悉了园林的内部格局，还得出去看看闾闬在哪里，城郭什么方位，郊坰什么状况，才算真正把握了园林的所在。这种追求全体与部次的要求，其实源于中国传统的求学和治学方式——

读书宜有门径。

泛滥无归，终身无得；得门而入，事半功倍。或经，或史，或词章，或经济，或天算地舆。经治何经，史治何史，经济是何条，因类以求，各有专注。至于经注，孰为师授之古学，孰为无本之俗学。史传，孰为有法，孰为失体，孰为详密，孰为疏舛。词章，孰为正宗，孰为旁门，尤宜抉择分析，方不致误用聪明。此事宜有师承，然师岂易得？书即师也。今为诸生指一良师，将《四库全书总目提要》读一过，即略知学术

---

① 如前所引，张之洞《札北盐道筹拨纂洋书经费》言："近今译出外洋各书及时人纪述，或言一国之政令，或记一时之事情，或采专门之艺术，无关全体。"

② 梁启超：《读西学书法》，《〈饮冰室合集〉集外文》下册，第1161—1162页。

门径矣。析而言之,《四库提要》为读群书之门径。①

读书有门径,求学要知津,最好的导师就是《四库全书总目》。不是说皇皇《四库》都要读,而是从《总目》提要里周知全貌和格局,犹如地图在手,疆域分明。欲入专学,先明大局;欲知门径,先读目录。这是中国传统的治学方式。

面对汹涌而至的西学,求知者苦于"骤涉诸书,不揭门径,不别先后,不审缓急,不派源流,每苦繁琐,辄难下手"②。于是,1882年颜永京翻译了斯宾塞(当时译史本守)《论教育》的第一章。他说:"吾观本国之人,从未将各项学问,详论其缓急轻重以定肄业之准则。即有论及之者,亦只浮面而已,未曾求其要指以提纲挈领。是肄业未有全备之法一证也。不但人未曾求全法,并未知肄业之当有全法。"③ 求全貌、别缓急、定纲要是他们的共同关切,也是他们眼里条理西学的下手处。编者明知很难像从前书目那样对西学分门别派,徐维则自惭"于古人目录之成法相去远甚,等于簿录而已"④,但仍希望尽量"以古之法读今之书,自为其难而予人以易"⑤。

"以古之法读今之书",古法说的是传统目录学,今书即西书。用目录学的方法循绎西学的门径,是路径依赖,也是那一代人的内在需求。正因为图书目录是古代中国追迹学术发展的治学形式,晚清人才会不约而同地以西学书目的方式条理西学。《新学书目提要》开篇即言"本书撰述之旨,所以辨章学术",又曰"此书为目录之学,所宜重流别之分,中垒奏进之篇,仲容《略例》之作,以言体例,必取师承,然方贵知新则无烦墨守,故所析各门只在檃括"⑥。而西方的图书目录只有检索功能,没有别轻重、叙源流的要求,所以杜定友在引进西方近代图书馆学时,才强调学术源流"非类例之责,书目之事",图书馆只求"图书簿记之法",不过做"第其甲乙,而求便于稽检

---

① 张之洞:《〈𫐉轩语〉一·语学》,《张之洞全集》第12册,第9790—9791页。
② 徐维则:《增版东西学书录叙例》,《晚清新学书目提要》,第5页。
③〔英〕史本守:《肄业要览》,颜永京译,上海格致书室,1895,第4页。
④ 徐维则:《增版东西学书录叙例》,《晚清新学书目提要》,第5页。
⑤ 朱勋:《新学书目提要跋》,《晚清新学书目提要》,第565页。
⑥ 沈兆祎:《新学书目提要凡例》,《晚清新学书目提要》,第379—380页。

取用"的工作而已。①

上节提过，早在1894年，格致书院课艺就有从书目入手探求西学的想法。1903年的《中外策问大观》里也有类似思路：东西政艺之书，新旧移译，卷累千百，然其中有立说偏宕，不合中国之情势者，有新说盛行，旧说已成筌蹄者。议论歧出，折衷匪易，试为掇其英华，略其芜杂，分别部局，论定大旨，为学人导门径策。② 掇取、分部、论定大旨正是中国传统的治学步骤，只是现在用在西书和译书上而已。

然而，即便在晚清，通儒硕学也不常有，何况还要掌握新进的西学。张之洞言"由小学入经学者，其经学可信，由经学入史学者，其史学可信，由经学史学入理学者，其理学可信，以经学史学兼词章者，其词章有用，以经学史学兼经济者，其经济成就远大"③，今人看来只能望洋兴叹。莫说同时出入经学、史学、理学和词章，即便专治一门，亦如大海汪洋！中学尚且如此，西学就更行不通了。虽然西方早期也盛赞多才多艺，认为由于事物之间的普遍联系和观念的相互依赖，学非博不足以成真学，"一部分学问将照亮另一部分学问"（英国数学家巴罗《勤勉论》中的观点）。但从17世纪开始，人们就发现知识不断膨胀，并走向碎片化，有人甚至宣称"人类已不再可能拥有普遍性的知识"了④。达·芬奇成为传奇，全才的历史终结。

更重要的是，各种西学类编和西学书目实际追求的是一本在手、总揽众学的功效，仍是以通儒理想要求士大夫，而西学的特点本在分科分专业，不要求周知全体。遍求各领域、各门类知识，本身就有违现代分工精神，或者说对西式分科的理解不到位。做经济的不懂文学，研究美术的不知物理，物理专业不晓得社会学，机械工程师不通历史，是现代分工社会常见的事情。既然分科，预设就是专精本行即可。

---

① 杜定友：《类例之要论》，《校雠新义》上册，中华书局，1930，第4页。
② 雷瑨编：《中外策问大观》，转引自章清：《会通中西：近代中国知识转型的基调及其变奏》，第394页。
③ 张之洞：《书目答问补正》，第258页。
④ 《百科全书》中"文人类型"（Gens de lettres）词条，转引自〔英〕彼得·伯克：《知识社会史》上卷，第91页。

斯宾塞《论教育》强调自然科学的重要性不假，但颜永京译写的《肄业要览》却掺杂了许多个人的诉求及发挥。像"仅以古国语言学及算学较量轻重，所系甚细，万不及将一切所有之学问，一一较勘，而分缓急之为大也"①、"吾今亟为论者，非辨某种学问为有用与否，乃辨某学问与某学问相较，何者为重，何者为轻"②、"吾等须将一切之学问，权其轻重缓急，而定断何等为吾最当学习者，然后肄言得其准则矣"③ 这样的表述，分明是中国人自己的问题和思路。斯宾塞是最早提出社会专业化的社会学家，不可能有这种别择去取的想法。书前明明说应将所有学问一一比较，可后文实际只谈了格致学的重要，可见斯宾塞的论证并未满足颜永京的需求。实际上作为英国社会学的奠基人，斯宾塞眼里能够总揽一切学科的科学，是作为"科学之女王"的社会学，而非格致学。意译本来就容易走形，何况颜永京和严复一样，都是有意而译。

问题在于，晚清人并非全不知道分科的用意。第二章第五节说过，花之安在《自西徂东》里专门强调过西学分类而行、学贵专精的特点。1892年薛福成明确指出，西方的强盛在于分门别类，愈推愈广。严复在1898年的《国闻报》上也疾呼："国愈开化，则分工愈密，学问政治，至大之工，奈何其不分哉！"④ 如前所引，1902年出版的《西学三通》亦知"西学贵专不贵博，故艺学之科愈析愈众"。然而，受传统思维影响，许多人对此会做弱化处理。或者说对其他人尚可但求一艺，却独独放不下对士大夫的通博要求。洋务学堂可以分门教习，中式书院和京师大学堂却仍要以"造就通才为宗旨"（《奏定大学堂章程》）。就像梁启超一方面批评当时的学校教育"专门之业不分，致精无自也"，另一方面在缔造新士学、新官学时，把握全局的《西学书目表》无疑也是其中的重要部分，时间同样是在1896年。

1894年，晚清奇人宋育仁已经发现欧洲的实际情形是：

---

① 〔英〕史本守：《肄业要览》，第4页。
② 同上书，第4—5页。
③ 同上书，第6页。
④ 严复：《论治学治事宜分二途》，《严复集》第1册，第89页。

> 天文地舆、算学医学法律兵政、格学化学之筹，各有字书，不相通易。知天文者，不识地名之字，通化学者，不识法律之文。故以彼学名者，不能论列此学之是非。惟其学术同者，自相为优劣，即成定论，事属彼科所学，即听彼人而行。①

分科不仅为力求专精，而且可以不顾其余。因此需同行评议，外行无法置喙，更不可能存在学科之间轻重、高下、先后的评定了。但是他更有感于中国凡事掣肘、议论纷纭的社会现实，视点在"议论不乱于朝野，而无筑室道谋之弊"的政治生态上，"学成而名立，而权利即在其中"才是宋育仁表述的重点。② 说到底，观看者的身份和经历决定了观看的角度和所见的内容。清末思考和亲历西方的，多为官员和士人，难免带着自身的习惯和困惑叩问西学。这也很自然，社会观念的转变不可能在一代人身上完成，而他们的心路历程无疑是近代中国历史进程的重要组成部分。

英国史学家彼得·伯克用"知识危机"来概括一种知识结构向另一种知识结构转化的过渡。这一时期虽然短暂，却充满各种混乱与动荡，同时也意味着各种可能性。③ 晚清此时期的新旧杂陈，同样展示了定型前的多种可能。不仅存在中学比附西学的现象，也有西学贴合中学的情况。在思维模式转换之前，路径依赖不可避免，旧瓶装新酒是正常的文化现象。中式治学理想的高远，使得西学的探索愈发艰涩。可不耐削琢的快捷挪用，也带来了文化的巨大损耗。1902年《钦定京师大学堂章程》的推出，意味着国人开始摆脱中学的限制，在移植中改造西学，而非在归纳西学时调整中学。西学类编随着科举的废除而迅速退潮，西学书目在1905—1911年间也少有出现了。

在今天这个信息大爆炸的年代，知识急剧增长和加速传播带来的信息泛滥，使余的门槛都越来越高。专业化伴随着细密化，甚至毛细血管化，让偶一越界都显得奢侈，遑论通知诸学。人们已经意识到人文学科和自然学科，思维方式相距甚远，或者说不同专业侧重的素质不同。是把个人各方面的能

---

① 宋育仁：《泰西各国采风记》，第82页。
② 同上。
③ 〔英〕彼得·伯克：《知识社会史》上卷，第232页。

力都调动起来,以完善自我人格,还是强化个体的优长,最终以合力推动社会的发展,是两种不同的社会理念。以一己之力,探究各学科的逻辑关系,西方早期的哲学家还能偶一为之,在今天就只是一个美好的理想而已。厘定学科的轻重缓急,乃至本末先后,并非西学的内在要求。无论你喜不喜欢,"道术将为天下裂"的各守一隅,是现代学术的基本事实。在韦伯、利奥塔、哈贝马斯的讨论里,专业化、学科化、知识分化是现代性的后果。利奥塔还指出,现代性知识已经不仅仅是分化,而是持续地碎片化了。知识不必然是增长和进步式的,但加总式的现代知识形式,也可能成为探索差异和尊重他者多样性的机会。

第五节　图书馆里的西进运动

古代中国是一个重视文教的国家,饱读诗书便可人生腾达,欲求不朽还需著书立说,图书典籍被视为圣教所彰、道统攸存的载道和问道工具。从《尚书·多士》"惟殷先人,有典有册",到《四库全书》的皇皇大观,图书典藏历来是文人士大夫津津乐道的话题:

> 夫结绳既代,图籍肇兴;缭领有作,典章爰著。周官所掌三皇五帝之书,楚史能通八索、九丘之故,韩子东聘,始见旧经,李叟西游,仅窥藏室。志昆丘之放者,固已悠缪;探禹穴之奇者,曾何仿佛,邈哉邈矣,有足征乎?更秦焚灭之余,遭汉搜寻之盛,**辎**轩遍于天下,竹简出于壁中,世主之所讨论,群儒之所缀缉,前称《七略》,末有《中经》,刘苍终莫得之,黄香所有见者,罕归私室,悉入内朝。然自洛邑初迁,多从亡逸;建安重扰,半杂煨尘;近则散落闾间,远则流布海隅。由是博雅君子、荐绅先生踵尚风流,迭相传写,壮武牛车兼两,邺侯签帙累万,雌黄审其未正,杀青存夫不刊,而家藏之积,殆与中秘侔矣。①

---

① 毛开:《遂初堂书目序》,李希泌、张椒华编:《中国古代藏书与近代图书馆史料(春秋至五四前后)》,中华书局,1982,第22页。

从三坟五典到八索九丘，从老子为藏室史到刘向父子秘阁校书，从汉室征书到宋代的民间收藏，毛开此序开篇回顾了中华的典藏之盛。这还刚刚讲到南宋，未及见明清两朝校书与藏书的黄金期。

在"学者才之柢，书者学之母"①的共识下，不惟遂初堂、天一阁、八千卷楼这样大规模的民间宝藏不难理解，就是《永乐大典》《四库全书》《古今图书集成》如此举国之力的撰书修书也不足为奇。自《汉书·艺文志》始，图书目录就是王朝正史的重要组成部分，要单独成篇成册。说中国古代不重视图书与藏书，是不负责任的。事实上，近代最早推及全国的西学事业，除了新学堂，就是图书馆。然而，近代图书馆及图书馆学却是西来的，这是怎么回事呢？

一 图书馆学现代标准存疑

和京师大学堂的创立一样，京师图书馆的设立也得益于维新派的呼吁。康有为、梁启超反复强调，强国必先强学，强学必先群学。所谓"群学"，就是开通民智，让亿万兆民皆学——"吾中国地合欧洲，民众倍之，可谓庞大魁巨矣，而吞割于日本，盖散而不群，愚而不学之过也"。群学的方式，除了办学堂、兴学会，还要仿照西洋样式广开藏书楼。唯其如此，才能"群中外之图书器艺，群南北之通人志士"。②

以此反观中国传统，图书的利用和普及问题就凸显出来了。郑观应曾言，中国人何尝不重视图书呢？哪怕是太平天国战乱之际，不唯曾国藩，其余"中兴将帅，每克复一省一郡，汲汲然设书局，复书院，建书楼。官价无多，尽人可购"③。文教从来是国朝之纲，在读书晋身的儒臣眼里尤关学统和世风。只是古代图籍之汇，不在朝廷秘府，便在私门巨户，无法遍惠士林。对普通细民而言，书籍是奢侈品，所以八千卷书便可傲视天下（指清朝民间藏书楼八千卷楼）。1906年刘师培也抨击"以书自私，上行下效，寒畯之家，

---

① 《武昌质学会章程》，《中国古代藏书与近代图书馆史料（春秋至五四前后）》，第105页。
② 康有为：《上海强学会后序》，《中国古代藏书与近代图书馆史料（春秋至五四前后）》，第90页。
③ 郑观应：《藏书》，《郑观应集·盛世危言》，第81页。

虽欲检阅而无由"的文化垄断行为,有违"学术者,天下之公器也"。① 于是,乾隆建镇江文宗阁、扬州文汇阁、杭州文澜阁,允许观览《四库》的往事,频频出现在晚清述学论书的文章和奏折里。

直到今天,图书馆学仍以是否向公众开放作为古今或曰图书馆现代转型的标准,因而以绍兴乡绅徐树兰的古越藏书楼为近代图书馆出现的标志。的确,在借书不易、买书更难的古代社会,向民众开放自是文明新风,对普及文化、开通民智有重大意义。但是研究近代图书与学术的关系,老盯着这一点不放,就容易出现认识的偏差,如对晚清图书馆设馆宗旨的贬抑,将影响对早期图书馆性能和定位的理解。

一般认为,1904年开办的湖南图书馆是最早的官办公共图书馆,但对它的非议也很多。其章程说:"本馆以保存国粹,输入文明,开通智识,使藏书不多及旅居未曾携带书籍者,得资博览,学校教员学生得所考证为主义。"②"输入文明"和"开通智识"好理解,即兼顾西学书籍采办,并向公众开放。刺眼的是"保存国粹"条,有保守之嫌,可清末的官办图书馆无不如此。原因在学部拟定的《京师图书馆及各省图书馆通行章程折》第一条便是"图书馆之设,所以保存国粹,造就通才,以备硕学专家研究学艺,学生士人检阅考证之用。以广征博采,供人浏览为宗旨"。虽然国家颁布的通用规则1910年才正式推出,内容却基本是此前的共识。1904年前后正是国粹保存时期(见第七章第一节),湖南是近代思想最趋新的省份之一,观念相对超前。

我们清楚,从1894年战败的甲午思潮到1905年的科举被废,社会思想已发生急遽变化。文化精英们忧虑的不是西风不开,而是中学将亡。1909年《学部奏筹建京师图书馆折》提到:"士子近时风尚,率趋捷径,罕重国文,于是秘籍善本,多为海外重价钩致,捆载以去。若不设法搜罗保存,数年之后,中国将求一刊本经史子集而不可得,驯至道丧文敝,患气潜滋。此则臣

---

① 刘师培:《论中国宜建藏书楼》,《国粹学报》1906年第7号。
② 李希泌、张椒华编:《中国古代藏书与近代图书馆史料(春秋至五四前后)》,第153页。下文所涉近代图书馆章程,皆出自该书,不另注。

等所惴惴汲汲,日夜忧惧而必思所以挽救之者也。"① 联系当时敦煌文书被盗往世界各地、江南著名藏书楼几百年的收藏被日本人抢购一空,便知此言不虚了。1904年古越藏书楼同时标举存古和开新,民间的存古意愿也不亚于开新(其章程言:"往者士夫之弊,在详古略今;现在士夫之弊,渐趋于尚今蔑古")。刘师培就说过"书籍不备,虽欲悦学而无从,此则保持国粹者之隐忧也"②,国学保存会与其他学会、机构都汲汲开设自己的内部图书馆。国家层面的存亡继学便更不当否决了。罗振玉曾言:"保固有之国粹,而进以世界之知识,一举而二善备者,莫如设图书馆。"③ 这种一举两得,确切地说二者皆不容缓的焦虑,到中学大势已去的民国方见缓和。

事实上,图书馆所需经费远低于学校,民间也不乏藏书家。清末兴学的诸多举措里,建图书馆是最易实现的。何熙年1901年就指出:"惟购置藏书一事,其效远,其事约,施于皖省,尤觉相宜。"④ 清政府把设立图书馆作为预备立宪的重要举措来推行,学部要求到宣统二年(1910)各省一律开办图书馆,也颁布了统一的图书馆章程。尽管各地基础不同,规模不一,但对朝廷下达的硬性指标,地方官员只能想办法调动各种官方资源和民间力量来完成。江苏、浙江、湖南、湖北等基础较好和思想趋新的省份,其实早已着手。文教关乎人才,人才关乎地方发展,是科举以来乡绅和地方官员早有的共识,无须做太多思想工作。到1910年,基本每个省都办起了图书馆,完成了国家级和省级公共图书馆的建设。近代图书馆事业的基础是晚清奠定的。

北洋政府虽执行能力有限,但民国之于西学强化和文化普及,却日行千里。前者在图书分类法里可窥见消息,后者如通俗图书馆的建立。通俗图书馆书不求全,规模不求大,经费亦不多,主要面向普通民众,开办起来容易许多。除儿童阅览室格外醒目外,有的还设有运动场地,配备一些体操和游戏器材。据《教育公报》统计,1916年湖北的通俗图书馆多达44所,浙江

---

① 《学部奏筹建京师图书馆折》,《中国古代藏书与近代图书馆史料(春秋至五四前后)》,第133页。
② 刘师培:《论中国宜建藏书楼》,《国粹学报》1906年第7号。
③ 罗振玉:《京师创设图书馆私议》,《中国古代藏书与近代图书馆史料(春秋至五四前后)》,第123页。
④ 何熙年:《皖省绅士开办藏书楼上王中丞公呈》,《中国古代藏书与近代图书馆史料(春秋至五四前后)》,第107页。

的21所里12所由私人创办,新疆、甘肃、广西等边远省份也都有场馆。[①] 1917年林传甲在《呈教育部请整顿图书馆以广社会教育文》里指出,京师图书馆阅览人数本馆不如分馆,分馆不如通俗图书馆。[②] 1918年沈祖荣在《中国全国图书馆调查表》里,曾提议各省图书馆今后购书"种类毋求其备,以能培养国民之常识为要旨。所有高古图籍,及大学参考之书,概从缺略,既可省购多少闲书,且留多数金钱,广设图书馆(按,当然指通俗图书馆)焉"[③]。

正如林传甲所言,"通俗图书馆与小学辅车相依"[④],程度不高。对仅次于国家图书馆的省级图书馆,沈祖荣认为大学参考书都属多余。在识字率低,学校教育刚开始的民国初年,公共图书馆利用率不高,通俗图书馆基本与学术无涉。据1915年浙江公立图书馆统计[⑤],"杭城阅书人以中等学校学生占大多数,其所偏重在科学及小说家言,故本馆本年阅览书籍本数,以新书部、杂志部为最多"。在杭州这样文化领先的省级图书馆里,主要阅读群体都只是中学生,何况其余。以中学生为主体的借阅群体自然不可能阅读最新的西方科学书,而以课外参考书和西学杂志一类的普及读物为主。杂志占比22%,小说23%,这是全馆最受欢迎的书类。可见主流还是趋新的,而且无论文学小说还是科学杂志,都是通俗文化领先。在中国传统典籍里,子部占比最高,为18%。此次统计把和近代科学对应的农、医、天文算学等古代科技,包括后来划入文学的子部小说家,都囊括在子部里,非常庞杂。即便最受欢迎的科学和古代小说,总量都不如新小说一门,说明中学已不敌新学。传统典籍的集部借阅量只有15%,史部13%,最少的是经部,仅5%。统计者说,原因是"经书非学校所注重"。可见民国废经后,经书的确少有人问津,亦可

[①] 见《各省通俗图书馆调查表》,《中国古代藏书与近代图书馆史料(春秋至五四前后)》,第257页。

[②] 林传甲:《呈教育部请整顿图书馆以广社会教育文》,《中国古代藏书与近代图书馆史料(春秋至五四前后)》,第261页。

[③] 沈祖荣:《中国全国图书馆调查表》,《教育公报》1918年第10卷第8期。

[④] 林传甲:《呈教育部请整顿图书馆以广社会教育文》,《中国古代藏书与近代图书馆史料(春秋至五四前后)》,第261页。

[⑤] 《浙江公立图书馆呈民国四、五年度阅书统计》,《中国古代藏书与近代图书馆史料(春秋至五四前后)》,第330页。

见当时图书的使用情况与学校的教学密切相关。

值得注意的是，浙江图书馆作为全国领先的省级图书馆，杭州又是当时文化基础最好的城市之一，西文书和日文书基本上少有借阅，前者仅5%，后者不到1%。这说明西学主要以译本形式流通，而且以科普类杂志流传最广。这种二手的、普及的、面向中学生课业的西学，实在不宜过分高估。而向为中学重镇的经史，已退居边缘，其中又有多少高深学问的研究，着实可疑。北京的情况大体相似，据《京师通俗图书馆呈报民国五、六、七年度工作概况》统计：1916年大阅览室以小说、文学、杂志、图画类图书借阅量最大，法制、理科次之，英文教科、实业、经传又次之；1917年仍以小说、杂志最多，经史子集次之，历史、地理、法制又次之，最少的是哲学和教育；1918年"阅览多系小说，抄录多系旧籍，杂类之书多于理科实业，美术之部多于历史地理"。① 通俗文学和报刊画册是主流，旧籍比西学更有深入的基础，与学校课程无关的西方科技（实业而非理科）关注度不高，外文书更少有人读。

因此，若从公开和普及的角度讲，民国图书馆的近代特点是明显的。但若从学术研究和文化发展的层面看，民国图书馆的功效实际上有限。进而言之，当前以公开和普及标准评价图书馆功能的得失，是成问题的。所以才会出现一方面把近代图书馆的起点放在晚清，另一方面又对清末图书馆的宗旨理念一致抨击的矛盾做法。这种分裂不仅影响到近代图书馆的研究，也不利于未来图书馆的学术建设。

二 普及与研学的分歧

西方把1850年英国公共图书馆立法和1852年曼彻斯特公共图书馆的建立，作为图书馆进入有立法基础、有公共资金支撑、对市民免费开放的现代阶段之标志。图书馆职能由保存人类文化遗产，转到保障公民获取信息的权利。套用于中国，就出现现代性难以确定的情况：政府颁布的《京师图书馆及各省图书馆通行章程》在1909年，官办图书馆却追溯到了1904年的湖南省立图书馆，最早对公众开放的又是私人的古越藏书楼。（晚清表赞的江南三

---

① 《京师图书馆呈报民国五、六、七年度工作概况》，《中国古代藏书与近代图书馆史料（春秋至五四前后）》，第267—272页。

大藏书楼、阮元开办的灵隐书藏和焦山书藏是否也能划入其中呢？）按照越早越好的习惯，今天把古越藏书楼视为现代发端，尽管它创建于1902年，真正开放是在1904年。

我们还可以继续往前追溯：1902年成立的京师大学堂藏书楼也是国家创办的，1895年北洋大学建立伊始就配有图书馆，1887年京师同文馆的书阁藏书也很可观①，这些学校图书馆连同外国人主持或主管的机构藏书（如格致书院），都曾发挥过作用，却被忽略了。其实大学图书馆一直就是西方图书馆体系的重要组成部分，学术图书馆与普及性的公共图书馆并不矛盾，牛津大学博德利图书馆在英国文化史上的地位未必低于不列颠国家图书馆。过于推崇公开与普及，结果是忽略了图书馆助推学术的作用，不利于图书馆的分类和分层管理。

事实上，如果学生阶段未能养成阅读习惯和查找资料的能力，进入社会后很少会走进图书馆。美国图书馆学者B.伯埃尔森（B. Berelson，1912—1979）在1950年的调研报告中（《图书馆的公众》分册）就指出，成年人的读书时间其实非常少，远低于看电视、听广播和看报纸（今天还有电脑、手机等现代传媒的介入），而且只有极少数书是从图书馆借来读的（否则书店难以为继，今天网络和电子书的冲击则更大）。公共图书馆的主要利用对象是中流阶层，对普通公众的阅读习惯和阅读兴趣作用甚小。尽管图书馆总是强调为社会全体成员服务，但实际上无法实现。因此他提议图书馆应切合实际，重新定位，为少数"严肃"的读者做好工作。② 所谓的"严肃"读者，在当时的美国指接受过良好教育，而且真的会光顾图书馆的中产阶级。在今天的中国，可能主要是学生和学者群体。

图书馆的性质和效用要与实际和它发生联系的读者结合起来，本算不得什么高论，可一旦需要评价和定位时，却总在做模糊甚至错位的处理。文化启蒙和公共教育的理想当然美好，可如果图书馆在1950年的美国尚且功用有

---

① 据记载，有300多本中文书、1700本洋文书和1000本功课算学书。
② 参阅范并思等编著：《20世纪西方与中国的图书馆学——基于德尔斐法测评的理论史纲》，北京图书馆出版社，2004，第46—47页。

限，何况识字率极低、学校教育刚刚启动的近代中国？无论中西，古代社会的知识文化都是由精英阶层垄断的。作为近代民主社会的产物，西方公共图书馆晚至1852年才出现，以此要求晚清，恐怕是脱离历史语境和社会基础的苛责。回看晚清，尽管他们也表示要公开阅览，开通民智，但同时视图书馆为"保存国粹，造就通才"的所在，显然没有放弃对高深学术的讲求。《学部奏筹建京师图书馆折》强调"图书馆为学术之渊薮"[①]时，实际更在意学术型图书馆的发展。他们的公开主要面向士林，再如何鼓吹全民开放，目不识丁的普通百姓也不会登门找书的。文化设施建设必须考虑教育基础和实际需求，图书馆与学校相伴而行是有原因的。若注意到学校图书馆尤其是大学图书馆，对于图书馆事业的重要性，就不当以公开程度和范围大小，一味否认古代学术性藏书的价值。用双重甚至多重的近代标准切入古代社会，有违学术研究精神。

与大学院和存古学堂一样，清政府把图书馆视为高深学术的保存和研习之所，故有《京师图书馆及各省图书馆通行章程》不忍放弃"备硕学专家研究学艺"的声明。这自是精英文化的遗存，也是当时的实情，非精研学术者不会有博览群书的兴趣和需求。从学术的角度看，清政府对图书馆期许过高。"备学生士人检阅考证之用"，同时也明确了与西式学校教育的关联。从甲午始，建图书馆就与设学堂、开译局、办报馆、建仪器馆（博物馆）连在一起，属于高级样态的西洋教育事业。只是1910年西式学堂刚办起来，学校和学生数量有限，这是面向未来的事业。

民国不再提硕学、士人等字眼，观念变了，社会群体、社会结构也变了。但无论学生数量增长多少，图书馆也做不到与国民教育互为补充的程度。1918年沈祖荣宣传图书馆当为终身教育的"市民大学"时[②]，国家图书馆（京师图书馆）刚成立6年，各省图书馆借阅情况也不佳。不仅非市民社会的民国社会不可能把图书馆办成市民大学，就是以今天的教育普及程度来讲，图书馆离社会终身教育仍有相当的距离。所谓西方"全国人民之学问技能无

[①] 《学部奏筹建京师图书馆折》，《中国古代藏书与近代图书馆史料（春秋至五四前后）》，第133页。
[②] 沈祖荣：《中国全国图书馆调查表》，《教育公报》1918年第10卷第8期。

一不受成于图书馆"①，实属夸张。这反过来说明，当时的图书馆理念相当超前，中国近代图书馆非但起步不晚，而且超出了实际的社会需求。

事实上，近代图书馆学是直接从美国引进的。1900年，曾经担任美国纽约理奇蒙特纪念图书馆馆长的韦棣华女士来华。她后来为约翰中学藏书室、武昌文华学校整理图书，并推荐沈祖荣和胡庆生赴美学习图书馆学。沈祖荣1917年回国后，往各地宣讲新的图书馆学理念。1920年韦棣华和沈祖荣按纽约公共图书馆学校制度，创办了第一个图书馆教育机构——文华图书馆学专科学校。其他大学也开设图书馆学系和讲学班，图书馆学进入中国的高等教育。此前，《教育杂志》和《东方杂志》也有不少图书馆方面的译介。但1917年北京通俗教育研究会翻译的《图书馆小识》和1918年顾实翻译的《图书馆指南》，介绍的都是日本图书馆。自从美国影响力剧增之后，尤其是1924年韦棣华促成以美国庚子退款发展中国图书馆，图书馆由此获得稳定的经费支持，美国图书馆学的理论和方法被大量引介过来，图书馆学也分外醒目。1923年杨昭悊的《图书馆学》被蔡元培称为"我国今日其最应时势的好书"②，可见社会关注度之高。1925年中华图书馆协会成立，并发行《图书馆学季刊》，职业图书馆学群体不仅形成，而且相当活跃，比如带动了二三十年代重新类分图书的浪潮。

三　西式的图书分类方案

中国近代图书分类法改造一般以民国杜威十进法的传播和应用为标志，尽管近代图书馆已于清末建成。1910年孙毓修在《教育杂志》上首次介绍美国麦尔威·杜威（Melvil Dewey，1851—1931）的十进制图书分类法（DDC），但没有产生太大影响。1917年留美回国的沈祖荣前往各地宣讲和调查，并与胡庆生合作出版了《仿杜威书目十类法》。该书提议以改良的杜威图书分类

---

① 沈祖荣：《中国全国图书馆调查表》，《教育公报》1918年第10卷第8期。
② 杨昭悊：《图书馆学》，商务印书馆，1928，蔡子民先生序第2页。

法重新排列中国图籍，被誉为中国近代"第一个为中文书而编的新型分类法"①。此后的杜定友、戴志骞、洪有丰都是一边宣讲和授课，一边撰文著述，推广美式图书分类法。一时间，各种"仿杜法""遵杜法""改杜法"竞相出台，多达20多部，带动了各地图书馆的实际编目调整。这是图书馆学史上浓墨重彩的一笔，的确非常重要。

杜威的《十进分类法》出版于1876年，是美国图书馆应用较广的分类方法，传入中国时已经修订到第8版（1913）。杜威分类法的特点是按学科分图书为10类，用三位阿拉伯数字标识。每类下面再分9小类，以此类推，以至无穷。如500代表自然科学（一级目录3位整数），580是二级目录植物学，58040代表欧洲植物学（940是欧洲历史，末尾的40可以叠加在类号580上，同理58060就是非洲植物学）。这是类号与地域复分标号的组合。还有类号和文献复分号的叠加，如09是历史的标号（01理论、02概述手册、03字典词典、04论文、05定期出版物、06协会与学会、07教学研究、08综合著作、09历史），5809就是植物学史，5803就是植物词典。类号可与复分标号（有文献标准、地区、文学、语言、种族和民族、语种、人物等多种复分号，皆为9类）自由组合，增加了标识能力，以容纳更多的新书与新类。由于子目繁多，且有顺序规定，因此类目表配有辅助表和相关索引，以便查找，并不停地进行修订和增补（2003年已修订至第22版）。（表3-4）

表3-4 杜威《十进分类法》目录表②

000 总类
010 总目录 020 图书馆学 030 普通百科全书 040 总论集 050 杂志
060 会报 070 新闻报纸 080 特别藏书 090 珍籍
100 哲学
110 形而上学 120 其他形而上学 130 精神与身体 140 哲学体系 150 心理学 160 逻辑学 辩证法 170 伦理学 180 古代哲学家 190 当代哲学家
200 宗教

---

① 《浙江公立图书馆呈民国四、五年度阅书统计》，《中国古代藏书与近代图书馆史料（春秋至五四前后）》，第330页。

② 因不断在调整，版本众多，为便于比较，此为早期目录。全体类目有上千个，这里仅列至二级目录。

(续表)

210 自然神学 220 圣经 230 学说 教义 神学 240 实际神及信仰 250 传道牧师 260 教会寺院 270 宗教史 280 基督教 290 基督教寺院及教会 非基督教
300 社会科学
310 统计学 320 政治科学 330 政治经济学 340 法律 350 管理 360 协会与机关 370 教育 380 商业及交通 390 风俗习惯
400 语言
410 比较语文学 420 英文 430 德文 440 法文 450 意大利文 460 西班牙文 470 拉丁文 480 希腊文 490 其他
500 自然科学
510 数学 520 天文学 530 物理学 540 化学 550 地质学 560 古生物学 570 生物学 580 植物学 590 动物学
600 应用技术
610 医学 620 工程学 630 农艺 640 家政 650 交通 商业 660 化学工艺 670 制造 680 手工业 690 建筑业
700 美术
710 景观园艺 720 建筑术 730 雕塑术 740 图案 750 画 760 雕版 770 摄影 780 音乐 790 娱乐
800 文学
810 美国文学 820 英国文学 830 德国文学 840 法国文学 850 意大利文学 860 西班牙文学 870 拉丁文学 880 希腊文学 890 其他
900 历史地理
910 地理与游记 920 传记 930 古代史 940 欧洲 950 亚洲 960 非洲 970 北美洲 980 南美洲 990 大洋洲及两极史

杜威十进制分类法的好处一是简洁，10大类目便于记忆，数字标号也很方便。二是可以伸缩，是层累式的等级目录。但缺点也是明显的，首先没有给中国留位置，无论是文学还是语言，中国只能被归入最末的浅陋语种或其他中去。而前面的美、英、德、法、意、西、拉丁等语种图书，在当时的中国几乎是空白。其次，中国图书也很难放进杜威这10类里，哲学和宗教便寥寥无几，更别说形而上学、基督教等下级类目了。于是，便有民国人的种种改订（表3-5）。

表 3-5　民国改良十进制目录举例

姓名	十类顺序	时间	出处和说明
杜威	总类、哲学、宗教、社会科学、语言、自然科学、应用科学、美术、文学、历史地理	1876	1928年王云五、1934年何日章类目同，仅改标记法
沈祖荣 胡庆生	经部、宗教、社会学与教育、经济政治、医学、科学、工艺、美术、文学语文学、历史	1917	《仿杜威书目十进制》
杜定友	总类、哲理科学、教育科学、社会科学、艺术、自然科学、应用科学、语文学、文学、史地	1925	《世界图书分类法》
洪有丰	丛、经、史地、哲学宗教、文学、社会科学、自然科学、应用科学、艺术	1924	《图书馆组织与管理》只有9类
查修	经部、哲学、宗教、社会科学、语言、自然科学、应用科学、美术、文学、史地	1925	《杜威书目十类法补编》
刘国钧	总部、哲学、宗教、自然科学、应用科学、社会科学、史地、语文、美术	1929	《中国图书分类法》，史地占600和700两号
裘开明	经学、哲学宗教、史地、社会科学、语言文学、美术、自然科学、农林工艺、丛书目录	1929	《哈佛大学中国图书分类法凡例》《汉和图书分类法》。史地占两号
陈子彝	丛、经、史地、哲学宗教、文学、教育、社会科学、自然科学、应用科学、艺术	1929	《图书分类法》
皮高品	总类、哲学、宗教、社会科学、语言文字学、自然科学、实业工艺、美术、文学、历史	1934	《中国十进分类法》
桂质柏	总类、经、史地、宗教（哲学附）、文学、社会科学、自然科学、应用科学、艺术、革命文库	1935	《国立中央大学图书馆分类大全》辟革命文库，与1925年版不同

由上表可见，除洪有丰外，基本都以十分法模式进行，以便数字标号。大调整体现在类目改易上，如何处理经部，尤见思想主旨。有的以经学代哲学，或许因为哲学书少而经学部众；大多经学和哲学并立，基本是中西分立思路；只有哲学、不理会经学的也为数不少，经学当然只能拆分并入其他部类。就中、就西、中西各半的三种考虑都有，增加经部以调和中学的意愿更强。若增设经部，一般哲学和宗教就会合并。查修虽设经部，但哲学和宗教依然分立，说明仍在尽力迁就西学。当时中国的哲学书和宗教书是小类，如上文浙江图书馆借阅统计所示，哲学书少有读者。桂质柏把哲学附入宗教，不多见却也不无道理，当时的宗教书肯定比哲学书多。

如果说经学的困扰在拆还是不拆、与西洋哲学分还是不分，那么子部就不存在这样的疑虑了，清末基本就散入了科学。史部和集部相对完整地进入了历史类和文学类。只是语言文字在中国传统里是附入经部的，是读经解经的基础；在西方，因欧洲语言的多元，语言学自成一类。到改良的西式目录，语言与文学并成一家（或合称语文。至今中文系的全称不是中国文学系，而是中国语言文学系）。增加的类目除了经学，还有教育学，可见当时的受重视程度。至于丛书，既合《书目答问》以来经史子集丛的中式样态，又合西式的总论丛书，最是讨巧。

值得注意的是，除最早沈祖荣的仿杜法尚不明晰外，其余各家已经领悟杜威分类法里社会科学、自然科学、应用科学三大版块的划分，只是个别以时兴的农林工艺或实业工艺来理解应用科学而已。人文学科在杜威分类法里没有整体呈现，众人也没有意识到其子目与其他大类的联合和区隔关系，所以宁可人文几类一架或一类数架，也没有人试图进行调整。要知道自然科学子类庞大，而且是当时汉译西书的主要类别，比哲学、宗教、美术书籍丰富得多。杜定友是近代图书馆学的重要奠基人，他的分类在当时影响很大，但我们不难发现，他的学科门类并不比沈祖荣清晰多少。沈祖荣没有充分理解西学学科关系，如把杜威的社会科学分为社会学与教育、经济政治2门，又从自然科学里独立出医学，显得很凌乱。杜定友则在社会科学、自然科学、应用科学3大学科群外，补入哲理科学、美术科学、教育科学（今天教育学是归入社会科学的）。如果说教育学的地位凸显，乃因晚清以来对教育的过分倚重所致，那么对美术的在意，同样彰显了它在民国的特殊性（今天美术非但不能与学科群并列，而且晚至2011年艺术学才从文学里独立出来，成为第13个学科门类）。

不少人更多地是从语词上对概念进行整饬，内部的统属关系未必十分明了。图书分类虽然可以挪用或搬用西方框架，但20世纪20年代对学科内涵和内在关系的理解其实很有限（下三章具体展开）。这从侧面透露了杜威分类法盛行的另一个原因：某种程度上它可以引导国人对西学体系的探索，如郑振铎正是依据杜威图书分类来了解西方的文学类别的（见第六章第五节）。有了自然、社会、应用这样的大范畴，比此前囫囵驳杂的格致诸学或科学、时务或政法、机械制造或工艺技术等更简洁，也比动辄二三十类的日式铺排更易掌握。我们看当时对杜威十大学科门类的解读：

杜威的号码顺序，大都有相当意义。即如总类是无所属的，故用0代表他；哲学是一切的起首，故用1代表他；宗教是哲学的一种定论，故用3代表他；原始时代先有宗教的信仰，然后社会能团结，故用3来代表社会科学；社会成立，然后言语渐趋统一，故用4代表语文学；有语文然后能研究自然科学，故用5代表自然科学；先有理论的科学，然后能有应用的科学，故用6代表应用技术；人生必要的科学有了基础，然后以余力从事于艺术和文学，故用7和8分别代表艺术和文学；历史为人类一切成绩的总清帐，故用9代表他。照这样推想起来，各大类的号码都很易记忆。至其他方法所用的字母，大都没有意义，仅按顺次排列。①

类似的说法反复出现，直到1937年蒋元卿的《中国图书分类之沿革》还在沿用。和上几节的情况类似，某一说法被接受（有时是掺杂在西学译介里的译者个人观点），经常就各家传抄甚至以讹传讹，以为定论。这种先后顺序的破译，显然是中国式的强作解人，与事实相去甚远。

杜威的十大类目的确有顺序的讲究，而且他承诺今后无论如何修补，类目和序列将保持不变。这种稳定性是杜威分类法流行的重要原因。但是他的序列根据的是圣路易斯图书馆的倒转式培根知识分类法。原著导言部分例举过自己采用的前人方法，并表示立足实用，不会追求标新立异。弗朗西斯·培根（Francis Bacon，1561—1626）根据头脑三大能力——记忆、想象、推理，把知识分为历史、诗歌、哲学三种类型，再划分详细分支。后来法国数学家、哲学家达兰贝尔（D'Alembert，1717—1783）参与编撰《百科全书》，提出想象力其实比判断力更复杂，而哲学能系统地描述各类现象，因此把知识顺序倒过来，变为历史、哲学、艺术。当时自然科学刚具规模，还附属于哲学，被称为"新哲学"。社会科学还没有成为独立的学科（见第八章第五节）。所有关于社会文化和自然现象的记录都归入了历史。1870年美国人W. T. 哈利斯（W. T. Harris）编制图书目录时，据此突破神学体系，又把顺序调整为哲学、诗歌、历史，把图书分成科学、哲学、宗教、社会科学、政治学、自然科学、应用科学、美术、诗歌、小说、其他文学著作、地理与游

---

① 王云五：《中外图书统一分类法》，商务印书馆，1928，绪论第5页。

记、历史、传记、附录、杂录等，再细分为100个分支，称为"倒转培根分类法"（Inverted Baconian Scheme）。

　　1876年问世的杜威分类法，虽然与此前的方法有所不同，但他的分类渊源于此，越进入细目会看得越清晰。无论如何，都不是王云五等人理解的有宗教尔后有社会、有社会尔后有语言、有语言尔后有自然研究、学有余力则以习文的发展序列。最后，王云五把历史当成人类知识的总清单，与哲学为西学之首遥相呼应，显然是中国式的总结。他是胡适的好友，曾积极参与"整理国故"运动，此处流露出了诸学皆史的基本主张（见第七章第三节）。王云五主持的商务印书馆及其涵芬楼藏书馆，已是当时西学书籍最丰富的所在，王云五编制的分类法也主要为了解决西文原籍和中文图书分开放置的现实问题。他尚且如此隔阂，其他人就更是臆测居多了。蒋元卿虽然简要追述了亚里士多德的分类起源，也说培根分类法是西洋图书分类之滥觞，但是只字未提与杜威分类法有什么联系，亦不妨碍他后文继续阐发与王云五几乎雷同的类序说明。可见当时对西学了解有限，尤其是不通洋文仅凭个别译介，无法证实，很容易道听途说。

　　其实杜威是典型的实用主义者，他关心的是图书上架和目录卡片编制的便捷（即上架方便和找书方便），不考虑图书分类本身的科学性和系统性。这无论是对西方的哲学传统，还是对中国古代以书统学的理念，都是一种背离。当时就有人指责杜威破坏了分类法的形式逻辑。1882年查尔斯·克特（Charles Cutter，1837—1903）开始陆续发表《展开式分类法》，正是基于西方哲学传统和分类逻辑的一种纠偏，奠定了此后美国国会图书分类法（LCC）的基本模式，与杜威图书分类法一起影响及于后世。克特的分类思想才是进化式的：从"第一个假定是存在着人类"出发，因而第一个大类A是关于人类整体活动的综合性著述。随后才有存在意识，于是第二类B是哲学。继而追问人从哪里来，故Br和C类是宗教……部类内部亦是如此，如自然科学遵从"由分子到克分子物体，由数量与空间，经过物质和力，而到物质和生命"的发展逻辑，因此动物学以原生动物开头，以人类学收尾，等等。①（表3-6）

---

① 转引自〔苏〕Е. И. 沙姆林:《图书分类法史略》，何善祥、郑盛畴译，科学技术文献出版社，1989，第280—281页。

表 3-6　主要字母排序分类法类目对照

	克特展开式分类类目	美国国会图书馆分类	现行中图法
A	综合	总论　一般著作　印刷本	马列毛理论
B	哲学（Br 宗教）	哲学与宗教	哲学与宗教
C	基督教与犹太教	历史辅助科学	社会科学总论
D	宗教史	历史学与地形学（美洲除外）	政治与法律
E	传记	美洲与美国	军事
F	历史		经济
G	地理与游记	地理学与人类学	文化、科学、教育、体育
H	社会科学（Hc 经济学）	社会科学	语言文字
I	人口学 社会学（Ip 教育）		文学
J	国家管理（非宗教科学 政治科学）	政治学	艺术
K	法律学	法律	历史、地理
L	科学与艺术	教育	
M	自然史	音乐	
N	植物学	美术	自然科学总论
O	动物学		数理科学和化学
P	Pw 人类学与人种学 Py 人种志	语言与文学	天文学、地球科学
Q	医学	自然科学	生物科学
R	应用科学	医学	医药卫生
S	工程与建筑	农艺、植物学与动物学	农业科学
T	手工业与手艺	工程与建筑技术	工业技术
U	军事	军事科学	交通运输
V	体育与娱乐	海军科学	航天、航空
W	艺术		
X	语言学		环境与安全
Y	英美文学		
Z	图书与印刷	目录与图书馆学	综合性图书

克特的分类保留了西方五大知识群的基本顺序——神学（Br-D）、历史（E-G）、社会科学（H-K）、科学与艺术（L-W）、文学（X-Z），与西方学术传统有更多的关联性。而且字母加数字的方式，被广泛采用，如赫伯特·帕

特南（Herbert Putnam）创建的、推行超过40年（1899—1939）的美国国会图书馆分类系统。这两种不同的分类方式，民国报刊和相关著述都曾提及，近代图书馆学者是知晓的，却一头倒向了杜威十进制，不得不说与最初的引介力量有关。

杜威十进制只是在美国和后来的亚洲得到广泛应用，欧洲尤其是法国和德国并不理会。20世纪初，许多国家采用了《国际十进分类法》（UDC），是1905年比利时人保罗·奥特勒（Paul Otlet）和亨利·拉封登（Henri LaFontaine）修订的布鲁塞尔版。国内图书馆今天广泛使用的《中国图书馆分类法》，也不是杜威的十进制，更接近《美国国会图书馆分类法》。现行的《中国图书馆分类法》是1957年国家图书馆组织专家编订的，目前修订到第5版。和《美国国会图书馆分类法》一样，《中国图书馆分类法》没有用尽26个英文字母，没有使用的字母留待以后扩充备用。《美国国会图书馆分类法》中历史和军事占了不止一个类号，对美国历史和文学也进行了特殊化处理，不难体察到其中的现实针对性。《中国图书馆分类法》对自然科学和应用科学总类进行了拆分，以马列著作为首，亦有鲜明的自身特色。但无论如何，即便从最浅显的外层看，现行类目也已经突破了十进制的基本特色，同时采用数字和字母混合编排，与民国宣扬的杜威十进制有较大的区别。

事实上，《中国图书馆分类法》包含的马列主义、哲学、自然科学、应用科学、综合5大部类，是以毛泽东"什么是知识？自从有阶级的社会存在以来，世界上的知识只有两门，一门叫做生产斗争知识，一门叫做阶级斗争知识。自然科学、社会科学，就是这两门知识的结晶，哲学则是关于自然知识和社会知识的概括和总结"[①] 为指导思想的。因而哲学并非以人文科学的总称出现，今天文科依然统称"哲学社会科学"，其实是人文和社会两大版块，容易产生误解。统首的位置给了马列主义。自然科学和社会科学成为知识的两轮，晚清以来地位显赫的应用科学没有体现。今天一般称文科和理工科，在"理工"当中自然科学和应用科学还是有区别的（尽管难分）。而文科在正规学术刊物和学术项目上仅标社会科学或哲学社会科学。文史哲人文学本

[①] 毛泽东：《整顿党的作风》，《毛泽东选集》第3卷，人民出版社，1991，第815—816页。

是历史最悠久的学问，也是中国传统最强劲的领域，但在西方近代学科体系里集结最晚（见第八章第五节），本非中国问题。但强调社会研究的同时，却是新中国高校专业调整里的裁撤社会科学。无论是民国的遵杜与仿杜，还是新中国成立后的学科调整，继承的更多是作为区分方式的学科单位，而非学术发展实际和学科的内部逻辑，现实性远大于学术性。

我们还应知道，"文学"概念在1917年"文学革命"之后才渐次清晰，"美术"范畴要到1919年"美术革命"以后，历史的学科内涵明晰还更晚。什么是社会科学？与社会学什么关系？自然科学与应用科学怎样区分？就更需时日了。仿杜法里的许多学科概念当时都是模糊的，国人并不清楚沈祖荣十大类目的确切所指。晚至1923年，胡适还无奈地说："民族史、经济史等等，此时更无从下手，连这样一个门径书目都无法可拟。"① 此前又哪里来的中国经济政治学和社会科学图书呢？即便是译书，数量也很少，无怪乎有人让史地占据了两个类号。

这些图书分类方案大多平移了杜威的分类方式，较少考虑当时的中国学术实际，更谈不上依书立类了。所以真正被图书馆采用的很少，即便采纳，也还要再进行调整。引进者们还谈不上真正的学问家，引进西学的意愿大于改进中国藏书的用心。用他们自己的话来说，他们是管书人而非读书人，更不是治学人，如同图书馆学对自身的定位是图书的组织和图书馆的管理工作，不是传统的以书治学、以学统书了，因而对形式的在意往往大于对内容的衡量。所以梁启超才会在1925年中华图书馆协会成立大会上，提出应当建设"中国的图书馆学"。而像梁启超、康有为、李大钊这些开风气的重要人物，因不是职业的图书馆人而被排除在图书馆学史之外。粹化的学科史，专业或许有余，学术却相对不足。忽略开路辟道的首重与艰辛，也就遗失了创建之初的语境和致力方向，在近代学术发展大局里的位置和作用也就很难清晰了。

四 中西调和努力的失败

在民国十进制图书改良方案里，值得注意的是裘开明的分类。与针对国

---

① 胡适：《答书》（《一个最低限度的国学书目》附录二），《胡适全集》第2卷，第126页。

内图书的改订不一样，裘开明留学美国，后留在哈佛燕京图书馆工作，他需要对馆内的中日图书进行编排。与国内诸家身边都是中式排布却一心想进入美国轨道不同，他身处美国，却要为东亚图书制订一个有针对性的方案，很有对照的意义。

裘开明说1927年前后的中文图书，大致有5种分类体系：一是四库体，二是四库改良体，三是日本体系，四是仿杜法，五是补杜体。[①] 仿杜和补杜都以杜威十进制为依据，区别只在改不改类目。王云五和何日章完全不动杜威原类，为的是与国际同步，让中文图书汇入世界图书，因而只在标识方式上进行符号的增补。其余各家对杜威类目进行了程度不等的调换，但主导精神无疑是西式的，所以被视为新派或西派。沿用四库或四库改良体的，自然被视为旧派。

注意，在传统和美式分类之间，还有一个日本体系。图书分类和学校分科一样，最初都是从日本引介过来的。只是由于韦棣华、沈祖荣的美国背景和美国庚款的大力支持，图书馆学后来全面倒向了美国。裘开明要处理的是美国大学的东亚藏书，不仅有中文，还有日籍，故称《和汉图书分类法》。所以他会把其他人笼统归于四部改良法的日式分类区分出来。简单地说，就是与中国传统类目不同，与西式学科又有差异，近似清末新学类书那样平铺的、例举的、中西混搭的方式。如无锡普通图书馆的经、史、子、集、丛书、文学、理学、法学、医学、教育、实业、日文分目表，京师通俗图书馆的经史子集、哲学、教育、历史地理、法制、理科、实业、外国语文、小说、美术、杂志、杂类书目，都完整地保存了"四部"，又加入了不完全的西学新目，理学、理科、实业则是统合性的日式概念。它夹在中西、新旧之间，面貌模糊，过渡和缓冲的性质却不容忽略。日式归置的好处在于贴近当时的具

[①] A. Kai-ming Chiu, "Classification in China—An Outline of Existing Chinese Classification Systems and a Suggested Scheme for Chinese and Japanese Books in American Libraries", *The Library Journal*, 1927, 52 (8), pp. 409-414。转引自周余姣：《裘开明〈汉和图书分类法〉研究》，《国家图书馆学刊》2016年第3期。

体事务，契合时务文章的主题要求①，或者说本来就是为了方便时务和策论文章的写作而编的。而且允许拼搭，不仅淡化了守旧气息，少却了成法约束，在西学全貌尚不清晰的情况下，也便于添加和增补。今天看来怪，当时却是自然生发出来的。

裘开明总结当时国内图书馆的做法："第一种倾向是，固执地沿用18世纪的《四库》旧分类法。第二种倾向是，彻底摒弃旧体系，采用西方分类法，包括杜威的《十进分类法》。因为《十进分类法》的类号简便、易记、在国际上普及，以及在中国和日本得到局部的应用。第三种倾向是，把《四库》的旧体系用于旧书的分类，把现代体系（主要是《十进分类法》或者其变种）用于新书的分类。这一做法被应用于日本京都东方文化学院电影图书馆、国立上海交通大学图书馆，以及其他一些中国和日本大型图书馆。"② 简单来说，就是中式、西式、中西并立式3种态度都有。

身处美国的裘开明没有让中日图书改隶杜威十进制，当时美国使用的其实是改良的国际十进制，虽然这么做要省事得多，也不易招致习惯美式的人反对。他批评国内从杜威法的人，"皆以强学术本位不同之旧籍，就西洋体制类目号码为能事。施之实际，不免削足适履"③。在类目编号不算什么"能事"的哈佛大学，他更强调学术本体的差异，明确反对使用仿杜法和补杜法，但也没有沿用四部法，而是采取了另一种折中——以四部为基础，西式科目

---

① 如1894年郑观应的《盛世危言》里，除道器、原君这样的传统内容和吏治、廉俸、民团这样的内政主张外，涉及西学的篇目有西学、议院、公法、通使、传教、交涉、条约、刑法、狱囚、巡捕、税则、商战、商务、商船、保险、铁路、电报、邮政、驿站、银行、圜法、开矿、纺织、技艺、农功、海防、边防、练将、练兵、水师、船政等，甲午后又续写了厘捐、捐纳、度支等，大致可见当时的时务重点话题。而且邮政和驿站，税则和厘捐、捐纳、度支本属同类，中西类称并行不悖。重点事务可分上下篇，也可以不同的方向单辟篇章，并不在意类目的上下层级关系，表明国人注重的是具体事务，没有今天这样的学科观念。张之洞1898年的《劝学篇》分内外篇，内篇还是传统的宗经、知类等礼义纲要，外篇专谈洋务，包括益智、游学、设学、学制、广译、阅报、变法、变科举、农工商学、兵学、矿学、铁路、会通、非弭兵、非攻教等篇目，概括性很强。单独论列的实际事务可视为西学要务，在西学类编里也多独立成类。

② A. Kai-ming Chiu, "Classification in China—An Outline of Existing Chinese Classification Systems and a Suggestef Scheme for Chinese and Japanese Bookes in American Librarise", *The Library Journal*, 1927, 52 (8), p. 409.

③ 裘开明：《〈汉和图书分类法〉叙例》，程焕文编：《裘开明图书馆学论文选集》，广西师范大学出版社，2003，第125页。

并入面貌改换后的中式结构。因此仍以经部为首，丛书收尾，史学占据2个类号，中籍少有的应用科学不出现，更之以农林工艺。最后形成经学、哲学宗教、史地、社会科学、语言文学、美术游艺、自然科学、农林工艺、总录书志的格局。洪有丰、陈子彝、桂质柏虽然也设经学，但丛书还在经书前，背离了经为学统的基本精神，中国从来没有把杂类、综合作为班首的习惯。查修虽以经学为首，但史地放末尾，宁可让哲学和宗教分列，也没有给丛书和类书留出位置，不符合传统治学思路。看似只是经学有无和先后的区别，却昭示了基本立足点，这也从侧面说明经学之于旧学的重要。

因此，尽管裘开明也用十位数字标号，刘国钧却很清楚地指出，"洪裘都倾向于以新学加在旧学之后"，裘氏的分类"体系独立于杜威法之外"。① 其实洪有丰的分类法还可以勉强入"改杜"之列，只是不足十类而已。可要凑齐十类，何难之有？桂质柏不就破天荒地补入了革命文库吗？裘开明确实不属此列，他强调自己的分类是"旧四库法的一个扩充和修改，基于非常古老的中国知识概念，如源于先汉时期经史子集分类"②，是"以中法为经，西法为纬"③。如此，裘开明的做法就属于第四种：以中学为基础、西式学科为单位的中西合并。后据钱存训统计，15个主要的东亚图书馆里10所采用的是裘开明的《哈佛燕京汉和图书分类法》。赖永祥的调查说，欧、亚、美洲、大洋洲有不下25个图书馆用的是裘氏分类法。④ 国人受不了经学优先，外国人反而可以接受这种中国特殊性。可见关键不在十进制，而在接受的意愿。国内图书馆学者并非不知道裘氏分类，其分类法1929年就发表在《武昌文华图书科季刊》上，1933年《燕京大学图书馆报》再次刊发。但在激进的西化潮中，他们坚定地走在了"整理国故"的前列。

最后很有必要了解一下杜威十进分类法推行之前，中国图书馆的实际分

---

① 刘国钧：《中国图书分类法的发展》，《图书馆学通讯》1981年第2期。
② 程焕文编：《裘开明年谱》，广西师范大学出版社，2008，第223页。
③ 裘开明：《裘开明哈佛大学中国图书分类法凡例》，《武昌文华图书科季刊》1929年第1卷第3期。
④ 数据分别来自程焕文编：《裘开明年谱》，第897页；程焕文：《跨越时空的图书馆精神——"三位一体"与"三维一体"的韦棣华女士、沈祖荣先生和裘开明先生（续上期）》，《中国图书馆学报》2002年第6期。

类情况，毕竟 1904 年新式图书馆就已经建立起来了，也需要对图书进行分类管理。1902 年徐树兰为古越藏书楼制定的图书目录是经、史、子、集、时务 5 部，1904 年冯一梅改为学部和政部。姚名达认为他们最早改革了分类法，以纳西学。① 实际前者属于改良的"四部"，后者接近日式分类，虽然仅隔两年，却代表两种方式。增辟新目，扩编四部是最常见的做法。一般都会在经史子集丛（《书目答问》已增丛书类，仍属四部范畴）外，增设科学、时务、外文（叫法不一，但多为一类），特点是不拆散四部体系，西学作为整体补入。在中学图籍占绝大多数的情况下，这种改良或扩充，好处是方便久已习惯的人查找图书。哪怕以宣扬西学为务的上海格致书院，采用的也是这种方式。完全袭用四部的少一些，前提是新书规模不大，先行甄别，再附入经史子集丛。工作量虽然大一点，可中学的主体性和完整性得以保存，所以京师图书馆和浙江普通图书馆这种高级别的图书馆，宁可不惮繁难。（表 3-7）

表 3-7　1918 年前后各地图书馆的分类方式②

图书馆名	分类方式	图书馆类型	类别
天津北洋大学图书馆	美国国立图书馆分类法	学校	西式
武昌文华大学公书林	杜威十进制分类法	学校	西式
上海圣约翰学校图书馆	杜威十进制分类法	教会学校	西式
长沙雅理大学图书馆	杜威十进制	教会学校	西式
京师图书馆	四部分类，附新书目录	国家图书馆	中式
浙江普通图书馆	四部分类，新书附入其中	省立	中式
陕西普通图书馆	四部分类	省立	中式
福建公立图书馆	四部分类	省立	中式
湖北普通图书馆	经、史、子、集、丛书 5 部	省立	中式
南通学校图书馆	经、史、子、集、丛书 5 部	学校	中式
江苏省立图书馆	经、史、子、集、志、丛 6 部	省立	中式

---

①　姚名达：《中国目录学史》，上海古籍出版社，2002，第 122—123 页。
②　据沈祖荣《中国全国图书馆调查表》及《中国古代藏书与近代图书馆史料（春秋至五四前后）》等相关资料整理。

(续表)

图书馆名	分类方式	图书馆类型	类别
山东普通图书馆	经、史、子、集、丛书、科学6部	省立	中式扩充
山东图书馆	经、史、子、集、丛书、科学、外国文、山东艺文8部	省立	
河南普通图书馆	经、史、子、集、丛书、时务6部	省立	
云南图书馆	经、史、子、集、丛书、科学6部	省立	
格致书院藏书楼	经、史、子、集、丛书、东西学6类	外国机构	
直隶第二图书馆（保定图书馆）	经、史、子、集、丛书、科学、地图、教科书、学报、佛道10类（以天干统类），己部科学分为名学、哲学、心理、伦理、教育、法政、兵学、理科、天算、地理、农工商学、医药学	省立	
京师通俗图书馆	经史子集、哲学、教育、历史地理、法制、理科、实业、外国语文、小说、美术、杂志、杂类12部，用地支名类	教育部办	日式
无锡天上市普通图书馆	经、史、子、集、丛书、文学、理学、法学、医学、教育、实业、日文	市属公立	
济南齐鲁大学图书馆	中文分经史子集；西文用十类法	学校	中西分立
金陵大学图书馆	中文仿《四库》；西文用杜威十类法	学校	
北京大学图书馆	中文分经学、小学、史学、地理、诸子、集部、类书、丛书、科学；外文分哲学、宗教、科学、工艺、美术、语言学、文学、社会科学、史地	学校	
湖南普通图书馆	旧书按《四库》；新书按学科分	省立	
松江通俗图书馆	旧书分经史子集丛；新书按学科分类	市属公立	
广西普通图书馆	上编经史子集4类；初编为18类科学	省立	
武昌博文书院阅览室	中书分45类，以百家姓标识；西书杜威十类法	学校	
中央公园图书阅览所	旧书分经史子集4部，子目46类；新书分总汇、精神科学、历史科学、社会科学、自然科学、应用科学、艺术7部，子目28类	教育部立	

我们看到，采用纯西式的不多，多为教会大学。使用日式分类的，其实也不少。一般是经史子集丛排在前头，后面是一堆展开的新学科目，如哲学、教育、法制、理科、实业、文学等，多者达20余项。孙毓修1910年在《教育杂志》上最早介绍杜威的十进制分类法，自己制定新书类目时却是哲学、宗教、教育、文学、历史地志、国家学、法律、经济财政、社会、统计、数学、理科、医学、工学、兵学、美术及诸艺、产业、商业、工艺、家政、丛书、杂书22类，显然他认为杜威的十进制分类法不足以囊括所有类别，还是

日式完备，只是已拆分"四部"了。被姚名达誉为十进制分类法未入之前"新书分类之最精最详"的《涵芬楼新书分类目录》（1911）①，其实也是日式陈列：哲学、教育、文学、历史地理、政法、理科、数学、实业、医学、兵事、美术、家政、丛书、杂书14类平行。但这只是新书类目，旧书仍是经史子集丛。所以在社会科学、自然科学、应用科学版块（尤其是社会科学和应用科学）尚不清晰的时候，即便"理科"概念已经出现，国人也不清楚西学内部该如何伸展，铺排的方式更方便。何况近代图书馆本来就是从日本引进的，从《古越藏书楼书目》到后来奉天图书馆的明言参照日本成法、湖南图书馆派专人前往日本考察、云南等地的图书馆又效仿湖南图书馆，辗转相袭。

　　日式分类不介意政艺杂处，但传统史籍与西洋史传、传统子书与新科学书分而述之（如《浙江公立图书馆呈民国四、五年度阅书统计》），不仅事实上同类分离，名目上也古今杂陈。② 于是许多图书馆干脆新旧分开、中西分列。中国典籍仍以经史子集或经史子集丛方式排列，新书则或按日式科目铺开，或以杜威十进制分类法进行统筹。既不打乱数量占绝对优势的中学图书，也不妨碍求新增类的趋势。1907年的《浙江藏书楼书目》便是如此，甲编为经史子集，乙编为16类新书（法律、政治、宗教、教育、图史、文学、文字、理学、算学、美术、杂志、工业、商业、兵书、生理、农业），"各行其是，两不相师"。③ 直到民国初年设立的京师中央公园图书馆，仍以经史子集统中学，以总汇、精神科学、历史科学、社会科学、自然科学、应用科学、艺术7类统新书，西学几大版块已经浮现，比杜威十分法更有概括力（尽管仍需调整）。其实已有国外学者指出，杜威的分类目录并没有反映当时最新的西学发展，甚至只体现了18世纪以前的学科和社会现象。④

　　中西分列的好处是明显的，在对西学掌握不充分的情况下，不贸然打散中学，以留有余地。如果图书分类法全盘西化，那么下一步将是拆分典籍。

---

① 姚名达：《中国目录学史》，第122页。
② 《浙江公立图书馆呈民国四、五年度阅书统计》，《中国古代藏书与近代图书馆史料（春秋至五四前后）》，第330页。
③ 姚名达：《中国目录学史》，第121页。
④ 〔苏〕Е. И. 沙姆林：《图书分类法史略》，第351页。

在"整理国故"运动尚未开始前,图书馆已经率先整改图书了。我们知道,中国典籍向以学术源流进行布列(至少理想和目标如此),学未行,书先动,结果必然是书不隶学、书学分离,所以说中国近代图书馆学是超前发展的。今天的图书馆学学者动辄援引中国历史悠久的古典目录学,哪怕从分类这个角度,也不难看出二者没有直接联系。1925年杜定友就说过:"除了一般图书馆学之外,还有一种同时进行而很有价值的科学,就是我们中国向来所有的校雠之学。这种学问,是图书馆学者必需的,所以我把他归纳在书目学内。其实这种科学,也有独立的价值。这种科学,实先于图书馆学,不过一向没有什么人去作科学的研究。"① 他说的校雠学(狭义)就是目录学,它的确独立且早于西方的图书馆学。

西方图书目录最初作为财产清单而存在,直到1598年汤姆森为避免捐赠重复,向牛津大学博德利图书馆索要藏书目录时,才意识到财产清单无法提供具体的版本信息,从而开始重视图书的查找功能。1723年哈佛大学图书馆出版了美国第一本图书目录,确立图书目录为馆藏知识索引的定位。1876年杜威和克特的图书分类法出版,图书编目工作进入高潮。同年,世界上第一个图书馆协会——美国图书馆协会(ALA)成立。中国近代的图书馆学自美国来。

杜定友此际还强调传统目录学和西方近代图书馆学的结合,后来就一心要打破目录学传统,为图书馆学开路了(见第七章第六节)。20世纪80年代,国内各高校图书馆学纷纷改名情报学,后来改隶信息管理学,与传统文献校雠学更是异路异趣。回头拼接旧学,不是可惜了传统资源(实际已否定),而是为新学助势。熟稔中学的人尚能依据所知查找古籍,但对绝大多数人来说,新式图书排布使他们愈加疏离中学。学校教学科目和图书馆书籍排布相辅而行,最终使下一代中国人驶离了传统航道。可今天图书馆的中文图书和外文图书仍分开摆放,并没有像王云五期望的那样中译和原本放在一起。

这里必须声明,我并非主张保留"四部",而是反思处理传统资源的时候,我们是否过于简单和决绝。新派急于与世界接轨的用心是可以理解也值得肯定的,但对世界的理解过于平面单一。所以在美国的裘开明可以为中日图书量身定做,中国国内却一意要求书同文车同轨。大一统的思想最终落成

---

① 杜定友:《图书馆学之研究》,《图书馆杂志》1925年创刊号。

了管理上的不分对象、学术上的不分层次。1918年沈祖荣调查全国图书馆时，各地仍以"四部"改良版居多，中学特色明显（"各省图书目录，多沿用四库四部之成规，又知四部目录，不能统中西图书，概括无遗，而于四部外，别增目录，以补不备"）。即便他也在意中国特色，也保留了经书，但仍认为此中"无一完善目录，可供应用"，主张全部推行杜威十进制分类法，从而开启了图书分类的西化浪潮。①

不管新分类有多少可商榷之处，部分保留旧部类又有多少合理性，在西化的洪流中，图书馆的步伐越迈越快，乃至中学成分保留得越多就越被视为落后。今天被认可并推为图书馆学奠基人的刘国钧、杜定友、皮高品，都是"西化激进派"，其实他们的分类方案很少被采用。到1934年时，"四部"分类份额大减，西式学科分类成为主流（表3-8），这批职业图书馆人的宣传显然起了作用。回想1902年严复抨击张之洞的"中体西用"时，提出中西学术"分之则并立，合之则两亡"②，到了民国，就不是中西学术究竟能不能合的问题了，而是想不想合。

彼得·伯克在《知识社会史》里，以课程、百科全书、图书馆为知识之鼎的三足。至此，我分别从教育主张与教学科目调整、类书和丛书的编排、图书分类目录三个层面做了呈现。不难察知，在这场古今知识大转型的过程中，传统学术及其样式受到的冲击是全方位的。上至国家用人标准和选拔制度，下至一本书的摆放与安插，都受到了影响，辐射面远大于西方近代的知识转型。（表3-9）

表3-8 1934年全国各图书馆图书分类法③

图书馆名	分类方式	类型	分类性质
北平故宫博物院图书馆	经、史、子、集、丛	机构	中式
江苏省立国学图书馆	经、史、子、集、丛、志	省立	
北京大学图书馆	四部法	学校	
武汉大学图书馆	四部法	学校	

① 沈祖荣：《中国全国图书馆调查表》，《教育公报》1918年第10卷第8期。
② 严复：《与〈外交报〉主人书》，《严复集》第3册，第559页。
③ 据1937年蒋元卿《中国图书分类之沿革》整理。

(续表)

图书馆名	分类方式	类型	分类性质
中法大学图书馆	四部法和杜威法	学校	中西分立（中式四部）
南开大学图书馆	四部法和杜威法	学校	
交通大学图书馆	四部法和杜威法	学校	
华西协和大学图书馆	四部法和杜威法	学校	
河南省图书馆	四部法和杜威法	省立	
湖北省图书馆	四部法和王云五法	省立	
无锡国学专修科图书馆	四部法和王云五法	学校	
四川大学图书馆	四部法和杜定友法	学校	
浙江省图书馆	四部法和十进制法（自编）	省立	
中央大学图书馆	中文自订十进制；西文杜威十进制	学校	中西分立（中式仿杜）
安徽省图书馆	中文自订分类法；西文杜威十进制	省立	
广州市中山图书馆	中文杜定友法；西文杜威法	市属	
内政部图书馆	中文刘国钧法；西文杜威法	机构	
金陵大学图书馆	中文刘国钧法；西文国会法	学校	
北平师范大学图书馆	中文何日章法；西文杜威法	学校	
北洋工学院图书馆	中文王云五法；西文杜威法	学校	
燕京大学图书馆	中文裘开明法；西文杜威法	学校	
清华大学图书馆	中文自订；西文改良杜威法	学校	
中央图书馆	中文自订；西文美国国会分类法	国家图书馆	
辅仁大学图书馆	中文自订；西文美国国会分类法	教会学校	
山东大学图书馆	自订十进制	学校	西式（仿杜）
大夏大学图书馆	杜定友法	学校	
中华书局图书馆	杜定友法	机构	
上海市图书馆	王云五法	市属	
湖南中山图书馆	王云五法	省立	
广东国民大学图书馆	王云五法	学校	
河北省第一图书馆	刘国钧法	省立	
福建省图书馆	变通杜定友法	省立	
厦门大学图书馆	变通杜威法	学校	
文华公书林	杜威法	学校	纯西式
上海中国国际图书馆	杜威法	日内瓦总馆	
北平大学图书馆	杜威法	学校	
圣约翰大学图书馆	杜威法	教会学校	
广西大学图书馆	杜威法	学校	

表 3-9 《中国图书馆图书分类法》(第五版)分类目录

	一级目录	二级子目
A	马列主义、毛泽东思想、列宁主义、邓小平理论	A1 马克思、恩格斯著作；A2 列宁著作；A3 斯大林著作；A4 毛泽东著作；A49 邓小平著作；A5 马、恩、列、斯、毛、邓著作汇编；A7 马、恩、列、斯、毛、邓生平和传记；A8 马列主义、毛泽东思想、邓小平理论的学习和研究
B	哲学、宗教	B0 哲学理论；B1 世界哲学；B2 中国哲学；B3 亚洲哲学；B4 非洲哲学；B5 欧洲哲学；B6 大洋洲哲学；B7 美洲哲学；B80 思维哲学；B81 逻辑学（论理学）；B82 伦理学（道德哲学）；B83 美学；B84 心理学；B9 宗教
C	社会科学总论	C0 社会科学理论与方法论；C1 社会科学概况、现状、发展；C2 社会科学机构、团体、会议；C3 社会科学研究方法；C4 社会科学教育与普及；C5 社会科学丛书、文集、连续性出版物；C6 社会科学参考工具书；C7 社会科学文献检索工具书；C79 非书资料、视听资料；C8 统计学；C91 社会学；C92 人口学；C93 管理学；C94 系统科学；C95 民族学、文化人类学；C96 人才学；C97 劳动科学
D	政治、法律	D0 政治学、政治理论；D1 国际共产主义运动；D2 中国共产党；D33/37 各国共产党；D4 工人、农民、青年、妇女运动与组织；D5 世界政治；D6 中国政治；D73/77 各国政治；D8 外交、国际关系；D9 法律
E	军事	E0 军事理论；E1 世界军事；E2 中国军事；E3/7 各国军事；E8 战略学、战役学战术学；E9 军事技术；E99 军事地形学、军事地理学
F	经济	F0 经济学；F1 世界各国经济概况、经济史、经济地理；F2 经济管理；F3 农业经济；F4 工业经济；F49 信息产业经济；F5 交通运输经济；F59 旅游经济；F6 邮电通信经济；F7 贸易经济；F8 财政金融
G	文化科学教育体育	G0 文化理论；G1 世界各国文化与文化事业；G2 信息与知识传播；G3 科学、科学研究；G4 教育；G8 体育
H	语言、文字	H0 语言学；H1 汉语；H2 中国少数民族语言；H3 常用外国语；H4 汉藏语系；H5 阿尔泰语系（突厥-蒙古-通古斯语系）；H61 南亚语系（澳斯特罗-亚细亚语系）；H62 南印语系（达罗毗荼语系、德拉维达语系）；H63 南岛语系（马来亚-玻利尼西亚语系）；H64 东北亚诸语言；H65 高加索语系（伊比利亚-高加索语系）；H66 乌拉尔语系（芬兰-乌戈尔语系）；H67 闪-含语系（阿非罗-亚细亚语系）；H7 印欧语系；H81 非洲诸语言；H83 美洲诸语言；H84 大洋洲诸语言；H9 国际辅助语
I	文学	I0 文学理论；I1 世界文学；I2 中国文学；I3/7 各国文学
J	艺术	J0 艺术理论；J1 世界各国艺术概况；J19 专题艺术与现代边缘艺术；J2 绘画；J29 书法、篆刻；J3 雕塑；J4 摄影艺术；J5 工艺美术；J59 建筑艺术；J6 音乐；J7 舞蹈；J8 戏剧艺术；J8 戏剧、曲艺、杂技艺术；J9 电影、电视艺术
K	历史、地理	K0 史学理论；K1 世界史；K2 中国史；K3 亚洲史；K4 非洲史；K5 欧洲史；K6 大洋洲史；K7 美洲史；K81 传记；K85 文物考古；K89 风俗习惯；K9 地理

（续表）

一级目录		二级子目
N	自然科学总论	N0 自然科学理论与方法论；N1 自然科学概况、现状、进展；N2 自然科学机构、团体、会议；N3 自然科学研究方法；N4 自然科学教育与普及；N5 自然科学丛书、文集、连续性出版物；N6 自然科学参考工具书；N7 自然科学文献检索工具；N79 非书资料、视听资料；N8 自然科学调查、考察；N91 自然研究、自然历史；N93 非线性科学；N94 系统科学；N99 情报学、情报工作
O	数理科学化学	O1 数学；O3 力学；O4 物理学；O6 化学；O7 晶体学
P	天文学、地球科学	P1 天文学；P2 测绘学；P3 地球物理学；P4 大气科学（气象学）；P5 地质学；P7 海洋学；P9 自然地理学
Q	生物科学	Q1 普通生物学；Q2 细胞生物学；Q3 遗传学；Q4 生理学；Q5 生物化学；Q6 生物物理学；Q7 分子生物学；Q81 生物工程学（生物技术）；Q89 环境生物学；Q91 古生物学；Q93 微生物学；Q94 植物学；Q95 动物学；Q96 昆虫学；Q98 人类学
R	医药、卫生	R1 预防医学、卫生学；R2 中国医学；R3 基础医学；R4 临床医学；R5 内科学；R6 外科学；R71 妇产科学；R72 儿科学；R73 肿瘤学；R74 神经病学与精神病学；R75 皮肤病学与性病学；R76 耳鼻咽喉科学；R77 眼科学；R78 口腔科学；R79 外国民族医学；R8 特种医学；R9 药学
S	农业科学	S1 农业基础科学；S2 农业工程；S3 农学（农艺学）；S4 植物保护；S5 农作物；S6 园艺；S7 林业；S8 畜牧、动物医学、狩猎、蚕、蜂；S9 水产、渔业
T	工业技术	TB 一般工业技术；TD 矿业工程；TE 石油、天然气工业；TF 冶金工业；TG 金属学与金属工艺；TH 机械、仪表工业；TJ 武器工业；TK 能源与动力工程；TL 原子能技术；TM 电工技术；TN 电子技术、通信技术；TP 自动化技术、计算机技术；TQ 化学工业；TS 轻工业、手工业、生活服务业；TU 建筑科学；TV 水利工程
U	交通运输	U1 综合运输；U2 铁路运输；U4 公路运输；U6 水路运输；U8 航空运输
V	航空、航天	V1 航空、航天技术的研究与探索；V2 航空；V4 航天（宇宙航行）；V7 航空、航天医学
X	环境科学、安全科学	X1 环境科学基础理论；X2 社会与环境；X3 环境保护管理；X4 灾害及其防治；X5 环境污染及其防治；X7 行业污染、废物处理与综合利用；X8 环境质量评价与环境监测；X9 安全科学
Z	综合性图书	Z1 丛书；Z2 百科全书、类书；Z3 辞典；Z4 论文集、全集、选集、杂著；Z5 年鉴、年刊；Z6 期刊、连续性出版物；Z8 图书报刊目录、文献、索引

第四章
传统的发明：中学分类再归纳

　　教育制度的引进，对国人的西学认知有巨大的推动作用。但若想了解近代人对西学的改造，就要清楚中国自身的知识传统及其类分方式。它们不仅是西学接受的基础，还经常叠加甚至影响对西学的理解和利用。否则源流的承继与创新，面貌难清。当前许多研究的弊病都在于对中国传统的隔阂：或如类书与百科全书的比附一样，以西方知识形态解说中国古代学识传统；或如"国学"之辨一般，援引近人对抗性的说法进行有预设的古代还原；或如《四库全书总目》是学术分类抑或图书分类的争议，只究形式不明缘起地循环论证；又如科举改革与近代西学图书目录的分析，最后把所有问题都简化成酒瓶难装新酒的扩容困难。

　　分期讨论不代表进行割裂的研究，正如美国学者席夫曼在《过去的诞生》里所言，"过去"是现代意识的产物，"构成过去的并不仅仅在于时间的居先，而且还在于与现在的不同"①。把古代视为逝去的整体，并系统性地从当下生活里撬走，在西方可以追溯到文艺复兴，在中国则是近代学人"捉妖打鬼"有意区隔的结果（详见第七章）。晚清仍坚持"天不变，道亦不变"，以新变求绍续，权变意味着不自外于前贤圣学。民国的不断西化，最终以埋葬古代的方式廓清道路，好比日本脱亚入欧时急于与中国影响划清界限。

　　"古今之辨"并非在任何时候都是一个问题，它的前提是发现了区别，只是西方文艺复兴意在与古代文化对接，而民国想与既有传统决裂。因此不能

---

① 〔美〕扎卡里·赛尔·席夫曼：《过去的诞生》，梅义征译，上海三联书店，2021，第5页。

把近代人勾勒的古代当作真实的古代，近代人打捞的只是与近代社会相关甚至被改造的那一部分古代（详见第六章）。如果对古代全体没有体察，而是通过近代返观古代，自然是沿着近代思路进行有预设的框取或截取，也就看不清近代如何改写和编织古代了。中学传统与西学新知进行对接与化合，也无从谈起。近代研究必须联通古代，就像古代研究必须清楚当前的学术视角和研究框架都是仿照西学重构的一样。

但这并不是说存在一个本质主义的过去。古代也在不断地发生变化，而且所有的传统都是我们理解范围内的过去。以为古代存在于与世隔绝的文献中，不仅忘了文字记载总是挂一漏万，基础性的常识更是经常缺席，而且无视解读文献的头脑已经经过西学改造的事实。"从头讲起"式的古代描述和在近代讨论前补缀古代的做法，不过是现代意识的延伸。我不认为严密的西式学术分类是古代中国面临的问题，当前的各种归纳不过是近代比照西方的再发现与再发明，处理成古代本然的学术前史是成问题的。即便名称偶有相近或相同，范畴、语境、运用方式甚至内涵和所指，可能是另一码事儿。在古代文献里进行词条检索式的溯源，有效性非常可疑。

因而本章的古代内容，是放在近代返观的前提下进行。如果没有近代知识体系的重构，中国古代知识分类法就不会成为一个问题。正因为现代人讨论的学术分科是比照着西方来的，所以它并没有涵盖中国古代的学术全体。中国自有中国的分类，就像每个文明都有自己的分类系统一样，非但与西方现代学科分类不重合，形式和原则的差异可能还会大到难以对比。这部分被近现代过滤或忽略掉的内容，或者说未被西学成功收编从而被边缘化的古代碎片，意味深长。

传统本来就是在运用和改造的过程中生成并固定的。"传统"的特点在于连贯性和稳定性。可即使在过去的"传统社会"里，也不存在一成不变的生活与习俗，只是改变慢一些而已。当人们把某种习惯性的做法或仪式固定下来的时候，往往是因为它与当前的生活实践已有距离，甚至面临式微和覆灭的危险。这种刻意的保存，可以是愿念淳朴的改良，也可以是别有用心的改造，却绝不可能复制过去所有的细节真实，因为具有时间跨度的历史演化无法浓缩在某一个时刻。英国史学家霍布斯鲍姆研究完19世纪至20世纪英国和欧洲再造传统的典型案例后指出，越是在以下情况下，发明传统的行为越加频繁——"当社会的迅速转型削弱甚或摧毁了那些与'旧'传统相适宜的社会模式，并产生了旧传统已不再能适应的新社会模式时；当这些旧传统和它们的机构载体与传播者不再具有充分的适应性和灵活性，或是已被消除时；总之，当需求方或供应方发生了相当大且迅速的变化时"①。这简直就像针对近代中国有感而发。作为整体的中国传统文化，实为近代危机的产物。近代人把传统文化送进博物馆时，清楚表达了不能让古代文化从此绝迹的意思，但也仅作为展柜里的标本保存，观瞻的目的不过是有助于理解今天。与古代崇古、续古、复古的绍续传统，有天壤之别。

因此，我们必须区分"传统"的不同情感立场。古人不谈传统，但文言文里动辄"昔"如何如何，有借重历史和前贤的意味。今人好谈传统，一般是指古代文化里优秀的部分，所谓取其精华去其糟粕，是经过了筛选的。这种选择正是来自近代：晚清人清晰地意识到传统学术存续已难，力图剖分旧学，存亡继绝与爱国护教的情感交织在一起（详见第七章第一节）。民国新文化派不再纠结于体与用的烦恼，传统成为推倒重来的对象，唯恐其不速朽。这种基因延续到了现代，因而谈起传统总是百味杂陈。西方学界还有另一派意见："传统文化"是19世纪欧洲人类学家的创造，用以说明非西方国家的人自古就头脑简单，直到西方文化教会他们如何摆脱传统，成为"现代人"。因此"传统"不仅没有实际意义，还经常被政治所利用。②细思之，也有道理，而且同样适用于中国。

我仅在区分西化的近现代、笼统指称古代中国的意义上使用"传统"一词，不做静止观，也不带价值判断。有意打断古代与现代的联系，并赋予其价值内涵的做法，也在本书的讨论范围内（见第七章第五节）。此章即将展开的近代对中国古代学术分类法的归纳与返观，既有中西之别，更有古今之变，无论确当与否，都是社会动荡和文化危急情况下，对中国固有和未来应有学术的一种理解和处理方式。这章内容要参照上章来看，就像斯宾塞的

---

① 〔英〕E. 霍布斯鲍姆、T. 兰格编：《传统的发明》，顾杭、庞冠群译，译林出版社，2004，第5页。
② 〔美〕谢尔登·沃茨：《世界历史上的疾病与医学》，张炜译，商务印书馆，2015，第9页。

"传统社会"和马克思的"封建社会"都是残余概念一样,实为"现代社会"和"资本主义社会"基本特征的颠倒镜像,时期在前,但观念晚出。

第一节 "有用"中学的节取与归并

戊戌期间,维新派猛烈抨击楷书、试帖诗、八股文为无用之事。其实早在1863年,桂文灿在《条陈请禁楷字以挽颓风疏》里就指责科举过重书写,乃"所习非所用,所用非所习,以有用之精神,置之无用之地"①。最晚到1875年,无用的指责就不仅止于楷书了,诗赋文章都被视为"不知其所为用者安在"的浮华,甚至连中国的积贫积弱也要由背离"为用于世"精神的科举制来承担。② 严复《救亡决论》进一步升级,不独八股,整个中学都是无实无用的。

在这样的情况下,对科举的批判就不再是应试搭截和利禄之途的陈调了,更有何者有用、何者当纳入科考的思考,继而必然影响各地书院的课业调整。对中学有用部分的筛选和归纳,成为保存中学的必要举措,直接影响到后来的"国粹保存"和"整理国故"运动。这种始于西学冲击的重新认证,自是受限于西学的对照。正因暗中时有呼应,因而无论是中西并置的择取,还是中西合一的融通,都意味深长。

一 科举科目资源的挖掘

书写工整、八股为文、试帖作诗都是形式方面的问题,相较阻力不大,也很快就获批废止了。但何为有用之学,是否"研经义、国闻、掌故、名物,则为有用之才",就众说纷纭了。各种科举改革方案,当然是拈出自认为最有用的部分进行综合。先看康有为的意见。

康有为主张首场考时务,二场考经史,两场取士。此前礼部颁布的"经济六科"(内政、外交、理财、经武、格物、考工),他认为太专太广,时务

---

① 桂文灿:《条陈请禁楷字以挽颓风疏》,《中国近代教育史资料汇编·洋务运动时期教育》,第618页。
② 佚名:《论西学设科》,《万国公报》1875年325期。

取内政和外交即可，因为"内政、外交乃时务之切要"。经史则参考朱熹的《学校贡举私议》，把五经分为5科（诗、书、易、《仪礼》和《礼记》、《春秋公羊》），史分8科（《史记》、《汉书》、《后汉书》、三国六朝史、唐书五代宋史、辽金元史、明史、《资治通鉴纪事本末》、《文献通考》、国朝掌故），每科一题，任选作答。① 五经、各朝史、内政和外交，就是康有为眼里有用的中学。经学和史学的内容非常具体，甚至细致到学派。康有为本人治公羊学，所以《春秋》举《公羊传》而弃《左氏传》和《穀梁传》。时务统包中西，相对比较模糊。内政也可以无所不包，而外交是"凡考求各国政治、条约公法、律例章程诸学者隶之"②。在康有为的认知里，中学比西学清晰，比重也更大。

既然重新分科的尝试是在科举改革里率先提出的，那么在科举脉络里寻找资源就非常自然了。1902年张百熙在《进呈学堂章程折》里说：

> 科目则唐有律学、算学、书学诸门，宋因唐制，而益以画学、医学，虽未及详备，亦与所谓法律、算学、习字、图画、医术各学科不甚相殊。自司马光有分科取士之说，朱子《学校贡举私议》，于诸经、子、史及时务皆分科限年，以齐其业；外国学堂有所谓分科、选科者，视之最重，意亦正同。大抵中国自周以前选举学校合为一，自汉以后，专重选举，及隋设进士科以来，士皆殚精神于诗赋策论，所谓学校者，名存而已。故今日而议振兴教育，必以真能复学校之旧为第一要图。③

这段话既对也不对，真伪参半。"分科"在传统语境里确实是指分科取士，但与西方学校的分科教学截然不同。据《新唐书·选举制》记载，唐代常科有秀才、明经、俊士、进士、明法、明字、明算、一史、三史、开元礼、道举、童子12科。明经又分五经、三经、二经、学究、一经、三礼、三传和史科。宋代常科亦有进士、九经、五经、开元礼、三史、三礼、三传、学究、明法、武举等。在名目繁多的西式学科比照下，自然是科目越多越好，所以

---

① 康有为：《祈酌定各项考试策论文体折（代徐致靖拟）》，《康有为全集》第4册，第323页。
② 《总理衙门、礼部遵议开设经济特科折》，《中国近代教育史资料汇编·戊戌时期教育》，第57页。
③ 张百熙：《进呈学堂章程折》，《中国近代教育史资料汇编·学制演变》，第242页。

唐宋科选为晚清所乐道。但实际进士科才是主科，唐代其他科目名额极少，宋代其他科目形同虚设，因为进士科待遇优厚。明清以后，更是进士科一枝独秀。何况明经和开元礼、一史和三史、九经和五经、五经和三礼三传，只是内容多寡的区别，并非不同的知识类型。如果没有西学对照，清人也不会把这些废弃已久的陈年旧事挖出来了。

司马光的分科取士也常被提及，左玉河甚至以之为"中国学人接受近代西方'分科设学'观念之基础"①。它指的是1086年司马光在《乞以十科举士札子》里提出的10科选才方案：形义纯固可为师表科（有官无官人皆可举），节操方正可备献纳科（举有官人），智勇过人可备将帅科（举文武有官人，此科亦许铨辖已上武臣举），公正聪明可备监司科（举知州以上资序人），经术精通可备讲读科（有官无官人皆可举），学问赅博可备顾问科（有官无官人皆可举），文章典丽可备著述科（有官无官人皆可举），善听狱讼尽公得实科（举有官人），善治财赋公私俱便科（举有官人），练习法令能断请谳科（举有官人）。看到具体内容，就会发现，这其实并非科举考试的分科类目，或者说读书人分门业习的内容，而是人才举荐的名目，许多还针对在位官员，毋宁说是士官的考核方面。如果这也能拿来说项的话，那么汉代察举制分贤良方正、贤良文学、孝廉、孝悌力田、茂材异等、直言极谏等名目，何以无人溯及？

朱熹《学校贡举私议》也是当时的热搜资源，张百熙、康有为、张之洞都曾多次称引。朱熹抨击科考尽作"无用之空言"，为的是提倡德行，主张增设德行科。"罢去词赋而分诸经子史时务之年，以齐其业"的建议，则是为了抑文崇学，以经学、子学、史学、时务为士学主体。由此可见朱子眼里的学术是以经、史、子、集类分的，只是不取文集而已。"时务之大者，如礼乐、制度、天文、地理、兵谋、刑法之属，亦皆当世所须而不可阙，皆不可以不之习也"，是应用型的知识，属于政学范围，即政才的基础。朱熹的基本态度是：德行、学术、政才是治国理政的重要素质，都应进入科考范围。这

---

① 左玉河：《从四部之学到七科之学：学术分科与近代中国知识系统之创建》，第33页。

显然是针对当时重文辞轻学术、重纸面文章轻实际品格和才干的取士弊端。所以 1890 年汤震援引朱熹意见，反对冯桂芬经、史、文三场取士的意见。他主张并经子史为一场，时务为第二场，外加洋务一场，新学识新要求由洋务场来体现。① 因为"其体用非不视西学眩以备也"，所以以往的"保氏九章、成均六艺、司马光十科之议、胡安定二斋之教"都是不够的。②

"胡安定二斋之教"说的是宋代胡安定任教湖州时，分经学、治事两斋授学，成为清末美谈。潘克先评议说："分斋设课，得人称盛。盖有经学而无治事，则通经未足以致用；有治事而无经学，则发外不本乎精中，必为之分置两斋，而后体用兼备。"③ 两科谈不上多，书本知识以外重实干也不新鲜，但分科授学契合晚清的时代需求，又发生在书院里（清末各省官立学堂由书院改造而来），就不同寻常了。1896 年礼部《议复秦绶章奏请整理各省书院折》就说，整顿书院首先要厘定课程，应仿胡瑗二斋授业法，把书院课目调整为经学、史学、掌故之学、舆地学、算学、译学 6 类。④ 后三项有西学元素，前三项则是对中学的再整理。经说、讲义、训诂附在经学里，小学本来就在经学内。时务入史学亦有根据，传统政学本来就在史部。洋务、条约、税则附掌故学，这是对"掌故"的扩充，是新时期的新"时务"。按理此处称"洋务"更易理解，也更能突出与古学相对的今学意味，但会给人就事不就学之感。洋务附掌故，意在把西方政学与国朝政典对接起来，用意是好的，只是西学容易被掩盖。掌故、时务、洋务，包括下文的经济，所指不明，易带来理解和归类的不确定。在 1863 年桂文灿的《条陈请禁楷字以挽颓风疏》里，掌故和政学、史学就是分开说的（"士子儒臣，均得以从容余暇，讨论经史，讲求掌故，或分习礼乐、兵刑、财赋、水利、天文、舆地之学，考试时，按其所习，分别命题"⑤）。

---

① 汤震：《考试》，《中国近代教育史资料汇编·洋务运动时期教育》，第 635 页。
② 汤震：《书院》，《中国近代教育史资料汇编·洋务运动时期教育》，第 724 页。
③ 潘克先：《中西书院文艺兼肄论》，《中国近代教育史资料汇编·洋务运动时期教育》，第 710 页。
④ 《议复秦绶章奏请整理各省书院折》，《中国近代教育史资料汇编：洋务运动时期教育》，第 726 页。
⑤ 桂文灿：《条陈请禁楷字以挽颓风疏》，《中国近代教育史资料汇编·洋务运动时期教育》，第 618 页。

在书院系统里，汤震避开科举，上接"保氏九章"和"成均六艺"，是一个值得注意的现象。"保氏九章"指以礼、乐、射、御、书、数为主的周朝贵族教育，出自《周礼·保氏》的"养国子以道，乃教之六艺：一曰五礼，二曰六乐，三曰五射，四曰五驭，五曰六书，六曰九数"，《九章算术》即由此得名。成均和上庠、东序一样，为西周大学之名。郑玄引董仲舒语，说"成均"乃五帝之学，《周礼·春官》有"大司乐掌成均之法，以治建国之学政，而合国之子弟焉"。马一浮以为有大成之意，他提倡的"成均六艺"就是《诗》《书》《礼》《易》《乐》《春秋》（《泰和会语》）。张謇引《学记》，谓周制读经七年为小成，九年乃大成，礼、乐、射、御、书、数就是成周学校课程的内容。① 章太炎后来进行调和，衍生出今人所谓的大小六艺。确当与否，第三节再论。

要注意的是，各人的发言语境和立意不一样。1890 年汤震讨论书院改革时，不提科举科目，只承认司马光的十科之议和胡安定的二斋设学，并上溯至周朝的六艺之教，为的是强调体用兼备。言外之意是科举不足取，书院当上接周制，明体达用。其实古人进书院，多为备考，若不渴求登第得官，在家读书有何不可？与贵族时代的成周社会，不可同日而语。1903 年张謇从《礼记》里寻找依据，说"中国学制较有依据者，莫备于成周"，亦不仅仅是崇奉三代的老习惯，而是在废科举的前夕，反对新教育强迫读经。② 科举已被批得体无完肤，自然没有必要再从科举里找依据了。绕开科举，找学校依据是新策略，尽管连张百熙都不得不承认中国有科举而无学校。这样的追溯显然并非考古订史，暗中与西方学校对应更是成问题。

每个人都为了自己的主张，从典籍里寻找依据，传统变得五光十色、无所不包起来。就像历朝历代都有复古运动，可各人要复的古却大不相同。晚清此类言说更像政论，而非学术，民国又何尝不是如此呢？可话说回来，中国古代向来讲究通经致用，今文经学难道不是学术吗？"为学术而学术"是

---

① 张謇：《学制宜仿成周教法师孔子说》，《中国近代教育史资料汇编·学制演变》，第 176 页。
② 张謇《学制宜仿成周教法师孔子说》指出，经都不足以该括成周六艺，更不要说辞章了。孔子授学，只教《诗》《书》，并非要求所有经书都要掌握。孔子三千弟子通六艺者也才七十二人而已，礼、乐、射、御、书、数全通者不知有几人。如今让普通小学生都来读经，岂非无稽之谈？

西方观念,可西方学术也没能摆脱文化偏见和意识形态的干扰。古人追求文以载道,在中国传统里无道何需文章?在西方是不求真理,学术何为?引用近人言说,梳理历史过程是否能得到道和真理呢?如果可以,就无须哲学和思想了;如果不可以,"为学术而学术"就成了考古趣味的满足。如果罗列一堆不同语境下互不统属的史料,困惑非但没有越究越清,传统反而越掰越碎。不止一个学生问过我:老师,这样的研究有什么用?

二 "求约"中学的提议与方案

1882年颜永京选译斯宾塞《论教育》的第一章"什么知识最有价值",另名《肄业要览》,意在追问什么才是当今最有用的学问——"吾今亟为论者,非辩某种学问为有用与否,乃辩某学问与某学问相较,何者为重,何者为轻"。最后认为语言和算学都不是最终答案,"其答惟一,曰格致学耳"。①换句话说,不必一一叩问各类学问有没有用,当前的迫切问题是究竟哪个更有用,应该先从哪里学起。陶模《奏请变通科举折》和吴汝纶《答王绎如》都表示过,西学"科目繁多",不可能学校一一配置,当择要而习。西学如此,中学亦如是。就算证明了古代中国也有绵密细致的分科又如何?如何选择和配置才是当务之急。学校课时有限,学生精力有限,西学门类越多,中学就越要进行收缩。1898年张之洞在《劝学篇》里提出了"守约"的问题:

> 今日四部之书汗牛充栋,老死不能遍观而尽识。即以经而论,古言古义隐奥难明,讹舛莫定,后师群儒之说解纷纭百出,大率有确解定论者不过什五而已。
>
> 沧海横流,外侮洊至,不讲新学则势不行,兼讲旧学则力不给,再历数年,苦其难而不知其益,则儒益为人所贱……
>
> 今欲存中学,必自守约始,守约必自破除门面始。爰举中学各门求约之法条列于后,损之又损。义主救世,以致用当务为贵,不以弹见洽闻为贤。②

---

① 〔英〕史本守:《肄业要览》,颜永京译,第5、35页。
② 张之洞:《劝学篇·守约第八》,《张之洞全集》第12册,第9726页。

鼓励发展新学，中学就当有所割舍，关键是如何"求约"，各人有各人的理解。《劝学篇》的化约结果是：通大义的经学、重治乱的史学、阐发经义的诸子学、理学学案、记事叙事的辞章、当朝政治、有今用的地理知识、与所习相关的算学、小学常识是"损之又损"后不能再损的中学要务。显然这是在求新、致用思想下，对中国传统学术进行的无奈择取，重在轻重缓急的甄别，而非重新划类。经、史、诸子、辞章都在既有的四部框架内，只是把其中的重要子目（掌故、地理、算学、小学）单拎出来加以强调而已，就像《书目答问》类似《四库全书总目》的精简版一样。可旁逸斜出的成分太多，就会影响原有版块的整体性。一旦迈出了约略截取这一步，各守一隅的割裂就在所难免了。

1897年严修写信指导儿子读书，说并非所有功课都需勤苦下力，有的要精读，有的备翻检即可；有的要常看，有的则不必费时。

> 《九经·语·孟》、《近思录》、《史》、《汉》、《韩文选读》，当熟读者也。《通鉴》、《明史》、《十朝圣训》、《经世文编》、西洋格致诸书及近事汇编、岁计政要之类，当常看者也。《通礼》、《皇朝三通》、《五礼通考》，西洋各式之图、各类之表，当备检者也。古文、算学、化学、洋文，当精习者也。准此为之，十年之后，规模亦略具矣。训诂之学，金石之学，校勘之学，虽不学可也。骈文，古近体诗，不学可也。极而言之，时文、试帖、律赋，不学亦可也。字则小楷最切用，求速求匀，而能事毕矣。篆隶不学亦可也。①

此言可谓得风气之先。严修认为西学更紧要，未来学问的中心将是数学、化学、外语，中学只剩古文这一块（只是散体文写作，即基础性的文字表达。传统文章的骈文、诗歌、八股文、律赋不必再下死力）。而清代学术最擅长的训诂、校勘，包括金石学，即传统的小学和经史考订学，已入可学可不学之列。1898年苏学会的购书说明也说，除史学、掌故学、舆地学、算学、农商

---

① 《严修年谱》，齐鲁书社，1990，第89页。

学、格致学 6 类图书外，"其余训诂词章概不备"，小学和文章已入弃置之列。① 如果以往科举备考的重点经义、辞赋都已过气，习字就更没有必要过分讲究了，能快速书写即可。

可学可不学，是形势大变前夕的预测。率先奏请朝廷增设经济特科的严修，敏锐地感受到了时代的变化，告诫儿子说，花上 10 年工夫，西学即可小成。经史子集莫说浑不见门户，整个中学都只剩下 1 门有用了，还是集部辞章里的一个小类，仅供书面表达用。10 年之后，若真掌握了这几门功夫，的确就是新学翘楚——1907 年正是科举被废、存古学堂始兴之时。严修是有远见的。

吴汝纶也一直在体察世风，书信和日记里记录了许多求学建议。1902 年和张百熙讨论新学制时，他说："减课之法，于西学则宜以博物理化算术为要，而外国语文从缓。中学则国朝史为要，古文次之，经又次之。经先《论语》，次《孟子》，次《左传》，他经从缓。每人每日止学五六时，至多止能学五六科，余则无暇及矣。"② 中学虽不能省，却已压缩了近一半的学时。吴汝纶的意思是以史为先，而且是本朝史，并非中国通史。文章亦只取散体文，砍掉了诗赋和公牍。经在中学 3 科之末，并进行了细致的筛选。这里针对的是中学课堂，但从普通程度的中学之必需，亦能看出取舍。他的儿子想参加乡试，他制止了，认为不必在举业上再浪费时间。也劝家乡父老，"将来后生，非西学不能自立于世"③，只有进学堂学西学，将来才会有前途。

有这样清晰的取舍态度，中学才可能破除门面。可一旦关注的重心由科举转向学堂，问题就变成如何选择西学了；一旦科举穷途末路，难题就成了如何归纳和提取有价值的中学。在开明士绅有感于中学末路的情况下，化约中学的举措更加谨慎，也势在必行。在作《劝学篇》之前，张之洞其实已有约减中学的实践。1887 年设计广雅书院时，分经学、史学、理学、经济 4

---

① 李希泌、张椒华编：《中国古代藏书楼与近代图书馆史料》，第 102 页。
② 吴汝纶：《与张尚书》，《中国近代教育史资料汇编·教育思想》，第 448 页。
③ 《与桐城绅士》，《吴汝纶全集》第 3 册，第 457—458 页。原文为"昨见乡试题名，中者甚多，殊以为喜。但在今日，科举已是弩末。小儿欲试，吾毅然不许。此次招考取入学堂之诸生，将来荣誉，不止过于科第，即一邑盛衰，基胎于此，无论殷盼"。

门,辞章则为通习科,因为无论考什么都需用文辞作答。1889年又调整为经学、史学、理学、文学4门,因罕有以经济名家者。① 其主导精神是"经学以能通大义为主,不取琐屑。史学以贯通古今为主,不取空论。性理之学以践履笃实为主,不取矫伪。经济之学以知今切用为主,不取泛滥。词章之学以翔实尔雅为主,不取浮靡"②,《劝学篇》的意见始基于此。

后来析出的内容他也有交代,子学附属经学科,舆地附入史学,理学乃经义的延伸,包括"宋元明及国朝诸大学儒文集、语录及历朝学案皆是,不仅性理一书"③。经济后备注"国朝业故属焉",把其他人说的"掌故"附入经世之学,时务、洋务、掌故都可以包括其中。后来觉得不妥,又取消了经济。或者说和康有为、梁启超好谈政学时务不同,张之洞更在意中学的尔雅醇厚,经济主要指经世济用的精神。就像他格外反感文章掺入译语新词一样,不认为掺杂新说就算华丽转身。在此我不认为梳理明清经世思想渊源有多么切要,学以致用思想一直就在中学传统里,这是儒家对时局变化的正常反应。

三 书院课目改革及其失败

广雅书院属于书院系统。书院有官办有民办,目的是"课士"。所课以举业为主,围绕科举考试的制艺和试帖展开,时人言"科目非时文诗赋无以进身,书院非时文诗赋不获膏火"④。因此,"士大夫相矜尚以为学者,时文耳、公牍耳、说部耳。舍此三者,几无所为书。而是三者,固不足与于文学之事"⑤。所以尽管经义、掌故(重典志)、辞章本来就在科考范围内,但张之洞依据四部设置的新学4科并非没有意义。这实际是想转移风气,把括帖搭截之事转向经、史、辞章的治学之途,所以不取试帖、时文、策论这样的名目。

---

① 张之洞:《札广雅书院提调设立分校》,《张之洞教育文存》,第64—65页。
② 张之洞:《创建广雅书院折》,《张之洞教育文存》,第51页。
③ 《广雅书院学规》,《中国近代教育史资料汇编·洋务运动时期教育》,第809页。
④ 叶尔昌:《废书院时文诗赋为有用之学议》,《中国近代教育史资料汇编·洋务运动时期教育》,第716页。
⑤ 吴汝纶:《天演论序》,《中国近代教育史资料汇编·教育思想》,第444页。

第四章 传统的发明：中学分类再归纳

以前中式讲学只称春秋经、公羊传，文章写作也分言古文、骈体或议论，如今统理为经学或文学，暗中比照了洋务学堂的西式分科。张之洞办学最成功的其实是洋务学堂，两广总督任上开设过鱼雷学堂、电报学堂、广东水陆师学堂，其中水陆师学堂分矿学、化学、电学、植物学、公法学5所艺学，号称"洋务五艺"。后来他做湖广总督，引起朝野广泛关注的也是洋务性质的湖北自强学堂，此外另有方言商务学堂、湖北武备学堂、矿业学堂、工艺学堂、农务学堂等。西学不仅校内分门，还往往单科设校，清晰明了。经过4科分理后，中学看起来也简洁整齐了。没有西学的农、工、矿、法，可能就不会有书院课程的经、史、文学之分。

1883年王韬在《变法自强》里提出"十科取士"的建议，其中直言极谏来自察举名目，武科来自文武兼取的旧例，姑且不论。剩下的经学、史学、掌故之学、辞章之学体现中学，舆图、格致、天算、律例是当时西学或新学的代表，辩论时事可视为兼通时务的策论。中学和西学当时称为"文学"和"艺学"，基本保持平衡。西学地理、数学、物理、法律的学科名称尚不清晰，但中学的经、史、子、集框架非常明显，只是子部经常附入经学，掌故因与时事相关又是策论写作的重点，多从史学里析出。王韬以"文学"统称中学，写作仍名"词章"。张之洞等把集或辞章改为与经学、史学对应的文学，本身就在整齐中学。这种平铺式的展开，很大程度是为了与西学对应起来更清晰。广雅书院属于张之洞早期在广州开办的中式学院，后来在湖北开设的两湖书院、经心书院、江汉书院等也基本依照这个思路进行。它们属于中学系统，与洋务学堂系统有区分。考察中学的择取和归纳，书院的具体实践不容忽略。

中学的传习固然不全在国子监、府学这样的官学，但若没有正式的国家机构，中学都难以收聚。在前现代社会，学术更多的是个人选择。作为官学补充的各类书院（不少书院本身就是官办），尽管同样以博取功名为目的，却不乏"先读书而后考艺，重实行而屏华士"[①]的就学理想，也经常随世风转移而进行调节。即便有饵利之弊，总体上还是养士得人才的，吴汝纶便言

---

① 朱一新：《广雅书院无邪堂答问序》，《中国近代教育史资料汇编·洋务运动时期教育》，第806页。

"即如书院减额一节,势所难行。中国书院专讲应试之学,国家以此取士,士之学者日众,止能扩充,不能裁减"①。早在1865年,广东巡抚郭崇焘就在学海堂增设算学课,以回应时代的需求。江苏南菁书院也早就有经义、辞章和算学课程,1897年又把算学细分为电、化、光、重、汽机等门,所有学生必须认选一门。当科举改革的呼声不断时,书院的课业调整已在不断推进。毕竟改科举难,改书院易,而人才培养必须有前瞻性,要走在科举前面。

在清王朝增设经济特科之前,陕西味经书院已表明要"严立课程",且"首读书分类"。1895年书院规定,课业分道学、史学、经济、训诂4类。道学即经学和理学。经济为"《三礼》、《通志》、《通典》、《通考》、续《三通》、皇朝《三通》、及一切掌故之书",加《万国公法》等外洋政治书②,与张之洞的"经济"范畴相当。训诂不仅包括以往的经史考据,还把外国语言文字和算学也附入其中。从文字学的角度延伸"训诂"还说得过去,以训诂纳算学就比较勉强了,大概既不认为算学是西洋外学,也不舍放弃清人的长项,最终统在了一起。就分科而言,与张之洞的广雅书院没有本质区别,只是强调每一科都"须兼涉外洋"而已。

1896年礼部回应翰林院学士秦绶章的整顿书院意见,肯定厘定课业是"转移风气"的首务,并责令各省督抚学政参照秦氏分理的6科,改革书院课程:经说、训诂附入经学,时务附史学,洋务、条约、税则归于掌故,图绘、测量附属舆地学,格致和制造入算学,各国语言文字并在译学里,以往的试帖和制艺"每处留一书院课之足矣"③。在这个框架里,中学主体依然是经学、史学和掌故,西学代表为舆地、算学和外语。刨去道学或理学,中学条理更清晰,但条约和税法等内容附在掌故里,说明平分的主导思路是当时盛行的政艺而非中西,换句话说,此时的中学是经"今学"扩充后的新学。

王韬《上丁中丞》言:"学区古今两门,古则通经术,谙史事;今则明

---

① 吴汝纶:《答牛蔼如书》,《吴汝纶全集》第3册,第130页。
② 《味经书院时务斋章程》,《中国近代教育史资料汇编·洋务运动时期教育》,第739页。
③ 礼部:《议复秦绶章奏请整理各省书院折》,《中国近代教育史资料汇编·洋务运动时期教育》,第726页。

经济,娴掌故。凡舆图算术,胥通诸此。"① 掌故侧重国朝前史及典章,本可归史,但礼部6科明确时务归史,洋务入掌故。这里的洋务显然并非西学的统称,而是和条约同类的商学、政法等西政内容。与经济相连,表明此时的掌故导向实用,承担了以往政学的经世职能,与坐而论道的时务策论有意区隔。其实这里称"经济"比叫"掌故"合适。时务本当包括洋务,却又与洋务进行区分,不仅是秦绶章和礼部的意见,上文提到的汤震同样如此。由此可见,古今和中西两套标准夹杂在一起。一方面想把古学延伸到时务,另一方面又想以经世精神拢括西政,于是导致概念不明,须依据各人枚举的具体条目才能看清,什么附属于什么就变得重要了。但无论具体名称和范畴如何伸缩,中学当以经、史传统加应世今学的基本主张,大体一致。从4科到6科,展开的是西学,西学的比重在加大。

1898年7月光绪帝下诏,将各省府厅州县既有的大小书院一律改为兼习西学的学校,加大西学的发展力度。既有礼部公示,准备不足的地方书院自然多依秦氏的6科进行损益。岳麓书院院长王先谦1897年上报说,礼部首肯的6科里,经、史、掌故还可以亲自督学,舆地本属史志,已并入史学,但算学和译学并非山长所长,只能另请教习。② 1898年张之洞也进行了两湖书院的改造,把原来的经学、史学、理学、文学4门改为经学、史学、舆地(后改兵法,把图绘、制造都放在里面)、算学。合并理学和经学,为舆地和算学腾出位置,文学为通习课,是张之洞的一贯思路。可这样一来,我们就无法从经、史的大名目里看到具体选择了,就像算学收纳各种西方格致制造一样。而各人对经史的理解并不相同,好比王先谦就认为舆地不必单列,掌故比舆地更重要。

表面看来,张之洞等人认为经史不必全学,只需约取里面的经世和切用内容即可。可实际是希望跳出以前四书五经的应试小圈圈,汲取中学的菁华,范围是变大了,而非缩小了。最初,张之洞的化约之道还能看出明显的经、史、子、集旧学框架,众人只是在经与子、经与道、史与掌故、史与舆地、

---

① 王韬:《上丁中丞》,《中国近代教育史资料汇编·教育思想》,第52页。
② 《岳麓书院院长王先谦月课改章手谕》,《中国近代教育史资料汇编·戊戌时期教育》,第354页。

经济与掌故等类目的合并和附属关系上进行调整，谈不上真正的"破除门面"。可以说虽有化约之心，但爱惜之情使其不忍舍弃，希望每个大类都尽量照顾到。就像1894年袁昶主讲中江书院时，说要效仿"四明之辨志文会、沪上之求志书院、鄂渚之两湖书院"分科目为经学、通礼学、理学、九流学、通鉴三通政典之学、舆地、掌故、辞章、兵家、测算、边务、律令、医方、考工、农家。这15类的确是有益的"国故政要"，但范围太广，不可能落实到书院课业里去。它几乎相当于"四部"纲目择要了，后来就被姚名达等同于新书目分类之始①。1898年广州时敏学堂说购书要"以经济之书为主"，可选购说明却是"中学之书，除四书五经人所共有外，若历代地理、历朝掌故、本朝掌故、近代名臣奏议，及时贤新著之书，不嫌博采，其经史子集，但取有关经济者购之"②，几乎无所不包，化约的目的也没有达到。

后来朝廷要求兼习西学，于是把中学压缩为经、史两门。可是与学堂选科不同，书院要求中西兼学，也就是4科都是必修课。1893年张之洞办湖北自强学堂时，尚分方言、算学、格致、商务4斋，外语和格致制造的地位是突出的。1896年他开设的江南储才学堂，不仅分英、法、德、日4种语言授学，而且分立交涉、农政、工艺、商务4门，内中又分若干细目。学堂系统可选单科，书院系统却要求中西兼习，显然书院的西学课目难以配比，只会笼统大概，成为某种添头或附庸。本来"于制艺试帖外，兼课经史掌故时务，以成经济之才"③的书院课程调整，已经增加了学生的负担，如今还要掌握不同洋务专科学堂学生学习的内容，哪怕是只框取西方数学和地理测绘（西艺单列，西政其实并到掌故或史学里去了），也是一片汪洋。不仅山长一时无法应对，学生更是两眼茫然。

说到底，是养士的定位缚住了书院的手脚。洋务学堂培养西艺执事，于工、于农、于商、于兵、于译事可以一艺终身。而书院面对的是将来治国理政的士大夫，尽管后来有些书院规定可兼习可择业，但绝大多数都明确要求

---

① 姚名达：《中国目录学史》，第118页。
② 《时敏学堂章程》，《中国近代教育史资料汇编·戊戌时期教育》，第363页。
③ 刘坤一：《书院学堂并行以广造就折》，《中国近代教育史资料汇编·洋务运动时期教育》，第732页。

诸科兼通,如张之洞主持的两湖书院和江汉书院,梁启超在《湖南时务学堂学约》里也强调"中国要籍,一切大义,皆可了达,而旁征远引于西方诸学,亦可以知崖略矣"①。博古通今、周于世用的士学定位根深蒂固,即便增加洋务的西学内容,闻达通博的基调仍是不变的。不能说张之洞不真诚,梁启超不努力,而是在科举未废、社会结构未改之前,士人的知识结构只能调整和扩充,不可能发生翻天覆地的根本性变化。因此刘坤一提出"凡天文、舆地、兵法、算学等经世之务,皆儒生份内之事,学堂所学,亦不外乎此"②。强调书院和学堂名异实同不当对立,固然是变法失败后害怕书院退回制艺的老路上去,也担心洋务学堂会被关停,但是这种纳西学于中学的"兼收并蓄"思路却是一贯的。

无论如何改科目,书院也是在经史之内谈时务,在中学之后讲西学,与西式学堂不一样。就算西式学堂,初期也是放不下身段的。京师大学堂虽然分科授学,但具体课程除了专业课,还有通习课。所有专业的学生前3年必须完成10门博通课(经学、理学、中外掌故学、诸子学、初级算学、初级格致学、初级政治学、初级地理学、文学、体操),另需任选一门外语,剩下才是西学专门课程(详见《总理衙门筹议京师大学堂章程》)。即便要求不高,中学也占了大半的课时。所以后来接管总教习的吴汝纶说"中学科目太多,时刻太少,程度太浅",结果"博而不专,无甚功效",没有实际意义,并有"新旧二学恐难两存"之感。③

既然仿西式分科化约中学,是为了节省年轻人的时间和精力,以便兼习西学,那么如果对西学不做太高要求,所谓略知崖岸而已,是否精简后的中学课业会更易掌握呢?书院改革本是在西学刺激下、在科举批判中进行,朝着传习中国学术的方向行进。既是治学,而非应试,辞章技法不再那么重要,可经史的精深程度却提高了,否则无法与西学抗衡。张之洞和王先谦都是儒学大家,整顿书院寄予着他们对未来学术的期许。"救时局、存书种两义,并

---

① 梁启超:《饮冰室书话》,周岚、常弘编选,时代文艺出版社,1998,第484页。
② 刘坤一:《书院学堂并行以广造就折》,《中国近代教育史资料汇编·洋务运动时期教育》,第732页。
③ 分别见于吴汝纶1902年的《答大学堂执事诸君饯别时条陈应查事宜》和《答贺松坡》。

行不悖"①，一方面是救济时弊，用西学革新中学，用今学充实古学，以为经世致用之新学；另一方面要存中学未来之生机，汇聚中学不是降低标准，而是意味着中华学术的更高追求。这样一来，经史的重要性不是淡化，而是更突出了。加上书院本来就是中学传习所，与洋务学堂专授西学形成事实的对比，所以才会有书院改学堂、书院不必改学堂、书院与学堂并行的政令反复，叫"书院"还是叫"学堂"有根本区别。吴汝纶言："学堂自以西学为主……他处名为西学，仍欲以中学为重，又欲以宋贤义理为宗，皆谬见也"②。在这样的情况下，书院对经史的讲求有意无意带入了经学和国学的意识形态，导致西学科目不断增加的同时，经史的比重却不允许过分缩减。

在放宽中学要求和降低西学标准之间，最终我们看到，国人是忍痛割舍了中学的。吴汝纶直言学生时间有限，只能砍中学，"西学则宜以博"。1899年蔡元培感叹"学校衰有书院，书院弊有学堂。朝三暮四，新耳目尔"③，掉头转向西式学堂。尽管绍兴中西学堂也名"中西"，但在中学、外语（英文或法文）、算学3科里头，可以不学中学，外语和数学却是必修。当书院还在选科和兼习之间犹豫时，袁世凯推出一项新设计，被清廷抄送至各省督抚观摩学习，这就是1901年的《山东大学堂章程》。它率先参考日本近代学制，启壬寅学制之先声，事实上覆盖了各级书院。

清廷虽早已要求各地书院按级别分别改造成大、中、小学堂，但具体如何改，朝廷也无定见，落后地区难免观望踌躇。蔡元培批评书院"据乱而作，一无凭借。教术不一，课本不定，迂道而无津，倍事而无功"④。山东大学堂设置的备斋、正斋、专斋，则分别对应小学、中学、大学。由于国内本无小学和中学，所以只开备斋和正斋，先补习普通学，条件成熟后再谈与之衔接的大学专斋。备斋2年，"温习中国经史掌故，并授以外国语言文字、史志、地舆、算术各项初级浅近之学"⑤。正斋4年，分政学和艺学2门，政学3科

---

① 张之洞：《致瑞安黄仲韬学士》，《张之洞教育文存》，第463页。
② 吴汝纶：《与余寿平》，《吴汝纶尺牍》，徐寿凯、施培毅校点，黄山书社，1990，第195页。
③ 《绍兴府学堂学友约》，《中国近代教育史资料汇编·戊戌时期教育》，第331页。
④ 同上。
⑤ 袁世凯：《奏办山东大学堂折》（附章程），《中国近代教育史资料汇编·学制演变》，第45页。

为中国经学、中外史学、中外治法学,艺学8科是算学、天文学、地质学、测量学、格物学、化学、生物学、译学。表面虽仍强调"以'四书'、'五经'为体,以历代史鉴及中外政治、艺学为用"①,但由于只是中小学课程,避开了传承经史的过高要求。西学科目也不再受限于与中学持平的2科或3科,事实上在每天8小时的课时里,西学占5点钟,中学仅2点钟,剩下1点钟是体操。在学堂名义下,改革的阻力更小。《山东大学堂章程》和《钦定学堂章程》出台以后,书院被学堂覆盖,戊戌后兴起的短暂的书院改革以失败而告终。

四 "存古"之所恃

山东大学堂缺置的大学,最终由1902年的《钦定京师大学堂章程》来完成。新学制规定分科大学由政治、文学、格致、农业、工艺、商务、医术7科组成。《山东大学堂章程》称大学为"专斋",已经领悟到西方学校专业分科的特点了,反过来也说明中式教育之前是不分离的。1903年张之洞接手学堂章程的修订和实施,增加经学科,中学压缩在经科和文学科里。尽管此前张之洞要求书院中西兼习,在此却秉承了专科专习的西方大学特色。无论是被动还是主动,路线已由兼通求博转到单科精进上来了。1904年的奏定章程,比之前的钦定章程更在意中学的设置,张之洞多少希望把书院课业移置过来,经、史、辞章样样不少,只是改用诸科并进的方式寻求中学整体的提升。

然而,1905年科举一废,中学门庭冷落,恍如明日黄花。张之洞发现"新设学堂学生所造太浅,仅可为初等小学国文之师"②,而大学堂学生数量又极少。在中学倒势,高小和中学面临国文师资难续的情况下,他深惧将来中学将无人能读,也无人能讲。为了挽救中学的颓局,1907年张之洞把经心书院改造为湖北存古学堂,以"专力中学,务造精深"。他说:"若中国之经史废,则中国之道德废;中国之文理词章废,则中国之经史废。国文既无,

---

① 袁世凯:《奏办山东大学堂折》(附章程),《中国近代教育史资料汇编·学制演变》,第44页。
② 张之洞:《创立存古学堂折》,《张之洞教育文存》,第524页。引文中的"新设学堂"指中学学堂。

而欲望国势之强,人才之盛,不其难乎!"① 这就不是求发展中学,而是仅求其不灭了。"存古"有恤旧继绝之意,事实上敲响了中学危亡的警钟。民间此际也兴起了"国粹"保存运动(见第七章第一节),说明有中学沦亡之忧的不止张之洞一人。自湖北存古学堂成立后,各省纷纷效仿,1910年清廷诏令各省一律设置存古学堂,第二年学部制订和颁布了具体的章程。这就相当于在学堂的系统外,又单辟中学专科学校,而且同时涵盖中等和高等学堂,把整顿掉的书院又捡了回来,尽管名义是培养中学国文师资和中学中高级人才。真是此一时彼一时。

那么,在新学制已经实施,主体框架已然西来的情况下,什么才是要特意保存的国粹呢?存古所存之古又是什么?这比新政前的书院改革更见时人眼里的中学之重。湖北存古学堂设经学、史学、辞章3个专科,每个门类的课程其实一样,作为主干的经学、史学、辞章都要学,区别只在主修专业的课时量大于其他(24∶3),其余2门为辅助。舆地、外国史、博物、理化、外国政治法律理财、外国警察监狱、农林渔牧各实业、工商实业等西学内容每周只有1课时,算学和体操比重稍大,仅做通识性的了解,目的在"开其腐陋,化其虚矫"。1909年高凤谦在《论保存国粹》里也说过,全国各省都有存古学堂,以湖北存古学堂为范本,"科目大抵以经史词章为主"。

与先前的书院比,存古学堂在分科精神上迈进了一大步。虽然经、史、子、集的内容都有,但毕竟学生只需在3科里选一门主修,而且专科内部也只需专攻一个类别:经学科认占一部经书,史学科不必本本都学,辞章里散文、骈文、诗、赋任选一种。这与当年广雅书院、两湖书院的面面俱到,不可同日而语。若在以前,专习骈文或只读《通鉴》,不究经义,是不可想象的。此时的中学不再犹豫,向西式专科看齐,可见分科大学的示范效力大于以往的洋务学堂。这也不难理解,前面说过,洋务学堂只是补充形式,分科大学却是国家的正规学制。

经、史、辞章为中学之要,非张之洞个人意见。1861年冯桂芬在《变科举议》里也建议"宜以经解为第一场,经学为主,凡考据在三代上者皆是,

---

① 张之洞:《创立存古学堂折》,《张之洞教育文存》,第525页。

而小学、算学附焉。经学宜先汉而后宋，无他，宋空而汉实，宋易而汉难也。以策论为第二场，史学为主，凡考据在三代下者皆是。以古学为第三场，散文、骈体文、赋、各体诗各一首。三场各一主考而分校之"①。实际是依据经、史、辞章，调整科考经义、策论、公牍的重心。1876年冯焌光创办上海求志书院，设经学、史学、掌故之学、算学、舆地、辞章6斋，中学部分也很清晰。这都是当时得风气之先的人物。经学的重要性前文已言，掌故和舆地本来就在史学里，是策论考核的重点，需要关注的是子部和集部。

集部在四部之末，历来离经史，词章不贵，民国人仍认为"自来学人苟于经子根柢之学无所窥见，虽文辞华赡，记诵丑博，终不免为无源之末学，不足贵也"②。张之洞重辞章，并非耽于文辞，看重的是表情达意、述学存文的工具作用，所谓"中国之道具于经史。经史文辞古雅，浅学不解，自然不观。若不讲文章，经史不废而自废"③。不习辞章就读不懂经史，不能深入文章，经史也只等闲看。词章和经史是表里关系，重词章说到底还是重经史，绝非今人理解的文学自成一脉。但对公牍亦做古雅要求，乃至成为科考的重点，亦见文风之盛。尽管晚清抨击浮华的虚文，但学西学先通外语，对译介的鼓励和高危下"国文"的反弹，词章的地位似乎不降反升。后来"新文化"运动从"文学革命"和"国语"改造开始，并非偶然。相较而言，子学虽在晚清兴起，但在中学"损之又损"以为西学让道的情况下，暂作缺省。子学或入经补，如两湖书院并理学入经学，又如湖北存古学堂以子部为"博览"课，仅在高年级开设；或呼应西方科学，视为实业之先声，纳入经济、时务的范畴，如1915年浙江图书馆进行借阅统计时，就把农、医、天文算学等古代科技划入了子部。

无论是科举提议里的经史、辞赋、掌故或时务，还是书院改革里的经学、史学、经济或掌故、文学或辞章，都是对传统学术的择选与归并，都能看到"四部"的影子。尽管还谈不上真正的破除门面，但拆散中学的工作已经开

---

① 冯桂芬：《变科举议》，《校邠庐抗议》，第38页。
② 钱基博：《十年来之国学商兑》，《光华大学半月刊》1935年第3卷第9期。
③ 张之洞：《致京张冶秋尚书》，《张之洞教育文存》，第377页。

始。而且在西式学校的刺激下,中学由化约经史的初衷,被迫走上了专习的分科道路。这对中国学术的传承,影响深远。这个过程纠结而艰难,因为这不仅是传习方式的变化,也改变了中学的基本面貌和精神特质。阙略了这个环节,同样不能理解分科的重大意义,以及中学究竟在坚持什么,又割舍了什么。

那么,这种重新归纳最后成功吗?显然是失败的。民国一成立,经科被废,经书被拆解,存古学堂也被解散。中国学术仅由文学一科来承担,尽管里面也分门类,但比重不能和西学相提并论,可以说彻底放弃了科举改革和书院改造努力维系的平衡格局。随着西方学校教育的推广,经史地位急剧下降。据1915年浙江图书馆统计,中国传统典籍的借阅量里子部最高,为18%;其次是集部,为15%;史部占13%;最少的经部才5%。民众的接受次第与晚清厘定的中学轻重,正好相反(子部高于集部,是因为把科技内容都归入了子部)。那还是民国初年,今天的古籍阅读量绝不可能达到51%。如果当初不是在学堂系统里补充中学,而是在书院系统里追加西学,结果是否会不一样呢?历史不能假设,放弃本属被迫。任何改革,和创建一样都是系统工程。但毫无疑义的是,主体结构和主导框架很大程度上决定了系统的总体面貌。

第二节 儒门分科的追寻与意义

无论提议科举该增设多少科目,无论书院把中学具体分成多少门类,由于是在共享的传统里寻找资源,又都是比照着西学科目进行的,表面看来零零总总不一而足,其实大同小异,有相似的内在思路。又由于清末普遍认为政治改革的关键是育才得人,如何把真正的有用之材选拔出来,如何让天下士子业习真正有用的东西,是朝野上下关注的重心,因而科举和书院的中学调整反映出了强烈的时代气息,视为古学与今学、西学碰撞的"新学",未为不可。

由损之又损的约取之道,到任占一门的专科之路,中学虽然事实上不断被拆解、被挤压,但是重视经世和权变的中国学术本身并不反对与时俱进,尽管后效出乎意料。一句中学改革失败，或仅止于中学拒绝改变的印象，不足以概括这段历程，我们也不当否认这种尝试的积极意义。整个近代都在不断地调适，哪怕是试错，不试就没有探索的收获。这种实践性的科目调整其实还是相对清晰的，更隐蔽的是论学语境里的科类追溯，立场各异，真伪难辨。

一 义理、考据、辞章的发言语境

宋育仁在1923年的《国学学制改进联合会宣言书》里说，中国传统学术"旧标为性理、考据、词章三门，即系旧学之专门"[1]。后来熊十力也说"中国旧学家向有四科之目：曰义理、考据、经济、词章"[2]。似乎"旧学家"曾达成一致，义理、考据、辞章或义理、考据、经济、辞章并非晚清的发明。乾隆朝学者戴震、章学诚便好言义理、考据、辞章。稍后以文章立身的桐城派领袖姚鼐也提出："鼐尝论学问之事有三端焉，曰义理也，考证也，文章也。是三者，苟善用之，则皆足以相济；苟不善用之，则或至于相害。"[3] 在重世用的儒家眼里，光稽古是不够的，因此姚莹、阮元等追加经济一科，变3门为4科。曾国藩对此议论较多，如和弟弟论学说：

> 经以穷理，史以考事，舍此二者，更别无学矣。
>
> 盖自西汉以至于今，识字之儒约有三途：曰义理之学，曰考据之学，曰词章之学。各执一途，互相诋毁。兄之私意，以为义理之学最大。义理明，则躬行有要而经济有本。词章之学，亦所以发挥义理者也。考据之学，吾无取焉矣。此三途者，皆从事经史，各有门径。[4]

《四库全书总目》明言"夫学者研理于经，可以正天下之是非；征事于史，可以明古今之成败；余皆杂学也"，以经史为核心，以义理为旨归的学术观念在乾隆朝就已经确定不移了。如上节所言，即便在山风海雨之际，经史依然

---

[1] 宋育仁：《国学学制改进联合会宣言书》，《国学月刊》1923年第17期。
[2] 熊十力：《答邓子琴》，《十力语要》，上海书店出版社，2007，第188页。
[3] 姚鼐：《述庵文钞序》，《惜抱轩全集》，中国书店，1991，第46页。
[4] 1843年正月十七日致诸位老弟书，《曾国藩全集》第11册，中华书局，2018，第7330—7331页。

稳如泰山。

辞章是对经史义理的表述，一为形式，一为内容，那么考据呢？清代考据学在文字、音韵、训诂、版本、目录、校勘方面取得了超迈前古的巨大成就，清人自然不会视若无睹，直到胡适还在走考据的路子呢。但亦如熊十力所言，"唯孔门考据不别立科。盖诸科学者，无一不治六艺，即无一不有考据工夫故耳。后世别有考据之科，于是言考据者乃有不达义理及昧于经济、短于词章之弊"①。的确，考据是方法，就像读书的过程中查了字典，不能把查字典算作读书之外的另一桩事。小学历来在经学里，考据亦为释经服务。尽管清人不仅发展了训读文字的学问，还拓展了精校文本的功夫，可目的都是更好地释读经史。1891年康有为在长兴学舍讲学时，他说的考据之学就统包经学和史学。② 这并不是说经史里面无义理，义理只在佛学和理学里。熊十力不别立考据，是为了纠偏——正因清代考据过于强大，所以必须提醒那些埋首饾饤的学者，不要忘了字句之上还有义理，义理之外还有经济和辞章。换句话说，光有考据是不行的，莫以为考据就是学问的全部，这与曾国藩的"无取"考据态度一致。

更有意思的是，姚鼐的《述庵文钞序》也是基于批判的立场。他反对的是那些义理过甚，甚至近乎语录的文章，以及"繁碎缴绕"的考据式文章。只有义理和考据，不成文章。别立辞章，既为阻止汉（考据）宋（义理）之学过分泛滥，也是为了提倡融义理、考据、辞章为一体的新语体——"甚辨而不烦，极博而不芜，精到而意不至于竭尽"。正是这种追求言有物且言有序的主张，使桐城古文成为文宗。熊十力则认为别立考据，会夸大它的作用和地位，加速它与义理、经济、辞章的分离。曾国藩批评的也是三者"各执一途，互相诋毁"的现象。说到底，无论是抬辞章，还是退考据，都是反对彼此割裂、一家独大。如曾国藩所言，义理、考据、辞章都是围绕经史展开的，

---

① 熊十力：《答邓子琴》，《十力语要》，第190页。
② 据梁启超《南海康先生传》回忆，康有为对这四科的扩充和运用方式是：义理之学包括孔学、佛学、周秦诸子学、宋明理学、泰西哲学。考据之学有中国经学和史学、万国史学、地理学、数学、格致学。经世之学有政治原理学、中国政治沿革得失、万国政治沿革得失、政治应用学、群学。文字之学则有中国辞章学和外国语言文字学。

任何一类都不足以单独成学，这种界分方式将带来消极影响。

如果说马一浮认为"国学"是"依他起"的对称，本身不能成立（《泰和会语》，详见下文），那么义理、考据、辞章原本就是被批判的误区，不能视为正当的学术分类。熊十力辨析说："此四者，盖依学人治学之态度不同与因对象不同，而异其方法之故，故别以四科，非谓类别学术可以此四者为典要也。"① 这只是各人的治学专长，不能概括中国学术，更不能鼓励壁垒森严。以此填补旧学之分科，正好违背了他们立论的初衷。

然而这种说法一旦出现，就很难统一目的和用法。认为它可资借鉴的，如康有为长兴讲学，义理、考据、经世、辞章是分说艺学要旨甚至陈述学术变迁的基本框架。叶尔昌建议以12斋分讲学术时，也是以宋学斋、掌故斋、治事斋、时务斋对应性理之学、考据之学、政事之学、经济之学的②，只是辞章换成了政事，名称稍加改易而已。他择取了传统的义理、考据和今学里最受重视的政治和经济，以为当今中学的"有用之学"，所谓"夫所谓有用之学者，固非仍袭中国之旧也，又非徒仿西法之新也"③。

认为义理、考据、辞章、经济不能成立的，也会质问：难道可以只学辞章，不学经史吗？"问途国学先之以读史，继之以读经，终之以学文。史与经，立身之本也，文则余事耳。义理备在经史，无取别立品目"④，只承认经、史、文有先后之别，不承认其他界分方式的节外生枝。可使用者越多，问题就会越复杂，后来曹朴说：

> 中国学术向来无所谓分科的，一般儒者都是以万能博士自命，他们常说"一物不知，儒者之耻"，所以那些学者的全集里面，也有诗词歌赋的文学作品，也有评论史事的论文，也有代圣贤立言的经书注疏，可说

---

① 熊十力：《答邓子琴》，《十力语要》，第188页。
② 叶尔昌：《废书院时文诗赋为有用之学议》，《中国近代教育史资料汇编·洋务运动时期教育》，第718页。其他8斋为天算斋、舆志斋、西学斋、军事斋、商务斋、律例斋、格物斋、制造斋，为西学范畴。宋学指什么，掌故讲什么，治事和时务对应什么，文章里都有明确交代。
③ 同上书，第717页。
④ 汪辟疆：《中学国学用书叙目》，《国衡》1935年第1卷第1期。

对整个学术范围内的各方面都有所贡献。但就个人的才性及用力的浅深说，本来不能不有所偏至；所以一些有名的学人仍然只能以一种专长著名，如朱熹以理学著名，李白以诗著名，人们决不会指朱熹为诗人，指李白为理学家。所以事实上，国学仍然是分了部分的。①

一会儿是主旨精神上的不分科，一会儿又是才性上事实的分科。这儿说不分科，下文又以义理、辞章和考据为国学三大部门，继而提出义理有派别无分科、考据有分科有派别、辞章派别就是分科，让人云里雾里，足见其思想之缠绕。

然而曹朴包括熊十力，也道出了义理、考据、辞章乃就才性和专长而言的特点。裘毓麟曾言，"自汉唐以来，未闻有一人而兼经学、小学、性理、考据、佛典、词章、词曲之长者也"②，理想的通儒古今无几，近人中哪怕纪昀这样的硕学，评论自己不擅长的理学也"开口即错"③。正因"天之生才，虽美不能无偏"，而中国学术又讲究融会贯通，所以才"以能兼长者为贵"。④何况即使诸科都学，也总有更突出或更愿意标榜的一种。即便王安石诗文俱佳，后人也首先把他归入政治家的行列，恐怕他本人也更愿以经济而非辞章名世。达·芬奇这样的全才，今天依然首先被视为艺术家。西方并非自古推崇专学专家，古代中国不可能存在现代意义的专家之学，这种比照式的追寻本身就犯了时代性错误。与其争论中国古代到底有没有学术分科，不如拷问各人的立场是什么，又想拿它来做什么用。

义理、考据、辞章的对举和清代考据学的兴盛有关。上章说过，中国古代罗列名目时，未必像今天这样严格地遵循平行并列关系，经常把某类子目单独拎出来加以强调。既然宋明理学以阐发义理为功，清人以朴学独步古今，有意标举考据并不难理解。今天不也于唐诗之外另立宋词吗？二者亦非平行或对称关系，所以给人宋代文学以词为首的错误印象。也因此，考据为清人

---

① 曹朴：《国学常识》，文光书店，1947，第6页。
② 转引自钱基博：《十年来之国学商兑》，《光华大学半月刊》1935年第9、10期。
③ 同上。
④ 姚鼐：《述庵文钞序》，《惜抱轩全集》，第46页。

及后人所乐道,此前很少有义理、考据、辞章这样的归纳方式。试想若抽去考据,辞章如何能与义理并列?认为饾饤事小的晚清书院,放弃考据,也就只能回到经、史、辞章的格局。一些学者想在更早的史料里翻检,拼命把义理、考据、辞章往前溯,实在有些不明就里。

二 孔门四科说的偏执

仅从晚清人的称引里,是看不出义理、考据、经济、辞章四分的合理与不合理的。更麻烦的是,它还往往和孔门四科对接起来。

《论语·先进》有"德行:颜渊、闵子骞、冉伯牛、仲弓。言语:宰我、子贡。政事:冉有、季路。文学:子游、子夏"之语。据说古本"德行"前还有"子曰"二字。司马迁《史记》认为这是孔子对77位受业身通的优秀弟子进行的表彰。范仲淹《推委臣下论》也说"孔子之辨门人,标以四科"。朱熹《论语集注》不曾提过孔子分科授学的事,只是说孔子因材施教,"并目其所长,分为四科"。而南朝刘义庆的《世说新语》里就有德行、言语、政事、文学的纲目,隋崔赜的《八代四科志》分四科为八代之人作传。然而这些都是对事类和人物才性进行分置,并不涉及教学和学术,更没有说这四科可以总揽中国学术。

清末不少人把义理、考据、经济、辞章和孔门四科进行对应,曾国藩言:

> 为学之术有四:曰义理,曰考据,曰辞章,曰经济。义理者,在孔门为德行之科,今世目为宋学者也;考据者,在孔门为文学之科,今世目为汉学者也;辞章者,在孔门为言语之科,从古艺文及今世制义、诗赋皆是也;经济者,在孔门为政事之科,前代典礼、政书及当世掌故皆是也。①

以阐发义理的宋代理学或道学对应孔门弟子的德行,不难理解。只是这里的宋学侧重的不是宋代这个时期,而是宋代不同于清代的治学路径,就像下文

---

① 曾国藩:《劝学篇示直隶士子》,朱东安选注:《帷幄辞章——曾国藩文选》,百花文艺出版社,2002,第302—303页。

的汉学不特指汉代而是汉式的字句考订一样，也包括了清代考据学。把孔门的文学对应考订名物和句意的汉学或朴学或考据学，而非辞章，涉及古今"文学"的不同所指。《论语》称的"文学"，如皇侃《论语义疏》所言，乃"善先王典文"，即《论语笔解》的"《记》所谓离经辨志，论学取友，小成大成，自下而上升者也"①，就是学术，故以传学于世的子夏为代表。曾国藩以文学指代儒家典籍的书本知识，相对道德实践而言；以考据对应学术，说明清代汉学之盛。论当朝学术未为不可，论古今学术则会以偏概全。但此处是有发言语境的，与直隶学子论学，是就当前学术而言，不可放之过大。

辞章为文章写作，包括古文和韵文，因此并不排斥科举制义。但以此对应"言语"，则值得注意。刘宝楠《论语正义》引《毛诗传》说，"建邦能命龟，田能施命，作器能铭，使能造命，升高能赋，师旅能誓，山川能说，丧纪能诔，祭祀能语"是为言语，或曰辞命，范围很广。②言语的代表人物是子贡，近纵横家，所谓"子贡一出，存鲁，乱齐，破吴，强晋而霸越。子贡一使，使势相破，十年之中，五国各有变"（《史记·仲尼弟子列传》）。他靠的是头脑和利口，不以文章写作名世。《汉书·艺文志》把诗赋之源追到诸侯大夫的交接邻国，确以"聘问歌咏"为后世文学之滥觞。称诗喻志、转危为安的行人辞命，萎缩为纸面文章，继而沦落为八股制艺，正是清代理学家李颙在《四书反身录》里哀叹的因不重实际，文学"根本由此坏矣"③。所以曾国藩以言语对应文章，有追古返初之意，不能说错。与古之"文学"本来就寓学术之意，不在同一层面。至于经济，与政事对接，即上文讨论的掌故、政学、实学、时务，晚清经常换用。曾国藩后文说"义理与经济初无两术之可分"，立足体用的区别，所谓有圣人之德方有圣人之治，所以有时他只言义理、考据、辞章，不单提经济。与张之洞后来取消广雅书院的经济科，换为文学科，大体不悖。

1882年李元度亦言"学术之途三，曰义理，曰政事，曰文章，即古所称

---

① 程树德：《论语集释》，中华书局，1990，第744页。
② 刘宝楠：《论语正义》，中华书局，1998，第442页。
③ 程树德：《论语集释》，第745页。

三不朽,亦即圣门德行、政事、文学之科也。凡义理与政事,必借文章发明之。义理之说,圣贤及儒先备矣。政事则与时变通,一代之兴,其典章制度,率斟酌古今之宜而出之"①,但性质又有所不同。义理、考据、辞章、经济4项中省去了考据,德行、言语、政事、文学4科中略去了言语,是为与"三不朽"的传统资源进行对接——"太上有立德,其次有立功,其次有立言"(《左传·襄公二十四年》)。他说的文学就是曾国藩嘴里的言语,取的是后世流变之文章,事实上把"文学"放大到更大的、统领性的学术范围,以与德行和事功相对。在不朽的事业面前,考据没有和义理、经济并立的资格,绝不等于著书立说的"立言"垂教。一方面这再次证明,考据和其他3科并非并列关系,它有特定的发言语境。另一方面,义理(德行)、经济(政事)、辞章(文学)的高下之别由来已久,并非晚清的发明。其中更多的是价值的排序,学术方面的对举是一种引申,会缩小范围。

尽管历朝历代都有论学文章,却不像晚清这样带有较多的总结意识。总结的前提是把中国学术作为一个整体来分析,而非以前那样各就所习论辨,就事论事,显然因为它对面站着一个整体的西学。前人论学,即便希圣希贤是最高诉求,但面对的是文本著述,所以文章虽小道,却是载道之宝筏。清代考据学成为显学,地位曾经被放大。到清末面对国势衰微时,价值又降到了最低,所以约取有用中学时不见有考据,甚至直接被严修放逐。与此同时,是经济地位的凸显。在从前的"三不朽"里,性质最模糊的就是"立功"。大禹治水和周公兼夷狄,究竟属于立德还是立功,人们总是闪烁其词,最后只好归结为功德不轻许。李元度把功业和经邦治国的政学进行对接,范围是缩小了的。但由德、行、言的序列,进入经济掌故之学,学术的性质得以强化。我想说的是,不做区分地把前人的各种说法拼接在一起,用今天的治学眼光来看,是成问题的。古代中国的确没有论说前先明确概念的习惯,但许多文本本不是论学文章,即便述学也是中式归约。今人既做西式的研究,就尤其要警惕断章取义的截取和阐发。

李元度并不关心这三种不同的归纳方式是否能统一,事实上他也进行了

---

① 李元度:《序》,饶玉成编:《皇朝经世文续编》,江右饶氏双峰书屋,1882,第1页。

选择性的处理。他的主旨很清楚，三者不该分离："文之至者可以载道，其次则明道，又其次则道政事，汉儒所称实事求是，皆为经世计也。自雕虫篆刻之习盛，文章与政事始判为二。文不关于政理之得失，则虚车而已矣。"① 文章成为文学，政事不关义理，学术不求经世，文章、学术与人心、国家就都坏掉了。和曾国藩一样，虽然义理、考据、辞章、经济各有侧重，但《劝学篇示直隶士子》的主旨是反对割裂与偏离（"人之才智，上哲少而中下多；有生又不过数十寒暑，势不能求此四术遍现而尽取之。是以君子贵慎其所择，而先其所急。择其切于吾身心不可造次离者，则莫急于义理之学"②）。因此，无论是曾国藩首推义理，还是李元度强调经济，借用孔门四科都意在强调学术有轻重缓急，反对各成壁垒，甚至本末倒置。既然反对这种割裂学术的偏颇，他们自然不赞同四者是平行并列关系了。

熊十力说"四科标名虽由近代，其源实自孔门"③。可明代王樵在《四书绍闻编》里就已质问："四科者，弟子所目，夫子未尝以是设科也。圣人教人，各因其材，使入于道后各有所成。言其所长，则有是四者之目耳。如子贡长于言语，其学岂必不以德行为本？"④ 无论是言语、政事，还是文学，都不能舍德行而专修，这是显而易见的儒家传统，也是曾国藩、李元度，包括姚鼐、程颐等但凡提过义理、考据、辞章者的共同态度，所以马一浮明确批评：

> 姚姬传以义理、考据、词章并列为三，实不知类。词章岂得倍于义理？义理又岂能不用考据？朱子每教人先看注疏，岂是束书不观？

> 分科之说，何自而起？起于误解《论语》"从我在陈"一章。记者举此十人有德行、言语、政事、文学诸目，特就诸子才质所长言之，非谓孔门设此四科也。十子者，皆身通六艺，并为大儒，岂于六艺之外别有四科？盖约人则品覆殊称，约教则宗归无异。德行、文学乃总相之名，

---

① 李元度：《序》，《皇朝经世文续编》，第 1 页。
② 曾国藩：《劝学篇示直隶士子》，《帷幄辞章——曾国藩文选》，第 303 页。
③ 熊十力：《答邓子琴》，《十力语要》，第 190 页。引文中的"四科"指义理、考据、辞章、经济。
④ 程树德：《论语集释》，第 745 页。

言语、政事特别相之目。总为六艺，别则《诗》《书》，岂谓各不相通而独名一事哉！故有判教而无分科。若其有之，则成偏小，非六艺之道也。①

姚鼐的《述庵文钞序》其实不是不要义理和考据，只要文章，而是说光有义理和考据，还不足以成辞章，三者要以"能兼长者为贵"。只是他的归纳如此盛行，乃至提到义理、考据、辞章就会追溯到他，在反对者眼里反而成了贻害之始，可谓因言受累。

既然今人把分科上溯到孔子，马一浮就只好把错误归结到对《论语》的误读上。其实历代《论语》注疏皆主才性说，没有孔子分科设学的提法，"求圣人之初心"的笺经传经不可能背离儒家的基本主张。作为明清科举考试标准读本的朱熹版《论语集注》，于此还专门点明了孔子因材施教的特点。如果应试举子连这点都看错，就只能三年后再考了。熊十力、马一浮等近代儒学大家，纷纷于此再三辨析，说明分科比附说之盛行，也说明这并非无关痛痒的小事。它干扰了儒学的基本价值追求，也干扰了近代史学者的学术研究，不少人依旧抛开传统语境乐此不疲地总结、追溯着中国古代的学术分科传统。

三 发掘儒学分科的意义

那么，这种溯古和对接还有意义吗？先来看一个例子。

郑观应在《考试》一文里，建议学校分文、武两类设教。文学类可分文学、政事、言语、格致、艺学、杂学6科。后3类为西学，大致是物理化学、天文地理制造、农商医学。前3科为中学，显然参照了德行、言语、政事、文学的分类方式，只是德行无法通过笔试来甄别。诗文、辞赋、章奏、笺启等写作归于文学，吏治、兵刑、钱谷之事归政事，各国语言文字、律例、公法、条约、交涉、聘问归于言语。② 言语统包外语和外交，古今都照顾到了，很有新意。一般性的做法如《皇朝经世文编续集序》，在把文学过渡给辞章

---

① 马一浮：《复性书院讲录》，《马一浮全集》第1册上，浙江古籍出版社，2013，第124、131页。
② 郑观应：《考试》，《郑观应集·盛世危言》，第76页。

之后,"言语"就消失了。新教育新学制是把外语并在文学里,其实语言文字和文学还是有距离的,好比汉语不等于中国文学。晚清学习西学最早从语言开始,而外事交涉的紧迫是开设外语学校的直接推力,无论经济6科里的外交,还是大学堂章程中的外国文学,都没有准确反映它们之间的联动性。反而是前此的郑观应,激活了"言语"的古义。"言语"本来就指行人辞命,秦汉以后才流为纸面文章的。政事比经济、掌故、时务、实学一类的表述(经常混用),更明确也更集中。文学则比辞章空间大。这些内容出现在1884年的文章里,非常超前。激活传统以纳西学,是对中学边缘知识的重新利用,既非复古,也比再造新词的成本低,是一种践行性的再创造。

对义理、考据、辞章、经济和德行、言语、政事、文学四分法批驳最多的,是所有类目都不能脱离义理或德行独立成科。用今天的话来讲,四者不是并列关系,包含与被包含混杂其间。中式并称有排座次、定先后的传统,而西式分科前提是彼此对等,二者前提大不相同,因而说有与说无都能成立,又都不确当。也正因为如此,不能离开精神谈形式,中式并称不等于西式分科。

但是,这种对四分法的挖掘亦非完全没有价值。首先它跳出了经、史、子、集"四部"框架,寻找另一种归纳的可能。而且跳出了书本知识,导入德行和政事,实际更能体现儒家对士君子,尤其在国家多难之秋的高要求。儒家追求的理想人格自古就是内圣外王、文质彬彬,即立德、立功、立言相需而行。因而立言垂教就是立功,治国安邦就是树德垂范,无德则言事不取,三者没有绝对界限。用西式逻辑要求中学,可谓舍本逐末,无视儒家的人格理想追求。最终决定文化样态的是价值观,而非外在的形式感。因而李元度对"三不朽"理念的引入,是极富启发性的。义理与经济侧重的也是经世精神,而不仅限于内容。在西学的对照下,其实纠偏的意味大于比附,这点到民国更加明显。

1929年钱基博在《今日之国学论》里,把国学分为古典主义和人文主义两大阵营:古典主义即考据派,古有汉代古文学派,近有清代朴学,时下胡适的新汉学及其北大派都属此系;人文主义即义理派,古有今文经学,后有宋明理学,当前反对北大派的学衡派和东大派属于此系。尽管北大派气盛,人文主义势薄，但钱基博认为古典考据是歧路，人文主义才是国学之正宗。因为国学乃一国之人文，为国性之自觉，非考订与辨伪所能涵盖。① 钱基博拈出义理（人文）和考据（古典），是论"今日之国学"，未曾说是梳理中国学术史，与前清人的有感而发一样。

名考据为"古典"，或许意在揭示北大派的"整理国故"不过是改头换面的汉学而已。不叫义理而称"人文"，或许不想带入道德文章的旧气息，而且肯定了传统的治学追求：涵养育人，以人文化成天下。钱基博反对为学术而学术、以书本为学术的狭隘学术观，认为其"过重知识论"，不过是"托外援以自张壁垒"，其实走的仍是考据的老路子。他警示说，不当以当前声势，误判国学正统。重提义理和考据，而且是只提义理和考据，显然是有所针对。或者说从清中叶至民国，义理、考据、辞章对举的共同背景是考据学的盛大。标举考据者强调其与义理同行，反对考据者不断重申义理为大。可越争辩，考据和义理并列似乎就越成定论，多少人会细读全文并区分语境呢？这就是依古和傍古强大且有效的原因所在。

四　民国的国学"正统"之争

当然，钱基博提倡人文主义，与曾国藩推举义理又有不同。他不为强调融通，而是急于分辨中国学术的主脉与支流，害怕风靡一时的科学知识论把国学带入歧途。"科学方法"的确提升了考据，胡适的新汉学也率先实现了考据学的西式转换（详见第七章第二节）。如吴文祺就认为只有考订学、文字学、校勘学、训诂学才是"纯粹的国故学"，视考据为唯一合法的、符合科学标准的中国古代学术（后三者都是考据的分支，考订学具体指什么没有明言）。② 被钱基博归于反对派的东大派代表顾实，在《国立东南大学国学院整理国学计划书》里提出国学"两观三支"说：诗文是国学的主观部分，客观部分有科学和典籍两脉，科学部可以以胡适的西式新方法推进，典籍部却

---

① 钱基博：《今日之国学论》，《国光》1929年第1卷第1期。
② 吴文祺：《重新估定国故学之价值》，许啸天编辑：《国故学讨论集》，上海书店，1991，第42页。

仍当依旧法进行。① 这个旧法就包括疏证、校理、纂修等手段，是考据学的范围。就方法论而言，这与胡适的新汉学并非截然两途。所以不接受顾实中西有别论的批评者，就会认为"以国故理董国故"多此一举，不知所云。顾实的异议还在于另辟国学的主观部分。以诗文为代表容易引起误解，其实是想强调国学里面还有揭橥世相和感化人心的内容，在考据和知识之上还有精神和情感，与梁启超于"文献的学问"外另辟"德性的学问"② 相近。

人文主义也好，德性的学问、主观的国学也罢，都是强调学术不只是考据。学风走到了曾国藩坚持的经济和辞章皆不能脱离义理的反面：曾氏不取考据，而此时唯有考据。因为在胡适"科学方法"的转化下，只有考据顺利与西方治学精神实现了对接。至于义理或德行，已随同经学和儒学，处于被打倒的境地。辞章改造为新文学，主导思路就是挣脱封建义理，不再载道（见第六章第三节）。可以说，近代学术走的就是各自分离、互相独立的道路。因此民国人虽然也回顾义理、考据、经济、辞章或德行、政事、言语、文学的古代科目，却与清人主合不主分的立场截然相反。考据非但不再让位于义理和经济，反而成为新时期的主流。旧义理非但不够突出，而且面临被批判和被取缔的命运。

在这样的情况下，"保守派"们焦虑不已，提出了国学的正宗问题，或者说叩问什么才是国学真正宝贵的品质，柳诒徵的《中国文化西被之商榷》就极具代表性。他认为能真正代表国学的、最值得向全世界推广的中国文化，绝非当前兴盛的小学、考据学、金石学，或是辞章、掌故之学，而是不诉诸宗教并以内省、重义、节欲养成人格的人伦道德主义。中国所有的训诂、考据、文学都是围绕这个中心展开的。他说的人伦道德其实就是义理，不过是新时期换了一种说法而已。儒家德行或经学义理找不到西学的对应内容，但没有对应内容不代表就应当忽略或遗弃，反而最能彰显中学的特色，体现儒学的精神。非但如此，它还是最能补益世界的中国学术，这正是近代新儒家的立场。所以重提儒门四科，是一种有针对的纠偏，同时也是西学挤压下的

---

① 顾实：《国立东南大学国学院整理国学计划书》，《国学丛刊》1923年第1卷第4期。
② 梁启超：《治国学的两条大路》，《饮冰室合集》文集第14册，第3844页。

中学再发现。若没有西学做对比,中国古代士大夫必定认为讲求义理和德行乃天经地义,根本没有必要也不会在经义、训诂、辞章之间量长较短。就像从南朝刘勰的《文心雕龙》,到清中叶章学诚的《文史通义》,无一不是先原道再宗经,最后论学、论文章。

1942年陆懋德在《论国学的正统》里也指出:

> 孔门有四科,曰"德行、言语、政事、文学"。此皆指其专长而言,并非谓通德行者不通政事,通政事者不通德行也。试以四科言之,德行即指修养,政事即指致用,而言语文学皆指发表的技术而言,其实如德行不足,政事不达,则其言语文学,亦必无可贵的发表。试思子贡列在言语之科,而孔子又称"赐(子贡)也达,于从政乎何有"?仲弓列在德行之科,而孔子又称"雍(仲弓)也,可使南面"。此见子贡虽长于言语,仲弓虽长于德行,而同时又皆通政事,斯则吾所谓全才也。①

用曹朴的话来说,德行为先是"宋明以来儒家正统派的传统意见"②,但陆懋德的表述方式是新的,用修养来避嫌。无德无行,空谈的技术再高,也名不符实,甚至是伪善。陆氏此时提出孔门四科,立意不在舍德行其他三科不能专修,而是强调中国学术向来讲究内圣外王、明体达用,这种精神才是国学最不该舍弃的。题为"国学的正统",和钱基博"国学之正规"一样,显然认为当前的国学研究在选择上出了问题——"民国以来,治国学者,多循一时之尚,而入于琐碎考证之学,故三十年之结果,竟无全才可用。余故述其管见于此,愿与治国学者共勉之"③。其撰文目的亦是批判时下考据之风太甚,乃至遗忘了中国学术的根本在德行、修养和践行。后来钱穆也反复强调"孔门所授,乃有最高的人生大道德行一科……在孔门教义中,道义远重于职业"④。如果不汲汲于分科依据的找寻,哪怕对儒学稍有了解,无论认不认同,都不能否认这是古代学术的基本事实。在保守主义者眼里,如果连学术

---

① 陆懋德:《论国学的正统》,《责善》1942年第2卷第22期。
② 曹朴:《国学常识》,第7页。
③ 陆懋德:《论国学的正统》,《责善》1942年第2卷第22期。
④ 钱穆:《中国历史上的传统教育》,《国史新论》,生活·读书·新知三联书店,2001,第223页。

的精神根本都丢了，治学又有什么意义呢？

当欧化成为共识，国学正统之争逐渐变得多余甚至落后，因为胡适倡导的"用科学的方法整理国故"成为学术主流。从 20 世纪 20 年代开始，报纸杂志上出现了一批总结和介绍国学的文章。三四十年代涌现了大量《国学概论》《国学常识》《国学读本》之类的普及读物。无论深浅精粗，大多对国学及其发展脉络进行了梳理。一些本无定论的争议，便在这种系统陈述和互相转引中成为常识。1923 年胡朴安在《研究国学之方法》里就说"分类之法，行之甚早，孔子已有德行政治言语文学四科之分"。尽管他认为"此等分类方法，不甚精密"，建议按西式分科把国学分理为哲理、礼教、史地、语言文字、文章、艺术 6 类。① 但在他的陈述里，孔门四科就是中国最早的学术分类。

概论性的读本大多遵循先介绍"国学"由来与含义，再讲述国学范围和分类，最后谈治学方法和态度的套路。如 1943 年曹朴在《国学常识》第一章"国学的分科"里，就谈到曾国藩的义理、考据、辞章之说。即便批评"三大部分的研究对象，都是经史，整个学术范围，非常狭小"，但他仍是在这个基础上进行扩充的：把义理扩充到老学和墨学，把辞章扩大到过去不受重视的小说和戏曲，考据则分狭义与广义。② 当然这种展开方式不多，同期的普及读本多依经、史、子、集"四部"框架讲述，我们第四节再展开。此类写作面向普通民众，本非严格意义的学术讨论，也未必有太多的原创，但却反映了当时的学术接受状况，并因共振和传播效力汇入此时的学术系统建设中。传播和普及始终是近代学术研究需要考虑的因素：当某个问题反复被提及，就成了学术议题，哪怕本来是伪命题；当某个观点被广泛接受，就成了一时难以改变的通识，哪怕它本身错误。学术总是在重重辨伪和厘析中展开，尤其在近代的混乱成型期，澄清往往比立论更费工夫。

---

① 胡朴安：《研究国学之方法》，《国学周刊》1923 年第 6 期。
② 曹朴：《国学常识》，第 7 页。

第三节 "六艺"类学平议

一 章太炎的大小六艺说

无论是谈"国粹"还是"国学",章太炎经常被视为始作俑者。1906年章太炎在日本成立了"国学振起社",讲授语言文字、文学、诸子学等学术专题,许多后来的文化名人都去聆听。1913年受到人身限制后,他又在共和党本部讲授经学、史学、小学和玄学。1922年应江苏教育会邀请的国学演讲集《国学概论》,居然重印了30多次,在日本还印过2回。梁启超称"盖炳麟中岁以后所得,固非清学所能限矣。其影响于近年来学界者亦至巨"①。毛子水和胡适把"国故"的名号溯源到他,三四十年代的国学读本把"国学"概念归功于他,足见他的号召力和影响力。

但是和梁启超一样,章太炎的思想也是不断变化的。1910年刊行于日本的《国故论衡》还是按小学、文学、诸子学的序列进行,1922年的《国学概论》就以经学、史学、诸子学为主体了。② 此间侧重点有所变化,但大体仍在"四部"框架里伸缩。1933年,章太炎晚年在苏州章氏国学讲习会讲学时,又以"小学略说""经学略说""史学略说""诸子略说""文学略说"为纲目,内容更加完整,后由门人整理刊发在《制言》半月刊上。值得注意的是,1933年3月14日章太炎在无锡国学专门学校做过一次题为"国学之统宗"的演讲,刊载于《制言》第54期。讲了一辈子国学的章太炎,突然提出国学统宗的问题,即什么才是国学的首脑与纲要。与上节谈到的钱基博、陆懋德一样,其正本辨误的用意大于总结。与早年铺陈小学、经学、哲学、文学和偏重文字训诂的治学取向不同,章太炎晚年提出了中学的"约持之

---

① 梁启超:《清代学术概论》,《饮冰室合集》专集第9册,第6836页。
② 《国学概论》第一章谈论国学"本体"时,并没有给"国学"下定义,只是澄清经史非神话、经典诸子非宗教、历史非小说传奇,从中可见章氏眼中的国学主体是经、史、子。接下来的三章为"国学的派别",具体讲述了"经学之派别""哲学之派别"和"文学之派别",虽然名称有所改换,但仍以经、史、子、集为基本框架。晚年的演讲录则把小学和史学单独提出来。由于是专题性的演讲形式,而且重在各内容内部的系统梳理上,所以还须从演讲的具体内容把握章太炎的国学基本观点和基本态度。

道"问题,即要为众人拎出国学的主线来。

章太炎的"约持",当然不同于张之洞的"化约",目的和情境都变了。章太炎强调"周孔之道,不外修己治人,其要归于六经",以德行修养为根本,以六经为纲要。①"六经"(《诗》《书》《礼》《易》《乐》《春秋》)又称"六艺",很容易和"成周六艺"混淆。"成周六艺"是1903年张謇在《学制宜仿成周教法师孔子说》里重提的礼、乐、射、御、书、数,是周代贵族教育的内容。张謇说"成周普通教育,该于六艺,今世好古君子,辄曰保存国粹,国粹者六艺也。经且不足以该之,而况于泛览词章之事哉"②,强调的是"成周六艺"不限于书本知识,6种技能大于辞章,也广于"六经"。章太炎在《国学讲演录》里曾言:

> 汉人所谓"六艺",与《周礼·保氏》不同。汉儒以六经为六艺,《保氏》以礼、乐、射、御、书、数为六艺。六经者,大艺也;礼、乐、射、御、书、数者,小艺也。语似分歧,实无二致。古人先识文字,后究大学之道。后代则垂髫而讽六经;篆籀古文,反以当时罕习,致白首而不能通。③

据此便有"大六艺"和"小六艺"之分。"大六艺"指《诗》《书》《礼》《易》《乐》《春秋》6种核心典籍,也就是马一浮说的"成均六艺"。"小六艺"指礼、乐、射、御、书、数6种成周贵族教育的内容,即1890年汤震提到的"保氏九章"。大小显然不是从张謇所持的范围上来区分的,而是据先后次第,如同朱熹解"小学"和"大学"一般,从洒扫应对的进退之节渐入穷理正心的修己治人之道(《大学章句序》)。从时间上看,小六艺还早于大六艺。孔子之前,贵族不以读书为唯一能事。但在后来的文官选举社会里,儒生不习骑射,只攻诗书。所以章太炎说的"实无二致"是学理上的相通,和朱熹的理解一样,只是由博入约、由粗入精、登堂入室的过程区别,而非具体子类的比对,否则显然不适用于隋唐之后的科举时代。为了避免混乱,

---

① 章太炎:《国学之统宗》,《制言》1939年第54期。
② 张謇:《学制宜仿成周教法师孔子说》,《中国近代教育史资料汇编·学制演变》,第177页。
③ 章太炎:《国学概论;外一种:国学演讲录》,岳麓书社,2010,第70页。

暂以大小相别，也是一种办法。此前很少有人这样称呼。

虽然六经或六艺的提法并非章太炎的发明，从《汉书·艺文志》开始就以"六艺略"为目录名称，但《国学之统宗》不仅强调践道躬行的儒学根本，而且在经学已废的情况下，重申六经才是国学统宗，意义已与以往的"宗经"不同了。为避免世人因六艺"散漫"而弃置不观，他特意梳理了其中之精要《孝经》《大学》《儒行》《丧服》4篇，苦口婆心地说："其原文合之不过一万字，以之讲诵，以之躬行，修己治人之道，大抵在是矣。"① 比起张之洞的"损之又损"，这一万字的经学文本的确把要求降到了最低。然而，尽管章太炎曾是学术泰斗，这回别人却不再买他的账了，激进了大半辈子的章炳麟晚年被归入落后阵营。事实上，他的苏州国学讲习所门庭冷落，时人在回忆文章里曾唏嘘不已。他自己在《制言发刊宣言》里也说，1932 年返乡讲学吴中是因为"知当世无可为"矣！②

在《发刊宣言》里，他抨击清中叶的骈文冲击古文、清末康有为轻视经典的今文做派、当前新文化派否认古书言论，是导致国学不振的三大根由，"祸几于秦皇焚书矣"。他强调无论是研究诸子学，还是笔记小说，都应当"先明群经史传，而后为之"，否则皮之不存，毛将焉附？显然，他确有所指，针对的是胡适、郑振铎一派弃置经史的西式专科研究做法。他以曾子的"博学而孱守之"自命，明确表示与新学异路。尽管晚年章太炎对六经或六艺的推举，被视为思想倒退的例证，但这是不同语境下对中国传统学术的重新审视，是近代无法回避也不容忽略的文化现象，而且他对经学的回归并非孤例。

二 马一浮六艺论的新意

1938 年，马一浮应浙江大学校长竺可桢之请，在浙大讲学，文稿汇为《泰和会语》。马一浮说，"照一般时贤所讲"，国学"或分为小学（文字

---

① 章太炎：《国学之统宗》，《制言》1939 年第 54 期。
② 章太炎：《制言发刊宣言》，《制言》1935 年第 1 卷第 1 期。

学)、经学、诸子学、史学等类,大致依四部立名"①,显然指早期章太炎的类分方式。但是马一浮提出"四部"是图书分类,离学术源流还有一定的距离。他在《复性书院讲义》里批驳过孔门四科是误读,以义理、考据、辞章三分学术为"实不知类"。晚清以来谈得最多的几种中学分类,都被马一浮否定了。他其实想说的是,应该以六艺统摄学术。他说的"六艺"就是六经,与章太炎大六艺重合。然而,章太炎意在教人以简驭繁地抓住国学的根本,马一浮是主张以六艺统摄一切学术,不分中学与西学。《泰和会语》有《论六艺该摄一切学术》《论六艺统摄于一心》《论西来学术亦统于六艺》《举六艺明统类是始条理之事》等篇目,意在以中学为纲,构建"六艺之为道,一心之为德"的新儒学体系。如果说章太炎意在如何续古,那么马一浮便意在开新了。

马一浮指出,六艺是孔子之教,"一切学术之原皆出于此,其余都是六艺之支流。故六艺可以该摄诸学,诸学不能该摄六艺"②。从学术源流上讲,六经确为子史之滥觞,经统"四部"也是古往一贯的做法。但不同于唐宋道统论和复古说,马一浮溯学先秦,不为排佛伤儒,否认后世学术的纯粹性,而是认为这个框架可以扩充,用以容纳西学;也不同于清初章学诚以战国诸子文皆出于六艺(《文史通义·诗教》),不为证明"道体无所不该",诸子皆可离文见道,而是主张发扬六艺的精神。既然六艺是自心本具的德性,国学不是凭借外缘的产物,就不当徇物忘己,皮附西学或排斥西学,学术本应"通天下之志"。他提出的化西入中、合二为一方案是:

> 如自然科学可统于《易》,社会科学或人文科学可统于《春秋》。因《易》明天道,凡研究自然界一切现象者皆属之;《春秋》明人事,凡研究人类社会一切组织形态者皆属之……社会科学之义,亦是以道名分为归。凡言名分者,不能外于《春秋》也。文学、艺术统于《诗》《乐》,政治、法律、经济统于《书》《礼》,此最易知。宗教虽信仰不同,亦统于《礼》,所谓"亡于礼者之礼也"。哲学思想派别虽殊,浅深小大亦皆

---

① 马一浮:《泰和会语》,《马一浮全集》第1册上,第8页。

② 同上书,第8页。

各有所见,大抵本体论近于《易》,认识论近于《乐》,经验论近于《礼》;唯心者《乐》之遗,唯物者《礼》之失。凡言宇宙观者皆有《易》之意,言人生观者皆有《春秋》之意,但彼皆各有封执而不能观其会通。①

不难看出,马一浮对西学分类已有相当了解,非但道出了自然科学、社会科学、人文科学的总类,而且对其性质有中式的解读——"以道名分为归",时人少有如此的判断。把自然科学归于《易》类,社会科学归于《春秋》类,属之以宇宙观和人生观的分野,与传统以《易》为群经之首、史在经后的观念,还是有距离的。这说明马一浮对六艺的理解,是精神上的把握,而非具体内容的恪守,否则就无法对接西学了。值得注意的不仅是文学、艺术、政治、法律、经济的中式归属,马一浮还对哲学做了拆分:本体论归《易》类,认识论归《乐》类,经验论归《礼》类,唯心主义归《乐》类,唯物主义归《礼》类。把哲学大卸八块,一一分装进六艺的框架,最能说明其以中括西、以中学为主体的基本精神,和当时拆分经学并入西式学科的做法,形成鲜明的对比。

1901 年蔡元培就提出过相反的路线:"《书》为历史学,《春秋》为政治学,《礼》为伦理学,《乐》为美术学,《诗》亦美术学。而兴观群怨,事父事君,以至多识鸟兽草木之名,则赅心理、伦理及理学,皆道学专科也。《易》如今之纯正哲学,则通科也。"②蔡元培主张散经学入西学,但六艺的具体归属方式与今天不同。视《春秋》为政治学而非历史学,秉持的是今文经学的视点。孙宝瑄主张"《周易》,哲学也;《尚书》、《三礼》、《春秋》,史学也;《论语》、《孝经》,修身伦理学也;《毛诗》,美术学也;《尔雅》,博物学也。故我国十三经,可称三代以前普通学"③,对伦理学和历史学的理解又不一样。《诗经》入美术而非文学,说明当时西方"文学"观念尚未凸显。在《周易》的处理上,则达成了共识。长期担任书院教习的宋恕,则认

---

① 马一浮:《泰和会语》,《马一浮全集》第 1 册上,第 17—18 页。
② 蔡元培:《学堂教科论》,《蔡元培全集》第 1 卷,浙江教育出版社,1997,第 337 页。
③ 孙宝瑄:《忘山庐日记》上册,第 529 页。

为《周易》和《诗经》都应归入"总科之社会学",《书》和《春秋》经传当入"别科之时史学",《孝经》为"别科之伦理学",《论语》和《孟子》入"别科之伦理、政治、教育诸学"。① 与马一浮首推《周易》和《春秋》不一样,他更重视《周易》和《诗经》。可见即便接受中式教育,不同的人对六艺的认知也不一样,对西式学科的把握就更不同了,切分经学的方案很难一致,遑论胡适、傅斯年等接受西式教育的下一代。

蔡元培不言经学或理学,以道学统称六艺("六艺,即道学也");孙宝瑄认为十三经是三代以前的普通学;宋恕区分总科和别科,都是值得注意的现象。总的来说,这是以西学分科规置六艺,这种改造思路被多数新派所采纳。但到了民国,有人犹觉不足,提出要"打破以'全书'为单位之旧法,而采取以'篇什'为单位之新法"②,如把《论语》拆散,分置教育哲学、人生哲学、文艺批评、政治哲学、宇宙本体论、方法论中。曹聚仁说:"打破四部之分类而以学术分类为依归,旧籍分类多从四部,四部之陋,昔人已深病之,如易诗书礼春秋五者,依四部必入经部;若依其性质,则易当分入哲学社会学文字学,诗当入文学,书多当分入政治学社会学法制学,礼当分入教育学政治学社会学,春秋当分入史学政治学。"③ 如此一来,不仅六艺被拆分,一书也被拆解,经典全部碎片化。可见马一浮《泰和会语》开篇即强调国学"不是零碎断片的知识,是有体系的,不可当成杂货",不是无的放矢,以六艺统摄学术正是对中学自成体系的坚持。把确立六艺纲目作为条理学术的起点,是要从整体着眼,保留中国学术的独特气质与独立精神。

如此推崇"六艺",就不能视为尊古书、从古学了,马一浮对"六艺"的内涵和外延进行了扩充,使其在新形势下继续光大。他的抱负不是在古学里筛选合适的分类方式求有限之保存,而是面向未来,寻找能够融通中西学术的新框架,以求把中西学术、古今学术打成一片,实现所谓"活鲜鲜的,不可目为古董"的真国学之发展壮大。他说:

---

① 宋恕:《代拟瑞安演说会章程》,《宋恕集》,第350页。
② 曹聚仁:《春雷初动中之国故学》,《国故学讨论集》,第100页。
③ 同上书,第101页。

> 学者当知六艺之教，固是中国至高特殊之文化：唯其可以推行于全人类，放之四海而皆准，所以至高；唯其为现在人类中尚有多数未能了解，"百姓日用而不知"；所以特殊。故今日欲弘六艺之道，并不是狭义的保存国粹，单独的发挥自己民族精神而止，是要使此种文化普遍的及于全人类，革新全人类习气上之流失，而复其本然之善，全其性德之真，方是成己成物，尽己之性，尽人之性，方是圣人之盛德大业。①

不孤芳自赏，不画地为牢，力求走出国门，与世界文明共生长，这种眼光放在今天亦是高远的！这种追求决定了他的方案跳出窠臼，有较大的创造性和开放性，不能仅从名目上划分新旧。但这种创新又不是重新编造，而是从传统里引申出来，既容纳西学，也发展古学。国学自当汲取新的养分，但也应以自有学术为主体。西学里固然有可贵的东西，但自有其语境和土壤，也会有自身的缺陷，即马一浮说的"各有封执"，亦当"进之以圣人之道"。马一浮不反对学习西学，但不赞同屈己徇人，中国学术并非一无是处，而且他相信还能补益西学。

此时强调"六艺"里面的民族精神，与清末国粹运动的激发种性，性质不同。国粹保存主义有反满、反专制的特点，是庚子之变后前途未卜忧惧下的学术抗争（见第七章第一节）。而写作《泰和会语》的1938年，日本侵华战争已全面爆发，马一浮携家眷南逃，聘请他的浙江大学也由浙江杭州迁到了江西泰和。在这种朝不保夕的危局下，马一浮仍对儒家学术、对中国文化充满信心与珍爱。虽然受第一次世界大战影响，20世纪20年代就有人开始反思西欧文明，提出以东方文明补益西学，故有梁启超的《欧游心影录》和柳诒徵的《中国文化西被之商榷》，但在国家真正命悬一线之际，仍弦歌不辍，坚守并思考如何激活传统，光大中国学术，以贡献于人类，这是真正的儒者情怀，是新儒家了不起的抱负。比起在古书里搜寻学术分科的蛛丝马迹，马一浮的思考显然有价值得多。

---

① 马一浮：《泰和会语》，《马一浮全集》第1册上，第19页。

三 "六艺"的发展流变

马一浮的中式分科没有被采纳,从而缺乏调适和验证的机会。那么以六艺为纲的提议,在学理上有多少合理性呢?《泰和会语》虽有简单的解说,但那时的文章还有较多的评点气,不同于今日的学术史梳理。评议近代人提出的六艺分科主张,不可能回避对六艺本身的探讨。近代研究不通古代,对研究对象处理的问题存在隔阂,是许多近代命题的致命伤。对六艺发展历程的梳理,是衡量近代各相关学说的基础,也为下文即将展开的"四部"讨论先行铺路。

《诗》《书》《礼》《易》《乐》《春秋》本为书名,不管《尚书》《左传》的"三坟""五典""八索""九丘"具体指哪几部,六经已频繁出现在先秦诸子的言谈里。马一浮便举了《庄子·天下篇》的"《诗》以道志,《书》以道事,《礼》以道行,《乐》以道和,《易》以道阴阳,《春秋》以道名分"。先秦已有固定的经籍类称,并形成了自己的经典体系。① 近代图书馆学抨击古代中国按四部分类图书的做法不科学,乃是以西方近代的学科分类为标准,其实世界几大文明都是围绕最初的几部经典慢慢生发学术的。

中国历来重视文献典籍,但儒学虽是官方正统学术,却不等于神学,中国经典的去魅化早于西方,也比西方彻底。这是传统破裂带来的情感隔阂和认同偏移,对认知古代社会难免带来阻隔。从这个角度讲,中国近代的反传统和科学启蒙是非常成功的。

《庄子·天下》篇是现存最早的论学文章,不仅经常被征引,而且一些近代学者还认为它以人归类学派/学问的方式比"四部"合理。《天下》篇历数墨翟和禽滑釐之学、宋钘和尹文之学、彭蒙和田骈及慎到之学、关尹和老聃之学、庄周之学、惠施和公孙龙之学的得失,是对战国学术未必全面却十分精到的总结。但庄子想说的是,道术纯全,六经本为一个整体,诸子皆为"不该不遍"的一曲之学。换句话说,六艺才是大道,诸家学说是"道术将

---

① 参阅陈来:《古代思想文化的世界:春秋时代的宗教、伦理与社会思想》第六章;李零:《简帛古书与学术源流》,生活·读书·新知三联书店,2004,第252页。

为天下裂"的结果。用本杰明·史华兹的话来讲，前者是"通见"，是共享的文化资源，后者是由此生发的"问题意识"。① 因此庄子罗列的 6 家只是诸子学的举例，绝非专门的学术归类。要谈分类，还得回到《诗》《书》《礼》《易》《乐》《春秋》的典籍系统。争议以人的方式将学问归类还是以书的方式将学问归类更合理，是只看形式不究实质的割裂式思维，与庄子的思想背道而驰。此后《荀子·非十二子》《韩非子·显学》《淮南子·要略训》也都是以代表人物言学，并非对学术的全面总结，更不能说他们就主张学术应各自为政。

　　试图综论天下学术的是司马谈的《论六家要旨》。但在这篇文章里，我们看到了诸子学派的划分，也看到了六艺的衰弱。司马谈说"儒者以六艺为法。六艺经传以千万数，累世不能通其学，当年不能究其礼，故曰'博而寡要，劳而少功'"，显然对儒家及日益庞大的六艺经传系统有所非议。汉初就已经"累世不能通其学"了，再累两千年更是汗牛充栋，无怪乎清人大谈门径说、亟须守约、知要、提纲挈领之道。司马谈是崇道抑儒的。在道家眼里，除《易经》外，其余几经不再是必不可分的学术纲领。《史记·太史公自序》说"秦拨去古文，焚灭《诗》《书》，故明堂石室，金匮玉版，图籍散乱。于是汉兴，萧何次律令，韩信申军法，张苍为章程，叔孙通定礼仪，则文学彬彬稍进，《诗》《书》往往间出矣"时，只出现了《诗经》和《尚书》。这段话经常被目录学学者征引，证明刘向校书之前已有典籍分类，姚名达便据此称汉初图书分律令、军法、章程、礼仪 4 大类。② 无论如何，我们看到汉初的概括方式的确发生了一些变化。汉武帝设置五经博士，一定程度上又明确和恢复了此前的典籍传统和六艺中心地位。从这个角度看，尊儒也是尊传统，儒家确实是成周学术保存得最多的一派。后世以儒统诸子与先秦的六艺统诸学，奇妙地接续上了，就像秦统一文字恰好最大限度地继承了周系书写一样，很难说仅仅是历史的偶合。

　　《诗》《书》《礼》《易》《春秋》代有专学之后，刘向汇校群书也就有法

---

① 〔美〕本杰明·史华兹：《古代中国的思想世界》，程钢译，江苏人民出版社，2004，第 131 页。
② 姚名达：《中国目录学史》，第 53 页。

可依了。六经完整地置于"六艺略"中,以为榜首,开系统论列学术之先河。这个系统由《汉书·艺文志》保存下来(《七略》已佚),于此我们才看到系统化的学术分类地图,此前都是追溯来的资料碎片。后世无论沿用六分法,还是改用四分法抑或其他,《易》《书》《诗》《礼》《乐》《春秋》莫不并置于"六艺略"或"经部"中,从来不曾拆散过,是最稳定的部类,"《乐》以和神,仁之表也;《诗》以正言,义之用也;《礼》以明体,明者著见,故无训也;《书》以广听,知之术也;《春秋》以断事,信之符也。五者,盖五常之道,相须而备,而《易》为之原"(《汉书·艺文志》)的思想得到了贯彻。后世释经亦据此展开,代有专学与专书,因而六艺有相对独立的内部子体系,不易淆乱。从汉代《七略》到清代《四库全书总目》,千余年来也就增加了"四书"和"五经总义"2个合注并释的子类而已。至于《论语》和《孝经》,汉代为传记,唐代名兼经,和小学一样,都是辅助六艺的参考,余嘉锡认为也是当时学校的诵习书①。

表 4-1　《汉书·艺文志》图书类目表

一级目录	二级目录
六艺	易、书、诗、礼、乐、春秋、论语、孝经、小学
诸子	儒、道、阴阳、法、名、墨、纵横、杂、农、小说
诗赋	屈原赋之属、陆贾赋之属、孙卿赋之属、杂赋、歌诗
兵书	兵权谋、兵形势、兵阴阳、兵技巧
术数	天文、历谱、五行、蓍龟、杂占、形法
方技	医经、经方、房中、神仙

《汉书·艺文志》把学术分为六艺、诸子、诗赋、兵书、术数、方技6类(表4-1)。六艺是一个整体,诸子十家也自成一体:儒家出于司徒,道家出于史官,阴阳出于羲和之官,法家出于理官,名家出于礼官,墨家出于清庙之守,纵横家出于行人,杂家出于议官,农家出于农稷之官,小说出于稗官。章学诚对此最是推崇,认为像刘向父子这样"推阐大义,条别学术异同,使

---

① 余嘉锡:《目录学发微》,第142页。

人由委溯源，以想见于坟籍之初者，千百之中，不十一焉"①。但马一浮认为，以吏为师是秦之弊法，诸家出于王官说不可信。《古史辨》里有许多相关讨论，胡适、梁启超纷纷卷入其中，于此不必一一展开。

诚如《庄子·天下篇》所言，这个小体系应作为整体来看待，抽取任何一家，都是各引一端的"一曲之学"。刘向和班固也主"相反而皆相成"说，对诸子的定性是"六经之支与流裔"，最终还当"折中"于六艺。② 马一浮从儒、墨、名、法诸家各得哪经为多，从而流弊亦甚的角度进行发挥，是传统的兴会式文章评点。如《老子》得《易》多，《易》之失也贼，因而流为阴谋；《庄子》得《乐》多，《乐》之失也奢，故流于放荡。这和章学诚《文史通义·诗教》论战国文皆出于六艺很像，主观性较强，为今天的研究所不取。当然，这种精神气质的比较时有睿智与灵光，不容全盘否定，只是不合西式学术规范而已（详见第六章第六节）。以六艺为龙头的判断没有疑义，或者说诸子是六艺在东周的新发展。

汉以后书籍类目代有变更，六艺略或称甲部（荀勖《中经新簿》、李充《晋元帝书目》），或称经典志（王俭《七志》、阮孝绪《七录》），到了《隋书·经籍志》落定为经部。其作为班首的地位及内部子目一直保持稳定，源头与主干的性质始终清晰。只是如马一浮所言，六艺只剩《易》《诗》《春秋》是完书，《乐》已失传，《尚书》今文不全而古文有依托之嫌，《礼》亦不全。经文本身有减无增，有增无减的是释经之说，即历代的经解与训诂。马一浮主张借佛教的判教之法，把经部分为宗经和释经两部分，其实没有必要，也很难操作。自孔子"述而不作"后，经学大抵就在释经的传统里展开，释经本身就是宗经。全凭己意阐发六艺的，马一浮也就只能举出《周易》的《系辞》和《序卦》来。宋明理学算是新有枢机，以马一浮、熊十力为代表的近代新儒家也更接近宋学。可以说佛学助益了理学，而西学激发了新儒家。但理学也可以目为六艺学在宋明的新发展。前两节我们看到晚清人会在经学外另立理学或道学，稍做区分。经学废止后，经书连同释经之书弃

---

① 章学诚著，叶瑛校注：《文史通义校注》，中华书局，1985，第945页。
② 《汉书·艺文志》所谓"若能修六艺之术，而观此九家之言，舍短取长，则可以通万方之略矣"。

如废纸，宗经和释经之分就更没有必要了。

《汉书·艺文志》里的六艺略、诸子略和诗赋略都是比较清晰的。后世六艺最稳定。诗赋的形式当然更多，但主要是量的增加。相对复杂的是诸子。梁朝阮孝绪《七录》把兵书并入诸子，名"子兵录"，由此10家变11家。其实晋荀勖《中经新簿》已经把兵家和诸子并在一起了。《隋书·经籍志》又把术数和方技并入诸子，并扩充了天文、历数、五行、医方4门，阴阳家入五行，如此成为14门，更名"子部"。《旧唐书》《古今书录》皆从此例。即唐初诸子和兵书、术数、方技进行合并，形成子部，原六艺、诸子、兵书、数术、方技、诗赋6类少了3类，这是典籍六分法走向四分法的关键。《新唐书·艺文志》在子部增加了杂艺和类书，并把医方分为明堂经脉和医术，增加到17门。《崇文总目》开始把历数或历算正式分成历数和算术两目，卜筮又与五行分开，以往作为外篇或附录的道教和佛教移入子部。《遂初堂书目》别创谱录。子部由此成为门类最多、内容最广的部类，《四库全书总目》干脆说"自六经以外，立说者皆子书也"，除六经外成一家之言的皆可入子部。

因此，子部实际包括两部分内容：原诸子略的10家诸子学说和原来单列的兵书、数术、方技等艺业。从"异实者莫不异名也，不可乱也。犹使同实者莫不同名也"的正名传统来看，《中经新簿》之后的诸子与兵书、数术、方技差异不再那么显著。一朝有一朝之学术，魏晋学术的确不同于汉代。刘向总校群书时，实际只处理了六艺、诸子、诗赋3类，兵书是步兵校尉任宏整理的，数术由太史令尹咸负责，侍医李柱国校定方技。在《汉书·艺文志》叙录里，兵家出于古司马之守，数术为明堂羲和史卜之职，方技也是"王官之一守"，虽与诸子同出王官，但皆为专学，刘向父子即便有精力，也未必有能力审定其是非。尽管周末王官已失守，但汉初兵书、数术、方技依然各有专职，步兵校尉、太史令、侍医是也。这意味着兵书、数术、方技和诸子学说在秦汉之际是平行关系。

先秦两汉，兵书、数术、方技蔚为大观，并不比诸子学说和诗赋文章小众。《汉书·艺文志》说："自春秋至于战国，出奇设伏，变诈之兵并作。汉兴，张良、韩信序次兵法，凡百八十二家，删取要用，定著三十五家。诸吕用事而盗取之。武帝时，军政杨朴捃摭遗逸，纪奏兵录，犹未能备。至于孝成，命任宏论次兵书为四种。"张良、韩信整理兵书时，有182家。高祖后期有遗失，武帝时又有亡佚，到任宏手里只剩53部。《史记·太史公自序》言"萧何次律令，韩信申军法，张苍为章程，叔孙通定礼仪，则文学彬彬稍进，《诗》、《书》往往间出矣"，律令、军法、章程和礼仪并举，《诗》《书》"间出"，未为急务。隋唐以后，右文稽古的诗书传统逐渐成为主导，至宋为极。文学日进的同时，崇兵尚诈渐成历史，"出奇设伏"非但没有舞台，反为官方所警惧，兵书再无战国时的显赫。如果说唐宋文章还时以喜谈兵法为奇士，那么数士就怪力乱神、难登大雅了。儒家在推动中国文化祛魅的过程里，也把数术由一个大传统放逐到了边缘地带。方技由于是"生生之具"，掌管人的生老病死（《汉书·艺文志》的"方技"指医术），情况好一些，但也受到挤压。早期文献里还经常有医人医国同理的宏论，后世便成科举不第退而学医了，梁启超和周作人都有论说①。

绍续不兴导致兵书、术数、方技萎缩，《隋书·经籍志》说"儒、道、小说，圣人之教也，而有所偏。兵及医方，圣人之政也，所施各异"时，仍把军、医视为文教以外的事业。政教之分说明教的膨胀，三分变成了两类。诸子学说地位提高的同时，是诸子内部的合并。先秦名家和墨家由于著述有限，并入子部杂家。同为显学的法家和纵横家，在《明史·艺文志》里也失去了独立地位，并入杂家。阴阳家从《隋书·经籍志》开始，就被归入数术性质的五行之内了。于是子部变得越来越驳杂，到《四库全书总目》不仅不再是诸子学的部列，而且思想学说的比例有限。但由于后世重文教，又以儒家为诸子班首，因而尽管实用性的兵、法、医、农都在子部，却仍以儒家为统领。无论是早期学术渊源，还是后世正统观念，儒家"本六艺之支流"，子学为"经史旁参"，子部类目再多，亦以六艺为旨归，这是马一浮以六艺统诸子的依据。

再看史部。马一浮认为编年记事出于《春秋》，议论之属源出《尚书》，

---

① 周作人《知堂回想录》里论前清士人的岔道提到了儒医，见第二章第五节。梁启超在《读西学书法》里说："西人医学，设为特科，选中学生之高才者学焉。中国医生，乃强半以学帖括不成者为之，其技之孰良，无待问矣"，还专门谈到"《汉志》方伎犹自列为一略，后世废弃，良足叹也"。

典志出于《礼》，因此"诸史悉统于《书》、《礼》、《春秋》，而史学之名，可不立也"。如熊十力所言"学问之事，毕竟古人为其简而后人日习于繁"①，学术发展本来就是不断开枝散叶的，必定越来越细，越分越多。由流到源往回推，未必可行，章学诚曾详论四部何以不能返回七略。当然，借此看后世学术发展除外。史部源出《汉书·艺文志》"六艺略"的《春秋》，但春秋类只有23部书，汉人所作仅6家，没有单独成类的必要。《隋书·经籍志》史书遽增到817部，这才从"春秋"里独立出来。即便如此，经部的"春秋"仍有97部之多。阮孝绪《七录序》、马端临《文献通考》、胡应麟《经籍会通》、章学诚《校雠通义》、余嘉锡《目录学发微》都指出，史籍日增致使史部独立，典籍分类自然随图书变化的实际而变化。这说明史籍在此期间获得了极大发展。

史书从六艺中分化，始于晋荀勖《中经新簿》，甲乙丙丁就是日后经史子集的滥觞。其中史在子之后，名丙部。东晋李充《晋元帝书目》乙和丙互换，史书位居第二。至《隋书·经籍志》正式定名经史子集，此后再未改动。史部从无到有、从第三到第二，而且唐初就基本定型了，可谓后来居上。关键还在《史记》的示范作用，司马迁对孔子作《春秋》"补敝起废"的反复强调，以及"绍明世，正易传，继春秋"的心迹剖陈，使史书不再限于最初的实录传统（所谓"君举必书，所以慎言行，昭法式也"），而被赋予了"正天下之是非"的凛然大义。越来越多的人投身史书的写作，修史之风大盛。班固、范晔、陈寿、臧荣绪都是以个人之力著史，班固还因私修《汉书》而下狱。因而汉初的23本迅速发展为唐初的817部，清初已成2112部的规模，占去了《四库全书》五分之一的份额，这还不包括禁毁书。据说禁毁与收录相当，史书最容易触碰意识形态的红线，所以后来国史收归官家。

由最初的《春秋》发展为《四库全书》的15大类，史书自然多为后世新增。马一浮说典志体的"三通"应归入《礼》，典章制度为国家礼法自然也不能说错，但杜佑的《通典》明言取法《史记》"八书"，《文献通考》又是继《通典》而作，制度沿革历来是史学考据的重要内容。前人一般会把史

---

① 熊十力：《答邓子琴》，《十力语要》，第190页。

书溯源到《春秋》和《尚书》，如《汉书·艺文志》言"事为《春秋》，言为《尚书》"。史书由简入繁，后世更波澜壮阔，很难再归束于初期的萌芽状态。源头再重要，略去了中下游，也只是小半部的学术史。何况马一浮把诸史分派到《书》《礼》《春秋》里，不仅打破了史之界，也相当于放弃了历史长河里逐渐形成的大小分工。他还强调纪传体兼三书遗意，应分而隶之，实际操作起来非常困难。

这说明无论是以西学标准切分古书，还是以中学新准绳拆分古籍，抛开对历史发展变化过程的考虑，都是事倍功半，甚至劳而无功的。因为分类本是一种贴合实际状况的自然而然的行为，并非一天成型，也绝非驰骋想象力或行使权力。换句话说，有实物分类和思维分类的区别。面对形态各异的具体事物，根据现实状况对它们进行有目的的划分，是实物分类。西方分类学（Taxonomy）便源于对动植物的具体区分。分类源于现实需求，可自然世界参差不齐，区分的目的也不尽相同，所以标准总在不断变化，也总会有旁逸斜出的特例。逻辑分类虽然也出于对世界认知的归纳，却没有急切的运用需求，不要求落实到现实事物上去，因而不拒绝抽象，更像是人类思维能力的训练，常常出现在哲学讨论中。比如著名的培根知识三分法，与其说是对具象知识的概括，不如说思考的是人类抽象的记忆力、想象力、判断力如何延伸。更不要说黑格尔以绝对精神演化为依据的知识分类了（详见第八章第六节）。

因此，如果只做思辨性的抽象探讨，我们可以纯之又纯。但如果分类的对象是具体实物，顾此失彼、修枝剪叶就不被允许了。学术分类虽然比实物更抽象，但也不是凭空思辨，它是有迹可循的真实发生，只能量体裁衣，不能削足适履。如果不能反映学术发展的实际，甚至产生误导，类目表再严密、再纯粹，分类也是无效或失败的。中国学术从周朝开始就围绕核心典籍（六艺）展开，历代都有极强的保存和整理意识。从汉初的《七略》算起，也已有两千年的条理历史了，此后也一直在调整当中。放在世界范围内，中国古代图书都是完整且高度体系化的。这是中国学术的优长，而非劣迹。

马一浮据精神取向和理想功能，以典志入《礼》类的做法，和西方传统的哲学分类一样（详见第八章第六节），是引导人而非直面物的抽象分类，而每个人的意见都会因个人理解的不同而不同。现实世界的所有分类，都会介于普通和特殊、抽象和具体之间，既要考虑标准的统一和明晰，也要照顾事物本身的多维面向及其历史联系。说到底，分类是一种平衡的艺术，连接知识的功能与区分事物的作用同样重要。这是学术分类和图书分类之争的根本误区，也是以西束中和以中纳西都不能过于绝对的主要原因。

同理，马一浮以《诗》《书》分集部，表面合理，实际也忽略了学术的发展事实。史和集都归《尚书》类，意味着汉代以来的史与文、史笔与文笔之争都没有了意义。"四部"置翰墨于末位的立意，也不能成立。若没有经史子集的分层逻辑，就没有"四部"了。史集混同，无视晚清以来辞章之外另立经济或政事的经世之心，违背了儒家"行有余力，则以学文"的次第观念，也容易抹去文学在发展历程中形成的特质。这种脱离历史语境的重置，正是近代文学改造的方式。这是第六章的前奏，考虑到六艺的整体性和"四部"的基础性，在此先简单叙述。

诗赋在《汉书·艺文志》里就单独成类，汉初已蔚为大观，所载有106家1318篇，《六艺略》的诗反倒只有6家416卷。种类上，赋占4类（屈原赋之属、陆贾赋之属、孙卿赋之属、杂赋），诗只有"歌诗"一类，说明主流在楚辞一系。《汉书·艺文志》把诗赋源头追到行人辞命，为大夫所事，所以曾国藩以之对接孔门四科的"言语"。周道衰微后，列国聘问变为"失志之赋"，更加个人化。但诗赋略叙录专门提到汉武帝设乐府采歌谣，以"感于哀乐缘事而发"为赋诗言志的精神承续。《四库全书总目》集部总序言"古人不以文章名，故秦汉以前书无称屈原、宋玉工赋者。洎乎汉代，始有词人"，说明后世辞章与行歌聘问有相当的距离，集部对接的是楚辞与汉赋，而非《诗经》。今天的文学史同时溯及《诗经》和楚辞两个源头，是近代破经学抬文学的结果（详见第六章第四节）。历史上《诗经》是经学，从来就不曾和楚辞并列过。

在六艺框架里，马一浮只能把集部归入《诗》类，同时散入《书》类。道志和道事的区别，近似今天说的抒情和叙事，他的文章观恰在古今之间。若以今天的纯文学标准来看，古代文学的主体是徘徊俯仰的抒情文字。可史传、诸子、诏令奏议，何尝不是绝好的文章？古代辞章非但包括这类叙事性的实用文字，而且科举考试的重头就是公牍写作。文以载道是正宗，叙事的大头在史部,所以马一浮很自然地跨到了《书》类,这正是"文学革命"下大力气改造的内容。马一浮既坚持诗教传统,坚持集部与政事和史书的联通,又把《诗经》下沉到文章源头,在跨越史、集分野的同时,提升了集部的地位。说到底,集部早熟却居末位,枢机就在它与伦理政治的关系。只有当它"关乎盛衰"时,才称得上"经国之大业"。顾影自怜、吟风弄月就只是雕虫小技。正是打掉了这层关联,集部辞章才成为独立于道统的近代"文学"。即便集部占去《四库全书》近三分之二的篇幅,即便包括马一浮在内的传统儒家对辞章极为亲和,即便深厚的文章传统使古代文学今天依旧是最强劲的本土学科,但集部的确是精神上偏离传统最多的类别,不是一句"一切文学,皆诗教书教之遗"所能简单带过的,第六章我们再详论。

从以上梳理,可见即使溯源无误,退回到原初分类也是不合适、不可能的。章学诚在《校雠通义·宗刘》里就指出:"《七略》之流而为四部,如篆隶之流而为行楷,皆势之所容已者也。史部日繁,不能悉隶以《春秋》家学,四部之不能返《七略》者一。名墨诸家,后世不复有其支别,四部之不能返《七略》者二。文集炽盛,不能定百家九流之名目,四部之不能返《七略》者三。钞辑之体,既非丛书,又非类书,四部之不能返《七略》者四。评点诗文,亦有似别集而实非别集,似总集又非总集者,四部之不能返《七略》者五。凡一切古无今有、古有今无之书,其势判如霄壤,又安得执《七略》之成法,以部次近日之文章乎?"作为原典的六艺后世仅为四部之一,恰恰说明了学术的发展。六部变而为四部,是学术自身的增减流变所致。六变四不是缩减,别忘了"四部"里头还有更丰富更细致的二级目录、三级目录,子目之间的联系与互动是更密切了,区分是暂时的、相对的。

循着类目的上下左右关系,我们不仅能看到知识网络的联动,还能发现学术变迁的历史痕迹,这正是中式"四部"系统和西方学科分类(见第八章第五节)最大的不同。在并不了解中国古代学术的情况下,西方分类学家曾经批评过学科分类割裂知识、无视历史的弊病。查尔斯·安米·克特就是因为反对杜威十进制图书法忽略知识关联和哲学依据,另发明了展开式分类法,从而引发了19世纪美国和欧洲图书分类的改良潮(见第三章第五节)。

四　经学中心到哲学中心的转移

尽管在马一浮的有限论述里，种类繁多的西学和后世中学具体该如何划入六艺，并不十分清晰，但是围绕经书展开的尊经取向，则是无法否认的。若在古代，哪怕是晚清，这种立场不难理解。可在经学废除已久的1938年，标举六经就十分特出了。仅以抗日战争激发了爱国热情，恐怕解释力度还不够。继晚清尊经失败后，我们还得了解民国对经学的处理方式和普遍态度，才能体会此际马一浮激活六艺、重提分类的用心。

前面说过，张之洞虽在大学堂里特设经科，还要求中小学堂也程度不等地读经，但实际上"各项学堂于经学一科，虽列其目，亦止视为具文，有名无实"①，存古学堂也以失败而告终。这固然与西式学堂的培养模式和教学程式有关，也有意识形态的干扰，但更重要的是西风凌虐下传统价值观的解体，经学与儒学的人格理想和社会准则被抛弃。进入民国，刚推翻帝制的中国人意气风发，唯恐旧时的孔孟之道及伦理纲常不速朽。顾颉刚在《古史辨自序》里描述过民初这种短暂的打翻一切的快感与热望（当然很快就失望了）。除此之外，我们还需考虑的另一个重要因素，是哲学的进入与传播。

1906年，王国维的《奏定经学科大学文学科大学章程书后》指出，孔孟之道"固非宗教而学说也"。宗教既是信仰，就无法研究。西洋神学已失研究之旨，张之洞比附神学而增经学，实乃"自外于学问"。王国维的意思是应褪去光环，把经学放回学术的序列。他心里有一个世界主义，由于不那么在意中学的特异，他的心情要放松得多。更重要的是，他认为经学可以而且应当被更具普遍性的哲学所取代。文章的中心议题不是对增设经学科质疑，而是把哲学的缺失视为《奏定大学堂章程》的根本性错误。王国维指出，哲学探讨的"皆宇宙人生上根本之问题"，为"最高之学术"。欧洲大学无不把哲学作为主要学科。日本大学虽不称哲学，但文科9门里哲学居首，其他8科无不以"哲学概念""哲学史"为基础课程。张之洞不仅没有理由废去哲学，而且在经学科和文学科里也应该讲授哲学。在王国维的分科提议里，文

---

① 张之洞：《创立存古学堂折》，《张之洞教育文存》，第526页。

学科可分经学、理学、史学、中国文学、外国文学5类,但所有文科都必须学习"哲学概论""中国哲学史""西洋哲学史""伦理学""名学""美学"课程,而不只是经学讲义。① 王国维虽然没有取消经学,也没有特立哲学,可实际上他心目中的学术中心是哲学而非经学。

和"艺术""文学"一样(详见第五章和第六章),"哲学"也是取径日本的新词汇,同样落成于日本学者西周的翻译,所不同的是中国古代本无"哲学"一词。西周曾把 Philosophy 译成"性理之学""理学""斐卤苏比""希哲学""希贤学"和"哲学"。"希哲""希贤"源出周敦颐《太极图说》的"圣希天,贤希圣,士希贤",意为求圣求贤之学。1870 年西周在东京讲学时开始使用"哲学"概念,称 Philosophy 有"爱贤希贤"之义,"凡事物皆有其统辖之理,万事必受其统辖。所以哲学是诸学的统辖,诸学皆一致归哲学统辖,正如国民之受辖于国王"②。在 1874 年的《百一新论》里,更明确地说"把论明天道人道,兼之教法的斐卤苏比译名哲学"③。1877 年东京大学设法、理、文、医四部,文学部里有"哲学科",并聘请美国人来授课,对统一当时日本社会的各种 Philosophy 译名诸如理学、理论、物理、性理学,有决定性的意义。1881 年井上哲次郎的《哲学字汇》便正式以"哲学"命名。几年后,日本哲学会成立,东京大学《哲学杂志》面世,"哲学"成为规范用语。

西周不仅确立了"哲学"译名,更指出了哲学作为诸学统领的中心地位。19 世纪末,中国通过日本了解西学的时候,不仅直接挪用了"哲学"概念,也把日本社会对哲学的理解带到了中国。1903 年留日学生在东京创办的《浙江潮》刊有《希腊古代哲学史概论》一文,不仅指出"哲学二字,译西语 philosophy 而成,自语学上言之则爱贤智之义也",而且介绍完希腊各家对哲学的基本看法后,总结说"希腊人哲学之定义,则以相当之法研究包举宇宙与根本智识之原理之学也,约言之,则哲学者可称原理之学"④。事实上,

---

① 王国维:《奏定经学科大学文学科大学章程书后》,《教育世界》1906 年第 118、119 期。
② 〔日〕西周:《百学连环》,《西周全集》第 4 卷,第 145 页。
③ 〔日〕西周:《百一新论》,《西周全集》第 1 卷,第 289 页。
④ 《希腊古代哲学史概论》,《浙江潮》1903 年第 4 期。

philosophy 原义为爱智之学，爱智之学、原理之学不等于中心之学、统领之学。何况中国古代对仁的推崇高于智，道德要求向来高于智识标准。

1927 年梁启超在《儒家哲学》讲演中就指出，"西洋哲学由宇宙论或本体论趋重到论理学，更趋重到认识论。彻头彻尾都是为'求知'起见。所以他们这派学问称为'爱智学'，诚属恰当"，而中国哲学主要研究"人之所以为人之道"，"与其说是知识的学问，毋宁说是行为的学问"，因此"直译的 philosophy，其函义实不适于中国。若勉强借用，只能在上头加上个形容词，称为人生哲学"。梁启超认为"自儒家言之，必三德（仁智勇）具备，人格才算完成。这样看来，西方所谓爱智，不过儒家三德之一，即智的部分。所以儒家哲学的范围，比西方哲学的范围，阔大得多"。① 也就是说，智只是儒家理想人格的一部分，西方哲学无法涵盖，更不能取代儒家思想。从经学中心到哲学中心的位移，正是梁启超及上文提到的钱基博、顾实等人持异议的知识论倾向过重的根源。辨析国学的正统或者区分中学的主干与支流，是对中式理想人格和学术传统的回归。

把哲学理解为诸学统领，实际是把"哲学"和"理学"对接起来了。传教士初到中国时，是以格物穷理之学解释 Philosophy 的，利玛窦《〈几何原本〉引》、毕方济《〈灵言蠡勺〉引》、傅泛际《名理探》无不如此。艾儒略《西学凡》和高一志《西学修身》则以理科、理学对译 Philosophy，《西学修身》甚至说"西洋所谓费罗所非亚是也，学分二派，一曰性理之学，一曰义理之学。性理者，指物之内蕴而穷其妙者"。与异质文明相遇，必然会先在既有库存里寻找相似物，好比明朝人称利玛窦为西儒，而欧洲呼孔子为东方哲学家。

传教士用理学解释 Philosophy，不能说不应当、不准确，晚清仍是沿着这条路径前进的。颜永京译《心灵学》用的是"格致学"，王韬《西学原始考》采用了"理学"，丁韪良《西学考略》说"西学之精微者，莫如性理一门"，艾约瑟《西学述略》谈到"理学初创自希腊，分有三类，一曰格致理学，乃明征天地万物形质之理，一曰性理学，乃明征人一身备有伦常之理，一曰论

---

① 梁启超：《儒家哲学》，《饮冰室合集》文集第 24 册，第 10811 页。

辩学，乃明征人以言别是非之理"，理学既可以格物致知，又可以修身治学，相当于儒家道学的大范畴，的确可以统包哲学的各分支。① 古代中国还有能逃出经学道统的学术吗？即便与儒家立场不同的诸子学，马一浮也说了，仍是六艺的流裔。经过两千年的整合，百家学术都统一到儒家道学体系里去了，所以才会有秩序井然的"四部"，所以马一浮才说六艺可以统揽一切学说。以理学对译 Philosophy，即使后来更名哲学，也难免把至大无外的理学背景带入对哲学的理解中去。

随着中日交往的频繁，日译名词"哲学"取代了西方传教士和国人已经采用的"格致学"和"理学"。留日学生频频使用"哲学"，流亡日本的梁启超在《清议报》和《新民丛报》里的介绍也使"哲学"成为常见词汇，王国维和蔡元培都是通过日本哲学家的著作接触西方哲学的。井上圆了1902年的《哲学要领》和1903年的《哲学原理》《哲学微言》、藤井健次郎的《哲学泛论》、下田次郎笔述的德国人科培尔《哲学要领》，相继被译成中文，哲学影响日广。1903年王国维曾在《哲学辨惑》里指出，"'哲学'之语实自日本始。日本称自然科学曰'理学'，故不译'费禄琐非亚'曰理学，而译曰'哲学'"②，即把以往同为 Philosophy 译语的理学和哲学区分开来。

其实当时自然科学多被称为格致学或格物学，正式改称理科，是民国的事儿（参阅第二章第六节4个科目表的名称变化）。提到"理学"，国人更容易想到宋明理学。王国维说先秦和宋代同样是"中国哲学最盛之时"，而且中国只有道德哲学和伦理哲学，没有西方形而上学意义上的纯粹哲学③，即"理学"无法准确达意。比较译名的同时，中西学术的差异凸显，取日译立场清晰。这当然是在迁就西方。今天焦点已转移到对"中国哲学"合法性的质疑上去了，不少人主张用"中国思想"取代"中国哲学"，因为中国本无

---

① 可参阅陈启伟：《"哲学"译名考》，《哲学译丛》2001年第3期；熊月之：《从晚清"哲学"译名确立过程看东亚人文特色》，《社会科学》2011年第7期。
② 王国维：《哲学辨惑》，《王国维文集》第3卷，第3页。
③ 见王国维《哲学辨惑》《国朝汉学派戴阮二家之哲学说》《论哲学家与美术家之天职》《奏定经学科大学文学科大学章程书后》等文章。

西式的哲学。①

即便如此，国人对哲学的理解还是带有理学的影子。在西周"百学连环"的知识体系里，学术分普通和殊别，普通学包括历史、地理、文章、数学等理论基础学科，属于"学"（Science/theory）的范畴。作为"术"（Art/practice）的殊别学包括心理上学和物理上学，哲学和神理学、政事学、制产学、计志学一起被列为心理上学，格物学、天文学、化学、造化史归入物理上学。这是汉字文化圈关于现代学科分类的早期论说，西周即为最早系统接受西方近代哲学教育的日本学者。在西周眼里，哲学更多是作为实践方法而出现，侧重其自然科学基础的那一面，与纯思辨的人文学科还有一定距离。这与"西洋技术，东洋道德"的日本观念有关，也符合科学主义的西方近代转向。可无论是王国维还是蔡元培，都是把哲学作为指导宇宙人生根本问题的普通学来理解的，是形而上学的最高知识满足。因此哲学不仅应被视为专科知识，还应当与文学、艺术一起成为国民的基本素养，有一种泛哲学的理学化倾向。

除王国维外，对哲学推介最多的就是蔡元培。他不仅把德国人科培尔在日本文科大学的讲义《哲学要领》和德国人泡尔生的《伦理学原理》翻译成了中文，还撰写《哲学总论》专门讨论哲学的性质及其与各自然学科的关系。担任民国教育总长后，蔡元培主持修订《大学令》（1912年10月）和《大学规程》（1913年1月），不仅使哲学获得了独立地位，还位居文科之首，而且所有的文科专业都必须以哲学为必修课。王国维仍愿保留经学和理学，只是要求尊经的同时兼习外国学说，融哲学入文科。而蔡元培则把经学打散到文史哲各学科里，实际是以哲学取代了经学的位置。如果说张之洞的《奏定大学堂章程》仍想努力把经学嫁接到西式学科系统里，那么蔡元培的《大学规程》则完全采用了西学分科。因此，尽管只是一科之差，学术重心却发生了转移，学术格局完全西化了。

与一般人预想不同，废经科并非小事，当时却没有遭致太多的反对，反

---

① 参阅李存山《"中国哲学合法性"问题》、葛兆光《穿一件尺寸不合的衣衫——关于中国哲学和儒教定义的争论》（《思想史的写法——中国思想史导论》附录，复旦大学出版社，2004）等，相关讨论很多，不逐一列举。

倒是1914年袁世凯重新恢复祭孔和读经时嘘声一片。1912年4月蔡元培就任职事宜答记者问时，明确表示"旧学自应保全，惟经学不另立一科，如《诗经》应归入文科，《尚书》《左传》应归入史科也"①。此前对读经的非议主要集中在初等教育上，认为儿童理解能力有限，不应强迫读经。② 对大学读经讲经并无异议。1935年何炳松曾就读经问题，征集了70多位专家的意见，辑为"读经问题"专号。序言指出"其实所谓读经，假使当做一种专门研究，让一班专家去下苦工夫，本不成问题。现在所以成为问题，就是因为有人主张中小学生都应读经的这一点"。蔡元培也说过"为大学国文系的学生讲一点《诗经》，为史学系的学生讲一点《书经》与《春秋》，为哲学系的学生讲一点《论语》《孟子》《易传》与《礼记》，是可以赞成的。为中学生选几篇经传的文章，编入文言文读本，也是可以赞成的。若要小学生也读一点经，我觉得不妥当，认为无益而有损"③。但问题在于，各方讨论一致针对中小学读经，少有人关切大学经科，而废经并没有止于小学，最后是连大学经科一并废除的，这就耐人寻味了。

蔡元培的答复已经透露，大学废经之所以不成问题，是因为哲学、文学、史学已经瓜分了经学。后来他有更详细的解释：

> 清季学制，大学中仿各国神学科的例，于文科外又设经科。我以为十四经中，如《易》、《论语》、《孟子》等，已入哲学系；《诗》、《尔雅》，已入文学系；《尚书》、《三礼》、《大戴记》、《春秋》三传，已入史学系；无再设经科的必要，废止之。④

---

① 蔡元培：《在北京任教育总长与记者谈话》（1912年4月），《蔡元培全集》第2卷，第43页。
② 如1911年发表在《教育杂志》上的《论学部之改良小学章程》（庄俞）、《说两等小学读经讲经之害》（何劲）。1911年4月各省教育总会联合会提交了《请变更初等教育方法案》，第二条即为"初等小学不设读经讲经科"。
③ 讨论文章及详细内容见《教育杂志》1935年第25卷第5期的"读经问题"专号。1939年上海三通书局出版《读经问题讨论》，收录了全部文章。2008年龚鹏程再次收集这些文章，以《读经有什么用：现代七十二位名家论学生读经之是与非》为名出版。主张读经者大多从民族精神、道德教育、学习国文方面强调读经的重要，反对者则多指出儿童理解能力有限、经学奥义非节选所能传达、经学不合时代精神。论战集中在中小学读经问题上，很少论及大学，似乎大学读经讲经是不成问题的。
④ 蔡元培：《我在教育界的经验》，《蔡元培教育论著选》，第741页。

他把清末学制特设经科，看成科学追求里的神学尾巴，多余且过时。既然经学可以通过文史哲保存下来，那么与其不伦不类地在西方学科体系里强行安上经学的脑袋，不如分解经学，安然接受西学模式。归根结底，蔡元培相信文史哲同样可以支撑起完备的格局，不再需要经学这个中心。这一切得以成立的前提，是经学的光环已经消逝，哲学、文学、历史不再是完全陌生的范畴。

至于经学是否可以平稳过渡到文史哲，《周易》《诗经》《尚书》等综合性经典能否简单拆分，大批的解经之书该如何处理，这些问题显然还来不及细细考量。清政府倒台给国人以巨大的鼓舞和希望，人们满以为告别了经学就告别了旧时代。1912年7月蔡元培在全国临时教育会议上指出：

> 我中国人向有一弊，即是自大；及其反动，则为自弃。自大者，保守心太重，以为我中国有四千年之文化，为外国所不及，外国之法制皆不足取；及屡经战败，则转而为崇拜外人，事事以外国为标准，有欲行之事，则曰是某某国所有也。遇不敢行之事，则曰某某等国尚未行者，我国又何能行？此等几为议事者之口头禅，是由自大而变为自弃也。普通教育废止读经，大学校废经科，而以经科分入文科之哲学、史学、文学三门，是破除自大旧习之一端。①

一方面，文史哲等西洋学科确实有强大的示范效力，既然已经采取了人家的理、法、商、医、农、工形式，就没有必要仅在文科上特立独行。另一方面，即便包容如蔡元培，废除经科也并非完全出于学理的考虑。经学确有意识形态的成分，西学的冲击更强化了国粹式的保守主义，作为革故鼎新者，很难全然没有取舍的倾向和避嫌的意愿。不管自大是否与尊经有关，破除旧习表明要与旧价值观决裂。1937年《我在教育界的经验》说得更清楚：

> 四十六岁（民国元年），我任教育总长，发表《对于教育方针之意见》，据清季学部忠君、尊孔、尚公、尚武、尚实的五项宗旨而加以修正，改为军国民教育、实利主义、公民道德、世界观、美育五项。前三

---

① 蔡元培：《全国临时教育会议开会词》，《蔡元培全集》第2卷，第179页。

项，与尚武、尚实、尚公相等；而第四、第五两项，却完全不同。以忠君与共和政体不合，尊孔与信仰自由相违，所以删去。至提出世界观教育，就是哲学的课程，意在兼采周秦诸子、印度哲学及欧洲哲学，以打破二千年来墨守孔学的旧习。提出美育，因为美感是普遍性，可以破人我彼此的偏见；美感是超越性，可以破生死利害的顾忌，在教育上应特别注重。①

世界观教育用以置换前清的尊孔宗旨，尊孔的核心是尊经，因此六经在新时期必定受到冷落。新世界观教育的核心，"就是哲学的课程"。这里只字未提已划入哲学的《周易》《论语》《孟子》，而是强调长期被经学压抑的诸子学与经学之外的印度哲学和欧洲哲学，对立面是孔学。哲学成为新的中心，与蔡元培认为"理学（指各自然科学）为部分之学，哲学为统合之学"、哲学能把握"宇宙全体之真理"、哲学与自然科学如"中央政府与地方政府之别"、"哲学为学问中最高之一境"等理解有关。② 同时，也有意想打破儒学一尊和对经学中心的固守心态（"二千年来墨守孔学的旧习"）。值得注意的是，公民道德教育对应的是尚公，世界观教育并非道德教育，毋宁说是一种看待世界和思考人生的方式，就像美育并不指向具体对象，更多是一种超实利的情感教育。这是要从情感、从思维方式、从一般态度上接受西学的教化。蔡元培有世界主义倾向，此时的世界是以西方为主导的，是泛哲学的。

只有消解一个中心，才能建立另一个中心。当哲学被视为孔学的对立面，哲学的壮大也就意味着经学的一去不返。虽然民国的读经和尊孔运动起起伏伏，但终究大势已去。1915年康有为和陈焕章成立孔教会，发起"国教"运动，终因袁世凯的复辟而声名狼藉。1925年章士钊的"读经救国"，也因倚靠北洋军阀而备受非议。1934年至1935年《教育杂志》就读经问题展开讨论时，也受到国民党"新生活运动"、祭孔令，以及"九·一八"事变的干扰。军阀和国民党官员对经学和儒学的提倡，使之成为当权者的政治工具。

---

① 蔡元培：《我在教育界的经验》，《蔡元培教育论著选》，第740页。
② 蔡元培：《哲学总论》，《蔡元培全集》第1卷，第354页；《哲学导言》，《蔡元培全集》第2卷，第303页。

无论是受重视还是被唾弃，经学总是与意识形态纠缠不清。在那个新旧交替的年代，新儒家维护经学、拯救儒学的工作难上加难！

近年来读经争议再起，原因是国学热和文化复兴的热望。反对者已不谈政治利用，大多在"五四"启蒙思路里指责其为历史的倒退、文化的复古。支持者当然也不再重申儒家道德和民族大义，可回归传统、重建文化主体的立论似曾相识。① 国学和经学的讨论已经延续了一个多世纪，或许还会继续下去。如果不清楚前人在这个问题上究竟走了多远，不能从根本上检省整个近代学术和社会的转型过程与方式，不能站在中西文明互异平行的立场上进行分析，就依然会在泛泛而论的情感表达里各执一词，依然隔着思维、脱离内容地转述或引证经学的"本来"面貌，看似热闹，实则空洞无物。六艺究竟讲了什么？多少发言者读过十三经？经学史概述是否等于经学研究？东方政治阴谋、封建统治工具能否解释两千年来的枝繁叶茂？哪种文化能完全与意识形态无涉？意识形态是否就没有研究的价值和必要呢？不明症结所在，自说自话，混战一气，也就无法奢谈继长增高了。

与此同时，哲学也在不中不西、即中即西的诠释中变得不伦不类。哲学从业者不是哲学地思考世界，而是诠释别人思考过什么，哲学的研究变成了哲学史的研究。哲学庞大的同时，是自身思想的萎缩。"中国哲学"在保留、发掘潜藏在经典里的前人思想时，也掠过了许多不那么"哲学"的东方智慧，把原本在日用伦常里不断发展的鲜活思想，处理成了僵死的、学院式的、必须符合哲学逻辑的抽象知识。正如刘东所言：

> 从学科史的角度看，自从西风东渐以来，一种基于近代西方个人本位的、以知识创新为要义的"哲学"，作为一个专治"思想"的学术分科，逐渐取代了以往要靠反复诵读来传承的、作为一种文化自我复制的经学。因此，从知识社会学的角度看，一种被少数专家借以进行社会封锁的对于古代思想的哲学解读，也就取代了规范一般大众伦常日用的文明教化。

---

① 可参阅胡晓明主编《读经：启蒙还是蒙昧——来自民间的声音》的讨论文章和龚鹏程《读经有什么用：现代七十二位名家论学生读经之是与非》附录。

这种潜移默化的向西趋同，逐渐造就了一连好几代学术"套中人"，他们自闭在职业分工的牢笼中，标榜着事不关己的中立态度，把过往的经典提纯为客观的知识对象，就此掏空了大众须臾不可稍离的伦常教化。这些"哲学史"专业的从业者们，受撰写"创新"论文的要求所驱使，只顾着边边角角地各走偏锋，好去经营自家特色的专有字号，竟忘记了经学要人们反复诵读的，原只在文明之常！由此也就不难想象，只要此种情况无法改观，原本在古代语境中最为重要的经典，就注定会是最被忽视的，因为它最像挖掘殆尽的矿床，最难借助史料的搜求爬梳，来模拟那种专利发明式的"创新"。①

　　我们常说要尊重历史，可究竟尊重哪一段历史呢？好比你来我往的圣城耶路撒冷，我们是该尊重它二战以来的格局，还是应当追溯到11世纪宗教战争以前，抑或是古巴比伦的圣殿时期？西方哲学的伟大是事实，经学维系了中国社会两千年的繁荣与稳定也是事实。近代人夹在中西之间，今人夹在古代与近代之间，左右摇摆。昨天的纷争与困扰，今天还在继续。今天的鱼龙混杂与众声喧哗，将是明天的历史。那些连续的轨迹，我们称之为传统。那些断裂的地层，很难说就此陆沉。从古希腊到文艺复兴，中间相隔了多少个世纪？近代追溯的西方文化源头是否果如其言，亦有讨论的余地。世间本无一成不变的传统，沉默的历史一旦被激活，也就成了复兴的传统。传统当作流变观，风物长宜放眼量！

第四节　"四部"分类何以成为问题

一　绕不开的"四部"

　　民国的国学读本多依经史子集"四部"类别，讲述国学的历史。唐法化总结说："现在讲国学，总离不开六艺、诸子、诗赋、兵家、术数、方技的六

---

① 刘东：《个人认同与人格境界：从跨文化的立场诵读"八条目"》，《道术与天下》，北京大学出版社，2011，第142—143页。

略，或经史子集四部的范围，因为这四部与六略，不过分类略有异同而已。"① 马瀛、谭正璧的《国学概论》还详细介绍了《七略》以来的典籍分类变迁。即便前言或绪论不专论国学的类别，正文部分也多以"四部"的方式展开。

胡怀琛指出，若按西洋的学科分类，书法就没有位置了，可若取消书法，又不符合中国的事实。因此他建议："我们还是照中国学术原有的系统来研究所谓'国学'。'国学'这个名称在若干百年以后或是可以取消的，不过在今日还是不能。"② 早两年谭正璧也说过，"四部"分类当下仍有广泛的运用，"没有打破的必要，因为有他的历史的意义和价值存在"③。1936年郭绍虞为《国学论文索引四编》作序，还得专门就"既有文学科学之类，复具群经诸子之名"进行解释。1929年至1955年，《国学论文索引》做过5编，足见热度之高、产量之大。但一级目录一直没有改变，都是经史子与西式学科并置，仅在二级类目上做过一些调整。④ 几十年间，西式学科虽已深入人心，但郭绍虞仍强调"事实所限"，讲国学还无法废弃旧式分类，群经诸子还不能做到"只同文选学一样"对待。可见学术构想和既定事实之间有着相当的差距。

无论赞同，还是反对，讲述中国传统学术无法绕开"四部"。即便不言保存，许多新分科方案实际也是在"四部"的基础上进行调整。1931年蔡尚思编著的《中国学术大纲》，一方面强调"那以讹传讹，一误再误的经、史、子、集四库，实在应该改做文字学、史学或史地学、哲学、文学或文艺学的新四部，根本就不容有经学一个名词的存在"⑤，表现出对"四部"尤其是经学的强烈反感。另一方面，他的"新四部"不过是小学独立，经学和子学思

---

① 唐法化：《国学与佛学》，《海潮音》1932年13卷第8号。
② 胡怀琛编：《国学概论》，乐华图书出版公司，1935，第4页。
③ 谭正璧编：《国学概论讲话》，光明书局，1936，第9页。
④ 分总论、群经、语言文字学、考古学、史学、地学、诸子学、文学、科学、政治法律学、经济学（附货币、实业、商业等）、社会学、教育学、宗教学、音乐、艺术、图书目录学17类。1931年出版了《国学论文索引续编》，1934年有《国学论文索引三编》。1936年又有《国学论文索引四编》，只是署名改为国立北平图书馆索引组刘修业编。1955年的《国学论文索引五编》以内部参考油印形式面世。可见国学讨论和相关研究文章数量不少，而且一直在生产，方有一而再、再而三的索引编纂。
⑤ 蔡尚思编著：《中国学术大纲》，启智书局，1931，第11—12页。

想部分合并，改换史部和集部名称，从前的经史子集脉络依然清晰。从具体内容分派看，他对文字学、文学、史学、哲学的理解有限，新思想更多表现在新名词而非新意涵的运用上。比如《公羊传》《穀梁传》入文字学，和佛学、理学入史学一样奇怪（参见表4-2）。

二级类目就更费解了，如文学并列了两种分类方式。第一种"有韵与情感"和"无韵与事理"，过于绝对。散文也可以抒情，叙事说理亦可以骈俪，古代有大量实例甚至是名篇，如欧阳修的散文和老子的《道德经》。一旦以叙事和抒情、有韵和无韵为两途，争议就不再限于文笔之争了，必然突破文史的藩篱。这不是蔡尚思一个人的问题，上节提到的马一浮同样论而未决，这是近代引进西式文学留下的裂痕，第六章再展开。第二种文学的文学、史学的文学、哲学的文学、小学的文学，又将所有类别都覆盖了一遍，一重套一重。如果第一层都分割不清，第二层只会乱上加乱。一边是把诗赋韵文和诸子哲理文、诸史实录文区分开来的西方文学观，另一边是传统的大文学观（统包所有文字书写），所以注经释字另成"小学的文学"，和第一种分法秉持的纯文学观背道而驰。即便理解为新旧调和、中西并存，落到具体作品上也是无法操作的。

表4-2 蔡尚思《中国学术大纲》"新四部"分隶表

一 文字学	二 文学	三 史学	四 哲学
《尔雅》《公羊传》《穀梁传》	《毛诗》	《尚书》《周礼》《仪礼》《春秋》《左传》	《周易》《论语》《礼记》《孝经》《孟子》
《说文》……	《楚辞》、汉赋、六朝骈文、唐诗、宋词、元曲……	《国语》、《国策》、《史记》、《资治通鉴纪事本末》、晋唐佛学、宋明理学……	《荀子》《老子》《庄子》《墨子》《韩非》……

把经史子集置换成哲学、史学、文学、文字学是非常常见的做法。哲学和经学时而合（1935年陈钟凡《十五年来我国之国故整理》和1936年王时敏《国学概论》亦如此），时而分（如1933年汪震和王正己《国学大纲》、1934年马瀛《国学概论》）。合则以哲学括经学，适应废经的时势；分则既照顾传统的经学大宗，又以新进的哲学收纳晚清勃兴的诸子学。学校虽废止读经，但讲述中国传统学术舍经学难以言说，这是古今学术最大的裂痕。小

学从经学里分离出来，语言文字学单列，离不开章太炎的发扬之功。文史哲至今仍是文科三大基础学科，也是中国古代研究最聚力、最雄厚的所在。

其他人的改良方法大同小异，区别只在如何做加法，即"新四部"之外增加"其他"。常见的一种是补入科学，如黄毅民分语言文字学、文学史、经学、史学、哲学史、科学6类（1935年《国学丛论》），汪震和王正已亦在经学、史学、哲学、文学、文字学、考据与校勘之外，增加科学。另一种是增加工具书，李笠分哲学、史学、文学、小学和类书辞典（1924年《国学用书概要》）。胡适和梁启超在"最低限度国学书目"里虽有重文和重史之别，但都专辟有工具书。可在张之洞的《书目答问》里，就另辟有丛书类，不能说完全是新目。第三种标举艺术，或文学和美术并列一目，梁启超"文献的学问"里就有艺术鉴评类；或二者分列，如胡朴安于文章之外单设艺术，但他的艺术既包括书、画、雕刻等美术门类，也包括医、算这样的科学内容，取的是中国传统的广义艺术范畴（见第五章）。

不论各人的严谨程度如何，不论这些概论的创新程度多大，毕竟数量庞大，而且针对具体的国学历史。泛论国学时，可以提各种理想构型，一旦面对具体的国学过往，无论多么趋新，都不得不选择"四部"或改良的"新四部"，说明这是无法掠过的基本事实，即王时敏说的"今日言国学者，多仍依四部分类法，本书因之"①。如果上千年历史的"四部"系统可以随便拆分，中国学术就谈不上成熟发达了。"四部"分类的难以跨越，正在于它是随着中国学术一同成长起来的。无视它，就是无视历史，无视事实。

二 "四部"与传统学术的关系

"四部"既是学术类目表调整的结果，又是中国传统学术自身成长的结果，何以言之？上节讲过《汉书·艺文志》的六艺、诸子、诗赋、兵书、术数、方技如何演变成经、史、子、集。尽管有六分和四分的区别，但主要是诸子合并和史书独立，没有打乱版块的基本逻辑，所以不存在犬牙交错和另起炉灶的问题。还有非常重要的一点是，四分法的落成时间非常早，不晚于

---

① 王时敏编著：《国学概论》，上海新亚书店，1933，例言第1页。

晋《中经新簿》，即六分法使用百余年，就被四分法取代了。后世郑樵《通志·艺文略》、孙星衍《孙氏祠堂书目》等虽对四分法进行过扩充，但主要在二级类目上调整，没有触碰根本的组织原则，如把小学从经学里分出来，史部里分出地理，或效王俭《七志》和阮孝绪《七录》单列图谱。所以后来余嘉锡才能以周至三国、晋至隋、唐至清三段时期分述目录沿革，节点就是《汉书·艺文志》《中经新簿》《隋书·经籍志》。

如果说《汉书·艺文志》是对先秦学术的总结，那么晋至隋就是六分法到四分法的过渡期，唐以后"四部"一统天下，四分法成为主导长达1600余年。若从有确切纪年的公元前841年算起，竟占去中国古代史三分之二的时间！时间的跨度和时期的靠前，决定了它是和中国学术一同成长的，乃至深刻影响并塑造了古代学术，不像义理、考据、辞章那样属于后期的不完全概括。这一点不容忽视。

在历史的发展里，"四部"当然也是不断变化的，但总体贴合学术的发展。比如《中经新簿》虽然开始四分，却只是甲乙丙丁的代称。《隋书·经籍志》虽然确定了经史子集的名目，继承的却是《汉书·艺文志》的源流论传统。《汉书·艺文志》大谈学术源流：六艺是周官旧典，诸子是六经流裔，"皆起于王道既微，诸侯力政"。这与之前《庄子·天下篇》"天下大乱，贤圣不明，道德不一，天下多得一察焉以自好"一脉相承。《隋书·经籍志》即便已无法再一一溯源，但也谈王官失守，也谈"同归而殊途，一致而百虑"，也谈折中诸子方可兴治。到《四库全书总目》，面貌明显不同，如子部总序的表述是：

> 儒家尚矣。有文事者有武备，故次之以兵家。兵，刑类也。唐虞无皋陶，则寇贼奸宄无所禁，必不能风动时雍，故次以法家。民，国之本也；谷，民之天也；故次以农家。本草经方，技术之事也，而生死系焉。神农黄帝以圣人为天子，尚亲治之，故次以医家。重民事者先授时，授时本测候，测候本积数，故次以天文算法。以上六家，皆治世者所有事也。百家方技，或有益，或无益，而其说久行，理难竟废，故次以术数。游艺亦学问之余事，一技入神，器或寓道，故次以艺术。以上二家，皆

小道之可观者也。《诗》取多识,《易》称制器,博闻有取,利用攸资,故次以谱录。群言岐出,不名一类,总为荟粹,皆可采撷菁英,故次以杂家。隶事分类,亦杂言也,旧附于子部,今从其例,故次以类书。稗官所述,其事末矣,用广见闻,愈于博弈,故次以小说家。以上四家,皆旁资参考者也。二氏,外学也,故次以释家、道家终焉。

《四库全书总目》子部分 4 个序列:儒、兵、法、农、医、天文算法 6 家为治世所资;术数和艺术 2 家为小道可观;谱录、杂家、类书、小说 4 家旁资参考;佛道 2 家为外学。不仅比《隋书·经籍志》细致,而且改变了先诸子后技术的座次顺序,也不再按唐初圣人之教和圣人之政的标准区分了。在子部第一等级里,儒家与道、法、名、阴阳等诸子学拉开距离,居龙首地位。文武相对,乃有兵家;兵刑辅政,次以法家;农生百民,医养万家,位次提前;天文算法论列其后,着眼于辅助农桑的功用。此后的小道可观、旁资参考,相对治世六学而言。以外学视道教和佛教,显现的是儒学本体地位。这是在以轻重缓急论列学术。纪昀曾言:"余校录《四库全书》,子部凡分十四家。儒家第一,兵家第二,法家第三,所谓礼乐兵刑国之大柄也。农家、医家,旧史多退之于末简,余独以农家居四,而其五为医家。农者民命之所关,医虽一技,亦民命之所关,故升诸他艺术上也。"①

《隋书·经籍志》虽言诸子折中于六艺,却不曾有"儒家尚矣"的表述。对诸子"同归而殊途,一致而百虑"的肯定,与《四库全书总目》"其有不合于圣人者,存之亦可为鉴戒"的认证,不可同日而语。尊儒早在汉武帝时期就开始了,不能说《隋书》就不尊儒,但在《四库全书总目》里我们看到儒家已全方位地统筹着学术,而不仅仅是小序里的口头表态。也就是说,经过上千年的发展,儒家思想已经渗透并落实到中国学术的方方面面,形成了一张由重到轻、由内而外、从头到尾的学术关系网络,置换了《汉书·艺文志》《隋书·经籍志》等遵循的源流序列。因此,六分或四分的外在形式还不是关键,排位逻辑和组织原则的变化才是根本。

---

① 纪昀:《济众新编序》,《纪晓岚文集》第 1 册,孙致中、吴恩扬、王沛霖、韩嘉祥校点,河北教育出版社,1991,第 179 页。

南宋郑樵的《通志》和清中期章学诚的《校雠通义》，都大力推举刘向父子的源流辨正，对后世影响极大。章学诚的"辨章学术，考镜源流"，更以论列源流为目录学之正宗。但实际上《七略》和《汉书·艺文志》的源流叙述是成问题的：儒家出于司徒，道家出于史官，阴阳家出于羲和之官，法家出于理官，名家出于礼官，墨家出于清庙之守，纵横家出于行人，杂家出于议官，农家出于农稷之官，小说出于稗官，诗赋出于大夫行人，兵家出于司马，术数出于明堂羲和史卜之职，方技亦出王官，几乎无学不是王官之学。马一浮已经指出，孔子就不是王官，六艺却由他发扬光大，可见王官之说不可信。胡适、梁启超、顾颉刚等都有讨论文章，收录在《古史辨》里，于此不再展开。近世还有百学出于史官说，以老子为首，所以孔子问学老聃格外受重视。儒家以三代为尊，郑樵和章学诚怀念《七略》式的学术齐整，只能说是一种学术理想。后世学术日繁，也不可能像排偶句般朗朗上口。

郑樵和章学诚也都承认，经过上千年的兵祸与书灾，典籍大量亡佚，许多源流都已经续不上了。因此虽然提倡穷本究末、别流溯源，但更现实的做法是"谨类例"，"类例既分，学术自明，以其先后本末具在"（《通志·校雠略》）。正因为学术不明，才更要重视分类的学术性。《四库全书总目》大量的按语都在批评此前的类目设置不合理，解释另立或合并子目的原因。从这些按语里，我们可以体察《四库全书总目》对此前书目的参考与调整，抽取出来即是一部学术变迁史。《四库全书总目》当然也讲源流，但讲述的方式不同。它不是在总序或叙录里约述起源，而是在诸学关系上辨正离合。如书法源出经学之小学，本为释经服务，所以向来隶从经学。但秦汉以后，隶楷行草各逞其能，字形的意义大于字义，这时就不能只看起源，而应分辨功能和性质了，于是另入子部艺术（"学问之余事"）。宋以后金石学兴起，碑拓铭刻不同于释经辨义的字学，却也不同于踵事增华的书品，最终定性为资史鉴古的事业，另入史部目录金石属。这种流变论其实比源起说更细致，而且追踪了早期学术所未有、后期繁衍之支系，相当于补全了中国学术史。否则就总是在周秦学术源头上转圈圈，这正是我在上节不赞同马一浮一切又回到"六艺"的原因。

可源头或许不止一个，支系却越来越多，这本身就是学术的发展。因而目录要不断调整，追踪后学。《七略》再高明，也只能概括到汉初。《汉书·艺文志》再完备，也没有后来波澜壮阔的史部。若只论源起，金石、书法、字学简单并列即可，派入不同部类不同层级，显然增加了许多工作的难度。要支撑起丰富的立体结构，就不能走由多到一的收束思路。面对开枝散叶的众多族群，《四库全书总目》换用了另一种组织模式——以正变或雅俗为序，即与儒家学术中心的远近为断（详见下章）。它的好处在于不仅更具系统性和概括性，也显示了古人的读书和治学次第，即明确了中心和边缘。因此它不仅是平铺的知识地图，更是分层的价值体系。这正是中国古代学术分类与西方近代知识分类最大的不同。

《四库全书总目》是一张用儒家观念编织的网，经部统领四部，儒家主导子部，建立在主次、轻重、远近、大小基础上的源流正变关系，把各种学术组织成一个层层收束的层级结构。与此同时，各部类的层级之间由于内容的交叉和性质的相近左右勾连，乃至犬牙交错，形成错综复杂的网络结构。如经部易类与子部五行和阴阳本属同源，经部乐类与子部艺术、集部词曲实为一体，经部经解与子部儒家相资为用，史部食货与子部农家时有交叉，史部故事与集部诏诰奏议、集部文章往往互见。再往下走，经部小学字书与史部金石法帖也同源异流，史部职官与故事、谱牒、传记之间更是亲缘。乾隆有一个精辟的比喻："以水喻之，则经者文之源也，史者文之流也，子者文之支也，集者文之派也。流也、支也、派也，皆自源而分。集也、子也、史也，皆自经而出。故吾于贮四库之书，首重者经，而以水喻文，愿溯其源。"① 这里的源流不是先后关系，除了经为源，史、子、集都是支流，孰先孰后说不清。比源起更重要的，是以亲疏远近排列六艺中心观。

各级目录前后勾连、环环相扣，形成完整而自足的体系。其中每一类书、每一部书都有相对确定的位置，而部类间又不是完全隔绝的关系，即类求书和触类旁通是历来强调的治学要领。张之洞《〈輶轩语〉一》说"将《四库全书总目提要》读一过，即略知学术门径矣"②，门径之说印证了郑樵"类例

---

① 弘历：《文源阁记》，《中国古代藏书与近代图书馆史料》，第17页。
② 张之洞：《〈輶轩语〉一》，《张之洞全集》，第9791页。

类如所谓经、史、子、集，是不合科学方法的。我们现在要依照西洋学术分类的方法，把中国原有的学术整理一下，把他分门别类的容纳于世界共同的学术纲目之下，同时就把"国学"这个名称取消了。①

问题的关键不在"四部"是不是学术分类，而是"四部"分类是否科学，是否可以作为正当的国学继续保留。这是整理国故和改造国学的前提和基础。

若跳出近代的合法性争议，我们会发现，舍弃图书典籍系统，将无法追迹中国古代学术。历代史书专辟"经籍志"或"艺文志"，即意在以书观学、以学观世。今天若仍是拼命截断"四部"与学术的联系，或者过分拔高大学科目的重要性，都是碍于一隅，不是对自身学术就是对西学传统了解不够。前者在第七章第六节还会继续展开，后者则如以1912年民国《大学令》颁布的"七科"为近代知识系统的落成。即便不论其余，作为国家最高学府的北京大学，都没有执行和落实《大学令》的教育规划。不能把远景设计等同学术生成，把学科移植视为学术改造的完成，中间还有漫长的过程，而且如何落地才是关键。

1912年6月，北大毕业生只有文、理、法、商、农、工6种。② 1904年就已颁布的《奏定大学堂章程》形同具文，八科之首的经科生浑不见踪迹。医科已于1906年独立为专科学校，相当于辅翼大学的高等学堂，没有办成分科大学。民国颁布的《大学令》非常简略，只是把远景目标写在了纸上而已。此后5年，实际情况是北大学科不增反减：商科并入法科，农科独立为专门学校，只剩文、理、法、工4科。1917年蔡元培进行改革，走的也是精减路线。工科并入北洋大学，同时兼并北洋大学的法科。剩下3科正式厘定为：文科3系（哲学、文学、史学），理科6系（数学、天文、物理、化学、生物、地质矿物学），法科4系（法律、政治、经济、商业），总共才13个学科门类，比晚清《奏定大学堂章程》的规模还要小。因此1919年7月北洋政

---

① 胡怀琛：《国学概论》，第3页。
② 1918年《国立北京大学规程》里记录的是6类235名毕业生。1934年蔡元培在《我在北京大学的经历》里，回忆之前的北大有文、理、工、法、商5科，差别在农科独立的时间。此处以《国立北京大学规程》为准。

府安福部弹劾蔡元培时，便要求他恢复民国元年的大学建制。

1932年蒋梦麟改文学院为哲学系、史学系、中国文学系、外国语文学系（包括英、法、德、日四组）和教育学系，理学院包括数学系、物理学系、化学系、地质学系、生物学系、心理学系，法学院则设法律学系、政治学系和经济学系，即3院14系。同时改研究所国学门为文史部，又增设自然科学部和社会科学部。至此，北大建制始全，但依然没有达到7科的设置。如果说"七科之学"是全国加总的设想构架，那么更严峻的问题还在后头，即学科内部知识的转换尚未开始，许多门类都还范围不清，甚至处于徒有其名的空缺状态。下面三章便将由粗泛的外部架构，进入真正的内部学科建设。

无论如何，不能因近代人的呼吁，我们便绕开古代与西方，不假思索地加入混战。这不是研究态度。更不能因为中国引进西方教育时，看到的是清一色的学科门类，就以为学科是自古以来学术的唯一组织形式。这非但忽略了西方历史悠久的哲学传统，掠过了西学近代经历过同样复杂的知识系统转换，也取缔了所有非西方的文化传统（详见第八章）。把特定时期、特定情境的文化现象，以"科学"之名、"学术"之名，变成一种超历史、超文化的"神话"存在，在获取西学知识便利得多的今天，在绝对真理已遭否弃的当下，这是不应该的。

四　学术分类的争议与异议

之所以说它是"神话"，是因为神话是无须证明、无须历史情境的权威。神化学科分类的不是西方人，而是崇奉西方的近代中国人。和胡怀琛、顾颉刚、陈钟凡一样咬定西洋学术的分类是合科学方法的，中国学术的分类是不合科学方法的，绝非少数。左玉河在《从四部之学到七科之学：学术分科与近代中国知识系统之创建》里，依然认为"七科"取代"四部"是科学的西方学术取代落后的中国旧学的过程。"四部"是不是学术分类，中国古代有没有学术分科，更确切地说是西式的学科分类，成为科学与蒙昧的分水岭，从近代一直吵到了今天。

1904年江人度就发现："东西洋诸学子所著，愈出愈新，莫可究诘，尤非'四部'所能范围，恐《四库》之藩篱终将冲决也。盖《七略》不能括，故以'四部'为宗；今则'四部'不能包，不知以何为当？"①。他很清楚书目随著述变化而变化，从《七略》到《四库全书总目》，是学术发展的结果。日本和西方译书的大量涌入，也必将改变"四部"的部属。他已经预感到"四部"面临的冲击，只是可能想不到自己笺补的《书目答问》竟成了"四部"的收官之作。其实增目相对好办，上章已言近代各种扩容方式，但要彻底跳出窠臼就绝非易事了，这意味着解散旧学，重新组织学术。晚清偏向前者，民国则选择了后者。

第七章会集中展开对"整理国故"运动的讨论，胡适的"中国文化史"构架其实就是西方学科框架。所以在反对"国学"的意见中，最尖锐的就是"国学两个字是反分工的，反分析的；换句话说，就是反科学的"②。科学的学术应该是分工的、学科式的，只有变身西式现代学科，国学才有合法性。科学不仅是方法，几乎就等于学科本身，一如许啸天所言："那国故，是各种物质的原料；科学，是从国故原料里提出成分来制成的器皿。"③ 一旦西式学科成为"科学的学术"模板，中国传统学术有没有分类、如何分类就是次生问题了。吴稚晖、傅斯年、郑振铎等人甚至提出，旧学本身"在今日的中国是一无所用的废物"，放下古书做现代的研究才是要务。中国学术的近代历程，就是把经史之学分理并改造成西式学科的过程。

因而，即便1917年北京大学已经把文科厘定为文学、史学、哲学3个专业系了，1931年蔡尚思在《中国学术大纲》里还在抨击中国学术观念混乱不堪。首先他炮轰大夏大学孙德谦仍以经学为中国的最高哲学，以经、史、子、集为国学的类分框架，其实当时大部分国学研究和国学写作都是如此，亦非所有人都支持取消经科。接着他反对章学诚、章太炎的"六经皆史"，"简直一点，就说中国只有史学一门好了"。近代也的确有这种倾向，胡适的新国学体系几乎无一非史（见第七章第三节）。他还讽刺上海一般大学的国学系和无锡国学专修馆"全是国学其名，而国文其实"④。在"文学"后特标一

---

① 江人度：《书目答问笺补》，《中国目录学史》，第118页。
② 何炳松：《论所谓"国学"》，《小说月报》1929年第20卷第1号。
③ 许啸天：《国故学讨论集新序》，《国故学讨论集》，第8页。
④ 蔡尚思：《中国学术大纲》，第14页。

"集"字，说明当时不少人是以集部或国文来囊括国学的。蔡尚思本人其实也有泛文学的倾向，尽管"文学革命"已经过去了十几年。此处透露，晚至20世纪30年代，国人对传统学术的理解还可以是经，是史，是集，与何炳松《论所谓"国学"》里批评的"不经不史不子不集"相映成趣。

1920年郑奠在《国学研究法总论》里意识到"经子之名，虑难确守"，由于"探索前籍，当暂仍旧绪，以省凌乱之烦"，所以仍以经、史、子、集进行分说。但他比江人度、谭正璧等人更进一步的是，他提出"若研寻之法既异，则所得者自与囊昔殊致"，即说古代的事儿就当用古人的线索，用现代方式讨论出来的中学不会是真正的国学。因此，与当时许多国学讨论不同，他认为哪怕今后重新分类，也当与"四部"分类并行不悖——"整理有成，即更为部署亦无不可者。要之，分类析观，以便探讨，与家法流别之部次有殊。并行不悖，义相成焉"。① 顾实在1923年的《国立东南大学国学院整理国学计划书》里也有类似意见，认为用时下"科学方法"整理出来的国学，是戴着"西洋的有色眼镜"看到的西式中国学说，以之造就现在和未来的中国尚可，以之看待古人则会失真。研究古代须从古代学术的内在脉络里寻找，才可能明晰"古服华装"和"血统纯粹"的中国。② 他们不认为"国学"只是一个过渡时期的名词，即便整理成西式的文史哲后，"四部"仍有继续存在的价值。这就涉及治学理念和方法路径的分歧了。

王国维曾言："中国之学，西国类皆有之，西国之学，我国亦类皆有之；所异者，广狭疏密耳。"③ 不同文化有不同的思维方式和观察角度，但人类面临的问题大同小异，由此造就了文化的丰富与学术的多元。晚清的各种西学中源和西学比附论，今人读来可笑，时人亦觉可悲，但不容否认的一点是，他们的确认为西洋的这些东西，中国不是没有，又怎么可能没有呢？缺乏这些基础知识，种族如何生存？文明如何繁衍？今天动辄从古文献里寻找学科源头和问题线索，难道潜意识里不是认为古已有之吗？不同样是在中学里找寻西源吗？法国人类学家列维-斯特劳斯的研究表明，即使是原始人，也必须在抽象

---

① 郑奠：《国学研究法总论》，《唯是》1920年第1期。
② 顾实：《国立东南大学国学院整理国学计划书》，《国学丛刊》1923年第1卷第4期。
③ 王国维：《〈国学丛刊〉序》，《国学丛刊》1911年第1期。

分类的基础上建构意义系统。神话和科学一样严密，不能互相否定（详见第八章第四节）。怎能说早已走出原始社会的中国古代，连基础的学术分类都没有呢？

面对中西学术的差异，王国维采用了科学、史学、文学的界分法，但把定义调整为："凡记述事物而求其原因，定其理法者，谓之科学；求事物变迁之迹，而明其因果者，谓之史学；至出入二者间，而兼有玩物适情之效者，谓之文学。"① 如此，凡是中国学术里符合科学精神的都可以称为科学，意在给中国古代学术预留空间。可文学的标准显然是西式的，多少会把古代文学带入科学和史学之外的模糊地带。说到底，这仍是西学框架，只是更多来自西方哲学传统，而非近代的学科体系。然而，"广狭疏密"说还是低估了问题。中西学术并非只是概念宽窄和类目精粗的区别，更重要的是系统规则和逻辑结构等深层次的差异。限定意义的不是孤立的概念及其范畴，还要考虑它所处的系统位置，即语言学里常说的组合和聚合关系，人类学好谈的文化秩序体系。基本概念的跨系统切换其实必然会改变概念的性质，波及系统的结构，甚至带来组织原则、发展路径、精神气质、价值追求的更大改变（详见下章）。因此，用西学分类置换"四部"分类，实际是放弃固有系统规则和价值理念，从一种"知识型"转到另一种"知识型"。今天的学术范畴和研究方式，都是这场学术地震的结果。

1861年曾国藩曾言："大抵有一种学问，即有一种分类之法，有一人嗜好，即有一人摘抄之法。"② 当时他正在编纂类书，不得不深入思考合适的分类方式，最后决定仿效《尔雅》——"若从本原论之，当以《尔雅》为分类之最古者。天之星辰，地之山川，鸟兽草木，皆古圣贤人辨其品汇，命之以名。《书》所称大禹主名山川，《礼》所称黄帝正名百物是也"③。他谈的是类书分类，所以后面提到了《太平御览》《子史精华》。类书问题下节再讲，此处要强调的是，他道出了一个基本事实：不存在普适的分类，也绝不会只有一种分类方式。如何分类取决于对象的实际情况，及个人的习惯和喜好。哪

---

① 王国维：《〈国学丛刊〉序》，《国学丛刊》1911年第1期。
② 咸丰十一年九月初四曾国藩致曾纪泽书，《曾国藩全集·家书》下卷，河北人民出版社，2016，第26页。
③ 同上。

怕"四部"已成通行标准目录（见表4-3），也不妨碍藏书楼主人把常用书放在收取方便的地方，把善本书和普通线装书分开放置，开本不同也会带来摆放整齐的考虑，等等。但凡成为一门学问，就不可能三言两语，若无内部的条理分疏，一切将无从讲起。混沌状态的零碎知识是不可能遽称学术的。"大抵有一种学问，即有一种分类之法"乃中肯之论。

说中国古代学术有分类，是力求改造它，以与西方学术进行对接和过渡；说中国学术没有分工，是希望绕过它，直接引进以学科为表征的西方学术。"四部"之争本不因《四库全书》而起，也无法在"四部"内找到答案。打破"四部"亦不是目的，目的是让中国学术汇入世界学术，以求生存。可文化从来都需要实力做支撑，弱国从来只有落后和低级的文化，文明的高下之辩实为话语权的争夺。用纯学理的分析解决中国的道路选择问题，是不得其法的。与其在近代史料里寻章摘句、互辩短长，不如叩问"四部"分类何以成为一个纠缠不清的话题。去结构化重新建构的近代学术系统，不能成为进入中国古代学术的门户。揭示传统学术如何实现创造性转化的近代研究，更不该落入本质主义的泥潭。1941年许地山有一段评议，今日读来仍是金玉良言：

> 学术原不怕分得细密，只问对于某种学术有分得这样细密底必要没有。学术界不能创辟新路，是因没有认识问题，在故纸堆里率尔拿起一两件不成问题而自己以为有趣味底事情便洋洋洒洒地做起"文章"来。学术上的问题不在新旧而在需要，需要是一切学问与发明底基础。如果为学而看不见所需要底在那里，他所求底便不会发生什么问题，也不会有什么用处。没有问题底学问就是死学问，就是不能创辟新途径底书本知识。没有用处底学问就不算是真学问，只能说是个人趣味，与养金鱼，栽盆景，一样地无关大旨，非人生日用所必需底……如有需要，不妨把学术分门别类，讲到极窄狭处，讲到极精到处；如无所需，就是把问题提出来也嫌他多此一举。①

---

① 许地山：《国粹与国学》，《读者文摘》1941年第1期。

表 4-3 《四库全书》类目与子目规模①

一级目录	二级目录	三级目录	收录数	存目数	册数	页数
经部	易		158	317	1080	72368
	书		56	78	371	23160
	诗		62	84	503	33077
	礼	周礼、仪礼、礼记、三礼总义、通礼、杂礼书	79	130	1216	81618
	春秋		114	118	931	59131
	孝经		11	18	15	540
	五经总义		31	43	334	20996
	四书		62	101	372	25372
	乐类		22	42	196	14711
	小学	训诂、字书、韵书	81	137	464	32631
					5482	363604
史部	正史		38	7	1292	94062
	编年		38	37	906	67741
	纪事本末		22	4	465	36613
	别史		20	36	742	54671
	杂史		22	179	116	7727
	诏令奏议	诏令、奏议	39	96	775	55259
	传记	圣贤、名人、总录、杂录、别录	60	410	351	23339
	史抄		3	40	36	2678
	载记		21	21	97	5945
	时令		2	11	19	1340
	地理	总志、都会郡县、河渠、边防、山川、古迹、杂记、游记、外记	147	429	2551	194617
	职官	官制、官箴	21	50	176	12705
	政书	通制、典礼、邦计、军政、法令、考工	57	112	1498	108873
	目录	经籍、金石、	47	36	250	16913
	史评		22	100	202	14804
					9476	697287

① 册数和页数数据来自陈垣《文津阁四库全书册数页数表》(《陈垣四库学论著》,商务印书馆,2012,第20—23页),收录和存目数统计自《四库全书总目》原书,以便比较各子目的规模。

(续表)

一级目录	二级目录	三级目录	收录数	存目数	册数	页数
子部	儒家		112	307	888	48375
	兵家		20	47	89	4799
	法家		8	19	40	1887
	农家		10	9	114	5825
	医家		97	94	1312	82149
	天文算法	推步、算书	56	27	343	23572
	术数	数学、占侯、相宅相墓、占卜、命书相书、阴阳五行、杂技术	50	146	286	15842
	艺术	书画、琴谱、篆刻、杂技	81	80	603	40607
	谱录	器物、食谱、草木鸟兽虫鱼	55	89	181	12161
	杂家	杂学、杂考、杂说、杂品、杂纂、杂编	190	665	1098	59805
	类书		65	217	3375	227739
	小说家	杂事、异闻、琐语	123	196	368	20019
	释家		13	12	169	11055
	道家		44	100	189	10509
					9055	564344
集部	楚辞		6	17	29	1525
	别集		961	1568	7509	407380
	总集		165	398	4153	228988
	诗文评		64	85	298	14799
	词曲	词集、词选、词话、词谱词韵、南北曲	81	57	275	13173
					12264	665865
合					36277	2291100

第五节 被淡忘的类书分类及其知识形态

1929年，郑振铎在他的《且慢谈所谓"国学"》里曾担心旧学的抬头，他说：

> 所谓国学要籍的宝库，如《四部丛刊》、《四部备要》之类，每个中上等的家庭里，几乎都各有一部；而《古今图书集成》也有了资格和

《英国百科全书》一同陈列于某一种"学贯中西"的先生们的书架上。①

民国谈中学分类，或言四部，或言义理考据辞章，也有标举六艺的，却很少有人提及《古今图书集成》这样的类书。然而晚清在汇编西学知识时，借鉴的却多为类书类例（第三章第三节）。也就是说，若真要包举西学，类书的分类方式会有更多的可能性和可比性。正如大多数民国学者所言，"国学"主要对应文史哲，而国人最企慕的西学是西方科技，超出了传统国学的范畴。郑振铎以《古今图书集成》和《英国百科全书》分别为中西学术的代表，说明他心目中的中学全体是类书《古今图书集成》，而非《四库全书》及其续补②。

《四库全书》是现存最大的丛书，《古今图书集成》是现存最大的类书。后者由康熙赐名，雍正作序，比乾隆勒修的《四库全书》时间还要早，而且范围囊括天地，包罗万象。何以近代以来言《四库全书》者多而言《古今图书集成》者少？它和《四库全书》究竟谁更像中国古代的知识总汇？类书如何界分知识，定义学术？何以清末受到重视，民国以后就被遗忘了？这些实非小事。

一 古今地位的悬殊

"类书"顾名思义就是分类编排之书。与丛书比，它是主题性的摘引和选录，或采辑文句和段落，或转载篇章，也有转录整本书的，但是不以重新刊刻完整的古籍为目的。宋代《崇文总目》言其"博采群书，以类分门"，已经点明了它的基本特点。就分类而言，"自古类书或以事而相从，或以韵而相次"，以事类相从的是绝大多数，因此《四库全书总目》径称其为"类事之书"，居子部的第三梯队（"旁资参考"）。类书既有百科的性质，本身又是按

---

① 郑振铎：《且慢谈所谓"国学"》，《郑振铎全集》第3卷，花山文艺出版社，1998，第79页。
② 《四部丛刊》由上海商务印书馆1922年开始印行，分初编、续编、三编，收录了504种珍本和善本古籍，是20世纪规模最大的古籍丛书。《四部备要》由中华书局于20世纪20年代刊印，收书336种，更重视实用的代表性注本。在动荡和更迭的年代里，二者于古籍保存和整理厥功甚伟，今天仍是文史研究的重要工具。虽然是民国新出的大型丛书，但都是依照经、史、子、集"四部"分类，可视为《四库全书》的续补。

主题分类的，无异于现成的中国古代知识分类地图。以《古今图书集成》为例，1 万卷 5020 册的总量里，光分类目录就多达 40 卷。6 汇编 32 典 6109 部的信息量极大。

但问题在于，它们并没有受到足够的重视。20 世纪 30 年代闻一多写有《类书与诗》，关注它对诗文写作的影响。可直至 1943 年张涤华的《类书流别》，才展开对它们的全面考察。此后刘叶秋《类书简说》（1980）、胡道静《中国古代的类书》（1982）、庄芳荣《中国类书总目初稿》（1984）、赵含坤《中国类书》（2005）、刘全波《类书研究通论》（2018）等，多为综合性介绍。单篇文章亦以泛论和概述居多，研究的深入性不足。进入 21 世纪，始有转机，逐渐出现了具体的个案研究。但视角仍然有限，且多以学位论文为主。① 这两年，相关研究才逐渐多起来，整体而言非常单薄。所以尽管我无意全面介绍类书，但还是不得不先从概况和特性谈起，以为下文的分类讨论做必要的铺垫。

"类事之书，起于《皇览》"（王应麟《玉海》），一般认为类书肇始于三国刘劭、王象、桓范等应魏文帝曹丕之命编纂的《皇览》，但也有追溯到战国之际《尔雅》的，如上节提到的曾国藩。把《尔雅》视为类书并非毫无道理，现代研究多以类书对应西方的辞典和百科全书，《尔雅》就是辞典。汇编五经故事的《皇览》于唐末失传，但唐代欧阳询编《艺文类聚》时以之为蓝本。赵含坤《中国类书》里收集的魏晋南北朝类书有 57 种（包含遗佚），包括对后世影响较大的《文选》。唐代类书以虞世南《北堂书钞》、徐坚《初学记》、白居易《白氏六帖》为代表。唐太宗敕修的《文思博要》和武则天主修的《三教珠英》都是御制的大部头，惜已失传。现存较完整的御

---

① 如博士论文有《类书通论：论类书的性质起源发展演变和影响》（夏南强，华中师范大学，2001）、《魏晋南北朝类书编纂研究》（刘全波，兰州大学，2012）、《礼秩与实用：从明代中后期的日用类书看儒家伦理民间化》（魏志远，南开大学，2013）、《中国古代类书史视域下的隋唐类书研究》（王燕华，上海师范大学，2016）。个案研究则涉及对《事林广记》（王珂，2010）和《海录碎事》（王映予，2017）的考察。有的后来修订出版，有的则未见专书。类书与文学的关系、明代日用类书相对较受关注。类书所引专书、敦煌写本类书、类书专类性知识（如其中的谚语、占候、医学知识、异兽描述等）是近年来学位论文关注的新视点。总体而言，这些研究呈现出由通论走向细部研究、由源流和编纂考察走向多元视角研究的趋向。相关综述可参阅王京州：《类书研究的百年回望与前瞻》，《徐州工程学院学报（社会科学版）》2021 年第 2 期。

编有一百卷的《艺文类聚》，下文会有相关讨论。

宋代进入类书编纂的小高峰，四大官修类书为一千卷的《太平御览》、《文苑英华》（今残）、《册府元龟》（字数超《太平御览》一倍以上）和五百卷的《太平广记》，规模不小。民间私修则以王应麟《玉海》、高承《事物纪原》、吴淑《事类赋》为代表，马端临《文献通考》有时也被当作类书。《记纂渊海》《全芳备祖》《事林广记》《乐书》因内容特别，偶有介绍。元朝文教衰敝，一般的介绍不提，然而《事文类聚》的新集、外集、遗集都是元朝人所作，《韵府群玉》以韵隶事的方法也被后来的《永乐大典》所采用。

不少人有文化至宋而极、明清始衰的印象，其实明朝的类书多达597种，高出宋元近一倍，为历朝之最。尤其是明成祖朱棣敕修的《永乐大典》，被誉为迄今为止世界上最大的百科全书。22877卷11095册的规模，浩大得连誊抄一份副本都难，以至今天的存世量不足4%。而《琴书大全》《武备志》和专集图谱《图书编》，属于大部头的特色类编。

清修类书有400多部。康熙对此情有独钟，光他敕修的大型类书就有8部之多：《渊鉴类函》《佩文韵府》《佩文斋书画谱》《古今图书集成》《韵府拾遗》《分类字锦》《骈字类编》和《子史精华》。乾隆也修过7部。现存最大的类书是清人陈梦雷编辑、蒋延锡奉旨重辑的《古今图书集成》，被目为"康熙百科全书"。清末总理衙门曾重印一百部，"分赠列强"。外国人做过统计，它比当时的《大英百科全书》第十一版大出四倍多，被誉为世界上最大的百科图书，如今占去了国家图书馆阅览室最醒目的一大面书墙。

即便从如此简要的介绍里，我们也能感受到类书的历史悠久与规模浩大。除元朝之外，皇家御制代不绝嗣，太平盛世更是一部接一部，成千上万卷。张涤华搜集到的类书书目多达1000多种，赵含坤的《中国类书》统计有1600多部。[1] 即便古人的搜罗范围没有这么广，明初的《宋史·艺文志》也载录了307种，清初《四库全书》收录了282部34549卷[2]。陈垣做过比较，

---

[1] 对类书的界定仍有分歧，因而各人的统计方式和统计数据不尽相同。张涤华的《类书流别》有书目无数ідь，该数据来自刘全波的计算。赵含坤的数据包括了存疑的125种。关于类书数量的讨论，可参阅刘全波：《类书研究通论》，甘肃文化出版社，2018，第3—4页。

[2] 其中著录类书65部7045卷，存目类书有217部27504卷。

类书页数占子部总量的 40.4%，为《四库全书》总篇幅的 9.94%（见上一节表 4-3）。这还只是乾隆朝的选录，不包括晚清的新学类编。胡应麟在《少室山房笔记》里曾提议把类书辟为"四部"之外的第五部，足见绝非少数。

可以说，类书是中国古代规模最大、规格最高的图书。如此强劲的传统和浩大的规模，与今天浮泛零星的研究太不成比例了。如果不能充分利用这批数量惊人的图书，无异于对中华典籍的巨大浪费。毕竟看书不能只看样子，文明的高度有赖于知识的累积。

有关类书学术价值的争议，一个重要视点在于它们并非原创，而是辑录群书、采掇诗文的资料汇编。这不是现代学者的发现，《四库全书总目》把王圻的《续文献通考》和吕祖谦的《历代制度详说》归于子部类书，与马端临的《文献通考》（入史部政书）区分开来，即已瞩目于此——"采辑事类以备答策，本家塾私课之本……原非特著一编，欲以立教。与讲学别为一事，各不相蒙"（《历代制度详说》提要）。用今天的话来说，成一家之言的著书立说与东拼西凑的教学参考，有高下之分，不能平起平坐。既然如此，就不能以考核精审的政书标准，要求仅"博而存之"的类书编纂，《职官分纪》提要即言"类事之书，与考典之书，体例各殊，取材亦异。固未可执引纬解经之说，责以泛滥也"。把类书和政书分开，正是出于对学术原创的尊重。今天一些学者在统计数字的时候，把《四库全书总目》分出去的政书和专业类编又重新算进去，提倡原创的同时又抹去了学术的界别，也说明今天的类分方式和《四库全书总目》的源流正变坚持，是两套不同的规则体系。

尽管学术形态和研究方式不同，但是不能说《四库全书总目》就没有学术眼光，它早就指出了类书保存古书的价值——"古籍散佚，十不存一。遗文旧事，往往托以得存。《艺文类聚》《初学记》《太平御览》诸编，残玑断璧，至捃拾不穷，要不可谓之无补也"（类书小序）。尽管修书的同时，也禁毁了一批图书，但不少图书是借此赖以传世的，毕竟丛书比散本更易保存。晚清西学类书距今不过一百年光景，已经亡佚居多了，好些散落在海外。从《永乐大典》辑出的 500 多种佚书，也把清代朴学的钩沉索引功夫发挥得淋漓尽致。乾隆修书的时候自然想不到一百年后，继清帝退位是文言的谢幕，《四库全书》无意间成为中国传统学术的大总结，今人只恨没有修到清末。就此而言，清人强调的保存古籍之功，并非凭空议论。即便对类书有所非议，直到清末，它们仍在发挥学术效用（见第三章第三节）。

类书的不受重视，与它们并非原创有关。有时还不注明出处，显得很不严谨。但在出版有限、书籍昂贵的年代，人们更在意的是知识的获取，而不是书籍的首发权。早期古籍连作者署名都没有，才会出现汉武帝读《子虚赋》而遗憾不能与作者同游的故实。典章制度在意史实的对比，并不以为汇总史迹就是发明，这与述而不作、绍续先贤的学术传统不无关系。类书的编撰是出于了解或写作的需要，本不以研究为目的。论说前先梳理既往研究，引述必注明出处，是近30年才日渐规范的西方学术模式，而这些规矩也不是西方社会自古已然。① 如果没有有效和广泛的传播，知识仅停留在著述者手里，就无法形成共识，也不会增加社会知识的总量，这样的知识生产效能就非常低下了。在信息相对闭塞的中国古代，士大夫就是最大的学术共同体，科举应试书籍就是流通量最大的图书。类书规模越来越大，可视为社会知识总量的增加，从《尔雅》的三言两语发展到《古今图书集成》的洋洋大观。

今天，知识的生产和流通方式变了，类书的命运自然大不相同。对保存古籍功用的过分重视，导致采录来源越生僻、学术价值越高的畸形评定。宋代规模最大的《册府元龟》多取材正史，本意在保证资料的可靠性，最终却拉低了全书的评价，《四库》提要已言"无罕观异闻，不为艺林所重"。如此时期越早，引用资料越珍稀，价值就越高。可又因后世补缀、篡改和复杂的刊刻情况，可信度打了折扣。其实补书增刻是古籍常见现象，看重的是内容的完善。《周礼》增补的《考工记》，今天比其他篇目还更受重视呢。这又说明，在社会环境和传播方式之外，还有其他的原因。

如果说《四库全书总目》强调的学术原创性，在今天的专业研究里有增无减，那么类书本还可以作为词典或索引来使用。无须进行古体诗文的写作，也不是类书古今地位差距的理由，因为分门隶事同样是类书的追求。忽略自然科学的解释效能也很有限，即便被视为人文学科的历史工具书，也不至如

---

① 可参阅〔美〕安东尼·格拉夫敦：《脚注趣史》，张弢、王春华译，北京大学出版社，2014。

此门庭冷落。这其实是因为知识形态和学术理念发生了根本性的变化。换句话说,一百年前它们未能成功地进入现代学术。在漏不过西学之网后,中国古代最全面、最浩大、最成系统的知识总汇被遗落了。

二 类书的分类研究

在进入类书的分类模式之前,必须对类书的不同类型有所区分,否则难免粗疏笼统。既然关注知识分类,百科汇编性质的类书自是考察重点。一些学者把《四库全书总目》分隶释、道、农、医、乐和集部总集的专科汇编抽取出来计数,我认为不妥。既是探讨中国古代的知识理念,理当循着传统学术的脉络进入。本书仍以《四库全书》收录的282部类书为主要讨论对象。

类书向有庞杂的特点,《四库全书总目》说它"非经非史,非子非集",甚至还有"别无可附"的情况(类书小序),因此还需进一步缩小范围。《古今同姓名录》《元和姓纂》《小名录》《古今姓氏书辩证》《历朝人物氏族会编》等姓氏书,《四库全书总目》已言是暂时附入。《蒙求集注》《训女蒙求》《纯正蒙求》《广蒙求》《对属发蒙》等少儿启蒙读物,亦暂不考虑。《杜韩集韵》《春秋经传类联》《五经类编》《文选类林》《骚苑》《左粹类纂》等已限定范围的专书汇纂,也不是本书的考察目标。

但是《册府元龟》《圣贤群辅录》这类专注人物事迹的类书,虽然涵盖面也有限,却可视为系统的局部(人物类)放大。专书里还有两类需要区别对待:一类是《职官分纪》《历代制度详说》《续文献通考》《典志纪略》《政典汇编》等典志类类书,数量不少,其编目方式直接影响到晚清的西学类编;另一类是关注自然物类的类书,如《全芳备祖》之列花草、《花木鸟兽集类》之论生物,虽是局部视野,却因关涉自然而备受关注,亦可视为物的分支。

一般说来,类事、类文、事文兼类的古代归纳方式,今天依然在用。但若考察类目设置,这种划分就不够用了。不同的关切有不同的物类划分,而对象和范围的圈定与编纂目的直接相关。结合功能与范围,我对不同类型的类书略做区分,以便更为清晰地呈现其立类依据。

(一) 史传类类书

"自古类书或以事而相从，或以韵而相次"，以事相从的是大多数，故始称"事类"，《四库全书总目》径称"类事之书"，位居子部第三梯队（"旁资参考"）①。已知最早的类书《皇览》，就是辅翼魏文帝治国的要史速览。晋《中经新簿》入丙部，与《史记》同列。宋代规模最大的类书《册府元龟》初名"历代君臣事迹"，和《资治通鉴》一样，意在为帝王提供"鉴往事而知来者"的佐治参考，因而另获大名——"册府"指书库，"元龟"是占卜用的大龟，以史为鉴才能自求多福、江山永固。汇纂史志和故实的类书，有政用功能，是皇家御制的初衷。

史实乃古人行事，和人物难以截然二分，"二十四史"就是纪传体。《四库全书总目》言"自昔类书，大抵缕陈旧迹，与史传相参，或胪列典章，与会要相佐"（《格致镜原》提要），史传类类书和史书列传关联性较大，而典志类类书与会要体史书多有重合（详见下文），可谓史之两支。如《册府元龟》或按官职类述，或与帝王、列国君、外戚、宰辅、将帅、幕府、陪臣等身份挂钩，人的分类实为政治身份的区分。相较而言，政事则简洁得多，只有邦计、学校、刑法、铨选、贡举、奉使 6 类。

同样侧重事类的诸如明代《古事苑》，由于邓志谟预设的读者并非帝王，因此其与"史传相参"的政治色彩要淡一些，涵盖面也更广。一方面它连接了《世说新语》的人物品藻传统：既有耆英、女子、宠妾、妓女等社会身份，也有廉洁、忠直、恬淡、力量、勇敢、幼颖等德行品类，还有福贵、贫贱、亨达、丰美、丑陋等生平境遇的概括。另一方面，以人物为中心或曰关切点，延伸出文职、武职、仕进等类目，继而向衣冠、器用、果蔬等关联目录扩展，已有百科性质。只是后两个版块的规模较小，主次关系依然分明。宋代《海录碎事》的人物比重轻一些，以圣贤、帝王、臣工等政治身份立目，同时也有百工医技、商贾货财、鬼神释道的社会身份的介入，但很难说

---

① 子部总序以儒家修身治国的先后缓急为序，分子部为治世所资（儒、兵、法、农、医、天文算法）、小道可观（术数、艺术）、旁资参考（谱录、杂家、类书、小说家）、佛道外说（相对儒家）4 个层级。类书定位是"隶事分类，亦杂言也，旧附于子部，今从其例，故次以类书"。

完全跳出了史书列传的框架。

无论范围宽窄与类目多寡，无论叫"事迹"还是"事苑"，社会身份（包括王侯将相的政治身份和医卜道释的职业身份）和人物品行是此类类书最常见的、子目最多的类型，很能体现古代中国社会的特点，即以四民或五民（士、农、工、商、兵）为基础的政治伦理社会。受史书体例和其他类型类书的影响，有时也会延伸到人事制度，但类目相对有限。人伦、身体、氏族、名讳等子目，有时会作为中间范畴出现在后世大型类书当中，仍可视为人的社会属性。个体在群体中定位，政治与德行密不可分，身份自带人伦，是极具中国特色的思想特点，所谓的"君君臣臣，父父子子"。

虽然人物和人事都属于传统史学的范畴，但由于人事制度的关切（包括政事划分和制度沿革）后起，而且晚清做西学类编时重人事而轻人物，所以最好区分开来。决定入史传类类书还是综合性类书，本书依据的是人物版块和其他部类的平衡关系。综合性类书会尽量保持整体结构的均衡，甚至不惜把植物分成药、谷、果、蔬，把动物划为鳞、虫、鸟、兽、介，以保证各大版块类目数量大体相当。

（二）典志类类书

关注典章制度的书，可视为人事的专属，历史上最著名的是"三通"。唐杜佑《通典》、南宋郑樵《通志》、元马端临《文献通考》历记制度沿革，弥补正史断代造成的隔阂。后来乾隆开"三通馆"，仿其体例编撰了"续三通"和"清三通"，光绪末年的刘锦藻又撰有《清朝续文献通考》。1935年商务印书馆合为"十通"出版。但《通志》实为纪传体史书，只有"二十略"部分专论典章，《四库全书总目》归入史部别史，《通典》和《文献通考》则另入史部政书通制类。"政书"是二级目录，分通制、典礼、邦计、军政、法令、考工6门，为"国政朝章六官所职者"（《四库全书总目》政书类小序）。其中后5类为分支：典礼为春官司徒之所掌；邦计乃钱谷、度支之事；军政不同于讲究用兵之法的兵家，是国家日常的养兵制度；法令亦非私家议论的诸子之法家，而是官方刑狱；考工包括船、房营造和大小工艺，《四库全书总目》皆有说明。"通制"则"以一代之书而兼六职之全者"（《四库全书总目》通制按语），即总揽六部职事的合集或总论，无法分隶，作为总类而存在。

因此,"政书"和"通志"有别,"典志"的范围又比"政书"广。因为除了"十通",各朝的"会要"和"会典"及另入子部的类书,同样关注典章制度,且分类立目基本相似,故以"典志"统称。《续文献通考》《经济总纂》《九通分类总纂》本"三通"而作,一并归入政书通制未为不可,但《四库全书总目》认为它们是摘录群书的汇编,与《文献通考》这样的史学著述不能混同为一,最终和王应麟的《玉海》一样别入子部类书。《四库全书总目》措意学术次第,而我讨论分类设目,把《四库全书总目》分开的《文献通考》和《续文献通考》、"九通"和《九通分类总纂》、历朝通制和会要放在一起讨论,未为不可,本质都是关注制度沿革的人事典章。

典章制度的繁盛,与宋代由词臣到政才的取士转向分不开。宋代科考以策问取代诗赋,于是骈俪退潮,一代学风由虚转实,由文入史。新辟的博学宏词科尤重通博,是科举显科,"于是南宋一代,通儒硕学多由是出,最号得人"(《玉海》提要)。王应麟的《玉海》便是为博学宏词科的应试而撰,终成私修类书之翘楚。《通志》《文献通考》等一批高质量的政书出现在宋朝,绝非偶然。典志扩充并细化了对人事的讲求,比拾掇诗文的文学性类书征实性更强,比增广见闻的百科型类书学术性更明显,不仅塑造了迥异于唐人的宋人气质,还影响到庚子前后晚清对西学知识的接受,虽是局部知识,却不容小觑。

杜佑的《通典》设食货、选举、职官、礼、乐、兵、刑法、州郡、边防9个类目,与唐初《隋书》的礼仪、音乐、律例、天文、五行、食货、刑法、百官、地理、经籍志,有明显的承继关系。《隋书》的"十志"又从司马迁《史记》的"八书"(礼书、乐书、历书、天官书、封禅书、河渠书、平准书)而来,马端临在《文献通考》的序言里,明确点明其与《史记》的渊源关系①,后世不过日趋细化而已。如果说"本纪"和"列传"志人,其分类模式被史传类类书所沿袭,那么"书"或"志"的分门述政,便在典志里得

---

① 原文为:"'八书'以述典章经制,后之执笔操觚者,卒不易其体。然自班孟坚而后,断代为史,无会通,因仍之道,读者病之。"

到细化，后来又被典志类类书所采纳。人物和人事分述，是考虑到后世有相对独立的发展及补充。

《文献通考》设田赋、钱币、户口、职役、征榷、市籴、土贡、国用、选举、学校、职官、郊社、宗庙、王礼、乐、兵、刑、经籍、帝系、封建、象纬、物异、舆地、四裔24类，除区分更细外，还追加了史志固有而通制所无的天象物异类；又择取了王溥《唐会要》和《五代会要》的"帝系"一纲，以为"历代之统计"，以弥合"离乱兴衰"和"典志经志"的缝隙，即人物事迹和人事制度的分离。"考制度，审宪章，博闻而强志之"不仅是通儒的素养，更被视为"经邦稽古"的重要基础。典志的最终目的是辅翼国家治理，因而被《四库全书总目》视为官家之事，归于古代"六官"之所掌。即便书本所载只是入仕或预备入仕者日常所习的那部分知识，绝非全部技能，也因经邦济世的理想而被视为士大夫的学养，即晚清标举的"掌故学"或"经济学"。稽古才能经邦，鉴往事而知来者，是古人认为的理所当然。士大夫本来就是学者型官员（西方人译为 scholar-official 可谓抓住了要害），否认学与识（学多识广）、知与行（知行合一）、史与政（史能资政）的必然联系，才会有清末对先选后练还是先练后选的取士争议（见第二章第五节），此前没有这样的疑虑。

马端临提到的《唐会要》和《五代会要》，是现存最早的会要体史书。和"三通"相比，一通考一断代。"会典"和"会要"的区别则在一是原始文献的汇编，一为一朝制度的考订。在《四库全书总目》中，二者皆入史部政书，和"三通"同等对待，但在《崇文总目》和《郡斋读书志》里，曾被划入类书。因此典章制度到底该入史部政书，还是子部类书，有过纠结。如果不在意原创或著述成分的多寡，就分类方式而言，则大同小异。如《续文献通考》设田赋、钱币、户口、职役、征榷、市籴、土贡、国用、选举、学校、职官、郊社、群祀、宗庙、群庙、王礼、乐考、兵考、刑考、经籍、帝系、封建、象纬、物异、舆地、四裔26类，与《文献通考》的分类只有繁简之分，没有本质区别。宋代徐天麟编撰的《东汉会要》设帝系、礼、乐、舆服、文学、历数、封建、职官、选举、民政、食货、兵、刑、方域、番夷15类，清朝龙文彬的《明会要》分帝系、礼、乐、舆服、学校、运历、职官、选举、民政、食货、兵、刑、祥异、方域、番夷15种，类目基本相同。

典志体政书和类书向制度倾斜，人物类目相对简略。哪怕同为天文，也会侧重与人事相关的天象和历法。史志里抽象的阴阳五行内容，也变成象纬、物异、祥异、祥符这样的具体门类。《续文献通考》干脆不设天文，只有象纬和物异。交接天人的是宗庙和祭祀，继而细化出郊社、群祀、宗庙、群庙等类别。自然属性的地文山川也会退居次要，与政事相关的四裔、方域、番夷、朝贡才是关注的焦点。因此，典志体类书的类目可视为人事部分的放大，人为中心，事为政典，礼、乐、兵、刑、钱、粮、选举、职官是施政的具体内容。文学、经籍、学术、艺文时有时无，承载着以学辅政、文为政本的观念。在这样的背景下，综合性类书和文学视野里的花鸟虫鱼全部下架。车马、宫室、器用等物类类目即使出现，比重也很小，如《玉海》的22类里仅有4类，《经济类编》中仅有2类与之相关，《续文献通考》和《九通分类总纂》则不在此处费笔墨。

（三）文学性类书

文学性类书即"隶文"型类书。骈赋讲究辞藻，诗文注重用典，属对联句是韵文写作的基本功。辅助性的文辞类例，在诗文取士的年代非常实用，唐代以来就是类书的大宗。①《初学记》的"学"学的就是文章写作，是唐玄宗为皇子们编纂的典故辞藻参考，不仅辑事，也录诗文，分叙事、事对、诗文三部分展开，此后便大多事文兼录了。像《龙筋凤髓判》《古今合璧事类备要》《韵府群玉》《骈志》《翰墨大全》《古今诗才》《骈语雕龙》《谢华启秀》等，即便分类隶事，也是偏重文辞的，所谓"采掇旧文，以供词藻之运用"（《花木鸟兽集类》提要）。就看《艺文类聚》《骈字类编》《佩文韵府》《骈语雕龙》的名字，也能体察编纂的目的。从此，汉大赋动辄同类铺排，乃至同部字鱼贯而下的鸿章翰藻，不再那么惊艳了。南朝赋物闲章提供的华

---

① 文辞类类书的类别和渊源，《四库全书总目》的《事类赋》提要有详细考订："类书始于《皇览》。六朝以前旧笈，据《隋书·经籍志》所载，有朱澹远《语对》十卷，又有《对要》三卷、《群书事对》三卷，是为偶句隶事之始。然今尽不传，不能知其体例。高士奇所刻《编珠》，称隋杜公瞻撰者，伪书也。今所见者，唐以来诸本。骈青妃白，排比对偶者，自徐坚《初学记》始。熔铸故实，谐以声律者，自李峤单《题诗》始。其联而为赋者，则自淑（吴淑《事类赋》）始。"《四库全书总目》，第1145页。

辞俪句，也开始有了分类的总结。中国文学进入错彩镂金、字字珠玑的时代。

文学性类书是金榜题名的囊中秘籍，自然长盛不衰。找到相关辞条，把历代诗句和典故拾掇一下，也能拼凑成文。这是出现花鸟虫鱼专集的原因，因为这些是诗赋的高频词汇。这种使用和编纂的方式，决定了此间的花鸟虫鱼绝非科普性的介绍，而是历代绣藻辞章的汇总，是文典和事典，而非今天的百科辞典。拿现代教科标准指责其缺乏科学的内涵，本身就是郢书燕说。今天的百科辞典放在古代中国，同样会没有用武之地。

文学性类书的流通量大，编纂动力也足，就像今天的教辅书一样不愁市场。清末西学汇编兴盛一时，正是因为科举考试增设西学，也因此科举废除后便立马退潮。《四库全书总目》批评说"此体一兴，而操觚者易于检寻，注书者利于剽窃。转辗裨贩，实学颇荒"（子部类书小序），这也从反面说明了类书的实用与方便。在传播不便、书价不菲的古代社会，不当否认它们为知识的汇聚和流通做出的贡献。

虽说教辅有功利和时效短的缺点，却不能说全无学术。古代中国讲究以考促学，以学育人。清末科举增设西学后，闭塞的内陆士子也纷纷购置西学类书，一时风气大开，便是明证。《玉海》虽为科举备战，却成为经典。《四库全书总目》誉其"所引经史子集、百家传记，无不赅具。而宋一代之掌故，率本诸实录、国史、日历，尤多后来史志所未详。其贯串奥博，唐宋诸大类书未有能过之者"（《玉海》提要），不仅可以用来考订文史，窥探宋代士人的知识结构，而且比一般的古籍传播量更广、覆盖面更大，有助于提高智识阶层的整体水平。皇家类书不惜耗时耗力，也确有集学大成、以成文数的追求。

由于写作的对象可以无所不包，因而即便文学性类书的目的不在全面介绍既往知识，客观上也有类广而全的特点。唐初《艺文类聚》先辑事再录文，设天、岁时、地、州、郡、山、水、符命、帝王、后妃、储宫、人、礼、乐、职官、封爵、治政、刑法、杂文、武、军器、居处、产业、衣冠、仪饰、服饰、舟车、食物、杂器物、巧艺、方术、内典、灵异、火、药香、草、宝玉、百谷、果、木、鸟、兽、鳞介、虫豸、祥瑞、灾异46个类目，虽有"繁简失恒，分合未当"的指摘，却也不乏"览者易为功，作者资其用。于诸类书中，体例最善"（《艺文类聚》提要）的赞誉，后世综合性类书多资为参考。

整体上看，除了隶事和隶文的差别外，综合性类书会尽量保持各部类的平衡，而文学性类书相较物类更丰富，因为诗赋向有咏物的传统。如清代《骈字类编》的人事仅设一目，物类却有居处、珍宝、器物、草木、鸟兽、虫鱼6类。再如明俞安期的《诗隽类函》，分天、岁时、地、京都、州郡、边塞、帝王、帝戚、设官、政术、礼仪、乐、文学、武、人、儒、释、道、产业、方术、巧艺、居处、器用、服饰、珍宝、布帛、饮食、五谷、药、蔬菜、果、木、花、草、鸟、兽、介鳞、虫豸38类，总体结构虽与综合性类书相仿，人的比重却明显压缩了，物的内容相对膨胀。《骈字类编》和《分类字锦》还有其他类书所未见的数目和采色2类，与文学性类书的人事好音乐和武功一样，是由文学题材的特点决定的。

（四）博物性类书

物类展开充分的还有一种，就是博物性类书，以宋代《事物纪原》、明代《名物类考》、清代《格致镜原》为代表，《四库全书总目》言其"皆博物之学，故曰格致"。由于晚清把西方自然科学译为"格致"或"格物"，又因中国古代无科学论，因而此类类书分外醒目。然而，既然科学与格致的对译晚清就遭到了质疑，此类类书的视点与自然科学自有相当的距离，与西方早期的博物学也不一样。且看清《格致镜原》的30类目：乾象、坤舆、身体、冠服、宫室、饮食、布帛、舟车、朝制、珍宝、文具、武备、礼器、乐器、耕织器物、日用器物、居处器物、香奁器物、燕赏器物、玩戏器物、谷类、蔬类、木类、草类、花类、果类、鸟类、兽类、水族、昆虫。

其中，典志和综合性类书占比较大的人事制度，已做大幅削减。物类成为主体，日用器物比重又大于自然事物。要说明的是，区分器物和生物，是为了回应近代以来对自然科学的关注，古人并不像今人这样力分人事与自然。冠服、宫室、饮食、布帛、舟车为日用所及，珍宝、文具、香奁器物、燕赏器物、玩戏器物是古人所说的"长物"，它们都在"博物"的范围内。按理来说，布帛和冠服、饮食和蔬类、礼器和乐器、日用器物和居处器物、日用器物和香奁器物，没有必要如此勉力区分，只能说视点已入细部。《凡例》

说"凡类书所以供翰墨，备考订也。是书则专务考订，以助格致之学"①，陈元龙一方面想要与"供翰墨"的文学性类书拉开距离，另一方面又不想与考订性的典志趋同，专门强调其助力"格致之学"的特定取向。史与物虽有对象的差别，但实际都是有别于辞章翰藻的学术考订。

时间更早的《事物纪原》，保留了宋人重典章的特点，人事制度几占一半的分量。明朝开始大量缩减，如《明物类考》仅设职官一目，《广博物志》也只保留了职官、武功、声乐3类，物类成为重点。物类当中，衣冠器物又比自然生物份额大。冠冕首饰和衣裳带服、衣裳带服和布帛杂事、舆驾羽卫和舟车帷幄、舆驾羽卫和旗旄采章、农业陶渔和酒醴饮食分属不易，足见细致。日用器物虽仅有什物器用和博弈嬉戏2类，却多出了真坛净社、灵宇庙貌、京邑馆阁、城市藩御等人工营造。居处、建筑、服饰、饮食、武器，甚至城市和历法，都是人工制造，只是有的归天文地理，有的归物类而已。草木花果和虫鱼禽兽远较《格致镜原》简洁，对照着读，可见后世在自然物类上做了何种细化与扩充。西方"生物"概念包括动物、植物和矿物，中国类书则对矿物关注有限，涉及宝玉和珍宝时，重心也不在材质，归入器物或工艺更为合适。那么老祖宗是否忽略了矿物的存在呢？哪怕不深究，中国人对玉石的在意也举世无双。这个问题第八章第一节会有回应，此处暂不展开。尽管由人到物的转移是博物类类书的特点，但亦是从人工制造（即广义器物）转移过去的，重心虽不同，人的主体性却并未缺席。

博物类或曰名物考辨类类书，与文学性类书偏好花鸟虫鱼和奢华之物视点不同。而典志类类书重事不重物，少有自然物类，只有《通典》出现了金石和昆虫类。它们可视为全体知识里物的分支，与史传重人、典志类事互为补充。只是动植物知识包括矿物，还有一支在医药本草系统里，这就进入医师的药学知识了，超出了对普通士大夫的博雅要求。但即便是作为药典代表的《本草纲目》，同样受到了魏晋以来的博物学传统影响，容下文再述。

（五）综合性类书

有了上面的铺垫，最后看综合性类书。宋代《太平御览》设天、时序、

---

① 陈元龙：《格致镜原》，上海古籍出版社，1992，凡例第2页。

地、皇王、偏霸、皇亲、州郡、居处、封建、职官、兵、人事、逸民、宗亲、礼仪、乐、文、学、治道、刑法、释、道、仪式、服章、服用、方术、疾病、工艺、器物、杂物、舟、车、奉使、四夷、珍宝、布帛、资产、百谷、饮食、火、休征、咎征、神鬼、妖异、兽、羽族、鳞介、虫豸、木、竹、果、菜、香、药、百卉55类，其中的人事、治道、文、学等显得宽泛，百谷和饮食、器物和杂物、舟和车、服章和服用的区分又过于细致，休征和咎征似乎也没有必要分开，木和竹尽可合并。尽管存在粗细不一问题，多少给人凑数之感，但是对动辄讲究"天下之物略尽于此"（《格致镜原·凡例》）的愿望而言，这55类又总有意犹未尽之感。

我们当追问的是，为什么是55类而非50或60类？《周易·系辞》云"凡天地之数五十有五"，55有包罗天地的寓意。类书本为满足帝王了解天下知识的执政需求，内容编排和类目设置追求体大而全，撼天挞地、囊括万物是综合性类书的基本特点。相较而言，个别类目的分合就不那么重要了。细按这55个类目，可分为天、地、人、物4大版块。古称天、地、人为"三才"，而物是人的延伸。无论类目多寡与精粗，各大类书基本按这个序列展开。宋代潘自牧的《记纂渊海》设天道、地理、人事、物类4门，清代《读书纪数略》径以天、地、人、物为纲，逻辑非常清楚。只是《记纂渊海》64卷的人事总量，几乎是其余卷帙的2倍（天道5卷，地理20卷，物类11卷）。或许有鉴于此，明代《五杂俎》把人迹分开，以事分言制度，立天、地、人、物、事5目，却并未打破天—地—人—物的总体构架。"通天地人为儒"（杨雄《法言》），直到1888年曾纪泽还在称引，仍以为儒者所当知。①

天文、时序、岁时（或称节令和岁功）、历法（历象）或简或繁，时分时合，是天部的类属。其中的天象和历法，一为占候，一为农耕，纯自然的描述其实有限。时序和岁时与节气、风俗有关，就更关乎人文了。地理（或称方舆和舆地）、州郡、边塞、山川属于地的部类，实为人文地理。如《古今图书集成》的地理部（方舆编）分坤舆、职方、山川、边裔4典，职方和

---

① 曾纪泽：《西学略述序》，《〈欧洲史略〉〈西学略述〉校注》，第238页。

边裔录各府、各藩国的建制与沿革；山川虽为山川河流的汇编，却总成历代山水的揽胜；只有坤舆里的土、泥、石、沙、水、泉等相较原生，而后面的舆图、建都、关隘、市肆、陵寝、冢墓类又多少带有人事的印迹。需提示的是，天、地的子目虽然未必多，篇幅却未必短，如《古今图书集成》的职方多达 223 部，山川有 401 部，边裔 542 部，这 3 典就占去了全部部类的六分之一。天也好，地也罢，实为人的序曲或铺垫，《周易》的"天地定位"可为注脚。

从类目的数量来看，人部是主体。史传类类书的人物比重大，而典志类的重心在人事上，综合性和文学性类书二者大体相当。如第一部分所言，人物类目有政治身份（如《册府元龟》），有社会职业身份（如《海录碎事》），也有品行类目（如《古事苑》），《古今图书集成》还发展出家范、交谊、氏族等伦常类别。身体或肢体有时会作为描述性和考辨性的内容出现。至于何者入人物，何者属人事，不能过于绝对，可以《文献通考》等典志类类目为参照。如"学术"（或艺文、经籍）暂归人事，而"佛道"入人物，因政书多不设释、道。

对物的关注，除博物性类书外，文学性和综合性类书也不少，区别在对人工营造和自然生物的侧重有所不同。日用章服和工艺珍宝，包括建筑、居所、器械、武备，乃至城郭、市肆、边塞（一般放在地的序列里），其实都是人工建造。功能和审美不是主要的关注点，对物的描摹和考订才是重心。花鸟虫鱼和器物玩好一样，也是描摹性而非研究性的，多为文辞专录。物类的划分及其与其他类目的关系，彰显了中国古代与造化为一的基本理念，但总归人文视野的自然。

世间万物参差不齐，人处天地间，需为之厘定次序，此所谓"为天地立心"。非但人和天、地之间并非悬绝，万物亦是人力的延伸与目力所及，这是"天人感应"说的基础。与其说这是类书的分类逻辑，不如说是古人对自身的理解。《周易·系辞》言"天尊地卑，乾坤定矣。卑高以陈，贵贱位矣"，天地就是人的坐标，物的标准也是人的标准，而决定人物区别的是身份和职位尊卑。体大而全的类书分类反映了古人对人、对人类社会、对宇宙事物的整体认知。无论合不合理，都可作为参照，映衬古今知识观念的因与革。

以成书于战国至汉初的《尔雅》为例。《尔雅》设释诂、释言、释训、释亲、释宫、释器、释乐、释天、释地、释丘、释山、释水、释草、释木、释虫、释鱼、释鸟、释兽、释畜19卷。人事内容非常有限，自然物类占绝大多数，说明早期中国对物候的观察细致而宽广。而天地并非首位，表明天—地—人—物序列是汉代以后阴阳五行宇宙观进一步系统化的结果。史传始于司马迁，文学则在魏晋以后进入错彩镂金的时代，这些都会反映在类书的生产及其形式特点里。科举考试不仅推高了偶对辞章的地位，也把典章考据的史才发展为高级学术。在文史此消彼长的博弈中，魏晋以来的博物学传统愈发显得飘逸，所"博"之物从神仙方术到器用本草，哪怕后来考据之风的渗入，也因科场异趣而与普通人的期待视野拉开了距离。

无论是侧重人事的典志专书，还是偏于物类的博物专录，其实都和综合性类书一样，有万物皆备于我、人与造化为一的内在逻辑，与西方的主客二分思维不同。正因为古代中国并不乏品类的甄别，却没有截然对立的范畴划分，所以对接受了西式教育的今人来说，显得非常不清晰。因此对于性质不同的类书，若不分而论之，只会更觉凌乱。为了照顾全面与多元，文末列表选取了一些代表性的类书，以便读者细加比较。需要说明的是，横向的大类归纳出于我的总结。再分人物和人事、器物和生物，有区分类别的具体用意。灾祥物异等超验类目，本介于天人之际，姑且放在人部的人物类里。类目排序除大类的分隔外，尽量照顾原书的顺序。

三 类书反映的知识形态差异

类书的包罗万象与类目清晰，体现了中国古代的知识全貌及其排布方式，应该说极具研究的价值。非但如此，它们还反映出有别于今日的另一种知识形态。翻开禽鸟和草木的词条，会发现里面尽是古籍的相关记载，卷帙之多说明累积之厚。即便是《格致镜原》强调"比事属辞非所取也。故古来诗赋以及故事，一概不录"，也只是不取辞藻、不重诗文而已，仍是文献资料的汇编，是文典和书源，而非今天意义的物典和事典。博物"博"的是由近及远的典籍之物、日用之物、眼中之物。对花鸟虫鱼的关切，与诗文的题咏和比兴传统分不开，并非今天生物学意义的科普。哪怕是《梦溪笔谈》和《天工开物》这样的书，也无不以格物致知、经世致用的儒家思想为指导，这是中国古代知识编著的基本取向。一如《事物纪原序》所言："圣门之学，以格物致知为先。文学之士，以博闻洽识为贵。而一物不知，又儒者之所耻也。"①"学问"的表述，会比"知识"更准确。

《事物纪原序》说："天地之间，广轮之内，亘古及今，其事轸转，其物缪辀，何者非事，何者非物，事事物物，皆有本原。不求其原，譬犹睹黄河而不知其出于昆仑也，观天地而不明其由于浑沌也。"② 按照今天的逻辑，既然事物皆有本原，就当沿黄河而上昆仑，观天地而析浑沌，可下文却言：

> 欲知其原，或一事载于数书，或一物见于群议，虽谈叟不能遍观而尽识，总归不能一览而无余。果智不如蛛，以为一事一物既皆散见于传记，自非汇集成书，虽皓首有不能涯涘者矣。《纪原》之作，端在于斯。③

竟是从书本里寻找事物的本原！仿佛只要综合各书议论，事物的本原就会自动呈现。于是，我们看到"天地生植"部对星辰的追溯是："马总《通历》曰地皇氏定星辰。《后汉·天文志》注曰：黄帝分星次。凡中外官常明者百二十四，可名者三百二十，微星万一千五百二十。黄帝创制之大略也。《礼记》乃云帝喾能序星辰。盖地皇氏始定为星辰，黄帝又名之，至帝喾而序也"④。星辰本身是什么不重要，重要的是古籍的相关记载。考订的不是自然的本源，而是典籍的源出。这种对古籍的在意，与今人对知识来源的理解很不一样。

然而，自然观察及其科学实验室态度，亦非自古以来的西方观念。尽管古希腊的亚里士多德就强调观察，但是他的哲学目的论色彩很重，实际是通过假定事物的本质属性来解释自然现象的。因而后来培根提出"新工具"论，主张直接面对自然进行具体现象的信息收集，反对脱离现实经验的思辨

---

① 阎敬：《事物纪原序》，高承：《事物纪原》，金圆、许沛藻点校，中华书局，1989，第1页。
② 同上。
③ 同上。
④ 同上书，第2—3页。

与推理,即反对用数学和逻辑学的方式对自然进行解释。他还提出,可以通过实验检验原理,以增加科学的事实基础。这就出现了方法论的分歧:老传统以推理为真,无须依赖事实的支撑;"新哲学"坚持事实为真,主张依靠观察,得出与现实相符的描述。前者在哲学上被称为必然真理,呼应柏拉图的理念说,即生活中的感官事物并非真理的坚实基础,真理不会随着经验的变化而变化,世界充满了表象;后者被称为经验真理,不承认有所谓的天赋观念和理性直观,认为经验依靠事实,所有的知识都来自经验。以往那个外在于人类感官的物理世界发生了动摇,这显然得益于17世纪自然科学的迅猛发展,由此刷新了西方的认识论和知识观,拉开了近代科学主义的序幕(详见第八章第三节)。

国人对自然观察和科学实验室法则的崇奉,来自民国学者的西学阐发和宣扬。那么,中国古代是不是就没有对自然的细致观察呢?当培根提出新工具论的时候,李时珍正在跋山涉水地尝百草,鲍山正蛰居黄山以7年实践著录他的《野菜博录》。不能说中国古代就没有科学观察,只是与近代欧洲的路径不同。就像中国古代的右文稽古传统,与古代欧洲依赖逻辑和思辨的数学传统不一样,但同样是一种有偏好的学术中心主义。热衷于"掉书袋",是古代类书的基本特点。即便是药典《本草纲目》,也充斥着各种民间传闻和文献考证,人文学术与医药知识同样醒目。这些现象指向两个重要问题:一是中国古代对古籍的基本态度,二是对知识来源的认知。

与现代社会知识越分越细、印刷越来越快、书籍越来越多不一样,图书在古代社会是稀缺资源。这种稀缺性一方面表现在价格昂贵导致的小范围流通上,另一方面体现在品种有限带来的知识集中上。就前者而言,图书非但不是人人买得起的基本学习资料,也不是人人能接触得到的寻常之物,故连书摘和书钞都有价值,《四库全书》就有"史钞"一门。《北堂书钞》本是虞世南供职秘书省时的群书摘录。宋人叶廷珪虽贵为进士出身,也曾官至太常寺丞,却因"常恨无赀"买书而到处借阅,"每闻士大夫家有异书无不借,无不读,读无不终篇而后止"①。每到精妙处,不惜手抄笔录,唯恨"不能尽

---

① 叶廷珪:《海录碎事序》,《海录碎事》,上海辞书出版社,1989,第6页。

写",长年累月下来,书钞多达数十册,最后才整理成《海录碎事》。对无力购置群书的寒门士子和追求通博的士大夫而言,这种"使万事万物毕贯通于一书"(《荆川稗编》提要)的汇要,无异于终南捷径。要的就是原文精华,无须润色和修改。私修类书受个人见闻所限,不像官修类书那样物广而全,因而对考察中国古代知识全体而言,后者是首选。

相较流通范围的有限,知识的集中更为关键。各大文明的学术都是围绕最初的核心文本渐次生发的。历史上有人用树形图描述知识的源流,前提就是在共同的根基上开枝散叶。欧洲学术长期以《圣经》及释经学为中心,《古兰经》是穆斯林世界的最高学问,而五经六艺就是中国古代的文化圣典。由此衍生的早期古籍,具有绝对的权威。中国人说话做事好引古语、古书,和《圣经》语句贵为欧洲金言、《古兰经》经文满墙镶刻一样,并不奇特。早在《尚书》里,盘庚和周王说话就经常是"古人有言""予闻之"。《左传》《国语》里屡屡出现"《书》曰""《志》有之""《诗》曰"的句子。这说明最晚在春秋时期,文献的经典化或曰经典的权威性已经形成。① 《庄子》有"寓言十九,重言十七,卮言日出,和以天倪"的声明,"重言"即借往圣先哲之言,增加自己说话的分量。无论后世的图籍如何汗牛充栋,中国古代学术的中心始终明确,像同心圆一样,以经典文本为中心,渐次扩展出去。因而后来马一浮建议以六艺统诸子、统中国学问,甚至整合外来学术。② 也因此,从汉初的《七略》到清末的《书目答问》,虽然图书数量极大增长,但知识的类目却没有发生根本性变化,说明知识观念没有本质区别。

古人言"天不变,道亦不变",道不会因时间变化而增损。既然往圣先哲已经寓道于文,后人"为往圣继绝学",便是绍续斯文。连孔子都述而不作,标新立异非但不被提倡,反而会加剧"道术将为天下裂"的纷乱。涂尔干曾生动地指出:"在最早的时候,上帝无处不在,世俗生活无不受其影响;渐渐

---

① 参阅陈来:《古代思想文化的世界:春秋时代的宗教、伦理与社会思想》,第168—218页。
② 见马一浮《泰和会语》。《泰和会语》有《论六艺该摄一切学术》《论六艺统摄于一心》《论西来学术亦统于六艺》《举六艺明统类是始条理之事》等篇目,意在以中学为纲,构建"六艺之为道,一心之为德"的新儒学体系。

地,他悄然隐去,把整个世界留给人类,任凭他们去争执不休。"① 中国没有上帝,指导古代世俗生活的是圣哲先王。先圣先王不可见,道理都在古书里。于古有征不仅是说话和写作的基本要求,也是处理政务的重要依据,即所谓"法先王"。道以言传,文以载道,高文典册里有行事和做人的规矩,一如《国语·楚语》所言:

> 教之春秋,而为之耸善而抑恶焉,以戒劝其心;教之世,而为之昭明德而废幽昏焉,以休惧其动;教之诗,而为之导广显德,以耀明其志;教之礼,使知上下之则;教之乐,以疏其秽而镇其浮;教之令,使访物官;教之语,使明其德,而知先王之务,用明德于民也;教之故志,使知废兴者而戒惧焉;教之训典,使知族类,行比义焉。若是而不从,动而不悛,则文咏物以行之,求贤良以翼之。

春秋、世本、诗、礼、乐、令、语、故志、训典是明道育人的教本,其次才是文以移情和贤良辅政。对古籍及其效能的崇奉,虽非宗教的至上,但也是不容置疑的。后世科举取士,意在借经书以尊古道。② 风气所及,哪怕博物书也多为书籍的类典,而非自然的事典。如需了解生物的性能,当去本草经里找。类书面向士大夫阶层,而非专职医师。何况生物药性依然瞩目对人的功用,亦非物自性。古代中国本没有独立于人的物与自然,主客二分是西方的逻辑传统。

  古籍成为重要的知识来源,说明古人更看重书写者的识见。虽说也有"尽信书不如无书"的告诫,但既然信任前贤的智慧,就不会深究结论如何得来,不像今天这样要求步步举证。直到近代早期,欧洲人说话、写文章也是经常把引用亚里士多德的语句就当作论证。何况《庄子》说"可以言论者,物之粗也。可以意致者,物之精也。言之所不能论,意之所不能察致者,不期粗精焉",精微之处无法言说,难以意表。《老子》言"道可道非常道,

---

① 转引自〔加〕伊夫·金格拉斯:《科学与宗教:不可能的对话》,范鹏程译,中国社会科学出版社,2019,第100页。
② 如元朝李世弼曾言:"国家所以藉重古道者,以六经载道所以重科举也。后世所以重科举,以维持六经,能传帝王之道也。科举之功,不亦大乎。"(邓嗣禹:《中国考试制度史》,第384页)

名可名非常名"，意会和顿悟也是证道之方。马克思·韦伯曾感慨"在这个并不神秘的世界，'众神之战'永无休止，若要纠正科学的错误，唯有依靠更多的科学"①，在一切都需要证明的世界，科学永无止境，实验没完没了，世界被抛在永远证伪的路上，因为彼岸世界已经坍塌。古代中国没有陷入这样的虚无，古人相信道以人传。至于方法，则因人而异、因时而异、因地而异。权以达道，死守方法非但是不知变通，反而时常害道，所谓"不知权变，危亡之道也"（《盐铁论·世务》）。说到底，古代中国和近代西方世界观不同，知识论自然也不一样。

近代西方科学坚持法有定式、物有定量，可是历史不能假设和重来，技艺和艺术难以定量分析，人文科学无法在实验室复制还原，社会科学的历史取样和模型提炼有着方法论上难以克服的缺陷，重新定义科学已经不是什么新鲜话题。当然300年来的主流思想，不会马上消失。对待非西方的前现代文明，潜意识里的裹挟就更加明显了。要超越西方的话语霸权，还需寻找并建构自己的学术术语和理论框架，我们刚刚起步。当社会已经转型，知识已经转向，传统话题连合法性都成为问题的当下，隔阂在所难免。知识与其说是一种普遍的、永恒的、具体的解释或改造世界的认知体系，不如说是由特定人群在特定历史语境下创造出来的文化产品，涉及生产者、传播者、消费者之间的种种权力关系（可参阅第八章第四节）。

当然，无须辩护，过分崇奉古书的确限制了国人探索的目光，晚清对虚文误国的批判是真诚而深切的。可如果不了解思维传统和价值取向的根本差异，非得拿西方近代的百科全书和中国古代的类书做对比，继而有所谓广狭之争，无异于郢书燕说。"百科全书"首次用于工具书是1559年德国刊印的《百科全书，或社会与世俗学科知识》，晚至18世纪狄德罗主编《百科全书，或科学艺术与手工艺大词典》才大放异彩，难道此前两千年就不曾对知识进行过系统整理？"百科全书"概念1897年才由日本进入中国。1911年最早编撰近代百科性词典的黄人，明确表示追摹的是欧美诸国词典，针对的就是以

---

① 转引自〔加〕伊夫·金格拉斯：《科学与宗教：不可能的对话》，第321页。

往"字书之简单而游移,类书之淆杂而灭裂"的弊病。① 西方学者已经指出中国古代类书和欧洲近代百科全书在知识概念上有本质区别。② 彼得·伯克称前者为"官僚式知识组织模式",后者与商业关系密切,被视为"印刷资本主义"。无论是从知识的生产、保存和传播角度,还是从知识的群体及其播布目的来看,二者都是两种截然不同的知识体系的表现。③ 1980年陆续出版的《中国大百科全书》,与中国传统的类书就更没有关系了,效仿的是《不列颠百科全书》(英国)、《法兰西大百科全书》、《布洛克豪斯百科全书》(德国)和《美国百科全书》。盲目比附和溯源迫使我们在澄清问题上花费的时间和力气,比真正研究问题和解答问题还要多,实在是制造混乱。

西方近代百科全书意在启蒙,而现代社会的科技发展使科普成为日常。中国古代是实行精英教育的阶级社会,士大夫需要的是进入国家管理层的学识和写作能力。除了农用和医用所需,普通人对自然知识没有迫切的深入需求,甚至识字率极低。传统技艺来自行业内部的传授,子承父业和师徒相授是常见的模式。在18世纪西方近代学科体系逐渐成形之前,西欧知识也是综合性的。直到20世纪50年代,数理学科之外的各类知识仍是以前现代的博物学形式存在。走进欧洲各大自然博物馆,面对那些大大小小、密密麻麻、千奇百怪的标本柜和脏器罐,在惊叹其人力物力巨大的同时(西方近代博物学家往往是探险家,随着殖民扩张在世界范围内搜集标本),不得不承认他们与中国古代的关注点距离甚大。但若以现代状况苛求古人,不仅会犯关公战秦琼式的时代错误,也把中西不同文化传统混同为一。这种历史扁平主义极大干扰了我们对类书的理解,也影响了我们对中西社会形态和历史文化的各类研究。

---

① 黄人:《普通百科新大词典序》,江庆柏、曹培根整理:《黄人集》,上海文化出版社,2001,第293页。
② 参阅米列娜:《未完成的中西文化之桥:一部近代中国的百科全书(1911)》,《近代中国的百科辞书》,第135页。
③ 〔英〕彼得·伯克:《知识社会史》上卷,第196—197页。

四 现代与前现代知识的差异

西方带给我们的不仅是现代科技和科学理念，还有日趋一体的现代生产和生活方式。它们对精神世界的震荡，绝不亚于对物质世界的改造。在社会学的社会形态分析里，现代与前现代社会的区分标准并不单一，可实际上社会生活的组织方式、社会关系、科技水平等经常混同，或者说宗教和科学、精神和物质的对立已经在前提和预设当中。中国不是宗教国家，进入现代社会的门票不是宗教的祛魅，儒家伦理和科学追求并不矛盾，至少不会比西欧社会从基督教走来更落后吧。但是科学的表述方式不同，同样会带来定性的困难。尽管李约瑟为中国古代的科技水准辩护，可是中国何以产生不了现代科学这样的提问方式，本身就是西方中心主义的。谁说科学只有一种形态？"西方科学"这样的提法本身就限定了类型。

天—地—人—物的结构方式虽然谈不上反科学，可作为中国古代世界观的反映，依然显得陈旧而隔阂，其中的逻辑关联尤其难以被现代人接受。其实，知识是否正确反映了客观世界是一回事，知识何以被当成知识则是另外一桩事。社会学的基础就在于把社会事实当成客观现象来研究（涂尔干的基本主张），超验的内容何以成为社会的事实性存在才是意味深长之处（知识社会学的基本立场）。今人可以不认同，但在讨论古代社会的时候，却不能否认或无视这些基本事实。英国学者基思·托马斯讨论18世纪科学命名取代民间俗称时曾说：

> 启蒙或许是启蒙了，但是通过逐渐消除充满丰富象征含义的旧词汇，博物学家们彻底击溃了早已确立的自然与人类事物互相呼应的观念。这是他们打碎过去假设的最重要、最具破坏力的方式。一个散发着人性韵味、充满象征内涵、感应人类行为的自然界被取代，他们建构了一个孤立分离的自然景观，供观察者从外部观看与研究，仿佛透过窗子凝视，

确信观察对象居于另一个领域,不发出任何预兆与信号,没有人性涵义。①

这段话对古代中国以天人感应为基础的阴阳灾异问题同样适用。在托马斯的研究里,近代欧洲自然观晚至18世纪才形成,此前的英国人与自然界也是互相沟通、彼此互动的。18世纪的欧洲人看17世纪的自然知识,觉得惊人地无知,是因为"这门科学在一个世纪内所放射的光芒超过之前近5700年"②。换句话说,我们是用近300年形成的新知识理念,批判此前两千多年的中国古代社会。

古人认为的知识,今天许多已经被排除出知识的领域。知识不仅有增长,也有弃置与遗忘。与自然科学知识不一样,人类思想观念柜里的骷髅和标本未必都接受了或者能够接受科学实验的检测。与现代知识的膨胀和过载也不一样,历史上的思想垃圾未必都是在大浪淘沙的自然沉淀中落败的。从"历史垃圾桶"里还原知识,不仅要回到知识的化石本身,还要回到它的文化和社会语境及其关联,回答古人确认的知识如何转变成非知识或者假知识。消失在学术谱系里的阴阳灾异,曾经是各大类书中称谓不同却占比不小的重要内容。《艺文类聚》别立符命、灵异、祥瑞和灾异类。《太平御览》里的休征和咎征、神鬼和妖异是分开论列的。《古今图书集成》的庶征接在乾象、岁功、历法之后,入历象编,多达50部。历朝历代这都是连篇累牍的重要版块,乃至政事的首要关注点,各朝史书开篇都会提到易服色改正朔。《艺文类聚》的"符命"便在帝王之前,正是司马迁所谓"究天人之际"的天人之间。我们可以不再信它,却不能无视它的存在。若没有它们的引介和过渡,整个逻辑链条就是断裂的。神神鬼鬼今天被视为封建迷信,但在古代却处于沟通天人的重要位置,这本身就是知识。缺乏这些基本常识,是无法进入中国古代的思想世界的。无视或径直砍去这些物类的选择性研究,也不会是真正有效的学术研究。

---

① 〔英〕基思·托马斯:《人类与自然世界:1500—1800年间英国观念的变化》,第84页。
② 同上。

古代欧洲也一度盛行巫术和占星术，今天被归入伪科学。宗教到底是阻碍还是催生了科学，仍有争议，最新的西方科技史研究主张给宗教留有一定余地。① 相对主义史观则认为，真理和知识就是人们认为它所是的东西，公认的信仰也可以被视同真理。② 因此占星术和神学也是科学，至少一度被认为既是艺术也是科学。基督教神学倒台之后，西欧知识版图才发生翻天覆地的变化。说到底，不同的世界观和价值观决定了不同的知识样态和社会事实。若以严格的现代标准进行筛选，古代世界还剩多少知识？仅凭我们认为的合理部分，能否反映真实的古代思想世界？西方科技史学者对中世纪的新近研究发人深省。③ 正是由于现代社会和前现代社会对知识的理解不同，不具备现代学科形态的西方博物学同样被挡在现代学术之外。刘华杰指出："在人类历史的99.9%的时间中，我们的祖先并非靠最近三百多年才发展起来的科技而过活，而是靠博物学和传统技艺。"④ 古代中国的博物学和传统技艺，往往散在类书和政书里，散在《古今图书集成》的博物纲和经籍纲里，未必在今人追溯的古代植物学、动物学、工艺史、科技史、建筑史视野内。

再比如蔚为大观的礼乐制度，虽有繁文缛节之讥，却与国家机构的组织原则和百姓的日常生活融为一体，无疑是中国古代社会的重要特点。康熙哪怕抱怨，也不得不视之为汉人的传统而遵行。可这些东西到了现代，尤其经过近代多次破坏，除了考古，几乎没有其他用途。仪式、礼仪、王礼、乐考、宗庙、郊社、宗亲等仪轨典制，和衣冠、仪饰、服章、器物、舟车、珍宝、布帛等器用章服本为一体，皆为人事的延伸。孔颖达解释《左传》的"裔不谋夏，夷不乱华"时便说："夏，大也。中国有礼仪之大，故称夏；有服章

---

① 如美国哲学教授迈克尔·艾伦·吉莱斯皮（Michael Allen Gillespie）在《现代性的神学起源》里，努力寻找现代性融贯神学体系的初衷及其方式。
② 以维特根斯坦和巴特菲尔德为代表，详见〔美〕戴维·伍顿：《科学的诞生》，刘国伟译，中信出版社，2018，第26页。
③ 参阅〔美〕爱德华·格兰特《近代科学在中世纪的基础》、〔美〕玛格丽特·J. 奥斯勒《重构世界：从中世纪到近代早期欧洲的自然、上帝和人类认识》、〔荷〕H. 弗洛里斯·科恩《世界的重新创造：近代科学是如何产生的》等相关书籍。
④ 刘华杰主编：《西方博物学文化》，北京大学出版社，2019，第2页。

之美，谓之华。华、夏一也。"① 有章为美，有礼乃大，礼仪曾是华夏文明最引以为傲的地方。如今制度归历史，可史学研究偏人事和制度的变迁，与古代中国和人文物华连为一体的礼制有相当的距离。车马章服是美术史的考察对象，可新式的审美研究不需要那么多的文献典籍，追迹器物的文化背景和社会内涵是越轨的学科行为。思想史倒是关注制度也在意观念，却不处理考辨和物用等细节，以前那么多的名物训诂变得多余。各种没有解决和解决不了的问题，都扔给了古典文献学。在经学被取消、制度不复存的时代，文献学没有发展和依附的基础，成了文字的考古，在有模有样的器物考古面前底气不足，甚至价值可疑。

历代经书、史书、类书（子部），还有集部文章详加议论的礼乐，在今天的学科框架里变得支离破碎，且仅得有形之"粗"，浑不见器上之"道"。部部《中国文化史》都是制度演变史，有物质有史迹，却独独不见文化，正应了孔子"礼云礼云，玉帛云乎哉？乐云乐云，钟鼓云乎哉"（《论语·阳货》）的质疑。今天的学科框架处理不了礼乐这样的传统题材，更不要说被视为封建迷信的超验内容了。因而对类书的研究，不仅是对中国古代知识的打捞，更是对近代学术系统建构的返观。这种并非简单压缩和删除的"创造性毁灭"，只会比福柯的"思想体系史"更复杂、更具深意。

如果说分科的实质是分而治之、不顾其余，那么古代中国确实没有现代意义的学术分工，类书本身就是追求通博的产物；如果说分科仅指知识的分门别类，那么中国古代知识非但类目丰富、品种繁多，还往往在区分的同时引导和呼应学识的全体。博雅和次第始终是古人的读书要领，也是理解中国传统学术的关键。由此再看天、地、人、物的编排，便觉得有铺垫，有进入，有主体，也有尾声和余韵了。这是一个系统工程，比近代辞典的字母和字序检索要复杂得多。分类是把握知识的便捷手段，但手段不等于目的。与《四库全书总目》不同，类书类目是更加全面的知识分类（表4-4），它比实物分类（"四部"本图书分类）更靠近逻辑分类（类分天地万物），自有其不可取

---

① 《十三经注疏·春秋左传正义》，北京大学出版社，1999，第1587页。

代的研究价值。

本章文末，我不厌烦难地把《古今图书集成》的子目抄录下来（表4-5）。对知识形态的考察来说，只知道这部书有6编32典6109部是不够的，1万卷5020册的规模可能无人通读，但从它的丰富细腻程度里，多少可以感知在西方观念尚未改易中国人的认知之前，清朝人眼里的知识是什么，中国古代知识的全景地貌如何。它零零总总五花八门，透露出中西思想观念的巨大差异。只有在不忽略差别、不强行比附的前提下，才能发现并感知那些不同于今日的特殊想法。如果不能正视它们及其背后的原因，即便《永乐大典》没有遗失，这批浩大的图书也只剩博物馆的文物观瞻价值。这不是类书的损失，而是中国学术的损失！

表4-4 类书类目举要

类型	书名	时期及作者	天	地	人		物	
					人物	人事	器物	生物
综合类	艺文类聚	唐官修	天、岁时	地、州郡、山水	符命、帝王、后妃、储宫、人、方术、内典、灵异、祥瑞、灾异、巧艺	礼、乐、职官、封爵、治政、刑法、杂文、武部	军器、居处、产业、衣冠、仪饰、服饰、舟车、食物、杂器、火部	药香草部、百谷、宝玉、果、木、鸟、兽、鳞介、虫豸
	太平御览	宋官修	天、时序	地、州郡	皇王、偏霸、皇亲、人事、逸民、宗亲、服用、方术、疾病、四夷、休征、咎征、妖异、神鬼、释、道	仪式、封建、职官、兵、礼仪、乐、文学、治道、刑法、奉使	居处、工艺、服章、器物、杂物、舟、车、珍宝、布帛、资产、饮食	百谷、火、兽、羽族、鳞介、虫豸、木、竹、果、菜、香、药、百卉
	海录碎事	宋叶廷珪	天	地	圣贤人事、帝王、臣职、鬼神道释、百工医技、商贾货财	音乐、农田、文学、武部、政事礼仪	衣冠服用、饮食器用	鸟兽草木
	唐类函	明俞安期	天、岁时	地、边塞、京邑、州郡	帝王、后妃、储宫、帝戚、人、释、道、灵异、方术、巧艺	设官、封爵、政术、礼仪、乐、文学、武功	居处、产业、火、珍宝、布帛、仪饰、服饰、器物、舟车、食物	五谷、药菜、果、草、木、鸟、兽、鳞介、虫豸

(续表)

类型	书名	时期及作者	天	地	人		物	
					人物	人事	器物	生物
综合类	三才图会	明王圻	天文、时令	地理	人物、身体	人事、仪制、文史	宫室、器用、衣服、珍宝	鸟兽、草木
	古今图书集成	清官修	历象	方舆	明伦	理学、经籍	博物·艺术	博物·神异、禽虫、草木
人物史志类	册府元龟	宋官修			帝王、闰位、僭伪、列国君、储宫、宗室、外戚、宰辅、将帅、台省、宪官、谏诤、词臣、国史、卿监、环卫、内臣、牧守、令长、宫臣、幕府、陪臣、总录、外臣	邦计、学校、掌礼、刑法、铨选、贡举、奉使		
	古事苑	明邓志谟编	天文、时令	地理	君道、伦行、宗族、朋友、师生、宾主、英贤、廉洁、忠直、恬淡、力量、勇敢、幼颖、耆英、婚姻、女子、宠妾、妓女、人品、人事、伤逝、技艺、富贵、贫贱、亨达、仙佛、神仙、梵释、鬼神、形体、丰美、丑劣	文职、武职、文章、学术、仕进、荐拔	衣服、珍宝、宫室、文具、武具、乐具、杂具、饮馔	蔬菜、谷物、果品、百花、众木、群草、飞禽、走兽、畜产、水族、昆虫
博物类	事物纪原	宋高承	天地生植、正朔历数、岁时风俗	州郡方域、城市藩御	吉凶典志、礼祭郊祀、帝王后妃、嫔御命妇、公式姓讳、法从清望、师保辅相、三省网辖、持宪闻听、九寺储贰、掌贰、五监总率、环卫中贵、横行武列、东西使班、节钺帅漕、抚字长民、会府台司、库务职局、农业陶渔、道释科教、伎术医卜	朝廷注措、治理政体、利源调度、崇奉褒册、乐舞声歌、舆驾羽卫、学校贡举、经籍艺文、官爵封建、勋阶寄禄、战阵攻守、军伍名额、律令刑罚	京邑馆阁、真坛净社、灵宇庙貌、宫室居处、舟车帷幄、什物器用、旗旟采章、冠冕首饰、衣裘带服、布帛杂事、酒醴饮食、博弈嬉戏、戎容兵械	草木花果、虫鱼禽兽

(续表)

类型	书名	时期及作者	天	地	人		物	
					人物	人事	器物	生物
博物类	名物类考	明耿随朝	天文	地理	人物、经籍、人事、身体	职官	衣服、饮食、宫室、器用、珍宝	鸟兽、昆虫、草木
	广博物志	明董斯张	天道、时序	地形	斧扆、灵异、人论、高逸、方伎、闺壸、形体、艺苑	职官、武功、声乐	居处、珍宝、服饰、器用、食饮	草木、鸟兽、虫鱼
	格致镜原	清陈元龙	乾象	坤舆	身体、饮食	朝制	冠服、宫室、布帛、舟车、珍宝、文具、武备、礼器、乐器、耕织器、日用器、居处器、香奁器、燕赏器、玩戏器	谷、蔬、木、草、花、果、鸟、兽、水族、昆虫
文学类	初学记	唐官修	天、岁时	地部、州郡	帝王、中宫、储宫、帝戚、人部	职官、礼部、乐部、政理、文部、武部	居处、器用、宝器	果木、兽部、鸟部
	事类赋	宋吴淑	天、岁时	地		乐	宝货、服用、什物、饮食	禽、兽、草木、果、鳞介、虫
	喻林	明徐元太	造化		人事、君道、臣术、德行、性理	文章、学业、政治	物宜	
	类林新咏	清姚之骃	天文、岁时	地理	人道、艺习、法象	文学、武功、音乐	珍货、宫室、服御、器用、饮食	草竹、花木、材木、果木、禽鸟、走兽、鳞介、昆虫
	事类赋统编	清黄葆真	天文、岁时	地舆、边塞	帝王、人伦、戚族、人品、形体、人事、闺阁、释道、灵异、交际	职官、仕进、政治、礼仪、音乐、文学、学术、武功、技术	兵器、饮食、宝货、衣服、器用、宫室	花、草、木、果、禽、兽、水族、虫豸
	骈字类编	清官修	天地、时令	山水、方隅	数目、采色、人事		居处、珍宝、器物	草木、鸟兽、虫鱼

(续表)

类型	书名	时期及作者	天	地	人		物	
					人物	人事	器物	生物
文学类	分类字锦	清官修	天文、节令	地理、山水	帝后、伦常、肢体、人物、祥瑞、境遇、释道、数目、干支、采色（卦名、巧对、借对、双声、叠韵、偶字）	礼仪、音乐、职官、政教、文事、武备、技艺	佩服、饮馔、宫室、器用、珍宝	菽粟、布帛、果木、花卉、鸟兽、虫鱼
	编珠	清高士奇	天地	天地、山川	绘彩、酒膳	仪卫、音乐	居处、器玩、珍宝、车马、舟楫	黍稷、菜蔬、果实
典志类	玉海	宋王应麟	天文	地理	帝学、兵捷、祥瑞	律历、艺文、圣文、诏令、礼仪、郊祀、音乐、学校、选举、官制、兵制、朝贡、辞学指南	宫室、车服、器用、食货	
	续文献通考	明王圻		舆地	帝系、宗庙、群庙、象纬、物异、四裔	职役、国用、经籍、田赋、钱币、户口、征榷、市籴、土贡、选举、学校、职官、郊社、群祀、王礼、乐考、兵考、刑考、封建		
	经济类编	明冯琦	天	地、边塞	帝王、储宫、宫掖、臣、谏诤、人伦、人品、人事、道术、杂言	政治、铨衡、财赋、礼仪、乐、武功、文学、刑法	工虞、物	
	九通分类总纂	清汪钟霖	天文	舆地	帝系、氏族、四裔、祥异	赋贡、钱币、户口、职役、征榷、市籴、国用、选举、学校、职官、礼、乐、兵、刑、艺文、封建		

表 4-5 《古今图书集成》类目表①

汇编	典	部	数量
历象	乾象	天地总部、天、阴阳、五行、七政、日月、日、月、星辰、天河、风、云霞、雾、虹霓、雷电、雨、露、霜、雪、火、烟	21 部 100 卷
	岁功	岁功总部、春、孟春、立春、元旦、人日、上元、仲春、社日、花朝、季春、上巳、清明、夏、孟夏、立夏、仲夏、端午、夏至、季夏、伏日、秋部、孟秋、立秋、七夕、中元、仲秋、中秋、季秋、重阳、冬、孟冬、立冬、仲冬、冬至、季冬、腊日、除夕、闰月、寒暑、干支、晦朔弦望、晨昏昼夜	43 部 116 卷
	历法	历法总部、仪象、漏刻、测量、算法、数目	6 部 140 卷
	庶征	庶征总部、天变、日异、月异、星变、风异、云气异、霾雾异、虹霓异、雷电异、雨灾、雨异、露异、雹异、旱灾、火灾、光异、寒暑异、丰歉、疫灾、地异、山异、石异、水灾、水异、冰异、人事异、人异、血肉异、梦、谣谶、声音异、宫室异、器用异、金铁异、饮食异、冠服异、神怪异、禽异、鸡异、兽异、马异、牛异、羊异、犬异、豕异、鼠异、鳞介异、虫豸异、蝗灾、草木异	51 部 188 卷
方舆	坤舆	坤舆总部、土、泥、石、砂、汞、矾、黄、灰尘、水、冰、泉、温泉、井、舆图、建都、留都、关隘、市肆、陵寝、冢墓	21 部 140 卷
	职方	职方总部、京畿总部、顺天府、永平府、保定府、河间府、真定府、顺德府、广平府、大名府、宣化府、盛京总部、奉天府、锦州府、乌喇宁古塔、山东总部、济南府、兖州府、东昌府、青州府、登州府、莱州府、山西总部、太原府、平阳府、潞安府、汾州府、大同府、沁州、泽州、辽州、河南总部、开封府、归德府、彰德府、卫辉府、怀庆府、河南府、南阳府、汝宁府、汝州、陕西总部、西安府、凤翔府、汉中府、兴安府、延安府、平凉府、巩昌府、临洮府、庆阳府、榆林卫、宁夏卫、陕西行都司、四川总部、成都府、保宁府、顺庆府、叙州府、重庆府、夔州府、马湖府、龙安府、潼川州、眉州、嘉定州、邛州、泸州、雅州、遵义府、建昌五卫、松潘卫、大渡河、东川军民府、乌蒙军民府、镇雄军民府、叠溪守御所、天全六番、永宁宣抚司、九姓长官司、平茶洞长官司、西阳宣抚司、邑梅洞长官司、地坝副长官司、四川诸僚、江南总部……	各府分部 223 部 1544 卷
	山川	山川总部、山总部、五岳总部、长白山、医巫闾山、千山、十三山、西山、天寿山、大房山、碣石山、盘山、燕山、大伾山、泰山、历山、华不注山、徂徕山、新甫山、长白山、尼山、龟山、蒙山……川总部、四渎总部、混同江、鸭绿江、辽河、易水、沽水、湿余水、桑干水、圣水、涞水……河部、汴水、睢水、溱水、洧水、溧水……江部、秦淮河、松江、三泖、肥水、巢湖、太湖、西湖……海部	各地山川江河 401 部 320 卷

---

① 各部又按汇考（以编年形式辑录古籍资料，或按先经史后子集顺序，考订相关沿革、古今名称、种类或制造方法）、总论（收录古籍经传里"纯正可行"的论说）、图、表、列传（从史书、地方志中辑录有关人物传记资料）、艺文（诗文辞赋辞藻）、选句（名句佳对）、纪事（琐细之事，补充汇考）、杂录（收录考究未真、议论偏驳的材料）、外编（多神话传说）的顺序展开辑录。

第四章 传统的发明：中学分类再归纳

(续表)

汇编	典	部	数量
方舆	边裔	边裔总部、东方诸国总部、朝鲜、青丘、不屠何、不令支、周头、俞人、发人、黑齿、濊貊、乌桓、新罗、百济……东方未详诸国、西方诸国总部、长股、渠搜、僬侥、奇肱、氐、康居……西方未详诸国、南方诸国总部、贯胸、安南、禽人、路人、卜人、扬州、权扶……南方未详诸国、北方诸国总部、匈奴、西戎、跂踵、山戎、屠州、般吾、州靡……北方未详诸国、四方未详诸国	少数民族和外国 542 部 140 卷
明伦	皇极	皇极总部、君父、君臣、帝纪、帝统、帝运、国号、帝号、登极、正朔、纪元、圣寿、君德、圣学、御制、宸翰、君道、治道、创守、敬天、法祖、莅政、勤民、用人、听言、法令、赏罚、宽严、风俗、文质、僭号	31 部 300 卷
	宫闱	宫闱总部、太皇太后、太上皇、皇太后、皇后、妃嫔、宫女、乳保、东宫、东宫妃嫔、皇子、皇孙、公主驸马、外戚、宦寺	15 部 140 卷
	官常	官常总部、宗藩、三恪、圣裔、贤裔、勋爵、公辅、中书、翰林院、宫僚、宗人府、吏部、户部、礼部、兵部、刑部、工部、都察院、通政司、大理寺、太常寺、光禄寺、太仆寺、鸿胪寺、四译馆、京兆、留守、国子监、给谏、行人司、钦天监、太医院、侍卫、仪卫、内府、司城、上林苑、将帅、节使、河使、漕使、藩司、臬司、监司、盐使、督学、郡守、郡佐、郡判、州牧、幕属、县令、县佐、县尉、广文、司狱、司仓、司库、巡检、驿丞、王寮、谏诤、忠烈、风节、政事	65 部 800 卷
	家范	家范总部、祖孙、父母、父子、母子、教子、乳母、嫡庶、出继、养子、女子、姑媳、子孙、兄弟、姊妹、嫂叔、妯娌、叔侄、姑侄、夫妇、媵妾、宗族、外祖孙、甥舅、母党、翁婿、姻娅、妻族、中表、戚属、奴婢	31 部 116 卷
	交谊	交谊总部、师友、师弟、主司门生、朋友、父执、前辈、同学、同年、世谊、结义、宾主、故旧、乡里、僚属、居停、拜谒、赠答、馈遗、宴集、乞贷、请托、盟誓、钱别、好恶、毁誉、规谏、品题、荐扬、嫌疑、傲慢、趋附、嘲谑、欺绐、疑忌、嫌隙、逸谤、忿争、陷构、恩仇	40 部 120 卷
	氏族	氏族总部一部，其余多每姓一部，杂有多姓一部	2696 部 640 卷
	人事	总部、身体、头、颈、发、面、眉、目、耳、鼻、口、齿、须、手、足、腹、脏腑、便溺、形神、形貌、形影、形声、年齿、老幼、初生、周岁（递增至百岁）、百岁以上名字、称号、喜怒、忧乐、悲欢、恐惧、癖嗜、疑惑、讳忌、迷忘、错误、悔悟、含忍、志愿、感叹、命运、寿夭、富贵贫贱、贫富、贵贱、富贵、贫贱、荣辱、升沉、穷通、患难、遇合、感应、利害、吉凶、祸福、疾病、生死、掩瘗、魂魄、投胎、睡部、游部、行旅、还归、洒扫、斋戒、沐浴、养生	97 部 112 卷
	闺媛	总部、闺淑、闺孝、闺义、闺烈、闺节、闺识、闺藻、闺慧、闺奇、闺巧、闺福、闺艳、闺恨、闺悟、闺职、闺饰	17 部 376 卷

(续表)

汇编	典	部	数量
博物	艺术	总部、农、圃、渔、樵、牧、御、弋、猎、医、卜筮、星命、相术、堪舆、选择、术数、射覆、挂影、拆字、画、投壶、弈棋、弹棋、蹴鞠、弄丸、藏钩、秋千、风筝、技戏、幻术、博戏、商贾、巫觋、拳搏、刺客、佣工、刀镊、庖宰、牙侩、乞丐、优伶、傀儡、娼妓	43部824卷
	神异	总部、皇天上帝、后土皇地祇、大明之神、夜明之神、北斗之神、五星五行之神、太一之神、文昌之神、列星之神、风云雷雨诸神、东岳泰山之神、南岳衡山之神、西岳华山之神、北岳恒山之神、中岳嵩山之神、东镇沂山之神、南镇会稽山之神、西镇吴山之神、北镇医无闾山之神、中镇霍山之神、东渎淮水之神、南渎江水之神、西渎河水之神、北渎济水之神、海神、山川诸神、社稷之神、寒暑之神、太岁之神、城隍之神、五祀之神、八蜡之神、龙神、马神、先农之神、先蚕之神、旗纛之神、瘟疫之神、冥司、关圣帝君、岳忠武王、杂鬼神、神像、神庙、二氏、释教、佛菩萨、佛像、佛经、僧寺、塔、僧、尼、居士、放生、道教、神仙、道书、道观、方士、女冠、静功、服食、方术、降笔、楮币、异人、异境、妖怪	70部320卷
	禽虫	禽虫总部、羽禽总部、凤凰、鸾鸟、鹤、鹄、雕、鹗、鹰、鸿雁、雉、鹊、乌、燕、莺、鹳、鸢、鸨……杂鸟、异鸟、走兽、麒麟、驺虞、獬豸、白泽、桃拔、角端、狮、象、虎、豹……畜总部、马、骆驼、骡、驴、牛、羊、犬……异兽、龙、蛟、鼍、鱼、鲸鱼、鳄鱼、鲟鳇鱼、鲤鱼、鲂鱼、鳟鱼……杂鱼、异鱼、龟、鳖、鼋、鳌、贝、珂、蜃、蚌、蛤……杂海错、虫、蚕、蛾、蝉、蝶、蜂……蛇、蟒、鲛鲤、蜈蚣、蜥蜴、蚰蜓……蛙、蟇、虱、蛆、蚁……杂虫、异虫	317部192卷
	草木	草木总部、草、木、叶、花、果、药、禾谷、稻、粱、稷、黍、粟、秋、麦、豆、麻、稗……蔬、姜、瓜、瓠、茄、芝、菌、木耳、芋、薯、韭、薤、葱、蒜、苏、蓼、堇、茶、蕻、芥、荠……黄瓜菜、生瓜菜、白花菜、葛花菜、东风菜、龙须菜……海蕰、海带、诸苔、紫菜、杂蔬、兰、蕙、葵、菊、莲、菱、芡、薯、艾、术、茅、蓬……葛、藤、葡萄、甘蔗、慈姑、荸荠……芍药、酴醾、木香、蔷薇、含笑、迎春、丽春、款冬、忍冬、月季……人参、鬼臼、鬼针、王孙、郎罢、佛甲、仙人、锁阳、拳参……地衣、山柰、常山、石松、石韦、石苋、石斛……龙珠、虎耳、虎杖、狼牙、狼毒、草犀、鹿蹄……杂花草、蕉、竹、松、柏、梅、杏、桃、李……漆、桧、楠、樟、榆、枫、杉……荔枝、龙眼、杨梅、枇杷、樱桃、郁李、桄榔、木瓜、橄榄……牡丹、木兰、辛夷、绣球、芙蓉、木槿、扶桑、山茶……杂花树、杂果木、杂树木、香、薪、炭	700部320卷

第四章　传统的发明：中学分类再归纳　471

(续表)

汇编	典	部	数量
理学	经籍	经籍总部、河图洛书、易、书、诗、春秋、礼记、仪礼、周礼、三礼、论语、大学、中庸、孟子、四书、孝经、尔雅、小学、经学、谶纬、国语、战国策、史记、汉书、后汉书、三国志、晋书、宋书、南齐书、梁书、陈书、北魏书、北齐书、北周书、南北史、隋书、唐书、五代史、辽史、宋史、金史、辽金宋三史、元史、明史、通鉴、纲目、史学、地志、山经、老子、庄子、列子、墨子、管子、商子、孙子、韩子、荀子、淮南子、扬子、文中子、诸子、集部、文选、类书、杂著	66 部 500 卷
理学	学行	学行总部、理气、理数、性命、性情、性部、五常、仁、义、礼、智、信、心意、心身、志气、物我、理欲、公私、义利、曲直、是非、邪正、巧拙、名实、诚伪、善恶、动静、刚柔、大小、经权、厚薄、道德、言行、言语、威仪、器度、廉耻、学问、致知、力行、知行、读书、讲学、学思、教学、求师、博约、守约、博闻强记、虚心、改过、审几、慎独、克己、修身、保身、心学、务本、豫防、慎微、好善、观人、中和、忠恕、主敬、一贯、安勉、随时、量力、取与、出处、处世、应事、圣人、圣门诸贤、任道、志道、孝弟、笃行、隐逸、旷达、恬退、清介、韬晦、勤敏、前知、谦让、识鉴、恭谨、盛德、忠信、畸行、幼慧、君子小人、游说、游侠、勇力	97 部 300 卷
理学	文学	文学总部、诏命、册书、制诰、敕书、批答、教令、表章、笺启、奏议、颂、赞、箴、铭、檄移、露布、策、判、书札、序引、题跋、传、记、碑碣、论、说、解、辩、戒、问对、难释、七、连珠、祝文、哀诔、行状、墓志、四六、经义、骚赋、诗、乐府、词曲、对偶、格言、隐语、大小言、文券、杂文	49 部 260 卷
理学	字学	字学总部、音义、楷书、行书、草书、篆书、隶书、飞白、押字、书画、法帖、书法、书家、声韵、方言、笔部、墨部、纸部、砚部、笔格、水注、镇纸、书尺、文房杂器	24 部 160 卷
经济	选举	选举总部、学校、教化、养士、士习、乡举里选、征聘、荐举、对策、上书、辟署、科举、乡试、会试、登第、下第、殿试、及第、特赐第、太学生、神童、召试、荫袭、特用、武举、杂流、吏员、隶役、归诚	29 部 136 卷
经济	铨衡	铨衡总部、官制、禄制、考课、举劾、迁擢、降黜、休致、给假、起复、封赠、封建	12 部 120 卷
经济	食货	食货总部、户口、农桑、田制、蚕桑、荒政、赋役、漕运、贡献、盐法、杂税、平准、国用、饮食、米、糠、饭、粥、糕、饼、粽、糁、粉面、糗饵、酒、茶、酪、油、盐、糟、酱、醋、糖、蜜、麴蘖、肉、羹、脯、脍、炙、鲊、醢、菹、齑、豉、币帛总部、枲、葛、绵、丝、绒、布、褐、帛、绢、练、罗、绫、纱、缎、锦、毡罽、皮革、胶、宝货总部、珠、玉、水晶、琅玕、珊瑚、玛瑙、玻璃、琉璃、琥珀、砗磲、宝石、金、银、铜、铅、锡、铁、钱钞	83 部 360 卷

(续表)

汇编	典	部	数量
经济	礼仪	礼乐总部、礼仪总部、冠礼、婚礼、丧葬、谥法、恤典、吊哭、忌日、祀典总部、天地祀典、明堂祀典、日月祀典、星辰祀典、风云雷雨祀、寒暑祀、社稷祀、山川祀、先圣先师祀、文庙祀、帝王陵庙祀、宗庙祀典、配享功臣祀典、陵寝祀典、先农祀典、先蚕、太岁、城隍、五祀七祀、高禖、旗纛、零祀、烛蜡、大傩、酺祭、先医、先牧、名宦乡贤、杂祀典、家庙祀典、朝贺、聘问、执贽、宴飨、巡狩、藉田、幸学、经筵、养老、乡饮酒礼、军礼、赏赐、冠服、冠冕、衣服、袍、裘、衫、袄、蓑衣、雨衣、带佩、巾、裙、裤、袜、履、屐、靴、行縢	70部348卷
	乐律	乐律总部、律吕、声音、啸、歌、舞、钟、镈、钲、铙、镯、铎、方响、钹、磬、琴瑟、琵琶、箜篌、筝、阮咸、五弦、管、箫、龠、籫、笛、横吹、筯、角、贝、觱篥、笙竽、埙、缶、瓯、鼓、鼓吹、柷敔、筑、应、胘、雅部、拍板、壤、筝虡、杂乐器	46部136卷
	戎政	戎政总部、兵制、校阅、田猎、兵法、阵法、火攻、水战、车战、兵略、兵饷、屯田、马政、驿递、器械、甲胄、干盾、旌旗、金鼓、弓矢、射弩、弹、刀剑、斧钺、檠戟、戈矛、椎棒、攻守诸器、杂器械	30部300卷
	祥刑	祥刑总部、律令、盗贼、牢狱、囚系、俘累、讼讦、听断、刑具、桎梏、锁、枷、鞭刑、答杖、肉刑、黥刑、刖刑、宫刑、徒罪、流徙、谴戍、重辟、籍没、理冤、赎刑、赦宥	26部180卷
	考工	考工总部、工巧、木工、土工、金工、石工、陶工、染工、漆工、织工、规矩准绳、度量权衡、城池、桥梁、宫室总部、宫殿、苑囿、公署、仓廪、库藏、馆驿、坊表、第宅、堂部、斋部、轩部、楼部、阁部、亭部、台部、园林、池沼、山居、村庄、旅邸、厨灶、廐部、厕部、门户、梁柱、窗牖、墙壁、阶砌、藩篱、窦部、砖、瓦、器用总部、玺印、仪仗、符节、伞盖、幡幢、车舆、舟楫、尊彝、卣、壶、盂、罍、瓶、缶、瓠、瓺、爵、斝、觯、觚、斗、角、杯、卮、瓯、盏、觥、瓢、勺、玉瓒、杂饮器……镰刀……网罟……	155部252卷
总计			6117部10000卷

第五章
范畴重组：中外古今之间的"艺术"

甲午前后，中国社会通行的"艺术"概念指的是西方科技。1897年张元济创办的通艺学堂把西学课程分为"文学"和"艺术"两大类。"文学"包括舆地志、泰西近史、名学（即辨学）、计学（即理财学）、公法学、理学（哲学）、政学（西名波立特）、教化学（西名伊特斯）、人种学9种。"艺术"为算学、几何、代数、三角术、化学、格物学（包括水火电光重）、天学（包括历象）、地学（地质学）、人身学、制造学（包括汽机、铁轨）10类。① 这里的"文学"指文明博洽之学，是传统文学概念的延伸，与我们今天使用的日语外来词"文学"不是同一范畴（详见下章）。这里的"艺术"在晚清人眼里也不陌生，因为"西政"和"西艺"的对举大量出现在当时的言论里，1902年《钦定京师大学堂章程》就把大学预科分为政、艺两类。邓实主办的《政艺通报》也以政、艺为两大分野。康有为、梁启超对"西政"的鼓吹也使"西艺"的概念广为流传。

如果说从文明博洽到美质辞章，"文学"的意义虽然发生了偏移，却也还能辨认出大体，那么从西方代数、几何、物理、化学，转换为美术、音乐、建筑、舞蹈等视觉艺术或造型艺术，"艺术"的陡转就十分醒目了。事实上，"艺术"不仅古已有之，而且绝无仅有地横跨经、史、子、集四大部类。只是近代以来，我们是在西方的 Art 意义上使用它，借用自日本。这样一个亦旧亦新的概念，情况自然十分复杂。一方面，人们不可能完全抛开固有词义，把它当成"美术"这样的纯粹日译词来对待；另一方面，当周边概念和整体

---

① 张元济：《通艺学堂章程》，《中国近代学制史料》第1辑下册，第907页。

语境发生改变，人们也不可能对新义视若无睹。中西、新旧程度不一地交错混杂，融合成一副新的面孔。

陈寅恪认为"解释一字即是作一部文化史"。传统的文字训诂学曾在大量烦琐的考据中呈现古往学术的沿革变迁，从而让逝去的文化和社会变得可读可感。一百年后，当西方文化裹挟着大量新词涌入中国时，字词的考察却无法像以前那样，仅在纵向的历史维度探幽索微。沉积在新词里的，不仅是时代变迁的印记，还有中西文化的交融，日本的介入使之愈发复杂。在这样的情况下，字词的研究尤其是学术专有名词的考察，就成了文化交流的证明。① 探究异质文化的融合与互动，对仍处于文化交换与生成期的中国学术而言，绝非仅是考古的兴味。近代"艺术"概念的引入，绝非简单的语言学现象，而是近代学术融合与学术创新的经典案例。举一反三，从中我们既可以体味新词汇带来的新思想、新旨趣，也可以通过对旧含义的考察恢复其原始关联，并从演变过程里看到思想变化如何带来整套概念系统的关系调整，范畴重组如何拆解固有体系的组织结构，从而深入系统重建工程的内部。让我们先从"艺术"的语源谈起。

第一节 "艺术"语源及其使用语境

一 驳杂多变的艺术子目

"艺术"作为正式专有名词，最早出现在后晋的《旧唐书·经籍志》里，但前面还冠有一个"杂"字，名为"杂艺术"。《新唐书·艺文志》《宋史·艺文志》和《文献通考·经籍考》莫不如此。梁朝阮孝绪《七录》、宋代尤袤《遂初堂书目》和陈振孙《直斋书录解题》、明朝钱谦益《绛云楼书目》干脆称之为"杂艺"。细绎《七录》的"杂艺"书录，大体归为骑、棋和包

---

① 术语研究是近年来备受瞩目的国际学术话题，沈国威、陈力卫、方维规、黄兴涛、刘禾、冯天瑜等从各自角度进行了探讨，带动一批质量不一的相关研究。但若抽离学术系统的整体观照，仅对语义变迁进行接受史和传播学的考察，或限于概念本身的历史语义梳理，很容易把文化史、学术史层面的大问题简化为语言学、传播学上的小案例。斩断横向关联的孤立研究，准确性也很可疑。

括投壶在内的各种博戏,隶属术伎录。《旧唐书·经籍志》的 18 部"杂艺术"书目赅括的也是棋、投壶及各类博戏。《新唐书》把绘画收录了进来,此外还有《射经》《射记》《弓箭论》等射箭的内容。宋人郑樵在《通志·艺文略》里把"艺术"细分为艺术、射、骑、画录、画图、投壶、弈棋、博塞、象经、樗蒲、弹棋、打马、双陆、打球、彩选、叶子格、杂戏格 17 个小类,直到明万历年间焦竑的《国史·经籍志》,子部"艺术"依然是大体相同的艺术、射、骑、啸、画录、投壶、弈棋、象经、博塞、樗蒲、弹棋、打马、双陆、打球、彩选、叶子格、杂戏 17 类。

可见,最晚从南北朝时期开始,作为学术专有名词的"艺术"就以骑、射、棋和各类博戏为主体。① 博戏的洋洋大观,及绘画、书法、琴艺的后起,提示我们:即便是中国古代狭义的艺术概念,与今天的艺术观念也有重大的分歧。因为棋类和各种业已萎缩乃至失传的博戏,今天被归入体育竞技类,根本不属于艺术范畴,骑、射就更是如此了。看到各国棋手在读秒声中青筋暴露的架势和比赛现场泰山压顶的紧张气氛,我们很难想象这与"坐隐不知岩穴乐,手谈胜与俗人言"(黄庭坚《弈棋二首呈任公渐》其一)、"钓归恰值秋风起,棋罢常惊日影移"(陆游《秋兴》)里的"坐隐"和"手谈"指的是同一件事。

对照历代史书经籍志里的"艺术"类别(表 5-1),和图书目录中的"艺术"细目(表 5-2),我们会发现,更贴合今人艺术观的绘画,宋代伊始进入"艺术"视域,且以画论和画品为主,只有《新唐书·艺文志》载录了画卷本身。书法稍早一些,北齐修的《魏书·术艺列传》记录了工于书写的江式,唐代修的《周书·艺术列传》也有以题写见长的冀儁、黎景熙、赵文深事迹,但书法集中出现在图书专录里,要等到宋代《遂初堂书目》和《直斋书录解题》等私家图书目录的兴起。琴类则晚至明清才活跃于"艺术"名录当中。今人熟悉的以琴、棋、书、画为主体的艺术概念,晚至清初的《四库

---

① 不仅南朝梁阮孝绪《七录》里的"杂艺"以骑、棋、博戏为主,《北史·艺术列传》也专门提到范宁儿擅长围棋,高光宗长于樗蒲,李幼序和丘何奴工于握槊。虽然《北史》修于唐初,但书里说得很清楚,樗蒲和握槊"此盖胡戏,近入中国","宣武以后,大盛于时",范宁儿等人北魏时已以此艺盛名于世。

全书》才最终成型。

虽然宋代和明代的艺术书目也会有琴棋书画的内容，但往往还把许多今天目为非艺术的内容阑入其中，说明对于何者为艺术，即便是明代人和清代人，意见也有所不同。若细绎历代图书目录里的艺术类目，我们还会发现：首先，明人祁承㸁的《澹生堂书目》和宋代的《文献通考》《郡斋读书志》《遂初堂书目》一样，把《应用算法》《九章算经》《曹唐算经》等算数内容括进了艺术。第二，钱谦益的《绛云楼书目》还把《养鹤经》《蚕谱》《龟经》《种芋法》《师旷禽经》等栽种禽养图书归入其中，这与宋代《崇文总目》把6部相马书、2部《鹰经》、2部《驼经》和1部《鹤经》，《郡斋读书志》把4部相马书、1部相牛书、1部相鹤书，元《宋史·艺文志》把8部相马书都归于子部艺术的做法遥相呼应。第三，明人黄虞稷的《千顷堂书目》把《鲁班营造正式》和《群物奇制》归入艺术，与宋代《文献通考》里的"杂艺术"囊括营造法式，有相似之处。第四，比《四库全书总目》稍早一些的《明史·艺文志》居然把医书也并入艺术，并把画、琴、印别称为"杂艺"。更有甚者，1898年康有为在《日本书目志》里，把占筮和相术归入以绘画、音乐和戏剧为主体的"美术"（实为艺术）当中。

这种种奇特的现象提醒我们：中国古代的"艺术"概念并非一成不变，宋与南北朝乃至唐代的气象都有所不同，宋元之后的"艺术"连贯性虽然依稀可辨，但至少在《四库全书》这里有一次观念的调整和概念的收束，一直影响到有清一代。如何看待这次梳理和总结工作？清初的这种范畴厘定对于晚清的中西艺术概念对接有无影响？算术、禽养、匠作、医药在清代以前何以被视为艺术？方术在晚清又怎么会与艺术发生关联？艺术的主体如何从棋、射变为画、琴？这对艺术观念的改造究竟有多大影响？"艺术"和"杂艺术""杂艺"能否等同？等等。这一系列问题，是我们叩问古今艺术差异的关键，也是我们摸索中国古代学术体系的入口。要解决这些问题，就不能只盯着图书目录里现成的"艺术"字眼，还必须回到"艺术"的语源和更大的文化场域中去。

二 "艺"与"术"的渊源

"艺术"繁体为"藝術",在中国古代写作"埶術"或"蓺術"。"術,邑中道也,从行术声",段玉裁补充道:"邑,国也。引伸为技术"。① "術"由道路引申为技术、方法和途径,与"技"字意义相近。而今天简写的"术"本是"秫"(谷物)的简体和草药名(白术)。在刘向的《七略》和班固的《汉书·艺文志》里,"数术"包括天文、历谱、五行、蓍龟、杂占、形法6大类,"方技"指医经、经方、房中和神仙,"术"和"技"都是学有专长的"王官之一守"。若细论其分别,"数术"原是巫、史通天的技术,所谓"数术者,皆明堂羲和史卜之职也";"方技"主要指养生导引之术,所谓"方技者,皆生生之具"也。一通天一育人,分别为巫、医所专,界线还是清晰的。

后世即便以"方技"赅括"数术",也依旧是巫医并举,历代史书的《方技列传》莫不如此。《宋史·方技列传》说"巫医不可废也。后世占候、测验、厌禳、禜禬,至于兵家遁甲、风角、鸟占,与夫方士修炼、吐纳、导引、黄白、房中,一切怪诞妖诞之说,皆以巫医为宗",医为巫所遮,也为巫所累。巫医同源,哪怕时代靠后,距离看似越远,它们作为职业技能的共性还是明显的。晚至清初的《四库全书总目》,对医的定位仍是"技术之事也"②。历代医家的传记也总是和术士、神仙家放在一起。在梁朝阮孝绪的《七录》里,"术"和"技"正式合称,"术伎"与经典、记传、子兵、文集一起被纳为"内篇"(佛法和仙道为"外篇")。"伎"和"技"是通假字,

---

① 许慎撰,段玉裁注:《说文解字注》,上海古籍出版社,2003,第78页。
② 《四库全书总目》子部总序。纪昀还说过:"余校录《四库全书》,子部凡分十四家。儒家第一,兵家第二,法家第三。所谓礼、乐、兵、刑,国之大柄也。农家、医家,旧史多退之于末简,余独以农居四,而其五为医家。农者,民命之所关;医虽一技,亦民命之所关,故升诸他艺术上也"(《济众新编序》)。医家提升到其他"艺术"之上,说明医家本质上还是"一技",也是"艺术",不过因为关系重大而地位有所提升罢了(相较于术数而言)。

二者常常混用。① 即便经过曹魏时期的官方禁令和两晋王朝的继续抵制，数术已日渐萎缩，但能在初具"四部"雏形的经典、记传、子兵、文集之外独树一帜，规模依旧不容小觑。

"艺"字的情况相对复杂一些。"藝"古字为"埶"，"埶，种也。从丮坴。丮持种之"。"丮"的意思是用手握，"象手有所丮据也"。"坴"，段玉裁认为是土块。"埶"是一个会意字，以手握土来种植。段玉裁补充说："齐风毛传曰'蓺犹树也'，树种同义"，继而指出"唐人树埶字作蓺，六埶字作藝。说见《经典释文》。然蓺、藝字皆不见于《说文》。周时六藝字盖亦作埶。儒者之于礼乐射御书数，犹农者之树埶也"。② 也就是说，"埶"为古字，"蓺"和"藝"是后起字，许慎时并无"埶""藝"之分，唐代以后为了区分树埶和六埶，种植之意才由"蓺"字来承担，而"六埶"写作"六藝"。颜师古释《汉书·楚元王传》"埶为宛朐侯"时说"埶，古藝字"③，王念孙在《广雅疏证》的"埶"字下补注"《说文》：'埶，种也'。今作'蓺'、'藝'"④，可为旁证。

儒家"六艺"类同农人树埶，因此"六艺"可以理解为儒者的六种技能，礼、乐、射、御、书、数原本就是周代贵族教育的主要内容。"六艺"的内容非常丰富⑤，故"艺"又引申为多才。夫子言："吾不试，故艺"，"求也艺，于从政乎何有"，刘宝楠解释道："'藝'本作'埶'，见《说文》。古

---

① 许慎《说文解字》说"技，巧也，从手支声"，段玉裁补充道"古多假伎为技能字"。而"伎"字的本义是"与也，从人支声"，但"俗用为技巧之技"（许慎撰，段玉裁注：《说文解字注》，第607、379页）。因而"伎"是"技"的假借字，两个字常常互用。
② 许慎撰，段玉裁注：《说文解字注》，第113页。
③ 《汉书》第7册，第1923页。
④ 王念孙：《广雅疏证》第4册，上海古籍出版社，2016，第1487页。
⑤ 郑玄注《论语》"志于道，据于德，依于仁，游于艺"时，依据《周官·保氏》，详细列举了六艺的具体内容："一曰五礼，二曰六乐，三曰五射，四曰五御，五曰六书，六曰九数。"五礼"指吉、凶、宾、军、嘉，"六乐"指云门、大咸、大韶、大夏、大濩、大武，"五射"指白矢、参连、剡注、襄尺、井仪，"五御"指鸣和鸾、逐水曲、过君表、舞交衢、逐禽左，"六书"指象形、会意、转注、指事、假借、谐声，"九数"指方田、粟米、差分、少广、商功、均输、方程、赢不足、旁要（刘宝楠：《论语正义》，第257页）。

以礼、乐、射、御、书、数为六蓺。人之才能，由六蓺出，故蓺即训才能。"① 所以，六艺和才艺皆由技艺出，"技"与"艺"经常并称。清末以"艺"（西艺/西政）统称门类众多的西方自然科学和应用科学正是立足于此，看重的是起于制船造炮、止于治国方略的各种制强之术，沿袭的是"艺"字的传统义项。

汉代出于典籍分类的需要，六艺中有"礼乐之文，射御书数之法"②的划分：事关教化的礼、乐归入"六艺略"；书因关乎典籍的解读，与《论语》《孝经》一起并入"六艺略"，是为小学；射和御被归入了"兵书略"③；数因多用于天文历算和阴阳推步，融合在"术数略"当中。于是，六艺分属六艺、术数、兵书3个部分。"六经"进一步经典化后，"经典志""经部"的称谓取代了"六艺略"，礼、乐保存在经部，脱离了礼乐的"艺"退回到技能的原初所指，在这样的情况下与"术"字并称。李贤在注释《后汉书》伏湛传"诏无忌与议郎黄景校定中书五经、诸子百家、艺术"时，指出"艺谓书、数、射、御，术谓医、方、卜、筮"④，可为明证。因此汉代以后，"蓺"就不再能够囊括礼和乐了（唐代"六蓺"便别作"六藝"，"伎蓺"写为"伎藝"），"艺术"是"蓺"的传统与"術"的传统的并称。孙诒让注释《周礼·春官·叙官》的"凡以神士者无数，以其艺为之贵贱之等"时，特意指出"此艺当谓技能，即指事神之事，不涉六艺也……《王制》以祝史为执技以事上者，此神仕为巫，亦祝史之类，故亦通谓之艺"⑤，说明六艺（六藝）与技艺（技蓺、蓺術）在后世有了明显的高下之分。

三 "艺术"合称及其所指

"蓺"和"術"原本是两个系统。认为艺"在一开始就具有对不可知领

---

① 刘宝楠：《论语正义》，第222页。
② 朱熹：《四书章句集注》，中华书局，1983，第94页。
③ 由于后世习射的性质有所变化，《文献通考》把射归入子部"杂艺术"，《四库全书总目》沿用此例，并有说明。晚至1894年，日本人松井广吉的《战国时代》还把"武术"一节放在"艺术"目录下。可见兵家和武术都曾与"艺术"有关。
④ 《后汉书》第5册，中华书局，1965，第898页。
⑤ 孙诒让：《周礼正义》第5册，中华书局，1987，第1295页。

域的干预活动和操作技术两个方面的含义"①，是混淆了"艺"和"术"的学术系统。严格来说，"艺术"乃"蓺"和"術"的并称，由于"蓺"和"術"意义接近又相对独立，因而"艺术"也可以称为"术艺"。学界以往论及"艺术"语源时，总是追溯到《晋书·艺术列传》。其实《魏书》已有《术艺列传》，"术艺"和"艺术"是同一概念。晋虽早于魏，但《晋书》修于唐，《魏书》乃北齐魏收所撰，《晋书·艺术列传》实承《魏书·术艺列传》而来。《魏书》首开"术艺"传，而且对艺术的定位非常清晰，借此可细绎"艺术"的所指：

> 阴阳卜祝之事，圣哲之教存焉。虽不可以专，亦不可得而废也。徇于是者不能无非，厚于利者必有其害。诗书礼乐，所失也鲜，故先王重其德；方术伎巧，所失也深，故往哲轻其艺。夫能通方术而不诡于俗，习伎巧而必蹈于礼者，几于大雅君子。故昔之通贤，所以戒乎妄作。晁崇、张渊、王早、殷绍、刘灵助皆术艺之士也。观其占候卜筮，推步盈虚，通幽洞微，近知鬼神之情状。周澹、李修、徐謇、王显、崔彧方药特妙，各一时之美也。蒋少游以奇剧见知，没其学思，艺成为下，其近是乎？（《魏书·术艺列传》）

"术艺"即"方术伎巧"（术、伎/技、巧是相近而不尽相同的概念），与"诗书礼乐"对举。后者旨在"德"，前者属于"艺"（技艺）。如能把二者统一起来，倒也不失为大雅君子。问题在于，"术艺"难以把握，所谓"徇于是者不能无非，厚于利者必有其害"，所以往圣先哲不予标举，以防后人妄作。这段话后来还出现在唐代《周书·艺术列传》和《北史·艺术列传》里，可以说几成共识。《新唐书·方技列传》曾阐发说，对于艺术，"士君子能之，则不迁、不泥，不矜、不神；小人能之，则迁而入诸拘碍，泥而弗通大方，矜以夸众，神以诬人，故前圣不以为教，盖吝之也"，这个"吝"字耐人

---

① 柳素平：《"艺术"一词渊源流变考》，冯天瑜、〔日〕刘建辉、聂长顺主编：《语义的文化变迁》，武汉大学出版社，2007，第573页。朱青生的《"艺术"的中国古义》提出："对数术方技的掌握也称作'艺'，具体的技术操作方法称作'术'。'艺术'二字在《晋书》中已并称，其所指已是专门的活动，对不可知领域的把握和干预。"（《中国艺术》1999年第1期）

寻味!

因此,艺术虽然也是"圣教"之一隅,但"所失也深",还有赖习艺者本人的品行和觉悟。与诗书礼乐相比,其外在的技巧性决定了它是别有所待的"小道",所谓"艺人术士,匪能登乎道德之途"(《明史·方技列传》)。因而艺术之士不能和孝感传、忠义传、儒林传、文苑传的传主混同为一。传记的正文部分交代得很清楚,晁崇、张渊、王早、殷绍、耿玄、刘灵助善长的是阴阳占断之术,周澹、李修、徐謇、王显、崔彧精通的是医药之方,二者并称"术艺之士"。巫、医以技名世,一直就在"术"的传统里。此外的第三类人是"因工艺自达"的蒋少游,即"巧"范畴里的工匠和技师。后来《隋书·艺术列传》明确把艺术分为阴阳、卜筮、医巫、相术、音律、技巧6大类①,后二者追溯的代表人物是春秋时期著名的乐师师旷和奚仲、墨翟、张平子、马德衡。《北史·艺术列传》也有长于音律的万宝常和精于制作的蒋少游、郭善明、郭安兴。上古之时,"工""巫"互训,意义本来就相同。②《旧唐书》《宋史》《辽史》《元史》虽篇名改回"方技列传",但传主身份类型依旧如斯(表5-3)。

由此可见,艺术之士包括巫、医、工三种人,可析为术数、方技、工艺三大部类。这就难怪《文献通考》和《千顷堂书目》把营造法式归于艺术,《明史·艺文志》把医书并入艺术,康有为《日本书目志》把方术也视为艺术了。而算术多用于阴阳占断,原本就在术的传统里,晚至《四库全书》依

---

① 《隋书·艺术列传》开篇就说:"夫阴阳所以正时日,顺气序者也;卜筮所以决嫌疑,定犹豫者也;医巫所以御妖邪,养性命者也;音律所以和人神,节哀乐者也;相术所以辩贵贱,明分理者也;技巧所以利器用,济艰难者也。此皆圣人无心,因民设教,救恤灾患,禁止淫邪。自三五哲王,其所由来久矣。然昔之言阴阳者,则有箕子、裨灶、梓慎、子韦;晓音律者,则师旷、师挚、伯牙、杜夔;叙卜筮,则史扁、史苏、严君平、司马季主;论相术,则内史叔服、姑布子卿、唐举、许负;语医,则文挚、扁鹊、季咸、华佗;其巧思,则奚仲、墨翟、张平子、马德衡。凡此诸君者,仰观俯察,探赜索隐,咸诣幽微,思侔造化,通灵入妙,殊才绝技。"
② 《说文解字》释"工"为"巧饰也。象人有规矩,与巫同意",释"巫"为"巫祝也。女能事无形,以舞降神者也。象人两褎舞形,与工同意"(许慎撰,段玉裁注:《说文解字注》,第201页)。刘师培在《周末学术史·工艺学史》里曾指出:"释《说文》者大抵谓工巫皆尚手技,故其义同。予谓上古之时,民智未开,凡能造一器则莫不尊之如神。故医与工通,而能以术惑民者称为方技。则工巫义同,乃以工巫皆能用巧术以示民也。"(《刘师培学术论著》,浙江人民出版社,1998,第63页)

然散于术数和天文算法里，没有单独成类。《澹生堂书目》和《文献通考》《郡斋读书志》《遂初堂书目》把算术从子部的阴阳、历算、占筮、五行、形法等纯术数里提取出来，别入子部艺术，既看到了算术不语怪力乱神的一面，也暗合艺术为技能的本义。《宋史·艺文志》《崇文总目》《郡斋读书志》《绛云楼书目》等图书目录把相马、相牛、养鹤、养蚕等禽养栽种内容放入艺术，也是其来有自。早在司马迁的《史记》里，长于相马、相牛、养猪的人就是与善占之士放在一起记录，是为《日者列传》，他们的共同特点是"能以伎能立名者"①。后世的正史《术艺列传》或《艺术列传》既是承《方技列传》而来，而《方技列传》沿袭的是《史记》的《日者列传》和《龟册列传》②，自然以此为准，不过是持此小技难以像黄直、陈君夫、留长孺那样幸运地留下名号与事迹罢了。《新唐书·方技列传》曾明言"凡推步、卜、相、医、巧，皆技也。能以技自显于一世，亦悟之天，非积习致然"，点明了艺术的共性：皆技也。

看来，即便图书目录可以把数量庞大的数术和医药书分离出去，由此剩下的"艺术"内容与史书传记里的艺术也有着宽窄之分。但是图书目录里的狭义艺术概念与"蓺術"语源和正史列传里宽泛的"艺术"语境，依然有着难以割离的内在联系，否则就无法解释图书目录里艺术内容的驳杂和多变了。

如果说骑、射本来就在"蓺"的传统里，工巧也可以概括书、画的共性，那么，后起的琴何以取代骑、射、棋及博戏的主体地位？后来为什么又要把算术和禽养的内容排除出去，独独以琴、棋、书、画、印作为典型的艺术类别？如果不思量背后的原因，仅就外在形式断定宋元之后的狭义"艺术"尽为怡情养性和愉目审美之事，从而得出"西方近代'arts'中所包含的绘画、书法、音乐等'美'的技术也在日渐加入中国古典的'艺术'中，使其词义

---

① 原文为："黄直，大夫也；陈君夫，妇人也：以相马立名天下。齐张仲、曲成侯以善击刺学用剑，立名天下。留长孺以相彘立名。荥阳褚氏以相牛立名。能以伎能立名者甚多，皆有高世绝人之风，何可胜言。"（《史记》第 10 册，第 3221 页）

② 《北齐书》和《金史》明确地把《方技列传》的设置追溯到《史记》的《日者列传》《龟册列传》《扁鹊仓公列传》。《北齐书·方技列传》说："故太史公著龟策、日者及扁鹊仓公传，皆所以广其闻见，昭示后昆。"《金史·方技列传》说："太史公叙九流，述日者、龟策、扁鹊仓公列传。刘歆校中秘书，以术数、方伎载之《七略》。后世史官作《方伎传》，盖祖其意焉。"

不断扩大""在《四库全书》和《皇朝文献通考》那里,不难发现艺术审美观点已得到重视,逐渐成为一个专门的类别"① 的论断,未免持论过早。琴、棋、书、画何以成为艺术?古人如何界定"艺术"?要回答这些问题,必须回到中国古代的学术体系当中去,探寻《四库全书总目》对艺术的具体定位。

第二节 雅俗之辨与学术定位

史书艺文志和图书目录大多载录书名,对艺术类目的设置没有太多说明,在这方面,《四库全书总目》提供了充足的信息。而且,通过上文的类目比对,我们已经觉察到《四库全书》对狭义的"艺术"范畴进行了某些调整,从而确立了琴、棋、书、画、印的主体地位,笼罩了此后的图书分类格局。更重要的是,《四库全书总目》本来就是一张按照儒家学术理念编织起来的知识网络,各级类目前后勾连,环环相扣,层层收束。在这个完整而自足的体系里,每个类目都有相对固定的学术位置。正是在这种互相勾连中,我们得以窥见传统学术对各类学问的基本定位。

《四库全书》之前,这个网络并非不存在,只是由于历朝史志重在传史,不同的图书目录各有各的取向和实际功用,因而对分类的标准和各级类目的定位语焉不详,这张网不那么清晰。《四库全书》虽然对以往的学术纲目进行了一些调整,但基本框架依然承前而来,并参考了历代各类公私图书目录的得失,说有集大成之称的《四库全书总目》不仅代表有清一代的官方学术意识,也大体反映并强化了中国古代的传统学术理念并不为过,至少后来与西方艺术概念碰撞和对接的学术传统由此而来。如果不深究《四库全书》的内部思想体系,仅对"艺术"的语源和图书目录里的艺术类目进行外在的比对,我们还是看不清"艺术"从普通语词到学术专有类称经历的转换和提升,看不清中国古代"艺术"概念的特殊性。

一 《四库全书》体系里的"艺术"

在《四库全书》里,"艺术"和兵家、医家、天文算法、术数一起列于

---

① 柳素平:《"艺术"一词渊源流变考》,《语义的文化变迁》,第572页。

子部，排名第八。之所以重视排名问题，是因为《四库全书总目》不仅在历朝史志和私家著录的基础上进行了类目的增删与拆并，而且在排序问题上很是讲究。儒家有礼乐教化之功，统领子部。同时不废武、法之治，故次以兵刑和法家，是谓"国之大柄"。不同于以往先列儒、道、法、名、墨等诸子学说，再列天文、历算、五行、兵书、医书等诸家技艺的陈规，《四库全书总目》以儒家修身治国的先后缓急为序①，把诸家百艺分为治世所资（儒、兵、法、农、医、天文算法）、小道可观（术数、艺术）、旁资参考（谱录、杂家、类书、小说家）和佛、道外说（相对于儒家而言）4个层级。不仅在诸子学说内部重新做了区分②，而且在"艺术"内部也重新加以论列：广义的"艺术"被切分为医、天文算法、术数、艺术4个部分，分属2个不同的层级。与此同时，以往归于"术数"或"杂艺术"的算数因授时和测量的功用而独立为"天文算法"，位于高于艺术的第一层级；而出现在《文献通考》《直斋书录解题》《绛云楼书目》等子部"杂艺"中的器物谱录被排除在艺术之外，降格为艺术之后的第三个层级。如此一来，艺术与历来并置的方技和术数拉开了距离，也不再是清初《明史·艺文志》中的"杂艺"（子部艺术包括"杂艺"和医术2个部分，"杂艺"之下是三级目录画、琴、印），正式厘定为学术体系里轮廓清晰的"艺术"。

子部总序明确指出，艺术是"技"，是"器"，是和"术数"一样的"小道"。"小道"之所以"可观"，是因为它可以"寓道"，属于"游艺"之学，"亦学问之余事"，所以流传甚久。"游艺"的说法很容易让我们想起夫子的"志于道，据于德，依于仁，游于艺"。"游"，郑玄以为是"闲暇无事于之游"，朱熹说是"玩物适情之谓"，刘宝楠认为应为"不迫遽之意"。不论哪种解释更贴合夫子的本意，我们都应当从"行有余力，则以学文"（《论

---

① 子部总序言："夫学者研理于经，可以正天下之是非；征事于史，可以明古今之成败。余皆杂学也。然儒家本六艺之支流，虽其间依草附木，不能免门户之私，而数大儒明道立言，炳然具在，要可与经史旁参。其余虽真伪相杂，醇疵互见，然凡能自名一家者，必有一节之足以自立。即其不合于圣人者，存之亦可为鉴戒"，经史子集的厘定以及内部细目的排序皆有儒家理念作为支撑。

② 儒家、法家、农家、杂家、小说家、道家等源于先秦"九流十家"的学说，向来是前后并列的，现在却被划入不同的等级序列中。

语·学而》)的角度来理解"游艺"。"艺"即便不再是朱熹所谓的"礼乐之文,射御书数之法,皆至理所寓,而日用之不可阙者也。朝夕游焉,以博其义理之趣,则应务有余,而心亦无所放矣"①,也不会是因"饱食终日,无所用心"才退而求之的棋弈(《论语·阳货》),更不会是闲极无聊的斗鸡走狗之戏。如果只看到琴棋书画怡情适意的一面,看不到它们"学问之余事"的本质,无疑是偏狭的。把制器做物、相马养鹤、赏花品茗排除在艺术之外的,正是这个"学问之余事"。

二 雅俗之辨与内外之别

为什么属于"学问"却又是"余事"?怎么来定义"游艺"之学?我们还得继续深入《四库全书总目》,看看艺术的内部结构和周边范畴有何特异之处。在艺术类琴谱属的书录后,有这么一段按语:

> 以上所录皆山人墨客之技,识曲赏音之事也。若熊朋来《琴谱后录》、汪浩然《琴瑟谱》之类,则全为雅奏。仍隶经部乐类中,不与此为伍矣。

原来,子部艺术的"琴谱"只是音乐的一部分——山人墨客之技,熊朋来的《琴谱》和汪浩然的《琴瑟谱》另入经部乐类。看来,不是艺术包含了音乐,而是音乐有入经部乐类和入子部艺术的区别,艺术和音乐之间没有明确的种属关系。与"琴谱"并列为艺术的"杂技",题解后面还有这么一句话:

> 案《羯鼓录》《乐府杂录》,《新唐书志》皆入经部乐类,雅郑不分,殊无条理。今以类入之于艺术,庶各得其伦。

羯鼓和乐府都属于音乐范畴,按理说没有必要和琴、瑟隔离开来。音乐有经部乐类和子部艺术之分,艺术内部又有"琴谱"和"杂技"之分,谁说中国古代的学术分类不够绵密?

问题在于,中国古代的分类标准与西方近代按照研究对象划分畛域的做

---

① 朱熹:《四书章句集注》,第94页。

法不太一样，否则但凡音乐都可以归为一类，也不当把羯鼓和乐府与骑、射合为一类。如果说羯鼓本胡乐，乐府起于民间，与琴、瑟有着夷夏和庙堂草野的区别，那么山人墨客的识曲赏音在今人看来已经是阳春白雪了，《四库全书总目》却仍认为它与汪浩然的《琴瑟谱》有着相当的距离。问题显然不在鼓琴者为墨客还是庶民，奏于山间还是庙堂，而在于它是否为"雅奏"——《四库全书总目》指出，"雅郑不分"是《新唐书》失类的根本原因。雅郑之分或曰雅俗之辨才是分类的依据所在。

何谓"雅奏"？经部乐类和子部艺术之间的雅和俗怎么来判定？且看经部乐类总序提供的线索：

> 大抵《乐》之纲目具于《礼》，其歌词具于《诗》，其铿锵鼓舞，则传在伶官。汉初制氏所记，盖其遗谱。非别有一经，为圣人手定也。特以宣豫导和，感神人而通天地，厥用至大，厥义至精，故尊其教，得配于经。而后代钟律之书，亦遂得著录于经部，不与艺术同科。顾自汉氏以来，兼陈雅俗，艳歌侧调，并隶云韶。于是诸史所登，虽细至筝琶，亦附于经末。循是以往，将小说稗官，未尝不记言记事，亦附之《书》与《春秋》乎？悖理伤教，于斯为甚。今区别诸书，惟以辨律吕、明雅乐者，仍列于经。其讴歌末技，弦管繁声，均退列杂艺、词曲两类中。用以见大乐元音，道侔天地，非郑声所得而奸也。

完整的乐至少包括三个部分：作为纲目的《礼》、作为歌词的《诗》和伶官传习的音律。音律之中又有分别，"辨律吕、明雅乐者"归于经部乐类，"讴歌末技，弦管繁声"别为子部"杂艺"和集部"词曲"。"词曲"是集部的二级目录，"杂艺"便是此前所说的"杂艺术"，《四库全书总目》省称"艺术"。经部乐类"不与艺术同科"，因为尽管二者内容相近，性质却截然不同。以往的史志未曾明辨，以至受到了"悖理伤教，于斯为甚"的严厉批评。《四库全书总目》强调，乐的主旨是"宣豫导和，感神人而通天地"，黄钟大吕是"大乐元音"，与后世娱人耳目的"艳歌侧调"不可同日而语。

我们可能不明了雅和郑的差距到底有多大，但至少我们还清楚稗官野史、小说传闻与《春秋》《尚书》的地位悬殊。如果孔子对小说还有小道可观的肯定，那么对郑声的反感则是毫不含糊的（《论语·阳货》有"恶紫之夺朱也，恶郑声之乱雅乐也，恶利口之覆邦家者"的表述）。伶官所习的鼓舞或在经部乐类，山人墨客的雅识反屈居子部艺术类，标准显然不在演习对象的士、师之分，而在于乐曲本身的雅郑之别。事关儒家礼乐教化者为雅，仅仅娱人耳目乃至摇曳性情者为俗，即阮籍《乐论》的"昔先王制乐，非以纵耳目之观，崇曲房之嬿也。心通天地之气，静万物之神也。固上下之位，定性命之真也。故清庙之歌咏成功之绩，宾飨之诗称礼让之则，百姓化其善，异俗服其德。此淫声之所以薄，正乐之所以贵也"。淫乐即俗乐①，雅乐即正乐。

把经部乐类和子部艺术区分开以后，艺术内部的俗乐有的归于琴谱，有的和围棋、射箭一起并置为杂技。盖琴瑟为山人墨客所习并非偶然，古者乐贵淡和，不务繁难，"烦奏淫声，汨湮心耳，乃忘平和，君子弗听。言正乐通，平正易简，心澄气清，以闻音律，出纳五言也"②。琴、瑟简易平正，即便流于末技，也源出雅奏，且本为士之所有，合于礼义。③ 熊朋来甚至认为"在礼堂上侑歌，惟瑟而已，他弦莫侑，为古人所最重"（经部乐类《琴谱》提要）。羯鼓和乐府即便音律本身不属于"艳歌侧调"，也因追求听觉效果和演奏技艺，与雅乐无涉，而流于"讴歌末技，弦管繁声"，因此次为杂技。

由此可见，艺术里的琴类并不能自成一体，对它的界定有赖于乐曲本身的甄别和明辨。由雅到俗的流变，决定了琴类乃至整个艺术类目都是经学

---

① 淫，过当也。《说文》："久雨曰淫"，朱熹在《论语集注》里指出："淫者，乐之过而失其正者也"。清人汪烜《乐记或问》里的一段话可资参考："乐贵淡和，八风从律，其声便自淡和。不和固不是正乐，不淡亦不是正乐，《周礼》禁其淫过凶慢。曰慢者，举甚而言，不是不好听，却是忒好听，忒好听而无分际，亦是不成声。比如元人北曲，并用七律，却黜勾用上，已自越限；南曲则黜乙用上，又无和缪，岂不徵角皆乱。况其淫成涤滥、淫液流荡，烦声远节之间，正非逐字定律所能限，则此宫而于彼宫，此律而溢于他律者多矣。至转宫换调之间，商徵之大于宫，徵羽之大于宫商者，又习以为常而不知怪，非不悦耳也，而所谓慢者正即在此，难为不知乐者道也"（汪烜辑：《乐经律吕通解》第1册，商务印书馆，1936，第41—42页）。

② 阮籍：《乐论》，陈伯君校注：《阮籍集校注》，中华书局，1987，第95页。

③ 贾谊在《审微》里记载了卫大夫叔孙于奚僭乐，孔子论卫君赏繁缨、曲县之事，明确提出："礼，天子之乐宫县；诸侯之乐轩县；大夫直县；士有琴瑟"（阎振益、钟夏校注：《新书校注》，中华书局，2000，第74页）。

的亚种。作为学之大端的乐由礼、诗、律三部分组成,没有专门的乐书。后世所传的乐律和乐谱只是"传在伶官"的那一部分,严格来说只能称之为"音"或"律"。《史记·乐书》说"乐者,非谓黄钟大吕弦歌干扬也,乐之末节也,故童者舞之",鼓、舞都是末节,并非乐的主体,才会让小儿表演。又有"不知声者不可与言音,不知音者不可与言乐。知乐则几于礼矣。礼乐皆得,谓之有德。德者,得也。是故乐之隆,非极音也"的说法,赏乐的本意在于循声审音,进而达于礼。夫子云:"礼云礼云,玉帛云乎哉?乐云乐云,钟鼓云乎哉"(《论语·阳货》),礼乐向来密不可分,是铸就"有德"者的方式和手段。只有像吴公子季札那样审音知世,体悟到乐背后的"尽善"与"尽美",才可谓由器入道,真正知音(《左传·襄公二十九年》)。《四库全书总目》指出"夫乐生于人心之和,而根于君德之盛,此乐理乐本也"(乐类小序),声音律吕只是乐本、乐理所附。如果仅仅瞩目于音律的悦耳、歌诗的华美、舞姿的曼妙,便丧失了乐宣豫导和、移风易俗的政教功能,是为淫乐。因此,哪怕原为庙堂雅奏的琴和鼓,如果"非复《清庙》《生民》之奏",便流于"末技",不再能高居经部,只能降格为子部艺术,所谓"退列艺术"是也。

三 联动的学术网络系统

然而,晚清以来比照西方艺术概念重新归整的音乐,对应的恰恰是这一部分音乐。不仅注重音律和技法的"繁声促节"与礼的性质("礼以节文")有违,就是与经刘师培调和的"奏音审曲、调琴弄筝,亦必默运神思独标远致"①,也有相当的距离,今之乐非古之乐明矣!当传统的礼仪制度仅能从清人繁琐的考据里略见一斑时,乐的具体可感部分实际上承担了更多的政教功能,所谓"移风易俗,莫善于乐"。职是之故,才会有康有为在《日本书目志》里错位地从"教化之诱民"的角度肯定日本艺术里的演剧,并有"乐亡而俗坏"的感慨。当礼被遗失、乐被分割之后,先秦发展而来的礼乐传统便无从察知大体。礼崩乐坏往往意味着社会的大变革,春秋如是,晚清

---

① 刘师培:《中国美术学变迁论》,《国粹学报》1907年第30号。

亦如是。

《四库全书总目》把不辨雅俗地将各种歌诗、筝琶附于经末的行为，斥为"悖理伤教，于斯为甚"。这种严厉的批评当然是卫道的表现，但是否仅仅出于一种情感的偏激？如果模糊了"大乐元音"和"艳歌侧调"的区别，经部的权威和正统地位就会受到冲击；如果经部的主脑地位不首先确立，经、史、子、集之间的界线就难以划定，而这是"四部"体系建构的基础。如果硬要从"四部"框架里抽绎出有关音乐的内容，那么，子部艺术和经部乐类的归并就意味着经部自足性的破坏。经部乐类一旦被切分，礼便孤立，"六经"便不再成其为"六经"。经的体系被破坏了，子部的边界随即成为问题，因为子部的定位是"自六经以外，立说者皆子书也"（子部总序）。六经不稳定，子部无法确定。

即便是子部的调整，也绝非子部内部的问题。好比和文字有关的书籍分散在经部小学、史部目录、子部艺术中，书法若要独立，势必波及整个层级结构。若把集部的词曲也归并到音乐里来，集部顿失大半江山，古诗词大多可入乐①。但任由曲、辞分离，似乎也不妥，二者的结合向来紧密。今天的文学研究正面临这样的难题，把诗、词、曲、乐府乃至戏剧定义为跨学科研究显得有些滑稽，可近代学术系统里成长起来的文学研究者不通音律，却是不争的事实。其实分与合不是问题的根本，脱离古代学术统系的诗词曲虽然可以用现代眼光来研究，却终究无法抛开自身的生长环境而进行人为的、封闭式的考察。最后再合并艺术里的琴谱和杂技里的音乐，意义就不大了。既然经、史、子、集之间的区分和次序都不复存在，又何必在子部艺术的狭小空间里左右腾挪呢？

可见中西音乐或许确有相近或相合的部分，但是如果非要以 Art 对应"艺术"，把中国古代的"乐"转换成 Music，那就不仅仅是抽取艺术里的琴谱和杂技这么简单了。任何来自系统外部的择取与归并，对已经自成一体的

---

① 词曲不但本身数量庞大，而且《四库全书总目》词曲类小序指出："词曲二体，在文章技艺之间……三百篇变而古诗，古诗变而近体，近体变而词，词变而曲，层累而降，莫知其然。究厥渊源，实亦乐府之余音，风人之末派。"若从渊源上讲，词曲可以牵连整个诗歌传统。即便从入乐的角度来看，徒诗和乐府也很难明辨，作为诗、词、曲源头的诗三百本来都是入乐的。

中国传统学术体系来说，都是致命的，如果还想保留传统学术的完整性和纯粹性的话。

第三节　源流正变与艺术定性

说到底，中国古代学术并不那么在意对象的统一性，或者说研究对象不是学术分类的首要标准。各部类的学问实际是相互补充、互为参照的，故有"刚日读经，柔日读史"之说。即便有经史子集的分野，有轻重缓急的区别，也不是互相隔绝、各自为政的，好比人的五脏六腑共同构建起健康的肌体。图书目录里有艺术类，也不代表琴棋书画就能自成一体。那么，它们为什么会被汇聚在一起呢？把养鹤、品茶、赏剑等内容排除出艺术的理由又是什么？

一　《四库全书总目》艺术子类的流变

> 古言六书，后明八法。于是字学、书品为二事。左图右史，画亦古义。丹青金碧，渐别为赏鉴一途。衣裳制而纂组巧，饮食造而陆海陈，踵事增华，势有驯致。然均与文史相出入，要为艺事之首也。琴本雅音，旧列乐部。后世俗工拨捩，率造新声，非复《清庙》《生民》之奏，是特一技耳。摹印本六体之一，自汉白元朱，务矜镌刻，与小学远矣。射义投壶，载于戴记。诸家所述，亦事异礼经。均退列艺术，于义差允。至于谱博弈，论歌舞，名品纷繁，事皆琐屑，亦并为一类，统曰杂技焉。（《四库全书总目》艺术类小序）

书法也有雅俗之分，六书为古义，八法为"新声"。所谓"六书"，即《汉书·艺文志》说的"《周官》保氏掌养国子，教之六书"。掌握了象形、指事、会意、形声、转注、假借六种造字法，才能多识汉字。汉代识字九千以上，才能为史。有"六书"作为根底，阅读经典便不至误漏百出。字书有关王化，经典不离释字，毋须多言，因而《汉书·艺文志》把文字归入《六艺略》。四分法取代六分法后，字书历来都在经部小学里。刘向、班固之后，隶书、草书、行书、楷书陆续问世，书写形式的增加必然刺激人们对于字形美观的讲求，书法艺术应运而生。所谓的"八法"，即侧、勒、努、趯、策、掠、啄、磔八种笔法，点为侧，横为勒，竖为努，挑为趯，左上为策，左下为掠，右上为啄，右下为磔，也就是我们说的"永字八法"。习书法必措意于此。

对字形美观的讲求和对文字精义的推敲是性质不同的两件事，《四库全书总目》称前者为"书品"，后者为"字学"，今天分属美术与书法专业书法系和中国语言文学系的古代汉语。《四库全书总目》从这个角度肯定《汉书·艺文志》"根据经义，要为近古"（经部小学序），批评《隋书·经籍志》和《新唐书·艺文志》把金石刻文和书法、书品列入经部小学乃不究"经义"之举。其实，这种意识并非清以后才有，前人也有这方面的区分，不过是尚未成熟到落实于学术分类而已。《四库全书总目》明确主张"惟以论六书者入小学，其论八法者不过笔札之工，则改隶艺术"（《四库全书总目》凡例），与乐的情况类似，同是文字，有经部小学、史部目录类金石属、子部艺术的划分，不可谓源流不清、甄别不细。

今人并入书法的篆刻在《四库全书总目》艺术里自成一类，此前印章书籍数量不多，没有单独成类。《四库全书总目》认为篆刻源出古之六体。所谓"六体"，即古文、奇字、篆书、隶书、缪篆、虫书六种书写形式，"皆所以通知古今，摹印章，书幡信也"（《汉书·艺文志》）。据说秦朝文字有八体，且各有分工："一曰大篆，史籀所作也；二曰小篆，李斯、赵高、胡毋敬所作也；大小二篆，皆简策所用。三曰刻符，施于符传。四曰摹印，亦曰缪篆，施于印玺。五曰虫书，为虫鸟之形，施于幡信。六曰署书，门题所用。七曰殳书，铭于戈戟。八曰隶书，施于公府。皆因事出变而立名者也。"① 汉代印章多用缪篆，缪篆是在秦朝摹印基础上发展来的，偶用鸟虫书和隶书。从出土文物来看，一些早期剑铭和盘铭与篆书的确不同，今天一般统称艺术字。王莽校定文字、厘定六体时，把孔子壁中书规定为古文，古文之异者为奇字。篆书为小篆，以隶书佐书，摹印则用缪篆，鸟虫书别用于幡信。

可见篆刻确实是从文字中分化，如果从"通知古今"的意义讲，本属经

---

① 封演：《封氏闻见记校注》，赵贞信校注，中华书局，1958，第5页。

部小学。但如果仅作摹印之用，习字八法尚"退列艺术"，"务矜镌刻"的篆刻就更当别论了。印章本为工匠所习，儒者不自制，扬雄当年即视为"壮夫不为"：

> 扬雄称雕虫篆刻，壮夫不为。故钟繇、李邕之属，或自镌碑，而无一自制印者，亦无鉴别其工拙者。汉印字书，往往伪异。盖由工匠所作，不解六书。或效为之，斯好古之过也。自王俅《啸堂集古录》始稍收古印，自晁克一《印格》始集古印为谱，自吾邱衍《学古编》始详论印之体例，遂为赏鉴家之一种。文彭、何震以后，法益密，巧益生焉。然《印谱》一经，传写必失其真，今所录者惟诸家品题之书耳。（艺术类篆刻属按语）

印章为用不为观，本无所谓工拙美丑。后世好古，旁及汉印，篆刻才与书画一样渐渐成为赏鉴的对象。宋代金石学和收藏之风兴起，专门的篆刻图册开始出现，伪造的汉印图书也不绝于世。明代文人雅士自操刀刻，讲求制印的精巧，往往为工师所不逮，于是我们看到明清绘画中书画印一体的现象。这虽然是文人雅士的独步之技，但"与小学远矣"，因此再不能混迹于经义当中，别为子部艺术。

绘画最晚从宋代开始就是图书目录里的艺术大宗，往往占据三分之二的篇幅。《四库全书总目》认为绘画源出于史，乃经义内中之事，古人"左图右史"，图文互相参照。张彦远虽然把绘画的源头追溯到文字，但开篇即云"夫画者，成教化、助人伦、穷神变、测幽微，与六籍同功"，把它定位为"名教乐事"。[①] 既有其盛，必有其变，在示意图的基础上描金点银、添色加彩是很自然的事情，所谓"衣裳制而纂组巧，饮食造而陆海陈，踵事增华，势有驯致"。后世渐渐发展出专事"丹青金碧"一途来，以"赏鉴"为用。虽然图史分置的时代已经过去，但与文史有出入的绘画及其点评，终无资格厕身史部之列，因此与乐之流亚的琴谱一样，降格为艺术。

书画、琴谱、印章之后是"杂技"，赅括骑、射、棋、投壶及各类博戏。

---

① 张彦远：《叙画之源流》，《历代名画记》，俞剑华校注，江苏美术出版社，2007，第3页。

上文说过，在早期图书目录里，这才是艺术的主体。上古之时，骑、射并非作为军事技能来训练，投壶也不仅仅是游戏，还是士君子的礼仪活动。《礼记》有《射义》有《投壶》，《论语·八佾》有"射不主皮"有"揖让而升，下而饮，其争也君子"，《中论·艺纪》总结说"射以平志，御以和心，书以缀事，数以理烦"①，骑、射本是"六艺"传统的两支，与礼、乐同宗，有培育德性、造就君子的大意。然而后世渐失此意，《汉书·艺文志》把射归于兵家，《隋书·经籍志》把棋也并入兵家，认为是"古兵法之遗也"。《四库全书总目》认为不妥，虽然"射义投壶，载于戴记"，从渊源上讲属于经部的礼，但后世"事异礼经""相去远矣"，主张循《文献通考》之例，归入子部艺术。②

早期蔚为大观的各种棋类和博戏，到宋代《太平御览》尚有围棋、投壶、博、樗蒲、塞、藏钩、蹴鞠、弹棋、儒棋、击壤、角抵、弹、四维、象戏、夹食、惆闷、射数、簸子、抃、掷博的专属条目，《通志》也有投壶、弈棋、博塞、象经、樗蒲、弹棋、打马、双陆、打球、彩选、叶子格、杂戏格的类目细分，明朝人王良枢辑录的丛书《游艺四种》（包括王良枢《诗牌谱》、袁福徵《胏阵篇》、汪褆《投壶仪节》和李清照《马戏图谱》）也都是这类棋戏。后来由于不受重视而数量锐减，或者说因离士君子的学养太远而日渐边缘化，乃至大多失传，最终龟缩于艺术末隅。这恰恰说明《四库全书总目》重视后世学术的发展实际，不再依据早期情况进行笼统的判定，这是一种进步（参阅第四章第三节）。

琴、书、画、印、棋皆因"无关经义"和"与文史相出入"而退出经史，又皆因与经史有密切的源流正变关系而高于诸家杂学。琴本乐之亚，画本史之流，射为礼之衍，书、印乃小学之变，此谓"学问之余事"。如果没有这一层渊源关系，再如何赏心悦目，也因与学问无关而身价有限。好比今天与书画鉴藏一同归于艺术的鼎彝、玉石、砚、墨等奇器玩好，就被《四库

---

① 李昉等：《太平御览》第 4 册，中华书局，1960，第 3302 页。
② 原话为："案射法《汉志》入兵家。《文献通考》则入杂技艺，今从之。象经、弈品《隋志》亦入兵家，谓智角胜负，古兵法之遗也。然相去远矣，今亦归之杂技，不从其例。"（《四库全书总目》，第 981 页）

全书总目》划入子部谱录的器物属中（如《宣和博古图》《宣德鼎彝谱》《文房四谱》《墨法集要》《云林石谱》《古玉图谱》《百宝总珍集》），而《长物志》《格古要论》《洞天清录》《筠轩清秘藏》《游具雅编》《博物要览》这样的鉴赏雅集则被编入子部杂家杂品属。谱录和杂家位于子部第三等级——"旁资参考"，比艺术还要低一个级别，而且本来就是为了与艺术类杂技属的射、棋、蹴鞠有所区分而新辟的类目。① 艺术虽小，亦是关乎学问的"道"，"一技入神，器或寓道"。赏心娱目的谱录器物和杂家杂品恰恰因其审美和娱情的气质，被排除在经史乃至子部艺术之外。②

对中国古代士大夫来说，精于艺事，可以名世，却不能立身，我们熟知的米芾、文徵明等艺术大家是在史籍的《文苑列传》里，倪瓒、沈周、陈继儒在《隐逸列传》而非《艺术列传》或《方技列传》。如果仅仅瞩目于娱情和审美，那就是偶一为之尚可的杂事，连"小道"都谈不上。书、画、琴、印、棋得以成为艺术，并被汇聚在一起，原因不是它们审美和娱情的功用，而在于与经史的源流正变关系，保证了它们与学问的一体性。需注意的是，与我们平常说顺口的琴棋书画不一样，《四库全书总目》的排列次序是书画、琴谱、篆刻、杂技。书法和绘画不仅合为一类，而且被认为是"艺事之首"，位于琴类之前，而棋屈居末尾。这种排布显然还是出于与经史远近关系的考虑。

二 宽窄艺术的分水岭

艺术源于经史，是士人日常修习的余技，本不针对农、工、商、兵，这正是中国古代广义艺术和狭义艺术的分水岭。史书里的《艺术列传》，因与《儒

---

① 谱录类按语指出："案陶弘景《刀剑录》，《文献通考》一入之类书，一入之杂技艺。《虞荔鼎录》亦入杂技艺。夫宏景所录刀剑，皆古来故实，非讲击刺之巧、明铸造之法，入类书犹可，入杂技艺，于理为谬。此由无所附丽，著之此而不安，移之彼而又不安，迁移不定，卒至失于刊削而两存。故谱录一门不可不立也。"杂家类杂品属按语说："案古人质朴，不涉杂事。其著为书者，至射法、剑道、手搏、蹴鞠止矣。至《隋志》而奇器图犹附小说，象经棋势犹附兵家，不能自为门目也。宋以后则一切赏心娱目之具，无不勒有成编，图籍于是始众焉。今于其专明一事一物者，皆别为谱录。其杂陈众品者，自《洞天清录》以下，并类聚于此门。盖既为古所未有之书，不得不立古所未有之例矣。"因而，谱录和杂家类杂品属，都是为了区分艺术类杂技属而增设的新类目。此外，杂家类杂考之属还有少数艺术类图书。

② 《四库全书总目》已经拈出"赏心娱目之具"来概括谱录和杂家类杂品属的性质了，原文见上条注释。

林列传》《文苑列传》《忠义列传》《孝友列传》平行,故收罗士林以外的工师和术士。向全民开放,自然便会在广义技艺层面使用"艺术",这与人们的日常使用情形一致,如吴自牧《梦粱录》把杂技称为艺术①,《太平御览》把方术称为艺术②,《新法算书》把天文地理也称为艺术③。

　　作为学术类目的艺术类图书,多为历代士人的赏鉴与品题,很少涉及具体的制作工艺,一如《四库全书总目》评价陶弘景《古今刀剑录》时所言,"夫宏景所录刀剑,皆古来故实,非讲击刺之巧、明铸造之法,入类书犹可,入杂技艺于理为谬"。这一方面是由于中国古代工不成学,工师技士很少能通过著书立说把自己的手艺传给后人,何况物之精者不可意致,入道之技父不能传子、师难以授徒。另一方面,艺术本来就是针对士人的杂学(是为"杂艺术"),哪怕《古今刀剑录》这样的书籍,也是契合士人口味的博古杂闻,侧重与刀剑有关的典故和轶闻,并不提供铸造技艺或使用技巧方面的技术指导。专业性书籍当在史部政书类考工属和子部术数、医家里找。如果针对专职人士,就不当称为"杂"了。在士农工商各有所守的传统社会,越俎代庖向来不被提倡。不以诗书要求工匠,自然也不会以工巧评定士大夫。

　　从孔子开始,便强调"志于道,据于德,依于仁"。士君子当以经义为主,然后才是"游于艺"。对儒者而言,不能离开道德文章而独事一艺,否则便沦为匠人而自弃于士林,所谓"德成而上,艺成而下"是也。如对蒋少游这个人物,《魏书·术艺列传》可谓哀其不幸怒其不争。他本是文书俱佳的才学之士,却因"工艺自达"而"没其学思","虽有文藻,而不得伸其才用,恒以奇剧绳尺,碎剧忽忽,徒倚园湖城殿之侧,识者为之叹慨"。"性机巧"本不是什么坏事,结果却由于制船、造殿的技能过于突出,而湮没了文藻和才德,由士林堕落为工师,是为本末颠倒。蒋少游本人不以为耻,反而乐此不疲,就更让赏识他的人惋惜不已,正应了儒家"虽小道,必有可观者焉;致远恐泥,是以君子

---

① 吴自牧:《百戏伎艺》,《梦粱录》,浙江人民出版社,1980,第194页。
② 《太平御览·方术部》说:"秦承祖,性耿介,专好艺术,于方药,不问贵贱皆治疗之,多所全获。当时称之为工手,撰方二十卷,大行于世。"(《太平御览》第3册,第3200页)
③ 徐光启《新法算书》里有"按大明会典,凡天文地理等艺术之人,行天下访取,考验收用"之语(《文渊阁四库全书·新法算书》[电子版],迪志文化出版有限公司,2001,第7页)。

不为也"(《论语·子张》)的训诫。朱熹释"小道"时,明确指出"小道如农圃医卜之属"①。不是小道不可为,而是小道不足以成德,不能够立身。"百工居肆以成其事,君子学以致其道"(《论语·子张》),士君子所志在道,所据在德,所依在仁,只能"游于艺"而已。

书、画、琴、印、棋本名"杂艺"或"杂技",只是儒者修养的一部分,学有余力偶一为之无伤大雅,沉溺其中必定难逃玩物丧志的指责。如若没有经史做铺垫,哪怕再有鬼斧神工之技也只是"小道",因为这是工的职守,非士之职责。连文章辞藻都有"一为文人便无足观"的训诫,何况"踵事增华""与文史相出入"的匠作之事。但若有道德文章做支撑,艺术就能为士人添光增彩:孔子以"多艺"自称,王维以诗人善音、画而弥珍,岳飞有一手惊人的书法而让后人看到了武将的另一面,徐渭的名震后世也绝非仅仅因为他的诗文,历代文人士大夫莫不以能书善画、精通音律而自矜风流。

因此,我们还不能简单地说中国古代轻视艺术,凡事皆有范围的限定和边界的约束。即便形而下的纯粹技艺,在古代也并非完全不受重视。像《营造法式》《武英殿聚珍版程式》《元内府宫殿制作》《造瓦图说》《水部备考》《南船纪》《浮梁陶政志》这样的建房、造船、制陶工艺书,被列入史部政书类考工属。旁及冶铁、制盐技术的《铁冶志》《盐法考略》《盐法考》等,位居史部书类邦计属。这些皆为国政之一端。如此看来,广义艺术似乎又较狭义艺术更贴近经邦治国的理想。当然,无论是营造还是工艺,依然是在士大夫的视野里展开。

三 经义系统的中间概念

既然士君子以正纲纪、定人伦、济天下为己任,而艺术又是士人日常修养的一部分,那么,以经义来约束"游艺",以教化来评定艺术,也就非常自然了。尽管后世书、画、琴、印、棋的娱情成分增加(因而由经史降格为艺术),但是无论在观念还是在情感上,士人依然无法完全从审美和娱情的角度来评定它,因为这无异于自降身价、自损品格。这也是中国古代艺术难以完全超越外

---

① 程树德:《论语集释》,第1308页。

在标准，建立起自足的、内在的评判机制的原因所在。即便像张彦远这样倾心绘画的人，依然真诚地认为"图画者有国之鸿宝，理乱之纪纲。是以汉明宫殿，赞兹粉绘之功；蜀郡学堂，义存劝戒之道"（《历代名画记·叙画之源流》）。哪怕宋以后收藏鉴赏之风大开，人们还是不忘在艺术品题之后，曲终奏雅地附上一些提升或开脱的文字，楼璹的《耕织图诗》如此，白居易的《太湖石记》亦如此。

与此同时，既然中国古代艺术与学问一体，本是可以寓道的"游艺"之学，对艺术的期待与评定自然充满了书卷气与人文气。仅事雕琢，没有学识做支撑和底蕴，很难在智识圈引起共鸣，最严厉也最常见的批评就是"匠气"。自觉或曰自然而然地与有术无学者拉开距离，表现文人学士独有的气韵和情怀，这或许才是当时的艺术自觉。士大夫的社会和文化高位，使他们的审美趣味成为画师艺匠乃至普通百姓的追慕对象，这正是晚清"美术革命"中吕澂批评的"雅俗过当"。在注重提高国民素质的文化普及年代，艺术的垄断和知识的垄断为人们所难以接受。在当前文化开放的年代，抛开文化素养而只谈技巧，无疑将阻碍我们对传统艺术的继承和发扬。

通过对"艺术"语源和使用语境，更重要的是它在中国传统学术体系里的地位和性质的考察，我们不难发现，"艺术"在中国古代并不是一个收纳百家技艺的普通概念，它横跨经、史、子、集四大部类，其联结雅与俗、正与变、道与器的复杂性远远超出我们的预想。一方面，宋元以来的传统艺术类目比我们今天的艺术范围广，它把围棋、射箭、骑马、蹴鞠等体育项目也纳入其中。另一方面，它又比今天的艺术概念窄，不仅不包括建筑和雕塑，也不包括工艺美术。内涵的扩大与缩小显然不是简单的时代取向问题，定位的转变才是关键。且不论中国古代广义艺术指的是学有所专、一业终身的术数、方技和工艺，就狭义所指而言，审美和愉悦非但不是琴棋书画自成一体的原因，反而恰恰因其娱情的功用而被降格为子部。书、画、琴、印、棋、射只是士人日常修习的余技，是"学问之余事"，却也因与经史明确的源流正变关系，而依旧获得了"可观"的认可。

中国古代学术并不在意对象的统一，也不畏惧在相近内容里区分雅俗、正变的艰难，而是要像孔子删定"六经"那样，让"雅颂各得其所"（《论语·子罕》）。类目不辨、经子杂糅不仅是学术水准低下的表现，而且是悖乱礼教的大问题，所谓"道侔天地，非郑声所得而奸也"（《四库全书总目》经部乐类小序）。《四库全书总目》的层层离析，不仅是为了书目排列的清晰，更是在进行辨雅俗、序渊源、厘定秩序的学术系统工程，在归类的同时对学术和部类关系进行梳理。在这个庞大的学术体系当中，我们看到了艺术的复杂性和特殊性，也看到了中国古代学术的丰富性和整体性。

在这样的情况下，任何一个学术专有名词都很难脱离原有的学术背景，进行简单的语义归并和词义扩充。经过上千年的调适，中国古代学术已然形成一个上下勾连、自足而完整的网络结构。如果不循着原有知识脉络和问题意识去理解、去探究，自然不得要领。如果脱离对学术体系的整体性观照，抽象术语的考察就容易流为异中求同式的表面研究。当我们已然转换为以研究对象划分学术类属的西式近代思维时，再看以雅俗和正变关系结构起来的中学体系，见到的就只是东一麟西一爪的逻辑不清。统一的内容与连贯的对象本非中国古代学术范畴形成的依据，因而中西学术并不在同一个向度展开，没有那么多的对应性和可比性，这是当前术语研究乃至中西文化比较研究需要警醒的。

如果说西方的艺术包括建筑、雕刻、绘画、诗歌、音乐、舞蹈等相对完整的学科门类，那么中国古代的艺术范畴并不具有包容音乐、绘画、书法、棋艺的能力。换句话说，"艺术"在中国古代并非自成一体、界线清晰的专有学术范畴，而是联接雅与俗、正与变、源与流、道与器的中间概念。尽管"艺术"这个词古已有之，但是我们今天使用的艺术概念的确是经由日本而来的西方概念。艺术概念的复杂与丰厚，决定了晚清进行的中西艺术概念对接必然是艰难而曲折的。

第四节　中西艺术范畴的叠加

一　近代语源追溯的不足

西方近代意义的艺术概念[1]，最早出现在哪一个文本里，学界尚无定论。

---

[1] 讨论"艺术"概念时，不可忘记西方的 art 也有一个漫长的发展变化过程。参阅〔英〕雷蒙·威廉斯：《关键词：文化与社会的词汇》，刘建基译，生活·读书·新知三联书店，2005，第17页；〔波〕瓦迪斯瓦夫·塔塔尔凯维奇：《西方六大美学观念史》，刘文潭译，上海译文出版社，2006，第13—54页。

马西尼追溯到黄遵宪的《日本国志》①,《近现代汉语新词词源词典》则例举了黄遵宪更早的《日本杂事诗》②。结合上下文,我发现黄遵宪其实仍是在传统技艺的层面使用"艺术",只能说开甲午时期"西艺"之"艺术"先河。与此同时,尽管恰如陈振濂所揭示的那样,"美术"是"艺术"进入中国的津梁,晚清的"艺术"概念多与"美术"混用,但毕竟不能把近代"美术"概念的考察就当成"艺术"的接受历程,不能把1904年前后王国维的相关文章③,或1880年李筱圃的《日本纪游》④,当作"艺术"的最早语源。

近代报刊和文献档案数量庞大,且四处分散,即便能穷尽所有的资料,也未必能寻见所谓的语义变迁规律,还原每一个新词的完整接受过程。何况在语义尚未统一的清末民初,众人的用法未必在同一个层面展开,取径的资源也各不相同。康有为、王国维、刘师培、蔡元培、鲁迅、吕澂等人都谈"艺术",但他们的所指以及要解决的问题却不尽相同。正是在这些"断层"当中,我们得以体察新术语在新的文化环境里裂变、磨合、重组留下的痕迹。对这些未必前后相续的文本进行语境考察,或许比尚不充分的传播路径考证,以及简单胪列语源出处和表层语义对比,更能揭示近代"艺术"概念演化背后的思想文化内涵。

还需警醒的是,不能把一两个人的个别使用等同于社会的接受。虽然早在1902年,杨度就曾介绍过西方近代的艺术概念:"俄国学者特儿斯特之论艺术也,分广义与狭义,而小说与诗歌、美术等,同在狭义之中。其总论曰:'艺术者,使作者之感情传染于人之最捷之具也,作者之主题当如何,则必以

---

① 〔意〕马西尼:《现代汉语词汇的形成——十九世纪汉语外来词研究》,黄河清译,汉语大词典出版社,1997,第119页。

② 《近现代汉语新词词源词典》列举的是《日本杂事诗》里"余闻之西人,欧洲之兴也,正以诸国鼎峙,各不相让,艺术以相磨而善,武备以相竞而强,物产以有无相通,得以尽地利而夺人巧"(香港中国语文学会编:《近现代汉语新词词源词典》,汉语大词典出版社,2001,第317页)。

③ 陈振濂把"美术"的最早语源追溯到1904年前后王国维的《红楼梦评论》《叔本华与尼采》等著作(《"美术"语源考——"美术"译语引进史研究》,《美术研究》2003年第4期)。王琢把注意力放在此前王国维的翻译文章上,指出在1901年的《教育学》、1902年的《哲学概论》和《教育学教科书》译本里,已经出现了"美术"和"艺术"概念(《从"美术"到"艺术"——中日艺术概念的形成》,《文艺研究》2008年第7期)。

④ 林晓照:《晚清"美术"概念的早期输入》,《学术研究》2009年12期。

直接或间接向于人类同胞的结合，而求其好果，以为感情之用也．'"① 但是，当 1905 年马叙伦把西方科技纳入《啸天庐古政通志·艺术志序》视野的时候②，仍是在传统的基础上进行扩充。1908 年《万国商业月报》的"新艺术"栏里，介绍的也还是炼钢、造舰、造瓦、无线电、照相等西方新技术。晚至"艺术"和"美术"之分已广为人知的 1920 年，蔡元培《美术的起源》使用的仍是"广义的美术""狭义的美术"。以往研究对这种概念使用的反复和倒退颇感困惑，恰恰反映出语源追溯和语义考察方式的不足。

对译日文，国人可以不假思索地保留"艺术"字眼，但对"艺术"的保留并不能说明译者已经充分意识到此艺术与往昔艺术的不同。1902 年王国维翻译《教育学教科书》里的"习字、图画、唱歌分立为技艺科或艺术科"时，保留"技艺科"而省略了"艺术科"，说明他眼里的艺术与"技艺"同义。甚至 1900 年日本人牧濑五一郎在著述此书时，也没有意识到"技艺"和"艺术"是不能等同的两个概念，否则就不会有这样对等的并置。因而，尽管王国维 1902 年以后的日译文章大量出现了指涉不尽相同的"艺术"和"美术"字眼，但这并不妨碍王国维自己写文章时仍在中国固有层面理解艺术。当我们看到王国维 1907 年《人间嗜好之研究》、1911 年《国学丛刊序》里的艺术又退回到"美术"乃至"技艺"层面时，也就无须惊诧了。

二 "艺术"与"美术"的交杂

没有经过消化的接收只能算作挪用或引用，还谈不上接受。以往研究多属前者，对国人自己的著述反倒由于年代靠后而较少关注，其实这才是新语词接受暨日译新词本土化过程的开始。与其断断于语源的追溯，寻出一个时间上的最早来，不如把更多的注意力放在艺术内涵的现代承接和转换上。瞩目于此，对 1898 年康有为的《日本书目志》，就不能仅仅当成一般史实一笔带过。

康有为的《日本书目志》把 7100 多种日译西书，分为生理门、理学门、

---

① 杨度：《〈游学译编〉叙》，《游学译编》1902 年第 1 期。
② 马叙伦：《啸天庐古政通志·艺术志序》，《国粹学报》1905 年第 5 号。

宗教门、图史门、政治门、法律门、农业门、工业门、商业门、教育门、文学门、文字语言门、美术门、小说门、兵书门 15 个大类进行介绍。今天看来，生理、宗教、政治、农业诸门的指涉还算清晰，最混乱的除了理学，就是美术。理学的混乱在于既把西方哲学和伦理学划入其中，又收纳了物理学、化学、地质学、植物学等自然科学。究其根本，乃在"理学"在中国古代既可以指理气性命之学，又可以指格物穷理之学，因而形上和形下皆可阑入，与"格致学"相似（见第一章第二节）。美术一门的怪异在于，既把绘画、音乐、演剧归于其中，又把占筮、观相等方术附录进去。今天看来，方术与美术风马牛不相及，而此处的"美术"无疑就是后来的"艺术"。

从构词方式上看，"美术"是偏正结构，正如鲁迅《拟播布美术意见书》所言："词中函有美丽之意，凡［非］是者不当以美术称"①，以"美术"对译 Fine Art 还是比较适合的。"艺术"是"艺"与"术"的结合，古汉语艺、术同义，这显然是近代单音节词向双音节词转化的结果。以并列结构的"艺术"对译 Art，也还说得过去。如果"美术"不可避免地寓有美丽之意，那么阴阳、占卜、风水、相面等方技就不当入内，中学功底深厚的康有为不当如此粗疏；如果把方技和绘画、音乐等同起来，作为一门特殊的技艺来看待，那就应该用"艺术"而非"美术"来进行总括，康有为不应不知"美术"之外还有"艺术"的表述，1898 年前后日本社会的"艺术"和"美术"概念已经比较明晰了。

何况在康有为笔下，即便是"工艺"，也比"美术"更贴合艺术的所指。作于同一时期的《日本变政考》，谈及日本各种学会时写道："其会之有关工艺者，曰书画会，曰名磁会，曰雕刻会，曰七宝会，曰女红会，曰锦器会，曰古钱会，曰博览会"②，此处的"工艺"显然与艺术的所指相合。论及日本外交时，康有为又说："至于妇人慈善会、罗马文字会、蹈舞会、演剧改良会，讲谈歌舞之矫风，下迄书画改良、言文改良、小说改良、音乐改良、唱

---

① 鲁迅：《拟播布美术意见书》，《鲁迅全集》第 8 卷，人民文学出版社，2005，第 50 页。"非"字原文无，疑阙字。

② 《康有为全集》第 4 册，第 168 页。

歌改良、美术改良、衣食宫室改良，贵贱翕然，惟洋风是拟、西人是效"①，这里的"美术"与小说、音乐、书画并列，与《日本书目志》里的"美术"有明显的宽窄之分。

如果考虑到当时国内通行的"艺"指西方科技，"艺术"是张元济所说的数学、化学、天文学和机械制造，那么选择"美术"便不是偶然，更谈不上滞后，也不能简单归因于日本的多义并置。我们应进一步追问的是，既然康有为已经依照新的学科分类介绍日本的西学书目了，他大概不会不知道日本的"美术"大致包括什么。两年前，他的弟子梁启超就曾发表《西学书目表》，尽管介绍的是中译西书，采取的也是西式新目。有学者指出，康有为的《日本书目志》可能来自日本书店的销售书单。② 但日本人没有把方术纳入艺术，康有为却没有照抄，即便其他地方望文生义，此处也多少加入了自身的理解及调整。

三 范畴的并置与叠加

康有为所言的"美术"，实为"艺术"。他通过把中国传统的艺术内容叠加在日语"美术"（实为"艺术"）上，建构了一个亦中亦西的新范畴。绘画、书法、音乐固然是中西艺术的交叉项，但美术、书法、音乐、演剧这样的划分方式乃至提法都是外来的。占筮、方鉴、观相等方术内容不是西方 Art 所指，但中国传统的"艺术"概念本来就涵盖了工艺和方术。置身中国语境的康有为把方技附入美术，非常自然，如同《魏书》和《隋书》把工、术、医通通放在《术艺列传》或《艺术列传》里一样。

也恰恰是"方技"的出现，提醒了我们，康有为的"美术"暗中对应的是中国传统学术范畴里的"艺术"。以附入的形式处理方技，而非把美术附于方技之后，大体依据了中国古代图书目录里的艺术统系，仍以士大夫的修

---

① 《康有为全集》第 4 册，第 239 页。
② 章清：《会通中西：近代中国知识转型的基调及其变奏》，第 289 页；村田雄二郎：《康有为的日本研究及其特点：〈日本变政考〉〈日本书目志〉管见》，《近代史研究》1993 年 1 期；沈国威：《康有为及其〈日本书目志〉》，《或问》2003 年第 5 号。

养和学识为中心。这样一来，美术门的主体仍是以琴棋书画为主的狭义艺术，即收束了史志传记中技艺层面的广义艺术范畴，又不同于古代图书目录不杂方术的狭义艺术概念①，在宽与窄、中与西之间进行调试。

在艺术的 17 个子类当中②，除占筮、方鉴、观相外，体操、游戏、将棋也不是西方的艺术内容，围棋附入汤茶更显得怪异。而中国自《新唐书·艺文志》始，投壶、射箭、围棋就在子部艺术的杂艺术类里，甚至还包括《骰子选格》这样的游戏书。也就是说，今天放在体育竞技里的中国传统项目，康有为仍视为士君子求学之余的闲情雅好，与琴瑟书画同列。

平心而论，这种处理方式其实相对合理。在与西方艺术靠近的同时，又保留了中国传统艺术的基本义项和主体精神。与此同时，放弃古已有之的"艺术"类称，采用全新的"美术"名称，客观上避免了与当时通行的艺术（"西艺"）相混淆，为中西艺术的进一步调和留下了余地。康有为借此搭建起来的新艺术目录，迈出了中、日／西"艺术"融合的第一步。

第五节　艺术功能的离析与对接

一　新名词与旧功能

时为 1898 年，中国刚把眼光转向日本，希望通过取径东洋更快、更多地了解西学。康有为编写《日本书目志》，为的是方便国人分类索求日本的西学知识，加快对日籍的翻译。在这样的背景下，对艺术的处理难免有些仓促。叠加中西"艺术"范畴的同时，康有为对艺术性质的认识也呈现出明显的过渡性。在艺术类演剧书目后，康有为议论道：

> 享爱居者，岂可以钟鼓哉！以经教愚民，不如小说之易入也。以小说入人心，不如演剧之易动也。孔子曰：移风易俗，莫善于乐。一成北

---

① 《明史·艺文志》曾把医书收进"艺术"。但尚未见图书目录把术数纳入艺术，这与史书传记有所不同。

② 这 17 类为：美术书、绘画书、模样图示、书画类、书法及墨场书、画手本学校用、音乐及音曲、演剧、体操书、游戏书、插花书、汤茶书（围棋附）、将棋书、占筮书、方鉴书、观相书、大杂书。

出，再成灭商。周公左，召公右，非演剧欤？教化之诱民，未有过此。宜以大儒通人居乐府领之，而后世乃付之优人，故乐亡而俗坏。日人尚未能及此意也，然能为通史改良考之矣。①

日本的演剧包括歌舞伎、能乐等形式，是讲究表演的"剧"。确切地说，是日本从传统曲艺里抽取出来对应西方戏剧（theater）的音乐形式，舞乐便因偏离话剧而落选。康有为罗列的演剧类图书有4本：花房义质的《演剧通史》和外山正一的《演剧改良论私考》《剧场新语》《芝居评判记》。从书名也能看出，这里的演剧其实就是戏剧。

戏剧和戏曲是两个不同的概念，今人往往还混为一谈，康有为却分得十分清楚：演剧在美术门，戏曲入文学门（明言"戏曲即古乐府"，此外，谣曲、戏文、歌唱集、俗歌集也在文学门）。并非所有的类目都有总结性的说明，康有为为这4本书另辟一目并大加阐发，说明他已经注意到其特殊性。一方面，康有为强调乐律本为官师所执，为雅乐失正、流落优人而惋惜；另一方面又把趣味未必比俗乐高的演剧（日本演剧中的歌舞伎是一种商业性的大众娱乐，向为上流社会所不齿）溯源到先秦的雅乐正音，把周公、召公的左右而立诠释为演剧，二者之间落差极大。注重表演性与观赏性的日本近代演剧，与中国古代宣豫导和的礼乐，无论形式还是性质都大不相同。康有为能觉察到演剧和戏曲的差异，却发现不了演剧和礼乐的距离，颇有点孟子所谓"明足以察秋毫之末而不见舆薪"的味道。

问题在于，康有为并非从观赏的角度来理解演剧，而是反复强调它的教化功能，由此认定它继承了乐的传统。乐有雅郑之分，中国古代认为雅乐正音上可通天地之气、固上下之位，下可移风易俗、化善异服。演剧即便不合雅乐的外在形式，也保留了雅乐的内在功能，因而二者具有内在的一致性。尽管康有为接受了西方的艺术形式，却并不是从美感和娱情的角度来理解"美术"的，而是从移风易俗的社会效应出发，接纳并欢迎新的艺术形式。把具有教化功能的演剧放在艺术里，暗示康有为眼里的艺术仍与教化密不

---

① 康有为：《日本书目志》，《康有为全集》第3册，第484页。

可分。

如果坚持用传统"德成而上，艺成而下"的眼光看待艺术，以"志于道，据于德，依于仁，游于艺"的次序接纳艺术，用经义的标准衡定艺术，那么西方艺术很难真正进入中国。即便进来了，也仍会偏居一隅，好比没有"文学革命"打破"文以载道"的传统，西式文学将无法覆盖原有的道德文章，从而获得独立发展的机会。艺术性质及其定位的转换，无疑是"艺术"近代化历程中至关重要的一环。

二 变迁论和分层说的意义

1905年创办的《国粹学报》是最早关注艺术的学术期刊，1907年连载了刘师培的《中国美术学变迁论》，1908年专辟"美术篇"栏目，刊登刘师培、罗振玉、王国维、黄宾虹等人关于绘画、碑石、画像砖、琴曲、宋曲的研究文章。对于刘师培的《中国美术学变迁论》，以往研究者关注不多，这篇文章实为艺术观念进入中国的重要文献，无论如何都值得我们细细品读。刘师培指出，上古美术皆有实用的现实目的[①]，有周一代，舍礼仪无所谓美术：

> 爰迄有周，舍质崇文，不复以美术为实用。美术云何，即仪文制度是也。郑子太叔有言，礼为天下之经，发为五色，彰为五声。欲奉五色，由是有九文、六采、五章。欲奉五声，由是有九歌、八风、七音、六律。则周代之时，凡物之足以昭美者，均称之为礼。故视美术为至尊，用以垂戒法，即用以判等威。惟其垂戒法，故以征实为主，迥与蹈虚不同……观成周之世，镂金勒石，显扬功烈，以示子孙。奏颂舞夏，形容盛德，以告神明。铭必志实，乐必象功。即图绘之用，亦模拟物象，有名物可言。观其形容以象物宜，或指事为图，使观者得所取法，此以昭实为美者也。若夫钟鼎之属，成于攻金之工，圭璧之属，成于刮摩之工，下逮符节笱簴之属，莫不以镂文之同异，判爵位之尊。即刺绣练染绘画，亦必设有专官，使文绣有恒，制有小大，度有长短，黑黄苍赤，莫不质

[①] 《中国美术学变迁论》言："舞以适体，以强民躯。歌以和声，以宣民疾。而图画之作，又为行军考地所必需。推之书契既作，万民以昭。衣裳既垂，尊卑乃别。"

良,此以适度为美者也。既寓美术于真善之中,故白描之书,小慧之虫雕,缘情托兴之歌曲,不同于三代之前,以其与昭实之旨相背也。淫巧之技,为王法所必诛,等于析言破律,以其与适度之旨相违也。推其原因,则以古代之时,用美术以表庄严,礼与文合,而美术以生,非礼文之外别有所谓美术也。①

刘师培认为,由于声、色皆源于礼,因而无论是石刻、舞蹈、绘画、铸鼎、制玉、纹绣、漂染,还是音律、歌曲、奏颂,都有别上下、定尊卑的政教功能。成周之世,礼无所不在,饰无处不别,制度人伦在庄严美好的形式下维持着从容有序,这大概就是孔子感慨的"郁郁乎文哉,吾从周"(《论语·八佾》)。文饰太过,乃有后来道家、墨家、法家的抨击。秦汉之后,艺术复归质朴。然而,曾经高度繁荣的艺术并没有因此根绝,"古代之美术寓于仪文制度之中者,亦随古礼而仅存,此则儒家之功也"②。也就是说,周代艺术附于礼仪制度当中,如果没有儒家对礼法的全力维系,也就没有上古艺术的传承,艺术与礼仪是毛与皮的关系,皮之不存,毛将焉附?至此,我们终于可以理解为什么孔子这么在意季氏用八佾之舞、三家用《雍诗》之歌,为什么《四库全书总目》说"乐之纲目具于礼"并认为艺术类的琴鼓是经部乐类的变形,为什么说艺术乃"学问之余事"而不能仅以耳目之娱视之。

然而,既然后世把琴、书、画、射从经部里面划出去,别为子部艺术,那么艺术和仪文制度之间必定有不容忽略的差异,它们究竟在什么地方分道扬镳?《四库全书总目》没有明言,只是说"字学、书品为二事",琴"非复《清庙》《生民》之奏",篆刻"与小学远矣",射"事异礼经"。仅仅知道书法和篆刻不再是小学,绘画不再是文史,琴不再是雅乐,射不再是礼,还不能说明艺术是什么,也没有表明它们何以能够汇集在"艺术"门下。指出二者分水岭的,正是刘师培。

刘师培认为周代艺术寓于仪文制度之中,艺术仍具相当的实用性,但到了魏晋时期,情况发生变化:

---

① 刘师培:《中国美术学变迁论》,《国粹学报》1907 年第 30 号。
② 同上。

魏晋之士则弗然。放弃礼法，不复以礼自拘。及宅心艺术，亦率性而为，视为适性怡情之具。且士矜通脱，以劳身为鄙，不以玩物丧志为讥。加以高门贵阀，雅善清言，兼矜多艺。然襟怀浩阔，宅心事外，超然有出尘之思。由是见闻而外，别有会心。诗语则以神韵为宗，图画则以传神为美，二王书法间逞姿媚，遂开南派之先。推之奏音审曲、调琴弄筝，亦必默运神思，独标远致，旁及博弈，咸清雅绝俗，以伸雅怀。美术之兴，于斯为盛。①

周代艺术已经是皇皇大观，说艺术隆于魏晋，前提是此艺术非彼艺术，艺术发生了分裂。刘师培认为，由于魏晋人不拘礼法，以神游事外为尚，因而艺术的性质悄悄发生改易，先前"判等威"的仪文变为"适性怡情"的工具，"率性而为"取代了物恒有制的严格限定，风格也由庄严化为清雅。于是，艺术与先前的儒家礼乐拉开了距离，偏向道家的妙想偶得、神与物游。正是这个"适性怡情"和"以伸雅怀"点明了魏晋艺术的不同：因为是"适性怡情"，是"率性而为"，所以艺术可以朝清空和性灵的方向发展，可以蹈虚而不再处处征实；因为是"以伸雅怀"，所以艺术首先是文人士大夫的雅好，即"游艺"之学。中国艺术往往工师匠作追随文人风尚，而非文士取法工师。《中国美术学变迁论》明确谈到影响艺术的三个主要因素，一为佛教信仰，二为君王喜好，三为骚人墨客的雅好，工师反不在其列。

刘师培以丰厚的学识，捕捉到了中国传统艺术的两个重要层面：一为礼乐之用，二为申怀之资，前者以教化为宗，后者以入道为尚。《四库全书总目》总括艺术"游艺亦学问之余事，一技入神，器或寓道"时，并没有严格区分这两个层面，总体上仍以礼乐经义为本，因为寓道、体道、入道仍是学识上的修为。《四库全书总目》分离了经部和子部艺术，却不曾明言标准何在，或许这种区别在当时人眼里显而易见，并没有解释的必要。刘师培标举"变迁论"，已经意识到了这个问题。

区分两条不同的艺术发展脉络是中西艺术对接的关键，因为如果仍然坚

---

① 刘师培：《中国美术学变迁论》，《国粹学报》1907年第30号。

持经义和教化原则，传统艺术将很难接纳新来的西方艺术，正如后来强调艺术是超功利的，与政教无关。刘师培从后世艺术里抽离出来的自娱和达情，却易于转化和引申，已经可以平稳过渡到1913年鲁迅《拟播布美术意见书》里说的"以娱人情"、1919年吕澂《美术革命》里的"文学与美术，皆所以发表思想与感情"了。巫鸿认为魏晋以后中国才出现为观赏而作的艺术品，而此类艺术品晚近所获得的商业价值和美术价值出于后人的附加和转化。① 这种转化及其分期方式，正是从刘师培开始的。

与此同时，刘师培的《中国美术学变迁论》和同期的《论美术援地而区》，同时出现了"美术"和"艺术"两个概念，却没有像康有为那样把方术收罗进来，而是把西方艺术之外、中国艺术之内的篆刻和书法以及博弈纳入"美术"，已然在中西艺术之间进行了别择。

三 新眼光背后的旧旨趣

刘师培强调魏晋艺术"以艺自娱，标举胸臆"的时候，并没有把艺术往"美"的方向引导，尽管他采用的是"美术"二字。他认为，艺术本是夷旷超然之事，一旦沦为谋利糊口的技术，便品格卑下，不仅画师伶工以艺为资不值得提倡，文人墨客落魄之际以艺济穷也有损艺术，这与西方艺术的资助传统大不相同。如果说"利"降低了艺术的品格，那么徒逞耳目之资的"声"，同样败坏艺术：

> 则骚人墨客，宅心艺事。神情夷旷，超然于声利之外。若张旭之书，郑虔、王维之画，颖师之琴，阳冰之篆刻，以艺自娱，标举胸臆，犹有南朝之遗风。自李邕以售字著闻，而厄穷之士，于卖文之外，兼以书法自炫，恃为糊口之资。八分一字，售值千金，而画师伶工，竞以设色倚声之技，游食贵显之门。然植躬既贱，即艺事亦援此而日卑。此则习尚使然，莫之或挽者也。②

---

① 巫鸿：《代序："美术"小议》，《美术史十议》，生活·读书·新知三联书店，2008，第6页。
② 刘师培：《中国美术学变迁论》，《国粹学报》1907年第30号。

刘师培批评画师伶工"竞以设色倚声之技，游食贵显之门"时，显然不只是反对以艺术谋利，因为画师伶工本来就是以绘画和音乐谋生的专职人员，即便是"游食"，也是职业使然，与文人墨客的怡情养性不具可比性。我们更应注意的是"游食"之前的"设色倚声之技"，即仅仅袭倚声色技艺而已。不是说设色倚声不是艺术，而是说它使艺术品格"日卑"。既然艺术是文人雅士自娱和抒怀的工具，那么它理当"清雅绝俗"。所谓的"清雅绝俗"，不仅要拒绝利禄的介入，还指艺术当以传神写照、妙入机锋为尚，所谓"诗语则以神韵为宗，图画则以传神为美"，"奏音审曲、调琴弄筝，亦必默运神思独标远致，旁及博弈"①，追求声色之奇非复正道。这大概就是《四库全书总目》所谓的"一技入神，器或寓道"。

神韵、传神、神思、远致，都是中国古代艺术标举的境界。既然"声"和"利"一样，都是艺术排斥的东西，那么徒有其表的形式无论如何精湛华美、惟妙惟肖，都只是表面技艺、形下之器。既然艺术的出发点是"标举胸臆"，那么古代艺术更像是心灵的返照、涵养的外化，不像西方艺术那样重视视觉享受和造型美感，与其说是娱目，不如说是娱情。中国艺术的独特正在于借助有限的物象，表达内在的情思和体悟，造境能力的高下与作者的人格和涵养紧密相关，否则就很难理解朱耷的那些丑鱼怪鸟为什么那么富有生命力。如果说中国古代艺术个性不够鲜明、表现手法不够丰富的话，或许只是因为我们已经疏离了那段沉潜蕴藉的文化，或者说无法走进那样一个澄怀静观、别有会意的心灵世界。事实上，世界上没有通透万般的研究模式，也不存在全知全能的艺术形式，中国艺术与西方艺术本不在同一个向度开掘，自然不能苛求中国艺术包揽西方艺术的优长，犹如不能苛求西方艺术形式把中国的传统品格也发挥到极致一样，但这并不妨碍二者的伟大。

虽说传神入道、别有会心与形式美感并不矛盾，但美毕竟不意味着悟道，好比镂金错彩未必不美，却不一定有逸气和奇气。无论是绘画、书法，还是诗歌或音乐，中国古代都推崇中正素雅、清秀深广、空灵蕴藉的风格，排斥错杂繁复、惊美艳目的沉溺，更不要说触动物欲和情欲的作品。正如巫鸿所

---

① 刘师培：《中国美术学变迁论》，《国粹学报》1907年第30号。

言,"宋元以后的主流文人画更是反对绘画的感官吸引力,其主旨与对视觉美的追求可说是背道而驰"①。美向来不是中国古代推崇的最高境界,也很少用来表彰艺术。对脱离了善的美,人们更是保持高度警惕,唯美术而美术、唯形式而形式的艺术主张缺乏生长的土壤。

虽然与康有为相比,刘师培对艺术的理解已经更加西化了,但他的眼光和趣味仍是中国传统式的,仍是在传统艺术的多层意蕴上进行抽离,在精神气质上离我们今天使用的"艺术"还有一段距离。

第六节 中西艺术理念的混杂

一 以美为术的新定位

1913 年,我们终于看到了清晰而贴切的西方艺术概念:

> 美术为词,中国古所不道,此之所用,译自英之爱忒(art or fine art)。爱忒云者,原出希腊,其谊为艺,是有九神,先民所祈,以冀工巧之具足,亦犹华土工师,无不有崇祀拜祷矣。顾在今兹,则词中函有美丽之意,凡[非]是者不当以美术称。②

> 言美术之目的者,为说至繁,而要以与人享乐为臬极,惟于利用有无,有所牴午。主美者以为美术目的,即在美术,其于他事,更无关系。诚言目的,此其正解。然主用者则以为美术必有利于世,傥其不尔,即不足存。顾实则美术诚谛,固在发扬真美,以娱人情,比其见利致用,乃不期之成果。③

时任南京临时政府教育部委员的鲁迅强调美是艺术(Art or Fine Art)的基础,愉悦人情是目的,所谓"固在发扬真美,以娱人情"是也。在各种艺术功用的学说中,鲁迅评定"主美者"才是"正解",艺术应当超越功利,"以与人

---

① 巫鸿:《代序:"美术"小议》,《美术史十议》,第 4 页。
② 鲁迅:《拟播布美术意见书》,《鲁迅全集》第 8 卷,第 50 页。
③ 同上书,第 52 页。

享乐为臬极"。虽然鲁迅也说美术要有领会,要有思理,但他说的"以娱人情"绝不同于刘师培的"适性怡情"。艺术固然可以"发扬真美",可说它本不当有现实功用,刘师培是不会答应的。说"以与人享乐为臬极",刘师培更会大惊失色。在《中国美术学变迁论》末尾,他还批评宋徽宗因个人艺术癖好而丧乱家邦,感叹"虽曰小道可观,然玩物丧志浸以丧邦,则又美术之害也"①。从命名到内容、分类、功用,鲁迅的《拟播布美术意见书》都是以希腊艺术为分析对象,传统艺术非但不在讨论的范围里,反而或隐或现地浮现在非艺术的论例中,因而该文题为"播布美术"而非发扬艺术,取资西方的路径十分明显。

1919 年吕澂在《新青年》上发表《美术革命》,对"艺术"也有明确定位:

> 窃谓今日之诗歌戏曲,固宜改革;与二者并列于艺术之美术[凡物象为美之所寄者,皆为艺术(Art),其中绘画雕塑建筑三者,必具一定形体于空间,可别称为美术(Fine Art),此通行之区别也。我国人多昧于此,尝以一切工巧为艺术;而混称空间时间艺术为美术,此犹可说;至有连图画美术为言者,则真不知所云],尤亟宜革命。②

吕澂以美术(Fine Art)为艺术(Art)的子目,艺术的特性仍在美。虽不像刘师培那样精于考证,但把"工巧"归为中国传统艺术的特征倒也没错。他是从广义的工艺角度总结古代艺术的,以传统的能工巧匠对应西方的职业艺术家。"我国人多昧于此,尝以一切工巧为艺术"的另一层含义是,古代艺术的共性是工巧③,用美来定义艺术是当前的新观念。

二 对西方艺术传统的截取

然而,如何定义美?美的特性是什么?美有没有客观标准?美能否提升

---

① 刘师培:《中国美术学变迁论》,《国粹学报》1907 年第 30 号。
② 吕澂:《美术革命》,《新青年》1919 年第 6 卷第 1 号。
③ 天虹一友在分析中国古代的"艺术"概念时,也认为"凡动作而有巧思者,皆可称为术焉"(《艺术浅说》,《学艺》1918 年第 3 号)。

精神？美如何净化心灵？这一系列问题至今仍是西方美学争论不休、尚无正解的难题。其实美并不比礼乐易于把握，美对情操的陶冶效用也未必比经史对人的同化作用来得具体。在强势的西方话语面前，问题或许不在于如何定义美，又有多少人能真正理解美，而是国人既然已经认定中国文化逊于西方文化，进步的方向就是西化的方向，如同日本人把西化称为文明开化一样。

讽刺的是，西方"艺术"进入中国的1900年前后，正是西方世界质疑以美界定"艺术"的时候。半个世纪后，西方艺术走上了"反艺术"乃至"审丑"的道路①，艺术是美的产物被普遍认为无效，写实的手法也不再受到推崇，中国近代的艺术现代化也便成了前现代化。尽管如此，近代确立起来的以美为核心的艺术标准是如此地深入人心，以致连概念都极为模糊的中国古代艺术被简化处理为"美的历程"。其实中国古代还有以丑为美的传统，如以怪、瘦、透、漏为尚的鉴石文化。直至今日，国人依旧不假思索地用美与不美来衡量艺术，对那些不再以美为旨归的现代艺术及后现代艺术惶惑不解。

如果对西方艺术有所了解的话，我们还不难想到，以美来界定艺术是18世纪中叶以后的事情，离艺术在近代中国的定性不到两百年的时间。而在此前漫长的历史时期，艺术与工巧、技艺始终有着密不可分的关系。即便是18世纪中叶以后，在有关艺术性质的论说中，美感经验也不是唯一的答案，与它并列甚至比它更重要的，还有模仿、再现、想象、创造力、形式等等。②如果说对模仿、再现、表现、创造、想象等因素的倚重，说明西方艺术更注重艺术创作论，那么，抽取审美和愉悦并以之为艺术本质的做法，表明近代中国更看重的是艺术的目的和功用，抽象的定位比具体的实践来得更迫切。

在艺术功用的论说部分，鲁迅《拟播布美术意见书》指出西方艺术目的论有主美派和主用派的分歧，1918年天虹一友的《艺术浅说》也分析过自然论（Naturalism）、理想论（Idealism）、精灵论（Animism）、唯美论（Art-for-

---

① 可参阅刘东：《西方的丑学：感性的多元取向》，北京大学出版社，2007，第96—209页。
② 参阅〔波〕瓦迪斯瓦夫·塔塔尔凯维奇：《西方六大美学观念史》，第226—318页；邢莉、常宁生：《美术概念的形成——论西方"艺术"概念的发展和演变》，《文艺研究》2006年第4期。

art)、想化论（Idealisation）的差异。国人不是不知道并非所有西方人都标举美的准则，贺拉斯著名的"寓教于乐"就视教诲和愉悦并行不悖，愉悦和审美还一度从属于教化的实用目的。但在调和之后，《艺术浅说》最后仍把艺术的目的归于美："悬于道德之上者为善，悬于科学之上者为真，悬于艺术之上者为美"①。真善美的引介，不但为昔日的"奇技淫巧"赢得了合法性，也让艺术提升到与道德、科学并立的高度。从这个角度讲，国人对艺术的关注还得益于科学在近代中国的兴起。

长期以来，西方艺术通过与技术（Techne）分离，与实用艺术（Applied Art、Decorative Art）拉开距离，再经由文艺复兴时期的与理性挂钩，与自由艺术或人文艺术靠近（Liberal Art），得以摆脱粗俗艺术（Vulgar Art）和机械艺术（Mechanical Art）的贬抑，获得地位上的提升。中国近代艺术走的却是与教化决裂（尽管并不彻底），与传统人文学科拉开距离，进入纯粹的审美空间而得以再生之道。如果说"艺术"（包括"美术"）在西方是一个阶段性的概念，是特定历史时期的发明，那么在近代中国则成为一个普泛性的一般概念。②尽管存在古今异质文化融合层面的词义变形，但今天中国人在使用它的时候并没有西方意义上的理论困惑和多重指涉，乃至可以以不变应万变地以之总括上至旧石器时代岩画、下至后现代的各种艺术形式。

当然，摆脱了西方艺术理论及其历史分歧的纠葛，并不等于解决了本土艺术的所有发展问题，截断内在发展脉络的嫁接总是需要付出一定代价的。何况我们也看到，民国以后学术渐失稳健，"艺术"的承接来得比晚清急促。尽管艺术是在西方文化的强压下进入中国的，并改造了中国传统的艺术观念，但仅从概念的接受和内涵的改易来看，也不难发现，中国近代艺术并没有重复西方艺术的发展道路，今天的"艺术"概念实为中西理念共同作用的结果。传统艺术的性质转换过程，就是对西方艺术有选择的接受过程，二者合力构成了"艺术"的本土化过程。

---

① 天虹一友：《艺术浅说》，《学艺》1918年第3号。
② 邢莉：《中西"美术"概念及术语比较》，《南京艺术学院报》2006年第4期。

三　新艺术的旧因缘

学术范畴的改易不仅牵动语词内部的整个体系，我们还当考虑周边范畴的联动。换句话说，"艺术"概念近代演化的背后，是整个中国传统学术格局的改易。尽管鲁迅反对致用，但《拟播布美术意见书》的末尾却非常不协调地归纳了艺术表征文化、辅翼道德、救助经济的"不期之成果"。有意地回避其实是一种在意，何况回避之后还得绕回来，艺术的功用及其定位才是真正的焦点。

20世纪初的中国，美、美育、美感、美术的风行一时，从某种意义上讲，是对中国传统伦理政治一统天下的反动，或者说是出于对道德教化、政治伦理的不再信任。一方面，吕澂强调以美为旨归，别无利用；另一方面，他又批评当时的一撮人"徒袭西画之皮毛，一变而为艳俗，以迎合庸众好色之心"①，如果表现内容艳俗，哪怕袭用的是最新的西方艺术形式，也绝非真正的艺术。吕澂抨击的伪西洋画主要指人体画和商业广告画，认为裸体和俗艳的洋画"必使恒人之美情，悉失其正养，而变思想为卑鄙龌龊而后已"②，这本身又寓有传统艺术的移风易俗理念。如果艺术真是"以与人享乐为臬极"，那么重在享受耳目的娱悦、追求感官的刺激的创作也不至于这样令人深恶痛绝，或许那些作伪西洋画的人正是这样理解新艺术的。

鲁迅也强调，艺术不能"沾沾于用"，但文末"国魂""不待惩劝而国安""足越殊方"的说法亦让我们听到了某种熟悉的回音。反对用伦理教化来约束艺术，并不代表艺术不需要规范，差别只在用西方的美育陶冶代替中国的礼乐教化，用西方近代的艺术精神置换中国传统的艺术理念。此前，王国维标举"于此桎梏之世界中，离此生活之欲之争斗，而得其暂时之平和，此一切美术之目也"③，蔡元培提倡以美育代宗教，虽然都强调艺术疏离现实事功的性质，但实际都是以表面的无用以为精神的大用，恰如用文学来改

---

① 吕澂：《美术革命》，《新青年》1919年第6卷第1号。
② 同上。
③ 王国维：《〈红楼梦〉评论》，《王国维文集》第1卷，第9页。

造国民性一样。换而言之，近代中国虽然强化传统艺术鉴赏和怡情的一面，淡化艺术的教化功能，但国人之所以如此积极地提倡美育、引进西方的艺术概念，看重的还是艺术背后的移风易俗作用。

事实是，在百业待兴的民国初年，传统的小道不仅一夜之间攀升为改造国民精神的利器，而且得以在全民中迅速推广。看看《教育杂志》上各种讨论艺术教育的文章、艺术展览会的报道、中小学艺术课程的调整方案、国外艺术教育书籍的翻译，我们就会明白，国人从来就不曾这么重视艺术，艺术的地位从来就不曾这么高过。当1904年王国维感慨"至诗人之无此抱负者（指政治抱负），与夫小说、戏曲、图画、音乐诸家，皆以侏儒倡优自处，世亦以侏儒倡优畜之"①的时候，无论如何都想不到十多年后有人能靠稿费养活家小，梅兰芳、齐白石能拥有如此无可比拟的文化地位，更想不到今天国人会为诺贝尔文学奖花落谁家而大伤脑筋，演艺明星能以一曲一角跻身名流。哪怕近代最激越的艺术革命者，也没有完全脱离中国式思维，真正彻底地唯美感而美感、唯艺术而艺术。

诚如陈振濂所言，吕澂的"美术革命"及陈独秀的呼应只是文化界的呼声，是典型的外行指导内行，并没有引起美术界的响应。②然而吕澂要求继"文学革命"后开展"美术革命"，绝非偶然。中国近代大规模的学术体系重建工作从"文学革命"开始进入高潮，艺术作为中国学术的一环（尤其是作为外来西方学科分类体系中的重要一项），必然是在学术格局的改易中、在"文学革命"的思路下拉开帷幕。方向的引导和理论的重构必然早于具体的创作实践摸索，也必然由陈独秀、蔡元培乃至康有为这样站在文化前沿的学术革新人物率先触及。与其说美术革命因附属于新文化论辩而不具有独立的论述空间③，不如说艺术因被认为与文学连为一体，而受到了比中国古代更多的关注。与其说美术因被纳入新文化运动而奠定了关乎民族国家发展的特性，不如说因为艺术与世风人心的联结依然有效，而致使新文化运动不可能遗落

---

① 王国维：《论哲学家与美术家之天职》，《王国维文集》第3卷，第7页。
② 陈振濂：《近代中日绘画交流史比较研究》，安徽美术出版社，2000，第88页。
③ 刘瑞宽：《中国美术的现代化：美术期刊与美展活动的分析（1911—1937）》，生活·读书·新知三联书店，2008，第16、23页。

艺术背后的大义。

吕澂的《美术革命》只是要求辨明美术的范围和性质、阐明中国美术的源流和欧美美术的变迁，并在此基础上印证东西，并不像陈独秀呼吁"革王画的命"那样激进。或许正因为他的革命性还不那么突出，所以目前关于近代美术变革的论述顶多从他这里开始，少有提及此前康有为、刘师培的相关论述。其实革命之所以能够启动，与此前充分的铺垫分不开。正因为吕澂还不算艺术行内人士，尚不如康有为体贴艺术，因而他的"革命"还没有进入传统内部，其革命性只是体现在得风气之先、把焦点对准了传统艺术的"雅俗过当"局面："自昔习画者，非文士即画工，雅俗过当，恒人莫由知所谓美焉。"① 由于中国古代的审美趣味由处于文化高位的文人士大夫确立，作为"学问之余事"的艺术自然贴近智识高层的文化生活，专职的工师亦向士大夫看齐。在教育并不普及的年代，疏离文化的普通百姓离艺术就更远了。

把艺术从少数文士手中解放出来的愿望，与打倒贵族文学提倡平民文学的思路一致，是"文学革命"的延续，亦必然沿着由宏观的方向性指导进入微观的创作调整、由普及国民的立意进入学术内部系统重塑的道路前进。无论是矫正过雅，还是提升过俗，那种神与物游、别有会心、传神写照的艺术境界都不可能再得到提倡。调和雅与俗、宽与窄的结果必然是把标准放在雅俗、宽窄之间。从这个意义上讲，把偏重观赏性和感染力的美作为新艺术的特性，亦在情理之中。

四 "艺术"与"美术"的分离

当艺术逐渐进入文化视野的中心，"美术"与"艺术"的分离也就势在必行了。吕澂明确提出，以"美术"对应 Fine Art 乃仅就绘画、雕塑、建筑等空间艺术而言，"艺术"作为时间艺术和空间艺术的总称，对译的应是更大范畴的 Art。他所批判的"图画"与"美术"联用的概念混淆，当指他刚刚离开的上海图画美术学院。其实 1918 年之前，美术和艺术的大小之分就渐

---

① 吕澂：《美术革命》，《新青年》1919 年第 6 卷第 1 号。

次清晰了，不至于晚到 1920 年。① 至少"艺术"在社会上的使用频率已经很高，否则吕澂也不至于一开篇就批评二者的"混称"现象，并把"美术革命"的第一步确定为向民众阐明什么才是美术。

我们还可以看到，1914 年的《中华小说界》同时设置了"美术史"和"艺术史"两个栏目：记录书画金石的《种瓜亭笔记》和论说瓷器的《中华古瓷考》放在"美术史"里，戏剧方面的《京师三十年来梨园史》和《小叫天（谭鑫培）小传》则置于"艺术史"当中。②"美术"和"艺术"的界限，已然清晰。1918 年《学艺》杂志上刊登的《艺术浅说》更加明了：

> 艺术之名，乃明治维新以后日本学者译自英文 Art 者也。然 Art 者，不过就广义言之。若从狭义，则当为 Fine Art。盖广狭二义，各国文多有分示，在东洋则有别 Fine Art 为美术者。虽互相缘用已久，究非绝对的当。良由文字以国异，辨名正义，诚匪易焉。抑所谓广狭二义何哉？则广义云者，通俗之谓，其存立于人间，为对于道德宗教政治科学实业而言，本体并占空间与时间。绘画雕刻建筑音乐文学演剧跳舞等，无不包含其中。狭义云者，纯粹之谓，则仅指占空间者而言，绘画雕刻建筑是也（注：Art 本尚有最广之一义，一般机械的活动及制作亦包含其中。惟此等艺术，在东洋只可名为工技，于艺术特性绝不能表现，已渐为识者所歧视，故缺之）。③

天虹一友认为"艺术"（Art）和"美术"（Fine Art）有广狭之别。当与道德、科学、政治等学科范畴并称时，应用"艺术"概念，因为意义更加狭窄的"美术"不包括文学、音乐、戏剧、舞蹈等空间艺术。这样的界定已经不再是日本概念的沿用了，还有进一步的比较与辨析，放在今天依然是适用的，可以说已是相当成熟的界说了。

西方的艺术概念进来了，原有艺术范畴便受到冲击。从"西艺"之艺到

---

① 柳素平和邢莉都把 1920 年作为"艺术"取代"美术"的具体时间。
② 参阅《中华小说界》1914 年第 1 卷第 7 期至 1915 年第 2 卷第 6 期的具体篇目。
③ 天虹一友：《艺术浅说》，《学艺》1918 年第 3 号。

"艺术"之艺，跨度是巨大的。指涉不同，性质和功能的改变就难以避免。从学问与教化到审美与娱情，转折非常明显。一旦定位和标准不同了，所有的评价和发展体系就需要推倒重来。不必等到1918年陈独秀"革王画的命"，康有为1917年在《万木草堂藏画目》里已经推倒了文人写意画的传统，改立院画为正宗，并由此提出中国绘画自宋始衰、至清为极这样一个大判断。

与此同时，艺术背后的整套西方艺术机制也随之进入中国。非但鲁迅提倡的艺术专门研究机构前所未有，蔡元培推动的专门学校、美术馆、展览馆建设也闻所未闻。到如今，设计学院、艺术学院遍地开花，美术史系、艺术理论系的竞相增设也远远超出了社会实际所需。艺术教育及其机构的泛滥既是中国式当代资源争夺的结果，也少不了"与世界接轨"口号下西方艺术与运营体系的技术支持。切实的融合仍在路上，中国艺术的发展而非西方艺术在中国的发展，是当前及今后艰巨的学术难题。

王国维说："言语者，思想之代表也，故新思想之输入，即新语言输入之意味也"①，新语言的输入往往意味着新思想的进入。既是思想观念的接受，就绝非增加个别词汇这么简单。词汇往往带动更大范围的范畴指涉，乃至概念体系和学术系统的平移。更重要的是词与词背后的关系，关系与关系的互动，乃至整个学术结构体系的震荡与调和。一个"艺术"尚且如此长亭短亭，如果不止一个概念，而是一系列范畴都面临着古今、中西的冲决与杂合，那么旧结构、旧体系越严密越成熟，就越是难以安好。何况正变好谈，雅俗难言，连士君子都已经一去不返了，变迁的何止是"艺术"？

表5-1 "艺术"在史书经籍志里的分布

书名	时间	作者	类名	平行目录	书目细类	类型	备注
旧唐书·经籍志	后晋	刘昫等	杂艺术	儒、道、法、名、墨、纵横、杂、农、小说、天文、历算、兵书、五行、杂艺术、事、经脉、医术	投壶、博戏、棋	官修正史	位于甲乙丙丁的丙部

---

① 王国维：《论新学语之输入》，《王国维文选》第3卷，第42页。

第五章 范畴重组：中外古今之间的"艺术"

（续表）

书名	时间	作者	类名	平行目录	书目细类	类型	备注
新唐书·艺文志	宋	欧阳修、宋祁	杂艺术	儒、道、法、名、墨、纵横、杂、农、小说、天文、历算、兵书、五行、杂艺术、类书、明堂经脉、医术	投壶、博戏、棋、画、射	官修正史	经史子集"四部"中的子部
通志·艺文略	宋	郑樵	艺术	经、礼、史、诸子、艺术、医方、类书、文类	艺术、射、骑、画录、画图、投壶、弈棋、博塞、象经、掊捕、弹棋、打马、双陆、打球、彩选、叶子格、杂戏格	私修专史	一级目录，细目为原书分类
文献通考·经籍考	宋末元初	马端临	杂艺术	儒、道、法、名、墨、纵横、杂、小说、农、阴阳、天文、历算、五行、占筮、形法、兵书、医、房中、神仙、释、类书、杂艺术	画、射、投壶、棋、博戏（打马、采选、叶子格）、文房各器物谱录（包括墨、砚、印、剑、鼎、香）、营造法式、算经	私修专史目录	二级目录，位于子部
宋史·艺文志	元	脱脱等	杂艺术	儒、道（释及神仙附）、法、名、墨、纵横、农、杂、小说、天文、五行、蓍龟、历算、兵书、杂艺术、类事、医书	射、弓、画、文房各器物谱录、投壶、棋、博戏、酒令、相马、漆经	官修正史	二级目录，位于子部
国史·经籍志	明	焦竑	艺术	儒、道、释、墨、法、名、纵横、杂、农、小说、兵、天文、历数、五行、医、艺术、类书	艺术、射、骑、啸、画录、投壶、弈棋、象经、博塞、樗蒲、弹棋、打马、双陆、打球、彩选、叶子格、杂戏	私修国史目录	二级目录，位于子部
明史·艺文志	清	张廷玉等	艺术	儒、杂、农、小说、兵书、天文、历数、五行、艺术、类书、道、释	杂艺（画、琴、砚、墨、印）、医书	官修正史	二级目录，位于子部

表 5-2 图书目录里的"艺术"分类①

书名	时间	作者	类名	平行目录	书目细类	类型	备注
七志	刘宋 452—489	王俭	术艺	经典、诸子、文翰、军书、阴阳、术艺、图谱（附道、佛）		私修图书目录	一级目录，已失传
七录	梁 479—536	阮孝绪	杂艺	天文、纬谶、历算、五行、卜筮、杂占、刑法、医经、经方、杂艺	骑马、棋、投壶、博戏	私修图书目录	二级目录，隶属术技
崇文总目	宋 1097—1104	王尧臣等	艺术	儒、道、法、名、墨、纵横、杂、农、小说、兵、类书、算术、艺术、医书、卜筮、天文占书、历数、五行、道书、释书	射、弓、画、棋、投壶、叶子格、相马、鹰经、驼经、鹤经	官修图书目录	二级目录，位于经史子集四部子部
郡斋读书志	宋 1105—1180	晁公武	艺术	儒、道、法、名、墨、纵横、杂、农、小说、天文、历算、五行、兵、类书、杂艺术、医书、神仙、释书	画、射、投壶、棋、算经、相马、相牛、相鹤	私家藏书目录	二级目录，位于经史子集"四部"中的子部
遂初堂书目	宋 1127—1194	尤袤	杂艺	儒、杂、道、释、农、兵书、术、小说、杂艺、谱录、类书、医书	书、画、棋、投壶、琴、算经	私家藏书目录	一级目录，未分四部，但依此排布
直斋书录解题	宋 1181—1262	陈振孙	杂艺	儒、道、法、名、墨、纵横、农、杂、小说、神仙、释氏、兵书、历象、阴阳、卜筮、形法、医书、音乐、杂艺、类书	射、书、画、棋、文房器物谱录（包括茶、香）	私家藏书目录	二级目录，位于子部
澹生堂书目	明 1563—1628	祁承爜	艺术	儒、诸子、小说、农、道、释、兵、天文、五行、医、艺术、类、丛书	书、画、琴、棋、数、射（投壶附）、杂伎	私家藏书目录	二级目录，位于子部

---

① 以编纂时间为准，年月不详的以作者生卒区间为参考，为的是便于前后比对。

第五章 范畴重组:中外古今之间的"艺术"　521

(续表)

书名	时间	作者	类名	平行目录	书目细类	类型	备注
绛云楼书目	明 1582—1664	钱谦益	杂艺	儒、道学（理学）、名、法、墨、杂、纵横、农、兵、释、道、小说、杂艺、天文、历算、地理、星命、卜筮、相法、壬遁、道藏、道书、医书、天主教、类书、伪书	书法、画、琴、酒令诗牌、酒饮、茶、器物谱录、女红织绣、相马、禽养种植	私家藏书目录	二级目录，位于子部
千顷堂书目	明 1629—1691	黄虞稷	艺术	儒、杂、农、小说、兵、天文、历数、五行、医、艺术、类书、释、道	书、画、棋、印、酒令、花谱、绣法、营造	私家藏书目录	二级目录，位于子部
天一阁书目	清初		艺术	儒、兵、法、农、医、天文、术数、艺术、谱录、杂、类书、小说、释、道	书法、画、棋、琴（还有《浙音释字》《三教同声》）		范书目已佚，现存最早为清初本
述古堂藏书目	清 1629—1701	钱曾	艺术	释、神仙、医书、卜筮、星命、相法、形家、农、营造、文房、器玩、岁时、博古、清赏、服食、书画、花木、鸟兽、数术、艺术、书目、国朝、掌故	象戏、双陆、打马、投壶、丸经、叶子格、蹴鞠、棋、印	私家藏书目录	与《读书敏求记》不同
四库全书总目	清 1773—1789	永瑢等	艺术	儒、兵、法、农、医、天文算法、术数、艺术、谱录、杂、类书、小说、释、道	书画、琴谱、篆刻、杂技	官修图书目录	二级目录，位于子部
铁琴铜剑楼藏书目录	清 1794—1846	瞿镛	艺术	儒、兵、法、农、医、天文算法、术数、艺术、谱录、杂、类书、小说、释、道	书、画、琴	私家图书目录	二级目录，位于子部
书目答问	晚清 1876	张之洞	艺术	周秦诸子、儒、兵、法、农、医、天文算法、术数、艺术、杂、小说、释道、类书	书、画、法帖、印章、乐	私家图书目录	二级目录，细目为原著分类

(续表)

书名	时间	作者	类名	平行目录	书目细类	类型	备注
艺风藏书记	清 1844—1919	缪荃孙	艺术	经学、小学、诸子、地理、史学、金石、类书、诗文、艺术、小说	书、画、法帖、茶、酒、乐、饮食	私家藏书目录	一级目录
贩书偶记	清 1936	孙殿起	艺术	儒、兵、法、农、医、天文算学、术数、艺术、谱录、杂、类书、小说、释、道	书画、琴谱、篆刻、杂技（棋、射）	私家书录	二级目录

表 5-3 正史列传的"艺术"位置

书名	时间	传名	传主及专长	重点言论	备注
史记	汉初	日者列传、龟册列传	司马季主（善卜）	黄直，大夫也；陈君夫，妇人也：以相马立名天下。齐张仲、曲成侯以善击刺学用剑，立名天下。留长孺以相彘立名。荥阳褚氏以相牛立名。能以伎能立名者甚多，皆有高世绝人之风，何可胜言。	无经籍志
汉书	东汉	无			有
后汉书	刘宋	方术列传	任文公、郭宪、许杨、高获、谢夷吾、杨由、李南、李郃、段翳、廖扶、樊英（卜占）；郭玉、华佗（医）；王乔、徐登、赵炳、费长房、蓟子训（神仙家）；甘始、东郭延年、封君达（术数）	至乃《河》《洛》之文，龟龙之图，箕子之术，师旷之书，纬候之部，钤决之符，皆所以探抽冥赜、参验人区，时有可闻者焉。其流又有风角、遁甲、七政、元气、六日七分、逢占、日者、挺专、须臾、孤虚之术，及望云省气，推处祥妖，时亦有以效于事也。	无
三国志	晋	无			无
魏书	北齐	术艺列传	晁崇、张渊、殷绍、王早、耿玄、刘灵助（卜占）；江式（书法）；周澹、李修、徐謇、王显、崔彧（医）；蒋少游（匠作）	阴阳卜祝之事，圣哲之教存焉。虽不可以专，亦不可得而废也。徇于是者不能无非，厚于利者必有其害。诗书礼乐，所失也鲜，故先王重其德；方术伎巧，所失也深，故往哲轻其艺。夫能通方术而不诡于俗，习伎巧而必蹈于礼者，几于大雅君子。故昔之通贤，所以戒乎妄作。	无
宋书	梁	无			无
南齐书	梁	无			无

第五章 范畴重组：中外古今之间的"艺术"

(续表)

书名	时间	传名	传主及专长	重点言论	备注
晋书	唐	艺术列传	陈训、戴洋、韩友、淳于智、步熊、杜不愆、严卿（卜占）；鲍靓、吴猛、幸灵、佛图澄、僧涉、鸠摩罗什、昙霍（近神仙家）	澄、什爰自遐裔，来游诸夏。什既兆见星象，澄乃驱役鬼神，并通幽洞冥，垂文阐教，谅见珍于道艺，非取贵于他山。	
梁书	唐	无			无
陈书	唐	无			无
北齐书	唐	方伎列传	由吾道荣、王春、信都芳、宋景业（卜占）；皇甫玉、解法选、魏宁（相术）；张子信、马嗣明（医）	易曰：定天下之吉凶，成天下之亹亹，莫善于蓍龟。是故天生神物，圣人则之。又神农、桐君论本草药性，黄帝、岐伯说病候治方，皆圣人之所重也。故太史公著龟策、日者及扁鹊仓公传，皆所以广其闻见，昭示后昆。	无
周书	唐	艺术列传	冀儁、黎景熙、赵文深（书法）；蒋昇（星象）；姚僧垣父子、褚该（医）	乐茂雅、萧吉以阴阳显，庾季才以天官称，史元华相术擅奇，许奭、姚僧垣方药特妙，斯皆一时之美也……仁义之于教，大矣，术艺之于用，博矣。苟于是者，不能无非，厚于利者，必有其害……习技巧而必蹈于礼者，岂非大雅君子乎。	无
隋书	唐	艺术列传	庾季才、卢太翼、萧吉、杨伯丑（卜占）；耿询、临孝恭、张胄玄（历算）；韦鼎、来和（相术）；许智藏（医）；万宝常、王令言（音律）	夫阴阳所以正时日，顺气序者也；卜筮所以决嫌疑，定犹豫者也；医巫所以御妖邪，养性命者也；音律所以和人神，节哀乐者也；相术所以辩贵贱，明分理者也；技巧所以利器用，济艰难者也。	有经籍志，无艺术目录
南史	唐	无			无
北史	唐	艺术列传	晁崇、张深、僧化、殷绍、王早、耿玄、刘灵助（卜占）；皇甫玉、解法选、来和（相术）；耿询、临孝恭、张胄玄（历算）；周澹、李修、徐謇、徐之才、王显（医）；万宝常（乐律）；蒋少游、郭善明、郭安兴（匠作）；何稠、黄亘（工艺）	开篇与《隋书·艺术列传》同，后言"前代著述，皆混而书之。但道苟不同，则其流异。今各因其事，以类区分。先载天文数术，次载医方伎巧云"。传末与《周书·艺术列传》所论一致。	无

(续表)

书名	时间	传名	传主及专长	重点言论	备注
旧唐书	后晋	方伎列传	崔善为、尚献甫（历算）；薛颐、孟诜、严善思、玄奘、神秀、僧一行、桑道茂（卜占）；甄权、宋侠、许胤宗（医）；乙弗弘礼、袁天纲、张憬藏（相术）；李嗣真、裴知古（乐律）；张果（神仙家）	其弊者肄业非精，顺非行伪，而庸人不修德义，妄冀遭逢。如魏豹之纳薄姬，孙皓之邀青盖，王莽随式而移坐，刘歆闻谶而改名。近者綦连耀之构异端，苏玄明之犯宫禁，皆因占候，辅此奸凶。圣王禁星纬之书，良有以也。	经籍志子部杂艺包括投壶、博戏、棋
新唐书	宋	方技列传	李淳风、王远知、尚献甫、杜生（卜占）；甄权、许胤宗、张文仲（医）；乙弗弘礼、袁天纲、张憬藏（相术）；张果、罗思远、姜抚（神仙家）	凡步、卜、相、医、巧，皆技也。能以技自显为一世，亦悟之天，非积习致然。然士君子能之，则不迁、不泥、不矜、不神，小人能之，则迁而入诸拘碍，泥而弗通大方，矜以夸众，神以诬人，故前圣不以为教，盖吝之也。若李淳风谏太宗不滥诛，许胤宗不著方剂书，严譔谏不合乾陵，乃卓然有益于时者，兹可珍也。至远知、果、抚等诡行幻怪，又技之下者焉。	经籍志子部杂艺，包括投壶、博戏、棋、画、射
旧五代史	宋	无			无
新五代史	宋	伶官传			无
宋史	元	方技列传	赵修己、王处讷父子、苗训、周克明（历算）；刘翰、王怀隐、沙门洪蕴、僧法坚（医）；僧志言、僧怀丙（匠作）；楚芝兰、楚衍、郭天信（卜占）；赵自然、王老志、林灵素（神仙家）	巫医不可废也。后世占候、测验、厌禳、禜禬，至于兵家遁甲、风角、鸟占，与夫方士修炼、吐纳、导引、黄白、房中，一切怪诞妖诞之说，皆以巫医为宗。汉以来，司马迁、刘歆又亟称焉。然而历代之君臣，一惑于其言，害于而国，凶于而家，靡不有之。宋景德宣和之世，可鉴乎哉！然则历代方技何修而可以善其事乎？"曰：人而无恒，不可以作巫医。"汉严君平、唐孙思邈吕才言皆近道，孰得而少之哉。宋旧史有《老释》《符瑞》二志，又有《方技传》，多言机祥。今省二志，存《方技传》云。	子部杂艺：射、弓、画、文房各器物谱录、投壶、棋、博戏、酒令、相马、漆经

(续表)

书名	时间	传名	传主及专长	重点言论	备注
辽史	元	方技列传、伶官列传	直鲁古、耶律敌鲁（医）；王白、魏璘、耶律乙不哥（占）	论曰：方技，术者也。苟精其业而不畔于道，君子必取焉。直鲁古、王白、耶律敌鲁无大得失，录之宜矣。魏璘为察割卜谋逆，为庵撒葛卜僭立，罪在不贳。虽有存长，亦奚足取哉。存而弗削，为来者戒。	无经籍志
金史	元	方技列传	刘完素、张从正、李庆嗣（医）；马贵中、武祯父子、李懋、胡德新（占）	太史公叙九流，述日者、龟策、扁鹊仓公列传。刘歆校中秘书，以术数、方伎载之《七略》。后世史官作《方伎传》，盖祖其意焉。或曰《素问》《内经》言天道消长、气运赢缩，假医术，托岐黄，以传其秘奥耳。秦人至以《周易》列之卜筮，斯岂易言哉……故为政于天下，虽方伎之事，亦必慎其所职掌，而务旌别其贤否焉。	无经籍志
元史	明	方技列传（工艺附）	田忠良、张康（占）；靳德进（历算）；李杲（医）；孙威父子（制甲）；阿老瓦丁、亦思马因（造炮）；阿尼哥、刘元（造像）	自昔帝王勃兴，虽星历医卜方术异能之士，莫不过绝于人，类非后来所及，盖天运也……若道流释子，所挟多方，事适逢时，既皆别为之传。其他以术数言事辄验，及以医著效，被光宠者甚众。旧史多阙弗录，今取其事迹可见者，为《方技篇》。而以工艺贵显，亦附见焉。	无经籍志
明史	清	方伎列传	滑寿、葛乾孙、吕复、倪维德、李时珍（医）；张中、张三丰、仝寅（占）；袁珙父子（相术）；周述学（历算）	夫艺人术士，匪能登乎道德之途。然前民利用，亦先圣之绪余，其精者至通神明，参造化，讵曰小道可观已乎！	包括杂艺（画、琴、砚、墨、印）和医书

第六章
重塑传统：类分文学与界别学术

讨论前先界定概念、缩小范围，是今天基本的学术规范。概念明晰了，理解才可能精准。在这样的前提下展开论证，符合西方的思辨传统。对比中国古代，以《四库全书总目》叙录为例，很少有什么是经、什么是艺术、什么是谱录的说明，只是说哪些不当归入经，哪些不属于艺术，哪些应别为谱录。但这并不代表编纂者心里没有范围，别异恰恰需要清晰的主体。以排除法确定范围和以归纳法确立概念，只是具体方式和文化传统的差异。

中式排除法的前提是，存在某些不言而喻的一贯做法和习俗共识。特别提出来的义项，往往是容易模糊的灰色地带。就像《左传》没有过多地讨论什么是礼，经常指斥的是各种"以紫乱朱"的非礼。朱不需要说明，排除了"乱朱"之紫，道义自明。若以明确立法的形式突出规矩，谁能保证说的就比没说的多？而且这样会挤压习俗、传统、不成文法的空间，削弱系统的弹性和包容性。社会要良性运转，一定是自发力量大于硬性钳制。条律是底线，儒家向来反对法家的严苛与刻薄。

四百年的社会契约和法治宪政传统，及"科学革命"后进一步收束的思辨方式，赋予西方概念和命名逻辑优先的地位。而在16、17世纪，西方同样面临概念混乱的问题。我们看到一系列以"新"命名的著作，《新科学》（塔尔塔利亚，1537）、《新哲学》（吉尔伯特，1603年左右）、《新天文学》（开普勒，1609）、《新解剖实验》（佩凯，1651）、《新工具》（培根，1620）等，"新"意味着重新开篇，与旧传统拉开距离。直到17世纪末，人们才找到"现代""现代科学"概念，界分经院哲学和以笛卡儿、牛顿为代表的科学。概念的大规模变化意味着语言革命，而语言革命昭示了思想革命，人们已经不满足于在旧框架里思考问题，想要用新手法重新进行表述（详见第八章）。新概念的不断涌现，调整、充实、塑造了新框架，最终取代"自然哲学"的旧系统。

但在尊古、崇古的中国古代社会，标新等于立异，"新青年""新文化运动""新生活运动"这样的"新"用法，是在开风气之后。晚清译介名词的引入，始于新事物的进入，却并未限于知识的扩充，而是用以作为思想革命和社会革命的武器。新概念之后，是新范畴的确定，是新领域的开始；继而是新类目的梳理，是新类目关系的建构；最终撇开旧架构，建立新系统。在中国近代学术系统重建的过程中，新概念和新系统往往如影随形。通过上章的"艺术"，我们透视了前者。这一章以"文学"为例，来看下半部。

本章不再像"艺术"那样展开概念本身的剖析，而意在从一级目录下到二级目录、三级目录，并从子目关系的调整或重建里，探讨新体系纵向和横向的网络关系建构。在这个过程中，我们不仅会看到分类如何改变既有文学格局，而且成为新的观察角度和叙述方式，由此方有中国传统和经由发明的中国近现代文学传统之间的对话。更重要的是，就像 17 世纪的"新科学"革命除了加速科技发展外，还带来新方法和新工具论，形成了迥异于此前的新思维和新哲学体系。民国发起的"文学革命"，重塑的也不仅仅是中国古代文学的基本叙事，更有延续至今的研究路径和表达方式，由此完成了古今、中西之间真正的学术革命和思维革命。

第一节　日译新词与文学新类

甲午后，日本资源涌入的一个显著标志就是日译文章、日本书籍的剧增。尤其是 1900 年以后，几乎每种日本教科书都被译成了中文。《编译普通教育百科全书》就包含了知识的各个领域，并使用标准日本术语，对规范我国的各类学科术语起了很大作用。上章以"艺术"为例，揭示小小的日译名词如何撬动中国学术。这样的例子并非绝无仅有，而是一时间铺天盖地，令国人目不暇接，乃至成为新风尚的一部分。张之洞对此就非常抵触，科举取士时有意冷落好用新词新语者，而且在 1904 年的《学务纲领》里明确规定"戒袭用外国无谓名词,以存国文,端士风"①。有人当即指出,"名词"也是日语,怼得张之洞哑口无言。无论新名词是否败坏士风,20世纪初日译新词的广泛接受是不争的事实。

一 译名之惑

梁启超在《论译书》里,曾从学术角度详论名词对译之难。以职官为例,若全用音译则"无以见其职位若何,及所掌何事。如水师章程等书,满纸不相连属之字,钩辀格磔,万难强记"②。就像看晚清音译的西方人名和地名,与今天使用的汉字不同,若无英文标注,我们会不知道说的是谁,指的是哪儿,你能想到"奈端"是指牛顿(I. Newton)吗?我在国外经常遇到这样的尴尬:英文拼写与长久以来脑海里的中文名称对不上,如土耳其与Turkey、葡萄牙与Portugal发音相差甚远。那时才知道以华而不实的"裴冷翠"对译Firenze(佛罗伦萨)是多么地迂阔于事。何况英语发音和西班牙语、意大利语还不一样,究竟该依据谁?"罗马"(Rome)和"马德里"(Madrid)就不是英语音译,在英国使用还得再对位。

但若以中国官名进行比附式的描述,也不可取。不论西方官职是否中土皆有,即便有也难免"以中例西,虽品位不讹,职掌已未必吻合。如守土大吏,率加督抚之号。统兵大员,概从提镇之名。鹿马同形,安见其当?"③ 最后梁启超的办法是,博采各国官制作一张总表,先列英文名,再详述品秩和职守,最后从中国古今职官里择取一个合适的。如有对应职位则用今名,如无对应则用古名,古今皆无就只能音译了。后来的译书都要参照此表,即便总表一时未出,亦应在各自译名下另加注脚。梁启超的考虑不可谓不周全,但这无异于要求译者先成为历史职官专家。这样的翻译恐怕猴年马月才能完成。

一般人可能想不到,这样复杂烦琐的呆主意,其实早有践行。受聘于江

---

① 《奏定学务纲要》,《中国近代教育史资料汇编·学制演变》,第500页。
② 梁启超:《论译书》,《饮冰室合集》文集第1册,第72页。
③ 同上书,第73页。

南制造局的傅兰雅，在1880年的《江南制造总局翻译西书事略》里对翻译方法进行总结，专门提到编写中西名目字汇表的必要。而且他身体力行，撰有《金石中西名目表》《化学材料中西名目表》《西药大成中西名目表》等系列对译表，是现代科技术语的开山人，而且相当一部分译名沿用至今，是晚清译介里了不起的苦行僧。前面提过，《西书事略》提到西方人普遍认为人文翻译问题不大，但用中文翻译自然科学，"几成笑谈"。不仅因为"中国文字最古最生而最硬"，而且中国"无其学与其名"，对译从何谈起？然而，经过傅兰雅等来华人士艰苦卓绝的努力，西方科技翻译最先成熟。具体案例，近来已有研究，兹不转述。①

如同早期佛经翻译由番僧完成，近代西学译介也是从西方传教士开始的。甲午后，国人才越来越多地参与到西学译介中。一方面，日语尤其是近代早期日语比英语好学，日语转译成为终南捷径。何况清廷对民间译书有优厚奖励，达到一定数额就可以赏赐科举出身。另一方面，此时的译介重心已不再是国人莫名所以的西方科技，而是转到相对熟稔的人文社科上来了。可是否真如西方人所言，"中国自古以来最讲求教门与国政，若译泰西教门与泰西国政，则不甚难"②，谁能想到借径渊源更近的日本，产生的问题出乎意料地多。

仍以梁启超举的职官为例。且不论西方各国制度不一、官职各异，没有深入研究，不可能明了各国职官和各官职守的异同。就算西方各国官制大同小异，也无法简单论定中西官职有无对应。如晚清一度用"皇帝"对译西方的"president"。若从一国元首的意义讲，西方有president，中国有皇帝。若进一步分析，"皇帝"和"president"与"水"和"water"的对译不一样。president背后有parliamentary system，只有明了议会制度，才能真正理解镶嵌其中的"president"具体的内涵。这正是西方抨击中国的所在，它代表的是背后一整套的政治设计理念。物质性名词能指虽有差异，但所指为一（如"水"和"water"）。抽象专有名词的问题不在表意还是表音，而在两者的所

---

① 集中论述可参阅沈国威《近代中日词汇交流研究：汉字新词的创制、容受与共享》第二编。
② 傅兰雅：《江南制造总局翻译西书事略》，《中国近代出版史料初编》，第14—15页。

指并不完全契合。在不同语种的国家之间行走，很容易发现好些日常名词都没有办法找到准确对应。即便暂时把它们从各自的意义系统里抽取出来，也是不对等的。语词表意的时候，除了显性的组合关系，还有隐性的聚合关系。语言是一套精密的系统结构，这正是它对西方结构主义的最大启发。

名词符号本身只是能指，不能达意，要在前后意义的勾连（组合关系）和上下坐标的限定（聚合关系）里，抽象名词的意义才可能明确。也就是说，意义并非内在于词汇自身，而是依托支撑语言关系的结构体系而产生。当我们把"皇帝"和"president"放在一起时，产生对比关系的其实不是名词本身（符号只是能指与所指的偶然结合），而是它们背后的意义系统。把"president"译成"皇帝"，遮蔽的是整个中西政治体系的差别。上章我们已经看到"艺术"概念如何带动更大范围的范畴指涉，并波及范畴背后的学术体系与价值坐标。因此翻译有深厚根基的学术术语，绝非一般人想象的那么简单。了解越深，越难取舍，反倒是无知者无畏，少却许多意义的纠缠。

二 严译何以不敌日译

当严复在英文名词面前"一名之立，旬月踟蹰"的时候，日语新词随同留日大潮汹涌而至。严译名词最终未能敌过直接转抄自日语的新名词，"计学"被"经济学"取代，"群学"被"社会学"替换，"理学"改为"哲学"，"玄学"成了"形而上学"。哪怕红极一时的《天演论》，"天演"也被"进化"置换。熊月之考察严译名著附录的《中西译名表》说，严译名词最后被学界采用的不到12%。黄克武指出，这个数字仍高于实际。

学界每每困惑严译何以不敌粗疏的日译，其实他喜用音译和单音节词，以及未统一译名都不那么重要，就像经济领域难免劣币驱逐良币一样。凭他一己之力，莫说8本名著，就算是80本，也不可能抵挡日译的铺天盖地。康有为、梁启超、张之洞鼓励国人求学东洋时，毫不讳言时短速成的便捷考虑。国人没有时间，也不再耐烦追求古雅与信达，直接贩卖同形汉字不仅高效，也易于流通。试想如果没有呈几何倍数增长的日译书，还像洋务时期那样偌大一个中国数年才仅有江南制造局和京师同文馆的百十来本译书，现代化进程如何加速？

粗浅的日译名词战胜考究的严译术语，成为过渡时代的文化跳板，其实无须惊诧，学术精深并非社会急务。只有当严峻且急迫的初级阶段过去之后，人们开始寻求更高质量的发展，才会致力于粗放型模式的改变。经济如此，文化更是如此，时间成本和阶段性需求是不容忽视的重要因素。反思日译，推敲语词的跨文化旅行，是新学术生成并力求突破的现代人的诉求。概念史和术语传播研究由海外华裔学者发起，并在国内得到热烈呼应，并非偶然。即便没有西学的启发，拉丁语、英语、法语、德语等欧洲语言的互译和转译一直就是备受关注的话题。但它何以获得国内认同并形成浪潮，就值得深思了。

严复因出身卑微，力求用雅驯的中译，在精英士族里寻求认同。他代表的是老一辈欧洲传教士和上一代中国士大夫严谨精致的文化追求，所以他的译名很得吴汝纶、刘师培、梁启超等文化领袖的推崇。鲁迅也表彰他的"拓都"和"么匿"（total 和 unit，今天采用的是日译词"团体"和"个人"），"又古雅，又音义双关"。可当士绅阶层连同他们的精英文化被工业时代的洪流所吞没，那字字珠玑的推敲及背后的文化典章，恰恰是"速成时代"和"快餐文化"致命的疏离。不读古书、不看《庄子》的新生代，如何去体会它的好？不用到"新文化运动"和"白话文运动"，这批译语在民国初年就与时代疏离了。同样是这个"拓都"和"么匿"，让应试少年郭沫若感到莫名其妙，直言终生难忘。[1]

何况日译名词还不仅是数量大，即使进入中国的时间有先后，实际仍是一个整体。明治维新的三十多年来，日本已经形成了全套概念表达，涵盖学术乃至西洋事物的方方面面。尽管西化之初，日本就有废弃汉字改用英语、罗马字母或平假名的呼声，可也是经过一段时间的观望和调查才逐步达成。文部省正式出台限制汉字使用的政策是在1905年。换句话说，清末日语尚未全面西化，从书写到语法远比现代日语接近汉语。不管来自古汉语，还是来自现代日语，和制名词虽然发音不同，但所用汉字字意尚未完全脱离汉语，

---

[1] "拓都与么匿"出现在天津军医学校的国文复试题中，郭沫若不明其意，答不上来。这个例子很有代表性，详见黄克武《惟适之安：严复与近代中国的文化转型》第四章。

仍在国人的理解范围之内。随手转抄不仅省时省力，也便于上下文的疏通，乃至与其他文本贯通。日译越多，转抄的优势就越明显，自创新词的难度就越大。好比一旦采用日本的汽车零部件，就很难在个别组配上更换其他规格，反倒是其他零部件也被日造更换下来。

换个角度讲，当严复从古籍经典里寻找对译词，在既有库存里寻求对应时，他已经陷进了浩瀚的传统学术海洋里。以中国古代学术的强大和完备，在旧框架里的确很难别开生面，何况还要短期内完成系统转换，这是一场艰难的学术整合。语言革命意味着思想革命，思想革命要求语言革命，只有新名词才能织就新文化网络。西风日强，一旦破旧的意愿压倒补缀式的挽留，必然不会再满足于旧瓶装新酒，新酒换新瓶何等干脆！这个进程，随着帝制倒台，在自命新时代的民国加速发展，由此才有从"文学革命"开始的、波及各领域的"新文化"运动。

三 "文学"的切割与混同

上章提过，甲午后戊戌前的 1897 年，通艺学堂的西学课程分成"文学"和"艺术"两大版块，其中的"文学"包括舆地志、泰西近史、名学、计学、公法学、理学、政学、教化学、人种学 9 种，指涉很宽，显然不是今天的文学概念。和"艺术"一样，"文学"也是日译词。尽管 1857 年艾约瑟在《希腊为西国文学之祖》里曾用"文学"对译 Literature[①]，但与其他英美传教士的中译一样，没有引起国人的重视。戊戌之后，东瀛来的"文学"渐渐扎根中土。据蒋英豪研究，作为东洋学术宣传的重镇，梁启超主笔的《时务报》《清议报》《新民丛报》在 1896 年至 1907 年间，在日本"文学"概念的推广上发挥过巨大作用。前期的"文学"义项还是杂糅的，兼有文章博学、儒家学说、学校、文才、文教、学术等诸多传统旧义。1902 年发生逆转，Literature 意义上的用法覆盖了两千多年的旧范畴，新"文学"得以定型。[②]

[①] 《希腊为西国文学之祖》，《六合丛谈》1857 年第 1 期。

[②] 蒋英豪：《十九二十世纪之交"文学"一词的变化：并论汉语中"文学"现代词义的确立》，《中国学术》2010 年第 26 辑。

尽管初入中国时，国人未必不知道"文学"的原身为 Literature，然而，"文学"太过熟悉，人们仍然会从传统意项上来理解 Literature。在 1903 年归国留日学生主办的期刊《大陆》上，有一篇《论文学与科学不可偏废》。作者明确指出"文学"即西方人嘴里的"律多来久"（Literature），但照样大谈"文学者何，所谓形上之学也；科学者何，所谓形下之学也"，而且把"苏格拉第、柏拉图、亚历斯度德尔之哲学，杭墨之诗歌，翕洛道泰之史学，伊斯吉勒、苏福格利之传奇"统统纳入"希腊文学"范围①，显然已不自觉滑向了中国的传统义项。"文学"和"科学"的对立与 1897 年张元济的"文学"和"艺术"两分一样，包容的是广阔的人文社会学科和自然科学。国人虽然引进了日译"文学"，但哪怕有留日背景的人，仍有意无意地带着汉语文化的背景理解"文学"，甚至有人从一开始就张冠李戴，遑论社会上绝大多数不明就里与不求甚解的二手转引和三手贩卖。非得找出一个确切的成立时间，是相当危险的事情。

1904 年《奏定大学堂章程》的"文学科"包括历史、地理、外交、语言等内容，其中的"中国文学"主修课程为文学研究法、说文学、音韵学、历代文章流别、古人论文要言、周秦至今文章名家、周秦传记杂史周秦诸子。除文字学（说文学和音韵学）外，"文学"对应的主要是文章，诗歌、小说、戏剧都没有体现。文章也没有局限在集部，传记、杂史、周秦诸子都包括在内，可以说经、史、子、集无不成文。从这个意义上讲，一级目录"文学科"和二级目录"中国文学"里的两个"文学"概念虽有宽窄之分，却无本质区别。即使《奏定大学堂章程》明确借鉴日本学科概念和分科体系，国人也开始以新方式对传统学术进行初步梳理，但由于中国古代文学传统太过强大，几乎顺手就改易并模糊了日译"文学"的所指。

而同期的日本，不仅"文学"概念已相当明确，而且日本人早就开始用他们的观念来谈论中国文学了，如长期担任《时务报》日文翻译的古城贞吉，在 1897 年的《得泪女史与苦拉佛得女史问答》里就把"文学"和"美术"放在一起比较——"夫创造绘画之事，未尝与创作小说（西人以小说为

---

① 《论文学与科学不可偏废》，《大陆》1903 年第 3 期。

文学之粹美）之事相异也"①。以小说为文学代表，以绘画和文学并列，"文学"显然不是广义的学识和狭义的文章。不仅如此，日本人还娴熟地讨论起中国的文学历史来。1897年古城贞吉出版了《中国文学史》，对后来国人的自撰文学史有很大影响。日本人笹川种郎1898年作的《中国历朝文学史》，也于1904年由上海中西书局翻译出版。直到20世纪30年代，此书还被童行白拿来作为他《中国文学史纲》的蓝本。

笹川卷首便概述了"中国文学之特质"，并以朝代为序，分梳春秋以前文学、春秋战国时期之文学、两汉文学、魏晋及南北朝之文学、唐代文学、宋朝文学、金元之文学、明朝文学和清朝文学。其中文章早期比重稍大，春秋以前重在《书》《诗》《易》，春秋战国主要讨论了诸子和屈原。到了汉代，文、赋、史传、诗和乐府各占四分之一。唐代就以诗歌为主了。金元、明、清不仅出现了小说和戏曲的专论，而且占了近一半的篇幅。如果泛论文学还可以模棱两可，那么讲述中国文学史就无法含糊其词了。笹川的思路迥异于同年的《奏定大学堂章程》，却与此后国人自撰的文学史高度相似。毋庸讳言，中国文学的范畴和叙述模式都来自日本。1919年胡适《中国哲学史大纲》被国人目为"破天荒"，而类似的写作在日本早已司空见惯。

尽管日译文学史已经面世，但1904年中国人自己写的第一部文学史，却和《奏定大学堂章程》一样，仍以整个书写传统对应"文学"。林传甲的《中国文学史》讲义虽然参考日著，并已采用文类四分法，却有历代书法、音韵及名义训诂的变迁、修辞与作文法、经史子集的文体、骈散文的变迁等内容，涵盖了经、史、子、集各个部类。现代学者以后起观念指责其迂腐，陈平原辩护说，他可能只是按照《奏定大学堂章程》的要求授课而已。莫忽略1906年窦警凡的《历朝文学史》，直到1915年张之纯的《中国文学史》、1917年钱基厚的《中国文学史纲》、1918年谢无量的《中国大文学史》，无不包含经、史、子、集的内容，甚至直接以经、史、子、集划分章节。这种舍新循旧意味深长，说明国人并非不晓，而是依旧珍视自己的传统。

其实日本人采用"文学"的时间也不长。从明治七年（1874年）开始，

---

① 古城贞吉译：《得泪女史与苦拉佛得女史问答》，《时务报》1897年39号。

他们同样经历了一段时期的混杂和反复。① 我们还应知道，英文 Literature 是个多义词，最初是学问、知识、书写能力、写作的意思，以小说和诗歌为代表的文学艺术晚至 18 世纪才出现。② 就博学、高雅知识、读写能力的早期义项来讲，Literature 和中国古代文章博学、文献典章意义上的"文学"概念相差并不远，只是作为官职使用为国外所无。日本择取了晚近"国家文学""英国文学"意义上的内涵，与明治维新时期的社会思潮和文化需求相关，并非率性而为。中国承继了日本近代的"文学"发明，以小说、诗歌、散文、戏剧的文体样式来讨论，连强调文艺性却又始终在政治考量中摇摆的矛盾态度都是相似的。而西方自 18 世纪以来，Literature 和 Literary 就遭到了来自"书写"（writing）和"传播"（communication）的挑战，已经突破了传统文学的范畴。和"艺术"一样，"文学"接受同样存在断流截取和时间滞后的问题。

到 1928 年，我们依然看到，赵景深《中国文学小史》批评此前的文学史写作"范围不甚严密，每每将经、史、子也当作文学。因此文学史中，每见有四书五经、史、汉、荀、墨的论列"③。说明把经史子纳入"文学"并非个别现象，而且 1917 年"文学革命"之后的若干年里，日本的纯文学观念仍未尽行取代旧有范畴。这恐怕不是简单的思想保守，要考虑学术系统全方位转向及系列配套支撑的问题。毕竟独木不成林，文学是走在近代学术改造最前端的学科。

如果说中西"艺术"是偶有交集的两个圆，那么"文学"则是传统范畴不断切割和收束的结果。和"艺术"概念一样，切割的背后是旧系统的打碎和重组。新旧的隔阂一直存在：新时期的新文学可以改循新的发展路径，可已经发生的旧文学却很难强拧就范，源流的梳理和系统的对接是一个长期工程，短期内不可能统一认知。新文学的建构，下文会具体展开。先看收束"文学"带来的实际困难。

---

① 详见〔日〕铃木贞美：《文学的概念》第四章。
② 参阅〔英〕雷蒙·威廉斯：《关键词：文化与社会的词汇》，第 268 页。
③ 赵景深：《中国文学小史》，光华书局，1930，第 1 页。该书初版于 1928 年。

四 宽窄文学及其古今异路

1938年，民国教育部委托北京大学中国文学系草拟一份"中国文学系科目表"。结果草案公布后受到诸多批评，逼得时任北大中文系主任的朱自清不得不站出来澄清。从朱自清的回应书来看，当时的批评意见主要集中在中国文学的范围上。朱光潜指出，"经史子为吾国文化学术之源，文学之士均于此源头吸取一瓢一勺发挥为诗文，今仅就诗文而言诗文，而忘其所本，此无根之学，鲜有不蹈于肤浅者"①。此前吕思勉也说过："中国文学，根柢皆在经、史、子中，近人言文学者，多徒知读集，实为舍本而求末；故用力多而成功少"②。的确，集部居四部之末，不仅与其社会功用有关，也与古人的治学次第相连。为文章而文章，结果只会是堆砌辞藻，依样画葫，所以"言有物"向来是"言有序"的前提，贫瘠的思想结不出璀璨的明珠。若最高学府播布的都是"徒得其形体而失其生命"的研习，那么中华文脉将难以为继。

这样的指责，让朱自清很是为难。一方面，在设置教育部之前，京师大学堂统领着全国教育。虽入民国，但北京大学在人们眼里不止于一般意义的最高学府，还带有国家太学的性质。中国文学系则近似旧之文薮，一举一动都有示范效应，不得不谨慎。另一方面，北京大学还是新文化运动的中心，而新文化运动正是从"文学革命"开始的。如果没有陈独秀、胡适等北大文学教授的开辟之功，就不会有今日北大中文系难以撼动的魁首地位。无论后来的发展是否名副其实，历史打下的金字招牌尤其还是在社会转型的风口浪尖，绝非若干攻击和三五年的低迷所能跨越。

朱自清一方面坚持民国以后经学和诸子学已经打散，"国学"只是当下一个过渡性的名词。言外之意是，北大传习的是新时期的新文化传统，经、史、子、集的历史已经成为过去，不必照单全收。文学从集部分化而来（注意原话是"集部大致归到史学、文学"，还有入史学的，集部与文学并非完全对等），在新时期地位得以极大提升。既然已经独立，就没有必要回到过去。另

---

① 朱光潜：《文学院课程之检讨》，《朱光潜全集》第9卷，安徽教育出版社，1993，第79—80页。
② 吕思勉：《经子解题》，中国书籍出版社，2006，第138页。

一方面，朱自清也承认，对中国传统来说，新的"文学"确实范围太窄——

> 至于"文学"一词的涵义，照现行的用法，似乎有广狭之分。论现代文学多用狭义，和西洋所谓文学略同。论前代文学便只能用广义，是传统的"文"和狭义的"文学"的化合语。"中国文学史"一词中的"文学"当然是广义的。朱先生恐怕有人"误于'文学'一词"，以为"吾国文学如欲独立，必使其脱离经史子集之研究而后可"。至少我们自己相信还不至于如此。①

"文学"即便独立为新式专科，也无法抛开广义只要狭义，比"艺术"还难办。因为在实际教学和研究中，古代和现代是没有办法统一的。何况无论是在年限上还是在作品数量上，古代传统都绝对压倒了近代。朱光潜说"吾国以后文学应否独立为一事，吾国以往文学是否独立又另为一事，二者不容相混。现所研究者为以往文学，而以往文学固未尝独立，以独立科目视本未独立之科目，是犹从全体割裂脏肺，徒得其形体而失其生命也"②，但这样就把古今割裂开来了。朱自清没敢明确作答，只是姑且如此、莫要较真的哈哈式圆场，谁让中国古代文学遗产这么丰厚呢。别忘了一千多年的科举社会，入仕文官皆擅长诗文写作。

"文学革命"和"新文化"运动解决的是当前文学、未来文学的发展模式，不妨贴着西洋"文学"的规范全新创作、重新开始，事实上也确实是这样做的。近代翻译文学更重要的是白话文运动，使之成为现实。尽管近代文学的青涩乃至幼稚毋庸讳言，但正如日本汉学家所言，不如日本近代文学老练的中国近代文学创作虽然学得费劲，却始终有自我的身影和特色。但即便从"文学革命"算起，到1938年，也不过21年的历史，时间太短，佳作太少。我本科时的权威教材是钱理群等人撰写的《中国现代文学三十年》，也就只有30年的时间。当代文学教材倒是厚厚的三大本，可惜不过20多年的时间，大部分作家和作品已无人问津。一百年在历史的长河里，不过沧海一

---

① 朱自清：《部颁大学中国文学系科目表商榷》，《朱自清全集》第8卷，江苏教育出版社，1996，第10—11页。

② 朱光潜：《文学院课程之检讨》，《朱光潜全集》第9卷，第79页。

粟。大浪淘沙，经得起时间考验的作品才是经典，而非泥沙。再过一百年，又有多少作品能留得下呢。要了解中国文学传统，是不可能放弃两千年的古代，只谈百年的近现代的。

可要论古代文学，便如朱自清所言，不得不放弃狭义的文学了。古人不按西洋人的观念写作，硬套"文学"，结果就是中国没有文学，这是绝对不能接受的。所以朱自清只能说"传统的'文'和狭义的'文学'的化合"，即新的文学观念仍当坚持，但也要兼顾传统文章写作的事实，不排除根据具体情况进行适当拓宽和调整。新的文学科目不是要决意脱离经史子，而是它们已经排在历史系和哲学系的课程表里了。中文系鼓励学生选修其他专业的课程，以"培植他们的广博的基础，这也正是采取传统的态度，不过方式不同罢了"。为了表示诚意，中文系将减少必修课，为学生选修其他专业课程预留时间，而且在选读书目里会"标举群经诸子四史等"。看来，问题还是出在分科体系上。"文学"概念1897年就进来了，1902年前后就得到了推广，但直至1938年，作为魁首的北大中文系仍然统一不了"文学"的边界问题。诸科当中，"文学革命"来得最早，其全面落实却晚得出乎我们的意料。传统学术并非一个宣言、几篇文章、一个教育大纲就能改道的，这恰恰说明古代文学的树大根深。

为了追求独立，把经史子的内容让渡给其他学科，后果极其严重。确如老辈学者的担忧，脱离了思想和学识的基础，辞章就是无源之水、无本之木。这不是个别人是否在意的问题，而是新系统先天养分不足。在专业越来越细化的今天，全凭兴趣的跨专业选修与阅读似乎事倍功半，但画地为牢者比比皆是。在现有的学科框架里，没有诸子和史传的支撑，文学自然缺长篇、少厚重。最后划拨给古代文学的多为吟风弄月、伤春悲秋、絮絮喋喋的文人小情怀（近代情况稍好，因为还标举现实文学和纪实文学，至于有多少文学性暂且不论）。如果中文系的学生眼里只有空洞华美的修辞，的确无异于舍本逐末。没有深厚的思想和博大的情怀，再如何咬文嚼字，也是无病呻吟。今天文学的边缘化、装饰化，恐怕与近代以来的纯文学定位不无关系。只有回到大传统，才能看清古代文学的气质与特质，才能体会它对中华文明非凡的铸造之功。这不是今天被去了势的"文学"研究所能达成的。

文学狭隘化还带来了国文的苍白。把作为整体的语言表述进行分割，似乎历史和思想的表达无须高明的语言组织，只有抒情和想象的文字才需要字斟句酌。结果，缺乏语言训练的哲学写作或思想表述常常词不达意，枯燥到不忍卒读，几乎让我们忘了中国古代最优美、最高妙的文字，恰恰是言说大道、表达抽象的《老子》和《庄子》，及步其后尘的佛教传法文字。而中国古代强大的历史写作传统，成了今天的史实排列，似乎只要史料堆得够多，任务就完成了。殊不知要把历史写得熠熠生辉，把过去点染得如在目前，需要多大的心力与笔力！正如司马迁的《史记》放在任何文学作品里都不逊色，仅以文学视之，实在是小看了它。

比历史和哲学更令人担忧的是，科技写作无从指望。靠理工科两年的《大学语文》和中学作文的功底，把复杂的科学知识说清楚、说好看，也实在是为难人。文科素养比理工知识的提升更慢也更难。如果没有以简驭繁、探骊得珠的高质量科普写作，怎会有高素养的国民教育？又怎能吸引后生力量投身其中？没有深广的基础，长不出参天大树，这是科举之于文学给我们的提示。如果年轻一代连基本的阅读兴趣都没有了，丢失的就不仅仅是文学了。在这个碎片式、浏览式、图录式阅读已压倒纸媒的电子时代，一方面是普通人对复杂、深刻、长时段、大部头知识缺乏耐心，另一方面是简化、稀薄、吸睛文章澎湃汹涌的信息化海浪，高效高明的表达恐怕不是雅俗高下的等级偏见，而是事关传播与传承的生存技能。我们显然没有做好准备。

当年张之洞强调"中国之文理词章废，则中国之经史废。国文既无，而欲望国势之强，人才之盛，不其难乎"①，辞章连接着经史，确切地说，思想和学术都要靠辞章来表达。文学不仅事关风月，更是一个民族表达情意、缔造文明的基础。民国称"国文"，今天叫"语文"，如果说语言文字和文学有运用水平的高下之分，那么国文和文学隔开的就是对全体和专门、中国和世界的期许。欧洲人对民族语言的热爱几近夸张。英国人对莎士比亚的崇拜曾令我极为不解，后来才明白与其说是偏爱，不如说是感激，因为文学的高度就是语言的高度。如果没有那些感人至深、精妙典雅的文字，我们还会发自

---

① 张之洞：《创立存古学堂折》，《张之洞教育文存》，第525页。

内心地认同并热爱本民族的文化吗？在没有机会亲往之前，国家形象往往来自文学作品，就像《堂吉诃德》为西班牙语赢得了世界性声誉。优雅的谈吐、精妙的书写，在任何国家都是值得尊敬的。文学的堕落不仅是文学的损失，还是民族精神的损失。

张之洞、康有为鼓励求学日本、多译日著，本是不得已的速成方案，结果真应了梁启超"疗疽甚易，而完骨为难"的担忧。严复曾说：

> 吾闻学术之事，必求之初地而后得其真，自奋耳目心思之力，以得之于两间之见象者，上之上者也。其次则乞灵于简策之所流传，师友之所授业。然是二者，必资之其本用之文字无疑也。最下乃求之翻译，其隔尘弥多，其去真滋远。今夫科学术艺，吾国之所尝译者，至寥寥已。即日本之所勤苦而仅得者，亦非其故所有，此不必为吾邻讳也。彼之去故就新，为时仅三十年耳。今求泰西二三千年孳乳演迤之学术，于三十年勤苦仅得之日本，虽其盛有译著，其名义可决其未安也，其考订可卜其未密也。乃徒以近我之故，沛然率天下之学者而趋之，世有无志而不好学如此者乎？侏儒问径天高于修人，以其愈己而遂信之。今之所为，何以异此。①

他明确反对借径日本的速成法。日本学习西方不过30年，要消化欧洲三千年的文化还须时日。通过日译学习西方，中间又隔了一层。经由日本的过滤和筛选，显然西学已非原味。要求西学，必当"求之初地"。自己开动脑筋，才能得其真传，任何偷懒耍滑都是要付出代价的。

1904年的《学务纲领》说"倘中外文法，参用杂糅，久之，必渐将中国文法、字义尽行改变，恐中国之学术风教，亦将随之俱亡矣"②，考虑的是外国名词句法可能改变中国的文法字意，进而败坏文风与士风，伤及中国学风和世风。这种道学气的老派指责，在时人看来有点儿危言耸听，类似于今天说的上纲上线。但如果细审"艺术""文学""哲学"等术语改造对中国学术

---

① 严复：《与〈外交报〉主人书》，《严复集》第3册，第561页。
② 《奏定学务纲要》，《中国近代教育史资料汇编·学制演变》，第501页。

的影响，就会发现这仅仅是雪崩的开始。当经部在新的学术理念面前渐成空洞的形式，当原有学术范畴在新学科体系里渐次支离，当新进概念层层改易内部统属，当学术重心悄然发生实质性的转移，再如何强调经学的重要，再如何保护国文的基础，再如何肯定中学的主体，都已枉然。

1905年黄节回顾甲午后的崇日风潮时说："亡吾国学者，不在泰西而在日本"，因为"日本与吾同文而易淆也。譬之生物焉，异种者，虽有复杂，无害竞争；惟同种而异类者，则虽有竞争，而往往为其所同化。泰西与吾异种者也，日本与吾同种而异类者也。是故不别日本，则不足以别泰西"。① 太过相近，的确带来了诸多似是而非。近代中国的许多问题都与日本有关，非但"文学""艺术""哲学"，就连"学术""知识""体系"都来自日本（详见表6-1），舍日译词我们将无法言说。但若真要正本清源，整个中国学术都得改写，这不可能，也没必要。历史从来不会迁就人为的设计，我们有太多的迫不得已，但也不乏精彩的顺水推舟和借力打力的将错就错。当然，前提是清楚事情的来龙去脉，知道自己将何去何从。目前，我们还得耐着性子问诊把脉。

表6-1　外来学科与学术术语举例②

英语	日语拉丁化	汉字	来源	备注
algebra	daisu	代数	最初出现在传教士汉语文本	学科概念
agriculture	nogaku	农学	来自现代日语的英译词	学科概念
accounting	kaikei	会计	源于古汉语的日本英译词	学科概念
arithmetic	sanjutsu	算术	源于古汉语的日本英译词	学科概念
art	geijutsu	艺术	源于古汉语的日本英译词	学科概念
calculus	sekibun	代微积	最初出现在传教士汉语文本	学科概念
chemistry		化学	最初出现在传教士汉语文本	学科概念
dynamic		动重学	最初出现在传教士汉语文本	学科概念
economy	keizai	经济	源于古汉语的日本英译词	学科概念
education	kyoiku	教育	源于古汉语的日本英译词	学科概念

---

① 黄节：《国粹学报叙》，《国粹学报》1905年第1号。
② 此表参考了刘禾《跨语际实践——文学，民族文化与被译介的现代性（中国，1900—1937）》，宋伟杰等译，生活·读书·新知三联书店，2002。

(续表)

英语	日语拉丁化	汉字	来源	备注
ethics	rinri	伦理	源于古汉语的日本英译词	学科概念
engineering	koka	工科	来自现代日语的英译词	学科概念
fine arts	bijutsu	美术	来自现代日语的英译词	学科概念
geology	chishitsugaku	地质学	最初出现在传教士汉语文本	学科概念
geometry		几何	最初出现在传教士汉语文本	学科概念
history	rekishi	历史	源于古汉语的日本英译词	学科概念
industry	kogyo	工业	来自现代日语的英译词	学科概念
law department	hoka	法科	来自现代日语的英译词	学科概念
law		法学	最初出现在传教士汉语文本	学科概念
literary subjects		文科	最初出现在传教士汉语文本	学科概念
literature		文学	最初出现在传教士汉语文本	学科概念
mechanics		力学	最初出现在传教士汉语文本	学科概念
medicine	igaku	医学	最初出现在传教士汉语文本	学科概念
natural science	shizen kagaku	自然科学	来自现代日语的英译词	学科概念
natural science		博物	最初出现在传教士汉语文本	学科概念
national	koku	国学	源于古汉语的日本英译词	学科范畴
pedagogy	kyoikugaku	教育学	来自现代日语的英译词	学科概念
philosophy	tetsugaku	哲学	来自现代日语的英译词	学科概念
poetry	shika	诗歌	源于古汉语的日本英译词	基本范畴
politics	seiji	政治	源于古汉语的日本英译词	学科概念
psychology	shinreigaku shinrigaku	心灵学 心理学	来自现代日语的英译词	学科概念
religion	shukyo	宗教	前现代的日语名词	学科概念
sciences		理科	最初出现在传教士汉语文本	学科概念
science	kagaku	科学	源于古汉语的日本英译词	学科范畴
society	shakai	社会	源于古汉语的日本英译词	学科范畴
static mechanics		静重学	最初出现在传教士汉语文本	学科概念
thermodynamics		火学	最初出现在传教士汉语文本	学科概念
technology		术学艺学	最初出现在传教士汉语文本	学科概念
zoology	dobutsugaku	动物学	来自现代日语的英译词	学科概念
-ology	gaku	学	源自现代日语的后缀复合词	学科概念
accounting	bokigaku	簿记学		学科概念
aesthetics	bigaku	美学		学科概念
anatomy	kaibogaku	解剖学		学科概念
applied fine arts	kogeibijutsu-gaku	工艺美术学		学科概念

(续表)

英语	日语拉丁化	汉字	来源	备注
architecture	kenchikugaku	建筑学		学科概念
ethnology	minzokugaku	民族学		学科概念
geography	chirigaku	地理学		学科概念
mathematics	sugaku	数学		学科概念
metallurgy	yakingaku	冶金学		学科概念
contrast, compari-son	taihi	对比	来自现代日语的英译词	基本概念
definition	teigi	定义	来自现代日语的英译词	基本概念
degree	gakui	学位	来自现代日语的英译词	基本概念
dialectics	bensho	辩证	来自现代日语的英译词	基本概念
direct	chokusetsu	直接	来自现代日语的英译词	基本概念
deduction	eneki	演绎	源于古汉语的日本英译词	基本概念
doctor	hakase	博士	源于古汉语的日本英译词	基本概念
doctrine	shugi	主义	源于古汉语的日本英译词	基本概念
evolution	shinka	进化	来自现代日语的英译词	基本概念
exemplar	tenkei	典型	来自现代日语的英译词	基本概念
field, domain	ryoiki	领域	来自现代日语的英译词	基本概念
freedom	jiyu	自由	源于古汉语的日本英译词	基本概念
grammar	bunpo	文法	源于古汉语的日本英译词	基本概念
ideal	riso	理想	来自现代日语的英译词	基本概念
ideology	ishiki keitai	意识形态	来自现代日语的英译词	基本概念
individual	kotai	个体	来自现代日语的英译词	基本概念
individual	kobetsu	个别	前现代的日语名词	基本概念
idealism	yuishin	唯心	源于古汉语的日本英译词	基本概念
judiciary	shiho	司法	源于古汉语的日本英译词	基本概念
knowledge	chishiki	知识	源于古汉语的日本英译词	基本概念
matter	busshitsu	物质	源于古汉语的日本英译词	基本概念
metaphysical	keijijo	形而上	源于古汉语的日本英译词	基本概念
narrow sense	kyogi	狭义	来自现代日语的英译词	基本概念
negate, negation	hitei	否定	来自现代日语的英译词	基本概念
nature	shizen	自然	源于古汉语的日本英译词	基本概念
normal	shihan	师范	源于古汉语的日本英译词	基本概念
organize	soshiki	组织	源于古汉语的日本英译词	基本概念
organic	yuki	有机	来自现代日语的英译词	基本概念
premise	zentei	前提	来自现代日语的英译词	基本概念
principle, theory	genri	原理	来自现代日语的英译词	基本概念

(续表)

英语	日语拉丁化	汉字	来源	备注
professor	kyoju	教授	源于古汉语的日本英译词	基本概念
proposition	meidai	命题	源于古汉语的日本英译词	基本概念
relation	kankei	关系	源于古汉语的日本英译词	基本概念
rule	kisoku	规则	源于古汉语的日本英译词	基本概念
theory	riron	理论	源于古汉语的日本英译词	基本概念
thought	shiso	思想	源于古汉语的日本英译词	基本概念
view	kannen	观念	源于古汉语的日本英译词	基本概念
will	ishi	意志	源于古汉语的日本英译词	基本概念
world	sekai	世界	源于古汉语的日本英译词	基本概念
whole	sotai	总体	来自现代日语的英译词	基本概念
effect	-sayo	作用	源自现代日语的后缀复合词	如精神~
age	-jidai	时代	源自现代日语的后缀复合词	新石器~
-feeling	-kan	感	源自现代日语的后缀复合词	如美~
-ism	-shugi	主义	源自现代日语的后缀复合词	如社会~
-ization	-ka	化	源自现代日语的后缀复合词	如现代~
Chauvinism		沙文主义	源自英、法、德的汉语音译词	
Darwinism		达尔文主义	源自英、法、德的汉语音译词	
Bolshevik		布尔什维克	源自俄语的汉语音译词	
Marxism		马克思主义	源自英、法、德的汉语音译词	

第二节 文章分类与散文的现代转型

谈完了整体概念的切割，我们再进入文学内部的分类。在子类细目的整治中，更能感受到概念对接的困难，也更能看清传统的倔强与撕裂。先从古代文学的正宗文章开始看起。

一 散文研究的古今罅隙

对于近现代文学来说，散文是个颇具吸引力的话题。一方面"五四"新文化运动关于新散文创作的争论，比有关小说、诗歌、戏剧的争议要少。另一方面，在当事人眼里，散文创作的成就在小说、诗歌和戏剧之上。鲁迅在20世纪30年代《小品文的危机》中就说过"散文小品的成功，几乎在小说戏曲和诗歌之上",胡适在《五十年来中国之文学》、曾朴在《复胡适的信》、朱自清在《〈背影〉序》、周作人在《中国新文学大系散文一集导言》里也有过类似表达。于是,许多学者都认为散文成功地完成了它的现代转型,并努力论证它何以精彩地完成蜕变。与以往强调国外散文对中国现代散文的影响不同,越来越多的学者开始重视传统资源,认为域外文学只是提供了文学观念,新文学作家对中国古代散文的借鉴,才是现代散文获得生机的真正原因。①

与现代散文研究形势大好形成鲜明对比的是,古代文学领域的散文研究却很不景气。不仅大部分研究集中在狭窄的"两个运动一个流派"(唐宋古文运动、桐城派)上,而且散文的范围、分类、散文与骈文的关系等基本问题,仍然聚讼纷纭、莫衷一是②,以至相关学者在回顾时不得不提出反思——"20世纪的古代散文理论的研究与古代诗歌理论、古代小说理论和古代戏曲理论研究相比,一直都处于相对滞后状态"③。若像现代文学学者所言,千年文脉的接续是成功的,那么比现代散文历史更久、经典更多的古代散文研究应当大有可为才是,何以当现代文学风风火火地往前挖掘传统资源的时候,古代散文研究却是一片沉寂?

古人说的"散文"指与骈文相对的散体文,它是散行的文章形式,是"文"的一部分。近代以来的"散文"概念则不考虑骈文和韵文的存在,以偏概全地指称所有的文章样式,以与诗歌、小说、戏曲等文体样式相对,如1937年陈柱编著的《中国散文史》就以骈散两条线索进行叙述。郁达夫说:

---

① 参阅陈平原《新文学:传统文学的创造性转化》(《小说史:理论与实践》,北京大学出版社,1993)、《现代中国的"魏晋风度"与"六朝散文"》(《中国现代学术之建立》,北京大学出版社,1998)、《现代中国散文之转型》(《文学史》第3辑,北京大学出版社,1996)、《中国散文小说史》(上海人民出版社,2004)等专论。

② 如谭家健主张把纯文学散文、具文学性的散文和一般文章分开。另,散文应与韵文分开,骈文也属于散文(《关于古典散文的若干问题》,《文学评论丛刊》1980年第5辑)。罗根泽认为"散文者,乃对四六对偶之文而言",姚鼐《古文辞类纂》的13类文体里,除了箴铭、颂赞、哀祭和辞赋之外,其他9类都在散文之列(《罗根泽古典文学论文集》,上海古籍出版社,1985)。王运熙把古代散文分为散体文和骈体文两大类(《中国古代散文鸟瞰》,《古典文学知识》1995年第5期)。陈柱则认为古代散文应包括骈文、古文和八股文三大类(《中国散文史》,东方出版社,1996)。

③ 黄念然:《20世纪中国古代文学研究史·文论卷》,东方出版社,2006,第183页。

"中国向来没有'散文'这一个名字。若我的臆断不错的话,则我们现在所用的'散文'两字,还是西方文化东渐后的产品,或者简直是翻译也说不定。"① 他认为"散文"对应 prose,而朱自清等人却以为是 essay 的对译。

无论谁是谁非,可以肯定的一点是,"散文"同样既非中国原有概念,亦非西方语词的简单对译。问题在于,对译语的警惕未必能落实到具体研究当中。许多学者无意间已经用西方的"散文"概念直接置换了中国传统的文章范畴。近代伊始的古代文学研究采用的是新文学研究系统给定的概念和框架,是现代人以西方近代观念反观中国古代的结果,因而会有文学与非文学的争议。② 古代文学研究说不清古代散文到底包括哪些,不包括哪些,正如现代文学学者也不知道现代散文和古代文章究竟在什么地方分道扬镳。我们还得回到西风尚未强劲、现代学术体系仍在成型的近代探幽索微、慎终追始。

二 "文学之文"与"应用之文"

1916年《新青年》刊登了胡适的"文学革命"初步设想,陈独秀大为赞赏,只是对"讲求文法之结构"和"须言之有物"有些不满,尤其反对后者:

> 鄙意欲救国文浮夸空泛之弊,只第六项"不作无病之呻吟"一语足矣。若专求"言之有物",其流弊将毋同于"文以载道"之说。以文学为手段为器械,必附于他物以生存。窃以为文学之作品,与应用文字作用不同,其美感与伎俩。所谓文学、美术自身独立存在之价值,是否可以轻轻抹杀,岂无研究之余地?③

---

① 郁达夫:《中国新文学大系·散文二集导言》,《中国新文学大系·散文二集》,上海文艺出版社,2003,第1页。

② 如张铨锡在《"杂文学"还是"纯文学"——谈古典文学的"正名"问题》中提出要用"科学的概念"对文学进行正名,因此"一切非抒情的散文都不是文学"(《文学遗产》1987年第3期)。莫莫在《古代散文的名与实——与张铨锡先生商榷》中批评张铨锡以今证古,认为"杂"的现象不是理论问题而是中国古代文学的事实问题,"纯化"散文不符合中国古代散文创作和发展的实际,进而提出在古代文学中凡不属于诗歌、小说和戏曲的都是散文(《文学遗产》1988年第2期)。近些年来这样的争论少了,但问题依然悬置,未有实质性的进展,各种中国古代文学史依旧概念模糊、标准矛盾。

③ 《新青年》1916年第2卷第2号"通信"。

在陈独秀眼里，讲究实用性的文章是"以文学为手段、为器械"，有碍文学的独立发展。在实用第一、文辞第二的观念里，文学很容易走上"文以载道"的旧路。他推崇写实主义的自然派，反对古典主义和理想主义，立意也在此。因此，区分"文学之文"与"应用之文"，并提倡无实际功用、与道无关的"文学之文"，成为文学独立的关键。以实用与否划分文章，前无古人，没有用的东西谁还会去做呢？以"经国之大业，不朽之盛事"自期的古代士大夫最怕的就是雕虫小技的指责，何况无用？

这种新观念在1908年周作人的《论文章之意义暨其使命因及中国近时论文之失》里已有先声，周氏认为"文章一语，虽总括文、诗，而其间实分两部"①，一为"纯文章"，一为"杂文章"。文章分纯杂，纯文章既包括"吟式诗"（可以吟诵的诗赋、词曲、传奇等韵文），也包括不能吟诵的"读式诗"（说部之散文），用韵与否不是问题，诗词、戏曲、小说等外在形式的差异也不重要，都可以归为正宗的文学。唯独不能容忍的是"书记论状诸属"，即应用性的文章。别为杂文章，意为不够纯粹的文学。周氏所谓的文章是广义的，其实是指文学，诗歌、戏剧、小说都囊括进去了，他眼里的"杂文章"才是古代的"文"。古人言诗文，文重于诗，他何以就如此不待见文呢？文章有明确交代，他是在比较欧美诸家的文学概念之后，采纳了美国人宏德（Hunt）的说法，所以文章基本上不算文学。他是在西方文学框架内重新论列中国古代文学的。正是在这个意义上，他与陈独秀取得了一致。而此前的梁启超虽然高举"文界革命"的大旗，但他的"传世之文"秉承的是"三不朽"的"立言"传统，"觉世之文"承袭的是文章"有补于世用"的载道功能，"传世之文"和"觉世之文"的划分仍然没有跳出中国传统框架。②

但陈独秀说得更清楚，以"美感"和"伎俩"区分"文学之文"和"应

---

① 周作人：《论文章之意义暨其使命因及中国近时论文之失》，《河南》1908年第4、5期。
② 1897年，梁启超在《湖南时务学堂学约》中说："传曰：'言之无文，行而不远。'学者以觉天下为任，则文未能舍弃也。传世之文，或务渊懿古茂，或务沉博绝丽，或务瑰奇奥诡，无之不可；觉世之文，则辞达而已矣，当以条理细备，词笔锐达为上，不必求工也。"（《饮冰室合集》文集第2册，第159页）梁启超虽然没有明言"传世之文"和"觉世之文"的划分标准，但已经指出二者因性质和功用不同，在具体写法和风格上有较大区别。

用之文",不再在骈赋古文和书记论状里费思量了。早在1905年王国维就提倡学术独立,旁及文学。① 周作人也赞同文学与学术分离——"文章者必非学术者也。盖文章非为专业而设,其所言在表扬真美,以普及凡众之心,而非仅为一方说法"②。为学术而学术意在切断学术与伦理政治的联系,与区隔文学和学术一样,都是为了否定"经夫妇,成孝敬,厚人伦,美教化,移风俗"(《诗大序》)的传统观念。中国传统文章当然也讲究美,但若仅仅是美,无论如何都是壮夫不为的"小道"。"传世之文"也好,"觉世之文"也罢;宗唐也好,宗宋也罢;散文也好,骈文也罢;崇诗也好,崇文也罢;乃至提倡白话还是褒扬文言,都是传统内部的此起彼伏,不影响中国文学的总体面貌。可一旦借助域外观念,情况就不一样了,它直接指向文学的价值依托。因此,梁启超发起的"文界革命"和陈独秀发动的"文学革命"虽同称"革命",此"革命"却非彼"革命"。决定其本质不同的,正是一"文界"一"文学",前者文章有界,后者要重新论学。

三 游移的标准与矛盾的主张

陈独秀本是就胡适"须言之有物"提出异议,引入西方文学观为的是反对"文以载道"的中国文学传统,强调"文学之文"和"应用之文"的不同意在提倡唯美的纯文学。然而,抑"应用之文"、扬"文学之文"与他废文言、倡白话的主张是有矛盾的。常乃惪便抓住了这一点,撰文响应陈独秀对文章的划分,却又提出"改革云者,首当严判文史之界"③,"若因改革之故而并废骈体及禁用古典,则期期以为不可。夫文体各别,其用不同。美术之文虽无直接之用,然其陶铸高尚之理想,引起美感之兴趣,亦何可少者。譬如高文典册、颂功扬德之文,以骈佳乎,抑以散佳乎,此可一言决矣"④。

---

① 王国维在《论近年之学术界》里说:"观近数年之文学,亦不重文学自己之价值,而唯视为政治教育之手段,与哲学无异。"(《王国维文集》第3卷,第38页)
② 周作人:《论文章之意义暨其使命因及中国近时论文之失》,《河南》1908年第4、5期。
③ 这里的"文"指的是"文学之文","史"相当于陈独秀所说的"应用之文"。常乃惪在这句话后自注曰:"今假定非美术之文,命之曰史。"
④ 《新青年》1916年第2卷第4号"通信"。

如此一来，骈文作为最有代表性的"美术之文"就不该被废弃。在以文言写作为主、白话尚未推广之际，纯粹美感意义上的"文学之文"当然首先是历史上大量的文言之作，尤其是骈文。肯定文学之美就不能因实用性不强而否定骈文的艺术价值，借助外来的文学观念恰恰避开了对骈俪之文华而不实的指责，为文言文尤其是骈文争得了合法性。这不仅说明"文学革命"各主张是在论争中逐渐成形的，也说明既然陈独秀可以借助强势的西方话语把传统文学理念打入冷宫，别人也可以借舶来的现代民族国家话语为骈文、为文言张目。自称"提倡积极之言论，不提倡消极之言论。提倡建设之言论，不提倡破坏之言论"的常乃惪建议："以文言表美术之文，以白话表实用之文"①。这代表了当时一部分人对文言和白话不同性质的认识，也是他们对现代文学如何与传统对接、与西洋对话，以及如何对民众开放抱持的一种更为保守的建议。

要把"纯文学"主张和"白话文运动"统一起来，只能是否定文言文与"文学之文"的必然联系，重新界定"文学之文"与"应用之文"。陈独秀在回信中补充说：

> 文学美文之为美，却不在骈体与用典也。结构之佳，择词之丽（即俗语亦丽，非必骈与典也），文气之清新，表情之真切而动人，此四者，其为文学美文之要素乎？应用之文，以理为主；文学之文，以情为主。骈文用典，每易束缚情性，牵强失真。②

陈独秀从结构、用词、风格和情感方面对"文学之文"进行限定，把骈与散、文言与白话的问题排除在外。"情""理"之分较先前的"美感"与"伎俩"更为细致，但我们不难看出，对"情"的归纳并未深入传统文章的内部，很大程度是从"骈文用典，每易束缚情性，牵强失真"的断语中反向推出来的。从眼前急需解决的"文白之争"出发，陈独秀这次突出的"情"和"理"与先前的"美感"和"伎俩"其实很难统一。比如说，常乃惪提到的

---

① 《新青年》1917年第3卷第1号"通信"。
② 《新青年》1916年第2卷第4号"通信"。

"高文典册"和"颂功扬德之文"都具有特定的写作目的，按实用与否划分应归入"应用之文"，但它们在结构、用词方面未必就不考究（事实上可能比一般的文章更费斟酌），真情或许不多，可也绝非以"理"为主，按后一标准无疑是"文学之文"。陈独秀在回信中只一句"足下所谓高文典册、颂功扬德之文，二十世纪之世界其或可以已乎"轻轻带过，但"情""理"之分难以运用到实际的文学研究中去却是不争的事实。谢无量在《中国大文学史》里就说过，"顾文学之工亦有主知而情深，利用而致美者。其区别至微，难以强定"①，最后干脆采用章太炎有句读文和无句读文的最广义分类，免得纠缠。

果然，方孝岳的《我之改良文学观》立即从西洋文学和中国文学的不同出发，质疑这种模棱两可的分类。方孝岳认为"中国文学主知见，欧洲文学主情感"，虽然这种化约的二元对立并不可取，但他指出了这样一个事实："曾国藩分文学为三门，曰著述、曰告语、曰记载。著述固纯以学为主，而告语记载，亦皆为知见之表示，其所以谓美者，以西洋文学眼光观之，不过文法家、修词学家所精能者耳。小说词曲，固主感情。然在中国文学史中不据主要位置。"②方孝岳想说的是，中国文学本来就以"知见"（理）为主，非要按陈独秀主"情"的标准，那么著述、告语和记载统统属于应用之文，统统不是文学，中国文学所剩有几？若非要跟着西洋文学来论"情"，那就只能论处于传统文学次要位置的小说和词曲了。若非要论"美"，就只能谈文法和修辞，真正的文学只能退出。主情、主美的西洋文学和主理、主知的中国文学，本非一个系统，其可比性相当可疑。

方孝岳还强调"中国文学界广，欧洲文学界狭"，"文体不一，各极其美，乃我国所特具者。欧州文学史皆小说诗曲之史，其他论著书疏一切应用之作，皆不阑入"③。说欧洲文学不包括论著书疏等一切应用之作，意思是中国文学本来就包括论著书疏等应用之作。非要以欧洲文学来比照中国文学，

---

① 谢无量编：《中国大文学史》第1编，中华书局，1918年，第6页。
② 方孝岳：《我之改良文学观》，《新青年》1917年第3卷第2号。
③ 同上。

小说、诗、曲之外"各极其美"的诸多文章必将受到不公正对待。方孝岳的态度其实和常乃悳一样,反对矫枉过正,主张有保留、有区别地进行文学改革。

如果说方孝岳从中国文学的特殊性出发,质疑陈独秀的第二个标准,那么刘半农则明确反对第一个标准。刘半农认为,把诗歌、戏曲和小说列入文学没有问题,历史传记虽不是文学,但考虑到中国的实际情况也该并入。此外——

> 新闻纸之通信(如普通纪事可用文字,描写人情风俗当用文学),政教实业之评论(如发表意见用文字,推测其安危祸福用文学),官署之文牍告令(文牍告令,十九宜用文字而不宜用文学。钱君所指清代州县喜用滥恶之四六,以判婚姻讼事,与某处诰诫军人文,有"偶合之鸟"、"害群之马"、"血蚨"、"飞蝗"等字样,即是滥用文学之弊。然如普法之战,拿破仑三世致普鲁士维廉大帝之宣战书为"Sire my Brother, Not having been able to die in the midst of my troops, it only remains for me to place my Sword in the hands of Your Majesty. I am Your Majesty's good brother, Napoleon."未尝不可视为希世奇文。维廉复书中"Regretting the circumstances under which we meet, I accept the sword of Your Majesty"之句,便觉黯然无色。故于适当之处,文牍中亦未尝绝对不可用文学也),私人日记信札……虽不能明定其属于文字范围或文学范围,要惟得已则已,不滥用文学以侵害文字,斯为近理耳。①

刘半农的意思很明白,哪怕不论学理,只就文学事实来看,"文学之文"和"应用之文"的区分也没有可行性。新闻通讯、政教评论、官署文牍和日记信札既有应用之实,又有文学之质,完全可以写得文采斐然,成为审美意义上的"希世奇文"。刘半农比较审慎,认为只有算学、医书、蚕桑之书、卜筮之书等实际科学上的应用文字可以排除在文学之外,希望陈独秀在这个问题上"要惟得已则已"(即差不多就行了,不要斩尽杀绝),莫以"文学"名

---

① 刘半农:《我之文学改良观》,《新青年》1917年第3卷第3号。

义妨害应用文章的发展。

颇有意味的是,为了说明应用文字也不乏美感,刘半农避开了近在手边、众人皆知的传统美文,却翻出"拿破仑三世致普鲁士维廉大帝"的宣战书。刘半农和常乃惪面临的是同样的尴尬:他们不仅要面对西方文学观念的冲击,还必须利用西方的理论和例证替中国传统文章发言。换句话说,在这场文学革命中,他们能在多大程度上为中国传统文学保留余地,取决于他们能否高明地利用西方文学理论。

四 文章分类与文类排序

果然,刘半农和常乃惪比在另一战场就"文以载道"与陈独秀进行论争的曾毅、易明等更具杀伤力。这样一来,陈独秀无法再泛泛而谈,不得不把"文学之文"和"应用之文"落实到具体的文类上去。两个月后,陈独秀在答沈藻墀的信中说:

> 鄙意文章分类略为二种:一曰应用之文,一曰文学之文。应用之文,大别为评论、纪事二类。文学之文只有诗、词、小说、戏(无韵者)、曲(有韵者,传奇亦在此中)五种。五种之中尤以无韵之戏本及诗为最重要。①

陈独秀这里说的"文章"是广义的文字作品。诗、词、小说、戏、曲五类文体属于"文学之文",文章被划归到"应用之文"旗下,当年与梁启超"诗界革命""小说革命"连为一体的"文界革命"被遗落了②。周作人的"纯文章"尚且保留了部分文章,刘半农特意指出新闻通信、政教评论、官署文牍、日记信札无法确指归属,陈独秀不讲那么多特殊,把文章定义为应用型,直接赶出"文学"。其中的"评论"大概指新闻报章一类的文章,"纪事"的范围广一些,包括刘半农所说的官署文牍和日记信札,也包括刘氏认为应归于文学的史传。与中国古代蔚为壮观的文章类型相比,"文"的丰富性和多

---

① 《新青年》1917 年第 3 卷第 5 号"通信"。
② 梁启超的文学观念可参阅夏晓虹《梁启超的文类概念辨析》(《文学语言与文章体式——从晚清到"五四"》)。

样性不复存在。

读者提出的异议，并没有促使陈独秀细细考量在西学框架内如何谨慎处理中国传统文学的特殊性，而是把他推到了更激进的立场，这大概也是革命的形势使然。在此之前，陈独秀对文章的态度其实还是有所保留的。1915 年他还曾指出：

> 现代欧洲文坛第一推重者，厥唯剧本。诗与小说，退居第二流。以其实现于剧场，感触人生愈切也。至若散文，素不居文学重要地位。①

不过是由于散文在欧洲文学的地位不如戏曲、诗歌和小说，陈独秀把它置于末位。论及欧洲文学，尚未忘记西方文学里尚有"散文"的一席之地，待考察中国文学时，反倒把中国古代地位最尊的文章给抹去了，这恐怕不仅仅是一时疏忽。这个转变不仅来得突然，而且影响巨大。

虽然我们已经难以查证借助《新青年》的影响，陈独秀尊纯文学而摒弃文章的做法在多大程度上为人们所接受，但"五四"初期盛行戏剧、小说、诗歌的文类三分法却是不争的事实。在西方文体分类的示范效应下，文章的呼救之声显得日渐微弱。连以文章名家的朱自清在为自己的散文集《背影》作序时，都声称散文不能算纯艺术，与诗、小说、戏剧有高下之分，这恐怕不是出于谦虚。西方文学里的"散文"与中国传统的"文章"本不能对等，不仅范围和风格不同（骈文便与之格格不入），对其功能、地位的认识及其随之而来的写作态度也不一样。但急于与西洋对接的"五四"一代来不及考虑这种种特殊性，直接把西方的文学概念及其文类系统移植到中国来，以致曾居正统地位的古代文章被理直气壮地摒弃了。

其实在西方的文类传统里，这个次序也不是一成不变的。戏剧、小说、诗歌的三分法导源于亚里士多德的《诗学》②，但西方也有戏剧、诗歌、小说、散文的四分法，只是由于小说、诗歌和戏剧在西方文学传统中比较发达，

---

① 陈独秀：《现代欧洲文艺史谭》，《青年杂志》1915 年第 1 卷第 3 号。
② 亚里士多德《诗学》里说文学"既可以像荷马那样，时而用叙述手法，时而叫人物出场（或化身为人物），也可以始终不变，用自己的口吻来叙述，还可以使摹仿者用动作来摹仿"，后来的文艺理论家据此说法把文学分为叙事文学、抒情文学和戏剧文学，由此产生了小说、诗歌和戏剧的三分法。

更常见一些而已。在文艺实践中，越来越多的人意识到文类划分的局限，从19世纪开始便不断有人提出异议。20世纪众多的西方文艺流派更是主张打破传统文类界限，一些流派还以此为能事。用一种包罗万象的体系概括一切地区、民族、国家的文学形式是不可能的，人类的语言和文字都不统一呢。即使在西方文学传统内部，诗歌、小说和戏剧的划分也不是天经地义，何况与之差别甚大的中国文学传统。

陈独秀的观点当然不无偏颇，后来也不断有人纠偏。例如胡适在1922年的《五十年来中国之文学》中，就反对纯文学与杂文学的区分，即便谈当代文学也依次讨论古文、诗歌和小说。十年后，朱自清在清华大学讲授"中国新文学研究"时，也在诗、小说、戏剧之后加上了散文。文类四分法逐渐取代了三分法。

但是，陈独秀的基本主张和主体精神已借助《新青年》的影响得到了大力宣扬，又随着新文化运动的展开逐渐渗入新文学建设的方方面面。从《新青年》的主导型议论演化为整个社会的风尚，其间自然存在广阔的中介和过站。新文学作品通过媒体的推广、留学生的纷至沓来、大学讲堂对新思想的呼应等，帮助落实了新的文学观念。然而，从20世纪20年代周作人和王统照等提倡英美的散文小品（essay），到30年代周氏兄弟分别引领杂文和小品创作，中国现代散文并未沿着传统文章的内在理路发展。换句话说，近代散文既非传统文章的自然生长，也非西方散文的简单模仿。因此才会出现当朱自清和郁达夫强调英国散文对中国散文的影响时，周作人却说现代散文受外国文学的影响最小；当周作人着意嫁接明代公安派和英国小品文时，鲁迅却在追迹魏晋文章。

第三节　文章分类与文学再定位

尽管现代散文的来路并不清晰，从此后的百年发展状况来看，也未必真如现代学者所言的一片形势大好，否则今天就不当尽是冗长寡淡，乃至毫无艺术性可言的报头文章了。好些人不以散文为文学，亦是有原因的。

更令人担忧的是，一提到文学文章，多数现代中国人想到的就是长长的排比句和比喻句,其眼花缭乱的辞藻和夸张造作的情感仍是中学生好词好句摘抄的水平。即便是文科研究生,一到复杂抽象的论文写作,非但毫无修辞和谋篇布局意识,还经常是词不达意,甚至字句不通。在这样的基础环境下,自然难出文章大家。可与之形成鲜明对比的是,古代文学研究里的散文却出奇地脉络清晰,近代取得的革命成果在此得到了最好体现。

一 从正宗到阙如的文章命运

1933年刘经庵在《中国纯文学史纲》里分诗歌、词、戏曲、小说四章介绍中国古代的"纯文学",文章是付之阙如的。作者在《编者例言》里明确指出:"本编所注重的是中国的纯文学,除诗歌、词、曲及小说外,其他概付阙如。——辞赋,除了汉朝及六朝的几篇,有文学价值者很少;至于散文——所谓古文——有传统的载道的思想,多失去文学的真面目,故均略而不论。"① 古代散文因为"载道",便不再是"纯文学"了,这确实很好地秉持了陈独秀的"文学革命"精神。至于不载道的辞赋和骈文,美则美矣,却本来就在新文学的排斥范围里。因而,"文学之文"也好,"应用之文"也罢,实际上整个地被端出了古代文学的范围。激进如郑振铎,在1932年的《插图本中国文学史》里都不得不承认,真正的古代文学其实以诗和文为主体。刘经庵却以"纯文学"为由,直接砍去了古代文学的半壁江山,似乎不曾考虑起于勾栏瓦肆的戏曲和小说能否真擎起半边天。

对古代文章的视而不见,必然导致对众多古代文学家无法定位。被明清士人推为文宗的"唐宋八大家",也被钱基博请出了文学史。他说,既然文学指"美的文学",那么就应当仅限于韵文。凡"事虽出于沉思,而义不归乎翰藻;盖以立意为宗,不以能文为本者也",所以"虽唐宋韩、柳、欧、苏、曾、王八家之文,亦不得以厕于文学之林"。② 这样一来,谈苏轼只要谈他的诗词就可以,不用管当时盛行的俗谚"苏文熟,吃羊肉;苏文生,吃菜羹"。对欧阳修《秋声赋》《醉翁亭记》之类的文章,也可以置之不理。唐宋

---

① 刘经庵:《中国纯文学史纲》,东方出版社,1996,编者例言第1页。
② 钱基博:《现代中国文学史》,中国人民大学出版社,2004,绪论第3页。

中国果然成了诗歌的国度。

上节已经谈到，新文学内部的标准其实没有办法统一，经常互相打架。迁就纯文学，便容易忽略文章；强调美感，又容易倒向骈文。钱基博和刘经庵一样，标举文学，抵制文章。钱基博拣选出《文选序》"譬诸陶匏为入耳之娱；黼黻为悦目之玩"作为古代文学的标准，同样与刘经庵不谋而合——

> 梁昭明以"一事出沉思，义归翰藻"者为文学。梁元帝《金楼子》篇云"吟咏风谣，流连哀思，谓之文。……至如文者：须绮縠纷披，宫徵靡曼，唇吻遒会，情灵摇荡。"这可称为中国文人中最早认识文学者！①

刘氏认为，古代中国具有正确文学观的人不多，若有，则首推南朝二萧。以美和娱情定义文学，难怪就看重错彩镂金的辞藻和婉约摇荡的性情了。可是六朝文学不仅是历史上颇受诟病的靡靡之音，还是"文学革命"专门炮轰过的"选学妖孽"。

一方面是历朝历代对文质彬彬、清水芙蓉、辞意相称的提倡，直到胡适仍反对徒有其表的虚文，严复甚至抨击它矫虚误国。把六朝风尚悬为文学鹄的，容易把文学拉进宫体的低级趣味中。另一方面，我们又看到在新文学创作方面，新派人士采取了迥异于此的站队姿态。抒写摇曳恋情、铺陈感伤婚恋的"鸳鸯蝴蝶派"，一直受到新文学派的强烈抨击。提倡"性情之可以发达自由者，惟吾笔墨。笔墨之可以挥洒自由者，惟游戏文章"②的《游戏世界》派，真正用美、审美、理想等西方美学概念阐述文学的《小说林》派，也被新文学派排除在外。③ 周氏兄弟文学创作的不同命运，亦说明性灵美感终成新文学的杂音。近代文学内部的争斗，丝毫不比古代文学与近代创作之间的撕裂隐蔽，新旧与对错似乎不那么容易判断。

1904年林传甲的第一部中国文学史，用了百分之八十以上的篇幅谈文章

---

① 刘经庵：《中国纯文学史纲》，绪论第1页。
② 郭武群：《打开历史的尘封——民国报纸文艺副刊研究》，马花文艺出版社，2007，第147—148页。
③ 详见杨联芬：《晚清至五四：中国文学现代性的发生》（北京大学出版社，2003）第一章第二节。

的写作。① 这个以文为主体的文学传统，对应的是整个古代社会的书写文化。1918 年谢无量的《中国大文学史》里，文开始衰落，诗歌取得了与文章分庭抗礼的地位。经过"新文化"运动的洗礼，1929 年至 1933 年游国恩在其主编的《中国文学史讲义》里提出，"律赋骈文八比小说等文学虽各有其特色。然于全部文学史之变迁为支流"②，半壁江山最终亦未保住，文章沦为了支流末节，中国古代文学史成为中国古代诗歌史。这与林传甲的为文立史，恰好是两个极端。

不到 20 年时间，中国古代文学的格局发生了翻天覆地的变化。新文学观念不仅成功地改写了古代文学传统，也顺利地传递给了下一代人。此后直至今天的中国文学史，无一不是在"五四"奠定的基本叙事框架里进行的。尽管今人未必清楚草创之初的具体思路和社会背景，可我们大都以现今的文学史叙述为文学基本常识，乃至唐诗宋词元曲明清小说成为口诀一般的文学发展线索，很少有人追问文章到哪里去了呢？是历代都写文章无须多言，还是历代都没有把文章写好而不值一提，抑或是近代人的"文章"作得太好了？

二 古代应用文的丰富与精致

就文章本身而言，今天说"散文"，就意味着不再有骈文，押韵的都成了诗或散文诗。骈文讲究的对仗，已无用武之地，只是欣赏古诗时偶尔需要而已。古人打小开始的联对训练，今天剩成了有趣的对联故事。对汉语音韵的推敲、对语言形式美感的追求，在当今这个粗糙的年代显得十分怪异。如果说骈散之分在今天意义有限，只是古代文学专业人士争吵的话题，那么应用文章不仅没有过时，还有覆盖文章全体的趋势，反而是高妙的文学性散文难得一见，这与陈独秀扬"文学之文"抑"应用之文"的初衷相悖，何以至此？但是，当应用文写作成为按格式填空的复制，当报端文章成为寡淡如水的记叙文写作，当政府公文成为什么都说了也什么都没说的文句置换，当网

---

① 林著文学史第一篇（相当于章）讲中国文字，第二篇讲音韵，第三篇讲训诂，余下的第四篇到第十六篇讲的都是文章的写作和历代文体变迁。

② 游国恩：《中国文学史讲义》，天津古籍出版社，2005，第 14—15 页。

络文章为了凸显情绪只能硬造新词拗句,应用文章确实称不上文学。失落的不仅是文章的丰富性,中国人把日用文章写得婉转精妙的艺术情怀也一去不返了。

不是现代人才力不够,而是中国现代文学传统无法催生复杂细致而又颇具艺术性的日用文章。对照《文心雕龙》的诗、乐府、赋、颂赞、祝盟、铭箴、诔碑、哀吊、杂文、谐讔、史传、诸子、论说、诏策、檄移、封禅、章表、奏启、议对、书记 20 种文体,除去现今归于诗歌的诗和乐府,归于史哲的史传和诸子,其余文类几乎都是被现代"文学"排除在外的应用文章。即便颂赞和铭箴多因用韵而可入诗,古代文学史也很少言说它们。在"散文"概念下,古代文章遗落的何止是半壁江山?更不要说光"书记"一体,《文心雕龙》的细目就包括谱、籍、簿、录、方、术、占、式、律、令、法、制、符、契、券、疏、关、刺、解、牒、状、列、辞、谚 24 类,实在是超出了现代人的想象。也就是说,早在 1500 年前的南朝时期,文章系统就已经无比强大和细致了。

稍晚一些的《文选》,不是对文体的抽象论述,而是对古今范文的选编,分目就更细了。在赋、诗、骚、七、诏、册、令、教、文、表、上书、启、弹事、笺、奏记、书、檄、对问、设论、辞、序、颂、赞、符命、史论、史述赞、论、连珠、箴、铭、诔、哀、碑文、墓志、行状、吊文、祭文 37 个类目里,除诗赋外,剩下的几乎都是具有明确实用功能的应用文章。不难看出,萧统"以能文为本"的选文标准(《文选序》),"能文"不是指善用辞藻伤春悲秋,而是能以锦心绣口写好日用文章。应用文才是文学的主体,吟风颂月的唯美辞章只占很小的比例。哪怕在最欣赏华辞美章的南朝,人们也明白"随事立体,贵乎精要。意少一字则义阙,句长一言则辞妨,并有司之实务,而浮藻之所忽也"(《文心雕龙·书记》)。精当胜过敷衍,传达实际事务比卖弄"浮藻"更重要,文体依表达的内容来定。

因此,陆机在《文赋》里强调"诗缘情而绮靡,赋体物而浏亮,碑披文以相质,诔缠绵而凄怆,铭博约而温润,箴顿挫而清壮,颂优游以彬蔚,论精微而朗畅,奏平彻以闲雅,说炜晔而谲诳"时,不仅赋、碑、诔、铭、箴、颂、论、奏、说同样需要文学性,而且标准比诗歌还要高。清壮、朗畅、精微、温润、闲雅、凄怆的文字效果，比一味的绮靡沉迷难得多，恐怕动笔的人都会有所体会。桐城古文的代表人物姚鼐说得好，"所以为文者八：曰神、理、气、味、格、律、声、色。神、理、气、味者，文之精也；格、律、声、色者，文之粗也。然苟舍其粗，则精者亦胡以寓焉？学者之于古人，必始而遇其粗，中而遇其精，终则御其精者而遗其粗者"①，外在的形式只是皮毛，内在的神、理、气、味才是难状之物。"诗赋欲丽"并非难事，难的是"奏议宜雅，书论宜理，铭诔尚实"（曹丕《典论·论文》），既要有应用之实，又要皮毛华美，还得讲求文字的得体与气度。把外在羁绊变成引路的花瓣，仅有格式的熟练是不够的。只有"御其精"，才能统其繁；只有"遗其粗"，才能超越形式。用对仗的语言、铺排的句势、秀美的文辞把抽象论题说得眉目清晰、深浅适度，的确比短短几行诗句和指实性的吟风赋雪，更需心力与笔力。因此刘勰和陆机一样，选择以骈赋形式论文，以显示自己的非凡文才，以《文心雕龙》为结交沈约的名柬。

直到清朝姚鼐的《古文辞类纂》，除辞赋外，剩下的论辨、序跋、奏议、书说、赠序、诏令、传状、碑志、杂记、箴铭、颂赞、哀祭 12 类文体，仍是清代常见的写作形式。读书人的生活少不了这些（如赠序、杂记、哀祭），科举考试考的是这些（如论辨、奏议、书说），考取士子将来进入官场使用的也是这些（如奏议、传状、颂赞）。被认为最有文华、最有前途的状元们，将来从事的高级工作，仍是起草诏令和拟写史传。文章不仅承载着世用和政教的功能，也是士大夫的日常生活所需，如书信和杂记。

三 日用文章文学性的流失

中国古代不推崇鸿篇巨制，短小精悍的文章写作成为知识阶层的主要着力点，因为文章是生活中最普遍、最实用的文类。把日用文字组织得曼妙、精当、典雅，而非把精力耗费在浮华飘忽的个人小情绪上（所以柳永词填得再好，仍为宋仁宗所不齿。或者说恰恰因为词写得太好，反遭轻蔑），不仅反映了中华文明的价值取向，更表现了古代中国不弃日常的生活艺术。当我们

---

① 姚鼐纂集：《古文辞类纂》，上海古籍出版社，2016，序第 22 页。

惊叹于《谏逐客书》如此纵横捭阖地点染劝阻之意,《与陈伯之书》把反招降的文章写得如此娓娓动人,《代李敬业传檄天下文》又是如此大气磅礴和义正词严时,可曾想过这些震慑人心的美文实为今人最感乏味的公文写作。当文章被排除出文学,当应用文章存而不论,凝聚士大夫半生心力的文字便被遗落了,中国古代文学的聚力之所也被遮蔽。不再讲究精微的措辞,不再看重高妙的文思,应用文看似解放,最终却浮泛成无须过脑与用心的口水文字,结果是整个文学情怀的流失和总体语言水平的下滑。你能想象今人把拜谒权贵、乞求推荐的求助信写得像《与韩荆州书》一样气宇轩昂吗?这难道仅仅是古代文学的损失?

有人也许会说,虽然陈独秀打压应用文,但钱玄同和刘半农不可谓不重视日用文章。问题是钱玄同的《论应用之文亟宜改革》和刘半农的《应用文之教授》本是从废文言倡白话的立场出发,并没有对应用文的性质做过多说明。刘半农比喻说"应用文是青菜黄米的家常便饭,文学文却是个肥鱼大肉;应用文是'无事三十里'的随便走路,文学文乃是运动会场上大出风头的一英里赛跑"①,这和早些年高凤谦提倡的"应用之文字,所以代记忆、代语言,苟名为人者,无不当习知之,犹饥之需食,寒之需衣,不可一人不学,不能一日或缺也。美术之文字,则以典雅高古为贵,实为一科专门学,不特非人人所必学,即号为学者,亦可以不学"② 非常接近,与陈独秀"鄙意文学之文必与应用之文区而为二,应用之文但求朴实说理纪事,其道甚简。而文学之文,尚须有斟酌处"③ 的说法也一致,都主张对应用文不必做过高要求,简单达意,大家能懂能用就行。

以应用文章为家常便饭、随便走路,当然出于文化普及的考虑,意在降低门槛,让更多的人粗通文墨,改变多数人"非视文字为难能而不敢学,即视文字为无用而不肯学"④ 的局面,符合"新文化"运动的整体思路。但把

---

① 刘半农:《应用文之教授》,《新青年》1918 年第 4 卷第 1 号。
② 高凤谦:《论偏重文字之害》,《东方杂志》1908 年第 5 卷第 7 期。
③ 陈独秀:《致胡适信》,任建树、张统模、吴信忠编:《陈独秀著作选》第 1 卷,上海人民出版社,1993,第 223 页。
④ 高凤谦:《论偏重文字之害》,《东方杂志》1908 年第 5 卷第 7 期。

文学悬为专门，把文学文章留给专业人士去作，作为生活方式的文章写作便开始脱离国人的生活日常了。文学不再是可居可游的生活，而是高悬于日常之上的文化奢侈品，或是小群体绞尽脑汁的职业工作。因此，对待应用文章的态度不是无关紧要的细枝末节，而是涉及重大的文明转型。这种审美式的娱悦态度究竟属于日常生活，还是属于专业创作？是属于韦伯和列文森惊讶的中国业余家，还是欧式的专门家？从这个意义上讲，悠闲的中国文明比工蜂式的西洋近代文明更重视日常生活的审美享受，它不鼓励从事那种脱离日常、更刻意也更宏大的纯粹文字游戏（如戏剧、小说）。当然，它针对精英阶层。文学精品出自高层文化是全世界的普遍现象，不能要求吃不饱饭的人也去追求风雅。但当它是一个阶层而非一种职业的普遍修养时，它对社会的辐射力和示范作用是不可估量的。这正是古代中国民间亦敬惜字纸、尊重读书人的重要原因。

把文学从日用中剥离出去，划为纯文学的专科，也妨害了它本可作为国语教育和国文基础的可能。一边是高不可攀的舞文弄墨，另一边是更大范围的养分贫乏。在文化普及程度不高的时期，降低标准或许迫不得已，但在义务教育已经普及、高等教育也渐平常的今日中国，它不该成为拉低民族语言表达能力的理由。便捷从来就不是民族文化的发展方式。张之洞之所以反对截断辞章与经史子的关系，于上如朱光潜所言，意在保留中国学问的土壤与根基；于下把文学作为无处不在的国文来对待。后来朱自清也强调语言和文学紧密相连，因而中国文学系全称为中国语言文学系，包括语言文字和文学两部分。过分强调文学的独立与专门，文学和语言就容易脱节。因此中小学教育不做文学的要求，便成为识字、读报、粗通文墨的语言文字训练，导致多数国人对文学缺乏正确的认识，此后亦很少超出中学语文的水平。少数接受高等教育的人，进入大学后不过上几堂"大学语文"公共课，普遍缺乏阅读和写作的训练，国文凋敝是不争的事实。

不得不提的是，在中国古代的各种文类中，诗词最简短易读，戏曲文词本以听众易懂为务，小说晚出且多为平话（即接近白话的半文言）。近代抑文章不仅趋易避难，也忽略了文章是文言的基础。读不懂文章，就看不了古书，仅好诗词者未必读得了古籍。排斥文章的另一后果，是切断了中国传统文化的脐带。白话文的历史毕竟太短，中国文化的积淀仍在古代文言里。民国一代，知识人多为旧学出身，读古籍不成问题。但白话文运动之后成长起来的中国人，如果平时不看古文，文言文的阅读能力基本丧失。所以中学课本又不得不选取部分文言文。不改变轻视文章的做法，我们的国语教育和传统文化教育将自绝后路。

四 文拒载道与文学的边缘化

如果说因文章"素不居文学重要地位"，"新文化"运动的思想启蒙主要由小说和戏剧来完成，那么落到散文身上的，似乎也只有"文体革新"的意义了。白话取代文言是文学史乃至文化史上的一桩大事。但若仅就文章而言，可视为文体语言的变革，还没有触动文章之所以成为文章的根本。也恰恰在这个意义上，我们还能勉强用散文对应文章。白话虽然最终取代了文言，可文章的性质和应用文的定位问题，并没有因此而得以解决。"文学革命"对传统文章的革命意义究竟何在，似乎还没有说清楚，所以还得再看。

本来胡适是有感于"文学堕落"，欲以文学改革救"文胜质之弊"，因此强调"言之有物"是必不可少的。① 不意陈独秀却把"言之有物"与"文以载道"联系了起来，对此意见最大。胡适在《文学改良刍议》里正式提出文学改良八事时，并没有因为陈独秀的反对而废去"言之有物"一项，反而把原本第八的位置提到了第一。后来胡适在《五十年来中国之文学》里，也明确反对纯文学和杂文学的划分。他说"吾所谓'物'，非古人所谓'文以载道'之说也"，"物"包括情感和思想，"近世文人沾沾于声调字句之间，既无高远之思想，又无真挚之情感，文学之衰微，此其大因已。此文胜质之害，所谓言之无物者是也"。② 尽管胡适在一定程度上接受了陈独秀的意见，强调"言之有物"不同于传统的"文以载道"，但他赋予"物"的情感和内容并未跳出中国传统的圈子，连所用的例证都是《诗大序》、庄周之文、渊明老杜

---

① 原文为："文学堕落之因，盖可以'文胜质'一语包之。文胜质者，有形式而无精神，貌似而神亏之谓也。欲救此文胜质之弊，当注重言中之意，文中之质，躯壳内之精神。古人曰：'言之不文，行之不远'。应之曰，若言之无物，又何用文为乎？"（《新青年》1916年第2卷第2号）。

② 《新青年》1917年第2卷第5号。

之诗、稼轩之词和施耐庵之小说。这种整治文风的呼声，历史上并不少见。从这个意义讲，他和当年的梁启超更接近，而陈独秀却是以西方文学为参照，从文学价值独立、西方自然派别无寄托出发，把上至韩愈下至桐城统统批了一通，从根本上否定"文以载道"的中国文学传统。① 因此胡适的主张只能称为"文学改良"，陈独秀的意见才是真正的"文学革命"。

胡适和陈独秀之间的差距并不难察觉，曾毅就站在了胡适一边，借机反对陈独秀的激进主张。他认为"文以载道"的"道"不仅包括胡适所谓的思想，且寓含"正当的"思想在内，是陈独秀"将道字呆看，谬推足下之所以呆看，则蔽于俗传之狭小道字"，"各学派皆有其道，亦即各有载道之文，亦即各有其有物之语"。② 余元濬在《读胡适先生文学改良刍议》里也指出："道之云者，直一种上乘之思想已耳。若必以为一种不可思议之最虚渺的空论也，岂通论哉。胡先生亦知此界说，而实不能认为物乎，则所谓物者，其内容诚觉太隘，无丝毫意味之可言。"③ 陈独秀不得不承认"道"有广义和狭义之别，但他咬定"文以载道"之"道"就是指狭义之道，即孔子之道，如果——

> 不善解之，学者亦易于执指遗月，失文学之本义也。何谓文学之本义耶，窃以为文以代语而已。达意状物为其本义。文学之文，特其描写美妙动人者也。其本义原非为载道有物而设。更无所谓限制作用及正当的条件也。状物达意之外，倘加以他种作用，附以别项条件，则文学之为物，其自身独立存在之价值不已破坏无余乎。故不独代圣贤立言为八股文之陋习，即载道与否，有物与否，亦非文学根本作用、存在与否之理由。④

其后，陈独秀又以欧洲自然派文学何以高于理想派，来说明"目光惟在实写

---

① 参见陈独秀答胡适的信（《新青年》1916年第2卷第2号）和陈独秀的《文学革命论》（《新青年》1917年第2卷第6号）。
② 《新青年》1917年第3卷第2号"通信"。
③ 余元濬：《读胡适先生〈文学改良刍议〉》，《新青年》1917年第3卷第3号。
④ 陈独秀：《答曾毅》，《新青年》1917年第3卷第2号。

自然现象,绝无美丑恶邪正惩劝之念"的重要。陈独秀显然不愿纠缠于"道"的广狭义之分,既然文学不过是"代语而已",那就根本没有义务承载"天经地义神圣不可非议之孔道"。如果讲究"有物"和"载道",文学就无法独立。其实"文以代语"本来就不废日用,"达意状物"自然也包括惩善劝恶和记叙说理。以"代语"为文学本义,以"特其描写美妙动人"为文学之文,反而让我们觉得"文学之文"不过文笔优美一些而已,"达意状物"的应用文章才是文学的重心,更何况"正惩劝之念"的文章和"美妙动人"的文章并非势不两立。陈独秀对"文学之本义"的界定和对"应用之文"的排斥,在逻辑上就是不通的。

即便左支右绌、前后矛盾,即便有因噎废食之嫌,陈独秀依然态度坚决地抨击"文以载道"。如果说陈独秀的态度比较偏激,何以较为稳健的胡适、刘半农等对此也表现出程度不等的支持?胡适还可以潜心学术,陈独秀却并非醉心于无现实功利之事的文人,若真以为陈独秀要为文学而文学,未免太过天真!《敬告青年》抨击中国崇尚虚文,不像西方切于实用时,陈独秀与胡适并无二致。而在《吾人最后之觉悟》和《宪法与孔教》等文章里,陈独秀反复强调的是改造整个中国社会——从政治制度到国民思想,他比胡适更有政治的激情。他发现西式共和立宪制的实行,必须建立在"伦理的觉悟"即国民思想的改造上,而"旧文学与旧道德,有相依为命之势"①,"旧文学、旧政治、旧伦理,本是一家眷属,固不得去此而取彼"②。也就是说,陈独秀看到了中国思想文化的整体性——由于文学"与吾阿谀夸张虚伪迂阔之国民性,互为因果"③,所以建设新政治就必须建设新伦理,建设新伦理就必须建设新文学,建设新文学就必须打破旧文学。立新必须破旧,矫枉不怕过正。

看到陈独秀背后的这层思考,就无法指责他在具体问题上的粗疏了,还不得不承认他的胜人一筹。刘禾指出:"知识与权力、西化与传统、精英与民众等关系在这个时期的国民性话语中得到了生动和具体的显现。与此同时,

---

① 陈独秀:《答张护兰》,《新青年》1917年第3卷第3号。
② 陈独秀:《答易宗夔》,《新青年》1918年第5卷第4号。
③ 陈独秀:《文学革命论》,《新青年》1917年第2卷第6号。

文学,随着'改造国民性'的这一主题的凸现,也开始受到中国'现代性'理论的青睐,被当作实现国民改造之宏图的最佳手段。相比之下,梁启超原先倡导的政治小说倒显得气魄不足了。"① 如果说从文学入手改造社会,并非陈独秀的个人发现,那么从何处入手切断新文学与旧伦理的关系,最能昭显陈独秀的历史主动性。只有彻底推翻中国的"道统","文统"才有新貌,"伦理"才能改观。"文学之文"和"应用之文"的背后,站着的是对"文以载道"传统的反动。与颠覆"文以载道"的"文统"同时进行的,是更为激烈的打倒孔教。

陈独秀不失时机地拿起西方文学作为利器,借助纯文学概念把承担"载道"功能的"应用之文"排除在文学之外,由此避开旧政治旧伦理对新社会建设的干扰。也只有把占据中国古代文学中心地位的文章搁置起来,长期压制在其下的诗歌、小说、戏剧才能获得解放,进而重新结构中国新文学的格局。因此,待到中国现代诗歌、小说、戏剧基本定型之后,再回头建设"散文",绝非偶然。冷落文章正说明改造文章之难,从反面昭示古代文章传统的强大及其影响之大、辐射之广。

当陈独秀成功颠覆"文以载道"的传统时,中国传统文章本身的问题却没有得到有效解决。要与西方接轨,"所志于文者,不惟其辞之好,好其道焉尔"(韩愈《寄李秀才书》)的"文统"确实有妨碍。但急于破旧立新的"新文化"运动并没有考虑割裂"文统"和"道统"之外的别种可能。他们或许没有想到,中国历代文学改革莫不是高举"道"这面大旗,原因其实很简单,只有当文章写作与政治、道德发生关联时,才不至被视为书生末业和案头草纸,是"文以载道""文为世用"的传统确保了文学不容置疑的社会优先地位。张之洞说"若中国之经史废,则中国之道德废;中国之文理词章废,则中国之经史废"(《创立存古学堂折》),这并非一己创见,由文章而经史,由经史而道德,文章维系着整个中国社会的命脉,是古已有之的共见。这是中国文学的独特之处,也是文章革新何以事关重大的原因。

剔除了"道",文人便没有了干预社会的能力。排斥讨论政治、表达思

---

① 刘禾:《跨语际实践——文学,民族文化与被译介的现代性(中国,1900—1937)》,第78—79页。

想、记录史事的应用文章，文学就真的只剩下吟风弄月、顾影自怜的小篇章了。文章、文人，还有全部的文学，不再有从前的地位和底气，更无法走进社会视野的中心。视文学为专门，以学术为职业，原非中国社会的构造。或许，陈独秀和胡适发起的"文学革命"，是中国历史文人干预社会的最后一次激昂之举。1918年谢无量还在呼吁"论文必本于道，而以词为末。至宋以下，其风弥盛。周元公曰，文所以载道也。又曰，文辞艺也，道德实也。不知务道德而第以文辞为能者，艺焉而已。且又以治化为文。王荆公曰，礼乐刑政，先王之所谓文也。书之策，引而被之天下之民一也。于是文学复反于广义，超乎艺之上矣"①，当文学脱离伦理政治退回"艺"的层面，文学边缘化的现代命运也就不可避免了。易明的《改良文学之第一步》虽未明确提出这一点，但多多少少看到了这个维度——

> 夫文以载道，学以致用，古人语我以宝筏矣。何以谓之道，则起居饮食稻粱菽麦，以至于牛溲马溺皆载道之具也。何以谓之学，则于个人于社会于国家大而至于天下，皆致用之地也。明乎此庶可与言文学，庶可与言改良文学。②

其实，陈独秀的处境也是尴尬的。当他立意推翻"文以载道"传统时，他以"文学"为名，排斥实用目的较强的应用文章。当他论欧洲戏剧"感触人生愈切"时，又有责备文章对现实人生关注不够的意思。他何尝不重视实用？他和梁启超一样，把文学视为"外之可以代表一国之文化，内之可以改造社会，革新思想"③的利器。要把文学从小众的垄断中解放出来，更不得不强调应用。因而当钱玄同和刘半农提出改造应用文时，陈独秀又不得不为之摇旗呐喊。这一重尴尬也"嘲弄"了一些现代作家，尤其是对现代散文创建之功最大的周氏兄弟。他们还是以作文为主，吊诡的是，秉承新文学传统、引领美文和小品文创作的周作人如今已边缘化，创作大量投枪式杂感、杂文的鲁迅虽被当作民族之魂，却未始没有来自政治的诠释，而今还逃不脱"没

---

① 谢无量编：《中国大文学史》，第3页。
② 易明：《改良文学之第一步》，《新青年》1917年第3卷第5号。
③ 陈独秀：《答陈丹崖》，《新青年》1917年第2卷第6号。

有长篇"（指小说，王朔语）的讽刺。

对今天的知识分子来说，古代文人士大夫那种进可参与政治，退可抚慰心灵的安身立命之所已经丧失。"'文'这一栖身之所的丧失，也许正可视为现下中国知识分子精神解体的原因之一。'文'一天不获重立，中国知识分子的精神或将日复一日陷于虚无。夏目漱石的'文'给我们的启示是，'文'永远是一个与主体性紧密相联的问题。"① 这绝不仅仅是文章的失落，也是中国现代文学的失落。论到这里，我们恐怕再也说不出散文是现代转型最成功的文类了。文章在近代中国的遭遇，也绝非简单的文白转换、文体革新所能概括。与其说散文在中西资源的共同滋养下，成功地实现了现代性转换，不如说传统文章在强劲的西方文明冲击下发生了剧烈裂变：一部分文章经过改造，过渡到现代散文中来；绝大部分在漏不过西方筛眼的情况下，被遗弃了。

随着文章的边缘化和历史化，被改变的不仅仅是散文的语言、散文的面貌，文章的精神、文学的地位、文人的命运、中国人的生活方式、中华文明的特质也一起被改写了。这绝非否定"新文化"的文学改造之功，相反，我们清楚地看到了陈独秀如何引进西方文学观念类分文章，进而重构中国新文学的方向。他们并非一般人想象的那样亦步亦趋，而是以相当大的主动性和能动性，在中西文化的碰撞中成功地创造了一个新传统。然而，在这个复杂的历史过程中，我们也看到，中国传统文章并非无关紧要的细枝末节，文体类型也并非简单地仅仅属于文章，它们更属于中华文明。与其说那样繁多的文体不再适应现代中国人的生活，不如说它们无法镶嵌在另一个不具可比性的西方文明框架里。在文明转型的过程中，我们没能把它们妥善地纳入新的学术体系。在接受既定历史的同时，我们不能不敞开文明（既包括传统也包括现代）的各种可能性，重新思考文章和文学已然与可能的命运。

第四节　从诗歌源流看系统改造

谈完了文章，该说说诗歌了。近代学者崇诗抑文，诗歌不仅被奉为文学

---

① 林少阳：《"文"与日本的现代性》，中央编译出版社，2004，第101页。

的嫡子，还有不断挤压其他文类的嫌疑，中国古代文学史一度等于中国古代诗歌史。此节换一个角度，不再重复子类切割带来的文学位移，而是从源流厘定看新文学系统的搭建。此间必然涉及分类，但是这种分类会更具体，而观念却更隐蔽。今天的中国古代文学史皆以《诗经》和楚辞为中国诗歌的两大源头，就让我们从《诗经》开始。

一　《诗经》的近代文学改造

《诗经》是我国第一部诗歌总集，这是今天古代文学史的基本陈述。即便为了避免遗漏，有时把此前的甲骨卜辞、原始歌谣、上古神话作为序曲，近来还有人提议关注《周易》卦辞的文学性，但正式的文学讨论毕竟是从《诗经》开始。事实上，《诗经》被奉为中国文学的源头经典。[①] 但我们也知道，从有书可按的《左传》《国语》时代，到清末帝制的终结，无论是学术论说，还是科举取士的具体举措，"诗教"（"经夫妇，成孝敬，厚人伦，美教化，移风俗"）始终是两千年来《诗经》的关注焦点。也就是说，使之稳居中国古代文化中心的，是其政教或曰经学功能，而非文学地位。相关论说汗牛充栋，就不一一列举了。

现代学者讨论学术史时，也承认历史上的《诗经》研究存在两条线索——经学和文学，不过总得强调文学性才是《诗经》的真正本质，尽管它经常被强大的经学主流所掩盖。[②] 但一般的文学概述不会如此谨严，《诗经》的文学性似乎是天经地义的。毕竟中国古代文化正典的"五经"里面，只有《诗经》被划拨给了文学，其他被归入历史和哲学。要是《诗经》的阵地都守不住，文学的地位就岌岌可危了。这从另一个角度说明，以文学视《诗

[①] 神话亦常与《诗经》被并列为中国文学的源头。如鲁迅在《中国小说史略》里声称："神话不特为宗教之萌芽，美术所由起，且实为文章之渊源。"林庚的《中国文学简史》也说："神话的起源正如诗歌的起源，是文学最早的源头。"但上古神话仅以故事梗概的形式出现在《左传》《尚书》《山海经》《淮南子》等早期文献中，不仅文字是后人重新组织的，而且故事也往往是碎片化的，被偶尔提及，并非原始和完整的文学形式，更没有专门的书籍记载。这说明古人仅视之为史料性的材料断章（或为今人不认可的上古史，或为古人不甚在意的野史逸闻，与后来的文学小说和西方的史诗，实有相当的距离），没有给予它特别的关注和独特的地位，与对诗歌的在意及其自觉仿效，不可相提并论。

[②] 如程俊英、蒋见元：《〈诗经〉研究史鸟瞰》，《江海学刊》1988年第1期。

经》是近代以来的做法。

事实上，把《诗经》的经学性质改造成文学传统，是近代学术重建的重要举措。因为如何拆散"五经"，不仅是新学术建设首当其冲的问题，而且散入新学科的龙头如何组建一套自成体系的论说，是新学科成立的关键。"整理国故"只有具体落实到各学科史的构建里，"国学"名号才能取消，新学术体系才能落成（详见下章）。尽管胡适的博士论文和最初授课都是中国哲学，但他是在1917年的"文学革命"中"暴得大名"的，后来长期在北京大学中国文学系任教。文学是胡适的革命阵地，《诗经》的现代改造也要从胡适谈起。

始于1921年"国语文学史"讲座的《白话文学史》（他说其实就是"中国文学史"），在1928年刊印的时候，是从汉代讲起的。胡适明言1922年3月进行修订的时候，本来是准备从《诗经》的国风谈起。之所以放弃，是因为当时手头没有书，也"不敢做这一段很难做的研究"。无论找不到书的理由是否成立，至少在胡适心里，《诗经》已纳入文学，并作为起点来考虑。这与之前林传甲、谢无量等人的文学史思路不一样，他们抱持的是传统大文学观念，郑振铎就曾攻击"最早的几部中国文学史简直不能说是'文学史'，只是经、史、子、集的概论而已"[①]。也正是因为之前已经做过文学史的梳理工作了，胡适1923年发表《〈国学季刊〉发刊宣言》时，多次以《诗经》为例，批评以往研究多"被几部经书笼罩"，要求转换思路，把"国学"整理成各类文化专史。

胡适说："在文学方面，也应该把《三百篇》还给西周东周之间的无名诗人，把《古乐府》还给汉魏六朝的无名诗人，把唐诗还给唐，把词还给五代两宋，把小曲杂剧还给元朝，把明清的小说还给明清"[②]，不仅把《诗经》明确归入"文学"范畴，而且排列了一个周代《诗经》—汉魏乐府—唐诗—宋词—元曲—明清小说的文学序列。这当然是"文学革命"以来民间文学、白话文学、通俗文学的胜利，同时延续了1917年《文学改良刍议》里"一

---

① 郑振铎编著：《插图本中国文学史》，北京工业大学出版社，2009，绪论第5页。
② 胡适：《〈国学季刊〉发刊宣言》，《国学季刊》1923年第1卷第1期。

时代有一时代之文学"的进化主张。因而同年发表《一个最低限度的国学书目》时,《诗经》被胡适列入"文学史之部",与历代诗文、词曲、小说、戏曲同处一目,而先秦诸子则另入"思想史之部"(共 3 部,另一部是工具书),花开两朵各表一枝的倾向非常明显。难怪梁启超抨击他直把国学当成哲学和白话文学(他明确反对胡适把《三侠五义》《儿女英雄传》之类的偏僻小说列为必读书),史学要籍一概摈弃。无论如何,作为新学术的领军人物,胡适给了《诗经》足够的重视和明确的位置。

在随后的"整理国故"运动中,真正下力气把《诗经》掰到文学正轨的,是以顾颉刚为代表的"古史辨"派。1932 年《古史辨》第三册下编汇集了 1911 年至 1931 年间,顾颉刚、胡适、钱玄同、刘大白、郑振铎、周作人、俞平伯、朱自清等发表过的 50 篇《诗经》研究文章,对以往以经解诗的做法进行了一次火力全开的清算。正如郑振铎《读毛诗序》所言:"《诗序》之说如不扫除,《诗经》之真面目,便永不得见",要确立"诗经是中国古代诗歌的总集"通识,就必须首先打倒以《毛诗序》为代表的传统经说。①

《古史辨》未曾收录另一员猛将闻一多的相关文章。闻一多的系列研究虽然面貌不同,但文学立场有过之而无不及。他说:"汉人功利观念太深,把三百篇做了政治的课本;宋人稍好点,又拉着道学不放手——一股头巾气;清人较为客观,但训诂学不是诗;近人囊中满是科学方法,真厉害。无奈历史——唯物史观的与非唯物史观的,离诗还是很远。明明一部歌谣集,为什么没人认真的把它当文艺看呢。"② 以歌谣甚至"淫诗"解《诗经》,反叛性更强,但他不以近代"科学方法"派为同道。这批研究,包括同样保持一定疏离的梁启超、郭沫若等人,与"古史辨"派取向不同,和早期的刘师培、王国维等相较,又更接近新派——文学性是新的出发点。

有了这样的积累和铺垫,20 世纪三四十年代的中国文学史写作热潮,便把《诗经》乃诗歌之祖作为常识来介绍了。对于之前那段漫长的经学历史也会提及,但多以之为《诗经》的厄运、《诗经》真面目的遮蔽而一笔带过,

---

① 顾颉刚编著:《古史辨》第 3 册下编,上海古籍出版社,1981,第 382—401 页。
② 闻一多:《闻一多全集》,生活·读书·新知三联书店,1982,第 356 页。

甚至不无轻蔑地认为根本不值一提。今天的文学史虽然更具体，却是在近代框架里处理《诗经》及诗歌问题，少却了争辩的火药味，因平静而显得愈发笃定。问题是，作为文学的《诗经》解释不了相关历史景观及其社会后效，遗留问题往往无法在文学内部消化，比如最典型的风雅颂的界定与接受。

郑振铎在《插图本中国文学史》里就说"《诗经》中所最引人迷误的是风、雅、颂的三个大分别"①。今人一般认同郑樵"风土之音曰风，朝廷之音曰雅，宗庙之音曰颂"的说法，认为风指十五国风，是地方民歌，作者来自民间；雅是朝堂正乐，包括朝聘、宴饮等仪式用乐，出自贵族之手；颂是宗庙祭歌，以颂祖娱神为务，亦是官方制作。这既从音乐，也从功用上对《诗经》做了大致区分，与《毛诗序》的说法（"是以一国之事，系一人之本，谓之风。言天下之事，形四方之风，谓之雅。雅者，正也，言王政之所由废兴也。政有大小，故有小雅焉，有大雅焉。颂者，美盛德之形容，以其成功告于神明者也"）并非完全不能调和。但问题的关键不在这里。古今最大的不同在于，今人讲《诗经》聚焦国风，乃至情诗成了《诗经》的文学标杆。20 年代郭沫若选译的《卷耳集》都是其中的爱情诗，今天的文学爱好者对《诗经》的理解也基本是情歌圣手。而古人更重视的是雅和颂。民间小调在礼用上不可能与朝堂正乐相提并论，好比黄钟大吕与管弦丝竹向来地位有别。直至清代，戏曲内部还有花雅之争呢，遑论诗学政教了。"国之大事，在祀与戎"，颂歌无疑是最隆重、最庄严的乐舞。风与雅、颂的对立，是近代《诗经》讨论的普遍性做法。②

在《左传》记录里，季札听国风时虽有"泱泱乎""渢渢乎"的赞叹，但与小雅的"美哉"、大雅的"广哉"不在同一个级别上。对"至矣哉"的颂歌，季札的议论更是洋洋洒洒。最后到《韶箾》，季札叹为观止，以为"德至矣"。其轻重大小，有明确论列，历来被视为审音知世的范本，连观赏顺序都与今本《诗经》相合。岂止是季札观乐，《左传》有各种赋诗言志的场景记录，《论语》也不乏相关讨论，难道不足以说明《诗经》的礼用功能

---

① 郑振铎编著：《插图本中国文学史》，第33页。
② 如1931年陆侃如、冯沅君《中国诗史》的相关论述，百花文艺出版社，1999年，第16页。

自周开始就很明晰吗？何至等到汉人来歪曲？儒家崇奉上古三代，汉代书写与先秦文本地位是无法对等的。今天的古代研究者切不可目不斜视地只盯着古代，要知道当前使用的学术框架是近代建构的。前代研究固然是学术史的一部分，但近人的研究并非确论，我们当以古代史料勘验近代讨论，而非相反。若无对近代史的了解和反省，那么研究视野从一开始就被框定了，找到的只是近代叙事引导下的部分古代。

明确地说，与今天的《诗经》研究正好相反，风、雅、颂在古人眼里是由轻到重排序的。连作为各部分开篇的"四始"都受无数人关注，更不要说三大版块的座次了。这并非什么生疏话题，不必进行一一称引。地位颠倒源于抹去了文化背景，只看纸面辞章。排斥典雅厚重，欣赏活泼晓畅的风格，实为近代民间文学和通俗文学的胜利。普通读者选择个人喜欢又能看懂的诗歌没有问题，但作为文学史的叙述，喧宾夺主就违背古代事实了。这与"整理国故"派以经书为古代社会研究的客观资料，也是相悖的。

这种抽离文化背景的选择性重塑，遮盖了《诗经》的历代使用方式和主导属性，导致今人理解《左传》"赋诗言志"和孔子"不学诗无以言"的困难。对季札论乐尤其是预言部分，更觉玄之又玄，只能以后世篡改来解释。对历史上的献诗说、陈诗说、采诗说，权当统治的神话来听。这中间隔着的不是文学，而是被文学隔开的整个社会风貌与礼乐精神。因此，无论如何阐释孔子的兴观群怨、"兴于诗，立于礼，成于乐"、"犹正墙面而立也"，学生都觉得抽象模糊。古代文学理论洋洋洒洒的现代阐释，把摘出的花絮演绎成涣漫的美学文章，满纸高论却无所确指。一方面是笔之于史却越来越飘虚的文学艺术分析，另一方面是弃置可惜、拿来又无处归置的各种不合时宜的古代评议。正如刘毓庆所言，《诗经》对于中国文化和东方文明的重大建构意义，是作为文学的《诗经》无法达成的。[①] 一旦把《诗经》归于纯文学（和文史哲"同吃"先秦诸子情形不同），西式文学视角遗漏的东西，往往是树大根深的《诗经》传统更重要的内容。

[①] 刘毓庆：《百年来〈诗经〉研究的偏失》，《诗经研究丛刊》2018年第2期。

二 诗史对接的艰难

"艺术"案例曾言系统内部的重新厘定并非无关紧要,往往要先打断内部经络,再进行切割和重组,可能会引起局部失血乃至系统休克。风、雅、颂的重新排序亦是如此。看似只是《诗经》的内部格局调整,可一旦置入整体结构,细节的镶嵌和前后的衔接会非常困难,因而也更能凸显系统搭建之初的思路和逻辑。纲目只是骨架,之上还需血肉。系统发达与否不仅在子目多寡,划类本来就可粗可细、可多可少,关键还在子类的前后勾连和左右呼应上,即系统的精密和圆融。且看诗学脉络如何往下顺。

今日文学史以汉乐府为《诗经》的接续。汉乐府的文学地位首先在于它是一种"新诗体"——从《诗经》的四言发展为五言,郑振铎指出"五言诗的产生,是中国诗歌史上的一个大事件,一个大进步"①。不过是多了一个字,何以就成了新体裁呢?郑氏说,"五言诗体一出现,便造成建安、正始、太康诸大时代。曹操、曹植、陶潜诸大诗人便也陆续的产生了。诗思消歇的'汉赋时代'遂告终止"②,他把魏晋文学的成功归于五言诗的出现,而五言诗敲响了汉赋的丧钟。这种东风压倒西风的逻辑其实很成问题,其潜台词是,五言是比四言更好的表达工具,所以才会有汉以后的诗歌发展。要这么说的话,魏晋诗歌岂不就超越《诗经》了?而《诗经》向来被认为难以逾越。其实郑振铎不过是给后来的七言唐诗做铺垫而已。

此外,对五言诗的欢呼来自它挤兑了汉赋,重诗轻赋是近代以来的一贯做法。大概因为赋入文章,而文章不算纯文学。胡适在《白话文学史》里就说,汉代韵文一为辞赋,二为民歌乐府,辞赋是僵死的、无可救药的,民歌则代表了新生。胡适意在为民间文学张目,郑振铎立意连接伟大的盛唐,但二人都在进化的思路里把汉乐府乃至魏晋南北朝诗歌处理成了过渡文体。这又与因形式美感追求和文学理论写作,而把六朝视为"文学自觉"年代的做法抵触。

---

① 郑振铎编著:《插图本中国文学史》,第87页。
② 同上。

汉乐府的第二点文学史意义在于它的叙事性。今天的文学史都会详细分析它的叙事手法如何高明与娴熟，标志着中国古代叙事诗的成熟。这很容易让我们想起前些年高友工、陈世骧等人标举的中国文学的抒情传统。对叙事缺乏的焦虑，其实从《白话文学史》就开始了。胡适非常惋惜地说，中华民族"确是仅有风谣与祀神歌，而没有长篇的故事诗"①。在故事诗后面专门标出了英文"Epic"，说明对抒情抑或叙事的在意是比照西方史诗的结果。这也正是《孔雀东南飞》和后来的藏诗《格萨尔王》格外受关注的原因。但胡适也说了，不能说汉乐府之前中国就没有叙事诗，《诗经》的风谣和祀神歌就有一定的叙事性，只是并非长篇而已。今天对《诗经》的基本定位，依旧是开辟了中国诗歌的抒情传统。20世纪80年代海外发轫的中国文学抒情传统的论述，又强化了抒情与叙事的二元对立，似乎中国人从来只会咏叹，不会说事。

其实《诗经》的《生民》《公刘》《绵》《大明》就是周室的史诗，讲述了从后稷、公刘、太王到武王的开国事迹。班固抱怨汉朝没有颂祖雅章时（"今汉郊庙诗歌，未有祖宗之事"），还不忘《诗经》颂歌的叙事之功——"昔殷周之雅颂，乃上本有娀、姜原，禼、稷始生，玄王、公刘、古公、大伯、王季、姜女、大任、太姒之德，乃及成汤、文、武受命，武丁、成、康、宣王中兴，下及辅佐阿衡、周、召、太公、申伯、召虎、仲山甫之属，君臣男女有功德者，靡不褒扬"（《汉书·礼乐志》）。讨论诗歌叙事功能时，近代学者却视若无睹。一方面因为与西方史诗对照，它们还不够长。另一方面可能是因为它们集中在贵族创作的雅颂部分，缺乏民间因素。即便不通盘考虑强大的史传传统（拒绝史传入文学，文学内部又强分诗文，正是过分在意西式分类的表现），诗歌的叙事功能也不至晚到汉代。从汉乐府里找典型，说明《诗经》尤其是高居庙堂的颂诗，不符合近代学者的文学理想。

越是有意回避，就越有可能是致命之处。雅颂不仅可能质疑叙事的现代回溯，还可能动摇五言诗的发展叙事。尽管《诗经》以四言居多，但五言句式也不少，"投我以木桃，报之以琼瑶"（《卫风·木瓜》）、"诞置之隘巷，

---

① 胡适：《白话文学史》，安徽人民出版社，2019，第45页。

牛羊腓字之"(《大雅·生民》)都不生僻。而且《诗经》不弃杂言,从二言到八言的转换甚是自由,如"祈父!予王之爪牙。胡转予于恤,靡所止居"(《小雅·祈父》),"夏之日,冬之夜,百岁之后,归于其居"(《唐风·葛生》),"对越在天,骏奔走在庙"(《颂·清庙》),"知我者谓我心忧,不知我者谓我何求。悠悠苍天,此何人哉"(《王风·黍离》),等等。谁说"於,我乎!夏屋渠渠,今也每食无余。于嗟乎,不承权舆"(《秦风·权舆》)就没有诗的韵律?谁又能说只有整齐划一的四字句才叫诗?

无论《诗经》还是《楚辞》,字数本无严格限定。今人竞相论证五言如何发展了四言,七言又如何丰富了五言,可曾想过用字数多寡来论文学,无论如何都算不得高明。五言再如何代表进步,后世铭诔颂赞依旧用四言,而且被公认为高级雅正的形式。七言再如何朗朗上口,终究未能取代四字匾额和四字成语的雅俗共举。从使用场合和频率来看,很难说四言到五言再到七言,就是诗歌的进化。何况西汉镜铭和识字课本上已有七言,时间序列难以整齐。各种诗体历史上长期并存,萧统便言,即便四言、五言稍多,"少则三字,多则九言,各体互兴,分镳并驱"(《文选序》)才是繁荣。即使五言和七言确有不同,古人创作时也是自由选择的,作为建安之雄的曹操不就在五言盛行的时代选择了四言么。莫说句中字数,就是诗歌章节,亦随达意需求而定,王僧虔言"古曰章,今曰解,解有多少。当时先诗而后声,诗叙事,声成文,必使志尽于诗,音尽于曲。是以作诗有丰约,制解有多少,犹诗《君子阳阳》两解,《南山有台》五解之类也"①,说的就是这个道理。抛开内容的雅正和表达的需要,以字数、章节、文类作为文学史的主要论述框架,不说粗暴,也难免肤浅。

当然,说汉乐府好,未必真心认为五言绝盛,五言不过是在给七言做准备罢了。诗到盛唐而绝,宋代之以词,元代之以曲,旁系要预留空间以配合主线的发展,这是中国古代文学近代叙事的基本思路("一代有一代之文学"),也算一种整体思维。如果连文章都可以屈居末位,那么在四言和五言的问题上含糊一点,就没有什么不可接受了。以一统万的整体论、总体上

---

① "相和歌辞"题解,郭茂倩编:《乐府诗集》,上海古籍出版社,2016,第352页。

升的发展观、泾渭分明的阶段论,是近代学术建构的基本逻辑。

那么汉乐府究竟是不是沿《诗经》之波而下的呢?今天说的乐府,指的是汉代乐府机构搜集和保存下来的诗歌。在汉武帝之后、汉哀帝之前,乐府是朝廷的常设机构,行政长官乐府令隶属少府。但与此同时,掌管音乐的部门还有太乐,别属奉常。直到清朝,乐部还分神乐署与和声署两个部分,分别与太乐和乐府呼应。今天的文学史只说汉武帝立乐府,"采诗夜诵,有赵、代、秦、楚之讴"(《汉书·礼乐志》),即收集各地民歌,近似《诗经》的采诗,却很少深究乐府和太乐是什么关系,乐府兴废之由如何。

实际上,乐府在汉朝四百年的历史里,只存在了短短的一百年时间,代不绝祀的是太乐。乐在古代是朝堂大事,历朝正史都有详细记载。以时间最接近的《汉书·礼乐志》为据:

> 汉兴,乐家有制氏,以雅乐声律世世在大乐官,但能纪其铿锵鼓舞,而不能言其义。高祖时,叔孙通因秦乐人制宗庙乐。大祝迎神于庙门,奏《嘉至》,犹古降神之乐也。皇帝入庙门,奏《永至》,以为行步之节,犹古《采荠》《肆夏》也。乾豆上,奏《登歌》,独上歌,不以管弦乱人声,欲在位者遍闻之,犹古《清庙》之歌也。

这段话及其上下文,信息量极大。第一,汉武帝立乐府以前,乐律机构早就存在,而且是"世世在大乐官"。秦朝命短,制氏家传当从周乐沿袭而来。第二,尽管周末王官失守,一度"雅颂相错",但经过孔子论次,"然后乐正,雅颂各得其所"(《论语·子罕》)。即便流传到汉初,乐官已"不能言其义"了,形式上的鼓舞依旧铿锵。第三,高祖朝的礼乐歌仪乃叔孙通据秦律而定,所谓"大氐皆因秦旧事焉",与周乐仍有一定的承袭性。第四,哪怕古乐有阙闻,汉乐有新声,汉乐最初也是仿效古乐而来,如《嘉至》《永至》《登歌》都有明确的比拟古章。《采荠》和《肆夏》今仅见《周礼》,但《诗经》"周颂"的第一篇就是《清庙》,可见确有所指。第五,这里谈的都是雅颂,即朝堂正乐,未涉及国风。即便唐山夫人新作的《房中祠乐》用了刘邦喜爱的楚声,仍是仿周之《房中乐》和秦之《寿人》,依旧"礼不忘本"。第六,《汉书》不厌其烦地保存了19首汉乐府原辞,有四言有三言,还有不少四言、五言、六言掺在一起的杂言诗。直到宋代的《乐府诗集》，保存下来的南朝郊庙歌词仍是三言、四言同样醒目。

后来汉武帝立乐府，虽有一部分来自各地民歌，但还有一部分是司马相如等人的诗赋，即民歌和文人创作都有。可这只是乐府的情况，雅乐仍存于太乐，如河间献王所献即归太乐。最后汉哀帝停罢乐府，正是因为对乐府新声不满（"内有掖庭材人，外有上林乐府，皆以郑声施于朝廷"）。在调整名录里，被罢免的441名乐官或因"不应经法"（即不合古制），或因操"郑卫之声"（即乐府新声），没有免职的388人最终"领属大乐"。礼乐是不能废的，太乐仍然继续。虽然班固说武帝之后乐府新声渐盛，但是他也是以谴责态度目之为郑声乱雅的，而且明确指出正是因为雅颂不闻，致使大汉"行之百有余年，德化至今未成"（《汉书·礼乐志》）。他所疾呼的，是恢复周礼、重振雅乐。可见直到东汉，新声与古乐的区别都是明显的，而且乐府被视为郑声遭到了儒家正统的排斥。东汉以后，掌乐机构代有变革。不变的是，太乐雅颂一直是官方孜孜以求的礼之大端。晋以后，古乐和新声淆乱①，唐朝多闻教坊之事，至宋已是"汉之杂曲，所见者少，而相和、铙歌，或至不可晓解。非无传也，久故也。魏晋已后，讫于梁陈，虽略可考，犹不若隋唐之为详"②。无论如何，古人尽力在新声中辨识古音，以存雅正，雅俗之辨是主线；近代却是在古辞中发掘新声，乃至排除古乐，民间与庙堂的对立是根本。

如此一来，我们就会发现以汉乐府为《诗经》后续，只是对接了《诗经》的国风部分，在意其民歌性质，雅颂部分基本被忽略。从抒情到叙事、从四言到五言的叙述脉络，这样才能成立。以之为民间诗歌的线索，或许说得过去，但以之为中国诗歌的发展脉络，用近代的一句刻薄话来讲，是生生地把妾扶了正。且看《乐府诗集》里的12大类，汉乐府仅存于相和歌辞和杂歌谣辞中，且数量很少。郊庙歌辞和鼓吹曲辞里的汉诗，当归太乐，是礼乐

---

① 《乐府诗集·杂曲歌辞题解》曰："当是时，如司马相如、曹植之徒，所为文章，深厚尔雅，犹有古之遗风焉。自晋迁江左，下逮隋、唐，德泽浸微，风化不竞，去圣逾远，繁音日滋。艳曲兴于南朝，胡音生于北俗。哀淫靡曼之辞，迭作并起，流而忘反，以至陵夷。原其所由，盖不能制雅乐以相变，大抵多溺于郑、卫，由是新声炽而雅音废矣"（郭茂倩编：《乐府诗集》，第884页），把雅音沦陷推及晋室南迁。

② 郭茂倩编：《乐府诗集》，第1107页。

而非民歌。今人混为一谈，或为增加乐府诗的权重，却又与乐府的基本定位抵触了。

更要命的是，接续国风的汉乐府其实无法与后面的唐诗顺利对接。被目为诗史高峰的七言唐诗，毫无疑问是文人的创作，甚至是呕心沥血的经营，要追溯也只能往汉代文人诗上溯。再如何强调唐初诸公的乐府拟作，借用的也只是乐府的形式或音乐，从文辞到情怀都不是民歌所有，所以号为"新乐府"。要谈开端，也当从魏晋文人歌行开始，《乐府诗集》里不是没有线索。更何况《汉书》已言，打一开始，文人创作和地方民歌就同时丰富了乐府。不能说司马相如学了民歌就写成了风诗，他们追摹的对象更多的是《诗经》雅颂和下文要谈的楚辞。因此横在中间的东汉文人诗，地位相当尴尬。许多人本来就五言、七言都写，干扰到从四言到五言再到七言的诗史脉络。此外还横生出一个好写叙事诗的班固，于是又多出一条从张衡开始，文人五言和七言由叙事到抒情的逆行路线。

更麻烦的是，汉代文人五言诗留存不多，寻来觅去也就《古诗十九首》值得一提，亦不过区区 19 首而已。因此只能把五言诗的重心放在魏晋南北朝，可这个时期的诗歌和民歌离得更远。要谈民间，就必须重视汉乐府；要论唐诗，又不得不回到文人传统。这两条线索纠缠在一起，国风和雅颂也就阴晴不定了。一旦还原乐府的固有地位，我们会惊讶地发现，在近代建构的诗歌发展脉络里，皇皇两汉一片惨淡！这显然不对，那问题究竟出在了哪里？

三 诗、赋对楚辞的争夺

翻开现存第一部诗文总集——梁昭明太子萧统（501—531 年）编的《文选》，开篇就是 10 部次 15 类赋，而且大多出自汉代文人之手。若按"一代有一代之文学"的思路，赋就是汉代文学的重心，也确实汇聚了最主要的作家。然而，尽管文学史也谈赋，评价却不高，甚至以贬抑为主。一来认为粉饰太平，内容空洞。二则批评堆砌辞藻，艰涩难懂。无论怎么看，都是陈独秀文学革命"三大主义"炮轰的对象（雕琢的阿谀的贵族文学、陈腐的铺张的古典文学、迂晦的艰涩的山林文学），也符合近代以来崇诗抑文的基本态度。但若没有汉赋对文字和形式的推敲，就没有南朝所谓"文学自觉"时代的来到。缝天挞地、苞括宇宙的体物长篇，比唐诗短句更能彰显王朝的盛气与恢宏，这是历朝文学求之而不得的理想气质。欢愉与盛大从来比愁苦和琐细更难传达。

抛开文学价值的主观评定不说，赋的麻烦在于挑战了诗和文的界限。今天的文学史说，赋的韵散兼行是诗歌的散文化、散文的诗化，因而它的来源是多元的——"它借鉴楚辞、战国纵横之文主客问答的形式、铺张恣肆的文风，又吸取先秦史传文学的叙事手法，并且往往将诗歌融入其中"①。可主客问答是表现形式，与文体没有直接关系，《诗经》和乐府也有问答式的对话诗。汉赋情节性不强，不过舞台背景般的存在，谈不上多少叙事，更不要说还有大量的"抒情赋"了。以叙事和抒情讨论文体，本来就贬低了文学的表现力，一般问题只出在作者"戴着镣铐"的舞蹈能力。"往往将诗歌融入其中"意味着把赋排除出了诗体。这种笼而统之的渊源叙述经不起推敲，唯一能站住脚的，是赋与楚辞的关系。

本来，《四库全书》"集部"分楚辞、别集、总集、诗文评、词曲5类。别集和总集是结集形式，诗文评始出魏晋，词曲晚到唐代，视为文薮的楚辞赫然屹立集部之首。《四库全书总目》集部总序说："古人不以文章名，故秦以前书无称屈原、宋玉工赋者。洎乎汉代，始有词人。迹其著作，率由追录。故武帝命所忠求相如遗书，魏文帝亦诏天下上孔融文章。至于六朝，始自编次"，清朝人认为专门的文辞写作从汉朝开始，有意的诗文汇编于六朝发轫，再往前溯，只能追到屈原的楚辞。那么《诗经》呢？《诗经》历来在经部，非词人之事，与集部文章有不可逾越的地位区分。所谓"学者研理于经，可以正天下之是非；征事于史，可以明古今之成败；余皆杂学"（《四库全书总目》子部总序），经史为正宗，集部辞藻是文人晋身登第、沽名钓誉的工具，"与朝廷无预，故其患小"（《四库全书总目》集部总序），位居末位。历史上，《诗经》和楚辞从来就没有并列过。只是到了近代，才被追封为中国诗歌的两大源头。

如果说清初去古已久，理解或有偏差，那看汉朝人如何看待本朝及前朝

---

① 袁行霈主编：《中国文学史》第1卷，高等教育出版社，1999，第166页。

作品。《汉书·艺文志》的"诗赋略"没有后世文类的干扰，子目只有屈原赋、陆贾赋、孙卿赋、杂赋、歌诗5种，赋是主体，楚辞和汉赋没有界分，只以作者为代表而已。但诗和赋是分列的，诗可以歌，"不歌而诵"为赋。入乐与否是诗和文的重要区别，《汉书·艺文志》云：

> 传曰："不歌而诵谓之赋，登高能赋可以为大夫。"言感物造耑，材知深美，可与图事，故可以为列大夫也。古者诸侯卿大夫交接邻国，以微言相感，当揖让之时，必称《诗》以谕其志，盖以别贤不肖而观盛衰焉。故孔子曰"不学《诗》，无以言"也。春秋之后，周道浸坏，聘问歌咏不行于列国，学《诗》之士逸在布衣，而贤人失志之赋作矣。大儒孙卿及楚臣屈原离谗忧国，皆作赋以风，咸有恻隐古诗之义。其后宋玉、唐勒，汉兴枚乘、司马相如，下及杨子云，竞为侈丽闳衍之词，没其风谕之义。是以扬子悔之，曰："诗人之赋丽以则，辞人之赋丽以淫。如孔氏之门人用赋也，则贾谊登堂，相如入室矣，如其不用何！"自孝武立乐府而采歌谣，于是有代赵之讴，秦楚之风，皆感于哀乐，缘事而发，亦可以观风俗，知薄厚云。

班固虽言诗赋而论及《诗经》，但显然是从《诗》成之后的"赋诗言志"传统说起的，并没有包括《诗》本身。《诗经》作为行歌聘问、微言相感的交接方式，是古大夫徒歌述志的言说方式，这是"赋"的原义。礼崩乐坏之后，《诗》亡而沦为古风，代之而起的是"贤人失志之赋"——以孙卿和屈原为代表。即后世词人承继的是言志、赋志的《诗》用之一，所以楚辞又名骚赋，骚赋也是赋。

"楚辞"始见《汉书·朱买臣传》"说《春秋》，言楚词"，流行于汉末刘向编纂的《楚辞》之后。但《楚辞》未收录汉初贾谊的《鹏鸟赋》，形为楚辞体却别名为"赋"，说明"楚辞"虽成专有名词，却非严格意义的文体。就像《秋风辞》名为"辞"，却为诗一般。今人宁可把句式整饬的古体诗归源杂言的楚辞，也不愿把从形式到内容都相近的《鹏鸟赋》《鹦鹉赋》《鵩鹩赋》《洞箫赋》目为楚辞，因而另作骚体赋和新体赋的划分。若从形式上看，楚辞尚不如《周易》爻辞和《老子》整饬，《老子》是文，楚辞反成了诗。

从写作手法上讲，作为代表的《离骚》，开篇就是"帝高阳之苗裔兮，朕皇考曰伯庸。摄提贞于孟陬兮，惟庚寅吾以降。皇览揆余初度兮，肇锡余以嘉名。名余曰正则兮，字余曰灵均。纷吾既有此内美兮，又重之以修能。扈江离与辟芷兮，纫秋兰以为佩。汩余若将不及兮，恐年岁之不吾与"，去掉语气词"兮"，离《诗经》远而离诸子近，更像文而非诗。在班固的叙述里，无论是宋玉擅长的楚辞，还是司马相如作的汉赋，都导源于屈原，辞赋前后是一系的，汉赋归文，楚辞亦当入文才是。

其次，班固对汉赋的批评在"没其风谕之义"，这不仅肯定了孙卿赋和屈原赋"贤人失志"的内容特色，也是以《诗经》小雅为作文的标准。《诗经》的指导意义首先体现在精神品格和思想特质上，文学手法和文体特点是次要的，可见《诗经》的功用仍是经学意义的。至于"歌诗"，自然是《诗经》以外的诗歌，包括乐府。对民谣的肯定来自它"观风俗知薄厚"的遗响，仍是回应《诗经》采诗、观诗的经学传统。对其中的文人乐府和文人诗，班固竟未置一词，大概与前4类皇皇文赋比，它们力量太过单薄。我们可以辩解说东汉文学尚未自觉，所以仍与经学血肉相融。但我们也当思考，既然古人不是从文学角度看待《诗经》的，今人把它限定在文学框架内，是否需要更多的弹性与警觉？

此外，乐府虽入乐，但只限早期，后来更多流为一种书写的样式。汉代的文人乐府和文人诗一样，没有李延年辈的协律，是唱不了的。后来的词曲，音律跟词牌走，与现代一词一曲的情况不同。因而元曲（包括套曲和散曲）能否被视为独立于词的另一种新文体，值得商榷。尽管《九歌》借用了神曲、祭曲的形式，但《离骚》和《天问》无法入歌。哪怕以入乐与否为标准，楚辞也不属于"歌诗"。班固的处理是有道理的。

更重要的是，汉人看得很清楚，从楚辞流淌出了汉赋，而非乐府和汉诗。汉赋之后是骈文的继起。把楚辞立为诗歌的源头，文脉无论如何都不可能完整和清晰，导致今天赋的两头摇摆，前后孤立。从南北朝到唐朝高度繁荣的骈文写作，在今天的文学史里，几为散文的逆流，于是造成唐宋散文直接接续战国诸子的错觉。平心而论，唐宋古文离《庄子》的距离，十倍于汉赋（可对比代表人物韩愈的文章和司马相如的汉大赋）。被掠过的不仅是赋体和骈文对文学形式感的追求，还有整个文脉的波澜壮阔！这与"五四"以来提倡"为艺术而艺术"、为美感而艺术的西式观念是矛盾的。所以论到六朝文学，一方面是对骈文、永明体、宫体的猛烈抨击，另一方面又是对"文学自觉"年代的高度肯定，论述的重心放在文学评论上。可没有可观的创作积累，哪来的品评热潮？何况连评论文字都是用骈赋写成的。唐诗讲究对仗，宋词着意铺陈，这些都是骈赋的遗产。

即使出于专科史建设的需要，不得不把《诗经》拉低，纳入文学，但以《诗经》为诗歌考察的起点尚可接受，把楚辞并列为诗歌的源头却无论如何都经不起盘查。难道就因为《诗经》源于北方而楚辞来自长江以南？南北发展不同步本来就是事实啊。周初"郁郁乎文哉"的时候，楚国仍是蛮夷之地，所以楚祖"筚路蓝缕，以启山林"（《左传·宣公十二年》）。若以屈原楚辞受馈于楚地民歌，那也只能与《诗经》的国风对应，时间落差更明显。若溯源到楚地巫歌和神曲，相较《诗经》的雅颂而言，楚辞就当是追步中原的地方性文学创作。如何就能二圣同朝呢？

四 谁的文学谁的古代

毫无疑问，屈原接受的是正规的贵族教育，他创作的也是个人情志极高的华辞雅章。即便被迫离开郢都，也不能等同于流落民间的市井歌唱（这是元明以后对落魄文人的想象）。连身非贵族、长年行走于列国的孔孟，也不过偶遇三两个隐士，与民间的接触非常有限。非得把屈原想象成采诗的乐官，乃至深入基层生活的新时期文艺工作者，是夸大民间影响的一厢情愿。屈原始终属于文人（"词人"）系统，与乐府民歌相距甚远。楚辞和汉赋血缘更近，何以就成了诗歌之祖？中国文学史一堆乱账，有太多的矛盾与纠结，偏偏又渴望宏大史诗般的统一。

文学在古代是精英阶层的志业，乃至贵族的余业。第一章说过，即便清末秀才举人过剩，长年候补不得官阙，识字率也不过百分之十三。和前现代的欧洲一样，春秋战国是血统型贵族社会，还没有到学而优则仕的选举阶段。民间非但没有读书识字的能力和动力，文字亦非普通小民所能接触，所以孔子开私学功德无量。不识字，文学从何谈起？田间地头的歌唱或许鲜活，却难以首首精致，更不可能进行大量生产和有意识的提高。文学是千锤百炼、长年吞吐出来的东西，多少人一生求索方得预流，古人常用呕心沥血、戮力为文来形容。在当前义务教育推行几十年的情况下，能够进行文学写作的人尚且寥寥，何况私学刚开始的战国？

去过莎士比亚故居的人就会知道，在16世纪的英国，那样的华屋绝不是我们所理解的"平民家庭"。拜访加尔各答的泰戈尔故居，更会惊讶其盛大。我们的文学史每每忌讳文学家的富庶出身，即便无法回避，也倾向夸大家道中落的境遇。对国外作家，同样极尽渲染其精神的苦痛和与民间的亲近。这种始于清末国民教育的取向，壮大为"文学革命"时期对平民文学和革命文学的提倡。虽然1932年胡行之的《中国文学史讲话》分"过去传统文学的评价"和"中国民众文学之史的发展"两卷，分疏正统和民间，1938年郑振铎也另著《中国俗文学史》，然而自胡适1928年把"白话文学史"径直称为"国语文学史"和"中国文学史"起，民间文学挤兑、审判、改造精英文学的努力不仅普遍存在，而且以之为正道。经新中国成立后马列主义阶级斗争的洗礼，这种取向不仅越发强劲，而且成为一种政治正确的选择，从而有郭沫若对杜甫草堂能盖三层茅（《茅屋为秋风所破歌》"卷我屋上三重茅"）的著名批判。今天，它依然残留在文学叙事里——不仅是内容的选择与侧重，更存在于深层次的叙述框架和源流认定里。如果说前者出于文化普及的初衷，后来是社会发展的需要，那么今天的不假思索，便成刻舟求剑了。

说到底，文学不仅关联着语言文字，更属于文化，是最不惮精微、最讲究积淀的人类精神文化创造。所以莎士比亚的创作意味着英语语种的最高表现力，泰戈尔的作品代表了印度文明的深广。法国人再如何以法语自豪，在《浮士德》面前终究无法过于跋扈。放眼全球，我们更能体会文学不只是咬文嚼字；回顾历史，我们不难发现它承载的不光是时代变迁。这是民族的精神史，映照着中华文明的情感厚度与文化品格，不能用简单的阶级站队方式抑此扬彼。中华文明要走向世界，必须跳出你死我活、非黑即白、强枝弱干的斗争思维。每一个时代都有自己的特殊环境和使命，近代确立的文学发展观功利性、目的性、主观性太强，未必契合不再以追步西潮为务的新时代。继经济的发展之后，文化的均衡是必然。而文学、艺术、思想的继长增高，比物质能力的提升更慢也更难。它需要站在民族过往和人类文明的至高点，既是纵向的古今思力提升，也是横向的世界文明超越。没有一个国家的文学盛况，是随随便便指点出来的。

今天的文学史比当初的白话文学史和革命文学史公允了许多，但仍是近代人各种指示和设定下的文学专科发展史。研究古代社会，虽说都是以今视昔，可历史资料的爬梳意在贴近历史，塑造历史终非学术本义。《三国志》和《三国演义》毕竟有区别，急于笔伐与证义，就与当前各种"戏说"的古装剧没有区别了，还用得着皓首穷经、毕生研习吗？文学可以想象和编造，文学史却不可以。创作可以发挥，研究却需谨慎。如果不能坚持求实的态度，近代以来千方百计为学术研究合法性确立的科学、客观标准就不能成立。

近年来，海外中国文学研究每每在国内掀起热潮，甚至影响力超出文学领域。我们当然可以批评存在误读或过度诠释的情况，可是否想过，这些令海外学者都感到意外的热烈情景何以形成？正是因为近百年来国人自身的观察视角和叙事框架固化与陈旧，先行的观念和简单的证实遮蔽、淹没了大量丰富的、鲜活的、饱满的文字。正如美国汉学家宇文所安的批评，如何能把对文学的研究做成最没有文学趣味的呆板文字呢？[①] 我们缺的不是历史，不是作品，不是故事，而是多元的视角和灵活的叙事。没有真切的认知，摸不到历史的脉搏，感受不到精神的气息，很难讲好文学的故事。

事实上，只要作品没有亡佚，它们就一直在那里。今人见到的，古人也见过，只是古人不以今人的方式来讲述而已。今人研究《诗经》的语言结构和表现手法，古人在意风雅兴寄何以成文章助教化；今人着力分析楚辞的语言美和文学价值，古人的兴奋点是如何吸收到自己的写作中去。六朝已经开始评点文章、论说文体，只是用了他们认为最好的方式。近代引进西方专史梳理和专题论证，不过是换了一种面向初学者乃至西方人的介绍、阐发和论证方式而已。无论有多少种解释框架，世界就在那里，不多也不少，不增也不减。当郑振铎惊呼发现了一片"未经垦殖的大荒原"时，不是说文学创作

---

① 见宇文所安：《他山的石头记——宇文所安自选集》，田晓菲译，江苏人民出版社，2003，自序第2页。

从他开始，而是说发现了一种重新组织和讲述文学的新方式。当然，这种模式不始于他，也不始于胡适，而是来自西方现代学术传统（西方古代也不这样表达），所以才会与脱亚入欧的日本近代书写方式高度相似。

用外来框架框取海量的史实和细节，必然要重新对材料进行取舍与归置。胡适的文学动作显然比社会改造方面更坚决，相较温和的"文学改良"后来其实不断向"文学革命"的意志靠拢，已经超出了清末开通民智的诉求。后来的红色革命亦非从天而降，近代思路其实是一体的。以前谈现代化，很少把平民革命、打破阶层视为中国特色的现代化，这其实很重要。因为中国千百年来已经形成了非常稳定的社会结构，改朝换代换的是国姓皇族，却不曾改变文化和社会的结构。在四民社会里，文化及文学的传承在士大夫精英阶层进行，却并非终身业习的职守，迥异于教会式、学院式的西式研究。近代新派学者也出生在这样的家庭，不同的是多有留学背景或西学教育经历，在传统失范的年代选择了新的世界认知。晚清一代想的是如何取长补短，认知结构和意识形态没有根本改变。"五四"一代确以新思潮改写旧篇章，故文学的近代改造始于"文学革命"。近年来总有学者不舍昼夜地往前追溯晚清的影响因子，恨不得把鸦片战争之前的龚自珍一辈都拉进来，有点儿为壮军威到处抓壮丁的味道了。

当然革命主张要靠后来的文学实践来支撑：一是新时期白话文学创作；二是新思路下的古代文学整理。如今，前者成为中国近代文学史的讲述内容，后者是中国古代文学史的研究范畴。在这两条平行线中，不仅有古今分离问题，还有创作和研究的两别。现代文学接续近代文学的写作，就像中学课本以鲁迅一辈的近代散文为范本。但今天的诗人却未必研究古诗，就算看懂了《红楼梦》也不等于掌握了古典文学。试想清朝人若熟稔《水浒》却读不懂《庄子》，喜好唐诗却没见过骈文，将如何跻身士林？今天我们认为这是古代文学专业的事情，莫说普通的文学爱好者，就算现代文学的研究者不知道也没有关系，反正我们已不再写那样的文字了。

白话文运动后，古代文学成为古董，留给专业研究人员去对付。当年曾毅提出"文学史与他种不同，欲明文学史，必须晓读古书，若于文言以为难，可无庸再讲文学史也"①,坚持用浅近文言进行文学史写作。何止文学,大凡研究中国古代,阅读一手的文言古籍都是基本要求。而当古代文学不再进入当下生活,多知道一点还是少知道一点,理解是否准确与全面就不再重要了。近代文学力推诗歌和小说,仿佛只有唯美的俳句和撼人的长篇才能提示诗意的精神和文学的功力,于是唐诗和"四大名著"占据了古代文学的醒目篇章。至于诗歌在唐以后逐渐成熟的科举考试里究竟占多大比重,源于平话的小说在古代文化中处于怎样的位置,即便有学者提出异议,似乎也无伤大雅,只要被人广泛接受了,就是通识。

另一方面,非但现代下力最深的小说每每三两年便石沉海底,国人为诺贝尔文学奖简直伤透了脑筋,而且看似容易的诗歌写作,在 20 世纪 80 年代风行一阵之后,便少有问津。古体诗除了老辈偶一为之,已难以为继,甚至就不成为正式文体。从古诗文里检索诗句并不难,难的是日常生活里的信手拈来和即兴吟咏。我们流失的不仅是日常的诗性情怀,还有对整个传统文化的疏离。此非一日之功,和整个国家的语文教育和文学环境有脱不开的干系。我们的文学研究模式和文学发展方式,是否也负有责任?

表面看是《诗经》的雅颂问题,背后是文学源流的厘定。主次与起止,依据新文学理念来判定。在复杂的近代社会,标举文学的背后是政权革命、文化改造、社会转型的实际考量和总体需求。换句话说,文学只是镶嵌在文化社会网络里的一个环节,就像《诗经》受制于整体文学布局一样。一旦明确了方向主旨,组织原则的设定难免带有意向性,材料的选择本来就是顺着结构往下走的。先有观念引导,再有框架搭建,最后是细节填充,每一个体系的建构都是整体性的系统工程,每一套体系也都有自洽的逻辑。当细节增补到无处安置,框架填充得开始变形,范式转型也就势在必行了,然后进入下一轮的新知识构型。当然,这是自然生发的理想状态,中国近代学术却是短期内被挤压、被冲刷出来的,粗疏之处毋庸讳言。而古代文学的研究者必须明白,近代研究并非事不关己,我们的古代是近代人重塑的。如果只是不

---

① 曾毅:《订正中国文学史》上册,泰东图书局,1929,改编大旨第1—2页。

断地刨材料证源流，不敢质疑前提预设和系统原则，再多的细节发现也只是给旧框架施肥松土，很难有更大的作为。

第五节　类目升降与重开格局

一　文类升降及其历史改塑

"整理国故"运动的文学响应者郑振铎，在1932年的《插图本中国文学史》里对此前的中国文学史写作提出了严厉批评：

> 将纯文学的范围缩小到只剩下"诗"与"散文"两大类，而于"诗"之中，还撇开了"曲"——他们称之为"词余"，甚至撇开了"词"不谈，以为这是小道；有时，甚至于散文中还撇开了非"正统"的骈文等等东西不谈；于是文学史中所讲述的纯文学，便往往只剩下五七言诗，古乐府，以及"古文"。①

他依然肯定西来的"纯文学"标准（乃至《四库全书》的集部也一并作为讨论的对象），只是此前的文学史写作在落实的时候出现了偏差——把范围收得太窄。在诗的范畴里遗落了曲，于是五言诗、七言诗和乐府诗成为诗的主体。这与上节的讨论基本吻合：《诗经》和楚辞是开局，乐府是过渡，五言是发展，七言到高峰，结果是诗到大唐盛极难续。在文章部分，郑振铎看到了"散文"只能勉强对应从前的"古文"部分，而遗漏了古代文章里的骈文。他提出了正统性的问题，还专门打上了引号，说明他不认同古文为文章正统。这与前两节的文章讨论也相合。这些都是郑振铎敏锐而深入的一面。

既然对范围狭窄表示不满，改进方式自然是向外扩张，郑振铎提议：

> 我们第一件事，便要先廓清了许多非文学的著作，而使之离开文学史的范围之内，回到"经学史"、"哲学史"或学术思想史的他们自己的领土中去。同时更重要的却是要把文学史中所应述的纯文学的范围放大，

---

① 郑振铎编著：《插图本中国文史》，绪论第5页。

于诗歌中不仅包罗五七言古律诗，更要包罗着中世纪文学的精华——词与散曲；于散文中，不仅包罗着古文与骈文等等，也还要包罗着被骂为野狐禅等等的政论文学，策士文学，与新闻文学之类；更重要的是，于诗歌、散文二大文体之外更要包罗着文学中最崇高的三大成就——戏剧、小说与"变文"（即后来之弹词、宝卷）。这几种文体，在中国文坛的遭际，最为不幸。他们被压伏在正统的作品之下，久不为人所重视；甚至为人所忘记，所蔑视。直到了最近数十年来方才有人在谈着。我们现在是要给他们以历来所未有的重视与详细的讲述的了！①

在诗的领地，建议加入词和散曲，即以宋词和元曲为诗歌的后续。如此诗的样式不仅更加丰富，诗史也得以向后延伸，今天我们的确是这样做的。郑氏"中世纪文学"的提法，暗示他对此前诗史集中在早期而没有论到中古很是不满。同样我们也可以说，这种做法仍不完整，因为没有覆盖到近世（即明清），1931年陆侃如和冯沅君的《中国诗史》论完元曲就收尾了。明清人何尝不作诗？后世又何尝没有好诗？事实上，今天声名最大的诗文选集多出自近世，如《唐诗三百首》《古文观止》《古文辞类纂》《全上古三代秦汉三国六朝文》等，还有《笠翁对韵》《声律启蒙》《龙文鞭影》一系列高质量的诗文启蒙读物。但在文类与朝代挂钩的文学演进大思路里（即唐诗—宋词—元曲—明清小说的叙述框架），这个问题被淡化，因为注意力转移到小说上去了。

在文章部分，郑振铎认为骈文当与古文一样受到重视，此外还当追加政论文学、策论文学和新闻文学。政论和策论其实本来就在古文的范畴里，而且是古代最受关注的应用文章，科举考试、官员上书都离不开它们，绝非什么"野狐禅"。郑氏所言非古代实情，而是新文学观念下的近代偏见。古代实际与近代叙述之间的正与反、多与寡、中心与边缘，往往纠结倒错，需要明辨。郑氏显然意有所指，他在意文章的实用性，指涉的可能是当时被视为非文学的杂文和报刊文章（"应用之文"）。然而这种放宽标准的建议，与当

---

① 郑振铎编著：《插图本中国文史》，绪论第5页。

时对纯文学的普遍理解（即"文学之文"）产生了抵牾，因而郑氏用一种近乎对立和反抗的语气来言说。郑振铎提出的第一桩事就是把非文学的东西踢出文学史（以经学、哲学、思想史为例），即与"文学革命"之前的大文学观划清界限。可政论和时事评论究竟当归于政治或思想领域，还是应用型的文学（陈独秀就认为不是文学），不易界定。非要彰显"新文学"的内涵，势必不能再以从前的功能进行划分，否则虽然熟知者或许明白内中所指，普通人却容易随意嫁接、望文生义。这正是现代人讲述古代文学乃至传统学术最为难的地方。

更醒目的是，郑振铎提出要打破诗和文二水分流的格局（即使到1947年，刘锡五的《中国文学史大纲》还是只论文和诗，不涉及其他文类），不仅要为戏剧、小说、变文洗屈伸冤，而且把它们推为"文学中最崇高的三大成就"。郑氏说遗漏了它们，就好比英国文学史忘了莎士比亚和狄更斯、意大利文学史没有但丁和鲍卡契奥一样，"不可原谅"。郑氏断言，中国至今还没有一部"足以指示读者们以中国文学的整个发展的过程和整个的真实的面目的"真正完备的文学史。他无意调整之前过于绝对的文学文类处理方式，而是要建立一个更激进、更革命也更主观的新文学史叙述框架。他认为只有他的五路大军，才能廓清中国文学的真面貌。近代人的自信与武断在郑氏身上得到了充分的体现。

郑振铎不满足于刘经庵《中国纯文学史纲》式的追加和续补，他直接让近代新发现的小说和戏剧占去了元、明、清绝大的篇幅，由此丰富了近古的文学叙述。陆侃如和冯沅君稍后出版的《中国文学史简编》，上编从"中国文学的起源"讲到"戏剧小说的雏形"，下编以"中国文学的新局面"开篇，显然以戏剧和小说的出现为古典文学的新篇，最后收笔于他们所处的"文学与革命"时代。与此前以元曲终篇的《中国诗史》相比，不仅内容丰富了许多，而且思路和格局被打开。有了新文类的加入，哪怕是"简编"，是"大纲"，中国文学也终于可以浩浩荡荡地流淌到跟前了。郑振铎还多出一个"变文"来，之下生出诸宫调、弹词、宝卷等新鲜门类，非但不在西方四大文类里，国人也是首次听闻，究竟当归入曲还是平话小说也很不好说。但闸门一开，便万马奔腾。这是他的发见，他的独门功夫，他不无得意地说：

> 唐、五代的许多"变文",金、元的几部"诸宫调",宋、明的无数的短篇平话,明、清的许多重要的宝卷、弹词,有哪一部"中国文学史"曾经涉笔记载过?不必说是那些新发现的与未被人注意着的文体了,即为元、明文学的主干的戏曲与小说,以及散曲的令套,他们又何尝曾注意及之呢?①

戏曲、小说、令套是否是元明文学的主干,姑且不论。变文、诸宫调、平话、宝卷、弹词,确实以前少有人言。但它们之所以未能引起前人的重视,不是因为别人"明足以察秋毫之末而不见舆薪",而是这些通俗文体确实不是主流,甚至未曾进入文人士大夫的视野,遑论分门别类地叙述了。郑氏自己也说了,这是近代人"新发见的"文体,只有他给了它们"历来所未有的重视与详细的讲述"。小门类不是不能讲,而是不能当成主干来讲,近代乃至个人的趣味怎能变成古代中国的事实呢?

鲁迅曾嘲讽说郑振铎包括胡适,是靠孤本秘籍做研究的,指的就是好钻此类孤僻生冷的边缘材料。梁启超亦公开批评过胡适把《三侠五义》《儿女英雄传》这样的市井小说放得过大。浦江清在书讯里推介说,"郑君于近代文学之戏曲小说两部分,得多见天壤间秘籍,材料所归,必成佳著无疑也"②,对其新材料的发见寄予了很高的期望。所谓的"插图本"指的也是此类别处难见的100多幅图像资料。罕见材料的发掘,包括对旁支暗流的考证,当然有助于细化并推进学术的研究,但边缘材料的阐发,能否改易历史全局乃至取代原有中心,就不是个人气质和意愿的问题了,关乎研究的品格和学术的尊严。历史研究毕竟不同于哲学思考,再如何自圆其说,仍有历史的实情在。有意择取材料和过分夸大事实,都是学术的大忌,今天我们仍抵制研究什么就抬高什么的做法。

此节重点不在批评郑振铎的个人研究,而是借此揭示整个近代文学乃至中国近代革命的基本方式:系统重建的前提是颠覆原有格局,改易格局的方

---

① 郑振铎编著:《插图本中国文学史》,自序第 1 页。
② 《书讯》(原载 1932 年 8 月《大公报·文学副刊》),浦汉明编:《浦江清文史杂文集》,清华大学出版社,1993,第 130 页。

式是边缘挤兑中心。只有重新划定类目的边界及其次序，重新梳理文类的源流及其关系，才能斩断原有体系的连接关系，解散组织背后的结构精神。在近代激进的思想背景下，这不是独断，而是革命性的表现。因此郑著文学史在三四十年代的中国文学史写作大潮里，虽然不是成就最高的，却是影响力较大，也最具代表性的。从中我们一方面可以看到"文学革命"和"整理国故"思路的细化与落实，另一方面便于比照今天的中国文学史究竟多大程度上继承了"五四"的革命成果。对于变文、诸宫调、宝卷、弹词等郑氏个人发现，今天固然已不再大谈特谈，但以元曲为元代文学的主干、以小说和戏剧为明清文学的主流却基本保留了下来，由此确立一代有一代之文学的发展演进论。

当1906年寅半生说"十年前之世界为八股世界，近则忽变为小说世界"（《小说闲评叙》）时，指的是清末"林译小说"（林纾）和海派通俗小说大受欢迎。这两派清末小说创作，虽然把作为通俗文学的小说提升到了影响力空前的程度，却非但没有被文学史编撰者视为清代文学的进步与压轴，反而遭到了新文学阵营的猛烈抨击。鲁迅就强调："小说家的侵入文坛，仅是开始'文学革命'运动，即一九一七年以来的事。"[①] 言外之意是此前的封建余孽算不得真正的小说家，不可纳入新文学范畴。

如果改变国人轻蔑小说状况的晚清世情小说算不得文学，那么当初少有人在意的古代小说何以就成了明清文学的高峰？乃至近代发掘出的"四大名著"俨然成了整个古典文学的巅峰？小说内部的矛盾与分裂，一点儿也不比外部少。"昔之视小说也太轻，今之视小说又太重"[②]，晚清人的慨叹今天依然适用。轻视固然出于偏见，看得过重也难免失重。篇幅有限，此处不再展开，但无论如何，经过晚清的发展和民国的推动，小说不仅成为古代文学的重要文类，而且地位压倒了曾为正宗的文章。

至于戏剧，在古代主要用来听和看，而非剧本的阅读，非但不追求情节的繁复（中国古代没有话剧，戏剧也不排斥程式化），而且曲词也务求通俗

[①] 鲁迅：《〈草鞋脚〉小引》，《鲁迅全集》第6卷，第21页。
[②] 《〈小说林〉发刊词》，《小说林》1907年第1期。

易懂,让观众喜闻乐见。主要面向市井的娱情故事,即使带有教化理想,也不乏对曲词的讲求(曲律可能更重要),但与文人长年经营的诗文相比,还有不小的差距。元曲的特出,与科举闭考后失路文人的参与有关。明清虽有续作,多为落魄文人的别好与发泄,汤显祖、李渔等人非但不以此为事业,反而因此而与士林格格不入,属于旁逸斜出的"纵诞"之辈。起于勾栏瓦肆的戏剧得以登堂入室,得益于西方戏剧的发达,以及近代对民间文学和通俗文学的提倡。

诗歌、戏剧、小说、散文四大西方文学文类,总算在中国古代文学里找齐了(即便无法完全对应),而且成为中国文学的基本讲述方式。不仅各朝文学都按这样的版块进行梳理,而且文类的更迭几乎等同于文学的发展和演进。成熟时间最晚的小说,终于成为承前启后的压轴戏。近代人终于松了一口气,站在历史的至高点,信心满满地续写新的篇章——近代文学里长篇小说成为标杆。致力于古代文学研究的人,也可以心安理得地把所有赌注押在《红楼梦》上了。文类西来,文类高下亦西来,连文类的前后次第也是西来的。陈中凡在《中国文学演进之趋势》里说,"晚近言文学者莫不谓:世界文学之演进,率由讴谣进为诗歌,由诗歌而为散文",因此中国文学也不能例外,只有合乎歌谣—诗歌—散文的发展顺序才符合世界文学的大势。① 其实在"晚近"之前,论文多从仓颉造字、"文字始炳"开始,连张彦远论画都不例外。张之纯则依据希腊文学的演进方式,强调"韵文具而后有散文,史诗善而后有戏曲"②。中国古代文学变得越来越完整,也越来越世界。

相映成趣的是,被推为"文学自觉"的魏晋南北朝时期,因缺乏特色文类而在文学通史里面貌模糊。中国文化高峰的战国诸子散文和皇皇大汉意气的汉赋,因文类归属问题,处于无法多言,也不便多言的尴尬地位。作为人类把握世界之工具的分类,成为今人认识历史、改造历史的手段。辅以进化论,历史不但可感,而且可控。在这个已非原貌的文类框架和文学格局里,

---

① 《文哲学报》1922年第1期。收入陈中凡:《陈中凡论文集》,姚柯夫编,上海古籍出版社,1993,第254页。

② 张之纯:《中国文学史》,商务印书馆,1915,第2页。

近代人建构起心目中的古代理想世界，以之为历史、为传统、为已经终结的过去。

二 瓠落的西式文类

如果面对的不是已经发生的文学事实，而是对未来的构想，顾虑会少很多。就此而言，近现代文学比古代文学好办。如果不紧扣中国，只是泛论一般文学，情况也会好很多。可近代人想做的，恰恰是把中国文学并进西方文学范畴，把中国古代文学以西方现代的方式重新归纳，削足适履与瓠落难容就难以避免了。早在1923年，郑振铎在《文学的分类》里就开始比照美国杜威图书分类法，对中国文学的分类问题提出改造。他认为诗、文并提"殊为可笑"，"四部"集部别集和总集的划分也没有讨论价值。按杜威图书分类法的文学类目——诗歌（Poetry）、戏曲（Drama）、小说（Fiction）、论文（Essay）、演说（Oratory）、尺牍（Letters）、讽刺文与滑稽文（Satire and Humor）、杂类（Miscellany）8类，郑氏描绘了一个新的文学蓝图，具体包括：

一，诗歌（包括韵文的与散文的）：（甲）叙事诗（Epic），（乙）抒情诗（Lyric）

二，小说：（甲）长篇小说（Novel），（乙）中篇小说（Novelette），（丙）短篇小说（Short story）

三，戏曲：（甲）悲剧（Tragedy），（乙）喜剧（Comedy），（丙）独幕剧（One-act Play），（丁）其他

四，论文：（甲）文学评论（Literary Criticism），（乙）其他

五，个人文学（Personal Literature）：（甲）尺牍（Letters），（乙）自叙传（Autobiography），（丙）回忆录（Memoir），（丁）日记（Diary），（戊）忏悔（Confession）

六，杂类：（甲）教训文（Ethical Literature），（乙）（Satire），（丙）（Humor），（丁）寓言（Fable），（戊）演说（Oration），（己）其他[①]

[①] 参见郑振铎：《文学的分类》，《郑振铎文集》第4卷，人民文学出版社，1985，第357—358页。

诗歌以叙事和抒情分，启出口转内销的"中国文学抒情传统"之先声。郑振铎明确指出叙事诗对应的是西方的 Epic（史诗），以《伊利亚特》《奥德赛》《拉摩耶那》《神曲》等为范本。现代眼光绑架古代问题引发的争论，在当前古典文学界并不少见。古代研究是被近代学术框定的，不了解近代就做不好古代，不了解西方则做不好中国。括号里的"包括韵文的与散文的"，不好理解。郑振铎想说的是，散文诗也是诗，反对以固定韵律为诗歌的必要条件，他举的古代例子是乐府、词、曲、散套。那么汉赋算不算诗呢？骈文是不是诗？他没有提。

郑振铎认为小说是晚熟却最流行的一种文类，源于古代动物故事和中世纪的人物传奇。以字数论小说，和以悲喜论戏剧一样，皆非中国传统。如果说《三国演义》等章回小说属于长篇，那么文言小说只能算短篇。1927 年郑振铎在《研究中国文学的新途径》里再次给中国文学分类时，中篇小说是缺席的，只增加了童话和民间故事集。郑氏对文学分类问题格外重视，1927 年的类目表如下（表 6-2，具体作品略去）：

表 6-2　郑氏中国文学分类

	一级目录	二级目录	三级目录
1	总集及选集		
2	诗歌	总集及选集、古律绝诗的别集、词的别集、曲的别集、其他	
3	戏曲	戏曲总集及选集、杂剧、传奇、近代剧、其他	
4	小说	短篇小说（又分3派）、长篇小说、童话及民间故事集	传奇派、平话派、近代短篇小说
5	佛曲弹词及鼓词	佛曲、弹词、鼓词、其他	
6	散文集	总集、别集	
7	批评文学	一般批评、诗话、词话、曲话、文话、其他	
8	个人文学	自叙传、回忆录及忏悔录、日记、尺牍	
9	杂类	演说、寓言、游记、制义、教训文、讽刺文、滑稽文、其他	

以悲喜论戏剧，难怪有"中国无悲剧"的愤怒。古代戏剧不在意情节的编织，故事太复杂了，老百姓反而看不懂，剧情不如歌唱重要。郑振铎用"戏曲"而非"戏剧"对应 Drama，应该察觉到了曲与剧的区别。冷热场的交

替、插科打诨的丑角、惩恶扬善的人伦教育，本就是中国古典戏曲的基本特点，也是其民间化的重要表现。所以尽管"文明新戏"在舆论浪潮中登场，国人却依旧爱看旧戏，非得等到接受新教育的新一代人成为主力，才逐渐取得市场。4年后，当郑振铎面对具体作品，不能再泛泛而谈时，便不得不取消这种无法落实的文类标准了。《研究中国文学的新途径》把戏曲分为总集及选集、杂剧、传奇、近代剧和其他5类，还得按照传统方法来。只是意志坚定的他，把佛曲、弹词、鼓词等个人发现单独拿出来，在戏曲外另立一类，以为表彰。

最奇怪的是，这个分类表里有"论文"，却无散文或文章的位置。Essay可以指散文、论说文、随笔和小品文，译为宽泛的散文或文章，与前三者并立，本没有问题。郑振铎却把柏拉图《理想国》、亚里士多德《诗学》一类哲学论说文囊括进来，有扩大化的杂文学、大文学倾向。同时他把文学评论（Literary Criticism）作为论文主体，主张批评家应与诗人、小说家、戏剧家并列，把Essay的范围缩小到论说文里的评论文章。而在《研究中国文学的新途径》里，文学批评是单独成类的，《文心雕龙》和历代诗话、词话、曲话被拣选了出来。批评另辟一类，说明重视。近代各种论战文字、报章评论、社会批评，虽不符合美文的标准，却是最常见和常用的样式。换句话说，就算陈独秀把"应用之文"踢出了文学，但应用文章仍是日常生活不可或缺的写作形式，尤其在影响社会、干预社会方面。两相对照，出入极大。

不仅如此，西方理论的大量进入，映照出中式写作偏感性的特点。郑振铎在《研究中国文学的新途径》里，痛惜传统评论文的理论性不足，除《文心雕龙》和《诗品》外，都是琐碎的记载和文法的讨论，压根儿就没上研究的正轨。他眼里的理论等于批评，且以专题性研究为主，所以1927年的类目表把对作家、作品、时代的研究都列入"批评文学"。然而，什么是理论？什么是批评？哪些是原创性的理论？哪些只是理论的运用？理论研究属于思想哲学还是文学？至今仍是一片混乱。一方面把理论抬得极高，从学者到行政领导都要加强理论修养，因为理论可以指导实践。一个学科若无理论专业，似乎就不完整、不成熟。另一方面书评、影评、美术作品点评，乃至官方文件报告和宣传，但凡抽象一点的文字都可以算作理论。其实也不抽象，凡无可归类的文字都可以寄居其下，包括研究论文。理论变得飘虚而廉价，任何一个课题都声称自己有理论的创新。而真正的西方哲学和社会文化理论原著，却少有人耐着性子去读。于是一边是西方文学理论成为各种哲学和文化学说的文学解读与运用，拿来套各种中国材料以为新说；另一边是中国古代文论成为各种传统概念脱离语境、半生不熟、玄虚空泛的现代阐发，论"味"论"象"论"风骨"，没有确指，也不知所指，当作美学文字就好。中国的理论和批评还有很长的路要走。

《文学的分类》里，文章没有单独类目，只能在后3类（论文、个人文学、杂类）里寻找。如果以批评界定"论文"，以日记书信为"个人文学"，以演讲和教育文章等小众书写为"杂类"，那么就是从功用而非形式上区分，这样的子目肯定不够，与上文也不成并列关系。非但演说文、忏悔文为中国所无，杂类里的 Satire 和 Humor 连译名都找不到，标的是英文。以之绳古代，不合实情；以之拟未来，基础薄弱，是移植待补的新文类。1927年必须对应具体作品时，郑振铎只找到鲁迅的《热风》来填补讽刺文的空档，滑稽文依然是虚位以待。批评文学、个人文学、杂类3个一级类目依然保存，却子目多作品少。个人文学的"自叙传"说，中国只有《五柳先生传》这样很短很短的作品，没有外国那样独立成册的。回忆录及忏悔录更是空置一目。演说举的都是近代人的集子。

1927年最大的改变是不得不增设"散文"，内分方式却是此前他批评的《四库全书总目》总集和别集式。此外增加"总集及选集"，安置《文选》《朱子全书》等无法拆分的古书，可视为综合类。最后《研究中国文学的新途径》比《文学的分类》多了总集及选集、佛曲弹词及鼓词、散文集3个类目。到1932年编写《插图本中国文学史》，郑振铎还在尽力落实他的文学分类。诗歌、散文、戏曲、小说的专类脉络清晰，尤其在戏曲上下了较大功夫；佛教文学、变文、鼓子词、诸宫调本没有单独立类的必要，这是他的个人偏好。此外，他对文学批评给予了较多关注，有好几节论述，这点以往提得不多。在文类上，他尽量在拓宽，但即便包揽近代文学创作，个人文学和杂类的诸多子目体现也不多。

比照西方文学的对应式寻找和对民间文学的格外重视（郑振铎后来另著

《中国俗文学史》），一方面使中国文学的文类得以极大扩充，像日记和游记在古代没有独立地位，故事集、笑谈集、寓言也杂在野史逸闻中，诗文评更是一下子派生出诗话、词话、曲话、文话、总论、其他 6 个子类；另一方面又让传统变得面貌单一，像赋、跋、序、议、传等众多文类只剩下总集和别集的区别，诗歌内部的细致讲求也被诗词曲的大版块切分转移了注意力。这袭华美的衣衫时松时紧，并非针对中国文学发展实际来剪裁。即便经过近百年的思想改造，我们看郑振铎的文学分类依旧会觉得怪异，但是这套理念和叙述框架却大体被承接下来了，因而前些年《插图本中国文学史》重印再版时，杂在当前文学史里并无多少另类感，许多读者甚至意识不到它是 90 年前文学史初创时期的作品。

三　文类发展的基本叙事

事实上，从 1910 年配合大学课堂讲授、参照日著编写的第一部《中国文学史》（林传甲著），到 20 世纪 40 年代，中国文学的基本结构和讲述方式已基本形成。如果前期文学史可以看作文学观念的演练场和试验场，那么 30 年代以后就开始趋同了，只是有繁简和读者群的区别（有中学读本，有师范用书，有大学教材）。两条基本线索交织在文学史的基本叙事里：一是按朝代排列的时间顺序。前期上古、中古、近古、近代的笼统划分（如 1915 年曾毅和 1918 年谢无量的文学史），逐渐被更细致的先秦、两汉、魏晋南北朝、隋唐、宋元、明清分期取代。这不仅是时期的细化，更是对文学重心、文学演进过程的重新认定，以往几占一半篇幅的上古三代（如谢无量作）压缩至不到六分之一的内容。今天我们觉得寻常，是因为接受了这种方式，要知道胡适的《中国哲学史大纲》从老子讲起当时被视为"截断众流"的大胆举措，蔡元培序文便惊呼"这是何等手段"。

原先并做一块儿的唐宋元明（近古）被一一切开，也不仅是简单的时代扩容，更有第二条线索的进入——唐诗、宋词、元曲、明清小说和戏曲各领风骚。由此才有元明文学的急遽扩张，否则按以前的思路就只有明代台阁体和文章复古运动需略费笔墨，元代几乎不值一提。1932 年胡云翼编写的《新著中国文学史》，元代文学仅有 2 章的戏曲内容，明代文学包括文学运动、戏曲、小说 3 章，清代文学只剩正统文学、戏曲、小说 3 章。明代文学运动和清代正统文学不到三分之一的内容是此前的"正统"，其余都是"新著"。由此足见新文类的引进和文类的叙事方式，给中国文学史带来多大的改观。有的文学史径直以文类为纲，1924 年的刘毓盘《中国文学史》、1934 年的张振镛《中国文学史分论》和谭正璧的《文学概论讲话》、1935 年刘经庵的《新编分类中国纯文学史纲》、1946 年崔荣秀的《中国文学史概略》皆是如此。

分体文学史的成熟其实早于大文学史，1920 年张静庐的《中国小说史大纲》、1921 年郭希汾的《中国小说史略》已经出版，比 1923 年鲁迅的《中国小说史略》还要早。而王国维的《宋元戏曲史》已于 1915 年付梓，吴梅也专攻此道（1916 年有《顾曲麈谈》、1926 年有《中国戏曲概论》、1929 年有《元剧研究 ABC》、1935 年有《曲学通论》等出版）。白话写成的诗歌史晚至 1931 年陆侃如和冯沅君的《中国诗史》，可词论可追溯到 1925 年徐敬修的《词学常识》、1926 年郑宾于的《长短句》（影响最大的则是 1926 年王国维的《人间词话》）。也就是说，戏曲、小说史的近代成熟早于传统的诗词史。并非文学史给了小说、戏曲特别的关注，故而有人继而分著，而是晚清以来对小说、戏曲的在意①，使之有了成规模的专门研究，继而在文学通史里获得地位。

因此，郑振铎在他的文学史里其实夸大了他的"发现"之功，此前王国维、鲁迅等已经在相关领域做出了可观的研究，至今仍是经典。而 1903 年最早翻译出版的日著《中国历朝文学史》（笹川种郎，1898 年刊于日本），在金元、明朝、清朝 3 部分里已经出现了小说和戏曲的专论。1926 年朴社翻译出版的日本盐谷温《中国文学概论讲话》就按文类线索，分音韵、文体、诗式、乐府及词、戏曲、小说 6 章，进行专门梳理。日本人的先行示范，始终是中国近代学术不容忽视的一个要素。可以说近代伊始，国人就是以文类的方式理解、观看、考察、讲述"文学"这个新兴事物的。

朝代以文类版块分别叙述，文类按时间线索自成一体，融贯其中的是文

---

① 晚清小说创作的繁盛，上文已有提及。戏曲备受关注，从第五章康有为《日本书目志》的特别按语里亦可见一斑。

体盛极而衰、文学总体向前发展的进化论。有的就直呼"中国文学进化史"（谭正璧，1929）、"中国文学发展史大纲引论"（李华卿，1935）、"中国文学发展史"（刘大杰，1941）。在这种观念下，前详后略的格局自然倒转为前粗后细的新笔法。打开最早几部文学史和外国人写的中国文学史，我们才能意识到，原来文学不只有这两种讲述方式，还有从文字、音韵、语法讲起的（如1918年谢无量《中国大文学史》、1936年青木正儿《中国文学发凡》、1935年儿岛献吉郎《中国文学通论》），还有从理智与情感、主观与客观、悲观与乐观、形式和内容上立论的（如1930年儿岛献吉郎《中国文学概论》），也不乏聚焦作家作品的（如1898年笹川种郎《中国历朝文学史》），程式限制了我们的想象力。

今天我们很容易找到郑振铎、陆侃如等20世纪三四十年代的中国文学史重印本，而最早的几部文学史如1910年的林传甲本和1918年的谢无量本，只能去老旧书库看，不是后者没有史料价值，而是只剩下史料的价值了——因编撰思想没有得到认可而划入旧范式。短短40年的近代历程，新旧斗争始终没有停止过。显然，"文学革命"改变了文学创作的方向和对文学的基本理解，不合新理念者统统归入旧派，哪怕时处近代。而三四十年代的文学史写作，构建了古代文学的讲述方式和叙事框架，此后的调整多为细节的填充与观点的修正，不触及根本格局。直到我备考北大中文学系的研究生时，初版于1941年的刘大杰《中国文学发展史》和1947年的林庚《中国文学史》仍是重要辅助教材。当时的通行教材则是1963年游国恩等人合编的《中国文学史》，现行的袁行霈版1999年才出版。这是一个新的传统，"新文学"理念建构的古代文学传统。即便大多数人已不清楚草创之初的种种设计和处理，但毫无疑问我们接受的是近代重构的中国古代文学，我们依旧在"五四"的基本框架里思考问题。

四 "四部"格局的改易

经过"文学革命"的洗礼和文学史写作的实践，"文学"不仅不再溢出集部的范围（《研究中国文学的新途径》谈文学分类时便频频提到《四库全书》的集部切分），而且从子目分类到精神气质，逐渐脱胎成一个新范畴。

与"艺术"概念一样，新范畴的确立必然从范围界定和类目区分开始，新的分类方式又会反过来巩固新的文学理念，新系统在各级类目搭建起来的新空间里发展，方向自在其中。三级目录（如诗、词、曲）与二级目录（诗歌、散文、小说、戏剧）上下勾连，二级目录又与一级目录（文学、政治、历史等现代学科）连为一体，逐步冲决原有的"四部"序列。当子系统逐渐完成自己的小循环，也就意味着固有系统的局部坏死。即使远至三级类目，文章如何切分、要不要再分、以前的子类还要不要、与诗歌的关系、辞和赋是文还是诗这样的具体问题，带动的都是背后的整体观。

传统文类的地位升降、内容增减，意味着洗牌的开始，因为这其实是系统结构的调整。在一个发展上千年的完备体系里，挤进一组外来目录绝非易事，安插最终变成了颠覆。分类之所以重要，就是因为它不仅对应全体范围（因而首先是对象的选择），而且昭示了内部序列及其组织方式，即固定位置和连接网络，重新分类就意味着重新结构。"文学"概念的进入，不仅同时带来了小说、戏剧这样的西洋新类，而且把文类的高下序列也带进了中国。即使陈独秀承认中国古代小说和戏曲素不居主要地位，即使胡适也说古典小说里"好的，只不过三四部，这三四部之中，还有许多疵病"[①]，最终却没有妨碍小说、戏曲成为元明清近世文学的叙事主线。真正强大的当然不是中国古代的小说和戏曲，而是作为整体的西方文学，及其背后的整个西学。

类目及其相互关系的重新布列，不仅改写了古代文学的格局，也规划了现代文学的发展方向。准确地说，是先明确了现代发展方向，再鱼贯而上地连接古今叙事。在这个过程中，格局被改易，精神被改写，命运也被预设了。尽管所有的历史叙述都会带进讲述者的眼光，可中国古代比西方古代其实更难贴近，不仅因为时间阻隔（这点中西都一样），更因为隔着一整套西方概念、西学样式、西式思维（即今人已经被西学改造）。大多数人却未必有这个意识。

文学不过是集部的近代对应，是以"四部"为代表的中学体系瓦解的一个侧面而已，由此映照的是整个旧系统的改造或曰革命。在"四部"体系

---

① 胡适：《建设的文学革命论》，《新青年》1918年第4卷第4号。

里，集部已属末梢。"新文化"运动从"文学革命"开始，本身就有后来居上、边缘崛起的味道，也表明了文学（更确切地说是以文章为代表的阅读和写作能力，即张之洞说的"词章"，英文 Literature 的另一层含义）在中国古代学术里的基础地位。长期以来，精英士大夫阶层最擅长、最亲近的就是辞章写作，处理政务反多有不适。相较树大根深的经史之学，集部文章的松动余地要大得多，辞章的地位从来就没有盖过经史。唐、宋、明、清都有古文运动，只是"文起八代之衰"后面必有一句"道济天下之溺"，无不以载道、明道、传道为号召，是在复古旗帜下寻求有限的文风改良。而由陈独秀、胡适发起的近代文学革命却是要革古代的命，不仅反对文以载道的老传统，而且把老祖宗的道作为进步的阻碍来抛却，以西洋之道、西洋之法为新变的方向。

正因为集部辞章并非孤岛，才可以由枝而干地与整个中国学术的土壤相接。文学的地震层层传递，逐步扩大到其他领域，最终带来整个系统的新变。在近代学术改造的过程中，文学成为先锋，完成了一次成功的逆袭。以小见大，现代学科也是通过传统门类的地位升降来重新布列的（现代学术里涉及古典的内容，多在人文学科；自然科学多为中国所无，直接挪用更为普遍）。

在"四部"体系的改造里，最醒目的当然是经学。经学最终被拆解，连独立成类的资格都没有了。上文多处已涉及，民国的废经是近代学术改造的关键。主脑一散，便没有了收网的纲线。古代学术本是围绕六经逐渐展开的同心圆，中心切碎，决定层级的远近亲疏关系便不复存在。废经的迅速，与传统政治形式的终结（即取缔帝制）和伦理道德的被推翻（打倒儒学）不无关系。经过两千年的融合，经学与儒学、与政治、与社会生活已连成一体，连根拔去的命运已然在激荡的近代社会转型里。对此，我们无须过于惊诧。西方近代的科学革命不也带来了宗教革命、政治革命的连锁反应吗？政治和经学、神学一样，本来就在学术的体系里，本来就是思想的分支。这种联动，恰恰说明传统学术系统的成熟。

无论历史上政权如何更迭，儒学思想却是一贯的，尽管也会此消彼长、时松时紧。这说明古代中国在同一套思维体系里思考问题，经学维系着传统思想的连贯性，也表明帝制倒台并非首要因素，思想认知的转变才是根本。

经学的核心地位被撼动，儒学的时代也就过去了，新旧时期的分野露出了端倪。在新思想中心确立之前，自然会有一段青黄不接的混乱期。何炳松在1935年"读经问题"专号的序言里，引用张群的一段话：

> 我们可以断言，那时（古代）中国是有一种中心思想的，就是儒家思想。
>
> 自从海禁大开，和西洋思想接触以来，这个中心思想便渐渐被动摇了。甚至保守色彩极浓的张之洞也不能不主张"中学为体，西学为用"来妥协调停。直到民八，有一个新文化运动起来。这个运动在破坏方面确奏大功，而在建设方面确是毫无成绩。固有的中心思想是被摧毁了，而新的中心思想却未曾建立起来。弄得大家都彷徨歧路。同时外来的思想又是很混乱的冲了进来，左边从布尔雪维克起，右边到法西斯止，真是五花八门，应有尽有。同时大家又不肯埋头的去下一番研究的工夫。于是公说公有理，婆说婆有理，益发教人茫然无所适从了。我国现代青年的烦闷，就是这样形成。①

这段话倾向性明显，是否非要树立一个中心也值得商榷，但表明无论近代人是否认可经学的价值，都承认中国古代是有思想中心的，承载着儒家思想的经学便是中国古代学术的中心。何炳松认为，学术中心的丧失不仅导致人们接受外来学说的被动和混乱，还带来了年轻人思想的困顿与迷茫。学术最终要指向思想的源头。

1935年的时候，"整理国故"仍在进行，"新文化"运动的重建工作尚未完成。面对各种拆碎了却不知如何组装的思想碎片，岂止年轻人感到苦闷，不少学者也手足无措，各种某某"落伍"了、"倒退"了、"反动"了的指责频频见于各种评论文章。对追求进步的何炳松来说，儒家经学未必好，但中心代表了方向。经学中心地位的丧失，意味着旧学的思想指引功能不复存在，必然带来社会的分裂。而西式哲学对经学的现代接管，无论是内容还是精神，

---

① 龚鹏程主编：《读经有什么用：现代七十二位名家论学生读经之是与非》，上海人民出版社，2008，第8—9页。

都是不完全的。从《诗经》的例子也能看出,拆散的经学在西式框架里不可能再拼装或聚合回去。没有主线,子类越多,碎片越难以收拾。近代的方法是简化,就像我们在文章里看到的那样。今天许多人仍在寻找可以皈依的思想中心。

经学的滑落是新系统重构的前提。经部切分、集部收束之后,史部和子部的内容就愈显庞杂了,不仅与集部难成等列关系,而且开始侵蚀各部类的界限。史学重构及其扩张带来的混乱,下章再具体展开。子部的开放性,上章的"艺术"已有所体现。子是经的外围,也是经史的缓冲,子部的弹性其实维护着系统的稳定。就像《论语》和《孟子》由子入经,非但没有模糊儒学(《四库全书》置于子部之首),反而彰显了汉、宋两大儒学发展阶段的重要性,提示了儒学与经学的关系。近代提出儒家应与诸子百家一视同仁,表面是以其他思想学派充实中国哲学,实际却拉低了儒学的地位,是经学衰微的表现。在子部地位整体上升的情况下,作为班首的儒家却和经部一起沉沦。

《四库全书》子部14家大致可分为学说、技能、杂著(如类书、谱录、杂家里的杂考、杂编等)3个部分。近代把清初已经式微并归并到"杂家"的墨家、名家、纵横家、杂家(指以《吕氏春秋》为代表的战国杂家)恢复到与儒家、道家、法家并列的地位,是西方"哲学"进入中国后的思想再发现。尤其对墨家和名家的肯定,有西学在背后起作用。提升更明显的是子部的技术版块,因为只有这一部分能勉强与西方科学对应。不到一半的内容,却要呼应三分之二的西方学科,子部的负重可想而知。在富国强兵的迫切需求下,在改变虚文传统的学术呼声中,清末农工商兵独立的扩充方式已满足不了新学形势,洪有丰、杜定友、刘国钧等民国图书馆学学者都对子部的混乱和落后进行过严厉批评。王云五指责子部把哲学、宗教、自然科学和社会科学混在一起,自然是以后人眼光要求前人,但真正的意图是想拆散子部,把自然科学解放出来。

最终结果是:"天文算法"里的历数归天文学,算法和"术数"里的数学并入现代数学。"谱录"里的虫鱼鸟兽归动物学,草木谱录归植物学,矿物及石谱归矿物学,器物谱录入考古学。"医家"和"道家"的房中术和生理内容归生物学。这是自然科学部分。"农家"入农学,"医家"及"道家"

的神仙家入中国医学，食谱属家政，这是应用科学部分。诸子总义入哲学总目，儒家、道家、名家、墨家、杂家入中国哲学，道教、道经、道录、佛教入中国哲学的宗教类，阴阳家、占侯、相宅、命书归神秘学，传统的书画、琴谱、篆刻、杂技还归艺术，但金石和法帖入史地类，这是人文学科部分。社会学科则包括划入法律的法家，划入政治外交的纵横家，划入军事的兵家。此外类书的杂品和杂纂入总类，杂编入丛书。14个子目打散在各个学科，再根据不同需求进行分割和分离，结果不是类目少了，而是原有的逻辑关联和类属关系荡然无存（在《四库全书总目》叙录里，子部总序是最有层次性的），子部类称及其结构也就没有意义了。依照西式学科重建的、以自然科学为主导的新学术系统，不仅把子部的思想学说抛在身后，也把整个右文稽古的中国经史传统扔进了故纸堆。

制度层面，从清末《钦定大学堂章程》到民国《教育部公布大学规程》，再到1922年的"壬戌学制"，理工类学科不断细化和扩充，中小学课程里的自然科学也在不断增加。与此同时，张之洞力图保住的那个经史辞章的文学性纲领不断被淡化。"一个与中国传统知识体系完全不同的，以驾驭自然力为归旨的充分外向的西方近代知识体系，在中国各级各类学校的课程设置及课程标准中，完全占了主干地位。"[①] 的确，在"科学"与"格致"决裂后，自然科学很快占据了学术的中心，并与西方近代早期一样，理工类思维和操作方式迅速向人文和社会科学渗透。此即下章要谈的胡适"科学精神"和"科学方法"说。

20世纪50年代的院系调整，为了壮大理工科，大量削减文科、财经和政法，甚至取消了心理学、人类学和社会学。虽说与苏联影响有关，却也绝非毫无思想和舆论的准备。理工科的优先地位，早就在近代学术发展的规划中。直至今日，文史哲基础人文学科仍是冷门。大学校长鲜有文科出身，文科也不设院士，由此就知道知识序列和知识阶层的构成发生了多大的变化。西方关于知识分子的讨论非常热烈，其实中国问题也不少。

科学是西方国家步入现代的重要推力。生产力的竞争促成了实利教育的

[①] 李华兴主编：《民国教育史》，上海教育出版社，1997，第168页。

发展，西方近代学科模式又与学校教育密不可分。说到底，尽管有滞后，学术模式终究与社会生产和生活相关。中国古代的学术体系更像英国传统的贵族教育和精英教育，是现代工业文明以前少数人的博雅智识体系。随着资本的全球扩张，中国被迫卷入现代资本竞争，那种从容的、高成本的、不计产出效能的道德人文必然失去发展土壤。如严复所言，在物竞天择、适者生存的现代世界，最可悲的莫过于一国国民仍闭着眼睛崇修辞尚故纸，以鸟虫之鸣为九天之乐。学术体系乃至知识系统不仅有空间的相对性，还有时间的相对性，每个时代都有自身的现实与追求。当我们指责郑振铎的文学分类过于武断时，切不可无视他力图把中国文学放在世界文学里一同探讨的初衷。这种不自外于世界的同步需求可以理解，也依然是今后的方向。只是意向性过强，走得太急，对固有知识和文化事实缺乏足够的尊重。是否还有别种可能，如何进行调试，甚至是超越，是我们今后的工作。

第六节　厘定学术及其水土流失

20 世纪初，法国文学批评家朗松（Gustare Lanson）曾言，文学史的形成有三个条件：一是有若干杰出的作品，二是有一套便于模仿的完善技巧，三是有统摄这套技巧的权威理论，其中第一条最重要。① 就中国古代文学而言，作品数量肯定比近代多，历代也都有提供模仿的各种作品集，如汉刘向和王逸编选的《楚辞》、南朝萧统编的《昭明文选》、五代后蜀赵崇祚编的《花间集》、宋郭茂倩编的《乐府诗集》、明茅坤编的《唐宋八大家文钞》、清姚鼐编的《古文辞类纂》等，代不绝嗣。第四章讲过，类书里一大半为文章写作而编。还有《声律启蒙》《笠翁对韵》《龙文鞭影》等系列高质量的蒙书，为孩子将来联对属文做准备。古代文学教育不可谓不完备。与今天比，古今面对的作品是一样的，只有因时间和保存状况带来的数量差异。事实上，许多诗文能流传至今，正因前人以选编方式进行了不同程度的保存。选本和选集

---

① 〔法〕朗松：《文学史与社会学》，〔美〕昂利·拜尔编：《方法、批评及文学史——朗松文论选》，徐继曾译，中国社会科学出版社，1992，第 58 页。

今天依然常见，如《中国历代文学作品选》和各类《诗经》选读，只是不再服务于写作，仅做鉴赏和教学之用。

区别最大的是理论。今天不认为古代诗文评是理论，只有那些关于形式、风格、概念、来源的抽象论述才算"文学理论"，其比照的是西方哲学及美学形态。恰恰是被认为最高明的理论，最难以卒读。缺少读者，"理论指导实践"便成空话。中国古代没有今天这样的理论，但有各种诗话、词话、品评，乃至各类笔记小说，都会情不自禁地进行文学评议与总结，否则哪来《文心雕龙》《诗品》《历代诗话》等素材？《四库全书》集部专设"诗文评"的二级目录。

选本寓有态度①，评论不乏主张，没有西式理论，中国古代文学照样花团锦簇。指导实践的未必只有抽象理论，感性的示范可能离创作更近，今天的艺术教育仍无法通过高头讲章和书本理论来落实。什么是理论？需要怎样的理论？与其说中国古代缺少理论，不如说以创作为目标的古代人不需要这样的理论。那么，理论需求究竟产生在怎样的近代土壤上呢？文学史（包括各学科史）又该怎样来定位？

古代显然没有今天这样的文学史著述。国人自著的第一本文学史，是1904年林传甲的京师大学堂讲义。林著参考了日本的中国文学史，同时贴合《奏定大学堂章程》的教学要求。除了前文提过的大文学观之外，另一个显著特点是重视文章的写作技巧，有"修辞立诚辞达而已二语为文章之本""古经言有物言有序言有章为作文之法"等章节，介绍历朝文章也没有完全脱去诗文点评的习惯。②

正是这种过渡性，使之一方面衔接了科举时代的文学传统，揣摩文章、苦练笔法是读书人日常学习的基本内容；另一方面开此后文学史编撰之先河，以纲要、概论方式展现文学和文学发展的面貌，并从大学专业课堂逐渐走向中小学教育和普通人的文学书丛。可1927年的郑振铎却说"中国文学真是一

---

① 曾毅曾指出："昔之人欲售其主张，恒借其选本以树之鹄，非如现在坊间选本之无甚深义也"（《〈中国新文学大系·文学论争集〉导言》，《郑振铎文集》第4卷，第512页），所以一本《花间集》就能汇聚成"花间词派"，"唐宋八大家"亦来自明朝人茅坤的文集选编。

② 见林传甲、朱希祖、吴梅著，陈平原辑：《早期北大文学史讲义三种》，北京大学出版社，2005。

片绝大的荒原，绝大的膏沃之土地，向未经过垦殖的"①。林著文学史何以不被三四十年代的近代文学史编撰所接受？除了上节讲的文学范围和文类叙述外，是否还有其他原因？

一 研究与创作的分离

1923 年 1 月，时为《小说月报》主编的郑振铎策划了一个"整理国故与新文学运动"专栏。在《新文学之建设与国故之新研究》里，他提出改造旧文艺观是新文学建设的题中应有之义，而整理旧文学是改造旧观念的基础。当时因缺乏切实的研究，讨论流于空疏甚至附会，因此他呼吁要"以科学的方法，来研究前人未开发的文学园地"，"我们须有切实的研究，无谓的空疏的言论，可以不说"。② 可如何开发，如何研究，他没有展开。4 年后，在《小说月报》"中国文学研究"专号的《研究中国文学的新途径》里，他才集中阐述自己的主张。这篇文章不仅可视为 1932 年《插图本中国文学史》的先声，而且集中体现了"整理国故"影响下的文学改造方式，值得细读。

在文章开篇的"鉴赏与研究"部分，郑振铎用文学笔法归纳了 4 种常见的读文方式。首先描绘了一个沉浸在诗歌中，反复吟诵唐诗的文人——

> 他受感动，他受感动得自然而然的生了一种说不出的灵感，一种至高无上的灵感，他在心底轻轻呼了一口气道："真好啊，太白的这首诗！"于是他反复的讽吟着。如此的可算是在研究李太白或王右丞么？不，那是鉴赏，不是研究。③

无论多么感动，多么投入，也无论这种阅读"灵感"后来催生了什么，这种浸泡式的文学阅读不是研究，尽管大多数文学作品是在这样的情况下被接受。

接下来是酒后论文的场景——

> "谁曾得到老杜的神髓过？他是千古一人而已。"一个说。

---

① 郑振铎：《研究中国文学的新途径》，《中国文学论集》，岳麓书社，2011，第 7 页。
② 郑振铎：《新文学之建设与国故之新研究》，《小说月报》1923 年第 14 卷第 1 号。
③ 郑振铎：《研究中国文学的新途径》，《中国文学论集》，第 1 页。

> "杜诗还有规矩绳墨可见,太白的诗,才是天马行空,无人能及得到他。所以倡言学杜者多,说自己学太白的却没有一个。"邻座的说。
>
> 这样的,可以说是在研究文学么?不,那不过鉴赏而已,不是研究。①

这是以往诗文品评的路数,涉及作家、作品之间的比较和总结,不过刻意写得浅薄一些罢了。类似的心得用文字记录下来,就是历代诗话和词话里的语录短章,虽是闲言碎语,却也不乏会心之处。但无论语深语浅、言长言短,在郑氏眼里仍谈不上研究,他说"自《文赋》起,到了最近止,中国文学的研究,简直没有上过研究的正轨过"②。

第三幕是斗室孤灯下的古代"学者":

> 他低吟道:"寒随穷律变,春逐鸟声开",随即用朱笔在书上批道:"妙语在一开字",又在"开"字旁圈了两个朱圈。再看下去,是一首咏蝉的绝句,他在"居高声自远,非是借秋风"二句旁,密密的圈了十个圈,又在诗后注道:"于清物当说得如此。"
>
> 这下可以算是研究么?不,这也不过是鉴赏而已,不是研究。③

这里说的是传统评点派,一如金圣叹评《水浒》,脂砚斋评《红楼梦》。点评不是无的放矢地画圈圈,而是在关节处、传神处下按语,为的是提示阅读,更为提醒作文的肯綮,否则一本《水浒》要画多少圈圈。这种中式的文本细读,也被排除在研究外。

第四个场景是另一类旧式"学者",他们格外勤奋——

> 他搜求古旧的意见而加以驳诘或赞许或补正。他搜集这个诗人,那个诗人的轶事,搜来关于这首诗,那首诗的掌故,他又从他的记忆中,写出他的师友的诗稿,而加以关于他们的交谊及某一种的感慨的话语。他一天一天的如此著作着,于是他成了一部书;那书名也许叫作《某某

---

① 郑振铎:《研究中国文学的新途径》,《中国文学论集》,第1—2页。
② 同上书,第5页。
③ 同上书,第2页。

斋诗话》，也许叫作《某某轩杂识》。

这不可以算是研究么？不，这还是鉴赏，不是研究。①

虽然最后冠以"诗话""杂识"之名，但郑振铎描述的是辑佚和笺补的功夫，是传统经史的考据一脉。它可以是笔记体的《廿二史札记》，也可以是专书笺注的《尚书今古文注释》。它可以是考订生平的《杜工部年谱》，也可以是诸书集义的《诗三家义集疏》，还可能是杂在笔记和诗话里的本事考订。考察世系与交谊、整理作者年谱、释诂名物掌故、汇集旧说加以辨伪与补正，不仅是标准的清代考据学，也是近代着力发扬的传统。郑振铎走的是胡适的路子，胡适推崇的治学方式秉承的正是清代考据学，因而号称"新汉学"。郑振铎斩断古今联系时，连自家的来路一并推倒，耐人寻味。

那么，当郑振铎把中国古代治学方式统统归入"鉴赏"，一并否绝之后，他提倡的"研究"又是什么呢？他说："原来鉴赏与研究之间，有一个绝深绝崭的鸿沟隔着。鉴赏是随意的评论与谈话，心底的赞叹与直觉的评论，研究却非有一种原原本本的仔仔细细的考察与观照不可。"②即鉴赏是随意的、认同式的、直觉型的，而研究是仔细的、理性的、严密的。可品评未必随意，注疏未必感性，点评未必没有水平，只是郑氏举的例子比较低级而已。值得注意的是，近代标举的"文学"有重诗歌、重抒情、在意美感的特点，本身就凸显了文学的想象、虚构、抒情等感性特质。这里却又主攻古代文学研究的主观与感性。对此郑振铎解释说：

> 文学的自身是人的情绪的产物，文学作家大半是富于想像的浪漫的人物；文学研究者却是一个不同样的人，他是要以冷静的考察去寻求真理的。所谓文学研究，也与作诗作剧不同。它乃是文学之科学的研究，把文学当做一株树，一块矿石一样的研究的资料的。③

把文学创作和文学研究区分开，才是关键。文学作品可以随性可以夸大，文

---

① 郑振铎：《研究中国文学的新途径》，《中国文学论集》，第2页。
② 同上。
③ 同上书，第3页。

学家可以感性可以浪漫，但文学研究却是客观的、无动于衷的、置身事外的，要向自然科学研究靠拢，郑振铎拟之为生物学家、地质学家对一棵树、一块矿石的研究。

按研究对象划分学科，不仅意味着内容的分化，还有不同的对象处理方式和不尽相同的内在逻辑。无视研究对象的文学特性，恰恰抵消了"新文学"的新意。新式文学研究不再聚焦文学手法、文学思维、文学语言等创造性的生产要素，而是转向作品内容、社会背景、文体发展等外部因素。用今天的话来讲，前者是内部研究，是文学研究；后者为外部研究，是文学史的研究。再进一步讲，以前的内部研究为创作服务，外部研究则更多是为局外人提供解说，如朗松所言"文学史中最重要的那些问题是社会学问题，我们大部分工作都或者以社会学为基础，或者得出社会学的结论。我们要干什么？我们要解释作品；不把个人的行为化为社会行为，不把作品和人放在社会的序列中，我们怎能把作品解释清楚"①。因此，并非古人的研究就不是研究，而是近代要求有另一种研究。它背后有几个前提认知：一是近代人认为以后不必再进行旧式的文学创作，因此没有必要再介入创作分析。二是近代视古代文学为过去的标本，因不具活力，只需分析形态结构、发展轨迹、历史贡献即可，更精微的神经组织、呼吸系统、营养均衡不是第一要义（详见下章）。三是预设古代文学是即将消亡的、后人会有理解困难的东西，因而对发展历史、整体面貌及作家作品的概括变得急需。

郑振铎《新途径》在为他的文学史写作铺路，或者说该文可视为解读《插图本中国文学史》的重要材料。严格讲，近代成为文学研究主流的文学史写作②，是对文学发展历史的研究，非但与植物学、矿物学直面对象的研究不同，而且属于历史研究里的专类研究，比文学的外部研究范围还要窄。因为文学的外部并非只有发展轨迹，社会思潮、作家生平、作品接受、政治经济对文学创作的影响等等，都属于文学外部研究。文学史当然会涉及这些内

---

① 〔美〕朗松：《文学史与社会史》，《方法、批评及文学史：朗松文论选》，第49页。
② 如中国语言文学系（省称中文系）是语言和文学两大版块的合并。文学部分分文学史、文学理论、古典文献等专业，文学史又分古代文学史、现当代文学史方向，古代文学史再按时期细分先秦两汉文学、魏晋南北朝文学、唐宋文学、明清文学。文学史成为专业院系的大宗，美术史系也一样，理论不占主导地位。

容，但横向的影响因子介入过多，必将模糊文学的边界，很可能就被划入跨学科研究了。正如雅各布森等对文学历史主义的批判——文学史家创造了一个学科的混合物，它可能是政治的、哲学的、心理学的，却独独不是文学的。于是，我们看到文学史研究一方面不得不引入历史背景、社会状况、时代思潮，非如此不能解释文学的发生与发展；另一方面又小心翼翼地提醒自己不要越过边界，非如此不足以维护文学的独立与特殊。这种紧张说明底气不足，说明均衡很难维持，更说明学科本身的局限性。即使没有越界，即使足够理性和客观，文学史的研究本质上还是史学研究，或者说是"不断地用历史来解释文学的存在，用历史学的观念、方法、技巧来圆满编织和随时丰富文学史的传奇故事，因此，如果要说20世纪'中国文学史'的叙事模式是靠着历史学的滋养形成的，是历史主义的一个神话，也许并不算夸张"①。

那么文学呢？文学去哪儿了？今天文学的处境比普通艺术门类还难。国家有美术学院、舞蹈学院、音乐学院、戏剧学院等专科院校，分类传习艺术实践。而作为艺术大宗的文学，在综合性大学里仅作为研究性的存在。中文系当然要求大量阅读古今佳作，但阅读的目的不是古代乃至林传甲式的揣摩和仿习，仅做批评和研究的素材。1938年朱自清就表示"欣赏与批评跟创作没有有机的关联，前两者和后者是分得开的"，"文学组注重中国文学史，原是北京大学的办法，是胡适之先生拟定的。胡先生将文学史的研究作为文学组发展的目标，我们觉得是有理由的"②。可见郑振铎并不孤立，积极投身于新文学创作的朱自清亦作此观，他代表的是整整一代人甚至几代人的思想。文学研究主要做文学史的研究，亦非郑振铎的个人设计，是"新文化"运动领袖胡适定的基调，至今仍是北大中文系一贯的传统。以北大中文系为特出专业的北京大学，则引领着全国高等教育和学术研究的方向。

高校文学系不培养文学家，文学创作处于自发状态。即便开设写作课程，也多以应用文格式讲解为主，满足从事文秘和文案工作的需要。郑振铎和朱自清说，研究型学术训练和创作型思维砥砺是两套功夫。可没有长期训练，

---

① 戴燕：《文学史的权力》，北京大学出版社，2002，第49页。
② 朱自清：《部颁大学中国文学系科目表商榷》，《朱自清全集》第8卷，第12、8页。

作品读得再多也是旱鸭，能登台的票友毕竟是少数。中国人的写作训练到高考基本结束。没有创作的繁荣，研究得再好，也只能截止到古代。而文白分途又阻隔了现代文学创作的给养。前段时间，某教授逆流而动，开了一份不必读的书单，近现代的文学作品基本可以不看。话虽刺耳，却获得不少认同。近代以来的文学研究模式，对文学自身来说，是自绝后路，或者说缺乏前瞻与均衡。

二　考据独大及其对感性的驱逐

那么，学术研究应该是什么样的呢？否定了沉浸式阅读、品评、点评、笺注4种"鉴赏"模式后，郑振铎举了一个"研究"的例子——

> 譬如有人说，《西游记》是邱处机做的，他便去找去考，终于找出关于邱处机的《西游记》乃是《长春真人西游记》，并不是叙说三藏取经，大圣闹天空的《西游记》。那末，这部《西游记》是谁做的呢？于是他便再进一步，在某书某书中找出许多旁证，证明这部《西游记》乃是吴承恩做的，于是再进一步，而研究吴承恩的时代，生平与他的思想及著作。于是乃下一个定论道："今本《西游记》是某时的一个吴承恩做的。"这个定论便成了一个确切不移的定论。这便是研究！①

在这个标准案例里，我们没有看到一句关于《西游记》作品本身的讨论。对作者的考证也好，对吴承恩所处时代、生平与思想的研究也罢，都是文学的外部研究，甚至外围研究，能帮助理解作品，却与创作无关。

这样的研究确实不再主观，所有要点都要落到实处，不允许蹈虚的想象和发挥。但这却不是郑振铎的发明，其实是比照着胡适《西游记》《红楼梦》《水浒传》的研究路数写出来的。胡适的系列古典文学研究，皆以考据的方式进行，因而直呼《西游记考证》《红楼梦考证》《水浒传后考》，为的是"提倡一种注重事实，服从证验的思想方法"②，即其常说的"大胆假设，小

---

① 郑振铎：《研究中国文学的新途径》，《中国文学论集》，第3页。
② 胡适：《我的歧路》，《胡适全集》第2卷，第470页。

心求证"。研究语言艺术的文学如此，研究思想性的禅宗也是这样，被钱穆批评为门外谈禅——"胡适对中国禅学，并无内在了解，先不识慧能神会与其思想之内在相异，一意从外在事象来讲禅学史，是其病痛所在。不仅讲禅学犯此病，其讲全部中国思想史，几乎全犯此病"①。何止是缺乏内在了解，胡适后来坦言自己对佛教没有好感，认为佛教来华是中国文化发展史上的大不幸②。唐德刚也质疑过考据研究宗教的可行性——"做和尚就做和尚（尤其是禅宗里的和尚）；进涅槃就进涅槃。做和尚、进涅槃又不是读博士、考科举，要参加'口试'，对付'岁考'，管它什么'传灯录'、'点灯录'呢？胡适博士要明乎此，他在这篇回忆录里，就不会对我们的大和尚、老法师们，那样恶言恶语的了"③。现在不少宗教研究，在个别文本里抠字句，对庞大的佛学体系或道教思想知之甚少。没有对教义和教理的整体把握，如何处理宗教内部的复杂分歧呢？

考据不是不能用来做研究，但若以考据为研究范式而排斥其他，就窄化了学术的河道，也封闭了研究的其他可能。这种研究虽然回避了传统研究主观、散漫、感性、零碎的弊病，却浑不见性情与趣味。把文学当成矿石来处理，文学便不成其为文学了。王汎森指出，这还导致"此后人们总是选择那些不涉及心性、不涉及形上，或是不涉及神秘的、不涉及带有人类学意味的问题，即使在从事解释时，也对于涉及形上、心性、神秘、人类学的地方，或者视而不见，或者以批斥的态度对待，或者自然而然地朝向理性、科学的，去形上、去神秘的方面解释。同时在论证时，也倾向于只相信有'证据'可证实的，而不将'想像'放在很正面的地位"④。我们以"科学方法"阉割了中国文化，以冷峻的唯物思想进入感性的古代世界。这契合西方的实证主义研究，只是实证主义自19世纪下半叶以来就遭到诸多批评，被视为过时的

---

① 钱穆：《评胡适与铃木大拙讨论禅》，《中国学术思想史论丛》第4册，东大图书有限公司，1978，第204页。

② 胡适口述，唐德刚译注：《胡适口述自传》，广西师范大学出版社，2005，第244页。

③ 同上书，第266页。

④ 王汎森：《民国的新史学及其批评者》，罗志田主编：《20世纪的中国：学术与社会·史学卷》，山东人民出版社，2001，第39页。

理论。

考据征实的研究后效相当明显。吴文祺讨论国学时,认为只有考订学、文字学、校勘学和训诂学,"才是纯粹的国故学"①。后三者其实都是考订,属于广义的校雠学。熊十力曾痛批当时各大学的文科都在学习琐碎的考据学,且"今之业考据者,比乾嘉诸老尤狭隘"。② 如今,我们有太多正襟危坐的"论文",在"学术"的名义下有板有眼,引证也皆有出处,却难掩目光的呆滞与思想的苍白。其或许有一定的价值,却难以卒读。文学论文尚且如此,非文学专业的学术论文和学位论文就更无语言的形式感可言了。正如宇文所安的质疑,怎能把文学做成最没有文学趣味的枯燥研究呢?其实好的研究一定是有情怀、有问题意识的,只是把个人意见包装进合理的论证程序里。过分强调客观,值不值得考据反倒退居其次,也就难怪不少人只会以格式断优劣了。欧美学术其实并不乏灵活,越是大家越别有会心,哲学、文化理论、社会科学就更不是这个路子了。

把古代文学研究统统归于"赏鉴"的郑振铎认为,除了作家年谱,中国文学研究从来就没有上过正轨,只有胡适的小说考证"完全是走的一条新路,一条正路"。在此启发下,郑振铎发现"中国文学真是一片绝大的荒原,绝大的膏沃之土地,向未经过垦殖的"。如何开垦呢?他提出了作品、作家、时代、文体、文学通史、工具书6方面的建议,并详细阐述了前4者,基本不出作者考订、文本演变过程考证、文学价值分析、作家经历及思想发掘、作品时代背景分析、文学影响判定、文学流派梳理的范围。不仅郑振铎,1931年胡怀琛在《中国文学史概要》里也提出,文学史就应当考证一首诗的作者是谁,生于怎样的时代,这种诗歌形式产生于什么时期,后来有怎样的变化,各版本的记载有无异同,作者名字是否一致,等等,与郑振铎高度相似。说到底,这都是考据法在文学研究上的运用。

今天看来,这些题目算不得高明,可我们却无比熟悉。翻开任何一本古代文学研究期刊,会发现其依然基本围绕作品内容及其文学价值、艺术手法

---

① 吴文祺:《重新估定国故学之价值》,《国故学讨论集》,第42页。
② 熊十力:《答张君劢》,《十力语要》,第231页。

分析，文学版本及流传过程考证，作者考辨，作家生平包括师友交游、作家风格或诗学观念评议，不同时期作家艺术风格的变化、历史事件或时代思潮对作品或文体的影响、文体基本特点及其流变而展开，不过是论题有大小，论证有疏密而已。不仅思路一致，连论题和形式都在预设中。一流作家做完了，做二流作家；二流作家做得差不多了，刨三流乃至不入流的作家。不论价值多少，只言"填补学术空白"。可以说，古代文学研究仍在沿袭近代学术思路，我们不仅仍在胡适的延长线上（葛兆光语），还在郑振铎的文学史研究框架里。若干年后，我们可能和郑振铎及其后学者一起被归入同一范式。

胡适1923年在《〈国学季刊〉发刊宣言》里，对三百年学术进行总结，肯定清代是"古学昌明时代"。但对它的肯定，集中在以校勘、训诂、考订为主的汉学考据上，自己亦以"新汉学"自居。扩大以经学为主的古学研究意见，到了郑振铎的文学研究里，变得具体而狭窄。一方面，考据被推为文学研究的正宗，几乎所有的例证都围绕考据展开。另一方面，文学研究只能从胡适谈起，与其有渊源关系的清代考据学乃至整个古代研究，都被清除出"学术"范畴。对新学术特点的概括，采用了"归纳的考察"和"进化的观念"的现代阐释。搬来了培根，搬来了牛顿，搬来了达尔文，对他们的具体方法却没有深入了解，最后简化出的"拿证据来"不过是提倡搜集证据、进行证明而已——仍是考据！

其实从汉代开始，考据就连篇累牍，所以清代考据学也称汉学，接续的是汉代路数。中国古代有的是材料的比对，经文的集解、文献的证伪、经籍文字的校订，包括名物训诂，无不需要大量的证据，只不过郑振铎不把它们当成"研究"而已。在他否定的第四种研究方式里，我们看到了他既反对又沿用、既论形式又谈内容的矛盾。无视中国古代未必臆断也并不简单的考据方式，对西方真正的科学论证程序又了解不多，难免两可亦两不可。事实上，在计算机检索发明之前，文献资料的排比与钩沉恰恰是经学家的特长。胡适在许多方面仍力求公允（尽管没能做到），郑振铎却不惮激进与绝对，这使他的许多判断都显得偏狭。但也正是这种专断气质，使之充满了扫荡一切的锐气。这种激烈和自信是那代人的特点，对于破旧立新的改革者和革命者而言，是战斗的优长。不要忘记，他们并不自限于纯学术的研究，更大的目标在改造囊括政治和社会制度的中国命运,所以他们同时还是政治人物(郑振铎后来担任了文化部文物局局长)。今日学者研究近代学术时,切不可以己度人地把他们放在学术的真空里考察。

考据的独大帮助落实了对感性的驱逐。被赶出学术的不仅是涵咏式、品评式、点评式、笺注式的书写,语录体(如《论语》)、对话体(书籍和绘画的题跋和题点其实也是在与古人对话)、诗话体(历代诗话、诗评)、笔记体(如读史札记)、寓言式(如《庄子》)、类比式(如《二十四诗品》),包括书信体(西方近代大量学术讨论都是在通信中展开,包括明末耶稣会士向教廷汇报中国情况),都不再具有学术的合法性。只有诗人年谱这样的专类考据才能得到认可,《文心雕龙》这样的专题论述才能被近代学者接纳,因为与他们心目中的西式研究契合。可实际上这类书在古代中国地位不高。

论学形式丰富性的丧失,使研究视角变得单一,学术语言也日渐枯竭。考据虽是中国特色,但从 20 世纪 20 年代做到现在,陈陈相因,甚至每况愈下。这也就难怪八九十年代各种西方理论的比附式研究、20 年来海外汉学译著备受追捧了。我们固然要强调学术的规范,但也该注重学术的宽广。抛弃与古代对象气质契合的表达方式,我们变得难以言说。西方术语、西学框架、西式表达,让我们总觉得与传统隔了一层,漏掉的恰恰是古典文学最在意的神韵与气质。

三 实践的歧路与异路

文学研究走到了感性的对面,实践性的研究更无从下手。拿美术来说,今天的美术研究也是美术史的研究,围绕画家生平、画面内容、表现手法、流派特点等展开。至于作品本身,不出惟妙惟肖、色彩鲜明、构图巧妙之类的简单概括。面对中国古代绘画,连色彩、写实这样的概念都套不上,只剩线条和构图可言。介绍传统器物,只能在历史悠久、手艺精湛、民族文化结晶上转圈圈。向普通观众解释不了它的独特,跟外国人更说不清它何以伟大。艺术家有长年积累的感受,却没有言说的能力。艺术研究和评论很少进入艺术的本体,缺的正是郑振铎抨击的直击当下的穿透力和鉴别力,而且没有本土的话语体系。但若不借用西方术语,可能连口都开不了。西方概念套不上,本土语言用不活，两头没有着落。感性的缺失、标准的抽象、学术语言的匮乏是当前文艺研究最大的难题。说到底，不会品鉴才需要讲解，不懂绘画才有炒作，这都是学术缺失的表现。

这里还透露出一个问题，考据的大受欢迎其实也是因为简单。多搜集材料，下足归纳总结的功夫，便可敷衍成文，不需要特殊的感悟和天赋。这还只是表现形式，一旦关注思想和识见，问题会更严重。例如钱穆批评胡适的孔子研究，既不了解孔子思想本身，又未深入中国政治体制，就断言孔子思想与皇权政治有不解之缘，思想和制度都没有落到实处。又如批评他只拿白话形式作文章，而不管历代文学的因变与异同，实际"无关文学内在之之真实性"①。所以"近几十年来，此一习俗成为风气，只从外面形式上来讲历史，于是讲政治史，则自秦以下为一大变，讲文学史，则自元以下为一大变。究竟什么是中国传统政治与中国传统文学，皆可不究"②。今天又何尝不是如此呢？各种速成与外行的研究难道还少吗？

文学其实还不是重灾区，因为中国向来重视书写传统，多少有可以直接利用的材料。一旦面对相较薄弱的图像系统，没有真正的理解和感受，连作品优劣都无力判断，中间还得经过一道由具象到抽象的语言转换。多少世界名画，尤其是当代艺术，看得国人一头雾水。越是感性的存在，越难以进行定量和定性的分析，个人的感受又各不相同，最后成了各取所需。要知道中国古代本不惧虚处着笔、微中论道，《庄子》不就在寓言、卮言、重言的交织中视通万里、神游八荒吗？《诗品》不就以虚体虚，用造境的诗意捕捉二十多种不同的审美感受吗？表达能力难道就比线索梳理简单？如果不能解决民族的学术语言问题，不能正视感性知识和实践知识的学术价值，不能突破现有框架重新思考学术及其路径依赖，传统文化资源很难充分展开，中国文艺甚至中国学术难以真正独立。

创作分离和理性独大的背后，是实践性知识被摒除在"学术"之外。今天作家归艺术家群体，文学史家是研究型的学者，艺术家不需要读书，学者

---

① 钱穆：《评胡适与铃木大拙讨论禅》，《中国学术思想史论丛》第4册，第205页。
② 同上。

所事才是学术。于是艺术圈盛行理论不行、读书无用，一些学者认为创作和表演无法也不需要进行研究。如此，诸多艺术家自足于无知，诸多学者自闭于书斋，无法进行良性的沟通与循环。这种分裂在学位的获取上，几乎发展到难以弥合的地步。没有合格的毕业论文拿不到学位，但艺术生长期接受的是专业技能培养，平时非但没有学术训练，连基本的阅读习惯可能都没有养成。即便是教师，学术研究能力也普遍偏低。让学生在短短几年时间内，完成许多艺术家一辈子都难以达成的弥合，不是好高骛远，就是无视现实。

如果降低艺术论文的标准，无疑将造成学历混乱的制度乱象。降低艺考生的文化课成绩，已暗中鼓励知识结构失衡。无论自身是否重视，这实际上是把艺术高等教育视同职业技能教育。清末从日本引进近代学制时，的确是把它们设置为职业小学和职业中学的，最高与高等中学齐平。因而艺术院校仅名"学院"，升格为大学是近年来的事情。有人曾坚持美术学不设博士学位，因为理论研究不是画家的职责。但随着博士学位成为高校和高等专门机构的入职需求，短期的节制之后是艺术类博士的爆发式增长。院校被拖入新一轮的学历竞赛和学位扩招。但这需要时间和配套训练，在当前条件下，不是滥竽充数，就是牺牲艺术的发展。文艺文艺，一边是文学领域的理论走高，创作凋零；另一边是艺术教育的实践优先，理论缺失。命运何以如此截然不同？

这暴露出的其实是结构性的失衡问题。实践性的知识能不能研究？如何研究？到底什么是学术？都得追到近代学术系统的最初设定。实践性知识还不只是艺术，医学、农学、多数工科都是实践性的，考古学、人类学、经济学也不全是理论。在基础性学科和应用型学科之间，普遍存在类似的紧张关系：从事医学史研究的人未必学医，理工科不要求掌握科学史或学科史（更别说文科知识了），工程应用普遍存在数理基础不牢的弊病（故有2020年推出的高校"强基计划"）等。这是普遍的、系统性的问题，我们只是从文学切入而已，实际状况要比文学严重得多。

古代中国秉持大文学观念，文学没有独立的职业身份。入仕以前，读写能力是科举应试的敲门砖；入仕以后，酬答奏判是官员的工作日常。明清以后，举人以上才可能入仕，即便最低的九品也不短于文章，所以张之洞以辞章为通识，不设专门。当西方学者惊诧中国古代文学尽出于"业余家"之手时，忽略了社会形态的差别，书写能力正是士区别于民的所在。古代"文学家"的社会身份其实是官员，以文为业者多为无力通籍的科考落第生。文学不成专门，不是因为它不重要，而是因为它是基础，而且是以实际动手的形态存在。品鉴也好，评点也罢，都围绕创作展开，空谈文章没有意义，撮举历史也没有市场。

农、商古不入学，更以实践经验的积累为常态。西方早期的农民和商人也不需要读书，农业、商业及军事的学术化，与近代科技的发展和介入有关。"四民"当中，工的序列最广，古称"百工"，既有手艺型的匠作（画师、木匠、琴师等），也包括工程制造（建房、造船、军械等），还可涵盖巫、医、历算等"一业终身"的行当。这些领域要从学徒做起，边学边练，靠经验积累成为熟练工。没有过硬的动手能力，连饭都可能吃不上。古代社会结构和生产能力，决定了实用型的实践知识才是社会的必需与大宗。长于文学的士大夫阶层属于"有钱有闲"的少数精英，但主业也不是文学，而是政务。从中国古代寻找系统的理论知识，只能是指鹿为马。

西方早期从事抽象工作的哲学家和科学家，不是贵族，就是接受贵族、王室、教会、富商资助的人。12世纪以后有了大学，专事智识的群体才有依托。但直至17世纪自然科学勃兴，近代意义的学术群体才真正出现。他们最初通过贵族沙龙和通信汇聚在一起，后来出现了学会及其会刊，如1666年成立的法国皇家学会及其《哲学汇刊》。高深思想包括探索性的研究，以学术共同体的方式在大学和研究机构里展开，不过三百来年的历史。1637年笛卡儿还在他的《方法论》里说，从前的知识体系是由许多人在漫长年代里拼凑而成的（就像古希腊哲学经后人整理才成为体系），所以他要从头开始，建构一个完整的作品。

理论知识和实践知识之所以成为问题，是因为西方有思辨的传统。实践知识由于与体力劳动相关，在西方古代、中世纪乃至文艺复兴时期，都被上层社会所抵制。基督教尤其是修道院传统，特意赋予体力劳动更高的价值。17世纪"新哲学"的兴起，才改变以演绎推理为知识最高形态的观念。注重实验、动手测算成为科学研究的基本程序。航海、军事测绘、武器制造等方面的实际应用,不仅提高了科学的声誉,也提高了实用知识的地位。相反,理论知识、书本知识、文献知识由于疏离社会功用,地位一落千丈。到19世纪,二者发生了逆转(详见第八章第六节)。

人文研究是偏文本的研究,但人文学科已屈居学术的边缘,以实验室为中心的自然科学和应用科学才是现代学术的中心。注重社会调查和干预能力的社会科学,如政治学、经济学、社会学,也后来居上。一旦没有了劳心和劳力的阶级区分,在功利的现代社会,不产生实际效益的理论知识很难压倒实践性知识。随着市场经济的介入,可能只有人文研究和理科基础专业还在强调理论。在经济利益和短期效益笼盖一切的背景下,这种强调和捍卫当然可以纠偏,但不宜无限放大。

在西学进入中国以前,中国本不存在实践和理论的隔阂。哪怕书面知识,经学以经典疏通为主,以践行为旨归。史学虽注重史料考订,却以权变和应用为目的。即使司马光花大力气做的史料长编,最终也是为"资治"打基础的。集部已言,以揣摩和仿习为目标。子学相对杂糅,有偏理性的学说争鸣,也有完全来自实践领域的农、医、兵、术数等。但即便是诸子的学理探讨,坐而论道只是言说形式,君人南面才是本质,所以"孔席不暇暖,墨突不得黔"(韩愈《争臣论》)。古人眼里最大的学问是道德文章,道德重践行,文章重写作。非得把学术限定在理论里,作为践行主体的人便消失了,学术也空心化了。没有源头活水和体己功夫,形式研究和外部研究自然盛行,古代学术的活力与生机也就消失了,这正是马一浮、熊十力等新儒家最反感的地方。

四 理论之惑与语言缺失

从言说方式看,古代中国即便是对抽象思想的表达,也不会脱离现实。名家言辩之所以被冷落,正是因为远离实际。直到今天,中国人亦不擅长理论建构,而且很多时候是误把理性(与感性书写相对)当成了理论,评论(本质是发表意见)和对西方理论的运用离理论其实很远(理论是原生和原创的)。

理论源于西方哲学思辨,是在归纳的基础上进行演绎或三段论的推理,并非态度表达和现象总结。即便近代自然科学诉诸实验验证，对亚里士多德式的知识传统造成了冲击，但以寻求数字模型和抽象公理为特点的科学论证，依然带有内证和演绎的思维特点。科学要求提供预测的稳定性，可以一试再试。理论同样寻求抽象规则，要经得起多次验证。只是近代理论不再像古希腊哲学那样，追求无所不包的绝对真理和基础性解释（即"第一原理"），而是接受人类认知不完善的判定（即承认世界的相对性），在限定框架内进行有限的找寻（故承认牛顿力学体系、爱因斯坦相对论、量子力学在各自范围内都有效）。因此理论必须界定范围，并借助概念的支撑，形成自洽的逻辑，这也是今天基本的学术规范。

当代西方理论不再是纯哲学或经院哲学的做法，但也绝非国人抽空论证程序的经验总结，更不承诺放之四海而皆准的绝对正确。用某种理论解释某一文化现象，就像设计实验检验某种科学假说一样，在应用中检测理论。它是理论的印证与完善，虽然本身没有新的产出，但可以帮助确定模式或模型。理论用得再好，也只是对现象的解释之一，是众多因果里的一因。所以理论的运用属于理论本身，而不属于研究对象。

举例来说，英国学者柯律格（Craig Clunas）在《长物：早期现代中国的物质文化与社会状况》里，借用法国社会学家皮埃尔·布尔迪厄（Pierre Bourdieu）的社会区隔和文化资本理论，分析明代士大夫在富贾大商的经济压力下，如何发明新的审美趣味，以占有文化资本的方式，维系阶层社会的差异体系。他借区隔理论为明代艺术打开了新的视角，却不意味着这是明代艺术唯一有效的解释。自1979年《区分：判断力的社会批判》（*La Distinction: Critique sociale du jugement*）出版以来，文化区隔理论就被广泛运用于西方小资产阶级、新兴消费模式、物质文化研究等领域，非但不针对中国明朝士大夫，而且柯律格也明确表示"本书并非专为汉学家而写。因此，只要有可能，我就尝试用西文著作来巩固我的论点，让读者来验证其有效性"[1]。说到底，明代艺术案例可以证明布尔迪厄理论的有效，它属于理论，不属于明代艺术。

---

[1] 〔英〕柯律格：《长物：早期现代中国的物质文化与社会状况》，高昕丹、陈恒译，生活·读书·新知三联书店，2015，第19页。

换句话说，西方理论是一种思维工具，不同理论可以从不同角度钻探，推进思维深度，但不提供绝对真理。各种理论运用在验证理论的同时，也在试探理论的边界及其局限。与中国人视为经验正确总结的理论，有根本区别。坚持理论正确，并以此指导、解释一切，必然导向中国式的辩证法。因为只有居间折中，才能保有解释的灵活性和有效性，丢失的却是理论训练思维和砥砺思想的根本作用。在相对的世界里，我们依然痴迷于绝对真理的寻找，最终不痛不痒、不偏不倚地不解决任何问题。

在哲学层面，"事实是检验真理的唯一标准"是有争议的。我们说的事实，仍在经验层面。而西方哲学认为，现实层面的经验事实不能提供知识可靠性的支撑，没有合理论证程序也无法保证归纳的有效与同一。因此在没有逻辑思辨传统的中国，我们过于在意事件本身的是非判定，证道不靠逻辑推演，也不靠实验再现，更多是对圣人前贤的认同及个人生活的体悟。好比我们是在践行信仰，在实践中调整和发展；而非论证信仰，在合理性证明中决定自己的取向。这也是晚清已有所察觉，却言之不明的东方哲学与西方哲学的异趣。

那么，中国非演绎的观点陈述是否就没有价值呢？当然不是。此处只是说理论是西方的传统，中国文化缺乏对应类型。但中国传统里有的是隐喻（如《庄子》里的内容），有的是类比（如《诗品》），有的是灵光的捕捉，有的是评点式的呈现。只是近代以来，它们或被踢出学术，或仅被视为修辞（如隐喻和类比），或被认为是初级材料碎片（如诗话和笔记），最后只留下了很少一部分。其实西方学术里也有感性表达，西方古典传统也有语录和对话。非但柏拉图的对话录就是古希腊哲学的经典，罗伯特·波义耳（Robert Boyle，1627—1691年）的科学著作《怀疑派的化学家》也是对话体，形式可以是多元的。

郑振铎只承认《文心雕龙》（"究文体之源流而评其工拙者"）和《诗品》（"第作者之甲乙而溯厥师承者"）是学术，其余"都不过是琐碎的记载与文法的讨论而已"，所以"自《文赋》起，到了最近止，中国文学的研究，简直没有上过研究的正轨过"。① 可这一小撮没有上过研究轨道的文学批评，最后成了古代文学理论的主力，让人哭笑不得。现代文艺理论讨论的是文体、审美、内容与形式等西式抽象论题，落到具体研究不是西方理论的中国运用，就是把西方理论评介和中国作品评论都纳入其中，混合出一种非中非西、有中有西，什么都可以是，也什么都不是的文艺理论来。

是不是别人有的，我们就必须有？对小学开始就接受逻辑训练的西方人来说（英国小学就有逻辑课），那种思考方式已融入他们的日常表达和学术写作中。而对中国人来说，逻辑始终模糊而高深。我们自有人家学不来的本事，为什么非要拿自己的短处拼人家的长处呢？这并非把中国"文艺理论"改成"文艺评论"或"文艺批评"就能解决问题。评论和批评的前提是有系列标准，否则言人人殊，仍是个人态度的表达。可谁来制定标准呢？在西方是上帝，是亚里士多德的三段论，后来是科学。在中国是圣人，是儒家准则，是国家政治。以绝对思路求学术发展，显然道路不广。

西式的理论生产我们不擅长，评论又不能产生真正的知识，那是否就无路可走了呢？问题出在不明理论之所以上。在感性表达的世界里寻找理论话语，本身就是南辕北辙。或者说把感性与理性、理论与实践的形式区分用到学术判定上来，本就是买椟还珠的不合理。为什么学术只能有一种样态呢？还是对西方理论未有充分把握的表面形态。感性形式是否一定就思想缺乏？可不可以有相对感性的话语体系？或许它恰恰说明中国文学创作传统的强大，只是我们没有找到打开它的有效方式而已。

与其按西方样式确立一套扭曲自己也贴不上的规则体系，不如建立一套基于中国实际的学术话语。就像有学者指出，把地方经验上升为全球理论的西方政治学和社会学，必然造成东方社会形态的格格不入。只有量体裁衣，才不至出现臀大削臀、胸小垫胸的倒置。我们本希望参考、借鉴外来文化，对原有格局进行补充、调整和提升，结果却把两套不兼容的体系生生地拧在一起。那些在现行框架里无法言说的内容应当重新审视，那些人为终结的学术传统应当继续生长。且以《庄子》为例。

---

① 郑振铎：《研究中国文学的新途径》，《中国文学论集》，第 4—5 页。

无论在文学还是哲学领域,《庄子》的重要性都不容置疑。文学史把它当作文学作品来分析,于是表现手法、文学价值、对后世文学的影响成为重点。且不论其思想性,它作为思想表达方式进而作为学术语言的重要性,是被忽略的。我们可曾想过,中国古代最高深、最抽象的思想,恰恰是用《庄子》这种形象、具体的感性文字写成的。而后来同样抽象论道的佛典翻译,也选择了这种今天看来最不学术的语言。这难道不比泛论李白、苏轼如何继承庄子的浪漫主义精神更重要吗?把《庄子》限定在纯文学范围,结果是近代以来整个中国学术语言的匮乏。古人也论道,而且从来就不缺论道的方法。我们今天却难以言说,原因何在?

即便描摹字句,能延续此等文章(如李、苏),就是薪火不灭。可今天的研究,分析即结束,理解之后没有新的生长,怎能嘲笑古代生产型的评点作用呢?如果不能回到大文学传统,视文学为社会文化思想的表现与结晶,古代文学传统再丰厚,对中国现代学术的建设意义也是有限的。形式和内容的关系之所以成为问题,正是因为对它们进行了剥离。中国学术目前最大的问题,就是西式术语和表达难以准确呈现中国思想,自身又缺乏有效的概念体系和表述方式。这本该是国语首当助力之处,结果,基底最厚的中国文学却在艺术的名义下,优雅地走开了,一头扎进装饰性的吟风弄月里。这究竟是谁的损失?

哲学向度的《庄子》研究同样令人痛心。中国本无西式哲学,我们却拼命用认识论、本体论、形而上学等西方哲学话语,费力地向世界描摹迥异的中国传统。即便西方人承认它的伟大,头脑中也未必是真正的中国。何况缺少真正的哲学家,比附出来的也不会是一流的哲学。所以欧美人了解中国文化,求助的是西方汉学家的解读。这不仅仅是国人英译水平的问题,还有阐发能力和言说方式的落差。思辨传统与感性表达有距离,硬套西方话语,难免方枘圆凿。即便不论中西思想究竟有多少可比性,能把西方理论用好的又有几人?遑论错综复杂的西方哲学了。于是更易操作的哲学史研究,同样取代了原创性的哲学思考。

文学史研究有别于文学研究,哲学史研究同样不等于哲学建构,把《庄子》作为历史文本进行分析和阐释，产生不了新的思想。说到底，不以继承为务的研究不是生长型的。和儒家一样，道家同样追求践行，它要的是言之成理、行之有效的识见，而非一堆阐发再阐发的复述论文。近代学术不鼓励体悟和继长增高型的实践，是对中国学术传统最大的背离。《庄子》思想已经在咬文嚼字的文本"研究"和"学术"阐释里死亡。我们用西方话语、西方理论、西方框架应对一切，有的地方可能掌握了规则就能赶超，如乒乓球，如工业制造；有的地方却一旦限定就难以抽身，如政治制度，如金融体系。是近代以来我们追从并仿建的规则系统窒息了我们的生命，只有改易规则，才能自由呼吸。呼吸顺畅了，发展自在其中。

无论是郑振铎糅合了进化观的新文类发掘，还是他对考据法的提倡，乃至对文学分类的一贯坚持（其实对鉴赏和研究的区分、理性和感性的取舍、理论和实践的分离，也是一种分类，一种不明言却暗中进行分别的划界行为），在当时都并不新鲜。无论是《研究中国文学的新途径》，还是《插图本中国文学史》，都能或隐或显地看到胡适的影子。郑振铎的文学研究主张及其实践，可视为对新文学运动的响应，也是胡适"整理国故"意见的实施。一如其言"我们要打翻这种旧的文艺观念，一方面固然要把什么是文学，什么是诗，以及其他等等的文学原理介绍进来，一方面却更要指出旧的文学的真面目与弊病之所在，把他们所崇信的传统的信条，都一个个的打翻了"[①]，对中国古代文学的梳理是带有破坏意图的建设，破的是曾经的旧传统，立的是西方新文学。与其把精力放在具体结论是否允当的辨析上，不如探究他破和立的方式如何。放宽视野，我们会发现，不仅文学如此，其他领域情况也类似。这就需要我们上溯到胡适及其主导的"整理国故"运动了。

[①] 郑振铎：《新文学之建设与国故之新研究》，《小说月报》1923年第14卷第1号。

第七章
"整理国故"：国学重组与系统切换

虽然1902年的《钦定京师大学堂章程》已经采取了西式分科，1904年的《奏定大学堂章程》也规划了中外史学、中国文学、万国地理这样的基础课程，但是直到1917年的"文学革命"，作为先头部队的"文学"的面貌才逐渐清晰。历史学的学科意识还要晚至20年代北京大学史学系的课程改革之后。① 1923年，胡适给清华学生开列国学基础书目时，只列思想史和文学史类目，没有经济、政治、宗教等方面的内容。面对学生的质疑，他无奈地解释道："民族史、经济史等等，此时更无从下手，连这样一个门径书目都无法可拟。"②

可见，即便1913年的民国《大学令》已经厘定了文、理、法、商、医、农、工七科大类，也只是表层架构而已，未能落到具体的学科建设中去。面对新框架，旧学更是一脸茫然。如胡适所言，我们有最新译介的国际法和经济学，却找不到中国民族史和政治学。古代中国当然不是没有这些内容，而是形式上无法对应。或如郑振铎言，古代中国就没有符合要求的学科史和学术研究。所以林传甲依然以他的传统大文学观念，在北京大学讲台上讲着他的中国文学。种种混乱，说明并非民国建立后中国近代学术体系就完成了。

1915年前后，大批留学生回国执教。中国所无或所短的自然学科和社会学科，以挪用和效仿为主。但在人文科学领域，留学生却未能占据主流③，北

---

① 刘龙心：《北大史学系早期发展与史学独立意识的萌现》，《学术与制度：学科体制与现代中国史学的建立》，新星出版社，2007，第97—125页。
② 胡适：《答书》（《一个最低限度的国学书目》附录二），《胡适全集》第2卷，第126页。
③ 参阅李喜所：《留学生与中国现代学科群的构建》，《河北学刊》2003年第6期。

大文科教员里就多有未曾留洋的老先生。就算喝过洋墨水，文科也难以在短期内推倒重来。开风气之先的胡适《中国哲学史大纲》，以此前留美的博士论文为基础，也晚至1919年才出版。如果新学术不能收编旧国学，中学仍然保持相对完整的独立状态，那么新旧就仍是两截，成为事实上的中西并置。照搬西学，不与中国传统发生联系，自然还谈不上新学术体系的建构。就人文研究而言，传统学术如何在新框架里发展，是至关重要的问题。1925年，顾颉刚对孙伏园说：

> 中国人的消融西洋文化始于近年，第一发动的是文学，第二便是史学。文学只凭天才的创造，只要创造的人能够了解西洋文化，便可作革新的事业。史学方面，除了了解之外，更须有材料，而中国史的材料原是非常的多，采取甚便，故亦容易兴起。至于他种科学，则因在中国素不发达，一时无从得到许多材料，又没有经费可以供人专心研究，故兴起的时期只得后一点了。国学既有此丰富的材料，又能承受西洋的研究方法，又有人提倡，又有成绩贡献，故觉得非常热闹。其实，还是正在起头；而且在他种科学不发达时，国学也决不能整理完全。因为现在研究的国学，只有在思想、文字、史事方面，而物质科学方面便因研究物质科学的人少，还没有动手。①

这里谈论的才是真正的西学"消融"，但也仅能列出文学和史学两科。以"物质科学"（自然学科）和"国学"对称，说明人文学科是作为整体来推进的，囊括在"国学"的范畴里。也就是说，新学术体系不仅要有外来的自然科学，还必须考虑自身人文科学的发展，前者为传统所无，后者却是中国强项。只是此时已不言"中学""旧学""古学"，而被唤为"国学"——"一国固有之学"，意味深长。

正因为20世纪20年代还有一个"整理国故"运动的整体推进，各类人文和社会研究即使基础不同、快慢不一，也大体保持了行进方式的一致。若每个学科都像文学和史学一样，经过漫长的口角和辨析才能落定，学术现代

---

① 顾颉刚：《有志研究中国史的青年可备闲览书十四种》文前致孙伏园信，《京报副刊》1925年4册75期。

化的进程将无比漫长。如第五章所示,"美术革命"并非另起炉灶,而是"文学革命"思路的延伸。就像中学的瓦解以切割经学为关键,西方近代学科体系的落成也有提纲挈领的枢机,这就是胡适领导的"整理国故"运动。

"整理国故"发轫于1919年5月北大学生毛子水和张煊围绕"国故"的论争。胡适介入其中,声援新派的毛子水,并于该年年底发表《新思潮的意义》,就"整理国故"提出系统主张。这个口号一经推出,迅速席卷全国。不仅"国立大学拿'整理国故'做入学试题;副刊杂志看国故文字为最时髦的题目"①,而且促成了北京大学研究所国学门、东南大学国学院、清华大学研究院国学门、燕京大学国学所、厦门大学国学研究院等现代学术机构的建立②,与"国学"有关的学会、学术论著、学术刊物、大型丛书也盛极一时。所以可视为一场运动或一股思潮,还时常溢出学术的范畴。

对1923年胡适发表《〈国学季刊〉发刊宣言》正式拉开"整理国故"的帷幕,学界没有太多异议。但对何时落幕,却争议较多。罗志田认为20年代后期即走向衰歇。③陈以爱指出,虽然1928年11月胡适发表《治学的方法与材料》进行降温,但相关研究机构的工作仍在继续,正式落幕要到40年代。④桑兵则认为,20年代到30年代前半期,都是"整理国故"的鼎盛期。⑤卢毅继而提出兴起、高涨、分化、衰歇四个阶段,从1919年《新思潮的意义》算起,到30年代中后期走向衰歇。⑥出现较大分歧的一个重要原因,在于是否把古史辨和史语所的工作囊括进去。

我认为,若把"整理国故"视为学术运动,固然可以以舆论的偃旗息鼓为结点。但若视其为治学取向,则如上章的文学史写作一样,"整理国故"直到20世纪40年代仍在继续。事实上,顾颉刚、傅斯年、郑振铎、俞平伯

---

① 《西滢跋语》(《整理国故与"打鬼"——给浩徐先生信》附录一),《胡适全集》第3卷,第150页。
② 参阅陈以爱:《中国现代学术研究机构的兴起:以北大研究所国学门为中心的探讨》,江西教育出版社,2002,第297—301页。
③ 罗志田:《国家与学术:清季民初关于"国学"的思想论争》,生活·读书·新知三联书店,2003,第359页。
④ 陈以爱:《中国现代学术研究机构的兴起:以北大研究所国学门为中心的探讨》,第304页。
⑤ 桑兵:《晚清民国的国学研究》,上海古籍出版社,2001,第10页。
⑥ 卢毅:《"整理国故"运动与中国现代学术转型》,中共中央党校出版社,2008,第83页。

整整一代学人，都是在胡适思路的引导下进入学术研究的。作为胡适的得意门生，顾颉刚更是他的左膀右臂，把"整理国故"的基本主张落实为七大本的《古史辨》，理当视为其成果。只是由于战争爆发，书斋里的研究不可能不受到影响。所以 20 世纪 30 年代是"整理国故"的丰产期，也是近代学术的成熟期。

1954 年展开过对胡适思想的大规模批判，从哲学思想、政治思想、历史观点、文学思想、哲学史观点、文学史观点、考据学研究、《红楼梦》艺术成就和研究批判 9 个方面分组进行。一如当时身在台湾的胡适感慨：看来在每一项研究里，"我都还留有'余毒'未清呢"①。今天，各个学科史接续的是近代确立的叙事框架，主流研究和基本治学方式也没有溢出胡适的"中国文化史"构想。近年来，掺入西方文化理论和社会学方法的海外汉学给中国学术带来了新鲜空气，但国内尚处于学习和模仿阶段，所谓的"中国学派"多为传统方法（近代新传统）的抬头，并未形成新的研究范式。随着留学生的规模空前扩张，海外学者大批执教于国内各高校和研究所，未来如何还不好论定。但就目前来看，我们仍在胡适的延长线上，讨论中国现代学术必须从这里说起。随着 20 世纪 40 年代"整理国故"的结束，中国近代学术体系才最终落成。

第一节　中国文艺如何复兴

"整理国故"一度被视为"新文化"运动的反动，或右翼知识分子向封建文化妥协。不仅兴起之时就频遭质疑，新中国成立后学界对其也长期持否定态度，一如唐德刚的总结：

> 近六十年来，不论左右、前后或中间派的中国知识分子，对胡适都有一项共同的责难。那便是胡氏在"五四"前后搞"新"文学、"新"思想、"新"文化……最多不过六七年他就不再"新"了。相反的，他

---

① 胡适口述，唐德刚译注：《胡适口述自传》，第 207 页。

却钻进"旧"书堆里去,大搞其国"故"来。

激进派和国粹派对他的冷嘲热讽,固不必多提,而最为他惋惜的则是那所谓中间派自由主义知识分子。他们原是以适之先生马首是瞻的。大家正在追随他,鼓噪前进,他忽然"马首"一掉,跑进故纸堆里去了,怎不令人摇头叹息,不得其解?!①

唐德刚对胡适的评点不少都精准犀利,如认为胡适的西学自1917年回国后就没有跟进。虽然他肯定"'整理国故'这条路胡先生显然是走对了,那至少使他的中年时光没有白费。他的'科学的治学方法'也派了用场"②,但把胡适的"整理国故"视为无余粮可售地贩卖美国教科书,并以之为半新不旧的、无路可走的过渡时期学术,未免失之简单与刻薄。这已经是1979年胡适在美国的学生对"整理国故"的有限肯定了。

进入90年代,"整理国故"首先在耿云志、胡明、李妙根等人的胡适研究里得到肯定。继而台湾和大陆都出现了专题博士论文,进行细化与重议。③罗志田、桑兵等学者留意到其对中国现代学术转型的重要意义,学界渐而视为"新文化"运动的补充。可中国现代学术转型是个庞大论题,可以体现在方方面面,我仍觉有关论述过于笼统,可深入的空间很大。如何看待一百年前胡适发起的"整理国故"运动,仍是一个重要却不甚清晰的论题。我仍从分类的角度切入,或者说映照全体的分类问题依然是有效的进入方式。只是与上章相反,此节须从大讲到小,因为只有在整体思路的呈现中,才能充分理解分类的重要,尤其是在整个运动仍面貌不清、性质不明的情况下。

一 "整理国故"与"文艺复兴"

胡适多次表示,自己更愿用"中国文艺复兴"(The Chinese Renaissance)

---

① 胡适口述,唐德刚译注:《胡适口述自传》,第218页。
② 同上书,第220页。
③ 如陈以爱:《学术与时代:整理国故运动的兴起、发展与流行》,台湾政治大学2001年博士论文;徐雁平:《整理国故与中国文学研究:以胡适为中心的考论》,南京大学2001年博士论文;王存奎:《论二十世纪二十年代整理国故问题的论争》,北京大学2003年博士论文;卢毅:《"整理国故"运动与中国现代学术转型》,北京师范大学2003年博士论文。

来指称"新文化"运动。新文化仅仅"是说中国古老的文化已经腐朽了,它必须要重新生长过",重在西方新思想、新观念的引介。而"文艺复兴"与14世纪开始的欧洲文艺复兴遥相呼应,是通过"对我国固有文明做有系统的严肃批判和改造",催生一个新的文明,即所谓的"再造文明"。Renaissance本义是重生,胡适认为"文艺复兴"更能体现它的价值,或者说他心目中的发展方向。①

1957年,晚年的胡适对"中国文艺复兴"进行总结时,即便有回护、有补充,也因来路已明而更加清晰。他说,与欧洲文艺复兴对新语言、新文字、新文学的诉求相似,由他主导的这场中国近代的文艺复兴,也是从对白话文和国语文学的提倡开始的,进而追求个人的解放,是对旧风俗、旧思想、旧行为束缚的挣脱。与1935年香港大学"中国文艺复兴"的演讲主旨不同②,他后来用更大的篇幅讲述他的"整理国故"思想及其实践,并径直把1919年《新思潮的意义》里提出的研究问题、输入学理、整理国故、再造文明归结为"中国文艺复兴的四重意义",而不再仅仅是新文化和新思潮的意义。不是说"新思潮"等于"中国文艺复兴",而是"新思潮"只是"中国文艺复兴"的一部分,即"新文化"运动只是"中国文艺复兴"的开端,不能涵盖其全部意旨。

也就是说,破旧不是目的,新思想的译介和中国社会问题的讨论也不是全部,还要包括后续的、当时尚未展开却已经在整体思路里的"整理国故"。现时的问题可以用新的方式来解决,可过去的遗存不能抛弃,必须加以改造,让它获得新生,这才是"复兴"的本义。"再造文明"不是打造全新的文明,不能单纯依靠研究问题和输入学理,而是要让改造后的中国传统再度发光。因此,"新文化"运动不容许古代文化成为另类的存在,"整理国故"非但不与"新文化"矛盾,而且是此后更重要也更艰巨的脱胎换骨。唐德刚责备胡适不过"新"了六七年就钻进了故纸堆,其实胡适的论说里早有铺垫,只不

---

① 胡适口述,唐德刚译注:《胡适口述自传》,第171—176页。
② 两年前,胡适还在美国芝加哥大学做过"中国文化的趋势"系列演讲,演讲集的名字就叫《中国的文艺复兴》(*The Chinese Renaissance: The Haskell Lectures for the Summer of 1933*, The University of Chicago Press)。但该书主要面向英语世界的读者,同样没有涵盖整个新文化运动。

过当时尚未展开，亦无示范性的作品而已。

职是之故，晚年的胡适指出："事实上语言文字的改革，只是一个［我们］曾一再提过的更大的文化运动之中，较早的、较重要的和比较更成功的一环而已，这个更广大的文化运动有时被称为'新文化运动'。"① （后文又用"中国文艺复兴"置换了"新文化运动"）显然后来他对白话文运动和新文学运动做了降温处理。而在1935年的专题演讲里，他刚开始说"中国文艺复兴"不仅仅是文学运动和语文改革，而且"它是对我国的传统的成见给与重新估价，也包含一种能够增进和发展各种科学的研究的学术。检讨中国的文化的遗产也是它的一个中心的工夫"②，即除了新文字和新文学，还有一个专门针对文化遗产的学术运动。但是他后面的演讲都集中在语言文学的改革上，学术的版块没有展开。大概当时正是"整理国故"非议最多的时候，他不愿挑起争端。

事实上，"整理国故"的整体思路已经在1923年的《〈国学季刊〉发刊宣言》里表述得很清晰了。从此后的"国学"研究浪潮及其反响之热烈来看，学界是理解他的方案的。胡适个人的"整理国故"工作——禅宗史和古典小说系列研究，也于1935年基本完成。20年代后，他已由哲学史、文学史的整体叙事，转入更细致、更具体的局部研究里去了。这不仅是学术研究的必然，也是他夯实前期学科史叙述所必需。一如唐德刚所言，正因有后期的研究成果做基础，胡适的"科学方法"才有说服力和示范性，也让他在群雄蜂起的民国学术里拔得了头筹——

> 胡先生在近五十年中国思想史上是最有贡献之人，一方介绍欧美的思想，一方用西洋的思想方法，来整理中国古代思想。且著作丰富，文字清晰，故影响最大。胡先生不只在思想方面影响最大，而在中国近五十年学术史上，文学史上也是最有贡献之人。③

---

① 胡适口述，唐德刚译注：《胡适口述自传》，第171页。
② 胡适：《中国文艺复兴》，《胡适全集》第12卷，第242页。
③ 郭湛波：《近五十年中国思想史》，上海古籍出版社，2010，第97页。该书初版于1935年，代表当时人的看法。而且三个月后就再版，说明颇受认可。

如果说胡适早年以文学革命"暴得大名",对学界宿老多有畏惮,那么让他成为学界领袖而非仅仅是青年领袖的,正是他此后的"整理国故"实绩。唐德刚认为无论是与乾嘉大师比,还是和民国巨儒较,他的研究都是"前空古人、后无来者的"①。胡适本人也认为自己后期独立完成的学术工作,胜过前期与陈独秀、钱玄同等一同发起的"文学革命"。正是凭着古典学术研究——从文学史转入思想史,他才敢霸气地说,自己给中国学术带来的"这一个转变简直与西洋思想史上,把地球中心说转向太阳中心说的哥白尼(Nicolaus Copernicus,1473—1543)的思想革命一样"②。因此晚年他把"中国文艺复兴"的重心转到"整理国故"上来,并不难理解。事后总结的参考价值,未必不如早年的摸着石头过河,后效需要时间和实绩来证明,这是我们比较史料时应当注意的。

那么,中国学术史上的这个"哥白尼革命"究竟是在怎样的意义上展开?难道仅仅因为他文章里提出的"价值重估"吗,或者如唐德刚所言的发现了科学考据法?进一步讲,如果拟为"哥白尼革命",那么就当以"整理国故"对应西方的科学革命。如此,限于语言文学的新文化运动不足以承担"文艺复兴"的大名,或者说没有"整理国故"的新文化运动,历史效能是单薄的。在中国近代的这场"文艺复兴"里,不仅有新文化运动对西方民主的引介,也离不开"整理国故"的落实西方科学。二者合力推动的这股缔造现代中国的新思潮,其实比拟欧洲文艺复兴并不恰切,更多是取"文艺复兴"的字面意思而已。一如英国著名历史学家巴特菲尔德所言,"当我们谈到西方文明在最近几代被传入日本等东方国家时,我们并不是指希腊-罗马哲学和人文主义理想,也不是指日本的基督教化,而是指17世纪下半叶正在改变西方面貌的科学、思维方式以及整个文明的组织形式"③,即我们所要的西方和胡适想要的西方,并不是文艺复兴的人文主义者寻求的古希腊、古罗马的世界,而是17世纪下半叶重心已经发生转移的西方现代文明。

---

① 胡适口述,唐德刚译注:《胡适口述自传》,第220页。
② 同上书,第241页。
③ 〔英〕赫伯特·巴特菲尔德:《现代科学的起源》,张卜天译,上海交通大学出版社,2017,第140页。

就方向和影响而言，它更接近西方历史里思维转型的"科学革命"；就政治后效来论，它也是"革命"式而非"复兴"式的。这涉及对西方历史和思想的把握，以及对中国近代社会发展方式的理解。希望通过我的分析，读者在读完本书后会找到答案。姑且放下文艺复兴和科学革命的区别，以及中西历史发展方式的比较，先来探讨：胡适以怎样的方式复兴中国文艺？他想要复兴的对象是什么？有没有达到目的？只有重新结合又不拘泥于胡适的具体主张和实际成果，才能评价它是否能够得上"哥白尼革命"？能否和欧洲的文艺复兴相比？又当如何来定义这场持续了二十多年的"整理国故"运动？这些问题，当年看不清，现在清楚多了。随着中国社会进入新的发展阶段，近代转型的后效日益显现。

二 晚清国粹派的"古学复兴"

事实上，比附欧洲文艺复兴并非自胡适始，最早鼓吹中华文明"复兴"的是晚清国粹派。1905年，黄节提出要向欧洲文艺复兴学习：

> 同人痛国之不立，而学之日亡也，于是瞻天与火，类族辨物，创为《国粹学报》一编，以告海内曰：昔者欧洲十字军东征，弛贵族之权，削封建之制，载吾东方之文物以归。于时意大利文学复兴，达泰氏以国文著述，而欧洲教育遂进文明。昔者日本维新，归藩覆幕，举国风靡。于时欧化主义，浩浩滔天。三宅雄次郎、志贺重昂等，撰杂志，倡国粹保全，而日本主义，卒以成立。呜呼！学界之关系于国界也如是哉。（《国粹学报叙》）

虽然"国粹"概念源于日本，"国粹保存"主张来自1888年以志贺重昂、三宅雪岭、井上圆了为代表的日本政教社对全盘西化的反思。但借径日本，最终要效仿的还是欧洲——那个经由意大利文艺复兴而"遂进文明"的强大欧洲。同在《国粹学报》创刊号里，邓实径直撰文《古学复兴论》，希望通过追摹欧洲文艺复兴，缔造与民族独立连为一体的中国文艺复兴。文末直呼"安见欧洲古学复兴于十五世纪，而亚洲古学不复兴于二十世纪也"，以中国古学复兴为亚洲明日之希望。① 章太炎则称"文学复古"——"彼意太利之中兴,且以文学复古为之前导。汉学亦然。其于种族,固有益无损已"②,同样思考如何向欧洲文艺复兴借力。

从兴建洋务学堂到"戊戌变法"、到《天演论》风靡,面对近代中国节节败退的客观事实,国人大多已承认中学无用。此时谈古学复兴,难免有逆流之嫌。但正因有日本的国粹保存运动,正因看到了欧洲文艺复兴里古学与社会发展的并行不悖,国粹派才有不同于格致古微派的依据和底气。从西学里寻找理由,是惯用做法,缘此才有牵强甚至荒唐的比附。一方面固然是由于对西学所知有限,另一方面说明西学已经成为某种权力话语,规避守旧的最好方式是跃上去一同拥抱。所谓"西欧肇迹,兆于古学复兴之年"③,既是为中学张目,也确从欧洲文艺复兴里看到了希望。在进化论风靡的时期,既然14世纪开始的欧洲文艺复兴不仅不是历史的倒退,反而是西方人大书特书的光辉起点,那么中国古学也可以成为催新的力量,一如许守微所言,"西哲之言曰,今日欧洲文明,由中世纪倡古学之复兴,亚别拉脱洛查诸子之力居多焉,谅哉言乎!夫彼之尊崇古学,固汲汲矣"④。

我不赞同"文艺复兴,作为一种历史知识,世人虽也不时提及,却谈不上认真对待"和"五四"前思想界普遍"冷落"欧洲文艺复兴的观点⑤。既然在西方纷纭的历史往事中,有人专门做《欧洲文艺复兴史》(蒋方震),梁启超还兴致勃勃地为之作序(后因发挥过多、文章过长而独立成书,即1921年的《清代学术概论》),说明这个话题并不生冷。1906年章太炎就指出:"彼意太利之中兴,且以文学复古为之前导,汉学亦然,其于种族,固有益无损已。"⑥ 这都是当时的名人名文,拥有广泛的读者。梁启超的阐发可视为国粹派宣扬的后效,到胡适、傅斯年仍在发酵。直到抗战时期,还有李长之的

---

① 邓实:《古学复兴论》,《国粹学报》1905年第9号。
② 章太炎:《革命之道德》,《民报》1906年第8号。
③ 《拟设国粹学堂启》,《国粹学报》1907年第1号。
④ 许守微:《论国粹无阻于欧化》,《国粹学报》1905年第7号。
⑤ 陈平原:《现代中国的"魏晋风度"与"六朝散文"》,《中国现代学术之建立》,第257页。
⑥ 章太炎:《革命之道德》,《民报》1906年第8号。

《迎中国的文艺复兴》呢。细味国粹派论说，他们意欲仿效欧洲文艺复兴的想法是认真的，就像胡适一生都在念叨"中国文艺复兴"一样，只是着眼点不同而已。

欧洲文艺复兴在复兴古希腊、古罗马文明的基础上，抵制中世纪教会思想，创造新的世俗文化，故称人文主义。胡适强调它从语言文字开始，侧重其世俗和人文的特点；梁启超看到了它以复古求解放的思维方式[①]；国粹派则看重它对古希腊、古罗马文化的发扬——研究古学非但没有带来社会退步，反而帮助欧洲从中世纪跃入近代世界，即发展旧学与社会进步（在当时的语境下，与西化同义）并行不悖，如《论国粹无阻于欧化》的标题所示。对于珍视国学的人来说，这实在是鼓舞人心。15年后，毛子水和张煊也是在这个问题上发生争议，并点燃了"整理国故"的导火索。"整理国故"后来受阻同样与此有关。可见旧学与西学的关系绝非今人看来这样简单，它不仅是个人学术态度，还涉及社会发展的道路选择问题，一直就是近代打不开的结，直到今天也很难说完全解决了。只要中西文化交流还在继续，并仍有势差，对西方近代发展历程的考察和借鉴就不会停止。

那么国粹派依托欧洲文艺复兴、回归汉学的做法是否可行呢？莫说清末，就是在整个近代中国，维护中学都有守旧之嫌。20世纪80年代以前，国粹派一直被视为封建复古思潮。80年代之后研究渐多，也仍被归为文化保守主义。其实国粹派提倡的"保存国粹"和"古学复兴"，具有鲜明的时代特色和革命特点。与其说他们想留存古学，不如说他们和意大利文艺复兴一样，是在利用古学。和以复古求新变的老路不同，尽管孔子和儒学仍是论述重点，晚清发现的先秦诸子也在他们的视野之内，但此时还延伸到黄帝，这是因为晚清国粹派是学问家，更是排满复汉的革命家。

以黄帝为汉系之祖，标举推翻清政府的种族革命，国粹派参与了同盟会"驱除鞑虏，恢复中华，创立民国，平均地权"的纲领捍卫。章太炎的《中

[①] 梁启超在1921年的《清代学术概论》里，多次拿清代学术和欧洲文艺复兴进行比较，如"'清代思潮'果何物耶？简单言之，则对于宋明理学之一大反动，而以'复古'为其职志者也。其动机及其内容，皆与欧洲之'文艺复兴'绝相类。而欧洲当'文艺复兴期'经过以后所发生之新影响，则我国今日正见端焉"（《饮冰室合集》专集第9册，第6769页）。

华民国解》《国家论》《排满平议》和刘师培的《普告汉人》《辨满人非中国之臣民》《清儒得失论》,几乎成为同盟会的革命代言。鲁迅还曾为"中华民国"源于章太炎而正名。① 国粹派学问深厚,所言所举皆有学术支撑,对士林影响很大。如在建州女真是不是明朝的建州卫、满族是否自古属于中国、"驱逐鞑虏"的革命主张是否有历史依据等问题上,刘师培以卓越的考据功夫,打败了保皇派第一喉舌梁启超。后来孙中山改"五族共和",比国粹派的严判满汉之界更包容,但同盟会对国粹派的宣扬和捍卫之功始终是感激的,尽管后来分道扬镳。

这批"有学问的革命家"(鲁迅语)为暴力革命赢得了上层信众的同情,这是以往的反动毛贼和革命乱党所无法比拟的。要知道孙中山早年在士大夫中间并不受待见,莫说此前的湖广总督张之洞,就是后来举人出身的吴稚晖,都拒绝他的拜访。《苏报》案后,身陷囹圄的章太炎成为革命领袖。他在狱中以"上天以国粹付予"②自许,走上了革命与学术结合的道路。《国粹学报》虽非章氏主办,但他几成主笔,还集结了刘师培、黄侃、罗振玉、胡朴安、马叙伦、柳亚子、马君武等大批名家。从 1905 年 2 月到 1911 年 9 月,82 期从未间断,在文化高层发挥了不容低估的作用。章太炎接手《民报》后,《民报》学术性得到极大提高。在与《新民丛报》的论战中,已经把小范围的暗中破坏活动,提升到智识界思想层的道路抉择问题了。章太炎和刘师培家法古文经学,但这种精神实为今文经学的与时俱进。章氏自谓"平生学术,始则转俗成真,终乃回真向俗",终究是冲破了书斋的经邦济世。

"国粹者,一国精神之所寄也。其为学本之历史,因乎政俗,齐乎人心之所同,而实为立国之根本源泉也"③,他们把对中华学术的爱惜和对国家的热爱绾联在一起,肯定国学是良田是甘泉,只是利用方式不当,才导致"年凶"与"水竭"④。若否弃国学,国家精神无所寄托,也就没有民族的未来

---

① 鲁迅:《关于太炎先生二三事》,《鲁迅全集》第 6 卷,第 566 页。
② 章太炎:《癸卯狱中自记》,《章太炎全集》,第 4 册,上海人民出版社,1985,第 144 页。
③ 许守微:《论国粹无阻于欧化》,《国粹学报》1905 年第 7 号。
④ 章太炎:《发刊词》,《国粹学报》1905 年第 1 号。

了，所谓"国有学则国亡而学不亡，学不亡则国犹可再造；国无学则国亡而学亡，学亡而国之亡遂终古矣。此吾国所以屡亡于外族，而数次光复，印度埃及一亡于英，而永以不振者"①。他们宣扬思想独立，鼓吹光复汉种，表面是恤古存学，底色却是种族革命和国家独立——"发现于国体，输入于国界，蕴藏于国民之原质，具一种独立之思想者，国粹也"②。在谋反罪属不赦之"十恶"的封建王朝，国粹派的思想非但不保守，还溢出了一般的学术范畴。对国族、国家、国性、国魂的强烈诉求，为历代文化复古运动所未见。

忽视国粹派流血牺牲的革命实践，仅就纸面文章论保守，无论如何都是不负责任的避重就轻。只以学问家看待章太炎或梁启超，以教育家论康有为或蔡元培，不但无法解释其个人影响力的巨大，也无法看清背后那个错综复杂、阴晴不定的混乱时代。近代中国变得太快，几乎没有哪个先行者十年后还能稳立潮头，张之洞、严复、康有为、章太炎、胡适无一例外。但开路者的艰苦与英勇，无论如何都不容否定。必须严格具体时段，从前往后而非从后往前地评议思想，否则就要陷入打倒一切的思路了。

三 "新学"反动与"国粹"新意

当然，我们这里谈学术，不谈革命。国粹派的非同寻常，正在他们不仅闹革命，还做出了极好的学术。钱穆认为章太炎的学术超过了康有为，为近代第一人③。在"整理国故"运动中，胡适、毛子水等新派唯一肯定的前辈学者就是章太炎及其《国故论衡》。贺麟指出，章太炎是"当时革命党主要的哲学代言人，而且可以认作五四运动时期新思想的先驱"④。如果说19世纪末是康有为的时代，那么20世纪初泰斗就是章太炎，胡适领衔是在1919年"文学革命"之后，即贺麟说的"民国八年"以后。

胡适对章太炎的推崇，固然有章门弟子及浙派学者大量占据北京大学和

---

① 许守微：《论国粹无阻于欧化》，《国粹学报》1905年第7号。
② 黄节：《国粹保存主义》，《政艺通报》1902年第22期。
③ 钱穆：《余杭章氏学别记》，傅杰编校：《章太炎学术史论集》，云南人民出版社，2007，第497页。
④ 贺麟：《五十年来的中国哲学》，上海人民出版社，2012，第18页。"主要的哲学代言人"在旧版本中为"唯一的哲学代言人"。

教育要职的考虑①，但也不能说完全是逢迎。事实上，章太炎对胡适及当时学风的影响不难察觉，国粹派对中国学术现代转型确有开路之功，且从一段宣言讲起——

> 比前之言国学者，可绝对弃置科举；而今之言国学者，不可不兼求新识。前之业科举者，不敢排斥国学；而今之业新学者，竟敢诋国学为当废绝。时固不乏明达之士，欲拯斯败，而以其无左右褊袒之道，即无舍一取一之方，二者之迷离错杂，不知所划，几别无瓯脱地，以容吾帜。则有主张体用主辅之说者，而彼或未能深抉中西学术之藩，其所言适足供世人非驴非马之观，而毫无足以厌两方之意。以此之故，老生以有所激而顽执益坚，新进以视为迂而舛驰益甚。是二者虽皆无所增损于日月之明，而其浮障之所至，竟可使国学之昏暗较之科举时代而尤倍蓰。呜乎！是谁之责欤？夫国学之所以不振，既非有纯一相对之障碍物，而所障碍之者，或即出于同一之本原。拘墟者，辄用以自戕本可资为消长。而剽妄者，乃浅尝以忘其本。以此诸种复杂之原因，则谋所以整齐收拾之道，非有人焉，精通国学，能合各种之关键而钩联之，直抉其受蔽之隐害，层层剔抉，而易之以昌明博大之学说，使之有所据而进之以绵密精微之理想，使之有所用无冀幸焉。呜乎！此岂非吾人之日夕梦想者乎？②

此文刊于《民报》1906年第七号，署名为"国学讲习会发起人"。有人认为乃太炎手笔，也有人系于章士钊名下，无论如何，肯定经章太炎寓目。章太炎在日本接管同盟会机关刊物《民报》后，在社内开办了"国学讲习会"，主讲国学。近代许多名家因此而得入章氏之堂。此文为开讲公告，围绕为什么要昌明国学、如何昌明国学、何人能昌明国学等问题展开，可视为讲学宗旨，信息量很大，也比邓实、黄节《国粹学报》上的倡导更具影响力。

首先，它火攻的目标已经不再是科举，而是康梁提倡的"新学"。这倒未

---

① 陈以爱：《中国现代学术研究机构的兴起：以北大研究所国学门为中心的探讨》，第5—12页。
② 国学讲习会发起人：《国学讲习会序》，《民报》1906年第7号。

必是因为当时《民报》正与《新民丛报》进行笔战。1905年科举废除后，戊戌的时代确实结束了。作为戊戌成果之一的废科举，使西学类编一类的新知失去了市场（第三章第三节）。尽失晋身之阶的科考士子，非但没有转而一头扎入新学，反而在"飞腾无术儒冠误"①的普遍哀伤中或迷茫或激进。戊戌的那套说辞已成明日黄花，不再鼓舞人心。可真要业习西学，需要长期的沉潜与摸索，不是仅凭热情就能支撑的，也不可能立竿见影。

由于李提摩太等西方人的加入、《时务报》《国闻报》《万国公报》等对西学的推介、留日学生的大量回国，即便康有为《万木草堂口说》一类糅合西方史实的早期学说也日见浅薄，更不要说那些追逐时论、半旧不新的口耳之学了。把中西强拧在一起的"新学"，不仅成为取代科举的"高业"（"科举废矣，代科举而兴者新学也"），而且败坏并误导学术（"夫新学果何罪？而学者不知所以为学"），致使有人愤恨地说"亡中国者必新学也"。②如第三章所言，以中学类编方式摘录西学（亦属章氏抨击的"以科举之道业之"），以囫囵吞枣的记忆为科学的探求方法，作为接触之初的不得其法，虽然可以理解，但长此以往的确是南辕北辙。人们期待的后科举时代并未到来。

另一方面，由于不再有仕途做依托，愈发坐实了中学无用论。慕新者对中学的唾弃，加剧了新旧的对立——"老生以有所激而顽执益坚，新进以视为迂而舛驰益甚"。连梁启超都有"今日非西学不兴之为患，而中学将亡之为患"③的感慨，继而废除科举的主将张之洞因"经籍道熄纲沦法斁之忧"④而抢修存古学堂。在"今之言国学者，不可不兼求新识"已成共识、古学仅做有限保存的情况下，中学因濒危而反弹。许守微质问道，为什么西学进入中国三十年，科举也废了，结果却"莫收其效，且更敝焉"？⑤即《国学讲习会序》所言的"国学之昏暗较之科举时代而尤倍蓰"。这是当时许多人的困惑。1905年之后，社会失序加剧，6年后就爆发了辛亥革命。在中国疆土开

---

① 刘师培：《甲辰年自述诗》，《中国中古文学史讲义》，上海古籍出版社，2000，第165页。
② 国学讲习会发起人：《国学讲习会序》，《民报》1906年第7号。
③ 梁启超：《西学书目表后序》，《饮冰室合集》文集第1册，第126页。
④ 张之洞：《创立存古学堂折》，《张之洞教育文存》，第524页。
⑤ 许守微：《论国粹无阻于欧化》，《国粹学报》1905年第7号。

战的日俄战争，让国人更加哀恸国运的凋敝。各种革命团体和暗杀活动，如雨后春笋般遍地开花。清廷的预备立宪，未能阻止东京同盟会、长沙华兴会、上海光复会、武昌科学补习所等组织的暴力革命。大厦将倾前夕，国人普遍"抱亡学亡国之惧"，此时肯定国学是良田是甘泉，"用国粹激动种性，增进爱国的热肠"①，不当视为消极。何况他们还有在刀刃上奔走的革命实践呢！

但要在学理层面用"国学"置换沦落的"新学"，就不能仅在"国"字上鼓吹了，还需要有真正的"学"，这才是国粹派的深切处。《国学讲习会序》肯定之前的中体西用思想没有错，问题出在"未能深抉中西学术之藩"上，即非驴非马的学术拼接，表明功夫下得还不够。附和多、深耕少，依旧是中国学术的最大问题。因此"古学复兴"的关键，不在舍一取一，而是如何"合各种之关键而钩联之"，使真正的新学"有所据而进之以绵密精微"。简而言之，方向没错，方法不对。的确，没有实实在在的成绩，无论主中学还是挺西学，无论口头如何中西会通，都是"无足以厌两方之意"的嘴皮功夫。章太炎强调"学名国粹，当研精覃思，钩发沉伏，字字征实，不蹈空言，语语心得，不因成说"②，如此的学术才能与"国粹"二字相称，标准非常高。所以超越戊戌新学的关键，在"精心汰渐"，在"整齐收拾之道"。

因而国粹派的写作，表现出与戊戌文章不同的面貌。梁启超的"新文体"曾风靡一时，成为鼓吹变法的喉舌。自号为"新"，为的是区别旧文体。梁文纵横捭阖，情感激越，的确突破了长期居主流地位的桐城古文和时文写作。但这仍是写作范畴里的事，就像胡适称为"时务的文学"③一样，仍是辞章，不过表现时务而已。中国向来不缺政论文章，科举策问就是对时政的见解。从洋务运动开始，我们就可以从冯桂芬《校邠庐抗议》、王韬《弢园文录》、陈炽《庸书》、郑观应《盛世危言》等大批文编里看到近似的表达，当然不如梁启超才华横溢。1827年开始编制的十几部《皇朝经世文编》，也尽是此类文章，更不要说各种策论汇编了。论政参政本来就是古代中国的读书传统。

---

① 章太炎：《演说录》，《民报》1906年第6号。
② 章太炎：《再与人论国学书》，《章太炎全集·太炎文录初编》，上海人民出版社，2014，第372页。
③ 胡适：《五十年来中国之文学》，《新青年》1917年第2卷第5号。

康有为《新学伪经考》《孔子改制考》的借题发挥，也不足为奇，汉初就有今文经学。只是论学与改制、思想主张与政治实践结合得这么紧密，是近代特殊形势逼出来的超拔。梁氏文章还有"报章体""报章文学"的称谓，报章才是新鲜事物。报纸文章的特点是短平快，不追求严密的学理和精确的表达，以时效、泛论、宣传为主，因此梁氏自谓"纵笔所至不检束"。

与以文笔和情感取胜的戊戌文章不同，国粹派致力于学术写作——出经入史、论古证今、满纸考据，显然下力深、成文慢、严谨细密。对读腻了《变法通议》之类高谈阔论的人来说（从洋务运动开始，此类文章实在太多。笔法近似，连内容都大同小异，无非变科举、改官制、兴洋务、开议会等），国粹派的文章深厚扎实得多，因此受众绝不限于青年。若按以往的史书传统，戊戌期间的梁启超应入《文苑传》①，章太炎和刘师培当入《儒林传》。自古以来，经史与文章、学问家与文章家地位就是悬殊的。当时北大学生以读章太炎的《国故论衡》为荣，未必只是因为老师的推荐（章门弟子多有在北大任教者），还因为章氏由小学入经史，无论是谈文学还是谈玄学，处处彰显了清代朴学的深厚功底，被誉为乾嘉学派的殿军。比起当时泛滥的报章文字、新学泛论、学堂讲义和教科书，分量的确重得多。要知道当时的北大学生，如顾颉刚和傅斯年，都是入校前已有旧学功底，一般的泛泛而论根本不放在眼里（顾颉刚《古史辨自序》里有相关回忆）。

章太炎尽管文笔深涩，今人读来费劲（当然首先是因为缺乏文言功底），可当时却是面向文化高层的"高级写作"，是当年严复刻意追摹的对象，被后来的钱穆尊为"论学文之正宗"②。胡适后来发掘传统学术，独独肯定清代朴学，并以考据方法做研究，未始未受章太炎之成功的影响。

章太炎是经学大师俞樾的弟子，刘师培则来自经学世家仪征刘氏，有普通人难以企及的学术底子，因而在动荡和短暂的年岁里，依然有惊人的学术产出。但如果只是述经论史，就与以前的经师没有区别了。当时活跃的旧式

---

① 梁启超真正进入学术写作是在民国以后，戊戌前后基本是政论和译介文章。他后来的学术文字一扫前期政论文的风格，素洁平实得多。

② 钱穆：《钱宾四先生论学书简》，章念驰编：《章太炎生平与学术》下，上海人民出版社，2016，第694页。

经学家还有孙诒让、王先谦、王闿运、叶德辉等大儒，至今仍为专业必读书的《墨子间诂》《周礼正义》《庄子集解》也是同期问世的（见表7-2）。此后刘文典、杨伯峻、杨树达等人的先秦经典注疏也在继续。今天中华书局"新编诸子集成"收录的古籍校释经典，大多出于此时及稍后的近代学者。章太炎和刘师培不属于这个序列，尽管他们是正宗的经学出身。他们走的是新路子，否则清末最杰出的国学大师就当是孙诒让而非章太炎了。

在写给《国粹学报》的信里，章太炎强调：

> 国粹学报社者，本以存亡继绝为宗，然笃守旧说，弗能使光辉日新，则览者不无思倦。略有学术者，自谓已知之矣。其思想卓绝不循故常者，又不克使之就范。此盖吾党所深忧也。①

时代变了，若不能求新，很容易落入守旧的泥潭。何况讲求国学，本来就容易招致落伍甚至倒退的批评。章太炎担心因存亡继绝而被人误以为笃守旧说，表现出强烈的求新意愿。如何划清界限、甄别新旧是他们不得不在意的问题。《国学讲习会序》说"国学之所以不振，既非有纯一相对之障碍物，而所障碍之者，或即出于同一之本原"，认为与固有学术对立的并非西学，而是中学内部的鱼龙混杂。自戕的剽妄的，都在同源事物上进行，导致互相攻伐，越战越乱。无论哪方取胜，伤及的都是共同的基础。所以必须正本清源，对古代学术进行系统的整理。

在这样的考虑下，国粹派首先树立"国粹"概念。即以萃取的方式，从古学里提炼可以承担国家命运的"国学"。他们并非要复兴所有的古学，而是有选择地进行淬炼。所以他们从各个角度对"国粹"或"国学"进行界定，以往很少有人对一个概念进行如此反复的论说。就像上两章的"艺术"和"文学"，每个人的用法都不同，不见有人专门归纳和说明。如果不先对概念进行界定和限定，讨论各方就容易自说自话，至今并未交锋的学术论争仍屡见不鲜。以往研究多聚焦于此后粹与非粹的争议（即鲁迅《随感录》讥讽的"国粹"还是"国糠"），陷入囿于字面的价值观判断，而忽略了国粹

---

① 章太炎致国粹学报社书，《国粹学报》1909年第10号"通讯"。

派分离国学、限定对象的学术方法，这恰恰是学理性讨论的开始。

国粹派的论说建立在对传统学术进行分割和选择的基础上。与其说他们在描述旧传统，不如说他们在建构一个可以面向未来的新传统，这才是他们的新意。所以他们的溯源是"层层剥抉"式的，一边寻找新的国学基础，一边"直抉其受蔽之隐害"。黄节标举的"古学"是"黄帝尧舜禹汤文武周公孔子之学"①，邓实则把周秦诸子之学也囊括在内②。与之对立的是"君学"。"君学"始于秦汉，繁盛于隋唐之后的科举取士，以学术为猎取功名利禄的工具，屈从于君主专制③。中国的贫弱是伪国学造成的，真正的国学从未被采纳过。所以他们要扫荡"君学"，光复"国学"，以振兴国族。

把国之不国归罪于专制主义，认为秦汉一统、五胡乱华之后，专制学剧而民族界夷，是国粹派的共同取向。刘师培《攘书》和章太炎《排满平议》皆是如此。"国界亡而学界即亡"④的论调，一方面斩断了国学和清廷的关系，为反满和推翻专制做铺垫；另一方面通过让"君学"来承担现实压力，圆融"国必有学而始立，学必以粹为有用"⑤的实际差距，从而给"国学"腾出足够的空间。如此不仅消除了传统痼疾对国学本身的伤害（即把负面内容清除出去，只要国粹），也回答了古学有无复兴之价值的问题。

尽管以"国学""君学"的此消彼长梳理中国学术，不无偏颇，但若视为近于理论建构般的举措，却未为不可。显然，他们的"国学"充满了追求自由、民主、革命、独立的时代意味，新多于旧。他们主张在"世衰道微，欧化灌注，自宜挹彼菁英，补我阙乏"⑥的主导思想下，重新"整齐收拾"固有学术，实现"新学"未能达成的中西会通理想。他们相信"真新学者，未有不能与国学相挈合者也"，而且学亡国亡学兴国兴，古学复兴必将带来民族的复兴（因为他们为国学注入了新的民族精神）。

---

① 黄节：《国粹学报叙》，《国粹学报》1905 年第 1 号。
② 邓实：《古学复兴论》，《国粹学报》1905 年第 9 号。
③ 李世由：《祝词》，《国粹学报》1908 年第 1 号。
④ 黄节：《国粹学报叙》，《国粹学报》1905 年第 1 号。
⑤ 邓实：《国粹学》，《政艺通报》1903 年第 13 号。
⑥ 邓实：《国学真论》，《国粹学报》1907 年第 2 号。

古学复兴的目标是"东土光明,广照大千,神州旧学,不远而复,是则下士区区保种爱国存学之志也"①,最终突破了民族界限,由汉族独立到中华独立,要为中国在世界上寻求地位。因此国粹派要的中国文艺复兴不是欧洲对宗教教会的反抗,亦非人文主义诉求的个人解放,而是本着对自家学术的热爱,以欧洲文艺复兴为重生的理由和希望,以改造旧学、深挖旧学的方式激活特定的优秀传统,缔造中华命运的未来。

四 国学新变的形式探索

论学形式的不循故常,亦是国粹派的下力之处。尽管刘师培也做经史札记,如《读左札记》。《国粹学报》也刊登语录体论学文,如《国粹学》。但大部分已经放弃了传统的述学方式,以专论形式做具体问题的讨论,如《古学出于史官论》《中国美术学变迁论》《舞法起于祀神考》等。邓实《国学通论》梳理上古至清代国学,已经是新思想主导下的学术简史了。他在《古学复兴论》里还提出,有清一代学术虽盛,不外乎儒学和六经,未有别立一学者。若有,则当从今日的古学复兴始。可见,他们认为虽然探讨古学,但他们的工作却不属于古学,而是儒学和六艺之外的新学术。这与梁启超以清代二百年学术和胡适以宋代学术为中国古学之复兴不一样。

如果说《国学通论》《国学真论》这样的梳理还有宽泛之嫌,那么刘师培的《清儒得失论》《近儒学术统系论》《周末学术史序》就非常细致了。他的各种"变迁论""异同论""得失论"体现出相当高的学术追求。清朝尚未终结,此类总结式的学术研究已经流露出继往开来的意识,已经是十几年后胡适提出的"结账式的整理"和学术史写作了。尽管1907年皮锡瑞就著有《经学历史》,但"内容上则远不及太炎的见识",侯外庐认为章太炎才是最早的学术史整理者("他关于周秦诸子,两汉经师,五朝玄学,隋唐佛学,宋明理学,清代学术,都有详论,即从他的著作中整理一部'太炎的中国学术史论',亦颇有意义。实在讲来,他是中国近代第一位有系统地尝试研究学术史的学者")。只可惜章太炎没有把线索整理起来,导致"后来治学术史

---

① 章太炎:《发刊词》,《国粹学报》1905年第1号。

的人剽窃其余义，多难发觉"。①

胡适在"整理国故"宣言里推崇章太炎的《国故论衡》，其实已经把它作为成体系的学术史著作来看了。他在《五十年来中国之文学》里总结说"这两千年中只有七八部精心结构，可以称做'著作'的书"，章太炎的《国故论衡》就是这五十年来绝无仅有的。强调的是它有别于传统语录和史料评议的论学形式和著述结构。在《中国哲学史大纲》里，胡适又表彰"到章太炎方才于校勘训诂的诸子学之外，别出一种有条理系统的诸子学"②，这是强调它的系统性。一如毛子水《国故和科学的精神》所言："这部书分为三卷：上卷论语言文字，中卷论文学，下卷论学术思想。语言文字和文学，都是发表学术思想的器具；所以《国故论衡》这部书，可以说得就是中国古代的——或固有的——学术思想的论衡。"③

如果说侯外庐对《国故论衡》的学术史性质还有犹豫，那么陈平原则对章太炎的第一提出异议。他认为1902年梁启超连载于《新民丛报》的《论中国学术思想变迁之大势》，已经是现代意义的学术史写作了。如果精研旧学的皮锡瑞在侯外庐看来，见识不够，可以姑且不论，那么梁启超的浅近勾勒也不足以代表当时的学术水准。今天梁著有更多受众，正是因为它浅显易懂。若比照1926年钱穆的《国学概论》，我们会惊讶于今天的学术名著不过是当年无锡师范和苏州中学的课堂讲义。《论中国学术思想变迁之大势》虽有胚胎、全盛、儒学一统至近世学术的阶段划分，有总结学术变迁的意识，但大多泛泛，印象式的总结多于严密的疏证，可能连当时的京师大学堂学生都满足不了。

梁启超言"章太炎《国故论衡》中有《原名》《明见》诸篇，始引西方名学及心理学解墨经，其精绝处往往惊心动魄"④，关键还在章著精深且有新意，"为总结清学首出之作"⑤。若仅以时间先后论，那成书更早的学堂讲义

---

① 侯外庐：《中国近代启蒙思想史》，人民出版社，1993，第181页。
② 胡适：《中国哲学史大纲》，第18页。
③ 毛子水：《国故和科学的精神》，《新潮》1919年第1卷第5号。
④ 梁启超：《中国近三百年学术史》，《饮冰室合集》专集第17册，第9035页。
⑤ 许嘉璐：《章太炎全集序》，《章太炎全集》，第5页。

和日著编译也当考虑了，刘师培《经学教科书》和夏曾佑《最新中国历史教科书》比《国故论衡》还早。胡适论学显然面向学问家，要考虑学术水准和影响力，否则不足以号召学界。如《国学讲习会序》所言，昌明学术必须精通国学，"有所据而进之以绵密精微"①，否则又回到非驴非马、生吞活剥的老路上，或是顾颉刚等抨击的只是借用日著、贩卖讲章。

章太炎好用艰涩的文言著述（有意思的是，他的白话讲稿学术要浅显得多），却仍被奉为圭臬，实为学力所致，否则在经史旧家仍济济于世的晚清，难服众口。刘师培虽然寿短，学养却卓绝，一如第五章所见，剖判精严，目光如炬，否则在变节和毁誉之后，也难登北大的讲堂。由于没有文言训练和旧学功底，今人即使看懂了他们在说什么，也少有人精读过他们讨论的古书和古学，难以体会其中的精微与深切，也就只能做做综述，不敢具论学术高低了。在当前的学科框架下，能与他们对谈的人不多。"道以人传"，无论继绝还是开新，都需恰逢其人，"而人不可以多得，有心者所重悲也"（王夫之《读通鉴论》卷十五）。

《国故论衡》分小学、文学、诸子学三卷，明确界分讨论对象。每个部分先有"略说"或"总略"综论，再分篇讨论具体论题。虽不追求通史式的面面俱到，但《语言缘起说》《转注假借说》《论式》这样的题目，已经展示了总结性。而且都是专论，每篇有大量的引证和例证。对比皮锡瑞的《经学通论》，虽然每篇都加了说明性的标题，如《论连山归藏》《论汉人古义多不传汉碑可以引证》《论公羊穀梁二传当为传其学者所作左氏传亦当以此解之》《论经史分别甚明读经者不得以史法绳春秋修史者亦不当以春秋书法为史法》等，但基本是短章，议多于证，更像札记式的整理，与顾炎武《日知录》、赵翼《廿二史札记》没有太大区别。顾炎武自谓，"仆自三十以后，读经史，辄有所笔记。岁月既久，渐成卷帙"②，这是古人的读书习惯，是专书笺注外常见的论著形式。

这种读书札记，多为无标题的短章，缺乏论证过程，结构随意，基本围

---

① 《国学讲习会序》，《民报》1906年第7号。
② 顾炎武著，黄汝成集释：《日知录集释》，上海古籍出版社，2006，第1853页。

绕具体篇章展开。至于离章析句的经史注疏，即便把胡适推崇的考据学发挥到极致，也不可能有"精心结构"，即胡适说的"著作"意识，因为本来就是文本释读。胡适说"校勘训诂的工夫，到了孙诒让的《墨子间诂》，可谓最完备了……但终不能贯通全书，述墨学的大旨"，到章太炎的诸子学方见融会贯通。① 胡适要的是完整的专题述学，因而只承认《文心雕龙》《史通》《文史通义》是著作，其余都是结集，是语录，是稿本②。或如曹聚仁的抱怨，"其所抱之主张，亦仅于字里行间隐隐见之，从不以合理方式明达之也"③。那么经解及延伸的札记式写作，是否就一定观念缺失呢？倒也未必。就像今天格式标准的学术论文，也未必都有学术价值一样。刘师培连载于《国粹学报》的《国学发微》，从六艺缘起谈到近儒依傍的明代学术，非常清晰，只是没有像后来的"概论"或"通史"那样以年代划分章节而已。钱玄同回忆说，1905 年读到刘师培《国粹学报》上的文章，"始知国学梗概"④。在时人眼里，它们事实上起到了学术史的作用。

　　刘师培明言，他追步的是章学诚的《文史通义》，上溯郑樵《通典》、刘知幾《史通》、刘勰《文心雕龙》和班固《汉书·艺文志》。也就是说，这派学脉的发掘并非始于胡适，论流别、溯渊源的努力自古有之。《国粹学报》明确提出，应"于我国学术源流派别，疏通证明，原原本本。阅者得此，可以知读书门径"⑤。但在学术研究未成职业、著述亦非晋升标准的古代，形式上确实没有那么多的讲求，更强调的是体贴经书和陈言务去。何况古代原道明道的述学要求，高于推陈出新的著作追求，讲究的是续中求新、述中求作，这是知识目标和学术理想的差异。若非引进西方教育和研究机构，中国哪有专职和全职的学者？若非培育出大批习惯课堂听讲的学生，又怎会有海量的"概论""纲要""大纲""讲义"呢？这些新变正是国粹派被低估、胡适主张一呼百应的社会基础。

---

① 胡适:《中国哲学史大纲》，上海古籍出版社，2000，第 21 页。
② 胡适:《五十年来中国之文学》，《新青年》1917 年第 2 卷第 5 号。
③ 曹聚仁:《国故学之意义与价值》，《国故学讨论集》，第 17 页。
④ 钱玄同:《刘申叔先生遗书序》，《刘申叔先生遗书》，北京宁武南氏印，1936，全书未编页。
⑤ 《国粹学报略例》，《国粹学报》1905 年第 1 号。

《国故论衡》虽是章太炎之前文章的结集，但基本是现代专题讨论形式，故多为长篇，选择和编撰时也有点面结合的考虑。对不熟悉古代论学体式的人来说，如果《国故论衡》的新变还不够明显，那么刘师培的《周末学术史序》就非常现代了。《周末学术史序》连载于1905年的《国粹学报》，前有总序，后分心理学史序、伦理学史序、论理学史序（名学）、社会学史序、宗教学史序、政法学史序、计学史序、兵学史序、教育学史序、理科学史序、哲理学史序、术数学史序、文字学史序、工艺学史序、法律学史序、文章学史序16篇。这不只是序言里说的想改变以人为纲的传统学案体，还是以西式分类重新结构先秦学术。理科、计学、工艺学都是新名词，心理学、社会学、政法学、教育学皆为清末刚引进的西学。刘师培不仅把它们作为钩沉中国原典的纲目，而且明言将对照中西，"以学为主，义主分析"，是非常超前的做法了。

比起1919年胡适《中国哲学史大纲》通史般的专科概述，《周末学术史序》更像断代的大学科史，既有整体框架的呈现（可对照下文胡适的"中国文化史"构想），又有通史难以企及的细节深入（专论先秦学术）。黎锦熙言"余年甫成童，尚乡居读书，由宋明义理之学，径溯周秦诸子，每苦漫漶；又粗涉新籍，谓学宜成科，思分别钞系，起周秦，历汉晋六朝唐，仍逮宋明，以迄于今，勒成专史。适睹《国粹学报》，知刘君已先我而为之矣，所谓《周末学术史序》也，用是大乐，逐篇手钞，镌骨簪为圈点，以上等印油施之行间，又即其自注而为之疏，凡所引书皆探其原，不合者校订之，眉端广长，批以蝇头小字，有时尚不能容也。旋入校，则于课余或寒暑假期为之，迄岁己酉（清宣统元年，一九〇九），积成一册，自是遂坐待刘君本书之成"①，已道出它改用新法的学术专史性质，让黎锦熙痴迷到手抄笔注的地步。今天看来，的确不乏精论。

此外，刘师培同期编写的《经学教科书》上册以时间为序，分别讲述五经的学术发展史。下册集中讲《周易》，有易经与文字学、数学、科学、史学、政治学、社会学、伦理学、哲学关系的专章，有分明的学科概念。这本

---

① 黎锦熙：《序四》，《刘申叔先生遗书》，北京宁武南氏印，1936，全书未编页。

是高等小学教科书,可见这些观念已经在往下传递。更让人汗颜的是,这书讲得并不浅,程度高于当前多数经学简介或易学概论。所以周予同强调,在皮锡瑞的《经学历史》之外,刘师培的《经学教科书》也有重要的参考价值。① 可见胡适的成功是有借鉴的,读者的接受也是有铺垫的,并非如蔡元培所言的横空出世。

我在此不是要为国粹派争第一,第五章已言,简单以时间的早晚论学术是不可取的。民国的学术改造工程,晚清也已经开始了。正因有国粹派的学术践行和播布,胡适的学术主张才有接受的基础。胡适受美国教科书影响,章太炎和刘师培因日本启发,而日本新方从欧美来,思路暗合无须惊诧。无论是胡适的"中国文艺复兴",还是国粹派的"古学复兴",都是通过有选择的重启,借力西学,改造中学,都是新学。

只要图书文献没有亡佚,古代学术就在那里,是难以改变的事实性存在,却可以换一种眼光、换一种方式重新释读。通过借鉴西学,让中学获得继续存在的合法性,从而打破新旧之分;通过为古学注入新的时代内容,为当下的变革寻找合理性,从而让古今得以贯通。不同的人添加的内容虽然不一样,对西学的理解和接受程度也不相同,但最终"复兴"的都是不中不西即中即西、不古不今半古半今的混合学术。在中西会通刚开始的时候,这种混杂很大程度上与形式有关,即尽量贴近权力话语支撑的西学规范,因为更容易实现,今天依旧如此。因此康有为和孙诒让借题发挥的《孔子改制考》和《周礼政要》,让位于章太炎和刘师培有所依凭的国学发微,最后转到胡适的打散结构、全盘西化,符合中国近代发展的逻辑,也是世界发展中国家寻求现代化的文化常态。

第二节 "科学方法"与"系统整理"

早在 1902 年 5 月,留日学生在东京创办的《译书汇编》就对日本的"国粹主义"有过介绍。但作者认为中国还当坚持欧化,"国粹主义者,即保守

---

① 周予同:《经学历史重印后记》,皮锡瑞:《经学历史》,中华书局,2008,第 363 页。

之别名"。① 流亡日本的梁启超可能也注意到了这个现象。《梁任公先生年谱长编》提到，梁启超有创办《国学报》的计划，就此曾与黄遵宪商量。黄遵宪对日本素有了解，因《日本国志》而闻名一时。黄遵宪回信说中国和日本国情不同，日本国粹盛行是因为自身没有文化基底，先后驰骛于中国文化和欧美文化。国力渐强之后，不得不进行矫正和调整。而中国病在夜郎自大，还当鼓励新学。至于国学，过几年再谈不晚。② 梁启超接受了黄遵宪的意见，虽然发表过《论中国学术思想变迁之大势》，但放弃了办《国学报》，也没有再进行推介。

1902年年底，黄节和邓实大张旗鼓地吁求国学，在《政艺通报》上发表《国粹保存主义》《国粹学》等系列文章。二人仍觉意犹未尽，1905年在上海成立了国学保存会，创办机关刊物《国粹学报》，汇聚大批名家，一时声势壮大。若无革命要素和求新的种种努力，如章太炎所忧，很容易被视为保守。至少黄遵宪和梁启超就认为对1902年的中国社会来说，检点旧学为时过早。又如后来鲁迅所言，阻止留学生剪辫子的清朝官员，和光复旧物的爱国志士一样也要求保存国粹。③ 谁来明辨立场，如何突出先进，以与守旧势力拉开距离，一直是近代治国学者面临的难题。就连做经学笺注的孙诒让，都以保粹可缓救亡为急，辞谢张之洞存古学堂教习的聘请。作为民国开新领袖的胡适就更是如此了。这一方面分散了他的精力，不得不进行各种澄清与论战；另一方面，也逼出了他的新意与新作。

一　民国学术的承与变

1905年至1909年是国粹派的活跃期。与此同时，官方也加入保存国粹的行列，1907年张之洞主持的湖北存古学堂、山东巡抚杨士骧支持的国文学堂相继开办，由此招致许多非议。而且出现不少倒戈的情况，如前期提议创办粹化学堂后来又行讥讽的宋恕。很快，大清在内外交困中覆灭。《国粹学报》

---

① 《日本国粹主义与欧化主义之消长》，《译书汇编》1902年第5期。
② 丁文江、赵丰田编：《梁任公先生年谱长编（初稿）》，中华书局，2010，第147页。
③ 鲁迅：《随感录三十五》，《新青年》1918年第5卷第5号。

因"清退位,汉中兴"愿望的达成,于1912年终刊,总共刊行了82期。

然而,民国各种国学组织有增无减。在"整理国故"倡言以前,重名的《国学丛刊》就有1911年罗振玉主办、1914年清华国学研究会主办、1923年上海中国国学研究会主办、1923年东南大学和南京高师国学研究会主办等多种。以"国学"命名的民间团体也层出不穷,除罗振玉和王国维组织的北京国学研究会外,柳亚子和李叔同1912年在上海成立了国学商兑会,章太炎的学生马玉藻也在北京和杭州成立了国学会。还有刘师培、廖平、谢无量组织的四川国学院、1914年吕学沅等创办的东京国学扶危社、1915年倪羲抱等在上海创办的国学昌明社。各大团体都有自己的国学刊物和国学出版物,有的影响力还非常大。直到1918年,陈独秀和鲁迅还在《新青年》上对国粹频发意见(《随感录》),可见关于国学的讨论一直在继续。

所不同的是,由于清帝退位,国粹与种族、国学与君学的关系不再有依托,也失去了革命前鼓动人心的号召力。中华民国的成立,不仅给国人带来了国族光复的共和希望,还出现过突破国家界限的世界主义风潮。如果坚持"科学超于国界,良知贯于万民,固无分于东西,更无区于黄白种也",故此批评国粹"助国界之愈严明"①,在1908年还是非常新颖的说法,也只可能出现在留法学生于巴黎创办的无政府主义期刊《新世纪》上。那么到1918年,陈独秀强调学术"只当论其粹不粹,不当论其国不国"② 就不再新鲜了。王国维早在1911年《国学丛刊序》里,就曾"正告天下":学无新旧、无中西、无有用无用之分。③ 晚清国学承载的国家、国运、国魂、国性、国民,连同国族,不仅不再是被关注的重心,还成为有志之士立意要破除的对象。在世界大同的美好愿望面前,"国粹"的重心由"国"转移到"粹"上来了。如何保存古学的讨论,变成了民初国粹还是国糠的非议,即鲁迅的质问:如果中国旧学果真是"粹",何以闹得现在如此的糠④?可见,若没有晚清危亡局面激发的爱国热情,在进化论风行的情况下,旧学的价值会很成问题。

---

① 反:《国粹之处分》,《新世纪》1908年第44号。
② 陈独秀:《随感录》,《新青年》1918年第4卷第4号。
③ 王国维:《国学丛刊序》,《国学丛刊》1911年第1期。
④ 鲁迅:《随感录三十五》,《新青年》1918年第5卷第5号。

两千多年的帝制王权告终，给民初人以"新世纪"的短暂兴奋，如陈受颐拒绝钱穆开设中国政治制度史课程的理由是"中国秦以下政治，只是君主专制。今改民国，以前政治制度可勿再究"①。但学术问题并非如鲁迅所言"现在成了民国了。以上所说的两个问题（'国粹保存'的不同方式），已经完全消灭"②，以国学为志业者仍在互相号召，国学的反对者也仍在摇头叹息。周介弢认为"畏难而就易，厌旧而喜新，人情之常"，但他以为是国学难而西学易，忧虑青年学生会喜好新学"放绝国学"。③可事实是，出国学农学医学航海的，最后都弃理从文，而且获得了更大的社会影响力。无论是晚清还是民国，鼓吹西方科学的，是一帮并非从事科学研究的文人。即便当时对西学要求不高，而且国家奖掖转向西方科技，稍有基础的人仍然愿意研究国学，似乎更易出成绩。

在胡适提出"整理国故"之后，接受西式教育的年轻人纷纷开始读古书，才会有分外热闹的"国学书目"事件。甚至"没读过古书"的人也要求加入国学研究的队伍④，以至出现了胡适忧虑的"多少青年，他也研究国学，你也研究国学，国学变成了出风头的捷径，随便拿起一本书来就是几万字的介绍。有许多人，方法上没有训练，思想上没有充分的参考资料，头脑子没有弄清楚，就钻进故纸堆里去，实在走进了死路"⑤。正因为青年人对国学热情

---

① 钱穆：《八十忆双亲　师友杂忆》，生活·读书·新知三联书店，1998，第169页。
② 鲁迅：《随感录三十五》，《新青年》1918年第5卷第5号。
③ 周介弢：《学生宜尊重国学》，《学生杂志》1916年第3卷第3号。
④ 如张彭春读了胡适《一个最低限度的国学书目》后，也想尝试着研究国学。他准备"不拿全体所谓国学的来研究，用问题做线索，做一部分的搜集。先秦的名学，适之做过一度的整理。谁来做先秦教育的调查？这种事或者可以得到任公的帮助。可惜我古书的底子太浅了！不过可以给将来的学生做一个试验，看看一个没读过古书的人能否作国学的研究"（《日程草案》1923年3月10日）。一个"没读过古书"的人也渴望整理国故，足见"整理国故"的吸引力之大。以问题为线索，做部分的专题研究，大大降低了对研究者的旧学要求，这无疑给年轻学者以鼓励。曹聚仁回忆说，当时老一辈大学国文教师多是旧式文人，对外国文学和新文学作品一无所知，而"一些在新文坛露了头角的青年作家，他们对中国古文文学的修养，实在差得很。即算是名作家，一上了讲台，就搅昏了，应付不下去了"。因此大学急需国文教师，只读过五年师范学校的曹聚仁也被聘去做了大学教授（《我做了教授》，《我与我的世界：曹聚仁回忆录（1900—1972）》，北岳文艺出版社，2001，第223页）。可见"五四"后纯粹接受旧式教育的老一辈人，大多退出主流学术。新一辈即便有家学渊源，接受的也是新式教育。归国留学生的旧学底子更有限，曾遭到胡适严厉批评。
⑤ 胡适在北大研究所国学会议上的发言。《研究所国学门第四次恳亲会纪事》，《北京大学研究所国学门月刊》1926年第1卷第1号。

过高,导致先前支持胡适的人 1926 年以后纷纷调转矛头,进行批判。1929年文学研究会在《小说月报》上刊发的国故专题文章和 1923 年的国学专栏,态度截然相反。几乎所有的反对者都指责,不该把青年引向故纸堆,希望年青人把更多的精力放在自然科学的学习上。我们似乎听到了清末"固有""本无"之争的回响。

可见议题已由国学和君学或新学的对立,转移到国学和科学的矛盾上去了,连文章标题都成了《科学国学并重论》《国故和科学的精神》。不是说中西界限已不存在,而是"五四"之后,西学不再是单纯的自然科学,而是以科技为依托的所有新知。"科学"从科技蔓延到人文,与以文史为主的"国学"并称。显然,科学大于国学,国学大于国故,一如傅斯年强调"研究国故好像和输入新知立于对待的地位,其实两件事的范围分量需要,是一和百的比例"①。在一和百的比例里,中学和西学的区分不再显眼,国粹和国糠的论定也属小题大做,中体西用式的主客分明和中西融汇式的对等互益,变成了如何在统一的"科学"框架里,进行有限的国故学研究。当然,这是比较极端的说法,预示了国家主义退潮后,国学发展面临的生存危机。在新的社会环境里,措意国学或者继续国学的研究,需要新的理由和新的方式。

二 胡适的"科学"转换

挑起这场争议的,是北京大学学生毛子水。毛子水的专业是数学,却喜好文史,不仅跟着傅斯年、罗家伦这帮文科生办起了《新潮》杂志,后来还正式转入史学和文学的专业教学和研究。《国故和科学的精神》落款时间是 1919 年 4 月,傅斯年的文末附识说"两三个月以前,我就想做篇《国故论》"②。而朱希祖 1919 年 3 月发表的《整理中国最古书籍之方法论》,已经提议"我们中国古书中属于历史的,哲学的,文学的,以及各项政治,法律,礼教,风俗,与夫建筑,制造等事,皆当由今日以前的古书中抽寻出来,用科学的方法,立于客观地位整理整理,拿来与外国的学问比较比较,或供世

---

① 傅斯年:《毛子水〈国故和科学的精神〉附识》,《新潮》1919 年第 1 卷第 5 号。
② 同上。

人讲科学的材料"①，说明国学的正当性不仅是新文化运动时期中国学术从业者无法回避的问题，而且在胡适正式鼓吹之前北大师生已有这种呼声。

傅斯年支持毛子水，肯定"整理国故"是学术上必不可少的一项工作。张煊在《国故》月刊上发文反驳，也是一种回应。由此挑起了以胡适、陈独秀、鲁迅等北大左派，和以刘师培、黄侃为号召的北大右派之间的笔战。8月胡适专门致信毛子水，进行声援和提示，并于11月把"整理国故"作为"再造文明"的一个环节，纳入《新思潮的意义》中。尔后在《〈国学季刊〉发刊宣言》里提出系统的主张，正式揭开"整理国故"运动的序幕。"整理国故"并非胡适一时的心血来潮，也吸收了其他人的主张。《〈国学季刊〉发刊宣言》也不是胡适一己之意，而是征求了北大国学门其他人的意见。与其说胡适不仅团结了旧派故老，也激发了新派年轻人创造历史的雄心，不如说胡适在稍不留神就会落伍的世风里，敏锐地抓住了时代的脉搏，即便不是"逼上梁山"，也是与时代共振。

但胡适的高明，在于他不仅说出了别人"想说而不知道怎样说才好的"东西②，而且指明了下力方向：从"整理国故"入手，从最易为、最易出成果的传统学术改造入手。这话经他的口讲出来才有效力。一是他的留美博士背景，无形中为他免除了各种澄清的烦恼，更为他提供了资源。成为新学术范本的《中国哲学史大纲》，就由博士论文改写而来。再如搬来美国导师杜威来华讲学，无异于对其学术合法性的最好证明。在当时的社会状况下，这些举措的光环效应是无与伦比的。所以尽管胡适没有家族势力的支持，却很快就拥有了巨大的声誉和社会活动能力。与严复、蔡元培、梁启超等民国宿老比，他显然属于离西方权力话语更近的新贵，是其他国内后学所无法比拟的。二是"文学革命"不仅使他"暴得大名"，获得了新派领袖的身份，而且是他成功的一次练手。尤其在白话文运动中，他与各方交战，迅速摸清了文化界状况，弥合了去国7年的疏离。其他留学生想融入高层文化圈，则需等待时日与机缘。所以尽管后来他和陈独秀因政见不合而分道扬镳，但对陈

---

① 朱希祖：《整理中国最古书籍之方法论》，《北京大学月刊》1919年第1卷第3号。
② 顾颉刚：《顾颉刚古史论文集》，第35页。

独秀的感念是真切的。

　　胡适曾说,留学生就像当年的利玛窦一样,跨越不同的文化,必然要带回新的眼见和思想。尽管有人批评胡适治学"只有浅出,并无深入",论旧学不如"史学二陈",论新学还比不上何炳松,但是胡适对中国学术的贡献原不在此。《胡适文存》里有大量介绍西学和中西学术比较的文章,必须承认,他对西学的了解比之前的报刊文章深入了不少。毕竟在美国接受了7年正规学校教育,哪怕耳濡目染,也比国内的口耳之学更加具体。对渴慕西学却又始终不明所以的国人来说,这些满是外国哲学和科学思想的介绍是宝贵的。不时掺入与清代学术的对比,更显亲切并易于接受。若像今天的专业论文一样琐碎艰深,国人反觉兴味索然,不知何用了。

　　更重要的是,他提供了一套易于理解且可供模仿的程序。胡适一辈子以方法著称,自谓"我这几年做的讲学的文章,范围好像很杂乱,——从《墨子·小取篇》到《红楼梦》,——目的却很简单。我的唯一的目的是注重学问思想的方法。故这些文章,无论是讲实验主义,是考证小说,是研究一个字的文法,都可以说是方法论的文章"①。后来还总结说,"我治中国思想与中国历史的各种著作,都是围绕着'方法'这一观念打转的,'方法'实在主宰了我四十多年来所有的著述。从基本上说,我这一点实在得益于杜威的影响"②。类似"度金针"的说法在《胡适文集》里随处可见,以至被人讥笑四处贩卖"方法"。但无论如何,若没有这套简易可行的方法,就没有大量追随者,也不可能有如此巨大的号召力和影响力。都像章太炎和刘师培那样,得其人方成其学,个人的研究很难成为"运动"。"整理国故"的积极响应者曹聚仁说过,新文化的最大成功在于给青年提供了研究学问的新态度和新方法,"国故"的新命运也全在态度和方法上。③

　　那么,胡适提供的新方法到底是什么呢?答案也不复杂。几乎每个人都声称要用"科学的方法"来整理"国故",林语堂干脆称之为"科学的国

---

① 胡适:《胡适文存序例》,《胡适全集》第1卷,第1页。
② 胡适:《实证思维术》,《胡适口述自传》,第100页。
③ 曹聚仁:《为"国故"呼冤》,《觉悟》1924年3月。

学"。"赛先生"的引进是"五四"的重要成果,"科学"是"新文化"运动的基本舆论——"这三十年来,有一个名词在国内几乎做到了无上尊严的地位;无论懂与不懂的人,无论守旧和维新的人,都不敢公然对他表示轻视或戏侮的态度。那名词就是'科学'。这样几乎全国一致的崇信,究竟有无价值,那是另一个问题。我们至少可以说,自从中国讲变法维新以来,没有一个自命为新人物的人敢公然毁谤'科学'的"①。尽管一战后,梁启超在《欧游心影录》里对科学万能产生怀疑,由此引发了科玄论战。但科学派仍掌握着主流话语,在贫穷落后的国度确实也不该倡导脱离物质发展的精神超越,胡适坚定地说:"科学不能解决的,哲学也休想解决。即使提出解决,也不过是一个待证的假设,不足于取信现代的人。"② 正因与"科学"进行了有效的结合,林语堂才理直气壮地声称"科学的影响不但不使我们要抛弃经书于毛厕里三十年,并且将使此三十年来为中国国学重见昌明的时代",并盛赞《〈国学季刊〉发刊宣言》将"开新学界的一个新纪元"。③

但当"科学"获得几成宗教般的崇奉后,却很少有人真正清楚科学具体指什么。④ 陈源直言:"大家打的旗帜是运用'科学方法'。可是什么是科学方法?离开了科学本身,那所说的'科学方法'究竟是什么呢?一个人不懂得什么是科学,他又怎样的能用科学方法呢?而且,用'科学方法'作工具去整理国故,与用'外国文知识'做工具,去翻译西方的各种学识一样的可笑,一样的荒唐。"⑤ 的确,不懂科学,怎么说得清楚什么是科学的方法?一百年后我们不依旧在追问什么是科学吗?⑥

在《清代学者的治学方法》里,胡适开篇就指出,"科学方法不是专讲

---

① 胡适:《〈科学与人生观〉序》,《胡适全集》第 2 卷,第 196 页。
② 胡适:《哲学的将来》,《胡适全集》第 8 卷,第 7 页。
③ 林玉堂(语堂):《科学与经书》,《晨报五周年纪念增刊》1923 年 12 月。
④ 相关研究很多,如郭颖颐《中国现代思想中的唯科学主义(1900—1950)》、汪晖《科学的观念与中国的现代认同》等。
⑤ 陈源:《西滢跋语》。唐德刚也指出,胡适提出的整理国故方法,有对有不对。"他'不对'的地方,便是胡老师把'科学方法',误为'科学'的本身;以为掌握了'科学方法','科学'便在其中矣,这就'不对'了"(《胡适口述自传》,第 220 页)。
⑥ 如吴国盛的《什么是科学》(广东人民出版社,2016)。

方法论的哲学家所发明的,是实验室里的科学家所发明的"①,可谓最直接的回答。今天看来似乎无甚高论,可一百年前进过实验室的中国人不多。虽然传教士和格致书院都乐于展示科学仪器,也会演示一些简单的科学实验,但人们只把它们和格致学联系起来。二十多年前,严复说西方格致学"一理之明,一法之立,必验之物物事事而皆然,而后定之为不易。其所验也贵多,故博大;其收效也必恒,故悠久;其究极也,必道通为一,左右逢原,故高明"②时,讲的就是科学试验的检测特点,但局限在自然科学,说得也不那么明了。胡适接着说,由于发明科学的科学家和高谈方法的哲学家向来不那么接近,所以哲学家"至多不过能得到一点科学的精神和科学的趋势",科学家又"不能用哲学综合的眼光把科学方法的各方面详细表示出来,使人了解",所以不仅中国学术缺乏这种自觉,欧洲学术也经过了二三百年的融合。因而他非但要介绍,还得寻找欧洲科学方法的本质,并思考如何拿来研究中国学术。

　　近代以来,自然科学的巨大成就的确使人文社会研究不断努力与之靠近。但今天普遍认为,自然科学和人文社会研究还是存在一些不能通约的性质差异的。提倡用科学的方法来"整理国故",意味着"科学"的泛化和抽象化,不仅要跨越科学与哲学(广义)的差距,还要泯灭中学和西学的思维区别。这意味着至少需要经过两次转换:先从西方自然科学里归纳出适用于人文研究的科学精神,再把这种抽象精神落实到中国古代的学术研究中去。正是这两方面下力,奠定了胡适在中国现代学术建构中的导师地位。而这一切都是以"科学的趋势"为前提的——科学就是进步,就是发展,就是现代化。好在方向性的问题"五四"已经解决,剩下的是如何落地,如何贯彻到底。

　　先看第一步。胡适把自然科学诉诸实验室,并和西方的实证主义哲学相结合,得出"假设和验证都是科学方法所不可少的主要分子"的结论③。即把科学实验转换成求证思想,从而得出科学的本质是"一种注重事实,服从

---

① 胡适:《清代学者的治学方法》,《胡适全集》第1卷,第363页。
② 严复:《救亡决论》,《严复集》,第45页。
③ 胡适:《清代学者的治学方法》,《胡适全集》第1卷,第364页。

验证的思想方法"。运用到人文研究里来就是"细心搜求事实,大胆提出假设,再细心求实证"的实验主义三步走程序①,再凝练一点即他的十字箴言"大胆的假设,小心的求证"。胡适明确表示这得益于杜威《思维术》关于思想发展五阶段的启示,但他进行了再提炼。

在他的回忆录里,他表示自己折服于实证主义,循此进入学术研究的道路。但回国后进行方法论的宣传时,他已经考虑到了此后要进行的研究,是有所针对的回头总结。因此,我们看到他后来的研究其实很有条理,一边示范,一边阐发。比起梁启超的学术多变,他一以贯之,乃至唐德刚批评他一直在重复,回国后就没有进步。我们不能说胡适的归纳不对,但也不全对。科学家肯定会认为这是最表面的现象,就像告诉学生科学研究必须做实验,但进了实验室也不代表知道如何设计和操作实验,何况胡适还没有进过实验室。对科学实质和科学方法的剖析,第八章第三节会详细展开。但无论如何,这种选择性的阐发简单且实用,是胡适行之有效的科学普及。

如果说第一步还是对导师思想的借鉴。告诉国人什么是西方的科学思维,仍属于对西方学说的传译。那么第二步如何与中国发生关联,就是胡适的发明了。他把从科学方法里抽取出来的求证思维,概括为"拿证据来"的简约标准,以此对照中国学术,发现"中国旧有的学术,只有清代的'朴学'确有'科学'的精神",继而对清代考据学进行褒扬和阐发。胡适晚年依然强调"在那个时候,很少人(甚至根本没有人)会想到现代的科学法则和我国古代的考据学、考证学,在方法上有其相通之处。我是第一个说这句话的人"②。的确,章太炎一直就在用考据,梁启超也做《清代学术概论》,他们肯定考据方法,却怎么也想不到这就是"科学"。

这重发现当然得益于胡适的留学背景。即使今天,留学生在异国接受教育,也得迅速了解国外学术脉络和研究方式,必须融入主流学术话语。一旦要进行学位论文写作,绝大多数尤其是文科生,都会选择用学到的西学方法来研究中国问题。一则材料熟,容易驾驭;二则对外国导师而言内容新鲜,

---

① 胡适:《我的歧路》,《胡适全集》第2卷,第469页。
② 胡适口述,唐德刚译注:《胡适口述自传》,第102页。

易受欢迎。因此如何把中国材料纳入西学轨道，是留学期间胡适就必须思考的问题。对被目为中国近代新学典范的《中国哲学史大纲》由他的博士论文改写而来，我们实在不必过于惊诧。

《中国哲学史大纲》三分之一的篇幅都是考证。蔡元培在序言里也反复强调胡适来自世传汉学的绩溪胡氏，汉学考证做得好。这是当时中国人最擅长的治学方式，非但不能弃置，而且是站稳学术脚跟的前提。此外，还有大量今天看来已属平常的分析文字。古人做研究是不会如此"浪费笔墨"的，这源于欧美学术的论述要求。所以季羡林特别指出"从前的著述往往失之笼统。胡适特别强调运用分析的方法"①。在时人眼里，这与从前著述大不一样，形式非常新鲜，自然也易引人注目。蔡元培一针见血地指出，此乃"依傍西洋人的哲学史"②。总之，这是中西杂糅的写法，只见中学的老学究，不会明白它的好；只晓得西学的杜威，对它也不甚在意。来华后才知道这本从自己手里溜出去的学生博士论文，竟有如此大的声誉。

后来胡适继续往前追溯，说程朱理学已经具备现代科学精神了。读了他的文章，仰视西学的人才恍然大悟："哦，原来这就是科学！"西学从来没有这样亲切过。从这个留美博士这里，国学从业者感到了前所未有的振奋。既有科学精神，又有科学方法，中国何以没有发展出西方科学来呢？对这个后来被称为"李约瑟之问"的难题，胡适的回答是，中国缺乏正确的材料。如果国人把注意力从书本转向自然，或许也能发展出近代科学来。所以大部分青年人还当从事自然科学的研究，小部分从事国学研究的人也必须接受西方科学的改造，是为"科学的国学"。这是他在《治学的方法与材料》里反复强调的立场：既不能放绝文史，也不能喧宾夺主，模糊西化的整体进程。国学必须保存，这是国粹派就已经回答了的问题。但如今要解决的是如何把国学纳入科学的轨道，如何实现国学研究的现代化，即必须拿出具体可行的"整理国故"方案来。

---

① 季羡林：《胡适全集序》，《胡适全集》第1卷，第45页。
② 蔡元培：《中国哲学史大纲序》，《中国哲学史大纲》，第1页。

三 国故整理方案中的"系统"

在给胡适《中国哲学史大纲》作的序文里,蔡元培开篇就说,当前做学术史有两大难题。一是材料,材料的真伪必须经过汉学的考订。二是形式,"中国古代学术从没有编成系统的记载",所以无可依傍,必须借用西洋人的哲学史形式。接着说,治汉学的人不少,但留学西洋研究文史的,"本没有几人"。在这寥寥数人当中,能兼顾汉学的,就只有胡适了。言外之意可以理解为当前的形式问题要大于材料。《中国哲学史大纲》的示范作用,的确不在它的考订精严,而是"古人所见不到的"新著述方式,蔡元培称之为"系统的研究"。①

"系统"一词频繁出现在有关论述文章中,究竟指什么还需深挖。1919年年底的《新思潮的意义》,胡适最早对"整理国故"思路进行了表述:

> 我们对于旧有的学术思想,积极的只有一个主张,——就是"整理国故"。整理就是从乱七八糟里面寻出一个条理脉络来;从无头无脑里面寻出一个前因后果来;从胡说谬解里面寻出一个真意义来;从武断迷信里面寻出一个真价值来。为什么要整理呢?因为古代的学术思想向来没有条理,没有头绪,没有系统,故第一步是条理系统的整理。因为前人研究古书,很少有历史进化的眼光的,故从来不讲究一种学术的渊源,一种思想的前因后果,所以第二步是要寻出每种学术思想怎样发生,发生之后有什么影响效果。因为前人读古书,除极少数学者以外,大都是以讹传讹的谬说……故第三步是要用科学的方法,作精确的考证,把古人的意义弄得明白清楚。因为前人对于古代的学术思想,有种种武断的成见,有种种可笑的迷信……故第四步是综合前三步的研究,各家都还他一个本来真面目,各家都还他一个真价值。②

这第一步就是"系统"的整理,"因为古代的学术思想向来没有条理,没有

---

① 蔡元培:《中国哲学史大纲序》,《中国哲学史大纲》,第1页。
② 胡适:《新思潮的意义》,《胡适全集》第1卷,第698页。

头绪,没有系统"。与蔡元培《序》的理解不一样,胡适把学术演进的历史脉络放在了第二步。也就是说在胡适眼里,前因后果、发生接受式的学术史写作,严格来说不属于"条理系统的整理"。

更早的《中国哲学史大纲》导言,胡适谈过整理哲学史料的三种方法:一是本子上的校勘,二是字义上的训诂,三是学说的贯通。他说宋儒光作贯通,清代汉学家善于校勘训诂,"到章太炎方才于校勘训诂的诸子学之外,别出一种有条理系统的诸子学"。这里的"条理系统"指"把每一部书的内容要旨融汇贯串,寻出一个脉络条理,演成一家有头绪有条理的学说",即他在《中国哲学史大纲》里述墨、述孔、述庄等通论式的"述学"方式,也就是后来他提倡的应在重刊古籍前补入综合性的介绍,唐德刚后来概括为美国教科书样式。但此处更强调后文说的融汇域外学说,扩大比较材料,是跨越中西的学术贯通,所以仍属于早期宽泛意义上的"系统"。按照胡适提倡的层层剥笋式研究,我们还得继续收束。

1923年的《〈国学季刊〉发刊宣言》是对胡适"整理国故"思想最全面的阐述。该文先总结三百年来清代古学研究的成绩,再指出不足和原因,最后针对缺陷提出提高方案。因此三点发展意见中,"扩大研究的范围"针对把学术限定在经学内的狭隘,要求打破门户之见。"博采参考比较的资料"以宋明理学对佛道的吸收为例,为敞开胸怀接受西学做铺垫。谈得最具体的是第二点"注意系统的整理"。"系统的整理"应分三步走:首先是"索引式的整理",即编纂工具书,让旧学便于检索。其次是"结账式的整理",是集解、集注、集释式的研究汇总,相当于今天的研究现状和文献综述。前两步都是国学研究的准备,最重要的是最后一步"专史式的整理",要把国学做成中国文化史。"国学的目的是要做成中国文化史。国学的系统的研究,要以此为归宿。一切国学的研究,无论时代古今,无论问题大小,都要朝着这一个大方向走。只有这个目的可以整统一切材料。只有这个任务可以容纳一切努力。只有这种眼光可以破除一切门户畛域",这才是"整理国故"的最终结果。

胡适列出了他心目中的"中国文化史"构架:至少由民族史、语言文字史、经济史、政治史、国际交通史、思想学术史、宗教史、文艺史、风俗史、制度史 10 大类组成，下面可再按时代、区域、宗派等划分。他说"这是一些大间架"，先因陋就简，将来再行完善。他还说中国的材料太多了，必须分工合作，各人就性之所近领取一部分分头研究。"国故的材料太纷繁了，若不先做一番历史的整理工夫，初学的人实在无从下手，无从入门。后来的材料也无所统属；材料无所统属，是国学纷乱烦碎的重要原因"，所以他所谓的清儒"太注重功力而忽略了理解"，所谓"综合的理解"（即《中国哲学史大纲》导言说的"贯通"），所谓"只是天天一针一针的学绣，始终不肯绣鸳鸯"（即章学诚所言"蚕食叶而不能抽丝"），所谓"只有经师，而无思想家；只有校史者，而无史家；只有校注，而无著作"（即缺乏"著述"意识），都是在说只知道累积材料，缺乏西式专科意识，所以无所依傍，未曾进入学术史的研究。既无基础，也无方向，材料自然无所统系，国学当然纷乱不已。所以新的方向即"整理国故"的目标，就是要按照西式分科重新归整资料，并进行综合性的学术史写作。

由此，我们才会明白"整理国故"的 4 个步骤何以是前后颠倒的。先说要从乱七八糟里寻出条理脉络来，再从胡说谬解里"寻出一个前因后果"，即用历史进化论重述学术源流。有了基本的讲述框架和历史脉络，再来推敲细节，做精确考证，最后是定位和评价。今天我们则会认为，探索性的学术研究应当是先大量看材料，从细节推敲和比对中寻找关联（第三步），一一定位之后（第四步）才能确立发展脉络（第二步），各条脉络大致清晰了才能最终形成叙述框架（第一步）。如果先有框架，再填充细节，就成了为先入为主的意见进行辩护了。"大胆的假设，小心的求证"即使放在自然科学领域，也是不完全的半截学术。因为假设不是漫无边际的玄想，它要建立在前期海量的观察和细致的归纳之后。最要小心的，就是假设前的预设，即数据模型的建立基础。之后的求证只是验证，可以不断调整，修正公式。而最不能改易的，就是观察数据或事实。换句话说，这种证明真理而非寻求真理的思维方式，必须建立在已经确定了"绝对真理"或"终极之因"的基础上（见第八章第三节）。

胡适未必不清楚精确的求证并不能保证结论的正确和态度的公允，选择性的论证就可以规避。而近代以来的西方哲学，是建立在片面深刻的维度上。

问题只在胡适说这番话的时候,其实早有态度——"总表示对于旧有学术思想的一种不满意,和对于西方的精神文明的一种新觉悟"。即在整理之前,已经认定国学是乱七八糟、无头无脑、胡说谬见、武断迷信的了。对旧学的论定,没有一个是正面的。所谓对西方文明的新觉悟,实际是用西学形式改造国学。这种改造是根本性的,从系统的重构即重新分类开始,尔后才是进化论的学术史,最后是细节考订。列在最后的价值评判,其实最先完成,这正是"整理国故"的系统工程何以必需的原因。所以,所谓"评判的态度"其实就是否定的态度,对旧文化的否定,对"输入学理"的坚持;所谓"历史的眼光"意在打破经学的独尊,打散旧学的内部序列和等级。与其说这是接续并发展清代学术,不如说是用西学系统颠覆并取代中国旧学,所以胡适称为"中国的文艺复兴",从属于"再造文明"的整体设计。

四 "整理"与"系统"的胶着

学界已经注意到,胡适治学也受到了日本学者的影响。[①] 1917 年胡适途经日本回国的时候,读到了《新青年》转载的日本学者桑原隲藏的《中国学研究者之任务》。桑原说中国"书籍杂乱无章,分类亦极暧昧,记述多欠正确,即其最重要之书,如十三经、二十四史等,其本文亦多无从批评者。要之此等书策,大都尚在未整理之状态,欲利用之,必先以科学的方法细密整理之,整理之后,再以科学的方法研究之始可"[②],他主要指中国典籍查找困难,即使有《说文通检》和《四库全书表》这样的工具书,也不切于用。因此日本汉学家任务艰巨,得从中国文献材料的整理工作开始。他呼吁不仅要用科学方法来研究西洋学术,研究本国学术和中国学术也要以科学方法治之(暗含日本本国学术也不科学,文章开篇就批评日本人缺乏欧美人的研究精神)。他用分析和综合来阐释科学方法,尚不如胡适清晰。但他提出的中国史料亟须整理,却深得胡适认同:

---

① 参阅桑兵:《胡适与国际汉学界》,《近代史研究》1999 年第 1 期;李群:《从整理国故看胡适与日本汉学》,《江淮论坛》2008 年第 4 期。

② 桑原隲藏:《中国学研究者之任务》,J. H. C. 生译,《新青年》1917 年第 3 卷第 3 号。

又有日本人桑原隲藏博士之《中国学研究者之任务》一文,其大旨以为治中国学宜采用科学的方法,其言极是。其所举欧美治中国学者所用方法之二例,一为定中国汉代"一里"为四百米突(10里约为2英里半),一为定中国"一世"为三十一年。后例无甚重要,前例则历史学之一大发明也。末段言中国籍未经"整理",不适于用。"整理"即英文之 Systematize 也。其所举例,如《说文解字》之不便于检查,如《图书集成》之不合用。皆极当,吾在美洲曾发愿"整理"《说文》一书,若自己不能为之,当教人为之。又如《图书集成》一书,吾家亦有一部,他日当为之作一"备检"。①

桑原所要求的整理,是研究和批评之前的材料准备工作——"欲利用之先整理之。今日中国有用之参考书,多则多亦,然其分类及顺序,均极糊涂,非费多大之时间与劳力,不能用也"②。看来中国文献杂乱无章的根源,很大一部分来自分类及其顺序。他例举的《文献通考》和《图书集成》已经是古籍里按对象分好了类的图书,读来却仍觉痛苦,因为不合日本人已经接受了的西洋分类法,所以他希望"有新脑筋人,若将其分类及顺序改正之,则用者既便"③。这就是后来胡适提倡的"索引式的整理"。

日本人不明中学路径,尤其已经西化之后,检视中国古籍觉得"杂乱无章""有头无脑",可以理解。但胡适也这么认为,就比较奇怪了。我们注意到,毛子水在《国故和科学的精神》里就说"国故是杂乱无章的零碎智识,欧化是有系统的学术。这两个东西,万万没有对等的道理"④,杂乱无章就是没有系统,只能称为零碎智识,而非科学。可张煊在反驳文章里却提出"至于谓国故无条理无统系,则旧籍俱在,可毋辩"⑤,认为打开旧书,就知道国故并非没有条理系统,答案如此明显,以至根本就没有必要花时间来辩。毛

---

① 《归国记》(1917年7月日记),《胡适全集》第28卷,第582页。
② 桑原隲藏:《中国学研究者之任务》,J. H. C. 生译,《新青年》1917年第3卷第3号。
③ 同上。
④ 毛子水:《国故和科学的精神》,《新潮》1919年第1卷第5号。
⑤ 张煊:《驳新潮国故和科学的精神篇》,《国故》1919年第3期。

子水在回应文章里又说"这几句说话,本是根据'旧籍'讲出来的"①。可见问题不在旧籍,而在各人对"系统"的理解不一样。

胡适 13 岁在上海接受新式教育,西式学堂读了 6 年之后,去美国留学 7 年。如上文所言,要拿到美国的大学学位,无论是选课还是论文写作,都必须进入具体的专业领域。学科划分是每一个留学生入学伊始就要面对的问题,也是西学与中学最显敞的区别。胡适的教育背景使他足以习惯欧美的分科实际,以西式眼光反观中国非常自然。他和梁启超、章太炎那代人的观看立场大不一样,反而和日本学者桑原隲藏更为接近。刘师培虽然也有以西式学科分理周秦学术的尝试,但只是偶一为之,而且更多的是形式的借用。到了胡适这里,美式的专科研究已经贯穿到底,而且流畅自然得多。换句话说,他是美国教育科班出身的,不会认为学科体系又多么新鲜,而是理所当然。再如何提倡清代考据学,也是立足现代的古学发掘,有自己的目的。他也从不掩饰自己反对调和的"全盘西化"态度。

因此,他不仅赞同桑原关于中国古籍不切用于研究的观点(其实古籍本不为西式研究而准备),而且进一步发挥说,"整理"即英文 systematize。据高名凯、刘禾等人考察,现代汉语里的"系统"是对译 system 的日译词,systematize 是 system 的动词形式。即便系统需要条理,"整理"也不等于系统化,"系统"和"整理"本是有距离的,除非胡适潜意识里的"整理"就是指向全盘的系统化改造。桑原的"整理"局限于资料清理,明确指出"此种事业,或不得谓为研究。但自其裨益于中国学研究上言之,其功劳实不亚于直接之研究"②,即还不算真正的研究。胡适则把下一步的研究也整体性地纳入"整理"当中,即"整理国故"包含的四个步骤和三个阶段。换句话讲,"整理"就是系统的重新归类和从头研究(systematize)。这样的国学"整理",显然不是新编索引、变更检索方式所能胜任的。重新分类,让旧材料有新归属,不仅是基础性的前提工作,而且从一开始就内在于胡适的"整理国故"思路。

---

① 毛子水:《〈驳新潮《国故和科学的精神篇》〉订误》,《新潮》1919 年第 2 卷第 1 号。
② 桑原隲藏:《中国学研究者之任务》,J. H. C. 生译,《新青年》1917 年第 3 卷第 3 号。

如果胡适还没有直接说出重新归类来，那么受他影响的顾颉刚、郑振铎就替他把话说清楚了。顾颉刚说"整理国故"可以分为四个阶段。第一步是收集材料。第二步就是分类，把收集到的材料分成不同的类别，性质也就自然显现。此后才有第三步的批评和第四步的比较。① 分类和批评（具体指源流和影响的考察）单独放置，与《新思潮的意义》一致。"比较"是拿整理后的成果和世界上同类研究进行对比，与后来何炳松的"比较"同一内涵。这是学生辈对胡适"比较"（仅指博采中西材料以释旧学之不通）的提升，或者说对"整理国故"最终成果的期许。一如北京大学研究所国学门忧虑，"吾国固有学术，率有浑沌紊乱之景象，使持是以供欧美学者之研究，必易招其误解，而益启其轻视之念，故非国人自为阐扬，必无真相以供欧美学者之研究。故阐扬吾国固有之学术，本校尤引为今日重大之责任"②。为中国学术争脸面、争国际地位，是当时学界的心病。而这个脸面，是以贴近欧美学术，取得欧美学者认同为导向的。形式的接近尤其是门类的对比，最基础也最直观。

胡朴安《古书校读法》说，"编书之方法颇多，最要在于系统分明。所谓系统者，谓能搜辑多种之书，以为一种学术之汇归，使人阅之，不必他求，而能明其原委也。如政治史、法制史、农业史、工商史、风俗史、哲学史、文字学史、文章学史等，搜集群书，广征而博采之；汇萃众说，精审而详择之；参互钩稽，排比成书"③，"系统分明"的关键俨然就在学科。有了"汇归"之所，材料的搜辑才有中心，而后才能排比众说，进入研究阶段。宫廷璋谈整理国故的步骤时，直接分分科和研究两个阶段。"分科"即以蔡元培《中国伦理学史》和胡适《中国哲学史大纲》为范本的西式分科，"必可用近代泰西科学分类法，而自古所患之分类纠纷问题，自迎刃而解矣"④。郑振铎谈《研究中国文学的新途径》时，所有内容都围绕《四库全书》集部分类不合理和新的分类方案展开。

---

① 顾颉刚：《我们对于国故应取的态度》，《小说月报》1923年第14卷第1号。
② 《国立北京大学研究所整理国学计划书》，《北京大学日刊》1920年10月19日第720期。
③ 胡朴安：《古书校读法》，《胡朴安学术论著》，第276页。
④ 宫廷璋：《以科学方法整理国故其步骤若何》，《民铎》1923年第4卷第3期。

在他们眼里，"整理"首先是分科、分类的问题。类目清晰了，新框架也就确立了，此之谓"系统"。无论是拾人牙慧，还是有新的发挥，他们都充分理解了胡适的意思。只是建立在西式学科基础上的专史研究，在胡适看来自然得几近寻常，而对于没有接受过正规西学教育的人来说，分类尤其重大。其潜在的影响是中国古代的目录学传统，顾颉刚和宫廷璋文章都已言及。可以说，"整理国故"的所有工作都是建立在这个基础上的。

第三节　众学皆史的学术构架

一　对中学系统的不同判定

如"导论"所言，刚进入北京大学图书馆，顾颉刚就意欲重新编订图书分类。以前的经史子集分类是"经籍之统系"，不科学，"坐使学术散乱，大旨难明"。与当前图书分类与学术分类之争（见第六节）不同的是，在顾颉刚这里，与图书分类对立的是"科学之统系"，即区别不在对象，而在性质。既然仍名"统系"，就等于承认旧学还是有内在结构的，只是不符合"科学"要求，没有继续沿用的价值，应当重新创建新的科学的统系。

对"系统"的在意并不始于顾颉刚，亦不源出胡适。王国维1899年就指出"自近世历史为一科学，故事实之间不可无系统；抑无论何学，苟无系统之智识者，不可谓之科学"[①]，他强调的是知识之间的联系。1913年李希如据《哲学要领》总结说"西人之论哲学系统也，关于形式，其说有四，曰独断，曰怀疑，曰撰定，曰折衷"[②]，注意到了中西论学形式的差异。发表于1920年5月的《论今日治国学者所应改良之十大方针》，也强调系统和科学。但在胡适"整理国故"主张未完整发表之前，对以往学术的批评偏向"学无系统，无次序，无一定之范围，无明晰之义例"的"为学之方"，更在意的是

---

① 王国维：《〈东洋史要〉序》，《王国维文集》第4卷，第381页。
② 希如：《论国学研究之法式》，《文史杂志》1913年第5期。

应"以逻辑为标准"。① 从这些作者的背景和文句提示来看,在胡适倡言以前,其他人也在意"系统",但主要受西方哲学尤其是逻辑学的影响。自严复翻译《穆勒名学》(1902)和《名学浅说》(1908)以来,逻辑学(时称名学或论理学)便风行国内。一为学校课程之用,另一方面被学者用以为治学方法。那时,胡适还是十来岁的私塾学生,离得还很远。

1922年的梁启超当已知晓胡适的"系统"为何意。他说"有系统之真智识,叫做科学。可以教人求得有系统之真智识的方法,叫做科学精神"②,知识有真假、科学有争议是其言外之意,无疑也关注"系统"。1923年宫廷璋谈"国故成科学之难"时,肯定"今日研究中国古籍者,欲持此科学精神整理国故,俾成科学"是不成问题的,难就难在到底什么是科学过于含糊。最终他认定的科学,其基本特点也是"系统"——"自来诠科学者,家各异说,人各异词,要皆认为有系统之知识"。③ 可见,经过胡适的宣扬,"系统"开始和"科学"捆绑在一起了。

尽管以"系统"为"科学"的基本内涵逐渐成为共识,但是中国旧学究竟有没有系统,却有根本的意见分歧:毛子水和胡适认为中国古代学术没有系统,只是"零碎智识";张煊和吕思勉认为国学有系统,关键在怎么找到它;顾颉刚承认旧学有系统,只是不科学。如此,问题就转移到究竟怎样的系统才算科学。在不科学就没有生存权的当时,只有那些有留学背景的人才敢公开质疑"科学"。林语堂是"整理国故"的积极响应者,也是为数不多的敢对"科学"提出异议的新派。在《科学与经书》中,林语堂不仅认为经书和科学未必不相容,而且即使清代汉学家戴震、钱大昕、段玉裁、顾亭林治学目的不够高明、治学规模不够详备(当然是与胡适的计划相比),也仍

---

① 陆达节:《论今日治国学者所应改良之十大方针》,《唯是》第2期,1920年5月。胡适《新思潮的意义》发表于1919年12月,虽然批评了国故没有系统没有条理,却没有进一步展开。全面论述其具体主张的《〈国故季刊〉发刊宣言》,发表于1923年。《国立北京大学研究所整理国学计划书》的发表也要到1920年10月。所以在陆达节的论述里,还带有较多的个人理解,或者说保留了一些此前人对"系统"的认知。需要提醒的是,陆达节并非学者,当时可能还只是学生。生卒不详,只知道20世纪30年代担任过国民党训练总监部军学编译处的编辑官。

② 梁启超:《科学精神与东西文化》(1922年),《饮冰室合集》文集第14册,第3737页。

③ 宫廷璋:《以科学方法整理国故其步骤若何》,《民铎》1923年第4卷第3期。

不失为科学。与胡适提倡考据进而肯定汉学不一样，林语堂从"科学"的内涵（"就科学的广义说，指近世一切有系统以求真理的学术"）出发，明确指出经学也是有分科有系统的——

> 自其目的内的范围而观察他，彼既以经学为目的，自有其经学的系统，自有其经学的规模，还是有条不紊分科的学（classified knowledge）。①

"若所谓科学二字是今日大家东拉西扯以惊动人心'吓杀人'的自然科学，我们的经书实很不必胁肩谄笑以求寄存于科学门下，并且科学门下也没地方使他可以寄存的"②，但若就"科学"的含义而言，以经学为中心的中国传统学术不仅自成体系，还具备了"有条不紊"的类别和序列，经书非但今人可以读，而且具备"科学"的品质。经书非但不必对科学"胁肩谄笑"，还必将有补于科学。中国学术的出路不在放绝经学，科学的未来也不在贩卖西学，而是二者联合起来，缔造"科学的国学"。该文与胡适的意见有同有不同，但无疑是当时论述得较为清晰的一篇重要文献。

中国科学社的创办者任鸿隽是留美归国的化学硕士。后来他虽是科玄论战的主要人物，却没有介入之前的科学与国学之争。早在1915年，他对"科学"的界定就是：

> 科学者，智识而有统系者之大名。就广义言之，凡智识之分别布居，以类相从，井然独绎一事物者，皆得谓之科学。自狭义言之，则智识之关于某一现象，其推理重实验，其察物有条贯，而又能分别关联抽举其大例者谓之科学。③

这种理解时间更早，未介入纷争，更为公允也更具涵盖力。狭义的科学兼顾以实验验证和公理抽取为特点的自然科学，以及分析归纳和关系排比为主的人文科学。广义的科学则指知识有系统者，系统的突出要素就是布类。类别

---

① 林玉堂（语堂）：《科学与经书》，《晨报五周年纪念增刊》1923年12月。
② 同上。
③ 任鸿隽：《说中国无科学之原因》，《科学》1915年第1卷第1期。

清晰了，也就条理有序了，所以"系统"总和"条理"一起使用。胡适一方面肯定清代考据学符合现代科学精神，另一方面又总是批评中国旧学没有条理没有系统，这种割裂正是在任鸿隽说的广义和狭义之间移动。如林语堂所言，真要严格按科学的定义走，那么非但可以"拿科学的威风以吓住人家读中国书"，心理学、社会学、政治学、哲学、文学的人都不必做事，只需一个梁任公和一个胡适研究中国，其余的人都"学机关枪对打"（吴稚晖语）好了。

1935年北大文科研究所《中国史籍要略》的入学考试曾让考生以"近代历史学之眼光"，分析《四库全书》史部的15子目。的确，《四库全书》分类的通与不通以及旧学是否有系统，关键在用什么眼光。所谓的"近代"就是西方的近代，如宫廷璋所言"清代汉学成绩虽佳，犹未造成如泰西近代条分缕析之科学。虽兢兢于考据训诂，而于哲理文化犹未编成系统，治古虽力，效用则微"①。落在具体内容上，首先是西式分科，其次是综述的表达方式，即所谓"条分缕析之科学"。

如果认定"系统"只是西方近代的学科系统，那么中学内部再如何有条不紊也没有用，依旧是"浅人之见"，一如蔡元培所言，"我们要编成系统，古人的著作没有可依傍的，不能不依傍西洋人的哲学史，所以非研究过西洋哲学史的人不能构成适当的形式"②。《国学讲习会序》曾提出，国学的关键不在舍一取一，而在如何内在剔抉。到了胡适和蔡元培这里，已经不再相信依傍古书的内抉发微了，而是赶紧换用西洋系统。因此，在张煊看来，旧籍俱在，系统自明。在毛子水看来，就是睁眼说瞎话。

二 众学皆史的"中国文化史"构架

分类之所以重要，是因为它是框架，即胡适说的材料得以附丽的"间架"。否认中学的系统性或断定其系统不科学，以"四部"分类为代表的中国传统知识系统就不再具有合法性了。一旦无视并抽空固有知识系统的内在

---

① 宫廷璋：《以科学方法整理国故其步骤若何》，《民铎》1923年第4卷第3期。
② 蔡元培：《中国哲学史大纲序》，《中国哲学史大纲》，第1页。

界别和关联次序，结构必然坍塌，原本有序的内容破碎成一堆材料，中学的系统也就解体了。用社会学的话来说，这叫"去结构化"。结构决定形态或模式，是区别社会类型的重要依据。而拆散结构是因为有了新的构想：

> 我们理想中的国学研究，至少有这样的一个系统：中国文化史：（一）民族史（二）语言文字史（三）经济史（四）政治史（五）国际交通史（六）思想学术史（七）宗教史（八）文艺史（九）风俗史（十）制度史。这是一个总的系统。历史不是一件人人能做的事；历史家需要有两种必不可少的能力：一是精密的功力，一是高远的想象力。没有精密的功力不能做搜求和评判史料的工夫；没有高远的想象力，不能构造历史的系统。①

这个新系统（国学仅涉及人文社科部分，自然科学则接受西学）简单来说，就是由十大专史构成的"中国文化史"。当然这只是因陋就简的大间架，将来还可以细化。这是胡适从西方搬来的，谈不上有多少"高远的想象力"。但既然有了框架，下一步就是资料的搜集与填充。显然这不是量体裁衣，而是预先给定了样式。

"整理国故"的目标是最后做成文化专史，即从文史哲不分家的传统国学里，抽取各学科的材料，再整理成学科专史。形式上先与西学呼应，以为会通和对话的基础。顾颉刚言"整理国故，即是整理本国的文化史，即是做世界史中的一部分的研究"②，当时许多新派学人都天真地以为，自己从事的整理工作最后天然地与世界学术相通，好比分担了世界学术史的中国部分。以为将来外国人会直接拿去使用，就像国人借鉴乃至搬用日本人写的中国史一样。殊不知西方的中国研究自成体系，规则、标准、问题意识都不一样。个别细节的指摘和史实的纠错，也动摇不了伯希和、高本汉、史禄国的国际汉学地位。今天，又经过一百年的发展，西方汉学中心由法国转到了美国，但它内部的理路依然独立于中国，甚至因国家不同而传统各异。我在牛津大学

---

① 胡适：《〈国学季刊〉发刊宣言》，《国学季刊》1923年第1卷第1号。
② 1924年给履安信，顾潮编：《顾颉刚年谱》，中国社会科学出版社，1993，第97页。

中国研究中心访学时，就发现他们的研读书目都是西方著作，并不希求与中国学者协商。招收学生时，华裔非但没有优势，反而因可能存在的干扰而处于劣势。

另外，既然本来就是学别人，标准自然在别人手里，就像唐君毅抱怨的"学术界人心所趋，则不只以西方之学术思想为标准，以评判中国之学术与文化，乃进而以中国学术文化本身之研究与理解，亦应以西方之汉学家之言为标准"①。如果研究者自身根基还不稳，"以欧洲人的心术为心术"（傅斯年语），结果很可能就是自我殖民。今天留学生在国外能否拿到学位，仍取决于是否掌握了西学方法。继而又以西学话语权，回国指导国内研究。西方学术虽不排斥异域文化和外裔学者，可也仅视为补充、验证、调试自身的信息，很难改变他们的学统和游戏规则。换句话说，西化的中国研究仍处于西方学术的外围和边缘，我们并没有实现"要科学的东方学之正统在中国"的愿望。即使中国研究，海外汉学对本土学术的影响，也大于国内研究对西方同行的辐射。这一点恐怕出乎胡适、傅斯年当年的料想。

汇入西流，首先是结构的置换，这是统筹全局的纲目。经过两千多年的发展，中国学术已经形成了上下勾连、左右连接的严密网络。网络固定的不仅是各类学术的位置，还有彼此间沟通和互动的方式。所谓"历史的眼光"和"打破一切门户成见"的平等目光，实际是撤开原来的历史背景和发展脉络，先洗牌再开局。对"草野文学"来说，地位是平等了。可对"庙堂文学"而言，却是罔顾事实。高文典册与民间流传从来就不曾对等过，如同黄钟大吕和艳歌侧调向来高下有别。抹去它们的区别，模糊中心和边缘的位置，等于否认古代中国的基本事实和基础观念。而文学和史学地位的平等，是以抹杀经学的统领地位为前提的。经学中心丧失，传统知识系统的格局和层次就不复存在了。胡适把这个"价值重估"的运动视为中国学术的"哥白尼革命"。的确，打乱规则、颠覆秩序是改旗易帜的前提。

胡适说学术研究的最后是评价，整理后才能"各家都还他一个本来面目，

---

① 唐君毅：《说中华民族之花果飘零》，《唐君毅全集·中华人文与当今世界》第13卷，九州出版社，2016，第30页。

各家都还他一个真价值"①。但否认原坐标的参考意义，本身就是一种价值判定，文史研究从来不能抽空历史背景和相互关系做真空的探讨。如果没有对旧学的反对，就不会有把史实从系统里抽离出来的"客观研究"。断章取义的引证和封闭孤立的分析，今天仍是文史研究的误区。离散了系统，旧学才会成为一堆互不统属的材料，即胡适说的满地散钱，才会变得迫切需要整理。与其说旧学没有系统，不如说拆散了结构的传统学术不可能再自成体系。"材料无所统属，是国学纷乱烦碎的重要原因"②，究竟是国学纷乱故而急需整理，还是认定它需要整理所以先让它"无所统属"，因果与先后是分不清的。传统知识体系的离散和西式现代学科系统的确立，是一而二、二而一的问题。

结构打散之后，接下来自然是重聚材料。从建设的角度看，国故派的贡献其实不在考据，考据本非胡适的发明，他也没能把考证做到极致。对比国粹派的学术现代化尝试，他们最大的特点乃在提升边缘知识带来的史料扩充，所以他们也被称为史料派。不仅把对象扩大到以往精英文化不甚在意的小说、戏曲，而且把搜罗的对象由书本知识转移到方言、民歌、民俗等。不仅推动了语言文字学的发展（从"历史语言研究所"之名亦可见其重视程度），而且对新进的考古学、民俗学、民族学助力甚大。对中国学术而言，这是不容否定的扩充。正因为鼓励"动手动脚找资料"，甚至把孤本僻物（如民间的绣像小说和小脚绣鞋）当作宝贝，国故派没有放过晚清以来的重大考古发现和史料发掘，不会犯类似章太炎抵制甲骨文的错误。与四体不勤五谷不分、端坐书斋做脂批的古代学者相比，这些拿着铲子下田野、远赴边寨搜民俗、穿梭书肆拣俗本，甚至泡在剧院戏班里做研究的新式学者，的确"不是读书的人"（傅斯年语）。1917年桑原隲藏还感慨日本学者不像欧洲学者那样能够不畏艰险地到处实地考察，所以出不了伯希和那样的大家。不过几年时间，养尊处优、长衫长甲的中国书生就开始跋山涉水做研究了。没有国故派的提倡，这种数千年的文化积习难以改变。

国故派坚持"专史"式的分科研究，影响更是深远。它直接铸就了大批

---

① 胡适：《新思潮的意义》，《胡适全集》第 1 卷，第 698 页。
② 胡适：《〈国学季刊〉发刊宣言》，《国学季刊》1923 年第 1 卷第 1 期。

新学科，奠定了今天的学科方式及其发展思路，一如郑振铎和他的文学史。这里再看史学的问题。胡适表示"整理国故只是研究历史而已""国学的方法是要用历史的眼光来整理一切过去文化的历史"①，顾颉刚也说"我们看国学是中国的历史，是科学中的一部分"②。他们把古代学术统统视为历史，中国文化史就是文艺、政治、语言、宗教等学科发展史的汇总。历史的地位分外醒目，也格外模糊。1943年曹朴曾言："我们所谓国学，从内容上看，也就是哲学、文学、史学等等的东西，都是可以作为世界学术的一部分的，而且事实上外国也已经有研究我国古代文化的人了，我们为什么不采取世界公用的名称，如中国史、中国文化史、中国哲学史、中国文学史等类的名词呢？"③。前有哲学、文学、史学，后面变成哲学史、文学史、中国史，把学科门类也看成了史。今天我们清楚这是两组概念，可民国却未必分得清，就像北大哲学系的教授陈汉章也认为哲学史就是哲学大纲④。这不是曹朴个人的笔误或排版错误，而是他对胡适"中国文化史"构想的理解与接受，而且并非误读。

从时间上讲，过往皆史当然没有错，但若以为史外无学就很成问题了。古代中国以经学统摄学术，经史之外还有诸子和辞章，泾渭分明。即使章学诚说"六经皆史"，但经还是经，史还是史，经不能笼罩史，史也不能替代经，不过是为史抬地位而已。以前的学术是"一世才智之士，能为考据之学者，群舍史学而趋于经学之一途。其谨愿者，既止于解释文句，而不能讨论问题。其夸诞者，又流于奇诡悠谬，而不可究诘。虽有研治史学之人，大抵于宦成以后休退之时，始以余力肆及，殆视为文儒老病销愁送日之具。当时史学地位之卑下若此，由今思之，诚可哀矣"⑤，中心是释经，余力以治史，

---

① 胡适：《〈国学季刊〉发刊宣言》，《国学季刊》1923年第1卷第1期。
② 顾颉刚：《一九二六年始刊词》，《北京大学研究所国学门周刊》1926年第2卷第13期。
③ 曹朴：《国学常识》，第2页。
④ 冯友兰回忆陈汉章讲中国哲学史时，拿着胡适的《中国哲学史大纲》笑不可抑，说"哲学史本来就是哲学的大纲，说中国哲学史大纲，岂不成了大纲的大纲了吗？"（《三松堂自序》，生活·读书·新知三联书店，1984，第202页）。
⑤ 陈寅恪：《陈垣元西域人华化考序》，《金明馆丛稿二编》，生活·读书·新知三联书店，2001，第270页。

辞章是小技。有经史子集的学术次第，就会有经史子集的现实格局。正史有《儒林传》和《文苑传》，却没有史家的位置。自修《新五代史》的欧阳修，包括成《资治通鉴》的司马光，都不以史家自居。史学成为民间职事（史书向来官修）和学术首席，是近代革命的结果。

民初教育已废经科，但位居班首的不是史学，而是文学。《大学令》规定文科设哲学、文学、历史学、地理学 4 门，但北京大学在 1917 年之前只开了中国哲学、中国文学、英国文学 3 门。史学门是蔡元培充实文科的改革成果。即便如此，时为文科学长的陈独秀仍以发展文学为首务。史学门头几年的师资和课程都非常单薄，不仅没有一门外国史课，生源也大多是考不上文学转入史学门的。直至 1920 年朱希祖出任主任，才有所改观。朱希祖史学课程改革的目标是将文学的史学，改为科学的史学，1924 年还在谈"吾国史学文学，自古以来，均混而为一；且往往以史学为文学之附庸品"①，可见史学一度在文学的笼罩下，起步较晚。

但若要谈近代史学的新变，少不得要提梁启超的"新史学"。梁启超为学数变，但"百变不离于史"，以史学为致力方向。在 1902 年的《新史学》里，历史有自己的封界，不能侵夺自然科学（天文、地理、化学等）和政治学（平准、宗教、群学等）的疆域。他还曾想作《中国通史》和《中国文化史》，后来虽未完书，但留下了详细目录。《通史》拟分政治、文化、社会及生计 3 部分，再分 33 目。② 子目里虽然也有法律、文学、美术、宗教、工业等学科名，但更多是朝代、藩属、图籍、礼俗、物产、田制等传统类别，显然参考了中国古代的类书。这在他的《中国文化史》里更明显。朝代、种族、地理、政制、政治运用、法律、军政、财政、教育、交通、国际关系、饮食、服饰、宅居、考工、通商、货币、农事及田制、语言文字、宗教礼俗、学术思想、文学、美术、音乐、载籍 25 类，显然与胡适的"中国文化史"取径不同。

---

① 转引自刘龙心：《学科体制与现代中国史学的建立》，《20 世纪的中国：学术与社会·史学卷》，第 535 页。

② 详见梁启超《原拟中国通史目录》和《原拟中国文化史目录》，《饮冰室合集》专集第 12 册。

胡适提出"整理国故"的主张后,梁启超才在1927年的《中国历史研究法补编》里压缩成政治史、经济史、文化史,列于"文物的专史"里。文化史再分语言史、文字史、神话史、宗教史、学术思想史、文学史、美术史。但与文物专史并列的,是人的专史、事的专史、地方的专史、断代的专史,让人想起古代史籍里纪传体、纪事本末体、地方志的传统。如此,真正新鲜的是文物的专史,既不遗漏以往食货志和平准书的史学版块(经济史),又扩充典志体并收束了政学的范围(政治史)①,而文化史收容的实为新学科。为物立史,以学科为物,未见于传统史观,而且变平铺为层级制,恐怕受到了胡适及其新思想的启发。②

然而,梁启超在文化史的学术思想史下,不仅谈自然科学史和社会科学史,还有专门的史学史。可见他绝不认为学科史可以包揽和瓜分历史学,学科史仅作为历史学的三级目录与学术思想史并列。而学术思想史里另有一个更大的系统:自然科学史、社会科学史、道术史和史学史,后二者大体对应人文,这才是"学术"的全体。"道术"指哲学,不径用"哲学",大概有意与胡适的西式中国哲学拉开距离。内中详细论说了先秦诸子和宋明理学的主系及旁系,实包经和子。而史学,梁启超明言"若严格的分类,应是社会科学的一种。但在中国,史学的发达比其他学问更利害,有如附庸蔚为大国,很有独立做史的资格",既然中国史书这么多,成绩这么大,便"应该有专史去叙述他"。③

他承认史学以前是附庸,但强调中国史学的发达,说经子集三部里头至少有一半可编入史学,因而有独立研究的必要。这种做法延续了他前期对社会科学(政治、法律、财政)的重视,也昭示了他后来转向诸子学和史学的取向。以哲学和史学为人文科学的代表或重心,没有偏离从前的经史传统,

---

① 这里的政治史实为混合概念,既不同于政法学和新官学的治理性质(治学、经济之学),又追加了源流考辨的典志传统(政史)。参阅第一章第三节、第三章第三节、第四章第五节。

② 平铺类目和层级类目取径不同,详见第三章第三节和第五节。胡适曾向陈独秀抱怨:"他(梁启超)在清华的讲义无处不是寻我的瑕疵的。他用我的书之处,从不说一声;他有可以驳我的地方,决不放过。"(《胡适来往书信选》,社会科学文献出版社,2013,第88页)

③ 梁启超:《中国历史研究法》,上海古籍出版社,2006,第261页。

虽然概念改用西式。与胡适的政治和文艺并置、经学和史学不设专类，面貌不同。最后，梁启超强调传统史学资政育人的价值追求，批评时兴的史料考据之风，还忏悔以前写的《中国历史研究法》"不免看重了史料的搜辑和别择"①，显然是针对胡适的史学倡议。所以这个《补编》有纠偏和批评的意味，尤见史观的不同。

在胡适的新国学设计里，历史的范畴空前广大，几乎涵盖所有西式学科。顾颉刚说过："国学是什么？是中国的历史，是历史科学中的中国的一部分。研究国学，就是研究历史科学中的中国的一部分，也就是用了科学方法去研究中国历史的材料。"② 胡适说的国学研究目标——中国文化史，实为分科形式推出的历史研究。在这样一种过往皆史的大历史观下，史学本身反倒没有自己的位置。旧学资料抽取出来归入专科后，史学自身似乎没有多余的东西了。因而梁启超严厉批评胡适的国学必读书目只有文学史和思想史，居然连史书的影子都没有，愤而重订了一个以史学为主的新书单。

仔细想来，梁启超的指责既对也不对。若说胡适不重视历史，着实冤枉了他，他自称有历史癖，他的新国学体系其实众学皆史。他的《中国哲学史大纲》也是历史，是讲述中国哲学发展的历史，而非对哲学问题本身的探讨。他甚至还说"我们无论研究什么东西，就须从历史方面着手。要研究文学和哲学，就得先研究文学史和哲学史。政治亦然。研究社会制度，亦宜先研究其制度沿革史，寻出因果的关系，前后的关键，要从没有系统的文学、哲学、政治等等里边，去寻出系统来"③，这显然是话说过了头的谬见。翻烂了哲学史也不一定就懂哲学，熟背文学史也未见得就会文学创作。

可若说胡适在意历史，偏偏又没给史学留下独立位置，无一非史的结果是架空了史学。在这样一个新系统面前，人们确实会问：史学还能作为独立学科存在吗？多年之后，金兆梓还在两头之间游移：

> 物理、生物、社会、艺术、文学、政治无不各各有其变动不居的历

---

① 梁启超：《中国历史研究法》，上海古籍出版社，2006，第277页。
② 顾颉刚：《一九二六年始刊词》，《北京大学研究所国学门学刊周刊》1926年第2卷第13期。
③ 胡适：《"研究国故"的方法》，《东方杂志》1921年第18卷第16期。

史，而历史的范围实已侵入自然科学、社会科学、艺术、文学的范围。那末历史之为学，竟是一切学问的综合，固然不属于哲学、文学，自也不属于科学，所以说"历史只是历史"。①

三 史外无学的史学悖论

胡适的"中国文化史"目标是建设西式的学科专史，取代经学中心的是史学泛化。一方面各学科都按历史发展的序列从头梳理，故有20世纪30年代几乎泛滥的学科史写作；另一方面历史研究一统江湖后，又如盐入水，反而找不到自身了。这势必引发历史学的争议。原以为最不成问题的史学，也得面对"科学"的审判。

如果说科学首先指实验室态度，历史显然无法实验、不能重复，因而就不能算科学。如果科学已转换成方法，如陈训慈强调史学科学化是指用自然科学的方法和理论来研究历史②。但历史事件不具普遍性和机械性，难以用科学归纳法，梁启超便言"整理史料要用归纳法，自然毫无疑义，若说用归纳法就能知道'历史其物'，这却太成问题了。归纳法最大的工作是求'共相'，把许多事物相异的属性剔去，相同的属性抽出，各归其类，以规定该事物之内容及行历何如。这种方法应用到史学，却是绝对不可能……归纳研究法之在史学界，其效率只到整理史料而止，不能更进一步"③。徐琚清以此断定，历史非但不是自然科学，连特殊的社会科学都谈不上。④ 若说科学要遵循因果律，那么从历史里能找出必然法则吗？这点亦是人各异词。若说科学还包括怀疑态度，那么古史辨派已经把多数古书都定为伪书了，历史还怎么"拿证据来"证明自己的实在？

---

① 金兆梓：《历史是否是科学》，蒋大椿主编：《史学探渊：中国近代史学理论文编》，吉林教育出版社，1991，第594页。
② 陈训慈：《史学观念之变迁及其趋势》，《史学探渊：中国近代史学理论文编》，第302页。
③ 梁启超：《研究文化史的几个重要问题》，《史学探渊：中国近代史学理论文编》，第691—692页。
④ 徐琚清：《谈谈历史》，《史学探渊：中国近代史学理论文编》，第503页。

科学本是拯救中学（当然是部分拯救）的工具，在求新求变的过程中，历史却连合法性都快没有了，还谈何建设"科学的历史学"呢？这样的两难，引发了继"新史学"之后又一轮激烈的争论。如果说梁启超当年批评旧史学有四病二弊三恶果，意在打造具有国民精神的"新史学"，尚可以改良方式推进。那么此轮科学论战关系到历史学的去留，非常严峻。杨鸿烈一针见血地指出："关于史学的'科学性质'的鉴定很是重要，其情形颇有如《民法》上的'妻'与'妾'、'嫡子'与'庶子'或'私生子'等等的身份证明显然有优劣高低的差别，所以假如说史学没有成为'科学'的资格，那么史学就根本没有研究的价值……"①

在这样的情况下，系统说又被抬出来了。杨鸿烈强调科学的种类有很多，"广义的科学即指一切'有系统的'和'合理的''进步的'知识而言，这样是史学也有成为科学的资格"②，取广义的科学。何炳松指出，"唯所谓科学，乃有条理之智识之谓。史学之观察点及方法，虽与其他科学不同。然其为有条理之智识，则初无二致。而史学之志切求真，亦正与其他科学之精神无异。故史学本身，虽远较其他科学为不备，终不失其为科学之一种也"③，亦诉诸"系统"。然而，史学因有系统所以科学，与胡适和顾颉刚关于古代学术因不科学所以不成系统，逻辑正好颠倒。"系统"与"科学"颠来倒去，说明"科学"的工具性质。

扩大"科学"范围为史学说项的做法，很是费劲，尤其对吴稚晖那种认定了科学就是西方物质的人。"科学"说不清，"系统"同样标准不一。既然新国学体系依凭的是西方的学科系统，那么为史学正名的最好方法，就是在西学系统里寻找对应。杨鸿烈不厌其烦地罗列了历史学在西方知识分类体系里的位置：是柯列基纯粹科学、混合科学、应用科学、复杂科学里的复杂科学；边沁则将其归入物质科学和精神科学的后者；在惠韦尔的《归纳科学的哲学》里，史学与数学、化学并列；皮耳生《科学规范》把史学放在生物进

---

① 杨鸿烈：《史学通论》，商务印书馆，1939，第33页。
② 同上书，第34页。
③ 何炳松：《历史研究法》，《何炳松文集》第4卷，商务印书馆，1997，第15页。

化论的三级目录①。

　　李则纲也详细介绍了西方学术谱系里的历史学："除了孔德、斯宾塞、培恩，没有罗列历史学外，其余历史学均占有一席。但孔德、斯宾塞、培恩的学问分类内，均列有社会学，我们从社会学的性质和社会学与历史的关系上推察，则知孔德等认历史属于科学，自无问题。是历史学在科学家的科学分类里，固未遭排斥。不过应属于何项科学，意见各有不同。如法兰西斯·培根认历史学属于记忆的学问，赫胥黎认历史是属于客观的学问，边沁认历史是属于精神的学问。皮耳生从生物进化论的观点，把历史属之于具体科学。冯德把历史属之经验科学的形式科学。汤姆生把历史属之于混合的具体科学。总之，历史学在科学家的科学分类里，不但未被摒除于科学领域之外，而且多列在具体科学。"②后来朱谦之又把西方历史定义分为神学标准、政治标准、社会和科学标准、文化艺术标准4个阶段，考察不同时期对它的不同理解以及分类范式，以此证明历史学的合法性，介绍相当全面。③

　　看来，历史学的幸运在于拥有异国的兄弟。凭借西学系统的支撑，史学最终在近代中国站稳了脚跟。这再次证明，一旦概念进来了，后面的整套体系也会跟进。经过较长时间的调整，历史学才逐步廓清自己的领地和发展方向。但有关史学性质的争议今天仍在继续，"整理国故"思路带来的历史定位问题并没有完全解决。比如政治史到底该入政治学还是历史学？文学史属于文学还是属于史学研究？像明代漕运、清代粮价这样的课题，该由明清史的人来做，还是找经济学学者？读者可能想不到，目前关于中国古代匠作制度的研究，不在美术学，也不在历史学，要到经济学里去找。又如人文意蕴极强的古典园林研究，有文学研究，有美学探讨，也有史学讲述，正式的学科归属却在理工类的建筑学里。这种亦可亦不可的模糊，或众人都来分一杯羹的无主或寄居现象，非常常见。一方面是学科子目的毛细血管化，另一方面是大量飘零甚至遗漏的传统命题，到底是我们缺乏分类的能力？还是近代

---

① 杨鸿烈：《史学通论》，第37—40页。
② 李则纲：《历史学与科学》，《史学探渊：中国近代史学理论文编》，第512页。
③ 朱谦之：《历史科学论》，《史学探渊：中国近代史学理论文编》，第393页。

学科框架限制了我们的想象？

把美术史、经济史、哲学史、科技史这样的专业写作统统归入史学研究，其实并不符合"整理国故"倡导的学术分工主义。专科研究也绝非作史这一种产出方式，否则医学生都闭门读医学史而不用临床治病了（今天医生升职看医术还是看论文，依旧争议重重）。学科内部研究与外部研究的紧张，是学术框架设置的遗留问题。连文学研究都有非文学的取向，医学史、科技史当何以自处？后来因无法落实到教学实践里，不得不做含糊式处理。毕竟除了历史系，文学系、哲学系、政治学系也要开设，而且开办得更早。医学系、化学系、物理系不学学科史，也可以照办。事实是，20世纪20年代北大史学系虽然包括了文学史、哲学史、经济史、美术史等专史内容，但学生要到其他院系去选课。只有未设专业系的专史课，才会聘请专门老师。这导致历史系内部的专科研究，弱于其他专业系的学科史。

历史一门汇聚各科课程和教员显然不现实，却又始终舍不下其他专科史，多少还是受到近代传统的影响。直到今天，历史系有经济、法律、政治等专项研究，专科院校（如财经大学、政法大学）还另有一支专业队伍。专科史学者嘲笑历史系专业性太弱，历史系讽刺专科史研究视野太窄，两套人马各自为政。真到了新编史书，农业、工艺、科技、文学艺术等版块，还得找专科史的学者来写。可若裁汰赘员，历史学损失最大。好比若把《史记》"八书"散入专科，沿袭而下的史学重镇典志体就要分离，史学最后就剩事件了（西方史学戏称之为表面史），还要和政治学、军事学抢地盘。梁启超言："学术愈发达则分科愈精密，前此本为某学附庸，而今则蔚然成一独立科学者，比比然矣。中国古代，史外无学，举凡人类智识之记录，无不丛纳之于史，厥后经二千年分化之结果，各科次第析出。例如天文、历法、官制、典礼、乐律、刑法等，畴昔认为史中重要部分，其后则渐渐与史分离矣"，没想到学术发达与史学发展互为消长，最终史外无学反转为"史学无独立成一科学之资格，论虽过当，不为无见也"。①

其实历史是不是科学，仿佛西方争议在中国的重演。19世纪由于自然科

---

① 梁启超：《中国历史研究法》，第32页。

学的迅速发展,科学主义渗入史学研究,实证主义史学应运而生。德国史学家兰克(Leopold von Ranke,1795—1886)强调史学的客观性、科学性,把历史学引向专业化发展道路,被称为"科学历史学之父"。由此也引发了对历史性质的争议。夏尔·瑟诺博司(Charles Seignobos,1854—1942)就认为历史不是科学,不存在生理学或生物学那样天然就是历史学的事实,它只是一种认识方法。而且人们看到的都是间接文字材料,是过去的痕迹,历史学无法直接观察,所有的认识都是间接推理,只能靠考证填平历史和科学中间的横沟。所以越是致力于史学的科学化,实证主义就越加强调考证的严格。

当时,美国史学落后于西欧,美国人从德国引进了兰克史学。19世纪后期北美大学接纳的兰克史学,以对自然科学式精确的狂热为特点。而且美国人对兰克史学的接纳是有选择的,基于一组更为复杂的思想误读。[①] 胡适接受的正是经美国倒手的、现代初始阶段的兰克实证史学。他审定史料的基本方法,依据的正是法国实证史学家瑟诺博司和朗格诺瓦合著的《史学原论》(*Introduction to the Study of History*)。这是兰克之后欧洲史学方法论的基本教材,也是德国兰克史学转向法国年鉴史学派的重要一环。胡适对乾嘉汉学的发现,实际也有西学的启示,所以他总是强调考据学"暗合"西方科学。若没有实证史学的支撑,没有胡适的"科学"包装,旧学的考据是否会被视为"国渣"而遭抛弃亦未可知,若真被抛弃,义理(经学)和辞章(文言)不就统统被打倒了吗?国外的示范,国内的驾轻就熟,使考据法几乎成为史料派治学的唯一正道。

可兰克史学很快就得到了修正,故有所谓的新兰克学派。更重要的是,社会学的勃兴推动了欧洲社会史的兴起。两位巨擘涂尔干和韦伯分别于1917年和1920年去世,他们的影响力在胡适回国前已经确立。法国年鉴史学作为新的历史研究运动,也已经兴起了。这些最新动态在胡适的学术里没有印记,这大概就是唐德刚批评的胡适治学未能吸收社会学的方法。早年梁启超提倡"新史学",接受的是19世纪末20世纪初的民族史理念,反而还更新近一些。且不说后来年鉴学派、社会史、科学哲学、结构主义和解构主义史学,对实

---

① 参阅〔英〕西蒙·冈恩:《历史学与文化理论》,第9页。

证主义史学提出了诸多批评和反思，英美史学和德国史学、法国史学也向来不同步。不问基础、不别源流的文化节取与表面移植，很容易刻舟求剑、精粗不辨，把人家犯的错误再犯一遍。

西方汉学的情况也是如此。当时的国际汉学是"英美不如德，德不如法"，胡适接触的恰恰是最薄弱的美国汉学。而在法国，以沙畹、伯希和为代表的汉学家虽然把语言学方法和文献考证推为中国学研究的正宗，但还有另一支纠偏力量：以葛兰言为代表的汉学研究，几十年后发展为西方理论的主流——福柯的话语理论即以他的霸权理论为基础，解构主义与后殖民理论也与之密切相关。葛兰言就批评过度的考证，以社会人类学方法研究中国的历史文献。19世纪末西方人类学和社会学的发展一日千里，至今仍是最新锐的领域，像彼得·伯克这样的国际史学家纷纷向其取资。可惜这派学术不仅没有被中国学界接受，而且遭到了丁文江等科学主义者的强烈批评。20世纪30年代后马克思主义史学兴起后，才稍有改观。

四　新史学建设的分歧

西方史学在近代中国的引介是不全面、有选择的。胡适宣扬的美国杜威实验主义，并非西方主流思想。后来傅斯年出国，进一步确定为实证主义。实证史学影响虽大，与兰克史学却有很大的距离①，已是欧洲史学的明日黄花。朱希祖执掌北大史学系的时候，主张"以欧美新史学，改革中国旧史学"，以西方社会科学的方法治史。但他商请何炳松译介的美国 J. H. 鲁宾逊（J. H. Robinson，1863—1936）《新史学》，在西方史学界仍是一种较浅的理论，没有跳出兰克史学重史料重客观的基本理念，也未能反映卡尔·兰普瑞希特（Karl Lamprecht，1856—1915）的文化史全貌。中国社会主流的进化史观和科学实证主义，在西方已经被相对主义史学所取代。而像新康德学派和新黑格尔学派这样的欧洲显学，在中国几乎没有人介绍。此后传入的法国柏

---

① 如伊格尔斯指出，兰克在德国是唯心主义史家，到了美国却变为实证方法和经验主义的代表人物。〔美〕伊格尔斯：《美国与德国历史思想中的兰克形象》，何兆武、黄巨兴译，张越编：《史学史读本》，北京大学出版社，2006，第355页。

格森生命史观、德国杜里舒新生机主义、德国郎普勒西特文化史观、德国斯本格勒的文化形态史观等不同的理论和方法,未及认真对待,便迅速沉寂。

另外,如梁启超的批评,古今史学有重大的精神和目标差异,此史学非彼史学。要把异趣的中国史学传统强行塞进西方框架,谈何容易?毕竟中国是世界上史籍最完备的国家,秦统一后的两千年历史都不曾缺记,史书的体裁和类别又最是丰富。钱穆在《国史大纲》里把近代史学分为三派:传统派或记诵派、革新派或宣传派、科学派或考订派。他指出,"以科学方法整理国故"的科学派,手法其实与未受西方影响的传统派最接近,都重视史料的考订。与传统派相比,虽"博洽有所不逮,而精密时或过之",但由于主张无预现实,不如传统派"多识前言往行,博洽史实,稍近人事;纵若无补于世,亦将有益于己"。[①] 这抨击的是国故派鼓吹与现实保持距离的、中立的、客观的研究态度。

所谓"客观",有时是主体性的缺失,有时是一种与现实保持距离的态度。实证史学强调"如实直书",事实就在那里,史学只是重拾过去,历史学家陈述事实即可。年鉴派史学家马克·布洛赫(Marc Bloch, 1886—1944)曾把这种资料—考证—事实之间的简单逻辑,嘲讽为"太初有资料。历史学家搜集、阅读资料,努力衡量资料的权威性和真实性。之后,而且仅仅在此之后,就把这些资料写成著作",紧接着道破"任何历史学家都不曾如此行事。即使他偶尔会自以为是在这样做"。[②] 因为没有问题,就没有事实,哪怕确定主题,也会带有意向。晚清何以选择了墨子,而非聚焦荀子?民国何以纠结孔子与老子的关系,而非以往孔子和孟子的传承?这背后都是有原因的。没有问题,就没有态度,若在过去碎片的海洋里胡乱撒网,捞着什么是什么,永远都看不清全貌,也谈不上真实。

可事实上,国故派一直在古和今的问题上纠结,并非真的不在意介入历史,而是太在意当下的立场了。因为"新文化"运动整个就建立在对传统、

[①] 钱穆:《国史大纲》,商务印书馆,1996,第3—4页。
[②] 布洛赫:《为历史学辩护》,转引自〔法〕安托万·普罗斯特:《历史学十二讲》,王春华译,北京大学出版社,2012,第63页。

对过去的反对上,不让过去进入当下,是为了阻断传统观念对中国未来的影响(详见第五节)。所谓的客观中立,只是出于对中国古代历史的冷漠,掩盖以推倒为重来的改革方式。一方面是无法废弃古代,还得有目的地选择重建的材料。另一方面又死力切断未来从过去来的客观事实,以"客观"为口实抵制旧史。在"以活的人事,换为死的材料"的做法背后,是对传统的坚决反对。不仅谈不上客观,而且充满了革命的激情。

由此,便有了钱穆最反感的否定民族已往成就,逃避激发爱国情感的历史使命,处处以批判和扒黑为务的基本特点。这与章太炎以国粹激发种姓、梁启超以新史学唤起国民精神的建设性学术,背道而驰。钱穆首列4条读史应具之信念,第三条"所谓对其本国已往历史有一种温情与敬意者,至少不会对其本国已往历史抱一种偏激的虚无主义(即视本国已往历史为无一点有价值,亦无一处足以使彼满意),亦至少不会感到现在我们是站在已往历史最高之顶点(此乃一种浅薄狂妄的进化观),而将我们当身种种罪恶与弱点,一切诿卸于古人(此乃一种似是而非之文化自谴)"①,显然是针对国故派。这不仅是态度问题,更涉及史学的价值和史家的职责。

晚清科举改革,就把历史放在显赫位置,认为鉴古才能知今,时务和掌故连为一体,肯定历史经验对解决现实问题的借鉴意义。张之洞认为"史学切用之大端有二,一事实,一典志。事实择其治乱大端,有关今日鉴戒者考之,无关者置之。典志择其考见世变,可资今日取法者考之,无所取者略之"②,所以首场考中国史事和国朝政治,二场考时务策论(范围扩大到外国政艺),先史后论,先古后今。这个提议1898年被清廷采纳,正式实行。康梁更重视政治,但他们的政治学多从传统史学里取资。戊戌后山东大学堂的中学部分(政学斋)干脆就分中国经学、中外史学、中外治法学3科,治法学即时人眼里的政治学,是从史部政书里抽取出来的吏、户、礼、兵、刑、工、交涉7门。政从史出,亦是经世致用的传统观念。钱穆说的传统派是与西风无涉的考据派,尤其是乾嘉史学。晚清以来秉持经世改革理想的人,则

---

① 钱穆:《国史大纲》,第1页。
② 张之洞:《守约》,《劝学篇》,第52页。

被他归入了革新派。

三派当中，钱穆倾向革新派。革新派分三脉：康梁也好，国粹派也罢，抨击专制，瞩目政体，是清末的政治导向派，终结于民国成立；民初的文化革命派则以打倒孔学为思想关键；继起的经济派围绕封建社会的经济形态问题展开，即20世纪30年代逐渐壮大的马克思主义史学。钱穆肯定革新派有4大优长——治史有意义、与现实结合、把握全史、对以往历史有正面肯定，几乎都是站在国故派的反面。只可惜革新派功夫下得不够，最终把历史变成了宣传的工具，所以亦称为宣传派。尽管当时的学术主流是国故派，但钱穆站在了积极参与现实建构的革新派一边，名为"国史"而非"中国历史"，已亮出了旗帜。他既承接表彰民族精神的民族史学，又有文化史注重时代特点和文化特征的讨论。

其实史学的社会职能，是个很难辩清的问题。古代就有今文经学和古文经学的区别，今文经通经致用，古文经实事求是。连讲求伦理道德的经学都有这样的割裂，史学就更难绝对化了。与经学相比，历史注重求实，但历代史家都以推求古今兴衰之理为志趣。没有超越史实的追求，就不会有中国史学传统的强大。因而身处乱世，尤其在"九一八"事变后，很少有学者真能心安理得地为了学术而学术。新学术领导者之一李济就坦言："我们常常自问：我们这种工作，在我们现在所处的环境中，是否一种浪费？"[①] 在史学近代化以前，西方史学同样以追求历史的发展规律为己任。19世纪末成为近代史学主流的民族史学，更成为塑造民族国家、培养公民意识的重要推力。美国史学家卡尔·贝克尔指出，不是历史通过史学家说话，而是史学家通过历史说话，如果史学家不能回应现实，不能写出社会要求他写出的历史，他就会被封闭在学术圈子里，社会就会离他而去。[②] 史学观念和史学写作本身也会随着历史的变化而变化，故有所谓的史学史。

当代史重回学术研究的中心，是因为西方史学家意识到"不管历史学愿

---

① 李济：《安阳最近发掘报告及六次工作之总估计》，《李济考古学论文集》，文物出版社，1990，第276页。

② 〔美〕卡尔·贝克尔：《人人都是他自己的历史学家》，第272页。

不愿意，它都是根据当前的需要而对过去的事实进行系统的收割，然后分类、编组的。它根据生来考察死"①，因而以史学为如实还原过去的观念被抛弃，经验主义也没能经受起哲学的拷问。所有过去陈迹的拼装，都来自当下的主观，"一切历史都是当代史"。迷恋过去就是逃避现实，逃离现在就是害怕未来。历史编纂学走得更远，认为历史是艺术而非科学，压根就不存在一个确定的过去去让史学家们代言，历史写作异于侦探小说几稀。文学与史学的交融在新文化史写作里更是突出。国故派孜孜以求地通过严格的考据达成客观，无论如何都是痴人说梦。

但若真以为国故派放弃了当下价值，一心进行冷静客观的还原，天真的就是我们了。不要忘了，国故派属于新文化派，"整理国故"要服务于"再造文明"的理想。保守派批评国故派忽视义理与心性，左派史学指责他们琐碎支离，可他们实际是先有大纲——大到"中国文化史"新国学构架，小到胡适的哲学史和文学史大纲，再做细节考证。只见龙尾，不见龙首，恰恰说明科学客观的幌子，成功地掩盖了他们反传统的激进目标。胡适说"大胆的假设，小心的求证"，假设从何而来？求证为谁服务？以国故为死尸，不就是埋葬过去吗？以国故学捉妖打鬼，不就是以破为立吗？

以"重估价值"的怀疑精神为例。过往皆为史料的观点，在胡适的学生傅斯年的史语所里有突出表现。怀疑精神在另一学生顾颉刚的《古史辨》里更为明显。从1923年到1941年，厚厚七大本，三百多万字的考辨文章，无论如何都不容小视，有人还说疑古派几乎笼罩了当时的史学界。到90年代，李学勤才提出要"走出疑古时代"。总体上讲，顾颉刚聚焦上古史，把层累的古史视为战国诸子的伪造史，呼应胡适《中国哲学史大纲》从老子和孔子开篇。这种严格区分传说和信史的做法，意在打破以上古三代为历史黄金期的儒家理想。上章讲过，"五四"以前著作都是详论三代、略说后世的，因为上古三代体现了尧舜汤文王周公之道。这种崇古说显然与进化论不合，妨碍把现在作为历史的高地，会削弱思想革命和文化西化的号召力。如上文所言，选题是有意向的。

---

① 费弗尔：《朝向另一种历史学》，转引自〔法〕安托万·普罗斯特：《历史学十二讲》，第268页。

《古史辨》的疑古，不仅把中国历史砍掉了一半，也放绝了神话和传说的研究价值。人类早期历史无不掺杂着传说，人类学家马林诺夫斯基认为，神话行使着社会宪章的功能，维系早期社会的制度运转。心理学家荣格则以之为集体无意识的"原型"，原型沉淀下来就成了文化记忆。文化记忆是文化认同的重要方式，它可以构建现实。如犹太人流浪上千年，却靠与上帝订约的《圣经》故事，至今维系着坚固的民族认同。继人类学家和社会学家"现实的文本构造"说之后，西方史学也加入神话和记忆的讨论中来。历史编撰学甚至认为，历史不能还原事实，只能记录记忆，没有记忆的社会就没有历史。没有历史就没有认同，没有认同就没有社会，如此族群还如何发展？

把神话和传说重新拉回历史研究的，是20世纪30年代兴起的马克思主义史学。吕振羽便以神话为材料研究原始社会，先秦史恰恰成为他们的突破口。对中国社会现实的关切，使之不满足于史料的考订，不仅把神话传说和古文字、古文献结合起来，还大量采用了人类学、社会学、考古学、经济学等社会科学的方法，在以经济为基础的宏观史里寻找中国社会的发展方向。从目标到方法，都可视为对国故派研究的纠偏，受到许多人的欢迎。然而，左派史学从概念（如资本主义、阶级斗争）到理论（马克思主义），从问题（如社会阶段分期）到方法（如经济学、社会学）都是西方的，生套概念、搬弄原理、以抽象代具体成为通病。不少讨论今天看来还是伪问题，如关于亚细亚生产方式的论争。因此马克思史学是西学体系确立后的跟进式研究，是学术西化以后的进一步发展。它要解决的是西方理论的中国运用，已非传统学术如何与西学理念进行对接了，溢出了本书聚焦的近代学术系统切换问题，对其不做展开。

但有马克思主义史学做比较，更易看出"整理国故"的功绩不在做了多少史料的搜集与考证，考证再细也不妨碍古史辨派把破除的决心和反对的意志，落实得有理有据。史料的选择和论证的编排，本来就体现了史家的主观。就像马克思主义史学提供的经济视点，的确比国故派空洞的历史发展观更具体，但鼓吹过头，也会带来绝对化、扩大化、与意识形态纠缠不清等学术弊端。"整理国故"的意义其实是在拆散国学，改换门庭。结构重组之后，才能实现与西学的全面对接，如何破、怎么立是需要极大的脑力和魄力的。至于其间的流弊，本是有待日后解决的问题。每一种学术方法和学术理念，无论取得过多少辉煌，终将被新方法和新方式修订与置换，这是变化中不变的规律。不管愿不愿意，我们都应接受解构主义揭示的事实：历史永远是暂时性的、开放性的。因此我们必须不断回顾、不断重溯，在不断更新的认识中，塑造更具可能性和包容性的未来。

第四节 专科建设与国学故去

如果没有西方学科体系的支持，仅凭言人人殊的"科学"阐发，历史学的学科地位被取消亦未可知，尽管中国是一个重史的国度。当年梁启超认为"今日泰西通行诸学科中，为中国所固有者，惟史学"[①]，可即便是史学，它的近代命运也绝非平坦，遑论其他学科。比史学名头更大、范围更广的"国学"最终就未能幸免。

胡适说"国学"是"国故学"的省称，"整理国故"针对的就是国学。文化专史推行以后，作为统称的"国学"还当不当存续就成为一个棘手的问题。毕竟晚清以来，无论叫古学、旧学、中学、国粹，还是国学或国故学，传统学术的整体性一直都在。但在胡适的"中国文化史"方案里，国学没有位置。与史学虽无单独类目，却无处不在不同，国学虽说也可以认为是中国文化史的全体，但改头换面后的西式专科，无疑和晚清以来人们谈论的中国学问有距离。与其说国学被分解了，不如说国学被置换了。正因为它的被置换，我们才说学术系统的重建。先来看遣散"国学"的逻辑何在，即主体消失的原因。

一 科学分工与国学分家

何炳松在《论所谓"国学"》里提出四条反对"国学"的理由，后三条都是围绕同一件事展开，即"国学"与西式学科的距离。他说"现代科学的精神在事业上注重绝对的分工，在学术上注重绝对的分析"，而"国学"是

---

① 梁启超：《新史学》，《饮冰室合集》文集第4册，第751页。

反分工、反分析、反科学的。你看"德国对于世界学术上最大的供献是科学和史学,法国对于世界学术上最大的供献是文学和哲学,美国对于世界学术上最大的供献是各种新的社会科学,英国对于世界学术上最大的供献是文学经济学和政治学,日本对于世界学术上最大的供献是东洋的史地学。他们对于世界的学术都是各有供献,但是他们都绝对没有什么国学",所以"我们研究史学的人,为什么不愿专心去研究中国的史学,而要研究国学?我们研究文学的人,为什么不愿专心去研究中国的文学,而要研究国学?我们研究哲学的人,为什么不愿专心去研究中国的哲学,而要研究国学?我们研究天算的人,为什么不愿专心去研究中国的天文和算学,而要研究国学?我们当现在分工制度和分析方法都极发达的时代,是否还想要做一个'大坛场'上的'万物皆备于我'的朱熹"。①

说到底,何炳松要的是史学、文学、哲学、天文学、数学这样的西式学问,以分工为科学进步的前提,而中国的"国学"是不分科的。其实"国学"类同中国学术,是相当于"西学"一样的统称,统称和子目是不能放在一个序列比较的,就像他也知道东洋史地学只能和中国史学并列。柳诒徵论国学现状时,分讲求小学、搜罗金石、熟悉目录、专攻考据、耽玩词章、标举掌故6种类型,"六者之中,各有新旧"②,这才是合乎逻辑的讲法。

若把视野再放宽一点,我们还会愕然。何炳松认为西洋学术的进步是因为"能够用分工的办法和分析的工夫来研究的缘故",而中国学术不讲究分工,所以落后——"我们试想朱熹这样天才,假使能够专心研究自古以来的理学,不要再去做史学和文学的工夫,他的造就要比他现在所做到的加上几倍?我们试再想朱彝尊这样天才,假使能够专心向文学方面去发挥,不要再去做史学和经学的工夫,他的造就要比他现在所做到的加上几倍?我们试再想章学诚这样天才,假使能够专心去发挥他的史学原理,不要再去做文学和经学的工夫,他的造就要比他现在所做到的加上几倍?"③ 换句话说,如果朱

---

① 何炳松:《论所谓"国学"》,《小说月报》1929年第20卷第1号。
② 柳诒徵:《中国文化西被之商榷》,《学衡》1924年第27期。
③ 何炳松:《论所谓"国学"》,《小说月报》1929年第20卷第1号。

熹、朱彝尊、章学诚能专注一学，而不是中国式的面面俱到，学术就不至于如此落后且一团糟了。傅斯年后来也说："中国学问向以造成人品为目的，不分科的：清代经学及史学正在有个专门的趋势时，桐城派遂用其村学究之脑袋叫道，'义理词章考据缺一不可！'学术既不专门，自不能发达。"①学术不发达被归因于没有分科。这是否定的角度。

从正面进行论述的是钱穆，"中国传统文化，是注重'融合合一精神'的。中国古人并不曾把文学、史学、宗教、哲学各别分类独立起来，无宁是看重其相互关系，及其可相通合一处。因此中国人看学问，常认为其是一总体，多主张会通各方面而作为一种综合性的研求"②。而顾颉刚却认为"中国的社会和学术界看各种行业，各种学问，甚而至于各种书籍，差不多都是独立的，可以各不相谋，所以不能互相辅助以求进步"③，中国学术又成了不仅有分工，而且互不相谋了。

到底有分工还是没有分工，两头都有道理，持调和或中间立场的也不乏其人。陈黻宸讲中西学术差异时，就认为"夫彼族之所以强且智者，亦以人各有学，学各有科，一理之存，源流毕贯，一事之具，颠末必详。而我国固非无学也，然乃古古相承，迁流失实，一切但存形式，人鲜折衷，故有学而往往不能成科。即列而为科矣，亦但有科之名而究无科之义。其穷理也，不问其始于何点，终于何极。其论事也，不问其所致何端，所推何委"④。结论是中国确实没有分科的学术，但不能说中国没有学术，就只好说是有学而不能成科了。原因是不能穷尽源流，穷究事理。这与"辨章学术，考镜源流"的传统主张适相矛盾。

中国学术究竟有没有分科，言人人殊，取决于各人理解的分科是什么。近代言说和古代资料的搜罗，回答不了这个问题。一如许啸天认为国学里头有六艺、经史、诸子百家的区别，有汉学、宋学的分野，但这些学问非但没有系统，连名词都不成立。因此呼吁通过整理，"把一个囫囵的国故学，什么

---

① 傅斯年：《改革高等教育中几个问题》，《独立评论》1932年第14号。
② 钱穆：《中国学术通义》，《钱宾四先生全集》第25册，联经出版事业公司，1998，第5页。
③ 顾颉刚：《郑樵传》，《国学季刊》1923年第1卷第2号。
④ 陈黻宸：《京师大学堂中国史讲义》，陈德溥编：《陈黻宸集》下册，中华书局，1995，第675页。

政治学，政治史，社会学，社会史，文学，文学史，哲学，哲学史，以及一切工业农业数理格物，一样一样的整理出来，再一样一样的归并在全世界的学术界里，把这虚无缥缈学术界上大耻辱的国故学名词取销"①。他看到了中学内部的分别，可比照西式学科，结论同样是国学落后混乱。跟陈独秀一样，只接受哲学、历史、文学这样的西式学科，而拒绝接受"国学"——"国学是什么？我们实在不大明白。当今所谓国学大家，胡适之所长是哲学史，章太炎所长是历史和文字音韵学，罗叔蕴所长是金石考古学，王静庵所长是文学，除这些学问以外，我们实在不明白什么是国学"②。

一旦西式分科变成标准，国学有没有分科就不重要了。胡怀琛是提倡国学研究的，但他也认为"西洋学术的分类如哲学，文学等，是合科学方法的。中国学术的分类如所谓经，史，子，集，是不合科学方法的。我们现在要依照西洋学术分类的方法，把中国原有的学术整理一下，把他分门别类的容纳于世界共同的学术纲目之下，同时就把'国学'这个名称取消了"③。只是因为现在还没有整理完，所以只能暂时沿用"国学"而已。不难看出，"国学"的取消与分科问题有直接关系，大多数人都是在分科的意义上赞同取消国学的。郑振铎向来言辞激烈，表述直接，他说"'国学'其实却不是一种专门的学问；他不能与植物学，动物学，矿物学，天文学、化学……相比肩；'国学'其实却不能成为一个专门的学系；他没有与植物学系，动物学系，矿物学系，天文学系，化学系相对立的资格。'国学家'其实更不是一个专门的学者，他不配与植物学家，动物学家，矿物学家，天文学家，化学家同立在一个讲坛上"④，与其说他提倡专门，不如说他只要西式自然科学样态的学术。

"整理国故"的另一追随者曹聚仁，承认"按之常理，国故一经整理，则分家之势即成"，但国故学本身还是有价值的——蕴含了中华民族精神，且不同于世界其他文化，所以仍有独立研究的价值。他花了大量篇幅澄清概念，

---

① 许啸天：《国故学讨论集新序》，《国故学讨论集》，第7页。
② 陈独秀：《寸铁：国学》，《前锋》1923年第1期。
③ 胡怀琛：《国学概论》，第3页。
④ 郑振铎：《且慢谈所谓"国学"》，《小说月报》1929年第20卷第1号。

把"国故"定义为五千年来中华民族用文字表现的思想结晶,而"国故学"就是用科学方法研究"国故"的科学。① 这是他对"国故"和"国粹"概念的调和,与其说他在为"故"字争地位(开篇的各种分辨),不如说是为"国"字立价值。曹聚仁自命新派,而且是"整理国故"的积极宣扬者。他同时受到了章太炎(他是《国学概论》的整理者和推行者)和胡适的影响,而胡适是反对调和的。事实上,"整理国故"后来遭到围攻,与国学主张的新旧杂陈脱不开干系。我们不仅要分析胡适的主张,还得考虑它的具体接受情况。没有响应,成不了运动和思潮。在曹聚仁的长文里,"国学"和"国故学"的界分俨然成为一个严肃的问题。这一字之争,不仅关乎"国学"的命运,也影响到"整理国故"的性质,不得不辩。

二 胡适的"国学"与"国故"

在"整理国故"和"国学"论争基本消歇的1943年,曹朴总结"国学"的发展历程说:

> 和国学相当的名词,还有国粹和国故。国粹两个字,似乎有点夸大中国学术乃完全精粹物的意思,又似乎有点选择精粹部分而抛弃其他部分的意思,所以人们觉得不甚妥当,改称国故。国故,就是本国文献的意思。不论精粹不精粹,过去的文献总是可宝贵的史料,都可包括在国故范围里面去,这样看起来,国故这个名词总算是公平而完备了。但它也有它的缺点,就是只能够代表研究的对象,而不能代表研究这种对象的学问,因此大家又想起用国故学的名称来代替它,最后又简化而称为国学。②

今天梳理国学概念时,很少深究"国故学",大多认为和"国故"同一概念。但在亲历者曹朴看来,国粹、国故、国故学是前后相续的一组概念,依次解决前一概念的遗留问题。无论"国粹",还是"国故"和"国故学",都是解

---

① 曹聚仁:《国故学之意义与价值》,《国故学讨论集》,第50页。
② 曹朴:《国学常识》,第1—2页。

决"国学"合法性的重要步骤,且依次递进。然而最后的"简化"二字,把原本"和国学相当"的"国故学"(国粹—国故—国故学)径直等同于"国学",平行关系忽然变成了同一关系,终应了胡适"'国学'在我们的心眼里,只是'国故学'的缩写"的意见。

概念的明晰在当时不是一件容易的事情,更重要的是背后牵扯到态度和立场的巨大差异。胡适《〈国学季刊〉发刊宣言》的正式提法是:

> "国学"在我们的心眼里,只是"国故学"的缩写。中国的一切过去的文化历史,都是我们的"国故"。研究这一切过去的历史文化的学问,就是"国故学",省称为"国学"。①

也就是说,"国故学"就是"国学",二者是全称和省称的关系。那之前的"国粹"呢?胡适接着说:"'国故'这个名词,最为妥当。因为它是一个中立的名词,不含褒贬的意义。'国故'包含'国粹',但它又包含'国渣'。我们若不了解'国渣',如何懂得'国粹'?所以我们现在要扩充国学的领域,包括上下三四千年的过去文化,打破一切的门户成见:拿历史的眼光来整统一切,认清了'国故学'的使命是整理中国一切文化历史,便可以把一切狭陋的门户之见都扫空了。"看来"国故"就是为了置换"国粹",把"国故学"等同于"国学"意在覆盖或取代先前的国粹派研究。

如果说章太炎等"一国自有之学"的国学概念,思考的是在汹涌的西潮面前如何昌明中华学术,把粹取之后的国学名曰"国粹"。那么胡适的国学针对的是"古学",即文章前半部分讨论的古学沦亡和近三百年来古学研究的功过是非。这一朝内的转向,决定了他眼里的国学也不是以中国文化的整体面貌出现的,而是意在于古学之外发展新学。这注定他要在"故"字而非"国"字上下功夫。以"国故学"对应"国学",实际是以"整理国故"派为国学研究的正宗,把"自从明末到于今"的旧式研究统统排除在外。中国文艺复兴不在之前,而在自今尔后的新方向里,即林语堂说的"科学的国学"之"新纪元",胡适称之为"再造文明"。胡适的国学转向之所以一呼百

---

① 胡适:《〈国学季刊〉发刊宣言》,《国学季刊》1923年第1卷第1号。

应,离不开前清国粹派的铺垫,然而他走的却是另一条道路。除了提一嘴章太炎,他几乎忽略了之前国粹派的工作。

对照时间,不难发现"国故"和"国故学"的区分肇始于毛子水的《国故和科学的精神》。毛氏声称沿用的是章太炎《国故论衡》的说法,只是对"国故"的范畴做了一些扩充——"国故就是中国古代的学术思想和中华民族过去的历史"①,研究"国故"的学问就是"国故学"。毛子水仅言"国故"和"国故学",并未论及"国学"。"国学"和"国粹"互用比较常见,直至胡适发文,才建立起"国学"和"国故"的直接对应。随着"激动种姓"的目的达成,"国粹"的时代已经过去,然而对外求生存、对内谋发展仍是国人的关切,"整理故学"适逢其时。可章太炎的"国故"寓有"光复旧物"的故国之思,之所以"论衡"是出于珍视的绍续。毛子水笔下的"国故"却是已经死去的东西,应该尽快被"国新"(即欧化)所取代,二者立意截然相反。胡适一方面接续了此前的国学问题意识,联合同好,最大程度地在新文化运动的"逆流"中推行"国故学"研究;另一方面与毛子水一样,意在加速埋葬旧学的另一套欧化主张。

有意思的是,1924年吴文祺提出:"整理国故这种学问,就叫做国故学,国故是材料,国故学是一种科学。从来没有人替国故学下过定义,我且来替它下一个定义吧。"②罗志田毫不客气地批评了这种自命开新的做法,"多半都是在发挥或系统化毛子水、胡适、曹聚仁先已提出的观念,很能提示当时少年新进那种目中无人、横扫一切的气概"③。可奇怪的是,吴文祺之后,曹聚仁也声称:"'国故'与'国故学',非同物而异名也,亦非可简称'国故学'为'国故'也。'国故'乃研究之对象,'国故学'则研究此对象之科学也。此乃本篇独标之新义,亦即国故学新生命所寄托,不惮词费以阐明之。"④即便他们没有见过发表在北大学生刊物《新潮》上的毛子水文章,也不可能没有读过胡适的《〈国学季刊〉发刊宣言》,难道只是为了争夺发明权

---

① 毛子水:《国故和科学的精神》,《新潮》1919年第1卷第5号。
② 吴文祺:《重新估定国故学之价值》,《国故学讨论集》,第41页。
③ 罗志田:《西学冲击下近代中国学术分科的演变》,《社会科学研究》2003年第1期。
④ 曹聚仁:《国故学之意义与价值》,《国故学讨论集》,第60页。

吗？"国故"和"国故学"的区别并不复杂，何以会成为一个问题，并被反复阐发？"国故学"在民国的国学论争中发挥着怎样的作用呢？

再进一步讲，"国学"概念何以纠缠不清，乃至至今尚无定论？这个概念含混不清的深层原因何在？不同的"国学"称谓分歧究竟有多大？这些看似细小的问题，正是我们进入近代学术转型的入口。上文讲过，国学的解体过程就是新学科体系的建立过程。当我们一遍遍争论"国学"究竟指什么的时候，对答案的在意往往压倒了对思考方式的警醒。不要说"国学"究竟指儒学还是六艺之学，能否容纳儒家之外的道家、佛家、诸子百家这样的基本问题仍有分歧，就连"国学"是否仅指中国传统文化，能否包容近现代学术这样显敞的时段划分，如今也没有定见。如果问题如此直接，答案倒也简单。麻烦在于，这些问题往往作为前提预设隐藏在具体的讨论中。诸如国学不是故纸堆而是中国人的精神、国学应当回答中国人的生存发展问题之类的提法，已经超出了中国传统文化的指称了。

同样，"国学"概念不是一句简单的定义所能回答的，它是由一系列具体问题和相关问题勾连而成。我们无法掠过各个关节点的生成语境做笼统的概括，否则容易在抽象宽泛、大而无当的指责中，过早结束讨论。即便我们已经不再满足于各抒己见的国学一家言，改用发生学的方法进行历史线索的梳理，但若总是停留在粗线条的国学发展概述上，对"国学"概念的辨析就仍只能是罗列众说而无法定夺。"国学"身上缠绕、积淀的问题实在太多，乃至近代以来各种学术思潮都无法全然绕道而行，因为它承载的是整个中国传统学术的命运。若不能进入历史细部，一层层打开具体问题的具体语境和相关症结，今天的"国学"讨论可能仍将笼而统之，甚至不了了之。

三 "国故学"与"国学"的纠结

"整理国故"迅速席卷全国，取得的广泛认同和轰动效应恐怕连胡适本人也始料未及。由胡适、梁启超国学基本书目引发的社会大讨论，预示着"整理国故"逐渐溢出学术范畴。"大凡一种提倡，成为了群众意识之后，每每有石玉杂糅,珠目淆混的倾向"①,但在"新文化"运动成果尚未巩固的情况下,新派对这样一种新旧杂陈不得不保持警惕,乃至防卫过度。升温过快的"整理国故",在舆论到达高潮的同时,也遭到了进步人士最严厉的批评。本来就不赞同"整理国故"的陈西滢坦言:

> 我们试问,除了适之先生自己和顾颉刚、唐擘黄、钱玄同等三四位先生外,那一个国故学者在"磨刀霍霍"呢?唉,那一个不是在进汤灌药,割肉补疮呢!那一个不是在垃圾桶里掏宝,灰土堆中搜珍奇呢!②

如果说陈西滢对胡适、顾颉刚、钱玄同等人的研究尚表示认可,只是忧虑大部分杂牌军借"整理国故"的旗号做"进汤灌药""割肉补疮"的勾当。那么成仿吾则全盘否定了这样一种为时过早的国学研究,他认为"这种运动的神髓可惜只不过是要在死灰中寻出火烬来满足他们那'美好的昔日'的情绪,他们是想利用盲目的爱国的心理实行他们倒行逆施的狂妄"③。茅盾直接把"整理国故"定性为"文学界的反动运动"④。

正是在风向逆转之时,吴文祺和曹聚仁连连发文,捍卫国学研究的正当性。换句话说,"国故"与"国故学"的区分变得敏感而必要,是在反对声浪渐高之际,与毛子水和胡适的界定有完全不同的语境和用心。积极响应"整理国故"的吴文祺,在《重新估定国学之价值》里专辟一节论述研究国故的五大价值,强调国学的研究"是不容有疑义的"。但问题在于:

> 近人往往把国故学省称为国学,于是便引起了许多可笑的误会。——如老先生们以骈文,古文,诗,词,歌,赋,对联,……等为国学,听见人家谈整理国故,他们便得意扬扬地大唱其国学复活的凯旋歌;而一般把学术看做时髦的装饰品的新先生们,也在"和老先生们同一的国学观念"之下,大声疾呼地来反对国学!——所以我们正名定义,

---

① 郭沫若:《整理国故的评价》,《创造周报》1924年第36号。
② 《西滢跋语》,《胡适全集》第3卷,第151页。
③ 成仿吾:《国学运动的我见》,《创造周报》1923年第28号。
④ 茅盾:《进一步退两步》,《茅盾全集》第18卷,人民文学出版社,1989,第444页。

应当称为"国故学",不应当称为"国学"。①

"国学"一方面受到旧派复古主义的侵蚀与利用,另一方面又遭到那些不求甚解的"新先生们"的反对,这一反一正的支持与反对,恰好模糊了"整理国故"的新旧界线。若从老先生们多取支持态度、新先生们多反对的状况来看,国学研究似乎属于旧派阵营,这对拥护"国学"而又自命进步的新派人士来讲,无疑是一个沉重的打击。因而,吴文祺不仅要"重新"肯定国学研究的价值(题为《重新估定国学的价值》),而且还必须腾出手来澄清观念。用"国故学"取代"国学",为的是避免"新先生们"和"老先生们"分享"同一的国学观念"。在他眼里,只有"国故学"才能保留国学研究的合法性。这多出来的"故"字,意味深长。

这层意思,稍后的曹聚仁表达得更清晰:

> 胡适云:"国学在我们的心眼里,只是国故学的缩写:中国的一切过去的文化历史,都是我们的国故,研究这一切过去的历史文化的学问,就是国故学,省称为国学。"斯言妄也,胡氏之说,殆迁就俗称而为之曲解耳,抑知"国故"二字之重心在"故",于"故",乃知所研究之对象为过去文化思想之僵石,乃知此研究之对象,已考终于"五四运动"之际,乃知此研究之对象与化学室之标本同其状态。使去"故"而留"国",则如呼"西瓜"为"西","太阳"为"太",闻者必茫然不知所云。故愚以为国故学,必当称为"国故学",决无可省之理。②

曹聚仁强调"国学"乃就"国故学"而言,实际重心在"故"字上。"故"字之所以不能省略,就在于"国故学"已然把研究范围限定在已成为历史的过去,国学研究的对象已落幕于"五四"。即1919年之前的文化思想乃至对它的研究都属于"国故",都是"国故学"考察的对象。如此,便把混迹在"国学"队伍里头的无锡国学专修馆之冬烘先生和上海国学专修馆之神怪先生驱逐出境,仅以北大赛先生之"整理国故"为国学研究的正途。若省略了

---

① 吴文祺:《重新估定国故学之价值》,《国故学讨论集》,第41页。
② 曹聚仁:《春雷初动之国故学》,《国故学讨论集》,第90—91页。

"故"字,以"僵石""标本"视之的批判意味立即消失,无怪乎当前各种"庞杂纷沓之观念交集于前",把原本明确的进步立场涂抹得乌七八糟,致使求新者因噎废食地连同"整理国故"的正当性一同抹去。倡导者胡适省"国故学"为"国学"的做法,为浑水摸鱼打开了方便法门,因而曹聚仁不惜公开批评,以填堵这个漏洞。或者说,曹聚仁把当前新旧杂陈的国学研究现状归咎于定义的疏漏,不能因概念不严谨而否认"国故学"研究本身的合法性与正当性。

如果说胡适着意连接"国故学"和"国学",意在借"国学"的影响获取对"国故学"的更多支持。那么吴文祺和曹聚仁则重在打破"国故学"与"国学"的联系,避免当前良莠不齐的国学鼓吹拖累乃至碾碎"国故学"的进步性。曹聚仁说得很清楚:"人莫解国学之实质,而皆以国学名其高,势之所趋,国学将为国故学之致命伤。"[1] 从这个意义来讲,吴文祺和曹聚仁对"国故学"的重新发现似乎也有一些依据,尽管其手法不过是强调"故"字以彰显其进步性而已。然而,正名从来就不仅仅是字面的计较。这多出来的一个"故"字,确实表明了国故学派不言自明的立场。

虽说"'故'字的意思可以释为'死亡'或'过去'"[2],但在国故派这里,对"死亡"的强调远远大于中性的"过去",这与我们对"故"的日常使用是不一样。罗志田指出,当时许多人都把国故比作死尸,从病理学的角度看待"整理国故"。[3] 毛子水最初在《国故和科学的精神》里,便把"国故"界定为"过去的已死的东西",与之对立的是"正在生长"的欧化和作为中国现代学术思想的"国新"。何者已故?何者常新?本属价值评判。毛子水认为中国学术有"国故"和"国新"之分,西方学术却都属于"国新",不承认有"世界故"或"欧美故",很是耐人寻味。[4] 渴望传统学术速朽,或者唯恐它不速朽,与其说急于结束旧学,不如说是否定旧学。新旧之别建立在除旧布新的意愿上。

---

[1] 曹聚仁:《春雷初动之国故学》,《国故学讨论集》,第88页。
[2] 胡适口述,唐德刚译注:《胡适口述自传》,第175页。
[3] 参阅罗志田:《国家与学术:清季民初关于"国学"的思想论争》,第334页。
[4] 毛子水:《国故和科学的精神》,《新潮》1919年第1卷第5号。

同样，胡适在《新思潮的意义》里对中国古代学术的评价，没有一个是正面的。"整理国故"的必要性建立在"以讹传讹的谬说""有种种武断的成见，有种种可笑的迷信"的价值判断上。他多次强调"我们所提倡的整理国故，重在'整理'两个字"①，只有经过"整理"，古书才能读，否则就只有让它腐烂、故去。他说他是接着陈独秀"要拥护德先生，又要拥护赛先生，便不得不反对国粹和旧文学"的话来讲，因此即便不说"国故"当中还有"国渣"，态度也迥异于认同传统文化的保守派。建设性的意见是从否定的层面提出，对旧有学术的"不满意"才是输入新学理的前提。所以，后来他说"我十分相信'烂纸堆'里有无数的老鬼，能吃人，能迷人，害人的厉害胜过柏斯德（Pasteur）发现的种种病菌。只为了我自己自信，虽然不能杀菌，却颇能'捉妖'，'打鬼'"，虽有迫于舆论压力的情非得已，却也未必全然违心。②

既然已经预设"国故"不经整理便当故去，又怎么可能进行"无成见"的研究呢？当胡适强调不带任何感情的"客观"研究时，仅可视为一种区别旧派的姿态。"国故"的称谓本身就寓有否定的意味，"国故学"则类似于否定式的肯定。事实上，胡适不仅否定了中国古代学术思想（作为史料的"国故"），对前人研究成果（古人的"国故"研究）的认可度也很低，动辄说中国古代的研究一本有系统的都没有③。谁说"整理国故"外在于"新文化"思潮？胡适追摹的欧洲文艺复兴本来就是一方面抵制此前传统，另一方面又激活传统的某些部分，催生一个新的文明。这样的立意，又决定了胡适不可能对传统文化视若无睹。

提出重新检视"国故"，体现了胡适不满足于破坏，不想止步于新文学创作的学术抱负。他曾痛心地说："现在并没有文化！更没有什么新文化！""现在所谓新文化运动，实在说得痛快一点，就是新名词运动。拿着几个半生不熟的名词，什么解放、改造、牺牲、奋斗、自由恋爱、共产主义、无政府

---

① 《研究所国学门第四次恳亲会纪事》，《北京大学研究所国学门》月刊1926年第1卷第1号。
② 胡适：《整理国故与"打鬼"：给浩徐先生信》，《胡适全集》第3卷，第146—147页。
③ 胡适：《"研究国故"的方法》，《东方杂志》1921年第18卷第16期。

主义……你递给我,我递给他。这叫做'普及'。""我们若想替中国造新文化,非从求高等学问入手不可"。① 没有属于自己的高等学问,新文化就无法登堂入室!胡适真心认为"切切实实的求点真学问"才是更高境界,晚年的他一再惋惜当初一心想为中国社会打学术根基的用心被政治干扰(如他认为"五四运动"是"一场不幸的政治干扰",它把文化运动变成了政治运动)。既然要在学问上下力,就绕不过中国固有学术。舍弃旧文学还能书写新的时代感受,放绝古代学术却无法编造研究对象。文学可以表达人类共同的情感经验,学术却终究要回归对文化母体的考察。他和陈独秀不一样,他骨子里是个学者,而且是近代中国少有的纯粹学者,不过赶上了放不下书桌的动荡年代。当然胡适的成功也得益于那个年代。他属于那个过渡时代。

胡适对中国传统学术的态度其实非常复杂,并非黑白两途、爱憎分明。再如何强调"国故"的负面性,也不能无视他把绝大部分时间和精力都献给了它的事实,志业选择难道不比口头表态更有说服力吗?如果要统一,也只能统一到他念兹在兹的"再造文明"上。"整理国故"从属于这个总体目标,对国学的研究最终要指向中国的文艺复兴。视"国故学"为国学的唯一合法代表,指向"整理国故"之后的国之新学,不包括"五四"以前的中国古代学术研究。换句话说,"整理国故"之前的学术都是旧学,统统划入已终结的古代。新国学要从现在开始,仅指近现代学术里的古典部分。

吴文祺和曹聚仁反复强调国故是材料、国故学是研究材料的学问,背后的意思是旧学和新学虽然共享研究资料(对象都是"国故"),但得出的结果却截然不同。由于有西学眼光和科学方法,国故派的国学研究才是"科学的国学"。既往研究和时下非国故派的旧学研究,不在国故学的范围内,不被他们认可。吴文祺、曹聚仁对"国故学"的重新发现,标举的是一种有别于古代研究的新国学。不特别标注"国故学",不足以区分旧式国学与新式国学的名同质异。管豹说得好,"吾国今日新旧之争,实犹是欧化派与国粹派之争"②。就此而言,吴氏和曹氏对胡适的理解是准确的,而且进一步阐发了胡

---

① 胡适:《胡适之先生演说词》,《北京大学日刊》1920年9月18日第696号。
② 管豹:《新旧之冲突与调和》,《东方杂志》1920年第17卷第1号。

适"国故学"的言外之意。在眼见"国故"研究即将泯灭于盲目围攻之际，这样的一种界说和发挥，不能说是多此一举。

与"国学"相比，"国故学"的重心在"故"而不在"国"；与"国故"相比，"国故学"点醒的是使国故研究成为"学"的新义。吴文祺、曹聚仁如此不厌其烦乃至小题大做，为的还是区分正见与歧说，唯有以"国故学"取代"国学"，突出这个"故"字，才能昭显国学研究的批判性，表明不同于国粹派和保守派的自大与自珍，以杜绝反动和复古的嫌疑，避免不明就里的反对声浪阻碍新式国学研究的正常进行，为"整理国故"争取合法性与生存空间。否则，国学研究还当不当继续就会成为一个严肃的立场问题，哪怕它本来可以改造为有系统、有组织的新科学。即便如此，坚决的激进派依然认定"国故本来即是国粹，不过说来客气一点儿，而所谓国学院也恐怕是一个改良的存古学堂"[1]。20世纪50至80年代的相关论述也确实把"整理国故"定性为"新文化"运动的反动和逆流。因而这是我们理解"整理国故"何以过早消歇、"国学"言说何以悄然退出主流话语的关键。

四　不同的国学类分方式

既然"国故学"有强烈的排他性，涵盖力自然有限。从回应文章看，若非有意攀附，大多数人还是明白其立场的。异议者既不能全部接受它，也无法全然无视它，便多在归纳方式上进行调整与扩充，分类的意味又深长起来了。20世纪三四十年代，国学文章、国学概论、国学大纲雨后春笋般层出不穷，且良莠不齐。此处无法也不必一一列举。根据主体理路，大体可以归纳为6种。读者如能于细微处见深幽，也就大体能感知当时人的认知分歧了。

第一类是以胡适及其追随者顾颉刚、傅斯年、王云五、曹聚仁等为代表的西化派，虽有扩充和调整，总体以胡适的"中国文化史"分科专史为蓝图。第二类是以顾实、郑奠等为代表的中西分流派，认为中西学术有不同的系统脉络，不能互相取代，同意新学按照胡适的西式分科来，中学却仍当遵从以前的分类体系。既不否认、抵抗今后的西化趋势，也不希望扭曲既往学

---

[1] 傅斯年：《历史语言研究所工作之旨趣》，《傅斯年全集》第3卷，湖南教育出版社，2003，第9页。

术的本来面目。

既有中西分立,自然也会有中西调和,变通的方式和晚清的西学类编近似,不介意中西类目杂在一起。如1929年中华图书馆协会收集国学论说编成《国学论文索引》,分总论、群经、语言文字学、考古学、史学、地学、诸子学、文学、科学、政治法律学、经济学(附货币实业商业等)、社会学、教育学、宗教学、音乐、艺术、图书目录学17类。该书一直编到了1955年的《五编》,二十多年间只在二级类目上做过调整,一级目录一直没有变。1936年郭绍虞作序说,沿用约定俗成的名称,在过渡时期是难免的。将来走上科学道路,"国学"真成为中国学共名后,群经诸子"便只同文选学一样",分类的标准才可能纯粹。[1] 这其实仍是胡适的"整理国故"思路,只是考虑现实状况,不得不进行变通而已。即使已经把对象缩小到民国以来的国学讨论,学术构想与既定事实之间的差距仍然巨大,遑论统合中学和古学两重意义的"国学"概念了。

第四类是专门针对胡适的纠偏,更措意中国学术的特色及其精神追求。梁启超在《治国学的两条大路》里提出,"文献的学问"外还有"德性的学问",毕竟中国传统注重内省和躬行,不仅仅是知识论的讲求。否则,书本知识钻研得再好,也"没有走到人生的大道上去"。[2] 钱基博则指出,国学的"古典主义"和"人文主义"有区别,人文派以"为人之道"为国学之用,虽一时势单力薄,但却是"国学之正规"。[3] 由此引出了何为中学正宗的争议(见第四章第二节)。章太炎以修己治人的六经为"国学之统宗"[4],陆懋德以明体达用为"国学的正统"[5],柳诒徵认为舍宗教求道德最能代表中国文化的优秀特质[6],张树瑛指出修己达德的孔道仍是国学的主要成分[7]。这些观点以

---

[1] 郭绍虞:《国学论文索引四编序》,刘修业编:《国学论文索引四编》,中华图书馆协会,1936,第4页。
[2] 梁启超:《治国学的两条大路》,《饮冰室文集》14册,第3849页。
[3] 钱基博:《今日之国学论》,《国光》1929年第1期。
[4] 章太炎:《国学之统宗》,《制言》1939年第54期。
[5] 陆懋德:《论国学的正统》,《责善》1942年第2卷第22期。
[6] 柳诒徵:《中国文化西被之商榷》,《学衡》1924年第27期。
[7] 张树瑛:《国学今后之趋势》,《国光》1935年第12期。

往被归入保守派或东方文化派,不论确当与否,理当将之视为治学多元的表现。因此才会出现在哲理、史地、语言文字、文章、艺术外,另辟礼教的做法①。说哲理属于思想,礼教强调躬行,虽不伦不类,却也用心良苦。

第五类虽然细目多寡不一,却大体以经史子集为原型,或称"新四部"②,或不限四目。第四章第四节有过论述,兹不赘述。说"事实所限"③还比较小心,说"这个拟目(胡适的文化史纲目),不过是仅示学者以粗具的纲领,算不得什么详尽。我们即可各就自己的兴趣,和自己的能力,向着一方面不断的去努力"④也算客气,提示"皮傅影响"⑤则是出于对流弊的忧虑。

细思之,若上千年的四部分类可以随便跨越,那么中国古代学术就谈不上成熟发达了。若传统学术类目可以任意拆分与重组,国学的主体就真成了没有"历史"的民族了。这个历史不是梁启超"新史学"意义上没有现代主义的国家史和民众史,而是后殖民意义上可以被西方现代话语随意筛选和塑造的历史。就像英国殖民统治的"认识论暴力",把印度这样一个世界上最古老、最丰富的文明,变成"印度的历史就是没有历史"(马克思语)的普泛印象,最后印度史真成了混杂不清的移民史和殖民史。中国近代史虽非西方人直接书写,却在以西化为现代化的中国代理参与制造下,在奔赴世界潮流的美好愿景中,把传统中国、把国学处理成阻挠发展和必须打破的对立面。近代中国用西方概念、观念、理论,改易并书写作为现代化反面的民族文化和历史,就难怪西方早期汉学中中华停滞论和冲击回应模式的盛行了。

一方面是民族求发展的国家主义,另一方面是打破自身传统的进步追求。这两者虽然都在现代化理论当中,但表现在全球史中心位置的西欧发达国家身上是和谐的,放在被迫追步的发展中国家,却是抵牾的。这也是后殖民理

---

① 胡朴安:《研究国学之方法》,《国学周刊》1923年第6期。
② 蔡尚思:《中国学术大纲》,第11页。
③ 郭绍虞:《国学论文索引四编序》,刘修业编:《国学论文索引四编》,中华图书馆协会,1936,第4页。
④ 王时敏编著:《国学概论》,第4页。
⑤ 顾实:《国立东南大学国学院整理国学计划书》,《国学丛刊》1923年第1卷第4期。

论开始被关注的原因。

正因在西洋镜里，传统变得模糊，甚至无法确指，我们才会看到民国各种路径不一的学术类分和溯源方式（详见第四章），这都是再造的传统。这里还当略提第六种有意思的方式，就是吴文祺认为纯粹的国学只有考订学、文字学、校勘学、训诂学①。这与时人追溯的义理、考据、辞章、经世还不一样。它们其实都属于考据范畴，又不严格。他说将来治文学、哲学、经济学、政治学都要借重它们，似乎是传统治学方法的归纳，可视为工具性的存在。可文字学和训诂学、音韵学一样，是语言文字的不同关注面。即便以文字括音韵，考订的内容也不限于文字和校勘，还有版本和目录呢。我们看不清边界，吴文祺也没有具体说明，但我们能感受到他对考据方法和传统小学的在意，或许受到胡适对科学方法和清代考据学鼓吹的影响。顾实还半方法半形式地把传统学术分为疏证、校理、纂修3种②，这也是挂一漏万、偏向经史的做法。顾念传统又不知去何处寻找对应，就易有邯郸学步的意味了。

曹朴的观念更混乱，他说："义理之学大致和现代所谓哲学相同，所以有派别，无分科。考据之学和现代所倡社会科学相像，所以有分科，也有派别。"这还是对传统义理、考据、辞章的现代解释，只是所指不明，没有例证。后文接着说"考据学派所用的方法是欧洲研究自然科学的方法"，这种对接就有点儿生吞活剥了。③ 这与上文一会儿说"中国学术向来无所谓分科的"，一会儿又说"事实上，国学仍然是分了部门的"一样，因为已经没有自己的独立立场，只能进行不同意见的调和与并录，但凡关键处都不敢下论。这样的国学"常识"，其实是尚未达成共识。

今天的国学论争依然在继续，论述千差万别，依然没有共识，甚至前后矛盾、态度相反。如2008年出版的陈璧耀《国学概说》，一会儿以经史子集为实际的国学分类，一会儿又详论义理、考据、辞章的传统学术门类与派别。我编撰《审问与明辨：晚清民国的"国学"论争》集时，时常惊讶地发现，

---

① 吴文祺：《重新估定国故学之价值》，《国故学讨论集》，第42页。
② 顾实：《国立东南大学国学院整理国学计划书》，《国学丛刊》1923年第1卷第4期。
③ 曹朴：《国学常识》，第10页。

许多时新的国学论调其实发轫于90年前,某些被忽略、受批判的"落后"言论今天再看竟成远见卓识,不禁有"真是真非安在?人间北看成南"的眩晕。在思维路径已经改易,古代历史已经改写的今天,若无足够的学术意识和对文本的足够尊重,探索"纯之又纯的中国本土文化"谈何容易!

第五节　截断众流与继往开来:国学定位的今与古

一　"中国学术"的反驳

胡适把"国学"纳入"国故学"范围,已经是小瓶装大瓶的做法,在统一概念的同时缩小了"国学"的范围。胡适并没有掩饰维护"国故学"正宗的用意,他表达的是国学"在我们的心眼里"应当所是的样子。换句话说,他很清楚"国学"在别人眼里未必如此,故而有统一认识的用心。积极支持"整理国故"的吴文祺和曹聚仁注意到"国学"概念的混乱,前者逐一批驳各色言论;后者在1923年5月24日的《觉悟》副刊上提议学界一起审订"国学"的概念及其内涵。只可惜他的热望并没有获得多少支持,反倒引来朱宗熹的一通臭骂[①],及陈独秀"就是再审订一百年也未必能得到明确的观念"的决绝回复[②]。

1925年曹聚仁作《国故学之意义与价值》和《春雷初动中之国故学》时,便也和吴文祺一样,略去了胡适"在我们的心眼里"这重限定,径直把"国学"定性为"国故学"的省称。胡适的期望变成了吴文祺、曹聚仁基于事实的正本清源。这种直接取代的做法,实际把多元的国学概念,改造成单一向度的"国故学",并明确地把研究对象限定在过去,即研究"中国的一切过去的文化历史"的学问。和晚清特指西学进入前"中国固有之学问"的界说比,虽然参照系和判断标准不一样,但时段接近。[③]

---

① 曹聚仁:《审订国学之反响》,《民国日报·觉悟》1923年5月29日。
② 陈独秀:《寸铁·国学》,《前锋》1923年第1期。
③ 晚清的国学针对西学,民初的国故学对应古学;晚清国学指未受西学干扰的本土学术,民初国故学恰恰是运用西学方法对传统学术进行的研究。但研究对象都是古代学术,不包括当前问题的讨论,尽管所有的古代研究都不可避免地会带有现代问题意识。

然而，到了20世纪30年代，我们经常会看到另一种指称——"中国学术"。蔡尚思指出："国是一国，学是学术，国学便是一国的学术。其在中国，就叫做中国的学术。"① 谭正璧也认为：

> 所谓"国学"，不过是指"中国的学术"而言，以示和"西洋的学术"不同，并无什么费解，也没有什么特殊的意义。就是有人把他解作"中国的文学"，那么所谓"文学"，也是指广义的"文学"，中国人自己所称的"文学"，其意义和"学术"没有什么两样。②

胡怀琛进而解道：

> "国学"二字，就字面说，很容易解释。"国"就是中国的简称，"学"就是"学术"的简称。"国学"就是"中国学术"的简称。这个名称十分明白，更用不着再加注解。③

如果说简称"国故学"为"国学"，犹如把"西瓜"呼为"西"一样不得要领（曹聚仁语），那么把"中国学术"（或"中国学"）省称为"国学"，就如同在国内把中华民国国民政府简称为国民政府一样自然（蔡尚思语），从文字学的角度看没有什么问题。但正如谭正璧所言，西方学术进来以前本无所谓的"国学"，"国学"就是针对西学而言的，乃"中学"概念的延伸。如果说胡适用"国故"置换"国粹"，把中西矛盾转换为古今矛盾，使"国学"原来的问题意识部分地中断了，那么把"国学"定义为"中国学术"，某种程度上又接续了先前的对冲与互动。

问题在于，蔡尚思、谭正璧、胡怀琛眼中如此"简单而明白"的国学概念，事实上言人人殊——"或以国学为单指中华民族之结晶思想（曹聚仁），或以国学为中国语言文字学（吴文祺），还有以史学眼光去观察一切的（如章学诚、章太炎等），以及误认国学为单指国文（其人甚多，不易枚举）与中国文学的（海上一般大学多以中国文学系为国学系）……仁者见之谓之

---

① 蔡尚思：《国学之定义及分类》，《中国学术大纲》，第5页。
② 谭正璧编：《国学概论讲话》，第2页。
③ 胡怀琛：《国学概论》，第1页。

仁，智者见之谓之智"①。更有种种径直全盘反对"国学"的意见②。最终使他们都不得不在先破后立的基础上，才能提出"中国学术"的概念。蔡尚思直接把矛头指向了曹聚仁及其"国故学"：

> 此外我还有莫明曹君乱分的地方，就是他以"国故学"一名为对，而以"国学"一名为不对。按国故一名系出自章太炎，胡适之以为很好；而陈蘧庵却说："其实余以为国故一名，实欠精当，国而曰故，必其国已成僵石；国之文化而曰故，亦必其文化亦全不留于今日；此二者皆非我曾有之事实"（东方文化与吾人之大任一文），据此，是名为国故反不如叫做国学来得光明正大。退一步言之：曹君如必以国学一名为不对，则如国故学一名也不能独对！我现在可仿他刚才所骂国学一名的失处的话而对他说："今名之曰国故学，将与日本的国故学，英国的国故学，法国的国故学，同为类名，吾不知其所以表独立不相混之点何在？既无以表独立不相混之性，则国故学一名即难成立"。曹君未免太有见于他人所用的"国学"，而独无见于自己所用的"国故学"吧！于此已经可以看出曹说的完全不能成立了。③

蔡尚思反对"国故学"的称谓，理由简洁而有力：既然中国还没有亡国，怎能以"故"视之？既然中国文化还没有绝种，何以名之"国故学"？如此自短于人的"国故学"，反不如"国学"来得理直气壮。用朱自清的话来讲，既然中国依然见存于世界，就不能把中国等同于已经消亡的古埃及，不能把"国学"等同于"埃及学"。④ 因此"国故学"在基本预设上就是站不住脚的，以"国故学"取代"国学"，实为国不成国之举，任你说得如何天花乱坠，也已然失去了应有的价值。这重指摘犀利而锋锐。

如果说国学在晚清的兴起，源于国人面对强势的西方文化，力求坚持中国学术的特殊性与自主性，避免国未灭而学先亡的劫难。那么，"国故学"

---

① 蔡尚思：《国学之定义及分类》，《中国学术大纲》，第5页。
② 如上文所举的何炳松、郑振铎、茅盾等。
③ 蔡尚思：《国学之定义及分类》，《中国学术大纲》，第6—7页。
④ 朱自清：《现代生活的学术价值》，《文学周报》1926年第224期。

对死亡和故去的强调，走到了存亡继绝的反面，尽管以新学自命。当年对"国于天地，必有与立"的主体性坚持，被"整理国故"推倒重来的急切所取代。其中固然有出于新旧之分的不得已考虑，却也已然在划定范围的同时，把自己困死在狭隘的空间里了。如果排除当时中西、新旧、高下之争的干扰，以"中国学术"定义"国学"，可谓对晚清过重"国"和民初否弃"故"的调和。如此也就拒绝了"国故"概念里的腐旧和否定意味，以及"国故学"里过强的批判性和排他性，也不再有"国粹"与"国渣"的争持，长远来看，有更大的包容性和开放性。显示出20世纪30年代以后，国学讨论的渐趋成熟。

然而，连提倡者胡适1927年以后也转而申明"整理国故"是条"死路"，只是为了"打鬼"。"国学"在反对声中淡出学术论争的焦点，导致今天的国学考察往往集中在1927年以前，对三四十年代依然在继续并仍然在深化的国学讨论措意较少。或是由于20世纪30年代论争文章数量减少，但普及性的国学读本占据了主流，而其"学术含量及影响不过聊胜于无耳，可不置论"①。事实上，经过十几年的提倡和辩论，"国学"概念即便没有一统的定见，也几经淘汰而主体渐明。即使期刊报纸的专题论辩已不多见，或者说多事之秋国人的关注点有所转移，但国学的观念已经深入人心，进而渗透到国民文学、中国本位文化建设、中西文化异同等各大问题的讨论中去了。

虽不能苛求顾荩臣《国学研究》（上海世界书局，1930）、王易《国学概论》（神州国光社，1932）、黄筱兰《国学问答》（上海汉文正楷印书局，1932）、汪震和王正己《国学大纲》（北平人文书店，1933）、林之棠《国学概论》（北平华盛书社，1933）、王敏时《国学概论》（上海新亚书店，1933）、黄毅民《国学丛论》（北平燕友学社，1935），包括上文引述的谭正璧《国学概论讲话》和胡怀琛《国学概论》等普及读本推进国学的专深研究，学界对此也有着意见的分歧②，但这种未尽成熟的普及却很能昭示社会对

---

① 刘梦溪：《论国学》，上海人民出版社，2008，第36页。
② 周予同在《顾著古史辨的读后感》（《文学周报》1926年第233期）里批评市面上《国学概论》《国学大纲》一类的读物乃"空疏的无聊的甚至于抄袭而成"。曹聚仁在《再论国故与现代生活：兼致意圣陶予同两先生》里予以反驳，主要观点见下文。

国学的认同，及教育界对年轻一代知识结构的期许。

更重要的是，借各种国学讲义、国学读本、国学辅导教材的论述，可以窥见哪些内涵最终得到了广泛认可和接受。即便这些书籍本身的学术含量不高，但它们介绍的内容被视为国民常识不可或缺的部分，对国学的别择去取还是理性而谨慎的。何况今人的学术判断与民国的国学水准有差距。曹聚仁是这类国学读物的积极撰写者，很难说他视自己国学论争文章的重要性甚于几经修订的《国故学大纲》。他曾这样为国学普及读物辩护——"我是主张把国故学组织一种科学的，一方面又主张从顽旧手中夺回'国故'，给青年以'国故'的新观念的；虽然知道'低着头去努力，去前进，等到有话说的时候，和非说话不可的时候，然后痛快的系统的说一顿'是'生活之正当的态度'；而'离开研究室向街道去喊'的事，也不能不认为是切要"，"你看，那些替青年配《国文》菜单的人，哪一个不把这一味大菜列入；甚而至于像杨贤江先生那样清楚的头脑，在开高中读物单，也不舍得抛弃这味大菜。你看：现在哪一个高中不把《国学概论》列在课程之一？（假使予同先生肯把大学入学试验标准书看一看，也会发现《国学概论》是标准书之一，这是使高中不得不列《国学概论》为课程之一的主因）。所以《国学概论》尽管是空疏的无聊的，而他的影响或者竟比章太炎先生的一切著作大些"。① 他认为面向青年学生和普通大众的《国学概论》，可能比章太炎大师级的学术著作影响还大，更不要说20世纪20年代小范围的学术论争文章了。蔡尚思、谭正璧、胡怀琛等人的学术地位虽不及胡适和顾颉刚，但他们关于"国学"为"中国学术"简称的说法却未始没有依据，理当纳入民国国学论争的和声里去。

20世纪30年代，南京国民政府扶植尊孔和读经，"国学"再度升温。"中国本位文化建设"的讨论不可避免地要关涉国学，不过是换了一种说法而已。② 抗日战争爆发后，国学因关乎"国性"而再次受到重视。在民族危亡面前，那些原本主张"全盘西化"的知识分子也在爱国精神的驱使下，转

---

① 曹聚仁：《再论国故与现代生活：兼致意圣陶予同两先生》，《文学周报》1926年第237期。
② 如觉是：《整理国故与建设本位文化》，《文化与社会》1936年第2卷第5期。

而珍视本民族的文化传统，甚至重新肯定国粹和中体西用了①。继而有三四十年代现代"新儒家"的兴起。此中情境，与晚清的救亡图存有些相似。政治和民族国家的介入再次提醒我们，诞生伊始，国学就和国家、民族、政治的诉求无法分离，并非所有的讨论都能在纯学理的层面展开。这是国学问题复杂、特殊及意味深长之处。

新中国成立后，国学渐遭冷落，继 1952 年 12 月北京大学《国学季刊》停刊后，其他以"国学"命名的期刊也全部停办。事实上，不仅传统文化受到压制，西学也被斥为"资本主义的毒草"。围绕阶级斗争和唯物辩证法对国学展开批评的意见，20 世纪 30 年代后半期就开始了。②舒芜的《用新方法整理国故》和车载的《扬弃国故和整理国故》代表了 20 世纪 40 年代对国学的基本态度③。"国学"和"整理国故"的负面定性逐渐形成，直至 90 年代国学问题再度浮出水面。在这些讨论里，"国学"都溢出了"国故学"的范畴及其预设。

二 国学的古代与现代之争

对民国后期国学发展的关注不足，一定程度限制了今天对国学的理解。一谈到"国学"，我们首先想到的是中国古代的思想和学术，近代学术的归属经常成为一个问题（暂不考虑当代学术的古典研究）。我曾参加《国学文摘》的编选工作，每遇到晚清民国的研究文章，都有该不该入选的争议。也就是说，"国学"到底是"国故学"的省略（仅指今人对古代的研究），还是"中国学术"（包括近现代学术）的简称，今天依然没有确定答案，以致大多数学者都要在此游移。而今天有关国学的介绍，多不做区分地把"国故学"

---

① 如 1935 年《黄埔》复刊号上刊登了刘孟纯的《恢复民族道德和整理国粹》，提出"当西方文化输入的初期，也有人高唱'中学为体，西学为用'的口号，这种意见本来是对的"。

② 如李麦麦：《论"五四"整理国故运动之意义》，《文化建设》1935 年第 1 卷第 8 期；严耕望：《研究国学应持之态度》，《学风》1936 年第 6 卷第 5 期。

③ 舒芜：《用新方法整理国故》，《学习》1940 年第 1 卷第 10 期。车载：《扬弃国故与整理国故》，《学习》1940 年第 1 卷第 12 期。

和"中国学术"两种不同的定义并置在一起①,一如当年曹朴、马瀛不完全的"国学"归纳②。

1926年,围绕国学和当下的关系,《文学周报》发生过一场争议。发难者朱自清指出,尽管顾颉刚、胡适等人呼吁扩大国学研究的范围,但是当前的国学研究实际上"并不曾比旧日宽放多少",因为在"国学外无学""古史料外无国学"的"正统国学"观念下,"现代生活的学术价值等于零"。且不论"国学"这个名词合不合理,"就中国立论",国学理当同时包括古代和现代的学术研究。但在崇古蔑今的风气下(与胡适的是今非古恰好相反),现代生活被排除在国学的范围外。朱自清质问道,既然中国还在生长和发展,怎么能把国学就限定在古代?只有拓宽国学研究的视野,"把现代生活的材料,加入国学的研究","将现代与古代打成一片",才不至把国学做成类似埃及学的亡国之学。显然,朱自清眼里的国学是不断生长的"中国学术",故而批评曹聚仁等武断地把国学"考终于'五四运动'之际"的做法。③

朱自清的反思有很强的现实针对性,可谓对胡适《〈国学季刊〉发刊宣言》和顾颉刚《一九二六年始刊词》的补充,力图把"整理国故"和"新文化"建设结合起来,而不再在貌离神合的辩护里逆流而上。然而,与1919年张煊误用"国故"概念从而陷入毛子水的航道一样,朱自清并没有确定国学

---

① 如陈璧耀在《国学概说》里归纳了泛指说、特指说、"赋新思于旧事"的国学概念和"本书所取的国学概念"4种界定方式。泛指说指邓实、章太炎等人有关本国固有学术的国学概念。特指说把胡适国学即"国故学"省称和国学为"中国学术"简称放在一起。第三种"赋新思于旧事"的国学,实为胡适"整理国故"基本取向,是"国故学"的内涵。如此,最后选择的国学概念虽以狭义为名,却已丧失援引各说以为依据的立论基础(陈璧耀:《国学概说》,上海教育出版社,2008,第1—5页)。类似缺乏深入考察的概念混乱,在近年出版的各种国学普及读本里并不少见。

② 曹朴关于"国学"既等于又不同于"国故学"的论述,前文已言。1934年马瀛在《国学概论》里说:"顾'国故学'之'故'字,限于文献,未能将固有学术包举无遗,微嫌含义狭隘,故不如径称之曰'国学'为较宜",仅注意到"国故学"注重字面文献的缺憾(顾颉刚的研究恰恰重视书本之外的材料,事实上国故派对出土文献的重视是超出以往的。马瀛此说有望文生义之嫌,或并未把"国故学"与胡适发起的"整理国故"运动对应起来),并未认识到"国故学"和"固有学术"两个产生于不同历史时期的定义背后的巨大差异,尽管他也简要回顾了从"中学"到"国粹""国故""国故学"的发展历程(《国学名称之由来》,《国学概论》,第2页)。

③ 朱自清:《现代生活的学术价值》,《文学周报》1926年第224期。

的内涵和外延，反而在"国学"的使用上颇为踌躇，部分导致了回应的曹聚仁和叶圣陶想当然地用"国故"概念对应"国学"指称，从而偏离了朱自清的问题关切。曹聚仁辩解道，国故与现代生活事实上无法截然分开，因为当前许多人脑子里依然盘桓着落后的旧思想和旧观念，因此国故学的研究不可能撇下现代生活，"研究国故，并非专研究文字上的死国故，而在研究民族心理上的活国故"①。叶圣陶同意曹聚仁的意见，反对朱自清"把国故同现代生活划开"，认为国故的研究虽是学问上的事情，但还事实以本来面目的研究结果，多少可以告诉现代人何去何从，进而推进现代社会的合理生活，纯正的国故研究者（而非国故虔奉者）也必然在明晰旧生活的真面目后，成为新社会、新生活的工程师。②

作为"整理国故"的坚定支持者，曹聚仁和叶圣陶始终对国学保持着清醒的批判意识，因而重申"国故研究，并非重视'国故'而是重视研究"的基本态度，仅在自己接受的范围内讨论国学，他们眼中的国学与朱自清笔下的"国学"其实并非同一指涉。朱自清呼吁的是扩充当前的"国学"研究范围，即对国故派狭隘的国学观念（把"国学"等同于"国故学"）表示不满，希望以开放的、面向未来的"中国学术"重新界定"国学"。而曹聚仁和叶圣陶乃就国故学的研究态度和后效立论，即国故学的研究并非出于对古代的偏爱，而是力图以新方法重新条理古代，批判性的研究结果客观上会对现代人的现代生活有所助益。这样一来，论争的焦点由国学研究是否应容纳现代学术，变成了着眼于古代学术的国故学研究是否有脱离现代生活的危险。这样一场表面热烈、实际未曾接刃的交锋，结果自然是争而未果、悬而未决。这既说明以"国故学"对应"国学"的影响之大，也透露了国故派在古今问题上的矛盾与模糊。

一方面，国故派反对"把国故同现代生活划开"，否认当前有独立"国故"的现代生活。换句话说，古代研究里包含了现代革新意识，对国故的研

---

① 曹聚仁：《国故与现代生活——和佩弦先生谈谈》，《文学周报》1926年第226期；《再论国故与现代生活——兼致意圣陶予同两先生》，《文学周报》1926年第237期。
② 叶圣陶：《国故研究者》，《文学周报》1926年第228期。

究正是为了更好地选择现代生活。国故学的研究不会封闭在书斋里,也不可能完全闭合在古代。进而言之,虽然国故是旧物,但对国故的研究却是新学,国故学是现代学术的一支,不属于古董的旧学体系。这正是国故学派赋予"国学"的新意,是"国故学"区别于晚清"中国固有之学问"的关键。但在另一方面,"故"字已然把研究对象限定在已经成为过去的古代,不具有包容近现代学术的能力。曹聚仁已经把毛子水"所谓'古代',本没有一定的期间,完全靠着常识的判断和历史的事实而定"(《驳〈新潮〉"国故和科学的精神"篇订误》),以及胡适笼统的"一切过去的文化历史",明确为"考终于'五四运动'之际"。① 更重要的是,当初对"故"字的反复强调正是为了截断古代与现代,避免古代思想荼毒现代人的生活。陈独秀曾犀利地指出"旧文学与旧道德,有相依为命之势"②、"旧文学、旧政治、旧伦理,本是一家眷属,固不得去此而取彼"③,既然中国文化有整体性和联动性,那么就只能是一同打倒,全盘铲除,彻底终结古代学术与文化。

在以"再造文明"为目标的胡适那里,彻底放弃不可能也不现实,但他多次表示仅在"知道过去才能知道现在"的层面承认国学的有限价值④,并通过把研究问题(现代生活的问题)和输入学理(西方学术的学理)作为新思潮的主要手段,限定中国古代学术的整体占比⑤。用傅斯年的话来说,研究国故与输入新知"是一和百的比例"⑥。这也就意味着,"整理国故"作为新思潮之于旧思想、旧文化唯一积极的手段,不具有包容现代学术和西方学术的能力。毛子水明确表示,"国故"仅指中国过去的思想学术,欧化和中国现代的学术思想应另立为"国新"。⑦ 顾颉刚更明言"生在现在的人,要说现在的话,所以要有新文学运动。生在现在的人,要知道过去的生活状况,与现在各种境界的由来,所以要有整理国故的要求",现代生活要由

---

① 曹聚仁:《春雷初动中之国故学》,《国故学讨论集》,第90—91页。
② 陈独秀:《答张护兰》,《新青年》1917年第3卷第3号。
③ 陈独秀:《答易宗夔》,《新青年》1918年第5卷第4号。
④ 胡适:《研究国故的方法》,《东方杂志》1921年第18卷第16期。
⑤ 胡适:《新思潮的意义》,《新青年》1919年第7卷第1期。
⑥ 毛子水:《国故和科学的精神》文末的编者(傅斯年)附识,《新潮》1919年第1卷第5号。
⑦ 毛子水:《国故和科学的精神》,《新潮》1919年第1卷第5号。

"新文化"运动来指导,尽量少受或不受国故的影响。因为在他们看来,社会上多数人仍是或容易"向古人去学本领,请古人来收徒弟"。① 在旧势力依旧强大、新文化尚未壮大之时,"消毒"的运动很容易变性。"为不影响中国这一国家和中国人这一民族的发展,必须将中国传统送进博物院或从'现代'里驱除'古代',这是清季民初相当一部分趋新士人共享的观念和努力的方向"②,以"国故"为故迹、为僵石、为标本、为死尸、为余烬,为的就是冻结古代思想,截断古代与现代的联系,强迫其成为故纸,退出当下的生活。

对古学研究中现代意识的强调,或者说对古学进行改造的目的,是国故学派肯定和讴歌新国学的主要着眼点;对古今学术进行有意拦截,则决定了对国故和国学研究对象负面价值的预判。综而论之,国学研究是应该支持的,但对有毒的国学研究对象要始终保持警惕。胡适最后被逼得不得不放弃"客观"和"中立",声明"国学是条死路",只有像他这样的人才有能力"捉妖""打鬼",充分透露出了个中消息。这样一种纠结的矛盾态度,如果不结合当时激烈的新旧之争、落后与进步的价值判断,的确是很难理解。无怪乎陈独秀"在粪秽里寻找香水"的断语③,精到得让胡适坐立不安。如此看来,立意与古代决裂的现代(他们说的现代包括我们眼里的近代和现当代),从一开始就没有考虑进"国故学"的范畴,把国学截断在"五四"之前的古代,是国故派不言自明的立场。而这两种同样鲜明的态度,存在内在的抵牾。因此,一旦朱自清的讨论进入"整理国故"的航道,无论他主张"国学"应当包括现代学术,还是不应囊括现代生活,都无可避免地要遭到国故派的反驳。

三 "国故"与"国故学"的价值反转

既然"国学"研究已经等同于对被隔离的、死去的、对现实毫无影响力

---

① 顾颉刚:《我们对于国故应取的态度》,《小说月报》1923年第14卷第1号。
② 罗志田:《送进博物院:清季民初趋新士人从"现代"里驱除"古代"的倾向》,《裂变中的传承:20世纪前期的中国文化与学术》,中华书局,2003,第128页。
③ 陈独秀:《寸铁·国学》,《前锋》1924年第1卷第3期。

的中国古代学术的研究,那就可以视为纯粹的史料进行拆分和拼接了。朱自清针砭的"古史料外无国学"的偏狭取向,正是陈独秀转而支持"国故"和"中国学"研究的基点:

> 他(曹聚仁)这段话我完全赞成,他以这样的精神来研究中国的古董学问,纯粹是把他看作历史的材料来研究,我不但不反对,而且认为必要,尤其是在社会学与考古学。但是用这样精神去研究他,只可称他为"国故"或"中国学",而不可称他为"国学";因为国故与中国学,都只表示历史材料的意思,而"国学"便含有特别一种学问的意思。学问无国界,"国学"不但不成个名词,而且有两个流弊:一是格致古微之化身,一是东方文化圣人之徒的嫌疑犯。①

把"国学"当作研究国故材料的学问,肢解了国学里的精神理念及价值追求,事实上也就与肯定传统价值的旧派("格致古微"派)或保守派("东方文化圣人之徒")拉开距离。这种把"国学"收束在历史材料层面的"古董"式研究,因"不想从国故里求得什么天经地义来供我们安身立命"②,始终与现实生活保持距离,才说服了原本强烈反对的陈独秀。或者说,因"完全是为了要满足历史上的兴趣,或是研究学问的人要把它当作一种职业"③,把"国学"封闭在书斋里降低了传统文化对社会的引导和干预能力,从而取得了新文化人士的支持。④ 而这又恰恰是梁启超和张东荪最反感的地方。

1921年,梁启超质问胡适的《中国哲学史大纲》:"照胡先生所讲的中国古代哲学,在今日哲学界可有什么价值呢?恐怕仅只做古董看着好玩而已!"⑤ 张东荪说得更具体:

---

① 陈独秀:《寸铁·国学》,《前锋》1923年第1期。
② 《研究所国学门第四次恳亲会纪事》,《北京大学研究所国学门月刊》1926年第1卷第1号。
③ 顾颉刚:《我们对于国故应取的态度》,《小说月报》1923年第14卷第1号。
④ 1923年1月《小说月报》第14卷第1号"整理国故与新文化运动"专栏,清晰表达了新文化人士支持"整理国故"的理由。包括郑振铎《新文学之建设与国故之新研究》、顾颉刚《我们对于国故应取的态度》、王伯祥《国故的地位》、余祥森《整理国故与新文学运动》、严既澄《韵文及诗歌整理》。
⑤ 梁漱溟:《东西文化及其哲学》,《梁漱溟全集》第1卷,山东人民出版社,2005,第341页。

> 假使我们对于固有的旧文化不能使其再发生新芽；而只是把外来的新种移植进来，则中国的民族性便无法养成。所以我的见解和时流很少相同。我以为"整理国故"所负的使命实在很大。而可怜一班整理国故的人们完全见不及此。他们把国故当作欧洲学者研究埃及文字与巴比伦宗教一样看待。简直把中国文化当作已亡了数千年的骨董来看。所谓国学直是考古学。外国人研究中国学术取这样的态度原不足怪。最可笑的是中国人因为外国人如此，所以亦必来仿效一下。而美其名曰科学方法。我愿说一句过激的话：就是先打倒目下流行的整理国故的态度，然后方可有真正的整理。有了真正的整理方可言有所谓国故。不然全是骨董，我们今天救死不遑，那里有闲暇去玩弄骨董呢！①

立足于民族国家的发展，张东荪认为国学理当助益民族的复兴。如果国学没有任何担当，那么当成亡国之学来做的考古式研究，绝非今日中国的求生之道。如果古代学术在当下生活里不能有新的生长，那么任如何移植新学美化西法，终究不过是毫无生命力的古董。如日中天的"科学方法"，不过是把国学变成行尸走肉的工具。正是国故派把国学视为"国故"、当成"骨董"的态度，葬送了国学的未来，贻误了民族性的养成。如果没有态度上的根本转变，就不可能有真正的国学研究，也不会有中国的未来。尔后，张东荪指出，国学的希望不在只了解旧学的人身上，只有有新学基础的人才能当此大任。但前提是"必须对于中国文化从有价值的方面去看"，即必须肯定古代学术的正面价值，并把现实关照灌注进去，中国学术才能自立于世界，世界学术才会有中国的一支。

今天看来，张东荪的见解不但谈不上保守和反动，反而颇有超前意识。过于急切的进步与落后定性，会过早尘封许多本可细细斟酌的不同意见。讽刺的是，今日许多时新的见解居然八十多年前就有身影，昔日"谬论"今日再看竟成远见卓识。历史的丰富远远超出我们的想象，或者说是我们简化了历史。张东荪明确否定"国故学"，对"国故"则持肯定态度，与国故派否

---

① 张东荪：《现代的中国怎样要孔子？》，《正风半月刊》1935年第1卷第2期。

定"国故"肯定"国故学"的态度恰好相反。这样一种向未来开放、向世界敞开的国学("中国学术"),明确走到了"整理国故"的反面。两种概念不仅不一样,而且不相容。

学术是否应当承载国家和民族的发展重任,今天不同的学者会有不同的意见。但从清末开始,无论学术理想和治学取向有多大的差别,国人几乎无一不赞同"欲观其国文野强弱之程度如何,必于学术思想焉求之"[①] 的观点,故而乱世当中仍有轰轰烈烈的学术救国运动,从而造就了晚清民国这一文化发展的高峰。而20世纪90年代迄今的国学讨论,几乎都是在"国学"应当解决中国人的发展问题上立论。后两次"国学热"的兴起,都与中国经济发展、国际地位上升、民族精神振奋有密切关系。即便经过一个多世纪"为学术而学术"的呼吁,学术研究仍没有或不可能限制在书斋或象牙塔里自娱自乐,"中国学术"派如此,"国故学"派也是如此,今天的国学讨论更是如此。或许这正是中国学术的特点,是国学之所以成为"国学"的特别之处。

即使不考虑学术与政治的关系,仅就学术本身来看,继长增高、融会贯通也是合理诉求。马一浮指出,研究国学必须首先明了"一、此学不是零碎断片的知识,是有体系的,不可当成杂货。二、此学不是陈旧呆板的物事,是活鲜鲜的,不可目为骨董"[②],方能入门。此说显然有感而发。"骨董"之说、"零碎"之论正是消解国学、强行剥离其生存土壤的利刃。对认同传统学术或持开放态度的研究者来说,无异于扎入心口的一根芒刺。时为后进的杨鸿烈走得比张东荪和朱自清还要远,提议把"现时中国一切社会的,自然的事实"都纳入国学的范围,以囊括古今、收纳一切社会科学和自然科学的大国学观,寻求"国学在世界文化的位置"[③]。在全球文化视野里建设"中国学术"的诉求,更加急切。

---

① 梁启超:《论中国学术思想变迁之大势》,《饮冰室合集》文集第7册,第577页。
② 马一浮:《泰和会语》,《马一浮全集》第1册上,第3页。
③ 杨鸿烈:《国学在世界文化的位置》。杨鸿烈1927年在预科学会上的演说词,连载于《南开大学周刊》1927年第44、45期。

四　国学的异见与反覆

国学终当回应西学，面向世界，而非一国之内区分新旧，去此存彼。1958年，唐君毅在《为中国文化敬告世界人士宣言》里严厉批评"中国五四运动以来流行之整理国故之口号，亦是把中国以前之学术文化，统于一'国故'之名词之下，而不免视之如字纸篓中之物，只待整理一番，以便归档存案"①的治学方式，可谓新中国成立后对"整理国故"的总结式批评。其实早在1923年胡适发表《〈国学季刊〉发刊宣言》之际，东南大学的顾实已经开始对国学理念及治学方法的别样思考。可惜未引起学界重视，或者说我们在处理历史"噪音"的时候，略去了民国学术的多元，结果抹杀了近代思想的丰富。

在《国立东南大学国学院整理国学计划书》里，顾实依据智识和情感的区别，把国学分为主观和客观两大部分。主观部分以诗文为主，注重反映社会风尚、国民心理和国家气象的作用，有借以观照现实、陶铸性情、移风易俗的用心，实为矫正当时过重知识论的弊端，与梁启超于"文献的学问"外另立"德性的学问"有相通之处。客观部分分科学和典籍两大目。科学部虽然也提倡"以科学理董国故"，以编著中国文化专史为目标，但顾实同时尖锐地指出，科学家发明的原理多属假定，即便资料齐全仍不免仁者见仁智者见智，方法严密不等于没有掺杂成见，科学是不完全的学说，应当慎用，以免"鲁莽灭裂"。而典籍部回到了疏证、校理、纂修的传统治学方式，要"以国故理董国故"，矫正科学部"以科学理董国故"的弊端：

> 以科学理董国故诚为今日之大利，而弊亦即可立见。盖今日学子之大患，正在徒诵数册讲义，报章，杂志，及奉某某学术书为神圣，而未尝根本课读古书。即课读古书矣，亦以著有科学系统之色彩，狃于成见，信口开河。譬如戴西洋有色眼镜，视中国所有，无一不可变为西式。是

---

① 唐君毅起草，与张君劢、牟宗三、徐复观联合署名发表，副标题为"我们对中国学术研究及中国文化与世界文化前途之共同认识"，收入文集时改名《中国文化与世界》。《唐君毅全集》第9卷，九州出版社，2016，第7页。

其弊也……且科学本为不完全之学,今日学者间之所公认,尤必有以补其阙,故更进之以国故理董国故说。

笃而言之,以国故理董国故者,明澈过去之中国人,为古服华装,或血统纯粹之中国人者也。而以科学理董国故者,造成现在及未来之中国人,为变服西装或华洋合婚之中国人也。国学囊括古今,贯澈过去现在未来三大时代,故二者殊途而同归也。①

顾实认为,用"科学"方法整理出来的国学,往往是西式中国学说,并非真正的古代学术,即有以西格中的嫌疑。所谓科学系统,实为"西洋的有色眼镜",以之造就现在和未来的中国尚可,以之看待古人则会失真。当前来看,"变服西装"或"华洋合婚"势不可挡,科学的方法确属必要,但仅限于现在和未来。对古代学术,则当坚持传统治学方式,才能明晰"古服华装"和"血统纯粹"的中国人。换句话说,研究古代必须贴合古人原貌,这不是当前所谓的"科学方法"所能胜任的。非但如此,还非得剔除种种西学的"皮傅影响",从中国学术的内在脉络里寻找途径,才可能还古代以原貌。

"以国故理董国故"的说法,确如批评者所言,不那么容易理解②,对传统治学方法的概括也失之简略。但不可否认,顾实对科学方法和国学论争中不同概念的指涉极其敏感。既然世界上没有洞悉万物、全知全能的治学方法,也不存在纯粹单一的研究对象,那就理当在辨析古今学术差异的基础上,用不同的方法区别对待性质不同的事物。即要做分类分层的区别研究,这才是西方近代学术分科的意义所在。在顾实笔下,"以国故理董国故"和"以科学理董国故"都是国学研究的部分,合二为一,构成完整的"国学"。更准确地说,以"国故学"为代表的西式国学研究(立足于现在和未来的"以科学理董国故")和中国传统治学方式(着眼于过去的"以国故理董国故")可以齐头并进、各逞其能,建立完全而无偏狭的"中国学术"。"国学"应当囊括过去、现在、未来,他肯定旧式研究及其成果依然有效,把胡适清除出

---

① 顾实:《国立东南大学国学院整理国学计划书》,《国学丛刊》1923年第1卷第4期。
② 如《晨报副刊》1924年3月30日所载天均《评〈东南大学国学院整理国学计划书〉》。

去的既往研究又捡了回来，仅以"以科学理董国故"收纳胡适意义的"国故学"研究。

这种有限的接受，背后是大范围的不认可。顾实的言外之意是"国故学"提供的中国古代学术研究，是不得其法的现代影射，它采用的"科学方法"仅适用于"国故"以外的现代学术。在研究方法、研究理念和研究对象、研究性质之间，古今正好打了一个颠倒。如此一来，"国故学"突出的这个"故"字，最是时空错乱，不仅不能为其合理性提供依据，更不能以之对应"国学"研究的全部乃至主体，把"国学"视为"国故学"的观点不能成立。按照这种思路，名为"国故学"还不如称为"新国学"或"现代国学研究"来得贴切。可这样一来，无异于承认此前的研究也属于合法的国学研究，区别旧派的批判和革新意识也就没有了。这是涉及"国故学"存续的大问题，吴文祺和曹聚仁正是在此阐发以解困局的。

或许学术研究本不该刻意求新、排除异己。一旦过于标新立异、追求突进，必然在摆明立场、保持身份认同的同时，把自己逼进了狭仄的境地，这正是民国学术激进付出的代价。盛极一时的国学讨论迅速退出言论中心，既有时事转移的原因，也不乏深入后暴露出学理抵牾的因素。与其总是在笼而统之的态度和性质上重重加码，不如沉下心来进入真正的研究。一旦进入具体问题，标签式的界定就变得空洞无力。20世纪三四十年代陆续推出的一批厚实的研究成果，自然而然地终结了浮于表面的国学性质讨论。从这个意义上讲，1927年以后抽象的国学讨论渐渐隐没，乃是学术渐趋稳健和成熟的表现。这对于我们今天的国学讨论依然有启发：如果没有厚实的学术成果做支撑，再热闹的议论也终将空空如也。国学论争预示着国学研究的兴起，但也只是前奏和舆论准备，学术表态不等于学术研究。

持续了一个多世纪的国学论争前几年再度浮出水面，形势虽然不同，但若对照近代的论争文章，会惊讶地发现，相隔百年，却总在类似的问题上争吵。时至今日，我们对自身的文化传统也尚未达成共识，一些学术发展的基本问题并没有真正清晰。既然如此，就不能指望简单引述、罗列前人的观点，就能找到答案。只有结合具体历史背景，充分考量那些曾经被我们忽略的、却作为对话的他者而存在的"反面"言论，潜入问题的细部，才可能明了问题的真正症结。否则，粗线条的国学发展历程乃至学术史、学科史的梳理，必然是浮于表面的轮廓勾勒。各抒己见的学术意见，也不过是自说自话而已。

"国学"究竟是指中国古代学术还是中国学术，即便在远离民国学术语境的今天，我们依然无法抽空"国故学"的产生背景和"中国学术"的反拨性质，纯粹做字面的考量，或以新时期有新界定来回避问题的复杂。因为我们的思维模式和研究框架乃承前而来，无视这种自觉或不自觉的承续，也就失去了超越的对象和调整的方向。若一味承袭甚至是不容异议，那就连基本的反思和发展意愿都没有了。正是基于此，我坚持晚清民国的近代学术研究理当纳入"国学"范畴，而且是考量学术新变的重要入口。没有近代的思想改造，就不会有今日所见的古代学术基本面貌和主要格局。20世纪末开始的"国学热"，正是源于对西学解读传统每每隔阂与穿凿的反思。从这个意义上讲，近代开启的"国故学"研究确实未能闭合在古代，因渗入浓郁的现代意识已然向"中国学术"过渡。与其依旧纠缠于学术的新旧之分，而不断有新国学、新新国学之称，不如在西学的参照下，以"中国学术"的整体名义做阶段性的考察。一代自有一代学术之新、之故，唯其如此，方见学术发展过程中问题意识的叠加和发展路径的衍变。

随着国际学术对文化多样性的诉求和中国学界对西方模式的反思，国故派以西格中、以今论古的研究方式已受到挑战，逐渐向顾实所谓的"古服华装"之过去尽量靠近。在全球化的今天，我们已然无法在习惯的思维路径里闭合国学的研究，但超越"国故学"的研究模式亦非易事，路径往往限制了想象。所以我们看到，是海外汉学给国内的研究带来了新鲜空气，而非总有重复和沉闷之感的新国学研究。面向世界并不断寻求新变的中国研究，绝非"整理国故"所能概括；偏于辨伪和解构的国故研究，势必向中国文化建构的方向挺进。只有开放性、生长型的学术，才能带来文化发展的动力与活力，而这正是学术研究的价值所在。

第六节　新知识谱系的中学碎片

一　新知识系统的落成

分析"国故学"的批判性，强调"中国学术"的开放性，并不是说胡适的国故学研究就没有成就和活力。在当时的社会情况下，胡适的"整理国故"作为"文艺复兴"的主要途径和"再造文明"的重要环节，实际是生长型和建设性的。因为他提出的成套思路和系列操作方式，实现了传统学术向现代学术的转换。在具体情境和发展阶段里讨论历史，与面向未来的纯学理分析，既有区别又可互为补充，读者自当会心。

当然，这个过程不是由胡适一个人来完成的。除了上文提及的顾颉刚、傅斯年、毛子水等学生辈的接续，蔡元培、朱希祖、钱玄同等同事的襄助，梁启超、顾实、林语堂等名流的呼应，郑振铎、曹聚仁、胡朴安等年轻一代的响应，还有一股不容忽视的力量是新兴的文化出版界。梁启超善办报，胡适则始终热心于图书出版事业，甚至可以说，他的思想输出给中国近代新兴的图书出版事业带来了生机。与他过从甚密的王云五就是在他的启发下，推出了轰动一时的"中国文化史丛书"。在《编纂中国文化史之研究》里，王云五按照一般文化史、哲学、经学、宗教、经济、政治、法制、外交、中外交通与贸易、教育、社会、语文、天文、农业、工业、医学、一般美术、绘画、书法、雕塑、陶瓷器、音乐、建筑、文学、考古、民族等类别，列举了234种欧、美、日各国学者撰写的中国文化史著作，并比较了国外91种综合文化史和分科文化史，指出分科的文化专史要比通史好做，也更容易出成绩，因此决定"爰博考外人编纂之我国文化史料与前述法英两国近年刊行《文化史丛书》之体例"，拟定了一个80种书目的中国文化专史出版计划。① 此可谓对胡适"中国文化史"构想的细化与补充。

---

① 王云五：《编纂中国文化史之研究》，《张菊生先生七十生日纪念论文集》，商务印书馆，1937，第648页。

1936 年，商务印书馆陆续推出《中国经学史》（马宗霍）、《中国法律思想史》（杨鸿烈）、《中国交通史》（白寿彝）、《中国文字学史》（胡朴安）、《中国算学史》（李俨）、《中国医学史》（陈邦贤）、《中国商业史》（王孝通）、《中国绘画史》（俞剑华）、《中国考古史》（卫聚贤）、《中国民族史》（林惠祥）、《中国目录学史》（姚名达）、《中国伦理学史》（蔡元培）、《中国教育思想史》（任时先）、《中国音韵学史》（张世禄）、《中国俗文学史》（郑振铎）、《中国地理学史》（王庸）、《中国疆域沿革史》（顾颉刚）等 41 种文化专史，其中的《中国建筑史》《中国音乐史》《中国韵文史》直接译自日著。这套丛书不仅成为民国文化史建设的基本书目，不少还是学科的开山与典范，深刻影响了此后的学科建设和学术史写作。

当然，胡适立足的阵地也尤为关键。他把个人的主张逐渐变成了北京大学研究所国学门的工作方式，以学术首府的机构力量向外发散。由此催生了东南大学、清华大学、厦门大学、燕京大学、齐鲁大学等国学专门机构的设置，培养了大批后续力量。清华大学研究院国学科设置了中国语言、历史、文学、音乐和东方语言科，燕京大学国学研究所有历史、文学、哲学、文字学、考古学、宗教和美术分部，齐鲁大学国学研究所分中国哲学、史地、文学、社会经济 4 科，厦门大学国学院设语言文字学、史学及考古学、哲学、文学、美术音乐 5 组，与北大国学门文字学、文学、哲学、史学、考古学 5 个研究室的设置大同小异。

后来，不少人转入其他学科，成为学科创始的一代，直接影响到大学专科的建设。即使并非直系，也多少受到时代风潮的影响，形塑了今天的学科发展模式。第二章讲过，大学的分科教育是形塑社会结构的重要力量，只需几届毕业生，就可以改变教育方式、人才模式和社会阶层。如果说留学美国继而由农转文，胡适成为掌握欧美学术话语的极少数（后来还得以调配巨额的美国庚子还款）。那么回国后，他充分利用了大学教育和图书出版这两股现代社会最重要的文化力量（而且还都在它们的发展初期）。如此占尽先机，就难怪他能引领时代潮流了。

不过十几年的时间，通过他的影响和宣传，胡适把西式治学方式扩大到整个学术界。即便对他的主张有异议，与他抗衡的东南学派也没能跳出他的专史路线。① 胡适提倡的白话学术写作和新式古籍整理,很快也都实现了。"整理国故"目标的实现早于预期。浩徐说"民国七八年那时候是中国人初次对于西洋文明开了眼睛的时候,那时候中国人虽然赞美西洋文明,但是还不曾从西洋文明的立脚点来看察过中国文明"②,经过"整理国故",国人终于在胡适的指导和示范下,学会了用西洋眼光察看中国,继而重组传统了。

那什么叫"从西洋文明的立脚点"来考察中国文明呢?即钱穆说的"适之则径依西学来讲国故"③。除了胡适的《中国哲学史大纲》,还可以举一个例子。尽管1930年冯友兰的《中国哲学史》在许多方面都被视为对胡著的挑战,尤其是在陈寅恪和金岳霖意味深长的审查报告里。但不容否认的是,冯著的整体框架和基本思路是接续胡著的,比如同样从孔子和老子讲起,同样以诸子学派的方式呈现,同样以引述原文的形式进行归纳。蔡元培总结胡著的几个显著特点——证明的方法、扼要的手段、平等的眼光、系统的研究,于此前的哲学书而言(1916年谢无量有《中国哲学史》出版)很是新鲜,在冯著里却已属平常。冯著哲学史开篇第一句就是:

> 哲学本一西洋名词。今欲讲中国哲学史,其主要工作之一,即就中国历史上各种学问中,将其可以西洋所谓哲学名之者,选出而叙述之。④

哲学来自西洋,这点很明确。下文便详论西方哲学的几大组成部分。既然中国本无哲学,那么《中国哲学史》就只是从古代各种学问里,筛选出那些"可以西洋所谓哲学名之者",即符合西方哲学标准的内容来。且不论当时胡适已改用"思想史"置换"哲学史"(《中国中古思想史长编》),这些从中学里摘选出来的思想碎片,既不完整,也不再中国,是以中国材料就西洋概念和西方样式的重编。

---

① 顾实在《国立东南大学国学院整理国学计划书》里提出了中国民族史、语言文字史、思想学术史、文学史、诗史、词史、曲剧史、美术史、天文数学史、法制史、经济史、交通及国际交通史、农业史、商业史、工业史、哲学史、教育史、宗教史、佛教史、风俗史等二十多种专书的编写计划,与胡适的"中国文化史"构想只有多少和粗细的区别,没有本质的差异。
② 浩徐:《主客答问》(《整理国故与"打鬼"》附录二),《胡适全集》第3卷,第155页。
③ 钱穆:《现代中国学术论衡》,第3页。
④ 冯友兰:《中国哲学史》,华东师范大学出版社,2009,第3页。

冯友兰在书里专门批驳了"中国哲学无系统"之说，指出有"形式上的系统"和"实质上的系统"之分，中国古代哲学虽无形式上的系统，但却有实质上的系统，所以"讲哲学史之一要义，即是要在形式上无系统之哲学中，找出其实质的系统"①。其实，中国哲学无系统不过是胡适中国旧学无系统的分说，文化史或学科史的目标就是要赋予中国学术以"形式上的系统"——把暗合西方思想的材料选录出来，以符合西方学术样态的形式进行表达。但既是有标准的选录、有模板的重新叙述，在跨中西的文化语境和学术系统层面，就不可能不淡化背景，进行割裂文意甚至是断章取义的贴合或迎合——只有打散文化系统，才可能成为自由择取的材料。日本学者讨论日本近代哲学时说：

> 在明治维新时期，日本主张学习西方先进文化，以西田几多郎为首的"京都学派"进行了划时代的探索，他们并不只是一味地学习西方哲学，而是用西方哲学语言重新诠释了日本原有的哲学思想，并使之体系化。②

在这里，重新诠释是一层意思，即以西洋眼光看待自身、讲述自身。"使之体系化"是另一重含义，即不是零敲碎打，而是以新的结构织就新的系统，使之全面与西方学术同步。中国近代的学术史、学科史正是其中典范。可陈寅恪也说了，"其言论愈有条理统系，则去古人学说之真相愈远；此弊至今日之谈墨学而极矣"③。所以茂木健一郎说，近代其他文明在与西方学术碰撞后，是在世界范围内导致"旧的传统哲学走向了终结"④，包括中国，也包括日本。我还要加一句：旧传统终结的同时，也是新传统的开始。或者说近代人认为，只有终结了旧传统，才能建构新传统。

---

① 冯友兰：《中国哲学史·绪论》，《中国哲学史》，第10页。
② 〔日〕茂木健一郎主编：《通识：学问的门类》，杨晓钟、张阿敏译，江西人民出版社，2019，第12页。
③ 陈寅恪：《审查报告一》，《中国哲学史》，第432页。
④ 〔日〕茂木健一郎主编：《通识：学问的门类》，第12页。

二　胡适的现代学术追求

1906年夏曾佑仿日著用西体编写《最新中学中国历史教科书》的时候，还仅限于中学课本。① 刘师培的《周末学术史序》也是偶一为之，没有再续作。那时，章太炎还批评日本人仿西洋体例撰写的中国历史"无关闳旨"。他认为中西史学性质不一样，体例也应不同，史法、史例与史识、史意是连为一体的。他还说："至于学堂教科所用，只要简约，但不能说教科适宜的，就是科学。这个也容易了解。若说合科学的历史，只在简约，那么合了科学，倒不得削趾适履，却不如不合科学的好。"② 章太炎意识到在讨论对象和时下的"科学"讲述之间，存在一道裂隙。以"科学"为名，中国学术走上了"削趾适履"的道路。这种灭裂的学术，不仅于对象而言概括不全，而且总体上以简约粗浅为特点。

的确，"只有浅出，并无深入"（许冠三语）可能是对胡适学术最严厉的批评。余英时在《中国现代思想史上的胡适》里也举了他不少"化约论"（reductionism）的例子。③ 论考据细密，他比不过章太炎；论史料严整，他不如顾颉刚；论才情和通观的能力，他不如梁启超；也不能与陈寅恪、陈垣比专精。他的著作似乎只有在出版之初，才有新意，不过几年时间就会很快被超越。今天我们多读他的单篇文论，很少阅读他的研究专集，那厚厚的《水经注》和古典小说考证已少有人问津。梁启超逝世的时候，胡适曾在日记里自警，"任公才高而不得有统系的训练，好学而不得良师益友，入世太早，成名太速，自任太多，故他的影响甚大而自身的成就甚微。近几日我追想他一生著作最可传世不朽者何在，颇难指名一篇一书"④，许多朋友也劝他不要蹈梁启超的覆辙。可梁启超还是有不少经常抽印的专书的，胡适却少有经典的学术著作。他受过的"有统系的训练"，似乎没有发挥那么大的效力。对胡

---

① 学校教科书采用西式分科和西式讲述比较常见，这与教学的需求密不可分。但毕竟讲章不等于研究，二者地位是不同的。
② 独角（章太炎）：《社说》，《教育今语杂志》1910年第1期。
③ 余英时：《中国现代思想史上的胡适》，联经出版事业公司，1984年。
④ 《胡适日记》（1929年2月2日），《胡适全集》第31卷，第323页。

适的评价，经常出现两极分化。

我以为，尽管章太炎看到了问题，但胡适也没有走偏，近代学术的整体倾向就是简约清晰。从白话文运动到学科史建设，胡适顺着普及的思路流贯而下。归纳成清晰的发展阶段，处理成统一的学科通史，不仅不需要普通人有年久见深的学术积累，也方便外国人迅速了解中国情况。如果说"文学革命"是希望人人能写能读，"整理国故"的古籍整理部分（即"索引式的整理"和"结账式的整理"）是要让古书人人能用，那么以"中国文化史"为目标的"专史式的整理"更在意与西方接轨。胡朴安便表示："中国学术的系统与世界学术的系统完全不同，直是无从比较，既是不能比较，所谓好不好者，简直是一句含糊的话"，"若不加以整理，仍旧为经、史、子、集的系统，不但世界学者不能了解中国的学术真象，就是中国的后起者，对于中国的学术，亦渐渐生鄙弃的心"。① 连往往归入保守派的柳诒徵也是在这样的考虑下，才赞同以西式分科取代国学整体的。② 这种向下的普及心理和向外的贴合心态，短期内必然以牺牲精深为代价。

第六章谈过，近代学术的一个重要特点，是由古代的创作中心转移到读者中心上来。胡适批评旧学"太注重功力而忽略了理解"，要求从理解上下功夫，也透露了些许消息。不能说古代释经就不需要理解，但近代的理解并非以绍续为使命，而是以总结归档为目的，这样的整理在深挖细品方面的要求少多了。古代非着老宿学，不敢称"先生"。而现在的毛头小伙拿起一本教材和概论，就可以激扬学术。面向更多受众时，条理清晰、线索简单更受欢迎，探幽索微的高深学术往往曲高和寡，所以普及才能成为产业，学术才会沦为舞台。

另一方面，打破少数精英垄断，实现文化大众普及，本身就在现代发展逻辑里。第二章已言，工业文明和资本社会建立在教育普及和中产崛起的基础上，媚俗的大众文化与消费社会是当代西方文化研究的热点，也是现代商

---

① 胡朴安：《胡朴安友朋手札：中国学会创立始末》，《历史文献》第2辑，上海科学技术文献出版社，1999，第197—198页。

② 柳诒徵：《汉学与宋学》，《国学研究会演讲录》第1集，商务印书馆，1924。

业社会的基本事实。胡适是在提倡白话诗歌和国语文学后，转向学术建设的。这都是以欧美社会为样板，不可能改变它的内在逻辑。与西欧社会的历史进程比，中国近代的文化建设和政治思想其实是超前的，在生产基础和经济体系完备之前就已经落成。所以才会没有产业工人先有无产阶级革命，没有专科材料先有文化史写作大纲。这当然都是外来文化输入的结果，不是常态的自然生长。与其说胡适发展了中国学术，不如说他推进并保存了国学，为传统学术的现代转化准备好了基础，这个基础是对接西学的基础。

以中国当时的国际地位言，国人担心的是若与世界学术隔绝，中国文化将无人问津。这种主动接轨的急切心态，可以理解，也值得肯定。但在自己都不相信国学有发展价值的情况下，动辄强调以国学贡献于世界，而且一心要把自家的学术做成别人的样子（还是表面样子），根本还是内心的不自信。文化自信的根本在国力，当今世界，文化没落的国家并非少数。长远来看，起起伏伏是常态，只是少有国家像近代中国这样被打得低落，所以迸发的力量也大，方有这言之不尽的"千年未有之大变局"。其实学得像，也未必能得到外国人（主要是欧美人）的尊敬，日本学者狩野直喜当时就指出：

> 当今中国，因受西洋学问的影响而在中国学中提出新见解的学者决非少数，可是这种新涌现的学者往往在中国学基础的经学方面根柢不坚、学殖不厚，而传统的学者虽说知识渊博，因为不通最新的学术方法，在精巧的表达方面往往无法让世界学者接受。①

一方面是半殖民地国家努力向西方学术看齐，另一方面是传统学术不可避免地根基变浅。胡适夹在中间，两头都搭，又两头都贴不紧。如果说日本人相比欧美因更懂中国而对传统学术有更高的期许，那么西方汉学家同样不买胡适的账。他的博士论文当年就未受导师待见，他与美国汉学界的关系也始终紧张②。何况当时的国际汉学是英不如德、德不如法，美国还在英国后头。

但无论新旧诸派、中外各方是否服膺胡适个人的研究，他在中国学术史

---

① 〔日〕狩野直喜：《回忆王静安君》（1927年），陈平原、王枫编：《追忆王国维》，中国广播电视出版社，1997，第345页。

② 参阅桑兵：《胡适与国际汉学界》，《近代史研究》1999年第1期。

上的地位却是难以撼动、不容否认的。他的确找到了"有机地联系现代欧美思想体系的合适的基础,使我们能在新旧文化内在调和的新的基础上建立我们自己的科学和哲学",从而完成中西学术的嫁接,实现了传统学术的现代转型,即他所言的"成功地把现代文化的精华与中国自己的文化精华联结起来"。① 今天我们之所以觉得无甚高义,是因为我们已经接受并熟悉了这种方式,这恰恰说明他的成功。但在身处旧学背景的当时人眼里,却是新颖的,林语堂就钦慕道:"这些系统,这些条理都是前人所梦想不到的,而由研究西洋政治思想宗教文艺的人看他,都是急待考查的。我们有这些新的研究目标,新的考查问题,于是乎岌岌不可终日僵无生气的国学得了一大新运命新魄力,犹如久旱将干的溪壑忽得秋霖大雨,沛然而下莫之能御。"② 顾颉刚也兴奋地说:"现在用了新的眼光去看,真不知道可以开辟出多少新天地来,真不知道我们有多少新工作可做。"③ 郑振铎更是惊呼在胡适的启发下,他看到了大片未经垦殖的文学处女地。④

要知道,当时最大的难题不是中国人不知道要吸收西学,从张之洞、康有为到章太炎、刘师培,呼吁以西学补中学的人绝非少数。但是我们也看到,那些逐步生发的调整方式,相对生硬,而且小心翼翼。国人的确是"不通最新的学术方法",包括狩野遗憾的、已经接受西学影响的王国维,所以难在不知具体该如何操作。这时接受了西学"有统系的训练"的胡适,就大有可为了。相较前人,他没有那么多的犹豫,大刀阔斧,且自然而然。

胡适一辈子鼓吹的"科学方法",时宽时窄,却并不复杂。顾颉刚曾坦言"我常说我们要用科学方法去整理国故,人家也就称许我用了科学方法而整理国故。倘使问我科学方法究竟怎样,恐怕我所实知的远不及我所标榜的",接着用倒放电影的方式追溯了自己经历的科学洗礼——从十二三岁所见的分类清晰的动植物图表、中学矿物学讲义的材料排列、中学化学课的实验证明,到大学所知的逻辑归纳法和用证据修正假设的方式,最后到从胡适那里学到

---

① 胡适:《逻辑与哲学》,《先秦名学史》,学林出版社,1983,第8页。
② 林语堂:《科学与经书》,《晨报五周年纪念增刊》1923年12月。
③ 顾颉刚:《一九二六年始刊词》,《北京大学研究所国学门周刊》1926年第2卷第13期。
④ 郑振铎:《研究中国文学的新途径》,《郑振铎文集》第6卷,第279页。

的历史研究法。最终体会到科学方法就是要"先把世界上的事物看成许多散乱的材料,在用了哲学零碎的科学方法实施于各种散乱的材料上,就喜欢分析、分类、比较、试验,寻求因果,更敢于作归纳,立假设,搜集证成假设的证据而发表新主张"。① 这正是胡适"整理国故"主张的翻版。他也困惑这些东西似乎过于简单,但毕竟这简单的方法为他开辟了一条新路。胡适刚登上北大讲坛,傅斯年和顾颉刚就意识到,这位年轻老师的旧学功底虽然不厚,但走的路子是对的。近代中国不缺意志,不缺人才,缺的是方向的辨认及其清晰化。康有为、梁启超、刘师培、蔡元培、陈独秀等,哪一个不是忽左忽右、一生多变?变节者、失足者亦比比皆是。简单明晰实在不是一件容易的事情。

今天回头再看,其实胡适介绍的就是进入学术研究的方式,像极了我们指导硕士研究生如何选题、如何进行论文写作、如何甄别学术优劣。即使不考虑当时没有分科、还谈不上有专业的知识储备,在治学方法而非研究内容上下力,都是最有效的引领。胡适充当的是国人西学导师的角色。导师不一定学术一流,若会引导学生,却可以培养一流的学术后备。但如果学生资质不错,却未曾被领进过门,终究与学术无缘。正如先行一步的日本学者狩野直喜所言,旧学再渊博,没有新方法,也很难在新世界立足,因为学术标准已经不在乾嘉诸老手里了。换个角度看,清代学术发展到乾嘉学派已到顶峰,很难再有新的突破。若接续这条文脉,殿军是俞樾的弟子章太炎,轮不到留学生置喙。信奉"一代有一代之学"的胡适,要重开民国学术,必须另辟蹊径。他的资源是西学,是西式的学术研究。

继发掘清代朴学的科学性后,胡适提出程朱理学也符合科学的精神。以汉学和宋学分梳传统,并不新鲜。但在治学方法上以考据和义理定义二者(排除辞章同样意味深长),并以之为西学新方的注脚(即求证和历史的贯通),把玄远的西学变得亲切且易于改装,就当另眼相看了。他还发现二者在历史上总是循环交替,当一种模式发展到一定程度,相反的一极就会回潮。物极必反,你来我往,在双线螺旋中缠绕,很难翻出多少新花样。这就跟时尚界的玩笑一样,十几年前的东西翻翻新就是最新流行。可有了西学,就不

---

① 顾颉刚:《古史辨自序》,《顾颉刚古史论文集》,第92页。

一样了。借助另一套系统，可以跳出固定逻辑和有限视野，产生新的成绩。这就是《〈国学季刊〉发刊宣言》带来的"国学的将来，定能远胜国学的过去。过去的成绩虽然无可厚非，但将来的成绩一定还要更好无数倍"①的希望。正因为看到了这一点，年轻的罗家伦才自信"不知我们换了一副眼光、换了一套方法来读中国书，反而可以比他们（老先生们）多找出一点新东西来"②。

由于道路选择的坚定，向来温文尔雅、为人谦和的胡适，在某些根本问题上极其强势。比如《中国哲学史大纲》是他的新学术示范，虽有蔡元培等人的热捧，但也遭到不少批评。金岳霖就说"简直觉得那本书的作者是一个研究中国思想的美国人""一定要把他们（古学）安插到近代学说里面，他才觉得舒服"，作者"不知不觉间所流露出来的成见，是多数美国人的成见"。③ 胡适对此类批评非常在意，他明确表示："我自信，治中国哲学史，我是开山的人，这一件事要算中国一件大幸事。这一部书的功用能使中国哲学史变色。以后无论国内国外研究这一门学科的人都躲不了这一部书的影响。凡不能用这种方法和态度的，我可以断言，休想站得住！"④ 他自信他的方向就是中国学术的方向。岂止哲学，所有中国传统学术统统在他彀中，几乎所有现代文科的创始人都是胡适的学生。这就是系统与框架的力量！

在此基础上，我们才能理解方法之于胡适的重要。正如王晴佳所言，胡适在《中国哲学史大纲》里对方法的表述和归纳，看似谦逊，实则非常傲慢。"他的'一来'，实际上是在说，如果别人不懂这些方法，就没有资格评判他的著作。而他的'二来'，则向读者指出，他的著作是开山之作，甚至在一定程度上，还是无以为继。他对冯友兰《中国哲学史》的轻视，就是因为在他眼里，冯著的方法不太入流。"⑤ 这就像今天有不少学者，拿着西方理

---

① 胡适：《〈国学季刊〉发刊宣言》，《国学季刊》1923年第1卷第1号。
② 《熊子真来信——罗家伦覆》，《新潮》1920年第2卷第4号。
③ 金岳霖：《审查报告二》，《中国哲学史》，第437页。
④ 胡适：《整理国故与"打鬼"：给浩徐先生信》，《胡适全集》第3卷，第147页。
⑤ 王晴佳：《中国史学的科学化：专科化与跨学科》，《20世纪的中国：学术与社会·史学卷》，第620页。

论对照中国,对应成文却横扫一切。在理论退潮或光环退去之后,人们才发现,反而是那些踏实质朴的研究,经受住了时间和潮水的冲刷。

三 学术现代化与文化后殖民

无论是对《水经注》《红楼梦》的研究,还是对禅宗史的讨论,胡适都侧重史料的考证,乃至陷入琐碎的细节,对此学界已有批评。后来因被超越,他"整理国故"的成果反不如前期著作受关注。比如他自认为开创了"新红学",但在《红楼梦》的学术序列中,他并非举足轻重。他的禅宗探讨,更被讥为"门外谈禅"。但无论对他的细节有多少指摘,哪怕最严厉的批评者,也都承认他的"整体国故"作为是可取的。唐德刚"前空古人后无来者"的评议虽有过高之嫌,但他的断语"整理国故这条路胡先生显然是走对了"却不乏呼应。① 许冠三在满纸批评之后,也肯定说:"至于国故研究门径,他在《〈国学季刊〉发刊宣言》中提出的建议,倒是相当科学而又切实可行的。"②

胡适的文献功底和考据功力确非当时翘楚,但他的价值原不在此。跳出著作品级的剖判,从研究路径上看,从哲学史、文学史这样的宏观通论转入具体问题的研究,不仅合理,而且超前。回看学术的发展历程,往往开路者指示方向、搭建框架,后学填充细节。胡适已言,这是特殊时期因陋就简的起步阶段。再下来才是分梳专科史料,为不同方向的精耕细作做准备。我们会看到,20世纪五六十年代整整一代学者都是在史料学上下功夫。有了材料的准备,方有真正的研究,最后才可能回过头来调整框架。当前我们的研究是以问题为导向的,也就是说刚进入真正的学术研究。1938年陈述在傅斯年的指导下,悟得"老旧史家与今日史家之异趣,似旧日多以书为本位,现代则多重历史问题"③。以问题为中心,正是"整理国故"运动中胡适的个人取向(晚至今天,才渐成学术的主导方向。这在博士论文的选题中,可以看得很清楚)。

---

① 胡适口述,唐德刚译注:《胡适口述自传》,第219页。
② 许冠三:《胡适:注重事实服从证据》,《新史学九十年》,岳麓书社,2003,第177页。
③ 《傅斯年档案》3,转引自王汎森《民国的新史学及其批评者》(罗志田主编:《20世纪的中国:学术与社会·史学卷》,第73页)。

第七章 "整理国故"：国学重组与系统切换

若从 1862 年京师同文馆增设天文算学馆算起，到 1919 年胡适《中国哲学史大纲》的出版与接受，中学内部的结构调整用了近六十年时间。20 世纪 20 年代是"整理国故"的起步阶段，三四十年代各种学科史、学科大纲大量涌现，后因抗战、内战等因素，放慢了脚步。新中国成立后前 30 年，一方面是马克思主义史学的全面应用，另一方面是史料学尤其是专科史料的编写高峰。80 年代打开国门，西方理论成为热点，各种介绍与套用火爆一时。90 年代初，学术大问题的讨论依然盛行。到了旧世纪末新世纪初，学术圈突然变得沉寂，学者知名不再容易。在老一辈深情追忆 80 年代的时候，新一代逐渐明白学术专业化、细化的同时，是文化的商业化和学术的边缘化。

教育生产的规模越来越大，研究生的选题越来越细，专业化的程度在提高。通史性的著作已成基本常识的普及，史料的搜集也只是研究基础的展示。细化是学术深化的结果，尽管碎片化的情况难以避免。与其说"道术将为天下裂"，不如说术业有专攻。在知识大爆炸的今天，通吃已越来越难。中国传统社会的学术精英性质也在消退，学术研究成为众多社会职业的一种而已。另外，外部研究和内部研究的区分之所以引起注意，说明整体上学术仍以外围研究为主，我们还在学术的初级阶段。当然这是就总体趋势而言，每个时段都不会只有一种学术。胡适的研究范式，到今天刚好一百年。一百年时间，对学术的发展来说不算太长，何况中间还有种种停滞和中断。即便没有中国当前国情的重大变化，也到了阶段性回顾和反省的时候了。

在众人热情洋溢地做通史、写概论的时候，胡适写出《白话文学史》和《中国哲学史大纲》后，就一头扎进了具体问题的研究里。这其实是跳过准备阶段，立刻进入"直接研究"。就此而论，他的确是受过西学系统训练的人，没有在初始阶段转圈圈。1934 年，朱自清就发现各种概论、通史、大纲的泛滥，因"只消抄录与排比两种工夫，所以略有文字训练的人都能动手"[①]。在文化史、学科史出炉之初，它们的形式是新颖的。可一旦模式固定，就容易成为资料填充，越往后就越是大同小异。这有点儿像今天的教材编写，20 年前担任主编往往是学科权威地位的体现，20 年后有追求的学者便

[①] 朱自清：《论青年读书风气》，《朱自清全集》第 4 卷，第 334 页。

会因其学术含量低而不愿浪费时间。朱自清感慨说，以前的学者知道得越多胆子越小，"有许多大学者终生不敢著书，只写点札记就算了"，因为有"认真的精神"和"学问的良心"。如今这种东拼西凑的通史综览，不仅与真正的个人发见相距甚远，还遗毒甚大——那些只会读这类"架子书"的青年"将永不知道学问为何物"。① 今天这仍是高校学者普遍担忧的情况。各种文学史、美术史、哲学史、建筑史都是中国各高校各学科的主干课程，中国的、西方的、古代的、现代的，而欧美大学却少有这样的通史课。我们把人家课后阅读就能掌握的初阶知识，当成了专业训练的主要内容。没有思维的砥砺，背再多的基础常识，照样不知该如何发现问题、如何进行研究。这也导致了当前国内学者研究水准的偏低。

朱自清还指出，这些书"至多只是搭着的一副空架子，而且十有九是歪曲的架子"。这是新系统搭建之初难以避免的粗放形态。尚未进入真正的研究之前，观念牵引方向，设想多于分析，选择甚至扭曲细节以就全体的情况很容易发生，何况文史需要长年积累，本来就不易急就。有学生曾困惑地问：既然学到后面就是推翻前面，甚至不放弃从前的思维和方法就无法进入真正的研究，那么为什么中学和大学本科要让我们花这么多时间和精力，学习那些成问题的知识呢？作为学者和教师，我每每也得说现有框架安插知识，再有细节深化和调整。朱自清还说："从前读书人只知道一本一本念古书，常苦于没有系统；现在的青年系统却又太多，所有的精力都花在系统上，系统以外便没有别的。但这些架子是不能支持长久的；没有东西填进去，晃晃荡荡的，总有一天会倒下来。"② 在学术交替的当时，新著的特点是鲜明的。朱自清说的"系统"，不是胡适总体意义上的国学系统，而是该系统部分实现后各种学科史的系统，故言系统太多。质量不高的首批学术史建设工程，在朱自清眼里只是搭架子，没有多余的东西，故讥为"架子书"。当然，这种抨击是出于对流弊的警觉，不能因此全盘抹杀框架建构的意义，这恰恰从反面体现了新旧学术的区别。

---

① 朱自清：《论青年读书风气》，《朱自清全集》第 4 卷，第 334 页。
② 同上。

胡适回国时，不过26岁的博士候选人（未毕业），学术的成熟尚需时日，考据也并非他的专长。他开出的路子，后来被学生辈赶超不足为奇。但凡治学年深的学者都有体会，学术太超前，呼应者少；研究太靠后，只剩冷饭；居中上游，较易大成。套用清代大家戴震的话来说，有"抬轿子"的人才有"坐轿子"的可能。个人虽不尽然，时代却有主流，所以有"预流"之说。胡适的研究属于开路型，他的考据不敌章太炎，古籍释读不如孙诒让，可今天我们却不再像章太炎、孙诒让那样做学术了，接续的乃是胡适的路子。历史到此，不再是单线的师承渊源和学识累积，而是在现在与过去、西方与中国的缠绕与编织中不确定地发展。胡适的研究要放在新旧转关之际即学术史的考察序列里，才会意义凸显。学术史同样是胡适的发明，尽管他依旧是总结完清代学术之后，就把学术史的编撰工作扔给了别人。梁启超正是在胡适劝说下，着手梳理清代学术史的。今文经学出身的梁任公，确实比胡适更合适这项工作。

尽管胡适的"整理国故"从清代学术的成败谈起，看似要发展朴学，然而一百年后的今天看来，革大于因，他不是绍续而是终结了传统学术。正如他本人的强调，古代学术仅仅作为史料而存在，捣碎和拼接是今人的工作，如此才能重开学术。通史、概论和学科史的书写，正是为系统定型、为形态定性。所以胡适处理的对象是古代的，从事的事业却是新学术，他不属于旧学系统。可作为研究对象的古代，是已经发生的事实，它就在那里，不增也不减，无法更改，更无法创造。硬要把古代隔离开，能做的不过是改变描述过去的方式而已。

如果说儒家"为天地立心，为生民立命，为往圣继绝学，为万世开太平"的践行理想，追求在绍续中发展，因起点和方向确定而有主次正变之分，而且是由古至今的线性生长，那么胡适的国故研究，无论进行怎样的史料筛选与重组，都只是讲述方式的变化，是众多观看角度的一种。照此逻辑，将来还可以有不同的研究视角、结构布局和理解方式。就像西方文化和社会理论，不同向度都可以发展出不同的理论体系。研究是敞开的，学术是多元的，唯有多向发力，才能从整体上拓宽人类认知的边界。而一百年来，我们始终是在单线社会进化论和"五四"启蒙话语里修枝剪叶、削足适履。换句话说，近代以来，中国思想虽然已经超前于社会经济的生产了，但一直处于现代话语体系当中，不曾像后现代、后殖民那样向启蒙工程提出挑战。

评定胡适的学术及其后效，就像厘清中国近代发展得失一样困难。一方面是以现代为标准，选择性地重构历史，党同伐异。另一方面却也部分保留了传统的发言资格，为中国赢得了发展时间和沟通的可能。但当中国进入世界潮流之后，我们才发现在众声喧哗的西方话语体系里，我们仅仅是抓住了一支而已。如今，千帆过尽，在多元的后现代世界格局里，建立在欧洲文化逻各斯中心主义上的现代性理论，其实对中国学术的未来发展很不利。正如后殖民主义的揭示，第三世界的现代性话语是由被殖民统治时期的"文明教化"转化而来，只是更加隐蔽而已。所谓的发展，不过是西方文明统一非西方文明的权力话语。一旦西方制度文明的优越性遭遇冲击和挑战，破除了旧文化制度的第三世界国家，将从"无历史"的过去转入无方向的虚无。

说到这里，就不得不提唐德刚的"发展中学术"了。在《胡适口述自传》里，唐德刚说国家的学术和经济是连为一体的，"如果一个国家在经济上还是个'发展中国家'，那这一国家中的学术文化，也就不可能跻于'已发展'之列"。因而，发展中国家只会有"发展中大学"和"发展中学术"。"发展中学术"也叫"恰当学术"（appropriate scholarship），就是不新不旧、不中不西、土洋并用、与国家发展阶段相匹配的过渡学术。胡适的学术就是这样一种受制于时代的"发展中学术"：

> 要言之，近百年来的中国现代化运动是个整体。在其他方面都没有完成现代化的情况之下，学术现代化是不可能的。学术既然没有现代化，我们就只能搞搞小脚放大的过渡时代的学术（transitional scholarship）。这样搞搞半新不旧的"整理国故"才是合乎逻辑和顺理成章的。①

对中国人而言，这样的言论非常刺耳。季羡林便极其反感，指出人文社会研究不同于自然科技研发，不是靠钱就能堆出来的②。

---

① 胡适口述，唐德刚译注：《胡适口述自传》，第219页。唐德刚展开论述在第262页。
② 季羡林：《胡适全集序》，《胡适全集》第1卷，第31页。

平息完情绪后，我们试着从全球史的角度进行分析，可能会咂出别样的味道来。1917年胡适回国时，正值第一次世界大战，是一般意义上西欧近代史的末尾。一战对欧洲的影响是巨大的，战后的全方位调整开启了西方现代史的序幕（尽管欧洲的近现代之分不如中国明显）。而亚洲是以二战结束来区分近代和现代的，1918—1945年整个地被陈述为民族国家反抗史。中国是以1949年中华人民共和国成立为界，实际也被归于二战及战后第三世界民族国家独立浪潮里。二战之后，西欧思想风起云涌，各种文化和社会理论开始繁荣，并对19世纪后期盛行的资本主义现代化理论进行了全方位的反思和批判。1979年唐德刚为《胡适口述自传》下注脚的时候，利奥塔的《后现代状况》刚好问世，萨义德的《东方主义》已前此一年出版，正值现代化理论被赶下神坛、西方思想进入后现代的解构时期。对第三世界和东方主义，也有了突破性的思考。

中国的现代化追求（对应西欧的近代化）到胡适这里已相当自觉，但并非从胡适开始。唐德刚其实比胡适更信奉现代化理论，因而责备他还不够彻底、不够现代。尽管追加了二战后的现代化发展阶段论和马克思经济决定论，1979年的唐氏仍是从现代化话语体系出发批评胡适的。

当然，如唐德刚所言，这与中国的发展时机也确有关系。2003年的中国还在脱贫致富路上奔，现代化发展目标仍是严峻的现实问题。18年后的今天，中国经济强势增长，已成为最让美国恼怒的竞争对手了。此时方有闲心探头看看现代化之外的其他可能。对于第三世界国家而言，"落后就要挨打""发展才是硬道理"无论何时都是适用的。迫切的经济问题解决之后（必然又与科技和军事实力相关），才有文化和思想上的更高要求。从这个意义讲，马克思经济决定论是切用的，所以成为中国的理论选择。本书没有讨论后来的马克思主义史学和社会学，并非否认它的重要性，而是它溢出了古今学术体系转换的论题。对于从殖民地、半殖民地发展过来的发展中国家而言，经济和国力始终是首要关切，因而过早谈论打破民族国家的框架，实际对自身发展不利。

然而，西化道路给我们带来的困境也确实在显现。在先前的日子里，我们埋头苦干，一心奔赴科学、理性、进步的现代文明。可在现代化基本实现的今天，我们却发现发达国家亦未兑现他们当初的承诺：科学带来了武力的滥用和资源的枯竭，随着理性而来的是官僚科层制的"理性牢笼"（韦伯语）和"人的死亡"（福柯语），进步的结果却是世界不平衡的加剧，以及经济依附理论揭示的现代化发展模式的先天不足①。如果一条道走到黑，可能没享受几天发展的成果，很快就要尝到它的苦果了。如果不想在前人摔倒的地方继续滑倒，那么在尚未临近终点之前，及时调整，或许还有别种可能。

用社会学的结构理论讲，社会结构是循环往复地与社会再生产连为一体的。系统整合多靠体内平衡来达成，各种社会变量通过互相影响，渐次恢复原初状态，甚至不断循环，以保持社会结构的稳定性。如经济贫穷导致教育不良，教育不良导致只能从事低端职业，低端职业继而导致连续的贫穷。但若能通过反馈和反身的自我调节，也可能会带来改变，否则社会会总体沿着结构预设的方向行进。即社会结构除了遵循惰性原理，还具有动量的持续性。就像通过接受更好的教育改善就业环境，可以打破贫困循环；或者政治家通过获取贫困循环的研究，有意地改善状况。如此，关键就在从哪里下手打破循环，及如何进行实质性的阻隔。这就需要认真反思现代化的发展逻辑和推行方式，包括启蒙话语背后的前提预设了。正因有关系统的知识可以改变系统自身的意向，我们才花如此大的力气，探究新系统的建构过程及其逻辑。

反思的时机应该说刚刚到来，我们刚具备说民族复兴、说中国文化世界性发展的底气。但这不仅需要补新近西学的课，还要以开阔的眼光重新检省近代以来的学术建设，才可能找到调整和超越的方式。文化后殖民理论可以为我们提供新的视角，不妨多做一些了解。它指出，西方资本主义发达国家已由军事和经济侵略，进入更为隐蔽的思想和文化殖民。现代发展理论以西方社会为模板、为标准，把世界分为西方与东方、进步与落后两极，实为文明教化论（文明与野蛮）的升级。它无视真实的东方世界，把自身理念和制度作为涵盖古今、覆盖全球的普世真理来推广，并在话语中建构了作为西方

---

① 经济依附理论指工业化国家的繁荣和欠发达国家的贫穷是一枚硬币的两面。宗主国依靠剥削附庸国的剩余价值，才能为自身经济发展提供资源。在资本主义体系里，部分区域的经济发达是其他地区低端发展的结果，它造就了中心、边缘、半边缘地区的势差。这个模式不仅被用于研究 16、17 世纪西欧市镇和东欧农奴制再兴之间的关系，还用于解释 16 世纪奥斯曼帝国的衰落，更广泛运用于拉美国家的经济讨论中。

镜像的东方事实。

追步和模仿造成了第三世界国家对西方发达国家文化和心理上的依赖，在以西化为进步、为发展的集体幻象里，被殖民国家变得没有历史。即便后来强调本土文化和历史传统的重建，也只能用殖民者的思维方式和语言样式进行书写。这种主体性已经被破坏的民族主义，实际是帝国主义、殖民主义思维模式的重复。正如斯皮瓦克（Gayatri Chakravorty Spivak）的印度研究所示，本土认知已经被归入被抑制的或不合法的知识之内，西方知识及历史观念已经作为规范现实的理念被输入方方面面，帝国主义的"认识论暴力"改变了据以获取关于过去知识的条件。换句话说，传统的意义已经被改易，人民的心智已经被重组。非但发声的主体性立场是缺失的，民族历史的书写也是一种难以实现的、悖论式的事业。

直接占领期结束后，"殖民主义力量，如英国，并不消灭或破坏一种文化，而宁愿试图将殖民主义的超级结构移植过来，以便间接统治的方便，强加一种新的帝国文化模式，将殖民地文化转变成为一种学术分析的对象，从而冻结这种原始本土文化"①。就像19世纪孟加拉国的文艺复兴运动，是由英国的东方学者整理和发起，却由本地人发扬光大。这种移植和渗透，是一种隐形的同化与改造。它不仅创造了知识，也创造了现实。这种现实既对西方人，也对东方人有效。萨义德认为扩张、历史比较、内在认同和分类，构成现代东方学特定的知识结构和体制结构。如果没有内在"认同"，文化殖民难以进行。这种"认同"既可以是崇洋媚外的价值取向，也可以是民族主义包装下的暗中效仿。结构移植强化了被殖民国对宗主国的认同和依赖。第三世界的知识分子跑到美国和西欧去接受教育，掌握全套现代化发展和进步理论后，回国成为指导本国建设的政要与权威，用二手贩卖的西学改造国家，最终把后发展国家变成了欧美政治、文化的附庸。

这种文化和制度的移植，一方面愈发强化了西方的优先和中心地位，另一方面造成以西方视角重构历史的畸形叙事。一如美国学者德里克的发

---

① 罗伯特·扬：《殖民欲望：理论、文化和种族的杂交》，转引自赵稀方：《后殖民理论》，北京大学出版社，2009，第135页。

现——"讽刺的是，欧美对于中国帝国的打击既激起了民族主义，又给中国提供了一种构成新的民族身份的中国过去的形象。虽然不同的政治派别侧重于历史不同的方面，对于历史遗产有不同的估价，但无论自由主义者和保守主义者都具有明显的转喻化约论色彩，将中国看作是儒教、专制主义、官僚主义、家庭主义以及种族特性的，所有这些都可以追溯到东方主义者的表现，或者东方主义马克思主义视域里的不变的'封建'或'亚细亚'社会"①。这种不约而同的社会认知与文化判断，在前些年刘禾提出的"国民性"问题讨论里同样明显。② 发轫于清末明恩溥神父《中国人的特性》里正负参半的国民特点，怎么就成了鲁迅笔下广为人知的国民劣根性呢？东方其实参与了西方不友好的东方主义建构。

在仰视的仿效中，国人表现得比西方人更西方，不知不觉把传统塑造成了负面的、现代化的对立面，如同黑人自身的定位很大一部分来自白人的设计。如此，传统变得难以认知，更无法被当代人认同。民族主义的诉求是无法在启蒙话语里达成的，尽管它们同样内在于现代化理论。笔者绝非否定现代化，实际上中国当时没有其他的选择。我们现在思考的是当前及今后的提升和超越问题。历史社会学强调，行为与社会结构的关系是在时间过程里不断被建构的，结构在逻辑上早于改变它的实践，结构性的后果又晚于这些能动的社会行为。社会生成并非简单的线性时间流淌，任何社会的既存状态都是过去行为的产物，同时又是下一步运作的前提。社会结构在运作中被重构，行为主体也在行为中被重新塑造，社会具有结构内在功能和主体自我转变的双重机制。现时孕育造就将来，而且是从过去的遗产中经由当前的创造打造出来的。无论立足于今还是聚焦于古，学术都应当是面向未来的，只是研究对象和入手方式不同而已。

两百年来，西方社会学一直多方探讨社会如何可能，及社会变迁如何发生。西方人类学则对不同文化的差异性理解孜孜以求。那么：西方中心主义

---

① 德里克：《论中国历史与东方主义》，转引自《后殖民理论》，第169页。
② 参阅刘禾：《国民性理论质疑》，《跨语际实践：文学，民族文化与被译介的现代性（中国，1900—1937）》。

现代叙事如何处理异质的中华文明和经济已经落后的中国传统社会？在外来文化冲击下国人如何效仿并移植西学的结构？接受西学改造的近代中国人如何进行文化"适应"？与传统对立的新型西化社会如何在"启蒙"话语里成型？中国社会如何进入"世界历史"的现代阶段？

社会学讨论社会变迁，多从宏观社会结构入手。的确，庞大的社会机器和社会趋势不是个人的意愿所能改变，大多数民众都害怕变革，社会具有惰性和稳定性。中国社会的现代转型非李鸿章、张之洞、严复、康有为、章太炎、陈独秀、胡适的个人努力所能达成，孙中山、毛泽东变革效能更大的军事和政治行为还在后头，只能说社会为他们的崛起准备好了条件，他们也敏锐感受到时代风向的转变。在急剧变化的时局里，他们有效地引导了社会力量，回应了积聚已久的社会冲突。或者说，他们找到了改变社会结构的突破口，并有效发起了社会运动。当然时势造英雄，英雄也推动了时势。以往涂尔干的研究多侧重社会结构的约束作用，当代英国社会学家吉登斯则强调人与结构的互动。任何社会与时代，思想观念都是事先确定的，个人只有利用既定社会资源及其结构，才可能成事。

我们说的历史变迁或社会转型，都是根本意义的社会法则改变，而非表层现实的变化。社会模式的更替不是局部调整的堆积所能达成的，要由全局性的结构变迁来推动，即一定是主旨精神和基本纲领的变化。聚焦以《七略》《四库全书总目》为代表的知识分类系统更替，就是要抓学术组织模式的变革。而学术思想的变迁，不仅是文化和社会变迁的缩影，更走在了近代政治变革的前面。我们常说中国革命是中国近代思想启蒙的结果，或者说启蒙运动为中国革命铺平了道路。在传统社会，政治、军事、宗教是社会变革的首要因素，经济领航是近代工业和商业型社会的特点。中国精英文化高度发达的士儒社会，则看到了思想文化的特出。造反的是农民或流民，把历史带入另一个阶段的却往往是书生，是掌握了话语权和社会动员能力的智识阶层。中国近代的社会结构变革是由这样一批人推动的。

社会学意义的"变迁"是中性表达，它可以由温和的政治改良来推进，也可以由剧烈的革命运动来完成。以整体结构为目标的转型运动，显然不是温和的部分改良。"整理国故"看起来不那么激进，是因为它属于"洋务运动"以来整个西化链条的末端,是从前面一步步走过来的。有惨烈的"戊戌变法"和激进的"文学革命"做对比,"整理国故"显得温和。它没有诉诸暴力,但它的诉求是全局性、根本性、结构性的,是整个传统学术的终结和现代学术的开始,风暴来得更猛烈,立意也要大得多。"整理国故"非但是革命性的,还符合"社会运动"的特点:由组织松散的集体,以非制度化的方式一致行动,以产生社会变迁为目的。它捕获规则、利用规则、改变规则,在行动过程中生产和再生产系统规则。成熟的社会运动必须同时具备解构性和建设性两方面的潜能。因措意系统规则和整体结构的改易,它比大多数其他形态的社会行为更具破坏性,也更具发展的动因。

西方社会学把社会运动分为以经济利益为诉求的旧社会运动(农民和劳工阶层)和非物质的、软价值的新社会运动,有点儿经济发展阶段不同追求也不一样的味道。但这是西方晚期资本主义的经验,近代中国不能说经济不重要,可发动和参加革命的是既得利益阶层,有钱有闲有文化的人反而更具革命性,革命自上而下而非自下而上。必须放在帝国威胁和民族主义的现代框架下,才能解释这场没有硝烟的思想革命和文化转型。与其说近代革命是社会内部压力的释放,不如说是西方挤压的结果,是西方现代化扩张的东方效应。它把资本主义现代化发展逻辑作为普适的真理来推广。如唐德刚所言,在现代化发展阶段论里,后起的发展中国家似乎只能步其后尘,做做山寨的"发展中学术"。

社会运动是社会变迁的动因主体,革命是打破社会结构的有力方式,但有意向的社会实践未必总会取得预期的后果。革命具有巨大潜能,却也往往带来破坏性的非意向性后果,这在20世纪这个"革命的世纪"里非常突出。乃至"革命的神话"破灭之后,人们转而惧怕革命。既然结构是整体性的,结构的修复就很难在细节的修补上实现。法国史学家纳坦·瓦克泰尔借用社会学的"去结构化"理论,讨论过1530年至1580年间西班牙的秘鲁殖民活动(Wachtel, N. *The Vision of the Vanquished*, 1971)。"去结构化"指通过打破传统社会结构各部分的联系,完成社会文化的变革与重组。如纳贡保留下来了,原来的国家分配制度却没有了;地方首领保存下来了,与中央政府的关系却不再是印加帝国式;传统宗教也保留了,却成为非官方的甚至是私下教派。

结构一旦重组，所有的关系都会错位。即便以前的遗产还在，也是游离在主体之外的文化碎片。胡适发起的"整理国故"运动就是这样一场去结构化的学术重构，它改变的是既有学术的面貌格局和系统规则。所以各个被拆解的部分，即便在新系统里找到了依附，也不会是以往的结构功能了。在新系统里循绎旧传统，得到的只是被剪辑、被改易、被重新编织的片段，实为塑造新史观、新风气、新结构的事件泡沫。换句话说，重新嵌入的事件反映的是革新后的新气质，不可能质疑新的结构体系，否则不可能被选择。舍弃的细节可能和选择进来的一样多。方向明确、结构确定之后，局部知识的组装和填充才会一日千里，这就是胡适首先确立文化史大纲和学科史写作轨范的意义。此后的学科并进和局部丰满，都属于被动的"文化适应"。

四 西学结构里的中国目录学

既然本书讨论的是作为学术纲目的知识分类系统，最后就有必要来看看新学术体系里被去了结构的目录学的现代命运。四部分类今天仍是目录学和图书馆学的热点问题，近代以来的批判立场也在延续，只是加入"辩证"的立场而已。"辨体"和"辨义"是反复出现的一项指控。刘简《中文古籍整理分类研究》、司马朝军《〈四库全书总目〉研究》、黄晏妤《四部分类是图书分类而非学术分类》、左玉河《从四部之学到七科之学：学术分科与近代中国知识系统之创建》、刘龙心《学术与制度：学科体制与现代中国史学的建立》等都提到了这一点，甚至作为重要内容来论述。"辨体"指按体裁分类，"辨义"指依据内容进行类目甄别。经部的易、书、诗、礼、春秋是以典籍立目。史部的正史、编年史、纪事本末，集部的楚辞、诗文评、词曲、别集、总集是体裁和形式的混同。标准不一，体例混杂，说明"四部"体系不合理。

这其实沿用了近代第一批图书馆学者的"发现"，因此杜定友、刘国钧等人的意见反复被引证。1926年刘国钧在《四库分类法之研究》里说："图书分类，或以体，或以义。体谓著作之体裁，义谓著作内容之实质。二者之标准不同，故分类法中，同一阶级，必不能二者并用。并用，必至于混淆。四库之史部十五类，自正史迄诏令，皆以体分者也。自传记至史评，则以义分者也。"① 黄文弼在《对于改革中国图书部类之意见》里也指出:"自来之论部类者,有辨体辨义二说。辨体者,以图书之体裁为主。辨义者,以学术之流别为主。辨体始自隋志。辨义源于七略。自七略变为四部后,目录家遂专主体而不主义,故七略之家法不存,而学术之流别遂亦无由考索矣。"② 稍后,杜定友在《校雠新义》里也说"类例条别有辨体辨义之分,体者书之体裁也,义者书之内容也",《七略》以内容分,四部集部以体裁命名,开后世辨体、辨义混淆之先河③,他们都提出了体和义的区分,但对何者为"义",意见却不统一。

内容如何界定?怎么按内容分?每本书的内容都不可能完全一样。民国学者都强调应把"性质相同"的书放在一起?可如何界定"性质"?每个事物都有多种属性,关注点不同,类属就可能不同,科学的性质未必比经学的性质好理解。刘国钧的"义"侧重对象("自传记至史评,则以义分者也"),因有西式学科做参照,实为今人的义而非古人的义。他说"盖四库以体裁为主,学科为副。今反其道而行之,则不能不有所变革",《四库全书》怎么可能会有学科意识呢?学科是近代外来观念。编《四库全书》的时候,西方多数学科还未出现呢。黄文弼和杜定友的"义"指学术流别。既然今人已不清楚古学如何衍化("学术之流别遂亦无由考索矣"),多说何益?

他们都关注《七略》和《四库全书总目》的分野,六分到四分的变化是讨论的焦点。(表7-1)《七略》六分系统保存在《汉书·艺文志》里,四分体系导源于《隋书·经籍志》(有时追到已经亡佚的晋荀勖《中经新簿》)。古人论目录,多褒扬刘向父子的《七略》,它努力条别学术,尽管不尽确切。后世一则书多,学派复杂,二则年代久远,古书亡佚,学术脉络已难复原。但《四库全书总目》也在尽力追迹学术,否则要那么多的叙录和按语做什么?

必须清楚的一点是,郑樵、章学诚等是在系统内部进行纵向(时间轴)比较,与刘国钧、杜定友等近代学者跳出中学系统进行横向的(中西之间)对比,有着根本的不同。六分和四分,更多是子目间的分合与增删,有明显

---

① 刘国钧:《四库分类法之研究》,《图书馆学季刊》1926年第1卷第3期。
② 黄文弼:《对于改革中国图书部类之意见》,《图书馆学季刊》1926年第1卷第2期。
③ 杜定友:《校雠新义》,第4页。

的承继关系,余嘉锡做过总结——"七略之变而为四部,不过因史传之加多而分之于《春秋》,因诸子、兵书、数术、方技之渐少而合之为一部,出数术、方技则为五,益之以佛、道则为七,还数术、方技则为六,并佛、道则复为四,分合之故,大抵在诸子一部。互相祖述,各有因革。虽似歧出枝分,实则同条共贯也"①。无论古人如何挑"四部"的毛病,都只是希望尽量靠近《七略》的学术理想,或者说力图提高以学治书的水平。而近代图书馆学引用古人的批评,却意在推翻连同《七略》在内的整个中国图书布列方式,连同目录学的学术追求一起打倒。他们是想用西方学科分类置换中学分类,用西方图书馆学取代中国传统目录学。可入手的理由和例证,却来自古人意见。这种方式近代常有,一方诉求能否拿来断案是要谨慎的。

表7-1 六分法与四分法类目对照表

《汉书·艺文志》		《隋书·经籍志》	《四库全书总目》
六艺	易、书、诗、礼、乐、春秋、论语、孝经、小学	经	易、书、诗、礼、乐、春秋、孝经、论语、异说（谶纬）、小学	易、书、诗、礼、春秋、孝经、五经总义、四书、乐、小学
		史	正史、古史、杂史、霸史、起居注、旧事、职官、仪注、刑法、杂传、地理、谱系、簿录	正史、编年、纪事本末、别史、杂史、诏令奏议、传记、史抄、载记、时令、地理、职官、政书、目录、史评
诸子	儒、道、阴阳、法、名、墨、纵横、杂、农、小说	子	儒、道、法、名、墨、纵横、杂、农、小说、兵、天文、历数、五行、医方	儒、兵法、农、医、天文算法、术数、艺术、谱录、杂家、类书、小说家、释家、道家
兵书	权谋、形势、阴阳、技巧			
术数	天文、历谱、五行、蓍龟、杂占、形法			
方技	医经、经方、房中、神仙			
诗赋	赋（屈原赋之属、陆贾赋之属、孙卿赋之属）、杂赋、歌诗	集	楚辞、别集、总集	楚辞、别集、总集、诗文评、词曲
		附	道经、佛经	

刘国钧从个人理解和古人评议出发,挑《四库》的各种毛病,结论是"所谓四库部类次序之原则,如上所云者,皆曲说也"。全盘否定的根本在于

---

① 余嘉锡:《目录学发微》,第161页。

"四库分类序次之原理,一言以蔽之,即由六朝时遗传来之卫道观念。申言之则曰尊儒重道"。辨体与辨义的标准不一不是关键,不承认作为指导思想的儒家道统才是根本。一方面文章以大量例证说明《四库》的卫道宗旨如何"昭然可睹",另一方面又反复批评"四库类目之大弊在于原理不明"。宗旨难道不就决定了原理吗?既然能够通过类目设置循绎宗旨和关系,还不算清晰吗?其实是他接受了西式原理、标准和性质,不再承认其他。民国文章大多意愿先行,方向明确后再行学术证明,并非先有学理的探讨和论证,再试验和实施。这点尤其需要注意。在历史选择关头,这可以理解,但做学理分析时过于独断,或者说结论先行,就有违学术精神了。现代学术要求对既往研究进行综述,为的是防止重复与抄袭,并非鼓励把未经证实的前人意见和态度当成论据来使用。这是近代研究里经常出现的问题,尤当警觉。

说到底,刘国钧和杜定友抨击《四库全书总目》,不是嫌它不像《七略》那样脉络清晰,而是根本就反对它楷定学术的追求。挑它体裁和内容不一致的毛病,为的是攻击"辨章学术,考镜源流"立意太高,难以落实,还不如干脆切断学术的脐带,免得节外生枝。如此,由书入学、以学治书的目录学路径就被阻断了,为西方图书分类法和图书馆学的落地清除了障碍,因此文末说:

> 夫类例所以治书籍,非以书籍就类例。书为主,类例为客。学术之内容变,书籍之种类增,则类例自宜因之而异。芮嘉森谓图书分类,为一实际问题,盖指此也。今日学术界既异于四库法盛行之时代,则吾人对于从事编制四库分类法者诚不能不致其敬仰,而对于现在图书馆之采用其法,则不能无疑也。①

学和书的关系被置换成类例和书的关系。中国古代不存在脱离书籍的、抽象的、纯粹的类例,图书类例依从于学术。把它单独抽取出来,当成独立对象来对待,显然与当时杜威图书分类法的推行有关。杜威分类法不纠结于学术或学科的关系,仅为图书上架和查找服务。此处说的"实际问题"即指此,

---

① 刘国钧:《四库分类法之研究》,《图书馆学季刊》1926 年第 1 卷第 3 期。

而且已言是西方人芮嘉森的意见。可既然放弃学术关联,也有挪用的书籍种类,研究类例还有何必要?说类例应该根据学术内容和图书种类的变化而变化也没有意义了。全文最后一句话点明了心声:各种照顾中国传统的四部改良方案,虽然值得尊重,但在学术已经西向的当前属于徒劳。刘国钧质疑的"从事编制四库分类法者"不仅包括保留中学类目的学科扩展式,也包括只有新学用西式的中西并立式(前文论佛道图书,即影射"当时著录之士,咸竞竞于保守儒术,深惧佛道书之掺杂其间。此其力拒新学,排斥异端,与现代目录学者之分图书为新旧两部,不容掺杂者,亦何相类"①),他要的是所有的图书都采用西式分类。所以3年后推出的《中国图书分类法》,几乎照搬杜威十进制,只在类目顺序上做了调整。

谈《四库》的时候,反复强调"凡类目,首贵界限明晰。欲界限明晰,必分类之标准简单明了,而应用之时,又能始终一贯。如动物之中以脊椎之有无为之分类";自己分类时,又不得不解释"因书籍实质上之特点不能处处合于论理,故不得不稍加变通,而参以体裁的分别。至于地理、时代、语言等分类标准亦酌用之"。② 这种双重标准在许多民国学者身上都会发现。其实所有的分类都不可能"一而不能二",尤其面对大千世界的实物分类。不存在外在于观念的、纯客观的自然分类,也不能从现实生活中随意进行各种要素的抽取与重组,只有依据某种理想类型(Types Idéaux),分类行为才可能进行。马克斯·韦伯说的理想类型,强调连接主观和客观的理性与逻辑性。哪怕走在前列的动植物分类法,也是经过视点转换的人为分类(见第八章第一节)。因而所有的分类都会介于实物与抽象之间,有的还会以复分目录、交替类目等方式进行补充。

以杜威十进制为例。一级类目总论、哲学、宗教、社会科学、语言、自然科学、应用科学、美术、文学、历史地理,总体以学科为框架。但学科不止10门,所以自然科学、应用科学、总论是学科群概念,10类之间并非严格的并列关系。进入二级目录,分化更明显。总论000下面,010目录学,

---

① 刘国钧:《四库分类法之研究》,《图书馆学季刊》1926年第1卷第3期。

② 同上。

020 图书馆学, 030 普通百科全书, 040 普通论文集, 050 普通连续出版物, 060 协会和博物馆, 070 新闻和期刊, 080 丛书与收藏, 090 手本与珍本, 显然不同于 500 自然科学下面的数学、天文学、物理学、化学、生物学等学科划类, 与 400 语言类里的英文、德文、法文、意大利文等也迥异。用图书馆学者的话来说, 同样存在辨体和辨义的分歧, 比《四库》还更凌乱。因为往下还有各种复分目录（体现在第 4、5 位数字上）, 允许叠加和组配。如 580 为植物学, 5804 就是欧洲植物学, 叠加了地理复分法; 622 是矿物学, 62203 是矿物词典, 是追加了文献形式的复分法。序号越长, 定位越清晰, 组合的分类标准也越多。文献分类本身就是综合了形态、内容和其他性质的抽象表述, 不能只看一级目录而不顾整个系统的组配规则。所以, 辨体与辨义是一个学术伪命题。

从这个伪命题的澄清里, 我们看到的是新与旧、中与西的纠缠不清。章学诚目录学批评的立足点是抱憾于"学者不知著录之法, 所以辨章百家, 通于大道, 而徒视为甲乙纪数之所需"①, 反对把目录做成账簿。顾颉刚意欲重分北大图书, 乃有感于目录不清"坐使学术散乱、大旨难明"②, 仍希望通过目录考察学术。而以刘国钧、杜定友为代表的近代图书馆学者, 虽然讨论的内容是从《七略》到《四库全书总目》的古代图书目录, 但他们要推翻的恰恰是"辨章学术, 考镜源流"的目录学传统。杜定友在《校雠新义》里旗帜鲜明地提出: 学术源流"非类例之责, 书目之事", 目录学只是"图书簿记之法", 不过"第其甲乙, 而求便于稽检取用也"③, 古代学者正是被学术源流说误导了。主旨被推翻, 目录学的传统自然终止。余嘉锡言:"吾国从来之目录学, 其意义皆在'辨章学术, 考镜源流', 所由与藏书之簿籍自名赏鉴、图书之编目仅便检查者异也"④, 明确把图书目录学和古代鉴藏簿、近代图书编目区分开来, 显然有所针对。

古代目录学和现代图书馆学实为不同追求、不同方向的两件事情, 当前

---

① 章学诚:《和州志艺文书序例》,《文史通义校注》下册, 第 653—654 页。
② 顾潮编:《顾颉刚年谱》, 第 38 页。
③ 杜定友:《校雠新义》, 第 3 页。
④ 余嘉锡:《目录学发微》, 第 14 页。

图书馆学改入情报学或信息管理学可为旁证。古今强行对接的结果，是方枘圆凿，格格不入。但许多学者没有检省前提和学科基础的意识，黄晏妤就认为"赞成这一看法的（指四部分类是学术分类）多为研究学术史的学者，而他们在论证自己观点时引用最多的却是图书馆学、目录学、校雠学方面的学术成果，说明弄清这个问题还需要从目录学和图书馆学方面正本清源"①。难道目录学和图书馆学的发展历程不属于学术史？把校雠学和图书馆学并置一起，正是不通学术史的表现。不进入学术（还不仅仅是学术史），只谈表面形式，滋生了多少关公战秦琼式的伪命题！这也正是了解作为整体的中国近代学术转型的意义所在。各个现代学科都是在古代学术里取一瓢饮，若不明白作为整体的近代学术已经改道，便会无可避免地陷入以今律昔、以西格中的泥潭，并以近代命题为自古以来的天经地义，据以过滤、改写古代传统。

从这个案例里，我们还不难体会，从已经改造的学术思路和学科框架里，是难以循绎传统学术的本来面貌的。进入现代学科体系的古代知识，已经经过了选择、切割与重组，它们服从新的逻辑、新的目标。换而言之，用西学之网捞取中国学术，漏过网眼从而被保留下来的，是那些符合规格尺寸的细节碎片，借此难以拼凑、还原传统学术的面貌，遑论精神和品格。这是当前古代研究面临的严峻问题。似是而非的臆测，乃至违背常识的显微镜研究，不在少数。印度学者迪佩什·查克拉巴蒂（Dipesh Chakrabarty）的《把欧洲区域化》（*Provincializing Europe*）揭示，从前梵文传统是有生命的，而且代有传人。而现代西式大学和研究院的建立，把这些学问切割成了现代学科。传统成为化石，已经死去。② 当中国古代学术不再被视为一个有机的整体，各个学科可以随意各取所需时，传统学术的生命已经寿终正寝。去结构化后重新组配的西式新学科体系，不能作为进入中国古代学术的门径，就像据学科目录无法查找到古籍一样。讨论学术转型，不仅具有分析近代学术建构逻辑的意义，还是进入中国古代研究的基础。（表 7-2）

---

① 黄晏妤：《四部分类是图书分类而非学术分类》，《四川大学学报（哲学社会科学版）》2000 年第 2 期。

② Dipesh Chakrabarty, *Provincializing Europe: Postcolonial Thought and Historical Difference*, Princeton University Press, 2000.

表 7-2　中国近代学术发展简表①

1840	庚子	道光二十年	【鸦片战争】林则徐辑译《四洲志》
1841	辛丑		龚自珍卒；魏源著《英吉利小记》
1842	壬寅		【中英《南京条约》】魏源完成《海国图志》
1843	癸卯		严可均卒；重修《大清一统志》完成
1844	甲辰		清廷弛天主教之禁；梁廷枏刊行《耶苏难入中国说》等
1845	乙巳		姚莹撰《康輶纪行》
1847	丁未		容闳等赴美留学
1848	戊申		徐继畬《瀛寰志略》成书
1849	己酉		葡萄牙强占澳门；罗泽南著《西铭讲义》
1850	庚戌		英国人创《北华捷报》，后改名《字林西报》
1851	辛亥	咸丰元年	【洪秀全金田起义】方东树卒；张鹏飞刊《皇朝经世文补编》
1852	壬子		郭嵩焘著《礼记质疑》；魏源著《禹贡说》
1853	癸丑		魏源完成《元史新编》
1855	乙卯		刘宝楠完成《论语正义》
1856	丙辰		【第二次鸦片战争】道光朝《筹办夷务始末》成书
1857	丁巳		上海墨海书馆《六合丛谈》创刊
1858	戊午		王韬与传教士合译《格致西学提要》；陈澧刊行《汉儒通义》《声律通考》
1859	己未		洪仁玕作《资政新篇》
1860	庚申		【英法联军入京】经学家宋翔凤卒
1861	辛酉		【总理各国事务衙门成立】冯桂芬《校邠庐抗议》成书
1862	壬戌	同治元年	设京师同文馆
1863	癸亥		上海广方言馆成立
1864	甲子		【太平天国失败】丁韪良译《万国公法》刊行
1866	丙寅		京师同文馆增设天文算学馆
1867	丁卯		俞樾刊刻《群经平议》
1868	戊辰		传教士林乐知办《中国教会新报》（后改名《万国公报》）
1869	己巳		经学家陈乔枞、陈立卒；王韬撰《周易注释》《礼记集释》
1870	庚午		王韬辑《法国志略》
1871	辛未		容闳设上海留美学生预备学堂；王韬辑译《普法战纪》；郑观应著《易言》
1872	壬申		英国人美查办《申报》；清廷派出第一批留美幼童

① 据麻天祥《中国近代学术史》附表整理。此表不求赅备，但大体能反映新中国成立前各学科的发展基础和研究进程，补充本书无法全部铺陈的内容。

(续表)

1873	癸酉		刘熙载《艺概》刊行；江南制造局《地学浅释》刊行
1874	甲戌		冯桂芬卒；王韬主编香港《循环日报》
1875	乙亥	光绪元年	清廷首次派郭嵩焘为常驻英国公使；张之洞撰《书目答问》
1876	丙子		傅兰雅刊《格致汇编》；李瀚章编《曾文正公全集》
1877	丁丑		严复、马建忠前赴英法学海军；基督教在华传教士召开第一次大会，成立学校教科书编纂委员会（中华基督教教育会）；魏源《古微堂集》刊行
1878	戊寅		《万国公报》介绍培根《新工具》；杨守敬刊《历代地理沿革总图》
1879	己卯		薛福成著《筹洋刍议》；王先谦刻乾隆朝《东华录》；徐建寅《谈天》，介绍欧美最新天文学知识
1880	庚辰		杨守敬刊行《古逸丛书》26种
1882	壬午		经学家陈澧卒；徐鸿复、徐润创同文书局；王先谦编《续古文辞类纂》
1883	癸未		王韬刊行《弢园文录外编》
1884	甲申		【中法战争】王先谦著《续东华录》；康有为完成《礼运注》
1885	乙酉		廖平著《今古学考》；康有为作《诸天讲》
1886	丙戌		天津《时报》创刊，后李提摩太主笔；廖平著《十八经注疏凡例》《经学初程》
1887	丁亥		黄遵宪《日本国志》完书；何启、胡礼垣《新政真诠》；英国传教士在上海创同文书会，后改名广学会
1888	戊子		邵作舟《邵氏危言》、王先谦《皇清经解续编》、缪荃孙《续经世文编》刊行；申报馆完成《古今图书集成》铅印，沈寿康译培根《新工具》（《格致新机》）
1889	己丑		王韬刊《经学辑存》
1890	庚寅		汤震《危言》成书；马建忠著《富民说》；王韬刊《西学辑存》
1891	辛卯		康有为在广州长兴里讲学；《新学伪经考》刊行；黄遵宪《人境庐诗草自序》主张诗歌革新；王先谦著《荀子集解》
1892	壬辰		宋恕《六斋卑议》；陈虬《治平通议》；孙诒让《尚书骈枝》
1893	癸巳		史学家洪钧卒；郑观应《盛世危言》、陈炽《庸书》、康有为《广艺舟双辑》刊行
1894	甲午		【甲午海战】康有为桂林讲学，撰《桂学答问》；杨仁山与李提摩太合作，英译《大乘起信论》；孙诒让《墨子间诂》刊行
1895	乙未		【公车上书】康有为在京办《万国公报》（《中外纪闻》）；强学会成立；盛宣怀在天津设中西学堂，1903年改为北洋大学；严复发表《原强》《救亡决论》等
1896	丙申		康有为上海创《强学报》；《时务报》创刊，载梁启超《变法通议》；黄遵宪、梁启超发起"诗界革命"；谭嗣同著《仁学》
1897	丁酉		夏瑞芳、高凤池等创上海商务印书馆；江标、唐才常创《湘学新报》（《湘学报》）；尊经书院刊刻廖平《四益馆经学丛书》

(续表)

1898	戊戌		【戊戌变法】京师大学堂成立；严复译《天演论》《群学肄言》；张之洞发表《劝学篇》；马建忠《马氏文通》出版；薛福成刻《庸盦全集十卷》
1899	己亥		安阳发现商代甲骨文；孙诒让著《周礼正义》；章太炎刊《訄书》；容闳著《西学东渐记》；严复译《自由论》《群己权界论》
1900	庚子		【八国联军侵华】斯坦因沿丝绸之路考察；王先谦《汉书补注》刊行；严复翻译《名学》《原富》
1901	辛丑		【辛丑条约】张之洞和刘坤一上"江楚会奏变法三疏"；美国基督教办苏州东吴大学；罗振玉办《教育世界旬刊》；康有为《大同书》《春秋笔削大义微言考》《孟子微》成书；孙诒让作《周礼政要》（原名《变法条议》）
1902	壬寅		梁启超日本办《新民丛报》，刊《新史学》《新民说》《论中国学术思想变迁之大势》等。又创《新小说》提倡"小说界革命"；马君武创《翻译世界》；章太炎日本召开支那亡国242周年纪念会；蔡元培、黄炎培等上海成立中国教育会；康有为著《论语注》《大学注》；王国维著《叔本华之哲学及其教育学说》和《红楼梦评论》；田吴炤翻译日著《论理学纲要》
1903	癸卯		"苏报案"章太炎和邹容入狱；刘师培《攘书》《中国民约精义》、王闿运《尚书笺》、刘鹗《铁云藏龟》、梁启超《饮冰室文集》出版
1904	甲辰		上海《东方杂志》创刊；柳亚子、陈去病等办《二十世纪大舞台》；严复《英文汉诂》和译作《法意》《社会通诠》出版；孙诒让完成《契文举例》；夏曾佑著《最新中国历史教科书》
1905	乙巳		【废除科举，设学部】黄遵宪卒；国学保存会成立，发行《国粹学报》；黄绍箕《中国教育史》、马其昶《庄子古义》出版；杨守敬著《水经注图》《水经注疏要删》
1906	丙午		中国公学、东京春柳社成立；张静江、吴稚晖等在巴黎办世界社；朱执信译《共产党宣言》；严复《政治讲义》《实业教育》、康有为《物质救国论》出版
1907	丁未		曾朴、黄人等创上海《小说林》；刘师培创东京《天义报》；皮锡瑞著《经学通论》《经学历史》；杨文会创办佛教学校祇洹精舍
1908	戊申		美国退回庚子赔款，用于派遣留美学生；新疆和甘肃出土汉简；王国维《人间词话》《曲录》刊行
1909	己酉	宣统元年	外务部建游美肄业馆（清华大学前身）；陈去病、柳亚子等成立南社；光绪朝《东华录》、罗振玉《敦煌石室遗书》、王先谦《庄子集解》、严复译《法意》《名学浅说》出版
1910	庚戌		宋恕卒；清政府颁布《著作权律》；刘锦藻《皇朝续文献通考》成书；章太炎《国故论衡》、蔡元培《中国伦理学史》、孙德谦《诸子通考》出版；杨文会办佛教研究会
1911	辛亥		杨文会卒；杨守敬《历代舆地图》34册出齐
1912	壬子		【中华民国成立】陆费逵办中华书局；京师大学堂改名北京大学；陈焕章、康有为等成立孔教会；太虚创中国佛教协进会；王国维《宋元戏曲考》、罗振玉《殷墟书契》前编出版
1913	癸丑		法学家沈家本卒；康有为办《不忍》月刊；严复、梁启超等成立孔教公会；章太炎《春秋左传读》《文始》出版

(续表)

1914	甲寅	北洋政府设清史馆，赵尔巽等开始编写《清史稿》；章士钊办《甲寅》；章太炎修订《訄书》，改名《检论》；廖平《孔经哲学发微》出版；罗振玉《殷墟书契菁华》《殷墟书契考释》《秦金石刻辞》《秦汉瓦当文字》出版；姚永朴著《史学研究法》
1915	乙卯	梁启超办《大中华》；杨度、严复、刘师培等成立筹安会；陈独秀《新青年》创刊；任鸿隽、赵元任等成立中国社会科学社；辜鸿铭作《春秋大义》英文；商务印书馆《辞源》、章太炎《章氏丛书》、王先谦《后汉书集解》《尚书孔传参正》、宁调元《庄子补释》《读汉书札记》、丁谦"蓬莱轩地理学丛书"出版
1916	丙辰	王闿运卒；燕京大学成立；易白沙发表《孔子平议》，首批孔子；王国维著《殷周制度论》；罗振玉著《殷墟书契后编》《殷文存》《石鼓文考释》等；章太炎著《菿汉微言》；徐元浩和欧阳溥完成《中华大字典》
1917	丁巳	胡适发表《文学改良刍议》；陈独秀发表《文学革命论》；僧太虚、蒋作宾、章太炎、张謇等成立觉社，出版《觉社丛书》，后改名《海潮音》；蔡元培《石头记索隐》出版
1918	戊午	《新青年》第4卷改白话用新式标点；《新青年》主编"易卜生专号"；发表李大钊《庶民的胜利》、周作人《人的文学》；北京大学成立新闻学研究会；傅斯年、罗家伦等成立北京大学新潮社；陈独秀和李大钊办《每周评论》；孙中山作《孙文学说》；李大钊组织北大马克思学说研究会
1919	己未	【五四运动】刘师培组织北大国故社，出版《中国中古文学史讲义》，并去世；胡适《中国哲学史大纲》上卷出版，并发表《实验主义》；《新教育》发"杜威"专号，杜威来华讲学；《新青年》发"马克思主义研究专号"；李大钊创《晨报》，辟"马克思研究"专栏；孙中山印行《建国大纲》；"问题与主义"之争；《国故杂志》创刊；钱玄同、顾颉刚、周作人开始苏州方言研究；梁漱溟《印度哲学史概论》出版
1920	庚申	蒋方震创"共学社"；"马克思主义研究会"成立；陈望道译《共产党宣言》出版；罗素来华讲学；马一浮著《老子道德经注》；杨树达《中国语法纲要》、柯劭忞《新元史》出版；商务印书馆开始出"世界丛书"和"共学社丛书"
1921	辛酉	严复卒；文学研究会在京成立；经济研究会在上海成立；《哲学杂志》《学林》创刊；仰韶文化遗址发掘；《胡适文存》第一集、梁启超《清代学术概论》、梁漱溟《东西文化及其哲学》、丁福保《佛学大辞典》、蒋方震《欧洲文艺复兴史》出版
1922	壬戌	胡先骕等主办《学衡》、郁达夫主编《创造》、胡适主编《努力周报》；北京大学研究所国学门成立；梁启超《中国历史研究法》、章太炎《国学概论》出版；胡适作《五十年来之中国文学》《五十年来之世界哲学》；俞平伯和顾颉刚作《红楼梦辨》；商务印书馆印成《四部丛刊》；欧阳竟无作《唯识论抉择谈》；太虚作文辩论；沈曾植卒

(续表)

1923	癸亥		夏曾佑卒；科学与人生观的论战；陶行知等成立中华平民教育促进会；顾颉刚发表《与钱玄同先生论古史书》；鲁迅《中国小说史略》、吕思勉《白话本国史》、邵飘萍《实际应用新闻学》、梁启超《先秦政治思想史》出版
1924	甲子		语丝社成立；《语丝》《现代评论》创刊；孙中山《三民主义》、冯友兰《人生观比较研究》、《胡适文存》第二集、杨鸿烈《史地新论》、蔡和森《社会进化史》出版；张东荪作《新哲学论丛》；崔适、林纾卒
1925	乙丑		故宫博物院成立；戴季陶发表《三民主义哲学的基础》；李济英文著《中国人种之构成》；陈垣《中西回史日历》《二十史朔闰表》、杨树达《汉书补注补正》、吕澂《印度佛学史略》、李石岑《美育之原理》出版
1926	丙寅		北京图书馆成立；李济主持挖掘山西仰韶文化遗址；李达《现代社会学》、朱谦之《历史哲学》、吴梅《中国戏曲概论》、冯友兰《人生哲学》、赵元任《国际音标国语正音字典》、刘师培《中古文学史》、《古史辨》第一册出版
1927	丁卯		康有为、李大钊、王国维辞世；傅斯年办史语所；黄侃《文心雕龙札记》、郑振铎《文学大纲》、欧阳竟无《藏要》出版
1928	戊辰		国立中央大学、中央研究院成立；辜鸿铭卒；胡适《白话文学史》、杨树达《词诠》、赵元任《现代吴语的研究》、张东荪《宇宙观与人生观》《新创化论》、潘光旦《优生概论》、姚永朴《诸子考略》出版
1929	己巳		北京周口店发现北京人头骨；梁启超卒；"中国社会性质问题"争论开始，《新思潮》出"中国经济研究"专号；梁启超《中国近三百年学术史》、邹鲁《中国国民党史稿》、陶希圣《中国社会之史的分析》《中国封建社会史》出版
1930	庚午		中国左翼作家联盟成立；中国社会科学家联盟成立；乡村建设研究院成立；郭沫若《中国古代社会研究》《甲骨文字研究》、胡适《胡适文选》、顾颉刚《古史辨》第二册、梁漱溟《乡村建设》、胡适梁实秋等《人权论集》、王星拱《科学概论》、周谷城《中国社会之结构》、蔡尚思《中国学术大纲》出版
1931	辛未		"唯物辩证法"论战；梁漱溟《乡村建设理论》、冯友兰《中国哲学史》上册、张君劢等《人生观问题》、钱穆《国学概论》、顾颉刚《古史辨》第三册出版
1932	壬申		胡适办《独立评论》杂志；廖平卒；陈望道《修辞学发凡》、陶希圣《中国政治思想史》、柳诒徵《中国文化史》、熊十力《新唯识论》、郑振铎《中国文学史》、顾颉刚《尚书研究》、蒋维乔《中国近三百年学术史》出版
1933	癸酉		杜亚泉卒；郭沫若《卜辞通纂》、罗振玉《殷虚书契续编》、陈垣《史讳举例》、范文澜《群经概论》、林语堂《语言学论丛》、朱光潜《悲剧心理学》、太虚《法相唯识学概论》、周谷城《中国社会之现状》、杨家骆编《四库大辞典》、李景汉《实地社会调查方法》

(续表)

年份	干支		事项
1934	甲戌		顾颉刚办《禹贡》；刘半农、李石岑卒；张君劢《明日之中国文化》、陈寅恪《四声三问》、梁实秋《文艺之批评论》、吴梅《辽金元文学史》、张星烺《欧化东渐史》、罗根泽《文学批评史》
1935	乙亥		何炳松等发表《中国本位的文化建设宣言》；黄侃卒；冯友兰等成立中国哲学会；胡适作《充分世界化与全盘西化》；孙本文《社会学原理》、金岳霖《逻辑》、钱穆《先秦诸子系年》、张相文《中国地理沿革史》、顾颉刚《古史辨》第五册出版
1936	丙子		章太炎、鲁迅、丁文江卒；朱光潜《文艺心理学》、艾思奇《思想方法论》《大众哲学》、冯友兰《中国哲学史》下册、傅斯年《性命古训辩证》、张君劢《民族复兴之学术基础》、李济《田野考古报告》、梁漱溟《乡村建设理论》、朱谦之《黑格尔的历史哲学》、黄侃《集韵声类表》出版
1937	丁丑		【卢沟桥事变】商务印书馆刊行"中国文化史"丛书；钱穆《中国近三百年学术史》、李达《社会学大纲》、熊十力《佛家名相通释》、方东美《科学哲学与人生》《中国人生哲学概要》、罗尔纲《太平天国史纲》、董作宾《甲骨年表》、郭沫若《殷契粹编》、潘光旦《民族特性与民族卫生》、胡朴安《中国训诂学史》、姚名达《中国目录学史》出版
1938	戊寅		西南联合大学定名；汤用彤《魏晋南北朝佛教史》、蒋廷黻《中国近代史》、贺麟《知行合一新论》、太虚《法相唯识学》、徐世昌《清儒学案》、胡绳《辩证法唯物论入门》、《古史辨》第六册出版；毛泽东作《论持久战》、胡秋原作《中国文化复兴论》
1939	己卯		钱玄同、吴梅卒；马一浮建复性书院；中央政治学校《新闻学季刊》创立；钱亦石《近代中国经济史》、周谷城《中国通史》、冯友兰《新理学》、钱穆《国史大纲》、罗尔纲《湘军新志》、钱端升《民国政制史》《斯大林全集》出版
1940	庚辰		蔡元培、罗振玉卒；中国佛教学院建立；陈垣《明季滇黔佛教考》、吕思勉《中国通史》上册、钱基博《近百年湖南学风》、金岳霖《论道》、冯友兰《新世训》、周谷城《中国政治史》出版
1941	辛巳		边疆学会成立，顾颉刚任理事长；王重民《巴黎敦煌残卷叙录》、刘大杰《中国文学发展史》、容庚《商周彝器通考》、《古史辨》第七册出版
1942	壬午		延安文艺座谈会召开；陈独秀、李叔同卒；张其昀《中国军事史略》、林语堂《中国与印度之智慧》、陈垣《中国佛教史籍概论》、杨宽《墨经哲学》、范文澜《中国通史简编》、朱自清《经典常谈》、朱光潜《诗论》出版
1943	癸未		蒋介石署名《中国之命运》、王力《中国现代语法》、翦伯赞《中国史纲》、熊十力《新唯识论》、冯友兰《新原人》、罗尔纲《太平天国史丛考》、杨树达《春秋大义述》、胡朴安《儒墨道学说》出版
1944	甲申		欧阳竟无卒；郭沫若发表《甲申三百年祭》；《毛泽东选集》、金毓黻《中国史学史》、侯外庐《中国古代思想学说史》《中国近世思想学术史》、劳榦《居延汉简考释》、唐君毅《人生之体验》《道德自我之建立》、蒙文通《儒学五论》、王亚南《中国经济论丛》出版

(续表)

1945	乙酉		梅光迪卒；郭沫若《十批判书》《青铜时代》、熊十力《读经示要》、贺麟《当代中国哲学》、汤用彤《印度哲学史略》、吕澂《佛法与世间》出版
1946	丙戌		陶行知、夏丏尊、何炳松卒；孙本文《社会心理学》、朱东润《中国文学批评史大纲》出版；冯友兰"贞元六书"出齐
1947	丁亥		太虚大师、胡朴安卒；瞿同祖《中国法律与中国社会》、范文澜《中国近代史》上编第一册、钱穆《中国文化史导论》、孙本文《近代社会学发展史》、蔡仪《新美学》、吕振羽《中国社会史纲》、吕思勉《秦汉史》、孟森《清史讲义》出版
1948	戊子		中央研究院选出第一届81名院士；朱自清卒；费孝通《乡土中国》《生育制度》、钱锺书《谈艺录》、胡绳《帝国主义与中国政治》、柳诒徵《国史要义》、贺麟《黑格尔理则学简述》、孙本文《当代中国社会学》、董作宾《殷墟文字》《墨子引得》出版
1949	己丑		中国哲学会成立，李达任主席；梁漱溟《中国文化要义》、林语堂《老子的智慧》、熊十力《十力语要初续》、范文澜《太平天国运动》、吕振羽《简明中国通史》、周谷城《世界通史》、董作宾《小屯》第二本乙编中、潘光旦《优生原理》、金毓黻《明清内阁大库史料》出版

第八章
他山之石：知识分类的有限性与相对性

谈了这么多近代学术的分类纠葛，最后该对照着看看西方的分类传统了。当近代中国大费周折乃至大动干戈，比照着西方框架对传统学术进行拆分和改组的时候，西方学术并没有停下来等候。当中国学界坚决落实西式分科体系时，西方学术却走向了对学科的批判与反思，打破学科、超越学科成为新的发展方向。

每一次引进西潮，中国总是要滞后几十年，总是沦为不同时期、不同流派、不同国家、不同西方学说的混战场。当年，国人不清楚西学的来龙去脉，挪用抄袭和简单比附的情况较为常见。今天讨论学术分科，对西学的介绍和把握依然总是一笔带过。如此，西学千帆过尽，我们却还在刻舟求剑，不仅背离了当初忍痛割爱的初衷，也很难有未来的突破与超越。对话和论辩不能只听一方陈词，对西方分类传统及其相关研究的了解无可回避。这里当然不可能全面展开，否则就成另一本书了。出于比较和反省的必需，此章力求勾勒要点。

第一节　生物分类里的中西文化思维

谈到分类，最先在实践领域形成科学系统的是生物分类学（Taxonomy）。列维-斯特劳斯研究原始人的思维时，就经常与18世纪瑞典植物学家卡尔·冯·林奈（Carl von Linné，1707—1778）创立的近代植物分类法进行比较。的确，几乎所有的人类学调查，都对原始土著丰富的植物学和动物学知识印象深刻。R. B. 福克思感叹："几乎所有尼格利托人都可以不费力地列举出至少450种植物，75种鸟类，大多数蛇、鱼、昆虫和兽类，以及甚至20种蚂蚁……"雷查德指出："由于他们把宇宙间万事万物都看作与福祉相关，自然物的分类就成了一个重要的宗教性的问题，它要求特别侧重分类学。"①

作为"经验类型"代表的动植物分类法，不仅最早成为科学分类的代表，而且使分类实践成为科学行为和科学研究的对象。尽管列维-斯特劳斯反对以智识高下区分原始分类和现代分类，莱维-布留尔最终也放弃了原始思维与现代思维不可通约的观点，但是由现代生物分类学延伸至原始分类研究，意义重大。它说明分类之于人类思维的基础性和重要性，也部分说明了标准化分类系统的出现，何以终结欧洲的博物学时代。

作为人文学者，笔者要强调的是，分类不仅有结构知识或曰知识系统化的作用，还能反映不同文化的思维差异。既然生物分类早就被视为进入思维的方式，我们也不妨借此打探分类背后的文化意涵。从具体分类法里体察思维模式和价值体系，更易体会分类的意义及其研究价值。

一 亚里士多德的西方自然观

尽管最早以合乎逻辑的形式写下植物分类法的是亚里士多德的学生泰奥费拉斯托斯（Theophrastus，约前370—前285），但是在西方的古典传统里，亚里士多德才是最关键的人物。无论是在古希腊，还是中世纪，乃至近代早期，他的著作都被奉为经典。罗马帝国衰亡后，他的学说被阿拉伯世界利用和改造。1200年左右又从阿拉伯语转译成拉丁语，并与基督教神学结合，成为经院哲学和大学教育的主要内容。他的观察向度也和他的自然哲学一起，沿用到了17世纪。美国科学史学者理查德·德威特（Richard DeWitt）把公元前300年至1600年间的主流信仰称为"亚里士多德世界观"，17世纪以后才逐渐被"牛顿世界观"所取代。② 因此，以亚里士多德为西方古典分类思想的代表，大概不为过。

作为医生的儿子，这位伟大的古希腊哲学家对自然界的生物表现出极大

---

① 转引自〔法〕克洛德·列维-斯特劳斯：《野性的思维》，李幼蒸译，中国人民大学出版社，2006，第5、44页。

② 〔美〕理查德·德威特：《世界观：科学史与科学哲学导论》，李跃乾、张新译，电子工业出版社，2014，第13页。

的兴趣,曾在莱斯博斯岛(Lesbos)对海洋动物做过数年的研究。《动物志》《论动物部分》《论动物运动》《论动物行进》《论动物生成》《论植物》《论灵魂》等篇目,涉及五百多种动植物,因而被认为是比较动物学的创始人。他基于经验的细致描述,成为后来欧洲博物学的传统写作方式。当然,没有哪个独立考察的博物学家能收集到这么多资料(在苗力田主编的10卷本《亚里士多德全集》里占了2卷),我们经常看到他讨论别人和前人的观点,也不乏来自农民和渔夫的民间叙述。这种材料的搜集、甄别、比较已经超越了简单的记录,尽管它们被认为"只是一部陈述事实的预备性著作"而已①。

亚里士多德没有正式提出统一的动植物分类法,他更在意的是各种生物的详尽观察和描述。在他的描述里,类别标准往往多元且重叠:水生的和非水生的、有血的和无血的、有足的和无足的、胎生的和卵生的、固定不动的和可以自由移动的,等等。不妨先看一段《动物志》原文,了解他的讲述方式,以便比较:

> 动物中极大的种,即其他动物可以划归于其中的种,有下列一些:一为鸟种,一为鱼种,另一为鲸种。所有这些动物均属于有血动物。
>
> 有一种见于硬壳动物,称为壳贝;另一种见于软壳动物,它没有统一的名称,例如小龙虾、某些种类的蟹与龙虾;还有一种见于软体动物,例如两类枪鲗与乌贼;另外还有一种见于昆虫。上述这些动物均属无血动物,即那些有足且有很多只足的动物;有一些昆虫还兼有翅。
>
> 其他动物则没有这样大的种;一个属不是包含众多的属,而是要么一个属自身简单而不具有任何属差,要么具有一些属差,这些属却没有各不相同的名称。
>
> 从而,一切四足而又无翅的动物都是有血动物,不过其中一些为胎生,另一些为卵生。那些胎生动物身上全都被毛,卵生动物身上则有角质棱甲,这种棱甲在位置上与鱼身上的鳞甲相像。
>
> 一种原本无足、有血而又居于陆地的动物属于蛇类,其身上带有角

---

① 颜一:《后记》,〔希〕亚里士多德:《动物志》,《亚里士多德全集》第4卷,中国人民大学出版社,1996,第394页。

鳞。其他各种蛇都属卵生，唯有蝮蛇属于胎生。并非一切胎生动物均为被毛，因为有某些鱼确属胎生。不过，一切被毛的动物均属胎生，应该把刺猬和豪猪身上的针毛当作某种形式的毛，因为这些针毛起着毛的作用，而不像海胆身上的针毛那样起着脚的作用。

包括众多胎生四足动物的种中有许多属类，但它们并无统一的称谓。不过可以说它们中每一个却有称呼，就像人一样。①

这段话看得人眼花缭乱，需要我们自行整理：他把动物分成了两大类：有血的和无血的（指红色血液）。无血动物又分贝壳类（如蜗牛、牡蛎）、甲壳类（如螃蟹、螯虾）、软体类（如章鱼、墨鱼）和昆虫。有血动物分成胎生四足、卵生四足、海洋哺乳动物、鸟类和鱼类。

不论其合理与否，可以肯定的一点是，分类不能涵盖这段话的全部内容（这已经是书里分类表述相对集中的段落了）。亚里士多德更在意的是各种自然现象，不厌其烦地一一描述，以至不感兴趣的读者很难耐着性子读完。正如译者所言："书中并不见我们预期从中找见的确定的动物学理论，通篇都在陈述有关动物的诸方面事实，用亚里士多德自己的话来说，是在考察动物间的各种差异及偶性"，"书中处处体现了亚里士多德追随现象以探究自然的学术原则，在致力于考察通常情况的同时，总是要提及不一致的情况或反例，而不一味强求普遍适用"。② 换句话说，尽管亚里士多德总是自觉或不自觉地进行比较和总结，但是他的着眼点在个体、在自然界的差异上，这使他并不急于把各种动物置于一个严格的分类体系当中。

在希腊哲学史上，亚里士多德代表了一个转折。此前的哲学家力求提出一个完整的世界体系，以解释各种自然现象。而在他之后，哲学逐渐转入对具体问题的探讨。一如美国科学史学者玛格丽特·J. 奥斯勒（Margaret J. Osler, 1942—2010）所言，"对他来说，'自然'〔即本性〕（nature）指的是个体的本质，而不是指整个世界或人未触及的那部分世界，后面这些含义直到后来才出现。和其他古希腊思想家一样，亚里士多德也把物理学或自然哲学

---

① 〔希〕亚里士多德：《动物志》，《亚里士多德全集》第 4 卷，第 15—16 页。
② 颜一：《后记》，《动物志》，《亚里士多德全集》第 4 卷，第 394—395 页。

定义为对单独考虑的事物的独特本性的研究,而不是对整个自然的研究"①。这与同期的中国情况大不一样。

二 阴阳五行体系里的动物分类

亚里士多德时期相当于中国的战国时代。一如古希腊思想影响了后来的欧洲文化,春秋战国也决定了中国传统的底色。与古希腊文化不同的是,早期中国没有一本专门讨论动物的书,对动植物的界分要从文字学和一些古籍的上下文里去寻找,表格的方式会更直观一些(表8-1):

表8-1 中国古代动物分类举例②

书名	动物类别					
尔雅	1 虫	2 鱼	3 鸟	4 兽		5 畜
管子·幼官	1 倮兽	5 鳞兽	2 羽兽	3 毛兽	4 介兽	
周礼·大司徒	5 裸物	2 鳞物	3 羽物	1 毛物	4 介物	
礼记·月令	3 倮	1 鳞	2 羽	4 毛	5 介	
吕氏春秋·十二纪	3 倮	1 鳞	2 羽	4 毛	5 介	
淮南子·时则训	3 蠃	1 鳞	2 羽	4 毛	5 介	
艺文类聚	虫豸	鳞介	鸟	兽		
太平御览	虫豸	鳞介	羽族	兽		
事物纪原	虫	鱼	禽	兽		
古事苑	昆虫	水族	飞禽	走兽		畜产
类林新咏	昆虫	鳞介	禽鸟	走兽		
本草纲目	1 虫	2 鳞	4 禽	5 兽	3 介	6 人
本草纲目	卵生 / 化生 / 湿生	龙 / 蛇 / 鱼 / 无鳞鱼	水禽 / 原禽 / 林禽 / 山禽	畜 / 兽 / 鼠 / 寓怪	龟鳖 / 蚌蛤	

现存最早的字典《尔雅》把植物分为草与木,把动物分成虫、鱼、鸟、

---

① 〔美〕玛格丽特·J. 奥斯勒:《重构世界:从中世纪到近代早期欧洲的自然、上帝和人类认识》,张卜天译,湖南科学技术出版社,2012,第8页。

② 表中数字指原书出现的顺序,多依季节和方位定。为便于比较,后期的类书亦做例举,以见后来的沿用情况。

兽（畜包括兽和鸟，因与人类生活密切而单列，实为四大类）。其他地方虽然加入了介类，但后来的《艺文类聚》《太平御览》等大型类书仍将鳞介合并。《尔雅》本为释经，《楚辞》多"香草"，读《诗》必"多识于鸟兽草木之名"（《论语·阳货》）。作为经典文献（后列入儒家"十三经"），《尔雅》对后世文献的影响是深远的。三国陆玑做《诗经》名物解，便径直名为《毛诗草木鸟兽虫鱼疏》。围绕经典和文献展开的类书多承袭此系统，尤其是文学类类书，宋代《海事碎录》、明代《广博物志》、清代《骈字类编》都是以草、木、鸟、兽、虫、鱼为类。

虫鱼鸟兽依照怎样的标准而来，《尔雅》没有说明。但古人常言"飞禽走兽"，鱼则多称"水族"（如《古事苑》），因此大体是天空、陆地、河海的空间序列。下文我们会看到空间方位在中国古代思想里的重要。那么，同为陆生生物，兽和虫怎么界分？"虫"本作"蟲"，"虫"原为蝮蛇，"蟲"才是上至人、下至昆虫的总称。段玉裁指出，《尔雅》所谓"有足谓之虫，无足谓之豸"是一种"析言"①，即虫内部的细分，就像长尾名鸟、短尾名雉一样，实际有足的、无足的都可称虫。所以后来的《艺文类聚》和《太平御览》以"虫豸"并称。许慎释"兽"的"两足曰禽，四足曰兽"在这里并不适用，一如两足的人被归于虫而非归于兽一样。换句话说，同为陆地上的生物，虫和兽的划分标准不在足之多少。

在《说文解字》的"虫"字里，还有"或行或飞，或毛或裸，或介或鳞，以虫为象"的表述，虫的内部再次套用鳞、介、裸、毛（兽）的标准，即飞的爬的、有毛没毛的、长鳞的长甲的都可以是虫。可见脚与翅、毛与裸、鳞与甲不是一级分类标准。关键这句话前头还有一句"物之微细"，即小型动物——段玉裁补注"蟲"说：昆蟲，即蜫蟲也，《夏小正》里昆是小虫，也有众的意思，许慎取小之义。② 这与《周礼·考工记·梓人》里小虫

---

① 许慎撰，段玉裁注：《说文解字注》，第674页。
② 同上。

和大兽的分法是契合的。① 即虫和兽的根本在大小之辨，虫被称为倮虫，兽常呼毛兽，有毛无毛是二级类目。一级标准下面可以再套裸、介、鳞、毛的二级标准（如《周礼》的大兽、《说文》的虫）。如果不单独拿出来，人被认为是倮虫之长，即属于虫部。②

那么，这时有时无的"介类"又是从何而来呢？《周礼·地官·大司徒》说：

> 以土会之法辨五地之物生。一曰山林，其动物宜毛物，其植物宜皂物，其民毛而方。二曰川泽，其动物宜鳞物，其植物宜膏物，其民黑而津。三曰丘陵，其动物宜羽物，其植物宜核物，其民专而长。四曰坟衍，其动物宜介物，其植物宜荚物，其民晳而瘠。五曰原隰，其动物宜裸物，其植物宜丛物，其民丰肉而庳。

这里说的是大司徒的职守（"掌建邦之土地之图与其人民之数，以佐王安扰邦国"）。作为总管地图与人口的官员，大司徒要从辨土的工作开始，熟悉其间物宜（动物和植物），最后才能知民性、行民教（下文即言十二教）。土地分为山林、川泽、丘陵、坟衍、原隰，对应动物毛、鳞、羽、介、裸，植物皂、膏、核、荚、丛。人的特点也由毛而方到黑而津、专而长、晳而瘠、丰肉而庳。动物与土地、植物、人一起，是一个完整的序列。"五地"是逻辑的起点，五土之民的教化是终极目的，这是先秦至汉初典籍里常见的论说模式。

细看其对应关系，山林聚毛兽、水泽产鳞鱼、丘陵出禽鸟、原野多裸虫大体还说得过去，但是坟衍和介类是什么关系呢？孙诒让释经时无法回避《说文解字》"坟"为墓地的本义，但也觉得说不通，便以"坟"为"濆"的

---

① 《周礼·考工记·梓人》有"天下之大兽五：脂者、膏者、臝者、羽者、鳞者……外骨、内骨；却行、仄行、连行、纡行；以脰鸣者、以注鸣者、以旁鸣者、以翼鸣者、以股鸣者、以胸鸣者，谓之小虫之属"，兽依照的是皮肤、羽毛、鳞甲状况，虫关注的是骨骼、行走、鸣叫的方式。
② 《类经》，"毛虫三百六十，麟为之长。羽虫三百六十，凤为之长。倮虫三百六十，人为之长。鳞虫三百六十，龙为之长。介虫三百六十，龟为之长"（山东中医学院、河北医学院校释：《黄帝内经素问校释》，人民卫生出版社，2009，第809页），把所有动物都称为虫，是"蟲"最宽泛的用法，应理解为族或类，其中倮虫才是真正的虫类。倮与裸相通，经常互用，本义是无毛或浅毛。

假借，释为水边崖岸的高地。"衍"则与"原"相对，宽广的高地为原，宽广的低地为衍。这样一来，"坟衍"就成了非常奇怪的、忽高忽低的、或水边或旷野的地方了，继而"原隰"的释义也成为难题。释经者自己也觉得难解，多言经传"不可从"。① 之所以非得把"坟衍"往水边拉，是为了将就介类动物。介类指甲壳类，但仅指龟、鳖、蚌、蛤等水产，有甲壳的昆虫被排除在外。后来的类书大多鳞介并称，长甲和长鳞的都可以是水中生物，甲不那么重要，水生才是关键。但如此一来，"五地"便缺了一地，"五民"只能压缩成四民，于整体逻辑有碍。

为什么这个环节不可或缺呢？如果说《周礼》此言刚露端倪，那么《礼记》则明确告知，"五物"和"五地""五民"一样缺一不可，因为它们是阴阳五行系统的一部分：

> 孟冬之月，日在尾，昏危中，旦七星中。其日壬癸，其帝颛顼，其神玄冥，其虫介，其音羽，律中应钟。其数六，其味咸，其臭朽。其祀行，祭先肾。水始冰，地始冻，雉入大水为蜃，虹藏不见。天子居玄堂左个，乘玄路，驾铁骊，载玄旗，衣黑衣，服玄玉，食黍与彘，其器闳以奄。（《礼记·月令》）

在这里，介类动物与"五帝"的颛顼、"五音"的羽、"五味"的咸、"五脏"的肾、"五色"的玄等对应。简单来说，它呼应的是"五行"里的水，因此这个配位表还可以拉得更长。不仅如此，鳞类、羽类、倮类、毛类都有同样严格的对应物，细致到各个时令适宜的食物、使用的器具、天子的居所。（表8-2）这种"中国式对称"引出的是中国古代的宇宙模式：万事万物都被纳入阴阳五行体系，从而形成一个有序的、连动的世界。人处其间，凡事当依时令而动、依方位而动、依物宜而动。有了天时和地利（在《周礼》引文中，土地是起点），才会有人和与仁政（下文即详叙每季当行之事）。否则，逆天而行，祸莫大焉。

---

① 孙诒让：《周礼正义》，第691页。

表 8-2 《礼记·月令》物候对应表

动物	时节	方位	五行	神	五帝	音	数	味	嗅	祭祀	五脏	颜色	食物	器具形态
虫鳞	孟春	东	木	句芒	大皞	角	八	酸	膻	户	脾	青	麦羊	器疏以达
虫羽	孟夏	南	火	祝融	炎帝	徵	七	苦	焦	灶	肺	赤	菽鸡	器高以粗
虫倮	季夏末	中央	土	后土	黄帝	宫	五	甘	香	中霤	心	黄	稷牛	器圜以闳
虫毛	孟秋	西方	金	蓐收	少皞	商	九	辛	腥	门	肝	白	麻犬	器廉以深
虫介	孟冬	北	水	玄冥	颛顼	羽	六	咸	腐	行	肾	玄	黍彘	器闳以奄

《吕氏春秋》先述十二纪,《淮南子》有《时则训》,除律吕和祭祀的名称偶有小异外,与《礼记·月令》高度一致。而时间更早的《管子·幼官》,不仅牵连的事物更少,五类动物对应的物序也大为不同(见表 8-3)。除倮类的中央地位固定外,其他四类与《礼记》都不一样,与汉初常见的东青龙、西白虎、南朱雀、北玄武画像也不吻合(见图 8-1)。说明倮类的地位最显著,是分类的起点,因为人属于倮类。从这种不一致来看,动物进入五行系统相对较晚,各事物与五行的对应关系有一个逐渐调整的过程。但最晚到汉初,战国就已经兴盛起来的阴阳五行学说基本固定,并成为国家礼制的一部分,指导着天子之事、百官之行,乃至历代王朝更迭,都要首先改正朔、易服色,以承接天命。

表 8-3 《管子·幼官》物候对应表

动物	色	味	音	治气	数	方位	德行
倮兽	黄	甘	宫	和气	五	黄后之井(中央)	藏温濡,行欧养
羽兽	青	酸	角	燥气	八	青后之井(东方)	藏不忍,行欧养
毛兽	赤	苦	羽	阳气	七	赤后之井(南方)	藏薄纯,行笃厚
介虫	白	辛	商	湿气	九	白后之井(西方)	藏恭敬,行博锐
鳞兽	黑	咸	徵	阴气	六	黑后之井(北方)	藏慈厚,行薄纯

阴阳五行学说本来就不止于阴阳,物候只是观察的起点,正如古希腊提倡的自然观察最终导向自然哲学一样。只是亚里士多德的动物志还只是事实的陈述,对自然的观察将用于对自然的解释:质料因、形式因、动力因、目的因之间的相互作用,形成天界运动和地球生物的属性。与之大致同时的中国古代阴阳五行学说,虽然也在意自然,最终却不为解释自然,而是作为人

图 8-1 汉四神瓦当（西安市汉长安城遗址出土，陕西省博物馆藏）

事尤其是政事的指导原则。无论《汉书·艺文志·诸子略》有多牵强，诸子学说皆为为天下治理出谋划策的"王官之学"却是不争的事实。司马迁对阴阳家代表人物邹衍的学术概括，不仅总结了阴阳家的思考特点，也精到地反映了中国人此际的行事方式：

> 其语闳大不经，必先验小物，推而大之，至于无垠。先序今以上至黄帝，学者所共术，大并世盛衰，因载其机祥度制，推而远之，至天地未生，窈冥不可考而原也。先列中国名山大川，通谷禽兽，水土所殖，物类所珍，因而推之，及海外人之所不能睹。称引天地剖判以来，五德转移，治各有宜，而符应若兹。（《史记·孟子荀卿列传》）

"谈天衍，雕龙奭，炙毂过髡"惊怖王侯的巨大影响力，不是来自"窈冥不可考"的无端无垠之说，而是先验诸"名山大川，通谷禽兽，水土所殖，物类所珍"等"小物"，继而类推至大物，乃至苞括宇宙的整体性论说。这也正是汉初文学的追求。一旦认可了这通宏论，从中抽取出人事原则，也就顺理成章了。而它提供的以五行—五德为核心的宇宙图式，如此简要，让混乱的世界变得前所未有的清晰。更重要的是，人们可以依据这个图式，不断地往里追加物类，从而把世间万象连为一体。于是乎，宇宙万物不仅变得可知可感，而且可以顺藤摸瓜地提前预知。阴阳学说建构起来的这个至大无外的物类网络，带来了前所未有的秩序感与安全感，不仅迎合诸侯混战时期人们对稳定的渴求，也契合随后的王朝大一统对于秩序的讲求，更消除了人类对未知命运和幽冥事物始终恐惧的心理。无论它有多少合理性，人类一直都在寻找这种固定生命之维的支点，何况它还有自然界的各种物证作为支撑呢——古代叫符应，今天叫自然科学证据。其实《周易》易占也是同一原理，只是八卦还太过抽象，不如五行更直观更简易。中国人的这套世界观，汉代基本成型，而且很好地被延续了下去。

在这套宏大的宇宙体系里，显然是先有某些基本思想，再一一往里添东西。从《管子·幼官》和《礼记·月令》的对比来看，动物的进入晚于五色、五味和数字。在《左传》《国语》等早期典籍里，对味、色、数的论说确实多于对动植物的关注。在这样的背景下，追究水族有没有必要分成鳞和介，就有些只见树木不见森林了。孙诒让等经学家在文句里费劲地区分坟衍和原隰，为介物和倮物寻找依据，实在有些强作解人。有些历史问题未必会有确解，精确定义本非中国人的传统，何况我们提问的方式往往比照西方。整体大于部分之和，部分只有在整体里才有意义，这正是今天的中国古代研究面临的难题。当我们转向纵向的西式专题研究时，经常切断横向的思维关联系统，近代以来的学科建设正是从不顾古典背景的材料切割开始。当提问方式和考察角度来自另一体系时，方向其实已经预设了。所以我们会惊讶地发现，西方人的动植物分类法更易理解，老祖宗的类分方式反而陌生与奇特。

在横向的、关联性的总体思维网络里，个别问题很难一一对应，局部问题的模棱两可时有发生。更要命的是，当结构这张思维网络的规则被视为常识而缺乏详细的说明时，我们看到的就是一地不知该如何组装起来的机器零部件。就像《易经》只记录了作为结果的卦辞和爻辞，如何占卦和解卦却没有说明。常识是不需要处处解释的，却是解读思想的关键。当基本常识已经随同那个时代的终结而退出历史时，祖辈耳熟能详的五行配位到了我们这里，就成了高深莫测的玄学和迷信。这意味着知识结构和知识系统发生了巨变，结果是先前的系统知识成为无序的水面浮冰，若不从水下山脉开始寻摸，水面的任何勾连都有可能是臆测。中国古代动物分类法反映的思维方式，不仅与亚里士多德关注个体本质的意趣不同，在思考问题的向度上也是迥异的。

三　横向贯通的中式求同思维

分类的过程也是区分与合并的过程。受"分类"这个现代语词的影响，许多人会从分别的角度理解分类，强调对异质的区分。① 从亚里士多德的《动物志》来看，他对个案、差异和反例的在意，也反映了他注重差异的剖分思想。然而，中国古代很少见到"分类"，更常见的是比类、知类、推类、类同，更在意以类同的延伸方式概括相似性。"类"在《说文》里指犬相似，段玉裁补充说"类本谓犬相似，引申假借为凡相似之称"②。从语义上看，古人归类是以相似性为主要着眼点的。同类东西放一起，不同的物类自然也就分开了。把什么和什么放在一起，和把这个和那个区分开，同样是分类的内中应有之义。"类"在古文里还有肖、像、朋的意思，不类就是不像，不像就是不肖，不肖就是不朋、不善、不伦。因此类还有善的意思，如《诗经·既醉》"永锡尔类"和《诗经·桑柔》"贪人败类"。可见中国早期的类比、类推、连类而及，首先考虑的是同的归并，而非异的区分。

这种求同大于别异的态度，在"天地睽而其事同也，男女睽而其志通也，万物睽而其事类也"（《周易·彖》）里有更明确的体现。"睽"本是背离和排斥的意思，正因为不完全一致，反而能在更高的层面实现类同。万物不同，所以才要寻找相似，归并事类。"事类"不同于"物类"，它不仅是客观存在的自然名物的类属，也包括抽象的人类事物。早期中国对后者的兴趣，远远大于前者。正因人事亦在"事类"的体系当中，所以自然和社会才能联动，世间万象才能联为整体，预占才能由此及彼地运转起来。因而我们经常看到从物类自然而然就引申到了事类，连过渡都不需要，如同《周易》系统，再如盘庚说服臣民迁都时说的"若颠木之有由蘖，天其永我命于兹新邑"（《尚书·盘庚》）。树木发新芽和迁都续命之间有什么联系呢？今天我们会说这是一种比喻性的修辞，但在盘庚眼里这都是天道，非得说它们是两件不同的事情，定遭古人"不知类"的斥责。

在《周易》《左传》《国语》等早期经典里，类似的说话方式非常常见。如《诗经》的比兴——"关关雎鸠，在河之洲。窈窕淑女，君子好逑"（《关雎》）"宛彼鸣鸠，翰飞戾天。我心忧伤，念昔先人"（《小宛》）。刚谈到

---

① 如吾淳《中国哲学的起源》第 152 页和左玉河《从四部之学到七科之学》第 2 页的相关论述。
② 许慎撰，段玉裁注：《说文解字注》，第 476 页。

花花草草、禽禽鸟鸟，突然就转到人事上去了，自然与人事没有丝毫的间隔，可以互相跳跃。今人称"起兴"，强调其兴咏的功能，类似于一个话头。古人更在意的是"比兴"，比就是比类，同类事物的关联自然而然，并非没话找话说。自然与社会的两分是西方现代观念，中国古代不存在完全独立于人的客观自然，一切眼中之物都加诸了心中之念。在西方这也是一个有争议的哲学命题。

回到介类动物，我们不该只在纵轴上追究它时而成类时而不成类的原因，而当循着中国传统思维的路径，在横向的关联网中寻找答案。"介"是甲壳，中国古代的介类动物却仅指龟鳖蚌蛤等水族，别说带甲的昆虫，就连虾都排除在外。用今天的话来说，它仅指带壳的两栖动物，古注明言"介物，龟鳖之属，水居陆生者"。贾逵和孙诒让都强调它们陆地生殖、入水而居的特性，孙诒让还特别指出介类有"别于鳞物水居水生"。① 因此，跨越水陆的两栖性是关键。如果说羽类可以由地而空，兽类与裸类仅栖息于陆地，鱼类生活在水中，那么介类就是连接水族和陆生的中间环节。也就是说，在陆地和海洋之间存在一个空缺，这个空缺只能由介类来补充。如此，水陆空才能形成一个不间断的连续空间，以达成阴阳五行模式的流转圆融。就像时令一定要首尾衔接，方位必然面面俱到。中位后起，只能插入时令当中，对应六月，而不能超出或高于十二月。

换而言之，阴阳五行模式反映了连续的世界观。正因注重连续性，所以分类也会瞩目于同。由此环环相扣，连绵不绝，与西方纵向的层级分类结构是不一样的。像林奈的生物分类体系，前提是物种稳定，缺乏横向的关联，因此种群间进化上的亲缘关系是其最大芒刺。即便在纵向的层级关系里，对过渡性的承接也不甚在意，因此其忽略的过渡性变种问题，恰恰成为后来撕破这张分类表的遗传学和进化论的重要突破。这是长期以来偏重差异的区隔性思维的结果，当然是相对中国传统而言。

更有意思的是，"介"本义是"画"，画界的画（今作"划"）。段玉裁

---

① 孙诒让：《周礼正义》，第701页。

说"分介则必有间,故介又训为间"①,由划界引申为界类与界类之间的中间地带。今人把界想象成一条区分左右的线,而古人的理解是一个空间。不仅同时连接两端,而且里面可以有丰富的内容。连接也是过渡,过渡就是跨越,介类动物在连接水陆的同时,也跨越或冲击了水陆的边界。这是一种引渡,也可以是一种危险。古训有言"别殊类使不相害,序异端使不相乱"(《邓析子·无厚》),类别清晰才能互不妨害,类目杂处易生异端,异端殊类是动乱的肇始。中国人对越界之物向来有极高的警惕:常态是正态,异象是反常,事物走在各自日常的轨道里世界才正常,反常现象往往是灾变的信号。必须尽早查漏补缺,恢复系统的正常,所以古代史书、类书里的"灾异"不是灾难的后果,而是灾难的征兆。识别征兆是沟通天人的手段,是一种预警的机制。越界行为作为一种反常是不被鼓励的,人神不通、人妖不果一直是潜藏在历代神怪故事里的预设,甭管它"牛鬼蛇神倒比正人君子更可爱"是否成立。

当然,渴望压倒恐惧的情况也有,那就是作为阳之颠倒的阴间世界。在墓葬里,我们看到了对这种跨界与变态的充分利用。如东汉四川芦山王晖的石棺(212),左右刻青龙和白虎,前挡是半启门形象,后挡是玄武——龟和蛇的合体(图8-2)。死者的灵魂要在青龙白虎的护佑下,由玄武至前门出去。这种组合形式非常常见,西安碑林博物馆藏北周李和石棺(582)亦如此。本来蛇为小龙,属鳞虫,已由青龙来代表,没有必要在四方神兽里再次出现一次。龟属介类,代表北方,在这里属水性,通幽冥。但灵魂不能永沉地下,依据空间的连续性,地下亡灵的飞升需要引渡。由龟到蛇,暗含从冥界到天界的动态跨界,升天象征用的是过程性的蛇而非最终形态的龙,也说明龟的跨越和变化才是重点(自其两栖特性)。与商周玉器和青铜器上龙、虎、鸟(雀)的高频出现相比,龟的定型无疑晚出,玄武的龟蛇组合更是意味深长。

---

① 许慎撰,段玉裁注:《说文解字注》,第49页。

第八章 他山之石：知识分类的有限性与相对性　773

图 8-2　四川芦山王晖石棺前后挡（1942 年芦山县出土）

这类案例部分解释了介类动物何以由《管子·幼官》的金（西方）调整到《礼记·月令》《淮南子·时则训》《吕氏春秋·十二纪》里的水（北方）。阴阳早于五行，王充说过"阴物以冬见，阳虫以夏出。出应其气，气动其类"（《论衡·遭虎》），动物先分阴阳——

> 毛羽者，飞行之类也，故属于阳。介鳞者，蛰伏之类也，故属于阴。日者，阳之主也，是故春夏则群兽除，日至而麋鹿解。月者，阴之宗也，是以月虚而鱼脑减，月死而蠃蛖膲。火上荨，水下流，故鸟飞而高，鱼动而下。物类相动，本标相应。（《淮南鸿烈·天文训》）

羽虫鸟类飞行空中，离太阳最近；毛兽行走陆地，也在阳光下活动，都属阳物。鱼类鳞族水中生活，不见阳光；介类也一半在水中，属于阴物。羽配火，火上行；鳞配水，水下流。火为南方，色赤；水为北方，色黑。因而鸟和鱼为两极，最好定位。毛和介紧接其后，相当于少阳和少阴的角色。《礼记》把羽族从《管子》的木位（青，东方）调整为火位（赤，南方）不难理解，可视为体系严密化的结果。但鳞鱼本配水，对应北方，为阴气代表，非常符合阴阳五行的观念，为什么《礼记·月令》却把它调到木位（青，东方）上去了呢？这就涉及鳞鱼和介类到底谁更阴冷的问题了。

鱼类水中游，从空间上说位置最低，对应极北和冬季（冬至阴之至，夏至阳之极，以阴阳配季节为常识）本来最合适。介类处于水陆之间，按理当配秋或春。唯一的解释可能是心理上的：随着后来族类观念的强化，跨界的介类在心理而非物理空间上，给人的感觉更冷，所以被处理为阴之极。完全生活在水里的鳞鱼反而因界限清晰而多了一丝暖意，被类同少阳来处理，因而对应阴尽始阳的春。这种感觉上的阴冷还是来自对反常和变异的恐惧。但这个越界的物种，恰好使五行的循环在逻辑上更为顺畅：由极阴的介类，到次阴的鳞鱼，迎来了阳气始发。行经羽类，便是极阳的夏日。阳气消减，便有陆生的毛兽来对应。衰微到极点，阴气执掌，以幽深的介类为代表。至于倮类，要处于阴阳的平衡点上，以中央的土德配对万物灵长的人。

在四方神的形象表达上，鸟类以雀为首、兽类以虎为要没有太大异议。鱼类由龙做代表。龙是阳之极，所以鱼当视为阳而非阴。龙是能入水能上天的神物，也是可以越界和极具变化的，与玄武非纯介类（龟）而加诸蛇的动态组合，可为呼应。因而四神组合中的青龙当从龟蛇的蛇变而来，由少阳入阳。由此组成了循环流动的生物系统：

> 毛虫毛而后生，羽虫羽而后生。毛羽之虫，阳气之所生也。介虫介而后生，鳞虫鳞而后生，介鳞之虫，阴气之所生也。唯人为倮匈而后生也，阴阳之精也。毛虫之精者曰麟，羽虫之精者曰凤，介虫之精者曰龟，鳞虫之精者曰龙，倮虫之精者曰圣人。（《大戴礼记·曾子天圆》）

四虫之长的麟、凤、龟、龙，正是中国古代的"瑞兽"。只要出现一个，就预示着圣人降世，海内河清。这是一种同类的呼应与召唤，《周易》云：

> 同声相应，同气相求。水流湿，火就燥。云从龙，风从虎。圣人作而万物睹。本乎天者亲上，本乎地者亲下。则各从其类也。（《周易·文言》）

这种同声、同气的同类相应，超出了动物的范畴。或者说动物是次一级的小类，天象、气候、地宜、物类、人事连为一体，本无隔阂，从属于更大的类。如此"类推"，才算"知类"，才能明白古代中国何以没有精准的动物分类法（指落实到具体动物上，鳞介毛羽倮仍是粗泛的划分），甚至连"动物"这个词都很少出现①。一如董仲舒言，"能说鸟兽之类者，非圣人所欲说也；圣人所欲说，在于说仁义而理之"（《春秋繁露·重政》），对人事、政治、宇宙全体的在意，使得中国古代没有现代动物学意义上的专门研究。整体性的类统思想始终大于个体性的精确，为了照顾体系的圆融，不同的动物还可以进行组合或变形式使用。在这样的文化背景里，林奈式的精细分类表怎么可能发生？又有什么意义呢？

---

① 中国古代很少出现"动物"这个词，多称为禽兽或鸟兽，上文所引的《周礼·大司徒》属特例。相应的，"植物"也不常见，多以草木代之。如薛综注《文选·西京赋》，有"动物，禽兽""植物，草木"之说。李贤注《后汉书·马融传》"敛九薮之动物"，亦云"动物，谓禽兽也"。郑玄注《周礼·春官·大司乐》"以作动物"，说"动物，羽裸之属"，都是以偏概全的解说方式。把动物和植物合称为生物，更是非常晚近的西方用法。中国古代多分而列之，并称的用法多为"草木畅茂，禽兽繁殖"（《孟子·滕文公》）、"草木生之，禽兽居之，宝藏兴焉"（《中庸》）之属。

四　自然观看里的文化特色

没有动物学专书,是否意味着没有对动物的细致观察呢?以马为例子。

> 骊白,驳。黄白,騜。骊马黄脊,騽。骊马黄脊,騮。青骊,駽。青骊驎,駰。青骊繁鬣,騥。骊白杂毛,駂。黄白杂毛,駓。阴白杂毛,骓。苍白杂毛,骓。彤白杂毛,騢。白马黄鬣,骆。白马黑唇,駩。黑喙,騧。(《尔雅·释畜》)

仅仅是马毛的颜色,就能区分出这么多品种,这还只是部分杂色马。根据杂色的部位,还可以再分:身黑脊黄的为"騽",身黄嘴黑的为"騧",身黑股白的叫"驈",身黑额白的叫"馰",四蹄皆白的是"騚",前足为白名"騱",后右足为白是"驤",等等。纯色马同样名目繁多,通体黄为"骠"、深黑曰"骊"、浅黑曰"騩"、青黑叫"骐"、赤色叫"骍"、枣红色名"骅",等等。引文开头的"骝"则是黑鬃黑尾的红色马。不同年龄还有不同的名字:一岁为马,两岁叫驹,三岁称駣,八岁为駅……古汉语里马字旁的字有二百多个,大多与马的品类相关。古人对马的区分,细致到匪夷所思的程度!

荀子说,"知异实者之异名也,故使异实者莫不异名也,不可乱也,犹使异实者莫不同名也。故万物虽众,有时而欲遍举之,故谓之物。物也者,大共名也。推而共之,共则有共,至于无共然后止。有时而欲遍举之,故谓之鸟兽。鸟兽也者,大别名也。推而别之,别则有别,至于无别然后止"(《荀子·正名》),命名的原则是异实异质者必不同名,共名则要囊括所有的同质,别名要别到无可再别为止,不可谓不严格。马作为"鸟兽"(即动物)之一属,细致至此,显然不能认为中国人没有分类的热情与能力。分可以分到马嘴、马眼、马鬃、马尾,甚至右后腿的颜色,合可以合到天地为一(《庄子·齐物论》),"白马非马"曾是名家的著名议题,这些都可以视为早期中国"正名"传统的表现。因此什么是同,如何别异,同到什么程度,异到哪个级别,在中国文化里不是绝对的。决定划分标准和粗细程度的,是人们的具体需要。

那么中国古代的分类需求何在呢？现存最早的字典《尔雅》释草、释木、释虫、释鱼、释鸟、释兽、释禽，涉及五百九十多种动植物，为的是辅助经典文献的阅读。此后，名物训诂一直是经书注疏的重要内容，《毛诗草木鸟兽虫鱼疏》仅看名字就很有特色。与之相关的是，文学系统对花草和禽鸟的在意，使之成为类书类目的大宗。不仅在《艺文类聚》《佩文韵府》这样的大型类书里必不可少，也不乏《全芳备祖》《范村梅谱》《洛阳牡丹记》《百菊集谱》《乌衣香蝶》《晴川蟹录》《禽虫述》这样的分类诗文典故专录。这种稽古右文的雅好是中国古代社会的特点，它使源于草野乡间的自然知识粹化为高雅学识，汇入文化精英日常的诗文写作和经籍阅读当中。不剥离自然事物与社会事物的结果，是对自然的观照成为道德人伦的起点，成为高级学识和人格修养的一部分，所谓"古之欲明明德于天下者，先治其国；欲治其国者，先齐其家；欲齐其家者，先修其身；欲修其身者，先正其心；欲正其心者，先诚其意；欲诚其意者，先致其知；致知在格物"（《大学》）。《大学》"八正道"的起点是格物致知。这也是一个顺承流转的体系。

当然，不只中国有文学，西欧也有文学，只是不同土壤长出的果树不一样而已。古希腊和中世纪寓言故事塑造的动物形象，形形色色，如狐狸的狡诈、山羊的淫荡、猪的肮脏、蚂蚁的节俭、刺猬的谨慎、鹤的礼貌和负责等。中世纪还汇入了基督教教义，毛毛虫成为复活的象征，鼹鼠代表走不出迷途的罗马天主教徒。植物同样有诚实、狡诈、淫荡、高贵的区分。草是平民、百合代表贵族、苔藓是仆人、菖蒲为奴隶、菌类是流浪汉，无不打上了人事的印记。没有相关的文化背景，我们很难理解这些比拟从何而来，尤其是带有宗教色彩的。

欧洲人把人类社会的分类方式和价值标准投射到自然界，反过来再用生物的秩序强化人间秩序。与中国古代比，有过之而无不及。如扑杀狮子（王的象征）会受到严厉惩罚，蚂蚁和蜜蜂是资产阶级美德的象征。在1551年《动物志》（Conrad Gesener, *Historia Animalium*）里，动物的名称、地理分布、区域差别、行为特征、使用价值，较其隐喻和象征含义而言，居次要位置。当18世纪动物寓言画册降级为儿童娱乐读物时，富兰克林还义正词严地反对把白头鹰作为美国的象征，因为它道德败坏，不适合代表诚实勇敢的美利坚人民。18 世纪法国的博物学家布丰仍认为,最自然的动物排序是依据它们与人类关系的远近。这些基本事实提醒我们:在现代欧洲以前,主观性极强的动物道德寓意一直存在,而且一度是博物学的重要关切。虽然具体内容对中国不适用,但现象是共通的。今天所谓的纯客观的自然研究,只是现代以来的西方生物学研究模式。

如果说修身、读书、作文、出仕、治国是中国古代人眼里最大的"用",那么自不当以有没有专书评定自然在传统文化里的地位,何况以什么标准论专书也是一个问题。与西方古代社会不同,动植物知识不只是纯粹个人爱好,也不是贵族沙龙上博学的谈资,而是中国古代士大夫应当掌握的基础知识。最简单的一点,不多识鸟兽草木之名,就无法解《诗》,这是孔子的古训。因此当我们看到历任学政和巡抚的清代嘉庆状元吴其濬(典型的中国古代士大夫),写出《植物名实图考》(考录植物 1714 种)和《植物名实图考长编》(收录植物 838 种)这样恢宏的"业余"专书时,既惊讶,又无须过于诧异。这名典型的文官不仅摘录了历代诗文、本草、方志、农书中的植物资料,还考核了植物的名实与功用(经常延伸到民俗)。不仅纠正以往的本草错误,还记录了许多植物新品种,而且几乎每个种类都绘有精美的图绘。这超越了"以稽诸古"的文献汇编传统,无法用医药学来概括(西方近代植物学也是从医药中来的),又不符合西方的植物学标准,但绝对不能说中国古代对植物没有研究。注重文献记载不等于没有实地和实物考察,即便是药典《本草纲目》也掩不住考古和辨伪的癖好。而其中夹杂的各种历史典故和民间传闻,读来如风俗通和博物志般有趣,与今天专业书的呆板晦涩完全不一样。这是中国特有的知识传统,或者说表述方式。

五 中国古代生物分类的早熟与连贯

讲求实际的中国人当然不是只会掉书袋而已,瞩目实用功能的动植物典籍不仅有,而且蔚为大观。只是其中一支被归入农书,在意植物的食用性,如明朝藩王朱橚的《救荒本草》载录植物 414 种,鲍山《野菜博录》记录 262 种。这类图书的目的是"救荒",在饥荒时期指导饥民采摘植物以充饥,因而在草、木等大类之下,按照叶可食、花可食、实可食、根可食、花实可食、叶实可食、花叶实俱可食、叶皮实可食等名目进行区分，注重实际。书里还记录了一些有毒植物的去毒食用法。此时若讨论按根茎分类合理，还是按花蕊数目分类客观，就迂阔于事了。事关性命，作者的态度非常严肃。

朱橚自己建有植物园，进行栽培和检验；鲍山入黄山长住7年，亲尝百草，不可谓对植物没有一手观察和认真研究，不过是角度和目的不同罢了。这类图书即便偏离经史文章，也因赈济生民的情怀，受到儒家的高度褒扬，没有游离传统外。其他如《齐民要术》《农桑辑要》《农政全书》等农书，会有农作物选种和培育的内容。但同样出于仕宦之手，用西方汉学家的话来说，都是"业余家"。中国古代图书几乎无不出自文士，因为农民、工匠、商人大多不识字。举业不成转投医药者，倒不乏其人。

另一宗就是本草医药，这与西方倒是接近。欧洲中世纪延续了亚里士多德的分类方式，依据结构、外观、习性、繁殖方式等多重标准对动植物进行划分。从存世不多的零星文献看，中世纪的分类方式相较随意，如9世纪艾布·阿-迪奈瓦里（Abu al-Dinawari）在《植物学手册》（*Book of Plants*）里写道："我将植物分成了三组：第一组中根和茎都熬过了冬天；第二组中茎在冬天中死去，但根存活了下来，于是植物重新开始从这存活下来的根茎开始生长；第三组中根和茎都在冬天冻死了，新的植物从分散在土壤中的种子里生长出来。植物也可以通过另一种分类分为三种：一些植物向上生长不需要茎；一些植物向上生长的过程中需要一个攀爬的物体；第三组植物则不会从土里向上生长，而是贴着地表蔓生，完全覆盖地表。"① 现代早期，博物学家对植物的关注往往集中在味道、气味、可食用性，尤其是药用价值，而且经常根据对身体各部位的疗效来分类。如1526年的《草药大全》（*Grete Herball*）把蘑菇分成吃了致命和不会致命两种，1640年约翰·帕金森（John Parkinson）的植物书使用的是芬芳、清泻、有毒、致困、奇异这样的范畴。医疗是植物研究的主要动力，几乎所有的欧洲早期植物学家都是医生或药剂师（包括近代生物分类学的奠基人林奈）。植物园本是作为药圃而建立，观赏是后来的次生需求。

---

① 转引自〔英〕基思·托马斯：《人类与自然世界：1500—1800年间英国观念的变化》，第二章。

与中世纪欧洲动植物图书有限形成鲜明对比的是,同时期中国的医药研究却蓬勃发展,现存的本草类图书多达三百余部,仅明中期《本草纲目》引用过的前朝本草典籍就多达 276 家。值得注意的是,本草经不仅包括植物药材,也包括动物和矿物(林奈《自然系统》把自然界分成动物、植物、矿物三大类)。在一般人的印象里,古代中国似乎对矿物研究最少。事实上,《本草纲目》里的金石是大类,包括 28 种金、14 种玉、71 种石和 20 种卤石。李时珍说"凡药旧分上中下三品",尽管《本草纲目》放弃了这种做法,但此前大多数本草经如《神农本草经》《神农本草经百种录》《名医别录》等,都是如此划分。矿物入上品,地位比动植物高。这与道教思想有关。

道教认为不同药物药效不同,上药使人升仙,中药可以养性,下药能够除病。矿物在药典里称为金石,金石属于上药。葛洪在《抱朴子·仙药》里说,"仙药之上者丹砂,次则黄金,次则白银,次则诸芝,次则五玉,次则云母,次则明珠,次则雄黄,次则太乙禹余粮,次则石中黄子,次则石桂,次则石英,次则石脑,次则石硫磺,次则石𥓱,次则曾青,次则松柏脂、茯苓、地黄、麦门冬、木巨胜、重楼、黄连、石韦、楮实、象柴,一名托卢是也",金属矿石排在前列,植物居后头。即便是五芝也以石芝为贵(其余四芝是木芝、草芝、肉芝、菌芝)。葛洪对它们的性能、品类、生长地点、服用方式都有详细说明。后世炼丹炼的也是以丹砂、汞、黄金为主的矿物质,虽说没能炼出不死药来,却在化合过程中发明了各种中药药剂,也算一种医学试验。中药的发展本来就离不开道教对延年益寿的追求,许多今天说的中药学家其实是道士(如药王孙思邈)。说中国古代缺乏对矿物的研究是没有根据的,只是目的和方式不同而已。

说到《本草纲目》,就还得多说几句。它的重要性不仅体现在系统和完备上,可视为秦汉以来本草系统(《神农本草经》)的调整与总结。更巧妙的是,它完成于 1578 年前后,正好是西方中世纪末期和近代早期。而当林奈提出全新的植物分类法,引领生物学走入近代的时候,清朝的赵学敏正沿用《本草纲目》的系统,替它补漏"拾遗"(《本草纲目拾遗》,完成于 1765 年前后)。也就是说,西欧文化相对晚熟,近代为新生,实际开启了一套不同于以往的新体系。而中国则不同,秦汉已经形成了一套完整的系统思想(包括医药和宇宙观），此后虽有调整，却一直在延续和完善。如果没有晚清的西方干预和近代的人为阻隔，中国学术不可能发生今天这样的陡转。

《本草纲目》载录药物多达 1892 种，除气味、主治、修治（炮制方法）、发明（包括药物功能）、附方（民间偏方）外，还保留了每种药物释名、集解（包括产地）、订误（更正以往文献的相关错误）等考据的内容。李时珍"析族区类，振纲分目"的结果是：全书分矿物、植物、动物、杂类（水、火、土、服器等）4 纲。矿物分金部、玉部、石部、卤部 4 部。动物分虫部、鳞部、介部、禽部、兽部、人部 6 部。植物有草部、谷部、菜部、果部、木部 5 部。每部之下又进行细分，如草部分山草、芳草、隰草、毒草、蔓草、水草、石草、苔类、杂草 9 目。山草、水草、石草以生长地点分，毒草强调毒性，芳草说气味，标准不单一，动物部分同样如此。应该说，简单易辨才是他的设目追求。与西方近代以来学科知识与民间知识的分离，情形不同（详见下节）。

此后的本草图籍大多依这种方式，赵学敏《本草纲目拾遗》只是删去了人部，增加了藤部和花部而已。1848 年吴其濬刊行的《植物名实图考》亦分谷类、蔬类、草类、果类、木类 5 大类，不过细目不见苔类，增加了群芳。可以说，在晚清西方动植物学进入中国以前，《本草纲目》已经完成了动植物医药分类体系的建构。建立在阴阳五行思想基础上的中医，因不符合西方科学，在民国时期的废中医运动中就岌岌可危。今天仍未被西医所取代，在 2020 年抗击新冠疫情中反而被重用，是因为它有效，而非其学理被接受。有没有令人信服的科学解释是一回事，能否奏效是另一块试金石。

有关中医科学性的争议，根本在于今人不接受作为其基础的阴阳五行学说和经络学说。可这的确是中国古代思想和行为的基础，也确曾带来一种并不落后的文明。不同的文明有不同的发展方向，任何一个向度发展到极致，都结出过丰硕的成果。唯其如此，世界才会如此瑰丽多姿。如果只允许一种发展模式，也不会有今天人类文明的高度繁荣。各文明之间的交流从未停止过，始终在彼此启发和借鉴中不断提升与突破。无论是哪种文明繁盛，或者此起彼伏，或者众声喧哗，都是作为整体的人类的发展成果。何况现代科学能解释的事物极其有限，未知总是大于已知。

欧洲有细致严密的生物分类学，中国也有早熟而连贯的本草体系，伊斯兰文明、非洲部落文明都有令人眼花缭乱的动植物谱系。谁更先进，不好判定。时期不同，目的不同，文化背景和思维方式也不同。我们看到在古代中国，动植物分类从属于更大的阴阳五行分类，各种各样的小系统套在大系统里，圆融共通。易占系统、儒家修身系统、道教系统、中医系统等，相似却不相同，各逞其能。就像紫禁城的上百个院落，个个面貌不同，却都在宫墙的护佑下争奇斗艳。就算两三个废弃成冷宫或鬼屋，也不妨害宫禁的整体生活。正是因为这个特点，传统文化被打倒后，零部件还能拆下来用，不像西方哲学一旦观点被推翻，前面的论证都没有意义。而一旦把握了主要特点和基本结构，你就可以在偌大的迷楼园囿里畅通无阻。因而无论从哪个子系统进入，最后殊途同归，你都能被引向镶套结构的中心——即便是方形棋盘状，也有制高点。在中国文化思维里，没有中心就是散沙，所有的系统编织都围绕中心思想而展开。

这大概就是福柯在《词与物》前言里说的，中华文明是苍天下的堤坝文明，在有墙的平面空间里无垠地伸展，最谨小慎微，却最井然有序。只是，有序并非来自表面的墙的分割（别异的线），而是来自墙与墙的过渡与衔接作用（求同的间），这正是中国古代系统性和整体性思维的表现。欧洲文明当然也讲究系统性，但是子系统可以互相独立，各自为政（在中国大一统思想里，这是不被允许的）。系统与系统之间，最后像齿轮一样互相咬合，连接成一台精密的机械仪表。它给世界带来了前所未有的精确。我们就在这面钟表面前，争分夺秒，寻找并奔赴进入现代文明的入口。

第二节　西方分类学及其发展困境

亚里士多德对动植物的归类，往往会同时参考结构、饮食，尤其是习性等要素。但是以亚里士多德为代表的古希腊哲学家，是以对动植物的观察和描述为自然哲学的一种准备，他的学生泰奥弗拉斯托斯才是真正的"植物学之父"。他以形态学的方式划分了四百八十多个植物分类群，如乔木、灌木、草本等。后来生活于1世纪的罗马医生迪奥斯科里德斯（Dioscorides）在《医学材料》(*De Materia Medica*)里描述了近六百个分类群，成为此后千余年的参考标准，一直沿用到16世纪。中世纪沿用的是此前的分类。今天看9世纪的《植物学手册》（Abu al-Dinawari, *Book of Plants*）和16世纪的《昆虫剧院》（Thomas Moufet, *Theatrum Insectorum*），非但同样分类不精确，而且多依据茎叶冬天会不会死、昆虫身体颜色、有几对翅膀等不完全归纳形式进行。与此同时，和中国一样，医药和食用价值也是西方分类学难以忽略的重要关切。文艺复兴时期的博物学家，除植物的结构、生长地、用途尤其是医疗用途外，还会记录烹饪的食谱。

随着17世纪的海外探险和殖民，欧洲人的视野空前拓展，所见动植物品种爆炸式地增长。他们不得不脱离自我象征传统，尽量依照生物内部结构进行系统的整理。受培根1627年《新大西岛》（*The New Atlantis*）的影响，英国皇家学会（1660年成立）把从事各种博物志的研究作为使命的一部分，试图为世界各方面——无论是人还是自然，一一进行编目。可无论是聚焦植物的叶（马蒂亚斯·德·奥贝尔 [Matthias de l'Obel]，1538—1616），还是聚焦植物的果（安德里亚·切萨尔皮诺 [Andrea Cesalpino]，1519—1603）和花（A. Q. 里维努斯 [A. Q. Rivinus]，1652—1723），大多数分类法都人为聚焦于某一外部特征，野心勃勃地想把新的知识秩序强加在植物身上。用当时人的话来说，想把"所有的动物与植物简约成方法"，与依据生物总体相似性的"自然分类法"有相当的距离。

在这场运动中，17世纪后期的英国学者J. 雷（J. Ray，1627—1705）受意大利安德里亚·切萨尔皮诺的启发，选择从花和种子的性状出发，同时考虑植物的整体结构。雷的系列研究继而启发了瑞典植物学家卡尔·林奈，他以果实、雄蕊、雌蕊的数量和状态、比例为基础，建立了前所未有的精确且统一的分类方式，从而成为现代动植物分类法的奠基人，带领生物研究步入严整有序的标准化时代。

一　科学分类法与世界知识体系

林奈宣称自己是亚里士多德分类思想的继承人，坚持按照事物的本质进行分类，从而达到厘定自然秩序的目的。在《植物学哲学》里，他将植物的特性分为人为的、基本的、自然的三种，提倡要向植物的自然属性靠近。他把当时渐具影响力的生殖系统确定为分类的主要依据，并据此把以前的植物学家分成异端（heterodox）和正统（orthodox）两大类。按照字母顺序、根部结构、叶片形状、外部形态、开花时间、生长地点、药用价值等标准对植物进行分类的，被认为是异端，早期的分类法几乎都被他否定了。依据结实部分对植物进行分类的被视为正统派，包括果实分类、花冠分类、花萼分类、性分类等。林奈自己采用的，是建立在植物性别基础上的性分类（sexualist）。

如此在意性特征，乃至把性作为"植物的本质"和生物的首要特性，给人留下了丰富的想象空间。他视植物为"倒置的动物"，把植物器官与人类器官对应起来，经常使用拟人的手法进行描述。如此深入地探究生物"私密部分"，使他面临下流、淫荡的指责，并将女性研究人员推到了尴尬的位置。对性器的标举乃至公开研究，突破了传统的性禁忌，比以往任何药用价值、生长习性的标准都更"现代"。若从历史人伦的角度来看，"异端"和"正统"正好发生了颠倒。

为了排除其他因素带来的干扰，林奈主要依据花尤其是雄蕊的数目，把植物分为24纲，再根据雌蕊的数量纲下分目。如二雄纲（Diandria）包括露珠草属（Circaea）、鼠尾草属（Salvia）、黄花茅属（Anthoxanthum）。但除了知道它们都有两枚雌蕊外，我们读不出其他信息。今天这几个属分别被归入柳叶菜科（Onagraceae）、唇形花科（Lamiaceae）、禾本科（Poaceae）。可见林奈的性分类系统由于预测性低（即通过类名判断基本特征的概括能力），今天已不再使用。但正是因为"具有一种其先行者未曾达到的简单和优雅"，它才更易掌握。也因其独断，结束了此前博物学标准的混乱。

在1735年出版的《自然系统》（Systema Naturae）里，林奈把依据性系统建立的植物区分方式，延伸到动物和矿物。并把每一种生物都纳入纲、目、科、属、种组成的等级体系，从而把自然生物结构成一个可以收缩和伸展的目录，如人属于动物界—脊索门—哺乳纲—灵长目—人科—智人属—现代人种。在这个结构系统里，种和属是关键，林奈说"植物种的数量等同于物种诞生时的数量"，拥有相似结实器官构造的不同自然种，构成了植物的属，变种往往出于培育。纲和目则是自然和人为合力的结果。"凭借他的方法，任何曾学过这个系统的人,都有可能在世界上任何地方,将任何植物归入即使不是正确的属类,也是正确的种类和秩序之中,无论这种植物先前为科学界知道与否。"① 这个层层收束的阶层系统(Hierarchy),成为带领植物学走出混乱的关键。今天国际通行的阶层系统包括界、门、纲、目、科、族、属、组、系、种、变种、变型 12 个等级。如果每级再设亚级,多达 24 级,有时还会往上再设超阶元系统。这是林奈留下的遗产。

与精确归类同时进行的,是命名的规范化,或者说统一名称本来就与分类密不可分。林奈撰有《植物命名规则》,规定植物的名称由属名加种名构成,严格说是属名加描述性的种加词。如对某种车前草的命名是 Plantago scapo unifloro(独立花茎的车前草),Plantago 是属名,scapo unifloro 是种名。另一种车前草写作 Plantago foliis ovato-lanceolatus pubescentibus, spica cylindrica, scapo tereti(车前草,有毛的卵状披针形叶,圆筒状花序,圆筒状花茎),Plantago 是属名,后面 3 组形容词是该类车前草区别于同属其他种类的特征描述,称为概要型种名。属名在前,是大写的名词。种加词在后,为小写的形容词,是为双名法。

林奈继承了亚里士多德的描述传统,同时兼顾实用性的考虑,规定描述越短越好,不能超过 12 个单词。因而规定用简单精确且流通更广的拉丁语,而非希腊语书写。一种植物只能有一个名字,这与荀子异实异名的主张一致。但是林奈还要求名字必须与类属直接相关,因此在没有做出准确的归类前,不能随便命名,"以免这门科学倒退到它的原始混乱状态"。这种建立在分类基础上的命名唯一性,是植物学成为现代"学科"的标志。

通过这种方式,非洲、亚洲、遥远异域带回及尚未带回的所有植物标本,都从原生地抽离出来了,重新安上统一的、世俗的、标准化的欧洲新名称,从而"归化"了全球的自然生物,并被成功纳入以欧洲为中心的全球意识和知识体系当中。"将欧洲人已知或未知的地球上所有的植物形态加以分类"是一项庞大且野心勃勃的事业。从此,不仅前现代的博物学被现代生物学取

---

① 〔美〕玛丽·路易斯·普拉特:《帝国之眼:旅行书写与文化互化》,方杰、方宸译,译林出版社,2017,第 34 页。

代，以生物学为代表的欧洲科学也成为前所未有的世界知识建构。与此同时，自全球扩张以来，由新世界新事物大量涌入而引发的欧洲知识危机，通过重新分类的种种实践（包括18世纪大量涌现的标本陈列室和自然博物馆，这种视觉冲击曾给我带来极大的震撼），终于织就了一套空前广阔盛大的欧洲新知识体系。

林奈1737年的《植物属志》和1753年的《植物种志》，不断地修订与再版，共记录了7700种1105属植物。1758年出版的《自然系统》第10版，正式把双名法推广到动物命名，今天已是国际通用的命名规则。直到19世纪，林奈的分类思想还左右着欧洲分类学，或曰世界生物学。毋庸讳言，科学产生于现代西方，现代的才是科学的，科学的就是世界的。殖民活动刺激了科学，也加速了科学的世界性传播。西方现代知识体系及其学科系统，有自身的历史发展背景，还不可避免地与权力话语相伴而行。

二 民间知识与专家学术的分离

在林奈的系统工程里，命名是分类不可分割的部分。在标准化属名之前，不同地域、不同时期、不同人群对同一种动物和植物，有不同的叫法。为了避免混乱，在林奈统一称谓的工作里，很大一部分是取消俗名。这样一来，只有植物学家和动物学家才有资格给生物命名，民间流传的各种俗名被取缔，这让诗人和文学家深表遗憾。像圣约翰草（金丝桃）、猫尾巴草（香蒲）、少女头发（铁线蕨）、肚脐草（琉璃草）、退烧花（小白菊）、诚实花（缎花）、光屁股（欧楂）、魔鬼的指环（大毛毛虫）、屠夫鸟（伯劳）、波士顿埋伏（青蛙）[①] 这样的称谓，或点明特效，或形象有趣，或有特定所指，在现代世界不再具有合法性。没有被《植物物种》和《自然体系》采纳的名字，逐渐被淘汰。到18世纪50年代，英国也开始采用林奈的标准二名制。

正是从18世纪后期开始，普通民众的自然知识和专业学者的学术知识成为两套不同的话语体系。尽管知识阶层的分化17世纪就开始了，如德国官员

[①] 可参阅〔英〕基思·托马斯：《人类与自然边界：1500—1800年间英国观念的变化》，第76—77页。

喜欢用"学者"或"博学家"自我称谓,并有《博学家》(*Polyhistor*,1688)和《学问之概要》(*Introduction to the Knowledge of Learning*,1704)之类的书籍出版,但这一进程显然在18世纪得以加速。彼得·伯克指出,"分析"(Analysis)这一术语出现在近代早期,却在1750年之后得到广泛运用。"研究"(Research)在1750年之前只是偶尔出现,18世纪中叶以后却在欧洲各语言、各学科里广为流行。[①] 学术团体和学术机构赋予某类知识以正当性,学术知识和"另类知识"从沟通到冲突、到竞争、到取缔。如何把知识变成学者的学问、精英的文化,植物学是一个很好的窗口。

林奈之前的分类学家,被称为博物学家,今天听来有业余和前现代的味道。林奈之后,改称植物学家,变得专门化。林奈的分类系统我们还能看懂,之后的各种版本,非专业人士就很难进入了。如首次使用系统发育分类体系的 C. E. 贝西(C. E. Bessey,1845—1915)和 H. 哈利尔(H. Hallier,1868—1932),把毛茛科或木兰科作为植物的开头,有以双子叶植物为原始品种的用意,不同之处在于单子叶植物是在双子叶植物前头还是后头。什么是双子叶植物?毛茛科包括什么?为什么双子叶植物最原始?非专业人士几乎没有概念,遑论判断正误。

植物学的专门化意味着它与以往所有的本草学、医药学及一切民间博洽知识,拉开距离。这是近代学科形成的前提。植物学家和动物学家开始鄙薄民间的"无知",农民也不再清楚专家学者们说的被子植物是什么,到底哪些品种是害虫。其实早期的博物学家大多从民间汲取知识,如英国都铎时期的第一位鸟类学家 W. 特纳(W. Turner)就从捕鸟人那里获取大量的信息。1820年詹姆士·格里尔森(James Grierson)研究鼹鼠时向捕鼠能手求教。约瑟夫·班克斯(Joseph Banks)也曾让卖草药的妇女,教给他花草的名字。早期地质学家同样经常求助于矿工和石匠。只是随着后来视野的扩大,尤其是跨地域、跨国别的交通发展,物种超越了民间生活的日常所及。民间知识的象征和迷信成分,也让越来越严格和刻板的专家大为不满。但直到18世纪末,科学家才确定燕子冬天是迁徙到温暖的地方了,而不是像亚里士多德、

[①] 〔英〕彼得·伯克:《知识社会史》下卷,第12、57页。

卡尔·D. 易科马克（Carl D. Ekmarck）、林奈等人说的那样，藏到池塘底下或头朝下地吊在洞穴里冬眠了。

民间知识或许不准确，但绝对不贫乏。比如农夫和猎人对动物无疑有更多的了解，苏丹的努尔人有 6 个形容牛角形状、10 个描述主要颜色、12 个区分白灰混合程度的词语；拉普拉牧民有将近 50 个形容驯鹿颜色的词汇；19 世纪初的英国坎伯兰郡，连牛粪软的、硬的、半液体的，都有不同的方言称谓。对野兽的叫声、踪迹、粪便，猎人们同样有一套巴洛克般繁复的表达。这些前现代方言土语词汇，就像人类学家对原始部落的调查一样，让现代欧洲人感到不可思议。无论"原始"程度如何，所有民族都渴望了解身边环境，提高生活质量，越熟悉越实用，相关知识就越丰富越细致。与此同时，不会要求知识覆盖与生活无关的"屠龙"区。

分类作为经验的总结，能迅速帮助人们处理生活所见。因为实用，往往被当作常识来用，这在植物领域更加明显。在前现代的农村，无论中西，农民都认识能够医治常见病的各种草药。托马斯·库珀（Thomas Cooper，生于 1805 年）说，孩童时代的他在林肯郡学会了如何辨识龙牙草、罗丝草等穷人当作药物的植物，所有村民都知道去哪儿寻找通便、催泻、麻醉、治疗疣癣的草药。中国古代亦是如此，医院非常设机构，也不是什么病都会去花钱请大夫，治病偏方是民间必备的家用万宝书。人们还经常把偶遇的珍稀草药带回去晒干，以备不时之需。当年叔叔宝贝一样采回家的"蛤蟆藤"，我至今不知学名。直到祖父辈，辨识草药都是基本的生活技能。正是这种日用所及，成为中国古代医药发达的基础。

西医和中医虽属不同的体系，但植物的药用价值同样是早期的关切，园艺是后来的次生需求。从古罗马迪奥斯科里德斯到近代的林奈，大多数前植物学家都是医生。17 世纪后期，植物学不再是医药学的分支，独立的时间并不长。直到 18 世纪末期，威廉·琼斯（William Jones）在通信中仍然坚持之所以要对植物进行分类，是为了准确把握药用植物的用途和功效。我们不妨这样理解：此前无论关注气味，还是用途，都属于同一种思维。而 17 世纪打开了植物观察的新时代，无论研究花，还是分析种子，切换到另一种"自然"模式——研究动植物是为了把握自然，与对人类的实际功用和意义无关。

正如现代评论家所言,"当不再描述植物的用途、数量、大小、气味与颜色,而把注意力完全转向花与种子各部分结构与形式时,的确带来了一场如何理解植物的革命"①。

虽然林奈的固定分类,已让位于更微观和动态的生命科学,但不可否认的是,这种专业化的发展方向使人类的自然知识迅猛增长。在18世纪西方人的叙述里,17世纪人对自然的无知,令人震惊。若拿约翰·琼斯顿（John Jonston, 1603—1675）和布丰进行比较,我们会发现这门学科在一个世纪绽放出来的光芒,超过了此前的5700年。如今更是日新月异,生命科学已经成为当今最新锐、最前沿的学科。积累到今天,知识总量大到令人难以置信。据相关学者测算,人类知识在19世纪每50年增加一倍,20世纪初每10年增加一倍,到20世纪70年代每5年增加一倍,最近10年已经是每3年增加一倍了。联合国教科文组织统计说,人类近30年积累的科学知识,占有史以来科学知识总量的90%。也就是说,此前几千年积累的科学知识,只占到现代科学知识总量的10%。② 这反过来支持学科专业化的发展模式,因为掌握所有知识变得越来越不可能。

当植物学和动物学不再是自然哲学,而是作为自然科学而存在时,离人们的日常生活也就越来越远了。林奈说只有植物学家才有资格给植物命名,古典诗文（如《诗经》《楚辞》）里信手拈来的香草芳华,的确很少出现在现代文学作品里。西班牙人文主义学者路易斯·维夫斯（Luis Vives）坦言"农民和工匠比那些哲学家更了解自然",可如今民间传统已断。学问学问,边问边学,普通人是从书本上学,可专家之学又是从哪里来呢？不会说话的自然只能沿着特定学科的特定视角,由特定专家发掘其特定的一面。一旦面对专业领域之外的其他知识,这些高深的专家又立刻沦为与普通人无异的无知者。现代学术就这样由一个又一个的孤岛组成。植物学和动物学曾经是人类无比亲近的一个领域,今日的隔绝绝非个案。那么知识呢？知识已分崩离析。

---

① 转引自〔英〕基思·托马斯:《人类与自然世界:1500—1800年间英国观念的变化》,第60页。
② 数据来自熊月之:《知识体系的新陈代谢》,《文汇报》2021年5月16日。

三 分类学的神学预设

尽管林奈的生物分类法被视为现代科学分类的典范，乃至提到分类学首先就是生物分类学，但是它背后的前提预设，却与亚里士多德和中世纪以来所有试图对生物进行归类的博物学家并无二致，即物种天生不同，这种不同从创世之初便开始了。或者说某物种的所有个体，都可以追溯到创世之初。《旧约·创世记》说，上帝第一天造了光，第二天造了空气，第三天造了地和海及地上的草木，第四天造日月星辰，第五天造水里的鱼和空中的鸟，第六天造出陆地上的牲畜、昆虫、野兽和人，第七天休息。在神学起源论里，是先有植物，再有水里和空中的动物，接着是陆地上的动物，最后才是人。上帝创造世界时，《创世记》反复出现的表述是"各从其类"（according to their kinds）：

> And God said, "Let the land produce living creatures according to their kinds: livestock, creatures that move along the ground, and wild animals, each according to its kind." And it was so. God made the wild animals according to their kinds, the livestock according to their kinds, and all the creatures that move along the ground according to their kinds. And God saw that it was good. Then God said, "Let us make man in our image, in our likeness, and let them rule over the fish of the sea and the birds of the air, over the livestock, over all the earth, and over all the creatures that move along the ground." So God created man in his own image, in the image of God he created him; male and female he created them（上帝说："地要生出活物来，各从其类；牲畜、昆虫、野兽，各从其类。"事就这样成了。于是上帝造出野兽，各从其类；牲畜，各从其类；地上一切昆虫，各从其类。上帝看着是好的。上帝说："我们要照着我们的形象，按着我们的样式造人，使他们管理海里的鱼、空中的鸟、地上的牲畜和全地，并地上所爬的一切昆虫。"上帝就照着自己的形象造人，乃是照着他的形象造男造女）。（《旧约·创世记》24—27章）

野兽有其类，牲畜有其类，和《尔雅》一样，二者是分开叙述的，表明与人的关系远近是动物分类的重要依据。直到 18 世纪，法国动物学家布丰在《博物志》里仍将四足动物分为家畜和野兽两种。更上一级的划分，是海、空、陆的地域空间（fish of the sea、birds of the air、all the creatures that move along the ground）。飞禽、走兽、游鱼的归纳，中西一致，这才是最显敞、最自然、最直接的类分方式。发展到雄蕊、雌蕊和生殖器，细想其实很奇怪。后来的人是照着上帝形象制造的，职责是管理地球上所有的生物和土地。

在《圣经》里，人独立于动物，并被赋予高于动物的崇高地位和绝对权力，与中国古代人生天地间和万物齐一的思想大为不同。这使得屠宰动物和滥伐植物变得合情合理，不能充分利用，反而成为一种渎职。① 这也是林奈不厌其烦地整理植物和动物的动力之一，即他的口头禅"上帝创造，林奈整理"。17、18 世纪，科学虽有独立之势，但神学依然渗透在方方面面。无论是林奈，还是与他异趣但同样伟大的布丰，都给上帝留有足够的余地，有时还声称需要借助上帝的灵感，才能感知世界。

既然创世之初所有的生物都"according to their various kinds"，类是最初的设定，那么类从哪里来呢，却未曾明言。在林奈的生物阶层体系里，种的数量固定不变，等于物种诞生之初的数量。每个物种都有固定的起源和确定的传承，那么物种之间就没有必然联系。所谓的变种，是受气候、土壤等外部因素影响，偶然产生的，并非新的物种。这种建立在上帝生命巨链上的稳定性，长期以来支撑着基督教的世界观，也支配着 18 世纪以前所有的自然分类尝试。② 如果知晓后来发生的事情，非但是林奈，可能所有的分类学家，都没有勇气，也没有办法给自然厘定秩序。今日看来，这的确是只有上帝才能完成的工作。

四 渐失边界的类分对象

在林奈整理自然的一百年后，1832 年英国小猎犬号把达尔文带到了厄瓜

---

① 参阅英国学者基思·托马斯《人类与自然世界：1500—1800 年间英国观念的变化》对此的批判与反思。

② 详情参阅〔美〕阿瑟·Q. 洛夫乔伊：《存在巨链》，张传有、高秉江译，商务印书馆，2015。

多尔的加拉帕戈斯群岛。他发现每个岛屿都生活着一些特有的嘲鸫，各种嘲鸫不会杂交繁殖，本质却是相似的。上帝何以不厌其烦地创造出几十种如此相似却又不同的物种？达尔文的思考正是从"物种"（species）、从分类的依据开始。在1859年的《物种起源》里，他回答说，每个物种都会发生变化，当旧的物种发生变异，新的物种就产生了，当今世界是"物竞天择"的生物进化结果。换句话说，物种并非永远隔绝，高等生物由低等生物进化而来。如此，基于边界稳定的物种划分，根本就行不通。后来人们又不得不承认，所有的分类都是人为选择，找不到所谓的"自然种类"，也没有天生的"本质属性"。这一脚，不仅跨越了不同的生物种类，也由生物学跨进了哲学。确切地说，这打破了千百年来西方人苦苦思索的哲学根本命题。的确，生物界展示的千姿百态与匪夷所思，是所有学科里离"上帝设计"最近的领域。

"达尔文之雀"在科学上带来的地震，经常与"牛顿的苹果"相提并论，它把此前的生物学统统划入"前科学"（pre-science）时代。而在科学史上，林奈分类法早于达尔文的进化论，之所以仍被视为"科学"的事业，并非因其自身的完备，而是由于牛顿之后的世界统统被归入"现代"，有时科学史也会把前几十年的伽利略括进来。林奈幸运地生活在牛顿之后，尽管相差不过半个世纪。是物理学的突破性发展，带来了人类大历史时段的划分，拯救了林奈及其生物分类学。12年后，达尔文把他的进化论延伸到人类身上（《人类起源》）。上帝造人与人的独特性，受到致命冲击。人终于与动物为伍，与上帝分手了。

可故事并没有到此为止。达尔文去世时，他至死都解释不了的变异传递问题，已经呈现在送到他屋里却一直未打开的格雷戈尔·孟德尔（Gregor Mendel，1822—1884）的论文里。后者开启了遗传学的时代。遗传学、细胞学、微形态学、生物化学、细胞生物学等新兴领域的发展，使得生物学的研究惊心动魄！从致力于描述并为生物编目，到研究细胞，科学史家称为生物学的"细胞转向"（cellular turn）。它不仅带来了微生物的发现，也重新定义了生命的基本结构。继20世纪物理学和化学引爆的"分子转向"（molecular turn）后，人类的目光转向了全新的微观世界。在原子的世界，以前的牛顿力学统统不起作用，我们熟悉的经验世界完全垮塌，前现代社会通过感官获取认知的方式彻底失效!

　　无论是以叶、茎、果为尺度,还是以花蕊为分类的标准,即便林奈比亚里士多德观察得更细致,实质仍是以可视的外部结构为依据的。当比较解剖学把外在的可视结构,推进到只有通过解剖才能看到的体内器官时,人类与动物身体结构尤其是类人猿的相似性,一度引起恐慌。进入微观分子世界的20世纪,物质的基本成分从分子发展到原子、到粒子、到夸克。1953年,弗朗西斯·克里克(Francis Crick)和詹姆斯·D.沃森(James D.Watson)发现了双螺旋结构的脱氧核糖核酸(DNA)及其内部图谱。这回冲击的不仅是上帝,还有人类自由飞翔的灵魂!也许夸克仍不是世界的尽头,随着科技的发展,将来出现更新锐的认知模式亦未可知。从动植物对人的功用,到生物自身的习性特点,到生命体的内部结构,再到生物的分子构成,分类标准越来越细,离人类的日常生活经验也越来越远。改变的不仅是人类认知世界的方式,还有世界呈现的存在形态。

　　达尔文的生物进化论,对林奈的分类体系造成了致命的冲击。尽管植物学仍然沿用林奈的某些分类思想和命名方式,但是现代植物分类学的基础却主要由18世纪后半叶的法国植物分类学家奠定,如A-L.德·朱西亚(A-L. de Jussieu,1748—1836)和J.德·拉马克(J. de Lamarck,1744—1829)。英国邱园和巴黎大型植物标本室采用的则是G.本瑟姆(G. Bentham,1800—1884)和J. D.虎克(J. D. Hooker,1817—1911)在A. P.德堪多(A. P. de Candolle,1778—1841)系统上修订的新方案。1883年A. W.艾希勒(A. W. Eichler,1839—1887)的分类法开始建立在生物显微结构和生活史的基础上。艾希勒和H. G. A.恩格勒(H. G. A. Engler,1844—1930)的系统发育分类法,则试图体现物种的演化和亲缘关系,成为德堪多—本瑟姆—虎克之外的第二个分类学派,几乎垄断了20世纪的生物分类学。柏林和列宁格勒等地的标本室便照此方进行。电镜、光谱、层析法、数量分类学、计算机编码等手段越来越多,讨论越来越细,分类也越来越难。最终,分类学家不得不承认:建立基础扎实的生物分类系统不仅尚未成功,而且在可以预期的将来,也难以实现。所有的类分方式都是暂时性的人为系统。

　　如果说林奈及之前的分类法,是建立在物种稳定不变的基础上。那么达尔文则为我们描绘了另一幅生命图景：所有物种都是少量共同祖先的后代，自然之树的树干上长着许多分支，只要生命不止，因变异产生的向外延伸就不会停歇。近年来，这幅图景又受到挑战——生物学家发现了"横向基因转移"现象。细菌和某些昆虫可以在同类之间交换基因，必经繁殖从血亲那里获取的基因纵向遗传图式被打破。即线性的、单向的物种联系，被交叉的、网络状的生命形式所取代。随着人类认知的深入，对生命形态的认识已经发生了变化，遑论生物分类法。

面对地球上800多万个生物物种，而且每年都在不断地增增减减，我们在望洋兴叹的同时，也不得不感谢早期分类学家，在无知者无畏状态下开启的艰难工程。即便所有的分类都只是当时知识背景下的权宜之计，即便物种的边界在哪里我们还不能最终确定，但是人类需要对世界有整体的把握，哪怕只是临时性的。分类不仅是条理知识的工具，也是人类拓展认知、走向未知的基础和桥梁，就像各种分类方案在不断补充中逐渐丰满，在反复调整中日益完备。正是在修正的过程中，生物学家才知道以前冷落了什么、哪里还需要补充。每种模式都在极尽对事物某方面的观察后，增益了人类知识，哪怕它不能保证事物仅此一面。因此多维度、多视角、长时段的观察愈发珍贵，这是人类意识到自身有限性的进步所致，也是学科分立的初衷。

第三节　科学的哲学拷问

17世纪以来的巨大科学突破，不仅定义了新的历史时期（一般以1687年牛顿发表《自然哲学的数学原理》为现代的标志），也触动了人与世界的许多基本命题，不可能不引发哲学的震动。科学已经推进到传统认知无法抵达的层面，人与自然以往的关系被打破。如果世界真的成为无法目测的"表象"，那么人类还能认识真实的世界吗？真实世界的本体如何？科学究竟能做什么？能否带领人类抵达真理？科学又何以成为科学？这些不仅是哲学必须重新思考的重大问题，也是所有人文社会学者都要面对的时代命题，好比科学方法早已向人文社会科学强势渗透，又如科学与科学方法成为近代中国学术去取和学科发展的标杆。

要求人文学者掌握近代科学及其发展史，似乎有点儿强人所难。但若不关注科学史与科学哲学的发展，对科学的认知仍停留在胡适"大胆假设，小心求证"的层面，不仅无法评判近代中国风靡上下的科学主义，也辜负了我们这个日新月异的科技时代。事实上，科学史与科学哲学是20世纪西方最新锐的学科，而且是人文学科。它们的叩问与反思，触及科学行为的实质与人类认知的限度，不仅对知识分类问题，对现代学科的发展基础亦有重大启发。不少具体研究正是因为缺乏这样的大基础，沦为脱离森林的、浮于表面的、避重就轻的就事论事。

一 科学方法的破产

胡适一辈子鼓吹方法，究竟有没有所谓的"科学方法"？西方人认可的科学方法是什么？他的方法又是从何而来？要回答这些问题，必然要从古希腊的亚里士多德讲起，因为是他奠定了西方传统的科学认知模式。如第一节所示，亚里士多德注重现象观察和事实陈述，他认为科学研究就是从自然观察上升到一般原理，再通过逻辑推理，对事实进行正确的陈述。大致可分为观察—提升—推理—陈述几个步骤。

先说观察。尽管亚里士多德强调观察，但观察只是科学的起点。他是哲学家而非博物学家，总把事物的性质理解为它们显现的意义，尊奉第一原理，目的论色彩很重。因而实际是通过假定事物的本质属性来解释自然现象的，如橡树之所以如此生长是为了实现它作为一棵橡树的自然目的，石头之所以落地是因为它要尽可能靠近地心，由此导致了物理学和天文学不少的错误前设。后来的培根（1561—1626）也强调观察，但他之所以自名"新工具"，就是为了反对亚里士多德式的"观察"——实为从原理出发的逻辑推理。培根提倡的是直接面对自然，进行具体现象的信息收集，这在哲学上被称为后天知识的获取。

随着17世纪自然科学的迅猛发展，培根敏锐地意识到亚里士多德的方式导向一种可以脱离现实经验，仅凭纯粹思辨和逻辑推理就能获得的知识。这种知识以数学和逻辑学为代表，休谟认为这些知识之间是一种思维关系，哲学上将之归为先天知识。培根把它们比作蜘蛛，从自身内部就可以编织蛛网，因此数学家可以足不出户。而新兴的"自然哲学",如物理学、生物学、化学、气象学等,必须依赖数据的收集与分析,是在经验而非思辨的层面展开。既然事实关系取决于证据,收集现象(今天称为数据)就是必需。傅斯年说的"上穷碧落下黄泉,动手动脚找材料"显然属于后者。培根把死板的经验论者喻为蚂蚁,积累一堆事实的资料。他当然赞成更加灵活的整理,就像蜜蜂一样,在汲取的花蜜里再行加工。总之,他认为用古代方法是难以获取新知识的,有意提倡一种新科学和新观念,对亚里士多德的"工具"不再信任。

因此对什么为真,便出现了分歧:一种是推理为真,无须借助事实的支撑;另一种是事实为真,要依靠观察,得出与现实相符的描述。前者在哲学上称为必然真理,它暗中支持柏拉图的理念说,即生活中的感官事物并非真理的坚实基础,真理不会随经验的变化而变化,而世界充满了各种表象;后者称为经验真理,认为所有的知识都来源于经验(洛克"白板说"),经验依靠事实,不承认有所谓的天赋观念和理性直观。二者的对立越来越尖锐,以至到19世纪,经验主义者被认为是没有接受过推理训练的人(今天西方人说"中国人是经验式的"仍有此意),而非以经验为基础的理论建构者(西方近代科学建立在这样的经验主义上)。

如此,以往那个外在于人类感官的物理世界发生动摇,出现了一个依赖经验去感知的世界,由此带来了哲学的一次重大分裂。古希腊人从未把知识视为外部世界的东西,而是人借助头脑获得的,因而知识包括科学,是精神性的、概念化的、理论的,而且是通过逻辑推理以数学的形式呈现(今天的数学模型仍具优先地位)。近代的经验论者则发现了另一个可亲可感的世界。可是这个立足于现象和事实的经验世界,一点儿都不比不受人类打扰的客观世界麻烦少。如何去经验?通过什么方式经验?不同的经验工具会不会带来不同的体验和后果?如何确定经验感知的是世界本身?感官能否带来哲学的真理?这些问题刷新了认识论和知识观,都与科学直接相关,却又不仅限于科学。两个领域两种真理,导致了矛盾的世界观。不善"调和"与"辩证"的西方人,便在这两种对立的真理里互相辩难。

培根敏锐地感受到了新时代的到来,揭示了理性主义与经验主义的分歧,属于支持"新哲学"的经验主义者。然而,他提倡的观察仍是从人类的感官出发。在精密仪器大规模发明以前，他只是要求回到自然现象，用更多的感官证据来检验通则，而非仓促地进行逻辑推理，即反对用数学和逻辑学的方式对自然进行解释。事实上，仅凭观察是不能发现现代物理学定律的，因为我们在日常生活中根本看不到真空中的自由落体，也见不到匀速直线运动和光速运动，它们都需要科学家进行某种心智的转换。

培根还提出，可以在自然观测的同时，通过实验检验原理，以增加科学的事实基础。但我们也该清楚，许多早期试验的设计只是为了印证和解释亚里士多德或托勒密的体系，而不是解释自然。就像早期人体解剖课的目的是指引学生观察克劳狄乌斯·盖伦（Claudius Galenus, 129—199）书里说的东西（盖伦的书里没有插图），哪怕不一致，也不肯相信自己的眼睛，否则早就发现心脏而非肝脏，是血液的中心脏器了。直到1535年雅各布·贝朗热·达·卡皮（Jacopo Berengario da Carpi）的《解剖学》才首次根据直接经验，否定盖伦的观点。在肉眼不及的天文物理学中，培根的"新工具"更难以发挥作用，他所说的实验也相当地"原始"。而当时最大的科学突破，如伽利略、开普勒的天文学说和牛顿的力学原理，仍是通过抽象的数学来演绎的，仍是以一般原则为基础将物理数学化，其实都有各自的基本定律、定理或公式。发展到后来的微观世界，牛顿的苹果也退场了，人类的感官完全派不上用场。科学仪器并非从虚空中冒出来，因而工具与方法的确成为一个大问题。

培根的乐观不仅源于当时的科学发展，也源于他对自己发现的"新工具"的确信。他所说的"新工具"是有别于亚里士多德式思辨、针对自然科学的、发现真理的方法。他认为只要发现了这套体系，就能一劳永逸地知晓科学该如何进行。培根提出了一个重大命题，可惜他的答案过于简陋。他似乎认为只要对现象进行系统的收集，再用各种方式进行排列和整理，隐藏在事物背后的本质就会自动显现。真正困难的正是如何显现？会不会显现？即使显现了又如何为人类所感知？像氧气、声波、射线、磁场这些近代重大发现，都是我们日日生活其间却感觉不到的东西。无论原始与先进（如石斧和望远镜），外在工具的选择和发明都是人类智识的表现。那么工具与手段即方法问题，都要最终回归内在的层面，即人脑的思维能力（唯理论）和人对自然现象的加工能力（经验论）。没有思维的加工与引渡，哪怕有更好的实物观测工具，也无法实现外在现象到本质认识的飞跃，以及外在自然与内在世界的沟通。作为西方传统科学方法和科学程序的亚里士多德归纳-演绎法及事实推理三段论，成为近代怀疑论者的考察中心，实非偶然。

亚里士多德认为，科学思考的第一个阶段是从感觉经验里总结事物性质，无论是简单枚举法还是直观归纳法，都是从特殊上升到一般、从共性概括抽象出一般原理，从个别观察到规律总结的过渡，这个过程称为归纳。对各种归纳程式，亚里士多德有详细的分析和说明。而事物的性质，他强调的是属和种差。归纳的过程就是寻找事物共性和个性（形式和质料）的过程，类似分类学家发现属性和种差（因而分类内在于逻辑，是基础性的认知世界的方式）。第二个阶段是以归纳所得的一般原理为前提，通过有效的逻辑推理，得出关于初始观察的正确陈述，这个过程称为演绎。所谓有效的逻辑推理，指向著名的三段论。简单来说，当所有的 M 都是 P，而所有的 S 为 M 时，所有的 S 才是 P。一个令人满意的解释，前提必须为真，而论证的有效性取决于前提和结论之间的关系。对何时前提为真，亚里士多德进行了各种规定。有效的三段论建立在完全包含关系上，部分包含与不包含被排除在外。这种关系的厘定也算一种归类。因而一门科学就是通过演绎组织起来的一组正确陈述。第一原理则是这门科学一切证明的出发点。

亚里士多德的归纳-演绎法影响深远，此后漫长的年代，人们不过是对它进行解释和补充而已。直到现代早期，直接援引他的观点进行证明被认为是充分合理的。培根不过是给它加上了第三阶段，即最后接受实验的检验，让符合观察的陈述上升为公理或理论（但这个观察并非来自真实的自然）。真正颠覆它的是英国哲学家休谟。休谟继承了笛卡儿的怀疑精神，却走上了截然相反的方向。他指出，无论搜集到多少现象，进行何种程度的观察，基于以往经验的归纳都不能得出预示将来的主张。经验只能告诉我们过去发生的事情，所有的经验陈述仅仅偶然为真。不能说过去太阳从东方升起，将来就必定是如此。任何超越自身实际经验的事实问题（包括不曾目睹的过去和未来事件），依赖的都是建立在过往经验基础上的因果关系，只能产生或然而非必然的结论。一切源于经验的归纳与推理，都是习惯或期望的结果，是我们添加在事物本性上的一种虚构，从已知走向未知、从特殊上升到一般的归纳法，其实不成立。可我们每天都在运用归纳推理，一切判断都建立在世界将一如既往的前提下，因此人类的大多数知识都有非理性的基础。

如果归纳法不成立，归纳论证只是循环论证，那么演绎呢？演绎是从一系列前提中推衍出结论的过程。演绎对过程进行控制，若前提为真，结论必然为真，这相较归纳更可靠。基于此，霍布斯认为科学仅仅包含演绎的知识，波普尔主张演绎是科学中唯一合理的形式。但是，如果前提错误，推理仍然可以是有效的，前提真假与论证的有效性之间没有关系。可以说结论其实就包含在前提里，演绎并不能告诉我们更多的东西。比如"所有的 M 都是 P"这个陈述，探索性的研究关键是在，这个前提是如何得出来的（为什么所有的金属都导电），M 里的 S 也是 P（这是金属里的铜，所以铜也导电）并没有多少启发性。亚里士多德派认为所有真正的知识，都能以三段论的形式得到表达，从无可置疑的前提得出无法否认的结论。可如果归纳法其实得不到可靠的一般原理，前提并非无可置疑（前提是从另一个归纳中来，所以休谟说不能用演绎为归纳辩护，这是循环论证），那么演绎即便可靠，也无甚价值。检验就更没有必要了。科学大厦将塌！

罗素说，休谟的结论既难以接受，又难以反驳，还没有谁在此获得过成功。的确，许多人都在寻找反驳或替代方案，却没有令人满意的答案。当代科学研究者普遍认为，科学研究是包含在科研工作里的具体研究，并不存在能够描述科学并普遍适用的唯一法则。何况不少科学发现实出偶然，科学家们还像艺术家一样乐于偏离传统和另辟蹊径。科学哲学家保罗·费耶阿本德（Paul Feyerabend，1924—1994）在《反对方法》里甚至认为，在科学发展的所有阶段，唯一能得到支持的原则，就是怎么都行，换种说法就是不存在方法。如果真的存在一种能够催生科学的普适工具或方法，那么所有的学科就都能同步发展了，化学和生命科学何以晚至 18 世纪和 19 世纪后期才有重大突破？如果科学知识可以机械制造和批量生产，那么人人都可以成为爱因斯坦。上帝显然没有如此慷慨。

17 世纪以来，现代西方人抛开抽象理念，投入现象世界的怀抱，自认为找到了打开世界、理解自然的钥匙。方法问题不仅是程序合理，还被用来区分科学与非科学，用以解释科学何以进步和成功。而科学方法的破灭，让世界可控的梦想成为泡影，让科学何以成为科学变得艰难。

二 科学假设从何而来

在科学方法被怀疑主义打破之后，科学还有可能吗？如何界定科学？胡适的"大胆假设，小心求证"又是从何而来？波普尔接受归纳法无效的结论，但仍要为科学的合理性辩护。策略是否认科学是以归纳的形式进行的。波普尔认为科学家做的工作，并非依据一堆观察进行概括，科学观察实际是有目的、有针对性的。科学实验的真正功效是检验理论，而非制造意外现象。也就是说，科学家不是盲目寻找规律，而是通过实验检验假说。假说是猜想和想象的产物，提出假说是不受方法支配的，方法约束的是后面的检验和确认环节。因此，波普尔把亚里士多德的归纳-演绎法更正为假设-演绎法：

> 1. 提出假设（H）。2. 推演对于该假设的后承（C）。3. 通过实验和观察，检测 C 是否出现。4. 如果 C 不出现，那么 H 必然错误，由此提出新的假设。5. 如果 C 出现，那么 H 就得以确认。为了进一步证实，推演出更多的后承，同时重复步骤 3。①

如此，科学是通过一系列的假设和反驳进行的。区分科学与非科学的标志，是是否可检测或可证伪。这契合波普尔思考科学的初衷，他就是要区分爱因斯坦的相对论和弗洛伊德的精神分析。像精神分析那样无论符不符合事实都能说得过去的学说，波普尔认为是伪科学，因为它其实不能区分实际发生和不会发生的事情，不具备科学所当有的预测性，而且天生就是免检的。这也一度被认为是人文学科和自然学科的区别。

波普尔避开了传统科学推理的核心——归纳法，观察被后置到检测阶段，实验的地位大大提升，强化了科学的实验室法则。实验其实并非 17 世纪才有的新事物，古罗马的盖伦和托勒密都做过实验，而且无论是在阿拉伯文明中还是在欧洲中世纪，它一直存在，不过是作为一种动手性的边缘知识不受重

---

① 此处采用了〔英〕克里斯·霍奈尔和〔美〕埃默里斯·韦斯科特的归纳。见《哲学是什么》，中国人民出版社，2010，第133页。波普尔本人的阐述可参阅《科学知识进化论：波普尔科学哲学选集》（纪树立编译，生活·读书·新知三联书店，1987）的相关文章。

视而已。随着自然科学的勃兴，以及第二种世界观的出现，实验从边缘走向了中心。康德曾言，17世纪的实验方法代表了"一场知识革命的意外结果"，标志着自然科学进入科学的大道。

如果把科学发展作为现代社会的显著特点，那么把观察和实验视为新阶段的新方法，倒也说得过去。但若抛开背后整套世界观的差异，仅谈实验的首要性，就不得要领了。科学——主要指自然科学，是有别于哲学和宗教（社会科学介于中间）的经验学科，它的理论和假说必须通过经验，也可以由经验来检验。它实际改变的是求助神圣文本或教义、惯例或习俗、封闭的自身逻辑来把握世界的认知方式，从此科学权威取代了宗教权威。这才是"科学革命"的深层含义。也正是因为与亚里士多德的传统（中世纪亦为权威）有裂痕有冲突，才使它更受关注、更加醒目。

波普尔虽然拯救了科学的合理性，可他离自己的理性主张还很远。我们即便接受他的全部论证，还是难以得到满足，因为他解释的其实是科学行为的后半段——检测环节，而前半段的假设才是科学的真正起点。好比数学证明，前提和推理规则是事先规定的，所以结论会在预设的轨道里进行，即便各方对结论有异议，也可以沿着推理的步骤倒回去检查。可是，如果各方从一开始就不接受那些前提和规则，证明和检验就无法进行了。前提从何而来？假说不是胡乱猜测。如果它呈放射状发散，检验将没完没了！

波普尔承认，所有的观察都是有选择性的，所有的实验都是有理论背景的。主导观察和实验的，最终还是预设的理论，尽管它不一定清晰，也未必单一。科学的每一次观察都有理论预设，就像每一种理论都有它期待的事实。当我们说日升日落时，已经预设了地球不动。如果没有对地心说的怀疑，就不会有近代天文学的产生。亚里士多德和伽利略都观察过摆动的石头，可前者看到的是受约束的落体，后者看到的却是单摆运动。没有纯粹的事实，只有理论观照下的事实。若没有目标，我们会不知道该观察什么。好比在进化论问世以前，人们看猴脸一定会在意它的特殊乃至丑陋，只有听说人是从猿猴进化过来的之后，才会去认真寻找猴脸与人脸的相同。黑猩猩而非黑熊收获了更多的科学关注，并非偶然。培根提倡的纯粹客观或理论中立的观察，实际上并不存在。

这个或这组牵引假设或催生假说的理论，是已有的既定学说，所以牛顿说站在巨人的肩膀上。我们知道，科学建立在怀疑的基础上，如果对以往学说早已接受，就不会产生检验它的想法。就这一点而言，波普尔无疑是正确的，科学实验的目的是证伪，是要证明假说错误，而非证实——无论提供多少证据支持，也无法穷尽所有的现象，更不能保证今后不出现反例。事实上，几乎没有理论没有反例。即便实验证实了假说，也只是代表该假说可以暂时被当作真的来接受，这与培根积累越来越多的证据以支持科学原则的观点相反。这也就意味着，科学假说大多建立在反对的意愿上，整个实验的设计是朝着颠覆的方向进行。在科学史上，驳斥一个理论的确比证实某个理论更有威望。

因此，"小心求证"是为了求证假说是否成立，而"大胆假设"是假设原来的学说错误。与其说胡适的科学方法提倡细致的考据，不如说他鼓吹的是对既有学说的怀疑。可是按照波普尔的观点，人文社会学说是无法证伪的非科学（他针对的就是弗洛伊德和马克思的学说），不仅不能提供预测，也无法进行实验性的检测。我们无法模拟与历史和现实情况相悖的实验场，即历史没有"如果"，反向的观测无法实现。因而经济学只能分析过去的经济现象，建立模拟性的数据模型。可过去是否会重现？影响因子是否找对、找全了？归纳法的合理性问题再次浮出水面。

科学实验的本质是可控的人工模拟——通过改变物理系统里的一个参数，观察整个系统的变化结果，所以往往要建立数学模型。提出假说，意味着提供一套可以做出预测的数学模型，如今已进入大规模的计算机模拟阶段。在科学发展史里，调整数据以符合假说的现象，比比皆是。现象是部分的自然，假说关注有限的数据，若没有既有学说的铺垫，这系列活动的前提和因果关系，是经不起认真拷问的。任何科学家都不可能头脑空空地走进实验室，而是心中充满了各种知识、理论和期待。"科学革命创造者的卓越之处不仅表现在摒弃过去和创造新的理论，而且也反映在能够重新有效地利用继承下来的科学思想、理论、假设、方法、仪器和数据，并把它们付诸新的理论用途"①，牛顿并非一切从头开始，而是"站在巨人的肩上"。再如何证疑，继承的都比否定的多，这一点常常被隐去，却是不证自明的事实。彻底的怀疑精神不仅是对具体内容的质疑，作为工具的科学实验也要接受合理性的论证。

如果非要把胡适关注的文史哲问题纳入科学轨道，那么显然它可以推翻前人的结论或学说，却无法建立可信的学说。无论援引多少前人观点和文献证据，只是提供了证实假说的部分证据（还是间接意见），而回避了前提，也回避了反例，所以文史研究里有一句话叫"说有易，说无难"。从深层次上考虑，胡适提倡的科学方法在颠覆的意义上是成立的，但若按照科学的要求，于新学理的发现却无补。而当把前面的铺垫都否定了之后，也就抽空了文史研究通向过往的梯子，比如《古史辨》对早期史料可信度的否定。当然，对胡适那代人而言，这已经够了，新学术的立意在破坏传统，为西方学术开路。如果没有西学接盘，"于不疑处生疑"只会制造混乱，满目疮痍、一地废墟显然不是最终想要达成的目的。

波普尔的理论仍是半截理论，而且只能解释部分科学行为，即那些有错误嫌疑和明确意向的科学验证——用库恩的话说，仅限于已有铺垫的、仅做修正和补充的"常规科学"，而无法解释创造性的科学发现。我们通常认为的科学，更多是指后者。培根区分偶然经验和有意经验是有意义的，有些科学发现（而且往往是重大发现），似乎不是靠精心设计的实验发现的，"幸运者"还多为束缚较少的年轻科学家，所以"牛顿的苹果""达尔文之雀"才如此著名。何况人们往往是基于某一信念，才进入知识探究的状态。一旦获得实证性的依据，信念也就转化成了知识。

最初这个冒出来的科学假设或曰猜想（而非后面的验证），犹如上帝驱动世界踹出的第一脚，至关重要，却依然无解！科学史家巴特菲尔德指出："无论在天体物理学中，还是在地球物理学中（两者在整场科学运动中占据着重要位置），变化首先都不是来自新的观察或额外的证据，而是来自科学家本人心灵中发生的转换。"②啊！心灵，或者头脑，这是最难研究、最难解答的部

---

① 〔美〕戴维·林德伯格：《西方科学的起源》，张卜天译，商务印书馆，2019，第583页。
② 〔英〕赫伯特·巴特菲尔德：《现代科学的起源》，第1页。

分,所以称为暗箱。即便窃走了爱因斯坦的大脑,也没有对相对论的产生补充更多的解释。如果答案是灵感、是想象、是直觉、是运气呢?那么它们无须凭借任何方法。

三 范式更新与科学革命

科学如何诞生,带动了一个学科的兴起。在牛津大学的博德利图书馆,笔者看到一排排的科技史图书,不得不为这个发展不过百年的学科感到惊叹,更不必说隔壁享誉世界的剑桥科技史学派了。它不再纠结于从无到有的起源性哲学追问,转而追踪科学的发展轨迹,在科学如何行进的问题上尤富成果。但是增加历史、社会、文化的维度,并不代表完全放弃哲学或理论性的思考,近年来二者有融合的趋势。此处无意概述西方科学史的研究,但是美国学者托马斯·S. 库恩(Thomas S. Kuhn,1922—1996)1962年出版的《科学革命的结构》却无法回避。它不仅对科学如何发展、如何推进有精辟的研究,而且是20世纪最有影响力的学术著作,基本思想和主要概念在人文社会领域得到广泛应用——同样适用本书的议题。

库恩提出"范式"(paradigm)概念,解释日常的"常规科学"(normal science)如何进行。通过考察"科学革命"(scientific revolution),回答科学以何种方式推进。要了解何谓"科学革命的结构",首先要了解什么是范式。范式是范例构成的模型或模式,正是那些示范性的过往科学成就(相当于经典案例),告诉科学家们该做什么、该提怎样的问题、怎样的研究才会成功,以及如何进行观察和实验。每个学科、每个学术共同体都会有对某些范式的信任和承诺,从而不会在基础性的前提下发生分歧,不必从证明学科的第一原理开始工作。学生在专业学习的过程中接受这些范式,并自觉以同样的眼光进入日后的科研(我认为库恩发现了学科训练的实质)。

范式为以后的实践者设定了研究的合理问题和常规方法,也留下一批有待解决的具体问题。常规科学循着范式的指引,一步步扩展和填充这些空白,即我们常说的"在原有的基础上继长增高"。它鼓励研究者在既定方向、既有思路、既存问题上,进行更精确、更深入、更细致的挖掘,这就是学科知识的积累与壮大。常规科学越丰富,范式就越成熟,学科基础也越牢。而越是发展成熟的学科,内部的范式竞争就越少。大多数研究者毕生从事的,就是这样的扫尾工作。

常规科学受限于既定范式,不仅对新问题新领域不敏感,而且往往不能容忍其他新方法新理论。它是守成的,不追求新颖。在研究过程中,总有一些现象无法与既有理论完全吻合,这些反常现象有的可以解决,有的可以忽略(当我们强调实验者的技巧和判断力时,很大程度是指接受过良好训练的人应该知道,哪些现象可以忽略,哪些反常必须留意)。但如果不能回答那些对核心理念提出挑战的问题,危机就会出现。当既有范式久久不能解开它本应解开的谜题,就会有人放弃现有规则,寻找新的思路,科学革命也就开始了。

革命是对危机的反应,更是对范式的挑战。既然常规科学积累到足够的厚度,亦不能完成危机应对,那么新方法就绝非对既有范式的修正或扩展。它一定是在新基础上对问题进行重组,一定是另一种截然不同的问题思路,因而无法被现有范式所同化,所以才能称为"革命",尽管革命有大有小。就像化学家从道尔顿那里得到的不是新的实验定律,而是从事化学研究的新途径(他本人称为"化学哲学的新体系")。当然,新范式不可能一开始就完备,它也有一个丰富和完善的过程,这就成为下一轮常规科学的工作。科学革命的实质是一套较陈旧的规范全部或局部被一套新的不相容的规范所代替,从而建立一套新的常规科学,即一种范式取代另一种范式的过程,如哥白尼的日心说取代托勒密的地心说、氧化说取代燃素假设、经典物理学被相对论和量子力学所取代。科学史就是这样由一个又一个常规科学阶段所构成,分割它们的则是科学革命。因而积累式的发展发生在每个常规科学的阶段,而科学的整体路线却是断裂的,由各不相同的各种范式组成。

范式与范式既不重合,也难以比较。用库恩的话来说,它们是不能通约的。在不同范式里工作的人,好比生活在不同的世界,即便注视同一个方向,看到的也是不同的东西。新范式提供的不仅是新定律和新方法,还有新角度、新目标、新关系、新概念体系,以及新的边界和领域。正因为革命是世界观的改变,所以旧范式崇奉者的改宗并不容易,往往老一辈反对者去世以后,新范式才能最终取得胜利。这让我们想起"一代有一代之学术"的感慨。这种残酷的新陈代谢观,显然汲取了社会学的灵感。自然科学如此,人文社会科学难道不是一样吗?科学革命的结构如此,学术系统的革命又何尝不如是?

库恩强调新旧范式的不可通约性,还坚持二者不具可比性,因为这不仅仅是方法和视野的问题,框架、基础、概念体系都会不一样,用巴特菲尔德的话来说,虽然新范式"处理和以前一样的一堆资料,但却通过赋予它们一个不同框架而把它们置于一个新的关系体系之中"①。就像 1629 年伽利略撰写《关于托勒密和哥白尼两大世界体系的对话》时,不再像以往巴黎经院学者那样就具体问题反驳亚里士多德,而是收集所有反证,全方位抨击旧学。从一幅拼图里抽出一块,填补另一幅拼图的漏洞,总是难以完成整合。用一个高度密合的体系取代另一个,改变整体设计,才能让具体问题得以充分展开。这些虽是西方内部的科学问题,却与我们关注的中西学术体系更迭何其相似!有历史承继关系的科学范式尚且没有可比性,不同土壤生长出来的中西学术系统(非个别具体问题),就更没有比较的基础了。我们说科学是检验真理的标准,可如果科学内部还有如此众多不可通约、难言优劣的范式和体系,那就等于说非但条条大路通罗马,而且真理亦非唯一(暂不考虑真理是否能从科学事实中寻找的哲学争议)。如果说二战后尤其经过后现代,人们对多元的世界观已有心理准备,那么真正富有挑战性的后承是:人类是否还能通过科学抵达真理的世界?对科学的质疑,动摇的是现代社会的文明根基。

要注意的是,范式的学习过程其实就是思维的同化过程。学生在进行专业训练的时候,无论是接受书本理论的指导,还是从教师那里领会实验或研究的思路和方法,都是在熟悉各种范式及其运用。学科训练就是这样一个过程,所以后来库恩用"学科基质"扩展"范式"的外延。而常规研究对范式的依赖,可以理解为对研究对象及其情形进行分析,寻找它们与范式模型之间的相似与共通,从而巧妙地用范式提供的方式进行解读。这就像学生做物理练习题,每道题目都不完全一样,如果不能找到适合它的基本定律,就无法在考试中获得好成绩。我们把物理世界分成各种现象类型,或者说把世界塞进各种概念的盒子里,这里用力学原理,那里用电磁学理论;这一块属于

---

① 〔英〕赫伯特·巴特菲尔德:《现代科学的起源》,第1页。

浮力领地，那一块是摩擦力的范畴……因此范式的学习要依靠一种分类的能力，要在各种关系中找到相似性。亚里士多德曾言，论证的本质不是演绎，就是类比。

那些找不到类似性的问题和现象，往往会被范式遗漏，只能留待来日用其他的范式去网罗（我们并不知道知识的海洋里总共有多少条鱼，有怎样形态的鱼，鱼会出现在哪里，用怎样的方法和工具才能打捞起它们来）。可以说一种范式就是一张由不同关系和不同结构组织起来的网。网络不一样，归类方法就会不一样，寻找细节的线索也就不同。哪怕是一个次级类目的调整，都可能造成整个网络关系的变化。不少科学发现正是在重新归类的过程中，改变整体科学图景的。比如把金属从化合物转入元素，带动了新的燃烧理论、酸性理论、物理和化学结合理论的兴起。无论是自然科学知识，还是人文社会知识，分类都是系统性的工程，不仅可以助力我们理解已知，还能为我们探寻未知提供帮助。更重要的是，不同范式有不同的理论背景，没有哪种理论可以回答一切，否则科学革命就不会发生。就像没有哪种现行方案，能把世界全部内容都塞进它的概念盒子里一样。为了无限接近无比丰富的世界真实，必须鼓励各种不同的研究范式和学术体系，期待它们在各自的势力范围内，把知识挖掘到底。

四　科学标准的相对性

数学家赫尔曼·邦迪（Hermann Bondi，1919—2005）曾言，科学无非是方法，而方法无非是波普尔阐述的东西。波普尔在科学家中的声望可见一斑。至今谈科学的本质，波普尔的观点仍是无法回避的。在科学方法受到质疑，猜想与反驳程序被证明不完整之后，他的证伪主义还能提供怎样的灵感呢？如果真正的科学必须是能够接受反证的，那么所有的科学理论都有潜在的证据可能导致它来日的破产。科学断言可以被证伪，也就意味着它不能绝对被证实。我们接受它，只是因为它现在还没有被否证，但不代表将来也不会。因此所有的科学，本质上都是暂时的。它受制于未来的观测，我们只是在更好的理论出现之前，暂时保留它而已。科学可以不断地接近真理，却无法抵达真理，我们也不知道什么时候才算到达。古代世界追寻无可置疑的确定性，现代世界只整理事实和证据，只生产假说和理论。科学在进步，但与撒鹰打猎的人不同，我们的工具越来越精细，却永远抓不住猎物。波普尔承认，科学理论不是真理。不断的否定似乎不能解释知识的进步，坚实的世界再度崩塌。

不仅如此，美国哲学家威拉德·范奥曼·蒯因（Willard Van Orman Quine，1908—2000）还指出，其实任何理论都无法孤立地进行科学预测，必须添加额外的辅助假设。在检验理论 A 时，为了得出预期的实验结果，必须使用理论 B 或辅助假设 B，实际上结论是 A 和 B 共同作用的结果。因此即便实验观测与预期不一致，也不能就此断定 A 一定错误，因为问题还可能出在 B 上。为了检测预设 B，又不得不引入理论 C，或者更多。我们关于世界的陈述，建立在一组或一系列前提和理论预设基础上，因而所有的相关理论应该作为整体一起接受裁决。可有多少人会这样做？我们从教科书和学科专业训练里，接受了各种未经证实的基本理论，科学实验预设了诸多免检原则。如果没有那些"不证自明"的基础和前提，科学的大厦将无从建立。主流科学其实建立在未经检验的基础上，尚未找到对未观察到事件认识的非循环论证，因此波普尔的证伪主义实际很难生效。这似乎又确认了休谟对人类理性的质疑。对科学的崇奉，与其说出于理性的探求，不如说出于信任的意愿。

何况在实际的科学发展过程中，许多已被观测证伪的假说仍然被当作真的保留下来。牛顿力学定律在预测天王星轨道时，就出现了大量偏差，可天文学家公然回避实验的裁决，拒不放弃牛顿的物理学框架。2011年意大利格郎萨索的中微子观测与爱因斯坦的相对论不符，但很多科学家坚信，一定是实验出了问题。正如库恩所言，常规科学进行的是不断寻找符合理论的事实，填补范式的漏洞。如果假设和事实从一开始就高度吻合，后面的科学家就无事可做了，它也不可能成为一个有影响力的范式。事实上，没有反常就没有研究，反例只对既有理论有意义。因此你可以说虽然当初牛顿理论困难重重，反例多到足以驳倒它，但科学界对此视而不见是明智的，因为它还处于早期发展阶段。可如果没有对它的"盲目"信任，谁又会持之以恒、长年累月地为它补隙堵漏呢？与此同时，科学史上那些因反例没有得到重视，从而导致发现推迟的案例，屡见不鲜，如普利斯特列错过了对氧气的发现。且不论无法证伪的达尔文进化论，依然被用来抵制神学创世说。

如果科学范式或科学体系之间无法比较，科学总是断裂式地发展，而科学工作的推进又有赖于对范式的依赖与信任，那么在暂时性的、相对主义的科学观里，科学与宗教又有多大区别？如何判断哪个范式或哪套理论更好？科学评价的标准何在？我们常说实践是检验真理的标准，长期以来我们对科学的捍卫，来自它符合现实的观测。如果说这仍是感官的世界，而感官是会骗人的，那么科学最大的魔力乃在于，这种符合可以用来预测未来。中国传统历算及回回历（伊斯兰历法）被清王朝弃置，以汤若望为代表的西方传教士得以掌控钦天监130年，正因为后者在1644年9月1日的日食预测中更准确，多少口诛笔伐就此终结。

但并非所有的科学规律都有这样的展示机会，于是我们在实验室里模拟自然，让规律显现，而且要求实验必须可重复，要让规律一次又一次地重现，这是人类掌控自然的寓言。因而那些无法进入实验室的规律（如历史发展规律），被排除在科学之外；那些可以建立模型却不一定真实发生的规律（如经济学规律），则被视为半科学。列维-斯特劳斯曾严肃地提醒我们：技术发明里的每一种，都要人们花费几个世纪之久的时间去观察，并通过无数次实验来加以核实。可实际上，只有一小部分观察和实验产生了实际的、有用的结果，近代科学知识的历史又过于短暂，只有几个世纪，我们其实对它所知有限。①

与其说我们相信科学实验室法则，不如说我们相信自然有规律，坚持真理的符合论——科学规律要与客观事实相符，预设了一个外在于人类精神意愿的物理世界，也制造了近代的"事实"观②。且不说这些基本问题在哲学上是存在争议的，无法回避的困难还在于，既然所有的科学实验都是检验假说，说明在实验之前就已经知道真理或规律了，所有的观测证据不过是为假说进行辩护而已。怎么可以假设真理呢？这不就意味着科学已经脱离认知，先行认识世界了吗？实验是为了证伪，可前提却连证实都没有经历过。如何

---

① 〔法〕克洛德·列维-斯特劳斯：《野性的思维》，第14—15页。
② 参阅〔美〕戴维·伍顿：《科学的诞生：科学革命新史》第七章。

保证不是通过理论、假设、概念、实验等,把秩序和因果强加在自然身上?遑论克尔凯郭尔所言的任何证据都必须经过"信仰的飞跃",才能与事实形成因果关系。与其说人文社会科学不是科学,被视为科学基础的数学和逻辑学也不符合实验室法则,不如说科学标准本身就成问题,它只能容纳狭小、矛盾、断裂的世界观。

为了不陷入两个世界的泥潭,争议的重心逐渐从"事实",转向接受科学解释或特定信念的理由。简洁干脆的一派是,无须更多佐证,也不需要追寻什么本质问题,只要它管用,能够提供更多的可能性,有价值、有前途就可以。这种实用主义的观点一度非常流行,表明现代人安于物质层面,满足于生活在表象的世界里。如果存在即合理,所有的出现都有原因,那么问题就变成了你到底关注什么,你认为的有用指什么了。价值不当仅指物质的科学层面,社会价值与精神价值何尝可以忽略?道德和宗教也有用,甚至在某些历史时期显得更有用。波普尔的起点又成了终点!

库恩认为,当既有范式面临日益增多的反常和难以解释的重要现象时,科学家就不得不寻找替代性的最佳说明。如果局部修改最终无济于事,就必须代以整体性的新思路。旧范式被放弃、新范式被接纳,是因为新范式能对挑战性的难题做出更合理的解释,能够容纳更多的现象(包括反常和未知)。这种合理未必没有瑕疵,也不要求回答所有的问题,它只在一定范围内进行有效的说明。由于理论能够"生产"现象,支撑性的事实会越来越多,这种相继引发的能力使它越来越丰富和圆融。这种圆融是系统性的,因此可以包容局部的细节反例。它更是理由(说明)与事实(常识)和意愿(情感)之间的融贯,让人相信它会有更广阔的前景。这种对于体系融贯的理解,终于使人文社会研究可以厕身其中了,即我们常说的合乎逻辑、自圆其说的理论自洽。进一步讲,只要达到所要求的简洁和高度系统化,任何分类原则或学术体系都一样正当。

可除了理论自身的论证技术外,合理不合理还会与信念体系和社会语境相关。不同的社会与个人,以各自方式把经验和生活联系在一起,只要它们一致并令生活在其中的人感到满意,那么无论经验多么奇特,都是合理的,也就是科学的了。如此,我们就该承认不同民族、不同文化,自有不同的科学观念和科学传统。科学史把研究目标从西方科学，转移到非西方的古埃及科学、古代中国科学、伊斯兰科学，即受益于此。我们关心的"李约瑟难题"也是在这样的背景下产生，继而引发了对中国古代科学体系更多的探索。科学落后或没有科学，是非西方文明不能实现现代化或现代化失败的原因，已经被越来越多的学者抛弃。更有研究者在不同科学传统的比较中明确指出："西方科学的扩张，实为19世纪和20世纪西方殖民主义的一个组成部分。"[①]

非但如此，继尼采宣称"真理不存在"之后，福柯又为真理的历史性和社会性高歌。作为一种人类社会的实践活动，科学被认为最终是一种社会性的建构，非但被各自不同的世界观所决定，还深深受制于社会形态和社会制度，尤其是被权力所塑造，科学的相对主义被推到一个新的层面。这是我们下节将要进入的内容。科学标准的松动以及对科学的反思，不仅是科学自身的内部问题，它已经带动了广大的文化和社会研究，甚至动摇了西方现代社会的价值基础。正如我们所熟知的，科学和民主是近代中国理解西方文明的两面大旗。如今科学非但不再是西方特有的了，而且几乎所有方面都经不起严肃的哲学拷问。

这种客观真理让渡于主观真理的"宽容"，当然也让我们惴惴不安，甚至惊慌失措。因为失去了"客观"，我们就失去了坚实的依靠基础。"一切坚固的东西都烟消云散了"，是后现代社会的普遍处境。然而，当人类终于放下了掌控自然的傲慢与独断，意识到知识的暂时性和自身的有限性，承认科学的相对性和世界的复杂性，开始懂得敬畏自然并尊重文化，不也是一种成长和进步吗？

第四节 人类学与社会学的分类讨论

科学的发展鼓舞了多少学者！近代以来，各门学科都循着"客观"标准，尽力精确地描述自然或讲述社会。法国学者涂尔干正是本着科学精神，致力

[①] 〔美〕威廉·E. 伯恩斯：《知识与权力：科学的世界之旅》，杨志译，中国人民大学出版社，2015，第23页。

于发现并解释客观存在的"社会事实",从而开辟了西方的社会学研究。对科学的崇奉,带动了近代社会科学的诞生与转型;对科学的刨根问底,最终又不得不引进社会向度的考察,这真是一种有趣的互动。也在某种程度上证明,对错既难以决断,亦非首要,就还当留意知识与知识之间的互相生发,或者说科学的融贯性要求可以带来整个系统的拓展与丰富。与科学史和科学哲学的迅猛发展一样,西方人类学与社会学同样是20世纪最精彩的领域,而且对分类的研究至今仍是基础性论题。

一 固定知识与固化成见的两面

分类是人类认知的基本需求。正如法国思想家拉康的镜像理论所示,6到18个月的婴儿只有通过镜中像确立自身的存在,自我意识才能建立,哪怕不断内化的是一个误认的镜像。"我"和他者的分离是主体意识形成的必要条件。换句话说,没有从混沌中剥离出来的那个"我",就没有对世界的认知,"我"与他的区分是人类意识的第一步。"我"和他、内与外本身就是一种分类,有了这样的分类基础,人类才可以由近及远、由大到小地对身边事物一一进行区隔和归并。所以无须惊诧,人类早期文明多用类推的思维来感知世界。先秦文献里频繁出现的比类、知类、辨类等,都是类别思想发达的表现。有类别就会有类名,古代中国向有"正名"传统。

分类行为很难说一定是从具体到抽象,比如对"我"的指认就非常复杂,拉康用阶段说来展开,而且分裂、异化、破灭、重构会由始至终陪伴人一生的成长。但可以确定的一点是,人类是以自身为中心逐渐扩展认知的,是从生活实际出发划定事物的亲疏远近关系。因此我们会看到早期文明对动植物分类的孜孜以求,西方分类学会首先发生在植物学领域。在中国古代,"类"指动物分类,尤其是生活中最亲密的狗的归属。"类"繁体作"類",《说文解字》云"类,种类相似,唯犬为甚",段玉裁解释道:"说从犬之意也。类本谓犬相似,引申假借为凡相似之称。"[①] 即相似的狗为同类,所有辨别似与不似的行为都叫"类"。《荀子·劝学》说"草木畴生,禽兽群焉,物各从其

---

① 许慎撰,段玉裁注:《说文解字注》,第476页。

类"，草木鸟兽构成了人类的基本生活环境，食物更是人类生存的首要条件，别物辨类从这里开始。至今在非洲大草原上，我们还能看到原住民对动植物惊人的辨识能力，与现代城市人的五谷不分，形成鲜明对比。

人类把世界类分成不同的对象和关系，是认知上的巨大飞跃。通过异同的比较、包含与被包含关系的辨析、交叉关系的厘定、主次关系的筛选，人类的思维变得越来越精细，世界万物也显得越来越有条理。大自然本是一个各种存在物偶然汇集在一起的混合场。在这里，金子与另一些金属、石头、泥土混合在一起；在那里，紫罗兰生长在橡树旁。在这些植物之间，还游荡着四足动物、爬行动物和昆虫。如此说来，鱼还和它借以在其中漂浮的水质成分混杂在一块儿，与水底生长的植物相交杂。这一切的一切足以让人眩晕（即便如此描述，亦已是经过现代思维条理的。最初人类还未必会区分石头和泥土呢，紫罗兰和橡树也只是在植物学里分离）。只有当人类根据自身需求对事物一一进行归类，世界才会变得可感可知。一如法国人类学家列维-斯特劳斯所言："任何一种分类都比混乱优越，甚至在感官属性水平上的分类也是通向理性秩序的第一步"。他还引用森姆帕逊的话说"科学最基本的假定是，大自然本身是有秩序的""理论科学就是进行秩序化活动，如果分类学真的相当于这里秩序化工作的话，那么分类学就是理论科学的同义语"。[①] 因而，不仅分类的结果——秩序感的建立，是人类稳定情绪、发展理性的必要条件，分类行为本身也是科学和理论科学的发轫地。

有了分类框架，精准思维就开始了，科学正是以层次的区分为基础的：此金属不同于彼金属，这里的泥土有别于那里的泥土，动物和动物千差万别，一如植物和植物各不相同。有类目就会有范畴，有范畴就要有概念，有概念就会有分析和界定，要界定就必须进行关系和大小的对比……当我们对存在进行命名、进行区分、进行连接的时候，意义的世界就开始了搭建。没有什么必定或简单地存在于世界某处的"那里"，不能与既有认知发生关联或无法纳入已有类别系统的东西，人们很容易视而不见。而每一种类目的组织和排列方式，都会体现并强化潜在的秩序观念。选择什么特点来固定类别，本

---

① 〔法〕克洛德·列维-斯特劳斯：《野性的思维》，第16、11页。

身就是标准的确立和意义的排序。这点在下文的社会学分层理论里，会看得十分清楚。伽达默尔说"与其说是我们的种种判断，不如说是我们的种种成见，构成了我们的存在。"①，分类就是我们的"成见"，是我们的认知基础，是人类组织事物、稳固关系、结构世界的基本工具。人类把自己的分类体系施加于外部世界，并依赖这种认知产生的稳定感和秩序感生活。在这样的基础上，才会有后续的寻找规律，继而发现真理。

有了基本的类别框架，就可以固定漂浮的知识碎片了。分类是对知识的搜集、对比、筛选、排列，最终实现知识的结构化和系统化，因而是常识提升为学术或学说的必经之路，更是科学知识的必备条件。《说文解字》有言"其建首也，立一为端，方以类聚，物以群分，同条牵属，共理相贯，杂而不越，据形系联，引而申之，以究万原，毕终于亥，知化穷冥"②，类好比建首之端，在概念和范畴（类、群）之后，是条理，是联系，是触类旁通的体系，同时也是切入万原、深入神冥的手段和方式。这是对分类本身就是知识体系化的高度概括。在中国近代的"国学"讨论里，我们已经感受到了分类之于系统的重要。恩格斯说，"无数杂乱的认识资料经过整理、筛选，彼此有了因果联系；知识变成科学"③，分类行为不会仅止于分目，排列类目必然涉及关系的勾连，如此就形成了有结构的网络系统。

分类不仅是条理知识的工具，也是人类拓展知识、通向未知的基础和桥梁。随着生产力和认知水平的提高，需要分类和命名的事物越来越多。而人类思维是依靠与熟悉事物的类比来理解不熟悉事物的。一旦有了初步的类目结构，新事物将按既有类别和层级投入不同的分装篮，既有知识得到强化，新知识迅速扩充。好比温和凉的认识建立在热和冷的基础上，对夔的想象比照着狗的样子进行；没有鸟的类别概念就无法向孩子解释什么是八哥，没有志怪故事里的妖精我们也很难理解西方神话里的精灵。分门别类的知识对局部知识的丰富与深入，对知识专业化程度的提高，效力明显。现代社会的发

---

① 〔德〕伽达默尔：《美的现实性》，张志扬译，生活·读书·新知三联书店，1991，第170页。
② 许慎撰，段玉裁注：《说文解字注》，第781—782页。
③ 《马克思恩格斯全集》第1卷，人民出版社，1995，第18页。

展逻辑正是放弃对通才的追求，各分支学科各自精深发展，从不同方向把人类认知的边界线往外推，从而达到知识总量的增长。

然而从一开始，分类行为也是分隔和排除，它过滤掉的东西和它择取的东西一样多。更重要的是，分类不仅是对实物的分装，还能引导我们的感官，塑造我们的行为。如果没有二十四节气的分割，就不会有越来越细致的物候观察。如果没有平上去入的纠音困难，西方人未必有缺乏声调的敏感。一如领教过法国人对香味的细腻区分，我们才意识到中华文明对嗅觉有所忽略。就像语言符号既能表达思想，也会制约我们想象世界的方式。分类及其我们赋予万物的"形容"，会影响乃至决定我们的生活形态。如萨林斯《文化与实践理性》所言，社会符号及其分类形塑了消费，继而决定了衣食住行所需的生产，而非通常所谓的生产决定消费。① 分类在固定知识的同时，也固化了知识，约束了认知。

当我们的所知所感由分类框架预先设定，对新鲜事物的反应会越来越迟钝。久而久之，形成强大的路径依赖和固定模式，就很难再用其他方式去观察和感知世界了。当认识发生了变化，以往的知识分类及其学术结构，也理当进行调整。自然科学的分类原则处于持续的修改过程中，否则就谈不上科学发展的深入了。而对于知识发展过程中遇到的新问题，既往知识分类受制于已有认知，未必能有效应对，所以才会有不断的冲突与更新，这一点在生物分类学里有集中体现。有学者指出"原理只不过是一些结果，它们可以用来指明人们已经走过的主要地方，就象'迷宫的引线'一样。但当我们想要向前迈进时，它们对我们就不但毫无用处，反而只会促使我们沿原路向后倒退"②。如果对此没有足够的警觉，那么就将如福柯所言，人类依据想要获得的东西来选择特性，这个旨在进入自然系统的人工体系，最终会成为认知的阻碍与负担。在人类想要获得的和承诺给予的东西之间，存在巨大的裂痕。波兰科学家卢德维克·弗莱克（Ludwik Fleck, 1896—1961）亦曾反思：

> 对于知者，任何我们知道的东西看起来总是有条理的、经过验证的、

---

① 〔美〕马歇尔·萨林斯：《文化与实践理性》，赵丙祥译，上海人民出版社，第196—221页。
② 〔法〕孔狄亚克：《人类知识起源论》，洪洁求、洪丕柱译，商务印书馆，1989，第55页。

适用的，并且是显而易见的。同理，任何外来的知识体系则是矛盾的、未经验证的、不适用的、虚幻的或是神秘莫测的。①

的确，我们很容易把现有知识当作天经地义，并以此衡量一切未知的领域，由此造成各种偏见甚至歧视，尤其面对异文化的知识分类体系时。英国驻埃及总督克罗默（Cromer，1883—1907年在任）曾言："欧洲人是缜密的推理者；他对事实的陈述毫不含混；他是自然的逻辑学家，尽管他也许没有学过逻辑学；他具有怀疑的天性，在他看来任何假定都必须得到证明方可接受；他受过训练的大脑像机器一般运作。相反，东方人的大脑，就像其生动别致的街道一样，显然缺乏对称性。他的推理属于最不严谨的描述一类。"②克罗默议论的对象是埃及，却指向欧洲以外的东方文明，这是怎样一种缜密的逻辑呢？他拿来做对比的显然只是近代欧洲，忘了古代欧洲正是宗教神学最盛行的地方，而埃及文明辉煌盛大的时候，欧洲还是一片蛮荒。自东西文明接触伊始，类似的指责就此起彼伏。西方人嘲笑东方人逻辑混乱，中国人也视生食牛肉的西洋人为禽兽。分类作为直观且集中的思维形式，总以哈哈镜般的扭曲形象展开对比，于是有了博尔赫斯杜撰的中国动物分类法，有了福柯大笑不止之后的沉思。在分类的世界里，不仅有认知的成见，还有文明的偏见。

值得注意的是，分类系统是传统因袭下来的，并非某几个人制定的现行法案。在这样的情况下，分类行为实际上存在着时间差。后人或许并不清楚当初这些类目是怎么拟定的，或许追踪到渊源也找不出完全一致的现实运用。如亚里士多德和培根的分类思想虽然影响广泛，却没有哪套实际方案完全仿行。用"压条法"把新事物、新知识嵌入既有体系，人们只能尊重既成事实，依据类似原则，不断进行协商和调整，以求尽量准确。可分类越细致，知识内部的界限就越黏连、越模糊。最终，人们沮丧地发现前人追求的所谓"自然分类法"，即依照事物本身的本质特征进行的归类，不可能实现。因为

---

① 转引自〔英〕彼得·伯克：《知识社会史》上卷，第2页。
② 转引自〔美〕爱德华·W.萨义德：《东方学》，王宇根译，生活·读书·新知三联书店，1999，第47页。

所有的分类，都是人为归纳的结果。

分类不仅难以精确化，更不可能绝对化。英国学者巴恩斯指出："当人们进行分类时，人们几乎总是求助于因袭的概念和分类，并且运用这些已经存在的概念去标记他们遭遇到的任何新的对象和实体。在这种意义上，所有对事物的分类都是社会性的。"[①] 如此，分类的相对性会超越哲学认识论的范围，延伸到人类学的文化差异研究和社会学的社会类型研究。抽象的人类行为研究，被具体的历史、地域、文明、社会类型所细化、所颠覆。

二 对原始分类及其思维的开掘

最早对分类（classification）现象进行研究的，是1903年法国社会学家涂尔干和马塞尔·莫斯（Marcel Mauss，1872—1950）的《原始分类》。通过人类学家搜集的人种志资料，他们仔细分析了澳大利亚各原始部落、普韦布洛祖尼人、北美苏人、古代中国人千奇百怪的分类方式。把原始人作为人类的童年来理解，是人类学惯常的思路，只是涂尔干和莫斯最终倒向了社会学的解释。首先他们界定：

> 所谓分类，是指人们把事物、事件以及有关世界的事实划分成类和种，使之各有归属，并确定它们的包含关系或排斥关系的过程。[②]

应该说这个概念较为周全，既包含了区隔的行为，也包括种和属的等级划分；既涵盖了具体的实物分类，也有抽象的事件分类，还暗含了后文强调的连接类别的相互关系，笔者不必再另行归纳。他们明确表示不同意以往哲学家和心理学家的做法，前者以三段论对事物的既定等级进行连接，后者以观念联想和心理近似律解释意象的连接和划分，都把分类行为当成人类的先天能力和个体活动的产物。他们的人类学溯源，要的是社会学维度的新观察。

涂尔干和莫斯指出，分类的本质是把混同的意象用清晰的界线区隔开来，并把它们安排进不同的群体中去。属与属之间不能直接过渡的规定，从亚里

---

① 〔英〕巴里·巴恩斯等：《科学知识：一种社会学的分析》，邢冬梅、蔡仲译，南京大学出版社，2004，第57页。

② 〔法〕爱弥尔·涂尔干、〔法〕马塞尔·莫斯：《原始分类》，第2页。

士多德开始,之前的柏拉图没有这种意识。而这种缺乏明确间隔意识的心灵状态相当普遍,世界各地的神话故事、民间传说、宗教变体论,都以事物之间可以互相转化或变形为基础。就此而言,人类学确实提供了新鲜的材料和经验。正因人类心灵本是从不加分别的状态发展而来的,事物又从来不是以类别化的形式呈现,所以分类图式不仅有一部自身的发展变迁史,还有一部"值得重视的史前史"。考察原始部落的分类方式,成为研究未被教育指引的人类,如何从最初的混同式感知走向逻辑思维的最好角度。

他们从氏族、姻族、胞族的图腾入手,由简到繁地考察了不同等级部落的图腾分配和分裂方式,发现事物是按照氏族和图腾进行分类的,而部落的空间就是宇宙的空间,最终事物的分类就是人的分类,逻辑的范畴就是社会的范畴。类别的连接关系也源于社会,分类的结果是将共同的集体生活对象化,所以原始分类划分的不是概念,分类依据的也不是纯粹的知性法则,更多的其实是社会情感。由于情感是飘移的、蔓延的,所以不像逻辑概念那样界线明晰。又因为这种情感具有集体的起源,与个体没有直接联系,不同的集体社会也会有所差异,所以它缺乏个人性的理性反思。即便如此,原始分类仍可以建构最初的自然哲学,与逻辑清晰、概念明确的科学分类一脉相通。

正如《原始分类》的英译者罗德尼·尼达姆所言,无论涂尔干和莫斯有多少逻辑漏洞,都不妨碍这篇论文成为社会学的经典。无论你是否同意他们的观点,都无法否认他们发现了一个"具有无与伦比的重要性"的研究论题——"无论其中有什么错误,它的理论首要贡献就是把分类单独分离出来,使之成为社会学所要直接追问的文化的一个侧面"。[①] 这里有两层意思,首先是人类的分类现象具有独立的研究价值,看到它后来开出怎样惊艳的花朵,我们就会承认此言不虚。其次是把分类作为文化产物,而非作为自然规律或人类天生的认知结构来理解,深化了我们对社会的认识,也凸显了文化比较研究的方法论意义。因而这种研究被称为社会人类学,它从属于文化人类学,与体质人类学拉开了距离。至于到底属于社会学还是人类学,就不必过分纠结了,二者本来就难解难分,尤其在早期发展阶段。涂尔干学的是哲学,

---

① 〔法〕爱弥尔·涂尔干、〔法〕马塞尔·莫斯:《原始分类》,第127页。

却以人类学的方式，成为社会学的宗师。本书说的就是学科限定的不足。

如果说社会学意在帮助我们更好地理解社会，那么把为社会秩序提供标记和保护的分类行为识别出来单独讨论，自然有益且必要。可是分类并不限于社会领域，当涂尔干和莫斯把原始分类方式归结于社会模式时，他们的任务虽然完成了，我们却仍感困惑，社会分类模式又是从哪里来的呢？到底是先有社会观念还是先有事物观念？《原始分类》引出了问题，却没有做进一步的回答。我们只能联系涂尔干的整体思想，尤其是他1912年的代表作《宗教生活的基本形式》来补全了，他本来就认为图腾崇拜是最简单的宗教。涂尔干认为，人类是以人类社会为蓝本，把宇宙万物划分成不同种属的。社会给人类提供了底布，人类在上面绣出思维的花朵。换而言之，人类是以社会的形式理解世界的。

至于社会的图式又是从哪里来？现代中国人很容易回答说，是物质生产决定了上层建筑，是从自然世界而来。可是涂尔干及下文要谈到的人类学和社会学家并非马克思主义者，甚至明确反对经济决定论和还原论。涂尔干提出了"社会表象"概念，认为社会是一种能使思想具有普遍性概念和类别特点的机制。一方面它不对个体和细节负责，是普遍的集体表象。另一方面它会以概念和类别的形式出现，表达"社会想象事物的方法"。换句话说，社会作为一种不取决于个人意志的机制，可以自行运转，就像生物分类一旦明晰和系统化之后，就开启了自为模式。涂尔干主张社会学研究客观的社会事实，对社会事实的解释只能由其他社会事实引发，类似物理—化学力的社会事实间的互动。他譬喻说，如果概念打上了科学烙印，就会得到特别的信任，是因为我们已经相信了科学。一旦人们不再相信科学，那么论证就是没有用的。一切与集体表象格格不入的东西，我们都会加以拒绝，起决定作用的不是概念的真实与否，而是它的舆论基础。同理，分类思想不会从自然界来，自然从来不以类别聚散的方式呈现，就像上文M.亚当森所言世界是混杂的，因此它只能从社会观念里来。形成观念的，也不是所谓的客观存在或物质基础，它有更复杂的构想世界的方式。

如果说涂尔干的"社会表象"和以社会事实解释社会事实的观点不易理解，那么法国人类学家列维-斯特劳斯就帮他说清楚了。斯特劳斯说，如果有一个十字金属器，用它切土豆时，每个人切出的土豆丁数量不一样，形状也会不一样。但是从中心切下来的土豆丁总会被摆在中心位置，周边切下来的可能始终放在旁边，就像许多民族都有上衣不能下穿、食器不能坐在屁股下的规定一样。这说明人类是按照预先设想的构架来安排事物的。当我们说"鹰"的时候，只是为了把它和其他动物区分开来。可奥萨格人向鹰进行祈求时，心里想的却是金鹰或秃鹰、红鹰或白鹰、幼鹰或老鹰，甚至是冬天的鹰或夏天的鹰，就没有抽象的鹰的概念。他们对时间、空间、颜色的理解，借助生物的形象进行表达。真正提供概念和观察角度的，是那个由时空构成的三维模型，而不是鹰本身。

斯特劳斯还多次强调系统的共时性和历时性矛盾。平行排列的初级类目大体同时形成，但是经过一段时间的流逝，不仅子系统会发生内部的膨胀和分裂，总系统也可能受到各种因素的冲击而逐渐失衡。比如原来以水陆空动物为图腾的氏族结构，一支因人口的锐减而合并或消亡，即便系统进行了内部调整，若没有留下线索（他认为神话传说里往往会有痕迹），后人就很难在子系统已经分裂后找到最初的分类依据了。因而我们看到的类目单，往往是历史积累的产物，而非某种按照哲学图式对自然进行系统化的结果。如塞努福人的入族仪式，长者摆出58个小雕像，每个雕像代表一类动物和人，及一组象征物和词汇，新人要熟悉这些词汇的各种可能方式，"在发展程度最高的波洛组织中，人们就这样学会运用某种思想的象形文字的表达物，这种思想已具有真正的哲学性"①。无论是否合理，新人都要在这套集体规则中生活和表达，并逐渐学会用这套规则去观察世界，这就是涂尔干强调的"教育"指引。

非但如此，列维-施特劳斯还更进一步，借用语言学家索绪尔关于能指和所指之间任意的约定关系说，指出原始分类系统反向地从理据性向任意性滑移。概念图式最初或许是通过对立及其分裂慢慢建构起来的，但随着各种外部因素的介入，系统经常会被拆解，以便引入其他成分，任意性就越来越大。以往人类学家犯的最大错误，就在于总是寻找词汇的具体语义，找不到确定

---

① 鲍舍语，〔法〕克洛德·列维-斯特劳斯：《野性的思维》，第141页。

意涵便断言原始思维不可理喻。斯特劳斯则从那些变动不居的成分入手，寻找系统中相对稳定的语法性内容，尤其注意各部族间意义颠倒的诸多指称。矛盾的内容远不如矛盾本身重要，我们更当注重形式而非具体内容。

实际上，只要区分性差异（Ecarts Differentiels）开始启动，并形成某种基础结构，通过类别的组合与聚合、分化与抽象等融合机制，就可以发展出某种系统。从词项上看，系统可能是任意的，只有被视为完整系列时才会条理一贯。系统内部类项也未必会有固定的意义，意义是由位置决定的——与具体的历史和文化环境有关，也与它必定出现在其中的系统的结构的作用有关。因此稳定不变的不是成分本身，而是诸成分的位置和关系，就像不同的部族可能用同一个概念指称恰好相反的内容，如满族人称父亲为阿玛，与汉族的阿妈在性别上正好相反。又如不了解中国学术赋予"艺术"的系统功能，再如何比较概念本身，都是徒劳。

换句话说，命名和分类都可以是任意的，但一旦建立起逻辑结构，系统就可以自行运转，不需要外在的符号意义系统为它提供动力。自然现象并不是图腾和神话要加以解释的东西，自然不过是一种媒介，图腾和神话借助自然媒介解释逻辑的秩序。斯特劳斯明确表示不同意马克思关于实行（Les Pratiques）直接来自实践（Praxis）的观点。他认为在实践和实行之间，永远存在一个需要进行调节的概念图式，是概念图式支配和规定着各种实行。如果他的概念图式或逻辑秩序不好理解的话，那么他引用巴尔扎克"观念在我们内部形成了一个完全的系统，它可与一个自然界的系统相媲美"① 就文浅意近了。如果说涂尔干及其弟子把分类问题追溯到了社会关系和社会原型，视为一个独立的现象体系，那么斯特劳斯则明确了人与自然是由思维模式或概念图式进行连接的，这是一个相对独立的中间层，相当于涂尔干"社会表象"和吕西安·列维-布留尔"社会心态"（1927年《原始心态》）的升级版，即当代人常说的社会观念。

涂尔干的《原始分类》还只是一篇提出了问题的论文，信息量有限。列维-斯特劳斯《野性的思维》却是一厚本人种志材料的分析，不是排比，不是

---

① 〔法〕克洛德·列维-斯特劳斯：《野性的思维》，第119页。

泛论，真正深入了原始人无比具体的图腾分类系统，展示了逻辑结构如何分化、如何转换、如何抽象化、如何连接、如何运作。以丰富细致的案例分析，而非抽象的思辨和想象的概括，把人类思维系统和观念体系的建构方式呈现出来了，推进了关于人类自身的认识。作为隐性知识的大脑黑箱最是难以研究，斯特劳斯的成就非常了不起。

建立在分类基础上的思维逻辑，不仅是后续意指信息（Message Signifiant）系统的参照系，人按照这套逻辑想象并形构世界（如动植物分类，如宇宙秩序）。而且它还把社会领域的各种内容都组织起来，即无论哪套分类系统都有同样巨大的涵盖能力。斯特劳斯举了大量实例，如马尔施和劳林的田野调查说到某些土著语言区分身体部位和器官的词汇多达 400 种；哈努诺人把当地植物分成一千八百多种，而且其中 93% 的植物对人类都是有用的，丝毫不比现代植物学家逊色；犹太教给 2100 个物种各派一名司管天使，已经达到了人类记忆和判断力的上限……他发现了原始分类里精确的辨识度和复杂的运作方式，最后得出：原始人的智力水平绝不低于现代人，原始思维里的逻辑与现代科学逻辑同样严密。事实上，人类从古至今都在进行着同样睿智的思考，不过是不同文明或群体强调和予以细致表达的兴趣点不同罢了。历史的发展过程是人类不变的认知能力，与新的客体不断搏斗的过程，所谓的"进步"不发生在人的思维能力层面。

斯特劳斯以修补匠和工程师为例。工程师通过概念设计方案，并计划好原料和工具，把目的内在化；修补匠则利用手边现有的材料进行整合与融合，把外在的机遇内在化。科学家像工程师一样借助结构创造事件；原始人则像修补匠一样借助事件创造结构。二者没有高下之分，犹如植物有园栽有野生，人类有理性有感性。科学活动接近前者，艺术活动属于后者。原始分类和现代科学分类始终是存在于人类历史中的两种平行发展、各司不同、互为补充甚至互相渗透的不同思维方式。因此斯特劳斯不称"原始"思维，另名"野性"思维，不仅彻底否弃了弗雷泽关于原始习俗荒谬不开化的偏见，也与马林诺夫斯基为其勉强具有正当性的辩护拉开距离。如此一来，作为结构主义的代表人物，他捍卫的不仅是结构的优先性（相对于内容的确指），也深刻说明了分类思维的普遍性与分类系统的相对性，为文化相对主义提供了依据。

此前开创美国人类学派的弗朗茨·博厄斯（Franz Boas，1858—1942），便以文化相对论挑战西方中心论，1930年后渐成共识。博厄斯反对抽象理论，提倡具体研究，以翔实的人种志分析为文化相对论和多线进化论提供证据。他的学生露丝·本尼迪克特（Ruth Benedict，1887—1948）在1934年的《文化模式》里，通过对普韦布洛人、多布人、克瓦基特尔人的考察，指出是文化而非种族，制约并塑造了个体认知。我们认为至关重要的生活内容，可能被另外的民族视同草芥。那些民族的文化朝其他方向发展，却未必贫瘠。每种文化都从众多可能性中发掘出一部分，纵深发展。不同选择、不同目的最终造成文化的差异与多元。进而言之，世界是矢量的存在，没有固定且唯一正确的方向，所有的标准都是相对的。人类文明是各种可能性的结合，各种文化都可以无差别地成为建构完美社会的根基。

对此，我深表认同，世界历史上各大文明此起彼伏，每种文明体系发展到极致，都结出过丰硕的果实。差别只在各文明发展不同步，风格亦不同，犹如四时花卉，你败我开，方有长年不绝的绽放。不能说春花高级，秋花就多余，就必须接受花期的改造，否则三春过后，世界一片沉寂！

三 驱动知识分类的权力话语

斯特劳斯的研究表明，作为社会和文化现象的分类行为虽然是普遍的，但是具体内容及其结构原则却是相对的。分类的结果千差万别，思维的方式却相对固定（涂尔干则偏向社会关系）。无论古代还是现代，无论澳大利亚还是欧洲，分类思维（而非分类方法）并非无法沟通，关键要对类目的组合关系和聚合关系进行系统功能的考察，而非字面意义的对译和对比。既然同一文化不同时期的不同分类，及不同文化的不同分类，本质上没有高低之分，只是着眼点不同而已。那么长期以来原始分类落后而西方近代科学分类高级的成见，又是从何而来的呢？分类的研究没有止步于人类学材料的经验分析，一批思想家和史学家汇入进来，继续着人类学家和社会学家的思想发掘。

《野性的思维》出版前一年，福柯的博士论文《疯癫与文明》面世。他继而推出了"人文科学考古学"和"知识系谱学"系列研究，质疑历史的客观与真实，揭示了知识和权力的共生现象，从而把结构主义带入反结构主义，成为最新锐的研究。对这样一位非同寻常的、反传统的思想大家，用一个小节的内容进行概括，无异于不自量力。我只能择取其中与分类直接相关的、最具启发性的要点来讲，就像本章无意提供全面的西方分类研究综述一样，这实在是一个跨越众多学科的庞大话题。

从最早的《疯癫与文明》说起会比较顺畅。福柯发现，疯子自古就有。可从中世纪到文艺复兴，疯癫是作为社会日常现象甚至是美学现象出现的。比如宗教对他们就很宽容，甚至一度还被认为很神圣。只是 17 世纪以后，疯子才被视为必须隔离和进行治疗的神经病来看待。若顺流而视（相反我们是以今天的标准逆流而上地审视古往的），疯癫就不是一种自然现象，而是文明的产物——若不把它视为病态，并加以歧视和迫害，就不会有所谓的疯癫史，也不会有现代医学的诞生。是现代人对理性和非理性的界分与看重，使今天对疯癫的概念、分类及其实践，与之前的态度无法兼容。其实"奇特"的古代现象，正好是我们反思现代思想的入口。现在的可见性只有在与过去的并置中才会浮现，过去不仅是研究的对象，还是我们进入现代的媒介。

弗洛伊德认为每个人都有疯癫的因素，说明 19 世纪的心理分析建立起一种新的分类：把人作为一个整体，所有人都是心理分析的对象——只有潜在的病人，没有免检的正常人。看似客观的医疗史和科学史，实际建立在观察角度和征候、症状、病人、病体、环境、言语等系列要素关系的重组基础上，这在后来的《临床医学的诞生》和《性史》里有进一步的展示。因而，现代精神病院的产生关键就在于"新的划分"（《疯癫与文明》第八章标题）方式上。没有理性与非理性（不等于感性）的二分，以及大写理性的绝对优势，就不会有现代自然学科的成立。重新分类不仅是基础是关键，还意味着系统的清洗与重构。所以《临床医学的诞生》第一章就是《空间与分类》，展示分类医学重新感知人体的途径的确立。在这个过程中，启动并完成对非理性、非实证性知识驱逐的，不是理性本身，而是作为压抑性力量出现的权力话语。

这里的"权力"不是通常意义上的政治或经济压迫，1974 年政治哲学家斯蒂文·卢克斯（Steven Lukes，1941—　）辨析过三种不同的权力观，有助于我们了解福柯权力研究的意义。聚焦利益冲突中政治决策的优先性，属于传统的一维权力观。二维权力观则不仅关注可见的利益冲突，还注意潜在的或背景性的隐蔽维度。三维权力观或激进权力观把政治进程扩展到社会结构和文化模式的塑造上，它不仅表现在冲突的产生上，更体现在冲突的阻止上。压制愤怒难道不需要更高明的政治操作吗？三维权力观显然汲取了结构主义社会学的养分，不再视权力为个人动产（effects），而是阶级或集团潜在的、隐蔽的、结构性的胜利。如此，就要与另一项研究——意识形态（idealogy）研究挂钩了。

"意识形态"自 1796 年法国哲学家安托万·德斯蒂·德·特拉西（Antoine Destutt de Tracy, 1754—1836）用以指他的观念科学以来，一直就存在各种用法。但自从马克思接过拿破仑的对抗性和负面性指称，并发展为有关阶级和"虚假意识"的论说后，这个概念才广为流传。当然，就可见的阶级斗争而言，这仍是初级的权力形态。1929 年卡尔·曼海姆（Karl Mannheim, 1893—1947）在《意识形态与乌托邦》里，阐明观念或象征可以用来维护特定的政治和社会秩序，这种人与实际生存状态之间的虚构关系，未必是马克思所说的错误意识，它相当于某种集体想象或集体观念。如此，权力研究就不可能局限在经济和政治领域，必然进入社会和文化层面。社会学家迈克尔·曼（Michael Mann, 1942—　）《社会权力的来源》强调，社会是由多种在社会空间里重叠和交叉的权力网络所组成，权力不仅包括政治、经济、军事来源，还包括意识形态层面。如果不进入社会关系网络，就无法深入"政治文化"。

这样就更能理解福柯之前的安东尼奥·葛兰西（Antonio Gramsci, 1891—1937）的作用了。他的"文化霸权"理论把文化认同引入政治进程，认为统治阶级的权力运作与其说是靠高压管控，不如说是靠权威的建构和文化的劝诱。它不仅博取民众的思想和道德认同，还让附属阶级学会用统治阶级的眼光来观察社会，让现存的政治、经济、社会结构与秩序，被普通大众不加质疑地加以接受，从而最有效、最隐蔽、最阴险地阻止了权力的公开斗争。换句话说，如果仅有反抗，没有共谋和默许，现有的秩序是不得安稳的。后来马克思主义思想家路易·皮埃尔·阿尔都塞（Louis Pierre Althusser, 1918—1990）把这层意思与他的意识形态国家机器研究相结合，指出资产阶级的政治意识形态还不是最重要的，更有不易招致怀疑的"教育意识形态机器"——包括学校,也包括文化传媒和家庭教育。阿尔都塞很自然地把大学视为知识权力的斗争场所,并以此分析1968年法国的五月风暴。皮埃尔·布尔迪厄(Pierre Bourdieu,1930—2002)也曾进行过发挥,用"象征暴力"说明接受了统治阶级文化的被统治阶级,是如何反过来视统治阶级的文化合法,而以自己的文化为非法。这在文化后殖民研究里非常适用。

福柯的权力说突破了卢克斯的三维权力观,发展了葛兰西的文化霸权理论,也批评了阿尔都塞的意识形态论。他认为知识当然不是在真空里流动的,但是权力也并非强加在具体的知识内容上进行推广和渗透,而是通过知识的内在形态进行运作——不仅同步,而且共生(现代学科本身就是权力,而非意义的斗争结果);不必强加,而是自觉传递(不限于内容,而在思考方式;不限于监狱和刑法,也不止于现代医学知识包括性知识,军队、学校、博物馆都是现代治理术实施"规训"的场域);没有中心,却弥散各处(权力之眼以全景监狱般的监督机制,使得现代社会成为景观社会,而未必存在一个化约的、统合的、阿尔都塞式的国家机器);无须言明,却被我们视为天经地义(不仅是人文科学知识,还有自信建立在实证基础上的自然科学知识)。这是新时代对"知识就是力量"(培根)最新锐的解读。为了更好地展示知识与权力的共谋,福柯引进了一个语言学的重要概念——"话语"。《知识考古学》用了一整章的内容深化此前关于话语的论述,从而使之成为后来各学科广泛运用的常见术语。无论是列维-斯特劳斯的结构主义,还是福柯的解构主义,的确受惠于现代语言学颇深。

在语言学领域,话语分析指对大于句子的单位(无论是段落,还是谈话的片段)所进行的研究。作为一种集体建构,特定的言语是更大的文本库或语言系统的一部分,它遵循话语实践的规则,也受制于文本体系,否则无法进入公共交流领域。广义的话语,可以理解为特定社会环境普遍采取的讲话方式。如维特根斯坦说的"语言游戏"一般,言语与行为、语言与社会文化、说话者个人与社会习俗之间,存在密切联系。因而参与习惯的话语活动,必定要遵从特定的意义集体结构,同时也借此维系并强化了交流双方共同的世界观和共享的社会秩序。作为集体结构的文化话语(包括隐项、矩阵、代码等),不仅维系着传统认知世界的方式,也维系着正在进行认知的人与人之间的权力关系。因为每个个体都有特定的主体身份,都处在特定的权力关系网络当中,他必须按照特定的话语分类体系表达并获取意识。

当集体性和强制性的话语结构,植根于身体和思想,个人就完成了社会化,讲话的也就不再是个体,而是由各种不平等权力关系构成的话语分类体系。不同的话语体现了不同的"真理体制",而非对现实的客观描述,因为是话语建构了它所关涉的话题。那些处于历史某一开创阶段的人,经常会发现自己处于各种竞争乃至相反的话语当中。福柯对这种历史断裂期的竞争性话语极其敏感,尽管1966年出版的《词与物》对权力话语的生产性而非仅仅压抑性的揭示,不如后来的系谱学那样鲜明,但也集中展示了知识的话语形态和秩序基础的变化,对我们重新思考知识和分类语法有重要启发。

《词与物》挖掘了16世纪以来西方文化建构语法和语文学、自然史和生物学、财富分析和政治经济学的知识基础,即话语如何把自身制度化成现代专门知识的一部分,最终这种与权力共生的专门知识变成了真理。词指语言,物对应实在,词与物的关系不是传统认识论意义上的客观表达,而是能指与所指之间的约定俗成,因而知识得以在其中确立秩序形态的空间,就相当可观了。17世纪中叶,建构知识的相似性原则被同一与差异性原则所取代,同时阐释被分析置换,词与物的关系从同一走向分裂,标志着文艺复兴时期的终结和古典时代的开始。19世纪初,同一与差异性原则又被有机结构所替代,抽象言辞脱离了人,成为自在的符号体系,控制着人认识世界的方式。继上帝已死之后,人的主体性也消失了(福柯的系谱学正源于尼采)。从此古典时代结束,西方进入现代。

每一次断裂,都带来了话语结构的变化,也带来了对此前知识网络的疏离。就像解剖学突然在17、18世纪失去了文艺复兴时期的分类学指导意义,与早期按照可食与不可食、洁净与不洁净区分动物一样,变得难以接受。这并不是因为人类的好奇心减弱了,也不是因为知识进化了,而是关于动物的区分不再需要穿过躯体的深处。1657年撰写《四足动物的自然史》的琼斯顿,并不比半个世纪前的阿德罗芬弟(Aldrovardi)知道得更多,只是把物与目光和话语进行联结的方式不同了。人与物、人与自然截然二分的"对象化"和"客观化"研究,与古代人赋予物如同自身情感和意义的做法,大相径庭（这同样适用于中国）。正是因为追求对万事万物的明晰分类，导致了"物之序"的产生，并完成了对人自身的驱逐。

从这两次"知识型"的断裂和转变里，我们看到不同历史时期（遑论不同社会文化）决定词如何存在、物为何物的思想基础和知识观念是不同的。无论是真理还是谬误，都可以遵循某种法则，结构成完备的知识体系。这与列维-斯特劳斯和本尼迪克特的反思是相通的。因此《词与物》对学科秩序史的研究，"说的是一个社会借以思考事物间的相似性的方式和事物间的差异借以能被把握、在网络中被组织并依据合理图式而被描绘的方式"①，是一种超越各种学科的总体知识规则史。后来他在法兰西学院的职位是"思想体系史"教授。他的"知识考古"考的不是学科内容和学科方法的变迁，而是支配学科知识赖以形成的话语网络的结构规则。但与以往结构主义注重理解秩序的生成不同，福柯对"物之序"的追踪，不仅为断裂和变化张本，最后连人和发展观都被放逐了，其批判性和颠覆性使之走向了相反的解构主义。

《词与物》的副标题是"人文科学考古学"，但别忘了他还清算过现代医学、生物学等自然科学。福柯要表达的是，那些看起来最明白、最确切的知识是在断裂的、脆弱的、不牢靠的历史进程中，与权力和机遇进行结合的产物。权力话语不仅制约着人们如何交流，也影响到人们知道什么以及怎样知道。每一次历史断裂都催生了不同思想结构（知识型）的产生，意义也必然发生深刻的变化；每一次新意义的产生，必然伴随着权力的斗争。知识不是中立的，就像福柯追溯的尼采论说——善恶的重新界定与基督教的胜利有关，信念和伦理体系的确立极为深刻地牵涉权力。对正常人与非正常人、健康与非健康的医学征候、有性别与无性别的身体进行的划分，看似客观，却无不在维持社会秩序和成员权力等差的过程中，扮演着基础性和结构性的角色。任何区分都是某种程度的驱逐，任何类型化都意味着不同程度的控制。在那些非政府正式制度的组成部分里，如医院和学校，权力像链条一样通过网络结构，进行循环与再生产。福柯对现代分类学和现代学科知识基础的揭露，

---

① 这是福柯本人的表述，转引自莫伟民的导言。〔法〕米歇尔·福柯：《词与物：人文科学考古学》，第4页。

就是其中隐蔽而惊人的一幕。

如果说涂尔干把分类从哲学认识论中拯救出来，引向了社会向度的考察。如果说列维-斯特劳斯开始思考分类思维的运作机制，使分类研究摆脱具体语义的干扰而进入深层结构，那么福柯相当于从原始社会抽身，转向现代人种志的研究。他挖掘建立在现代分类学基础上的知识系统，如何被驱动与被建构，不仅回答了分类的意向和意义问题，而且把对知识的抽象探讨落实到医院和学校机制上来，继而聚焦现代学科的建构，与本书讨论的知识分类与现代学科体系关系密切。

四　社会学领域的知识相对论

美国人类学家马歇尔·萨林斯（Marshall Sahlins，1930—2021）讥讽福柯的权力话语论，是一种浅薄的"权力决定论"。由于吸收了前人的研究成果，又是少数与中国往来密切的西方人类学家，萨林斯的研究国内关注较多。作为美国学派，他的"文化理性"有点儿列维-斯特劳斯文化版的意味，结合了文化人类学和结构人类学两个传统，也强调人类生活受制于自身对世界的赋形，这种种赋形就是类分世界的符号体系。因此理解人类用文化观念表达的世界秩序，才是研究的中心。他对现代分类体系进行过不少分析，认为社会观念及其符号系统（文化是一种符号语言），决定了想象世界和制定秩序的方式。比如并非生产决定消费，而是消费背后的某些"集体观念"决定了什么才是生活必需的物质生产。他并不认为词与物发生断裂的符号体系，是现代社会才有的认识型，原始人和古代人一样有理性的、符号化的行为。自以为脱离神话、宗教、符号控制的现代人，不过是在物质生产的支撑下更新了信仰而已。可信仰还是信仰，换汤不换药，科学不过是新时期的宗教。

人类学与社会学经常难解难分，二者本来就有渊源关系，但需要指出的是，由于人类学关注早期社会，聚焦以图腾为代表的原始部落文化，所以会直接关联分类问题。一旦离开原始社会，社会学视野下的分类研究就是弥散性的了，往往掺杂在知识观和方法论里。前者以知识社会学为例，后者典型如二元对立模式，交织的形态一如社会类型学和社会分层研究。它们与知识分类虽然并非直接相关，却可视为分类研究的发展与运用。不停留在抽象分类法则的归纳，也不受限于原始分类法则的分析，反而更能看清分类的基础性和重要性。

先看社会学新秀知识社会学的主要观点。在传统的哲学领域，对知识及其分类的探讨属于认识论范畴，与本体论、逻辑学、伦理学一道成为哲学的四大主干。哲学家在意的是正确的知识，即真理及其可能性。认识论（Epistemology）意义上的知识探讨，在古希腊就开始了，有的学者直接译为"知识论"[1]。这里没有必要梳理哲学上的知识史，上节也已有涉及，但我们必须清楚的是，哲学家是用逻辑推理的方式来探讨什么是知识？知识如何可能？知识如何证成？非但与人类学和社会学的经验分析属于不同的研究路径，而且后者对知识和真理进行社会学的阐释，本身就是一种对传统的"挑衅"。

上文讲意识形态时提到，卡尔·曼海姆区分过3种不同的意识形态，认为观念的正确与否并不重要，至少不是问题的唯一。即便错误的或虚幻的乌托邦思想，也能获取其他方式所不能获得的某些知识，而且内含让现实向自身愿景转化的动力。卡尔·曼海姆正是知识社会学的开创者之一，他主张从社会角度考察特定知识及其人类思想，而无须在这些"知识"的终极可靠性上纠缠。他反对有所谓的事实，事实不过存在社会思想的头脑里，真理是否可能即便在哲学领域也是有争议的，福柯颠覆的正是实证的客观基础。换句话说，现实不等于真实，人类面对的往往不是作为客观实在的真实，而是具体的社会现实（即涂尔干强调的事实发生的社会现象），而社会现实是人为的建构（即斯特劳斯所言的依据概念图式进行的结构化、系统化行为）。

因而，知识社会学实际把认识论层面的哲学基础问题，放进了暂时悬置的"括号"里，从文本而非逻辑角度，处理经验层面的社会知识。它关注思想观念与社会背景的关系，分析知识得以凝聚和成型的特定社会条件。如此，不同社会、不同集团、不同历史时期，人类的知识自然互不相同。所有的知识都来自某一特定视角，不存在抽象的、单一的、客观的、固定的人类知识。

---

[1] 如中国人民大学出版社推出的"知识论译丛"和知识论教材。美国哲学教授理查德·费尔德曼（Richard Feldman）所著的 *Epistemology* 一书就被直译为《知识论》。实际上知识和认知是有区别的，关注知识推理逻辑的属于 theory of knowledge，而 theory of cognition 侧重认知心理和认知过程的分析。知识论属于认识论，却不能覆盖其认知的部分。

"当社会状况改变时,先前产生于它的准则系统便不再与之相和谐。与知识和历史观有关的不和谐也在发生。"① 在特定环境里,含义只能从思维框架里获得意义,而且所有成分都是互相关联的,"构成我们世界的含义都永远只是一个被历史地决定的、持续发展的结构,人们在这一结构中发展;而且这些含义决不是绝对的"② ——我们又看到了结构主义的身影。这种主张对知识进行社会阐释的相对主义,就传统的真理不容置疑而言,是背叛和挑衅。然而它的确把知识问题从抽象和笼统中解放了出来,对人类问题和社会现象具有更大的亲和力和解释力。

知识社会学发轫于德国哲学家马克斯·舍勒(Max Scheler,1874—1928)1924年的著述。因为有德国背景,所以早期知识社会学带有哲学因素,舍勒便被认为是西方现象学仅次于胡塞尔的大师。他的目的本来是清除相对主义的障碍,建立一门哲学人类学。卡尔·曼海姆虽然社会考察的维度更清晰,但仍是理论性而非经验性的,而且他坚信以社会为定向的思想类型分析,不会与认识论发生抵触,不合的只是认识论的某种历史过渡形式而已。被法国社会学家排除出去的哲学传统又部分地回归了,如同后来的知识社会学家有的偏经验层面的思想史,有的倾向理论层面的认识论,呈现出有别于人类学的另一种综合。

受列维-斯特劳斯人类学、库恩科学史、福柯哲学思想研究的影响,新知识社会学的浪潮开始涌起,转而关注日常生活的知识建构。用美国社会学家彼得·L. 伯格的话来说,知识社会学对"现实"和"知识"的理解介于哲学家和普通人之间,"与'思想'相比,常识性的'知识'才是知识社会学的焦点,正是这种'知识'构造出了所有社会赖以维系的意义之网"③。也就是说,相对于现代科学推崇的、严密的、成体系的学术思想,知识社会学强调基础性的常识非但不"低级",而且更重要。语义场决定了个人和社会总体经验中,哪些应当被保存,哪些会被遗忘。通过这种积累,社会的知识库才

---

① 〔德〕卡尔·曼海姆:《意识形态与乌托邦》,黎鸣、李书崇译,商务印书馆,2005,第87页。
② 同上书,第86—87页。
③ 〔美〕彼得·L. 伯格、托马斯·卢克曼:《现实的社会建构:知识社会学论纲》,吴肃然译,北京大学出版社,2019,第20页。

得以形成。它代代相传,被日常生活的个人所继承。

这种非理论或前理论的日常生活所知,是知识系统建构的基础和底色,非但不会因零碎和肤浅而无关紧要,反而是决定知识系统建构方向和方式的主导力量。就像美国社会学家阿尔弗雷德·舒茨(Alfred Schütz, 1899—1959)所言,日常现实是由人们想当然的那些感觉支撑起来的。美国人类学家克利福德·格尔茨(Clifford Geertz, 1926—2006)则提出,常识非但提供了通往世界之路的思维的框架,而且那些大量无法言说的内容,就是整个社会文化的可能性,只是某些环境可能由非专门化的通俗文化来主导,某些文化却把系统习得的专门知识划到一个个单元格里去了。

既然现实和知识都是社会的建构,不同社会自然就会有不同的知识类型和知识系统。法国哲学家路先·莱维-布留尔(Lucien Lévy-Bruhl, 1857—1939)的研究虽然不一定能归入知识社会学的行列,但在对原始思维或原始心志进行研究后,他同样指出知识类型会随着社会类型的不同而表现出巨大的差异。美国社会学家查尔斯·赖特·米尔斯(Charles Wright Mills, 1916—1962)明确提出,真理和谬误的标准本身就因社会、时代、文明而异。其实舍勒也说过,某类知识的重要程度是由某种社会范围所赋予的,相对性不仅不可避免,而且理当对不同社会范围乃至不同社会文明的知识类型,进行分类的探讨。因而我们看到他对知识进行了类型学的区分(分技艺和功效的知识、文化的知识、解放的知识3类)。法国社会学家乔治·戴维多维奇·古尔维奇(Georges Davidovich Gurvitch, 1894—1965)甚至认为知识社会学就是研究知识的不同类型与不同社会范围相互的功能关系。

如此,不仅社会应当分层,知识也应区分对待,古尔维奇用7种知识类型(详见本章第六节)分析了10种不同的人类社会。他的知识与社会互动研究,不限于西欧社会和西方历史,像超凡魅力型神权社会就涉及巴比伦、波斯、中国、日本等主要的东方国家。于是我们看到西方社会学,一方面把对社会的考察放大到世界文明范围,另一方面社会内部的分层问题也成为相当成熟的专题研究。无论是宏观还是微观,都建立在相对主义的类型学基础上。

有的学者甚至主张，应当为每一种社会类型都设计一种分类的模式。①

当然，分类不是目的，而是探入系统深层结构的方式，就像社会分层研究之所以不厌其烦，为的是把握社会系统的主力线（ligne de force），揭示社会稳定和社会变革的成因（即社会静力学和社会动力学）。因而分类这个看似普通的问题，成为涂尔干、马克思、韦伯、帕森斯、索罗金以来，社会学家孜孜以求并斤斤计较的重大议题，几乎所有的社会学讨论都要先叩问类型基础。马克斯·韦伯的"理想类型"（types idéaux）已经超越人类学、社会学、生物学等"经验类型"式的具体研究，成为某种方法论意义上的基础理论了。

说到方法论，我们还当注意更大范围的基础分类。一如列维-斯特劳斯分析原始分类时所示，思维结构是一种区分性差异（écarts différentiels）系统，逻辑上要让诸项进行对立，连续性与非连续性的关系网络才能建立。系统结构是由连续的二分法所构成的，哪怕是林奈的科学植物分类法亦不例外。

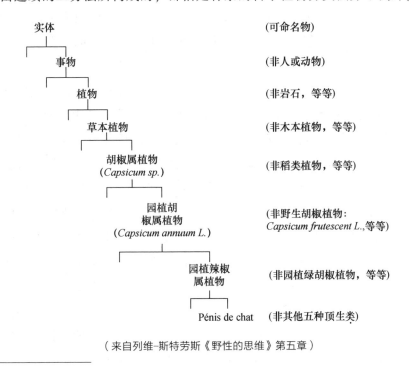

（来自列维-斯特劳斯《野性的思维》第五章）

---

① 〔法〕让·卡泽纳弗：《社会学十大概念》，杨捷译，上海人民出版社，2011，第107页。

简单来讲，任何一组关系都可以以是/非结构进行区分，有植物就有非植物，有草本植物就有非草本植物，内中还可以区分高/低、有刺/无刺、野生/园植等各种性状，这种思维模式就是我们常说的二元对立。对普遍存在的二元对立、二元选择及建立在对比关系上的系统编织方式进行探讨，是列维-斯特劳斯结构主义思想的主要特点。他把来自索绪尔、雅各布森、巴赫金等人语言学研究的成果，应用于人类学。语言学家就指出，意义在语言中被建构的重要方式是二元对立，比如黑夜只能参照白天的意义去理解，冷只能根据热来比照。各种语言的具体组织方式虽然不同，但这是一种广泛起作用的普遍机制。

列维-斯特劳斯将二元对立，哪怕是像生和熟这种不对等的划分，作为人类思维的深层或隐藏结构，每种文化都是通过对立概念去组织世界观的。的确，西方思想正是建立在这样一种二元划分的基础上，如感性/理性、主观/客观、内在/外在、偶然/必然、主动/被动等基本概念的辨析和讨论。当然中间可能出现一种或几种过渡形式，由此产生更细的三分法或多分法。作为学术研究基本步骤的概念界定，也是在区分彼此中明确对象的。据说斯特劳斯受到过中国古代阴阳观念的启发，如此也就不仅限于西方了。

结构主义主张无论是语言，还是文化、社会的组成部分，都应从体系和关系的角度加以理解。实际上所有的知识系统，都是在不断细化的分类中，既区别又联结，同时向纵横两轴不断地延展。分得越细，连续性就越强。无论哪套观察角度和切分方式，都既要把关注的内容组织起来，又无法包揽事物的所有面向。更吊诡的是，分的结果是合，那些进入区分视野的子目，成为系统的有机组成部分，而那些没有或未及进行剖判的性状或性能，便失落或游离于系统之外。因而所谓有系统的科学知识，不过暂时完成了横向区分和纵向连接的世界认知的一个截面。无论在内部还是在外部，它都是未完成的不完善状态，因为分类本身也意味着打破连续性。断裂与断裂而且是四面八方的断裂之间，能否再拼接回连续的状态，可能很难论证。

因此分类不仅是一种普遍的社会和文化现象，还是一种基本的思维和逻辑方式。作为认识世界的主要工具和结构系统的基本手段，它不仅外在于我们的研究（即作为研究对象而存在），还内在于人类思维（因而会渗透到研究中去）。就像影子，没有光源感觉不到它的存在，有了光，又总在虚实与主客之间闪烁。所以对知识分类的研究，必须既在系统内部寻求结构，又在社会背景和历史条件里叩问规则，还得参照不同分类系统甚至不同社会层级的思维和文化运作方式，才能超越对象性的、简单化的异同比较和高下判定，进入思维方式和文化传统的深层结构。

在诸多新研究的启示下，科学史家逐渐认识到，科学只是诸多认识方式里的一种而已，它不过在某些地方、某些时候，获得了某种知识霸权的某种思维方式，从而转向了多元叙事。① 我们期待西方人类学、知识社会学、西方科学史、科学哲学等，未来能提供关于知识演化、不同知识侧重导致不同知识构型的更多研究。但他者的眼光毕竟不能取代自身的思考，我们亟须在世界格局动荡的关口，循绎来路、反观自身、开启未来。

第五节 近代学科分类体系的建立

我们看到了晚清对西方学科体系的艰难摸索与左右踌躇，看到了民国打碎传统塞进西式学科的种种努力，可以说，西方的学科模式就是近代中国人眼里的科学系统，就是近代学术重建的模板与方向。然而，讯息有限，民国学者对西方学科系统的发展却未必了解；囿于学科，现代学者也未必知道得更多。这是我们必须补上的课，否则很难客观评价这场义无反顾的拆解和重组工作。不了解西方就看不清中国，一如对古代陌生就难以明确现代。中国形象是在比照西方的过程中建立的，中国学术从古今中外的纠结中脱胎而来。

一 科学、学科与大学课程

学科（discipline）当然不等于科学（science），但自从近代中国从日本引进"科学"始，就不乏把"分科之学"视为科学的认识。专业化的学科成为

---

① 如1949年巴特菲尔德出版的《现代科学的起源》；A. Cunningham & P. Williams "De-Centring the 'Big Picture': The Origins of Modern Science and the Modern Origins of Science", *The British Journal for the History of Science*, 26, 1993.

中国近代学术的不懈追求，在"国学"的论战中尤其明显。在拉丁语里，科学本指知识，在法文中可以泛指一切学习形式，德文里则将其视为了解的艺术，都是宽泛概念。但由于近代科学的鼓舞，19世纪"科学的世纪"之后，science一般被默认为自然科学（natural science）。科学崇拜（scientolatry）导致自然科学的实验方法和数量统计成为科学的基本特点，并一度用来衡量所有知识门类。凡不符合现代科学实验法则、不能被证伪的学说，统统被视为"伪科学"清理出学术，包括科学曾经的主人——神学，也包括传统深厚却并非实证的史学和文学。日译"科学"继承的正是19世纪以后的激进态度，近代中国的特殊环境又使得科学几乎成为某种具有生杀予夺大权的意识形态式存在：凡不符合科学标准的都没有合法性，不能进入中国现代学术。科学之于学科，意义重大，所以第三节才不惜笔墨地进行梳理。

"学科"（discipline）的词源可以追溯到希腊文Didasko（教）和拉丁文Discere（学习）。古罗马的西塞罗（Cicero）和瓦罗（Varro）曾言，艺术和法律都是一种训练，都是disciplinae。14世纪英语的discipline开始指称门类知识，尤其是医学、法律这些新兴大学的"高等部门"。16世纪的欧洲经常把大学和教会的分科运动，与古典时期的军队纪律联系起来，即德语说的disziplinierung（磨炼）。因此discipline有学科、课程、纪律、训练、规范等多重含义，与学校课程、纪律、规范性训练相关的学科，是今天用得最多的意涵。《牛津词典》《朗文英语辞典》依然强调它尤指大学或学院的专业，注意其整体性和系统性。单数的学科专业则多用speciality。

《辞海》说学科是学术的分类，又说它是学校的教学科目，二者在中国的确基本一致。近代以来的大学教育是以分科为特点的，又由于大学或高等学院是近代学术生产的主要阵地，因而学科成为最醒目的知识分类和学术组织形式。许多民国人都以为，学科分类就是科学的分类。今天依然如此。

然而，西方高等教育的科目是不断变化的。古典时期的课程体系强调诸学科的配合与连接。随着新学术门类的增加，16世纪以后才逐渐分化。经过18世纪的调整与推进，19世纪欧洲大学的学科才规范起来。晚至19世纪后半叶，大学出现制度化的科系。学科的制度化暨完整的学科体系，毫无疑问晚于知识的分类。也就是说，近代中国引进西方学科时，西方大学的学科体

第八章 他山之石：知识分类的有限性与相对性　837

系确立不过50年。难怪清末投身中国教育的丁韪良要不断回国进修，并比照着调整中国的教学科目。也难怪面对各国各不相同的大学科目，眼花缭乱的清末官员只好参照已经折中过的日本方案。经过100年的努力，我们好不容易把西方近300年发展起来的学科门类都搭建起来了，可在各专业大谈学科意识的今天，西方却走上了打破学科的综合性发展道路。我们的坚守乃至不遗余力地划定边界，沦为一种刻舟求剑式的效仿。因而反思还当从头说起。

古希腊时期，"自由七艺"是学校的主要课程。七种自由艺术（seven liberal arts）分为初级"三艺"（trivium）和高级"四艺"（quadrivium）。演讲、辩论、政治管理等实际需求，使语言学习变得必要，因而语法、逻辑、修辞"三艺"源于雅典人的日常生活。古希腊人认为它们还可以塑造儿童的心灵（soul）和理智（intellect），因为体现了心（mind）的规律。学完语言类课程，进入与数学有关的"四艺"：算术、几何、天文、音乐。希腊人认为数学使人不限于具体事物，进入抽象思维，是抵达真理王国最简捷的道路。对体育和音乐的偏好，和重视语言的智育一样瞩目，只是德育在学校教育里不那么重要。古希腊人的博雅教育（liberal education）同样契合罗马人的胃口，尤其是"三艺"部分。为了借鉴和学习，他们不得不增设希腊语课程。从此，掌握第二门语言成为传统。

古希腊和古罗马对德育的忽略，引起了基督徒的不满。随着罗马帝国的灭亡和天主教中世纪的兴起，宗教和道德成为教育的中心，体育受到了排挤。直到中世纪末期，"三艺"才被重新评估，以基督教哲学同盟的身份进入宗教学校。在隐修院之外的城市学校，由于生活的需要，"四艺"和法律、医学也在发展。12世纪大学的兴起，是世界文化史上的重要事件。在欧洲一些城市里（大学和城市同时兴起），自愿聚集起来的教师和学生组成了一种松散的、流动性的、类似于行会的团体。他们自我管理，不受教会控制，发展越来越大，后来还受到国王或教皇的保护。由于有一个缓慢的民间发展过程，大学具体的确立时间无法确定，可资参考的是意大利博洛尼亚教师于1150年、法国巴黎教师在1200年前后、英国牛津教师于1220年获得正式大学教师身份，后面的大学以这3所为蓝本。大学逐渐取代修道院，成为欧洲学术的中心。而且中世纪大学有相同的科目、相同的文本，课程统一。没有人批评这种统一，只是认为他们太好争论。师生从一所大学转到另一所大学，非常容易。这为分裂的欧洲打造了统一的思想文化基础。

在一般的情况下，14岁左右的男孩完成拉丁语的学习后进入大学。他会注册到某位教师而非学院的名下（源于学徒模式），先修7门文理课程，即"三艺"和"四艺"。"三艺"中语法的地位有所下降，但逻辑学得到了强化。"四艺"的地位仍然低于"三艺"，相较古希腊，数学不那么重要了，但天文学的地位大为提升。中世纪的大学还会安排伦理学、形而上学、自然哲学（"三哲学"）课，亚里士多德的自然哲学是核心。因此受过大学教育的人，无不接受过亚里士多德自然哲学的训练，而且还会将古希腊和阿拉伯学问与基督教神学进行整合，由此形塑了西方古典学术的基本面貌。

三四年之后，通过考试的学生可以获得艺学学士学位。这意味着作为熟练的学徒，可以在教师指导下讲授一些课程了。如果继续攻读，就在神学、法学、医学三门高级学科中任选一门。顺利的话，21岁左右可以上完所有必修课程，再参加艺学硕士考试。拿到硕士学位，才有资格讲授艺学课程。这种3+4+3的课程结构，一直沿用到近代早期。但是与现代大学流水线一样的中规中矩不同，中世纪大学从教师到学生乃至校舍，都是不稳定的。许多学生一两年后就退学，大批学生在完成学业前去世，而医学、法学、神学在获得硕士学位后还要学习5—16年不等，这是一个漫长而严格的过程。因而有授课资格的教师长期供不应求，的确属于少数人的精英教育。

文艺复兴是古希腊和古罗马文化的复兴，也是欧洲经济的复兴。越来越多的闲暇阶层开始关注非职能的世俗事务，并在古代文献里发现了更好的生活。学习希腊语和拉丁语成为人生优雅的前提，由此旁及文学和史学。古典文学的中心地位为其博得了"人文学"（humanities）的美名。人文学批判经院哲学，要与中世纪告别。他们发明的概念，本来就针对大学的哲学和神学，后来干脆成立自己的新机构"学院"（academy），或在旧势力薄弱的新大学发展新研究，如1575年成立的莱顿大学很快增设了历史学和政治学两门新人文课程，1610年图书馆采用了神学、法学、医学、哲学、数学加文学和历史的七分法。而老牌的牛津大学晚至17世纪才设置历史学讲座。历史本是职业知识，晚至18世纪，巴黎的外交官仍要接受历史培训，历史课程也多由外交大臣来讲授。文艺复兴对古代文化的发掘,改变了它的性质和地位。16 世纪发展起来的新学科还有地理学,这当然与地理大发现有关。

二 西方近代学科体系的形成

16 世纪人文学渐成体系,并向大学渗透。"三艺"里的语法和修辞,加上诗歌、历史、伦理,是许多大学的常备课程。1548 年瑞士博物学家、目录学家康拉德·格斯纳（Conrad Gesner, 1516—1565）按照大学课程编撰参考书目《图书汇编》（*Pandects*）,设有三艺、诗歌、四艺、天文学、占卜和巫术、地理学、历史学、机械艺术、自然哲学、形而上学、道德哲学、经济哲学、政治学、法律、医学、神学 21 个类目。其中为中世纪未见之内容,就是 16 世纪新增的人文学——诗歌、地理学、历史学、政治学。然而,尽管人文学包含了最古老的知识,却是在 18 世纪末自然科学群成型和 19 世纪中叶社会学阵营形成之后,才最后聚集起来,并比照着自然学科进行现代学科的转换。

人文学（而非人文学科）的早熟而晚成,表明学问或知识的门类不等于学科,就像原始人没有学科却不意味着没有分类。今天我们说的"学科"是"职业社会运动"的一部分,18 世纪晚期才出现在劳动分工的知识专门化讨论里。美国学者沙姆韦（Shumway）和梅瑟-达维多（Messer-Davidow）指出:

> 要到 18 世纪末自然哲学断裂成为各门独立自然科学,现代诸学科始正式诞生。社会科学稍后从道德哲学中分裂出来。"人文科学"是 20 世纪对那些遭排拒在自然和社会科学之外的学科的简便总称。现代哲学是由科学形成时清除出来的东西界定的,其他现代人文科学则首先以古典语文学的形式出现,其后衍生出历史、现代语言甚至艺术史。[①]

即严格的学科历史只能追溯到 18 世纪,学科系统的形成有赖于 17 世纪以后自然科学的发展,这是有别于之前的另一套知识结构体系。在学科的历史而

---

① 沙姆韦、梅瑟-达维多:《学科规训制度导论》,黄德兴译,〔美〕华勒斯坦等:《学科·知识·权力》,刘健芝等编译,生活·读书·新知三联书店,1999,第 16 页。

非学问的历史里,自然科学最先汇聚成群,或者说是颠覆传统学术的主力,紧随其后的是新兴的社会科学,最后迫使古老的哲学和人文学抱团取暖、努力跟进。英国史学家彼得·伯克也曾提醒:

> 说到复数形式的"学科"一词,会有把后来时代的学科冲突投射到近代早期的风险。科学性的学科,尤其认为是 18 世纪晚期和 19 世纪早期的"发明"。时代错置会是一种常态性危险。当然还有一种相反的危险,以专业化辩论为例,那就是把近代早期和近代晚期区分得太过清楚。1800 年左右新出现的,不是学科这个想法本身,而是其制度化为"科系"。①

谈现代学科,一方面必须对学术门类和学科体系有所区分,不宜无限往前溯源。虽然一般的讲述多从 16 世纪开始,以便说清背景及其原因,但是正如日本学者茂木健一郎所言,"使得这种现象得以出现的原因,则是以笛卡儿的哲学为代表的,将'物质世界'作为独立事物看待的思考方式"②,他以 17 世纪前后作为学科的"近代性基础"。强调两种世界观的差异,是有道理的。考虑到人文学科的复杂性,需要更早进入,但不代表把学科形成的时间往前提。另一方面,如彼得·伯克所言,我们还需在意,18 世纪之前的学科界限并不像今天这样泾渭分明,它们只是早期雏形而已。无论如何,西方近代学科的历史不超过 300 年。

17 世纪的变革把古典传统连同中世纪一起摒弃,此时的自然科学名为"新哲学",以与亚里士多德的"自然哲学"相区别,包括物理学、自然史、植物学、化学等。和人文主义者另辟学院一样,这批早期的科学家也从怀有敌意的大学里独立出来,成立各种新式学会。声势壮大之后,再向大学渗透,最终被大学接纳。1669 年牛津大学增设植物学讲座,剑桥大学晚至 1702 年才给了它一席之地。有意思的是,植物学和化学是依傍医学,才得以在大学站稳脚跟。上文讲过,植物最初因药用价值而受关注,植物学从民间治疗师和园丁的知识发展而来。改良医药的诉求,则挽救了因炼金术而被败坏的化

---

① 〔英〕彼得·伯克:《知识社会史》上卷,第 96 页。
② 〔日〕茂木健一郎主编:《通识:学问的门类》,第 11 页。

学声誉。和医学一体的外科手术，却因属于动手实践而迟迟得不到承认，17世纪法国允许学徒进入某些大学旁听，已经算地位极大提升了。

西方图书馆学的开山鼻祖加布里埃尔·诺德（Gabriel Naucde，1600—1653），在1627年的《图书馆建设意见书》里强调，图书应按学科进行分类：神学、医学、法律、历史、哲学、数学、人文科学及其他。说明此前并非如此。神学、医学、法律、哲学是传统学科，历史和人文科学是16世纪的新成果。和20世纪二三十年代民国的西式编目法相反，此处唯有人文科学是以学科群的形式出现（第三章第五节），说明晚出。数学虽古已有之，却括在"四艺"里，1548年格斯纳的《图书汇编》尚无独立名类，16世纪末才以独立面貌出现在牛津大学。其地位的提升，得益于科学革命。这里虽然还没有出现具体的自然科学门类，但哲学已经不能统摄诸学了。1679年莱布尼茨的图书整理计划是：神学、法学、医学、哲学、数学、物理学、文献学、历史学、杂著9类。物理学既不依附哲学（即以"新哲学"形式出现），也不附属医学（曾经如此），单独成类。牛津大学晚至1636年才设置物理学教授席位。对比之前的3+4+3模式，这个变化是巨大的：此前两千年的知识被压缩到"高等三科"（神、法、医）和哲学里，此后4类是只有百余年历史的人文科学和刚刚兴起的自然科学。

科学革命带来的另一个后果是17世纪末怀疑论的盛行，即欧洲人的知识认知危机。英国哲学家约翰·洛克（John Locke，1632—1704）的《人类理解论》（1690）便质疑人类认识事物本质的能力。因而18世纪成为一个重要的转折点。随同新思潮兴起的"研究""实验"等概念，改变了此后的知识观，人们开始注重知识的增长和提高，强调系统的研究，不再只是机械地保留和传授知识而已。① 人们不仅开始怀疑千百年来的演绎逻辑推理，还关注方法论的问题，认为只有依托实验的归纳法和经验主义才能提供正确的知识。培根的假说—实验—结论科学三步骤，因胡适"大胆假设，小心求证"的改编而广为国人所知。

---

① 1850年正式要求教授的评选资格是发表新研究和新理论，而非此前百科全书式地搜集各类知识的综述。可见知识创新标准取代了传授固有知识的职业职能。

虽然上两个世纪，学院和学会就挑战大学的权威，但是传统教育受到大规模冲击是在 18 世纪。欧洲各地出现了大量文艺学校（如 1711 年成立的布鲁塞尔文艺学校）、新贵族学校（如 1705 年的柏林学校）、政治学院（如 1712 年的巴黎政治学院）、工程学院（如 1709 年的加洛林学院）、煤矿学院（如 1765 年匈牙利的塞尔梅克班煤矿学院）、林业学院（如 1763 年哈茨山林业学院）、建筑学校（如 1799 年德国的建筑学院）等另类高等教育机构。这些新学校重视自然科学、近代历史和现代哲学，向实用知识、近代知识和新兴学科敞开。而且面向掌握国家未来命运的企业家、官员和资产阶级，不再以培养传统的贵族和绅士为目的了。与此同时，新成立的近 70 个完全或部分关注自然科学的学会给专家付薪，让他们在大学之外进行全职或兼职的科学研究工作。19 世纪的科学家多出自此类组织，如斯德哥尔摩科学院、柏林科学院和重组后的法兰西科学院。前沿与创新转移到这些边缘性力量上，方有 19 世纪德国的威廉·冯·洪堡（Wilhelm von Humboldt，1767—1835）重新确立大学职责，恢复大学的首创精神。

有了前面的铺垫，现代学科体系终于于 19 世纪浮出水面。其中最大的推力，来自 18 世纪晚期至 19 世纪中叶的社会分工。18 世纪晚期的英国经济学家亚当·斯密（Adam Smith，1723—1790）和思想家亚当·弗格森（Adam Ferguson，1723—1816）注意到这种趋势。19 世纪中叶，社会学家孔德发明了"Specialisation"（专门化）指称这种现象，Specialist（专家）也随之产生。马克思进而认为知识专业化是整体劳动分工的一部分，先在商业领域后在工业社会展开。致力于人才培养和劳力输出的教育机构，不可能不对此做出反应。彼得·伯克指出，1851 年伦敦工业博览会和剑桥大学自然科学课程同时出现不是巧合，而"知识爆炸迫使绝大多数学者限制自己的学术野心，从而对少数几个拒绝如此的人产生了敌意"。①"近代生理学之父"阿尔布雷希特·冯·哈勒（Albrecht von Haller，1708—1777）甚至认为，大学的功能就是将各个学科划分成更小的部分，并划定每个人的特定有限责任。这种极端

---

① 〔英〕彼得·伯克：《知识社会史》下卷，第 183 页。

的细化分类在 19 世纪中后期达到高峰。

劳动分工推动了知识细化，知识专门化加速了学术分裂。从 1845 年哈佛大学成立劳伦斯科学学院，到 1851 年剑桥大学单独设置自然科学课程；从 1794 年巴黎成立综合理工学院，到 1860 年德国把一批中等工业学校升格为大学，自然科学日益壮大。内中渐有基础科学、技术科学、工程科学的区分（实用技术终于借此走进了大学殿堂），进而再细化。如脱胎于炼金术的化学发展到几乎每个应用领域都能形成分支学科的程度：有医药化学，有农用化学；有海洋化学，有大气化学；有神经化学，有植物化学；有放射化学，有高分子化学；有金属化学，有固态化学；有数理化学，有生物化学……如今还在不断增加。

科学的领地越来越大，与人文科学之间渐生鸿沟。两大阵营的指责与批评，从 19 世纪一直延续到今天。与此同时，第三股力量开始崛起，这就是以政治学、经济学、社会学为代表的社会科学。晚至 18 世纪，与帝国繁荣密切相关的商业才进入学术体系，成为德语国家"官房学"的一部分，之后认可并理论化了关于商人、银行家、股票交易等的实用知识。由家政管理发展而来的"政治经济学"，1754 年在那不勒斯拥有了第一个讲座教授席位。而同期的德国、瑞典大学，化学讲座教授设在财政学院，说明此时新学科的界限尚不分明。英国政治经济学的发展，极大助益了大英帝国的全球资本扩张，经济学地位日益提升，不再需要依附政治学了。19 世纪人类学和社会学的强劲发展，也极大丰富了社会研究。三大阵营渐行渐远，各自为政，最终知识共同体被学科共同体所代替，学科共同体又有学科之间的地盘争夺，进而学科被更小的学科单元所分化，学科单元还可以分出不同研究方向。分支越来越多，学科内部亦近亲形同远邻。

19 世纪后半叶到 20 世纪早期，近代学科体系基本落成，西方大学开始围绕学科对自身进行管理和建设。有人发现，19 世纪 90 年代到 20 世纪前 10 年，后起的美国大学院系结构基本没有什么变化。当然，学科分化与学科体系化并非同一概念，学科的独立地位要靠制度化的建制来完成，"新学科形成的典型轨迹是从成立学会到发行期刊，在更为大众的机构里获得一个席位，举行讨论会议,最终成立一个学院或者学系"①。新学科从依附到独立、到开枝散叶,由最初的外围呐喊,到最终在学院生根落地,争夺大学的讲座席位和学术资源。

尽管社团和协会及其创办的期刊、会议,对学科意识的形成起过重要作用,但是制度性的大学才是最终阵地。当新兴技术学科不被老牌的牛津和剑桥接受时,新派人士干脆组建一个新大学——1836 年的伦敦大学。今天依然是英国现代学术的重镇。1850 年的剑桥大学只有数学和古典学 2 个科目组织正式的期末考试,1900 年便增加到伦理学、自然科学、神学、法学、历史、东方语言学、中世纪及现代语言、机械科学 8 个学科。1950 年又增设了经济学、考古和人类学、英语、地理、音乐、化学工程,如今院系过百。

以"现代大学之母"德国柏林大学为例。1810 年柏林大学刚成立时,只有哲学、神学、法律、医学 4 个传统学科。洪堡掌校后,确立追求高深学术的洪堡教育模式,以夺回大学的首创精神和前沿地位,学科很快就多样化起来:1862 年成立物理系,1869 年成立化学系,地理、神经生物学、海洋学、史前学、日耳曼语言文学等新兴学科纷纷入驻(如今专业多达 224 个)。1850—1914 年,德国的学术霸主地位逐渐显现。与此同时,德国大学也进入专业化机构成立的高峰期。柏林大学不仅成为欧洲和美国大学的追摹对象,也直接影响到蔡元培的北京大学改革。

在大学拥有阵地,意味着能提供正式的专业职位,能培养更多的学徒,能形成学科赖以生存的学术共同体,体制内的正式席位对新学科的发展至关重要。我们也确实看到,那些新院系的泰斗们往往具有非凡的活动能力。一个有能力的学者可以带来一个学科、一个院系的落地,如林奈之于植物学、亚当·斯密之于经济学、涂尔干之于社会学,又如博厄斯创建的克拉克大学和哥伦比亚大学考古系。而作为新学科的奠基人,他们都是从老学科转过来的,涂尔干原来学哲学,博厄斯是地理学出身。有学者提出,若非抽象论说,学科更像一种行政划分,就像有的高校为了扩招而申请新的硕博点,为了获取更多的经费增设新的机构,甚至为了引进某位大牌学者而专辟一个院系。

---

① 〔英〕彼得·伯克:《知识社会史》下卷,第 187—188 页。

人为因素的操作，从来都是需要考虑的。

三 中国近代学科建设历程

西方近代学科体系落成时，恰是中国从西方引进大学教育的清末，多如牛毛的学科专业看得国人眼花缭乱。郭嵩焘、吴汝纶等人在日记里不厌其烦地抄录各种西洋学科名称，始终不得要领，乃至吴汝纶非得亲往日本考察，才肯就任京师大学堂总教习。四个多月的考察期，当然只能走马观花，知其然而不知其所以然。民国以后，欧美留学生纷纷回国执教，才使西方现代学科渐渐在中国大学落地。这个过程缓慢而艰巨，也因各人留学经历不同，在各个问题上都异见纷呈。① 无论如何，20世纪的中国汇入西潮，不再花开两朵各表一枝了。当然，挪用体系不代表能同步发展。

1904年清政府颁布《奏定学堂章程》，正式引进西方教育，并在全国范围内实施，一直沿用到1911年清王朝覆灭。章程规定，大学分预科、分科大学、通儒院三级。因学力不够，预科与高等学堂（相当于高中）相当，是为上大学做准备的。大学尚未开始，通儒院（相当于研究生院）自是后话。大学分经学、政法、文学、医科、格致科、农科、工科、商科8科，故称分科大学。分科大学里再分具体专业，共8科46门。但最终京师大学堂只建成7科13门，医科大学没有建。除政法科外，其他科均有空缺。

晚清学制效仿日本，日本学制虽源于德国，却已与德国大学不同。德国重实业教育，不仅中学就分实科和文科，而且高级专门学校林立，各类理工学院、工程学校未见得就不如综合性大学。从德国留学回来的蔡元培曾指出，德国的专门学校就是分科大学，法科和医科既然在大学里，就不必再有专门高等学校了；理工科、商科、农科既有高等专门学校，就不应在大学里再设科。可晚清的日版学制，法、医、农、工、商既有分科大学，也有专门高等学校，不仅重复建设，分散了极为有限的财力和人力，而且两类学校的毕业生还经常起冲突，故有蔡元培1917年的大学改制（《大学改制之事实及理由》）。

---

① 任剑涛的《建国之惑：留学精英与现代政治的误解》（中国政法大学出版社，2012）提供了一个很好的视角。

也就是说，欧洲是在大学里面分科分专业，而晚清追随着日本是要建立分科的大学。这倒也不难理解，分科是欧洲大学内部自然分化的结果，可后来仿行的国家看不到这个过程，只见最后结果，何况某些自然学科在当时的欧洲也属新兴门类。结果《奏定大学堂章程》理解的西方大学就是"分科大学堂"。今天看来会觉得奇怪，难道还有不分科的大学吗？其实大学分科是现代观念，古代的确不分，至少不这么分。近代早期的西方正是以分科与否，确定高等教育和普通教育的界线，分科的职业教育是高等教育的特点（见第二章第五节）。虽然中国当时有高等专门实业学校，但等级和定位比大学低，是初创时期为满足社会实际需求的速成办法（见第二章第四节）。经过十多年的发展，民国高等实业教育（集中在农工商）的基数大了，分科大学的实科却没有长足发展，两类学校的学习科目差不多，才会出现蔡元培说的毕业生"互有龃龉"。

第二章第六节曾言，日本学制的另一个特点是求全责备。晚清仿行的东京大学，1877年成立时就有文、法、理、医4个学部，规模不小。1902年吴汝纶访日时，已增设了农科和工科。如今的东大包括10个学部69个学科610个讲座，囊括当今各学科领域，是世界上学科最齐全的综合性大学。而老牌的西方名校如牛津和耶鲁是偏文理的综合学校，剑桥和普林斯顿是理工型大学，哈佛大学没有工科和农科，斯坦福大学亦不覆盖农学。美国还有许多由单科发展过来的常青藤大学，即便规模渐长，也始终在特色学科上下力，如麻城理工学院。日本追求的齐全，自然适合急于了解西学全貌的近代中国。清朝官员认为，国朝学术规格宜大，即便不能马上落成，也当先搭起框架。另一个契合中国人胃口的地方是，日本大学不像德国大学那样自主自由，尽管德国大学在欧洲已属管理严格的了。日本大学的学部没有自主权，受政府部门的管理。清廷按照文部省的样子，成立专门的学部（之前的科举并非礼部的全部工作），民国改称教育部。

民国成立之初，教育部并非不想改革，他们把留英、留美、留德、留法、留俄、留日的学生都找来了，决定先翻译各国学制，再行比较，取长补短，重拟一套符合中国国情的教育制度。1912年，欧洲大学的学科建制已基本完成，可也摆脱了从前内容统一的状况，形成了各自的特点，典型如德国注重实业科技，美国尊重职业教育。这让民国人短期内理不清头绪，"结果所译出之条文，与我国多枘凿不相容"①，吵了一个月的架，最后只好保留日制，稍事调整而已。参与其事的蒋维乔后来回忆说：

> 在当时教育界办学经验，于小学较为丰富，故民元学制之初高等小学校令确能参合国情，表现特色。至中等教育并未发达，经验殊少，于专门大学，更属茫然。故除增损日制，易以本国课程外，殆无经验之可言。以学制施行历十年，教育界渐觉其不适用，皆诋毁教育部只知抄袭日制。其实临时教育会议，国内著名之教育家，皆罗致到会，而多数之见解，确已如是，不能全归咎于教育部。是盖时代为之，一般人之经验学识，只有此限度也。②

这就是当时中国教育的整体状况。"更属茫然"的大学教育离国人还很远，诸多教育专家亦知之甚少。前清共4所大学：京师大学堂（北京，1898）、北洋大学堂（天津，1895）、南洋公学（上海，1896）、山西大学堂（太原，1902）。南洋公学实为师范和高等实业学堂，1911年才改组为大学。山西大学堂1902年由书院改建，合以山西教案的赔款。西学斋全由传教士李提摩太负责，国人的参与度也有限。真正自创的大学只有北洋大学堂和京师大学堂。北洋大学堂更像洋务学堂的延续，以法科和工科为主，西学课程全部延请外教。所以对京师大学堂的研究才格外重要。

1913年年初民国政府颁布的《大学规程》，最大动作是取消经学科，分科大学由8科变7科。以往研究只关注从8到7的变化，其实真正的学科在二级目录上，即科下面的门。比照表8-4，不难发现民国人有学科概念。比如清末文学科的9门里，实际只有史学、地理学、文学3类，再按国别把文学分为6门；地理中西统为一门，和史学做别样的处理，显得很不合适；对比经科的传统划分模式，说明晚清的学科概念尚不清晰。全新的理工科可以照抄日本，一到本国学术的对应，有几分理解就很明显了。相反，民国的学科

---

① 蒋维乔：《民国教育部初设时之状况》，《中国近代教育史资料汇编·学制演变》，第638—639页。
② 同上。

类别却十分清楚，文、史、哲加近代中国格外重视的地理学，就是人文科学的核心类目。自然科学变化不大，但把物理分成理论物理和实验物理，动物和植物分开，矿物和地质分开，不能不说还是在努力追踪西学前沿的。集中在法科里的社会科学，也追加了经济学一门。总体思路是以学科统一大学门类，尽管囿于实际能力，许多类别仍然悬置。

表 8-4 晚清民国大学科目对照表

	1904 年《奏定大学堂章程》	1913 年《教育部公布大学规程》
经学科	周易学、尚书学、毛诗学、春秋左传学、春秋三传学、周礼学、仪礼学、礼记学、论语学、孟子学、理学（11）	取消
政法科（法科）	政治、法律（2）	法律学、政治学、经济学（3）
文学科（文科）	中国史学、万国史学、中外地理学、中国文学、英国文学、法国文学、俄国文学、德国文学、日本文学（9）	哲学、文学、历史学、地理学（4）
医科	医学、药学（2）	医学、药学（2）
格致科（理科）	算学、星学、物理学、化学、动植物学、地质学（6）	数学、星学、理论物理学、实验物理学、化学、动物学、植物学、地质学、矿物学（9）
农科	农学、农艺化学、林学、兽医学（4）	农学、农艺化学、林学、兽医学（4）
工科	土木工学、机器工学、造船学、造兵器学、电气工学、建筑学、应用化学、火药学、采矿及冶金学（9）	土木工学、机械工学、船用机关学、造船学、造兵学、电气工学、建筑学、应用化学、火药学、采矿学、冶金学（11）
商科	银行及保险学、贸易及贩运学、关税学（3）	银行学、保险学、外国贸易学、领事学、关税仓库学、交通学（6）

1912 年民国成立时，北京大学共有文、法、农、商 4 科，后因商科力量不足并入法科，第二年才增设工科。清末 7 科 13 门的京师大学堂，变为 4 科 16 门的国立北京大学。1917 年，蔡元培对北京大学进行学科调整。针对当时重术轻学的风气，蔡元培坚持德国洪堡的办学理念，强调大学是研究高深学术的地方，应加强基础性、学理性的文科和理科。为了集中财力物力，他主张大学只设文科和理科，应用性的法科、医科、农科、工科、商科可独立成专门大学，与高等专门学校形成合力。因此，他把北京大学的工科给了北洋

大学，法科并入北京法律专门学校（未果），农科已于 1914 年独立为专门学校。1919 年改制结束后，北京大学剩文、理、法 3 科 14 门。除分离未果的法律和商业 2 门外，剩下的哲学、国文、英文、法文、史学、数学、物理学、化学、地质、数学物理、政治、经济都是偏学理的基础学科，这就是最早在中国落地的现代学科。

今天我们会觉得 14 个学科实在少得可怜。可 1918 年的北洋大学，不过法、工 2 科，法律、土木工学、探矿冶金 3 门，全部毕业生才 298 人。而国立山西大学只多了文科的文学而已。直到 1920 年国立东南大学成立，学科才拓展到心理学、教育学、生物学、农艺学等。当然，国人不是不知道还有其他学科，只是在有限的条件下，先建设紧要学科。蔡元培不仅重视基础性的文科和理科，还反对文理分离，"一则科学中如地理、心理等等，兼涉文理；二则习文科者不可不兼习理科，习理科者不可不兼习文科"①。因而改门为系，以学系为大学基本结构，以打破文理间的隔绝。这种沟通在研究层面也得到了体现，1917 年的研究所以科为单位，1921 年成立的研究所国学门只分文字学、文学、哲学、历史学、考古学 5 个研究室。

蔡元培秉持的洪堡办学理念，坚持大学一方面要传授知识，另一方面要研究高深学术。但在摆脱日本影响的同时，也没有完全照搬德国学制。学系制是 1825 年美国哈佛学院的做法，为的就是拓宽学科口径，代替德国的讲座制。注重综合，亦非德系传统。虽然大学仍沿专业化路径行进，但保留文理 2 科，下放应用学科（与高等实业学堂合并），是中国式的补敝起废。这种取舍均衡，应当说是卓有远见的。从 1917 年《修正大学令》开始，单科大学得到长足发展。据教育部 1926 年 7 月统计，单科大学已由北洋大学 1 所增加到 11 所，北京政法大学、北京农业大学、北京工业大学、北京医科大学、北京师范大学、北京美术专门学校都是此间由专门学校改建来的。国立综合大学也由此前的 1 所，新增了山西大学（1918 年改为国立）、东南大学、同济大

---

① 蔡元培：《我在教育界的经验》，《蔡元培教育论著选》，第 741—742 页。

学、武昌大学、西北大学5所。①

1927年南京国民政府进行大规模的大学合并和学科调整。为了提高大学的门槛，规定三科以上才能称大学，并增加了教育科。到1931年，调整后的13所国立大学②，皆为多学科院校。其中门类最全的国立中央大学8院34系，是学科最多的学校。文学院除了文史哲外，引进了社会学系。理学院除算学、物理、化学、地质外，增加了动物学、生物学、心理学。地理入理学，心理学1932年另入教育学。教育学9系都属新学科。工学也由土木工程扩大到电机工程、机械工程、化学工程、建筑工程。法学和商学相较变化不大。这种学科配置可以理解为对之前过重专科的反驳，也可以说源于经济发展后的升级愿望。

1931年抗战爆发，教育受到重创。大学调整的指导思想是，在有限的人力物力下裁并文科，发展实业学科，并为国防建设培育人才。到1936年，国立中央大学裁并1院10系：商学院4门被废；理学院动物学系被撤；教育学院由9系并为5系。国立北平大学撤了3院18系。裁撤最多的学科是商学、社会学、教育学、法学、心理学，其次是经济学、哲学、历史学。不撤反增的是清华大学、武汉大学、中山大学、山东大学、浙江大学的工学院，以及浙江大学和四川大学的农学院。③ 国难之际，战争时期，这种注重实际的调整可以理解。

四　我国当前的学科设置

中华人民共和国成立至今的学科调整，分两个阶段概括会更加清晰。1949年到1977年恢复高考算一个阶段，其中以1952年开始的全国高等学校院系调整影响最大，到1963年制定《高等学校通用专业目录》初步稳定。

---

① 广东大学未被统计在内。民国时期还有私立大学和教会大学，但办学不稳定，未被统计。此处讨论国家层面的学科接受，亦可暂不计入。

② 包括中央大学、北平大学、中山大学、武汉大学、清华大学、北平师范大学、浙江大学、北京大学、暨南大学、同济大学、交通大学、四川大学、山东大学。

③ 参阅斯日古楞：《中国近代国立大学学科建制与发展研究（1895—1937）》，中国社会科学出版社，2016，第210页。

1966年进入十年"文化大革命",高等教育基本停滞。1977年恢复高考,1980年颁布《学位条例》确立本硕博三级学位制度,才步入新的发展时期。笔者无意全面介绍中国当代的学科发展史,一般性的回顾是将之视为近代的后续,为当前的学科反思提供事实基础。

1952年的院系调整,至今仍是关注度很高的话题。这次调整以培养工业建设人才和师资为重点,发展专门学院和专科学校,整顿和加强综合性大学为方向,大力发展助力工业建设的单科院校,成立了一批钢铁、地质、矿业、化工、农业、水利等专科学校。北京的"八大学院"即由此而来,今天仍是备受青睐的理工院校。[①] 为了建立工科专业体系,专业设置直接与工业生产挂钩,细化到产品和工艺。1962年进行统计的时候,工科专业竟多达295个,占全部专业数量的一半。

一般认为,学科(discipline)与研究领域和科研成果直接相关,遵循知识体系自身逻辑(详见下节)。专业(speciality)尽管是学科的细化,却主要面向职业和社会的实际需求。英文的专业也可以用major,是围绕主修课程展开的课程体系,偏向具体知识领域的人才培养计划。当然,尽管专业有更多的灵活性,但并不意味着它可以偏离知识系统任意安排,否则就不会有学科体系这样的事物了。进入现代,学科大类基本稳定,要想细致了解,须由一级学科进入二级甚至三级专业。今天的本科招生规模与生源质量,直接影响到学科未来的发展,所以热门学科和冷门专业境遇是不一样的。

在物力有限的新中国成立之初,组建新的专科大学是以接管、裁并私立大学和教会大学,拆解综合性大学的方式进行的。最典型的就是原首府国立中央大学(新中国成立后改名南京大学)和金陵大学(原美国基督教大学)的命运:两校文、理学院合并,迁往金陵大学校址,后并入复旦大学德文组、震旦大学法文组、同济大学外文组、齐鲁大学天文算学系、中山大学天文系、浙江大学和四川大学地理系,构成新南京大学的主体。保留在中央大学原址

---

① "八大院校"指北京航空学院、北京地质学院、北京矿业学院、北京林学院、北京钢铁学院、北京石油学院、北京医学院、中国农业机械化学院,即今天的北京航空航天大学、中国地质大学、中国矿业大学、北京林业大学、北京科技大学、中国石油大学、北京大学医学部、中国农业大学。

的是工学院，与金陵大学电机系和化工系合并，又加入其他大学的相关院系，更名南京工学院（今东南大学）。农学院被迁出，与金陵大学和浙江大学的部分院系合并，另立为南京农学院（今南京农业大学）。由两校合并并迁出去的，还有南京师范学院（南京师范大学）和南京林学院（南京林业大学）。由中央大学迁出并改组的有农业机械学院（江苏大学）、华东水利学院（河海大学）、华东航空学院（西北工业大学，与交大和浙大合并）、解放军第五军医大学（后并入第四军医大学）、成都电讯工程学院（电子科技大学）、无锡轻工业学院（江南大学）等。拆解到其他学校的学科有文学院哲学系（入北京大学哲学系）、法学院法律和政治系（入华东政治学院，今华东政法大学）、经济系（入复旦大学法学院）等。在这个过程中，原教会的金陵大学被取消，原学科最齐全的中央大学被拆分。

这种大开大合固然是为了发展工科院校，却牺牲了一批发展较好的综合性大学。除了中央大学，抽空特色学科改造为文理大学的还有厦门大学、武汉大学、中山大学等，所谓"五大母校"即由此而来（加浙江大学）。清华大学也未能幸免，文、理、法三科并入北京大学，成为仅剩工科的专科大学。今天清华工科与北大文理的对峙，是新中国成立后形成的局面。所以才有清华"复兴"文理的举措，才有民国清华国学院的"神话"。大学不是学科院系的硬性组配，还需要多年培育起来的校园文化和气质。国立中央大学即1928年更名的国立东南大学，曾是当时与北京大学抗衡的名校。从它拆分出的众多院校也能看出，东大本以理工见长，竺可桢、茅以升即执教于此。但文科同样大家云集，前几章屡屡提到的与"北大派"对立的"东大派"、和"新文化派"叫板的"学衡派"即以此为阵地。

私立大学和教会大学同样是中国近代教育里厥功甚伟的两驾马车。南开大学和复旦大学的前身都是私立大学，近代中国大批的教育家都是从私人办学中历练出来。教会大学也丝毫不比国立大学弱，震旦大学号称"东方的巴黎大学"，首开研究生教育，首设校内博物馆。燕京和辅仁是当时的名校。金陵大学则是美国康奈尔大学的姊妹学校，英语文学研究享有世界声誉，毕业生可直通美国大学的研究生院。在建立苏联式统一调配的高校管理体系过程中，大学的不同类型和特色消失了，至今仍是中国高校的致命伤。

1952年的院系调整涉及全国四分之三的大学，最后由原来的211所减少到182所，综合性大学仅剩14所，工科院校有39所，师范院校31所，农林院校29所，医药院校29所，艺术院校15所，语言院校8所，财经院校6所，体育院校5所，政法院校减少到4所，另有民族院校2所。发展工业专科和师范学校的同时，是理科的折叠和文科的裁撤。曾被视为学术首脑的哲学，因与社会生产关联不大，被大幅削减。其实民国有一批哲学、史学、社会学学者，国际声誉及地位比理工科学者高许多。

冲击更大的是社会学科，财经和政法大量削减，社会学、政治学、心理学、人类学被取消。新中国成立前有社会学系或社会事业行政系的22所大学里，10所是教会大学。尽管费孝通、潘光旦等社会学家新中国成立伊始就积极努力，终究没能挽回社会学全军覆没的命运，阵容庞大的清华大学社会学系同样被解散。民国培养的社会学家或转入其他学科（如吴文藻去了民族学、孙本文进地理系、柯象峰转外文系），或遁入学校图书馆或行政部门（如史国衡），直到1979年复建。当然，我们也要承认，晚清民国的确习文者多，政法科尤其泛滥，而中国社会急缺科学技术人才。新中国成立后的各种调整举措，虽然矫枉过正，却扭转了长期以来的重文风气，从此步入重理（其实是工）轻文的时代。

经过1952年、1953年的院系调整，最后采用苏联高等教育专业目录，形成了215个专业。工科多达107种，文科19种、理科和农科16种、医科4种、政法2种、师范教育21种，学科倾向性明显。为配合生产资料所有制的社会主义改造，1955年又进行调整，到1956年专业增至313种，工科增加到181种，其他学科个别增长。1958年"大跃进"，专业继续细化，到1962年膨胀到627个，增加了3倍，工科多至295个。待1963年推出第一个本科专业目录，才收束到510种。[①]在这个过程中，学科虽然稳定，但专业不断增加，工科更是脍不厌细。

"文革"十年，教育混乱，学科建设也处于无序中。1979年改革开放，整顿教育是重中之重。1980年统计时，全国高校专业多达1039种！经过5年

[①] 数据来自《中国教育成就：资料统计（1949—1983）》，人民教育出版社，1984，第51页。

的调整，1987 年颁布第 2 个高等学校专业目录，规定工科专业 255 种，理科 70 种、文科 107 种、农林 75 种、医药 57 种、财经 48 种、政法 9 种，总数 671。但加上目录外专业，实际是 794 种。90 年代后，市场力量增强，学科专业不得不进行调整，总体目标是改变高等学校长期存在的专业划分过细、专业范围过窄现象，最后由 1993 年第 3 版的 504 种合为 1998 年第 4 版的 249 种。然而，进入 21 世纪，随着产业升级和高校扩招，又出现了拓宽专业口径的需求，2011 年的第 5 版出现反向增长情况，增至 504 种。至于学科门类的划分，是 1993 年第 3 版出现的。如今已由最初的哲学、经济学、法学、教育学、文学、历史学、理学、工学、农学、医学 10 类，增加到 13 类（后增军事学、管理学、艺术学）。

与此同时，90 年代掀起了高校合并潮。据教育部统计，截至 2006 年，有超过 400 所高等院校完成了合并。总的特点是单科学校汇入综合性大学，如北京医科大学并入北京大学、中央工艺美术学院并进清华大学；或是不同类型的专科学校联合，如华中理工大学和同济医科大学、武汉城市建设学院合为华中科技大学，中南工业大学和湖南医科大学、长沙铁道学院并为中南大学；还有的是同类型学校的合并，常见如师范类、工程技术类。被兼并的多为小型学院和单科大学，医学院、建筑学院、铁道交通、艺术院校裁并较多。同类学校联合办学，便于做大做强。但一些原本强势的专科特色学校消失，质疑之声时至今日，如中央工艺美术学院和同济医科大学，协和医科大学则庆幸避免了北京医科大学的命运。当然，这种建造航母的举措壮大了一些综合性大学，如四川大学和广州大学。这波院校合并以多门类多学科的综合为方向，理工院校也纷纷成立文科学部，又走到了专科化、单科化的另一端。

研究生教育起步较晚，1980 年才确立本硕博三级学位制度，1982 年有了首批博士生，1983 年颁布了第一个研究生学科专业目录。但随着教育和研究的升级，研究生专业目录与本科目录迅速实现了配套和同步。就学术引导而言，还胜过本科目录。本书写作时，实行的是 2018 年修订的 2011 版，共 13 个学科门类 111 个一级学科。从 2009 年开始，教育部不再规定专业种类，二级学科设置权下放到学位授予单位，因此 2011 版只出现学科门类和一级学科，二级专业可参考 1997 版（见表 8-5）。

相较美国教育部每 5 年统计一次的学科目录（CIP）①，我国 10 年修订一次、5 年调整一次的专业统筹工作显得还不稳定，也不完备。新中国成立至今，研究生专业目录共发布了 1983 年、1990 年、1997 年、2011 年 4 个版本（目前刚出台 2021 版征求意见稿，未正式颁布，2022 年当有第 5 版。本科目录已出第 6 版）。凌乱的同时，也说明社会发展的步调加快。意识到政府规划的滞后性之后，二级专业设置权下放到高校主体，一方面可以增加灵活性，更好地追踪学术前沿和社会需求。另一方面，在参差不齐的状况下，也容易跟风、混乱和重复建设。

与此前比，学科专业自是走向规范化。但与西方发达国家比，又很容易发现它的刻板与滞后。以美国 CIP 为例（表 8-6），他们并不追求学科的齐整，一方面学术型、应用型、技术型专业并重，既有高精尖的科研前沿，也重视种群研究、灾难应对、纠纷解决等社会现实问题，还有老年医学、烹调家政、娱乐保健这样的社会实际需求应对。说明他们的教育是分层分型的，覆盖人才需求的各个方面，而且每个领域都有高层目标，这是社会发达、教育成熟的表现。

在刚出台的 2021 年研究生专业目录征求意见稿里，一个显著变化就是增加了应用型的一级学科，明确了实践类专业学位，说明教育部门在着手缓和理论研究和实践技术的撕裂。但学术学位和专业学位的区分不仅是字面的，如何落实到实际管理和运行上去，将是更大的难题。而职业技术仍停留在技校，以实际就业为导向，说明高等教育的专业调整是在既有蛋糕上改变分割位置，实践性知识仍多停留在中低层教育层面，这是教育总体水准偏低的表现。当然，教育层次与社会发展程度相关，未来的中国教育必定在系列改革中逐步升级，而且一定不是限于高等教育，而是整个系统的调整。

另一方面，美国 CIP 大量交叉学科的存在分外醒目，已由 2000 年的 22 个增至 2020 年的 48 个，比专门学科的种类还多，说明超越学科的综合性研

---

① CIP 全称 The Classification of Instructional Programs，1980 年由美国教育部国家教育统计中心（NCES）研制，1985 年、1990 年、2000 年、2010 年、2020 年不断在更新。美国学科设置权在大学，州政府只能通过立法和财政手段干预，联邦政府对高等教育没有直接统辖权。因此它并非国家的官方准则，而是某种类似于专业认证的汇总。而且它同时涵盖研究生、本科生、专科和职业技术专业，与中国教育部颁布的研究生学位专业目录不完全一样。但在现有情况下，这种全美范围的教育统计，已是考察美国学科分类的最好参考。

究已经成为一种常态。前些年我们提倡跨学科，但名为跨学科，实际从项目申报到教学科研，仍附属或补缀在专门学科里，并没有真正的学科融合。2021年新版意见稿首次出现了交叉学科，说明正向欧美看齐。但我们也看到，交叉学科不仅数量少，多集中在理工类，而且实际上非常笼统，仍是以领域而非问题为导向的。要注意的是，像博物馆学、比较文学、文化研究、历史政治学这样的专业，我们放在具体学科门类里，而美国则视为交叉学科。不同的学科归属，透露出定位的差异。是从母体中延伸出去，还是天生眼观六路，会带来视域、方法和发展方向的不同，具体下节再展开。

　　从清末引进大学教育开始，决定学科设置和专业增减的就是国家行政规划，而非学术自身的内在需求。绝大多数学科在中国的发展不超过一百年（许多学科都会努力往前追溯，就和大学校史一般不可信），因缺乏自身的学术理路和应对社会变迁的现实感和灵活性，内在动能和问题意识不足，发展高度有限。专业设置也总是在狭窄和空泛的两极之间滑动。然而，学科体系本来就在动态发展中，亦非唯一正确的学术组织形式。近代中国的学术转型绝非终点，未来学科建设和教育调整还有很长的路要走。

表 8-5　教育部《研究生教育学科专业目录》①

门类	1997 年版		2011 版	2022 版
	一级学科	二级学科	一级学科	一级学科
哲学	哲学 0101	马克思主义哲学、中国哲学、外国哲学、逻辑学、伦理学、美学、宗教学、科学技术哲学	哲学	哲学、<u>应用伦理</u>
经济学	理论经济学 0201	政治经济学、经济思想史、经济史、西方经济学、世界经济、人口资源与环境经济学	理论经济学	理论经济学、应用经济学、<u>金融</u>、<u>应用统计</u>、<u>税务</u>、<u>国际商务</u>、<u>保险</u>、<u>资产评估</u>、<u>数字经济</u>
	应用经济学 0202	国民经济学、区域经济学、财政学（含税收学）、金融学（含保险学）、产业经济学、国际贸易、劳动经济学、统计学、数量经济学、国防经济	应用经济学	

---

① 2011 版不再有统一的二级学科。最后一栏的 2022 版，于本书定稿后公布，为最后补入。正文写作时，实施的是 2011 修订版。结稿前刚出台 2021 年非正式的征求意见稿，所以 2022 版未进入写作视野。下划线标识的是专业学位，斜体表示最高到硕士学位。表内数字是学科序号，目前采用的是三级连续编号，该表四位数字体现到二级。

(续表)

门类	1997 年版		2011 版	2022 版
	一级学科	二级学科	一级学科	一级学科
法学	法学 0301	法学理论、法律史、宪法学与行政法学、刑法学、民商法学、诉讼法学、经济法学、环境与资源保护法学、国际法学、军事法学	法学、政治学、社会学、民族学、马克思主义理论、公安学	法学、政治学、社会学、民族学、马克思主义理论、公安学、中共党史党建学、纪检监察学、法律、社会工作、警察、知识产权、国际事务
	政治学 0302	政治学理论、中外政治制度、科学社会主义与国际共产主义、中共党史、国际政治、国际关系、外交学		
	社会学 0303	社会学、人口学、人类学、民俗学（含中国民间文学）		
	民族学 0304	民族学、马克思主义民族理论与政策、中国少数民族经济、中国少数民族史、中国少数民族艺术		
	马克思主义理论 0305	马克思主义基本原理、马克思主义发展史、马克思主义中国化研究、国外马克思主义研究、思想政治教育、中国近现代史基本问题研究		
教育学	教育学 0401	教育学原理、课程与教学论、教育史、比较教育、学前教育、高等教育、成人教育、职业技术教育、特殊教育、教育技术学（授教育学、理学学位）	教育学、心理学（可授教育学、理学学位）、体育学	教育学、心理学、体育学、教育、体育、国际中文教育、应用心理
	心理学 0402	基础心理学、发展与教育心理、应用心理学（可授教育学、理学学位）		
	体育学 0403	体育人文社会学、运动人体科学（教育、理、医）、体育教育训练学、民族传统体育学		
文学	中国语言文学 0501	文艺学、语言学及应用语言学、汉语言文字学、中国古典文献学、中国古代文学、中国现当代文学、中国少数民族语言文学、比较文学与世界文学	中国语言文学、外国语言文学、新闻传播学	中国语言文学、外国语言文学、新闻传播学、翻译、新闻与传播、出版
	外国语言文学 0502	英语语言文学、俄语语言文学、法语语言文学、德语语言文学、日语语言文学、印度语言文学、西班牙语语言文学、阿拉伯语语言文学、欧洲语言文学、亚非语言文学、外国语言学及应用语言学		
	新闻传播 0503	新闻学、传播学		
	艺术学 0504	艺术学、音乐学、美术学、设计艺术学、戏剧戏曲、电影学、广播电视艺术、舞蹈		

(续表)

门类	1997 年版		2011 版	2022 版
	一级学科	二级学科	一级学科	一级学科
历史学	历史学 0601	史学理论及史学史、考古学及博物馆学、历史地理学、历史文献学（含敦煌学、古文字学）、专门史、中国古代史、中国近现代、世界史	考古学、中国史、世界史	考古学、中国史、世界史、<u>博物馆</u>
理学	数学 0701	基础数学、计算数学、概率论与数理统计、应用数学、运筹学与控制论	数学、物理学、化学、天文学、地理学、大气科学、海洋科学、地球物理学、地质学、生物学、系统科学、科学技术史（分学科授理学、工学、农学、医学学位）、生态学、统计学（授理学、经济学学位）	数学、物理学、化学、天文学、地理学、大气科学、海洋科学、地球物理学、地质学、生物学、系统科学、科学技术史、生态学、统计学、<u>气象</u>
	物理学 0702	理论物理、粒子物理与原子核物理、原子与分子物理、等离子体物理、凝聚态物理、声学、光学、无线电物理		
	化学 0703	无机化学、分析化学、有机化学、物理化学、高分子化学与物理		
	天文学 0704	天体物理、天体测量与天体力学		
	地理学 0705	自然地理学、人文地理学、地图学与地理信息系统		
	大气科学 0706	气象学、大气物理学与大气环境		
	海洋科学 0707	物理海洋学、海洋化学、海洋生物、海洋地质		
	地球物理学 0708	固体地球物理学、空间物理学		
	地质学 0709	矿物学岩石学矿床学、地球化学、古生物学与地层学（含古人类学）、构造地质学、第四纪地质学		
	生物学 0710	植物学、动物学、生理学、水生生物学、微生物学、神经生物学、遗传学、发育生物学、细胞生物学、生物化学与分子生物学、生物物理学、生态学		
	系统科学 0711	系统理论、系统分析与集成		
	科学技术史 0712	不设二级学科，分学科授不同学位		

(续表)

门类	1997 年版		2011 版	2022 版
	一级学科	二级学科	一级学科	一级学科
工学	力学 0801	一般力学与力学基础、固体力学、流体力学、工程力学	力学（授工学、理学学位）、机械工程、光学工程、仪器科学与技术、材料科学与工程（授工学、理学学位）、冶金工程、动力工程及工程热物理、电气工程、电子科学与技术（授工学、理学学位）、信息与通信工程、控制科学与工程、计算机科学与技术（授工学、理学学位）、建筑学、土木工程、水利工程、测绘科学与技术、化学工程与技术、地质资源与地质工程、矿业工程、石油与天然气工程、纺织科学与工程、轻工技术与工程、交通运输工程	力学、机械工程、光学工程、仪器科学与技术、材料科学与工程、冶金工程、动力工程及工程热物理、电气工程、电子科学与技术、信息与通信工程、控制科学与工程、计算机科学与技术、建筑学、土木工程、水利工程、测绘科学与技术、化学工程与技术、地质资源与地质工程、矿业工程、石油与天然气工程、纺织科学与工程、轻工技术与工程、交通运输工程、船舶与海洋工程、航空宇航科学与技术、兵器科学与技术、核科学与技术、农业工程、林业工程、环境科学与工程、生物医学工程、食品科学与工程、城乡规划学、软件工程、生物工程、安全科学与工程、公安技术、网络空间安全、<u>建筑、城乡规划</u>
	机械工程 0802	机械制造及其自动化、机械电子工程、机械设计及理论、车辆工程		
	光学工程 0803	不设二级学科		
	仪器科学技术 0804	精密仪器及机械、测试计量技术及仪器		
	材料科学与工程 0805	材料物理与化学、材料学、材料加工工程		
	冶金工程 0806	冶金物理化学、钢铁冶金、有色金属冶金		
	动力工程及工程热物理 0807	工程热物理、热能工程、动力机械及工程、流体机械及工程、制冷及低温工程、化工过程机械		
	电气工程 0808	电机与电器、电力系统及自动化、高电压与绝缘技术、电力电子与电力传动、电工理论与新技术		
	电子科学与技术 0809	物理电子学、电路与系统、微电子学与固体电子学、电磁场与微波技术		
	信息与通信工程 0810	通信与信息系统、信号与信息处理		
	控制科学与工程 0811	控制理论与控制工程、检测技术与自动化装置、系统工程、模式识别与智能系统、导航制导与控制		
	计算机科学与技术 0812	计算机系统结构、计算机软件原理、计算机应用技术（皆可授工学、理学学位）		
	建筑学 0813	建筑历史与理论、建筑设计及其理论、城市规划与设计（含风景园林规划与设计）、建筑技术科学		
	土木工程 0814	岩土工程、结构工程、市政工程、供热供燃气通风及空调工程、防灾减灾工程及防护工程、桥梁与隧道工程		
	水利工程 0815	水文学及水资源、水力学及河流动力学、水工结构工程、水利水电工程、港口海岸及近海工程		

(续表)

门类	1997 年版		2011 版	2022 版
	一级学科	二级学科	一级学科	一级学科
工学	测绘科学与技术 0816	大地测量学与测量工程、摄影测量与遥感、地图制图学与地理信息工程	船舶与海洋工程、航空宇航科学与技术、兵器科学与技术、核科学与技术、农业工程、林业工程、环境科学与工程（授工学、理学、农学学位）、生物医学工程（授工学、理学医学学位）、食品科学与工程（授工学、农学学位）、城乡规划学、风景园林学（授工学、农学学位）、软件工程、生物工程、安全科学与工程、公安技术	电子信息、机械、材料与化工、资源与环境、能源动力、土木水利、生物与医药、交通运输、风景园林
	化学工程与技术 0817	化学工程、化学工艺、生物化工、应用化学、工业催化		
	地质资源与地质工程 0818	矿产普查与勘探、地球探测与信息技术、地质工程		
	矿业工程 0819	采矿工程、矿物加工工程、安全技术及工程		
	石油与天然气工程 0820	油气井工程、油气田开发工程、油气储运工程		
	纺织科学与工程 0821	纺织工程、纺织材料与纺织品设计、纺织化学与染整工程、服装设计与工程		
	轻工技术与工程 0822	制浆造纸工程、制糖工程、发酵工程、皮革化学与工程		
	交通运输工程 0823	道路与铁道工程、交通信息工程及控制、交通运输规划与管理、载运工具运用工程		
	船舶与海洋工程 0824	船舶与海洋结构物设计制造、轮机工程、水声工程		
	航空宇航科学与技术 0825	飞行器设计、航空宇航推进理论与工程、航空宇航制造工程、人机与环境工程		
	兵器科学与技术 0826	武器系统与运用工程、兵器发射理论与技术、火炮自动武器与弹药工程、军事化学与烟火技术		
	核科学与技术 0827	核能科学与工程、核燃料循环与材料、核技术及应用、辐射防护及环境保护		
	农业工程 0828	农业机械化工程、农业水土工程、农业生物环境与能源、农业电气化与自动化		
	林业工程 0829	森林工程、木材科学与技术、林产化学加工工程		
	环境科学与工程 0830	环境科学、环境工程（授工学、理学、农学学位）		
	生物医学工程 0831	可授工学、理学、农学学位，不分设二级学科		
	食品科学与工程 0832	食品科学、粮食油脂及植物蛋白工程、农产品加工及贮藏工程、水产品加工及贮藏工程（授工学、农学学位）		

(续表)

门类	1997 年版		2011 版	2022 版
	一级学科	二级学科	一级学科	一级学科
农学	作物学 0901	作物栽培学与耕作学、作物遗传育种	作物学、园艺学、农业资源与环境、植物保护、畜牧学、兽医学、林学、水产、草学	作物学、园艺学、农业资源与环境、植物保护、畜牧学、兽医学、林学、水产、草学、水土保持与荒漠化防治学、<u>农业、兽医、林业、食品与营养</u>
	园艺学 0902	果树学、蔬菜学、茶学		
	农业资源利用学 0903	土壤学、植物营养学		
	植物保护学 0904	植物病理学、农业昆虫与害虫防治、农药学（可授农学、理学学位）		
	畜牧学 0905	动物遗传育种与繁殖、动物营养与饲料科学、草业科学、特种经济动物饲养（含蚕、蜂等）		
	兽医学 0906	基础兽医学、预防兽医学、临床兽医		
	林学 0907	林木遗传育种、森林培育、森林保护、森林经理学、野生动植物保护与利用、园林植物与观赏园艺、水土保持与荒漠化防治		
	水产 0908	水产养殖、捕捞学、渔业资源		
医学	基础医学 1001（医理）	人体解剖与组织胚胎学、免疫学、病原生物学、病理学与病理生理学、法医学、放射医学、航空航天航海医学	基础医学（授医学、理学学位）、临床医学、口腔医学、公共卫生与预防医学（可授医学、理学学位）、中医学、中西医结合、药学（可授医学、理学学位）、中药学（可授医学、理学学位）、特种医学、医学技术（可授医学、理学学位）、护理学（可授医学、理学学位）	基础医学、临床医学、口腔医学、公共卫生与预防医学、中医学、中西医结合、药学、中药学、特种医学、护理学、法医学、<u>公共卫生、护理、中药、中医医学技术、针灸</u>
	临床医学 1002	内科、儿科、老年医学、神经病学、精神病与精神卫生、皮肤病与性病学、影像医学与核医学、临床检验诊断、护理学、外科、妇产科学、眼科学、耳鼻咽喉科学、肿瘤学、康复医学与理疗学、运动医学、麻醉学、急诊医学		
	口腔医学 1003	口腔基础医学、口腔临床医学		
	公共卫生与预防医学（医理）1004	流行病与卫生统计学、劳动卫生与环境卫生、营养与食品卫生学、少儿卫生与妇幼保健、卫生毒理学、军事预防医学		
	中医学 1005	中医基础理论、中医临床基础、中医医史文献、方剂学、中医诊断学、中医内科、中医外科、中医骨伤科、中医妇科、中医儿科、中医五官科、针灸推拿、民族医学		
	中西医结合 1006	中西医结合基础、中西医结合临床		
	药学（医理）1007	药物化学、药剂学、生药学、药物分析学、微生物与生化药学、药理		
	中药学 1008	不设二级学科		

(续表)

门类	1997 年版		2011 版	2022 版
	一级学科	二级学科	一级学科	一级学科
军事学	军事思想及军事历史 1101	军事思想、军事历史	军事思想及军事历史、战略学、战役学、战术学、军队指挥学、军制学、军队政治工作学、军事后勤学、军事装备学、军事训练学	军事思想与军事历史、战略学、联合作战学、军兵种作战学、军队指挥学、军队政治工作学、军事后勤学、军事装备学、军事管理学、军事训练学、军事智能、联合作战指挥、军兵种作战指挥、作战指挥保障、战时政治工作、后勤与装备保障、军事训练与管理
	战略学 1102	军事战略学、战争动员学		
	战役学 1103	联合战役学、军种战役学		
	战术学 1104	合同战术学、兵种战术学		
	军队指挥学 1105	作战指挥学、军事运筹学、军事通信学、军事情报学、密码学、军事教育训练学		
	军制学 1106	军事组织编制学、军队管理学		
	军队政治工作学 1107	不设二级学科		
	军事后勤学与军事装备 1108	军事后勤学、后方专业勤务、军事装备学		
管理学	管理科学与工程 1201	可授管理学、工学学位,不分设二级学科	管理科学与工程(可授工学、管理学学位)、工商管理、农林经济管理、公共管理、图书馆、情报与档案管理	管理科学与工程、工商管理、农林经济管理、公共管理学、信息资源管理、工商管理、公共管理、会计、旅游管理、图书情报、工程管理、审计
	工商管理 1202	会计学、企业管理、旅游管理、技术经济及管理		
	农林经济管理 1203	农业经济管理、林业经济管理		
	公共管理 1204	行政管理、社会医学与卫生事业管理(可授管理学、医学学位)、教育经济与管理(可授管理学、教育学学位)、社会保障、土地资源管理		
	图书馆、情报与档案管理 1205	图书馆学、情报学、档案学		
艺术	(为文学二级学科)		艺术学理论、音乐与舞蹈学、戏剧与影视、美术学、设计学(可授艺术学、工学学位)	艺术学(含音乐、舞蹈、戏剧与影视、戏曲与曲艺、美术与书法、设计等历史、理论和评论研究)、音乐、舞蹈、戏剧与影视、戏曲与曲艺、美术与书法、设计

(续表)

门类	1997 年版		2011 版	2022 版
	一级学科	二级学科	一级学科	一级学科
交叉学科	无		无	集成电路科学与工程（可授理学、工学学位）、国家安全学（可授法学、工学、管理学、军事学学位）、设计学（可授工学、艺术学学位）、遥感科学与技术（可授理学、工学学位）、智能科学与技术（可授理学、工学学位）、纳米科学与工程（可授理学、工学学位）、区域国别学（可授经济学、法学、文学、史学学位）、文物、密码

表 8-6　美国教育部学科专业目录（CIP）①

学科	2000 版	2020 版	类型
农学	农学（综合）、农业经济与管理、农业机械化、农业生产经营、农产品与食品加工、农业与家庭动物服务、应用园艺/园艺经营、国际业、农业公共服务、动物科学、食品科学与技术、植物学、土壤科学、农学与农业经验（其他）	01.01 农业经济与管理、02 农业机械化、03 农业生产经营、04 农产品与食品加工、05 农业与家庭动物服务、06 应用园艺与园艺经济、07 国际农业、08 农业公共服务、09 动物科学、10 食品科学与技术、11 植物科学、12 土壤科学、13 兽医预备课程、80 兽医药学、99 其他	学术专业学位
自然资源与保护	自然资源保护与研究、自然资源管理与政策、捕捞学与渔业管理、林学、野生动植物与荒地科学与管理、自然资源与保护（其他）	03.01 自然资源保护与研究、02 自然资源管理与政策、03 渔业管理、05 林学、06 野地动植物与荒地管理、99 其他	
建筑学	建筑学、城市·社区与区域规划、建筑环境设计、室内设计、风景建筑设计、建筑史与评论、建筑技术/技师、建筑学（其他）	04.02 建筑学、03 城市、社区与区域规划、04 环境设计、05 室内设计、06 景观设计、08 建筑史·批评及保护、09 建筑科学与技术、10 地产发展、00 其他	

---

① 本表 2000 版参考了上海交通大学高教研究所刘念才、程莹、刘少雪的《美国高等院校学科专业的设置与借鉴》（《世界教育信息》2003 年 1—2 期）。2020 年最新版译自 https://nces.ed.gov/ipeds/cipcode/browse.aspx?y=56，访问时间为 2020 年 2 月 25 日。该目录采取三级数字编号，此表仅列至二级。与中国学科目录连续编号不同，CIP 中间经常出现空号，是给未来新学科预留空间的。教育类型分研究型的学术学位教育、应用型的专业学位教育和职业技术教育，"学术专业学位"指该学科大类里面既有学术学位，也有专业学位。

(续表)

学科	2000 版	2020 版	类型
区域、种族、文化与性别研究	区域研究、种族·文化与性别研究、区域·种族·文化与性别研究（其他）	05.01 地区研究、02 民族、文化少数群体、性别和群体研究、99 其他	学术学位
传播与新闻学	传播与媒体、新闻学、广播·电视与数字通讯、公共关系与广告、出版、传播与新闻学（其他）	09.01 传播与媒体、04 新闻学、07 广播电视及数字通讯、09 公共关系·广告与应用传播、10 出版、99 其他	专业学位
通信技术	通信技术/技师、视听通信技术/技师、图像通信技术、通信技术（其他）	10.01 通信技术与人员、02 视听通信技术与人员、03 图像通信、99 其他	职业技术
计算机与信息科学	计算机与信息科学（综合）、计算机编程、数据处理、信息科学、计算机系统分析、数据输入与微机应用、计算机科学、计算机软件与媒体应用、计算机系统网络与电信、计算机/信息技术管理、计算机与信息科学（其他）	11.01 计算机与信息科学、02 计算机编程、03 数据处理、04 信息科学、05 计算机系统分析、06 数据输入与微机应用、07 计算机科学、08 计算机软件与媒体应用、09 计算机网络与电信、10 计算机与信息技术管理、99 其他	学术学位
个人与烹饪服务	葬礼服务与丧葬学、化妆整容服务、烹饪学与服务、个人与烹饪服务（其他）	12.03 葬礼服务与丧葬学、04 美容及相关服务、05 烹饪学与相关服务、06 赌场运营与服务、99 其他	职业技术
教育	教育学（综合）、双语·多语与多元文化教育、课程与教学论、教育管理与监督、教育/教学媒体设计、教育评估·评价与研究、国际与比较教育、教育的社会与哲学基础、特殊教育与教学、学生咨询与人员服务、普通教师教育、特定学科与职业教师教育、英语或法语作为外国语言教学、教师助理/助手、教育学（其他）	13.01 教育、02 双语·多语与多元文化教育、03 课程教学论、04 教育管理与监督、05 教学媒体设计、06 教育评估与研究、07 国际与比较教育、09 教育的社会与哲学基础、10 特殊教育与教学、11 学生咨询与人员服务、12 教师教育、13 特定学科与职业教师教育、14 英语或法语的外语教学、15 教师助理、99 其他	专业学位
工学	工学（综合）、航空航天工程、农业/生物工程、建筑工程、生物医学/医学工程、陶瓷科学与工程、化学工程、土木工程、计算机工程、电气·电子与通信工程、工程力学、工程科学、环境/环境卫生工程、材料工程、机械工程、冶金工程、矿业工程、船舶与轮机工程、核工程、海洋工程、石油工程、系统工程、纺织科学与工程、材料科学、高分子/塑料工程、建造工程、林业工程、工业工程、制造工程、地质/地球物理工程、测量工程、操作系统研究、工学（其他）	14.01 工学、02 航天航空、03 农业工程、04 建筑工程、05 生物医药工程、06 陶瓷工程、07 化学工程、08 土木工程、09 计算机工程、10 电气电子与通信工程、11 工程力学、12 工程物理、13 工程科学、14 环境卫生、18 材料工程、19 机械工程、20 冶金工程、21 矿业工程、22 海军建筑与海洋工程、23 核工程、24 海洋工程、25 石油工程、27 系统工程、28 纺织工程、32 高分子工程、33 建造工程、34 林业工程、35 工业工程、36 制造工程、37 作业研究、38 测量工程、39 地质工程、40 纸科学工程、41 机电工程、42 机电一体化、机器人学与自动化工程、43 生物化学工程、44 工程化学、45 生物生态工程、47 电子与计算机工程、48 能源系统工程、99 其他	学术专业

(续表)

学科	2000 版	2020 版	类型
工程技术	工程技术（综合）、建筑工程技术/技师、土木工程技术/技师、电工程技术/技师、电机设备与维修技术/技师、环境控制技术/技师、工业生产技术/技师、质量控制与安全生产技术/技师、机械工程技术/技师、矿业与石油技术/技师、建造工程技术/技师、工程相关技术（测量、液压等）、计算机工程技术/技师、设计工程技术/技师、核工程技术/技师、工程/工业管理、工程技术（其他）	15.01 建筑工程与人员、02 土木工程与人员、03 电气电子技术与人员、04 机电技术与人员、05 环境控制技术与人员、06 工业生产技术与人员、07 质量监控与安全技术与人员、08 机械工程与人员、09 采矿和时控技术与人员、10 建筑工程与人员、11 工程相关技术与人员、12 计算机工程与人员、13 绘图设计工程与人员、14 核工程与人员、15 相关绘图设计工程、16 纳米技术、17 能源系统技术与人员、99 其他	职业技术
外语语言文学	外国语言文学（综合）、非洲语言文学、东亚语言文学、斯拉夫语言文学、日耳曼语言文学、现代希腊语言文学、南亚语言文学、波斯语言文学、罗曼语言文学、印第安人语言文学、中东语言文学、古典与古代语言文学、凯尔特语言文学、东南亚与澳洲语言文学、中亚语言文学、美国手势语言、外国语言文学（其他）	16.01 语言学、比较学与相关语言研究、02 非洲语言与文学、03 东亚语言与文学、04 斯拉夫、波罗的海和阿尔巴尼亚语言与文学、05 德语与文学、06 现代希腊语与文学、07 南亚语言与文学、08 伊朗/波斯语言与文学、09 罗曼语言与文学、10 美洲印第安人/原住民语言与文学、11 中东近东和闪族语言与文学、12 经典和古典语言与文学、13 凯尔特语言与文学、14 东南亚和澳大利亚太平洋语言与文学、15 突厥语、乌拉尔-阿尔泰语、高加索语和中亚语言与文学、16 美国手势语言、17 第二语言学习、18 亚美尼亚语言与文学	学术学位
家政科学	家政科学（综合）、工作与家庭研究、家政科学与家庭经济服务、家庭经济学与相关研究、食品·营养研究与服务、家庭·人居环境与家具研究、家庭生活与人的发展研究、编织与着装研究、家政科学（其他）	19.01 工作与家庭研究、02 家庭和消费服务、04 家庭和消费者与相关经济研究、05 食品、营养与相关服务、06 住房与环境、07 人类发展与家庭研究及相关服务、09 服装与纺织品、99 其他	职业技术
法律与法律职业	非职业法学教育（本科及以下）、法学、高级法学教育与职业培训、法律服务、法学与法律职业（其他）	22.01 法学、02 法律研究与高级职业培训、03 法律服务	学术专业
英语语言文学	英语语言文学（综合）、英语写作、英语创作、北美文学、英国与英联邦文学、演讲与语言交流研究、英文技术与商务写作、英语语言文学（其他）	23.01 英语语言与文学、13 修辞与写作研究、14 文学、99 其他	学术学位
文理综合	交叉学科（其他）、文理综合	24.01 人文科学通识研究	学术学位

(续表)

学科	2000 版	2020 版	类型
图书馆学	图书馆学/图书馆员、图书馆管理助理、图书馆学（其他）	25.01 图书馆学与管理、03 图书馆与档案协助	专业学位
生物学与生物医学科学	生物学与生物医学科学（综合）、生物化学·生物物理与分子生物学、植物学/植物生物学、细胞生物学与解剖科学、微生物科学与免疫学、动物学/动物生物学、遗传学、生理学·病理学及相关科学、药理学与毒理学、生物统计学与生物信息学、生物技术、生态·进化·分类与种群生物学、生物学与生物医学科学（其他）	26.01 生物学、02 生物化学、生物物理学与分子生物学、03 植物学与植物生物学、04 细胞与细胞生物学和解剖学、05 微生物科学与免疫学、07 动物学与动物生物学、08 遗传学、09 生理学、病理学与相关科学、10 药理学与毒理学、11 生物数学、生物信息学与计算生物学、12 应用生物学、13 生态学、进化论、系统学与种群生物学、14 分子医学、15 神经生物学与神经科学、99 其他	学术学位
数学与统计学	数学、应用数学、统计学、数学与统计学（其他）	27.01 数学、03 应用数学、05 数据学、06 应用统计学、99 其他	学术学位
军事技术	军事技术	28.01 航空作战与空军训练、03 军事作战与陆军训练、04 海军作战与海军训练、05 军事科学与作战研究、06 安全政策与战略、07 军事经济与管理、99 其他	职业技术
军事科技与应用	无	29.02 情报指挥与信息作战、03 军事应用科学、04 军事系统与维护、06 军事技术与应用科学管理、99 其他	职业技术
交叉学科	生物与自然科学、和平与对抗研究、系统科学与理论、数学与计算机科学、生物心理学、老年医学、历史建筑·名胜保护、中世纪与文艺复兴研究、博物馆学、科学·技术与社会、会计学与计算机科学、行为科学、自然科学与生命科学、营养科学、国际/全球研究、重大灾难与相关研究、古老·古典·东方研究、多文化与多元化研究、神经科学、认知科学	30.01 生物与自然科学、05 和平与对抗研究、06 系统科学与理论、08 数学与计算机科学、10 生物心理学、11 老年医学、12 历史建筑名胜保护、13 中世纪与文艺复兴研究、14 博物馆学、15 科学技术与社会、16 会计学与计算机科学、17 行为科学、18 自然科学、19 营养科学、20 国际研究、21 重大灾难相关研究、22 经典与古代研究、23 多元文化研究、25 认知科学、26 文化研究与批评理论、27 人类生物学、28 争端解决、29 航海研究、30 计算机科学、31 人机交互、32 海洋科学、33 可持续研究、34 人类动物学、35 气候科学、36 文化研究与比较文学、37 人类健康规划、38 地球系统科学、39 经济学与计算机科学、40 经济学与外国语言文学、41 环境地球科学、42 地质考古学、43 地理生物学、44 地理与环境科学、45 历史语言与文学、46 历史与政治科学、47 语言学与人类学、48 计算机与语言学、49 数理经济学、50 数学与大气海洋学、51 哲学、政治与经济、52 数字人文与文本分析、53 死亡学、70 数据科学、71 数据分析、99 其他	学术学位

（续表）

学科	2000 版	2020 版	类型
公园、娱乐、休闲、健身	公园·娱乐与休闲研究、公园·娱乐与休闲设施管理、健康与体育/健身、公园·娱乐·休闲·健身（其他）	31.01 公园、娱乐与休闲研究、03 公园、娱乐与休闲设施管理、05 运动·运动技能学与体育健身、06 户外教育、99 其他	职业技术
基础补充教育	无	32.02 一般考试准备与应试技巧	
公民活动	无	33.01 公民活动	
健康知识	无	34.01 健康知识与技能	
人际社会技能	无	35.01 人际与社会技能	
休闲娱乐	无	36.01 休闲与娱乐、02 非商业车辆操作	
个人意识提升	无	37.01 个人意识与自我提升	
哲学与宗教	哲学、宗教、哲学与宗教（其他）	38.01 哲学、02 宗教、99 其他	学术学位
神学	圣经、传教、宗教教育、宗教音乐、神学与牧师、牧师咨询与专业牧师、神学（其他）	39.02 圣经与圣经研究、03 传教工作研究、04 宗教教育、05 宗教音乐及其崇拜、06 神学与布道研究、07 牧师咨询及专职工作、08 宗教机构管理与法律、99 其他	学术专业学位
自然科学	自然科学、天文学与天体物理学、大气科学与气象学、化学、地质学与地球科学、物理学、自然科学（其他）	40.01 物理科学、02 天文学与天体物理、04 大气科学与气象学、05 化学、06 地质与地球学、08 物理学、10 材料科学、11 物理学与天文学、99 其他	学术学位
科学技术	生物技术/技师、核与工业辐射技术/技术、自然科学技术/技师、科学技术/技师（其他）	41.01 生物技术与人员、02 核与工业辐射技术与人员、03 物理学技术与人员、99 其他	职业技术
心理学	心理学（综合）、临床心理学、认知心理与心理语言学、社区心理学、比较心理学、咨询心理学、发育与儿童心理学、实验心理学、工业与组织心理学、人格心理学、生理心理学/生物心理学、社会心理学、学生心理学、教育心理学、心理测量学与定量心理学、临床儿童心理学、环境心理学、老年心理学、健康心理学、药物与毒品心理学、家庭心理学、法庭心理学、心理学（其他）	42.01 心理学、27 研究与实验心理学、28 咨询与应用心理学、99 其他	学术学位

(续表)

学科	2000 版	2020 版	类型
安全与防护服务	罪犯审判与教养、防火保护、安全与防护服务（其他）	43.01 刑事司法与惩戒、02 消防、03 国土安全、04 安保科学与技术、99 其他	职业技术
公共管理与社会服务	人类服务（综合）、社区组织与服务、公共管理、公共政策分析、社会工作、公共管理与社会服务（其他）	44.00 人类服务、02 社区组织与宣传、04 公共管理、05 公共政策分析、07 社会工作、99 其他	专业学位
社会科学	社会科学（综合）、人类学、考古学、犯罪学、人口统计学与人口研究、经济学、地理学与地图学、国际关系与国际事务、政治学与政体、社会学、城市问题研究、社会科学（其他）	45.01 社会科学、02 人类学、03 考古学、04 犯罪学、05 人口统计学、06 经济学、07 地理与制图、09 国际关系与国家安全、10 政治与政府管理、11 社会学、12 城市研究、13 社会学与人类学、14 地理学与人类学、99 其他	学术学位
建造技术	建造技术（综合）、泥瓦工技术、木工技术、电工技术、建造行业管理与监督、管道工技术、建造技术（其他）	46.00 建筑业、01 泥工、02 木工、03 电气与电力传输安装、04 建筑施工管理与检查、46 管道与供水、99 其他	职业技术
机械与维修技术	机械与维修技术（综合）、电气与电子设备安装维修技术、加热·制冷·通风与空调维修、工业设备保养维修、精密系统维修、交通工具维修、机械与维修技术（其他）	47.00 机械与维修、01 电气电子维修与人员、02 供暖、空调、通风与制冷维护技术与人员、03 工业设备维护技术与人员、04 精密系统维护与维修人员、06 车辆维修技术、07 能源系统维修技术及人员、99 其他	职业技术
精密制造技术	精密制造技术（综合）、皮革技术、精密金属制造、木制工艺技术、锅炉制造技术、精密制造技术（其他）	48.00 精密制造、03 皮革加工与室内装潢、05 精密金属加工、07 木艺、08 锅炉制造、99 其他	职业技术
交通与运输服务	空中交通运输、地面交通运输、水上交通运输、交通与运输服务（其他）	49.01 空运、02 陆运、03 海运、99 其他	职业技术
艺术学	艺术学（综合）、工艺·民间艺术与手艺、舞蹈、设计与应用艺术、戏剧艺术、电影·电视与摄影艺术、美术与艺术、音乐、艺术学（其他）	50.01 视觉与表演艺术、02 工艺设计、民间美术与手工艺、03 舞蹈、04 设计与应用艺术、05 戏剧舞台艺术、06 电影与摄影、07 美术、09 音乐、10 艺术管理、11 社会参与艺术、99 其他	学术专业学位

(续表)

学科	2000 版	2020 版	类型
医疗卫生与临床科学	医疗卫生与临床科学（综合）、脊柱按摩疗法、交流功能紊乱学与服务、牙科学、高级牙科学与口腔学、口腔护理与相关服务、医疗卫生事业管理、医疗卫生助理、诊断与治疗技术、临床实验室技术、医学预科、医学、医学临床科学、精神与社区卫生服务、护理学、视力测定、视力测定服务、骨科医学、药学、足医学、公共卫生、康复/治疗服务、兽医学、兽医临床科学、卫生助理、医学图解与信息学、节食与营养、生物/医学伦理、其他医药系统（针灸、中医学等）、其他医疗服务（助产等）、躯体按摩疗法、运动疗法与教育、生物疗法、医疗卫生与临床科学（其他）	51.00 健康服务、01 脊椎推拿、02 交流障碍科学与服务、04 牙科、05 高级牙科与口腔学、06 牙科相关专业、07 健康与医疗服务、08 联合健康与医疗协助、09 联合健康诊断、干预与治疗、10 临床与医学实验室研究、11 健康医疗预备、12 医药、14 医学临床与研究生医学、15 心理与社会健康服务、17 验光、18 眼科与验光支持服务、20 药学、药物科学与管理、22 公共健康、23 康复治疗、26 健康辅助、27 医学插图与信息学、31 营养学与临床营养服务、32 卫生、伦理与人文、33 替代与补充医学与医疗、34 替代与补充医疗支持服务、35 健身及相关治疗、36 运动与身心治疗、37 能量与生物疗法、38 护理研究、39 实用护理、职业护理与护理助理、99 其他	学术专业学位
工商管理学	商学（综合）、商业管理与经营、会计学、商业管理服务、商业/企业交流、商业/经营经济学、企业经营、金融与财政管理、旅游服务管理、人力资源管理、国际商业、管理信息系统与服务、管理科学与定量方法、市场营销、房地产学、税收学、市场经营、特种市场经营、保险、基本建设管理、工商管理（其他）	52.01 商贸、02 工商管理、03 会计学、04 商务运营、05 商业交流、06 商业管理经济学、07 创业与小型企业运营、08 财务与财务管理、09 酒店管理、10 人力资源管理、11 国际商务、12 管理信息系统与服务、13 管理科学与量化方法、14 市场营销、15 房地产学、16 税收学、17 保险、18 一般销售与市场经营、19 专项销售与市场管理、20 建造管理、21 电信管理、99 其他	专业学位
历史	历史学	54.01 历史	学术学位

第六节　知识、学术、学科的辨析与反思

对于什么是知识，好比培根"什么是真理"一样难以回答，所以放在最后。"知识"的定义不下百种，比"文化"和"科学"还要复杂。后者还只是近代才有的概念，知识却是古老的话题。柏拉图之后，亚里士多德、培根、笛卡儿、休谟、洛克、康德、黑格尔等西方哲学家，都从各自角度提出了不同的

思考和思辨。此处若陷在知识的认识论和形而上学里，显然是不明智的。我们的目的不是要全面了解知识的哲学史或思想史，而是对知识分类、学术分类、学科分类进行区分。

正如上章所示，中国近代乃至现在不少学术争论，都源于对西学了解不足，源于对一些基本问题不明所以。因而本章看似离开了中国，却是中国诸多问题的讨论基础。我们截取了人家的图式，却不了解源，也不过问流，结果在人家的预设里打得不可开交。正本清源要循到西方去。

一　知识分支里的学术与学科

让我们暂时搁置对"知识"的精确定义，一如罗素所言，哲学家的许多困难都源于过分追求明晰。知识是一个无法精确定义的模糊概念——"第一，因为除了在逻辑或纯粹数学的范围内，一个词的意义多少总有些模糊不清；第二，因为我们所认为的全部知识在或多或少的程度上是不确定的，而且我们无法判断不确定性达到什么程度一个信念就不配叫作'知识'，正像我们无法判断一个人脱落了多少头发才算秃一样"[1]。概念是界定知识的工具，可知识本身却难以定义，尤其是讨论元知识而非具体知识的时候。既然大多数人都会有一个模糊的知识概念，那么我们从知识的不同类型入手，会更易探知知识的面貌，并反照一些常见的认识误区，逐渐逼近我们要讨论的话题。

首先，知识和信息不一样。我们每天都会从生活里、从网络上获取各种信息，并非所有的信息都是知识。有些人成天面对庞大的信息量，在知识上却可能是侏儒。信息量越大，泡沫越多，我们就越渴望知识。用人类学家列维-斯特劳斯的话来说，信息是原材料，知识是经过烹调的熟食。在波普尔这样的科学建构主义者眼里，即便是科学知识，也绝非纯粹客观，它实际由假说和模型构成，验证是其后续部分。而且只能验证可能，无法证明本然。

所以，信息变成知识的必经之路是人脑，于是就有显性知识和隐性知识的区分。通常人们讨论的知识是作为成果输出的显性知识（explicit knowledge），即已经编好了码表达出来的知识。隐性知识（tacit knowledge）是指人脑的理解

---

[1] 〔英〕罗素：《人类的知识：其范围与限度》，张金言译，商务印书馆，1983，第119—120页。

和思维能力，与今天常说的人力资源挂钩。大脑像一个暗箱，看似不假思索自动运转，可大脑与大脑之间的加工能力显然差距甚大，所以才有人想研究爱因斯坦的大脑。人如何获取默会的知识？人脑的思维能力何以有天壤之别？如何提高大脑的工作能力？知识究竟来自先验神授还是大脑的基本功能？这些恐怕是最隐蔽也最艰难的问题。隐性知识是显性知识的条件和基础，任何显性知识最后必须转化成隐性知识才能变成自己的东西，显然不容忽视。

在把生米煮成熟饭的过程中，人们往往会依据不同的阶段和层次区分显性知识：印象、经验、直觉、预见等初步感知，被视为知识生成的基础层面；经过分类研究、实验验证、结构化和系统化处理，最后形成的可靠知识，被认为是知识的最高层次，即由各类专业人士掌握的科学知识；夹在中间的，才是我们日常熟知的感性知识和理性知识、实践知识和理论知识、零碎知识和系统知识、正确知识和错误知识、地方性知识和世界性知识等各种知识类型。这种粗略划分透露了许多信息：第一，直觉印象和经验是实践性知识的重要来源，在实际操作过程中发挥的效用大于理性知识。底层知识不代表不重要，它与隐性知识的连接更紧密，使用范围也更大。在中国传统里，意会的悟未必比言传的教轻巧。

其次，若以可验证为标准（科学证伪原则），那么自然科学具有最高的知识形态，社会科学被视为准科学，人文学科则不被认可为科学，只能叫学问（同样不好界定）。古希腊哲学讨论的知识，既包括人对外界的认识，也包括道德规范。中国古代就更不用说了，围绕人伦道德来展开。所以严格来说，人类大多数文明和历史阶段都处于基础知识和中间知识之间，只有小部分西方近代专业化自然知识属于科学知识。这种标准显然有西方中心主义和科学崇拜的嫌疑。若以系统化为标准，那么西方神学发展了上千年，谁说不系统？宗教与道德在漫长的历史时期和人类绝大多数文明里，都是重心，今天却被排除在科学之外。在知识的三个层级里，科学知识范围最窄，也最难确定。所以，狭义科学与广义科学的含混与游移，不始于中国近代，西欧知识界早就为此而烦恼。笔者认为，与其以科学知识为知识的高级形态，不如以它为理性知识里相对成熟的一种形式。

如此一剖分，界定学术的障碍小一些了。从狭义的科学出发，学术大于科学，因为社会科学和人文学科都在学术范围内。即便如此，学术仍会受到科学的影响，实证要求经常四处渗透。所谓的"伪学术"就是指那些无法证实的学说，而不论其系统多严密、历史多悠久。宗教和占星术被排除出学术，意味着上帝和天命最终也要接受科学的审判。就此而言，科学成为人类的终极武器。所以西方历史的基本表述是：文艺复兴的人文主义意味着人的觉醒，由此激活了古希腊的理性精神，于是有了科学革命，继而拉开了启蒙运动对宗教神学的全面反抗。思想涤荡之后，带着科学发展的成果，欧洲步入工业革命历史新时期。有了科学的进步，才有民主的要求，于是欧洲大革命的时代到来，民族国家纷纷成立，并争先恐后地进入资本社会。前面是铺垫，科学是胜利女神，引领着人类步入现代文明。前现代便作为对立面，界定科学匮乏、思想愚昧的古代社会。

第一次世界大战标志着科学神话的破产，科学带来的灾难性后果引发了欧洲对科学的反思。梁启超此际旅行欧洲，看到了西方科学主义的退潮。由此鼓吹中国文化和东方主义，自然高兴得过早。但是中国学界只提科学前半场的荣耀，隐去后半场或仅把后半场的批判精神用来对付古代，显然是选择性的释读和工具性的利用。因而对相当一部分古代学说被排除在现代学术之外，无须惊诧。阴阳五行、天人感应、星象堪舆、君权神授、鬼神妖祥，实为古代中国无法过滤的基础性存在。即使谈西方，摘除宗教，也是没法讨论古代历史和政治的。所以本书研究学术体系，却用了"知识分类"而非"学术分类"，为的就是包容现代学术未接纳的古代学术全体，防范并反思意识形态和西方中心主义的过分侵扰。

至于学科，它只是学术形态的一种，是近代以来劳动分工和知识分化的结果，要与具体专业挂钩。近代中国接触的已是专科化的近代学科体系，多事之秋也未能全盘理解、慢慢消化，大多数国人以为西方学术自古如此。因此在"国学"的讨论里，多数人以学科样态为学术的衡量标准，甚至今天仍有学者下意识地把学科分类等同于学术分类。学科是17世纪以后逐渐发展起来的，18世纪晚期才成型。现代人恨不得把所有的学科都追溯到亚里士多德或《周易》，那绝不是学科，只是因子而已。这反过来说明，自有人类，就有知识。没有学科，知识的系统化追求也存在，而且存在了漫长的时间。在18世纪以前，人类知识当然也需要整理，学术知识自然也需要分类，而且我们还不能以学科前史视之。现代学科体系遭到越来越多的挑战和质疑，通行时间未必就比之前的其他学术分类方式久。

在近代学科体系建立以前，如何条理知识主要是哲学家探讨的问题，划分标准不拘一格。亚里士多德以理论和实践为依据，对之前的古希腊知识进行了系统的组织和类分。古代中国无学科，但绝不可谓无学术，同样有不同的界分方式。其中的类书，便是主题分类。但在古代中国，"学问"这个词会更恰当，因为"学术"的"术"与技、艺相近，为形而下的指涉，学问则是形而上的，所谓求学问道是也。近代人接受"学术"概念时，对此有专门讨论，上文已言。面对当时已经学科化的西学，改称"学术"比"学问"精准。西方学术非但不同于中国古代，与前现代的西方也有距离。

在文化普及程度不高的古代，能识字、会书写就算有知识，中西皆然。因此知识主要指以文字为载体的书本知识，实践经验再丰富也只是下层社会的求生技能。16世纪以前，"文学"的前身literature就可以用来指代知识，尤其是通过阅读获取的高雅知识，缺乏阅读能力就是没有知识（illiterature）。[①] 17世纪大学力量凸显，知识的界定逐渐转移到是否接受过高等教育上来，有高等学历才能称为知识分子。被视为高级的，也一定是社会的稀缺资源，学术毫无疑问属于精英文化。只是不同时期，人们在意的东西不一样而已。标准明确的同时，教育机构的示范作用也空前彰显。有学者认为，学科不过一种行政分类，与制度化的建构有关。从大学的发展历程来看，有一定道理。但一旦它们固定下来，机器开始自动运转，改变就很困难了。社会学对结构的重视绝非没有道理。

大学功能由知识传承转向学术研究之后，它就不仅生产类型化的人才，还决定了知识生产的成果产出形式。因而19世纪西方大学学科制度化以后，作为知识高级形态的学术（academia），不仅首先偏理论性的书本知识（因此也有不切实际的空谈意义），而且以大学的教学和研究模式为特点（especially at college or university）。以条理化和系统性（serious studying）为要求的学术（scholar-

---

① 〔英〕雷蒙·威廉斯：《关键词：文化与社会的词汇》，第268页。

ship），实际转化为意义更严格的、近代学院式的专科学术（academia）。与科学的泛化不同，学术的内涵是逐渐窄化的。既然学科发展只是近 300 年的事，学科分类当然不等于学术分类了。

二 前学科时代的知识分类

既然学科只有不到 300 年的历史，而人类的理性之光又远不止 300 年，那么此前漫长的年代里，学术是怎么区分的呢？19 世纪大学学科制度化以前，知识如何界定、如何区分是哲学家热衷的话题。近代中国试图把握西学全景的时候，除了大学科目和西书类目，另一途径就是西方哲学著作里的知识归纳。只是由于当时国人对西方哲学的了解多一鳞半爪，虽不乏对各种哲学大纲、哲学概论译书的引用与转述，但能深入进行分析的不多，时间也偏晚。即便是关注西方哲学的王国维、蔡元培，包括严复介绍西方社会学时，都有所涉及，也未能引起国人的关注，也不像日本人西周的《百学连环》那样自成体系。所以本书没有专门论述。但若追溯西学，哲学的分类传统就无法忽略了。

古希腊的"智慧"包罗所有知识，待柏拉图和亚里士多德整理出明确的等级后，知识的范围才逐渐为后人可察。柏拉图提出辩证法、自然哲学、精神哲学的概念，以与理性知识、物理知识、伦理知识相对应。亚里士多德在《形而上学》里把知识分成理论知识、实用知识、创制知识 3 种类型，对西欧的影响一直持续到 15 世纪。再往下走，主导地位的理论知识又分物理学、数学、第一哲学 3 种。划分依据是：物理学研究运动而可分离的事物；数学研究不变动又不能脱离事物而单独存在的事情（不运动、不可分离），聚焦事物的普遍公理；第一哲学是亚里士多德眼里的"神学"，研究事物何以成为事物的本原（不动、可分离），即为其他一切具体存在提供依据的"形而上学"。显然，我们沿用物理、数学、哲学名称，却迥异于亚氏的区分标准。

实用知识包括伦理学、政治学、经济学等，创制知识指文学、建筑、医疗等。医疗如何不实用？科技难道能从伦理学和经济学中诞生吗？显然不能用现代概念理解古代的指涉。从它区分是否运动、是否可以分离、变动源于所做之人还是所做之事、操作出于个人意志还是既定方法，可以看出概念本身不重要，理解范畴的关键是彼此的区隔，即概念之间的关系。和今天越像的概念，越容易引起误解，反倒陌生的创制知识和第一哲学，提示着我们整体性的差异。所以类目不同，不仅说明相互关系的认知不同，对知识的理解也不一样。

17世纪的培根有意挑战亚里士多德，不仅把自己的书命名为《新工具》，与亚里士多德的《工具论》相对，还提出了重新类分知识的主张。他依据人脑的三种能力——想象力、记忆力、推理能力，把知识分为3大分支：诗学、史学、哲学。诗歌是富于想象力的创作。历史研究发生过的事情，无论是宗教史、政治史、文学史等人文史，还是面向自然的自然史，都属于人类记忆。哲学包括自然哲学和神学，自然哲学又有人、自然、上帝的区分。人之下分公民哲学和人性哲学。上帝则包括自然神学、天使和精灵的本性。自然之下分思辨的自然和操作的自然，物理学和形而上学是对抽象自然的说明，属于前者；力学和纯化的魔法是操作的自然，属于后者。

第一层级，不难理解，越往下走，越让人觉有趣。有趣意味着偏离了我们认为的正常认知。如上帝的知识不仅包含在神学里，还有一部分被归入自然哲学（当时科学以自然哲学的身份出现）。也就是说，上帝和精灵不仅是精神性的神学关注的对象，也是自然科学研究的实在对象。魔法不仅属于哲学，而且属于操作性的自然哲学，即使他说的是化学的前身，今天看来也很怪异。"过去为异邦"，现代人看古代人的想象力，一点不亚于西方人看东方人的怪诞。虽然《论学术的进展》没有充分展开相关论述，培根这份给科学以相当地位的分类方案，却成为近代知识分类的先声。后来无论是百科全书的知识图，还是杜威的图书分类法，都间接地来自培根（中间经过若干人的改造，如威廉·T. 哈里斯［William T. Harris］和保罗·奥特莱［Paul Otlet］）。中国人家喻户晓的"知识就是力量"，本指让世界发生改变的科技知识，而非以往的思辨哲学或理论知识。他预见了新时代的到来，敏锐地指出，理解自然的科学工程将是人类可以展开的伟大事业。新时代需要新方法，新方法要有新的知识布列。科学带来的新乐观主义（new optimism），的确成就了他挑战亚里士多德的事业。

18世纪是分类的世纪，风头果然被自然科学抢了去。林奈的系统分类法不仅改变了观察植物的方式，也成为知识系统化的典范。严密的科学分类法，由植物学扩散到动物学、矿物学、疾病学、化学等诸多领域，界（class）、目（order）、属（genus）、种（species）、类（variety）的层级概念也被平移到知识分类系统。在这样的背景下，人们对全体知识重新分类的热情，自然比以往高。狄德罗主编《法国大百科全书》时，力图在传统的基础上进行调整，卷首的"人类知识体系图表"可视为对培根思想的扩充与细化。新时期的各种分类方案，不乏突破培根知识分类体系的努力，但没有保存下来。笛卡儿、洛克、霍布斯的分类方式不同于培根，但由于缺乏实际运用，影响力要小得多。

德国哲学家黑格尔以其复杂的哲学思想建构了一套新知识秩序，意味着19世纪的新开始。他依据思维的演化过程，把理念的发展分为逻辑、自然哲学、精神哲学三个阶段。逻辑学研究思想过程的本质，探讨理念的自在自为，是基础科学，其他科学则是逻辑的应用。自然哲学是自我的异化或客观化，是绝对理念的他在或外在形式，包括机械论、物理论和有机物理学，分别对应力学、物理学、地质学和生物学。精神哲学则是精神或心灵经历的辩证演化，显示为主观精神、客观精神和绝对精神。主观精神又分灵魂、意识、精神三个阶段，对应人类学、现象学和心理学。客观理性表现于法律和道德。绝对精神经历艺术、宗教、哲学三个阶段后，到达最高级别的"绝对理念"。

黑格尔的知识体系围绕他的哲学思想而展开[①]。不理解他的哲学，就很难确认他的所指，这样的归纳当然勉为其难。其实所有哲学家的分类都植根于他的哲学整体思想，对知识的分类实为思想的分类。每种眼光都可以产生一套自洽的分类方法，演化成一套完整的知识体系。黑格尔和培根的分类方式虽然不同，但都是以思维方式为着眼点。恩格斯在《自然辩证法》里，则以事物的发展运动和转化关系为依据，把物质分为机械运动、物理运动、化学运动、生物运动、社会运动5种，由此界定力学、物理学、化学、生物学、社会科学5大知识部类。如此说来，中国古代的金木水火土五行体系，也可以视为基于物质转化关系的归纳。

19世纪最有代表性的分类来自奥古斯特·孔德（Auguste Comte, 1798—1857）。他认为人类精神要经过神学（用万物有灵论、灵魂或上帝来解释事物）、形而上学（用抽象的哲学沉思解释事物）、实证（建立在观察、实验和比较基础上的对于事物的科学解释）三个阶段，他的目的是要创建找寻自然规律

[①] 参阅梯利《西方哲学史》（葛力译，商务印书馆，2006）第七篇第四章和黑格尔的相关研究。

和事实关系（放弃绝对原因）的实证哲学。在《实证哲学教程》里，他把知识分为意在发现一般规律的抽象科学和用一般规律解释现象的具体科学。按照进入实证的次序，他如此排列各种抽象科学：数学成立时间最早，包含最简单、最抽象、最一般的命题，为一切科学的基础，位于知识金字塔的底端。天文学研究自然现象，其结果只能用于天文，且必须依赖数学，位于数学之上的第二等阶。物理和化学研究地球上的具体事物，范围又小了，除了计算和观察还需要进行实验，方法更复杂，在天文之上。生物学的对象更具体，还需其他研究手段，难度高于物理和化学。社会学研究人和社会，要以此前的科学做前提，最复杂，居金字塔的顶端（后来他在社会学后面又加了伦理学，作为一切科学的顶点）。在逐级上升的过程中，每种科学都以前面的科学为基础。但规律越简单，应用范围越广，所以呈三角金字塔形。

人类将自己从神学和形而上学的教条里解放出来，首先是从远离自身的领域开始，即数学和天文学。生物学和社会学的兴起，使人类可以将科学用于自身的存在领域，这是一个巨大进步。孔德本人以社会学的创立者自居。哲学王让位于社会学是相当新锐的现象，即便当时就有人提出天文学才是"宇宙的顶点"，这也是科学革命之后的新思想。若往前溯，应是神学退位，科学方兴。另外，虽然孔德仍谈哲学，但他显然不同于寻找绝对理念的黑格尔，而是把注意力放在事实关系上，因而更在意各类知识的性质及其相互之间的勾连。对研究方法的在意，不仅意味着思辨不再是唯一手段，而且知识的阶层排序也促进了学科畛域的清晰，与19世纪专业化与学科化的加速发展同步。换句话说，从19世纪开始，人们才开始把目光投向知识内部日益增多的品类及其关系，而非知识的总体构成及其逻辑结构。如以文学成就名世的柯尔律治，曾以纯粹科学、混合科学、应用科学、复杂科学来划分知识，把传统学术归入纯粹科学（又分为形式的和实在的），应用科学和混合科学以收纳日益繁杂的现代科学门类。可以说对实际状况的归纳，开始压倒思辨的哲学考量。

孔德的方法当然不是唯一的，斯宾塞就反对孔德的等级次序。他提出抽象科学、具体科学、抽象具体科学三分法。抽象科学仅限于逻辑和数学，具体科学诸如天文学、地理学、生物学、心理学和社会学。夹在中间的是机械、物理和化学。表面看来似乎只增加了抽象具体的两栖形式，但已经预示了后来按对象归类的新风气。斯宾塞有和孔德一样的问题,即因过于在意哲学原理,悬置或空置了一些领域。说明他们的分类法是一种理想型的逻辑分类,而非实物分类。后来的学科分类没有沿着哲学的传统走,而更多接受植物学的实物分类原则,从某种程度上说是一种简化和新变。

以研究对象取代类别关系,意味着放弃高低上下的层级排序,也不再纠结类目性质及其逻辑关联。对现有实存对象进行归纳,只需平铺,再以范畴大小进行伸缩即可,实际降低了分类难度。德国心理学家威廉·冯特(Wilhelm Wundt, 1832—1920)还有一些遗存的哲学气质,把知识分为形式科学和实在科学,实在科学分自然科学和精神科学,再按内容分为现象的、发生的、系统的三种。无论精神科学的说法是否恰当,对自然实在的研究已不再从属思辨的哲学(形式科学),人与自然成为清晰并立的两大畛域。

到德国哲学家威廉·狄尔泰(Wilhelm Dilthey, 1833—1911),改用社会科学指代对人类事物及其价值的研究,以与研究物质世界的自然科学相对。《人类研究导论》以社会概念取代作为个体的人的精神概念,显然与19世纪社会科学的飞速发展有关。新康德学派的威廉·文德尔班(Wilhelm Windelband, 1848—1915)认为精神科学和社会科学的叫法都不恰当,提出了"历史科学"概念。认为自然科学是以因果律为依据的、可重复的"规律科学",而历史科学是描述性的、具体的"事件科学",性质不同,研究方法也不一样。这又转到了对方法和性质的在意,其实是不满于以内容和对象进行简单划分的做法。后来的亨里希·李凯尔特(Heinrich Rickert, 1863—1936)又用"文化科学"替代历史科学,强调人的社会性活动及其价值。无论如何,自然、社会、人类精神的分野越来越清晰,由此形成自然科学、社会科学、人文科学三大版块,这是近代学科分类的基础。

这里无意全面介绍西方历史上的知识分类,简要回顾,便能体会依照对象进行划类是很晚近的事情。而且对思辨性极强的西方哲学传统来说,是某种程度的浪费。但这并不是说哲学退步,而是18世纪以来知识膨胀和学科细化的事实,让人们意识到即便亚里士多德在世,也无法智慧无漏地融通诸学、擘肌析理、剖判高下,全才的时代已经过去。乃至英国史学家彼得·伯克感慨,做一部知识全科史是多么奢侈。按照逻辑关系进行知识的分类和排序,要求对细节有更多的了解，对全局有更确的掌控，自然更加复杂。但比起内容无限扩散的学科门类来说，范围更可控。如今让人眼花缭乱的各种新领域和跨门类，是被大千世界物象牵着鼻子走的结果。当然也不能否认，思维的砥砺与圆融已经让位于大规模的职业分工和社会生产的实际需求。人类不再追求逻辑严密的世界体系，而是偏爱指认和操作方便的管理方式，从前那种理想型的知识和人才理念变得高尚而遥远。

简要回顾19世纪以前的西方知识分类（1900年之后新分类方案少了，似乎在学科划分上已达成基本共识），便不难看出，它们更多是对思维过程及其层次的分类，联结着对人类理性、对逻辑认知的理解，因而绝大多数热衷分类的人都是哲学家。随着17世纪以后现代科学的发展，人类的注意力逐渐由抽象的哲学思辨转向物质世界，培根宣称发现了一个知识新世界，孔德的实证哲学也放弃了寻找绝对真理的雄心。在抽象世界转向具体领域的过程中，一方面知识的范围空前膨胀，因为对象不断分化与细化；另一方面又在缩小，因为越来越受限于实物，受限于可验。直到今天，人类能够进行"科学"解释的事物和现象依然有限。唯物和征实理念的强化，弱化了千百年来对精神世界、对想象和理念世界的耕耘。学术分类若过分受限于眼前事物，据此建立的知识系统必定是暂时的，因为新发现层出不穷，就像源源不断从海外带回的新物种对既有分类体系的冲击。亚里士多德的分类思想主导了西方上千年，不是因为古代人和中世纪人愚昧无知，恰恰在于他的分类因抽象而有弹性。从目前的状况来看，学科分类体系的寿命不太可能超过亚里士多德的分类纲目。

也许有鉴于此，英国科学哲学家、统计学家卡尔·皮尔逊（Karl Pearson, 1857—1936）要求根据感官概念模式而非事实经验，对仍在成型或将会形成的知识门类进行预测性的逻辑划分：研究知觉模式的抽象科学、研究无机现象的物理科学、研究有机现象知觉内容的生物科学。美国经济学家弗里兹·马克卢普（Fritz Machlup, 1902—1983）则提出实用知识、学术知识、闲谈与消遣的知识、精神知识、不需要的知识的分类方式。认为不需要的知识也是一种知识，闲谈和消遣也是用途，精神知识似乎还不为学术所接纳。无论这种分类方式有多么奇特，实际他是看到了新时期知识的巨大经济利益和资本价值，意在为知识经济预留空间，为"知识产业"提供经济学的理论支持。谁说这种发明就不合理呢？

三　移动的学术边界

　　人类知识发生了从抽象精神世界向具体自然研究的转移。上述各种分类方式既有哲学家个人的追求，也有时代思潮的影响。哪些是社会需要的知识，哪些是不需要的，更与具体时代有关。比如被林奈废除的植物俗名和被近代科学摒弃的动物象征含义，曾作为常识传给后代。那些没有科学依据的民间知识，如英国乡间认为伤害了知更鸟厄运要降临，中国人认为听到喜鹊叫好事会登门等，依旧作为某种见闻在流传，而且对民间社会的实际影响大于学术讲章。再如阴阳五行学说汉代就发展出全套体系，从学理到政治、到民间择日、到生老病死的全过程，可谓最具中国特质的行为模式。今天真要置若罔闻，就会失去了解古代思想和社会的基础。前些年试图为其正名的人文学者，屡屡与理工科技工作者发生争吵。

　　知识的边界从来就不是固定的，人类总在渴求知识的增长，可学术的边界却越收越窄。经过近代"科学革命"的洗礼，作为知识高级形态的学术，实证的要求越来越高，标准也越来越严苛。亚里士多德时代的知识恐怕大半都经不起科学的审订，遑论中世纪。对于那些被排斥在学术之外或未被纳入学术的知识，只能用"前现代知识"或"另类知识"来指称。但是人类的认知在发展，对真伪的认证也会发生变化，一些曾经影响很大的学说已被证明是错误的猜想，如用以解释燃烧的燃素说。今天确信的某些学说，将来被新工具新方法推翻亦未可知。另一些学说目前不能证实，也不代表将来不会有突破，如近年来物理学的量子纠缠和测不准定律，就被超验的精神研究寄予厚望。

　　人类历史上不乏对思想和社会产生过重大影响的"伪科学"，占星学（astrology）就曾经是严肃的话题，而且在大学有过认真的研究，晚至18世纪才逐渐被抛弃。为了争取一席之地，19世纪末占星学家在伦敦成立了《现代占星学》期刊，努力实现占星学的现代转型。他们也吸收宗教因素，宣传唯灵论等反科学和反文化理论，尤其是在20世纪60年代的反主流文化运动中。在科学主导一切的时代，用科学话语重新阐释，似乎是"伪科学"的唯一出路，就像有人试图用计算机理论来提升《周易》的阴阳学说一样，可惜并不成功，最后在心理学领域勉强地找到了部分依托。著名心理学家荣格便研究占星术，他的女儿后来成为占星学家。虽然遭到学术界的强烈反对，但在某些领域影响反而见长，如今天的中国年轻人见面就问星座，以为预知性格的不二法宝，让我这个 70 后唯有诺诺。

被现代学术拒之门外的不仅有占星学、巫术、有灵论、催眠术等蒙昧时期的伪学说（有的还曾经是显学）①，还有优生学、颅相学、社会达尔文主义等晚近学说。由于与种族论相关，它们参与了 20 世纪的世界灾难。但声名狼藉和是否科学本是两码事，在学术领域却一并被搁置。当时代思潮发生转移，原话语体系里的知识若不能循着新理路完成更新或转型，很容易被视为非科学、非理性、非学术，被取消发展乃至存续的资格。人类知识库一直在扩容，也不断在清理内存，删汰的知识不比补增的少。否则历史上的各种文艺复兴，复兴什么呢？

知识没有边界，学术却有是非。得不到认可的知识，再如何成体系，也无法跻身学术的殿堂。可我们也该明白，不当赶尽杀绝，或许将来还有新变。化学不就从炼金术里脱胎而来吗？要知道直到 16 世纪末利玛窦来华，炼金术依然是他制造传奇和提升地位的重要手段（第一章第五节）。当我们研究社会、研究思想观念的时候，那些未经考证的知识和常识反而更加重要，它们才是思想的底色和学术的土壤。正如知识社会学所言，知识何以成为知识，比知识是否正确反映了现实更加重要。越是扭曲的知识，意味越发深长。

学术的边界是移动的，它与"科学"的疆域有关，与不同类型的知识地位升降有关。经过提纯的学术知识，多是书本性的理论知识，所以它会排斥实践经验，会首先与读书写作的能力相连。从知识的来源上讲，它属于间接知识，不如直接知识可靠。从知识形态来说，它属于可以编码和记录的显性知识，理论上隐性知识（如技能）更根本。实践性知识与理论性知识，历史上发生过地位反转。

古希腊把人类活动分成理论、实践、生产 3 种，分别对应认知、行动、生产。理论知识是学问，实践知识铸就道德，生产知识产生艺术。这里的艺术非

---

① 更多内容参阅〔荷〕乌特·哈内赫拉夫：《西方神秘学指津》，张卜天译，商务印书馆，2018。

现代意义的美术，而是前现代工艺与科学的混合。具体来讲，逻辑、修辞、文法、算术、几何、天文学、音乐（"自由七艺"）被认为是高雅艺术，而农业、医疗、造船、航海、制衣、狩猎、表演等实践技艺被归为粗俗艺术或机械艺术。绘画和雕塑在当时是手艺，还上不了艺术名录。① 艺术分类代有变迁，但理论和实践的区隔一直是西方传统。晚至1400年修建米兰大教堂时，法国建筑师和当地高级泥瓦匠还发生争议。泥瓦匠认为几何学不能用在修建教堂上，科学和艺术是两码事。建筑师则认为没有科学的艺术没有价值。

"科学"和"艺术"绕得我们晕头转向。大致来说，早期哲学家关注的"科学"就是后来知识精英眼里的学术——抽象的理论知识。经验主义者嘴里的"艺术"是后来的职业技能（从中分离出的美术晚至18世纪中叶才出现）。如果早期分割线在劳心和劳力的区别，那么后来重心就在理论和抽象上。理论性知识尤其是希腊文和拉丁文经典著作中的知识，一直到1550年地位都很高。实践技艺尽管承担着绝大多数的社会生产，地位却低下。有闲阶层的思考与芸芸众生的糊口手艺，不可同日而语。中国古代情况也类似。狄德罗《百科全书》"艺术"词条认为，区分人文艺术和机械艺术是不幸的，因为贬低了一些值得尊敬和有用的人。今人赞许他的远见，是因为看到了后来工业社会对技艺的倚重。

实用知识地位的提升在笛卡儿、培根之后。② 培根注意到17世纪上半叶社会新思潮的涌动，希望在社会进步的前景下重绘知识的地图。18世纪实用性知识或应用型知识，才得到尊重。1731年《绅士杂志》(*Gentleman's Magazine*)议论说"最有用的知识应排在最显要的位置，其次才是最为时尚和适用于绅士的知识"③。"有用"开始得到提倡，但不那么有用的绅士知识仍"最为时尚"。关注事物的社会产出效能，显然不是贵族做派。晚至1840年英国格拉斯哥大学设置第一个工程学讲座教授，实用知识仍被视为大学的闯入者，因为工程学与地位低下的手工劳动有脱不开的关系。18世纪下半期风气开始转变，人们看到

---

① 参阅〔波〕瓦迪斯瓦夫·塔塔尔凯维奇《西方六大美学观念史》第二章。
② 注意实用知识不等于实践知识，只是理论知识中可以转化为应用的那一部分。好比操作熟练的技师哪怕实际社会贡献不小，也无法与工科出身的工程师平起平坐。
③ 转引自〔英〕彼得·伯克：《知识社会史》上卷，第118页。

了实用知识对经济、政治和社会改革的重要推动作用,尤其在战争(炮兵学院)、通信(工程学院)和财富(农业、矿业、商业)领域。欧洲各地纷纷成立农学会和各种应用科学院,法兰西科学院隆重推出了《工艺与手艺分类大全》这样的新书。到 18 世纪末 19 世纪初,"有用知识"(useful knowledge)成为常见语。彼得大帝热切引进的西方知识,竟然首先是造船和航海!熟悉欧洲史的读者不难想到,这已是工业革命的前夕。也就是说,对应用知识的看重,是工业社会的特点。

两百多年的工业社会发展,使欧洲文化发生了有趣的逆转。康奈尔大学校长安德鲁·怀特(Andrew White,1832—1918)1868 年宣称:"我们应当这样教授历史,使它可以直接为解决当下的问题提供助益。属于博雅的纯粹学术研究的时代尚未到来。"① 其实应该反过来说,纯粹学术研究的时代已经过去,现在轮到理论知识为自己辩护了。连讲究思辨的西方哲学,都纷纷转向现实感极强的文化和社会研究。以高深学问为大学使命的洪堡教育,也受到极大冲击。1883 年物理学家亨利·罗兰(Henry Rowland,1848—1901)还要为纯科学研究的出版申辩。19 世纪晚期,德国历史学家阿道夫·哈纳克(Adolf Harnack,1851—1930)曾要向皇帝上书,申诉纯科学研究虽然不能直接服务社会,却同样具有经济价值。在没有皇帝裁决的当下,如此向政府或议会呈情是否管用不好说,但前些年确因经济不景气,欧洲各国纷纷削减大学基础学科的财政拨款。"基础研究"是范内瓦·布什(Vannevar Bush,1890—1974)1945 年的发明,专指那些不考虑实际应用价值的理论科学,与"应用研究"相对。以有无现实功用划分学术,很能说明焦点的变化。

抽象到实用的转移,的确是中国近代学术的显著特点。晚清的"实业救国"和弃官从商现象,虽有时势的刺激,却未始不与高层的支持有关,它改变了千百年来"学而优则仕"和重农抑商的基本国策。如今商学院和经济学院成为大学报考最火爆的院系,与当年西门庆一心想让儿子转入仕途(小名官哥)形同天壤。二十多年前我上大学的时候,新闻学和工商管理是最受欢迎的文科专业,几年后计算机和经济学异军突起。排名前后或有起伏,几十年不变的事

---

① 转引自〔英〕彼得·伯克:《知识社会史》下卷,第 148 页。

实是，应用型学科无论就业和收入，还是教育投资力度，都优于理论性的基础学科。当年蔡元培重学轻术，把应用型工科转拨其他院校，让北京大学少却了多少财政拨款啊。

可若与纯粹的职业技术学校相比，大学文理科的情况还不算最糟。尽管实践技术工种有极大的人员缺口，学生却宁可报考没有太大实际需求量的大学专业，也不愿进入就业率更高的实践操作行业，只有考不上大学才会选择技校。当前的教育改革支持技校发展，可实践知识、理论知识、应用性理论知识之间的落差，非短期内所能解决。不同类型的知识，从来地位不同。

艺术属于实践性知识，无论中西，大都难以笔之于书，而是靠长年的经验积累和师徒间的言传身教。因而古代社会的技艺争夺不是抢书，而是直接把工匠带走。艺术行业一直在家班、作坊、行会里传习，很晚才纳入教育体系。晚清引进西方近代教育时，是把美术和戏剧作为职业技能来看待的，程度相当于职业中学。新中国成立后才升级为学院，与大学平齐。但学院和大学本是两套体系，学院（college）本来就是要和大学（university）区分开的。不被大学接纳的新学科，才在学院里发展，逐渐由边缘翻新学术的版图。可在中国，若不能进入统一的编制，就得不到足够的重视；不向大学看齐，似乎就低人一等。一旦统一建制，就必定朝大学的标准和管理方式看齐。于是我们看到了理论知识和实践知识混杂的各种冲突（第六章第六节）。

对于什么是学术、什么不是，或者说知识类型的等级问题，很难说今天已经解决了，所以新兴的知识社会学把研究视角转向知识生产的社会背景，而非以往的认识论。不同社会阶段和社会阶层，学术的主体及其特色并不一样。法国社会学家古尔维奇认为，西方封建社会最重要的知识是哲学，它带有神学倾向，而且具有多种形式。在教会那里，它是神秘的、概念的、直觉的、实证的；在自由城市，它是理性主义的、经验主义的；大学则注重反思和思辨。居次要地位的知识是社会和集团的知识（不包括教会和国家，因为知识总体上受轻视）。接着依次是常识、政治知识、技术知识，以及以概念、符号、实证甚至神秘形式出现的科学知识。此时的科学并不朝技术的方向发展，而是要与面向外部世界的感知知识争夺最后的席位。直到前资本主义社会，科学知识才超过技术知识，跃居知识等级的顶端。① 所以科学知识和技术知识的关系成为20世纪下半叶的重大议题，这在实证主义时代是无须劳心的问题。在科学知识地位上升的同时，常识变得越来越轻，几乎等同于经不起科学拷问的印象和谬见。它的重要性近来才受到社会学家的关注。

古尔维奇把知识分成7种类型：对外部世界的感知知识、社会和他人的知识、技术知识、常识知识、政治知识、科学知识、哲学知识。同时知识还可以有六种形式：神秘的或理性的、经验的或概念的、实证的或思辨的、直觉的或反思的、符号的或实在的、集体的或个人的。知识可以在形式的两极之间游走，不同社会不同阶层会有不同的知识侧重。如西欧封建社会，知识只在教会和自由城市扮演重要角色，在君主制等级、世袭等级、军事等级中是不受重视的。农民阶层的时令感和地域感最强，对外部世界的感知知识最发达。资产阶级则科学知识、技术知识、感知知识互为渗透，往往凝结成理论化的政治知识。不同知识侧重点形成不同的知识系统，学术只是其中的一小部分。感受到的陌生成分越多，越表明现代人的知识偏狭。

无论古尔维奇的划分和案例研究存在多少问题，这种多元的、弹性的、兼顾全体与细节的社会学考察都极富启发性，至少可以作为观照知识全体及其学术份额的有益参考。如何划定学术的边界？如何看待知识内部的发展不平衡？如何恰如其分地对待不同的学术门类？需要有更大、更全面的知识认识。分类行为从一开始就意味着不断区分、不断确认、不断整合、不断调适。既然知识的边界是敞开的，学术的范围又不断变化，我们就更不应封闭知识、固化学术了。

四 对学科制度的反思

最后，我们终于可以追问什么是学科了。一般的"学科"定义很宽，《现代汉语词典》《辞海》《新华辞典》的说法都是按照学问性质划分的知识门类。可什么是学问的性质？具体划分标准如何？一如"国学"性质之争，看似不言自明，结果言人人殊，其实是把不同层面的意涵混在了一起。我们结合实践，

---

① 〔法〕让·卡泽纳弗：《社会学十大概念》，第38页。

分开讨论会更为清晰。

先看第一种定义,学科是按照研究对象进行的知识分类,相当于研究领域的划分,一如当前广泛使用的《学科分类与代码》(GB/T13745—2009,国家质量监督检验检疫总局和国家标准化管理委员会制,以下简称《代码》)。《代码》明言"学科是相对独立的知识体系",把知识分为自然科学、农业科学、医药科学、工程与技术科学、人文与社会科学5个门类,下面再分62个一级学科,676个二级学科,2382个三级学科。即便从数量上,也能看出与大学学科专业目录不同。

不必追究到底哪份目录更合理,就像《代码》开篇所言"应用目的的不同,会产生不同的学科分类体系"。它以方便科研成果统计和科技发展管理为目的,仅针对已经成形且成熟度较高的领域,是"相对"的角度。换句话说,不同的目的和侧重,对领域、对对象的界定就会不一样。什么是学术?什么是正当的研究?理解尚且不同,遑论具体领域的分割了。学术并非学科的总和,一如学术的相加也不等于知识的全部,这不是数量问题。一如德国物理学家、诺奖获得者马克斯·卡尔·恩斯特·路德维希·普朗克(Max Karl Ernst Ludwig Planck,1858—1947)所言:

> 科学乃内在的统一体。将科学划分成若干不同的领域,与其说是由事物本身的性质决定的,还不如说是由人的认识能力的局限性造成的。其实,从物理学到化学,通过生物学和人类学直到社会科学,中间存在着连续不断的环节,这些环节无论在哪一处都不可能被割裂。①

学科与学科在知识之环上是否已经无缝衔接?现有学科是否穷尽了人类的所有认知?学科是不是唯一有效的划分方式?如果有众学科争夺的对象,就有各学科遗漏的内容,各学科关注不到的地方往往是新学科的诞生地。以对象界定学科,实际假设了事物有固定且唯一的属性。

就算假定对象属性确定,它又是否被某一科或某几个学科一网打尽了呢?或者说特定学科是否穷尽了特定对象的全部面向?学科与学科之间是否还应有

---

① 转引自鲁兴启:《综合的时代催生跨学科研究》,《世界科技研究与发展》2002年第2期。

连贯的气脉和互动的关系？人为切割必然暂时斩断事物之间的联系。整体大于部分之和，切断了联系的局部研究终究是僵死的切片。如果任何一种分类方式都有局限性，学科还没有到人类认知的尽头，坚壁清野的各自为政就不会是发展认知的最好方式。越来越多的学者疾呼学术的想象力，可是否把各学科的学者召集在一起开会就能解决知识的割裂问题呢？仅凭想象力能否弥合学科之间的裂隙？谁来拼接？谁来弥合？各自圈地、各占山头显然流弊甚大。

第二种定义关注学科和教育的关系。一般人知道某一学科往往是因为它出现在学校科目里，学校教学科目也是常见的"学科"释义。中小学课程相对简单，进入大学，由通识教育转入专业教育，配套课程变得复杂。而学位的设置昭示了不同的方向，于是高等教育的学科专业成为了解学科的重要参考。由于学位设置与人才培养口径连为一体，因而有指导社会再生产乃至社会结构生产的巨大能力。换句话说，和仅对既有图书、既有知识进行总结归纳的图书目录不同，它具有生产性和前瞻性。

如此一来，尽管《代码》针对科研活动，学科界定更明晰，但相对保守。而《学位授予和人才培养学科专业目录》虽然面向学校教育，更凌乱，增删裁并也更频繁，却由于要回应社会需求，更灵活，也更能昭示学术未来的发展和拓展方向。有学者提出2个目录应该合并①，我却认为不必追求大一统。近代以来，大学就不仅肩负着专业人才培养的教育任务，还承担着学术研究的知识发展目标。必定一方面要满足社会人员缺口和技术提升的实际需求，另一方面要不断提高理论研究的学术水准。这是我们面对的基本事实。它决定了不仅学科必须多元化，内部还得分层次。既然大学生里只有一小部分将来会从事科研工作，大部分要进入社会普通行业，那就既不能从本科开始就让所有学生都接受抽象的理论训练，也不能让高等教育仅停留在满足一般实践技能的就业水准上。既然教育要分年龄分阶段实施，不同层次的目标也该有不同的处理方式，否则理论与实践、学科差异和需求等级的矛盾就无法解决。不同的目录，反而能够提醒我们问题的复杂性。

非但如此，中国教育已不再是起步阶段的大学生金贵、研究生凤毛麟角状

---

① 刘青弋：《论授予学位的学科和人才培养专业目录的相关问题》，《文化艺术研究杂志》2022年第1期。

态了,本科毕业后继续攻读研究生学位变得普遍,反倒是直接进入社会的越来越少。因此专业技能和学术研究的界限不该划在本科和研究生之间,要相应地上抬至硕士和博士之间。本科教育可以以专业基础和技能训练为主,专业本来就是主要面向社会的职业培养。当前数量庞大的硕士生群体是不可能都进入科研机构的,必须分流。进入博士阶段的少数,才是未来科研的后备力量。而当前的情况是,随着经济水平的提高和招生规模的扩大,就业问题层层堆积,学位教育大大缩水。

学位的上升不当是学习内容的细化,应是受教育者实际能力的提升。与其一味抬高学位级别反而导致含金量下降、不断细化学科内容最终处处专业不对口,不如把更多的精力放在培养目标的区分上。并非所有的领域都需要精深理论,不设博士学位也不代表此类知识不重要。研究生学科专业目录不是简单地给学位设上限,而是不同布局就当有不同的分类,否则学术学位和专业学位的区分终将流于字面。学位目录之所以优先于学科代码分类,就在于它不为方便统计而设计,而是能够引导未来的教育和学术发展。

我们还要考虑到学科的制度性存在。学科不仅仅是学位目录,它还是一种教学安排,与课程有关,与院系有关,与招生有关。再周全一点,"学科还包括博士培育计划的体制结构,院系招聘和学术刊物。直到有了自己的博士和聘用群体,学科领域和跨学科才成为真正的学科"[①]。学科专业化和职业化的标志"包括它的专业机构(如学会和学术刊物),专业技能训练的标准化,(学位)证书的颁发,有控制地准入从事职业性的实践活动,专业人士社会地位的提高,以及职业的自主性"[②]。种种都说明,学科是人为制度化和建构化的结果。在西方教育史里,的确是大学科系制度即机构组织形式,固定并维系着学科的发展,所以新兴学科必须在大学谋得一席之地,才有长久稳定的发展。制度很重要,就像近代中国接受分门别类的西学知识并不难,它早就体现在西书翻译和西学汇编中,可要落到学校教育里,就得让科举选士制度让步了。在这个过程中,

---

① 〔美〕艾伦·雷普克:《如何进行跨学科研究》,傅存良译,北京大学出版社,2016,第94页。
② 〔美〕彼得·诺维克:《那高尚的梦想:"客观性问题"与美国历史学界》,杨豫译,生活·读书·新知三联书店,2009,第65页。

学科早就不只是课程组织或教学形式,还带来了社会结构和权力话语的更迭。这就是制度的力量。

大学要向教育部门申报学科点,学科需要政府的财政支持,那么是否获得了制度保障,学科的发展就一定可观呢?早期那些没有得到国家认可的新兴学科如何发展壮大的?何以有些学科进入体制反而水准下滑?学科发展与学科制度之间的紧张一直就是问题。换句话说,无论是研究领域,还是教学科目,抑或机构组织形式,都是学科观念的外在表现,是学科意识产生后的汇聚方式。往外延伸会有科研项目、学术期刊、专业书籍等归纳方式,大学科目、学位类别、院系结构等设置方法,教育背景、人才类型等区别形式。三百年来,它发展出一套体系,重新组织着现代知识生产和人才生产。追迹它的表现与后效,不能取代对它自身的研究。

我们看2021年的《研究生教育学科专业目录管理办法》,应该说体现了当前官方最新、最严格、最清晰的学科界定。里面明确提出,一级学科的设置"须体现知识分类"。如何才算体现了知识分类呢?实际操作中要满足4个要求。虽然同时生效,为了便于分析,我们从最后一条讲起。第4条要求有稳定和成规模的社会需求。其实前沿知识往往没有太大的实际功用,否则就不叫前沿了。并非所有的精深研究都需要成建制的学科来支撑,真正社会需求量大的行业也未必都需要高等教育,比如清洁工和快递员。第3条是要得到学术界的普遍认可,可界定方式不是学者里的问卷调查,而是业已开展了相关人才的培养和科学的研究工作、有系统的课程体系和固定的师资。在中国现行教育制度里,这是倒果为因的说法。没有教育部门审批通过的教学资质,哪有正规机构的常规教学?第2条要求有多个明确的二级学科,可以理解为必须具备一定的复杂程度才能成为一级学科,否则只能做二级、三级分支学科(即专业方向)。

解读的关键还在第1条:"具有确定的研究对象,已形成相对独立、自成体系的理论、知识基础和研究方法,研究领域和学科内涵与其他一级学科有比较清晰的界限"。除了明确的研究对象,最醒目的就是自成体系的理论、基础知识和研究方法,即学科自身的独特性和成熟度。任何学科只有发展到一定程度,才能收聚相当数量的知识,形成完备的理论体系。这需要时间和一定规模的从业者,与学科自身的特点没有必然联系。学科成熟的关键其实在研究方法,即观察事物的特定视角和解决问题的特定方案。

不同学科在各自向度上深入钻探，形成不同维度、不同视域的发散研究，从而整体上把人类知识的边界往外拓展，同时深化既有认知。这是学科存在的价值，也是分科设学的初衷。如果所有人都从一样的角度、在一样的框架里思考问题，结果大同小异，或仅仅是既有知识的综合，便无法提升人类文明的整体。所以在知识爆炸的现代社会，宁可选择片面的深刻，也不再鼓励大而全的综合。可是如何高效分工，会随着知识的推进而发生改变。学科调整不是把蛋糕越切越小，乃至成为利益的争夺，而是不断调整焦距，推进相关研究。

可学科一旦标准化，也容易固化。最终大家在规定的范围、固定的方向探幽索微，接受学科规训的同时也与学科一起同化。随着时间的推移，研究越来越细，视野越来越窄，不能解决的问题永远比已经解决的多。当人们抱怨史学论文充满了一种对久远过去的细枝末节的偏爱时，社会学研究也开始了鸡毛蒜皮，毛细血管化既是学科发展的必然，也是学科发展的末路。心有不满的人逐渐放弃为既有格局拾漏补阙，库恩说的"科学危机"不断积聚，最终以"范式革命"的方式开启新的蓝图。就像胡适在西学的对照下不满清代学术的狭窄，又如郑振铎在胡适的启发下发现了大片"未经开垦"的文学处女地。

知识的增长既需要量变，也需要质变，新的处理手法和结构方式带来新的样态，而不再是固有知识的细化和既有方法的补充。即规范学科的是方法，推进变革的也是方法。可事实却是，不同学科可能共享近似的方法，只是用于不同的对象而已，并非每个学科都拥有截然不同的特殊方法。因此以方法界定学科似乎过于乐观，与以对象切分学科不同，品种只会少不会多。人们显然又不愿看到瓜果零落。

无论如何，方法是从业者发明和改进的，对象也是人来界定和调整的，在各种学科定义里，经常被忽略却至关重要的一点是人！许多学科的创建都与开山祖师的示范有关，涂尔干之于社会学、林奈之于分类学都是典型的例子。库恩《科学革命的结构》之所以令人印象深刻，不仅因为它揭示了日常科学研究的实质其实就是发展、补充、完善既有范式，还很好地展示了科学共同体的存在及其运作方式。一群人接受系列研究范例，并作为拥护者和证实者在相似的模型里继续践行，通过学会、学校之类的组织机构，期刊、会议等交流形式，汇聚成一个团体，才能逐渐形成学科的基础。之后通过教科书对研究典范的归纳与阐发、导师或带头人的学术示范与引导、学校教学对后备力量的专业训练（实为思维规训和方法操练），研究方法、特定视角、基本术语、系列假说、理论基础、表达方式被总结得越来越系统，领域也越来越清晰，学科最终得以成型。越成熟的学科，共识越多，竞争范式越少，活力也会大不如前。但由于内部的团结和稳定，会有密度和深度上的优势。

时间一久，成熟学科的常规研究难免类型化，且越来越不能容忍破坏共同基础的异议出现。"科学革命"意味着斗争和冲突，新范式不仅是方法的变更，还伴随着焦距的变化和概念的重组，从而带来角度和视野的调整，即学科边界往往随着方法的变化而变化，所以才会有学科的分化。新范式的胜利要等旧范式的拥护者锐减甚至离世，因此学术共识是常规科学得以展开的前提，也是学科壮大的基础。当然，共识可以通过不假思索的教育灌输来达成，也可以通过杰出研究者的成功示范来获取。没有共识就没有学术共同体，没有学术共同体就没有学科领域，学科必须积聚一定规模的研究才能得到认可。因此，英国社会学学者一针见血地指出，"一个学科也许可以定义为对现象的一组观点的集合，它们通过学术训练或者说对思维的规范来维持"[1]，这种对大脑的训练和修道院的灵魂规训无异，显然是保守的。

因而，对于学科的规训，我们必须有足够的认识。创建学科的是人，推动学科发展的是人，学科培养和助益的也是人，是人类认知世界的能力。必须重视人的主动性，避免生硬地以人就学科和学科制度，就像把人塞进固定好的知识火柴盒里一样。学科只是临时置物筐，有附着物，零碎知识才好汇聚，才能为知识的系统化准备基础。学科的箩筐里收容着各种不同的群体，到底属于不同的流派、不同的专业，还是不同的学科，划界标准取决于聚焦问题的大小。因此有一级、二级、三级学科之分，也总有学科分合的争议。固化学科和强化边界非但牺牲人的主体性，也封闭了其他可能。非但作为工具的学科不是固定的，学科聚焦的对象也会随着认知的变化而变化，就像红外成像的世界同样真

---

[1] 〔英〕布莱恩·S.特纳、克里斯·瑞杰克：《社会与文化：稀缺和团结的原则》，吴凯译，北京大学出版社，2009，第6页。

实一样。

知识专门化带来了一个分裂的世界,促使其落成的学科制度未来绝非继续在分割世界、分割知识、分割人上下力,它的发展前景取决于它的反面,即能在多大程度上克服自身的缺陷。谨小慎微、方法单一的学科训练仅可作为初学者的学步扶梯,绝不等于高层的学术探索。就像边学边写的学位论文只是研究的起步,不能说就是学术的成熟。即便学科已经稳定,学科内部的范式更新也从未停歇,否则就会导致学科的死亡。没有从业者的不断提升与突破,就不会有学科的生长与发展,我们必须思考研究者的能力从何而来,这才是创新的根本。

常规科学是大多数人的工作日常,一百年来我们的确是在不断完善、补充近代建立的学术体系,不能说现在已经挖掘到底了。但学术不当只是某类范式量的积累,单一学科固然制约视野,光增加学科也不能解决问题,我们的学科专业已经不少。关键还在方法的丰富和质量的提升,图式越多产出越丰富,好比工具箱里丰富的器械类型,比一味看大小型号更重要。当然新工具不是凭想象产生的,有待处理的问题,才会有相应的解决方式。过分受限于学科,对象和方法基本都是确定的,看到的问题也总是近似。就像库恩所言,常规科学的研究者其实是在不停地寻找契合范式的案例,对那些不适合研究框架的问题往往视而不见。如同通过与平时练习题的相似度,正确匹配答题公式,中学生才能解题得分。可面对无限丰富的现实世界,已有公式不够用,题目也不是事先设计好的,若不能跳出既有路径,那么除了切割事实,就是画地为牢。

学科如同数学公式,是选择事物、解释世界的一种框架。一旦发明和规范之后,效力就会限定在同类事物上。可人类也只能借助已有认知,搭楼梯一般一点点延伸到新的公理。学科有自身缺陷,但目前仍是学术的主要组织形式,也没有到彻底放弃的时候。我无意要打破它,而是提示稍做疏离才能内部优化。就像新学科往往诞生于学科交接处,新灵感也经常发生在不同学科的碰撞与互鉴中。视界的融合与方法的融通成为新的重点,跨学科和交叉学科已不是新鲜话题。既然学科是人工建构、社会建构,而非人脑的智力分化,那么它们就总会随着对社会现实的理解而不断地解构与重构。

20世纪初西欧就有专业化抵抗运动,不仅产生了建立"统一科学"的想法，如奥地利哲学家奥图·纽拉特（Otto Neurath，1882—1945年）《统一科学百科全书》的写作计划；各种新型机构也开始标榜学科之间的对话与合作，如1923年约翰·霍普金斯大学成立的观念史俱乐部，阿比·瓦尔堡（Aby Warburg，1866—1929）和他的图书馆更以反学科著称。1950年成立的英国基尔大学，规定学生必须同时接受文理课程的训练。1961年成立的苏塞克斯大学明确提出"重设知识的边界"，用研究型大型学院（如欧洲研究学院）取代现有学科院系。欧美名校纷纷进行机构改革，意味着共识的形成。这些发生在20世纪的新趋势，民国人没有看到。

近年来，跨学科成为人们津津乐道的话题，但科研申报时却要求挂靠相关学科，这种跨学科仍是放宽了标准的某学科而已。如果还有学科依托，就还是在原有轨道和框架里思考问题。1930年成立的普林斯顿大学高等研究院何以成为1997年清华高研院的追摹对象呢？中间隔了半个多世纪！最早把跨学科作为思想方法提出来的，是瑞士心理学家皮亚杰。"跨"的不是学科名词，学科设定本来就可宽可窄，而是意在对学科范围及其相互关系进行调整。无论是之前的索绪尔语言学，还是之后的布罗代尔年鉴史学派，早就在研究中突破了学科界限。20世纪60年代西方的结构主义、系统论、社会生物学，都是以系统和综合为特色的跨学科研究典范。因此不是口号新颖，而是大批研究实绩确实溢出了既有框架。罗兰·巴特强调："要进行跨学科研究，挑选一个'学科'（一个主题）而后扩展到它周围的两三门学科是不够的。跨学科研究旨在创建一门不属于任何一门学科研究的新对象。"① 这有点儿像库恩说的新研究范式，虽然仍"处理与以前一样的同一堆资料，但通过给它们一个不同的框架，使它们处于一个新的相互关系系统中了"②，随着结构、关系、方法、目标的改变，创造性的学术重组成为可能。

如今千帆过尽，欧美学术已由结构主义进入解构主义。学科的调整与跨越已经不够了，放弃学科、重塑方向的交叉学科浮出水面。在2000年美国的CIP

---

① 转引自〔美〕史蒂芬·梅尔维尔、〔美〕比尔·里汀斯编：《视觉与文本》，郁火星译，江苏美术出版社，2009，第2页。

② 〔美〕托马斯·库恩：《科学革命的结构》，金吾伦等译，北京大学出版社，2013，第73页。

里（见表8-5）里，21个交叉学科单独成类，2020年增加到48个。科学技术与社会不等于科技史，文化研究与批评理论不等于文学理论；生物与自然科学无法划拨到生物学，哲学政治与经济显然不是以哲学思辨的方式进行。他们的交叉学科不仅不是几个学科的叠加与拼接，而且往往在自然科学与社会科学、人文学科与自然科学的大类间贯通。所以交叉学科意味着没有元学科，是一种突破学科框架的思维整合。我国新版学科目录（见表8-5）拟设6个交叉学科，这是一个巨大进步。但一则量少，笼统；二则以工科为主，跨越有限；三是仍有学科痕迹，像是遴选出来的复杂学科，而非组配方式的变化，仍在初级阶段。更重要的是，在跨学科都不充分的情况下，如何实现交叉？

怎样才是真正的学科交叉，而非学科叠加呢？我国新设6个交叉学科里唯一的人文研究是区域国别学。这是国外的成熟模式，始于四五十年代的美国区域国别研究。二战后，美国开始谋求霸主地位，以往咨询传教士、外交官、商人的做法，显然不能满足制定国际政策的实际需求（早期汉学家多有在华传教经历，在美国的对华政策中发挥过重要作用）。可即便是专业化培养，域外研究也不可能像本国研究这样巨细无遗，何况亚非国家这么多。所以即使有区域和领域的划分，也主要以综合性的把握为主，何况越陌生就越需要通识做基础。美国的区域研究以强劲的政治需求和经济支撑为背景，客观上把边缘的、非西方的、异质的国家或地区文化带入世界现代学术体系。而交叉学科里的国际研究，和中国研究、东亚研究、亚洲研究这样的区域研究还不一样，更重视国家和区域间的互动。从区别到联系，是一种视域的转移和补充，尽管还无法取代国别研究。多元文化研究、生物学与自然科学、地球系统科学等，都有恢复联结、多向贯通的意味。而数学与大气和海洋学、语言学与计算机学、数理经济学等，尽管有学科指向，但以深度融合与应用为目标。并非所有的交叉都要有单独类目，这里往往是学术和技术的前沿。

还有一类，从一开始就置身于大背景当中，意味着多学科的共用与适用。比如比较文学我们放在文学子目下，与中国文学、英国文学等国别文学相对，似乎跨越了国界就算比较，由此导致了许多拉郎配般的文学现象对举。而在美国属于交叉学科（文化研究与比较文学），汇聚理论和方法，导向综合性的文化研究。同为交叉学科的文化研究或批评理论（cultural studies/critical theory and analysis），也不会有究竟是文学理论（文学类）还是艺术理论（艺术学类）、能不能用于历史学研究、属于哲学研究还是文本批评之类的争议。而这些都是当前中国利益争夺的焦点，不仅导致遍地开花的重复建设，而且老是在概念上纠缠，阻碍了眼界开阔、方法灵活的高水准研究。机构生产代替学术生产、抽象论争挤压具体研究是中国学术的典型问题。此外像气候科学、行为科学、海洋科学包括老年医学和营养科学，都是不设限或有意打破以往界限的敞开式设计。这些例外其实是建立在学科的反面，也是从学科系统里汲取灵感。

分外醒目的另一大宗是中世纪与文艺复兴研究、经典与古代研究、和平与对抗研究、重大灾难相关研究、可持续研究、人类健康规划、死亡学，包括经常看到的女性研究、城市研究等，的确是分不清学科，实质是以问题为中心的重新界定。如果说以前是在研究之前人为地把事物剥离成事件（历史）、意义（哲学）、表达（文学）等层面，现在则拒绝事先预设，只把镜头对准问题或对象，恢复全景视图。至于如何分割、调用什么资源、用什么方式深入，进入研究后才可能清楚。

这就需要处理复杂事务的心态和多方面的能力准备了。也不是先进入某学科预备好具体知识，再用分配到手里的器具选择现象或问题，而是根据研究的实际灵活调配各种资源。那么以前学习和储备的，就是学习和思考的能力，而非某一类具体知识。专业可以边用边学，也不限种类。这其实对教育提出了更高的要求。当前我们的专业教育实际是，大部分学的知识用不上，真要用时库存又远远不够。研究者把大部分时间精力花在熟悉既有知识、操作已有方法上，忘记也回避发现和解决新问题、真问题。若不正视这些弊病，高等教育课程再多，也是不够的。而牛津大学的本科课程，学生参与程度超过了我们的博士课程。如果没有问题意识和解决问题的能力，就只能重复陈旧的学科论题，走出自留地亦一无所知。这正是当前学术何以好玩小圈子的原因。这样的学术共同体不能共存，就只能内卷。

当我们把学科建设做成圈地运动时，西方对学科偏狭的指责早已不绝于耳。

当我们把跨学科当成时尚的跑马场时，西方的相关讨论已经过去了四十多年。①当初，我们打碎传统、建立西式学科体系，本是为了与西学接轨，以谋求更好的发展。我们求的是学术，而非学科。当学科发展屡遭瓶颈、学科模式暴露出越来越多的问题，突破学科框架并非不可接受。既然西方已经走上了跨学科乃至反学科的道路，我们就没有理由严防死守，把人家的弊病都重演一遍。何况在西学框架里处理中国问题，的确出现了诸多龃龉，安于现有框架，只能是削足适履，为西学理论补充中国材料。如何从中国实际出发，建构有效的、新型的、契合自身的学术框架与学术语言，是我们必须下力的问题，也是中国学术未来贡献于世界的地方。否则，多元与对话就是空谈。

西学进入中国不过百余年时间，转型不等于终结，中国学术尚未定型。当前我们的学术道路，丝毫不比民国平坦。民国沿着晚清的路，比照着西学改造中学，便可得风气之先。而如今，西方学术成果层出不穷，最新资讯并不难获取。模仿没有尽头，"借鉴"总被指控，交流不等于交通。中国学术也已进入深耕厚耨期，先前概括式、综述式、杂感式、口号式、表态式的写作，不再被视为学术研究。如何调整思路，重启古今与中西的对话，需要拿出实实在在的成绩来。

我们追迹的不是工具及其合法性本身，而是借此思考学术的活力及其发展从何而来。可并非所有人都有这种意识甚至反思的意愿，中国学界充满各种混乱与分裂：一方面呼吁学术和思想的多元，另一方面又鼓吹强化学科意识和学科规范；一方面救亡与启蒙的思想依旧盛行，另一方面大规模的仿古与追古遍地开花。在这样的背景下，研究古代或热爱传统文化的人，努力不懈地挖掘中华文明曾经的伟大。而近代研究的基本思路，却是证明中国社会如何摆脱落后的传统文化，完成走向富强的现代转型。不仅中西学术并未实现我们期待的融合，古今也依旧价值撕裂。我们不得不打扫战场，清理来路。如果连基本的学术共识都无法达成，哪来的学术共同体？哪来的学科发展基础？哪来作为整体的中国学术？学术的未来又在哪里？

---

① 如以美国学者纽厄尔为首的整合研究协会（Association for Integrative Studies）聚焦于跨学科问题，但成立的时间是1979年。对学科的抨击见〔美〕艾伦·雷普克：《如何进行跨学科研究》，第53页。

余 论
平行世界与杂交文化

> 以指喻指之非指，不若以非指喻指之非指也；以马喻马之非马，不若以非马喻马之非马也。天地，一指也；万物，一马也。可乎可，不可乎不可。道行之而成，物谓之而然。恶乎然？然于然。恶乎不然？不然于不然。物固有所然，物固有所可。无物不然，无物不可。故为是举莛与楹，厉与西施，恢恑憰怪，道通为一。其分也，成也。其成也，毁也。唯达者知通为一，为是不用而寓诸庸。（《庄子·齐物论》）

二千三百多年前，庄子提出泯是非、混成毁、平尊隶、均物我、外形骸、遗生死的"齐物"说。认为所有的是与非、可与不可、然与不然，都是以一己标准强加于物。换一个主体，自然就有另一套标准、另一套说辞，因而有左便有右、有伦便有义、有分便有辩、有竞便有争，自以为是，便纷争不断。若以更大的眼光俯察，其实"物固有所然，物固有所可。无物不然，无物不可"，参照系不同，然否就会不一样。的确，只要改变设置，不可就能变为可，一如不断试错的实验参数和数据模型。如果从宇宙的角度俯瞰，茎叶与屋脊的区别就微不足道了；从永恒的视角体察，丑女与西施的皮相之分亦属浅薄。名之为物，用之成道，马与非马不过概念的游戏，分与不分也只是暂时的离合。

因而，"六合之外，圣人存而不论；六合之内，圣人论而不议。春秋经世，先王之志，圣人议而不辩"（同上）。庄子向来认为言辩能解决的问题有限，"大道不称，大辩不言"（同上）。然而正如清人王先谦的妙问："其为书，辩多而情激，岂真忘是非者哉？不过空存其理而已。"（《庄子集解》）

《庄子》一书洋洋洒洒，不仅有言，而且上天入地，情激辞繁，思至六合之外，哪里肯不言不辩？或许我们应当理解为，庄子的本意不在忘言与废言，而是在言辩的同时，保持对言说局限的高度警惕。经过近代西方哲学的语言学转向之后，这种对思想（鱼）和工具（筌）的区分，不难获得赞许。

然而"齐物论"很容易被划入相对主义。若爱真无等差，我们将何以剖判？如何研究？又怎样来言说？对习惯要确定答案和客观真理的人来说，相对主义与怀疑主义、虚无主义近同。事实上，西方人类学发展的这百余年来，正是用文化相对论不断地对抗种族主义和西方中心主义的成见。之所以艰难地咬破文化的藩篱，为的就是证明那些看起来"原始"和"落后"的边缘文化，与复杂精密的西欧工业文明具有同样的价值。半个世纪前，列维-斯特劳斯就以其细密的调查和精彩的分析，为原始部落文化、为野性的思维正名，成为人类学和社会学的经典。而今天的我们，却仍在中国古代文化落后抑或珍贵中摇摆。

如果对一个问题各执一词，并没有越辩越清，那就该考虑"升维"了。即从具体问题中暂时抽离出来，站到更高的位置进行宏观考量，再反观先前的命题。视域的打开，会让我们发现既定思维的边界，也便于我们发现新的参照系。所谓的"无物不然，无物不可"，其实是在发现"物固有所然，物固有所可"的情况下，发出的总结式喟叹。"天地，一指也；万物，一马也"，在天地万物的高度，俯查"以指喻指之非指"和"以马喻马之非马"的设问不足。各种不足之后，方是"道通为一"的大观照。因而相对的不是结论，而是态度和方法，就像爱因斯坦的相对论并不排他，却解决了更复杂的非惯性参照系问题，并指向更广袤的宇宙空间。

即便万物在终极"道"的层面本无等差，但在"道术将为天下裂"的现实面前，庄子仍要站出来理论一番。即便庄子不确定究竟是庄周梦蝶，还是蝶梦庄周，但他依然可以肯定"周与胡蝶，则必有分矣"（《庄子·齐物论》）。跳出西方近代的科学标准，暂时搁置落后与进步之分，从全球的视角、从世界历史的维度，我们可能会看到一幅不一样的图景。让我们从更广袤的空间回望中国近代，在更大范围的讨论里结束该书。

一 线性发展观与平行世界

近代以来，我们接受了西方的线性历史发展观，并以此介绍世界史、书写中国史。它认为历史是连续发展的，且总体呈向前、向上的态势，由此区分"现代"和"前现代"，或"传统"和"现代"两个不同的历史时期。"传统"社会如何向"现代"社会突进，是关注的焦点。因而现代早期社会的研究，显得尤为重要。一方面，中世纪的宗教一统对近代科学的破坏与阻挠，一直是学界津津乐道的话题。如加拿大科学史教授伊夫·金格拉斯（Yves Gingras）的新书《科学与宗教：不可能的对话》，讨论的就是宗教和科学这两个"毫无交集""无法相通"的话语空间。另一方面，古典世界如何产生了科学革命，成为讨论的焦点。正如美国哲学教授米歇尔·艾伦·吉莱斯皮（Michael Allen Gillespie）在《现代性的神学起源》里，努力寻找现代性融贯神学体系的初衷与方式。其实这种矛盾本身，就显示了预设的不足。既然一刀切开"现代"与"前现代"，并以对立的宗教和科学为各自的主要特点，说明两者在大方向上就是异趣的，或者说并非并置的概念。前后连贯的历史，只是我们的一厢情愿。且以西方早期历史为例——

今天的历史书写以古希腊、古罗马为欧洲文化的基石。可我们也知道，古希腊以雅典为中心，即便算上马其顿的亚历山大大帝，疆域也主要向希腊以东扩张，包括了两河流域、伊朗高原，直到印度河（即包括今天的伊拉克、伊朗、阿富汗、巴基斯坦）。而后来的罗马帝国，虽然接管了亚历山大帝国欧洲和小亚细亚的部分领土，却主要向意大利以西拓展，延伸到大陆尽头，直至不列颠岛。换句话说，古希腊的领土不包括西欧，而古罗马帝国没有囊括东边的中东，交叠的只是中间部分。通过古罗马的稀释和二手传递，古希腊文明到底多大程度形塑了后来以英、法、德为中心的西欧文明，是要打问号的。事实上，非但在亚历山大征服的土地上没有发生民族的融合，罗马帝国的文化传播也不是均质的。英国人便自称是罗马撤退后盎格鲁-撒克逊人的后代，此前五百多年的罗马统治，留下的除了街道和哈德良长城的遗址，最重要的恐怕是基督教。

何况古希腊文明的发现，在一千多年之后的文艺复兴时期，怎么就能言之凿凿地说近代欧洲文明继承了古希腊文明的理性传统呢？难道1300多年的基督教统治就不是真实的欧洲历史？难道直接统治的古罗马可以忽略，之前尚未抵达的古希腊就不能不提？对英、法、德等国来说（正是今天"西方文化"的主体），可能连"复兴"都谈不上。古希腊本是远古的域外文明，1300年后经遥远的意大利人改造而逐渐扩散。把欧洲连为一个文化整体的，其实是后来的基督教。哪怕1500年前后，欧洲独立的政权组织还多达500个呢。18世纪神圣罗马帝国时期，各自为政的公国也不低于250个。是基督教把欧洲各国整合成东西两部分（后来新教成为第三支力量）。西方早期的文化交流，环地中海展开。非洲的埃及和利比亚、亚洲的巴勒斯坦和叙利亚，参与程度可能还高于东欧的某些地区。欧、亚、非的地理划分是后来的做法。

说基督教即宗教是西欧文明的主要特点，反对的声音恐怕不会太大。然而，这与近代以来光辉灿烂的科学传统——使后发的欧洲得以称雄未来、引领世界的主要力量，似乎背道而驰。在一个宗教已经倒势的年代，这似乎是一件不那么光彩的往事，就像宗教依然保存完整的伊斯兰国家，今天普遍被视为落后一般。或者说，我们不正确地沿用了当初科学与宗教冲突时的斗争思维。因此，对文艺复兴的强调、对古希腊文明的追溯，某种意义上说，是要回答从17世纪开始的、与此前传统如此不同的科学革命何以产生。通过连接、复活古希腊的理性传统，欧洲得以跨入以科技为特点的现代社会，以此弥合宗教与科学的裂隙。否则，不足以解释异域的（对西欧国家而言）、古老的（前2000—前338）、接受时间并不长的（从古希腊著作被发现到科学革命，不过400多年）古希腊文明，何以占据了欧洲史如此显赫的位置。而同为影响因子，可能还更直接的中东文明，仅作为来源之一，一笔带过。

打开世界科技史，古希腊、阿拉伯、近代欧洲为人类科学的三大发展阶段，已是定论。中间赫然插进一个阿拉伯或伊斯兰科学，基本定位是连接东方和西方，沟通欧洲的古代和近代。阿拉伯连接东西，是地理位置使然。说它有功于欧洲，自是从欧洲人的角度论定文明的价值。但这毫无疑问地表明，科学的中心发生过位移，欧洲科学乃后来居上。以医学为例，随着5世纪罗马帝国的崩溃，正规的医学在旧帝国及整个西欧都不复存在。若非伊斯兰学者的挽救，它将永远消失。而阿拉伯人7世纪开始的改编与综合，传递下来的是穆斯林化的古希腊科学。11世纪后，传回当时的欧洲学术中心意大利。被认为开启欧洲近代科学的那部分古希腊遗产，在科技史上，实际分量极富争议。① 两相对照，可以说，一心要把自己塑造为上帝选民的欧洲人，在此玩了一把历史叙述的技巧。

"一切历史都是当代史"（克罗齐），所有的追溯都是有预设的事先铺垫。明白了这一点，我们就不必对历史缝合的马脚过于惊诧。在《词与物：人文科学考古学》里，福柯已经指出了欧洲历史的断裂。1963年威廉·H.麦克尼尔（William H. McNeill）在《西方的兴起：人类共同体史》里强调，西欧16世纪才开始领先，随着1850年左右中华帝国、莫卧儿帝国、奥斯曼帝国的崩溃，欧亚大陆的平衡格局才告终。1989年阿布-卢格霍德（Abu-Lughod，《欧洲霸权之前：1250—1350年的世界体系》[*Before European Hegemony: the World System A. D. 1250—1350*]）提出，中东和中国作为世界体系的中心，时间上都要早于欧洲，东方的衰落先于西方的兴起。同样需要关注的是，越来越多的西方学者不仅不再把"希腊化"视为希腊文化对罗马帝国的单向影响和简单干涉，也不再把文艺复兴视为意大利或西欧自发产生的文化奇迹，而是逐渐转向拜占庭、犹太教、伊斯兰教的影响与介入。② 这里透露了一个重要信息：纵向的、连贯的、时间向度的历史考察，逐渐让位于横向的、断裂的、区域之间的文化交流与互动。

的确，一旦从书本的线性叙述里抽离，就不难发现，罗马的东边有波斯，波斯的东边有印度，印度的东边还有中华文明，更有许许多多尚未汇入"世界历史"，却已然存在的或大或小、或隐或显、或已知或未知的"土著"文化。自古以来，这些文化就不是孤立与封闭的。大量的物质遗存表明，古埃及对古罗马有强劲的影响，波斯风与罗马风的结合也实属平常。尽管我们无法想象在没有现代交通工具的情况下，广阔的地域文化传播如何实现，但已经确证了早在公元前3000年左右中国的小米就传到了欧洲，西亚的小麦也进

---

① 详见〔美〕谢尔登·沃茨：《世界历史上的疾病与医学》（商务印书馆，2015）第三章和第四章。
② 如美国科学史家爱德华·格兰特在《近代科学在中世纪的基础》第八章第一节就采取了相关的视角（商务印书馆，2020，第213—233页）。彼得·伯克在《文化杂交》（译林出版社，2010）中也有相关总结（第10页），具体研究则在他的 *The European Renaissance*（"Introduction"，Wiley-Blackwell，1998）里。

入了中国。公元纪年之前，世界文化的交流已经存在。还有180万年前人类从非洲迁徙到世界各地、12000年前亚洲部落散播美洲全境的学说呢。与美索不达米亚、埃及、波斯等古代文明相比，中华文明不算早熟。有文献记载的、直接交通的"凿空"西域，已经很晚近了。也就是说，国别史、地区史在解释历史方面有相当的局限性，无论怎样修枝剪叶、廓清边界，也掩盖不了世界本是多元并存的平行世界这样一个基本的事实。

即便在"全球化""地球村"的说法早已不再新鲜的今天，世界仍未统一和均质。走进欧洲，我们很容易发现东欧和西欧不一样。差异不仅来自几十年前政治制度的不同，还有近百年来宗教的分离，更有一直就存在的民族和地域文化差异。同是伊斯兰国家，埃及和伊朗也大不相同。在位置居中的阿联酋，我们会看到差别甚大的穆斯林女性：有露脸的，有只露眼的，也有不戴头巾的；有全身黑袍的，有头巾配现代装的，还有露肩露腿的。在相近的东亚文化圈，还会发现发展程度不一带来的时间差异。漫步柬埔寨的湄公河岸，会有一种置身殖民地的法国白人的错觉。泰国曼谷那拉拉杂杂的街巷，像极了20世纪90年代的中国。而在新加坡和日本东京，我们仿佛看到了中国城市的未来。时间的序列被平面铺开，共时的世界呈现出立体的历史发展境况。

非但如此，一国之内，亦非铁板一块。从巴塞罗那到马德里，从圣地亚哥到格拉纳达，既有基督教圣地又有伊斯兰圣殿，既有法式风味又有吉卜赛风情，西班牙的各大城市特色不一。在印度你更会眼花缭乱：各种肤色、各种装束、各种颜色、各种气味、各种语言、各种宗教、各个阶层混杂在一起，就像马路上的行人与汽车、摩托车、自行车、突突车，还有牛、狗、猪一起涌动。初看让人眩晕，再看令人感动，紊乱与无序之下是天底下最大的包容！这样的国家让人留恋，最大的魅力就在于文化的多元共存。

这是一个平行的世界！尽管欧洲文明已向世界扩张了四百余年，尽管新兴的美国文化在信息时代传播得更加迅速，但世界依然是由或大或小、或高或低、或深或浅的诸多文化马赛克拼接而成。不存在与世隔绝的文化孤岛，也没有自成一体的连续历史。各文化板块互相碰撞，彼此渗透，在历史的长河里，早已呈犬牙交错，甚至你中有我、我中有你状。有激烈革新的，就有温和改良的，也有平稳过渡的；有后来居上的，就有早熟先衰的，还有不紧不慢的。从形态到方式，从过程到结果，不一而足。今天如此，过去更如是。

因此，历史的断裂有时来自外族的入侵，文化的更迭也可能源于异文化的横向影响。线性的前后相续，仅在封闭的小空间里、给定的短时期里存在。一旦放宽视域，历史就会呈现出左右挤压和交叉的不规则形状。如同中国历史在五胡乱华和蒙元入侵后，边界变得模糊。短暂的混杂乃至混乱之后，没有哪个社会真的停步，除非灭绝。时间从不等人，历史从未停歇，中断的只是我们的历史叙述。死盯着某个时期的某个问题，就像汪洋洪流中的一只麻雀，抓住了一根随时可能沉没的枯枝。谁敢说自己清楚身处哪个历史方向的哪个位置？我们需要更大的参照系，跳出以指喻指、以马喻马的小循环。

至于后是否一定超前？历史是否终究凯歌行进？在经历过两次世界大战后，人们恐怕很难再像19世纪的社会达尔文主义者那样乐观。许多欧洲人认为，那是人类历史上最美好的时代。这种满足感当然离不开科技进步带来的物质增长，以及历史前进带来的上升希望。然而，我们也不当忘记，丰盈的背后还有对全世界的掠夺与殖民。对亚洲和非洲国家来说，对被压榨的产业工人来说，那也是一个最坏的时代！中国近代史便从这个噩梦中来，曾经繁盛的奥斯曼帝国和印度文明也于此跌入谷底。过分乐观最终带来空前惨烈的世界战争与种族屠杀。

硝烟过后，人们发现进步的、科学的现代文明，摧毁的是前现代社会的哲学心灵、宗教信仰、智慧均衡、艺术敏感、自然和谐与实践伦理。一个领域取得的进步，却以另一个领域的倒退为代价。我们付出的，正是千百年来人类致力于救赎的灵魂！二战之后，各种解构主义、后现代学说此起彼伏，人们努力正视这个"一切坚固的东西都烟消云散"（马歇尔·伯曼语）的新世界。各种解放的、狂欢的说辞背后，亦是破碎、分裂与失序，是骨子里的不安与不适。在赫伯特·马尔库塞（Herbert Marcuse, 1898—1979）笔下，现代社会的凄凉无与伦比，人类俨然走进了历史的死胡同。"城市有变成森林倾向"的警告，在日益加剧的核军备竞赛面前绝非危言耸听。英国哲学家阿尔弗雷德·诺斯·怀特海（Alfred North Whitehead, 1861—1947）说，未来社会的不安只会更加强烈，我们"必须承认，不安定达到一定程度就会与文明不能兼容"①。至于它能不能催生一个伟大的世纪，只能留待来日。

在假定为历史至高点的 21 世纪，我们不仅未见突破，反而是各种进退难言。2020 年年底，历时三年多的脱欧谈判终于达成，英国终究脱离了欧盟。2016 年 6 月举行全民公投的时候，我正在牛津大学。街道上挤满了举着红牌呼吁脱欧和打着蓝牌恳请留下的市民，多少夫妻和兄弟因意见不合而冷面相对。好巧不巧的是，我当时正好读到法国历史学家布罗代尔对欧洲重新统一的看法。60 年前的布罗代尔为刚刚启动的欧洲联盟计划欢呼雀跃，他热情洋溢地论证着欧洲统一的基础，憧憬着联合后的欧洲能重启往日的繁华。他呢喃着"亲爱的欧洲正在成形"，呼吁统一的步伐"今后只能前进不能倒退，而且时间紧迫"。② 谁承想正是昔日最开放的"日不落帝国"，率先放弃了 40 年来艰难整合的成果。这位提倡历史中长时段研究的伟大史学家如果在世，当如何评价这段历史？

这令我们想起 17 世纪以前的人类历史观。《神谱》说人类从黄金时代，向白银时代、青铜时代、英雄时代、黑铁时代，不断堕落。基督教的人类史当从亚当和夏娃算起，自从被赶出伊甸园之后，人类便开始了漫长的救赎之路。中国古代奉上古三代为楷模，由此开始向叔世、季世滑落。与此同时，亚里士多德还说过"太阳底下无新事"，希罗多德也阐述过政治制度的循环往复。中国人重视五德终始和"天下大势，分久必合，合久必分"的铁律，一如印度佛教对成住坏空和生住异灭的世相揭露。无论如何，线性历史发展观不是人类交出的唯一答卷，罗马帝国衰落和蛮族入侵就是一个著名的历史倒退案例。如同基督教赋予了历史创世论目的和意义，历史进步观也把历史导向了某种明确而遥远的方向。

如果没有这层预设，我们会发现落后与进步、前进与倒退、野蛮与文明，乃至科学与不科学的判定，要艰难得多。现代与前现代、传统与现代仅仅是时期的划分，没有必要刻意发现与人为阻隔。就像历史学家发现，"现代"

---

① 〔英〕A. N. 怀特海：《科学与现代世界》，傅佩荣译，上海人民出版社，2019，第 214 页。
② 〔法〕费尔南·布罗代尔：《文明史》，常绍民等译，中信出版社，2014，第 432 页。

这个词中世纪就已经在用,只是不同时期对现代的理解各不相同而已。① 过去也并非我们所独有,只是在不同时代人们对传统的感知不一样罢了。② 如果是这样,我们还能不假思索地认为从屈辱中挣扎出来的近代中国就一定高于古代？凡是与西方现代文明不合的,包括历史上曾经压倒欧洲的其他文明,都是野蛮落后的吗？400年间发展起来的现代科技,是否可以作为衡量一切文明的唯一标尺？为了顺应西方中心论与世界潮流说,是否非得把自己的过往、把西方以外的一切异质存在,都不加论证地踏之脚底？

事实上,连我们说的"西方"都是经不起推敲的。从字面上讲,"西方"指中国以西的地区。可我们心目中的西方文化,不包括印度,尽管历史上有西天取经的故实;不包括伊朗,尽管波斯帝国曾经是古罗马最大的敌手;不包括中东的伊斯兰国家,尽管穆斯林曾一度横扫世界。作为我们学习对象的先进"西方",始于明清传教士说的欧罗巴,即欧洲文化。③ 可即便如此,我们默许的西方也不包括东欧,曾经同属社会主义阵营的捷克、保加利亚、罗马尼亚、塞维利亚、波兰等都不在我们的关注视野内。不仅如此,东欧国家也提出过"入欧脱亚"的口号,连他们自己都不认为自己属于欧洲,他们也把西欧叫作"西方"。④ 我们心驰神往的西方文化,其实只是以英、法、德为代表的西欧文明,而且仅指近代以来的西欧工业文明。它们在人类历史上相当晚熟,这些国家本身都是罗马帝国解体、日耳曼人南迁后才浮出历史地表的,不要说跟埃及、两河、波斯文明比,就是和中华文明也有很大的时间落差。而且早期欧洲文化的中心是在希腊和意大利——今天最不发达、最不受欢迎的欧盟国家。在只有他们才拥有的荟萃世界文物的超级博物馆里,我们可以轻而易举地找到各种直观的证明。

一战后,美国开始崛起。1850年以来英国资本家创建的大不列颠世界经济体系,以及法国大革命提供的现代政治框架,由时来运转的美国人继承和

---

① 详情参阅〔英〕彼得·伯克:《历史学与社会理论(第二版)》,第157页。
② 可参阅〔美〕席夫曼《过去的诞生》和〔英〕霍布斯鲍姆、T. 兰格《传统的发明》。
③ 参阅欧阳哲生:《中西交通史上的"西方"概念之探源》,《史学月刊》2015年第9期。
④ 见〔波〕彼得·什托姆普卡:《社会变迁的社会学》,林聚任等译,北京大学出版社,2011,第88页。

发展。今天的西化、全球化,基本等于美国化。尽管美国文化带着英国文化的基因,如同当前英美总是最密切的政治伙伴一样。但若说美国文化就是英国文化,英国人会不高兴的,就像他们一如既往地嘲笑着美式英语的粗俗;美国人也不会答应,因为他们一直就在努力区分欧洲,打造自己的世界地位和价值标准。美利坚文明的混杂,和它的后发一样引人注目,这是一种杂交的文化。杂交,是我们这个时代无法回避的事实。

二 文化杂交的类型及其陷阱

"杂交"是源于生物学的比喻性说法。其实无须种族混血,文化的化合也可以发生。"化合"则来自化学领域,同样因为形象而广为流传。近似的表述还有很多,说的都是异质文化的接触、渗透与相互作用。从明末耶稣会士入华开始,中西文化交流正式拉开帷幕。晚清进入激烈碰撞期,并带来中国社会包括中国学术的现代转型。如何处理古今中西问题,不仅是近代中国的核心命题,也决定了中国未来的发展方向。理性追寻中华文明未来的可能,不仅需要把中国放在全球视野下、放在历史长河里进行长时段的考量,还需要沉下心来叩问文化的本质,探讨文化杂交的类型及其不同阶段的不同特点。

当进入本土的外来文化,力量不足以与本文化抗衡时,我们会发现,本土文化往往会吸收、借用外来文化的某些特点,纳入自己的结构体系。这时,外来文化多以碎片化的形式嵌入本土文化当中,文化的主客关系相对明显。作为补充的外来文化,有丰富和助益之功,可以不同程度地提升本土文化,表现出相对积极的一面。当然,这种挪用有时会显得突兀和生硬,如同当年身着西服的中国人被骂为"假洋鬼子"一样,需要时间进行改良和调适。但这种不和谐也让人易于辨识,从而为研究提供便利。在泰国,经常会看到暹罗屋顶、英式架构、中式山墙与装饰的混搭建筑,各部分同样鲜明。这种食而未化的拿来主义,用混杂、拼搭、挪用、借用、综摄、再利用来指称,相对会贴切一些。

清末盛行一时的"中体西用",是最好的注脚。今日恨铁不成钢的学者,经常引用严复"牛有牛的体和用,马有马的体和用"进行反驳,视之为以张之洞为代表的保守派企图阻碍西化的反动言说。其实,张之洞不是要牛体马用,而是主张在坚持(也误判了)中国文化主体性的前提下,有限地接受、吸纳、汲取西方文化强劲的一面。当然，他认为可补中华之不足的，是其物质生产能力。事实上我们追慕西方，也是因为它400年来的科技和经济实力，今天不也说要抵制西方自由主义思想侵蚀、坚持中国特色的社会主义吗？还能区分体用，说明主客关系、本末关系、内外关系依然清晰。正因总体感觉中体未破、西风未强，张之洞才提议压缩科举。等到科举真的废了、经书无人再读时，这位探花出身的晚清能臣，便惊慌失措地抢修存古学堂，呼吁保存国学了。在中西力量反转之间，还有一个短暂的过渡，从科举改制的中西分试、清末图书的中西分列、晚清学堂的政艺分授可略见一斑。只是在近代中国，西风很快就压倒了东风，不像其他时期、其他地方还有一个长期的拉锯过程。

当外部力量逐渐增强，与本土文化势均力敌的时候，碰撞的火花会更明亮，互动的影响也更明显。当然，抽象力量的对比难以精确计算，大致以两种文化同样鲜明，而本土文化没有感到压迫和危机为限。这时才谈得上不同文化间的协商、对话、互渗与杂交，因为弱势一方在谈判桌前从来没有发言权，遑论选择权和被选择权了。布罗代尔指出，一个具有生机的文化，必须既能给予又能接受，既能借出又能借入。生机在大度与流动之中。如果本土文化汲汲、惴惴于救亡图存，那么它要么是保命式的排斥，要么是求生式的变节，不可能从容地敞开与交互。此时谈协商谈对话，不是痴人说梦，便是粉饰太平。文化霸权不会因修辞的巧妙，而在现实中实际消失。

只有在心态相对平和与从容的情况下，异质文化才能更好地实现化合与融通。值得一提的是，本土文化并非全然是被动接受，历史上有不少源于接受方主动吸纳的案例。融合了中国、印度、日本、波斯等元素的印花图样，按照东印度公司有关人员的设计，回流欧洲，产生了风靡一时的东方情调。在英国，经常能看到一种中国园林图案的青花瓷（俗称 blue willow），由夸张的柳树、硕大的飞鸟、既中既西的亭台、留白的湖面、辨不清走向的护栏以及桥上的人物组成（图9-1），其他欧美国家和日本也有生产（图9-2）。桥上人或举灯笼，或抱古琴，或挂拐杖。马虎一点的，会把拐杖画成弯钩，把古琴画成方砖或布帛状（图9-2）。器物周边的装饰带既有欧洲图框常见的碎花和卷草，也有中国纹样里的铜钱和如意。阿拉伯风格密集排布的几何图案，却透出了日式的压迫感。这种走了形的、堆砌的、细节粗糙的中式青花（可比照纯中式的图 9-5)，其实不如英国生产的日本庭园图案细腻（图 9-3)。但无论在博物馆和贵族的收藏当中，还是普通人的日常生活中，它都以各种形式大量出现（图 9-4)。早在 19 世纪，就有五十多家英国瓷厂在生产，销售量超过其他纹样的总和。说明这种东方大杂烩（英国人认为是维多利亚风格）极其受人欢迎，也确有一种说不出的形式感。我们很难说它究竟是欧化的亚洲艺术，还是亚洲的欧式审美，但它无疑是一种新的创造。

图 9-1　英国 Churchill 产青花瓷碗

图 9-2　日本 Nikko 产柳树茶碟

图 9-3　英国 Crown Derby 产日风盘

图 9-4　英国 Booths 产茶壶

余论 平行世界与杂交文化 **909**

图 9-5 中国清代青花瓷盘①

我在欧洲还见过一种糅和了印度风和波斯风的红黄蓝驳杂的明艳瓷绘，极具艺术的水准，谁说混搭的就不艺术？中国历史上的佛教就是一项成功的混搭。尽管国人都知道佛法西来，但佛教 12 世纪末就在印度本土消失了，600 年后从斯里兰卡重新引入。当前印度的佛教徒不足总人口的 0.6%，影响远不及印度教和伊斯兰教。再看今天泰国、柬埔寨、缅甸、斯里兰卡等国的佛教，与中国人的印象大不一样。哪怕仅就寺庙和礼佛方式，也不难察觉背后的巨大差异。中国佛教离同源的印度教如此遥远，与儒、道思想如此黏着，确实是被大幅改造的中国宗教。尽管在历史发展过程中，与儒、道及王朝政治矛盾不断，大规模的灭佛运动一而再再而三。但几乎每一次围剿，都给它带来了新的特点，如农禅并耕，如利乐有情，如三教合一，也密切了它与中华文明的联系。当然，前提是它的迅速传播和适应性成长，使之有足够力量抵御后来的冲击。

互相吸引、互相汲取是良性交互的基础，化合的前提是互不抵制。文化杂交的过程当是丰富性的、衍生性的，不以削减与覆盖为目的。互相选择的过程也是重新发现、不断激活的过程。这样的杂交，不仅本土文化不受损，世界文明也因此更丰富。事实上，所有伟大文明的历史都是文化杂交的历史，

---

① 前四图来自我个人收藏，图 9-5 摄于江西南昌滕王阁展柜。广东省博物馆也有清代相关纹样的瓷器，但已经是变化了的外销瓷，不如同期景德镇产瓷形态原生。

两千多年前李斯就指出:"泰山不让土壤,故能成其大;河海不择细流,故能就其深;王者不却众庶,故能明其德"(《谏逐客书》),秦国的强大源于广取博收,荟萃众好。我们期待的文化杂交,也是这种继长增高式的互利合作。

然而,并非所有的外来文化都会被本土文化整合与消化。如果外来力量过强,尤其带着军事、政治和经济的压迫,必然给本土文化带来重创,乃至灭顶之灾。历史上确有不少因外族入侵而消亡的文明,尤其在殖民运动开始以后的近代。古埃及文化是不是及如何被阿拉伯文化所取代,至今是谜。但玛雅人的图书资料和印加人的结绳记录,被入侵的西班牙人消灭殆尽,却是不争的事实。所有外来文化都有一个逐渐进入、力量积聚的过程,初露锋芒时被借用、被吸收、被整合,但到了某个临界的阈值,可能会发生质变,由碰撞和拉锯恶化为吞并和置换。无论对本土,还是对世界,我们都不希望看到这种极端情况,就像地球上又少了一个物种一样让人痛心。灭绝一个物种是迅速的,但产生一个物种却需要亿万年的时间。即便物竞天择、适者生存的现代理念削弱了人类的同情心,但我们仍在努力保护大自然的弱势、濒危生物。物种越少,文化越单一,人类就越孤独。

对于文化的解体与消亡,人们有足够的警惕。尤其是民族国家兴起以后,大家都在小心翼翼地保存乃至建构民族文化的不同与认同,一些小语种和濒危技艺得以复兴,因而有时下流行的"非物质文化遗产"保护。但是,这并不意味着只要不是你死我活,我们就可以作壁上观、任其发展。要知道物种杂交都有风险控制,尤其是杂种有不育的缺陷,文化杂交也会有各种意想不到。哪怕是最极端的文化消亡模式(相当于绝种),外来文化也不是即刻置换,本土文化会有一个逐渐流失的过程。有时是经过几代人之后,地方文化的敏感性和特殊性最终消失,当初未必预见。当前不伤主体的混合,不代表未来一定不被吞噬,文化杂交是一个动态的、长期的过程。对于受冲击的一方来说,最当警惕的,就是"克里奥尔化"(creolization)的文化陷阱。

"克里奥尔化"来自语言学,指由于多语种混杂,派生出新语言的现象。在民族杂居的复杂地区,这种非驴非马的新语言提供了交流的便利。到聚居的第二代、第三代人那里,就会成为打小熟悉的类母语。新语言挪用、杂糅了某些语源的词汇,却借用另一语源的语法。如厄瓜多尔的混合语,词汇来自西班牙语，结构却是盖丘亚语（quechua），已经不能把它划入西班牙语或是盖丘亚语了。① 尽管词汇可能来源众多，但语法结构却相对稳定，否则规则不清的语言系统无法自由运转。这时，谁提供了语法规则？谁起主导作用？就会成为一个问题。如果在拉丁美洲，大多数人的血缘已经混杂过好几代了，分不清母语与母国，主体问题会淡化。在以移民为主的国家，新文化属性的论定也不会那样尖锐。但在近代以来的中西文化交流里，这却是一个重大议题。作为历史上主体明晰的本土一方，作为被动迎战的弱势一方，我们不可能不担心自己独特的、悠久的文化传统在不断地稀释与流失。

更重要的是，全书的考察已经表明，中国当前的学术体系和社会结构，是近代以来依照西方理念和西学框架重新建构的。像现代汉语的语法体系，从近代开山的《马氏文通》开始就是参照西方语言学建立的，故有所谓的主谓倒装之说。文言文包括今天中国人的口语，本无主语必在句首的规定。张东荪甚至提出，汉语本来就没有主谓结构。孰正孰反显然是以英语为标准，乃至今天我们多数人用着西式的汉语而不自知。②

不可否认，向西方学习，为中国赢得了生存的机会和发展的时间。今日中国的崛起，充分证明了转向的及时与道路选择的正确。然而，在贫弱的近代，这是以本土精神的解散和本土语言的置换为代价的。文化交流从来不尽是欢声笑语，撕裂和压制亦是常态。至今仍有一些所谓标准化、国际化、现代化的改造，实为西方标准碾压原生文化的口实。经过一百多年的破旧立新，我们建立起了便于仿效和对话的西式体系。今天各个学科的叙述框架和研究方式，都是"五四"以来"革命"路线结出的成果，因而才会出现西方理论用得越好，离中国事实越远的怪事。

接下来我们要做的，不是继续打散中学材料，以符合西方的学说与规则，而是从根本上思考如何调整框架（即着眼于语法规则，而非词汇细节），让中国经验得到更有效的研究，让古代智慧在现代社会继续蓬勃。近代以来的

---

① 彼得·伯克在《文化杂交》一书中，对"克里奥尔化"有详细的解释和例证。但不同于他对"克里奥尔化"的肯定与欢迎，我对这种形式的文化杂交持保守和警惕态度。

② 沈家煊《有关思维模式的英汉差异》对此有较好展示，刊载于《现代外语》2020年第1期。

中国研究，与其说是发掘中国古代社会的新视角，不如说是西方思维在中国的落地与发展。只有从源头和结构上，进行反省式的研究，才可能让中国思维在现代社会重新生长，即传统文化的现代转换是根本性的，而非仅仅是形式上的。修正、改进、补充当前的西方理论和西学架构，才可能获得真正的发展与超越，这才是近代史研究的重大意义，也是中国学术将来能够贡献于世界的地方。

当我们说移译、说借用的时候，本土文化还有一定的驾驭能力，足以自取所需地把外来因素糅进自己的图式。当我们说融合、说对话的时候，即便有妥协有退让，也仍然保有向外输出和进行回应的能力与实力。如果本土文化已是一地碎片，是依靠外来规则整饬的，那么即便后来产生了新的文化，这种文化也不属于中华。这样的文化杂交，对外来文化来说是衍生、是丰富、是创造。对本土文化而言，却是精神已死、肉身徒存的非全歼式覆灭。这是欢迎交流、支持开放、呼吁新生的现代中国人，不得不警惕的文化陷阱。其实晚清伊始，就有不同的声音和多元的治学取向，当时不好判定，今天却变得日渐清晰，可惜很多时候被简单处理成了历史的杂音与逆流。如果我们不改变思路，便会封闭历史的诸多可能，继续在破坏的道路上主客不分。当然，中国学术仍在生成中，我们仍在路上，最终的成败取决于后继者的发展与完善。在文化势能已经发生变化的今天，我们不得不追问在"克里奥尔化"的过程中，究竟是谁化了谁？在文化杂交已成常态的现代社会，回望不为翻案，而是更加清晰地面对愈发复杂的现实。

三 既有格局及其理论的松动

历史上既有成功的文化接受案例，也不乏文化抵制的事实。旁观者很容易批判文化保守，就像今人痛恨明清闭关锁国贻误了发展一样。但作为当事人，却鲜有国家和民族面对外来文化入侵，不进行任何反抗的。即便不像80年前对抗日本"大东亚共荣圈"那样惨烈，明末和平进入中国的基督教也一度激发了儒生的卫道热情。平心而论，与其他宗教相比，儒家已是相当包容和温和的了，中国人的实用主义也没有那么多条条框框。百年前，孙中山感慨"世界潮流，浩浩荡荡。顺之者昌，逆之者亡"的时候，中国只有热切拥抱西学，迅速汇入世界潮流，才能保国保种。然而，在此后短短百年的时间里，我们是时开时合、时松时紧、左右摇摆的，方有1978年年底的改革开放。换句话说，即便已然身处欧风美雨的现代中国人，也不都是赞同开放的，遑论国威尚在的明清。这个问题远非事后诸葛们想的那样简单。

开放与隔绝，究竟哪一个对本土文化的发展更有利，其实没有定论，正反两面的例子都有。一方面近代日本的"脱亚入欧"，使之迅速跟上了西方帝国主义的步伐，在亚洲国家一片惨淡的情况下，崛起为所谓的"次生帝国主义"。西化成为改变日本命运的重要力量。另一方面，追步欧洲对外进行掠夺的资本"补课"，最终也把战火引向了日本。尽管战后日本经济一度复苏，却终究没能玩转西方金融帝国发明的货币游戏，多年的积累一夜沦为泡沫，至今尚未走出经济的低迷。

更讽刺的现象出现在经济领域。众所周知，是近代率先进入工业社会的西欧国家，为了发展商业，吁求打造自由开放的全球贸易市场。紧闭国门成为对国际法的挑战，鸦片战争便以此为借口而打响。然而，鼓吹自由贸易的英国，17、18世纪却是靠百分之百的关税保护，排斥印度的纺织品进口，并把对被殖民国进行强制性供销的规定写进法律。此后也是靠垄断印度工业市场，在"化外之地"获取经济的暴利。19世纪末的美国、20世纪初的德国都是靠高筑关税壁垒，以不平等贸易获取经济的高速增长。历史上没有真正靠平等开放获取工业化成功的例子。在国家利益面前，大家自是趋吉避凶。经济越低迷，保守主义和保护主义的声浪就越高。孰利？孰弊？利弊对谁而言？不同时期恐怕有不同的利弊。

经济学家一直为贸易开放寻找各种理论依据，大卫·李嘉图（David Ricardo，1772—1823）的机会成本和比较优势理论告诉我们，通过做大经济的蛋糕，贸易各方都将获益。然而，世界上所有富裕的经济体都是工业或后工业国家，国别差距不是更小而是更大，却是不争的事实。就像阿根廷经济学家劳尔·普雷维什（Raúl Prebisch，1901—1986）的发现，世界已经形成了由高度发达的工业国家组成中心，大部分农业国家构成边缘的依附性世界经济格局。在这样的规则体系里，安德烈·冈德·弗兰克（Andre Gunder

Frank, 1929—2005)指出,像拉美这样的后发性边缘国家,落后和被剥削的经济状况将被固化,甚至是永久性的。多年来,经济学和社会学的大多数研究,都诞生在西方资本主义社会的优越感中,并为它寻找各种解释和辩护。故而,当彭慕兰(Kenneth Pomeranz, 1958—)指出,西方与中国经济的"大分流",并不发生在1500年前后资本主义制度确立时,而是得益于300年后欧洲对美洲的资源掠夺,我们看到了以往各种经济学原理的不足。敞开国门就能在国际贸易中平等获利吗?或者说经济活动的本质真是自由开放的吗?当我们指责欧美双重标准的时候,或许还当追问现代经济背后的发展逻辑是什么?怎样的开放才能避免越陷越深,又不至走向消极封闭?

如果一种文化还没有发展到足够的高度与厚度,它就没有抵御外来冲击的能力,遑论给别人提供养分。如果成长的过程老是受到外来干扰,它可能营养不良,甚至窒息在摇篮里。开放能否获益?交流将是怎样的结局?还取决于自身的发展状况。但什么时候算够?怎样才是文化交流的常态?文化反转(reverse acculturation)的临界点又在哪里?谁都无法判断。何况不同文化,还有不同的文化接受度和耐受度。世界上就不存在完全一样的案例,可供效仿。经济学的数据模型和社会学的各种理论,都建立在对过去事实的分析上,而历史不可能再次发生,社会命运不会诞生在实验室里。我们面对的仍是一个充满不确定性的未来。

中东战火依然不断,"9·11"之后,大量涌现的关于东西两个世界的对比,更加凸显了这种对立。美国学者安东尼·帕戈登(Anthony Pagden)的《两个世界的战争:2500年来东方与西方的竞逐》,开篇第一章就是"永恒的敌意"。基督教国家率先放下宗教,缔造了以科技和商品经济为衡量标准的新型社会。坚持传统社会以宗教和军事为中心的社会组织形式,阻碍的不是民众的幸福,而是一切围绕资本运转的商业模式。资本社会的发展以获取廉价劳动力、原材料和销售过剩商品为前提,必然要求更大的倾销市场和更多的廉价供货商。

打一开始,资本就无法在巴掌大的欧洲国家内部运转。若无面积十倍于英国的印度殖民地,从棉纺织业起步的英国,连原材料棉花都无法本地种植。

若没有对墨西哥市场的垄断，后起的美国根本无法进入国际资本市场。近代以来所有的西方出使，都以通商而非传教为目的。何况经过两百多年的发展，工业资本已经升级为金融资本。在今天的伦敦和纽约，你可曾听到一声织布机的声响？看到一缕工业的黑烟？但他们的股涨股落、加息减息，却决定着全球工厂的生与死。金融帝国的复杂游戏，如同升级的核弹般威力空前，无怪乎后殖民时代的后进国家步履愈加蹒跚。工业文明与金融资本，可谓近代西欧文明最高级的制度发明。不管你愿不愿意，它裹挟着全球国家一同进入"饥饿游戏"——无限获取商品利润的经济动机，取代了传统的自给型社会，成为人类永远填不满的匮乏。"全球化"虽然20世纪80年代才被采用，90年代得以推广，但从20世纪中叶开始，它已经成为世界基本事实。甚至有学者指出，西方世界经济现代化的程度越高，世界其他地方的全球化程度就越高。它是资本市场发展的内在需求和必然趋势，如英国社会学家吉登斯所言，"现代性内在地是全球性的"，近乎资本主义规则的全球胜利。

现代经济学无视西方列强几百年来血腥掠夺全世界带来的家底悬殊，以及现代经济体系更隐蔽也更残酷的全球抽血，把贫穷落后的原因归结为政府的机制和组织：专制不仅是政治的毒瘤，还是经济的敌人。[①] 最终走进了意识形态的死胡同，也印证了某经济学家"经济学解决不了经济问题"的慨叹。画地而治的西式现代学科，域内尚能自圆其说，多学科一对照，烂尾、矛盾、甩锅、循环论证的问题就会出现。因而学科越细化，跨学科、大视野的综合研究就越重要。

这意味着，在当今世界，文化与经济的隔离不仅不可能，事实上也不会被允许。最先发展起来的工业国家，身边一定围绕着大批廉价的原材料、劳动力、粮食供应国，以及工业不发达的商品倾销国，这是资本化生产和延续的基础支撑。全球产业链意味着基于历史和现状的全球分工合作，也意味着难以打破的金字塔式生产要素布局，强者愈强弱者愈弱的结果几乎已在预设

---

① 可参阅经济学家对国家何以贫穷的解释，如麻省理工学院达隆·阿齐默鲁（Daron Acemoglu）发表于 *Esquire* 的《使一国富裕的是什么》，曼昆在《经济学原理》中有转载（北京大学出版社，2018，第67页）。

中。近年来，随着现代化理论批评的深入，已经出现了这样一种观点：现代社会面临着难以为继的发展困境，不应该也不能在当前的道路上继续走下去，必须在根本的发展逻辑上进行改变。至少在当前的发展模式里，我们感受到太多的身不由己、触目惊心和涸泽而渔，我们期待人类有更多的选择与出路。

如同机械决定论主导了17世纪的欧洲研究，生物有机论左右了19世纪的社会讨论，以传统农业国家向现代工业国家的转变为主线，是近百年来世界历史的基本叙述框架，并发展出全套的社会理论。如果它出现松动，改变的不仅是世界不发达国家效仿发达国家的现代化行进方向，还将动摇以经济和科技为中心的现代社会发展逻辑。到时争论已久的对现代性的超越，或许不是"后现代性"，而是破现代性的新型社会。库恩所说的"范式革命"是否临近，我们还无法判定，但世界既有格局的摇摇欲坠，预示着新格局的到来。在多元并行的格局里，原来的西方发展路径还能在多大程度上统一世界历史的未来，大大存疑。新格局意味着新秩序、新机遇，也意味着新挑战与新探索。我们必须适时调整思路，寻找新的发展方式与超越可能。

四　全球化的地方型

文化是什么？文化说到底是人们看待世界，以及在这个世界谋求生存和发展的方式。物质的生产、制度的发明、文化的创造，都是它不同层面的产出。不同的文化有不同的角度、不同的经验、不同的处理方式。正是这种种不同，让我们感到世界充满希望，因为我们手中还有各种工具，人类智识库里还有各种智慧。未知的领域那么大，我们不是全知全能的上帝，无法信心满满地进行最后的审判。就像著名的佛经故事盲人摸象一样，与其自以为是地忙着否定别人，不如把各自的所知都贡献出来，拼出更大的画图。即便文化马赛克的组装有时出错，毕竟人类的视野又大了一圈，人类的认知又往前迈了一步，不同的思路可能还能碰撞出新的火花呢。在此我非常赞同王立铭教授的观点：自启蒙时代以来，人类以为所有的事情都能在已知的框架内得到解释。这当然是人类智慧的胜利，但从某种程度上讲，更是人类的狂妄与傲慢。

若急于攻伐，如何保证有效方案一定不在弱势或少数人手里？谁又能排除每个人手中都掌有部分的真理？谁敢说不同时期、不同情况不需要不同的解决思路？这让我想起了庄子的妙问：人若长期居住在潮湿的地方，会得风湿病；而泥鳅却天天泡在水里。人若爬到树上，大多恐高；猿猴却成天在高处跳跃。人、泥鳅、猿猴，到底谁的择居方式正确？人吃五谷和家畜，麋鹿吃草，蜈蚣吃蛇，猫头鹰吃老鼠，究竟谁吃得更健康？麋与鹿交，泥鳅能与鱼配，对人见人爱的美女，鱼和鸟却视而不见，麋和鹿掉头不顾，到底是谁有眼无珠？（《庄子·齐物论》）① 这个世界本是多元分布的。鸟有鸟之道，鱼有鱼的生活，人类只是万物中的一元，而你又是亿万人中的一个，"庸讵知吾所谓知之非不知邪？庸讵知吾所谓不知之非知邪？"（同上）即便为了物种的多样性，我们也该鼓励多元发展、共同繁荣，总不该把水生动物都驯化成陆生吧？

开放仍是大势所趋，也是当今世界基本的生存环境。逆全球化实际上是不可能的，除非把资本制度连根拔去。我们要思考的不是要不要全球化，而是如何在全球化的背景下更好地发展中国文化，即外来文化的本土化和本土文化的国际化。

先论如何"驯服"外来文化。西方列强的不请自到，尤其后来还带着军队和战舰，国人的抵触情绪不言而喻。如果仅为补充，文化沟通也不会成为近代以来中国最大的难题。国人之所以紧张，自然是惧怕力不如人，而被外来文化吞噬和覆盖，早在20世纪30年代就有"全盘西化"的主张。全球化最消极的后果，就是文化的同质化，无异于人类文化基因库库存的减少。近代以来，确有许多小语种、小部族的文化在逐渐消失，但更普遍的情况是文化的混杂。

各种元素虽然被外来文化打散，但仍然存在。哪怕边缘，亦不排除今后被激发和再壮大的可能。就像有研究者指出的，英国人的征服与统治激发出

---

① 原文为："民湿寝则腰疾偏死，鳅然乎哉？木处则惴栗恂惧，猿猴然乎哉？三者孰知正处？民食刍豢，麋鹿食荐，蝍蛆甘带，鸱鸦耆鼠，四者孰知正味？麋与鹿交，鳅与鱼游。毛嫱丽姬，人之所美也，鱼见之深入，鸟见之高飞，麋鹿见之决骤。四者孰知天下之正色哉？"

印度社会潜在的、非主流的或少数群体的品质。① 如同中国历史上每个朝代都各有特色，但我们还是看到了某种连续性。换而言之，本土文化的内部发展是不均衡的，选择性的重塑也是一种丰富。外来文化之所以能够落地，一定是找到了某个对接点和生长点，继而增加了文化因子的排列组合形式，杂交与融合不会毫无基础地发生。如果这样，本土文化越丰富，外来文化进入越多，接触面反而越大，发展的潜质也越多，相当于外来刺激帮助肌体发育得更充分。若各有内容，只要不强行碾压，同化的可能性不大。也没有人说文明之间一定不能通约，化合是一个自然的过程。

文化内部差异中一个重要因素就是地域性。就像中国各省份，尽管统一的时间已经足够长了，各地却仍保有自己的风格特色。再如何推广普通话，方言也如同水土一般，恰如其分地孕育着各具特点的人。又如佛教造像，中国不同于印度，印度不同于柬埔寨，再如何同源互鉴，也不可能雷同。一国之内，北方不同于南方，洛阳和西安便各有特点，四川和江苏也面貌不同。同一地区还有时期的差异呢。东魏造像不同于北魏，北周迥异于西魏，更别说唐宋元明清这样的大历史跨度了。如此种种，举不胜举。即便沐浴在同样的阳光下，不同的土壤也长不出一样的花果，"橘逾淮则为枳"说的就是这个道理。

从气候到习性，从历史到文化，世界各地差异甚大，远超淮河与长江。全球化的号角吹得再响亮，各国也只是以自己的形式参与了国际化而已，起主导作用的还是本地文化。因而在"全球化的地方型"中，地方文化仍会占主体地位。如同瓷器来自中国，但从器型到图案，从原材料到烧制工艺，英国瓷、法国瓷、德国瓷、日本瓷、土耳其瓷都风格明显，绝非中国瓷的海外分舵，否则就不会有骨瓷的发明了。德国的梅森瓷（Meissen）更把西方人擅长的立体雕塑发挥到瓷器上，乃至卖出宝石价，号称"瓷中白金"。中国瓷风靡世界几百年，催生了全球各地的瓷器生产和研发，丰富却没有垄断世界瓷文化。

事实上，历史上有过大规模的希腊化、罗马化、基督化、穆斯林化，也

---

① 〔英〕彼得·伯克：《文化杂交》，杨元、蔡玉辉译，译林出版社，2016，第62页。

吹过意大利风、法国风、西班牙风、英国风,却没有哪支力量真把世界给统一了。越是历史悠久和文化辉煌的地方,对外来同化的抵御就越强烈;越是实力雄厚和文化自信的国家,就越是不把自己当外人。这样的抵制与融合上演了几千年,乃至今天没有哪种文化真是纯粹单一的,我们看到的也仍是形态各异、观念不一、发展不同的多元平行世界。人类一直都在追求世界"大同",而同一和平等却始终以理想的乌托邦形式而存在。所以庄子讲述"齐物"的道理,努力让我们看到不同中的同,不同却是无须解释和争辩的事实与常态。世界上没有两片相同的树叶,人不能两次踏入同一条河流,指纹能做鉴别也因其独一无二。"异"才是真实的存在,"同"只是"异"的逻辑对立。全球化的前提是异,是人类求同的渴望。

历史上几乎每个强大的民族都曾致力于文化的推广,每种文化也都在争取发展的空间,而各国实力又在此消彼长中。现在的破落户可能是曾经的贵族,如今的强国或许当初是文化荒漠。这推来推去、此起彼伏的征服与反征服,正是文化发展的动能与张力。

既然全球化无法规避,我们还当欢迎,文化的一统又从未实现过,那么,本土文化是否可以听之任之?从"天朝物产丰盈,无所不有,原不藉外夷货物以通有无"①,到"师夷长技以制夷",再到"我们必须承认我们自己百事不如人,不但物质机械上不如人,不但政治制度不如人,并且道德不如人,知识不如人,文学不如人,音乐不如人,艺术不如人,身体不如人。肯认错了,方才肯死心塌地的去学人家"②,百年间,中国人经历了心态陡转。再经一百年的批判与启蒙,我们对自身传统的认知是不足的。过于焦虑外来文化的迎与拒,乃至表态压倒脚踏实地的具体研究,无论如何都是华而不实、适得其反的。

可以肯定的一点是,时过境迁,无论哪个民族,古代的东西都不可能套用于现在。无论有没有外来文化的干扰,传统都是无法固守的。传统不仅始

---

① 出自1793年乾隆皇帝致英国国王乔治三世的信。关于乾隆如何拒绝英国使臣马嘎尔尼的通商请求,可参阅何伟亚的《怀柔远人:马嘎尔尼使华的中英礼仪冲突》(社会科学文献出版社,2019年)。

② 胡适:《介绍我自己的思想》,《胡适全集》第4册,第667页。

终在流动中,更在不断的阐发和再诠释中。过往经验如何运用于当下,本是文化的日常,也是每个人生活的日常。以为文化天生先进,便可以一劳永逸乃至万世不竭,只是痴人说梦、不思进取的愚念。书中已言,严格区分古代与现代,是近代学术"捉妖打鬼"的结果。在斩断封建余孽、获得与过去不可同日而语的优越感的同时,也抹杀了历史的连续性。在欧洲,新旧杂陈本是常态,现代建筑自然生长在古建群里,反而激发创造并相得益彰。但在中国往往得推倒重来,新建筑一定要现代,老宅被视为古董仅供观瞻。这其实还是建温室、划保护区式的隔离思维,看似爱惜,实则剥夺了传统的发展机遇。于是越鼓励创新,创新越成为一个难题。历史是既成事实,难言对错,但处理历史的方式却可以推陈出新。

"后之视今犹今之视昔",我们这个时代也会很快过去。如果没有自己的独特贡献,将来无论被划入现代还是古代,一样地没有地位。"适今"是每个时代都要面临的问题,一如宋人自觉提出"另辟蹊径"的主张,只是"今"的内容会不断发生变化。每个时期都有自己要处理的问题,其他国家也无法回避共存的格局。我们的文化创新与学术发展,不能再走多快好省的低端制造老路,此前"中国制造"及其转型的代价,今日已经凸显。

本土文化的国际化是本土文化与外来文化互相发现、协同合作的过程,是自然生发、缓慢融合的过程,任何形式的拔苗助长都可能导致扭曲和变形,从而欲速不达。我们仍当在意自身发展的充分与健全。梁启超说,"凡一国之能立于世界,必有其国民独具之特质。上至道德法律,下至风俗习惯、文学美术,皆有一种独立之精神,祖父传之,子孙继之,然后群乃结、国乃成。斯实民族主义之根柢源泉也"[①],没有独立的精神,难有伟大的文化,更不可能有一日千里的后劲。

回到此节开头,既然庄子提出如能比之于道、照之于天,万物就是齐一均平的,那我们还需要这么多精细的分类和精确的界说吗?之所以借用《齐物论》,为的是跳出具体细目和具体问题的缠绕。视域打开、思维升等之后,更能把握各级界分背后的思维特点,即不同中相同的思维模式。而

---

① 梁启超:《新民说·释新民之义》,《饮冰室合集》专集第 3 册,第 4988 页。

更大范围的不同思维模式比对，提供给我们的不是具体问题的对与错，而是不同的思考方式。这才是文化多元的意义所在。独特的眼光与解决思路，不在作为对象的纷杂问题里，不在或有效或无效的具体方案里，而是在探讨问题的基本路径和组织方式里。

要真正消化与融合外来文化，获得提升和新生，我们的工作刚刚开始，这是我们这个时代的使命。从历史的发展和文化的特性出发，为的是更好地看清方向与格局，而不是在细节的海洋里各守一隅。这是庄子最反感的儒墨诸家"以是其所非，而非其所是"、永远不会有结果的、囿于对与错的争吵。回到根本的组织原则上来，回到文化自主的本体上来，回到中西文化对接的源头上来，回到大视野的世界格局上来，才是复兴中华文明的正确方向与方式。是附属于一个时代的末梢，还是另辟一个新的时期，取决于我们今日的作为。

这从另一个角度，回答了本书开篇提出的问题：为什么是分类？为什么是知识的分类？为什么是中国近代学术体系重建过程中的知识分类？

主要参考书目

一　基础文献

（一）基本古籍

陈梦雷、蒋廷锡：《钦定古今图书集成》，北京：线装书局，2016。

陈元龙：《格致镜原》，上海：上海古籍出版社，1992。

程树德：《论语集释》，北京：中华书局，1990。

杜佑：《通典》，杭州：浙江古籍出版社，2000。

《二十五史》，北京：中华书局，1971—2011。

顾炎武著，黄汝成集释：《日知录集释》，上海：上海古籍出版社，2006。

郭璞注，邢昺疏：《尔雅注疏》，上海：上海古籍出版社，2011。

黎翔凤：《管子校注》，北京：中华书局，2011。

李道平：《周易集解纂疏》，北京：中华书局，2004。

李昉等：《太平御览》，北京：中华书局，1960。

李时珍：《本草纲目》，北京：人民卫生出版社，2004。

刘宝楠：《论语正义》，北京：中华书局，1998。

刘文典：《淮南鸿烈集解》，北京：中华书局，1997。

龙文彬：《明会要》，北京：中华书局，1956。

马端临：《文献通考》，杭州：浙江古籍出版社，2000。

欧阳询：《艺文类聚》，上海：上海古籍出版社，1999。

孙诒让：《周礼正义》，北京：中华书局，1987。

王圻：《续文献通考》，杭州：浙江古籍出版社，1988。

王钦若等编:《册府元龟》,北京:中华书局,2003。
王先谦、刘武:《庄子集解》,北京:中华书局,1999。
王先谦:《诗三家义集疏》,北京:中华书局,2011。
王先谦:《荀子集解》,北京:中华书局,1997。
徐光启:《徐光启集》,上海:上海古籍出版社,1984。
徐坚:《初学记》,北京:中华书局,1962。
徐元诰:《国语集解》,北京:中华书局,2002。
许慎撰,段玉裁注:《说文解字注》,上海:上海古籍出版社,2003。
许维遹:《吕氏春秋集释》,北京:中华书局,2011。
杨伯峻:《春秋左传注》,北京:中华书局,1990。
杨光先等:《不得已(附二种)》,陈占山校注,合肥:黄山书社,2000。
永瑢等:《四库全书总目》,北京:中华书局,2003。
章学诚著,叶瑛校注:《文史通义校注》,北京:中华书局,1985。
张彦远:《历代名画记》,南京:江苏美术出版社,2007。
郑樵:《通志二十略》,北京:中华书局,1995。
朱熹:《四书章句集注》,北京:中华书局,1983。

(二)近代史料

〔意〕艾儒略著,谢方校释:《职方外纪校释》,北京:中华书局,1996。
蔡尚思:《中国学术大纲》,上海:启智书局,1931。
蔡元培著,蔡元培研究会编:《蔡元培全集》,杭州:浙江教育出版社,1997。
蔡元培著,高平叔编:《蔡元培教育论著选》,北京:人民教育出版社,2011。
曹聚仁:《我与我的世界:曹聚仁回忆录(1900—1972)》,太原:北岳文艺出版社,2001。
曹朴:《国学常识》,上海:文光书店,1947。
陈璧耀:《国学概说》,上海:上海教育出版社,2008。
陈昌绅编:《分类时务通纂》,北京:北京图书馆出版社,2005。

陈平原、王枫编：《追忆王国维》，北京：中国广播电视出版社，1997。

陈忠倚辑：《皇朝经世文三编》，台湾：文海出版社，1972。

丁文江、赵丰田编：《梁任公先生年谱长编（初稿）》，北京：中华书局，2010。

东山主人辑：《各国政治艺学分类全书》，上海：鸿宝书局，1902。

杜定友：《校雠新义》，北京：中华书局，1930。

冯桂芬：《校邠庐抗议》，上海：上海书店出版社，2002。

冯友兰：《中国哲学史》，上海：华东师范大学出版社，2009。

〔英〕弗里曼著，〔英〕艾约瑟编译、编著，王娟、陈德正校注：《〈欧洲史略〉〈西学略述〉校注》，北京：商务印书馆，2018。

傅斯年：《傅斯年全集》，长沙：湖南教育出版社，2003。

葛士濬编：《皇朝经世文续编》，上海：天章书局，1902。

耿云志：《胡适年谱》，福州：福建教育出版社，2012。

顾颉刚编著：《古史辨》，上海：上海古籍出版社，1981。

顾颉刚：《顾颉刚古史论文集》，北京：中华书局，1988。

顾颉刚著，顾潮、顾洪编：《中国现代学术经典·顾颉刚卷》，石家庄：河北教育出版社，1996。

顾颉刚：《走在历史的路上：顾颉刚自述》，南京：江苏教育出版社，2005。

郭嵩焘等：《郭嵩焘等使西记六种》，北京：生活·读书·新知三联书店，1998。

郭嵩焘：《郭嵩焘日记》，长沙：湖南人民出版社，1982。

何炳松：《何炳松文集》，北京：商务印书馆，1997。

何良栋辑：《皇朝经世文四编》，台湾：文海出版社，1972。

胡怀琛：《国学概论》，上海：乐华图书出版公司，1935。

胡朴安等：《读经问题讨论》，上海：上海三通书局，1939。

胡适等编：《张菊生先生七十生日纪念论文集》，上海：商务印书馆，1937。

胡适：《胡适文集》，北京：北京大学出版社，1998。

胡适：《胡适全集》，合肥：安徽教育出版社，2003。

胡适口述，唐德刚译注：《胡适口述自传》，桂林：广西师范大学出版社，2006。

胡适：《中国哲学史大纲》，上海：上海古籍出版社，2000。

胡兆鸾辑：《西学通考》，上海：上海书局，1901。

〔德〕花之安：《自西徂东》，上海：上海书店出版社，2002。

康有为：《康有为全集》，北京：中国人民大学出版社，2007。

李鸿章：《李鸿章全集》，合肥：安徽教育出版社，2008。

梁启超：《饮冰室合集》，北京：中华书局，2015。

梁启超：《中国近三百年学术史》，天津：天津古籍出版社，2003。

梁启超著，夏晓虹编：《〈饮冰室合集〉集外文》，北京：北京大学出版社，2005。

林传甲、朱希祖、吴梅著，陈平原辑：《早期北大文学史讲义三种》，北京：北京大学出版社，2005。

〔美〕林乐知：《文学兴国策》，上海：上海书店出版社，2002。

刘经庵：《中国纯文学史纲》，上海：东方出版社，1996。

刘师培：《刘师培全集》，北京：中央党校出版社，1997。

刘师培著，李妙根编：《刘师培辛亥前文选》，上海：中西书局，2012。

鲁迅：《鲁迅全集》，北京：人民文学出版社，1981。

陆侃如、冯沅君：《中国诗史》，百花文艺出版社，1999。

吕思勉：《吕思勉文集》，上海：上海古籍出版社，2011。

马一浮：《马一浮集》，杭州：浙江古籍、浙江教育出版社，1996。

马瀛：《国学概论》，北京：中央编译出版社，2009。

皮锡瑞：《经学历史》，北京：中华书局，2008。

杞庐主人：《时务通考》，江苏广陵古籍刻印社，1989。

钱基博：《现代中国文学史》，北京：中国人民大学出版社，2004。

钱穆：《国史大纲》，北京：商务印书馆，1996。

钱穆：《现代中国学术论衡》，北京：生活·读书·新知三联书店，2005。

钱穆：《中国学术思想史论丛》，台北：东大图书有限公司，1978。

任建树、张统横、吴信忠编：《陈独秀著作选》，上海：上海人民出版社，1993。

盛康：《皇朝经世文编续编》，台湾：文海出版社，1972。

宋恕：《宋恕集》，北京：中华书局，1993。

孙家鼐：《续西学大成》，上海：飞鸿阁书林，1897。

谭正璧编：《国学概论讲话》，上海：光明书局，1933。

王国维：《王国维文集》，北京：中国文史出版社，1997。

王时敏编著：《国学概论》，上海：新亚书店，1933。

王韬、顾燮光等：《近代译书目》，北京：北京图书馆出版社，2003。

王韬著、李天纲编校：《弢园文新编》，上海：中西书局，2012。

王西清、卢梯清编：《西学大成》，上海：上海醉六堂书坊，1888年。

王云五：《中外图书统一分类法》，上海：商务印书馆，1928。

吴汝纶：《东游丛录》，长沙：岳麓书社，2016。

吴汝纶：《吴汝纶全集》，安徽：黄山书社，2002。

谢无量编：《中国大文学史》，北京：中华书局，1918。

徐维则：《增版东西学书录》，石印本，1902。

许啸天编：《国故学讨论集》，上海：上海书店，1991。

薛福成著，丁凤麟、王欣之编：《薛福成选集》，上海：上海人民出版社，1987。

雪克编校：《胡朴安学术论著》，杭州：浙江人民出版社，1998。

严复著，王栻编：《严复集》，北京：中华书局，1986。

应祖锡、邵友濂编：《洋务经济通考》，上海：上海鸿宝斋，1898。

游国恩：《中国文学史讲义》，天津：天津古籍出版社，2005。

曾毅：《订正中国文学史》，上海：泰东图书局，1929。

张之洞：《张之洞全集》，石家庄：河北人民出版社，1998。

张之洞著，陈山榜编：《张之洞教育文存》，北京：人民教育出版社，2008。

张之洞撰，范希曾补正：《书目答问补正》，上海：上海古籍出版社，2001。

章太炎：《章太炎全集》，上海：上海人民出版社，1985。

章太炎著，汤志钧编：《章太炎政论选集》，北京：中华书局，1977。

赵景深：《中国文学小史》，上海：光华书局，1930。

郑观应著，夏东元编：《郑观应集》，北京：中华书局，2013。

郑振铎：《插图本中国文学史》，北京：北京工业大学出版社，2009。

郑振铎：《郑振铎文集》，北京：人民文学出版社，1985。

朱大文、凌赓飏编：《万国政治艺学全书》，上海：鸿文书局，1894。

朱希祖：《朱希祖文存》，上海：上海古籍出版社，2006。

朱自清：《朱自清全集》，南京：江苏教育出版社，1996。

（三）资料汇编

北海图书馆编目科：《国学论文索引》《国学论文索引续编》《国学论文索引三编》《国学论文索引四编》《国学论文索引五编》，北京：中华图书馆协会，1929—1955。

北京图书馆编：《民国时期总书目》，北京：北京图书馆出版社，1994。

陈崧：《五四前后东西文化问题论战文选》，北京：中国社会科学出版社，1985。

陈元晖主编：《中国近代教育史资料汇编》，上海：上海教育出版社，2007。

龚鹏程主编：《读经有什么用：现代七十二位名家论学生读经之是与非》，上海：上海世纪出版集团，2008。

顾森、李树声主编：《百年中国美术经典》，深圳：海天出版社，1998。

贾植芳等编：《文学研究会资料》，郑州：河南人民出版社，1985。

翦伯赞等编：《戊戌变法》，上海：上海书店，2000。

蒋大椿主编：《史学探渊：中国近代史学理论文编》，长春：吉林教育出版社，1991。

近代史研究所史料编辑室：《洋务运动》，上海：上海人民出版社，1961。

《近代中国史稿》编写组：《近代中国史稿》，北京：人民出版社，1976。

李天纲编校：《万国公报文选》，北京：生活·读书·新知三联书店，1998。

李希泌、张椒华编：《中国古代藏书与近代图书馆史料》，北京：中华书局，1982。

李之藻编：《天学初函》，台北：学生书局，1965。

刘东、文韬编：《审问与明辨：晚清民国的"国学"论争》，北京：北京大学出版社，2012。

潘小松：《晚清民国双语词典文献录》，济南：山东画报出版社，2012。

谭汝谦主编：《中国译日本书综合目录》，香港：香港中文大学出版社，1980。

熊月之编：《晚清新学书目提要》，上海：上海书店出版社，2007。

徐光启编：《天主教东传文献续编》，台北：学生书局，1986。

徐宗泽：《明清间耶稣会士译著提要》，上海：上海书店出版社，2006。

张静庐辑注：《中国近代出版史料初编》，上海：群联出版社，1953。

张枬、王忍之编：《辛亥革命前十年间时论选集》，北京：生活·读书·新知三联书店，1960—1977。

张星烺编注：《中西交通史料汇编》，北京：中华书局，1977。

张越编：《史学史读本》，北京：北京大学出版社，2006。

《中国近代史丛书》编写组：《戊戌变法》，上海：上海人民出版社，1972。

中华福音神学院：《中国基督教史研究书目：中、日文专著与论文目录》，台北：福音神学院出版社，1981。

朱有瓛主编：《中国近代学制史料》，上海：华东师范大学出版社，1986—1990。

二　研究专著

曹增友：《传教士与中国科学》，北京：宗教文化出版社，1999。

曹增友：《基督教与明清际中国社会：中西文化的调适与冲撞》，北京：作家出版社，2006。

陈宝堂：《日本教育的历史与现状》，合肥：中国科学技术大学出版社，2004。

陈国庆编：《汉书艺文志注释汇编》，北京：中华书局，1983。

陈洪澜：《知识分类与知识资源认识论》，北京：人民出版社，2008。

陈来：《古代思想文化的世界：春秋时代的宗教、伦理与社会思想》，北京：生活·读书·新知三联书店，2002。

陈来：《现代中国哲学的追寻：新理学与新心学》，北京：生活·读书·新知三联书店，2010。

陈平原、米列娜主编：《近代中国的百科辞书》，北京：北京大学出版社，2007。

陈平原：《中国散文小说史》，上海：上海人民出版社，2004。

陈平原：《中国现代学术之建立》，北京：北京大学出版社，1998。

陈平原：《作为学科的文学史》，北京：北京大学出版社，2016。

陈以爱：《中国现代学术研究机构的兴起：以北大研究所国学门为中心的探讨》，南昌：江西教育出版社，2002。

陈振濂：《近代中日绘画交流史比较研究》，合肥：安徽美术出版社，2000。

陈振濂：《维新：近代日本艺术观念的变迁——近代中日艺术史实比较研究》，杭州：浙江古籍出版社，2006。

陈柱：《中国散文史》，上海：东方出版社，1996。

褚斌杰：《中国古代文体概说》，北京：北京大学出版社，1984。

邓嗣禹：《中国考试制度史》，上海：商务印书馆，1936。

丁守和主编：《辛亥革命时期期刊介绍》，北京：人民出版社，1982。

丁祖豪等：《20世纪中国哲学的历程》，北京：中国社会科学出版社，2006。

杜成宪、丁钢主编：《20世纪中国教育的现代化研究》，上海：上海教育出版社，2004。

杜石然等编著：《中国科学技术史稿》，北京：科学出版社，1982。

段怀清：《传教士与晚清口岸文人》，广州：广东人民出版社，2007。

范并思：《20世纪西方与中国的图书馆学：基于德尔斐法测评的理论史纲》，北京：国家图书馆出版社，2004。

方豪：《中国天主教史人物传》，北京：宗教文化出版社，2007。

方豪：《中西交通史》，长沙：岳麓书社，1987。

方朝晖：《学统的迷失与再造：儒学与当代中国学统研究》，西安：陕西师范大学出版社，2010。

冯天瑜、〔日〕刘建辉、聂长顺主编：《语义的文化变迁》，武昌：武汉大学出版社，2007。

冯天瑜：《新语探源：中西日文化互动与近代汉字术语生成》，北京：中华书局，2004。

葛兆光：《思想史的写法——中国思想史导论》，上海：复旦大学出版社，2004。

葛兆光：《中国思想史》，上海：复旦大学出版社，1998。

耿云志：《近代中国文化转型研究导论》，成都：四川人民出版社，2008。

顾颉刚：《当代中国史学》，沈阳：辽宁教育出版社，1998。

郭郛：《中国古代动物学史》，北京：科学出版社，1999。

郭世佑、邱巍：《突破重围：中国早期现代化研究》，开封：河南大学出版社，2010。

郭小凌主编：《西方史学史》，北京：北京师范大学出版社，2016。

郭湛波：《近五十年中国思想史》，上海：上海古籍出版社，2010。

韩华：《民初孔教会与国教运动研究》，北京：北京图书馆出版社，2007。

何怀宏：《选举社会及其终结：秦汉至晚清历史的一种社会学阐释》，北京：生活·读书·新知三联书店，1998。

何晓夏、史静寰：《教会学校与中国教育近代化》，广州：广东教育出版社，1996。

侯外庐：《中国近代启蒙思想史》，北京：人民出版社，1993。

胡晓明主编：《读经：启蒙还是蒙昧：来自民间的声音》，上海：华东师范大学出版社，2006。

黄见德：《西方哲学的传入与研究》，福州：福建人民出版社，2007。

黄克武：《反思现代：近代中国历史书写的重构》，四川人民出版社，2021。

李工真：《大学现代化之路》，北京：商务印书馆，2013。

李华兴主编：《民国教育史》，上海：上海教育出版社，1997。

李零：《简帛古书与学术源流》，北京：生活·读书·新知三联书店，2004。

李庆：《日本汉学史》，上海：上海出版社，2016。

李天纲：《中国礼仪之争：历史·文献和意义》，上海：上海古籍出版社，1998。

李喜所：《中国留学史论稿》，北京：中华书局，2007。

李细珠：《张之洞与清末新政研究》，上海：上海书店出版社，2009。

《历史研究》编辑部编：《〈历史研究〉五十年论文选》（近代中国），北京：社会科学文献出版社，2005。

林少阳：《"文"与日本的现代性》，北京：中央编译出版社，2004。

刘东：《道术与天下》，北京：北京大学出版社，2011。

刘东：《刘东自选集》，桂林：广西师范大学出版社，1997。

刘东：《西方的丑学：感性的多元取向》，北京：北京大学出版社，2007。

刘海峰编：《科举制的终结与科举学的兴起》，武汉：华中师范大学出版社，2006。

刘华杰：《西方博物学文化》，北京：北京大学出版社，2019。

刘简：《中文古籍整理分类研究》，台北：文史哲出版社，1981。

刘龙心：《学术与制度：学科体制与现代中国史学的建立》，北京：新星出版社，2007。

刘明明：《中国古代推类逻辑研究》，北京：北京师范大学出版社，2012。

刘瑞宽：《中国美术的现代化：美术期刊与美展活动的分析（1911—1937）》，北京：生活·读书·新知三联书店，2008。

卢毅：《"整理国故"运动与中国现代学术转型》，北京：中共中央党校出版社，2008。

路新生：《经学的蜕变与史学的"转轨"》，上海：上海古籍出版社，

2006。

吕实强:《近代中国知识分子反基督教问题论文集》,南宁:广西师范大学出版社,2011。

罗钢、刘象愚主编:《后殖民主义文化理论》,北京:中国社会科学出版社,1999。

罗玉明:《湖湘文化与湖南的尊孔读经:1927—1937》,长沙:湖南人民出版社,2004。

罗志田:《国家与学术:清季民初关于"国学"的思想论争》,北京:生活·读书·新知三联书店,2003。

罗志田:《裂变中的传承:20世纪前期的中国文化与学术》,北京:中华书局,2003。

罗志田:《再造文明之梦:胡适传》,成都:四川人民出版社,1995。

罗志田主编:《20世纪的中国:学术与社会·史学卷》,济南:山东人民出版社,2001。

罗志田:《昨天的与世界的:从文化到人物》,北京:北京大学出版社,2007。

梅荣照主编:《明清数学史论文集》,南京:江苏教育出版社,1990。

彭春凌:《儒学转型与文化新命:以康有为、章太炎为中心(1898—1927)》,北京:北京大学出版社,2014。

钱曼倩、金林祥主编:《中国近代学制比较研究》,广州:广东教育出版社,1996。

邱若宏:《传播与启蒙:中国近代科学思潮研究》,长沙:湖南人民出版社,2004。

任剑涛:《建国之惑:留学精英与现代政治的误解》,北京:中国政法大学出版社,2012。

桑兵:《国学与汉学:近代中外学界交往录》,北京:中国人民大学出版社,2010。

桑兵:《近代中国的知识与制度转型》,北京:经济科学出版社,2013。

桑兵:《晚清民国的国学研究》,上海:上海古籍出版社,2001。

桑兵：《晚清学堂学生与社会变迁》，桂林：广西师范大学出版社，2007。

沈国威：《近代中日词汇交流研究：汉字新词的创制、容受与共享》，北京：中华书局，2010。

沈松侨：《学衡派与五四时期的反新文化运动》，台湾：台湾大学出版中心，1984。

斯日古楞：《中国近代国立大学学科建制与发展研究（1895—1937）》，北京：中国社会科学出版社，2016。

孙广勇：《社会转型中的中国近代教育会研究》，武汉：华中师范大学出版社，2007。

汤奇学：《中国近代思想文化史探索》，合肥：安徽大学出版社，2005。

田正平主编：《中国教育史研究·近代分卷》，上海：华东师范大学出版社，2001。

汪晖：《世纪的诞生：中国革命与政治的逻辑》，北京：生活·读书·新知三联书店，2020。

王尔敏：《上海格致书院志略》，香港：中文大学出版社，1980。

王汎森：《古史辨运动的兴起：一个思想史的分析》，台北：允晨文化实业股份有限公司，1993。

王立新：《美国传教士与晚清中国现代化》，天津：天津人民出版社，1997。

王中江：《近代中国思维方式演变的趋势》，成都：四川民出版社，2008。

吴光辉：《转型与建构：日本高等教育近代化研究》，北京：世界知识出版社，2007年。

吴国盛：《什么是科学》，广州：广东人民出版社，2016。

吴孟雪、曾丽雅：《明代欧洲汉学史》，北京：东方出版社，2000。

夏东元：《洋务运动史》，上海：华东师范大学出版社，1996。

夏晓虹、王风等：《文学语言与文章体式：从晚清到"五四"》，安徽教育出版社，2006。

萧延中：《中国思维的根系》，北京：中央编译出版社，2021。

熊月之：《西学东渐与晚清社会》，上海：上海人民出版社，1994。

徐海松：《清初士人与西学》，北京：东方出版社，2000。

徐雁平：《胡适与整理国故考论：以中国文学史研究为中心》，合肥：安徽教育出版社，2003。

许冠三：《新史学九十年》，长沙：岳麓书社，2003。

许明龙：《欧洲十八世纪中国热》，北京：外语教学与研究出版社，2007。

严建强：《十八世纪中国文化在西欧的传播及其反应》，杭州：中国美术学院出版社，2002。

严绍璗：《日本中国学史》，南昌：江西人民出版社，1991。

严绍璗、源了圆编：《中日文化交流史大系》，杭州：浙江人民出版社，1996。

杨国荣：《科学的形上之维：中国近代科学主义的形成与衍化》，上海：上海人民出版社，1999。

杨联芬：《晚清至五四：中国文学现代性的发生》，北京：北京大学出版社，2003。

杨晓：《中日近代教育关系史》，北京：人民教育出版社，2004。

姚名达：《中国目录学史》，上海：上海古籍出版社，2002。

叶再生：《中国近代现代出版通史》，北京：华文出版社，2002。

易兰：《兰克史学研究》，上海：复旦大学出版社，2006。

于洪波：《日本教育的文化透视》，保定：河北大学出版社，2003。

于迎春：《汉代文人与文学观念的演进》，北京：东方出版社，1997。

余嘉锡：《目录学发微》，北京：中国人民大学出版社，2004。

余庆蓉、王晋卿：《中国目录学思想史》，长沙：湖南教育出版社，1998。

袁行霈主编：《中国文学史》，北京：高等教育出版社，1999。

张国刚：《明清传教士与欧洲汉学》，北京：中国社会科学出版社，2001。

张剑：《科学社团在近代中国的命运：以中国科学社为中心》，济南：山东教育出版社，2005。

张剑：《中国近代科学与科学体制化》，成都：四川人民出版社，2008。

张节末：《比兴美学》，杭州：浙江大学出版社，2020。

张舜徽：《四库提要叙讲疏》，昆明：云南人民出版社，2005。

张西平：《欧洲早期汉学史：中西文化交流与西方汉学的兴起》，北京：中华书局，2009。

张锡勤：《儒学在中国近代的命运》，北京：人民出版社，2011。

张星烺：《欧化东渐史》，北京：商务印书馆，2015。

张亚群：《科举革废与近代中国高等教育的转型》，武汉：华中师范大学出版社，2005。

张越：《五四时期中国史坛的学术论辩》，南昌：百花洲文艺出版社，2004。

张昭军、孙燕京主编：《中国近代文化史》，北京：中华书局，2012。

章开沅、马敏主编：《社会转型与教会大学》，武汉：湖北教育出版社，1998。

章清：《会通中西：近代中国知识转型的基调及其变奏》，北京：社会科学文献出版社，2019。

章清：《学术与社会：近代中国"社会重心"的转移与读书人新的角色》，上海：上海人民出版社，2012。

赵鼎新：《什么是社会学》，北京：生活·读书·新知三联书店，2021。

赵稀方：《后殖民理论》，北京：北京大学出版社，2009。

郑大华、彭平一：《社会结构变迁与近代文化转型》，成都：四川人民出版社，2008。

郑大华：《晚清思想史》，长沙：湖南师范大学出版社，2005。

郑匡民：《西学的中介：清末民初的中日文化交流》，成都：四川人民出版社，2008。

郑师渠：《在欧化与国粹之间：学衡派文化思想研究》，北京：北京师范大学出版社，2001。

周东启：《近代科学与中国社会》，北京：中国社会科学出版社，2007。

周谷平：《近代西方教育理论在中国的传播》，广州：广东教育出版社，1996。

朱发建：《中国近代史学"科学化"进程研究（1902—1949）》，长沙：湖南师范大学出版社，2005。

朱维铮主编：《基督教与近代文化》，上海：上海人民出版社，1994。

邹小站：《西学东渐：迎拒与选择》，成都：四川人民出版社，2008。

左玉河：《从四部之学到七科之学：学术分科与近代中国知识系统之创建》，上海：上海书店出版社，2004。

左玉河：《中国近代学术体制之创建》，成都：四川人民出版社，2008。

三　中译本

〔英〕A. N. 怀特海：《科学与现代世界》，傅佩荣译，上海：上海人民出版社，2019。

〔英〕C. A. 斯特斯：《植物分类学与生物系统学》，韦仲新等译，北京：科学出版社，1986。

〔英〕C. F. 赫德逊：《欧洲与中国》，王遵仲等译，北京：中华书局，1995。

〔英〕E. 霍布斯鲍姆、T. 兰格：《传统的发明》，顾杭、庞冠群译，南京：译林出版社，2004。

〔苏〕Е. И. 沙姆林：《图书分类法史略》，何善祥等译，北京：科学技术文献出版社，1989。

〔英〕阿伦·布洛克：《西方人文主义传统》，董乐山译，北京：生活·读书·新知三联书店，1997。

〔法〕埃米尔·涂尔干：《教育思想的演进》，李康译，北京：商务印书馆，2016。

〔法〕埃米尔·涂尔干：《社会分工论》，渠东译，北京：生活·读书·新知三联书店，2008。

〔美〕艾伦·雷普克：《如何进行跨学科研究》，傅存良译，北京：北京大学出版社，2016。

〔法〕艾田蒲：《中国之欧洲》，许钧、钱林森译，郑州：河南人民出版社，1994。

〔美〕爱德华·格兰特：《近代科学在中世纪的基础》，张卜天译，长沙：湖南科学技术出版社，2010。

〔美〕爱德华·W. 萨义德：《东方学》，王宇根译，北京：生活·读书·新知三联书店，1999。

〔法〕爱弥尔·涂尔干、〔法〕马塞尔·莫斯：《原始分类》，汲喆译，上海：上海人民出版社，2005。

〔法〕安田朴、谢和耐等编：《明清间入华耶稣会士和中西文化交流》，耿昇译，成都：巴蜀书社，1993。

〔法〕安托万·普罗斯特：《历史学十二讲》，王春华译，北京：北京大学出版社，2012。

〔英〕巴里·巴恩斯等：《科学知识：一种社会学的分析》，邢冬梅、蔡仲译，南京：南京大学出版社，2004。

〔美〕本杰明·艾尔曼：《科学在中国（1550—1900）》，原祖杰等译，北京：中国人民大学出版社，2016。

〔美〕本杰明·史华兹：《古代中国的思想世界》，程钢译，南京：江苏人民出版社，2004。

〔美〕本杰明·史华兹：《寻求富强：严复与西方》，叶凤美译，南京：江苏人民出版社，1990。

〔英〕彼得·伯克：《历史学与社会理论（第二版）》，姚朋等译，上海：上海人民出版社，2010。

〔英〕彼得·伯克：《什么是文化史》，蔡玉辉译，北京：北京大学出版社，2009。

〔英〕彼得·伯克：《文化杂交》，杨元、蔡玉辉译，南京：译林出版社，2016。

〔英〕彼得·伯克：《知识社会史》，汪一帆、陈志宏等译，杭州：浙江大学出版社，2016。

〔美〕彼得·盖伊：《启蒙时代：人的觉醒与现代秩序的诞生》，刘北成、王皖强译，上海：上海人民出版社，2019。

〔美〕彼得·L. 伯格、托马斯·卢克曼：《现实的社会建构：知识社会学论纲》，吴肃然译，北京：北京大学出版社，2019。

〔波〕彼得·什托姆普卡：《社会变迁的社会学》，林聚任等译，北京：北京大学出版社，2011。

〔法〕达尼洛·马尔图切利：《现代性社会学：二十世纪的历程》，姜志辉译，南京：译林出版社，2007。

〔美〕戴维·林德伯格：《西方科学的起源》，张卜天译，北京：商务印书馆，2019。

〔美〕戴维·伍顿：《科学的诞生：科学革命新史》，刘国伟译，北京：中信出版社，2018。

〔法〕丹尼斯·库什：《社会科学中的文化》，张金岭译，北京：商务印书馆，2016年。

〔美〕邓恩：《从利玛窦到汤若望》，余三乐、石蓉译，上海：上海古籍出版社，2003。

〔法〕杜赫德编：《耶稣会士中国书简集——中国回忆录》，耿昇译，郑州：大象出版社，2005。

〔美〕杜赞奇：《从民族国家拯救历史：民族主义话语与中国现代史研究》，王宪明等译，北京：社会科学文献出版社，2003。

〔美〕范发迪：《知识帝国：清代在华的英国博物学家》，袁剑译，北京：中国人民大学出版社，2018。

〔法〕费尔南·布罗代尔：《文明史：人类五千年文明的传承与交流》，常绍民等译，北京：中信出版社，2017。

〔法〕费赖之：《在华耶稣会士列传及书目》，冯承钧译，北京：中华书局，1995。

〔美〕费正清、刘广京编：《剑桥中国晚清史》，北京：中国社会科学出版社，2007。

〔德〕佛兰茨-米夏埃尔·康拉德：《洪堡传》，赵劲、张富馨译，上海：同济大学出版社，2017。

〔法〕弗朗索瓦·多斯：《碎片化的历史学：从年鉴到"新史学"》，马胜利译，北京：北京大学出版社，2008。

〔法〕伏尔泰:《风俗论》,梁守锵译,北京:商务印书馆,1997。

〔美〕郭颖颐:《中国现代思想中的唯科学主义(1900—1950)》,雷颐译,南京:江苏人民出版社,2010。

〔美〕海登·怀特:《元史学:十九世纪欧洲的历史想象》,陈新译,南京:译林出版社,2004。

〔德〕汉斯·波塞尔:《科学:什么是科学》,李文潮译,上海:上海三联书店,2002。

〔美〕何伟亚:《怀柔远人:马嘎格尔尼使华的中英礼仪冲突》,邓长春译,北京:社会科学文献出版社,2019。

〔英〕赫伯特·巴特菲尔德:《现代科学的起源》,张卜天译,上海:上海交通大学出版社,2017。

〔美〕华勒斯坦等:《学科·知识·权力》,刘健芝等编译,北京:生活·读书·新知三联书店,1999。

〔英〕基思·托马斯:《人类与自然世界:1500—1800年间英国观念的变化》,宋丽丽译,南京:译林出版社,2008。

〔美〕杰西·卢茨:《中国教会大学史(1850—1950)》,曾钜生译,杭州:浙江教育出版社,1987。

〔德〕卡尔·曼海姆:《意识形态与乌托邦》,黎鸣、李书崇译,北京:商务印书馆,2000。

〔美〕柯文:《在传统与现代性之间:王韬与晚清改革》,雷颐、罗检秋译,南京:江苏人民出版社,2006。

〔法〕克洛德·列维-斯特劳斯:《结构人类学》,俞宣孟等译,上海:上海译文出版社,1995。

〔法〕克洛德·列维-斯特劳斯:《野性的思维》,李幼蒸译,北京:中国人民大学出版社,2006。

〔法〕孔狄亚克:《人类知识起源论》,洪洁求、洪丕柱译,北京:商务印书馆,1989。

〔美〕兰德尔·柯林斯等:《发现社会:西方社会学思想述评》,李霞译,北京:商务印书馆,2015。

〔法〕雷蒙·阿隆:《社会学主要思潮》,葛智强等译,上海:上海译文出版社,2005。

〔英〕雷蒙·威廉斯:《关键词:文化与社会的词汇》,刘建基译,北京:生活·读书·新知三联书店,2005。

〔英〕李约瑟:《中国古代科学思想史》,陈立夫等译,南昌:江西人民出版社,2006。

〔英〕李约瑟:《中国科学技术史》,《中国科学技术史》翻译小组译,北京:科学出版社、上海:上海古籍出版社,1990—2006。

〔美〕理查德·奥尔森:《社会科学的兴起(1642—1792)》,王凯宁译,北京:科学出版社,2018。

〔美〕理查德·德威特:《世界观:科学史与科学哲学导论》,李跃乾等译,北京:电子工业出版社,2014。

〔美〕理查德·费尔德曼:《知识论》,文学平、盈俐译,北京:中国人民大学出版社,2019。

〔美〕理查德·拉赫曼:《历史社会学概论》,赵莉妍译,北京:商务印书馆,2017。

〔意〕利玛窦、〔比〕金尼阁:《利玛窦中国札记》,何高济等译,桂林:广西师范大学出版社,2001。

〔意〕利玛窦:《利玛窦全集》,罗渔等译,台北:光启出版社,1986。

〔德〕利奇温:《十八世纪中国与欧洲文化的接触》,朱杰勤译,北京:商务印书馆,1962。

〔日〕铃木贞美:《文学的概念》,王成译,北京:中央编译出版社,2011。

〔美〕刘禾:《跨语际实践——文学,民族文化与被译介的现代性(中国,1900—1937)》,宋伟杰等译,北京:生活·读书·新知三联书店,2002。

〔美〕鲁思·本尼迪克特:《文化模式》,张燕、傅铿译,杭州:浙江人民出版社,1987。

〔英〕罗素:《人类的知识:其范围与限度》,张金言译,北京:商务印书馆，1983。

〔英〕马丁·阿尔布劳：《全球时代：超越现代性之外的国家和社会》，高湘泽、冯玲译，北京：商务印书馆，2001。

〔德〕马克斯·舍勒：《知识社会学问题》，艾彦译，南京：译林出版社，2017。

〔意〕马西尼：《现代汉语词汇的形成：十九世纪汉语外来词研究》，黄河清译，上海：汉语大词典出版社，1997。

〔美〕玛格丽特.J.奥斯勒：《重构世界：从中世纪到近代早期欧洲的自然、上帝和人类认识》，张卜天译，长沙：湖南科学技术出版社，2012。

〔美〕玛格丽特·雅各布：《科学文化与西方工业化》，李红林等译，上海：上海交通大学出版社，2017。

〔英〕玛丽·道格拉斯：《洁净与危险：对污染和禁忌观念的分析》，黄剑波等译，北京：商务印书馆，2018。

〔美〕玛丽·路易斯·普拉特：《帝国之眼：旅行书写与文化互化》，方杰、方宸译，南京：译林出版社，2017。

〔美〕迈克尔·艾伦·吉莱斯皮：《现代性的神学起源》，张卜天译，长沙：湖南科学技术出版社，2019。

〔日〕茂木健一郎主编：《通识：学问的门类》，杨晓钟、张阿敏译，南昌：江西人民出版社，2019。

〔法〕孟德斯鸠：《论法的精神》，张雁深译，北京：商务印书馆，1961。

〔法〕米歇尔·福柯：《词与物——人文科学考古学》，莫伟民译，上海：上海三联书店，2001。

〔法〕米歇尔·福柯：《疯癫与文明：理性时代的疯癫史》，刘北成、杨远婴译，北京：生活·读书·新知三联书店，1999。

〔法〕米歇尔·福柯：《规训与惩罚：监狱的诞生》，刘北成、杨远婴译，北京：生活·读书·新知三联书店，1999。

〔英〕帕特里克·贝尔特：《二十世纪的社会理论》，瞿铁鹏译，上海：上海译文出版社，2005。

〔英〕培根：《新工具》，许宝骙译，北京：商务印书馆，2017。

〔法〕裴化行：《利玛窦评传》，管震湖译，商务印书馆，1993。

〔法〕裴化行：《天主教十六世纪在华传教志》，萧浚华译，上海：商务印书馆，1937。

〔美〕彭慕兰、史蒂文·托皮克：《贸易打造的世界：1400年至今的社会、文化与世界经济》，黄中宪、吴莉苇译，上海：上海人民出版社，2018。

〔法〕皮埃尔·布尔迪厄、J.-C. 帕斯隆：《再生产——一种教育系统理论的要点》，邢克超译，北京：商务印书馆，2021。

〔法〕让·卡泽纳弗：《社会学十大概念》，杨捷译，上海：上海人民出版社，2011。

〔美〕任达：《新政革命与日本：中国，1898—1912》，李仲贤译，南京：江苏人民出版社，1998。

〔法〕荣振华：《在华耶稣会士列传及书目补编》，耿昇译，北京：中华书局，1995。

〔日〕实藤惠秀：《中国人留学日本史》，谭汝谦、林启彦译，北京：生活·读书·新知三联书店，1983。

〔美〕史景迁讲演：《文化类同与文化利用》，廖世奇、彭小樵译，北京：北京大学出版社，1997。

〔日〕天野郁夫：《大学的诞生》，黄丹青等译，南京：南京大学出版社，2011。

〔日〕天野郁夫：《高等教育的日本模式》，陈武元译，北京：教育科学出版社，2006。

〔美〕托马斯·库恩：《科学革命的结构》，金吾伦等译，北京：北京大学出版社，2013。

〔波〕瓦迪斯瓦夫·塔塔尔凯维奇：《西方六大美学观念史》，刘文潭译，上海：上海译文出版社，2006。

〔美〕威廉·E. 伯恩斯：《知识与权力：科学的世界之旅》，杨志译，北京：中国人民大学出版社，2015。

〔美〕魏定熙：《权力源自地位：北京大学、知识分子与中国政治文化，1898—1929》，张蒙译，南京：江苏人民出版社，2015。

〔荷〕乌特·哈内赫拉夫：《西方神秘学指津》，张卜天译，北京：商务印书馆，2018。

〔英〕西蒙·冈恩：《历史学与文化理论》，韩炯译，北京：北京大学出版社，2012。

〔日〕狭间直树编：《梁启超·明治日本·西方：日本京都大学人文科学研究所共同研究报告》，北京：社会科学文献出版社，2001。

〔美〕小威廉·休厄尔：《历史的逻辑：社会理论与社会转型》，朱联璧等译，上海：上海人民出版社，2021。

〔美〕谢尔登·沃茨：《世界历史上的疾病与医学》，张炜译，北京：商务印书馆，2015。

〔法〕谢和耐：《中国和基督教》，耿昇译，上海：上海古籍出版社，1991。

〔法〕谢和耐：《中国社会史》，耿昇译，北京：中国藏学出版社，2006。

〔希腊〕亚里士多德：《亚里士多德全集》，北京：中国人民大学出版社，1996。

〔日〕永井道雄：《日本的大学》，李永连、李夏青译，北京：教育科学出版社，1982。

〔美〕宇文所安：《他山的石头记：宇文所安自选集》，田晓菲译，南京：江苏人民出版社，2003。

〔美〕约翰·洛西：《科学哲学的历史导论》，张卜天译，北京：商务印书馆，2017。

〔美〕扎卡里·赛尔·席夫曼：《过去的诞生》，梅义征译，上海：上海三联书店，2021。

四 外文书

Bennett, Adrian Arthur, *John Fryer: the Introduction of Western Science and Technology into 19th-Century China*, Harvard University Press, 1967.

Clunas, Craig, *Empire of Great Brightness*: *Visual and Material Cultures of Ming China, 1368-1644*, Honolulu: University of Hawaii Press, 2007.

Curran, Thomas D. , *Educational Reform in Republican China*: *the Failure of Educators to Create a Modern Nation*, Lewiston, N. Y. : Edwin Mellen Press, 2005.

Elman, Benjamin A. , *A Cultural History of Civil Examinations in Late Imperial China*, Berkeley: University of California Press, 2000.

Lach, Donald F. , *Asia in the Making of Europe*, Chicago: University of Chicago Press, 1977.

Lackner, Michael, *Mapping Meanings*: *the Field of New Learning in Late Qing China*, Leiden; Boston: Brill, 2004.

Michael Lackner, Iwo Amelung and Joachim Kurtz, *New Terms for New Ideas*: *Western Knowledge and Lexical Change in Late Imperial China*, Leiden; Boston: Brill, 2001.

Paul A. Rule, *K'ung-tzu or Confucius? The Jesuit Interpretation of Confucianism*, Sydney, Boston: Allen & Unwin, 1986.

Robert Morrission, *An English and Chinese Dictionary*, printed by P. P. Thoms, 1882.

Spence, Jonathan D. , *To Change China*: *Western Advisers in China, 1620-1960*, New York: Penguin Books, 1980.

William Ayers, *Chang Chih-tung and Educational Reform in China*, Harvard University Press, 1971.

加藤周一等编:『日本近代思想大系』,东京:岩波書店,1988。

近代日本思想史研究会编:『近代日本思想史』,东京:青木書店,1956。

西村茂树:『西村茂树全集』,日本弘道会编,东京:日本弘道会,2004。

西周:『西周全集』,大久保利谦编,东京:宗高書房,1981。

『現代用語の基礎知識』,东京:自由国民社,2003—2008。

佐佐木健一:『美学辞典』,东京:东京大学出版会,1995。

五 研究论文

〔美〕艾尔曼：《中华帝国后期的科举制度》，《厦门大学学报（哲学社会科学版）》2005 年第 6 期。

〔法〕巴斯蒂：《京师大学堂的科学教育》，《历史研究》1998 年第 5 期。

陈平原：《现代中国散文之转型》，《文学史》第 3 辑。

陈启伟：《"哲学"译名考》，《哲学译丛》2001 年第 3 期。

陈振濂：《"美术"语源考："美术"译语引进史研究》，《美术研究》2003 年第 4 期。

陈振濂：《"美术"语源考（续）："美术"译语引进史研究》，《美术研究》2004 年第 1 期。

程俊英、蒋见元：《〈诗经〉研究史鸟瞰》，《江海学刊》1988 年第 1 期。

褚孝泉：《中国传统学术的知识形态》，《中国文化研究》1996 年冬之卷（总第 14 期）。

〔日〕村田雄二郎：《康有为的日本研究及其特点：〈日本变政考〉〈日本书目志〉管见》，《近代史研究》1993 年第 1 期。

樊洪业：《从"格致"到"科学"》，《自然辩证法通讯》1988 年第 3 期。

关晓红：《清季科举改章与停废科举》，《近代史研究》2013 年第 1 期。

黄晏妤：《四部分类是图书分类而非学术分类》，《四川大学学报（哲学社会科学版）》2000 年第 2 期。

黄晏妤：《四部分类与近代中国学术分科》，《社会科学研究》2000 年第 2 期。

江晓原：《中国古代天学之官营传统》，《杭州师范大学学报（社会科学版）》2002 年第 3 期。

蒋英豪：《十九二十世纪之交"文学"一词的变化：并论汉语中"文学"现代词义的确立》，《中国学术》2010 年第 26 辑。

〔法〕居伊·索尔芒：《法国知识分子看中国》，《法国研究》1991 年第 1 期。

李明杰、许晓燕：《中国文献学学科体系的历史演变与现实重建》，《图书情报知识》2016 年第 2 期。

李小彤：《类书研究现状综述》，《中国诗歌研究动态》2007 年第 2 辑。

李欣然：《中西异同视角下的"西学中源"说：兼论晚清"〈格致古微〉时代"的思想光谱》，《文史哲》2020 年第 4 期。

李尹蒂：《务农会与时务报馆》，《江苏社会科学》2014 年第 3 期。

林晓照：《晚清"美术"概念的早期输入》，《学术研究》2009 年 12 期。

刘国钧：《中国图书分类法的发展》，《图书馆学通讯》1981 年第 2 期。

刘毓庆：《百年来〈诗经〉研究的偏失》，《诗经研究丛刊》2018 年第 2 期。

卢毅：《"整理国故运动"研究述评》，《贵州社会科学》2005 年第 1 期。

卢毅：《"整理国故运动"与国学研究的学科重建》，《福建论坛》2004 年第 6 期。

罗志田：《国学不是学：西方学术分类与民初国学定位的困惑》，《社会科学研究》2002 年第 1 期。

罗志田：《西学冲击下近代中国学术分科的演变》，《社会科学研究》2003 年第 1 期。

欧阳哲生：《中西交通史上的"西方"概念之探源》，《史学月刊》2015 年第 9 期。

皮国立：《所谓"国医"的内涵：略论中国医学之近代转型与再造》，《中山大学学报（社会科学版）》2009 年第 1 期。

钱存训：《近世译书对中国现代化的影响》，《文献》1986 年第 2 期。

〔日〕桥本敬造：《中国清朝初期的天文历算学》，《科学史译丛》1984 年第 2 期。

〔日〕青木孝夫：《日本近代化与艺术的变迁》，《文艺研究》2001 年第 1 期。

桑兵：《胡适与国际汉学界》，《近代史研究》1999 年第 1 期。

桑兵：《晚清民国的知识与制度体系转型》，《中山大学学报（社会科学版）》2004年第6期。

〔日〕山田庆儿：《近代科学的形成与东渐》，《科学史译丛》1984年第2期。

沈国威：《西方新概念的容受与造新字为译词：以日本兰学家与来华传教士为例》，《浙江大学学报（人文社会科学版）》2009年第10期。

沈家煊：《有关思维模式的英汉差异》，《现代外语》2020年第1期。

史玉民、魏则云：《中国古代天学机构沿革考略》，《安徽史学》2000年第4期。

王存奎：《论二十世纪二十年代整理国故问题的论争》，北京大学2003年博士论文。

王东杰：《从文字变起：中西学战中的清季切音字运动》，《中山大学学报（社会科学版）》2009年第1期。

王琢：《从"美术"到"艺术"：中日艺术概念的形成》，《文艺研究》2008年第7期。

魏志远：《礼秩与实用：从明代中后期的日用类书看儒家伦理民间化》，南开大学2013年博士论文。

夏南强：《类书通论：论类书的性质起源发展演变和影响》，华中师范大学2001年博士论文。

〔日〕小野寺史朗：《平衡国民性与民族性：清季民初国歌的制定及其争议》，《中山大学学报（社会科学版）》2009年第1期。

邢莉、常宁生：《美术概念的形成：论西方"艺术"概念的发展和演变》，《文艺研究》2006年第4期。

熊月之：《知识体系的新陈代谢》，《文汇报》2021年5月16日。

阳荣威：《高等学校专业设置与调控研究》，华东师范大学2006年博士论文。

曾平：《"整理国故"与"再造文明"的不同路径：从民国时期"整理国故"运动考察当时学界的不同文化理念及其冲突》，《中华文化论坛》2007年第3期。

查晓英:《"金石学"在现代学科体制下的重塑》,《中山大学学报(社会科学版)》2008年第3期。

张帆:《从格致到科学:晚清学术体系的过渡与别择(1895—1905年)》,《学术研究》2009年第12期。

章清:《"采西学":学科次第之论辩及其意义——略论晚清对"西学门径"的探讨》,《历史研究》2007年第3期。

郑师渠:《万国公报与中日甲午战争》,《近代史研究》2001年第4期。

朱青生:《"艺术"的中国古义》,《中国艺术》1999年第1期。

左松涛:《新词与故物:清季以来所谓"私塾"问题的再认识》,《中山大学学报(社会科学版)》2008年第3期。

六 近代报刊

《北京大学日报》《北京大学研究所国学门月刊》《北京大学月刊》《晨报副刊》《创造周报》《东方杂志》《读书杂志》《国粹学报》《国故》《国衡》《国学丛刊》《国学季刊》《国学月刊》《教育杂志》《京报副刊》《民报》《民铎杂志》《史地学报》《图书馆学季刊》《文史杂志》《文学周报》《小说月报》《新潮》《新青年》《新世纪》《学衡》《学生杂志》《译书汇编》《政艺通报》等

后　　记

　　终于到了收笔的时候！曾经那种遥遥无期的焦虑，依旧鲜活。没想到最后杀青时，非但没有如释重负的轻松，反倒有些许失落。这里不仅有我的研究，还有我的生活。掐指算来，从最初选定这个题目到改定出版，已经过去了16年！

　　这本是我的博士论文选题。因缘际会，2005年我从中国古代文学专业考入中西比较文学。从竖排夹注的先秦古籍，到满是抽象术语的西方文化理论；由先秦两汉研究，进入晚清民国的中西文化交流。4年时间，可想而知有多么饱和！最后两年半时间，完成博士论文的写作，无比艰辛，也透支了身体。由于论题太大，每次考核都是部分呈现，习惯了被质疑的我，最后面对答辩老师的高度肯定，竟然错愕不已。

　　毕业后调养身体，好几年都没有勇气，也不想再碰这个论题。直到2014年申请到国家社会科学基金项目，才不得不重整旗鼓。那一年，是我人生的一个拐点，这是纷乱生活中唯一一抹亮色。与此同时，我开始了行走世界。2015年有幸到牛津大学访学一年，待到英国归来，眼光已经大变，也有了新的思考。我决定放弃修修补补，另起炉灶。到2019年年底结项的时候，已是56万字的长篇。与原来的博士论文相比，除了论题接近，几乎看不出多少承续。方知当年是初生牛犊，不识深浅，充其量只是探了一遍路而已。也庆幸毕业后没有急于出版。

　　然而，就在这推倒重来的3年多里，不想含辛茹苦的父母相继病故。一直忙于赶稿，没能腾出手来帮父亲录入书稿，致使他到死都没有看到自己的回忆录《古稀忆旧》。这本书留下了我太多难以弥补的遗恨！可我也要感谢它，它让我连痛心的时间都没有了。如果没有课题及其最后期限，我不确定自己是否还会继续这项研究。如果没有爹娘过世的警悟，我不肯定自己能否如此倾力以赴。

原以为这么厚的书稿，除了相关研究者，没有人会认真读。日日书斋送流年，学术做到最后，成了个人孤独的日常生活。早已不指望有观众，但求善始善终，在自身能力范围内做到最好。没想到评审专家看得非常细致，连最后来不及重写的那几节都看出来了。5份长长的匿名评审意见，让我感动不已。以前总是抱怨文章交上去，返回时都是一通臭批，然后是无穷无尽的修改。自从做了老师，就只有帮学生修改论文的份儿，很少听到对自己研究的中肯意见，全凭自我摸索。于是无比怀念有导师看稿、帮着把关、逼着不断进步的学生时代。

专家的一致肯定，尤其强调对广大文史研究者皆有参考借鉴的价值，对我是极大的鼓励。我又花了2年时间，梅花三弄，再炼筋骨。正值新冠病毒肆虐全球，很少有这样整块儿的读书和思考时间了。我目不窥园，几乎把所有精力都放在了书稿的修订上。最终三稿和二稿又有许多不同，落成这洋洋百万言。关于2次改写出于怎样的考虑，导论里已有交代，不再赘述。幸运的是，正当我为这部大部头的出版愁眉不展时，得知成功入选了"国家哲学社会科学成果文库"。多年劳作，总算可以画上一个圆满的句号。

我知道，我还可以做得更好，许多地方都能继续深入，但是时间实在是不允许了！好些酝酿已久的论题，由于分身乏术，一直搁置。更重要的是，如果这本书侧重对学术路径的反省，那么比学术史的考订更具价值的，是如何带着这种自觉进入具体问题的研究。下一本书就是后续的、方法论意义的运用。如果说所有的结束，都是遗憾的开始，那么我更愿意把这本书视为阶段性的学习结果。最感安慰的，莫过于写作过程中明显感受到了自身的进步与提升。它为我打开了更多的领域与可能，述古本来就是为了开新。

本书的完成，首先要感谢我的博士生导师刘东教授。这个选题以及我的执拗，曾让他头疼不已。而他的严格和高标准，也令我终身受益！当年感受到的全都是换专业的累，如今越来越体会到跨学科的好。当年没有听懂的话，现在明白了。当年没有看懂的书，如今成了书橱里的最爱。原来自家的本事和治学思路，都是从导师身上学来的。本书虽是毕业后重写的，种子却是以前种下的。

至于父母，斯人已逝，多说无益，也绝非几句感谢的话所能弥补。未能多照料他们最后的生活，是我今生最大的遗憾！这三五年来，我还经常梦到自己为不知该如何安顿他们的晚年而犯愁。和弟弟文瑜、侄女文雅，也相聚无多。总有读不完的书、写不完的稿、做不完的研究。

就在等候评审之际，惊闻北大比较文学所的老所长严绍璗教授去世，非常难过。当年饱受质疑，处境艰难，对严绍璗、王冠华、彭刚、张辉、车槿山等所有给过我鼓励和帮助的师长，都心存感激！开题时胆怯，恐不合比较文学的惯常做法，于是强调自己是刚从古典文学转过来的。严老师正色道：为什么要像犯了错一样？你的学术背景是你最大的优势，应该骄傲，要好好利用！答辩时，他又毫不吝啬地夸奖："这是我见过最有激情的博士论文。"这两句话我能记一辈子。不知道经过这么多年的磨砺，现在还剩下多少激情。但愿时间成就的提升，字里行间也能看得见。

衷心感谢 费正刚 、 任六生 、于迎春、段伟红、张伟、汪少华、汪悦进、Dirk Meyer、王德保、杨靖、彭春凌等师友给予的学业帮助！感谢王云、李彦昌、王鸿莉、王媛、何恬、彭姗姗、高亮、钟强、王晖等好友一直关心甚至担忧我的生活！感谢西川、尹吉男、李军、郑岩、贺西林、邵亦扬、张鹏、黄晓峰等单位领导提供的良好工作环境！感谢匿名评审和评选专家客观公正的意见与推举！还要感谢北大出版社的艾英女士，在极为有限的时间里编辑这部工作量数倍于其他的著作，的确是非常辛苦！

回顾这些年来，最欢快与最沉重的时刻都与这本书的写作有关。经历过父母的辞世，对生活中切切实实的悲喜，格外地珍视。这些及身的生命感知才是人生最宝贵的东西啊，带不走，也挥不去。2019年交稿结项那天，北京下着大雪。站在深夜的路灯下，看着漫天飞雪，我感到前所未有的轻松，诌了首恐怕是今生最欢快的小诗：我要唱歌，我要坐在树上唱歌。九人合抱的，大——树——，整宿整宿地唱歌。要唱得山中的叶，簌簌地落。唱得林间的鸟，扑扑地飞。唱得雪花飞不动，唱得天地不开门。要比多年前熄灯后的歌唱，更嘹亮。要比那一晚不知唱了些啥的英文曲会，更疯狂。说什么天花乱坠，道什么响遏行云，统统被我，攥在手里。轻轻一抛，就抛出个茫茫大地。哈哈哈，睡觉去！

2021年的立春，猛然意识到春天来了，不禁感慨自己已"惯将长夜过春时"。可又一转念，古往今来，谁能抵挡住时光呢？这难道不是留住春华的最好方式？绿柳苍苍正当时，夭桃灼灼隔世尘。春在堂前春常在，日将书笺送昏晨。十年夜雨香茗冷，四壁古今青草痕。点翠行间韦三绝，便把三春唤万春（绿柳苍苍，正当时夭桃，灼灼隔世尘。春在堂前，春常在日将。书笺送昏晨，十年夜雨香。茗冷四壁，古今青草，痕点翠。行间韦三绝，便把三春，唤万春了）。这可能是我最自得的文字了。

从来愁苦之言易好，而欢愉之辞难工，顾影自怜的句子也不在少数。《次韵杜工部》曰：人生不相见，动如参与商。忽忽四十载，独坐成日常。少壮惜时短，年来怨日长。知交渐行远，他乡变故乡。闹市遗野老，卜居佐纸张。文心托日月，夜雨就孤窗。郁郁有琼林，寂寂春在堂。斗室天光小，诗茗老雁行。璇玑锦初就，万帙一流殇。江南庭生草，雪泥溅黄粱。蝶梦半生死，高台碧梧黄。今夕又一夕，世事何茫茫！不求工巧，但记平生俯仰。

终于到了封笔之际，那么多曾经想说的话，已觉不必再言。抬头，看到天边的余晖，给灰暗镶上了一道瑰色的边。多少次，在分不清天亮与天黑中眩晕啊！四载无昏晨，体枯墨未工。贾岛句不足，长吉泣血从。开阖思新锦，歌哭广寒宫。少年不平气，浇漓十年功！

文　韬

2021 年 12 月 13 日

2022 年 11 月 21 日改订于春在堂